中国石油化工集团公司年鉴

2010

《中国石油化工集团公司年鉴》编委会　编

中国石化出版社

图书在版编目(CIP)数据

中国石油化工集团公司年鉴. 2010 /《中国石油化工集团公司年鉴》编委会编. —北京：中国石化出版社，2010.10

ISBN 978－7－5114－0617－0

Ⅰ. ①中…　Ⅱ. ①中…　Ⅲ. ①石油化工厂—中国—2010—年鉴　Ⅳ. ①F426.22-54

中国版本图书馆CIP数据核字（2010）第188481号

责任校对：王晓波

封面制作：北京世纪华海文化发展有限公司

中国石化出版社出版发行

地址：北京市东城区安定门外大街58号

邮编：100011　电话：(010)84271850

读者服务部电话：(010)84289974

http: //www.sinopec-press.com

E-mail: press@sinopec.com.cn

北京金保真文化有限公司排版

北京科信印刷厂印刷

全国各地新华书店经销

*

787×1092毫米　16开本　40.25印张　120彩页　1259千字

2010年10月第1版　2010年10月第1次印刷

定价：260.00元

《中国石油化工集团公司年鉴》2010版

编　委　会

陈　革　集团公司总经理助理、股份公司董事会秘书兼企业改革管理部主任
崔国旗　集团公司总经理助理、办公厅主任、机关服务中心主任、百川经贸公司总经理
常振勇　股份公司副总工程师兼化工事业部主任
温冬芬　集团公司财务部主任
周世良　人事部主任
王　强　安全环保局局长
袁政文　石油工程管理部主任
唐苏欣　外事局局长
邹惠平　审计局局长
耿礼民　党组纪检组副组长、监察局局长
张殿国　思想政治工作部主任、直属党委副书记
张建军　离退休工作部主任
俞仁明　生产经营管理部主任
谢在库　科技开发部主任
张吉星　法律事务部主任
蒋振盈　物资装备部主任、国际事业公司总经理
李德芳　信息系统管理部主任
冷泰民　资本运营部主任、资产管理公司总经理
朱海兴　炼化工程公司总经理、工程企业管理部主任
王子康　石化出版社社长

《中国石油化工集团公司年鉴》2010版

编　辑　部

地　　址：北京市东城区安外大街58号

邮政编码：100011

电　　话：（010）84289951 84289953

传　　真：（010）84289951

电子信箱：jiangq@sinopec.com

The Editorial Department of
《CHINA PETROCHEMICAL CORPORATION YEARBOOK》

Add：No.58 Anwai Avenue, Dongcheng District, Beijing, China

P.C：100011

Tel：86-10-84289951/84289953

Fax：86-10-84289951

Email：jiangq@sinopec.com

中国石油化工集团公司党组书记、总经理 苏树林

总经理致辞

感谢您关注我公司的发展，期盼能得到您的关心、理解、支持和帮助。

2009 年，面对国际金融危机的严峻挑战，我公司全体员工团结一心、众志成城，以进取的状态、创新的精神和务实的作风，变压力为动力，化挑战为机遇，迎难而上，奋力拼搏，在应对危机中实现了良好的业绩，各方面工作取得了新的进步。

——我们把产品销售作为公司持续发展的“生命工程”来抓，积极转变观念，发挥整体优势，加强产销研结合，加快从“坐商”向“行商”、从“卖产品”向“卖服务”转变。公司领导分别带队深入市场一线，走访重点用户，促进战略合作。各企业更新营销理念，改进营销方式，强化用户服务，全力开拓市场，为炼油化工高负荷运行提供了保障。公司全年实现营业收入 1.39 万亿元，实现利税 2 739 亿元，其中利润 817 亿元。主要生产经营指标创历史最好水平，主要技术经济指标持续改善。

——我们把精细管理作为应对危机的基本功来抓，继续发扬“干毛巾也要拧出三滴水”的精神，层层细化分解落实增产增效、优化增效、降本增效的目标和措施。公司节能降耗、物流运输、物资供应等重点环节成本费用继续下降，非生产性费用、外协费用和可控费用支出得到有效控制。优化资金筹措和使用，提升资金集中管理水平，节约了财务费用。深化以 ERP 为主线的信息化应用，促进了管理的规范化和精细化。

——我们把应对危机作为推进结构调整、转变发展方式的机遇，加大产业结构优化调整力度，努力增强公司的持续发展能力。始终把扩大资源放在首位，即使在年初油价较低的情况下，仍保持勘探工作及开发试验力度不减。川东北中浅层等勘探获重大突破，普光气田及川气东送长输管道、松南气田建成投产。一批成品油质量升级改造项目、赛科乙烯扩能改造、福建炼油乙烯、天津乙烯投入运行。鲁皖二期西线等成品油管线、镇海岚山和白沙湾原油商业储备库建成投用。加快实施“走出去”战略，成功收购瑞士 Addax 公司等项目，海外油气业务实现了新跨越。海外石油和炼化工程市场开拓取得新成果，国际贸易规模继续扩大，国内合资合作进展顺利。

——我们更加注重发挥科技创新的“推进器”作用，川东北高酸性气田勘探开发、超低压连续重整等一批重大科技攻关取得新成果，满足国Ⅳ排放标准的汽油加氢脱硫等一批关键技术开发取得新进展，钻井提速提效等一批科技成果推广应用取得新成效，开发生产了一批适应市场需求的新产品。全年专利申请和授权量继续在中央企业中名列前茅。

——我们认真开展深入学习实践科学发展观活动，切实加强各级领导班子和干部队伍建设，有序推进业务公开工作，队伍作风建设和反腐倡廉建设进一步加强。制定颁布《企业文化建设纲要》，研究落实从源头上促进和谐稳定的措施，调动了队伍的积极性，增强了队伍的凝聚力。

——我们广泛开展“我要安全”主题活动，全面推行 HSE 管理体系，加大节能减排力度，积极发展低碳经济，安全生产、清洁生产得到切实推进。积极参与和支持公益事业，开展扶贫援藏、赞助“健康快车”、捐资助学、赈灾济危等活动，进一步树立了公司的良好形象。

回顾过去的一年，我们经受住各种困难的考验，应对危机初战告捷，离不开您和社会各界的关心支持，我们真诚地表示感谢！

展望 2010 年，国际金融危机的影响还在继续，公司经营发展环境依然严峻。我们将深入贯彻落实科学发展观，着力加强安全生产和节能减排，着力加快结构调整和发展方式转变，着力推进管理创新和科技创新，着力加强党的建设和队伍建设，脚踏实地，奋发进取，努力开创公司持续有效和谐发展的新局面。

我们愿与海内外朋友携手合作，互利共赢，共同发展。

组织机构
（截至2009年底）

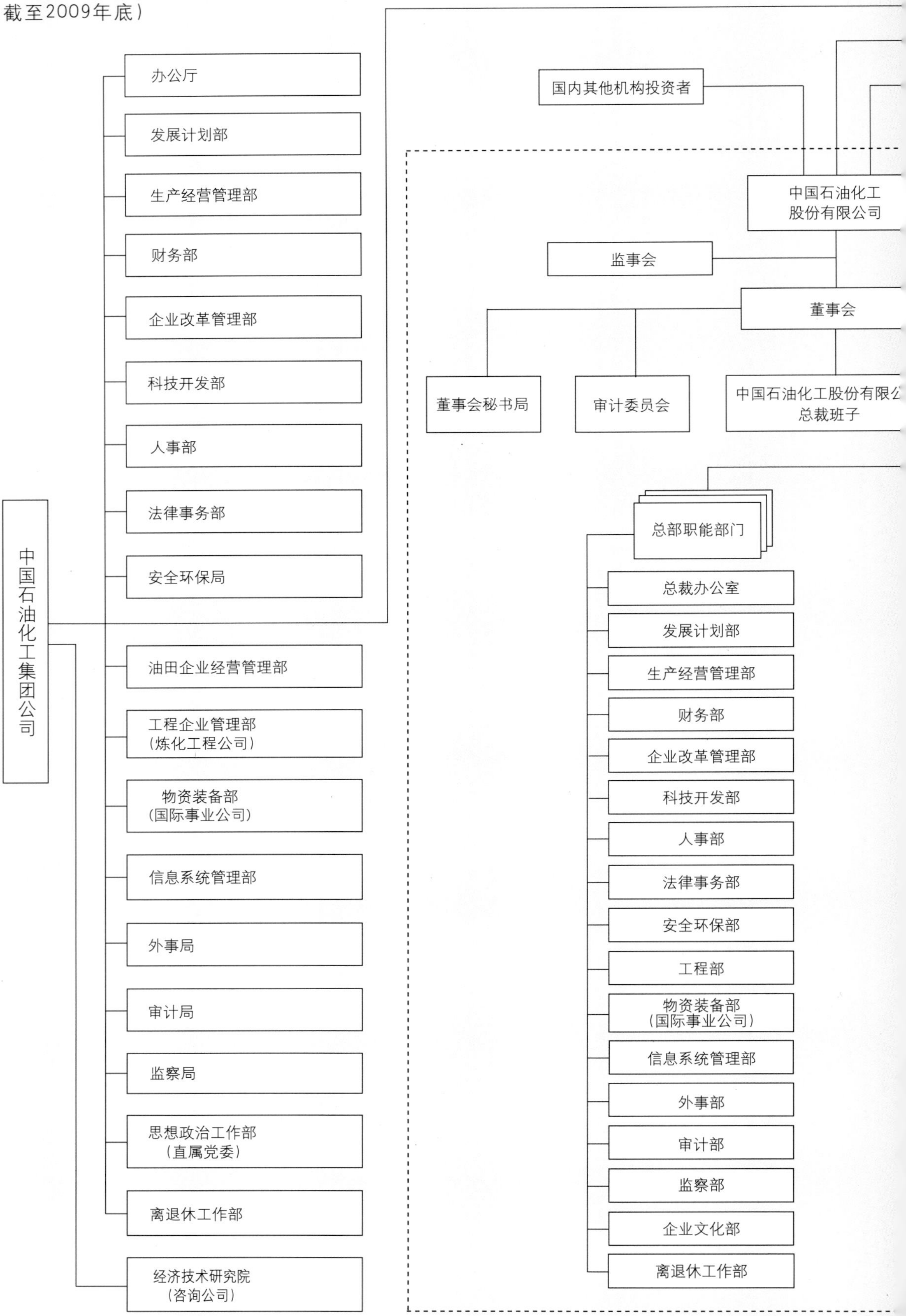

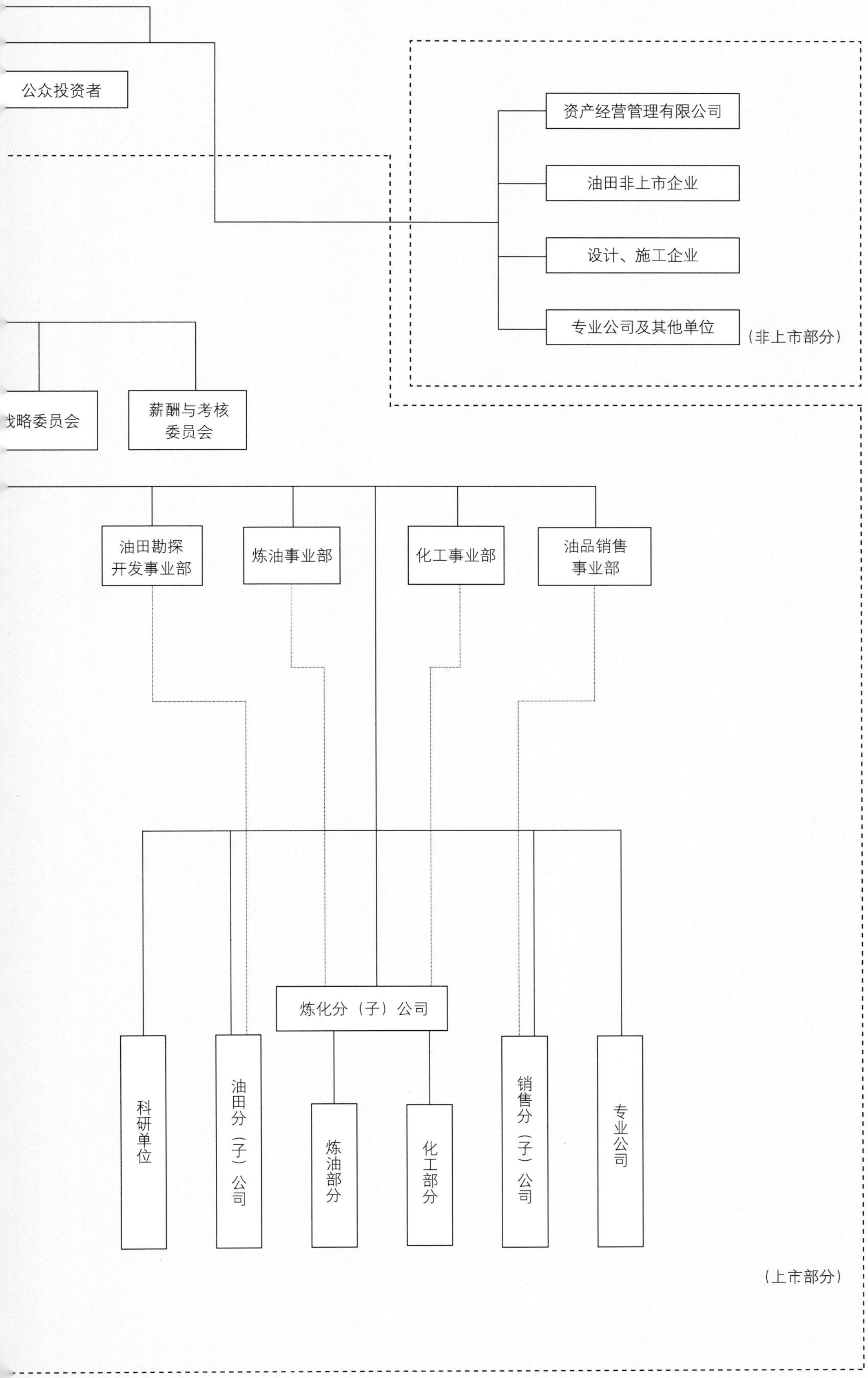
公众投资者
资产经营管理有限公司
油田非上市企业
设计、施工企业
专业公司及其他单位
（非上市部分）
战略委员会
薪酬与考核委员会
油田勘探开发事业部
炼油事业部
化工事业部
油品销售事业部
炼化分（子）公司
科研单位
油田分（子）公司
炼油部分
化工部分
销售分（子）公司
专业公司
（上市部分）

主营业务收入

利 税 总 额

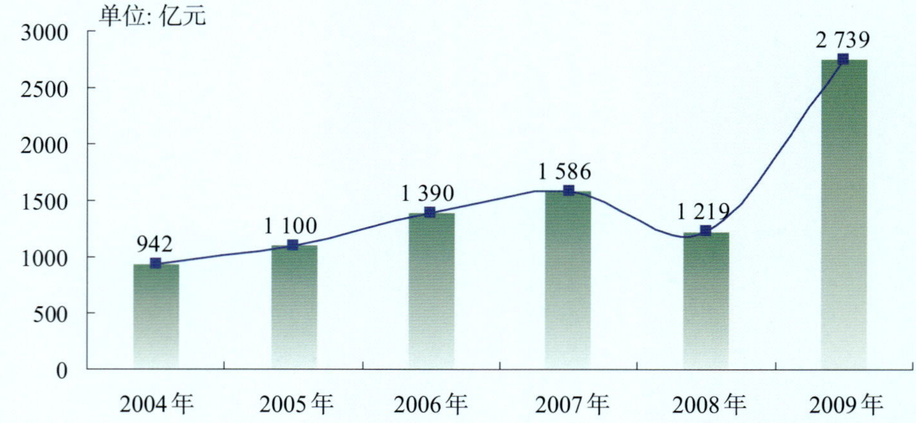

利 润 总 额

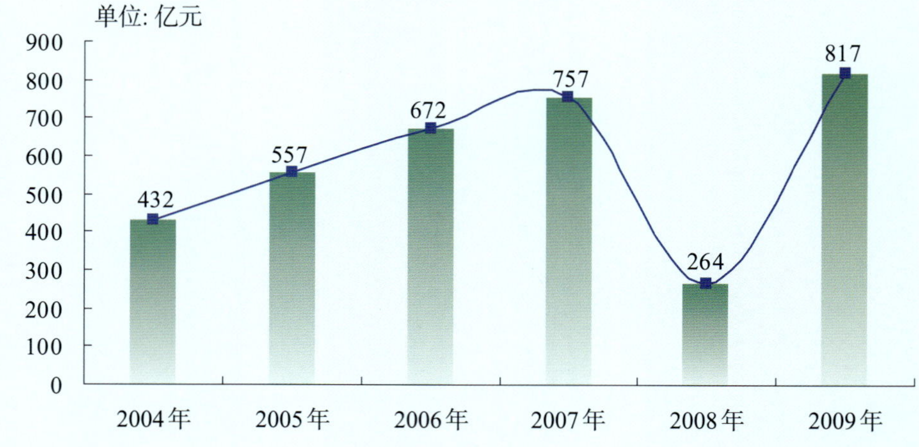

原油产量

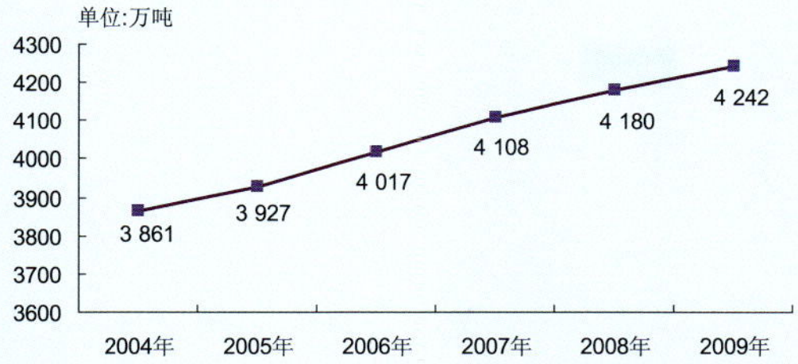

天然气产量

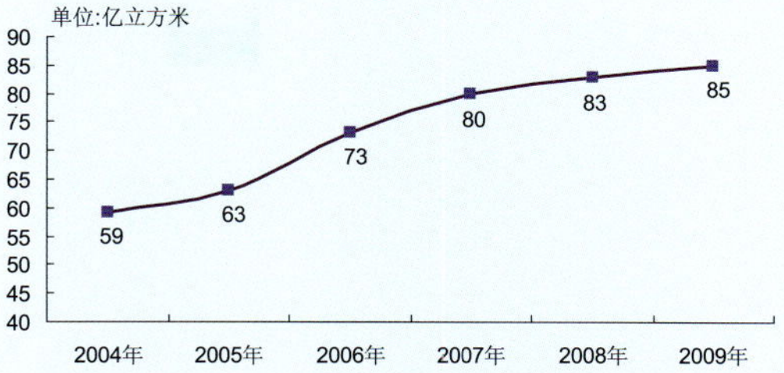

原油加工量

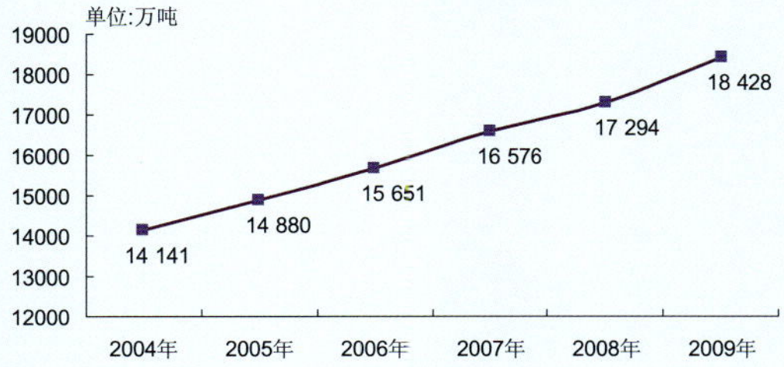

汽煤柴润产量

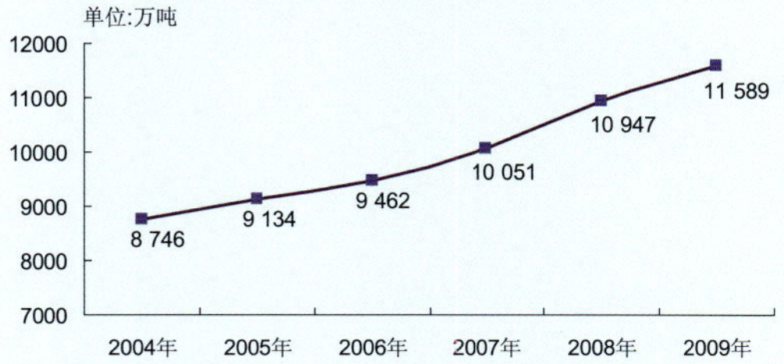

成品油销售量

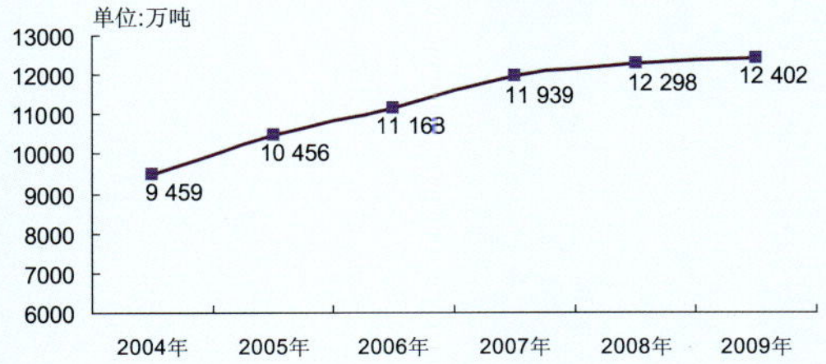

乙烯产量

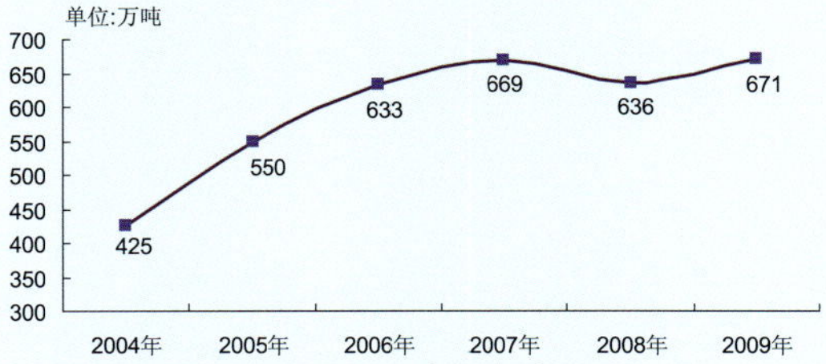

合成树脂、合成橡胶、合成纤维产量

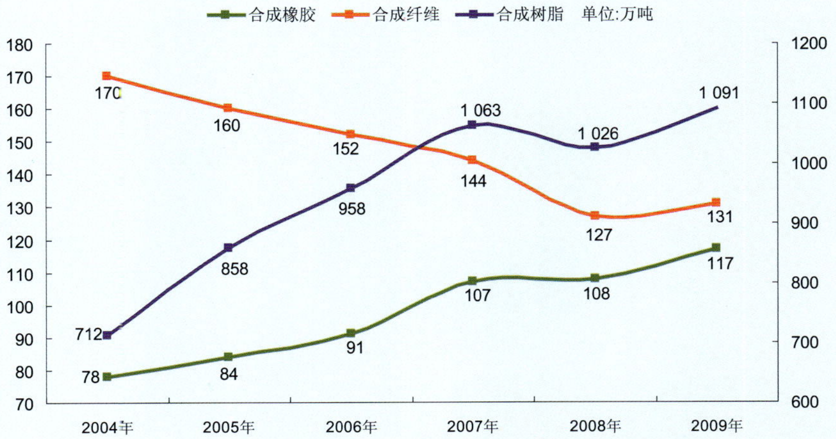

2009年，石化集团公司新增探明石油地质储量2.85亿吨，新增探明天然气地质储量1 851.93亿立方米；生产原油4 241.55万吨、天然气84.68亿立方米；新建原油生产能力570万吨，新建天然气生产能力12亿立方米。

↑ 晨曦中的塔河油田

→ 川气东送管道野三河悬索桥

↓ 普光气田天然气净化厂夜景

2009年，石化集团公司石油工程板块新创纪录36项，原纪录中有28项被评为第14批中国企业新纪录。在集团内部、外部和海外三个市场，全年完成二维地震5.57万千米，同比增长22.2%，三维地震1.05万平方千米，同比增长47.1%；钻井完钻4 130口、进尺1 024.34万米。

← 西北油田分公司T6–433CX井上返酸压作业场景

↑ 中原油田技术人员在内蒙古力1井进行压裂设备安装检查

↓ 华东石油局井下作业公司职工在零下30℃的低温中施工

2009年，石化集团公司加工原油1.84亿吨，同比增长6.56%。生产汽煤柴成品油1.15亿吨，同比增长5.81%。高标号汽油生产比例达到89.3%，同比提高0.7个百分点。炼油综合商品率94.53%，同比提高0.49个百分点；轻质油收率75.54%，同比提高0.76个百分点；加工损失率0.65%，同比降低0.10个百分点。

↑ 湛江东兴公司炼油配套完善项目

← 国内处理量最大的镇海炼化汽油质量升级项目——150万吨/年S–Zorb催化汽油吸附脱硫装置

↓ 青岛石化100万吨/年汽柴油加氢精制装置

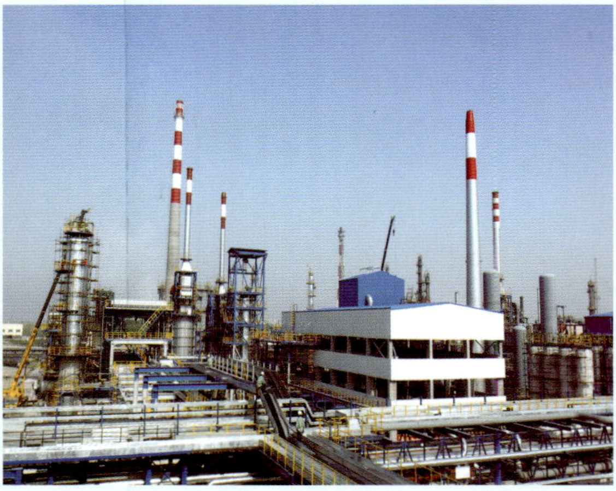

2009年，石化集团公司销售成品油1.24亿吨，同比增长0.85%；终端销售比重84.3%；有品牌加油站29 698座，其中自营站29 055座。非油品业务快速拓展。

↑ 销售企业竞赛比武闭幕式暨颁奖仪式现场

→ 江苏石油分公司苏州城市便利加油点

↓ 上海石油分公司金沙江路干净明亮、琳琅满目的易捷便利店

2009年，石化集团公司生产乙烯671.33万吨，同比增长5.56%，合成树脂、合成橡胶、合纤聚合物产量同比分别增长6.32%、8.25%和14.21%，创历史新高。乙烯收率31.5%，同比提高0.28个百分点；装置损失率0.36%，同比减少0.09个百分点。

↑ 福建炼油乙烯项目投入商业运行庆典剪彩仪式

← 天津石化千万吨炼油百万吨乙烯项目美景

↓ 镇海炼化百万吨乙烯工程雄姿

2009年，石化集团公司完成海外权益油产量1 279万吨，同比增长42%。成功收购Addax公司、安哥拉三个区块部分权益等5个项目，在35个国家执行355个石油工程技术服务合同，在4个国家执行16个国际炼化工程合同，国内合资合作工作进展顺利。

↗ 中国石化与瑞士Addax石油公司签署收购协议

→ 中原油田员工陪同毛里塔尼亚石油部长巡视该国首口开钻油井Ta8-1井

↘ 中国石化洛阳工程公司承建的孟加拉凝析油分离项目

2009年，石化集团公司事故死亡率0.013‰，事故重伤率0.003‰，实现了安全平稳生产。全年未发生重大环境污染事件，在生产规模不断扩大的同时，工业取水量同比减少3.3%，外排COD总量同比减少3.6%，二氧化硫排放量同比削减14%，提前完成了“十一五”减排任务。

← 胜利油田海上消防演练

↙ 管道公司仪征输油站夜间消防演习

↓ 沧州炼化硫黄车间安全巡检员巡检硫化氢泄漏点

2009年度，石化集团公司共申请国内外专利1 989件，获得国内外专利授权793件，年度及累计专利申请和授权量继续在中央企业中名列前茅。全年共有11个项目获得2009年度国家科技进步奖，其中一等奖1项、二等奖10项。

↑ 中国石化科研中心工程建设奠基仪式

← 抚顺石油化工研究院建设的能适应原油重质化和劣质化加工的沸腾床渣油加氢工艺技术冷模试验装置

↓ 胜利钻井院科技人员正在研究具有自主知识产权的随钻测量仪器

2009年，石化集团公司紧紧围绕公司发展战略和中心任务，切实抓好选干部、配班子，建队伍、聚人才，抓基层、打基础等工作，全系统领导班子建设和人才队伍建设取得了重大进展，为持续有效和谐发展提供了坚实的组织保证和人才支持。

石化集团公司开展深入学习实践科学发展观活动总结大会现场

石化集团公司成立以来召开的第一次干部工作会议现场

→ 石化集团公司技能创新表彰会暨技能竞赛闭幕式现场

← 石化集团公司催化剂制造工职业技能竞赛现场

2009年，石化集团公司在继承石油石化优良传统和作风的基础上，积极吸收借鉴国内外现代管理和企业文化的优秀成果，不断深化公司企业文化建设，努力营造积极向上、和谐融洽、艰苦奋斗、无私奉献的良好氛围，为推进企业科学发展提供强大的精神动力。

↑ 中国石化庆祝新中国成立60周年总部机关职工歌咏比赛现场

← 沧州炼化炼油一部QC小组正在进行技术攻关

↓ 由齐鲁石化承办的中国石化第三届职工游泳比赛开幕式现场

2009年，石化集团公司坚持把为社会和公众提供优质能源及服务作为公司的最大责任，全力做好油气保供工作。积极参与和支持公益事业，开展扶贫援藏、赞助“健康快车”、捐资助学、赈灾济危等活动，进一步树立了公司的良好形象。

↗ 北京石油分公司为参加国庆60周年庆典的彩车加油

→ 服务“三夏”——中国石化保供志愿者誓师大会

↘ 中国石化捐助的健康快车光明行

编 辑 说 明

《中国石油化工集团公司年鉴》(简称《年鉴》)是中国石油化工集团公司正式对外公布一定时期生产、经营、财务状况及有关数据资料的权威性出版物，向国内外公开发行。《年鉴》从1988年问世至今，已出版15卷。2010版《年鉴》为第16卷。

2010版《年鉴》全面、系统地记述了2009年石化集团公司在生产经营、深化改革、科技创新和企业管理等各方面的基本情况和重大事项，配有图表，图文并茂，直观反映了石化集团公司及其所属企事业单位的新变化、新成果，为各级领导科学决策和科学管理提供依据，为石化集团公司内部和社会各界人士了解石化集团公司提供翔实、可靠、可鉴资料。

2010版《年鉴》对栏目名称、内容和排列顺序作了适当调整，共设26个栏目：大事记、总述、油气勘探开发、石油工程、炼油生产、化工生产、炼化公用工程、产品销售、国际化经营、重点工程建设、安全环保、节能减排、科研开发、企业改革与管理、财务资产管理、人事管理、物资采购与管理、审计与监察、法律事务、党建与思想政治工作、新闻与出版、企事业单位、人物、重要规章制度、统计资料、附录。为便于读者查阅和检索，书中附中、英文目录，书后附主题词索引和表题索引。

2010版《年鉴》所收录的数据表中，空格表示该项统计数据不详，“—”表示无该项统计数据，“…”表示该项数据不足本表最小单位数。“世界石油化工统计”中的中国数据未包括中国台湾。

2010版《年鉴》中，“中国石油化工集团公司”简称“石化集团公司”或“中国石化”，“中国石油化工股份有限公司”简称“石化股份公司”，“中国石化集团资产经营管理有限公司”简称“资产公司”。

《年鉴》中插图由各单位提供，图片版权归各单位所有。

在《年鉴》的编纂和出版过程中，承蒙有关单位领导、专家、管理人员的大力支持和帮助，在此，谨向为《年鉴》提供稿件和资料、对稿件进行审读把关以及给予《年鉴》各种帮助的人士，致以诚挚的谢意。对2010版《年鉴》存在的缺点和疏漏，诚请广大读者批评指正。

《中国石油化工集团公司年鉴》编辑部

二〇一〇年八月

目　录

大　事　记

2009年 …… (2)

总　述

脚踏实地　奋发进取　为实现公司发展战略目标而努力奋斗 …… (5)

油气勘探开发

综述 …… (11)
油气勘探 …… (13)
概述 …… (13)
1个重大突破 …… (13)
4个重大进展 …… (13)
5个新发现 …… (13)
5个新进展 …… (14)
勘探效益 …… (14)
油田开发 …… (14)
概述 …… (14)
原油产量 …… (14)
产能建设 …… (15)
油田开发进展 …… (15)
油田开发管理 …… (16)
油田总体开发形势 …… (16)
提高油田采收率 …… (16)
三次采油技术推广应用 …… (17)
天然气管理 …… (17)
概述 …… (17)
生产能力 …… (17)
生产经营 …… (17)
天然气开发管理 …… (17)
勘探工程 …… (18)
地震工作量 …… (18)
物探技术成果 …… (18)
钻井工作量 …… (18)
钻井主要技术经济指标 …… (18)
钻井工程质量 …… (18)
特殊工艺井主要指标 …… (18)
深井、超深井主要指标 …… (19)
油气测试 …… (19)
试油试气技术进展 …… (19)
采油工程 …… (19)
采油工程队伍 …… (19)
重点工艺技术措施 …… (19)
采油工程综合管理 …… (19)
井下作业队伍 …… (20)
井下作业工作量 …… (20)
井下作业施工能力 …… (20)
井下作业装备 …… (20)
油气集输 …… (20)
概述 …… (20)
主要技术经济指标 …… (20)
油田水质检测技术座谈会 …… (20)
海上油气开采设施及生产 …… (21)
设备管理 …… (21)
概述 …… (21)
油田设备 …… (21)
设备管理 …… (22)
基层管理 …… (22)
概述 …… (22)
五项劳动竞赛 …… (22)
精细化管理工作会 …… (22)
市场管理 …… (22)
概述 …… (22)
队伍准入 …… (23)
油藏经营管理 …… (23)
基础管理 …… (23)
油藏经营评价 …… (23)
油藏经营分析 …… (23)
重点油田目标管理 …… (24)

石油工程

综述 …………………………………………（26）
石油地球物理勘探 ……………………（29）
概述 ……………………………………（29）
主要装备 ………………………………（29）
工作量 …………………………………（29）
效率及质量 ……………………………（29）
高精度三维地震技术进展 ……………（29）
主要获奖情况 …………………………（30）
工程新纪录 ……………………………（30）
钻井工程 ………………………………（31）
概述 ……………………………………（31）
市场分布 ………………………………（31）
主要装备 ………………………………（31）
主要技术经济指标 ……………………（31）
重点工艺井应用 ………………………（31）
主要创新成果 …………………………（31）
工程新纪录 ……………………………（31）
井下作业 ………………………………（32）
概述 ……………………………………（32）
作业工作量 ……………………………（32）
工程新纪录 ……………………………（32）
石油地球物理测井 ……………………（32）
概述 ……………………………………（32）
队伍 ……………………………………（32）
工作量 …………………………………（32）
工程新纪录 ……………………………（32）
石油地质录井 …………………………（33）
概述 ……………………………………（33）
队伍 ……………………………………（33）
工作量 …………………………………（33）
工程新纪录 ……………………………（33）
油田地面建设和设计 …………………（33）
概述 ……………………………………（33）
重点工程 ………………………………（33）
工程新纪录 ……………………………（33）
水、电 …………………………………（34）
概述 ……………………………………（34）
重点工程 ………………………………（34）

炼油生产

综述 …………………………………………（36）
原油资源及储运 ………………………（37）
储运设备 ………………………………（37）
原油资源 ………………………………（37）
自产原油销售流向 ……………………（37）
确保自产原油的全产全销 ……………（37）
新建原油管道和原油库投产 …………（38）
优化既有原油管网和国内二、
三程运输 ……………………………（39）
天津南疆地区储运设施整合 …………（39）
降低进口原油采购成本 ………………（39）
原油资源优化项目应用 ………………（39）
石油炼制 ………………………………（40）
概述 ……………………………………（40）
常减压蒸馏 ……………………………（40）
催化裂化 ………………………………（40）
延迟焦化 ………………………………（41）
催化重整 ………………………………（41）
炼油达标 ………………………………（42）
润滑油生产 ……………………………（42）
质量管理 ………………………………（43）
概述 ……………………………………（43）
产品实物质量 …………………………（43）
产品质量管理 …………………………（43）
质量管理体系 …………………………（43）
设备管理 ………………………………（43）
概述 ……………………………………（43）
检维修管理 ……………………………（43）
设备防腐蚀管理 ………………………（43）
烟机运行管理 …………………………（43）
加热炉运行情况 ………………………（43）
计量管理 ………………………………（44）
概述 ……………………………………（44）
原油储运损失管理 ……………………（44）
计量信息化推进 ………………………（44）
炼油自销产品销售 ……………………（44）
概述 ……………………………………（44）
销售管理 ………………………………（44）

润滑油专业管理 …………………… (44)
沥青专业管理 ……………………… (44)
产销计划管理 ……………………… (44)

化 工 生 产

综述 ………………………………… (46)
有机原料 …………………………… (48)
概述 ………………………………… (48)
乙烯 ………………………………… (51)
丙烯 ………………………………… (51)
丁二烯 ……………………………… (51)
苯 …………………………………… (51)
甲苯 ………………………………… (51)
混合二甲苯 ………………………… (53)
对二甲苯 …………………………… (53)
邻二甲苯 …………………………… (53)
间二甲苯 …………………………… (53)
甲醇 ………………………………… (53)
丁醇 ………………………………… (53)
辛醇 ………………………………… (53)
环氧乙烷 …………………………… (53)
环氧丙烷 …………………………… (54)
环氧氯丙烷 ………………………… (54)
醋酸 ………………………………… (54)
苯酚 ………………………………… (54)
丙酮 ………………………………… (54)
苯乙烯 ……………………………… (54)
苯酐 ………………………………… (54)
合成树脂 …………………………… (54)
概述 ………………………………… (54)
聚乙烯 ……………………………… (55)
低密度聚乙烯 ……………………… (56)
高密度聚乙烯 ……………………… (56)
线性低密度聚乙烯 ………………… (57)
聚丙烯 ……………………………… (57)
聚苯乙烯 …………………………… (57)
聚氯乙烯 …………………………… (57)
ABS ………………………………… (59)
其他树脂 …………………………… (59)
合成橡胶 …………………………… (59)
概述 ………………………………… (59)
顺丁橡胶 …………………………… (60)
丁苯橡胶 …………………………… (60)
SBS热塑性弹性体 ………………… (61)
丁基橡胶 …………………………… (61)
SIS橡胶 …………………………… (62)
SEBS橡胶 ………………………… (62)
合成纤维 …………………………… (62)
概述 ………………………………… (62)
合成纤维原料 ……………………… (64)
合成纤维聚合物 …………………… (65)
合成纤维 …………………………… (67)
精细化工 …………………………… (69)
概述 ………………………………… (69)
催化剂 ……………………………… (70)
表面活性剂 ………………………… (70)
合成胶黏剂 ………………………… (71)
生物化工 …………………………… (72)
化肥 ………………………………… (72)
概述 ………………………………… (72)
新装置试车 ………………………… (73)
产量 ………………………………… (73)
技术经济指标 ……………………… (73)
化肥相关政策 ……………………… (74)
化肥行业会议 ……………………… (75)
无机原料 …………………………… (75)
概述 ………………………………… (75)
硫酸 ………………………………… (76)
硝酸 ………………………………… (76)
盐酸 ………………………………… (76)
烧碱 ………………………………… (76)
纯碱 ………………………………… (76)
质量管理 …………………………… (76)
概述 ………………………………… (76)
质量管理信息化建设 ……………… (76)
化工产品等级品率完成情况 ……… (77)
产品质量监督抽查情况 …………… (77)
设备管理 …………………………… (77)
概述 ………………………………… (77)
设备动力管理会议 ………………… (77)

工作调研 …………………………（79）
组织长周期生产 ………………………（79）
达标管理 ……………………………（79）
企业达标 …………………………（79）
专业达标 …………………………（79）
节能专业达标 ………………………（79）
同类装置竞赛 ………………………（80）
技术经济指标考核 …………………（80）
基础技术管理 ………………………（80）
新技术应用 …………………………（80）
计量管理 ……………………………（81）
计量大检查 …………………………（81）
化工产品交接计量管理规范 ………（81）
炼化企业能源计量基础保障工作座谈会 …………………………（81）

炼化公用工程

综述 …………………………………（83）
热电 …………………………………（83）
概述 ………………………………（83）
热电生产经营稳步增长 ……………（83）
技术经济指标持续改善 ……………（84）
整体效益实现扭亏增盈 ……………（86）
着力提升机组运行效率 ……………（86）
营造“比学赶帮超”专业氛围 ……（86）
污染治理工作取得进展 ……………（87）
供排水与空分 ………………………（87）
概述 ………………………………（87）

产品销售

油品销售

综述 …………………………………（89）
市场保供 ……………………………（89）
“三夏”保供 ………………………（89）
南方抗旱保供 ………………………（89）
华北雪灾保供 ………………………（90）
营销管理 ……………………………（90）
市场经营分析预测 …………………（90）
零售经营 …………………………（90）
直分销经营 ………………………（90）
润滑油经营 ………………………（90）
燃料油经营 ………………………（91）
非油品经营 ………………………（91）
物流保障 …………………………（91）
网点优化 ……………………………（91）
加油（气）站建设 …………………（91）
储运设施优化 ………………………（91）
改革与管理 …………………………（91）
体制机制完善 ………………………（91）
劳动用工管理 ………………………（91）
安全数质量管理 ……………………（92）
财务管理 …………………………（92）
业务公开 …………………………（92）
教育培训 …………………………（92）

化工产品销售

综述 …………………………………（92）
专业管理 ……………………………（93）
客户关系维护与市场开拓 …………（93）
商情管理 …………………………（93）
“服务年”活动 ……………………（93）
客户服务中心成立 …………………（93）
产销研结合 …………………………（93）
体制机制逐步完善 …………………（94）
信息化建设 …………………………（94）
管理与考核 …………………………（94）
外贸体制整合 ………………………（94）
监管体制建设 ………………………（94）
队伍建设 …………………………（94）
销售网络建设 ………………………（95）
概述 ………………………………（95）
产品储运 ……………………………（95）
基础管理 …………………………（95）
物流信息化建设 ……………………（95）
物流优化 …………………………（95）
化工铁路自备罐车集中管理 ………（95）
化工产品市场行情 …………………（95）
合成树脂市场 ………………………（95）
合成橡胶市场 ………………………（95）
有机化工产品市场 …………………（95）
合纤原料市场 ………………………（95）

合成纤维市场 …………………………（96）

国际化经营

综述 ………………………………………（98）
对外经济合作 ……………………………（98）
境内合资合作 …………………………（98）
境外油气勘探开发 ……………………（98）
境外炼化合资合作 ……………………（98）
境外石油工程技术服务 ………………（98）
境外石化工程技术服务 ………………（99）
国际科技合作 …………………………（99）
国际贸易 …………………………………（99）
原油和成品油进出口 …………………（99）
化工产品进出口 ………………………（99）
设备材料进出口 ………………………（99）
技术引进 ………………………………（99）
外事管理 …………………………………（99）
重要对外交往活动 ……………………（99）
外事管理制度建设 ……………………（100）
因公出国（境）管理 …………………（100）
境外公共安全管理 ……………………（100）
境外机构管理 …………………………（100）
国外智力引进工程 ……………………（101）

重点工程建设

综述 ………………………………………（103）
油田地面建设项目 ………………………（103）
川气东送工程陆续建成投产 …………（103）
松南气田10亿立方米产能建设
地面工程基本建成投用 ……………（104）
塔河油田十二区产能建设地
面工程（三期）建成投用 …………（104）
榆林—济南输气管道工程续建 ………（104）
炼油项目 …………………………………（104）
青岛石化加工高酸原油适应性
改造工程建成中交 …………………（104）
洛阳油品质量升级改造一阶段
工程投料试车 ………………………（104）
塔河重质原油改质项目开工建设 ……（104）
长岭适应原油劣质化和油品质
量升级改造工程续建 ………………（104）
湛江东兴炼油配套完善工程建
成投料试车 …………………………（104）
化工项目 …………………………………（105）
福建炼油乙烯工程投料试车 …………（105）
天津炼油乙烯一体化工程投料试车 …（105）
川维30万吨/年醋酸乙烯项目续建 …（105）
上海60万吨/年芳烃联合装置
投料试车 ……………………………（105）
扬子50万吨/年醋酸及配套项
目建成中交 …………………………（105）
齐鲁丁苯橡胶工程投料试车 …………（105）
镇海100万吨/年乙烯工程建成
中交 …………………………………（105）
东方石化搬迁改造工程建成投
料试车 ………………………………（105）
物流储运项目 ……………………………（105）
鲁皖二期（西线）成品油管道
工程陆续建成投用 …………………（105）
福炼一体化配套成品油管线一
期工程续建 …………………………（105）
昆明—大理成品油管道工程建
成投用 ………………………………（105）
柳州—桂林成品油管道工程续建 ……（106）
江苏成品油管道（江南线）工
程开工建设 …………………………（106）
白沙湾原油商业储备基地工程
建成投用 ……………………………（106）
茂名北山岭原油商业储备基地
工程开工建设 ………………………（106）
两成品油管道及油库配套设施
工程竣工验收 ………………………（106）
工程建设管理 ……………………………（106）
重点工程建设管理 ……………………（106）
设计管理 ………………………………（106）
生产准备与投料试车 …………………（107）
竣工验收 ………………………………（109）
南京项目管理中心 ……………………（111）
工程建设监管 ……………………………（111）
工程质量监督 …………………………（111）

招标投标管理 …………（111）
标准管理 …………（112）
炼油化工定额和工程造价管理 …………（116）
石油工程造价管理 …………（117）
工程建设企业管理 …………（118）
概述 …………（118）
生产经营 …………（118）
安全管理 …………（120）
企业改革 …………（120）
技术质量管理 …………（120）
《中国石化炼化工程建设标准》英文版编制 …………（120）
典型施工工法中英文版动画开发 …………（121）
建筑业统计 …………（121）
设计企业资质管理 …………（121）
设计人员执业资格管理 …………（121）
优秀勘察设计评选 …………（121）
工程建设监理管理 …………（121）
施工企业资质管理 …………（122）
工程招标 …………（122）

安全环保

综述 …………（124）
安全与健康监督管理 …………（124）
安全事故情况 …………（124）
“我要安全”主题活动 …………（124）
安全环保大检查 …………（124）
安全先进单位和先进个人 …………（125）
安全教育培训 …………（125）
安全活动 …………（125）
隐患治理 …………（125）
安全“三同时”监督管理 …………（125）
职业健康管理 …………（125）
安全科技 …………（126）
环保监督管理 …………（126）
概述 …………（126）
HSE管理体系环保内容实施要点 …………（126）
环境保护先进单位和先进工作者 …………（127）
水体污染防控 …………（127）
污染综合治理 …………（127）
清洁生产 …………（127）
综合利用 …………（127）
环保专项治理 …………（127）
环保科研攻关 …………（127）
石油炼制工业含油污泥处理技术 …………（127）
橡胶生产尾气资源回收及治理技术 …………（128）
中国石化炼化企业污染源调查及治理方案研究 …………（128）
炼油化工企业节水减排技术解决方案 …………（128）
开发HSE系统及清洁生产信息管理系统 …………（128）
中国石化炼化企业合规性评价体系 …………（128）
油气田及输油气管道安全保护 …………（129）
概述 …………（129）
油气田整治专项活动 …………（129）
打击整治涉油犯罪 …………（129）
推进油气安全保护工作基础建设 …………（129）
增强企业安全防控能力 …………（129）
巩固企地警联防工作模式 …………（130）
改善油区和管道沿线法制环境 …………（130）
整治成果 …………（130）

节能减排

综述 …………（132）
节能管理 …………（134）
概述 …………（134）
主题宣传活动 …………（134）
加大考核和奖惩力度 …………（134）
狠抓装置运行结构及负荷优化 …………（134）
强化过程管理 …………（135）
继续开展创建清洁生产企业活动 …………（135）
油田板块节能工作 …………（135）
炼油板块节能工作 …………（135）
化工板块节能工作 …………（136）
油品销售节能工作 …………（136）
油田存续企业节能工作 …………（137）
公用工程板块节能工作 …………（137）
节水减排 …………（137）

节水减排竞赛 …………（137）
二氧化硫控制减排 …………（138）
炼油企业节水减排 …………（138）

科研开发

综述 …………（140）
科技成果 …………（141）
概述 …………（141）
纳米空心钛硅分子筛催化剂工业制备技术 …………（142）
NCH6型丁醛辛烯醛气相加氢催化剂 …………（142）
塔河油田碎屑岩目标评价及勘探技术 …………（142）
川西须家河组天然气富集规律及勘探配套方法技术 …………（142）
松辽盆地南部断陷层勘探目标与技术研究 …………（143）
陆相断陷盆地复杂油气藏地震响应定量模式及应用 …………（143）
疏松砂岩油藏水平井完井修井技术 …………（143）
特超稠油油藏HDCS强化采油技术 …………（144）
高含酸原油直接催化裂化脱酸成套工艺技术的开发及工业应用 …（144）
催化裂化催化剂生产中节能降耗成套技术开发 …………（144）
OCT-MD生产国Ⅳ清洁汽油成套技术开发及工业应用 …………（144）
14万吨/年己内酰胺成套新技术开发 …………（145）
5万吨/年乙烯三聚制1-己烯成套技术开发 …………（145）
双峰聚乙烯催化剂的工业应用 ……（145）
分子筛气相法乙苯清洁生产成套技术 …………（145）
13万吨/年丙烯腈装置工业化成套技术开发 …………（146）
新产品开发 …………（146）
合成树脂新产品 …………（146）
合成纤维新产品 …………（147）
石化知识产权 …………（148）
概述 …………（148）
技术监督 …………（148）
标准化管理 …………（148）
质量管理与监督 …………（152）
计量管理与监督 …………（153）

企业改革与管理

综述 …………（155）
重组改革 …………（155）
理顺资产公司与有关企业管理关系 …………（155）
调整完善西南地区上游企业管理体制 …………（155）
组建中国石化集团石油工程技术研究院 …………（155）
组建中国石油化工股份有限公司石油物探技术研究院 …………（156）
调整完善区外油品销售企业管理体制 …………（156）
设立中国石化化工销售有限公司及完善化工产品进出口业务管理体制 …………（156）
设立中国石化炼油销售有限公司及整合石油焦业务 …………（156）
研究形成科技体制调整方案 ………（156）
研究形成海外管理体制调整试点方案 …………（157）
调整完善物资供应体制 …………（157）
调整完善商业储备油运作体制 ……（157）
调整管道储运公司管理归属 ………（157）
深化社区改革 …………（157）
重组设立中国石化集团南京工程有限公司 …………（157）
加强炼化工程海外市场的集中管理 …………（157）
成立中国石化国际石油勘探开发有限公司 …………（158）

设立中国石化天然气有限责任公司 …… (158)
设立中国石化汽车行业技术合作中心 …… (158)
企业管理 …… (158)
研究推进塑造中国石化特色管理模式 …… (158)
推进统一的标准化制度体系建设 …… (158)
改善经营管理建议 …… (158)
“三基”工作 …… (159)
管理现代化创新成果 …… (159)
中国企业新纪录 …… (159)
修订完善石化集团公司《年度绩效考核管理办法》 …… (159)
制定《总经理奖励管理办法》 …… (159)
推动实施经济增加值考核 …… (159)
加强对企业考核工作的规范指导 …… (160)
资本运作 …… (160)
收购鲁润股份部分资产 …… (160)
收购成品油管道项目部等6项资产及股权 …… (160)
收购非上市科研单位部分资产及股权 …… (160)
信息化建设与管理 …… (160)
概述 …… (160)
ERP系统建设与应用 …… (161)
生产营运指挥系统建设与应用 …… (161)
资金集中管理系统建设与应用 …… (161)
重点业务公开系统建设与应用 …… (161)
全面预算管理系统建设与应用 …… (161)
供应链系统建设与应用 …… (161)
加油卡系统建设与应用 …… (162)
其他信息系统建设与应用 …… (162)
油田企业信息化建设与应用 …… (162)
炼化企业信息化建设与应用 …… (162)
销售企业信息化建设与应用 …… (162)
科研和工程建设单位信息化建设与应用 …… (162)
信息基础建设与应用 …… (163)
信息化管理 …… (163)

财务资产管理

综述 …… (165)
预算管理 …… (165)
深化全面预算管理 …… (165)
改进经济活动分析 …… (166)
资金管理 …… (166)
资金集中管理 …… (166)
筹融资管理 …… (166)
资金日常管理 …… (166)
资产管理 …… (167)
资产清查 …… (167)
资产基础管理 …… (167)
清理整顿和改制分流圆满收尾 …… (167)
会计管理 …… (167)
会计集中核算 …… (167)
财务决算管理 …… (167)
会计基础工作 …… (168)
财会人员技能达标竞赛工作 …… (168)
内控建设 …… (168)
修订完成内部控制手册 …… (168)
推进内控一体化建设 …… (168)
内控检查评价 …… (168)
财务风险防范 …… (169)
土地管理 …… (169)
土地管理信息化建设 …… (169)
土地管理制度建设 …… (169)
协调解决建设用地用而未批问题 …… (169)
强化土地管理工作的现场指导 …… (169)
政策研究 …… (169)
争取国家政策支持 …… (169)
内部经营管理政策 …… (169)
规范研发费用管理 …… (170)
财务状况 …… (170)
概述 …… (170)
重要财税政策 …… (170)
石油价格 …… (170)
增值税 …… (170)
所得税 …… (170)

人事管理

综述 ……………………………………………（175）
领导人员管理 ……………………………………（175）
　领导班子思想政治建设 ………………………（175）
　干部人事制度改革 ……………………………（176）
　领导班子考核调整 ……………………………（176）
　干部监督工作 …………………………………（176）
　中层领导人员管理 ……………………………（176）
人才队伍管理 ……………………………………（176）
　人才成长通道和工作机制建设 ………………（176）
　引进海外高层次人才 …………………………（176）
　人才评价及职称评审工作 ……………………（177）
　高层次人才选拔和管理工作 …………………（177）
　博士后工作 ……………………………………（177）
　职业技能鉴定 …………………………………（177）
　职业技能竞赛 …………………………………（177）
　首席技师培训 …………………………………（177）
　技能创新成果展评 ……………………………（177）
劳动与薪酬管理 …………………………………（177）
　用工总量管控 …………………………………（177）
　薪酬分配管理 …………………………………（178）
　人工成本控制 …………………………………（178）
人才培训管理 ……………………………………（178）
　概述 ……………………………………………（178）
　培训宏观管理和基础建设 ……………………（178）
　高层经营管理人员培训 ………………………（178）
　高层次专业技术人才培训 ……………………（178）
　高级技能人才培训 ……………………………（178）
　国际化人才培训 ………………………………（178）
　毕业生引进 ……………………………………（179）
总部机关人事管理 ………………………………（179）
　概述 ……………………………………………（179）
　总部机关管理职能梳理 ………………………（179）
　员工队伍建设 …………………………………（179）
　薪酬保险等工作 ………………………………（179）
综合与信息管理 …………………………………（179）
　人力资源信息系统建设 ………………………（179）
　人事报表统计分析 ……………………………（179）
　人事信息工作 …………………………………（179）
　人事档案管理 …………………………………（179）
离退休人员管理 …………………………………（180）
　概述 ……………………………………………（180）
　落实离休干部生活和医疗待遇 ………………（180）
　开展新中国成立60周年慰问“三老”活动 ……（180）
　印发《关于加强新形势下离退休工作的意见》 …（180）
　离退休工作受国家表彰 ………………………（180）
　举办第二届离退休人员文艺汇演 ……………（180）
　参加首届全国老年人体育健身大会 …………（180）

物资采购与管理

综述 ……………………………………………（182）
物资采购 …………………………………………（182）
　概述 ……………………………………………（182）
　强化供应市场研究 ……………………………（182）
　保障生产长周期稳定运行 ……………………（182）
　保障重点工程项目物资供应 …………………（182）
　总部集中采购 …………………………………（182）
　网上采购 ………………………………………（183）
业务改造 …………………………………………（183）
　专业化分工与流程化操作运行机制建设 ……（183）
　业绩引导订货机制建设 ………………………（183）
　框架协议采购 …………………………………（183）
　库存资金占用责任主体调整 …………………（183）
物资供应管理 ……………………………………（183）
　概述 ……………………………………………（183）
　调整物资供应价值取向 ………………………（184）
　巩固完善物资供应管理体制 …………………（184）
　优化完善物资供应规章制度 …………………（184）
　强化供应商关系管理 …………………………（184）
　采购成本控制 …………………………………（184）
　物资供应质量管理 ……………………………（184）
　物资供应管理信息化建设 ……………………（184）
　物资供应监管 …………………………………（185）
　储备管理工作 …………………………………（185）

物资供应系统培训工作 …………… (185)
重大装备国产化 …………… (185)
概述 …………… (185)

审计与监察

内部审计

综述 …………… (187)
管理和效益审计 …………… (187)
概述 …………… (187)
总部组织实施的管理和效益审计 …… (187)
企业组织实施的管理和效益审计 …… (187)
经济责任审计 …………… (187)
概述 …………… (187)
总部组织实施的经济责任审计 …… (187)
企业组织实施的经济责任审计 …… (187)
内控审计评价 …………… (187)
概述 …………… (187)
总部组织实施的内部控制审计评价 …………… (188)
企业组织实施的内部控制审计评价 …………… (188)
工程投资审计 …………… (188)
概述 …………… (188)
总部组织实施的工程投资审计 …… (188)
企业组织实施的工程投资审计 …… (188)
财务收支审计 …………… (188)
概述 …………… (188)
总部组织实施的财务收支审计 …… (188)
企业组织实施的财务收支审计 …… (188)
涉外审计 …………… (188)
概述 …………… (188)
总部组织实施的涉外审计 …………… (188)
企业组织实施的涉外审计 …………… (188)
审计基础管理工作 …………… (189)
审计业务组织和管理改进创新取得新突破 …………… (189)
审计制度建设取得新进展 …………… (189)
审计信息化建设取得新进步 ……… (189)
审计队伍建设取得新成绩 …………… (189)
其他工作 …………… (189)
协调和配合国务院监事会工作 …… (189)

纪检监察

综述 …………… (190)
惩防体系建设 …………… (190)
概述 …………… (190)
落实党风廉政建设责任制 …………… (190)
召开纪检监察工作视频会议 ……… (190)
召开纪检监察监督网会议 …………… (191)
召开直属企事业单位纪委书记座谈会 …………… (191)
巡视工作 …………… (191)
队伍建设 …………… (191)
源头治理 …………… (192)
概述 …………… (192)
业务公开 …………… (192)
重点业务监督管理 …………… (192)
工程建设领域突出问题专项治理工作 …………… (192)
领导人员廉洁自律 …………… (193)
概述 …………… (193)
反腐倡廉教育 …………… (193)
概述 …………… (193)
廉洁文化建设 …………… (193)
效能监察 …………… (193)
概述 …………… (193)
统一立项效能监察 …………… (193)
重点项目效能监察 …………… (194)

法律事务

综述 …………… (196)
体系建设 …………… (196)
概述 …………… (196)
法律事务工作会议召开 …………… (196)
法律事务职能管理 …………… (197)
法制工作三年目标计划推进 ……… (197)
筹划法律事务考评机制 …………… (197)
法律事务制度建设 …………… (197)
合同项目 …………… (197)
概述 …………… (197)
合同管理信息化 …………… (197)

最佳实践文本化 …………………… (198)
国别法律环境研究 …………………… (198)
服务石油和炼化工程 …………………… (198)
服务融资担保 …………………… (198)
合同基础管理 …………………… (198)
重大项目法律服务 …………………… (198)
总部机关合同管理 …………………… (198)
纠纷诉讼 …………………… (199)
概述 …………………… (199)
内部法律纠纷调解处理 …………………… (199)
不良资产核销和清债项目法律审核 …………………… (199)
法律风险防控 …………………… (199)
公司事务 …………………… (199)
概述 …………………… (199)
立法研究 …………………… (199)
专项改革服务 …………………… (199)
体制转换 …………………… (199)
公司事务 …………………… (200)
商标管理 …………………… (200)
普法培训 …………………… (200)
概述 …………………… (200)
以科学发展观统领法制宣传教育工作 …………………… (200)
加强安全生产法制宣传 …………………… (200)
领导干部学法用法制度化 …………………… (200)
加强法制宣传教育制度体系建设 …… (201)
发挥新闻媒体等宣传阵地作用 …… (201)
开展法制宣传日活动 …………………… (201)
召开年度法制宣传教育工作会议 …… (201)
举办“五五”普法系列讲座 …………………… (201)
举办法律事务机构负责人培训班 …… (201)
举办企业法律顾问执业资格考试培训班 …………………… (202)
开展合同管理员任职资格培训 …… (202)
法律资源 …………………… (202)
概述 …………………… (202)
信息门户建设 …………………… (202)
文档电子化 …………………… (202)
外聘律师管理 …………………… (202)
加强同行交流 …………………… (202)
法律中介机构交流 …………………… (203)

党建与思想政治工作

综述 …………………… (205)
党建工作 …………………… (205)
学习实践活动 …………………… (205)
基层党建 …………………… (205)
作风建设 …………………… (205)
思想政治工作 …………………… (205)
理论学习教育 …………………… (205)
形势任务教育 …………………… (206)
社会主义核心价值观和思想道德教育 …………………… (206)
思想政治工作研究 …………………… (206)
先进典型选树推广 …………………… (206)
和谐企业建设 …………………… (206)
企业民主管理 …………………… (206)
帮扶救助 …………………… (207)
防范工作 …………………… (207)
青年工作 …………………… (207)
文体活动 …………………… (207)
社区管理服务 …………………… (207)
企业文化建设 …………………… (208)
概述 …………………… (208)
企业社会责任 …………………… (208)
概述 …………………… (208)
油气保供 …………………… (208)
服务国庆60周年庆典 …………………… (208)
健康快车光明行 …………………… (208)
扶贫援藏 …………………… (208)
春蕾计划 …………………… (208)

新闻与出版

新闻媒体 …………………… (210)
概述 …………………… (210)
《中国石化报》 …………………… (210)
《中国石化》杂志 …………………… (210)
《中国石化新闻》 …………………… (210)
中国石化新闻网 …………………… (210)

《中国石化新闻界》 …………………… (211)
《车友报》 …………………………………… (211)
《中国石化手机报》 …………………… (211)
中国石化团购网 ………………………… (211)
中国石化新闻图片网 …………………… (211)
图书出版 …………………………………… (212)
概述 ………………………………………… (212)
《石油替代综论》出版发行 ……… (212)
《现代测井技术应用典型实例》出版发行 ………………………… (212)
《油田采油生产管柱技术手册》出版发行 ………………………… (212)
《石油加工过程中的脱硫》出版发行 ……………………………… (212)
《炼油与石化工业技术进展(2009)》出版发行 ………………………… (212)
《石脑油催化重整 (第二版)[美][沙特]》出版发行 ……… (213)
《化工设计 (第4版)[英]》出版发行 ……………………………… (213)
《油田企业HSE培训系列教材》出版发行 ………………………… (213)
《能源百科简明辞典》出版发行 … (213)
《石油化工装置工艺管道安装设计手册》(第四版)出版发行 …… (213)
《消防安全教育丛书》出版发行 …… (213)
《石油化学》等一批“十一五”规划教材出版发行 ……………… (214)

企事业单位

油田企业

胜利油田 …………………………………… (220)
中原油田 …………………………………… (222)
河南油田 …………………………………… (227)
江汉油田 …………………………………… (231)
江苏油田 …………………………………… (234)
新星石油公司 …………………………… (237)
上海海洋石油局暨上海海洋油气分公司 …………………………………… (239)
西北石油局暨西北油田分公司 ……… (243)
西南油气田 ……………………………… (246)
勘探南方分公司 ………………………… (250)
东北油气分公司暨东北石油局 ……… (253)
华北石油局暨华北分公司 …………… (256)
华东石油局暨华东分公司 …………… (259)
管道公司 …………………………………… (264)

炼化企业

燕山石化 …………………………………… (267)
齐鲁石化 …………………………………… (272)
上海石化 …………………………………… (275)
高桥石化 …………………………………… (279)
金陵石化 …………………………………… (282)
茂名石化 …………………………………… (285)
镇海炼化 …………………………………… (289)
天津石化 …………………………………… (292)
扬子石化 …………………………………… (296)
扬巴公司 …………………………………… (299)
巴陵石化 …………………………………… (300)
长岭炼化 …………………………………… (305)
仪征化纤 …………………………………… (307)
南京化工公司 …………………………… (311)
福建炼化 …………………………………… (314)
广州石化 …………………………………… (316)
洛阳石化 …………………………………… (321)
安庆石化 …………………………………… (325)
荆门石化 …………………………………… (329)
四川维尼纶厂 …………………………… (332)
九江石化 …………………………………… (335)
湖北化肥 …………………………………… (338)
石庄家炼化 ……………………………… (340)
济南炼化 …………………………………… (343)
武汉石化 …………………………………… (344)
中原石化 …………………………………… (347)
沧州炼化 …………………………………… (349)
润滑油分公司 …………………………… (353)
保定石化厂 ……………………………… (355)
青岛石化 …………………………………… (357)
湛江东兴公司 …………………………… (359)
北海分公司 ……………………………… (361)
西安石化 …………………………………… (362)
塔河分公司 ……………………………… (365)

海南炼化 …………………………………… (368)
青岛炼化 …………………………………… (371)
催化剂分公司 ……………………………… (373)

油品销售企业

北京石油分公司 …………………………… (375)
天津石油分公司 …………………………… (379)
河北石油分公司 …………………………… (380)
山西石油分公司 …………………………… (382)
山东石油分公司 …………………………… (385)
河南石油分公司 …………………………… (387)
上海石油分公司 …………………………… (389)
江苏石油分公司 …………………………… (391)
浙江石油分公司 …………………………… (393)
安徽石油分公司 …………………………… (395)
福建石油分公司 …………………………… (398)
江西石油分公司 …………………………… (400)
湖北石油分公司 …………………………… (403)
湖南石油分公司 …………………………… (405)
广东石油分公司 …………………………… (407)
广西石油分公司 …………………………… (409)
海南石油分公司 …………………………… (411)
贵州石油分公司 …………………………… (413)
云南石油分公司 …………………………… (415)
四川石油分公司 …………………………… (416)
重庆石油分公司 …………………………… (417)
内蒙古石油分公司 ………………………… (418)
销售华北分公司 …………………………… (420)
销售华东分公司 …………………………… (422)
销售华中分公司 …………………………… (423)
销售华南分公司 …………………………… (425)

科 研 单 位

石油勘探开发研究院 ……………………… (427)
石油工程技术研究院 ……………………… (429)
石油化工科学研究院 ……………………… (431)
北京化工研究院 …………………………… (434)
抚顺石油化工研究院 ……………………… (437)
上海石油化工研究院 ……………………… (440)
安全工程研究院 …………………………… (443)
管理干部学院 ……………………………… (445)

设计施工单位

工程建设公司 ……………………………… (447)
上海工程公司 ……………………………… (451)
洛阳工程公司 ……………………………… (455)
宁波工程公司 ……………………………… (460)
南京工程公司 ……………………………… (464)
第四建设公司 ……………………………… (467)
第五建设公司 ……………………………… (469)
第十建设公司 ……………………………… (474)
炼化工程公司 ……………………………… (476)

专业公司及其他单位

国际石油勘探开发公司 …………………… (477)
国际石油工程公司 ………………………… (479)
财务公司 …………………………………… (481)
百川公司（机关服务中心） ……………… (483)
经济技术研究院（咨询公司） …………… (485)
石化报社 …………………………………… (488)
石化出版社（中国石化国内展览
　办公室） ………………………………… (488)
国际事业公司 ……………………………… (489)
联合石化公司 ……………………………… (490)

人　　物

中国工程院院士 …………………………… (492)
　马永生 …………………………………… (492)
新世纪百千万人才工程国家级人选 … (492)
　王增林 …………………………………… (492)
　蔡　智 …………………………………… (492)
　董玉群 …………………………………… (492)
全国“五一”劳动奖章获得者 ………… (492)
　李忠华 …………………………………… (492)
　王金铎 …………………………………… (493)
　吕幸端 …………………………………… (493)
　李宪芝 …………………………………… (493)
　简加田 …………………………………… (493)
　杨大寿 …………………………………… (493)
　王永健 …………………………………… (493)
　陈希阳 …………………………………… (494)
　戚亚美 …………………………………… (494)
　侯　勇 …………………………………… (494)

金宏伟 …………………………………… (494)
李斌红 …………………………………… (494)
沈宗文 …………………………………… (495)
周正清 …………………………………… (495)
樊士宏 …………………………………… (495)
全国杰出青年岗位能手 ………………… (495)
王建忠 …………………………………… (495)
全国青年岗位能手 ……………………… (495)
杨　华 …………………………………… (495)
毛谦明 …………………………………… (496)
侯树刚 …………………………………… (496)

重要规章制度

中国石油化工集团公司驻外机构档案管理规定（试行） ………… (498)
中国石化易捷便利店管理（分类）标准（试行） ………………… (500)
中国石化突出贡献专家评选办法（试行） ………………………… (501)
中国石油化工集团公司合同管理规定 ……………………………… (502)
中国石化供应商管理规定 ………………… (505)
中国石油化工集团公司商标管理办法 ……………………………… (506)
安全事故管理规定 ………………………… (508)

统计资料

中国石油化工统计 ………………………… (514)
世界石油化工统计 ………………………… (529)

附　录

附录1　科技成果获奖名单 ………… (573)
附录2　企事业单位名录 …………… (579)
附录3　法规性文件一览表 ………… (586)

索　引

主题词索引 ………………………………… (590)
表题索引 …………………………………… (618)

CONTENTS

Chronicle of Events

Survey
Obeying the Down-to-earth Working Style, Maintaining Enterprising Spirit, Struggling Diligently for Achieving Development Strategy Goals of the Group. (5)

Oil and Gas Exploration & Development
• Summary (11)
• Oil and Gas Exploration (13)
• Oilfield Development (14)
• Gas Management (17)
• Exploration Engineering (18)
• Oil Production Engineering (19)
• Gathering and Transportation of Oil and Gas (20)
• Equipment Management (21)
• Grass-Roots Management (22)
• Market Management (22)
• Oil Reservoir Management (23)

Petroleum Engineering
• Summary (26)
• Petroleum Geophysical Exploration (29)
• Drilling Engineering (31)
• Downhole Operation (32)
• Petroleum Geophysical Well Logging (32)
• Geological Logging (33)
• Oilfield Ground Construction and Design (33)
• Water and Electricity (34)

Petroleum Refining
• Summary (36)
• Crude Oil Transportation and Storage (37)
• Petroleum Refining (40)
• Quality Management (43)
• Equipment Management (43)
• Metrology Management (44)
• Petroleum Refining Products Self-Marketing (44)

Petrochemical Production

- Summary .... (46)
- Organic Raw Materials .... (48)
- Synthetic Resins .... (54)
- Synthetic Rubbers .... (59)
- Synthetic Fibers .... (62)
- Fine Chemicals .... (69)
- Chemical Fertilizer .... (72)
- Inorganic Raw Materials .... (75)
- Quality Management .... (76)
- Equipment Management .... (77)
- Target Management .... (79)
- Metrology Management .... (81)

Utilities for Refining & Petrochemical

- Summary .... (83)
- Thermoelectricity .... (83)
- Supply and Draining Water，Air Separation .... (87)

Marketing

Oil Products Marketing

- Summary .... (89)
- Ensuring Market Supply .... (89)
- Marketing Management .... (90)
- Sales Network Optimization .... (91)
- Reform and Management .... (91)

Petrochemical Products Marketing

- Summary .... (92)
- Professional Management .... (93)
- Sales Network Construction .... (95)
- Products Transportation and Storage .... (95)
- The Market for Petrochemical Products .... (95)

International Operation

- Summary .... (98)
- Foreign Economic Cooperation .... (98)
- Foreign Trade .... (99)
- Management of Foreign Affairs .... (99)

Key Projects Construction

- Summary .... (103)

- Oilfield Ground Projects Construction .... (103)
- Refining Projects .... (104)
- Petrochemical Projects .... (105)
- Transportation and Storage Projects .... (105)
- Construction Projects Management .... (106)
- Supervision and Management of Construction Projects .... (111)
- Construction Enterprises Management .... (118)

Safety and Environment

- Summary .... (124)
- Safety, Health Supervision and Management .... (124)
- Environmental Protection Supervision and Management .... (126)
- Comprehensive Pollution Control .... (127)
- Scientific Research on Environmental Protection .... (127)
- Oil and Gas Field , Pipelines Security Protection .... (129)

Energy-Saving and Emission Reduction

- Summary .... (132)
- Energy-Saving Management .... (134)
- Water-Saving and Emission Reduction .... (137)

Scientific Research and Development

- Summary .... (140)
- Scientific & Technological Achievements .... (141)
- Development of New Products .... (146)
- Petrochemical Intellectual Property Rights .... (148)
- Technical Supervision .... (148)

Corporate Reform& Management

- Summary .... (155)
- Restructuring and Reform .... (155)
- Corporate Management .... (158)
- Assets Operation .... (160)
- Informatization Construction& Management .... (160)

Finance & Assets Management

- Summary .... (165)
- Budget Management .... (165)
- Capital Management .... (166)
- Assets Management .... (167)
- Accounting Management .... (167)

● Internal Control System Construction .... (168)
● Land Management .... (169)
● Policy Research .... (169)
● Financial Statement .... (170)
● Main Policies of Finance .... (170)

Personnel Management

● Summary .... (175)
● Cadres Management .... (175)
● Talent Management .... (176)
● Labor and Wages Management .... (177)
● Management of Training .... (178)
● Headquarters Personnel Management .... (179)
● Comprehensive and Informational Management .... (179)
● Retiree Management .... (180)

Material Purchase & Management

● Summary .... (182)
● Material Purchase .... (182)
● Business Reorganization .... (183)
● Material Supply Management .... (183)
● Domestic Supply of Major Equipment .... (185)

Audit & Supervision

Internal Audit

● Summary .... (187)
● Auditing on Benefits and Management .... (187)
● Auditing on Economic Duty .... (187)
● Evaluation on Internal Control Auditing .... (187)
● Auditing on Investment in Projects .... (188)
● Auditing on Financial Revenues and Expenditures .... (188)
● Foreign-related Audit .... (188)
● Foundation Management .... (189)
● Other Work .... (189)

Discipline Supervision

● Summary .... (190)
● Construction of Punishment and Prevention System .... (190)
● Origin Control .... (192)
● Cadres Probity and Self-Discipline .... (193)
● Education on Fighting Corruption and Upholding Integrity .... (193)
● Efficiency Supervision .... (193)

Legal Affairs

• Summary .... (196)
• System Construction .... (196)
• Contract Management and Project Service .... (197)
• Tangle & Lawsuit .... (199)
• Corporate Affairs .... (199)
• Law Popularization Training .... (200)
• Legal Resources .... (202)

Party Building, Ideology and Politics Work

• Summary .... (205)
• Party Building .... (205)
• Ideology and Politics Work .... (205)
• Harmonious Enterprise Construction .... (206)
• Corporate Culture Construction .... (208)
• Social Responsibilities .... (208)

News & Publishing

• News Media .... (210)
• Book Publishing .... (212)

Enterprise & Institutions

Personages

Important Rules and Regulations

Statistics

• China Petrochemical Statistics .... (514)
• World Petrochemical Statistics .... (529)

Appendix

• List of Scientific and Technological Achievement Prize Winners .... (573)
• Directory of Enterprises and Institutions .... (579)
• Title List of Regulatory Documents of Sinopec .... (586)

Index

企业形象宣传专版单位名单

封三　德意志银行

封底　中国联合网络通信有限公司

前　插　页

1. 嘉吉贸易公司
2. 中国银行
3. 天津钢管集团股份有限公司
4. 法国兴业银行
5. 中国建设银行
6. 阿美海外公司
7. 中国工商银行
8. 金桐石油化工有限公司
9. Sembcorp Marine Ltd
10. 连云港港口集团有限公司
11. 巴斯夫（中国）有限公司
12. 威立雅水务技术服务(北京)有限公司
13. Eneos Italsing Pte Ltd
14. 北京鲁奇工程咨询有限公司
15. 哈佛船厂中国有限公司
16. Univation
17. 毕马威华振会计师事务所
18. 雪佛龙菲利普斯国际公司
19. SK
20. 珠海振戎公司
21. 南光（集团）有限公司
22. 中外运长航集团有限公司
23. 艾斯本技术（北京）有限公司

中　插　页

1. 润滑油分公司
2. 江苏油田
3. 新星石油公司
4. 中国石化西北石油局（分公司）
5. 中国石化国际石油勘探开发公司
6. 中国石化集团茂名石油化工公司
7. 中国石化集团上海高桥石油化工公司
8. 中国石化集团上海石油化工有限公司
9. 中国石化集团青岛炼化公司
10. 中国石化石油工程技术研究院
11. 川气东送建设工程党工委指挥部
12. 中国石化东北油气分公司
13. 中国石化金陵石化分公司
14. 中国石化天津石化分公司

15. 中国石化扬子石化分公司
16. 中国石化仪征化纤股份有限公司
17. 中国石化广州石化分公司
18. 中国石化安庆石化分公司
19. 中国石化四川维尼纶厂
20. 中国石化石家庄炼化分公司
21. 中国石化湖北化肥公司
22. 中国石化北京石油分公司
23. 中国石化山东石油分公司
24. 中国石化石油化工科学研究院
25. 中国石化北京化工研究院
26. 中国石化上海石油化工研究院
27. 中国石化工程建设公司
28. 中国石化第四建设公司
29. 中国石化第五建设公司
30. 中国石化国际石油工程公司
31. 惠生控股（集团）有限公司

后 插 页

1. 摩科瑞能源集团
2. 石化盈科信息技术有限责任公司
3. 扬子石化—巴斯夫有限公司
4. 北京东方新星石化工程股份有限公司
5. 上海石化物资交易中心有限公司
6. 中国石化上海沥青销售分公司
7. 埃梯梯（上海）贸易有限公司
8. AET Tankers Pte Limited
9. 康基国际有限公司
10. 丸红（北京）商业贸易有限公司
11. 新加坡PEC股份有限公司
12. 三井化学株式会社
13. 比利时苏威股份有限公司
14. 长盈集团（控股）有限公司
15. 大华银行
16. 星展银行
17. 荷兰商业银行
18. 华润（集团）有限公司
19. 史密夫律师事务所
20. 上海化学工业区发展有限公司
21. 福斯流体技术（上海）有限公司
22. 中海发展股份有限公司油轮公司
23. ABB（中国）有限公司

大事记

2009 年

1月

9日 中国石化与安徽省签署战略合作协议。

10日 中共中央政治局常委、国务院总理温家宝视察金陵石化。

11日 国家科学技术奖励大会在北京人民大会堂举行。中国石化有11个项目获得2009年度国家科技进步奖。

2月

1日 注册成立中国石化化工销售有限公司。

6日 石化集团公司高级顾问、中国工程院院士曹湘洪当选为美国工程院院士。

13日 中共中央政治局常委、中央纪委书记贺国强视察北京化工研究院和生产指挥中心。

15日 中共中央政治局常委、国务院总理温家宝视察天津石化100万吨/年乙烯及配套项目工程。

16日 位于福建泉州的青兰山30万吨级原油码头开港投用。

19日 中国石化与巴西国家石油公司共同签署《合作谅解备忘录》及《原油贸易合同》。

20日 川气东送工程首条管道达化专线顺利投产。

24日 中国石化与中国进出口银行签订授信合作协议。

28日 普光气田天然气净化厂第一联合装置中交。

据国资任字〔2009〕6号文：经研究，任命刘运为中国石油化工集团公司总会计师。

3月

6日 石化集团公司召开深入学习实践科学发展观活动动员大会。

6日 中国石化与河南省签订合作发展现代煤化工框架协议。

10日 “中国石化光明号”健康快车在京启动，奔赴四川达州、吉林省吉林市、广西河池等地区为贫困白内障患者提供免费手术治疗。

19日 中国石化所属白沙湾原油商业储备基地工程及油库二期工程建成中交。

4月

2日 中共中央政治局常委、中央纪委书记贺国强到福建炼化调研。

11日 川气东送管道川维末站顺利实现向四川维尼纶厂供气。至此，川气东送管道一期工程投产成功。

19日 中共中央政治局常委、国务院总理温家宝考察海南炼化。

21日 全国工程建设系统第九届焊工技能大赛在桂林落下帷幕，中国石化代表队获团体第三名，一人获全国技术能手称号。

23日 中国石化与武汉钢铁（集团）公司签订战略合作框架协议。

28日 中国石化5个先进集体获全国“五一”劳动奖状，15名先进个人获全国“五一”劳动奖章，15个先进单位获全国工人先锋号称号。

29日 西南成品油管道、珠三角成品油管道及油库配套工程通过竣工验收。

5月

7日 中国石化与北海市签订战略合作框架协议。

15日 中共中央政治局常委、全国政协主席贾庆林考察福建炼油乙烯项目。

22日 中国石化2008年股东年会在京召开。

31日 在全国妇联和中国儿童少年基金会召开的“春蕾计划”实施20周年纪念暨表彰大会上，中国石化被授予中国儿童慈善奖。

6月

1日 中共中央政治局常委、国务院副总理李克强视察中国石化管道储运分公司京唐输油处曹妃甸原油码头。

1日 安徽蚌埠市首座中国石化捐助的希望小学——怀远县柳沟小学揭牌。

16日 中国石化汽车行业技术合作中心成立仪式在京举行。

25日 中国石化与中国重汽签订战略合作协议。

26日 中国石化石油工程技术研究院在京成立。

29日　石化集团公司召开深入学习实践科学发展观活动总结大会。

7月

8日　美国《财富》杂志公布了2009年度全球500强企业排行榜。中国石化以年销售额2 078.14亿美元排名第九位，成为该榜单中排名最靠前的亚洲企业。

16日　中国石化与北京市人民政府签署战略合作框架协议。

8月

1日　第11届全运会中国石化杯火炬传递活动启动。

7日　中国石化分别与招商局集团有限公司、中国远洋运输（集团）总公司、中国海运（集团）总公司、中国外运长航集团公司签订长期合作协议。

18日　中国石化成功收购总部位于瑞士的Addax石油公司。

23日　中国石化东北油气分公司在十屋断陷部署的预探井十屋8井获重大突破。

26日　镇海炼化首批480吨高质量的I-D级SBS改性沥青产品从宁波运往上海，铺进上海世博会场馆及道路。

9月

5日　2009年中国企业500强发布暨中国大企业高峰会在杭州举行。中国石化以1.46万亿元的营业收入连续第五年位列榜首。

19日　新华网主办的企业社会责任与构建和谐社会论坛授予中国石化履行企业社会责任杰出企业奖，授予苏树林履行企业社会责任杰出人物奖。

28日　扬巴二期扩建项目开工。

10月

18日　中共中央总书记、国家主席、中央军委主席胡锦涛在胜利油田垦东12区看望一线工人。

26日　中科合资广东炼化一体化项目谅解备忘录签署。

27日　中国石化与华润（集团）有限公司签订项目合作框架协议。

28日　中国石化与中国外运长航集团签订战略合作协议。

11月

1日　位于吉林省前郭县境内的东北油气分公司松南气田10亿立方米产能建设项目进气投产一次成功。

3日　中沙（天津）石化有限公司成立。

11日　福建炼油乙烯一体化项目正式投入商业运营。

23日　中国石化正式颁布《中国石油化工集团公司企业文化建设纲要》。

23日　中国石化与国家开发银行签订长期战略合作协议。

28日　中国石化石油物探技术研究院成立暨揭牌仪式在南京举行。

30日　在中华健康快车基金会年会上，石化集团公司获2009年度唯一“光明功勋特别奖”。

12月

4日　中国石化与湖北省政府、武汉市政府加快推进武汉80万吨/年乙烯项目建设战略合作签字仪式在总部举行。

5日　中国石化与国家开发投资公司签订合作备忘录。

6日　中国石化与江西省人民政府签订战略合作协议。

9日　中国石化与中国兵器工业集团公司签订战略合作框架协议。

23—25日　石化集团公司2009年度工作会议在京召开。

25日　中国石化与中国航油签订航煤供应框架协议。

28日　中国石化科学技术研究中心建设奠基仪式在北京昌平区沙河卫星城举行。

30日　中国石化在134家央企信息化水平评价中被国务院国资委评为A级企业，名列第一。

总 述

脚踏实地　奋发进取
为实现公司发展战略目标而努力奋斗

2009年，受国际金融危机影响，石化集团公司经营环境发生重大而深刻的变化，特别是年初市场需求大幅下降、价格大幅下跌，油田板块出现近10年来首次月度亏损，炼化和销售企业库存增加、部分装置被迫减产停产，生产经营一度十分艰难。面对严峻复杂的形势，在党中央、国务院的正确领导下，石化集团公司党组以开展深入学习实践科学发展观活动为契机，围绕"应对危机挑战，推进科学发展"的工作主线，团结带领广大干部职工，以进取的状态、创新的精神和务实的作风，变压力为动力，化挑战为机遇，迎难而上，奋力拼搏，应对危机初战告捷，取得了良好的经营业绩。全年生产原油5 520.55万吨，同比（下同）增长8.64%，其中国内生产原油4 241.55万吨、增长1.47%，海外权益油1 279万吨、增长42%；生产天然气84.68亿立方米、增长2.02%；加工原油1.84亿吨、增长6.56%；生产乙烯671.33万吨、增长5.56%；销售成品油1.24亿吨、增长0.85%，出口成品油677万吨、增长279.19%。全年实现营业收入1.39万亿元，实现利税2 739亿元、增长124.66%，其中实现利润817亿元、增长215.4%。

上述成绩来之不易。这是党中央、国务院统揽全局、正确领导的结果，是中央和国家有关部门及地方大力支持的结果，是石化集团公司各级领导班子和广大干部职工众志成城、开拓进取的结果。回顾一年来的实践，党中央、国务院应对国际金融危机的一揽子计划和政策措施是非常果断、正确和及时、有效的。一年来，石化集团公司认真贯彻落实中央的决策部署，紧密结合实际，针对突出的矛盾和问题，采取积极的应对措施，全力推进持续有效和谐发展，各方面工作取得了新的成果、新的进步。

一、大力拓展市场，生产经营优化运行

面对危机的冲击，石化集团公司上下深刻认识到，中国石化的优势在市场，危机来自市场，发展的着力点也在市场，必须把销售工作作为持续发展的"生命工程"来抓。党组在学习实践活动中把拓展市场作为最紧迫、最有效、最具战略意义的危机应对措施，深入市场一线，走访重点用户，促进战略合作。总部有关部门特别是投资、科研和采购等部门和单位，牢固树立"一盘棋"思想，积极支持和配合销售工作，努力为拓展市场创造有利条件。各企业特别是成品油销售、化工销售以及润滑油、催化剂等企业，更新营销理念，改进营销方式，强化技术服务，加快从"坐商"向"行商"、从"卖产品"向"卖服务"转变，以进攻的态势全力扩销拓市，为做大总量作出了贡献。各板块精心组织生产，优化运行，努力增产增效。油田板块认真落实资源战略，优化勘探开发部署，油气储量产量保持稳定增长；炼油板块精心组织高负荷生产，调整产品结构，加大自销产品营销力度，打了一场漂亮的"翻身仗"；化工板块加强产销研结合，优化生产安排，强化营销组织，改进客户服务，创造了优异的成绩；油品销售板块坚持量价兼顾，及时调整营销策略，大力开展全员营销，实现了“两保三不降一提高”目标。石油和炼化工程全力保障重点项目建设，辅助生产和公用工程系统抓好运行管理，有力保障了主业安全稳定生产。

二、加强精细管理，各项管理工作不断改进

在全力拓展市场的同时，继续发扬“干毛巾也要拧出三滴水”的精神，把精细管理作为应对危机的基本功来抓。各板块细化分解落实增产增效、优化增效、降本增效目标和措施，节能降耗、物流运输、物资供应等重点环节成本费用继续下降，非生产性费用、外协费用和可控费用支出得到有效控制。广泛开展“我要安全”主题活动，加大安全监管力度，在复杂形势下总体保持了安全生产。深化“三基”工作，加快制度梳理、完善和优化，文本化管理取得重要进展。完善全面预算管理，提升资金集中管理水平，优化资金筹措和使用，启动会计集中核算，财务工作在挖潜增效中发挥了重要作用。深化以ERP为主线的信息化应用，总部和企业信息系统应用水平明显提升，进一步促进了管理的规范化和精细化。认真落实中央和国家有关部门在巡视、审计及专项检查中发现问题的整改，加强内部审计、巡视等监督检查，强化内部控制，提升了经营管理水平。进一步规范用工管理，实现从管理工资总额向管理人工成本的转变，用工总量和人工成本得到有效控制。加强产权股权、土地权证和合同管理，严把法律审核关，维护了公司权益。加强保密教育和监督检查，干部职工保密意识进一步增强。统计、档案等基础工作及后勤服务保障工作水平进一步提高。加强战略研究、政策研究、企地关系和投资者关系工作，争取了良好的发展环境。

三、推进结构调整，主业发展后劲进一步增强

在抓好当前工作的同时，着眼长远，把应对危机作为转变发展方式的机遇，积极推进主业布局和结构调整。重点项目建设顺利推进。全年国内新增石油探明储量2.85亿吨，新增天然气探明储量1 851.93亿立方米，新建原油产能570万吨、天然气产能12亿立方米；海外新增权益石油可采储量1.1亿吨、天然气可采储量793亿立方米，新增原油产能851万吨；川东北中浅层勘探取得重大突破，托甫台、济阳、新场、元坝勘探取得重大进展，圈闭储备不足问题得到明显改善；普光气田开发、川气东送工程开始试运行，松南气田建成投产。新增炼油能力1 600万吨/年，新增乙烯能力99万吨/年；一批成品油质量升级改造项目及时投产，赛科乙烯扩能改造顺利完成，福建炼油乙烯建成投运，天津乙烯进入开车阶段，镇海乙烯、武汉乙烯按计划推进，长岭和巴陵炼化一体化改造、塔河重质原油改质等加快实施，一批重点炼化项目前期准备工作积极推进。鲁皖二期西线、昆明—大理等成品油管线建成投用，一批成品油和化工储运设施建设进展顺利，镇海岚山、白沙湾原油商业储备库建成投用。节能减排扎实推进。全年万元产值综合能耗0.77吨标煤，下降1.61%；工业取水量下降3.3%，工业废水排放量下降2%，外排废水COD量下降3.6%，二氧化硫排放量下降14%。

四、加快国际化经营步伐，海外油气业务实现新跨越

认真研究和把握国际金融危机蕴含的机遇，加大新项目开发力度，成功收购瑞士Addax公司、特立尼达和多巴哥Talisman资产及加拿大NLP项目、安哥拉三个区块部分权益等项目。收购Addax公司是中国企业迄今交易额最大的一项海外油气资产收购，其意义不仅在于增加了石化集团公司油气储量、产量、效益和资源保障能力，更重要的是成功探索了海外业务整体并购的新模式，实现了国际化发展的新突破。尼日利亚64区块、也门71区块等项目取得勘探新发现，现有区块权益油产量保持稳定增长，雅达、Addax、安哥拉、叙利亚、UDM等项目管理有序，运行平稳。海外石油工程对外打一面旗帜，加大统筹协调力度，规模化经营逐步显现，综合管理能力进一步提升，在巩固沙特等已有市场的同时，积极进入科威特等新市场，市场开发逆势而上、保持稳定增长，新签合同额28.1亿美元，完成合同额24.3亿美元。海外炼化工程成功中标哈萨克斯坦阿特劳炼厂芳烃总承包等项目，新签合同额12.7亿美元，完成合同额10.8亿美元。联合石化等单位在全力保供降本的同时，积极开展第三方贸易，全力做大贸易规模。海外炼化投资可行性研究取得新进展。积极开展对外交流与合作，中沙、中科等国内合资合作项目进展顺利。境外公共安全管理水平进一步提高。

五、强化科技创新，"推进器"作用有效发挥

面对危机挑战，更加注重发挥科技创新的"推进器"作用，取得明显成效。川东北大型气田勘探目标及关键技术研究，有力支持了天然气探明储量快速增长；普光气田产能建设关键技术、川气东送管道工程技术，保证了项目建设顺利实施；塔河油田勘探与提高采收率技术研究，促进了储量产量持续增长。超低压连续重整技术开发成功，标志着中国石化已能够全部依靠自有技术建设大型炼厂；S-Zorb催化汽油吸附脱硫技术、汽油选择性加氢脱硫技术的推广应用，实现了国Ⅲ汽油低成本质量升级。大型气相法聚乙烯成套技术等攻关成果，进一步提高了化工业务依靠自有技术实现发展的能力；300吨/年高性能聚乙烯纤维干法纺丝、高性能聚乙烯燃气管专用料、聚丙烯保险杠专用料等生产技术，推进了化工产品结构调整。甲醇制烯烃分子筛制备技术、合成气制油及合成气制乙二醇技术的新突破，为石化集团公司战略发展提供了新的技术支撑。全年获得国家科技进步奖一等奖1项、二等奖10项；申请专利1 989件，获得授权793件，其中申请国外专利135件，获得授权37件，年度及累计专利申请和授权量继续在中央企业中名列前茅。

六、创新体制机制，内在活力逐步增强

坚持石化集团公司改革发展总体方向，积极稳妥推进体制机制创新，增强公司发展的内在动力和活力。按照完善公司治理和推进一体化管理的要求，完成石化股份公司新一届董事会、监事会换届工作；调整石化集团公司与石化股份公司持续关联交易豁免披露上限并获得独立股东批准。石油工程技术研究院、石油物探技术研究院相继成立，石油工程专业化管理稳步推进。科研非上市单位及物装公司通过资本运作进入石化股份公司，销售非上市部分委托上市管理，炼化企业一体化管理继续试点，资产公司管理体制逐步清晰。油品销售区外公司体制调整顺利实施，第二建设公司与南京设计院重组整合，汽车行业技术合作中心挂牌运作。化工产品进出口管理体制调整完成，石油焦销售业务实施整合。物资供应体制改革、科技创新体制调整完善方案已经形成并逐步实施。总部机关职能梳理有序展开。一批资本运作项目顺利实施。

七、加强领导班子和队伍建设，总体保持和谐稳定

从石化集团公司党组抓起，一级一级抓班子、带队伍，注重加强领导班子民主集中制建设，对各级领导干部特别是党政“一把手”严格要求和管理，密切党群干群关系，干部职工队伍始终保持良好的状态。加强惩治和预防腐败体系建设，深化源头治理，大力开展效能监察，有序推进业务公开，注重发挥查办案件的治本功能，干部职工廉洁从业意识普遍增强。加强党建和思想政治工作，制定颁布石化集团公司《企业文化建设纲要》，开展向代旭升学习活动，组织开展评先创优、技能竞赛和丰富多彩的文体活动，有效发挥工会、共青团等群众组织的作用，干部职工主人翁精神明显增强。内部宣传积极主动、与时俱进，导向作用发挥有力。整合加强对外宣传管理，统筹做好舆情监测工作，在引导社会舆论、维护公司形象上取得初步成效。积极研究落实从源头上促进和谐稳定的措施，住房补贴方案开始分批实施，企业年金方案获得国家有关部门批准，部分企业遵循政策规定开展集资建房，职工工作餐、健康体检、疗养、休假等制度进一步完善和落实。层层落实稳定工作责任制，完善维护稳定工作机制，加强教育引导、矛盾排查化解、帮扶救助等工作，加大国庆60周年期间维护稳定工作力度，切实维护了企业和社会稳定。认真做好离退休服务和管理，精心组织离退休人员的学习、活动和慰问工作，老职工的政治和生活待遇得到较好落实。总部机关加强作风建设，服务意识进一步增强，工作效率不断提高。

经过油气市场保供、汶川大地震抗震救灾、抗击南方低温雨雪冰冻灾害、保奥运、保国庆60周年庆典等重大考验，证明石化集团公司干部职工队伍是一支讲政治、顾大局、负责任的队伍；经过中央巡视组、国家审计署和国务院监事会的监督检查以及查办陈同海案件的检验，证明石化集团公司干部职工队伍是一支讲党性、重品行、守纪律的队伍；经过应对国际金融危机的实战考验，证明石化集团公司干部职工队伍是一支敢于竞争、勇于开拓、善于经营的队伍。这是不断战胜困难、继续加快发展的根本保证。

2009年3月以来，按照中央的统一部署和中央企业学习实践活动领导小组的具体安排，石化集团公司紧密结合实际，注重实践特色，在全系统认真组织开展了深入学习实践科学发展观活动。经过各级党组织和全体党员的共同努力，学习实践活动做到了“两手抓、两不误、两促进”，总体上达到了提高思想认识、解决突出问题、创新体制机制、促进科学发展的目的，取得了实实在在的成效。通过学习调研，进一步解放了思想，提高了认识，理清了思路，完善了资源、市场、一体化、国际化发展战略和重点措施；通过分析检查，进一步从油气资源、市场开拓、安全环保节能、科技创新、管理创新、人才队伍建设、反腐倡廉建设、和谐稳定等方面查找了影响和制约科学发展的突出问题，制定了包括52项、162条措施的整改方案，明确了努力方向；通过整改落实，进一步推动了各方面工作，特别是职工群众关注的问题得到了妥善解决。学习实践活动群众满意度测评中，满意的占96.16%，比较满意的占3.84%，没有基本满意或不满意。活动结束后，石化集团公司认真抓好整改落实后续工作，努力在巩固活动成果上取得新的成效。

尽管2009年公司应对危机挑战取得了初步成效，但2010年面临的经营发展环境依然十分严峻，工作任务非常繁重。石化集团公司将全面贯彻党的十七大、十七届三中和四中全会、中央经济工作会议和中央企业负责人会议精神，以邓小平理论和“三个代表”重要思想为指导，深入贯彻落实科学发展观，立足于扩大资源、拓展市场、降本增效，加快实施公司发展战略，精心组织生产经营，着力加强安全生产和节能减排，着力加快结构调整和发展方式转变，着力推进管理创新和科技创新，着力加强党的建设和队伍建设，充分调动各方面积极性，鼓足干劲，力争上游，加快建设具有较强国际竞争力的跨国能源化工公司，为促进中国经济平稳较快发展作出新的更大的贡献！

油气勘探开发

◇ 综述

◇ 油气勘探

◇ 油田开发

◇ 天然气管理

◇ 勘探工程

◇ 采油工程

◇ 油气集输

◇ 设备管理

◇ 基层管理

◇ 市场管理

◇ 油藏经营管理

综　　述

2009年，在石化集团公司党组的正确领导下，各油田企业以深入开展学习实践科学发展观活动为强大动力，克服各种困难，坚定必胜信心，顽强拼搏，扎实工作，敢于挑战，勇于创新，圆满完成了全年的各项生产经营任务。

一、狠抓勘探管理，实施一体化部署，油气勘探取得丰硕成果

2009年，围绕加强新区勘探、深化老区勘探的部署，重点抓好4项工作（圈闭准备与评价、风险井部署论证、一体化部署实施、区块调整与管理工作），取得了一系列重要勘探成果和新进展，保持了油气勘探持续、稳健的发展态势。

川东北中浅层勘探取得突破，拓展了勘探领域。川东北雷口坡组顶部白云岩新领域勘探取得突破，元坝4井、元坝12井、元坝2井相继在雷口坡组获得日产69万立方米、19万立方米和10万立方米的工业气流。陆相多层系勘探取得突破，马路背构造马101井、马102井和元坝3井在须家河组，元坝101井在自流井组，马102井在珍珠冲段都获得了工业气流。

取得4项重大进展，扩大了储量规模。托甫台地区勘探取得重大进展，新增探明稀油储量近亿吨。济阳隐蔽油气藏勘探取得重大进展，在滩坝砂、砂砾岩体、潜山等隐蔽油气藏领域取得了新的成果，新增探明储量1.05亿吨。新场深层天然气勘探取得重大进展，全年勘探开发一体化部署钻井28口，完钻20口，累计获工业气流井11口。元坝海相礁滩储层勘探取得重大进展，含气范围进一步扩大，形成7个勘探目标，天然气资源量达到5 000亿立方米。

东部老区新层系和西部新区勘探取得新发现，提供了新的增储阵地。胜利滩海埕北断裂带馆陶组河道砂体勘探获高产，广饶凸起西段奥陶系潜山稠油油藏范围进一步扩大，泌阳深凹区在核三段钻探取得成功，江陵凹陷荆沙组次生油藏勘探突破。同时，高邮凹陷岩性油藏、秦潼、十屋断块勘探也取得新进展。西部新区在查干凹陷和准西车排子石油勘探取得了重要发现，提供了新的勘探阵地。

海域和非常规资源勘探工作取得进展。完成了南海海域琼东南盆地1 250平方千米三维地震采集。加强了煤层气资源评价和工艺技术先导实验，开展了页岩气和油页岩资源的前期调研。

二、加强优化、提升水平，原油产量实现持续增长

优化部署，强化执行，原油生产实现稳定运行。2009年生产原油4 242万吨，比上年增加61万吨，东部油区继续保持稳定，原油产量为3 486万吨，比上年增加1万吨；西部油区持续上产，原油产量为755万吨，比上年增加60万吨。自然递减、综合递减、综合含水继续保持稳定。

加大滚动勘探及油藏评价工作力度，确保年度动用储量规模。继续加大老区滚动勘探和油藏评价的力度，努力保持动用储量规模。2009年落实可动用储量9 790万吨，当年动用3 632万吨，建成产能72.7万吨。通过老区滚动勘探，新增探明石油地质储量4 869万吨。胜利油田在高成熟探区滚动发现了坨128块，探明储量规模近千万吨。

着力抓好“部署、方案、单井”三个层面的优化，提高产能建设运行质量。宏观层面综合优化部署，以效益、规模和潜力为依据，控制低品位建设项目的实施节奏，适度加快老区调整工作量的部署。中观层面综合优化方案，以开发方案为载体，将地质、油藏、钻井、采油、地面工程、经济评价等相关专业紧密结合，大力推动地质、油藏、工艺的一体化，进一步提高方案设计和优化决策水平。微观层面综合优化单井设计，提高单井产能，坚持推动新钻井和措施井地质、工艺单井设计的精细管理，将水平井的应用重点由扩大规模向提升效益转移，取得了初步成效。正是依靠优化部署、优化方案、优化单井设计，将大幅度提高单井产能的措施落到了实处，推动了产能建设工作的顺利展开，全年新建产能570万吨，产能完成率93%，开发成本得到有效控制。

实施重大先导试验项目，积极推进提高采收率工作。一是实施提高采收率重大先导试验项目。2009年安排实施5项提高采收率重大先导试验项目，动用地质储量1 936万吨，代表了稠油油藏、注水开发后期整装油藏、聚合物驱后油藏、复杂断块油藏、深层高压低渗透油藏类型，包括了水驱、化学驱、热化学蒸汽驱提高采收率的技术方向。二是加强地质家与化学家的结合，形成上下游联合攻关、一体化运作的良好态势，推进了三次采油助剂的研发工作。

三、强化安全生产和平稳供气，全力做好普光、松南气田投产和天然气销售保供工作

普光气田试运投产。普光气田主体38口开发井全部完钻，成功率100%，已试气32口井。第一期20亿立方米产能建设（9口井）全部完成，投产试气达到方案要求及预期目标，11月28日，普光气田开始试生产。大湾区块建设顺利推进，按照“少井高产”原则，全部采用水平井开发，减少井数10口，节约钻井投资约13亿元。同时进一步优化完井方案，节约投资超过1亿元。

松南气田顺利建成投产。经过东北油气分公司的精心组织和强化运行管理，气井投产、地面集输、脱碳装置、外输管网等工程配套建设按计划完成，11月1日，松南气田10亿立方米产能建设项目一期工程投产一次成功，正式向吉林省供气。为了高效建设松南气田，进一步优化了水平井井位部署，提高了储量动用程度和单井产量。已投产井3口，日产混合气90万立方米、净化气65万立方米。

努力克服春季销售不畅和冬季供气紧张的影响，认真做好天然气销售和保供工作。上半年因受国际金融危机影响，国内天然气市场低迷，形成了天然气滞销和欠产的不利局面。通过统筹安排，积极采取应对措施，努力增加大华北地区天然气销售量。11月上旬，全国大范围遭遇罕见的雨雪寒流，天然气供需矛盾十分突出。及时采取增加资源、优化供气方案、强化调度运行等措施，保证了天然气供应市场的基本稳定，树立了中国石化良好的社会形象。

四、推进工程技术进步与管理工作，为勘探开发提供有力保障

大力推广与应用物探新技术。主要抓了以下工作：强化技术方案设计审查，确保地质任务的完成。狠抓重点项目的管理，及时跟踪分析资料质量。逐步推广“一体化”管理模式，注重地震与地质结合，地震采集、处理与解释结合，强化质量控制体系。推广应用物探新技术，高精度地震项目占全年三维地震项目工作量的27%，目的层主频总体提高了10赫兹左右，成像精度明显提高；三维三分量技术得到推广应用，在新场取得了明显效果；罗家高密度三维地震先导试验项目进展顺利。

井下作业队伍回归后运行质量提高。初步建立了以优质优价和联产联责为主体的激励机制，优化管理层级和工作流程，强化作业设计管理和“五位一体”作业质量管理，增强地质、工艺、作业、采油和监测工作的相互协作与融合，全面优化方案与设计，提高工作质量，作业工作量得到有效控制。2009年在总开井数增加2 620口的情况下，总工作量仅增加620多井次，措施作业成功率达97.6%，措施作业有效率为83.7%。加强外协项目管理，全年清理了249支外协作业与技术服务队伍。

地面工程“优化”和“简化”工作获得较好效果。探索并实践地面工程新油田“优化”和老油田“简化”模式，推广串联式集油、串联式注水工艺，取得了较好的效果。与传统的放射性管网相比，节省管线数量30%—40%，集输部分投资下降15%—20%，油田能耗明显降低。加强重点地面工程项目的优化，在塔河托甫台和胜利坨82块产能项目中，通过总体布局调整和工艺方案优化，节约投资2亿多元。

五、加强投资和成本控制，努力提高经济效益

加大投资优化、细化管理力度。优化投资部署，加强方案审查，努力控制项目投资。根据油价的变化及时调整低品位储量开发实施的节奏，既规避了风险又完成了全年低品位储量开发任务。加强项目方案审查和优化，对重点方案进行严格审查把关，对油气田开发、系统配套等61个二类项目进行严格审批，通过优化使项目投资平均下降了9.8%。细化投资管理，对重点井实行单井预算管理，工程成本得到了有效控制。加强投资项目后评价，重点对2007年实施的油气开发项目进行了后评价，同时还对低品位开发、水质改造、特殊油藏开发项目等开展了专项后评价。

做好年度预算分解和区块成本分析，提高经营效益。围绕年初确定的预算目标，各油田分公司把预算指标层层分解落实到相关部门和责任人，切实做到全员、全过程的预算管理。加大预算执行的跟踪落实力度，细化确定了目标利润、目标成本、目标工作量，并制定相应的保障措施，为预算目标的实现奠定了基础。开展区块成本研究和分析工作，以区块经营管理为核心，将10个油田分公司43个采油厂划分为198个成本管理区块，以油田、采油厂、区块为主线，探索建立新的成本管理体系。

六、强化管理，提升企业整体管理水平

结合实际，着力推进油田板块精细管理工作。积极落实石化集团公司党组提出的“认真总结江苏油田精细管理经验”的指示精神，组织油田企业结合自身实际，围绕“四精”目标要求，学习先进找差距，采取多种措施，有力促进了企业精细管理工作。先后召开了“精细管理经验交流会”和“精细管理工作会议”，印发了《推进精细管理工作指导意见》和《精细管理方法集萃》，使油田企业的精细管理工作有序推进。2009年，把提高精细化管理水平作为第四届五项劳动竞赛的重要内容，将竞赛活动与勘探开发、生产经营、安全环保、节能减排、“三基”建设、企业文化建设等各项工作有机融合。

夯实基础，认真做好安全环保与节能减排工作。推进各油田企业“我要安全”主题活动的实施，编制完成10个关键操作岗位的“安全禁令”，着力在强化安全意识、规范操作行为、消除安全隐患上下功夫，切实增强制度的严肃性和执行力。各项安全指标均控制在考核范围内。环保节能成效显著，组织对2006—2008年已完成的节能投资项目开展能效评估，持续推进集输系统能效检测工作；深入开展节能达标创优工作，为石化集团公司实现“万元产值综合能耗控制在0.79吨标煤以下”的目标作出了贡献。在油田生产中加大了对污水回注、回灌和外排的管理，主要污染物减排指标达到石化股份公司要求。与上年同口径相比，单位油气综合能耗下降了1.60%，万元产值综合能耗下降了1.63%，实现节能8.19万吨标煤。

（胡　宁）

油气勘探

【概述】 截至2009年底，石化集团公司在全国67个盆地（坳陷）拥有有效探矿权区块318个，面积96.43万平方千米。据第三次油气资源评价结果，石化集团公司在所属318个勘探区块上已评价的75万平方千米范围内，油气总资源量为石油266.66亿吨，天然气17.42万亿立方米。2009年，石化集团公司在油气勘探方面取得了1个重大突破、4个重大进展、5个新发现和5个新进展。

（何　斌）

【1个重大突破】 川东北地区中浅层天然气勘探在雷口坡组、须家河组、自流井组3套层系取得重大突破，扩大了川东北地区天然气勘探领域，川气东送工程的资源基础更加稳固。①元坝地区雷口坡组获高产气流。元坝4井酸压测试，日产天然气69万立方米，不含硫化氢、二氧化硫。元坝12井、元坝2井相继获得日产19.31万立方米和10.23万立方米的工业气流。研究认为，元坝—通南巴地区雷口坡组顶部风化壳白云岩具有形成大型构造—岩性复合圈闭油气藏的地质条件。②上三叠统须家河组常规测试获高产气流。马101井须一段日产天然气60.11万立方米，元坝3井须四段日产天然气22.83万立方米，取得川东北陆相地层勘探的重大突破。研究认为，元坝—通南巴地区须家河组陆相烃源岩和砂岩储层发育有利于形成自生自储气藏。③侏罗系下统自流井组获高产气流。元坝101井自流井组大安寨段介屑灰岩酸压测试，日产天然气13.55万立方米。钻探发现元坝地区侏罗系自流井组大安寨段发育滨浅湖相介壳滩灰岩储层，具有良好勘探前景。

（何　斌）

【4个重大进展】 ①塔河油田托甫台地区勘探取得重大进展，相继完钻的托甫14、托甫20、托甫21等井均获得高产油气流，整体评价和探明了托甫台地区中部油藏。2009年探明石油地质储量9 402万吨，原油平均密度0.85—0.87克/厘米^3，有效改善了塔河油田油品结构不均衡的局面。②济阳探区隐蔽油气藏勘探取得重大进展。胜利油田在滩坝砂、砂砾岩体、潜山等隐蔽油气藏领域获得了一系列成果，包括东营陡坡带盐22-永920块、桩海地区、渤南洼陷沙三段、惠民中央带等区块，全年探明石油地质储量1.05亿吨，实现了连续27年新增探明储量基本保持在1亿吨以上。③川西北地区新场深层天然气勘探取得重大进展。通过三维三分量地震储层预测及储层改造关键技术的突破，有力推动了新场地区须家河组气藏的勘探。2009年，新场11、新场12、新场8等探井相继获得成功，整体提交天然气探明储量1 211亿立方米。④元坝礁滩复合体勘探取得重大进展。通过新一轮三维地震资料综合解释和南北向大剖面钻探，证实元坝地区长兴组发育礁滩复合体及礁后浅滩相带两大勘探领域。元坝101井长兴组酸压测试，日产天然气32.05万立方米；元坝12井日产天然气53.14万立方米，取得礁后浅滩相带勘探的突破，为川气东送工程提供了新的资源接替阵地。

（何　斌）

【5个新发现】 ①查干凹陷勘探取得新发现。2009年优选乌力吉构造带为重点区带，对毛1井老井复查获日产原油2.22立方米，查干凹陷首次获得工业油流，并控制石油储量1 468万吨；力1井酸压后获日产18.8立方米的工业油流，发现了新的烃源岩及其原生油藏，展现出乌力吉构造带具有多层系含油的勘探前景。②济阳探区埕北地区岩性油藏勘探获高产油流。埕北42井沙三段日产油61.34立方米，发现新的富油带，并证实埕北凹陷沙河街组具有较好的勘探潜力；埕岛东坡埕北326井东营组浊积扇体日产油262.5立方米、天然气3 623立方米，展示了埕岛东坡断阶带浊积岩含油连片的场面。③泌阳凹陷深凹带勘探获高产油流。深凹区东部程店地区泌354井核三段获自喷日产油168立方米、天然气3 800立方米的高产油气流；深凹区西部毕店地区泌359井日产油26.13立方米。两口井的成功突破了深凹区储层不发育、岩性致密的观念，开拓了新的增储领域。④江陵凹陷浅层荆沙组突破工业油流关。位于两个生油洼陷之间的新华断块虎4井，在荆沙组中途测试获日产油16.52立方米，取得江陵凹陷次生油藏勘探的新突破，是下步增储有利区带。⑤塔里木盆地巴楚—麦盖提地区获重要发现。巴什托—先巴扎构造带BK8井在泥盆系克孜尔塔格组获自喷日产油49.05吨，证实

古生界碎屑岩有良好的勘探潜力。

（何　斌）

【5个新进展】 ①胜利油田青东地区勘探取得新进展。部署12口井全部钻遇油层，其中青东5-1侧井、青东5-2井、青东5-7井获得高产工业油流。发现了胜利油田分公司的第76个油田——桥东油田。油源对比表明：青东地区油源丰富，资源潜力较大。②鄂尔多斯南部石油勘探开发一体化取得新进展。在勘探开发一体化运行机制下，镇泾探区坚持甩开勘探寻找有利目标，6口井获工业油流，开辟了新的建产层系。麻黄山西区块3口井获高产油流，并揭示区块东北部的一系列低幅度圈闭为延5油藏高产富集区。彬长地区早胜3井延长组压裂测试日产油15.14立方米，为鄂南勘探开发一体化增加了新的区块。③准噶尔盆地西部车排子地区油气藏滚动评价勘探取得新进展。北部排6井区开展评价勘探，在新近系沙湾组一段发现油层较厚、产量较高的稠油藏，储量规模1 000万吨以上。④东部老区富油凹陷进一步深化隐蔽油气藏勘探取得新进展。八面河地区以南部斜坡带为重点，积极滚动评价鼻状构造带，整体储量规模达到2 081万吨。潜江凹陷以地震地质复合相控砂体预测技术为手段，发现3个含油新区块。白音查干凹陷继续加强油藏解剖，锡23井和锡27井获工业油流，油藏规模稳步扩大。高邮凹陷对深凹带陡坡扇体复合圈闭成藏性进行探索，邵深1井首次发现了戴南组自生自储的原生油藏，初步计算远景资源量大于2 000万吨。⑤东部老区复杂断块群油气藏勘探取得新进展。东濮凹陷在多个区带继续深入开展复杂断块群精细勘探，其中凹陷南端三春集构造带有新发现，春33井获日产15吨的工业油流，预计石油储量规模为500万吨。十屋断陷十屋8井沙河子组压裂后日产油52.95立方米，十屋油田西扩、北扩勘探新增探明石油储量788.3万吨。秦潼凹陷东部斜坡带初步形成油田连片，新增探明石油储量270.09万吨。高邮凹陷在永安断块构造主体发现了戴南组大套厚油层，预计储量规模561万吨。泌阳凹陷北部王集—新庄地区通过高精度三维地震资料的精细解释，发现了一批核三下段的断块、断鼻圈闭，多口井获高产油流，展示了北部斜坡带仍有较大增储空间。

（何　斌）

【勘探效益】 2009年共预探圈闭273个，完钻211个，新获工业油气流圈闭78个，圈闭预探成功率37%。

平均每口探井（包括滚动井）探明油气地质储量为66.48万吨，每米进尺探明油气地质储量230.65吨；每口探井（包括滚动井）探明油气可采储量为15.42万吨，每米进尺探明油气可采储量53.49吨。探明每吨油气地质储量直接成本37.53元，探明每吨油气可采储量直接成本161.80元。探明每桶可采油气储量当量直接成本为3.34美元。

（何　斌）

油田开发

【概述】 2009年，油田开发系统按照石化集团公司党组和石化股份公司的经营方略，贯彻油田开发“五个理念”，强化执行力建设。尽管面临严峻开发形势的考验和上半年国际油价走低的影响，仍然咬定全年工作目标不放松，以调结构、抓优化为主线，努力实现“保增长、控成本、增效益”，不仅较好地完成了各项年度工作部署，而且保持了持续发展的良好态势。原油产量在经过10年连续增长后，再创历史新高。同时各项开发指标继续保持稳定，开发技术水平进一步提升，精细管理水平又上台阶。

（1）油田开发资源动用情况。截至2009年底，中国石化所属油田企业投入开发油田195个，动用石油地质储量60.64亿吨，动用已探明石油地质储量的81%，井网、工艺条件下标定可采储量16.46亿吨，采收率27.1%，已动用部分剩余可采储量为3.74亿吨，核定年原油生产能力为4 236万吨。未动用储量13.4亿吨，其中落实未动用储量5.8亿吨，待评价储量6.3亿吨，待核销储量1.3亿吨。

（2）油田开发现状。截至2009年底，共有油水井数50 214口，其中油井37 296口，注水井12 918口。油井开井30 789口，油井开井率82.6%，年均含水88.3%，平均单井日产油3.8吨，采油速度0.73%，剩余可采储量采油速度11.76%，采出程度21.8%。注水开井10 501口，水井开井率81.3%，平均单井日注水80立方米，年注水3.04亿立方米，累计注水69.25亿立方米，月注采比0.78，累计注采比0.82。

（唐　磊）

【原油产量】 2009年，石化集团公司原油继续稳定增长，与上年相比增产61.4万吨。总体来看，东部油田继续保持产量稳定，西部保持持续上产。东部油区产量3 486万吨，继续保持在3 450万吨以上运行；西部油区产量755万吨，增长60万吨，其中塔河油田完成660万吨，同比增加60万吨。各油田企业原油产量见表1。

（李春华）

表1　　石化集团公司各油田原油产量表　　万吨

企业名称＼年份	2009	2008	2007	2006	2005	2004
石化集团公司合计	4 241.55	4 180.20	4 108.04	4 016.74	3 927.10	3 861.21
胜利油田	2 783.50	2 774.00	2 770.10	2 741.60	2 694.50	2 674.30
中原油田	289.20	300.30	305.00	310.60	320.05	335.11
河南油田	187.50	180.50	180.00	181.50	187.10	188.31
江苏油田	171.00	171.00	170.20	167.40	164.70	162.00
江汉油田	96.00	96.50	96.00	95.80	95.60	96.00
西北油田分公司	660.00	600.10	536.20	472.00	420.00	358.17
华东分公司	13.00	13.00	25.50	21.10	18.00	17.51
华北分公司	12.00	11.60	11.20	10.50	10.18	358.17
东北分公司	24.10	24.70	5.00	4.90	4.70	5.15
西南油气分公司	2.70	3.00	3.20	0.70	0.80	1.09
上海海洋油气分公司	2.50	5.50	5.50	6.10	7.60	9.63

【产能建设】 2009年，石化集团公司共新增原油生产能力570万吨。石化股份公司油田开发工程共完钻新井2 867口（水平井601口），进尺662万米，新老区合计新建、新增原油生产能力560.6万吨（不含重大先导新增产能）。其中，主体新区新增动用石油地质储量1.69亿吨，钻井676口、进尺194万米，新增可采储量3 077万吨，新建产能218.4万吨；主体老区产能建设钻井1 028口、进尺201.3万米，新增可采储量1 476万吨，新增产能203.2万吨；低品位储量开发新增动用石油地质储量3 087万吨，全年产能建设完钻361口（水平井52口），进尺87.6万米，新增可采储量402万吨，新建产能41.7万吨；胜利油公司（胜利油田分公司下属的东胜、鲁明、开发中心、鲁胜4个油公司的统称）新增动用地质储量1 969万吨，全年产能建设完钻302口（水平井93口），进尺63.7万米，新增可采储量303万吨，新建产能49.7万吨。

胜利油田分公司新增动用地质储量1.02亿吨，完钻新井1 664口（含油藏评价和更新井），进尺351万米，建成产能304万吨。全年投产新井1 517口，12月开井1 421口，日产油能力8 335吨，平均单井日产油5.7吨。西北油田分公司新增动用地质储量8 762万吨，完钻新井141口，进尺82万米，新建产能166万吨。

（黄石岩　李　胜）

【油田开发进展】 （1）坚持加强滚动勘探及油藏评价工作，寻找和落实可动用储量，努力保持动用储量规模。进一步加强滚动勘探和油藏评价的精细化管理，做好“两个转变”，即由单井管理向项目管理转变、由整体控制向分批次控制管理转变。2009年共完钻滚动井143口，进尺38.3万米，其中解释油气层井123口，占86%；试油井122口，获工业油流井97口，占79.5%。滚动勘探探明储量4 869万吨，控制储量3 032万吨，年动用2 668万吨，新建产能64.6万吨，同时为2010年准备可动用储量4 710万吨。油藏评价工作紧扣落实可动用储量、落实产能、落实主导开发技术，一方面紧跟勘探年内发现，另一方面围绕已探明未开发储量提高动用率全面开展工作，总结形成了一套科学的工作程序。2009年实施油藏评价井169口（水平井26口），进尺45.7万米。通过油藏评价成功实施产能建设项目115个，新增动用储量1.5亿吨，通过评价暂缓建设或停建25个，有效地规避了风险。

（2）着力抓好“部署、方案、单井”三个层面的优化，提高产能建设运行质量。2009年组织审查重点项目方案75个，否决了4个，缓批了8个，经过多次审查才批准的项目达15个。全年组织了2期水平井设计的技术培训，组织对失利井、重点井进行专题分析，推动新钻井和措施井地质、工艺单井设计的精细管理，将水平井的应用重点由扩大规模向提升效果转移，取得了初步成效。

（罗　伟　唐　磊）

【油田开发管理】 2009年，根据新的开发形势，通过不断创新开发管理思路，走精细管理之路，完善管理机制，使油田开发管理水平进一步提高。

（1）针对油田开发板块特点，制定并下发了产量完成率、自然递减率、开发成本、产能建设达标率等8项重点油田开发指标管理办法。年初下达任务计划，各企业逐级向下分解落实，总部定期检查，年底进行评分排队，促进油田开发生产与经营的结合。

（2）完善和改进油田开发部署管理系统，实时跟踪开发项目实施状况，跟踪管理到单井，逐月检查分析，根据变化及时调整，提高了运行质量、降低了运行风险。已完成3.0版本的试运行，并修订了数据统计和录入、维护的管理办法。

（3）协助加强月度生产运行。结合油田开发动态与产能建设实施节奏，把握趋势，在年度总体运行安排的基础上，合理制定和落实月度生产运行计划，提高了月度生产计划的执行力，确保了年度目标的实现。

（罗 伟 唐 磊）

【油田总体开发形势】 2009年度新增可采储量5.26亿吨，年产油4 241.55万吨，年度储量替代率124%，连续多年实现了年度储采平衡的良性循环，为发展奠定了物质基础。

通过深化老区剩余油研究，调整治理与技术改造并重，油田开发基础得到恢复，综合含水率得到有效控制，2009年自然递减16.6%、综合递减8.4%、年均含水88.3%，与2008年相比继续保持稳定。由于东部老油田稳产基础工作的加强，油田开发的总体发展态势良好。

形成了滚动勘探开发配套技术、超稠油开发配套技术、二类油藏聚合物驱油技术、复杂小断块油藏开采技术、低渗透油藏配套开发技术、超深层碳酸盐岩缝洞型油藏开发配套技术系列等多项核心技术系列，特别在钻井技术方面，水平井、分支水平井、开窗侧钻井技术水平不断提高，水平井分段压裂技术获得突破，通过优化开发部署，加大成熟、配套、适用技术的推广应用，可进一步改善开发效果，提高开发效益。

油田开发仍面临一系列挑战：一是新增储量品位进一步下降，产能建设主要集中在稠油、海上、低渗透，保持每年2亿吨以上的新增动用储量规模越来越困难；二是东部油区开发程度进一步提高，继续保持原油产量稳定的难度加大，西部油区规模建产的阵地不足，老井产量递减又比较大，原油上产幅度将有所下降；三是油田开发精细管理仍有待进一步优化和改善。

（周吉敏）

【提高油田采收率】 围绕提高采收率的工作目标，理清思路、发展技术、狠抓落实，扎实抓好提高采收率重大先导试验项目和化学剂一体化研发工作，促进和发展大幅度提高采收率技术。

研究形成了《关于加强提高采收率技术工作的意见》，确定了主要攻关研究内容是化学助剂研发和先导试验，形成针对不同类型油藏的水驱、化学驱、稠油热采、气驱的大幅度提高采收率技术系列，三次采油助剂研发中心承担化学剂研发工作，各油田企业及勘探开发研究院承担先导试验和技术配套工作。成立了石化股份公司提高采收率领导小组，并下设办公室，挂靠在油田事业部采收率处。

确定并实施了5项提高采收率重大先导试验项目，分别是胜利油田孤岛中二北Ng5稠油化学蒸汽驱先导试验、河南油田双河Ⅳ5-11水驱开发后期井网重组化学驱先导试验、胜利油田孤岛中一区Ng3聚驱后井网调整复合驱先导试验、胜利油田东辛永3复杂断块油藏立体开发先导试验、中原油田文88块沙三中深层高压低渗油藏立体开发先导试验。5个项目动用地质储量1 936万吨，覆盖了稠油油藏、注水开发后期整装油藏、聚合物驱后油藏、复杂断块油藏、深层高压低渗透油藏类型，代表了水驱、化学驱、热化学蒸汽驱不同开发方式提高采收率的技术方向，预计实施后采收率可提高11.4个百分点，推广应用储量达到10亿吨。经过多轮次的优化论证，已全部进入现场实施阶段，按计划有序推进。

地质家与化学家的有机结合，推进三次采油助剂的研发工作。各研究院针对三次采油和稠油热采提高采收率技术中化学剂的瓶颈问题，发挥在不同化学剂领域的研发优势，利用分子设计的理论，研制适应于不同类型油藏不同开发方式的化学剂。北京化工研究院以耐温抗盐聚合物和新型功能聚合物研发为重点，已经合成600多个聚合物样品，3个样品在合成盐水条件下黏度指标较好，1个样品表现出喜盐良好特征。上海石油化工研究院重点做好耐温抗盐表面活性剂和低渗透油藏表面活性剂的研发，设计合成表面活性剂样品100多个，部分产品达到中试放大的条件。石油化工科学研究院主要负责稠油热化学剂和特超稠油降黏剂的研发，已经完成了塔河稠油乳化降黏剂实验室研制，水溶性降黏剂现场单井试验效果显著。油田企业加强了对化学剂的需求分析，密切与各研究院沟通与交流，提出化学剂研发具体要求，并做好化学剂性能评价等工作。

完善制度，进一步强化提高采收率技术项目的管理。为切实加强提高采收率重大先导试验项目管理，规范项目运行，制定了《中国石化提高油田采收率重大先导试验项目管理办法（试用稿）》，从重大先导试验项目的组织管理、立项管理、方案管理、矿场实施及费用管理等方面进行规范。油田事业部对重大先导试验项目实行统一组织管理，油田企业负责组织实施，成立项目组，设立项目负责人和技术首席，各项目承担单位根据管理办法要求，及时上报项目进展情况。

（薛兆杰）

【三次采油技术推广应用】 2009年，三次采油工作持续发展，稳步扩大三次采油工业化应用规模，保持了三次采油年产油量、增油量稳定。合理扩大化学驱规模，搞好三采产量接替，新增实施孤岛东区注聚转二元、孤东六区二元驱、江苏真35块聚合物3个工业化应用项目，新投储量2 500万吨，预计采收率提高9.2%。梳理化学驱不同开发阶段的关键问题，细化化学驱项目的分类管理，采取针对性强的措施，扩大增油效果。切实抓好新投项目注入质量，保证注聚段塞形成；抓好注聚中期的均衡注入，培养见效井；抓好注聚后期项目次要层的挖潜，延长增油高峰期；抓好转后续水驱前项目、后续水驱方案的优化，实现化学驱到水驱的顺利过渡。制定《股份公司三次采油项目管理办法》，明确了三次采油项目的可行性研究、先导性试验、扩大试验和工业化推广应用的工作程序，规范了三次采油项目组织形式、方案管理、现场实施、实施效果等内容，进一步提高三次采油项目的管理水平。

截至2009年底，中国石化共实施三次采油项目53个，覆盖地质储量4.1亿吨。2009年产油380万吨，占中国石化年产油量的9%，年增油178.8万吨，累计增油1 926万吨，提高采收率4.6%，为减缓东部老油田的产量递减、实现产量稳定起到了重要作用。

（薛兆杰）

天然气管理

【概述】 截至2009年底，石化集团公司累计探明天然气地质储量1.8万亿立方米，可采储量9 019亿立方米，采收率50%。2009年新增探明地质储量1 851.93亿立方米。石化股份公司累计动用天然气地质储量6 867亿立方米，储量动用率38.1%，可采储量2 848亿立方米，标定采收率43%。其中年内新增动用储量371亿立方米，新增可采储量116亿立方米。

（李广月 周德华）

【生产能力】 截至2009年底，石化集团公司天然气生产能力89.02亿立方米，比2008年天然气产能减少1.15亿立方米；气层气生产能力77.14亿立方米，比2008年增加1.24亿立方米。2009年新建天然气生产能力12.05亿立方米，老区核减生产能力10.41亿立方米，产能核减率13.5%。核定溶解气产能11.88亿立方米，比2008年减少2.38亿立方米。

（李广月 周德华）

【生产经营】 2009年计划工业产气量83亿立方米，实际完成84.68亿立方米，完成年度计划的102.02%，比2008年增加1.68亿立方米。2009年计划商品气量70.80亿立方米，实际完成71.55亿立方米，完成计划的101.1%，比2008年增加0.80亿立方米，商品率84.5%。

（李广月 周德华）

【天然气开发管理】 2009年，紧紧围绕普光、松南2个重点建设投产项目，强化组织运行，加强重点地区的开发方案系统优化工作，推进水平井技术在大牛地气田提高单井产量的攻关与应用；发挥产销一体化优势，克服金融危机带来的不利影响，实现了安全生产、平稳供气和完成全年产销任务的目标。

普光气田和松南气田顺利建成投产。2009年11月28日，普光气田开始试生产。11月1日，松南气田10亿立方米产能建设项目一期投产一次成功，正式开始向吉林省供气。

克服金融危机影响，认真做好天然气生产和销售工作。2009年上半年，金融危机给天然气销售工作带来极大的压力，天然气市场不景气，大牛地气田被迫关井130口限产，每天影响产量150万立方米左右。面对天然气严重欠产和滞销的状况，石化集团公司适时采取应对措施：调整供气价格促进内蒙古企业恢复生产用气，采取措施力保豫北和山东市场销量；尽力提高中石油陕京线代输气量，由原计划14亿立方米提高到19亿立方米；挖掘内部企业潜力，努力提高燕山石化、齐鲁石化等企业的用气量；加强生产组织调度，提高雅克拉—大涝坝气田的生产能力，全年增产1.35亿立方米。随着各项措施的落实和经济形势的好转，三季度天然气产运销衔接逐步顺畅，产量也踏上完成年度生产的步子。

积极应对全国性“气荒”，全力做好天然气保供工作。2009年11月上旬，全国大范围遭遇罕见的雨雪寒流，天然气供需矛盾十分突出。石化集团公司及时采取“增加资源、优化供气方案、强化调度运行”等措施，保证了天然气供应市场的基本稳定。针对产销矛盾突出的地区，提前启动2010年的部分工作量，提高大牛地气田、松南气田、川西气田等气源供应量；压减燕山石化、齐鲁石化、四川美丰等内部企业用气量，尽力保证民用气的正常供应；制定完备的应急预案，进一步加强应急气量的准备。通过扩大天然气产量、强化管网运行管理、做好与用户沟通协调、优化供气方案和加强市场分析预测等措施保证天然气平稳供应，承担起国有企业的政治责任和社会责任。

（李广月　周德华）

勘 探 工 程

【地震工作量】 2009年完成地震项目69个，动用地震队82支，二维地震工作量1.82万千米，三维地震工作量9 663平方千米。

（于世焕）

【物探技术成果】 为了加快川东北山前带的油气勘探步伐，勘探南方分公司经过充分的论证，在镇巴区块部署了三维地震攻关项目。采用的观测系统为16L10S300T2R120F，接收道数4 800道，面元尺寸20米×20米，覆盖次数120次，接收线距200米，炮点距80米，炮线距200米，纵向最大炮检距5 980米，纵向最小炮检距20米，最大非纵距1 700米，最大炮检距6 399.06米，横纵比0.28。胜利石油管理局地球物理勘探开发公司226地震队面对工区地形复杂，海拔高差大、植被茂盛和交通不便的不利因素，选择7个有代表性的试验点进行系统的激发和接收参数试验，掌握了该区激发岩性特别是裸露灰岩的地震响应特征，确定了合理的观测系统和参数。经过两个多月的精心施工，完成激发炮数8 550炮、三维满次面积72平方千米。初步三维成果显示地下反射波场的完整性、内幕反射信息、叠加剖面的信噪比均比二维老资料有较大提高。

（于世焕　宋桂桥）

【钻井工作量】 2009年，石化股份公司共开钻3 719口，完井3 688口，完成进尺862.38万米。与2008年相比，工作量有所下降，少开钻23口，少完井42口，少打进尺21.96万米。其中，探井及评价井开钻510口，完井494口，完成进尺147.73万米，与2008年相比，多开钻86口，多完井74口，多打进尺17.88万米；开发井开钻3 209口，完井3 194口，完成进尺714.66万米，与2008年相比，少开钻109口，少完井116口，少打进尺39.85万米。

全年取心进尺9 151.81米，岩心长8 589.22米，平均单筒进尺5.68米。其中，常规取心进尺8 054.54米，岩心长7 709.29米，平均取心收获率95.7%；密闭取心进尺596.13米，岩心长554.83米，收获率93.1%。

（郭元恒）

【钻井主要技术经济指标】 2009年，石化股份公司共动用钻机数量508台，钻机台月数4 417.57。全年完钻井平均井深2 462.94米，钻机月速2 228米/台，平均机械钻速10.07米/时，平均建井周期35.67天，平均钻井周期24.63天；钻井总时间278.63万小时，生产时间255.42万小时，其中进尺时间157.33万小时，纯钻时间85.67万小时。非生产时间23.21万小时，其中故障时间4.83万小时，复杂时间6.37万小时。生产时效91.67%，纯钻进时效30.75%，故障时效1.73%，复杂时效2.29%。返工进尺10.97万米，报废进尺7 758米。

（郭元恒）

【钻井工程质量】 2009年完成井井身质量合格率100%，平均取心收获率93.85%，固井质量合格率100%（指油层固井质量）。

（郭元恒）

【特殊工艺井主要指标】 定向井开钻2 770口，完井2 763口，完成进尺602.30万米，平均井深2 359.11米，平均建井周期31.08天，平均造斜点深1 204米，平均水平位移381米，机械钻速11.30米/时。与2008年相比，多开钻21口，多完井32口，多打进尺6.15万米。水平井开钻655口，完井655口，钻井进尺129.56万米，平均井深2 200.05米，平均建井周期36.58天，机械钻速9.88米/时。与2008年相比，多开钻67口，多完井85口，多打进尺13.73万米。老井开窗侧钻井完井196口，完成进尺13.47万米，平均井深2 919米，平均机械钻速2.77米/时，平均建井周期46.92天，平均钻井周期23.17天。欠平衡钻井完井36口，实施欠平衡钻井50井次，欠平衡进尺3.91万米，平均机械钻速5.67米/时。小井眼井开钻69口，完井69口，进尺7.52万米，平均井深3 095米。

（郭元恒）

【深井、超深井主要指标】 深井完井274口，平均井深5 869米，完井进尺160.81万米，平均建井周期153.21天，平均钻机月速1 072米/台，平均机械钻速5.18米/时。与2008年相比，多完井43口，多打进尺25.31万米。超深井完井112口，平均井深6 477米，完井进尺72.54万米，平均建井周期170.42天，平均机械钻速4.17米/时。

（郭元恒）

【油气测试】 2009年，石化股份公司完成试油测试工作量517口井、901层次，其中油井267口、372层次，气井250口、529层次。按照作业类型分类，完井测试478口井、841层次，钻井中途测试8口井、8层次。配合测试的酸化/压裂260口井、407层次。试获油层94层，试获气层253层；新发现油层57层，新发现气层7层。

（余刘应）

【试油试气技术进展】 ①勘探南方分公司通过优选组合作业管柱、优化压力控制参数使射孔—酸压—测试三联作工艺进一步成熟完善。通过应用该工艺技术，降低了“三高”超深气井的作业风险，缩短了试气周期，减少了压井液对地层的二次污染。②石油工程西南公司的超高压压裂和水平井水力喷射分段加砂压裂工艺技术指标再创新高。新11井加砂压裂施工压力高达111兆帕，创国内压裂施工压力最高纪录；新沙21-1H井的2 525—2 530米、2 695—2 700米、2 880—2 885米水平段采用不动管柱水力喷射分三段加砂压裂改造，三段共加入陶粒120立方米。压后获测试无阻流量4.27万米^3/日，相对邻井增产倍比高出4倍左右，并创中国石化单井入井液量1 261.94立方米的新纪录。③试油配套技术得到进一步发展。胜利油田浅层稠油井防砂试油获得好的效果，埕北260井射孔后因地层出砂严重，无法正常排液求产，后采用挤压充填防砂，防砂后试获日产油26.8吨，不出砂；石油工程西南公司成功应用胶塞压井技术保护产层，在川孝471井以冻胶为介质正循环压井，累计注入冻胶22立方米，该工艺压井作业时间短、施工速度快、成功率高，在老井挖潜修井过程中对保护产层有较好的效果；西北油田分公司推广应用油管传输射孔多级起爆工艺技术，在TK332井一次打开多个隔层厚度大、储层压力高的多层合采，提高了作业效率、成功率和安全性。

（余刘应）

采油工程

【采油工程队伍】 截至2009年底，石化股份公司采油工程系统共有采油（气）厂56个，作业处（公司）5个，采油院9个；合计总人数148 545人，其中采油（气）厂141 767人，作业处（公司）3 897人，采油院2 881人。从队伍类型上看，采油工程一线及辅助队伍（队站）共有2 187个、107 810人，采油（气）厂科研单位125个、5 105人，其中主要采油队伍（采油队、采气队、注水队、注聚队、注汽队）633个、56 468人，主要作业队伍（作业队、大修队和试油试气队）452个、15 196人。

（曾庆坤 薄启炜）

【重点工艺技术措施】 2009年，共实施油气水井大修作业1 338口（其中油井881口，气井21口，水井436口），成功1 209口（其中油井803口，气井21口，水井385口），成功率90.4%；平均修井天数33天。从大修工艺类型上看，大修主要以套损井修复、井下落物打捞、管柱解卡、复杂故障修复等复杂工艺为主，共实施1 155口，占大修井数的86.3%。其中，实施工作量最多的管柱解卡为366井次，占大修井数的27.4%。石化股份公司各油田共实施油气水井补孔改层措施4 934井次，有效4 072井次，有效率82.5%；油气水井压裂653井次，有效539井次，有效率82.5%；油气水井酸化1 534井次，有效1 290井次，有效率84.1%；油井泵升级878井次，有效677井次，有效率77.1%；油井防砂2 358井次，有效1 856井次，有效率78.7%。

（曾庆坤 薄启炜）

【采油工程综合管理】 2009年，面对新、老产能建设区块以稠油、低渗和小块为主的局面，采油工程系统抓住油气开发的区域重点和技术难点，从提高单井产量入手，以提高产能建设效益为目的，坚持与勘探、油藏、地面、经济评估有机结合，加强方案前期研究，优化钻采、地面工程方案，加大新技术、新工艺在产能建设中的应用力度，同时，完善和实施了系列钻采工程方案管理制度，推动了产能建设高速、高效、优质顺利完成。

各油田分公司加强注水系统治理，夯实水驱油田稳产基础。继续坚持以水质达标、水井治理为中心的注水治理工作，探索油藏地面统一规划实施的老油田一体化治理新模式，加大技术配套及应用力度，完善运行监督考核机制，注水系统运行和管理水平得到显著提升。各油田分公司强化作业管理项目组运行，围绕增强稳产基础、提高水驱油藏采收率，开展了“油藏精细化作业管理”工作，即立足于油藏精细化管理需要和油藏开发需求，以服务于油田勘探开发、促进原油产量的增产稳产、保障油田的长效发展为目标，细化作业全过程管理，不断提升作业质量和效益。

2009年，采油工程系统针对老油田开发形势，围绕油田开发过程中的技术需求，重点开展了在提高水驱和稠油油藏采收率、提高低渗储层有效动用、改善水平井开发效果以及节能减排等领域的一系列开发主导技术研究工作，进一步完善了适合不同类型油藏、不同开发阶段和不同井况要求的采油工程技术系列，为油田实现良性循环和持续稳定发展提供了强有力的技术支持。根据油田事业部统一安排，各油田结合自身实际，有计划地开展工程技术先导试验研究和成熟配套技术实现规模化应用，取得了明显进展。一批采油工程技术先导项目的研究和试验从室内走向现场，从试验走向应用，从应用走向配套，从配套走向集成，为油田勘探开发稳定发展提供了技术储备和支撑。

（曾庆坤　薄启炜）

【井下作业队伍】　截至2009年底，石化股份公司所属企业井下作业系统有从业人员24 420人，其中作业队伍449个，职工人数14 113人；辅助队伍234个，职工人数10 307人。

（曾庆坤　王文刚）

【井下作业工作量】　2009年，石化股份公司共完成油气水井井下作业工作量48 384井次，其中措施作业20 536井次，维护作业24 550井次，新井投转注3 298井次（口），分别占总作业工作量的42.44%、50.74%和6.82%。油气水井年作业频次1.04次/口(不含新井和投注)，其中年措施作业频次0.47次/口，年维护作业频次0.57次/口。从生产井类型看，油井作业39 358井次，气井作业595井次，水井作业8 431井次，分别占油气水井井下作业总工作量的81.35%、1.23%和17.43%。

（曾庆坤　薄启炜）

【井下作业施工能力】　截至2009年底，石化股份公司拥有小修队伍378个，年施工能力37 937井次；大修队伍42个，年施工能力1 409井次；试油队伍29个，年施工能力947井次。

（曾庆坤　王文刚）

【井下作业装备】　截至2009年底，石化股份公司所属企业井下作业设备5 349台（套），原值23.5亿元，净值10.4亿元，设备综合新度系数0.44；后勤场站95座，其中油管厂24座，年检修油管2 840万米；抽油杆厂13座，年检修抽油杆1 035万米；配液站5座，年配液能力19万立方米。

（曾庆坤　王文刚）

油气集输

【概述】　截至2009年底，油田原油集输处理系统共建有联合站104座，油库14座，接转站236座，原油稳定装置38套，原油储罐库容242.88万立方米，原油外输管道1 139千米。原油稳定能力5 327万吨/年，原油外输能力7 647万吨/年。2009年稳定原油2 533万吨。

油田采出水处理系统建有污水处理站148座，含油污水处理能力124.8万米^3/日。2009年处理含油污水3.87亿立方米。

注水系统共有各类注水站620座，注水泵2 771台。2009年实际污水回注2.83亿立方米，污水处理站出口水质达标率83.3%。

（王立坤）

【主要技术经济指标】　油气集输密闭率81.3%，输油泵平均运行效率49.2%，管网效率70.5%，集输系统效率34.7%；注水泵平均运行效率72.5%，注水管网效率72.8%，注水系统效率52.8%。

（王立坤）

【油田水质检测技术座谈会】　针对各油田水质检测过程中存在的问题，2009年8月中旬组织召开了油田水质检测技术座谈会。各油田水质检测管理和技术人员60人参加了会议。会议就近几年的水质检测技术和管理进行了交流座谈并达成以下意见：①为弥补行标的不足，满足油田水质检测管理需要，应起草《油田水质检测指导意见》；②部分油田的检测仪器需要更新；③健全检测体系和管理制度，培训水质检测人员，配备水质检测仪器设备；④为便于水质的管理和技术交流，要根据各水质指标的影响程度进一步规范水质达标率的计算方法。

（王立坤）

【海上油气开采设施及生产】 截至2009年底，石化股份公司海上油田（自营区块）共有各类海上采油平台100座，其中移动式采油平台3座、中心平台2座、井组平台61座、单井平台34座；海底输油管线80条，总长150.47千米；海底输气管线1条，总长11.60千米；海底注水管线49条，总长64.50千米；海底电缆101条，总长235.44千米。2009年，海洋工程建设进展顺利，CB11N采修一体化平台的A和B井组平台、CB22G井组平台、KD481C井组平台、KD403井口平台完工投产，海洋变至CB26平台35千伏供电线路工程和CB26至CB11N海底电缆工程投产送电，海六站注水和污水系统改造工程完工，中心一号至海三站海底输油管线修复工程完工，达到输气条件。海上油气水井共487口，开井421口，其中油井363口，开井304口，年生产原油227.51万吨、天然气1.35亿立方米；气井8口，开井7口，年产气量0.27亿立方米；注水井116口，开井110口，年注水量386.19万立方米。

（李孟杰）

设备管理

【概述】 截至2009年底，石化股份公司在册设备原值180.13亿元，净值74.83亿元；设备新度系数为0.42。设备管理人员3 016人，设备维修人员6 736人。共有主要专业设备51 750台，其中钻采特车2 225台，注采设备32 741台，油气处理与集输设备4 640台，动力设备4 480台，中型以上载货车辆1 470台。设备综合完好率99.09%，主要设备利用率79.2%；装机总功率530.71万千瓦。

（王　飞）

【油田设备】 2009年，石化股份公司各油田分公司主要设备平均新度系数见表2。

（王　飞）

表2　2009年石化股份公司各油田分公司主要设备平均新度系数

单位名称	钻采特车	注采设备	天然气处理设备	运输车辆	动力设备	合　计
胜利分公司	0.43	0.46	0.38	0.24	0.43	0.45
中原分公司	0.32	0.45	0.39	0.29	0.39	0.42
河南分公司	0.59	0.46	0.49	0.46	0.26	0.44
江苏分公司	0.60	0.52	0.66	0.49	0.35	0.52
江汉分公司	0.58	0.55	0.56	0.59	0.42	0.54
东北分公司	0.66	0.57	0.52	0.72	0.64	0.58
华北分公司	0.52		0.65		0.89	0.80
西北分公司	0.22	0.49	0.26	0.08	0.71	0.34
西南分公司	0.64	0.55	0.50	0.43	0.59	0.53
华东分公司	0.52	0.63	0.83	0.62	0.75	0.68
上海分公司					0.70	0.70

【设备管理】 组织油田企业开展2009年度设备大检查工作。根据石化集团公司的统一安排部署，组成两个设备检查组，历时20天，对西北石油局、河南石油勘探局等6个油田企业和西北、鄂尔多斯、川东北及东北4个工区的施工队伍进行了检查。受检单位能够按照总部设备管理办法（试行）要求，建立和完善设备管理体系，迎检工作安排部署全面细致，各项要求落实明确，自查整改工作富有成效。通过检查也发现了各单位在设备管理工作中存在的一些普遍性问题和不足，为今后更好地开展工作明确了方向。

组织石化股份公司油田非安装设备投资项目技术交流、选型会议。2009年，石化股份公司油田非安装设备投资项目6.0亿元，主要是生产辅助设备4.4亿元、油气藏动态检测设备0.57亿元、科研仪器0.74亿元。根据2009年石化股份公司油田设备投资项目安排，组织油田设备、计划、供应部门和用户代表及生产厂家进行技术交流和设备选型，为商务采购奠定基础。

开展HH级高抗硫井口产品国产化有关技术工作。随着企业自动焊机的引进，同时对焊接工艺、焊接评定工作的开展，在井内流体经过的表面使用自动焊机堆焊625镍基合金层、满足包括川东北在内的国内高含硫气田“HH”级、105兆帕压力级别的高抗硫采油（气）树是可行的。

（王　飞）

基层管理

【概述】 2009年以精细化管理为重点，继续深入开展“五项劳动竞赛”活动，使其成为油田企业推动各路管理工作的总抓手，对强化管理和实现各项生产经营目标起到了非常重要的作用。

（马腾飞）

【五项劳动竞赛】 2009年元月，油田事业部下发《2009年“五项劳动竞赛”活动工作要点》。4月1日，组织召开2008年度“五项劳动竞赛”活动暨精细化管理经验交流会。6月，组织修订了“五项劳动竞赛”活动考核评比技术指标，重新制定了井下作业队、大修队和试油队的考核评比技术指标。7月下发了开展第四届“五项劳动竞赛”活动的通知，附各类队伍的考核评比标准。11月，油田事业部下发了上报石化股份公司“五项劳动竞赛”活动初评结果和工作总结的通知。12月，各油田分公司组织了初步检查评比和申报。

7月，为加强油田企业“三基”工作，完善“三基”工作管理制度，油田事业部编写下发了《中国石油化工股份有限公司油田企业“三基”工作管理办法》（石化股份油企〔2009〕139号）及考核评分细则。年内，石化股份公司共评选“三基”工作先进单位17个、优秀组织单位 1 个（胜利油田分公司）、先进个人9人。

（马腾飞）

【精细化管理工作会】 2009年11月30日—12月1日，油田事业部组织召开了石化股份公司油田板块精细化管理工作会。王志刚高级副总裁、焦方正副总裁以及人事部、思想政治工作部、发展计划部、油田管理部、财务部、企业改革部等机关部门负责人出席会议，各油田企业主要领导、部门负责人和各采油厂厂长共250多人参加会议。会上各油田分公司对精细化管理工作进行了深入交流和总结，重点介绍了胜利纯梁采油厂的系统节点管理、中原采油五厂的目标管理、河南第一采油厂的标杆管理等13个单位的精细管理经验，汇编下发了《油田企业精细管理方法集萃》。胜利油田分公司代表油田企业宣读了《精细管理倡议书》。王志刚作了重要讲话，油田事业部作了工作报告。

（马腾飞）

市场管理

【概述】 为加强工程技术服务市场管理工作，从2008年11月开始，由监察局牵头组织开展了井下作业施工作业和技术服务外协项目效能监察工作。2009年8月，在京召开了“油田井下作业施工作业和技术服务外协项目效能监察工作总结会”。根据总部要求，各油田继续清理整顿工作，完善市场管理。截至2009年9月底，10个油田分公司油区内井下作业施工队伍情况：系统内主业队伍678支、改制队伍161支、系统外队伍59支，已清退跨油区的改制队伍10支、系统外队伍15支。9个油田分公司（西北油田分公司未统计）油区内井下作业技术服务队伍情况：系统内专业队伍6支、改制队伍43支、系统外队伍54支，已清退改制队伍1支、系统外队伍14支。11月底在胜利油田召开了“油田井下作业施工作业和技术服务外协项目效能监察现场会”，根据会议要求，西北油田分公司等单位要继续根据总部要求清理系统外的井下作业施工和技术服务队伍。

（马文庚）

【队伍准入】 石化股份公司在配合效能监察工作的同时，开展工程技术服务准入队伍的审批工作，对系统外申请准入的队伍大部分暂缓进行，仅对生产急需的个别队伍进行审查后特批办理工程技术服务市场临时准入。至2009年底，对中国石化系统专业化公司的715支审查符合条件的新申报和复审队伍下文，批准其具有石化股份公司市场准入资格。2009年，石化股份公司油田勘探开发工程技术服务市场准入队伍状况见表3。

（马文庚）

表3 2009年油田勘探开发工程技术服务市场准入队伍统计表

业务范围	中国石化专业队伍	业务范围	中国石化专业队伍
非　震	5	裸眼测井	108
地　震	64	射　孔	46
资料处理解释	12	生产测井	19
钻　井	331	试油气、测试	109
定向井服务	13	压裂酸化	17
固　井	20	大　修	56
泥浆服务	15	小　修	36
综合录井	267	合　计	1 118

油藏经营管理

【基础管理】 按照“地面服从地下，地下兼顾地面，地下地面统一，投入产出清晰”的原则，完成了油藏经营管理单元划分与归集，建立了最基本的油藏经营管理分析与决策对象。按照“管理职责明确、决策界面清晰、运作精干高效”的管理特点，组建了油藏经营管理区。在此基础上，结合石化股份公司精细化管理要求，主要做了4个方面的工作：加强对已启动试点单位的跟踪指导工作，做好现场跟踪分析，及时发现和解决问题，确保试点工作顺利开展；以细化目标、落实责任为重点，推动油藏经营管理目标逐级细化到岗位，建立了采油厂、油藏经营管理区、班站等单位的量化排名机制；推进油藏经营管理月度分析、油藏经营管理水平评价、决策优化、油藏经营管理指标考核等办法；总结推广各试点单位经验，不断完善石化股份公司试行油藏经营实施细则和相关办法。

（许凤民　孙　伟）

【油藏经营评价】 按照《中国石油化工股份有限公司已开发油田分析、评价及预测方法（试行）》，组织试点单位从具体评价参数入手，对不同类型油藏、油藏经营管理单元、油藏经营管理区及责任主体的油藏经营管理水平现状进行了评价，评价内容涉及剩余可采储量品位和价值、开发管理水平、生产管理水平和财务指标评价等方面。试点单位通过评价分析，查找分析影响油藏开发效果和经济效益的主要因素，明确了管理的潜力，并与开发、生产、经营各部门进行了通报，实施经营预算与决策优化机制，对油藏经营管理方案、投资项目、成本投入、产量目标进行优化部署，细化油藏经营管理单元的调整挖潜措施，统筹安排方案实施，减少无效低效措施和项目，切实提高综合经济效益。

（卢云之）

【油藏经营分析】 为强化油藏经营管理的过程控制，试点单位将经济活动分析与油藏经营分析相结合，对具体的油藏经营管理单元进行经济活动结果跟踪分析，确保了措施针对性、准确性、及时性。中原油田分公司按季组织开展油藏经营分析工作，从总结完成的勘探、开发、油水井措施、地面工程、油藏经营管理主要工作入手，分析采油厂、管理区、油藏经营管理单元的开发生产经营效果（产量、成本、模拟利润），评价新井、措施的投入产出经济效益并进行优化，对低效、无效井进行重点解剖，查明原因，查找油藏经营管理工作的问题和不足，制定落实调整改进措施和增效挖潜的具体方案，确保实现年度经营目标。

（靳红兴）

【重点油田目标管理】 中原油田将采油厂的投资、成本、产量指标细化整合成管理产量目标、措施效益目标、维持生产规模操作成本目标和生产辅助单位效益目标4个分目标体系，并通过进一步细化或转化，层层落实到油藏经营管理区、科研部门、生产辅助单位、厂机关科室等不同性质单位和相关人员，形成了具有较强可控性的油藏经营管理指标体系。建立针对不同责任主体的油藏经营管理指标考核激励办法，实行全员全方位量化排名考核。通过推行细化管理，落实管理责任，将油藏经营管理指标落实到具体的单位和个人，有效调动了不同层次责任主体的主观能动性。

（赵崇镇）

石油工程

◇ 综述

◇ 石油地球物理勘探

◇ 钻井工程

◇ 井下作业

◇ 石油地球物理测井

◇ 石油地质录井

◇ 油田地面建设和设计

◇ 水、电

综　　述

截至2009年底，石化集团公司拥有13家未上市油田企业，资产总额837.98亿元，固定资产净值422.36亿元，负债484.02亿元，资产负债率57.76%；从业人员22.98万人，其中正式职工15.06万人。未上市油田企业主要业务包括石油工程、公用工程和矿区服务3个板块。其中，石油工程板块拥有物探、钻井、测井、录井、井下作业、油建施工设计6个专业，共2 430支队伍，资产总额504.44亿元，从业人员12.59万人，其中正式职工8.29万人；公用工程板块拥有水、电供应业务和石油机械制造业务共12家二级单位，资产总额120.2亿元，从业人员2.31万人，其中正式职工1.63万人；矿区服务板块共有41家专职二级单位，资产总额111.16亿元，从业人员5.78万人，其中正式职工3.66万人。

2009年，未上市油田企业认真贯彻落实石化集团公司工作会议精神，紧密结合深入学习实践科学发展观活动，扎实推进各项重点工作，主要开展了石油工程5项重点技术总结、交流、推广活动，组织了3个重点地区的钻井提速提效攻关，加大了石油工程对勘探开发的服务支撑和技术支持力度；开展了塑造特色管理模式、打造石油工程铁军活动，组织召开“打造石油工程铁军中原现场会”，加大了石油工程队伍建设的力度；积极应对金融危机的影响，加大了精细管理和市场开拓的力度。生产经营平稳运行，各项工作取得新进展。

一、强化生产组织与经营管理，各项生产经营指标完成良好

总部和各油田企业紧紧围绕石化集团公司内部勘探开发以及国内、国外石油工程市场需要，紧贴市场、加强协调、调度队伍，优化生产布局；改善装备、推广科技、强化组织，提高生产效率。深入开展经济活动分析，加强预算执行过程的监督协调，强化资金管理，经营管理水平持续提升。在各企业的共同努力下，未上市油田企业克服了石油工程市场大幅萎缩的困难，总体完成了各项生产和技术经济指标。

主要生产指标。全年完成二维地震5.57万千米，三维地震1.05万平方千米，完成年计划的121.4%。钻井完井4 130口，钻井进尺1 024.34万米。测井完成3.72万标准米，录井4 077口，井下特种作业6 470井次，试油1 171层。油田地面建设实现施工产值165.2亿元，石油机械制造实现产值51.02亿元。供水1.97亿吨，发电63.9亿千瓦·时，转供电81.6亿千瓦·时。

主要技术指标。物探平均队伍动用率39.43%，平均动用队年效率5.87万张，地震记录合格率均为99.98%。钻井平均队伍动用率71.5%，平均机械钻速9.89米/时，钻机月速度2 233米/台，油层套管固井合格率99.95%，井身质量合格率99.78%，取心收获率94.48%。测井、录井质量合格率均为100%。

主要经营指标。2009年实现经营收入838.41亿元，剔除预算外因素，完成利润16.89亿元。其中，石油工程板块实现经营收入629.11亿元、利润14.85亿元；公用工程板块实现经营收入121亿元、利润1.93亿元；矿区服务板块实现经营收入76.83亿元，收支基本平衡。

投资情况。2009年完成投资80.15亿元，其中非安装设备投资56.05亿元，主要安排购置4.75万道地震采集站及配套设备，更新41台钻机，改造6台钻机及新购部分配套设备，新购LOG-IQ成像测井系统、快速测井平台和SL6000测井仪、综合录井仪、2500型压裂泵组、连续油管装置等；公用工程项目投资9.2亿元，主要安排胜利发电厂烟气脱硫技改工程、胜利北区电网结构调整工程等；社区配套改造项目投资5.86亿元，主要安排有关油田供热工程、污水处理工程、供热系统改造、社区基础设施改造及供水系统改造等；一般技术措施、安全隐患治理、石油工程软件、抗震救灾等投资9亿元。

节能指标。2009年，未上市油田企业的工业万元产值综合能耗、节能量2项考核指标都控制在计划内。工业万元产值综合能耗完成0.73吨标煤，比考核指标下降了0.01吨标煤；节能量2.84万吨标煤，比考核指标多节约2.78万吨标煤。

二、全面加强石油工程队伍建设，打造石油工程铁军工作逐步深入

全面开展石油工程铁军建设工作。组织召开“打造石油工程铁军现场会”，确定了打造石油工程铁军的目标、思路和具体措施；分析了中原石油工程队伍10多年来的发展历程，专题研究了石油工程队伍的作风建设、技术要求、经营水平、竞争能力等方面内容，基本形成了石油工程铁军标准；研究编制了《石油工程队伍测评暂行办法》，初步建立了石油工程队伍量化评价指标体系；分析总结中原石油工程队伍管理经验，树立了铁军标杆；通过开辟专栏进行系列报道等多种形式，加大了宣传力度，营造了良好氛围。各石油工程队伍以中原为标杆，查找不足，赶超先进，全面提升管理水平和技术实力，增强勘探开发的保障能力和市场竞争力，打造石油工程铁军工作持续深入。

加大特色石油工程队伍培育力度。进一步加

强了队伍资质管理，根据市场需要及做强石油工程目标，分析了队伍结构和规模，对下步队伍的发展进行了科学规划，明确了只减不增、从紧控制的队伍管理原则，研究制定了相应措施；加强了市场导向，加大了装备、技术、人才的定向支持，倡导培育一批特色石油工程队伍，如山地地震队、滩浅海地震队、特殊结构井钻完井队伍、深井钻井队伍、特殊结构井测井队伍等；按照“四位一体”的发展方向，着力培育了定向井、固完井、泥浆、井下事故处理等专业技术服务队伍，石油工程队伍专业技术服务分散、力量薄弱的问题逐步解决，技术品牌正在形成。

大力培养石油工程技术及管理人才。依照“按需施教、突出技能、注重实效、质量第一”的原则，采取多形式、多轮次的培训方式，进一步加强了人才队伍建设。组织了油田培训基地、培训需求、培训教材的调查研究，强化基层培训工作的专业指导与协调工作，加强了全面专业培训。总部层面组织了钻井平台经理、作业平台经理、海洋工程领军人才等各类培训班17期，企业举办各类适应性培训200余期，培训专业重点人才、关键岗位人才、岗位适应性人才3万余人次，培训面近25%。

三、加大研发体系建设和技术攻关力度，勘探开发技术保障有力

（1）建立了石油工程技术研发体系，提出了“十二五”石油工程发展规划建议。石化集团公司石油工程技术研究院和物探技术研究院正式组建，初步形成了一个整体、两个层次的石油工程技术研发推广应用体系；安排石油工程先导试验项目资金1.8亿元，工程技术研发项目的投入渠道和管理体系初步明确；组织研究了石化集团公司石油工程队伍、装备、技术“十二五”发展规划，石油工程技术发展方向更加明确。

（2）围绕当前制约勘探开发的突出技术问题，组织了5个重点方面的技术总结、交流和推广活动。

加大攻关和推广应用“水平井特殊结构井钻完井技术”。总结交流了“十一五”以来水平井及特殊结构井取得的技术进步成果，分析了制约技术发展的有关问题，积极推广应用欠平衡水平井钻完井技术、鱼骨状分支井钻井技术、地质导向钻井技术、长水平段水平井钻井技术、筛管防砂一体化完井技术、无黏土钻井液/生物完井液技术6项水平井及特殊结构井技术，提高了水平井钻井质量。组织开展多参数近钻头地质导向技术、旋转导向钻井技术、套管内径向钻井技术、深层水平井钻井配套技术、水平井完井技术、最大储层有效控制（MRC）技术、地层严重失稳地区水平井钻井技术、钻完井液和保护油气层技术9项技术研究攻关。

明确了“石油工程工具、装备、仪器研发制造技术”体系框架。组织企业对石油工程装备需求情况进行了详细研究和摸底，总结了“十一五”以来石油工程装备研发制造所取得的技术进步，研讨了石油工程工具、装备、仪器研制的方向、原则和重点，初步确定了石油工程装备研发体系。借助国外合作研发高端技术，以江汉油田为重点加强石油工程装备研发制造，以胜利油田为重点加强仪器仪表、测控系统研发制造，力求先进、适用和配套，重点研制关键而无法引进、替代进口、大幅降低勘探开发成本的装备、仪器与工具，逐步建立研发—制造—服务—销售—体化的体系。

提出了“油气藏储层改造技术”体系建设思路。分析了“十一五”以来取得的技术发展成果及主要技术瓶颈，以提高油气藏储层保护与评价能力为目的，研究提出了“油气藏储层改造技术”体系。基本思路是，加强井下特种作业技术集成和配套应用，引进水平井分段压裂技术，推进连续油管的配套应用，加强压裂管柱、工具和压裂液、酸液和支撑剂研究，加快火成岩、致密砂岩、含砾砂岩及碳酸盐岩等复杂岩性储层的压裂技术研究，加强储层改造实验室的建设，加大实验室仪器装备的投入，建立水平井完井和压裂改造的技术标准体系。

明确了“高精度三维地震技术”工作重点。与油田事业部共同组织总结研讨了高精度三维地震技术应用进展及成果，明确要在研发引进单点数字地震采集设备、能处理万道以上炮记录的预处理软件、叠前与叠后互动的解释新技术及高性能计算机等方面开展工作，进一步提高地震精度。

确立了“复杂储层测井技术”工作思路。组织总结了低阻、低孔、低渗和低丰度“四低”储层及复杂岩性裂缝性油气藏测井资料采集处理和解释评价技术成果，提出下一步工作：引进适应的现代成像测井技术，提高数据的采集能力；深化测井资料评价解释技术研究应用，提高复杂储层油气藏的评价能力；推广应用开发生产测井技术，提高油田生产动态监测能力；加强测井老井复查与区块研究，提高老区增储上产的潜力；加强岩石物理研究，提高复杂储层评价能力。

（3）加大推广应用成熟技术力度，关键技术得到有效发展。高精度三维地震技术成功推广应用，为精细刻画小断块、小圈闭和描述复杂储层提供了良好基础。截至2009年底，胜利、中原、江苏、江汉、河南等油田在富油凹陷内共完成高精度三维地震满次覆盖面积1.03万平方千米，占三维地震工作量的11%，采集资料主频普遍提高5赫兹以上，大大提高了复杂油气藏勘探成功率。推广应用了多项钻井新技术，垂直钻井技术、气体钻井应用技术、实体膨胀管技术等方面取得重要进展，塔河、四川等重点地区钻井速度得到大幅度提升。水平井及特殊结构钻井技术进一步完善配套，提高采收率效果明显。新场新21-1H首口水平井高产无阻流量203万米^3/日，成功实现了须四水平井高效开发，基本形成了深井、水平井钻完井配套技术，为下步川西深井、水平井施工提供了宝贵经验。胜利长堤油田规模应用水平井，采收率由25%提高到31.2%，7口鱼骨状分支井的产量是直井的3.3—5.4倍。复杂储层改造技术进一步完善配套，四川新11井储层压裂改造成功，保证了新场千亿立方米探明储量的提交。通过技术创新和加强管理，2009年又取得了一批石油工程新纪录。截至2009年底，石油工程施工作业创历史纪录115项，原纪录中有28项被评为第14批中国企业新纪录。

（4）瞄准勘探开发技术需求，研究部署了石油工程技术研究攻关、先导试验和成熟技术推广应用的工作。根据2009年各探区石油工程技术需求与对策建议，确定了石化集团公司层面的先导试验和推广应用项目，包括重点地区钻井提速综合配套技术、水平井分支井钻完井综合配套技术、复杂区高精度三维地震勘探综合配套技术、复杂储层测录井识别评价技术、复杂储层及水平井压裂综合配套技术和关键仪器工具研制应用6个领域的98个研究项目，已对项目进行了中期评估检查。

四、精心组织部署，钻井提速效果明显

认真落实总部领导提出的“打得成、打得好、打得快、打得便宜”的要求，针对西北、川西、元坝3个勘探开发重点地区的突出问题和技术需求，组织开展了以钻井提速提效为主要目标的科技攻关活动。深入研究工程技术难点，明确攻关目标、技术措施和进度安排，紧紧围绕安全提速、管理提速、技术提速，加强生产组织与技术攻关，提速提效取得明显效果，为完成重点地区储量产量任务发挥了重要作用。

川西深井。完钻井10口，深井生产时效达到了92.91%，同比提高了25.89%；纯钻时效为48.18%，同比提高了12.95%；平均钻井周期为211.5天，同比缩短68.5天。2009年开钻井钻至3 200米的平均周期为46.10天，平均机械钻速6.48米/时，全面超越了55天的“磨溪速度”目标。川西速度不断创新高，创造了钻机月速最快、钻井周期最短、生产时效最高等10项区域钻井先进指标。

元坝地区。创月进尺最高纪录，平均月机械钻速达全年最高值3.37米/时。元坝6井创元坝区块同尺寸井眼空气钻最深纪录2 516米和月进尺最高纪录2 393米。

西北地区。创造了24项区域钻井先进指标、10项优质工程。完成井平均机械钻速6.06米/时，提高了0.17米/时，同比进尺增加9.61万米，复杂时效缩短13.36%，平均搬迁安时间6.23天/井次，同比缩短了43.67%，为西北油田分公司原油日产量提前4个多月踏上年度剩余日产水平、超额完成储量产量任务发挥了积极作用。

五、强化改革管理措施，未上市油田企业特色管理模式塑造工作有序推进

编制了《非上市油田企业塑造特色管理模式框架方案》。按照石化集团公司塑造特色管理模式的总体部署，组织企业对石油工程、公用工程和矿区服务等业务的发展历程、存在问题和好的经验做法进行了全面的梳理和系统的分析，形成了《非上市油田企业管理现状分析报告》，结合企业实际和发展需求，研究提出了指导塑造特色管理模式的框架方案。

进一步强化了部门职能和石油工程专业化管理。按照石化集团公司深化改革总体思路，结合总部机关管理职能梳理的工作安排，对部门现有管理职责、管理对象、管理范围进行了深入分析，本着清晰、精干、高效、科学的原则，研究提出了组建的石油工程管理部管理职责、机构及编制的设置方案建议；深入联系油田企业石油工程实际，研究提出了强化石油工程专业化管理实施方案并组织实施。

加强了石油工程市场管理。研究了规范石油工程技术服务市场秩序的可行方案，加大石化集团公司重点区域市场的队伍协调配置力度，严格执行石化集团公司石油工程定额，加大招投标规定的执行力度，进一步规范了内部市场招投标，促进施工队伍在国内外市场的有序运作，有效遏制了恶性竞争的行为，维护了石化集团公司整体利益。

加大了绩效考核力度。初步建立了以效益、成本、效率、安全环保及外闯市场为主要内容的石油工程目标考核体系，制定了未上市油田企业绩效考核实施细则及标准，建立了未上市油田企业季排名、半年全面跟踪的阶段性考核评价制度，有力促进了油田企业管理工作。

六、大力开拓外部市场，石油工程队伍竞争力进一步增强

2009年，国际金融危机继续蔓延，国际、国内外部石油工程市场萎缩，钻井、物探等工作量大幅减少，市场开拓困难重重，装备与队伍停待增加，市场竞争空前激烈。面对严峻形势，石油工程队伍视压力为动力，于逆境中找机会，配备先进装备，配置最强队伍，研究调整走出去政策，大力促进市场开拓；同时加强生产组织与管理，严谨高效执行合同，以优质满意的服务赢得甲方信任，进一步争取市场份额；严格项目管理，细化管理措施、优化施工组织与设备调配，提高了项目效益。通过各方共同努力，石油工程市场竞争力进一步提升，外部市场取得了难得的成绩。2009年，石油工程外部市场收入占板块收入的23.73%，其中国外市场收入占板块收入的12.33%。二维地震工作量外部市场占68.1%，其中国外市场比例为46.8%；三维地震工作量外部市场占26%，其中国外市场比例为24%。钻井进尺工作量外部市场占19.16%，其中国外市场比例为8.92%。截至2009年底，石化集团公司在35个国家执行海外石油工程技术服务合同355个，合同额79亿美元。2009年，石化集团公司新签合同额28.1亿美元。

七、持续推进安全生产主题活动，安全节能环保总体形势平稳

各油田企业积极开展了“我要安全”主题活动，强化HSE管理，安全形势总体平稳。2009年，未上市油田企业共发生上报事故（事件）8起，死亡8人、重伤2人，全部是违章责任事故。节能环保方面通过开展物探、钻井、井下作业3个专业的标准井次能耗的研究工作，夯实了节能达标竞赛基础。通过组织钻机设备节能实时监控系统等先导试验，推广应用节能“四新”技术，提升了节能技术水平。适时应用网电钻机，增强了节能减排功效。

八、公用工程及社区服务工作平稳运行，发挥了保障生产、服务生活、维护稳定、共创和谐的作用

加大了矿区环境建设力度，大力改善职工群众工作生活条件，努力把矿区建设成石化集团公司上游企业和谐稳定的大本营，明确了各企业矿区改造项目，全年共投入资金11.8亿元（含成本费用5.93亿元），安排项目68个，主要用于住宅小区安全隐患设施，供暖、供水、供电、物业管理等设施改造。随着各项目的完成，油田企业矿区住宅配套逐步完善，燃料结构进一步优化，供暖、生活污水与垃圾处理能力得到提高，矿区道路、电力设施、供排水设施状况得到逐步改善，矿区服务功能进一步增强，职工群众工作生活条件持续改善，为构建和谐矿区奠定了坚实基础。

（吴思卫　范　勇）

石油地球物理勘探

【概述】 截至2009年底，石化集团公司拥有物探采集单位11家，物探队伍84支，其中国内68支、国外16支；资产总额44.47亿元；2009年实现营业收入51.05亿元，同比增加32.8%；完成利润1 609万元。

（李林新）

【主要装备】 截至2009年底，石化集团公司物探采集单位共有主要物探设备2 524台（套），新度系数0.6，其中地震仪87台（套）、28万道，包括法国CGG公司生产的全数字三分量地震设备主机4套、检波器1.55万个，美国ION公司生产的全数字三分量地震设备主机2套、检波器8 500个。

（李林新）

【工作量】 2009年，完成二维工作量5.57万千米，比2008年增加22%，其中石化集团公司内部增加5 930千米，国内外部增加6 773千米，国外减少2 571千米；完成三维工作量1.05万平方千米，比2008年增加47%，其中石化集团公司内部增加1 607平方千米，国内外部减少59平方千米，国外增加1 813平方千米。

（李林新）

【效率及质量】 2009年，平均队伍动用率39.43%，同比增加0.4%；平均动用队年效率5.87万张，同比增加2.41万张。二维地震记录合格率99.98%，与2008年持平；三维地震记录合格率99.98%，同比减少0.02%。

（李林新）

【高精度三维地震技术进展】 高精度三维地震技术为中国石化油气增储上产发挥了关键作用，并且仍将是今后一段时期地震勘探的重要技术手段。2009年，该项技术通过不断研究应用，取得了显著进展。

1. 采集技术进展

三维观测系统设计方面，经过攻关，基本形成了“基于地下地质目标、着眼后续处理要求、考虑地表和近地表条件以及全波场采集”的观测系统设计新理念，完善了基于模型的正演和波动方程照明的设计技术、基于成像效果和叠前偏移处理的参数设计技术、复杂地表逐点设计技术等高精度观测系统设计技术。能够较熟练地优选常规、较高覆盖次数、面元变小的高覆盖次数、细分面元等采集方法。

激发和接收方面，精细近地表结构探测由以往以小折射和微测井为主发展到岩性探测、岩心测试、近地表Q值测定等多种方法的优化组合，逐点优选岩性设计井深。熟练应用延迟叠加震源、超速聚能震源、地表减震震源、高能宽频震源等震源系列，有效地提高了地震资料的分辨率和信噪比。采用小基距检波器组合或单点数字检波器进行高密度空间采样，为室内压噪提供完整的波场信息；研发城镇障碍区和淤泥带检波器耦合技术，提高了复杂区接收信号的能量。

2. 处理技术进展

在静校正技术方面，从高程静校正到波场延拓静校正，适应性越来越强，精度越来越高，基于边界检测技术的初至波自动拾取技术在生产中得到了很好的应用。基于资料约束的层析反演静校正技术较好地解决了表层低降速带引起的地表一致性差异问题，为分辨率的提高和精确的偏移成像打下了基础。

在去噪方面，叠前分频保真去噪技术，均值加权消除相干干扰、中值约束下的矢量分解去噪、异常道剔除、面波压制、异常振幅干扰的压制、反褶积数据干扰压制技术，叠前十字交叉去噪技术，三维频率空间域规则噪声压制技术，检波点域50赫兹等强单频干扰分离技术、三维空间域随机噪声衰减技术、Radon变换压制多次波等技术应用有效地提高了地震资料的信噪比。

在速度分析方面，多参量约束速度分析技术、基于各向异性的高精度时差速度分析技术、逐点速度分析技术、优势频带约束下的速度分析技术、全剖面实时变速叠加扫描技术等为精确的速度求取提供了重要保障。

地表一致性子波压缩技术、CMP域统计子波反褶积技术、预测反褶积处理技术、优化品质因子的频率补偿技术、基于测井约束的拓频技术等提高分辨率处理技术有助于进一步提高高精度三维地震资料的分辨率。

叠前时间/深度偏移成像技术使得复杂构造的成像更准确。

3. 解释技术进展

构造解释方面，针对复杂断块的精细解释，综合应用纵横地震剖面解释、水平切片识别、相干体分析和三维可视化等手段有效实现了大断层的断点识别与断裂组合；综合应用模型正演、相干分析、倾角属性、水平切片等技术实现了微小断裂的识别和复杂断块构造的精细落实。

储层描述和油气检测方面，针对复杂岩性体的描述，以高精度三维地震资料为基础，能够较好地通过分频解释、波阻抗方差体分析解释、地层切片、基于不同属性的降维分析等地震属性分析技术的应用有效识别和描述河道砂体、砂砾岩体和浊积岩及滩坝砂岩。通过叠前弹性波形反演、叠前弹性阻抗反演和岩石弹性参数提取，得到与储层和流体关系密切的各种参数，通过地层吸收Q值的求取，综合分析得到能够反映含流体变化的地层吸收衰减剖面，进行储层预测和油气检测。

通过射线追踪、波动方程等技术手段进行模型正演，依据实际资料的反射波外形特征、反射地震资料振幅、频率、相位特征，建立礁滩地质体的地震异常响应特征，形成各类礁滩的地震识别模式，采用地震解释层拉平技术开展高精度古地貌研究，分析关键沉积时间的古地貌展布特征，指导沉积相和地震相的解释，有效减少地震模式识别中可能存在的陷阱，通过沉积相研究确定出有利区域，通过精细的储层层位解释构建准确的地质框架模型，在测井资料的约束下开展高精度随机反演，精细刻画有利储层的分布范围，经过储层参数反演，定量预测孔隙度和有效厚度分布，确定优质储层发育区。此方法在普光气田探明以及元坝大型礁滩储层分布预测和描述中起到了关键性作用。

（李林新）

【主要获奖情况】 石化集团公司科技进步一等奖1项:“陆相断陷盆地复杂油气藏地震响应定量模式及应用”；石化集团公司科技进步二等奖2项：“复杂地区近地表三维综合调查与精细速度建模”和“碳酸盐岩储层地球物理识别基础理论及方法”。

（李林新）

【工程新纪录】 截至2009年底，物探施工作业保持历史纪录10项，2009年新创纪录4项。

胜利石油管理局地球物理勘探开发公司SGC203队，在沙特S55项目施工中实现可控震源185 602炮最高队年炮数；胜利石油管理局地球物理勘探开发公司SGC206队，在沙特S62项目施工中实现可控震源60 184炮最高月炮数；胜利石油管理局地球物理勘探开发公司SGC206队，在沙特S62项目施工中实现9 251.28平方千米陆地最大单次三维施工面积；上海海洋石油局第一海洋地质调查大队“发现号”，在巴西GREATBRAZILSPAN二维施工项目中实现229.35千米(4 588炮) 海洋最高日千米数（日炮）。

（范　勇）

钻井工程

【概述】 截至2009年底，钻井系统主要分布在石化集团公司胜利石油管理局、中原石油勘探局、河南石油勘探局、江汉石油管理局、江苏石油勘探局、华北石油局、华东石油局、西南石油局和上海海洋石油局9个油田企业中，共有陆地钻井公司23个，海洋钻井公司2个，钻井研究、设计、专业技术服务及施工单位20多个。石化集团公司钻井系统拥有33个二级单位，用工总量6.17万人，其中在职职工3.9万人。

（于文平）

【市场分布】 截至2009年底，石化集团公司拥有钻井队658支（含海洋钻井平台），分布在石化股份公司关联交易市场、国内石化集团公司外部市场和国际市场三大领域。其中，关联交易市场476支，进尺835万米，分布在石化股份公司各分公司工区；国内石化集团公司外部市场80支，进尺106万米，分布在中国石油、中国海油油气钻井市场及国内其他系统钻井市场；国际及反承包市场102支，进尺93万米。

（于文平）

【主要装备】 2009年，石化集团公司有各种类型陆地钻机648台。按钻机负荷划分，5 000米以上深井钻机326台，其中5 000米钻机121台，6 000米钻机20台，7 000米钻机178台，9 000米钻机6台，1.2万米钻机1台。按驱动类型划分，电动钻机153台；7 000米以上超深井钻机中，电动钻机96台，占51.9%。另外有海洋钻井平台10座。

钻井主要配套装备方面，有250—750吨顶驱119台；各类防喷器组1 882台；LWD无线随钻测井仪器61套，MWD无线随钻测量仪199套；30兆—100兆帕各类不同压力级别的固井车234台；旋转控制头61台，空气压缩机88台，增压机26台，膜制氮装备20台，以及配套的雾化泵、化学剂注入泵、地面管汇等。

（于文平）

【主要技术经济指标】 2009年，石化集团公司钻井队伍开钻4 117口，完井4 130口，钻井进尺1 024.34万米；年平均动用钻井队465.38个，钻机月速2 233米/台，机械钻速9.89米/时；平均井深2 480米，平均建井周期38天，平均钻井周期26.92天。井身质量合格率99.78%。油层套管固井3 890口，固井质量合格率99.95%。钻井取心进尺1.08万米，岩心长度1.02万米，取心收获率94.48%，取心单筒平均进尺7.43米。

（于文平）

【重点工艺井应用】 2009年，石化集团公司共施工深井290口，平均井深5 796.38米，其中超深井（井深大于6 000米）133口。施工水平井钻井全年动用钻井队70.2个，开钻709口，完井708口，钻井进尺141.53万米，平均井深2 290.25米。在41口井上施工欠平衡钻井，进尺3.32万米，其中空气钻井17井次，进尺1.70万米，氮气钻井4井次，进尺1 301.56米，雾化泡沫钻井9井次，进尺7 323.86米。

（于文平）

【主要创新成果】 形成了较为成熟的长水平段、鱼骨状和深井水平井钻井技术，为东部老油田、鄂尔多斯低孔低渗气田和南方深部气藏的高效开发提供了技术支撑，表明中国石化特殊工艺钻井技术的创新能力不断提升。胜利油田依靠自主开发的工具、仪器，完成国内第一口完全自主设计的埕北26B-支平1鱼骨状水平井，并在垦东34C-支平1等6口井上进行了现场试验，水平段总进尺5 291.29米，钻遇油层总进尺5 171.95米，平均油层钻遇率达97.74%，有效地增大了油（气）井的泄油（气）面积，产量是直井的6—10倍，为提高油气井的采收率和单井产量提供了新的技术手段。具有自主知识产权的自动垂直钻井系统现场中试取得突破，高温高压测量关键仪器基本满足现场要求。研制成功了高温高压耐腐蚀尾管和旨在提高固井质量的旋转尾管固井工具，完成了钻柱连续循环系统的技术设计，为下一步开发国际前沿技术奠定了基础。

（于文平　王希洲）

【工程新纪录】 截至2009年底，钻井工程保持历史纪录67项，2009年新创纪录17项。

钻井周期最短纪录：2 501—3 000米段，完钻井深2 690米，周期4.17天；5 001—5 500米段，完钻井深5 110米，周期36天；5 501—6 000米段，完钻井深5 580米，周期42.46天；6 501—7 000米段，完钻井深6 547.58米，周期84.81天；7 001—7 500米，完钻井深7 100米，周期178.33天。陆上定向井队年进尺最高52 965米；水平井井深最深7 047米；水平井垂深最深6 592.98米；水平井垂深最浅188米；斜直井井口开口角最大39度。套管下深纪录：直径273.1毫米套管5 460米，直径177.8毫米套管6 833.12米。单只PDC钻头一次入井进尺纪录：单只直径406.4毫米PDC钻头一次入井进尺1 407米，单只直径311.15毫米PDC钻头一次入井进尺3 740米。固井水泥浆密度最高2.44，水泥一次封固段最长6 234.04米。钻井液密度最大2.45。

（范　勇）

井下作业

【概述】 被纳入石油工程队伍管理的井下特种作业系统主要分布在石化集团公司胜利石油管理局井下作业公司、中原石油勘探局井下特种作业公司，江汉石油管理局测试公司、华北石油局井下作业公司、西南石油局井下作业分公司5个专业公司，其他井下公司都分布于石化股份公司各分公司。被纳入石油工程队伍管理的大修队有82支，试油队93支，测试队22支，酸压队20支。

（于文平）

【作业工作量】 2009年，井下特种作业队伍井下大修井施工1 210井次，酸化施工327井次，压裂施工1 848井次，地层测试705层，试油1 171层/690口。其中，石化集团公司内部施工大修井703井次，酸化施工178井次，压裂施工951井次，试油779层/432口；石化集团公司外部施工大修井8井次，酸化施工149井次，压裂施工896井次，试油339层/236口；国外施工大修井499井次，压裂施工1井次，试油53层/22口。

（于文平）

【工程新纪录】 截至2009年底，井下特种作业及测试工程保持历史纪录18项，2009年新创纪录7项。

华北石油局西部工程公司70847HB钻井队在西北TH12513CH项目施工中实现开窗侧钻水平位移最大1 384.34米；胜利石油管理局井下作业公司大修14队在土库曼斯坦957井施工中实现双层套管开窗最深2 796—2 799.7米；西南石油局井下作业分公司酸化压裂队在新11井压裂，井段4 913—5 021米、井口压力111兆帕实现施工井口压力最高；胜利石油管理局井下作业公司测试2队和试油25队在丰深2井测试，温度达184℃，实现测试井温最高；江汉石油管理局江汉井下测试公司YL107队和中原井下特种作业处酸化压裂二队在中古162-1H井压裂，第一段6 780—6 730.64米，第二段6 727.71—6 337.4米，第三段6 334.47—6 094.83米，共压入井液2 422.19立方米，创单井压裂压入井液最多纪录；华北石油局井下作业公司HB-YL201压裂队在TK475CH2井5 698—5 922米井段，一次压入井液1 251立方米，实现单次压裂压入井液最多；胜利石油管理局钻井工艺研究院在永66-侧2井利用自有技术生产的直径108毫米实体膨胀管施工，深度1 038.33—1 558.5米，一次膨胀520.17米，实现一次膨胀最长。

（于文平）

石油地球物理测井

【概述】 截至2009年底，石化集团公司所属油田企业地球物理测井系统有胜利测井公司、中原测井公司、河南测井公司、江汉测井公司、江苏测井公司、西南测井公司、华北测井公司、华东测井公司8家单位。2009年，地球物理测井系统紧密结合勘探开发的需要，积极推广应用先进技术，针对不同油区油气藏性质开展科技攻关，为石化集团公司油气评价、增储上产作出了重要贡献。

（李一超）

【队伍】 截至2009年底，石化集团公司有测井队伍327支（包括裸眼测井队、套管测井队、射孔队），有资质队伍327支。其中，国内323支（石化集团公司内部274、外部49支）、国外4支。

（李一超）

【工作量】 2009年，石化集团公司累计完成各类测井1.72万井次。其中，裸眼测井1.11万井次，套管测井6 165井次；射孔1.18万井次，射孔11.64万米。与上年相比，各类测井减少977井次，裸眼测井减少877井次，套管测井同比持平，射孔减少599井次，射孔增加1.58万米。其中，国内石化集团公司内部市场完成各类测井1.40万井次，与上年相比减少78井次；国内石化集团公司外部市场完成各类测井3 157井次，与上年相比减少907井次；国际市场完成各类测井80井次，与上年相比增加8井次。在石化集团公司内部市场，测井曲线累计优质品率97.89%，测井解释符合率91.34%。

（李一超）

【工程新纪录】 截至2009年底，地球物理测井保持历史纪录10项，2009年新创纪录4项。

胜利石油管理局测井二分公司在胜利义34-斜101完钻井深5 046米，施工中实现射孔井底温度最高190℃；中原石油勘探局井下特种作业处特殊作业部在西北TP22项目施工实现连续油管作业井最深6 857.86米；江汉石油管理局井下测试公司JH-DJ003地面计量队在西北中古9井施工中实现地面测试硫化氢浓度最高410 000×10^{-6}（浓度41%）；江汉石油管理局巴州测录井项目部射孔5队在西北Z41井施工中实现电缆输送射孔井底温度最高174.2℃。

（范 勇）

石油地质录井

【概述】 截至2009年底，石化集团公司所属油田企业地质录井系统有胜利地质录井公司、中原地质录井处（公司）、河南地质录井公司、西南地质录井公司、华北地质录井公司、华东地质录井公司7家录井单位和江汉、江苏2家测录井公司。2009年，地质录井系统贯彻落实科学发展观，以扎实进取的精神、求真务实的作风，继续做好各方面工作，为中国石化又好又快发展作出新的贡献。

（李一超）

【队伍】 2009年，石化集团公司录井队伍在册554支，有资质队伍554支。其中，国内523支（石化集团公司内部475支、外部48支）、国外31支。国内队伍分布在胜利、中原、河南、江汉、江苏、塔里木、鄂尔多斯、普光、元坝，东北、滇黔桂等东部油田和勘探新区域。国外队伍分布在苏丹、哈萨克斯坦、吉尔吉斯斯坦、也门、阿尔及利亚等国。

（李一超）

【工作量】 2009年初测井位2 025口，复测井位1 889口，编写地质设计2 255口，与上年相比，初测井位增加180口，复测井位增加52口，编写地质设计减少342口。完成录井4 077口，录井1 001.46万米。与上年相比，完成录井减少301口，录井减少107.2万米。其中，石化集团公司内部市场完成录井3 433口，录井846.77万米；国内市场完成录井468口，录井137.91万米；国际市场完成录井176口，录井16.77万米。石化集团公司内部完井资料优良率为96.67%。

（李一超）

【工程新纪录】 截至2009年底，石油地质录井保持历史纪录2项，2009年新创纪录1项。

华北石油局录井公司HB056录井队在鄂南区域施工过程中创造综合录井队年录井进尺33 124.12米最深纪录。

（范 勇）

油田地面建设和设计

【概述】 2009年，油田地面建设工程系统有从业人员23 230人，拥有主要设备9 585台（套）。其中，工程建设单位20 467人，设计单位2 763人；工程建设设备8 970台（套），设计配套设备615台（套）。

2009年，建设单位承揽4 292项工程，其中新建油（气）集输站及注水站115座，长输油、气管道和集输管线4 561千米，高速公路和高等级公路599千米，桥梁90座。设计单位完成设计项目2 156项，设计图纸12.19万标准张，设计油（气）集输站109座，注水站55座，长输油、气管道和集输管线5 222千米。油田地面建设工程系统获2009年度国家和省部级工程成果奖63项、国家专利28件。

（张 滨）

【重点工程】 2009年，油田地面建设工程系统着力打造上游“长板”，强化油田产能和重点工程建设管理、技术创新和管理创新，不断提高工程建设质量，加强人才队伍建设，不断提高外部创效能力，形成了各项工作齐头并进，服务和保障油田勘探开发能力不断提升的良好局面。

胜利油田将油田生产任务放在首位，科学组织，合理安排，确保了油区产能、污水治理、海上工程、燃料结构调整、电网升压改造、集中供热工程等重点项目的顺利实施。中原油田发挥技术和队伍优势，加强制度建设，严格质量管理，狠抓施工进度，全力投身普光气田集输和天然气净化处理等地面工程建设。河南油田、江汉油田、江苏油田等企业不断拓宽市场领域，立足海外，创出新品牌。

（张 滨）

【工程新纪录】 截至2009年底，油田地面建设工程保持历史纪录8项，2009年新创纪录3项。

江苏石油勘探局油建处在川气东送工程中穿越通江河时创造直径1 016毫米管线穿越隧道距离最长1 279米纪录；管道储运公司华东管道工程有限公司在川气东送工程施工穿越东苕溪时创造直径1 016毫米管线水平定向钻穿越岩石层距离最长500米纪录；管道储运公司华东管道工程有限公司在川气东送工程施工穿越长江时创造直径813毫米管线水平定向钻穿越距离最长3 910.17米纪录。

（范 勇）

水、电

【概述】 截至2009年底，石化集团公司油田企业供水和电力系统从业人员15 755人，其中供水系统4 798人，供电系统8 661人，发电系统2 296人。

截至2009年底，油田企业供水系统拥有供水站29座，水厂净化站25座。油田电力系统有变电所232座，主变台数450台，主变容量639.39万千伏·安，其中220千伏的变电所3座，主变台数8台，主变容量88万千伏·安；110千伏的变电所57座，主变台数114台，主变容量362.21万千伏·安。35千伏及以下变电所198座，主变台数331台，主变容量188.47万千伏·安。发电系统拥有火力发电厂1座，机组总容量1 040兆瓦。

（张　滨）

【重点工程】 2009年，油田企业供水和电力系统以保油上产为己任，强化油田供水、电网和电厂内部管理，提升服务意识，保证了油区供水和电网的安全平稳运行。全年完成供新鲜水量1.97亿立方米，转供电81.6亿千瓦·时，发电63.94亿千瓦·时，供电标煤耗340.51克/（千瓦·时）。

胜利油田加强电网规划建设，夯实运行基础，提高电力系统运行质量，为油气生产和居民生活提供了可靠的电力保障。胜利发电厂三期工程取得重大突破，脱硫项目投入运行，油泥砂无害化综合处理利用达到国内先进水平。中原油田加大用水调度力度，不断完善黄河水运行系统，形成了与社区分布相配套的地下水供水系统。河南油田组织开展油田东部电网改造，电网运行质量创新高。

（张　滨）

炼油生产

- ◇ 综述
- ◇ 原油资源及储运
- ◇ 石油炼制
- ◇ 质量管理
- ◇ 设备管理
- ◇ 计量管理
- ◇ 炼油自销产品销售

综　　述

2009年，面对市场需求下降、阶段性供需矛盾、成品油价格新机制以及行业竞争明显加剧等复杂形势，炼油板块认真贯彻党组部署，牢固树立全局意识，围绕"打好翻身仗、作出大贡献"的工作主线，调动一切积极因素，运用各种调控手段，千方百计保增长，想方设法创效益，炼油生产经营取得了显著成绩。

一、圆满完成了"打好翻身仗、作出大贡献"的任务

随着市场需求从低迷到逐步恢复，炼油板块干部职工抓住机遇，发挥优势，迅速把工作重心转移到"做大总量、增收创效"上来，千方百计寻找一切可以增效的机会，打了一个漂亮的效益翻身仗，一跃成为了石化集团公司增效的主力，虽然有成品油价格机制初步到位、炼油毛利空间扩大等外部环境的改善，但也凝聚了广大干部职工的辛勤劳动和智慧，是多年来不断夯基础、练内功、细管理、降成本，逆境崛起、奋发有为、厚积薄发的结果，也是中国石化竞争优势的充分体现。

二、灵活应对危机保增长取得了显著成效

面对复杂多变的市场环境和各项调控政策，炼油板块始终服从大局，转变观念，采取措施，认真执行党组部署，保证了中国石化一体化优势的充分发挥，为销售板块"两保三不降一提高"目标的实现以及化工业务的快速发展提供了强有力的支持，同时通过优化加工、调整结构、开拓市场，实现了炼油加工量的稳步增长，为石化集团公司整体做大发挥了重要作用。

三、复杂工况下保持了安全清洁生产的良好势头

面对设备腐蚀加剧、检修任务繁重、加工方案频繁调整等复杂情况，各企业广泛开展"我要安全"主题活动，落实安全生产责任制，职工安全意识不断增强，全年炼油板块没有发生重大人身伤亡、重大火灾爆炸和重大环境污染事故；上报事故连续三年持续降低；企业外死亡事故多发的势头得到有效遏制；腐蚀防治效果进一步显现，因腐蚀造成的非计划停工明显下降；检修质量有所提高，装置长周期运行水平进步明显；清洁生产总体良好，外排废水、硫化物等均达到或好于控制指标。尤其是作为开工任务最为繁重的一年，在参建单位、专家组、开车队和总部相关部门的共同努力下，福建炼化、湛江东兴、天津石化、达州净化厂和一批汽油质量升级项目顺利实现一次开车成功。

四、做优化、提指标、练内功，挖潜增效再创新的成绩

虽然炼油经营形势明显好转，但各企业围绕效益优化挖潜、降本增效、提升指标的工作力度没有减弱，积极寻找新的效益增长点，轻烃资源综合利用、燃料结构优化、节能耗降损失、公用工程系统优化、降低辅材成本等都取得了显著成效。

五、开拓市场、增收创效实现较大突破

面对市场急剧变化、下游行业恢复乏力，炼油板块贯彻落实党组"走访客户、扩销拓市"的战略部署，全力开拓市场，扩大占有比例，逐步建立了与汽车、航空、船运、铁路、粮油、公路等大宗客户的战略合作，打通了达州硫黄产品的销售渠道，总体保持了炼油产销平衡。炼油企业抓住经济回升势头向好、市场逐步回暖的有利时机，灵活营销策略，优化产销结构，完善全产品比价考核机制，推价稳价、增收创效。专业化经营效果进一步显现，润滑油市场恢复超出预期，高档油实现较大增长，海外业务发展迅速；沥青销量突破400万吨，市场占有率明显提高，先后中标长安街、长江隧桥和京沪、哈大、沪宁高铁等重大工程，彰显了整合优势。

六、把握节点，汽油产品质量升级按进度有序推进

根据国家规定，自2010年起，车用汽油执行国Ⅲ标准，与前几次相比，这次升级时间紧、项目多、投入大。各企业结合实际，利用检修时机，与设计、采购和施工单位一起，利用自有技术，优选工艺路线，优化网络安排，把握节点，精心组织，做好置换，并生产出合格产品投放市场，为销售企业发挥质量优势、提高市场份额创造了有利条件。

七、着眼先进水平，开展"比学赶帮超"活动

炼油板块以生产经营管理情况通报为基础，以绩效评价分析为平台，以生产经营分析、专业达标竞赛、产品比价考核为补充，涉及各个环节的综合评价体系越来越全面、客观，也更有指导性。各企业充分依托这一平台，扎实开展"比学赶帮超"活动，不断对照先进"找差距、挖潜力、精细管理增效益"。特别是围绕"打好翻身仗、作出大贡献"的工作主线，各企业拓宽比学范围，从单纯的比结果向比过程转变，调动了全体干部职工的积极性，推动了精细化管理水平的提升。

（孟宪强）

原油资源及储运

【储运设备】 管道。截至2009年底，石化集团公司所属企业共建成原油输送管道6 326.47千米，设计输油能力2.50亿吨/年，2009年实际输送原油1.28亿吨，完成原油周转量509.72亿吨·千米。

石化集团公司原油管道分管情况如下：

管道储运分公司管理的管道总长5 397.57千米，设计输油能力1.51亿吨/年，2009年实际输送原油8 806.91万吨，完成原油周转量485.50亿吨·千米。油田企业管理的管道总长425.91千米，设计输油能力2 956.90万吨/年，2009年实际输送原油1 448.21万吨，完成原油周转量8.58亿吨·千米。炼化企业管理的管道总长502.99千米，设计输油能力6 960万吨/年，2009年实际输送原油2 507.31万吨，完成原油周转量15.64亿吨·千米。

油罐。截至2009年底，石化集团公司共有金属原油储罐2 068座，罐容合计2 652.02万立方米。

码头。截至2009年底，石化集团公司原油自备码头靠泊能力达到178.79万吨。

铁路专用线。截至2009年底，石化集团公司所属企业共有铁路专用线304.45千米。

（王宝琳）

【原油资源】 2009年，石化集团公司共采购原油资源1.85亿吨，其中石化集团公司油田自供3 189.60万吨，石油集团公司供705.24万吨，海洋石油总公司供797.17万吨，采购进口原油1.38亿吨。2009年原油资源完成情况见表1。

（王宝琳）

表1 **石化集团公司原油资源统计** 万吨

项目 \ 年份	2009	2008	2007	2006	2005	2004
石化集团公司	18 521.29	17 434.82	16 614.53	15 760.02	15 077.08	14 285.00
自产原油	3 189.60	3 088.38	3 083.00	3 074.99	2 978.24	2 923.00
石油供石化	705.24	613.40	691.47	881.04	877.17	1 067.00
进口原油	13 829.28	12 828.84	11 955.99	11 010.09	10 492.88	9 406.00
海洋原油	797.17	904.21	884.06	793.90	728.78	889.00

【自产原油销售流向】 2009年，石化集团公司油田企业商品原油配置量共完成 4 077.03万吨。2009年商品原油配置情况见表2。

（王宝琳）

表2 **石化集团公司油田商品原油配置流向统计** 万吨

项目 \ 年份	2009	2008	2007	2006	2005	2004
原油配置量	4 077.03	3 994.41	3 936.68	3 838.38	3 726.14	3 650.00
石化企业	3 189.60	3 088.38	3 083.00	3 074.99	2 978.24	2 923.00
石油集团	129.94	117.36	107.88	134.72	134.18	143.00
地方企业	352.40	322.79	327.47	254.60	267.34	307.00
其　他	406.99	463.34	412.48	351.17	324.44	261.00
管道损耗及自用	2.67	2.54	5.85	9.00	9.25	16.00
库存（存油）增减	–4.57	14.80	2.55	13.90	12.69	0

【确保自产原油的全产全销】 进入2009年以来，国际原油价格大幅波动，特别是年初，国际原油价格从2008年7月的147美元/桶回落至30美元/桶左右，导致油田板块出现自2000年以来的首次亏损。根据

总部领导要求，生产经营管理部会同油田勘探开发事业部开展了自产原油库存运作，果断实施“增库减销”策略，充分利用油田储罐能力，在保证油田正常生产前提下，尽可能多储备原油。2009年3—6月，油田企业实际库存增加21.40万吨（其中胜利油田11.66万吨、中原油田2.52万吨、河南油田3.32万吨、江汉油田1.43万吨、西北油田分公司2.66万吨）。2009年7月后，国际原油价格回升，市场逐步好转，按照“把握节奏、效益最大”原则，将这些原油逐步释放配置给相关炼化企业，多创造效益2亿多元。

针对西北油田分公司上产较快、油价波幅又较大的情况，除了调动石化集团公司下属炼化企业的积极性，尽力增加塔河原油配置量之外，还积极开拓新用户，及时向铁路部门汇报，争取各方面的支持，做好塔河原油的流向调整和外运工作。特别是积极与铁道部、乌鲁木齐铁路局协调，及时开通了轮台至乌鲁木齐石化公司的塔河原油铁路运输固定专列，保证了西北油田分公司的正常生产和销售。2009年，西北油田分公司原油配置完成626.15万吨，比2008年增加74.51万吨。

中原油田内蒙古油区位于内蒙古自治区巴彦淖尔市乌拉特中旗川井苏木境内，油区自2004年投入开发以来，所产稀油销售给中国石油呼和浩特炼厂，2008年对稠油进行了试采。由于稠油品质较差，呼和浩特炼厂拒绝接收，加之气候和油区罐容紧张等因素的影响，导致该油区曾一度关井。经多次协调和调研，并协调石油化工科学研究院对油样进行全分析并给出经济加工方案，最终将内蒙古稠油配置到西安石化。截至2009年底，西安石化共接收内蒙古稠油2 971吨，保障了中原油田内蒙古油区的生产后路畅通。

总部对西北地区油气勘查区块作出调整后，生产经营管理部积极配合油田事业部组织移交验收工作，并就涉及的春光原油外运资质变更等问题及时和铁路部门进行沟通，确保了春光油田的正常生产。

2009年，石化集团公司销售自产原油4 077.03万吨，同比增加82.62万吨，实现了自产原油的全产全销，保证了油田企业的正常生产。

（孙　鸽）

【新建原油管道和原油库投产】　1. 河石复线和津沧线投产

河石复线全长147.5千米，管线直径508毫米，一期工程设计输油能力500万吨/年，二期800万吨/年。2009年7月15日，河石复线投产；7月15日，河间站输水对原河石线扫线；20日，老线扫线结束，新线动火联头，老线封存，新线开始投产；22日，合格原油到达石家庄炼化。至此，河石复线一次投产成功。河石复线的投用为确保石家庄炼化的原油资源供应、降低原油运输成本、进一步提高中国石化在华北地区的资源配置能力将发挥重要作用。

津沧线全长82千米，管径559毫米，设天津、沧州两座输油站。该次改造利用仪长线武汉支线增输后拆除的输油泵机组，改造后输油能力为400万吨/年。2009年12月8日，津沧线投产，天津大港站启泵输油；10日，清管球到沧州站，原油进入沧州输油站罐区。至此，津沧线一次投产成功。津沧线投用后，中国石化全部原油管网真正实现了互联互通，彻底消除了石家庄炼化原油资源进厂的瓶颈，为石家庄炼化、沧州分公司的原油资源稳定供应奠定了基础，并为优化华北地区原油管线运行，降低运输成本提供了更多手段。

2. 白沙湾油库二期工程和白沙湾商储库投产

白沙湾二期油库工程包括4座15万立方米原油储罐和配套管网等相关设施。白沙湾原油商业储备库包括4座15万立方米、3座10万立方米和1座5万立方米共8个原油储罐，总库容95万立方米。2009年6月5日和6月25日，白沙湾二期工程和白沙湾商储库分别投产。白沙湾二期油库和商储库投用后，总部对白沙湾地区原油储罐进行了统筹安排、合理利用，做到了“分储分输、专罐专用”，既减少了混油，又满足了炼化企业的需求。白沙湾油库和商储库的投用，帮助上海石化解决了3#常减压蒸馏装置进料波动大、影响产品质量的问题，同时缓解了甬沪宁地区原油储罐储存能力不足的矛盾。

3. 长岭分公司、石家庄炼化检修期间输油管线的安全运行

长岭分公司于2009年4月28日至6月22日进行了为期56天的检修，石家庄炼化于2009年3月10日至4月20日进行了为期40天的检修。根据长岭分公司、石家庄炼化检修周期长、原油库容不足、热输管线对最低输量要求苛刻等具体情况，总部提前安排、周密布置，多次开会研究检修期间仪长线的长岭支线、河石线的运行方案，在现场调研、室内及现场试验的基础上，确定了检修期间的低输量运行方案。实际运行中，密切关注运行参数变化，并根据

运行中出现的具体情况，及时调整，确保了长岭分公司、石家庄炼化分公司检修期间仪长线、河石线的安全平稳运行。

（孙 鸽）

【优化既有原油管网和国内二、三程运输】 1. 继续优化既有管网

根据“海外运输大型化，国内运输管道化”发展战略要求，努力发挥原油长输管道优势，提高管道运行管理水平，优化管道运行方案，尽可能发挥现有管道的输送能力。2009年管输进厂1.46亿吨，占原油资源总量的77.8%，同比增加819.54万吨。其中，通过管道储运分公司管道输送原油达8 794.73万吨，同比增加708.89万吨（其中甬沪宁原油管网输送量达到3 195.22万吨，同比增加120.95万吨；仪长管道输送量达到1 923.99万吨，同比增加123.06万吨）。

针对甬沪宁管网白沙湾至南京石埠桥段，石埠桥至扬子、仪征管线全年都在高负荷运行的实际情况，总部统筹安排甬沪宁管网和鲁宁线的运行，优化细化调度作业计划，全年安排仪金线返输运行8次，输油36万吨，千方百计满足炼化企业原油需求。甬沪宁管网白沙湾至石埠桥管线2009年输送原油1 784.39万吨，同比增加216.88万吨；石埠桥至扬子、仪征管线2009年输油1 100.42 万吨，同比增加140.72万吨。

2. 继续压缩国内二、三程运输

随着大型原油码头和原油长输管网的不断完善，中国石化努力发挥新投用码头作用和管道运输优势，尽力压减二、三程水运量。尽管石化集团公司年加工总量不断增加，但原油水运的比例仍呈逐年下降趋势。在天津实华原油码头、曹妃甸原油码头及配套管网建成投用后，天津石化和燕山石化两家企业的进口原油二程运输量大幅下降，2009年比2008年减少253.52万吨。此外，优化甬沪宁管网和仪长线的运行，提高输送量，减少了甬沪宁及沿江炼化企业水路运输量，尤其是沿江安庆石化等5家炼化企业三程运输量已降至70万吨以下（巴陵石化没有连接仪长线，每年约需要180万吨的水运量）。

2009年，中国石化进口原油国内二程运输量完成1 214.60万吨，沿江三程运输量完成248.80万吨，较2008年分别减少337.65万吨和54.89万吨。2009年，二程运费支出约8.94亿元，三程运费支出约1.93亿元，较2008年分别减少 2.27亿元和0.31亿元。

（孙 鸽）

【天津南疆地区储运设施整合】 为进一步落实总部领导关于天津南疆油库要进一步整合的指示精神，生产经营管理部会同总部有关部门和管道储运分公司、天津分公司、销售华北分公司，对中国石化在天津南疆地区的储运设施进行调研和整合。整合内容包括管线部分：管道储运分公司将天津分公司至南疆码头的管径323毫米和管径273毫米两条管线划转给天津分公司，改造后作为天津分公司成品油外输管线；原油库区部分：南疆油库2#库区划转给销售华北分公司（含在用的办公综合楼），南疆油库3#库区的土地及所有资产整体划转给销售华北分公司；销售华北分公司还建管道储运分公司京塘输油处办公楼。资产和人员划转工作于2009年10月中旬完成，管线和库区改造工作于11月底完成。

（孙 鸽）

【降低进口原油采购成本】 2009年，国际市场原油价格呈现逐步振荡攀升的走势，轻重质、高硫、高酸原油价差大幅缩小。国内成品油定价机制逐步理顺，各炼油企业积极应对市场变化，适当控制劣质原油采购量，增加轻质原油采购数量，提高了成品油和化工轻油收率，保证成品油市场需求以及化工原料需求，进一步提高炼油企业经济效益。中东地区原油采购比例同比降低1.3个百分点，北非原油采购比例提高2.3个百分点。进口原油性质同比，平均硫含量提高0.01个百分点，平均API度提高0.61个单位，平均酸值降低0.05毫克（氢氧化钾）/克。年初抓住原油价格较低的有利时机，适当提高进口原油库存量，降低进口原油整体采购成本。全年，石化集团公司采购进口原油数量同比增长7.8%。进一步加强进口原油运输优化，降低一程运费，运费、滞期费等各项指标大幅降低。

（胡怀敏）

【原油资源优化项目应用】 加大模型测算频率和深度。2009年，炼油企业利用PIMS模型进行优化测算达到910项，其中218项优化方案被落实到实际生产经营中。通过按月通报各企业应用情况和典型案例，促进了企业间互相学习和应用水平的提高。

对天津石化、武汉石化、洛阳石化和青岛石化4家模型实施了提升和完善，更新了主要装置Delta

Base数据和硫传递系数、编制新建模型应用手册，为企业独立修改模型提供帮助，组织项目培训，完成技术知识转移，3月成功用于季度排产，取得了良好效果。

继续坚持利用PIMS模型辅助生产计划优化安排。总部层面，年度和季度均使用PIMS模型辅助制定生产经营计划，并利用模型进行排产对接。企业层面，已经全部应用PIMS模型优化安排年、季、月生产计划。

组织PIMS模型校核和完善。对34家企业PIMS模型进行全面校核，提高模型的准确性；原油数据库中补充了15种新油，扩大了原油优化范围；根据管道原油安排，为华北和沿江等15家企业更新原油评价42种；模型中补充完善2010年底前新、改建装置和质量升级措施；校核修订共计137套二次装置硫的传递系数，模型精度得到提高；补充完善新标准汽柴油牌号，为质量升级测算提供帮助；对模型代码进行标准化规范，为区域优化奠定基础。

（魏　杰）

石油炼制

【概述】 2009年，石化集团公司34家炼油企业(不含福建联合石化)轻油收率同比提高0.76个百分点，综合商品率同比提高0.49个百分点，加工损失率同比降低0.10个百分点，综合能耗同比降低2.55千克（标油）/吨。

(李　鹏)

【常减压蒸馏】 2009年，石化集团公司34家炼油企业有56套常减压蒸馏装置运行，截至年底，总加工能力为2.27亿吨/年，共加工原油1.84亿吨，同比增加1 135万吨，平均负荷率81.2%，同比降低2个百分点；平均能耗同比降低0.3千克（标油）/吨。

交流减压深拔技术。2009年，炼油事业部召开了常减压蒸馏装置生产技术交流会，对减压深拔的定义、减压深拔对炉体设备的设计要求、减压深拔与停留时间影响、减压深拔效果的评价、深拔对能耗的影响等各层面都进行了深入研讨。通过会议，使生产技术人员对减压深拔的概念和判断有了明确、清晰的认识，同时推广了“外推法”计算原油大于500℃—520℃以上的收率，使各套常减压蒸馏装置的化验分析得到规范，夯实了同台竞技的基础。

采用减顶气体脱硫技术降低设备腐蚀。中国石化工程建设公司与洛阳工程公司均开发了具有自主知识产权的减压塔顶低压气体脱硫技术，并分别在青岛炼化、广州分公司、武汉分公司应用，取得了较好的效果。改造项目的投资较少，脱硫后减压塔顶低压气体可直接作燃料使用，较好地缓解了含硫燃料气造成的炉体设备腐蚀，具有降低加工损失、减少排污、清洁化生产的特点。

新技术应用。2009年，常减压蒸馏装置上有一批新技术得到推广应用，其中高桥分公司的示范加热炉技术通过技术鉴定，加热炉效率达到93%，节能效果突出。由洛阳工程公司开发的脉冲电脱盐技术通过技术鉴定并得到推广应用，该技术对不同的原油类型具有较强的适应性，同时可以节电50%以上，具有显著的节能特点。

强化设备管理。2009年，针对部分企业常减压蒸馏装置出现的较为严重的腐蚀情况，开展了腐蚀与防护专项工作，除了采用设备材质升级的防治措施外，还积极通过工艺防腐控制腐蚀，并开展了电脱盐运行专项竞赛。通过优化电脱盐运行，预防并减少对下游装置的影响。

（宫　超）

【催化裂化】 2009年，石化集团公司运行的52套催化裂化装置总加工能力达到5 630万吨/年，比2008年增加145万吨/年。2009年催化裂化装置共生产汽油2 360万吨，同比增加420万吨；生产柴油1 330万吨，同比增长49万吨；生产液化气1 018万吨，同比增加104万吨，为保供市场、增加效益作出了较为突出的贡献。与此同时，一批新技术、实用技术在催化裂化装置中得到广泛应用。

装置能耗持续降低。2009年，石化集团公司催化裂化装置的平均能耗同比下降了2.49千克（标油）/吨。通过对技术经济指标较差的装置进行改造、回收催化裂化装置低温热、推广催化裂化装置与上下游装置间的热联合、优化烟机组操作、开展节电节汽等工作，石化集团公司催化裂化装置能耗明显降低。

强化关键设备管理。2009年，针对催化裂化装置喷嘴、主风分布管等关键设备出现的问题，在34家企业开展了设备应用情况调查，并组织17家企业召开了有关技术的研讨会，总结各企业的应用经验，有效地推动了催化裂化装置对关键设备的技术管理工作，推动了装置长周期运行，有效减少了催化剂损失，促进了“安稳长满优”运行。

强化工艺技术管理。2009年，为促进各企业催化裂化装置运行水平的提高，进一步延长装置运行周期，减少非计划停工事故，总部组织设计单位及有关生产单位对催化裂化装置运行中出现的各类问题进行了总结，指出在技术管理、设备检修、设计改造等方面问题，提出了整改措施，推动了催化裂化装置工艺技术管理工作的提高。

新技术应用。洛阳工程公司、上海石油化工研究院、石油化工科学研究院共同研发的SGEB催化干气制乙苯工艺，具有独立知识产权。该技术已在青岛炼化完成了9万吨/年的工业化装置试验，在此基础上长岭分公司12万吨/年、广州分公司8万吨/年的催化干气制乙苯装置均已经完成基础设计。

（宫　超）

【延迟焦化】 2009年，石化集团公司共有33套延迟焦化装置运行，年加工能力4 280万吨，年处理量3 867万吨。2009年新增延迟焦化能力325万吨/年：金陵分公司和济南分公司通过扩容改造分别新增产能25万吨/年和70万吨/年，天津分公司新建2# 230万吨/年延迟焦化装置。面对加工负荷率提高、原料重质化以及汽柴油市场需求进一步增加的新形势，焦化装置在配套完善、降低能耗、提高产品收率等方面取得了一定的进展。

新技术应用水平进一步提高。提高延迟焦化装置加工负荷方面的“降循环比、缩短生焦周期”等多项技术和措施得到应用。洛阳工程公司开发的可调循环比延迟焦化技术，金陵石化、扬子石化等多个大型延迟焦化的生产证明，这项技术能控制较小的循环油量，提高延迟焦化装置的生产能力；工程建设公司成功开发并在青岛炼化应用了“超低循环比生产技术”，将渣油直接进入分馏塔底部液相中，不与焦炭塔来的油气换热，在实现灵活调节循环比的前提下，能缓解分馏塔底的结焦倾向，确保了延迟焦化装置的长期稳定运行。金陵分公司将160万吨/年延迟焦化装置扩能至185万吨/年，并在单、双面辐射加热炉中实施了“高裂解度延迟焦化技术”，在延迟焦化低温热综合利用、加热炉烟气余热回收等方面有较大的改善。金陵分公司和青岛炼化等大型化延迟焦化装置应用了焦炭塔底自动卸盖机后，闸板式自动底盖机又在广州石化得到了成功应用。该设备可减少1小时底盖机的拆装时间，而且可降低操作风险，为后续密闭放水和除焦创造了条件。镇海炼化和洛阳石化等炼油企业实施了加热炉机械清焦技术后，炉管表面温度下降40℃—50℃，较常规的空气烧焦低了10℃。

装置节能措施得到推广。由于石化集团公司推广了延迟焦化装置低温热回收利用、机泵节电、工艺优化等措施，装置节能水平取得了较为明显的进步。金陵分公司优化了分馏塔侧线的换热流程，利用延迟焦化的低温热外供气体分离和热水处理装置，对炼厂气进行深度脱硫后再降低加热炉的排烟温度，使得焦化的能耗降低4.7千克（标油）/吨；塔河分公司利用焦炭塔放空余热，将焦炭塔塔体温度由原来70℃提高到115℃，油气预热时间可缩短1.5小时，降低燃料用量500米^3（标准）/时，每塔减少预热凝缩油10吨；荆门焦化装置新上第二热水站系统，用焦化分馏塔顶出来的油气、出装置稳定汽油与系统来的热媒水进行换热，每小时可输出95℃热水150吨。

推广成功经验，提高催化油浆掺炼比例。炼油企业将延迟焦化作为催化油浆的出路之一，2009年18套延迟焦化装置共掺炼催化油浆85.84万吨，但掺炼催化油浆后，生焦率上升，焦化蜡油作加氢裂化料的裂解性有所下降。

（许金林）

【催化重整】 截至2009年底，中国石化有27套催化重整装置运行，其中半再生重整装置10套，加工量257万吨，平均运行负荷88.6%；连续重整装置17套，加工量1 465万吨，平均运行负荷92.5%。2009年新增重整能力470万吨/年：广州分公司2# 100万吨/年、上海石化2# 100万吨/年、天津分公司2# 100万吨/年、福建炼化2# 140万吨/年以及长岭重整由50万吨/年扩能至70万吨/年、武汉重整由30万吨/年扩能至40万吨/年。

半再生重整技术的主要进展。继2008年PRT-C/D系列重整催化剂在武汉石化、塔河分公司等半再生重整装置上工业应用后，2009年又在青岛石化、安庆石化、石家庄炼化等半再生重整装置上应用。此外，在九江石化、武汉石化、塔河分公司等半再生重整装置上应用的PRT-C/D系列重整催化剂进行了再生，再生剂性能恢复良好。该催化剂对原料的适应性和再生性能居国际先进水平。

国内连续重整技术进展。洛阳工程公司、石油化工科学研究院和广州分公司联合开展了100万吨/年国产“超低压连续重整成套技术”的开发和工业应用。

该技术代表了中国第三代连续重整技术水平，达到国际先进水平，是继美国和法国之后，第三个掌握连续重整技术的国家。该装置于2009年4月建成投产， 9月进行了初步标定，并获国家级科技进步一等奖。

连续重整催化剂的开发应用取得新进展。广州石化2# 100万吨/年采用洛阳工程公司、石油化工科学研究院等单位联合开发的国产连续重整反应和再生工艺技术，选用石油化工科学研究院开发的PS-VI型催化剂。截至2009年底，国内已投产的38套连续重整装置中，已有24套采用了PS-VI催化剂（其中中国石化14套）。

（周建华）

【炼油达标】 2009年，石化股份公司轻质油收率、综合商品率、加工损失率、综合能耗、原油储运损失、吨油完全费用6项指标达到了年度达标考核指标，价值量化后石化股份公司炼油专业实现达标。自2003年以来，石化股份公司炼油板块连续第七年实现专业达标。

1. 专业达标完成情况

石化股份公司炼油企业实现专业达标的有29家企业，分别是燕山、石家庄、沧州、洛阳、河南、中原、齐鲁、济南、安庆、九江、武汉、长岭、荆门、金陵、扬子、高桥、上海石化、镇海、广州、茂名、海南、西安、塔河、扬州、泰州、清江、东兴、杭州、青岛炼化。

2. 同类装置竞赛完成情况

常减压装置。石化集团公司56套运行的常减压装置，排名第一至第十的是海南、金陵2#、青岛炼化、镇海3#、镇海1#、高桥3#、茂名3#、茂名4#、燕山4#、九江1#。

催化裂化装置。石化集团公司52套运行的催化裂化装置，排名第一至第十的是燕山3#、海南、金陵2#、广州1#、燕山2#、金陵1#、高桥1#、镇海2#、武汉1#、安庆。

加氢裂化装置。石化集团公司17套运行的加氢裂化装置，排名第一至第三的是海南、金陵2#、广州。3套运行的渣油加氢装置，排名第一的是茂名S-RHT。

延迟焦化装置。石化集团公司33套运行的延迟焦化装置，排名第一至第六的是青岛炼化、九江、茂名1#、上海石化1#、扬子2#、金陵3#。

催化重整装置。石化集团公司17套运行的连续重整装置，排名第一至第三的是金陵2#、镇海2#、海南。

半再生重整装置。石化集团公司10套运行的半再生重整装置，排名第一至第三的是沧州、济南、九江。

蜡油加氢处理装置。石化集团公司12套运行的蜡油加氢处理装置，排名第一至第三的是青岛炼化、高桥、广州。

柴油加氢精制装置。石化集团公司38套运行的柴油加氢精制装置，排名第一至第十的是镇海4#、金陵3#、青岛炼化、燕山1#、茂名3#、齐鲁3#、九江、镇海3#、广州2#、海南。

航煤加氢精制装置。石化集团公司8套运行的航煤加氢精制装置，排名前2名的是茂名、海南。

汽油加氢精制装置。石化集团公司10套运行的汽油加氢精制（含焦化汽油加氢）装置，排名前2名的是广州2#、金陵。

硫回收装置。石化集团公司39套运行的硫回收装置，排名第一至第六的是海南、镇海4#、金陵3#、九江3#、济南3#、茂名4#。

制氢装置。石化集团公司21套运行的制氢装置，排名第一至第三的是上海石化2#、塔河、海南。

溶剂精制装置。石化集团公司9套运行的溶剂精制装置，排名前2名的是燕山2#、茂名3#。

溶剂脱蜡装置。石化集团公司12套运行的溶剂脱蜡装置，排名前2名的是茂名1#、高桥2#。

（李　鹏）

【润滑油生产】 2009年，石化集团公司润滑油生产装置包括：溶剂精制11套（含2套酚精制），能力309万吨/年，负荷率74.1%；溶剂脱蜡10套，能力276万吨/年，负荷率73.9%；白土补充精制8套，能力116万吨/年，负荷率76.7%；加氢补充精制3套，能力22万吨/年，负荷率86.5%；加氢改质装置1套，能力20万吨/年，负荷率95.6%；润滑油全加氢装置1套，裂化段能力30万吨/年，负荷率96.1%。基础油综合收率同比提高0.96个百分点，综合能耗同比下降11.11%，综合物耗同比下降1.39%。

2009年，润滑油分公司共有42个新产品批量生产，涉及内燃机油、齿轮油、液压油、金属加工用油、润滑脂等多个品种共计1 872吨。另外，自主知识产权的CF-4柴油机油、SJ汽油机油、船用中速机油等配方开始大批量工业应用。润滑油天津分公司润滑脂装置改造项目9月中交并投入试生产，润滑脂产能可达10万吨/年。

（朱永进）

质量管理

【概述】 2009年，石化集团公司坚持“质量第一、用户至上”的宗旨，推进产品质量升级和质量管理信息化建设，炼油企业质量管理水平不断提高。炼油产品质量总体保持稳定，出厂产品合格率100%。在国家、各级政府部门和中国石化对炼油企业产品质量监督抽查中，产品合格率均达到了100%。

（王新军）

【产品实物质量】 根据上海市车用汽柴油沪Ⅳ地方标准的实施时间，落实高桥、上海石化等企业质量升级项目，11月1日起向上海市供应的车用汽油、车用柴油全部达到沪Ⅳ车用汽柴油地方标准的要求。金陵、齐鲁生产的高铁专用乳化沥青新产品成功应用于沪宁高速铁路工程；“东海”牌沥青产品在高速公路等重大项目建设中得到广泛应用。2009年，中国石化汽油、煤油、柴油、润滑油等产品用于国庆60周年阅兵。

车用汽油。2009年，中国石化生产车用汽油3 490万吨。炼油企业出厂车用汽油硫含量全部达到不大于0.05%要求，部分企业车用汽油硫含量达到不大于0.015%要求，其中供北京市、上海市车用汽油硫含量达到了不大于0.005%要求。

轻柴油。2009年，中国石化生产柴油6 926万吨。供应北京市、上海市车用柴油达到了国Ⅳ标准的要求，即车用柴油硫含量不大于0.005%，十六烷值不小于51。

道路石油沥青。2009年，中国石化制定了《中国石化高速铁路专用石油沥青产品质量保证体系》、《高速铁路专用沥青》和《高速铁路专用乳化沥青》两项一级企业标准。

（王新军）

【产品质量管理】 2009年，根据管理的需要，组织制定了《中国石化炼油产品顾客服务管理办法》，加强了产品出厂环节和顾客服务管理。中国石化质量管理信息系统提升项目通过了验收，炼油产品全面质量管理信息化管理再上一个新台阶。

（王新军）

【质量管理体系】 2009年，质量管理体系整合试点工作稳步推进，西安、安庆、长岭、塔河、沧州5家试点企业全部通过第三方认证，试点工作基本结束。

（王新军）

设备管理

【概述】 2009年，面对炼油装置运行周期不断延长、设备腐蚀加剧、故障率有所上升的不利情况，炼油企业通过加强设备全员、全过程管理，努力提高设备运行可靠度，设备总体保持了良好的运行状态，为生产装置的安全、稳定、长周期运行和全面完成原油加工计划提供了可靠保证。

（任 刚）

【检维修管理】 2009年，炼油企业六大类主要生产装置检修116套，是检修装置最多的一年，同比增加10套。其中，常减压装置23套、催化裂化装置23套、延迟焦化装置18套、加氢裂化装置15套、重整装置15套、加氢精制22套。通过狠抓施工质量，加大提高检修深度，炼油装置检维修水平明显提升，116套检修装置全部实现一次开车成功。通过加强装置运行管理，炼油装置运行水平进一步提高。截至2009年底，石化集团公司考核的主要炼油生产装置中，有32套实现了“四年一修”，同比2008年增加5套；143套装置实现了“三年一修”，同比增加16套；纳入考核范围的主要生产装置已全部实现了“两年一修”。

（任 刚）

【设备防腐蚀管理】 针对原油劣质化及设备腐蚀日益严重的现状，以及企业设备材质实际情况和加工原油性质，从源头抓起，狠抓设备腐蚀防治，加快材质升级步伐，着力夯实本质安全基础。2009年，结合大修计划安排，对14家企业61套装置的设备材质升级方案进行了审查，确定并实施了10家企业27套装置进行材质升级。防治腐蚀取得进展，因腐蚀引起的非计划停工同比减少4次。

（王一海）

【烟机运行管理】 2009年，石化集团公司42台烟机的同步运行率同比提高0.9个百分点，累计做功25亿千瓦·时，回收效益15亿元，烟机同步运行率和负荷率均创历史最好水平。

（任 刚）

【加热炉运行情况】 2009年，大力推进示范加热炉建设，对20家企业45台加热炉进行了改造，其中

26台按照示范加热炉模式进行改造，投资1.1亿元；19台加热炉进行适当改造，投资0.3亿元。改造后的加热炉热效率大幅提高，各项指标进步显著，平均热效率比2008年提高0.31个百分点，按加热炉总热负荷1.05万兆瓦计算，年节约燃料油3.07万吨，经济效益明显。

2009年，分4次对炼油企业350台加热炉进行检查，总热负荷6 299兆瓦。加热炉加权平均（下同）热效率、氧含量和排烟温度分别同比提高0.3个百分点、降低0.1个百分点和5.7℃，运行水平提高较快，各项指标创历史最好水平。

（王一海）

计量管理

【概述】 2009年，炼油企业认真贯彻国家计量法律、法规，狠抓计量器具管理，强化计量数据管理，计量管理水平不断提高，为企业减少进出厂物料损耗提供了有利条件。

（任　刚）

【原油储运损失管理】 2009年，石化股份公司加大了原油储运管理力度，深化基准损失比对管理，原油储运损失率明显降低。其中，平均原油途耗率同比下降0.02个百分点，原油储存损耗率下降0.04个百分点，合计减少原油损失11万吨。茂名石化、镇海炼化、燕山石化、杭州炼化、胜利油田、中原油田和广州石化7家企业的实际储运损失率已低于基准损失水平。与2008年相比，下降幅度在0.08个百分点以上的有11家，其中长岭炼化、济南分公司和武汉石化下降幅度分别为0.17、0.15和0.13个百分点。

（任　刚）

【计量信息化推进】 继续做好计量信息系统推广工作，满足ERP和MES等管理系统的数据要求。2009年在金陵石化和天津石化计量系统完成的基础上建立了标准模板；安庆石化、茂名石化和齐鲁石化3家企业计量信息系统稳步推进。

（任　刚）

炼油自销产品销售

【概述】 2009年，石化股份公司炼油自销产品销量同比增长8.4%，销售价格同比下跌30.3%。金融危机向实体经济的进一步蔓延，导致国内炼油自销产品市场低迷，价格普遍下跌，大部分产品价格跌幅超过了原油跌幅，企业产销压力增大。

（张守良）

【销售管理】 完善比价考核体系，继续发挥区域协调作用，灵活开展推价稳价，积极推进“比学赶超”活动深入开展。加强销售计划管理，全面开展客户评价和客户走访工作，提高服务水平。应对危机，制定预案，保障生产后路畅通。根据不同需求，加大产品和市场细分，努力提高自销产品附加值。深化“一企一策，一品一策”的实施，总结特色企业的经营方法，开展经验交流，互帮互学互相促进。以推价增效为主题，以比价考核为主线，以全产全销为基础，自销产品营销水平不断提高。

（张守良）

【润滑油专业管理】 产品结构进一步优化，中高档油、包装油同比分别增长10%和11%。OEM合作领域继续拓展，销量同比上升19%。船用油销售取得新突破，与中远、中海、长航国内三大船运公司的业务合作进一步巩固，销量同比增长30%。海外业务持续扩大，润滑油脂出口量达1.45万吨。

（张守良）

【沥青专业管理】 强化服务营销理念，继续发挥专业化经营和品牌优势。加强计划管理，用好国际国内两个市场、两种渠道，积极扩大销量，沥青销量同比增长86%。加强自备罐车的运营管理，提高运营效率，保障了生产企业后路畅通。强化客户服务管理，高速铁路乳化沥青市场开拓取得进展，在被铁道部确定为京沪线、哈大线、沪宁线乳化沥青供应商基础上，又被指定为石太线、武广线等试验段乳化沥青的供应商。“东海”牌沥青在成功用于国家体育馆跑道沥青的底层摊铺基础上，2009年再次被用在北京长安街和2010年世博园中国馆迎宾道上。

（张守良）

【产销计划管理】 加大基础油生产配置计划管理力度，满足加氢基础油资源，改善润滑油的产品结构；合理安排沥青生产季度和月度计划，提高重交沥青、改性沥青比例，实现产销间的合理平衡；加强溶剂油和5种自销产品的产销计划管理，在完成成品油配置计划基础上，增产高附加值产品，自销产品获利能力进一步提高。

（张守良）

化工生产

◇ 综述

◇ 有机原料

◇ 合成树脂

◇ 合成橡胶

◇ 合成纤维

◇ 精细化工

◇ 化肥

◇ 无机原料

◇ 质量管理

◇ 设备管理

◇ 达标管理

◇ 计量管理

综　　述

2009年，化工板块认真贯彻石化集团公司工作会议精神和年中化工销售工作会议精神，切实转变观念，积极应对国际金融危机的挑战和日益激烈的市场竞争，以市场为导向、以效益为中心，进一步完善体制机制，精细管理，优化挖潜，积极拓展市场，改进服务，努力做大总量，经营业绩总体好于预期。全年化工板块生产投入总量3 389万吨，比年度计划多89万吨；生产乙烯671.33万吨，完成年度计划的100.2%；完成经营总量4 080万吨，比年度计划多174万吨；实现销售收入2 315亿元，为年度计划的111.5%；挖潜增效16.80亿元，为年度预算的119.7%；化工产品完全费用1 630.50元/吨，比年目标低141.50元/吨；实现利润143.50亿元。

一、以进攻态势，积极拓展市场，努力做大总量，扩大了市场份额

2009年，在党组领导亲自带队走市场的示范和带动下，化工销售、生产企业以及相关科研院所采取进攻的态势，深入研究市场、了解客户需求，提高产销衔接效率、改进客户服务，主动加强产销研协作，为拓展市场创造了有利条件。各生产企业抓住化工市场企稳回暖的有利时机，按照总部统一部署，开满、开足现有装置，努力做大总量，为拓展市场提供了资源保障。各乙烯企业顾全大局，根据市场变化，迅速调整生产经营策略。上海石化于2月底恢复1#乙烯装置生产；2008年四季度为应对危机而全线停车的天津石化，在3月8日提前恢复乙烯及其下游生产；原定7月停工大修的茂名石化乙烯新线两度调整检修时间，主动与政府相关监管部门进行沟通，克服装置运行后期出现的各种困难，将检修推迟至12月底；在福建炼化、天津石化新建装置及东方石化装置开工时间延后的情况下，现有各装置按照年中化工销售工作会议上提出的乙烯产量奋斗目标，最大限度发挥有效产能，组织高负荷生产，确保670万吨乙烯年度生产计划的完成。此外，茂名石化等企业还积极配合化工销售，适时开展石脑油项下来进料加工业务。化工销售坚持“全产全销、顶替进口、低库存运作”策略，积极拓展市场，努力扩大进出口贸易。

二、紧贴市场，优化组织生产，取得良好经济效益

结合《中国石油化工股份有限公司化工生产经营计划管理办法》的修订，进一步明确“以市场需求为导向，以经济效益为中心”的化工生产经营策略，强调“以销定产、以产定供、以产促销”以及“年度、季度计划为指导性计划，月度计划为指令性计划”的化工生产经营原则，一方面，以效益最大化为目标，根据市场情况，及时调整生产计划，优化生产安排。针对芳烃产品市场波动情况，调整芳烃的生产安排。1—2月通过降低装置加工负荷、天津石化两套芳烃继续停工、部分重整生成油作为汽油调和组分等措施，减少芳烃产品总量；进入3月，市场形势好转，安排停工装置及时恢复生产，同时提高各装置运行负荷，芳烃产量逐月增加。在不影响整体平衡的前提下，根据市场情况，对乙二醇、丁苯橡胶等产品实施阶段性限产；四季度安排湖北化肥、金陵石化、镇海炼化化肥装置停产，努力减少亏损。另一方面，根据市场情况，及时调整产品结构。停运扬子石化、天津石化的甲苯择形歧化装置和镇海炼化、洛阳石化的苯抽提装置，提高重整石脑油进料的初馏点，降低歧化进料中的甲苯比例，适当增加碳十重芳烃加工比例，减少苯产品产量；根据合成树脂市场及库存情况，按化工销售提出的需求，每月中旬调整产品（含牌号）产销计划；安排洛阳石化、仪征化纤调整涤纶产品结构，增产高附加值的短纤产品。

三、强化设备专业管理和检修管理，确保了装置安稳长运行

一是强化设备长周期运行的管理和维护。针对关键装置、重点设备特别是大型机组，进一步完善状态监测和故障诊断等技术手段，强化“五位一体”的特护管理，组织专家到齐鲁石化、扬巴公司、巴陵石化等企业对机组疑难杂症进行会诊，确保了大型机组的安全稳定运行。积极推广应用RBI、RCM和SIL等设备管理技术，通过技术手段确保设备本质安全。通过技术交流和谈判，组织专家重点解决了上海石化2#乙二醇装置环氧乙烷反应器裂纹和茂名石化乙烯新线裂解气大阀开关困难等重大安全生产难题。二是强化装置检修管理。总结、推广天津石化等企业在检修安全监督和质量保证方面取得的成功经验，要求企业高度重视对企业外施工单位和人员的管理，认真落实检修责任制和质量保证体系。检修前，对九江石化、齐鲁石化、茂名石化等安排大修的企业组织专家现场召开检修专题会，对检修方案和检修项目进行专门审查，予以进一步的优化和完善；检修过程中，针对关键装置、重点设备，督促企业邀请相关专家进驻现场，协助解决疑难问题，确保检修受控；检修后，对重点装置组织专家提供开工技术服务，确保检修后装置开车一次成功。

四、努力顶替进口，优化牌号分工，产品结构调整取得新进展

一是以用户需求为导向，认真解决党组领导走市场过程中用户反映的问题。针对市场认可度高的HDPE牌号5000S，协调扬子石化、燕山石化适时增量排产，满足用户需求；对于用户希望国产化的三元共聚PP产品，组织上海石化恢复生产；针对茂名石化LDPE牌号2436H晶点问题和茂名石化、广州石化、武汉石化、荆门石化BOPP产品质量问题，组织北京化工研究院进行表征、分析，指导企业实施生产改进，产品品质明显改善。二是组织顶替进口产品调研，制定相应的产品开发方案。按照年中化工销售工作会议要求，重点对合成树脂、合成橡胶、合成纤维三大合成材料组织市场调研。针对通用产品在质量稳定性方面存在的问题和超高压电缆料、茂金属聚乙烯、电容器膜用料等合成树脂产品、腈纶差别化产品、乙丙胶和异戊胶等高端产品还无法顶替进口的现状，分别制定了加大品质控制力度、加快二次开发、开发与引进相结合等方案。三是开展新产品开发分工协调，避免重复开发。针对高结晶PP的量产，HDPE瓶盖料、PP瓶盖料、低密高融LLDPE专用料（特百惠用料）和过氧化物交联PE的开发，茂金属聚乙烯的国产攻关和引进量产等，进行了企业间分工。四是优化装置分工，统筹安排优势产品的生产。燕山石化2套LDPE装置、上海石化3套PP装置、扬子石化HDPE装置3条生产线以及广州石化、茂名石化等企业同类装置之间细化分工，各有侧重。2009年，新产品与专用料合计完成299.35万吨，完成年计划的113.3%，合计比例达到41.5%，超进度完成。其中，新产品产量79.20万吨，新产品比例为11%，完成年计划的138%；专用料产量220.15万吨，专用料比例为30.5%，完成年计划的106.4%。

五、继续推进节能减排，努力改善产品质量，装置运行水平进一步提高

2009年，进一步加大节能减排工作力度，落实新的节能项目53项，涉及工艺流程优化、设备节能、蒸汽能级利用及蒸汽管网优化、燃料综合利用、热供料、加热炉提高热效率、公用工程系统优化、换热网络优化、电机变频等多个领域。全面总结、提炼前一阶段节能工作经验，编撰出版了《化工装置节能技术与实例分析》，结合具体案例，对103项成熟节能技术进行重点推介。2009年，适用节能技术推广应用取得新的进展。在蒸汽能级利用方面，重点解决镇海炼化PX、高桥石化顺丁橡胶、上海石化聚乙烯醇装置大量蒸汽直接减温减压等问题。在乙烯装置上，继续推广应用APC技术和裂解炉的空气预热、扭曲片强化传热、快速烧焦等技术，在齐鲁石化乙烯装置上利用大修机会对保冷保温实施彻底整改，2009年，石化集团公司平均乙烯能耗同比降低26.73个单位，损失率同比降低0.09个百分点。在芳烃联合装置上，继续落实加热炉烟气余热回收、精馏塔降低回流比、反应进出料换热器提高热端温差等节能措施，2009年，石化集团公司平均PX能耗同比降低112个单位，损失率同比降低0.22个百分点。在合成橡胶装置上，抓高桥石化溶聚丁苯产品的质量升级，第二代4个牌号产品已开发成功，相应装置改造方案基本确定。在合纤原料、合成纤维装置上，优化PTA装置精制预热及结晶工艺，采用超级净化技术改造腈纶溶剂净化系统、停用溶剂萃取装置，抓腈纶溶剂回收凝胶脱色项目的投用，2009年，石化集团公司PTA能耗同比降低8个单位，腈纶能耗同比降低48个单位；针对巴陵石化己内酰胺质量问题，继续组织技术攻关，己内酰胺、切片的质量明显改善，产品已进入民用高速纺应用领域。在化肥装置上，围绕3套煤代油装置长周期运行，重点组织国产空分改造、气化炉堵渣专题攻关、变换单元节能改造等，同时强化原煤管理和操作优化，装置运行状况进一步改善，2009年，3套装置平均合成氨综合能耗同比降低8.90吉焦/吨，纯氮综合能耗同比降低8.40吉焦/吨。

六、以市场为导向、以效益为中心，产业结构调整稳妥推进

协调仪征化纤对天津石化报废化纤资产进行修旧利废，分流人员，同时关停退出部分长期亏损的涤纶长丝装置，通过盘活废旧物资，调整结构，做大差别化短纤维产量，减少长丝亏损；上海石化适时退出成本高、效益差、不具竞争力的腈纶毛条生产。

七、精细管理得到强化，降本增效见到实效

一是依托TBM系统，积极推进化工小板块管理。重点围绕装置、板块和产品链三个层面，深化经济活动分析，为生产经营决策和结构调整提供依据。在进一步梳理相关需求的基础上，对TBM系统功能进行提升，完成预算监控及小板块分析功能的集中实施，2009年6月30日上线试运行，为化工板块强化精细管理，按小板块进行成本效益分析提供了有效手段。二是进一步强化内控管理。为有效防范企业经营风险，针对内控检查以及日常工作中发现的与实际不符、不能充分体现风险防范实质的部分流程控制点，提出了完善内控流程方面的修改建议；针对内控检查中发现的具体问题，提出了改进措施和管理建议；结合内控手册，针对相关制度与实际不相适应、一些管理领域缺少相应制度支撑的情况，进行了必要的修订与补充制定。三是强化化工“三剂”使用管理。组织“三剂”使用专项效能监察，同时启动化工“三剂”专业管理系统的建设。四是深化达标管理，进一步改进、完善考核体系。修订了化工达标考核管理办法，由原来的同类装置竞赛、专业达标与竞赛两个层面调整为同类装置竞赛、专业达标、企业考评三个层面，促进企业不断提升装置运行水平。五是积极推进化工铁路自备车集中管理。经过两年多时间的艰苦努力，这项工作取得了阶段性成果，2009年6月，由化工事业部正式移交化工销售分公司负责运营管理。截至2009年底，燕山石化、天津石化、石家庄炼化、东方石化、九江石化和武汉石化6家生产企业的专用线实现了共用；在北京铁路局辖区开展集中管理和统一调配试点工作；为天津石化大乙烯项目紧急调配相关自备车近百辆，节约投资2亿多元。

八、体制机制完善工作取得新的进展，管理水平进一步提高

一是通过组织企业座谈和重点企业现场调研，总结、提炼成功的管理经验，对化工板块管理现状进行进一步的梳理，进而提出了完善中国石化特色化工管理模式的有关建议。二是积极配合相关部门，按期完成化工销售内外贸一体化改革，为化工产品销售统筹“两个市场、两种资源”奠定了体制基础。三是进一步完善产销衔接，根据“外部市场化，内部集约化”和“以销定产、以产定供、以产促销”原则，修订了《化工生产经营计划管理办法》，强调月度计划的严肃性，分产品确定合理库存，建立了库存上下限预警机制。四是进一步完善产销研协调机制，通过定期工作例会，强化产销研协调，检查相关各项工作进展情况，协调解决各类问题和矛盾。五是恢复合成树脂专用料考核，出台《聚烯烃产品结构调整考核与奖励办法》、《合成树脂新产品产业化管理办法》，完善了新产品及专用料开发、生产和销售专项考核奖励机制，以构建新形势下的产销研循环体系，进一步调动产、销、研三方的积极性。六是理顺产品定价机制，修订了《中国石化集中销售化工产品买断定价管理办法》，调整完善了化工产品买断定价和应对特殊市场情况的价格临时干预机制，进一步理清了化工销售与生产企业的经济责任制界面，充分调动产销双方、互供双方的积极性，向产销一体应对市场、市场引导生产的目标迈进。七是初步构建起客户服务和商务纠纷处理管理体系，出台《统销化工产品用户投诉处理和用户服务管理办法（试行）》、《化工产品用户服务管理办法》以及《化工产品交接计量管理规范》，全国统一客户服务中心开始试运行。八是根据石化集团公司年度绩效考核管理要求，编制了《化工专业分类指标考核实施细则（暂行）》，并组织企业讨论，进行了修改完善。

九、狠抓新建项目的生产准备和投料试车，确保装置投产一次成功

对福建炼化一体化项目和上海石化新建PX、天津石化大乙烯、镇海炼化乙烯项目，发挥总部协调、服务职能，充分利用系统内资源，在市场调研、物流筹划、产品预销售和人员培训、技术资料准备、开工物料准备、开工技术服务等方面给予支持和帮助，及时协调解决有关问题，确保装置一次开车成功，产品正常投放市场。针对福建炼化PE、PP装置9月投料试车后造粒机频繁出现的轴承温度高、缠刀、模板裂纹等设备问题，组织专家研讨解决措施，实现了聚合与造粒的负荷匹配运行。

（张　炜）

有机原料

【概述】 石化集团公司有机原料主要产品有乙烯、丙烯、丁二烯、苯、甲苯、二甲苯、甲醇、丁醇、辛醇、环氧乙烷、环氧丙烷、环氧氯丙烷、乙醛、醋酸、苯酚、丙酮、丙烯酸、苯乙烯和苯酐等，其中乙烯、丙烯、丁二烯、苯、甲苯、二甲苯为基础有机原料，其余为主要中间原料。

2009年石化集团公司主要有机原料生产能力见表1。由表1可见，乙烯、丙烯、丁二烯、苯、甲苯、混合二甲苯、间二甲苯、对二甲苯、环氧乙烷和苯乙烯的生产能力同比有所增加，其中混合二甲苯、间二甲苯、对二甲苯等芳烃类产品的生产能力增长幅度较大；甲醇、环氧丙烷的生产能力同比下降；邻二甲苯、丁醇、辛醇、乙醛等其他产品的生产能力没有发生变化。

2009年石化集团公司主要有机原料产量见表2。由表2可见，乙烯、丙烯、丁二烯、苯、混合二甲苯、邻二甲苯、对二甲苯、丁醇、环氧乙烷、乙醛和苯酐的产量同比有所增加，其中混合二甲苯、对二甲苯、乙醛等产品产量增长幅度较大；甲苯、间二甲苯、甲醇、辛醇、环氧丙烷、环氧氯丙烷、醋酸、苯酚、丙酮和丙烯酸的产量同比有所减少，其中环氧氯丙烷、甲醇、丙烯酸等产品产量下降幅度较大。石化集团公司的乙烯、丙烯、丁二烯、对二甲苯等产品在中国大陆地区继续保持主导地位。

（姬伟毅）

表1 **石化集团公司主要有机原料生产能力** 万吨/年

产品名称 \ 年份	2009	2008	2007	2006	2005	2004
乙烯	728.50	629.50	629.50	624.50	554.50	404.50
丙烯	653.67	597.36	577.05	534.35	482.01	382.41
丁二烯	109.64	97.64	87.04	97.84	85.09	74.59
苯	370.52	277.92	240.30	237.80	194.95	125.95
甲苯	103.45	80.09	80.09	80.09	73.44	47.88
混合二甲苯	119.96	83.49	83.49	83.49	76.07	82.49
邻二甲苯	30.52	30.52	25.32	25.32	25.32	14.48
间二甲苯	8.00	3.56	3.56	3.56	3.56	3.56
对二甲苯	406.81	276.81	216.81	216.81	186.81	176.31
甲醇	44.50	47.50	47.50	47.50	48.50	48.50
丁醇	15.00	15.00	15.00	15.00	15.00	5.00
辛醇	41.50	41.50	41.50	41.50	41.50	30.50
环氧乙烷	35.46	33.96	31.56	23.56	23.56	23.56
环氧丙烷	8.00	8.70	8.70	8.70	8.70	8.70
环氧氯丙烷	5.60	5.60	5.60	5.60	5.60	5.60
乙醛	11.20	11.20	11.20	11.20	11.20	11.20
醋酸	13.00	13.00	13.00	13.00	48.00	28.00
苯酚	35.00	35.00	35.00	35.00	35.00	35.00
丙酮	21.00	21.00	21.00	21.00	21.00	21.00
丙烯酸	23.08	23.08	23.08	23.08	23.08	2.90
苯乙烯	133.40	108.40	108.40	109.20	109.20	59.20
苯酐	12.00	12.00	12.00	12.00	12.00	12.00

表2　石化集团公司主要有机原料产品产量

万吨

产品名称＼年份	2009	2008	2007	2006	2005	2004
乙　烯	671.33	635.94	669.39	633.10	549.63	425.49
丙　烯	633.65	613.08	616.83	564.75	499.47	414.26
丁二烯	86.72	83.39	84.31	92.79	87.97	76.00
苯	248.81	214.36	249.67	226.27	188.29	142.23
甲　苯	58.91	71.49	85.89	76.30	57.08	57.14
混合二甲苯	89.79	67.29	82.61	79.37	59.77	55.07
邻二甲苯	47.33	37.56	48.89	41.71	37.07	29.98
间二甲苯	3.43	4.00	4.25	3.59	3.03	2.82
对二甲苯	297.73	191.17	237.67	223.86	189.55	156.84
甲　醇	19.71	28.49	31.48	30.53	37.90	38.85
丁　醇	21.22	19.64	22.01	20.21	11.74	3.81
辛　醇	42.11	42.46	42.91	40.66	37.66	15.03
环氧乙烷	41.46	33.40	33.00	26.79	24.90	24.96
环氧丙烷	8.62	9.43	9.44	9.58	9.52	10.67
环氧氯丙烷	3.36	5.62	6.54	6.14	5.59	4.41
乙　醛	3.35	2.39	5.72	6.90	10.85	12.14
醋　酸	2.36	2.78	5.70	5.59	35.82	31.99
苯　酚	32.22	34.62	39.49	38.98	34.65	24.74
丙　酮	20.11	21.65	24.62	24.26	21.63	15.61
丙烯酸	14.07	19.55	23.64	22.97	17.81	2.49
苯乙烯	109.94	109.94	114.17	108.71	101.30	46.78
苯　酐	11.64	10.13	13.06	12.68	11.85	8.82

【乙烯】 石化集团公司生产乙烯的单位有燕山分公司、上海石化股份公司、齐鲁分公司、扬子石化有限公司、茂名分公司、广州分公司、天津分公司、中原石化公司、上海赛科公司、扬巴公司、福建炼化有限公司和燕山石化公司共12家。

截至2009年底，石化集团公司乙烯生产能力为728.50万吨/年，同比增加99万吨/年，增长15.73%。各单位乙烯生产能力分别为：燕山分公司71万吨/年、上海石化股份公司84.5万吨/年（其中1#乙烯装置14.5万吨/年、2#乙烯装置70万吨/年）、齐鲁分公司80万吨/年、扬子石化有限公司70万吨/年、茂名分公司100万吨/年、广州分公司21万吨/年、天津分公司20万吨/年、中原石化公司18万吨/年、上海赛科公司109万吨/年、扬巴公司60万吨/年、福建炼化有限公司80万吨/年、燕山石化公司15万吨/年。2009年，石化集团公司新增乙烯生产能力99万吨/年，其中福建炼化有限公司80万吨/年乙烯装置于8月建成投产，上海赛科公司通过扩能改造新增乙烯生产能力19万吨/年。

2009年，石化集团公司实际生产乙烯671.33万吨，同比增产35.39万吨，增长5.56%，约占中国大陆地区乙烯总产量的62%。茂名分公司全年生产乙烯106.06 万吨，创历史新高，实现了百万吨乙烯工程的全面达标，乙烯产量在中国大陆地区位列第一。燕山分公司、广州分公司全年分别生产乙烯84.13万吨和22.50万吨，均创历史新高。燕山石化公司因下游装置搬迁改造，乙烯装置全年处于停产保护状态。各单位乙烯产量详见表3。

（姬伟毅）

【丙烯】 石化集团公司生产丙烯的单位有石家庄炼化分公司、上海石化股份公司、扬子石化有限公司（包括清江石化公司）、镇海炼化分公司（包括杭州石化有限责任公司）、福建炼化有限公司、河南油田分公司、江苏油田分公司、燕山分公司、天津分公司、沧州分公司、高桥分公司、金陵分公司、安庆分公司、九江分公司、济南分公司、齐鲁分公司、青岛石化公司、洛阳分公司、中原石化公司、武汉分公司、荆门分公司、长岭分公司、广州分公司、茂名分公司、上海赛科公司、扬巴公司、海南炼化公司、燕山石化公司、巴陵石化公司和长岭炼化公司共30家。

截至2009年底，石化集团公司丙烯生产能力为653.67万吨/年，同比增加56.31万吨/年，增长9.43%。丙烯生产能力变化的原因为：福建炼化有限公司随着80万吨/年乙烯建成投产，同步增加丙烯生产能力43.11万吨/年，荆门分公司投资新增20.20万吨/年，长岭炼化公司统计口径变化核减7万吨/年。

2009年，石化集团公司实际生产丙烯633.65万吨，同比增产20.57万吨，增长3.36%。

（姬伟毅）

【丁二烯】 石化集团公司生产丁二烯的单位有上海石化股份公司、扬子石化有限公司、福建炼化有限公司、燕山分公司、高桥分公司、齐鲁分公司、广州分公司、茂名分公司、上海赛科公司和燕山石化公司共10家。

截至2009年底，石化集团公司丁二烯生产能力为109.64万吨/年，同比增加12万吨/年。丁二烯生产能力变化的原因为：福建炼化有限公司80万吨/年乙烯建成投产，下游配套建设的12万吨/年丁二烯装置也随之投产。

2009年，石化集团公司实际生产丁二烯86.72万吨，同比增产3.33万吨，增长3.99%。

（姬伟毅）

【苯】 石化集团公司生产纯苯的企业有石家庄炼化分公司、上海石化股份公司、扬子石化有限公司、镇海炼化分公司、福建炼化有限公司、燕山分公司、塔河分公司、天津分公司、高桥分公司、金陵分公司、九江分公司、济南分公司、齐鲁分公司、青岛石化公司、洛阳分公司、中原石化公司、武汉分公司、荆门分公司、长岭分公司、广州分公司、茂名分公司、上海赛科公司和扬巴公司。

截至2009年底，石化集团公司纯苯生产能力为370.52万吨/年，2009年实际生产纯苯248.81万吨，比2008年增加34.45万吨，同比增长16.07%。

2009年，石化集团公司新增纯苯生产能力92.60万吨/年，其中上海石化股份公司新增生产能力28万吨/年，福建炼化有限公司新增生产能力26.56万吨/年，天津分公司新增生产能力27.57万吨/年，济南分公司新增生产能力1.50万吨/年，广州分公司新增生产能力3.50万吨/年，茂名分公司新增生产能力5.47万吨/年。

（余富海）

【甲苯】 石化集团公司生产甲苯的企业有石家庄炼化分公司、镇海炼化分公司、燕山分公司、天津分公司、金陵分公司、九江分公司、洛阳分公司、武汉分公司、长岭分公司、广州分公司、茂名分公司和上海赛科公司。

截至2009年底，石化集团公司甲苯生产能力为

表3 **石化集团公司乙烯分企业产量** 万吨

企业名称 \ 年份	2009	2008	2007	2006	2005	2004
石化集团公司合计	671.33	635.94	669.39	633.10	549.63	425.49
燕山分公司	84.13	78.40	74.85	82.00	81.18	80.13
上海石化股份公司	92.77	88.56	86.94	96.03	96.24	95.60
1#乙烯	13.52	11.97	15.84	16.81	15.10	16.80
2#乙烯	79.25	76.59	71.10	79.22	81.13	78.79
齐鲁分公司	76.01	80.04	84.68	83.88	82.52	45.65
扬子石化有限公司	79.60	74.36	80.11	75.50	77.58	81.25
茂名分公司	106.06	95.48	96.26	52.21	34.81	39.37
广州分公司	22.50	21.98	21.07	19.57	21.36	21.73
天津分公司	18.91	17.02	22.55	23.17	20.71	22.79
中原石化公司	20.58	17.48	21.15	21.45	19.16	20.92
上海赛科公司	87.53	93.46	100.29	97.80	64.20	—
扬巴公司	62.23	62.14	65.48	64.67	34.13	—
福建炼化有限公司	20.99	—	—	—	—	—
燕山石化公司	—	7.02	16.01	16.82	17.75	18.06

103.45万吨/年，2009年实际生产甲苯58.91万吨，比2008年减少12.58万吨，同比下降17.6%。

2009年，天津分公司新增甲苯生产能力23.36万吨/年。

（余富海）

【混合二甲苯】 石化集团公司生产混合二甲苯的企业有石家庄炼化分公司、燕山分公司、天津分公司、金陵分公司、九江分公司、洛阳分公司、武汉分公司、长岭分公司、广州分公司、茂名分公司和上海赛科公司。

截至2009年底，石化集团公司混合二甲苯生产能力为119.96万吨/年，2009年实际生产混合二甲苯89.79万吨，比2008年增加22.50万吨，同比增长33.44%。

2009年，石化集团公司新增混合二甲苯生产能力36.47万吨/年，其中天津分公司新增生产能力9.47万吨/年，广州分公司新增生产能力27万吨/年。

（余富海）

【对二甲苯】 石化集团公司生产对二甲苯的企业有上海石化股份公司、扬子石化有限公司、镇海炼化分公司、福建炼化有限公司、天津分公司、金陵分公司、齐鲁分公司和洛阳分公司。

截至2009年底，石化集团公司对二甲苯生产能力为406.81万吨/年，2009年实际生产对二甲苯297.73万吨，比2008年增加106.56万吨，同比增长55.74%。

2009年，石化集团公司新增对二甲苯生产能力130万吨/年，其中上海石化股份公司新增生产能力60万吨/年，福建炼化有限公司新增生产能力70万吨/年。

上海石化股份公司和福建炼化有限公司新建的2套大型对二甲苯吸附分离装置采用美国环球油品公司（UOP）的工艺技术，分别于2009年7月26日和9月15日投产。石化集团公司除镇海炼化分公司采用法国石油科学研究院（IFP）的工艺技术外，其余装置均采用UOP的工艺技术。

（余富海）

【邻二甲苯】 石化集团公司生产邻二甲苯的企业有扬子石化有限公司、镇海炼化分公司、齐鲁分公司和金陵分公司。

截至2009年底，石化集团公司邻二甲苯生产能力为30.52万吨/年，2009年实际生产邻二甲苯47.33万吨，比2008年增加9.77万吨，同比增长26.01%。

（余富海）

【间二甲苯】 石化集团公司生产间二甲苯的企业只有燕山分公司，由吸附分离法生产对二甲苯改造为生产间二甲苯。

截至2009年底，石化集团公司间二甲苯生产能力为8万吨/年，2009年实际生产间二甲苯3.43万吨，比2008年减少0.57万吨，同比下降14.25%。

2009年，燕山分公司新增间二甲苯生产能力4.44万吨/年。

（余富海）

【甲醇】 石化集团公司生产甲醇的企业有齐鲁分公司、长岭炼化和四川维尼纶厂。

截至2009年底，石化集团公司甲醇生产能力为44.50万吨/年，2009年实际生产甲醇19.71万吨，比2008年减少8.78万吨，同比下降30.82%。

2009年，长岭炼化减少生产能力3万吨/年。

（余富海）

【丁醇】 石化集团公司生产丁醇的企业有齐鲁分公司和扬巴公司。

截至2009年底，石化集团公司丁醇生产能力为15万吨/年，2009年实际生产丁醇21.22万吨，比2008年增加1. 58万吨，同比增长8.04%。

（余富海）

【辛醇】 石化集团公司生产辛醇的企业有燕山石化公司、齐鲁分公司和扬巴公司。

截至2009年底，石化集团公司辛醇生产能力为41.50万吨/年，2009年实际生产辛醇42.11万吨，比2008年减少0.35万吨，同比下降0.82%。

（余富海）

【环氧乙烷】 石化集团公司环氧乙烷均与乙二醇在同一套装置中生产，环氧乙烷水合生产乙二醇，称为环氧乙烷/乙二醇装置，老装置一般不生产环氧乙烷产品。随着市场对环氧乙烷需求量的增加，新建装置都增加了环氧乙烷产品生产能力，老装置也纷纷改造或新建环氧乙烷精制塔，提高环氧乙烷产品的生产能力，以便根据市场对环氧乙烷和乙二醇需求的变化均衡生产，扩大企业生产的灵活性，优化产品结构。

石化集团公司生产环氧乙烷的企业有燕山分公司、扬子石化有限公司、上海石化股份公司、天津分公司、茂名分公司和燕山石化公司。

截至2009年底，石化集团公司环氧乙烷生产能力为35.46万吨/年，2009年实际生产环氧乙烷41.46万吨，比2008年增加8.06万吨，同比增长24.13%。

2009年，燕山石化公司增加生产能力1.50万吨/年。

（余富海）

【环氧丙烷】 石化集团公司生产环氧丙烷的企业有高桥石化公司和巴陵石化公司。

截至2009年底，石化集团公司环氧丙烷生产能力为8万吨/年，2009年实际生产环氧丙烷8.62万吨，比2008年减少0.81万吨，同比下降8.59%。

2009年，巴陵石化公司减少生产能力0.70万吨/年。

（余富海）

【环氧氯丙烷】 石化集团公司生产环氧氯丙烷的企业有齐鲁分公司和巴陵石化公司。

截至2009年底，石化集团公司环氧氯丙烷生产能力为5.60万吨/年，2009年实际生产环氧氯丙烷3.36万吨，比2008年减少2.26万吨，同比下降40.21%。

（余富海）

【醋酸】 石化集团公司生产醋酸的企业有上海石化股份公司和扬子石化有限公司。

截至2009年底，石化集团公司醋酸生产能力为13万吨/年，2009年实际生产醋酸2.36万吨，比2008年减少0.42万吨，同比下降15.11%。

（余富海）

【苯酚】 石化集团公司生产苯酚的企业有燕山分公司和高桥分公司。

截至2009年底，石化集团公司苯酚生产能力为35万吨/年，2009年实际生产苯酚32.22万吨，比2008年减少2.40万吨，同比下降6.93%。

（余富海）

【丙酮】 石化集团公司生产丙酮的企业有燕山分公司和高桥分公司。

截至2009年底，石化集团公司丙酮生产能力为21万吨/年，2009年实际生产丙酮20.11万吨，比2008年减少1.54万吨，同比下降7.11%。

（余富海）

【苯乙烯】 石化集团公司生产苯乙烯的企业有燕山分公司、安庆分公司、齐鲁分公司、广州分公司、茂名分公司、扬巴公司和上海赛科公司。

截至2009年底，石化集团公司苯乙烯生产能力为133.40万吨/年，2009年实际生产苯乙烯109. 94万吨，与2008年持平。

2009年，石化集团公司新增苯乙烯生产能力25万吨/年，其中安庆分公司新增生产能力10万吨/年，上海赛科公司新增生产能力15万吨/年。

（余富海）

【苯酐】 石化集团公司生产苯酐的企业有齐鲁分公司和金陵石化公司。

截至2009年底，石化集团公司苯酐生产能力为12万吨/年，2009年实际生产苯酐11.64万吨，比2008年增加1.51万吨，同比增长14.91%。

（余富海）

合成树脂

【概述】 合成树脂产品广泛应用于工农业、国防和人民生活各个领域，在国民经济中具有举足轻重的地位。中国合成树脂产业保持了较快发展，但仍不能完全满足国民经济发展的需要。2009年，国内合成树脂产品产量保持一定幅度增长，同时由于国内经济保持快速增长，需求旺盛，聚乙烯、聚丙烯等品种的全年进口量同比有大幅度提升。

合成树脂产品是石化集团公司的主营产品，主要包括聚乙烯、聚丙烯、聚苯乙烯、聚氯乙烯、ABS树脂，此外还有环氧树脂、聚醚树脂、不饱和树脂等。

2009年，石化集团公司湛江东兴公司14万吨/年聚丙烯装置建成投产以及福建联合石化公司的2套产能均为20万吨/年聚丙烯装置、40万吨/年高密度聚乙烯（HDPE）装置和40万吨/年线性低密度聚乙烯（LLDPE）装置建成投产，使合成树脂总产能同比大幅度增长。截至2009年底，石化集团公司合成树脂总生产能力为1 159.88万吨/年，同比增加127.70万吨/年，增长12.37%。其中，聚乙烯生产能力为510.10万吨/年，同比增加75.80万吨/年，增长17.45%；聚丙烯生产能力为437.78万吨/年，同比增加52万吨/年，增长13.48%；聚氯乙烯生产能力为77万吨/年，产能没有变化；聚苯乙烯的生产能力为77.90万吨/年，产能没有变化；ABS树脂的生产能力为20万吨/年，产能没有变化。各种合成树脂生产能力见表4。

2009年，石化集团公司合成树脂装置实现高负荷运行，合成树脂产量为1 090.73万吨，同比增产64.86万吨，增长6.32%。其中，聚乙烯产量为476.96万吨，同比增产30.01万吨，增长6.71%；聚丙烯产量为440.48万吨，同比增产33.31万吨，增长8.18%；聚氯乙烯产量为51.37万吨，同比减产6.09万吨，减少

10.60%；聚苯乙烯产量为62.99万吨，同比增产4.68万吨，增长8.03%；ABS产量为14.24万吨，同比增产0.74万吨，增长了5.48%。各种合成树脂产量见表5。

在合成树脂中聚乙烯、聚丙烯两大品种占主导地位，截至2009年底，聚乙烯、聚丙烯两大品种的总产能为947.88万吨/年，占石化集团公司合成树脂生产能力的81.72%。2009年，聚乙烯、聚丙烯总产量为917.44万吨，占石化集团公司合成树脂产量的84.11%。

2009年，全国合成树脂产量为3 603.23万吨，石化集团公司合成树脂产量占全国总产量的30.27%。

(刘志武)

表4 石化集团公司合成树脂各品种生产能力 万吨/年

年份 产品名称	2009	2008	2007	2006	2005	2004
合成树脂合计	1 159.88	1 032.18	1 013.68	994.80	873.45	701.60
聚乙烯	510.10	434.30	434.30	409.30	368.30	268.30
LDPE	137.80	143.80	143.80	118.80	118.80	78.80
HDPE	197.30	155.50	155.50	155.50	120.50	90.50
LLDPE	175.00	135.00	135.00	135.00	129.00	99.00
聚丙烯	437.78	385.78	365.28	372.60	325.35	285.50
聚氯乙烯	77.00	77.00	77.00	77.00	77.00	77.00
聚苯乙烯	77.90	77.90	77.90	75.90	67.60	37.60
ABS	20.00	20.00	20.00	20.00	—	—
AS①	—	0.50	0.50	0.50	0.50	0.50
其他树脂	37.10	36.70	38.70	39.50	34.70	32.70

①AS产能核减。

表5 石化集团公司合成树脂各品种产量 万吨

年份 产品名称	2009	2008	2007	2006	2005	2004
合成树脂合计	1 090.73	1 025.87	1 062.65	957.92	858.14	711.86
聚乙烯	476.96	446.95	450.33	411.32	354.64	287.43
LDPE	141.76	141.10	128.04	121.89	109.22	90.78
HDPE	172.82	166.88	165.13	144.62	120.03	91.09
LLDPE	160.88	138.81	154.84	144.81	125.39	105.56
聚丙烯	440.48	407.17	412.94	366.17	339.89	313.34
聚苯乙烯	62.99	58.31	63.91	57.48	49.50	35.68
聚氯乙烯	51.37	57.46	67.18	72.06	72.79	38.94
ABS	14.24	13.50	13.37	—	—	—
AS	—	—	—	—	0.17	—
其他树脂	44.69	42.63	55.15	50.89	41.15	36.01

【聚乙烯】 截至2009年，石化集团公司有26套聚乙烯装置，总生产能力为510.10万吨/年。在现有聚乙烯装置中，能力最大的是福建联合石化公司高密度聚乙烯装置、线性低密度聚乙烯装置，生产能力都达到40万吨/年。

石化集团公司现有的26套聚乙烯装置中，低密度聚乙烯（LDPE）装置有釜式法工艺1套，管式法工艺8套；HDPE装置有淤浆法工艺5套，气相法工艺3套，环管加气相法工艺1套；LLDPE装置有“UNIPOL”气相法工艺8套。

(刘志武)

【低密度聚乙烯】 截至2009年底，石化集团公司LDPE生产装置产能为137.80万吨/年。装置总数为9套，分别是燕山分公司、上海石化股份公司、茂名分公司、扬巴公司各2套，齐鲁分公司1套。燕山分公司有1套采用日本住友化学釜式法工艺，1套为美国埃克森管式法工艺；上海石化股份公司2套都采用日本三菱油化管式法工艺；茂名分公司1套采用美国匡藤公司管式法工艺，1套为BASELL工艺；齐鲁分公司装置采用荷兰DSM公司管式法工艺；扬巴公司2套都采用BASF管式法工艺。2009年，石化集团公司LDPE产能减少6万吨/年，燕山分公司1#LDPE装置的1条6万吨/年生产线改造为EVA装置，对该生产线产能做核减。

2009年，石化集团公司LDPE产量为141.76万吨，同比增加0.66万吨，增长了0.47%。LDPE产量见表6。

(刘志武)

表6 **石化集团公司各企业LDPE产量** 万吨

企业名称 \ 年份	2009	2008	2007	2006	2005	2004
石化集团公司合计	141.76	141.10	128.04	121.89	109.22	90.78
燕山分公司	43.43	44.68	42.73	46.35	45.96	45.07
上海石化股份公司	20.16	17.45	18.96	19.54	19.89	20.18
齐鲁分公司	15.84	17.32	18.13	18.22	17.56	13.14
茂名分公司	38.85	33.87	27.12	11.71	10.94	12.39
扬巴公司	23.48	27.78	24.51	26.07	14.87	—

【高密度聚乙烯】 截至2009年，石化集团公司共有9套HDPE装置，分别是燕山石化公司、扬子石化有限公司、齐鲁分公司、燕山分公司、茂名分公司、上海赛科公司、福建联合石化公司各1套，上海石化股份公司2套。燕山分公司、扬子石化有限公司装置均是采用日本三井油化淤浆法工艺，燕山石化公司装置采用国内开发的淤浆法工艺，齐鲁分公司、福建联合石化公司各1套均采用气相流化床工艺，上海石化股份公司1套采用北欧化工环管加气相反应器工艺技术，上海石化股份公司(合资企业)、茂名分公司各1套均采用菲利浦环管淤浆法工艺，上海赛科公司装置采用BP公司气相法工艺。

截至2009年底，石化集团公司HDPE装置生产能力为197.30万吨/年，2009年实际产量为172.82万吨，同比增加了5.94万吨，增长3.56%；HDPE是石化集团公司聚乙烯三大品种中产能最大、产量最多的产品。HDPE产量详见表7。

(刘志武)

表7 **石化集团公司各企业HDPE产量** 万吨

企业名称 \ 年份	2009	2008	2007	2006	2005	2004
石化集团公司合计	172.82	166.88	165.13	144.62	120.03	91.09
燕山分公司	19.25	18.57	16.93	18.53	18.03	17.31
上海石化股份公司	38.85	36.93	35.15	40.27	38.53	37.14
扬子石化有限公司	26.89	25.98	26.32	25.19	24.04	21.78
齐鲁分公司	15.35	16.23	17.45	17.38	17.74	12.63
茂名分公司	36.03	30.88	34.60	10.66	—	—
上海赛科公司	30.90	36.71	33.40	30.30	19.35	—
福建联合石化公司	4.50	—	—	—	—	—
燕山石化公司	1.04	1.58	2.42	2.29	2.35	2.23

【线性低密度聚乙烯】 截至2009年底，石化集团公司有8套LLDPE装置。天津分公司、齐鲁分公司、中原石化公司、茂名分公司、广州分公司、扬子石化有限公司、福建联合石化公司各1套，全部采用美国UCC公司气相流化床工艺路线。上海赛科公司的30万吨/年LLDPE装置采用BP公司的气相法工艺。

2009年，石化集团公司LLDPE装置生产能力175万吨/年，同比增加了40万吨/年，增长了29.63%；LLDPE产量为160.88万吨，同比增产22.07万吨，增长了15.90%。LLDPE产量详见表8。

(刘志武)

表8 石化集团公司各企业LLDPE产量 万吨

企业名称 \ 年份	2009	2008	2007	2006	2005	2004
石化集团公司合计	160.88	138.81	154.84	144.81	125.39	105.56
扬子石化有限公司	29.17	26.34	28.45	25.64	26.64	28.24
齐鲁分公司	11.92	11.47	13.01	13.01	11.85	4.59
广州分公司	21.82	20.65	19.30	18.30	19.54	20.14
茂名分公司	21.46	17.73	20.00	17.32	14.22	16.34
天津分公司	11.46	10.22	14.25	14.60	12.92	14.29
中原石化公司	21.71	18.48	22.48	22.78	20.46	21.97
上海赛科公司	28.52	33.91	34.87	33.16	19.76	—
福建联合石化公司	14.82	—	—	—	—	—

【聚丙烯】 截至2009年底，石化集团公司聚丙烯生产能力为437.78万吨/年，同比增加52万吨/年，增加产能为福建联合石化公司2套20万吨/年装置、湛江东兴公司14万吨/年装置。

石化集团公司有29套连续法聚丙烯装置，生产能力为404万吨/年（同比增加54万吨/年），占石化集团公司聚丙烯总生产能力的92.28%，同比提高1.56%。石化集团公司聚丙烯生产工艺以环管法工艺为主，有18套环管法聚丙烯装置，占聚丙烯装置的62%。其中，6套为引进海蒙特环管技术，单线能力最大的为茂名分公司17万吨/年聚丙烯装置；12套为国产化环管技术，单线能力最大的为茂名分公司30万吨/年聚丙烯装置。其他11套装置中，5套为三井油化釜式法聚丙烯工艺，4套为BP（原阿莫科）气相法聚丙烯工艺，2套为“NOVOLENE”气相法聚丙烯工艺。石化集团公司间歇法聚丙烯装置生产能力为33.78万吨/年，同比减少2万吨/年。

2009年，石化集团公司聚丙烯产量为440.48万吨，同比增产33.31万吨。其中，连续法聚丙烯产量为409.12万吨，同比增加35.25万吨；间歇法聚丙烯产量为31.36万吨，同比减产了2.01万吨。产量详见表9。

2009年，聚丙烯装置总体上运行稳定。湛江东兴公司聚丙烯装置投产后，实现了平稳生产；福建联合石化公司2套聚丙烯装置建成投入生产；部分聚丙烯装置加强改造后的工艺攻关，成效明显。总体能耗、物耗等技术经济指标达到国内先进水平。

间歇法聚丙烯是中国特有的聚丙烯生产工艺，由于工艺流程简单、投资省、建设周期短、可就地利用炼厂丙烯资源，在聚丙烯生产中仍占有一定地位。但间歇法聚丙烯装置规模小、原料消耗高、产品档次低等劣势明显，石化集团公司正在逐年对间歇法聚丙烯产能做核减。

(刘志武)

【聚苯乙烯】 截至2009年底，石化集团公司共建成7套聚苯乙烯生产装置。这些装置都采用连续本体法工艺。其中，燕山分公司、齐鲁分公司、广州分公司、茂名分公司、上海赛科公司各1套，扬子中外合资企业2套。2009年，石化集团公司聚苯乙烯生产能力为77.90万吨/年，产能没有变化；聚苯乙烯产量为62.99万吨，同比增产4.68万吨。详见表10。

(刘志武)

【聚氯乙烯】 2009年，石化集团公司聚氯乙烯生产厂有齐鲁分公司和燕山石化公司2家。截至2009年底，石化集团公司聚氯乙烯生产能力为77万吨/年，同比持平；2009年实际产量为51.37万吨，同比减少6.09万吨。详见表4和表5。

(刘志武)

表9 石化集团公司各企业聚丙烯产量 万吨

企业名称＼年份	2009	2008	2007	2006	2005	2004
石化集团公司合计	440.48	407.17	412.94	366.17	339.89	313.34
连续法聚丙烯	409.12	373.87	374.42	332.29	299.34	273.61
燕山分公司	45.69	44.24	39.76	43.36	40.02	41.25
上海石化股份公司	46.85	42.47	44.86	45.87	45.65	46.87
扬子石化有限公司	45.27	42.38	47.64	40.69	42.18	43.12
福建联合石化公司	18.55	8.93	10.34	11.07	9.46	9.58
齐鲁分公司	8.51	8.24	9.11	9.43	9.25	6.37
武汉分公司	11.05	10.82	12.70	12.52	11.56	12.10
九江分公司	10.32	11.33	11.33	11.56	12.57	11.55
济南分公司	9.68	10.87	9.30	11.15	10.23	8.61
荆门分公司	12.25	11.63	11.97	12.60	12.40	11.81
长岭分公司	11.23	12.24	13.72	13.10	12.81	12.40
广州分公司	19.67	20.32	18.42	18.28	17.69	17.37
天津分公司	5.48	5.12	6.78	6.78	6.11	6.66
茂名分公司	55.64	47.36	50.37	25.85	15.06	17.07
洛阳分公司	8.26	6.62	9.45	9.14	8.00	10.46
中原石化公司	7.97	7.08	8.10	8.29	7.50	7.83
镇海炼化分公司	24.36	25.41	22.57	22.47	21.27	15.98
海南炼化公司	22.81	21.42	22.43	5.90	—	—
青岛炼化公司	18.61	10.34	—	—	—	—
湛江东兴公司	3.08	—	—	—	—	—
上海赛科公司	23.84	27.05	25.57	24.23	17.58	—
间歇式聚丙烯（总量）	31.36	33.37	38.52	33.88	40.55	39.73

表10 石化集团公司各企业聚苯乙烯产量 万吨

企业名称＼年份	2009	2008	2007	2006	2005	2004
石化集团公司合计	62.99	58.31	63.91	57.48	49.50	35.68
燕山分公司	5.58	5.30	4.69	4.73	5.34	5.23
齐鲁分公司	…	…	…	…	…	…
广州分公司	6.12	5.42	5.08	5.52	6.03	4.76
茂名分公司	7.78	6.72	6.15	5.53	6.89	5.50
上海赛科公司	21.73	19.97	25.14	19.87	11.05	—
扬巴公司	21.78	20.90	22.85	21.83	20.19	20.19

【ABS】 石化集团公司生产ABS树脂的企业只有高桥分公司1家，2009年产能为20万吨/年，同比没有变化。2009年，ABS产量为14.24万吨。详见表4和表5。

(刘志武)

【其他树脂】 石化集团公司生产的其他树脂包括聚醚树脂、乙烯醋酸乙烯共聚物、环氧树脂等。2009年，石化集团公司继续以改制分流等方式对非主营产品进行整合，部分小品种树脂的能力和产量有所变化。2009年，石化集团公司其他树脂生产能力为37.10万吨/年，产量为44.69万吨。各品种产量见表11。

石化集团公司生产乙烯醋酸乙烯共聚物的企业有扬巴公司、燕山石化公司2家，2009年产量为16.03万吨，同比基本持平；生产环氧树脂的企业只有巴陵石化公司1家，2009年生产能力为4.2万吨/年，同比没有变化，产量为4.12万吨，同比增加0.39万吨；生产聚醚树脂的企业有2家，2009年聚醚生产能力为26.70万吨/年，同比增加了0.40万吨/年，产量为23.09万吨，同比增产了2.01万吨。

(刘志武)

表11 石化集团公司其他树脂产量① 万吨

产品名称 \ 年份	2009	2008	2007	2006	2005	2004
其他树脂合计	44.69	42.63	55.15	50.89	41.15	36.01
乙烯醋酸乙烯共聚物	16.03	16.10	16.12	13.05	6.17	—
AS树脂	—	—	—	—	0.17	0.40
环氧树脂	4.12	3.73	3.35	3.06	2.34	2.32
聚　醚	23.09	21.08	26.51	25.73	23.76	24.75
聚氨酯树脂	—	—	—	—	—	0.02
不饱和树脂	—	—	2.79	2.85	2.64	2.69
其他塑料或共聚物	1.46	1.72	6.38	6.20	6.07	6.23

①核减高桥分公司0.5万吨/年AS树脂装置产能。2007年以前（含2007年），聚醚包括仪化PBT产量，乙烯醋酸乙烯共聚物不含燕山石化（原东方）装置产量。

合成橡胶

【概述】 截至2009年底，石化集团公司合成橡胶生产能力129万吨/年，同比增长12.6%。分胶种统计：丁苯橡胶能力（不含胶乳）39.7万吨/年，丁苯胶乳能力10万吨/年，顺丁橡胶能力35.80万吨/年，丁基橡胶能力4.50万吨/年，SBS能力37万吨/年，SEBS能力2万吨/年。石化集团公司合成橡胶各品种装置生产能力见表12。

表12 石化集团公司合成橡胶各品种生产能力 万吨/年

产品名称 \ 年份	2009	2008	2007	2006	2005	2004
合成橡胶合计	129.00	114.53	104.03	87.33	69.58	69.58
丁苯橡胶	49.70	43.15	46.15	31.65	24.95	24.95
胶　乳	10.00	10.45	10.45	5.95	5.95	5.95
充油胶	16.40	11.40	14.40	9.40	6.00	6.00
软　胶	23.30	21.30	21.30	16.30	13.00	13.00
顺丁橡胶	35.80	33.88	33.88	31.48	24.18	24.18
丁基橡胶	4.50	4.50	3.00	3.00	3.00	3.00
SBS热塑弹性体	37.00	32.00	20.00	20.20	17.45	17.45
SEBS	2.00	1.00	1.00	1.00	0.00	0.00

2009年，石化集团公司合成橡胶产量为117.33万吨，同比增长8.25%。分胶种统计：顺丁橡胶产量为36.78万吨（包括低顺橡胶），丁苯橡胶产量为39.96万吨（包括丁苯胶乳），SBS产量为33.58万吨，丁基橡胶产量为4.03万吨，SIS橡胶产量为1.85万吨，SEBS橡胶产量为1.12万吨。石化集团公司合成橡胶产品产量见表13。

（楼峥芳）

【顺丁橡胶】 截至2009年底，石化集团公司顺丁橡胶生产能力为35.80万吨/年，生产企业有燕山分公司、高桥分公司、齐鲁分公司和巴陵石化公司4家，其中高桥分公司可以生产锂系顺丁橡胶，其余企业均只能生产镍系顺丁橡胶。2009年，齐鲁分公司重新标定装置生产能力，将生产能力核定为4.50万吨/年。2009年，石化集团公司生产顺丁橡胶36.78万吨，同比增长3.6%。分企业产量见表14。

（楼峥芳）

【丁苯橡胶】 丁苯橡胶是1,3-丁二烯和苯乙烯的共聚物，按聚合体系又可分为乳液聚合丁苯橡胶(ESBR)和溶液聚合丁苯橡胶(SSBR)两类，其中ESBR生产能力约占80%。

表13　　石化集团公司合成橡胶各产品产量　　万吨

产品名称 \ 年份	2009	2008	2007	2006	2005	2004
合成橡胶合计	117.33	108.39	106.65	90.79	84.30	78.07
丁苯橡胶	39.96	38.96	35.89	23.27	21.81	19.75
胶　乳①	8.15	8.97	7.88	6.70	6.21	6.22
充油胶	12.27	13.54	11.99	6.84	6.14	6.68
软　胶	19.54	16.45	16.02	9.73	9.46	6.84
顺丁橡胶	36.78	32.41	33.08	32.86	29.56	29.83
丁基橡胶	4.03	4.40	3.69	3.97	3.90	3.76
SBS热塑性弹性体	33.58	27.63	30.42	29.24	28.48	24.28
SIS	1.85	1.10	1.05	0.80	0.51	0.45
SEBS	1.12	0.80	0.40	0.30	0.03	…

表14　　石化集团公司各企业顺丁橡胶产量　　万吨

企业名称 \ 年份	2009	2008	2007	2006	2005	2004
石化集团公司合计	36.78	32.41	33.08	32.86	29.56	29.83
燕山分公司	14.36	14.41	13.42	13.66	13.17	13.25
高桥分公司	13.92	12.79	12.91	11.36	9.81	10.20
齐鲁分公司	4.74	4.87	5.14	4.80	5.07	3.59
巴陵石化公司	3.77	3.43	3.69	3.38	1.51	2.79

截至2009年底，石化集团公司丁苯橡胶生产能力为49.70万吨/年。2009年，齐鲁分公司2#乳聚丁苯生产装置建成投产，年生产能力10万吨；燕山分公司重新标定装置生产能力，核减丁苯橡胶生产能力；高桥分公司将丁苯胶乳装置报废处理。到2009年底，石化集团公司有4家丁苯橡胶生产企业，分别是高桥分公司、齐鲁分公司、高桥石化控股合资公司和扬子—金浦公司，除高桥分公司可以生产溶聚丁苯橡胶外，其余企业只能生产乳液丁苯橡胶或丁苯胶乳。2009年，石化集团公司共生产丁苯橡胶39.96万吨，同比增长2.6%。分企业产量见表15。

（楼峥芳）

表15 **石化集团公司各企业丁苯橡胶产量** 万吨

企业名称 \ 年份	2009	2008	2007	2006	2005	2004
石化集团公司合计	39.96	38.96	35.89	23.27	21.81	19.75
燕山分公司	0.00	0.08	…	0.01	…	…
齐鲁分公司	20.15	16.31	16.12	15.79	15.60	12.73
高桥分公司	2.67	3.57	6.03	1.25	0.54	0.43
高桥石化控股合资公司	8.00	8.60	7.40	6.22	5.68	5.79
扬子—金浦公司	9.14	10.40	6.34	—	—	—
胶 乳						
石化集团公司合计	8.15	8.97	7.88	6.70	6.21	6.22
高桥分公司	0.15	0.37	0.48	0.48	0.54	0.43
高桥石化控股合资公司	8.00	8.60	7.40	6.22	5.68	5.79
充油胶						
石化集团公司合计	12.27	13.54	11.99	6.84	6.14	6.68
齐鲁分公司	7.08	6.73	6.36	6.41	6.14	5.89
高桥分公司	1.31	1.93	3.02	0.43	—	—
燕山分公司	—	0.08	—	—	—	0.79
扬子—金浦公司	3.88	4.80	2.61	—	—	—
软 胶						
石化集团公司合计	19.54	16.45	16.02	9.73	9.46	6.84
齐鲁分公司	13.07	9.58	9.76	9.38	9.46	6.84
高桥分公司	1.21	1.27	2.53	0.34	—	—
扬子—金浦公司	5.27	5.60	3.73	—	—	—

【SBS热塑性弹性体】 截至2009年底，石化集团公司SBS生产能力为37万吨/年。2009年，巴陵石化公司通过挖潜改造，将原有SBS装置扩能到20万吨/年。石化集团公司SBS产量为33.58万吨，同比增加21.5%，分企业产量见表16。

（楼峥芳）

表16 **石化集团公司各企业SBS热塑性弹性体产量** 万吨

企业名称 \ 年份	2009	2008	2007	2006	2005	2004
石化集团公司合计	33.58	27.63	30.42	29.24	28.48	24.28
燕山分公司	9.09	7.91	8.80	8.62	9.10	7.11
巴陵石化公司	14.21	11.10	14.08	13.28	13.93	12.85
茂名分公司	10.28	8.62	7.54	7.34	5.37	4.24

【丁基橡胶】 截至2009年底，国内只有燕山分公司拥有4.50万吨/年的生产装置。该装置采用意大利PI公司技术，于1999年底建成投产，可生产的主要牌号有IIR1751（轮胎内胎级）、IIR0745（电绝缘材料、密封材料、薄膜级）、IIR1751F（食品级、医药级）。丁基橡胶产量详见表17。

（楼峥芳）

表17　　石化集团公司丁基橡胶产量　　万吨

年份 / 企业名称	2009	2008	2007	2006	2005	2004
石化集团公司合计	4.03	4.40	3.69	3.97	3.90	3.76
燕山分公司	4.03	4.40	3.69	3.97	3.90	3.76

【SIS橡胶】 石化集团公司只有巴陵石化公司生产SIS橡胶。由于合成工艺与SBS类似，巴陵石化公司根据市场需要利用SBS装置的一条生产线开发生产SIS橡胶。自2000年起产量逐年增加，2009年产量达到1.85万吨，详见表18。

（楼峥芳）

表18　　石化集团公司SIS橡胶产量　　万吨

年份 / 企业名称	2009	2008	2007	2006	2005	2004
石化集团公司合计	1.85	1.10	1.05	0.80	0.51	0.45
巴陵石化公司	1.85	1.10	1.05	0.80	0.51	0.45

【SEBS橡胶】 巴陵石化公司是石化集团公司唯一生产SEBS橡胶的企业，其2万吨/年茂系SEBS工业化建设开始于2005年，根据小试、中试技术确定了工业化装置的技术路线。一期工程1万吨/年SEBS装置于2006年3月建成投产，工业化生产出合格SEBS产品，打破了国外产品的垄断地位，填补了国内空白，并攻克了SEBS微观结构控制、加氢主助催化剂选择、溶剂精制等技术难题，自主开发了聚合釜、加氢釜等关键设备。二期工程1万吨/年SEBS装置于2009年建成投产。SEBS产量见表19。

（楼峥芳）

表19　　石化集团公司SEBS橡胶产量　　吨

年份 / 企业名称	2009	2008	2007	2006	2005	2004
石化集团公司合计	11 222.00	7 946.00	4 005.50	3 034.00	322.00	—
巴陵石化公司	11 222.00	7 946.00	4 005.50	3 034.00	322.00	—

合成纤维

【概述】 2009年，合成纤维原料、合成纤维聚合物以及合成纤维市场开始走出一轮周期的低谷，石化集团公司的合成纤维板块整体赢利，其中合成纤维原料是赢利的主要产品。

2009年，石化集团公司合成纤维原料与合成纤维聚合物的产能、产量比上年均同步增加；合成纤维的产能降低，而产量却比上年有所增加，装置的开工率和负荷率提高。

截至2009年底，石化集团公司合成纤维原料生产能力为530.06万吨/年，比上年增加9.40万吨/年，增长1.81%；合成纤维聚合物生产能力为310.13万吨/年，比上年增加20万吨/年，增长6.98%；合成纤维生产能力为156.53万吨/年，比上年减少6.18万吨/年，降低3.80%。2009年底，石化集团公司所属合成纤维及原料生产企业和主要合成纤维及原料生产装置的能力见表20。

2009年，石化集团公司生产合成纤维原料506.56万吨，同比增加34.55万吨，增长7.32%；生产合成纤维聚合物304.90万吨，同比增加37.93万吨，增长14.21%；生产合成纤维131.40万吨，同比增加3.96万吨，增长3.11%。

从2009年开始，燕山分公司年产5万吨/年精间苯二甲酸（PIA）装置纳入合成纤维原料板块统计口径；资产公司仪征分公司将其代表中国石化控股的海南瓶级聚酯切片项目（装置）纳入统计口径，增加20万吨/年聚酯产能。2009年，天津分公司通过技术改造增加PTA产能4.40万吨/年；上海石化股份公司核减3.30万吨/年涤纶纤维生产能力，全部为涤纶长丝产能；仪征化纤股份公司通过技术改造增加涤纶纤维产能3.17万吨/年，其中涤纶长丝产能2.80万吨/年，同时核销原属合资企业的6.05万吨/年涤纶长丝产能。

（周向进）

表20 **石化集团公司各企业主要合成纤维及原料生产装置能力** 万吨/年

企业名称	合纤原料	PTA	己内酰胺	丙烯腈	乙二醇	合纤聚合物	聚酯	PVA	聚酰胺	合成纤维	涤纶	锦纶	腈纶	维纶	丙纶
燕山分公司	13.00	5.00①	—	—	8.00	—	—	—	—	—	—	—	—	—	—
天津分公司	40.66	34.40	—	—	6.26	20.00	20.00	—	—	10.00	10.00	—	—	—	—
石家庄化纤公司	7.00	—	7.00	—	—	2.50	—	—	2.50	0.50	—	0.50	—	—	—
上海石化股份公司	114.00	40.00	—	13.00	61.00	58.93	55.10	3.83	—	40.33	19.55	—	19.08	—	1.70
扬子石化有限公司	131.00	105.00	—	—	26.00	—	—	—	—	—	—	—	—	—	—
仪征化纤股份公司	95.90	95.90	—	—	—	172.20	172.20	—	—	69.30	69.30	—	—	—	—
安庆分公司	8.00	—	—	8.00	—	—	—	—	—	7.00	—	—	7.00	—	—
齐鲁分公司	4.00	—	—	4.00	—	—	—	—	—	5.40	—	—	5.40	—	—
巴陵分公司	14.00	—	14.00	—	—	3.70	—	—	3.70	0.00	—	0.00	—	—	—
洛阳分公司	32.50	32.50	—	—	—	24.00	24.00	—	—	21.20	21.20	—	—	—	—
上海赛科公司	26.00	—	—	26.00	—	—	—	—	—	—	—	—	—	—	—
扬巴公司	30.00	—	—	—	30.00	—	—	—	—	—	—	—	—	—	—
仪征分公司	—	—	—	—	—	20.00	20.00	—	—	—	—	—	—	—	—
燕山石化公司	4.00	—	—	—	4.00	2.80	—	2.80	—	—	—	—	—	—	—
四川维尼纶厂	—	—	—	—	—	6.00	—	6.00	—	2.20	—	—	—	2.20	—
茂名分公司	10.00	—	—	—	10.00	—	—	—	—	—	—	—	—	—	—
扬州石油化工厂②	—	—	—	—	—	—	—	—	—	0.60	—	—	—	—	0.60
合　计	530.06	307.80	21.00	51.00	145.26	310.13	271.30	12.63	6.20	156.53	120.05	0.50	31.48	2.20	2.30

①PIA产能，纳入合纤原料产能，未列入PTA合计产能。

②原属江苏石油勘探局。

【合成纤维原料】 石化集团公司生产的合成纤维原料有精对苯二甲酸（PTA）、丙烯腈（AN）、己内酰胺（CPL）、乙二醇（EG）4个品种。截至2009年底，石化集团公司合成纤维原料的生产能力为530.06万吨/年，同比增加9.40万吨/年，增长1.81%。

2009年，石化集团公司生产合成纤维原料506.56万吨，同比增加34.55万吨，增长7.32%。石化集团公司2004—2009年合成纤维原料产量见表21。

表21　石化集团公司合成纤维原料各品种产量　万吨

年份 / 产品名称	2009	2008	2007	2006	2005	2004
合成纤维原料合计	506.56	472.01	523.41	452.13	407.56	362.15
PTA	328.90	289.44	333.53	283.81	266.54	257.17
PIA	2.50	2.93	3.08	2.90	2.50	2.12
丙烯腈	49.63	49.40	54.26	52.50	41.82	25.84
己内酰胺	18.41	19.31	18.29	17.96	16.01	14.40
乙二醇	104.80	108.64	114.24	97.86	83.19	64.74

1. 精对苯二甲酸（PTA）

PTA是生产聚酯的主要原料，无论是在国内还是在全球范围，其产能、产量均超过合成纤维原料总量的一半以上。2009年，中国石化的PTA产能、产量分别占中国大陆PTA产能、产量的20.70%和27.50%。

石化集团公司生产PTA的企业有天津分公司、上海石化股份公司、扬子石化有限公司、仪征化纤股份公司和洛阳分公司5家。扬子石化有限公司的第一套PTA装置、仪征化纤股份公司的第一套PTA装置和洛阳分公司的PTA装置采用原美国阿莫科化学品公司的专利技术，上海石化股份公司的PTA装置采用日本三井石油化学株式会社的“三井—阿莫科”专利技术，天津分公司的PTA装置采用日本三井石油化学株式会社的专利技术，仪征化纤股份公司的第二套PTA装置和扬子石化有限公司的第二套PTA装置采用的是“杜邦—ICI（英威达公司）”专利技术。

2009年，天津分公司通过技术改造增加PTA产能4.40万吨/年。

2009年，中国大陆PTA产量为1 195.84万吨，同比增加265.84万吨，增长28.58%。石化集团公司PTA产量为328.90万吨，同比增加39.46万吨，增长13.63%，占中国大陆PTA产量的27.5%，同比下降3.62个百分点。石化集团公司2004—2009年PTA产量见表22。

表22　石化集团公司各企业PTA产量　万吨

年份 / 企业名称	2009	2008	2007	2006	2005	2004
石化集团公司合计	328.90	289.44	333.53	283.81	266.54	257.17
燕山分公司①	2.50	2.93	3.08	2.90	2.50	2.12
天津分公司	24.76	22.46	32.10	32.02	28.50	29.98
上海石化股份公司	38.09	34.28	40.01	40.64	36.21	29.27
扬子石化有限公司	132.48	111.13	127.71	77.69	73.48	72.02
仪征化纤股份公司	102.33	98.79	102.49	100.39	97.05	93.34
洛阳分公司	31.24	22.78	31.22	33.09	31.29	32.56

①燕山石化公司PIA产量2004—2008年未作为合纤原料加以统计。

2. 丙烯腈（AN）

石化集团公司生产丙烯腈的企业有上海石化股份公司、安庆分公司、齐鲁分公司和上海赛科公司4家。上海赛科公司丙烯腈生产能力为26万吨/年。上海石化股份公司和安庆分公司采用美国标准石油公司专利技术，齐鲁分公司采用国内技术，上海赛科公司采用英国BP公司技术。

2009年，石化集团公司生产丙烯腈49.63万吨，比2008年增加0.23万吨。石化集团公司2004—2009年丙烯腈产量见表23。

表23 **石化集团公司各企业丙烯腈产量** 万吨

企业名称 \ 年份	2009	2008	2007	2006	2005	2004
石化集团公司合计	49.63	49.40	54.26	52.50	41.82	25.84
上海石化股份公司	12.78	11.90	13.23	14.32	13.16	12.51
高桥分公司	—	—	—	—	—	0.63
安庆分公司	8.57	8.39	8.64	8.50	8.59	8.31
齐鲁分公司	4.26	4.21	4.45	4.30	4.22	4.24
上海赛科公司	24.02	24.89	27.94	25.38	15.85	—

3. 己内酰胺（CPL）

石化集团公司生产己内酰胺的企业有巴陵分公司和石家庄化纤公司，2套装置的原始设计生产能力均为5万吨/年。巴陵分公司采用荷兰国家矿业公司专利技术，以苯为主要原料；石家庄化纤公司采用意大利SNIA公司的专利技术，以甲苯为主要原料。

巴陵分公司和石家庄化纤公司先后采用自有技术对己内酰胺装置进行扩能技术改造。巴陵分公司将己内酰胺产能增加到14万吨/年，石家庄化纤公司则增至6.50万吨/年。

2009年，石化集团公司生产己内酰胺18.41万吨，同比减少0.90万吨。石化集团公司2004—2009年己内酰胺产量见表24。

表24 **石化集团公司各企业己内酰胺产量** 万吨

企业名称 \ 年份	2009	2008	2007	2006	2005	2004
石化集团公司合计	18.41	19.31	18.29	17.96	16.01	14.40
石家庄化纤公司	4.60	5.69	6.56	7.19	6.88	6.92
巴陵分公司	13.81	13.60	11.73	10.80	9.14	7.48

4. 乙二醇（EG）

石化集团公司生产乙二醇的企业有燕山分公司、燕山石化公司、天津分公司、上海石化股份公司、扬子石化有限公司、茂名分公司和扬巴公司7家企业。燕山分公司、燕山石化公司、扬子石化有限公司、上海石化股份公司采用美国科学设计公司专利技术，天津分公司、茂名分公司采用荷兰壳牌公司专利技术，扬巴公司采用巴斯夫专利技术。

2009年，石化集团公司生产乙二醇104.80万吨，同比减少3.84万吨，降低3.53%。石化集团公司2004—2009年乙二醇产量见表25。

（周向进）

【合成纤维聚合物】 石化集团公司生产的合成纤维聚合物主要品种有聚酯（PET）、聚乙烯醇（PVA）、聚己内酰胺（PA6）、纤维级聚丙烯（纤维级PP）。

表25　　石化集团公司各企业乙二醇产量　　万吨

企业名称＼年份	2009	2008	2007	2006	2005	2004
石化集团公司合计	104.80	108.64	114.24	97.86	83.19	64.74
燕山分公司	6.37	5.98	6.13	6.61	7.20	7.28
上海石化股份公司	39.40	42.13	39.13	19.06	21.33	19.64
扬子石化有限公司	16.00	16.55	17.17	17.75	16.29	18.66
天津分公司	3.30	2.98	4.11	4.61	4.25	5.05
茂名分公司	3.66	8.33	9.22	10.24	8.51	9.24
扬巴公司	32.61	29.77	34.20	35.28	20.87	—
燕山石化公司	3.46	2.90	4.28	4.30	4.73	4.87

2009年，石化集团公司合成纤维聚合物的生产能力为310.13万吨/年，比2008年增加20万吨/年，同比增长6.98%。增加的产能为仪征分公司20万吨/年聚酯产能。

2009年，石化集团公司生产合成纤维聚合物304.90万吨，同比增加37.93万吨，增长14.21%。石化集团公司2004—2009年合成纤维聚合物产量见表26。

表26　　石化集团公司合成纤维聚合物各品种产量　　万吨

产品名称＼年份	2009	2008	2007	2006	2005	2004
合成纤维聚合物合计	304.90	266.97	291.07	284.70	277.76	252.10
聚　酯	290.62	251.14	274.08	266.36	260.19	234.97
聚乙烯醇	9.68	11.55	12.64	12.85	12.67	11.81
聚己内酰胺	4.60	4.31	4.35	5.48	4.90	5.33

1. 聚酯（PET）

2009年，仪征分公司将其代表中国石化控股的海南瓶级聚酯切片项目20万吨/年聚酯装置产能纳入石化集团公司统计口径。

2009年，石化集团公司生产聚酯290.62万吨，同比增加39.48万吨，增长15.72%。石化集团公司2004—2009年聚酯产量见表27。

表27　　石化集团公司各企业聚酯产量　　万吨

企业名称＼年份	2009	2008	2007	2006	2005	2004
石化集团公司合计	290.62	251.14	274.08	266.36	260.19	234.97
上海石化股份公司	55.61	54.40	58.93	55.91	32.81	48.06
仪征化纤股份公司	173.66	166.60	171.53	165.38	162.86	135.65
天津分公司	22.48	10.72	26.02	24.38	23.25	6.84
洛阳分公司	18.30	11.36	17.60	20.68	19.08	21.73
天津石化公司	—	—	—	—	—	22.69
仪征分公司	20.56	—	—	—	—	—

2．聚乙烯醇（PVA）

石化集团公司生产聚乙烯醇的企业有上海石化股份公司、四川维尼纶厂和燕山石化公司3家。上海石化股份公司和四川维尼纶厂采用日本东丽公司专利技术；燕山石化公司采用日本可乐丽公司专利技术，后采用国产技术进行技术改造。上海石化股份公司和燕山石化公司以乙烯为原料，四川维尼纶厂以乙炔为原料。四川维尼纶厂以天然气为原料生产乙炔，是石化集团公司唯一使用天然气作原料生产合成纤维的企业。

2009年，石化集团公司生产聚乙烯醇9.68万吨，同比减少1.87万吨，降低16.19%。石化集团公司2004—2009年聚乙烯醇产量见表28。

表28　　石化集团公司各企业聚乙烯醇产量　　万吨

年份 / 企业名称	2009	2008	2007	2006	2005	2004
石化集团公司合计	9.68	11.55	12.64	12.85	12.67	11.80
上海石化股份公司	4.36	4.16	4.27	4.54	4.58	4.66
燕山石化公司	—	1.47	2.68	2.28	1.94	1.44
四川维尼纶厂	5.33	5.92	5.69	6.02	6.15	5.70

3. 聚己内酰胺（PA6）

石化集团公司生产聚己内酰胺的企业有石家庄化纤公司和巴陵分公司2家。巴陵分公司的年产1.46万吨装置是引进德国吉玛公司的技术和设备，年产2万吨装置采用国内技术。石家庄化纤公司年产0.50万吨装置采用意大利SNIA公司技术，年产2万吨装置采用国内技术。

2009年，石化集团公司生产聚己内酰胺4.60万吨。其中，石家庄化纤公司生产聚己内酰胺1.43万吨，巴陵分公司生产聚己内酰胺3.17万吨。

4. 纤维级聚丙烯（纤维级PP）

纤维级聚丙烯是生产丙纶的原料。石化集团公司连续法聚丙烯装置均能生产纤维级聚丙烯，企业根据市场需求组织纤维级牌号的生产。1998年后生产能力、产量均在聚丙烯（合成树脂）中统计。

（周向进）

【合成纤维】 合成纤维的五大品种是：涤纶、锦纶、腈纶、维纶、丙纶，俗称“五大纶”。

2009年，石化集团公司合成纤维的生产能力为156.53万吨/年，比2008年减少6.18万吨/年，同比降低3.8%。2009年，仪征化纤股份公司通过技术改造增加涤纶纤维产能3.17万吨/年（其中涤纶长丝2.80万吨/年）。

2009年，石化集团公司生产合成纤维131.40万吨，同比增加3.96万吨，增长3.11%。石化集团公司2004—2009年合成纤维产量见表29。

表29　　石化集团公司合成纤维各品种产量　　万吨

年份 / 产品名称	2009	2008	2007	2006	2005	2004
合成纤维合计	131.40	127.44	143.82	152.26	160.07	170.34
涤　纶	99.10	94.07	106.03	112.77	119.73	130.19
锦　纶	…	…	0.01	0.51	0.29	0.72
腈　纶	30.48	31.43	35.67	36.94	36.91	35.81
维　纶	1.25	1.48	1.57	1.50	1.48	1.30
丙　纶	0.57	0.46	0.55	0.55	1.67	2.28
PBT纤维	—	—	—	—	—	0.06

1. 涤纶

2009年，石化集团公司涤纶纤维生产能力为120.05万吨/年，同比减少6.18万吨/年，降低4.9%。涤纶长丝的生产能力为33.05万吨/年，同比减少6.55万吨/年，降低16.54%。

2009年，石化集团公司将天津分公司6.39万吨/年涤纶短纤维生产装置划拨仪征化纤股份公司，用于开发和生产差别化涤纶短纤维产品。

2009年，石化集团公司生产涤纶纤维99.10万吨，同比增加5.03万吨，增长5.35%。涤纶长丝产量为23.43万吨，同比减少1.26万吨/年，降低5.1%。石化集团公司2004—2009年涤纶产量见表30。

表30　石化集团公司各企业涤纶产量　万吨

企业名称＼年份	2009	2008	2007	2006	2005	2004
石化集团公司合计	99.10	94.07	106.03	112.77	119.73	130.19
上海石化股份公司	8.06	8.52	8.90	10.39	12.37	12.31
仪征化纤股份公司	67.48	67.20	67.52	66.01	51.50	72.56
天津分公司	9.73	10.66	17.14	18.63	19.51	6.71
洛阳分公司	13.83	7.58	12.47	17.74	16.29	18.33
天津石化公司	—	—	—	—	—	16.95
仪征分公司	—	—	—	—	0.51	3.34

2. 锦纶

石化集团公司生产锦纶的企业有巴陵分公司和石家庄化纤公司2家，均以己内酰胺为原料，其中巴陵分公司生产能力为1.33万吨/年，石家庄化纤份公司生产能力为0.50万吨/年。2家企业的长丝纺丝设备和技术均为引进。

2009年，石化集团公司没有生产锦纶纤维。

3. 腈纶

石化集团公司生产腈纶纤维的企业有上海石化股份公司、安庆分公司和齐鲁分公司3家。安庆分公司采用美国氰胺公司两步法湿法纺丝专利技术。上海石化股份公司老装置采用国内技术，其所属金甬腈纶公司装置和齐鲁分公司装置采用康泰斯—杜邦的干法纺丝专利技术，其所属金阳腈纶公司的设备从日本川崎公司引进，工艺技术为金阳—川崎共同开发，其年产6.60万吨腈纶纤维装置采用自有技术。

2009年，石化集团公司生产腈纶纤维30.48万吨，同比减少0.95万吨，下降3.02%。石化集团公司2004—2009年腈纶产量见表31。

表31　石化集团公司各企业腈纶产量　万吨

企业名称＼年份	2009	2008	2007	2006	2005	2004
石化集团公司合计	30.48	31.43	35.67	36.94	36.91	35.81
上海石化股份公司	16.07	18.48	21.89	22.61	22.74	22.33
安庆分公司	7.87	6.90	7.71	7.76	7.86	7.58
齐鲁分公司	6.50	6.05	6.07	6.57	6.30	5.88

4. 维纶

石化集团公司生产维纶纤维的企业只有四川维尼纶厂，采用国内技术，生产能力为2.20万吨/年，主要产品有维纶短纤维和维纶丝束（长丝）。维纶纤维具有耐磨性好的优点，添加维纶短纤维的服装面料具有耐磨的特点。四川维尼纶厂拥有水溶性维纶纤维产品、高强高模维纶纤维产品，也有使用维纶纤维制造的土工布产品。

2009年，石化集团公司生产维纶纤维1.25万吨，比2008年减少0.23万吨。石化集团公司2004—2009年维纶产量见表32。

表32 石化集团公司维纶产量 万吨

年份 / 企业名称	2009	2008	2007	2006	2005	2004
石化集团公司合计	1.25	1.48	1.57	1.50	1.47	1.30
四川维尼纶厂	1.25	1.48	1.57	1.50	1.47	1.30

5. 丙纶

石化集团公司生产丙纶的企业有上海石化股份公司和扬州石油化工厂2家。2009年，石化集团公司丙纶生产能力为2.30万吨/年，其中上海石化股份公司为1.7万吨/年，扬州石油化工厂为0.60万吨/年。

2009年，石化集团公司生产丙纶0.57万吨（上海石化股份公司装置停产封存），比2008年增加0.11万吨。石化集团公司2004—2009年丙纶产量见表33。

（周向进）

表33 石化集团公司各企业丙纶产量① 万吨

年份 / 企业名称	2009	2008	2007	2006	2005	2004
石化集团公司合计	0.57	0.46	0.55	0.55	1.67	2.28
上海石化股份公司	—	—	—	—	0.55	1.33
洛阳石化总厂	—	—	—	—	0.63	0.63
扬州石油化工厂	0.57	0.46	0.55	0.55	0.49	0.32

① 用作编织袋和土工布的丙纶纤维产量没有列入表格。

精细化工

【概述】 精细化工门类繁多，品种复杂，技术难度大，特别是应用研究与市场开发方面难度更大。石化集团公司深知发展高附加价值精细化工的必要性，对重点精细化工产品更是集资源、市场、技术、人才等多方面的优势，有重点、有步骤地发展。

石化集团公司2004—2009年主要精细化工产品产量见表 34。

（原 玲）

表34 石化集团公司主要精细化工产品产量 吨

年份 / 产品名称	2009	2008	2007	2006	2005	2004
催化剂						
炼油催化剂	104 585	101 256	95 258	84 139	78 914	75 363
化工催化剂	2 255	1 861	1 274	1 441	1 551	1 516
塑料助剂						
塑料增塑剂	36 800	53 237	76 521	63 041	48 948	29 601
塑料发泡剂	168	—	10 578	10 847	11 778	16 809
橡胶助剂						
橡胶促进剂	9	226	4 689	4 928	4 395	3 318
橡胶防老剂	35 824	22 206	36 693	37 353	27 992	22 665
表面活性剂	28 533	29 084	19 795	16 519	14 607	16 443
微晶蜡	9 881	12 494	14 332	16 793	9 809	9 255
专用蜡	35 541	22 775	19 475	14 584	11 344	7 548
凡士林	7 949	5 475	8 878	4 912	4 157	6 339

【催化剂】 催化剂是石化技术的核心，催化技术是石油化工工业发展的基础。因此，催化剂的研制、生产和工业应用成为石油化工发展的关键。2009年，石化集团公司在新催化剂开发、生产和推广应用方面有了新的突破。通过分子筛改性，开发出结构优化的SOY分子筛，在高岭土基质中添加具有丰富中孔的材料，优化催化剂的制备技术，在上述基础上，针对齐鲁分公司和燕山分公司的装置特点，开发出适合的高轻油收率的重油裂化系列催化剂并成功应用；成功开发了聚乙烯Innovene工艺专用催化剂SLC-i，经实验室评定和工业应用，其氢调敏感性、共聚性能和聚合物细粉含量与进口催化剂相当，可替代进口同类催化剂。

炼油催化剂主要包括催化裂化催化剂、催化重整催化剂、加氢催化剂、制氢催化剂等。化工催化剂品种繁多，主要包括聚乙烯催化剂、聚丙烯催化剂、裂解汽油加氢催化剂、碳二/碳三加氢催化剂、乙苯脱氢催化剂、甲苯歧化催化剂、丙烯腈催化剂、环氧乙烷银催化剂等。2009年，中国石化共生产炼油和化工催化剂10.68万吨。

2009年，催化剂分公司与石油化工科学研究院（RIPP）合作，完成了降低汽油硫含量催化裂化催化剂ZDOS、硅溶胶催化裂化催化剂CRSC、渣油加氢催化剂RDM-1系列等催化剂的工业放大工作；催化剂分公司与抚顺石油化工研究院合作，完成了加氢裂化催化剂FC-46等催化剂的工业放大试验；催化剂分公司与北京化工研究院合作，将超重力旋转床技术应用到聚烯烃催化剂载体的制备，成功完成DQC等催化剂的工业放大工作；催化剂分公司与上海石油化工研究院合作，完成乙苯脱氢氢氧化催化剂SHO-01、重整油催化脱烯烃催化剂DOT-100等催化剂的工业放大工作。

2009年，中国石化在加快新产品开发的同时，积极加大技术改造力度。催化剂齐鲁分公司建设的5万吨/年裂化催化剂联合装置一期工程应用了“NaY分子筛高效合成工艺和大型化合成技术”、“分子筛母液全回用技术”、“裂化剂高固含量成胶工艺”等多项成熟的先进技术，推动了裂化剂生产的大型化和清洁化，基本实现节能环保生产；催化剂抚顺分公司对二期装置挤条干燥工序实施了扩能改造，解决了因产品结构调整造成的加氢催化剂装置各工序能力不匹配的问题，装置产能得到充分发挥。

（顾培蕾）

【表面活性剂】 石化集团公司研究开发和生产表面活性剂的企业主要有金陵石化、天津石化和高桥石化。2009年，石化集团公司共生产表面活性剂2.85万吨，主要有乳化剂（MOA、EL、Tx）、洗涤剂（低泡清洗剂、消泡剂等）和破乳剂等系列产品。

1. 聚醚多元醇

聚醚多元醇是合成聚氨酯的主要原料。石化集团公司生产聚醚多元醇的企业为资产公司高桥分公司和天津石化三厂。

资产公司高桥分公司根据装置现状，结合节能减排的生产主题，加强科研开发和技术攻关，积极开拓市场，取得了较好的经济效益。2009年销售聚醚15.56万吨，销售额达16.9亿元；组织了7个新产品的试生产，试产产量4 122吨，产值4 590万元。从原料、生产工艺、设备情况、分析条件等因素着手，不断进行技术攻关和技术改进，使聚合物多元醇（POP）生产装置一直保持顺畅高效的运行状态，并对两条普通POP生产线进行技术改造，在确保产品质量的同时，使两条生产线的产能提升了30%以上；加大GEP-828、GPOP-H45、GK-350D等新产品的市场推广力度，使GEP-828的销量由刚投产时的503吨/年激增至2009年的5 017吨，GPOP-H45销量达8 013吨、销售额达9 383.4万元，特种聚醚GK-350D的销量增幅达42%；组织了GRA-877、GB-4110A、GED-30等新牌号聚醚的工业性试验，并获市场认可，2009年共有5个新牌号聚醚转为正式生产。2009年申请了“聚醚多元醇交联剂的制备方法”和“制备聚醚多元醇的方法”两件发明专利，获得国家知识产权局的专利申请号；“聚醚多元醇GE-220A、GMN-3050A”被列为国家重点新产品计划立项项目。

作为中国石化第二个聚醚多元醇生产企业，天津石化在聚醚新产品开发生产方面也取得了很大成绩。

TXX-2#为3.5官能度、3 000分子量聚醚多元醇，生产过程采用了双金属络合催化剂并采用了连续生产工艺，使该产品具有低不饱和度、窄分布、色号稳定、超高分子量组分减少等优点，适合于中低密度块状泡沫的制备，也可作为合成POP的基础聚醚使用，2009年产量8 387.36吨，销售利润约1 200万元；TSP-4110A为官能度大于4.0的硬泡聚醚，由蔗糖与低官能度醇起始而成，制得的硬度聚氨酯制品耐热性好、抗压强度大、尺寸稳定，可应用于建筑隔热保温、冷库、冷藏车、隔热板、热力管线和集装箱等；TSP-380为5.8官能度硬泡聚醚，可降低聚氨酯制品密度，减少物理发泡剂的使用，制得的聚氨酯制品尺寸稳定性好、导热系数低，主要用于建筑隔热保温和冰箱。2009年，TSP-4110A和TSP-380两个产品都成功地进行了中试，中试产品得到金陵—拜耳和亨斯迈等客户认可，正处于商务洽谈和准备生产阶段。

2. 油田专用化学品

由石油化工科学研究院和西北油田分公司联合开发的水溶性稠油乳化降黏剂已经完成现场工业试验，结果表明该降黏剂可满足高矿化度水质（抗盐达11万毫克/升）和高黏度稠油(50℃时，黏度小于1 000帕·秒)的油藏开采。石油化工科学研究院合成的季磷盐杀菌剂具有良好的杀菌效果，同时还具有广谱性和良好的表面活性，正在进行油田采出水现场试验，并准备进行中试放大研究。

上海石油化工研究院合成的阴非两性表面活性剂由于具有耐高温（100℃）、抗高盐（300克/升）、抗二价离子能力强（6克/升）和吸附损耗低（小于2毫克/克油砂）等特点，在胜利油田和河南油田进行评价后，得到一致的肯定。2 000吨/年阴非两性表面活性剂中试正在开展装置设计和建设工作。

北京化工研究院和胜利油田共同开发的稠油破乳剂已在胜利油田孤岛采油厂孤二联合站进行了生产试验，结果证明：非聚醚类破乳剂GP-X对孤岛采油厂孤二联稠油有良好的破乳脱水效果，脱水能力及速度均达到或超过现场使用的破乳剂，能够满足其生产需要。

（原　岭）

【合成胶黏剂】 合成胶黏剂是一类重要的精细化工产品，其世界年产量在合成聚合物材料中仅次于塑料、橡胶、纤维和涂料。石化集团公司主要生产胶黏剂原料，有环氧树脂、苯乙烯共聚物及醋酸乙烯聚合物。

1. 环氧树脂类

环氧树脂类胶黏剂是一类新型的面际连接的精细化工材料，约占世界合成胶黏剂总量的5%左右。巴陵石化是国内最大的环氧树脂产、销、研基地之一，具有多年生产、研发环氧树脂的经验及技术，其产能及生产技术均居国内重要及领先地位。2009年，巴陵石化共生产各种牌号基础环氧树脂3.83万吨，特种环氧树脂及配套料2 867吨。详见表35和表36。

表35　巴陵石化基础环氧树脂产量　吨

产品名称＼年份	2009	2008	2007	2006	2005
E型	10 521	7 796	6 632	7 043	6 448
CYD型	18 934	18 256	14 953	11 935	7 619
EYD型	8 858	8 220	8 959	8 813	8 186
合计	38 313	34 272	23 912	27 791	22 253

表36　巴陵石化特种环氧树脂产量　吨

产品名称＼年份	2009	2008	2007	2006	2005
OCNE	1 107	1 212	1 424	1 115	944
800系列	1 296	1 376	873	1 061	—
WEP	20	13	133	—	—
BNE	2	22	3	—	—
配套料	442	422	495	620	198
合计	2 867	3 044	2 928	2 797	1 142

2. 醋酸乙烯聚合物类

醋酸乙烯聚合物类胶黏剂主要有聚乙烯醇（PVA）及PVA的缩醛产物、聚醋酸乙烯乳液(PVAc)、醋酸乙烯与乙烯（VA-E）等其他单体的共聚物等。

四川维尼纶厂是全国唯一以天然气为主要原料生产醋酸乙烯聚合物的企业。醋酸乙烯产能20万吨/年、聚乙烯醇6万吨/年，醋酸乙烯—乙烯共聚乳液（VAE）6万吨/年。

新产品开发情况：①聚乙烯醇，2009年开发了PVA18-88、PVA13-88、PVA08-88三个品种，并形成批量生产和销售。②维纶纤维，2009年开发了BSSF-Ⅳ专用纤维，产量58.67吨。③VAE，2009年成功开发出低甲醛含量的CW WF-Ⅰ、CW BW-Ⅰ、CW JZ-I、CW JZ-Ⅱ4个品种，并形成批量生产和销售。

（原　玲）

【生物化工】 1. 发酵生产1，3-PDO中试技术

完成抚顺石油化工研究院中试基地丙二醇（PDO）提取中试装置的配套工作，完成超、纳滤膜分离装置，高效膜蒸发装置和电渗析脱盐装置等分离装置的单机调试和试运。通过总部组织的丙二醇项目论证，正在开发编制1万吨/年PDO工艺包，为中国石化10万吨/年生物柴油项目提供配套技术。已申请中国专利7件，初步形成自主知识产权。

2. 纤维乙醇、油藻资源等前瞻性研究

纤维乙醇研究建立了预处理物料评价平台、纤维素酶的评价体系、基于耐热酵母菌FE-B的带渣同步糖化发酵工艺，并且在实验室进行了稀酸、稀碱和蒸爆预处理的初步探索。利用实验室开发的同步糖化发酵工艺，采用1升反应体系发酵蒸爆玉米秸秆，在40℃条件下，120小时后体系中的最高乙醇浓度可达6.2%，纤维素水解率88.7%。

藻细胞培养工艺研究方面，已基本确定了小式培养工艺，开发了可以实现较为理想的光质光能可调、自动二氧化碳供给与氧解析以及光暗周期转换等光自养培养条件的反应器系统。自养油藻细胞收获量在1.5—2.0克/升水平，油脂含量大于30%细胞干重；异养油藻细胞收获量在4.5—5.0克/升，油脂含量在20%以上。正积极着手申请中国专利，逐步形成自主知识产权。

3. 马来酸酐酯化—加氢生产1，4-丁二醇技术

开发的DZH型顺酐酯化生产马来酸二甲酯催化剂和FHE系列酯加氢生产1，4-丁二醇催化剂实现工业应用，技术指标达到或超过国外同类催化剂水平。编制完成了万吨级1，4-丁二醇工艺包，通过了中国石化科技开发部组织的审查。申请专利3件，注册专有技术18项，形成成套技术自主知识产权。

（原　玲）

化　　肥

【概述】 截至2009年底，石化集团公司有9家化肥生产企业，其中石化股份公司有安庆分公司、巴陵分公司、湖北化肥分公司、镇海炼化分公司、九江分公司、齐鲁分公司、金陵分公司7家企业，主要产品为合成氨、尿素和氢气，主要原料为脱油沥青、煤和天然气；存续部分有南京化工公司和四川维尼纶厂2家企业，南京化工公司主要产品为合成氨（以煤为原料）、复合肥、工业硝酸铵，四川维尼纶厂以副产氢气为原料生产合成氨。齐鲁分公司第二化肥厂2006年迁建至四川达州，成立齐鲁达州化肥分公司，2009年建成并完成试车；金陵分公司化肥装置2005年9月完成煤代油原料路线改造，同时调整产品结构，改造后以生产氢气为主，化肥生产处于调控状态，2009年9月25日合成氨和尿素装置停产、准备搬迁，水煤浆装置改全产氢气模式运行。

截至2009年底，石化集团公司合成氨生产能力为269.20万吨/年，增加了齐鲁分公司合成氨生产能力29.20万吨/年，核减了南京化工公司合成氨生产能力3.50万吨/年；尿素（实物量）生产能力为363.40万吨/年，增加了齐鲁分公司尿素生产能力50.40万吨/年。其他化肥产品能力较小，分别为：复合肥50万吨/年；硝酸铵15万吨/年；硫酸铵42.25万吨/年。

2009年，石化集团公司尿素生产总量比2008年同期增加6.28%，各企业尿素产量与2008年同期相比增减量分别为：湖北化肥分公司增产10.27万吨，金陵分公司增产5.95万吨，安庆分公司增产2.20万吨，九江分公司减产0.81万吨，镇海炼化分公司减产1.50万吨，巴陵分公司减产5.76万吨；湖北化肥分公司和安庆分公司2套煤代油化肥装置分别因有效运行时间增加和运行负荷提高，产量有所增加；金陵分公司根据氢气资源平衡情况，化肥装置运行时间增加，尿素产量增加；镇海炼化分公司和九江分公司化肥装置由于进行了年度大修，运行时间减少，尿素产量减少；巴陵分公司煤代油化肥装置运行不稳定，运转率下降，尿素产量减少。石化集团公司全年累计销售尿素174.91万吨，产销率为99.83%，平均销售价格为1 667元/吨，其中出口尿素8.53万吨，出口尿素含关税销售价格为1 788元/吨。

2009年，石化集团公司化肥企业通过强化生产管理，优化装置运行，加强技术攻关等措施，努力实现装置稳定、长周期运行，提升装置技术经济水平。镇海炼化分公司在确保稳定供氢的前提下，加强化肥装置与炼油装置物料互供的计划优化，尿素装置阶段性开停工同比减少5次，减少了开停工损失。九江分公司通过强化机电仪管理和生产组织，加强延长烧嘴使用寿命的攻关，强化巡检和设备检修质量控制，实现化肥装置大修后连续运行242天，主要物耗、能耗指标达到或接近历史最好水平。金陵

分公司通过消除装置瓶颈，长周期运行取得新的成绩，实现水煤浆装置连续供氢162天，创造水煤浆气化炉单炉连续运行89天的新纪录；通过工艺优化，在保证水煤浆流动参数稳定前提下，努力提高水煤浆浓度，实现粗合成气有效气浓度提高和原料煤耗的降低，煤浆浓度由60%左右提高到61%—62%，粗合成气有效气浓度由80%左右提高到82%以上，2009年吨氨原煤耗由1.56吨降到1.51吨。安庆分公司、湖北化肥分公司、巴陵分公司3套煤代油改造装置经过3年的技术攻关、优化操作和加强管理等措施，解决了工艺、设备等方面主要问题，装置运行逐步稳定。2009年，安庆分公司、巴陵分公司和湖北化肥分公司3套煤代油装置扣除国产空分改造、变换管道更换以及市场因素计划停工等影响，煤气化装置运转率分别达到86.6%、86.3%和72.4%，除巴陵分公司煤气化装置因气化炉堵渣停工较多等原因导致运转率同比降低外，安庆分公司和湖北化肥分公司煤气化装置运转率同比分别提高0.8%和5.1%；合成氨装置负荷率分别提高10.1%、7.8%和7.9%；尿素装置负荷率分别提高7.1%、7.4%和10.4%；主要技术经济指标水平明显提高，3套煤代油装置平均合成氨综合能耗同比降低9.2吉焦/吨，纯氮综合能耗同比降低9吉焦/吨，吨氨耗原料煤降低0.2吨。安庆分公司围绕解决装置运行瓶颈、节能降耗开展技术攻关，装置运行水平明显提高，实现了2次A类连续运行82天的较好水平；通过空分二轮改造、变换系统改造，蒸汽消耗下降约27吨/时；通过与宁波工程公司、西安热工院合作开发的内置预分离复合式飞灰过滤器得到成功应用，提高了陶瓷过滤器滤芯使用寿命，该项目申报了国家发明、实用新型专利。湖北化肥分公司认真总结新装置投运以来经验，优化生产过程控制，积极开展关键设备国产化工作，实现煤气化装置实现A类长周期运行84天、B类长周期运行96天，主要技术经济指标明显改善，能耗指标在3套煤代油装置中位于前列。巴陵分公司煤代油装置上半年实现B级连续运行106天，4月和5月平均负荷率分别达到86%和85.8%，负荷率刷新投料试车以来的最好纪录；下半年因气化炉堵渣和设备方面原因停工较多，正在加强气化炉堵渣问题技术攻关。

（吴昌保）

【新装置试车】 齐鲁分公司达州化肥装置原为齐鲁分公司第二化肥厂的年产30万吨合成氨及48万吨尿素装置， 2006年迁建至四川省达州市天然气能源化工产业区，迁建的同时对装置进行部分节能和环保改造，并新建了与装置配套的天然气预脱硫、烟气二氧化碳回收、火炬等单元和公用工程、辅助设施。搬迁后合成氨装置生产能力为29.2万吨/年；通过增设烟气二氧化碳回收单元，尿素装置生产能力提高至50.4万吨/年。

迁建项目由石化集团公司宁波工程公司总承包，2006年10月工程开工建设，2008年12月26日主装置中交。2009年2月26日天然气引入厂区，4月17日预脱硫单元投入运行，8月27日一段炉投入天然气，合成氨装置进行实物联动试车，至9月5日低压系统流程全部打通，一段炉、二段炉、高温变换、低温变换、甲烷化等触媒全部还原完成，并产出合格的氢氮气和二氧化碳，装置随后处于停工待产阶段；尿素装置7月13日采用“倒开车”的方式完成了造粒试验，至8月底打通了除合成分解系统外的流程。

（吴昌保）

【产量】 2009年，石化集团公司生产合成氨135.15万吨，为2008年同期的107.56%；生产尿素175.22万吨，为2008年同期的106.28%。详见表37和表38。

2009年，全国合成氨产量为5 135.52万吨，同比增长2.81%；尿素产量为6 374.76万吨(实物)，同比增长13.17%。石化集团公司合成氨产量占全国总产量的2.63%，同比上升0.12个百分点；尿素产量占全国总产量的2.75%，同比下降0.18个百分点。

2009年，石化集团公司生产硫酸铵39.29万吨，为2008年的89.46%；合成复合肥29.11万吨，为2008年的151.91%；工业硝酸铵12.78万吨，为2008年的82.65%。

（吴昌保）

【技术经济指标】 2009年，化肥装置主要技术经济指标总体完成较好，能耗、物耗均低于年度目标值和2008年同期值，尿素产品优等品率同比略有下降。其中，合成氨综合能耗为57.37吉焦/吨，比年度指标低5.13吉焦/吨，同比下降5.25吉焦/吨；纯氮综合能耗为82.96吉焦/吨，比年度指标低4.04吉焦/吨，同比下降4.44吉焦/吨；尿素耗氨为575.65千克/吨，比年度指标低1.35千克/吨，同比下降1.67千克/吨；能耗、物耗降低的主要原因是各化肥装置运行状况总体较好，尤其安庆分公司、湖北化肥分公司和巴陵分公司3套煤代油装置能耗、物耗下降较多。尿素产品优等品率平均为94.35%，同比低1.06个百分点，主要原因是金陵分公司尿素装置负荷低、阶段性开停工较多，尿素优等品率低，影响了整体尿

表37 **石化集团公司各企业合成氨产量** 万吨

企业名称	设计能力/万吨·年$^{-1}$ \ 年份	2009	2008	2007	2006	2005	2004
石化集团公司合计	269.20	135.15	124.16	114.38	109.06	124.31	174.75
齐鲁达州化肥分公司	29.20	—	—	—	—	—	—
金陵分公司	24.00	10.02	6.65	10.51	14.70	3.08	24.92
安庆分公司	32.00	20.34	20.10	13.85	0.66	13.10	27.67
巴陵分公司	43.00	18.55	21.13	7.64	0.00	8.91	18.00
湖北化肥分公司	30.00	18.58	14.79	12.67	18.61	24.38	18.04
镇海炼化分公司	34.50	18.30	19.57	27.30	29.99	33.81	34.95
九江分公司	30.00	26.53	26.48	25.57	31.77	25.80	34.41
南京化工公司	26.50	21.69	15.44	16.84	5.47	0.04	—
四川维尼纶厂	20.00	1.13	1.49	—	—	—	—

表38 **石化集团公司各企业尿素产量** 万吨

企业名称	设计能力/万吨·年$^{-1}$ \ 年份	2009	2008	2007	2006	2005	2004
石化集团公司合计	363.40	175.22	164.86	156.46	160.91	177.96	263.19
齐鲁达州化肥分公司	50.40	—	—	—	—	—	—
金陵分公司	40.00	17.28	11.33	18.36	25.61	4.92	43.59
安庆分公司	52.00	29.82	27.62	17.70	0.27	18.06	40.73
巴陵分公司	61.00	19.17	24.93	7.75	0.00	14.90	27.35
湖北化肥分公司	48.00	31.56	21.29	18.91	28.33	36.79	31.13
镇海炼化分公司	60.00	32.20	33.70	47.81	52.43	58.31	60.37
九江分公司	52.00	45.19	46.00	45.93	54.26	44.96	60.02

素优等品率。

2009年，各化肥装置均未发生环境污染和扰民事故，镇海炼化分公司外排废水综合合格率保持在100%，安庆分公司、金陵分公司和九江分公司废水排放综合合格率保持97%以上。镇海炼化分公司积极加强清污分流、控制CFB锅炉烟气二氧化硫排放浓度和排放总量，将气化炉排出的炭黑作锅炉燃料回收利用，实现废水、废气排放合格率及废渣处理利用率均达到100%。

（吴昌保）

【化肥相关政策】 2009年，国家针对化肥行业出台了“取消化肥限价、放开化肥经营、放松出口、推动原料改革、行业结构调整”等一系列政策。

1月24日，国家发改委、财政部发出《关于改革化肥价格形成机制的通知》（发改价格〔2009〕268号），正式宣布取消实施多年的化肥价格管制，化肥生产由“政府指导价”改为“市场调节价”，同时取消提价申报、调价备案、最高限价以及流通环节价格差率等各项临时价格干预。

3月18日，国家发改委、工业和信息化部、财政部等十部委联合发布《关于做好当前春耕化肥供应工作的通知》（发改经贸〔2009〕728号），要求在春耕备肥用肥旺季，加强生产保障、政策落实、运输调度、综合调控和市场监管，切实做好春耕化肥生产供应各项工作。通知内容包括6个方面：①做好化肥生产原料的供应保障工作；②落实扶持化肥生产流通的各项优惠政策；③支持化肥生产流通企业所需信贷；④完善化肥进出口和淡储调控；⑤加大化肥市场监管力度；⑥加强对化肥供应工作的领导。

5月18日，国务院办公厅公布了石化产业调整和振兴规划细则，明确提出了今后3年化肥产量中，高浓度化肥比重达到80%，原料产地化肥比重提高到60%。10月20日，中国石油和化学工业协会正式发布《石油和化工产业结构调整指导意见》，指出必须下决心淘汰落后产能，加强源头控制，抓紧建设和完善淘汰落后产能机制。2009年底，工业和信息化部表示，化工行业投资结构不合理，部分产品产能过剩状况未来或将加剧，如果市场不能自行调整，主管部门将采取行政手段进行调控。

2009年，化肥产品的出口关税进行了适当下调，淡季出口关税下调至10%，旺季出口关税为110%。6月23日，海关总署发出通告，自2009年7月1日起，对部分化肥产品的出口关税（包括暂定关税和特别关税）进行调整：一是取消部分化肥及化肥原料的特别出口关税，主要包括黄磷、磷矿石、合成氨、磷酸、氯化铵、重过磷酸钙、二元复合肥等。同时，对黄磷继续征收20%的出口关税，对其他磷、磷矿石继续征收10%—35%的出口暂定关税，对合成氨、磷酸、氯化铵、重过磷酸钙、二元复合肥等化肥产品（包括工业用化肥）统一征收10%的出口暂定关税。二是调整尿素、磷酸一铵和磷酸二铵3项化肥产品征收出口关税的淡、旺季时段，将尿素的淡季出口税率适用时间延长一个月，磷酸一铵、二铵的淡季出口税率适用时间延长一个半月。

6月29日，国家发改委、铁道部发出《关于适当调整农用化肥铁路运价有关问题的通知》（发改价格〔2009〕1722号），自2009年7月1日起，农用化肥铁路整车运输按现行2号运价执行，并继续免收铁路建设基金。

8月24日，国务院发布了《关于进一步深化化肥流通体制改革的决定》（国发〔2009〕31号），全面取消了化肥流通经营的所有制形式限制（外资包括其中），仅设置了准入资格限制，在放开化肥经营限制、规范企业经营行为、鼓励连锁集约经营、强化市场监督管理4个方面提出了明确要求。

（吴昌保）

【化肥行业会议】 2009年5月26—27日，由中国氮肥工业协会主办的“中国国际氮肥、甲醇大会”在上海召开，会议就氮肥、甲醇生产的相关政策取向及国际、国内市场情况进行了分析研讨，就国内外合成氨、氮肥、甲醇及其下游产品的新工艺、新技术、新装备的成果进行了交流与展览。11月15—19日，“第19届全国大型合成氨装置技术年会”在昆明召开，会议主要介绍了大型合成氨生产及技术进步综合情况，新建大型合成氨装置工艺技术及投产情况，装置扩能增产、节能改造和新工艺、新技术应用情况，先进仪表控制、检测手段以及典型的设备故障处理经验，新型氨合成催化剂的技术发展和工业化应用情况，并围绕合成氨装置安全稳定长周期生产、提升运行水平和管理水平进行了经验交流。11月26—28日，全国大化肥企业质量联络网年会在海南省东方市中海石油化学股份有限公司召开，会议重点就质量管理、产品检验、QC小组活动以及产品质量改进的措施等进行了总结与交流。

（吴昌保）

无机原料

【概述】 2009年，石化集团公司生产无机原料的企业有南京化工公司、齐鲁分公司、巴陵分公司、资产公司巴陵石化公司、石家庄化纤公司、江汉油田分公司、荆门分公司、长岭分公司等，主要无机原料为“三酸两碱”。石化集团公司主要无机原料生产能力见表39，产量见表40。

（吴昌保）

表39　石化集团公司主要无机原料生产能力　万吨/年

产品名称＼年份	2009	2008	2007	2006	2005	2004
硫　酸	119.50	119.50	118.00	118.00	103.00	78.00
浓硝酸	22.00	21.00	17.50	20.00	10.00	6.30
盐　酸	48.33	48.33	25.53	25.53	25.53	33.53
烧　碱	92.30	90.30	88.30	94.30	84.30	84.30
纯　碱	120.25	120.00	120.25	120.25	100.25	100.25

表40　　石化集团公司主要无机原料产品产量　　万吨

产品名称＼年份	2009	2008	2007	2006	2005	2004
硫　酸	78.90	71.71	88.00	84.01	75.87	73.89
硝　酸	15.60	11.32	10.36	9.26	9.64	7.60
盐　酸	26.43	21.61	30.92	29.48	33.88	30.98
烧　碱	67.80	74.70	83.66	87.26	88.66	61.05
纯　碱	102.30	116.23	117.61	106.09	100.04	93.00

【硫酸】 2009年，石化集团公司生产硫酸的企业有南京化工公司、石家庄化纤公司、巴陵分公司、荆门分公司和长岭分公司。截至2009年底，石化集团公司硫酸生产能力为119.50万吨/年；2009年实际生产硫酸78.90万吨，比2008年增加7.19万吨。

（吴昌保）

【硝酸】 2009年，石化集团公司硝酸生产企业仅有南京化工公司。截至2009年底，石化集团公司浓硝酸生产能力为22万吨/年，比2008年增加1万吨/年；2009年实际生产浓硝酸15.60万吨，比2008年增加4.28万吨。

南京化工公司新增6万吨/年硝镁法浓硝装置于2009年11月18日一次开车成功，2009年生产浓硝酸0.52万吨。

（吴昌保）

【盐酸】 2009年，石化集团公司生产盐酸的企业有南京化工公司、燕山石化公司、巴陵石化公司、齐鲁分公司和江汉油田分公司，均为副产盐酸。截至2009年底，石化集团公司盐酸生产能力为48.33万吨/年；2009年实际生产盐酸26.43万吨，比2008年增加4.82万吨。

（吴昌保）

【烧碱】 2009年，石化集团公司生产烧碱的企业有齐鲁分公司、南京化工公司、巴陵石化公司和江汉油田分公司。截至2009年底，石化集团公司烧碱生产能力92.30万吨/年，比2008年增加2万吨/年；2009年实际生产烧碱67.80万吨，比2008年减少6.90万吨。

（吴昌保）

【纯碱】 2009年，石化集团公司纯碱生产企业为南京化工公司连云港碱厂。2009年实际生产纯碱102.30万吨，比2008年减少13.93万吨。工业纯碱优级品率继续保持100%；出口纯碱量16.03万吨，同比减少8.94万吨。

2009年，全国累计生产纯碱1 872万吨，增长2.3%，石化集团公司产量占全国总产量的5.46%，同比下降0.89个百分点。

（吴昌保）

质量管理

【概述】 2009年，化工板块加强“质量第一”的思想教育，牢固树立“大产品、大质量”的观念，不断强化质量管理和标准化管理，紧紧依靠科技进步，有力地促进了产品质量、服务质量和经济效益的提高。

各化工企业不断提高质量管理体系运行的有效性，落实质量责任制，建立质量监督考核体系，在原料供应、过程控制及成品出厂各环节严把质量关，全年未发生重大质量事故。

中国石化化工产品质量管理工作取得显著成效，主要石化产品质量处于国内领先水平，部分产品质量达到国际水平，“齐鲁牌”烧碱、“扬子牌”工业精对苯二甲酸和上海石化“三人牌”涤纶工业长丝被评为中国名牌产品。

（沈云辉）

【质量管理信息化建设】 经过2年多的建设，中国石化质量管理信息系统提升项目于2009年上线并通过验收。通过项目升级，增加了原料和互供料管理、投诉信息管理、标准管理、法律法规与制度管理等模块功能，加强了系统中数据的规范性，增强了系统稳定性，扩大了质量管理的涵盖范围，强化了质量管理信息的快捷上报、信息发布及分析查询等功能，为产品质量升级和经济活动分析提供了支撑。

积极推进中国石化炼化企业实验室信息管理系统（LIMS）推广应用工作，编制了《中国石化LIMS标准化模板》，调整并规范实验室检验业务流程，有效地解决实验室的自动化、信息化和资源共享问题。截至2009年7月，第二批LIMS推广项目通过可研评审；11月，中国石化炼化企业第一批15家企业的LIMS推广应用项目全部通过了验收。

（沈云辉）

【化工产品等级品率完成情况】 2009年，合成树脂一级品以上比例93.41%，同比降低0.49个百分点。分品种来看，高压聚乙烯99.37%，同比提高0.57个百分点；低压聚乙烯98.17%，同比提高0.25个百分点；线性聚乙烯99.37%，同比提高1.13个百分点；聚丙烯88.19%，同比降低1.17个百分点；聚苯乙烯99.36%，同比提高0.24个百分点；聚氯乙烯96.86%，同比降低0.44个百分点。

2009年，合成橡胶一级品以上比例81.66%，同比提高0.21个百分点。分品种来看，丁苯橡胶（包括SBS）73.82%，同比提高0.59个百分点；顺丁橡胶97.16%，同比提高0.27个百分点；丁基橡胶70.74%，同比提高9.71个百分点。

2009年，合成纤维一级品以上比例98.36%，同比提高1.11个百分点。分品种来看，涤纶98.47%，同比提高1.42个百分点；腈纶99.67%，同比持平；维纶41.3%，同比提高1.61个百分点。

2009年，合纤原料一级品以上比例99.75%，同比提高0.96个百分点。分品种来看，丙烯腈98.93%，同比提高12.94个百分点；PTA 99.86%，同比提高0.10个百分点；乙二醇100%，同比持平；己内酰胺97.42%，同比提高10.54个百分点。

2009年，合纤聚合物一级品以上比例83.86%，同比提高1.52个百分点。分品种来看，锦纶切片99.7%，同比提高1.83个百分点；聚乙烯醇99.96%，同比提高0.11个百分点；聚酯82.82%，同比提高1.55个百分点。

2009年，尿素优级品率94.35%，同比降低1.06个百分点。

（沈云辉）

【产品质量监督抽查情况】 2009年，石化集团公司进一步加大对产销量大、影响面广的重点产品的抽查力度。石化产品质量监督体系的不断完善，使石化集团公司石化产品质量得到了有效监督。生产企业认真执行质量管理制度和标准化管理制度，加强质量管理，落实各环节的质量责任制，规范生产和经营行为，严格执行产品标准和方法标准，2009年抽检合格率达99%，维护了中国石化产品的良好信誉。2007—2009年石化集团公司化工产品质量监督抽查情况详见表41。

（沈云辉）

设备管理

【概述】 2009年，石化集团公司21家化工企业固定资产原值为1 975.04亿元，净值为750.61亿元，其中设备固定资产原值为1 621.65亿元，净值为581.68亿元，设备新度系数为 0.36。

21家化工企业共有设备1 097 895台，完好设备1 092 667台，完好率为99.52%；其中主要设备121 360台，完好设备121 143台，主要设备完好率为99.82%。设备静密封点数24 190 571个，泄漏点数1 823个，泄漏率为0.075‰。

设备分类情况：塔类3 682台，反应器类2 215台，储罐类30 668台，炉类524台，换热设备类20 377台，石油化工机械类9 446台，通用机械类50 306台，动力设备类101 477台，仪器仪表类849 481台，机修设备类5 287台，化纤设备类3 641台，起重运输和施工机械类6 579台，其他24 212台。关键机组880台，其中各类气体压缩机（250千瓦以上）634台（电机驱动的465台，蒸汽透平驱动的169台）；冷冻机（200千瓦以上）184台（电机驱动的175台，蒸汽透平驱动的9台）；发电机（3 000千瓦以上）60台；烟汽轮机（500千瓦以上）2台。在用压力容器25 966台。GC1、GC2、GC3类工业管道757.80万米。总共342套主要生产装置，2009年检修生产装置26套。

21家化工企业全年消耗新鲜水2.89亿吨，全年循环水供水总量121.61亿吨。

（孙新文）

【设备动力管理会议】 2009年6月在北京召开了化工企业机动处长座谈会，会上各企业交流了先进的管理经验，对存在的问题进行了剖析和研讨，重点介绍了近两年来的设备动力事故，并就2009年化工企业的设备管理思路和目标达成了一致意见。2009年3月组织召开了化工企业RBI工作会议，会议总结了2008年RBI试点单位的工作情况并对2009年试点单位的RBI工作作统筹安排。2009年10月组织召开了炼化企业循环水管理工作研讨会，会上对2009年循环水药剂及离子交换树脂评定结果进行了发布。组织召开了炼化企业仪表管理工作座谈会暨2010年仪表

表41 石化集团公司化工产品质量监督抽查情况

承检单位	产品名称	抽检类别	2009年				2008年				2007年			
			企业数	样品数	不合格数	合格率/%	企业数	样品数	不合格数	合格率/%	企业数	样品数	不合格数	合格率/%
1、2	石化有机原料	石化集团公司抽查	13	36	0	100	8	33	0	100	8	36	0	100
1	聚丙烯	石化集团公司抽查	26	26	0	100	27	27	0	100	28	28	0	100
	低密度聚乙烯	石化集团公司抽查	5	5	0	100	4	4	0	100	4	4	0	100
	高密度聚乙烯	石化集团公司抽查	7	7	0	100	6	6	0	100	4	6	0	100
	线性低密度聚乙烯	石化集团公司抽查	7	7	0	100	7	7	0	100	7	7	1	85.7
	聚苯乙烯	石化集团公司抽查	4	9	0	100	4	9	0	100	4	9	0	100
	聚酯切片	石化集团公司抽查	4	5	0	100	3	4	0	100	4	5	0	100
	ABS树脂	石化集团公司抽查	1	1	0	100	1	1	0	100				
1	丁二烯橡胶	石化集团公司抽查	4	4	0	100	4	4	0	100	4	4	0	100
	丁苯橡胶	石化集团公司抽查	2	2	0	100	2	2	0	100	1	1	0	100
	热塑性弹性体SBS	石化集团公司抽查	3	3	0	100	3	3	0	100	3	3	0	100
	丁基橡胶	石化集团公司抽查	1	1	0	100	1	1	0	100	1	1	0	100
3	涤　纶	石化集团公司抽查	4	21	1	95.2	3	14	0	100	4	20	0	100
	腈　纶	石化集团公司抽查	3	9	0	100	3	6	0	100	3	8	0	100

注：1—国家石化有机原料合成树脂质量监督检验中心
2—国家基本有机原料质量监督检验中心
3—中国石化合成纤维质量监督检验中心

隐患治理项目计划安排工作会，召开了化工加热炉管理工作会议，会议总结了2008年化工企业加热炉管理工作，部署2009年工作计划；通报了2008年裂解炉检测情况和评比结果；进行了企业管理经验交流和新技术、新设备、新材料技术交流。

（孙新文）

【工作调研】 化工板块自动化仪表现状调研。为深入了解各企业化工板块生产装置自动化仪表现状、自控设备运行状况、存在的问题及隐患，指导企业采取有效的整改措施进行治理，7月28日—8月24日，化工事业部组织了部分企业仪表专家对广州分公司、茂名分公司、巴陵分公司、江汉油田盐化工总厂和九江分公司的化工板块自动化仪表进行现场调研。调研组采取听取企业汇报，现场实地考察，与企业工程技术人员座谈等方式，了解了所调研企业化工板块自动化仪表现状和存在的问题。统计分析了近3年的仪表故障，其中现场仪表故障造成119次装置停车、停炉/停机、生产波动，占总故障的65.4%；机组控制系统（含PLC、505）硬件老化造成30次装置停车、停炉/停机、生产波动，占总故障的16.5%；DCS系统硬件老化造成19次装置停车、停炉/停机、生产波动，占总故障的10.4%；电源（接线、保险）问题造成10次装置停车、停机，占总故障的5.5%；其他原因造成4次停车，占总故障的2.2%。造成装置停车、停炉/停机和生产波动的两大主要原因是现场仪表故障和机组控制系统（含PLC、505）故障，占总故障的81.9%。提出了以下工作建议：加强管理，利用停车机会对运行时间长、故障率高、厂商不再提供技术支持的控制系统逐步进行更新改造；对运行Windows NT操作系统的控制系统操作员站进行升级；逐步将关键危险装置的紧急停车系统与控制系统分设；逐步整改仪表供电方式；强化位置重要且价值较高的检测及控制仪表管理，提高运行可靠度；适度加大关键仪表的整改力度。

对化工加热炉运行状况和运行水平进行了检测、调研和评比。总的来看，各企业对加热炉的现场管理和节能工作都比较重视，对现场存在的问题加大了整改力度，平均热效率、平均排烟氧含量、平均排烟温度等主要技术指标都达到石化集团公司《加热炉管理制度》的要求。2009年共对10家企业的261台次加热炉进行了资料检查和测试，其中裂解炉84台，芳烃炉152台，热媒炉25台；上半年芳烃炉测试78台，下半年全部加热炉测试183台。总设计热负荷为8 330.4兆瓦，实际运行热负荷7 686.3兆瓦，算术平均负荷率92.26%，加权平均热效率91.91%，加权平均排烟氧含量3.57%，加权平均排烟温度142.9℃，加权平均一氧化碳111.3×10^{-6}，热效率、排烟氧含量、排烟温度都达到石化集团公司《加热炉管理制度》要求，一氧化碳超标。

（张新文）

【组织长周期生产】 2009年，石化集团公司考核的18类、342套主要化工生产装置中有26套再次实现了长周期运行。

（孙新文）

达标管理

【企业达标】 2009年，通过完善达标考核体系，实施节能达标与专业达标综合考核，开展企业达标，使化工达标体系形成按装置、专业、企业3个层次开展。装置达标方面，除新投产及个别结转的装置继续组织全面设计达标考核外，其他已达标的各类装置继续开展同类装置竞赛；专业达标方面，分乙烯专业、芳烃专业、合成树脂专业、有机专业、合成橡胶专业、合纤与聚合物专业及化肥专业组织达标考核工作；企业达标方面，综合节能考核与专业达标完成情况，开展企业达标考核。

2009年，列入企业达标的企业共19家，由于高桥分公司橡胶专业没有实现保标，判定企业没有达标，其他18家企业全部实现企业达标。

（蔡志强）

【专业达标】 化工板块根据产业结构特点及关联度，细分成乙烯、芳烃、合成树脂、合成橡胶、合纤原料及合成纤维、有机化工和化肥7个专业，在制定专业达标考核体系中引入了价值量化方式，力争体现全面考评专业管理水平。

2009年，通过价值量化测算，除合成橡胶专业外，乙烯专业、芳烃专业、合成树脂专业、有机化工专业、合纤原料及合成纤维专业实现了100%达标，其中合成树脂专业连续3年实现了100%达标；化肥专业初次实施价值量化考核，金陵分公司、镇海炼化分公司和九江分公司3家企业实现了专业达标。

（蔡志强）

【节能专业达标】 2009年，化工板块万元产值综合能耗1.67吨标煤，同比下降8.14%，节能总量311万吨标煤。评选出节能先进单位8个，分别是燕山分公司、天津分公司、镇海炼化分公司、茂名分公司、扬子石化有限公司、金陵分公司、仪征化纤股份有限公司、中原石化公司。

（蔡志强）

【同类装置竞赛】 针对装置工艺不同造成的技术经济指标水平的差异，在考核办法中增加指标先进度的分级权重考虑，使评比条件趋于合理与公平，此外，为了促进装置节能工作，加大了能耗指标的权重。2009年，参加竞赛的15类105套装置基本运行平稳。竞赛共评出优胜装置41套，其中乙烯装置获得前三名的分别是燕山分公司、上海石化股份公司2#和上海石化股分公司1#装置，乙二醇装置获得前三名的分别是燕山分公司、扬子石化有限公司和天津分公司装置，苯乙烯装置获得前两名的是茂名分公司和齐鲁分公司装置，高压聚乙烯装置获得前三名的是茂名分公司2#、上海石化股份公司1#和燕山分公司2#装置，低压聚乙烯装置获得前三名的是茂名分公司、燕山分公司和齐鲁分公司装置，线性聚乙烯装置获得前三名的是天津分公司、扬子石化有限公司和茂名分公司装置，化工连续法聚丙烯装置获得前三名的是燕山分公司3#、上海石化股份公司2#和广州分公司1#装置，炼油连续法聚丙烯装置获得前三名的是海南炼化公司、九江分公司和荆门分公司装置，顺丁橡胶装置获得奖励的是高桥分公司装置，SBS装置获得奖励的是巴陵分公司装置，PTA装置获得前三名的是扬子石化有限公司3#、仪征化纤股份公司2#和仪征化纤股份公司1#装置，丙烯腈装置获得奖励的是安庆分公司装置，聚酯装置获得前三名的是仪征化纤股份公司1#、天津分公司和上海石化股份公司1#装置，涤纶短丝装置获得前三名的是仪征化纤股份公司2#、仪征化纤股份公司3#和天津分公司装置，腈纶装置获得前三名的是上海石化股份公司（北腈纶）、安庆分公司和上海石化股份公司（金阳）装置，合成氨装置获得前三名的是九江分公司、金陵分公司和安庆分公司装置。

通过在同类装置间持续开展“比学赶帮超”的竞赛活动，装置综合水平显著提高，2009年，茂名的新高压聚乙烯和高密度聚乙烯装置排在同类装置的第一名，是新开装置中进步最快的装置。

（蔡志强）

【技术经济指标考核】 在市场保持好转的形势下，对乙烯、芳烃龙头装置以及下游装置提出高负荷、满负荷运行的要求，通过抓运行平稳率和优化原料结构，主要指标保持了受控和同比进步。乙烯收率31.5%，比计划高0.25个百分点，同比提高0.28个百分点，双烯收率46.43%，比计划高0.18个百分点，同比提高0.24个百分点；乙烯燃动能耗622.63千克（标油）/吨，比计划低25.37个单位，同比降低26.73个单位；乙烯装置损失率0.36%，比计划低0.10个百分点，同比降低0.09个百分点，其中燕山石化和茂名石化的乙烯装置能耗首次实现了控制在600千克（标油）/吨以内，创造了新的历史最好水平。

LDPE、LLDPE、连续PP、PTA、丙烯腈、聚酯、涤纶及腈纶等装置的物耗、能耗同比都有不同程度的进步，一部分指标成为新的历史最好水平。其中，天津石化气相法线性聚乙烯装置创造了同类装置连续运行39个月全国纪录，能耗实现连续3年全国第一；燕山石化3#聚丙烯装置物耗、能耗实现在世界范围内同一工艺装置的领先水平，在全线排产共聚聚丙烯产品的前提下，物耗控制在1 005千克/吨，比美国装置低2千克/吨，较比利时装置低29千克/吨，能耗控制在88.39千克（标油）/吨，比美国装置低平均35千克（标油）/吨，比比利时装置低13千克（标油）/吨。

（蔡志强）

【基础技术管理】 2009年，化工板块实施“7+1”小板块运行分析管理，通过企业上报装置月度分析报告，清楚地了解装置运行中出现的问题和负荷调整变化，结合装置产品的赢利程度分析，明确地判断装置运行的经济性，实现有效地为生产经营活动服务的目的。9月，针对燕山石化和茂名石化两套大型乙烯装置能耗下降比较明显、五大乙烯之间能耗差距拉大的情况，组织了上海石化、扬子石化、燕山石化和齐鲁石化等企业专家对燕山石化、茂名石化和齐鲁石化等乙烯装置进行了专项调研，深入分析产生差距的原因，总结节能降耗方面取得的经验，对相关装置下一步节能工作方向提出了具体建议。同时，坚持实施每月将数据汇总、指标分析及工作要求返回到企业的工作制度，有效地加强了总部与企业的良好沟通。通过双向沟通，企业对本企业达标指标完成情况的关注度增加，并根据企业间的数据对比调整工作力度。

（蔡志强）

【新技术应用】 茂名分公司针对乙烯裂解炉不同炉型，实施快速烧焦法，SL–II型裂解炉实现从原来的42小时缩短为10小时，每台年节约费用可达46万元，SL-I-M型裂解炉由原来的28小时缩短为8小时，每台年节约费用可达92万元。采用快速烧焦法不仅可以节约大量蒸汽、烧焦风及燃料气，创造良好经济效益，而且很大程度上提高了炉子的在线率，为做大乙烯产量提供更多生产时间。扬子石化针对“PTA母液过滤器滤袋国产化研究”开发出的国产滤袋，其纬线断裂强度是进口滤袋的4.6倍，大大提高了国产滤袋防止破损的能力。仪征化纤PTA装置实施富氧改造后，PTA可增产60吨/日。燕山分公司为进一步降低能耗和溶剂消耗，将丁苯装置凝聚工序C线由原来的两釜凝聚改为三釜凝聚，使吨产品蒸汽消耗减少0.4吨，溶剂消耗减少10千克。扬子石化充分发挥芳烃装置HLD-001歧化催化剂末期性能，将进料中碳十芳烃含量由3.5%提高到5%，顶出高附加值甲苯约5 000吨，增效千万元以上。

（蔡志强）

计量管理

【计量大检查】 为了加强炼油化工企业的计量工作，进一步提高精细化管理水平，按照石化集团公司制定的《炼油化工企业计量管理与考核规范》，对炼化企业进行了一次计量工作大检查，并对7家企业进行了监督检查，找出存在的问题，落实整改措施。

（沈云辉）

【化工产品交接计量管理规范】 为规范化工产品交接计量管理，制定了《化工产品交接计量管理规范》，该标准除了考虑运输、装卸等造成的损耗外，还对供需双方由于计量器具、计量操作方法或计量方式不同等综合因素而引起的计量允差进行了规定，同时也对交接计量器具准确度等级提出了要求，杜绝了因计量器具准确度等级相对较差而引起的计量争议。

（沈云辉）

【炼化企业能源计量基础保障工作座谈会】 召开了炼化企业能源计量基础保障工作座谈会，总结和交流在能源计量、计量器具和计量数据的管理等方面取得的经验。

（沈云辉）

炼化公用工程

◇ 综述

◇ 热电

◇ 供排水与空分

综　　述

2009年，面对国际金融危机对实体经济的影响进一步显现，市场需求低迷，价格下跌，石油石化主业部分装置被迫减产停产，生产经营和市场竞争压力剧增的严峻形势，资产公司认真践行科学发展观，紧紧围绕年度计划目标，以精细管理为抓手，在所属企业间大力开展“比学赶帮超”活动，抓住国家扩大内需的机遇，在热电生产、供排水、空分等公用工程方面狠抓资源节约与综合利用，加大节能减排力度，大力提升技术经济指标水平，优化生产方案，积极调整结构，着力提高机组运行效率，强化成本控制，努力挖潜增效，实现了整体扭亏为盈，取得了较好的成效，保障了主业生产平稳运行。

（田　竞）

热　　电

【概述】 2009年，受石油化工市场形势和天然气原料供应等影响，上半年石化集团公司部分主业装置一度减产停产，生产用电量和用汽量减少，热电机组生产负荷相应有所下降；烟气脱硫装置陆续投用，自用电消耗大幅上升，影响整体消耗水平。面对困难和挑战，热电系统干部职工认真贯彻落实党组的决策部署，围绕“安全保障、节能减排、降本增效”的工作主线，迎难而上，努力拼搏，安全生产保持总体稳定，新建机组按期投产，结构调整取得新进展，节能减排取得新成绩，整体赢利能力显著提高。

（田　竞）

【热电生产经营稳步增长】 热电系统按照石化集团公司的统一部署，精心组织“我要安全”主题活动，强化HSE工作和隐患排查治理，安全生产基础不断巩固，全年未发生各类上报石化集团公司事故。2009年机组非计划停运指标创历史最好水平，从2008年的164次减少到126次，下降23.17%。扬子石化热电厂发挥“人控”因素，落实非计划停工监管责任，严格设备缺陷管理，提高备用设备完好率，全年锅炉、汽机的平均非计划停车次数分别下降到0.6次/（台·年）和0.2次/（台·年），处于石化集团公司先进水平。

2009年，石化集团公司发电量279.91亿千瓦·时，同比增加11.36亿千瓦·时，增幅4.23%；供热量2.71亿吉焦，同比增加1 789万吉焦，增幅7.06%。发电设备平均利用时数5 602小时，比全国火电行业平均水平高763小时。胜利发电厂相继完成2台20万机组供热改造，机组利用率进一步提升，全年发电量和供热量均创出新纪录，发电量和供热量分别达63.94亿千瓦·时和539万吉焦，同比分别增加2.4亿千瓦·时和65万吉焦；金陵石化对二甲苯等化工项目投用后，汽电需求快速增加，热电运行部全年发电量、供热量为13.12亿千瓦·时和1 334万吉焦，同比分别增加1.28亿千瓦·时和252万吉焦，额定蒸发量220吨/时的锅炉年均出力202.8吨/时，同比增加16吨/时。2009年石化集团公司炼化企业热电生产经营完成情况见表1。

（田　竞）

表1　石化集团公司炼化企业2009年热电生产经营完成情况

单位名称	发电量/万千瓦·时	上网电量/万千瓦·时	供热量/万吉焦	机组燃油/吨
石化集团公司合计	2 799 062	201 201	27 142	232 907
油田非上市	639 371	37 728	539	1 755
资产公司	1 107 023	136 814	14 379	85 579
股份公司	1 052 668	26 659	12 224	145 573
炼　油	440 616	10	5 528	52 420
化　工	612 051	26 650	6 696	93 153
胜利石油管理局胜利发电厂	639 371	37 728	539	1 755
燕山石化热力厂第一热力车间一部	31 389		887	18 871
燕山石化热力厂第三热力车间一部	11 670		356	34 785
高桥石化分公司热电事业部	94 413	74 571	1 083	141

续表

单位名称	发电量/万千瓦·时	上网电量/万千瓦·时	供热量/万吉焦	机组燃油/吨
扬子石化分公司热电厂	235 119	572	1 730	986
南京化工公司动力部	16 010	50	758	213
南京化工公司碱厂热电车间	14 970	20	1 009	277
齐鲁石化分公司热电厂	342 080	48 818	1 978	1 165
安庆资产分公司热电部	92 402	12 302	1 274	432
荆门资产分公司动力站	19 656		207	1 552
四川维尼纶厂锅炉与热电车间	33 862	85	868	
武汉分公司热电车间	6 323		475	3 089
巴陵石化分公司热电事业部	69 162		707	160
巴陵石化分公司动力事业部	43 224	112	1 079	302
茂名石化公司动力厂	62 403		1 135	23 022
宜昌资产分公司动力厂	11 634	285	544	
齐鲁分公司炼油动力站	22 705		290	584
天津分公司热电部	71 001	2 829	1 075	337
广州分公司动力事业部	130 089		1 278	1 818
金陵分公司热电运行部	131 198	77	1 334	861
长岭分公司动力厂	18 552		312	34 851
洛阳分公司热电站	42 745	10	553	1 674
九江分公司热电作业部	12 393		625	1 485
济南分公司动力车间	5 966		200	10 833
沧州分公司动力车间	10 692		108	1 678
上海石化股份公司热电事业部	235 966		2 372	891
镇海炼化分公司公用工程部Ⅱ电站	46 328		435	46
镇海炼化分公司化工部Ⅲ电站	75 875		902	220
仪征化纤股份公司热电生产中心	151 630	23 744	644	196
石家庄炼化分公司动力站	20 398		467	
燕山石化热力厂第二热力车间一部	9 863		647	89 384
齐鲁分公司化肥动力站	24 415		696	1 300
青岛炼化公司动力中心	65 557		577	

【技术经济指标持续改善】 2009年，热电装置累计消耗燃料量折合1 889万吨标煤，为石化集团公司综合能源消费量7 269万吨标煤的25.99%。石化集团公司供电标煤耗353.13克/（千瓦·时），同比下降4.46克/（千瓦·时）；供热标煤耗完成38.76千克/吉焦，同比下降0.03千克/吉焦，消耗指标创历史最好水平，同比节约11.85万吨标煤，节能挖潜取得明显成效。巴陵石化不断完善电站用煤管理机制，煤炭供应综合考虑到采购成本和锅炉经济性，供煤质量大幅改善，全年入厂煤炭热值平均上升346大卡/千克，热电部和动力部同步加强运行监控与指标考核，积极实施锅炉汽机提效改造，两个电站的供电标煤耗指标同比分别下降了23.86克/（千瓦·时）和26.12克/（千瓦·时），对石化集团公司整体降耗直接贡献1.05克/（千瓦·时）；茂名石化动力厂在做好炼油CFB机组投产、实现乙

烯CFB锅炉高负荷运行的同时，会同乙烯装置开展蒸汽系统整体优化，蒸汽放空和减温减压大幅减少，机组运行效率明显提升，全年供电标煤耗指标下降28.77克/（千瓦·时）；燕山石化打破历史形成的锅炉分散管理的局面，通过热电专业化重组，实现了全公司热力系统的整体平衡和协同优化，关停炼油、化工区域运行不经济的锅炉，提升机组抽汽负荷，控制减温减压量，热力厂三电站在系统优化后，供电标煤耗指标下降了22.05克/（千瓦·时）。

电站节水工作取得明显成效，机组辅机冷却水基本实现循环使用。2009年，石化集团公司单位发电取水量3.20米^3/（兆瓦·时），同比降低0.26米^3/（兆瓦·时），全年减少取水量691万吨。金陵石化热电运行部优化CFB锅炉冷渣系统，减少除盐水外排，全年发电取水量同比下降0.63米^3/（兆瓦·时），年节水82.70万吨；安庆石化热电部细化内部用水定额管理，严格控制各类排污排空，水汽损失明显减少，全年发电取水量同比下降0.26米^3/（兆瓦·时），年节水24万吨；齐鲁石化热电厂采用“电絮凝→超滤→反渗透”工艺，回收利用冷却排污水、反渗透浓水等高含盐污水，连续运行3个月后，回用污水20.60万吨，节水效果明显。2009年石化集团公司炼化企业热电主要技术经济指标完成情况见表2。

（田 竞）

表2　石化集团公司炼化企业2009年热电主要技术经济指标完成情况

单位名称	供电标煤耗/克·（千瓦·时）$^{-1}$	供热标煤耗/千克·吉焦$^{-1}$	发电厂用电率/%	供热厂用电率/（千瓦·时）·吉焦$^{-1}$
石化集团公司合计	353.13	38.76	7.47	6.92
油田非上市	336.02	36.78	6.72	8.37
资产公司	354.56	39.01	7.30	6.75
股份公司	363.04	38.55	8.14	7.08
炼　油	388.30	38.56	9.71	7.55
化　工	348.95	38.55	7.25	6.79
胜利石油管理局胜利发电厂	336.02	36.78	6.72	8.37
燕山石化热力厂第一热力车间一部	342.84	38.43	9.67	9.95
燕山石化热力厂第三热力车间一部	333.14	38.94	6.08	7.14
高桥石化分公司热电事业部	325.99	41.29	6.65	7.88
扬子石化分公司热电厂	357.84	38.19	6.95	6.30
南京化工公司动力部	361.16	37.80	9.63	6.29
南京化工公司碱厂热电车间	358.56	41.91	5.37	4.32
齐鲁石化分公司热电厂	357.18	38.72	7.76	7.69
安庆资产分公司热电部	360.85	38.28	7.69	6.49
荆门资产分公司动力站	478.40	40.74	10.70	7.04
四川维尼纶厂锅炉与热电车间	348.26	39.44	7.53	4.97
武汉分公司热电车间	470.22	35.73	2.66	2.10
巴陵石化分公司热电事业部	343.05	38.65	6.40	6.14
巴陵石化分公司动力事业部	336.27	39.42	6.16	6.33
茂名石化公司动力厂	349.29	37.60	6.89	7.66
宜昌资产分公司动力厂	350.30	41.17	7.19	9.00
天津分公司热电部	351.02	38.86	7.52	7.17
广州分公司动力事业部	369.89	38.84	10.85	8.77

续表

单位名称	供电标煤耗/克·（千瓦·时）$^{-1}$	供热标煤耗/千克·吉焦$^{-1}$	发电厂用电率/%	供热厂用电率/（千瓦·时）·吉焦$^{-1}$
金陵分公司热电运行部	357.50	38.42	7.82	7.45
长岭分公司动力厂	434.72	41.21	10.07	9.14
洛阳分公司热电站	371.37	39.54	9.05	7.22
九江分公司热电作业部	376.83	39.22	5.10	5.61
济南分公司动力车间	321.65	38.58	1.29	1.62
沧州分公司动力车间	510.11	35.89	5.07	3.65
上海石化股份公司热电事业部	334.88	38.56	7.50	7.72
镇海炼化分公司公用工程部Ⅱ电站	390.42	37.83	10.25	9.92
镇海炼化分公司化工部Ⅲ电站	413.61	37.62	9.58	7.07
仪征化纤股份公司热电生产中心	369.51	38.93	6.78	6.46
石家庄炼化分公司动力站	353.89	37.93	7.54	5.74
燕山石化热力厂第二热力车间一部	211.51	37.22	1.52	2.75

【整体效益实现扭亏增盈】 2009年，石化集团公司实现了煤炭的稳定供应，主要煤炭管理指标不断改善。各企业坚持大矿供煤的主流渠道，规范煤炭采购行为，全年电站用煤的大矿供煤比例为67.73%，同比提高10个百分点。煤炭进厂验收、煤场管理、考核奖惩等工作体系进一步健全，入厂煤机械采制样装置的运转率明显提高，入厂、入炉煤热值差指标继续下降，全年石化集团公司入厂、入炉煤热值差指标为646千焦/千克，同比下降155千焦/千克。南京化工公司碱厂、巴陵石化（热电）、湖北化肥等企业，狠抓煤质、煤量、煤种控制，全年入厂、入炉煤热值差指标分别为243千焦/千克、288千焦/千克、342千焦/千克，优于国内电力行业一流火电厂的考核标准。煤炭价格总体有所回落，煤炭质量也相对改善，为热电业务的降本增效创造了良好的环境。石化集团公司入厂煤折标煤单价为825元/吨（含税），同比降低122元/吨；入厂煤平均热值5 109大卡/千克，同比上升185大卡/千克；电站供电成本0.38元/（千瓦·时），同比下降0.13元/（千瓦·时）；供热成本41.11元/吉焦，同比下降5.89元/吉焦。关联交易电价按国家政策实行联动调整后，热电业务的经济效益明显好转。全年，石化集团公司热电业务的内部利润20.24亿元，同比增加29.60亿元。在实行内部核算的25家电站中，20家单位实现赢利，赢利面达到80%。胜利、齐鲁和镇海3家电站的赢利额居前，分别实现内部利润2.46亿元、2.85亿元和2.79亿元。

（田　竞）

【着力提升机组运行效率】 为了推进热电专业的精细化管理，深入挖掘装置节能潜力，根据2009年热电工作会议的部署，资产公司会同油田企业管理部、炼油事业部、化工事业部，组织安排了全系统电站锅炉的性能测试普查。仅用了2个月的时间，先后完成了石化集团公司电站锅炉性能测试计划的编制下达、监测对接等工作，布置测试进度、工作流程、质量控制等具体安排。胜利、长岭两家测试单位历时半年多，克服电站分布区域大、锅炉运行方式安排、现场取样条件不完备等客观困难，基本完成了108台锅炉的现场测试任务，严格执行国家和行业标准要求，编制《测试报告》，不仅提供了大量翔实的测试数据，还通过数据整理分析，帮助企业研究锅炉燃料质量控制、设备治理、运行调试等改进措施，为各企业进一步推进锅炉节能挖潜工作指明了方向。

（田　竞）

【营造“比学赶帮超”专业氛围】 积极推进热电专业管理的信息化建设。2009年搭建了石化集团公司热电专业管理信息网站并成功上线运行，经过系统测试和应用培训，基本实现了月度热电专业指标、煤炭质量、机组可靠性、技术监督等专业数据的在线上传和自动处理，为全系统提供了热电专业信息发布和交流平台，共享热电运营相关的法律、法规、制度、标准，设置技术论坛便于远程交流，使全系统热电专业的“比学赶帮超”内容更加充实，信息处理效率明显提高，专业竞赛考核透明度和公平性也得到增强，进一步调动了企业参与竞赛的积极性和主动性。

重视和加强了热电专业指标的异常监控工作。采取措施，动态跟踪各企业热电技术经济指标，重点分析专业指标异常波动的企业。集中专业力量组织帮促，先后赴燕山石化、荆门分公司和南京化工公司碱厂等单位开展专题分析，深入现场提供技术咨询，研究装置优化方案，分析生产运行的瓶颈和指标异常的根源，帮助企业改进煤炭管理、运行管理、设备管理等工作，取得了实效。

（田　竞）

【污染治理工作取得进展】 2009年，各企业按照总部的统一部署，优化烟气脱硫项目建设方案，积极推进环保设施稳定运行，环保治理进展明显，为热电业务的持续发展奠定了基础。高桥石化狠抓烟气脱硫项目投产后稳定运行，脱硫装置投运率92.53%，脱硫率96.38%，减排二氧化硫1万多吨，排污费减少1 057万元。齐鲁石化热电厂加强污染源头控制，加大“三废”治理力度，经过消化吸收和自主攻关，成功投用国内单套规模最大的氨法脱硫装置，8台锅炉全部配备脱硫设施，每年可减排二氧化硫6万吨；胜利发电厂4台机组脱硫设施3月全部投运，脱硫率达95%，实现二氧化硫达标排放，年可减排二氧化硫6.3万吨；广州石化2月2#煤粉炉脱硫装置、4月2#CFB锅炉顺利投产，烟气外排指标满足环保要求，年减排二氧化硫4 736吨；天津石化新建的3台420吨/时超高压CFB锅炉及配套机组一次开车成功，6#、7#锅炉除尘脱硫系统实现同步投运；洛阳石化烟气脱硫装置1月投用，二氧化硫、烟尘实现达标排放；四川维尼纶厂5#、9#锅炉烟气脱硫除尘项目12月18日试车一次成功，监测显示脱硫率在98%以上，年可减排二氧化硫1.3万吨。

（田　竞）

供排水与空分

【概述】 2009年，石化集团公司非上市炼化企业自产水量4.38亿吨，同比下降6.46%；供新鲜水量5.89亿吨，同比基本持平；污水处理量4 710万吨，同比下降4.87%。供水电耗累计完成389.40（千瓦·时）/千吨，累计同比下降3.66%；污水处理电耗累计完成1 542.90（千瓦·时）/千吨，累计同比上升7.49%。石化集团公司非上市炼化企业产氮量5.27亿标准立方米，同比上升9.32%；供氮量4.37亿标准立方米，同比上升24.06%；产氧量4.94亿标准立方米，同比基本持平；供氧量4.48亿标准立方米，同比上升8.32%。空分装置供氮、氧电耗0.12(千瓦·时)/米^3(标准)，同比下降2.43%。

（田　竞）

产品销售

◇ 油品销售

综述

市场保供

营销管理

网点优化

改革与管理

◇ 化工产品销售

综述

专业管理

销售网络建设

产品储运

化工产品市场行情

油品销售

综　述

2009年，受国际金融危机和国内成品油价税费政策调整影响，成品油市场总体波动较大，呈现出消费萎缩、资源供过于求、价格频繁波动、竞争异常激烈等特点。面对复杂的市场形势和艰巨的经营任务，中国石化油品销售企业围绕“两保三不降一提高”的目标，统一思想，凝心聚力，迎难而上，以进攻的态势捍卫市场份额，千方百计扩销拓市，取得了较好业绩。

2006—2009年中国石化油品营销及分销营运情况见表1。

（苗雁辉）

表1　营销及分销营运情况

项目 \ 年份	2009	2008	2007	2006
国内成品油总销量/百万吨	124.02	122.98	119.39	111.68
零售量	78.90	84.10	76.62	72.16
直销量	25.61	19.63	20.17	18.95
批发量	19.52	19.25	22.60	20.57
单站年均加油量/吨	2 715	2 936	2 694	2 577
品牌加油站总数/座	29 698	29 279	29 062	28 801
自营加油站数	29 055	28 647	28 405	28 001
特许经营加油站数	643	632	657	800
零售直销量占国内总销量的比例/%	84.30	84.30	81.10	64.60

市场保供

【“三夏”保供】 为做好5月中下旬开始的全国各小麦主产区进入“三夏”油品保障工作，中国石化4月底即提前组织资源调运，部署各销售企业做好“三夏”用油的保障和服务工作，协调铁路部门优先确保“三夏”农业用油运输。各地销售企业积极主动与地方政府和农机部门沟通协调，掌握“三夏”作业的整体安排和进度情况、农用机械数量及分布，做好需求预测，合理摆布库存，优化二次物流，加强“三夏”麦收沿线国省道、农村网点的资源调配，确保“三夏”资源及时稳定供应；在农业用油集中地区设立专供站，开辟农机加油绿色通道，调整人员班次，延长营业时间，方便农用机械就近加油、随到随加；开展“送油到田间，服务到机手”活动，组织送油小分队，利用流动加油车、机动三轮车、便民桶等送油到田间地头；实行惠农价格，对收割机用油在国家到位价的基础上给予优惠；加油站免费为农机手提供开水、急救药品、防暑用品等，向收割机手赠送碗面、榨菜、矿泉水、手套、毛巾、肥皂、茶杯、服务跟踪卡等“爱心礼包”。

（苗雁辉）

【南方抗旱保供】 2009年，湖南、广西、江西等南方省区遭受旱情，中国石化积极服务当地农业生产，保障抗旱油品供应。一是将靠近乡镇、邻近农村的加油站确定为抗旱专供站，以优惠价格服务抗旱；二是组织送油服务队，采用小额配送、便民油桶送油等方式，送油到田间地头，及时为提灌、打井的汽油、柴油机水泵和潜水泵提供加油服务；三是开辟抗旱加油绿色通道，在每座加油站指定1条抗旱加油通道，确保救灾车辆、机械随到随加；四是全力保证旱区各大电厂的油料供应；五是加油站便利店及时补充矿泉水等饮用水货源，力保旱区人民生活和生产用水需要。

（苗雁辉）

【华北雪灾保供】 2009年11月，河北、山西、河南、山东等地遭受暴雪袭击，中国石化快速反应，积极参与抗灾，做好油品保障工作。一是在暴雪当晚即成立了应急领导小组。二是紧急协调组织成品油资源，保障极端天气下的市场供应。河北石油分公司11月11日下午紧急从石家庄炼油厂管输了1.8万吨-10#柴油，保证暴雪地区低凝点柴油供应；山西、河南、山东石油分公司在落实10月底资源计划的基础上在省内合理摆布低凝点柴油，确保供应；三是积极做好一线服务工作，加油站向受困车辆提供紧急救援服务，并为受困车辆提供油品、开水、食品等物资支持。

（苗雁辉）

营销管理

【市场经营分析预测】 健全市场监测网络，规范监测范围和指标，建立包括宏观经济、行业动态、经营主体变化在内的相对完善的、常态化的监测体系，进一步扩大信息的覆盖面，提高信息的灵敏度和准确性；开展了全面的价格监控，为指导经营奠定了良好基础；初步完善了区内销售企业信息员队伍建设。结合金融危机影响加深、国际油价波动剧烈、国内成品油价税费改革等市场运行特殊因素，继续加强对消费波动、行业用油、价格变化、竞争动态及替代能源等跟踪研究，对一些市场变化的关键问题进行了专项调研，为科学制定营销策略奠定了基础。继续开展深度调研和对比分析，加强现场指导和纵向沟通，及时有效制定经营策略和改进措施，并借助ERP、BW等信息手段加强资源、销量、价格、库存等经营要素的实时监测和定量分析，提高系统监控力和决策执行力。

（苗雁辉）

【零售经营】 针对经济增长放缓、消费需求回落、竞争态势加剧的严峻形势，积极调整经营思路和营销策略，充分发挥品牌、服务、质量、网络等竞争优势，全力以赴开拓市场。采取灵活多样的竞争措施，加大营销力度，深入走访客户，挖掘潜在增量空间；发挥网络规模优势，积极开展点对点竞争，针对性开展国省道、出租车等专项营销，开展小额配送，提高农村和水上市场占有率；强化联量考核机制，开展销售劳动竞赛，引导全员营销，提高加油站现场销售能力，千方百计扩销增量。继续开展“达标创星”、“优质服务月”活动，完善服务评价体系、“神秘顾客”访问制度、客户问卷调查和客服测评制度，深入挖掘加油卡增值服务内涵，开展积分回馈、保险、维修、救援一体化服务，进一步提高服务水平，扩大品牌影响力；统筹安排零售、非油品促销费用及促销商品等各项资源，结合顾客加油、加油卡消费、便利店、汽服业务等不同消费形式开展“油非互动”活动，实现油品扩销增量、非油品扩大营业额的效果。充分发挥现有零售网络作用，加大新增、改造维修加油站投营力度，不断增加营业站数量。通过调整营业时间、优化排班、大力推广委托管理，提高加油站营业率和运行质量。

（苗雁辉）

【直分销经营】 加强经营分析，细分市场，细分客户，实施差别化的营销策略和竞合策略，新客户开发成效显著，直分销量创历史新高。根据形势调整考核思路，实行增量增薪考核，加大营销费用投入，提高联量计酬标准，设立专项奖励，完善直销考核激励机制，有效调动了直分销人员开拓市场、扩大经营的积极性。完善客户分级管理制度，实施客户三级维护，组织“一切从‘心’做起”、“访百户、拓千家、盯万户”、“真情回馈、感动客户”等多种主题营销活动，提高客户管理水平，提升客户忠诚度。优化人员结构，完善评级晋升制度，举办营销岗位技术比武，开展“赢得客户心”主题征文活动，加强直销客户经理队伍建设，加大营销人员培训力度，提高队伍的整体素质。根据市场形势和区域特点，有效开展批发业务，扩大经营规模。

（苗雁辉）

【润滑油经营】 加强市场分析预测、经营指导和营销组织，提高经营能力，在巩固长城中高档润滑油市场的同时，积极抢占高端市场，进一步做强做大润滑油经营；采取团队营销、专家营销、关系营销等手段，采用“高层公关、中层推进、基层落实”的策略，加强行业大客户开发；发挥网络优势，整合渠道、资源和客户，开展“一站式”和“套餐式”服务，推动轻润组合营销。完善激励机制，充分调动一线销售人员的积极性，鼓励直销客户经理、加油站员工、门店经营人员走出去，主动开拓终端市场。完善管理制度，加强基础管理，深化ERP应用，发挥BW系统查询功能，强化过程监控，狠抓内控执行，防范经营风险，规范经营行为，提升管理水平。深化产销协作，加强产销层面的沟通衔接，发挥各自优势，共同做好品牌宣传、营销策划及促销推广工作，增强品牌营销的意识，着力打造中国石化长城品牌。

（苗雁辉）

【燃料油经营】 针对税费政策改革后燃料油市场供需和消费结构变化，加强客户维系稳定终端销售；通过实施轻燃联动，积极开拓船舶燃料油市场，努力扩大调和油经营，提升燃料油经营的整体实力。加快推进统进分销，发挥香港公司外贸平台作用，拓宽进口资源渠道，逐步建立起较为稳定的分销渠道。启动舟山港的保税油业务，推进两家合资企业的保税油网点建设，增加宁波、广州、湛江、日照港的供应业务，全力扩大保税油业务；以上海港为试点开展保税油资源集中采购，通过规模运输降低采购成本，提高保税油市场竞争力。

（苗雁辉）

【非油品经营】 继续加大投资、用工、薪酬等支持力度，通过持续开店做大总量，通过薪酬奖励调动一线员工积极性，通过提高便利店专业管理水平提升单店销量，通过经营重点商品确保营业额持续增长，全力扩大规模。继续加大与国际知名品牌快餐、汽车服务的合作力度，通过引入竞争机制调动合作伙伴的积极性；通过招标确定广告业务的合作伙伴，全力打造新的媒体网络平台；探索建立具有中国石化特色的高速公路服务区经营管理模式。规范流程，细化标准，完善制度，建立非油品管理体系；加强培训，充实力量，建立专业管理团队，提高专业经营水平。

（苗雁辉）

【物流保障】 围绕成品油季节性、区域性消费特点和经营安排，加强日常调运组织，对资源到货时间、运能运力、库存水平等多种因素进行统筹平衡，做好分时段、分区域调运组织，保证资源均衡投放和企业库存稳定在合理水平。开拓物流运行思路，完善区域资源集散中心布点，针对水运和管输、水运和铁路等组合运输新情况，通过“大进小出”模式，保证运输恶劣时段的计划兑现；推广跨省、跨区提油，扩大公路运输辐射范围，提高一次进站比例；在详细测算合理覆盖的前提下，优先安排管道资源，最大限度发挥管道效益。加强调度指挥体系建设，完善物流运行系统功能，着力解决日常指挥与上报数据相互分离、库存监控不到位、被动调运的问题，建立科学主动调度的指挥体系。

（苗雁辉）

网点优化

【加油（气）站建设】 在区内市场，发扬“守土有责、寸土必争”的精神，调动各种力量，全力抢占高速公路、城市中心以及新规划区的优质加油站，增强控制力；在区外市场，制定网络发展规划，以进攻的姿态争夺重点部位加油站，扩大影响力，全力以赴抢占重点位置加油站。以挖掘潜力、完善功能为目标，加快小站改大站工作；加快股权整合，优化发展模式，加油站资产稳定性有所提高；加大歇业站重新投营力度，加快新增站开业进度；落实“拆一补一”政策，加快加油站的扩量改造。继续加大打假维权力度，配合执法部门清理侵权加油站等社会不法单位。

（苗雁辉）

【储运设施优化】 鲁皖二期西线、昆明—大理、武汉穿江管道、邯郸—石家庄等成品油管道相继建成投用。加快油库优化布局，继续关闭低效油库，新建、收购、改造油库。

（苗雁辉）

改革与管理

【体制机制完善】 开展改革“回头看”，查找整改了突出问题。以“三基”工作为抓手，推进了管理制度及管理方法创新。按照石化集团公司党组调整区外销售企业管理体制的决策，认真研究机构设置、人员配备、资产分割、信息系统调整方案，并精心组织实施，确保了工作顺利交接。配合资产公司，平稳实现了销售非上市企业委托管理。加强合资企业的日常监控和经营分析，建立管理考核评价标准，进一步维护了股东权益。

（苗雁辉）

【劳动用工管理】 颁布实施销售企业劳动定员标

准，全面开展贯标工作，进一步优化用工配置。按照“因事设岗、精简高效”的原则，制定企业标准岗位目录，为合理配置人力资源奠定了基础。在统一规范的基础上，对部分小站实施委托管理。

（苗雁辉）

【安全数质量管理】 深入开展“我要安全”主题活动，制定了活动实施方案和考评办法，贯彻落实石化集团公司《安全生产禁令》，开展全员剖析未遂事件、身边人讲身边事、达标创优等“我要安全”系列活动，查找上报“三违”苗头、设备隐患、环境风险及管理缺陷等各类未遂事件，开展应急实战推演，圆满完成了建国60周年防恐安保任务；成功处置突发事件，全年未发生上报等级事故，员工的安全意识和应急处置能力明显增强。加强油品数质量管理，落实油品采购、运输、接卸、贮存全过程监控，强化了责任追究和岗位问责；从严制定一次物流损耗指标，加强承运商管理，强化现场操作，落实保量运输措施，铁路、水路和管输损耗率同比下降。

（苗雁辉）

【财务管理】 根据市场变化及时调整调拨价，体现内部价格对营销政策的导向作用。按照“压管理、保经营、突重点”的原则，将费用向经营一线倾斜、向重点工作倾斜。在风险可控的基础上，灵活运用信用政策，支持经营活动开展。调整利润、费用考核办法，进一步增强了扩销增效的内在动力。

（苗雁辉）

【业务公开】 突出油品采购、直销分销、重大投资、物资采购等重点，实施了网上业务公开。加强法律服务，强化信用和合同管理，严格外采供应商准入制度，规范发票管理，规避税务风险。

（苗雁辉）

【教育培训】 围绕服务经营，拓展思路，提升手段，实施培训管理系统，启动远程网络教育，推进加油站站内培训体系建设，组织站内培训1.1万期，培训专业技术人员和技能操作人员30余万人次。继续开展技能竞赛和技术比武，11.6万名员工获得职业资格，占技能操作队伍的67%。以优化领导班子结构为重点，配合人事部对部分销售企业领导班子进行了考核和调整。举办了7期地市公司经理、书记培训班，促进了地市公司领导干部能力素质的提升。

（苗雁辉）

化工产品销售

综　　述

2009年，化工销售系统克服全球金融危机影响，坚持以市场为导向，以化工板块整体效益为中心，认真开展学习实践科学发展观活动和“服务年”主题活动，加快由重视内部到重视外部的“三项转变”，在党组领导走访市场带动下，以进攻态势全力拓展市场和引领市场，积极做大经营总量，提升服务水平，稳步推进内部优化调整，顺利完成各项经营改革任务，全年经营总量达到2 987万吨，增长41%，有效提升了化工板块经济效益和市场掌控力。

石化集团公司党组领导对国内16个省市近百家客户进行走访座谈，与部分企业集团建立了战略合作关系。化工销售系统积极开展服务营销，树立“为客户创造更高价值”的理念；产销研密切联动，组织客户开展应用技术交流和培训，把技术服务做到客户的车间里；完成了客户关系管理（CRM）系统升级工作；分散在各区域公司的客服资源得到整合，全国统一客户服务热线（400-818-9100）正式开通运行，并结合CRM系统，实现受理投诉、接受咨询等功能的一站式响应体系；投诉平均处理周期缩短53%。物流信息化水平大幅提升，形成以物流信息系统（LIS）为基础、铁路运输管理信息系统（TMIS）和全球定位系统（GPS）为辅助、移动商务技术（OAT）为交互渠道的物流信息管理综合平台，实现动态监控、系统优化，全年配送率为36.5%，同比提高3.5个百分点。铁路自备车集中管理稳步推进，铁运量同比增长142%，完成自备车管理中心筹备工作。商情管理进一步规范，化工销售客户采购综合指数（CCPI）体系运行，实现对化工产品市场的实时动态分析。分支机构布局更趋优化，北京、上海、广州、武汉分公司分别更名为华北、华东、华南、华中分公司；国内营销网点达到24个；仓储资源优化工作全面启动。境外机构规划平稳起步，越南办事处投入运行。加强经营风险控制，积极开展业务公开工作，开展各种专项审计和效能监察，利用在线审计和在线监察系统监督规范各项营销业务。化工产品外贸业务全面整合，中国石化化工销售有限公司注册成立，形成内外贸一体化运作，并实现外贸业务快速增长。

（于治宇）

专业管理

【客户关系维护与市场开拓】 石化集团公司党组领导亲自带队到16个省市近百家客户走访座谈，与一大批企业集团建立战略合作关系，促进了销售队伍转变营销理念、增强服务意识，树立了中国石化负责任的公司形象，提振了产业链下游客户克服金融危机影响的信心和客户忠诚度。对客户的意见和建议全部给以书面反馈，根据客户分级和走访办法，化工销售系统积极走访，深入客户生产现场了解经营状况、提供技术服务，受到客户好评。2009年新增外部可交易客户1 171个，与年初相比，客户规模增加21%，对应增加销量95万吨。

（于治宇）

【商情管理】 商情管理进一步规范，初步建立“统一商情来源、统一研究分工、统一信息平台、统一信息发布”的商情管理体系，信息系统实时采集国内外448个市场的价格数据，形成了分产品系列、关注全球市场、兼顾同行和下游的信息源，能够系统进行多维度分析比较，为科学决策提供重要支撑。CCPI体系运行，实现对化工产品市场的实时跟踪分析，成为预测市场变化、制定营销策略的重要依据。围绕国内外行业伙伴竞争力分析和营销策略研究，加强与行业伙伴的交流合作，累计与30多家跨国石化企业进行了170多次交流，合作形式和策略更加灵活，合作范围和规模明显扩大。

（于治宇）

【“服务年”活动】 树立“为客户创造更高价值”的经营理念，积极开展服务营销，客户无论大小，一律平等合作。主动帮助客户改善产品结构、提升品质，提高竞争力和赢利能力，主动牵线搭桥，促成客户之间的双赢合作，帮助出口型客户渡过难关。通过开展进口及自营贸易，提高资源获取能力和客户供应能力，资源紧张时，努力保证客户供应。高度重视客户意见，全年客户投诉同比下降14.5%，通过明晰责任和优化处理流程，客户投诉平均处理周期同比缩短53%。做好客户满意度调查，找出服务客户的关键环节和薄弱环节并积极整改。加强技术服务，组织树脂、橡胶客户开展技术交流培训，加强福建、天津等新建装置产品推介和技术交流，结合客户需求和进口样品分析，组织开发进口替代产品，把技术服务做到客户车间，与下游客户的技术合作更加紧密。广泛开展服务大讨论和营销服务理念征集活动，共征集营销服务理念和口号1 000多条，编制成册印发至全体员工。

（于治宇）

【客户服务中心成立】 为建立与中国石化企业形象、市场地位相匹配的服务体系，化工销售客户服务中心正式成立运行，将分散在各个区域公司的服务热线进行整合，建立统一的客户服务热线（400-818-9100），并结合CRM的网络平台作为技术支持手段，建立受理客户投诉、接受咨询等功能的一站式应答响应体系。服务中心可以为客户提供自助查询账户余额服务，解答产品相关性能咨询，查询产品订单开立、物流信息，提供产品销售渠道的联系方式，提供主要产品的销售报价，受理客户的意见、建议和投诉。服务中心还可以起到为企业反馈市场信息，反映客户需求，反馈客户的意见、建议，协助企业进行专项调研，搭建企业与客户沟通交流平台的作用。为确保服务中心运作，配备了专职坐席人员，并进行了产品知识、公司相关流程和操作系统培训，编印了客户服务中心宣传手册和系统使用手册，对产品知识、财务知识等进行了系统梳理，形成了知识库。

（于治宇）

【产销研结合】 为加快从“卖产品”向“卖服务”转变，深化产销研机制研究，组织新产品调研，积极配合开发高附加值产品。推进产品认证，努力拓展专用料市场，向大型汽车生产商和洗衣机生产商稳定提供汽车专用料和洗衣机专用料，中国石化洗衣机专用料市场占有率达到50%。在管材专用料、瓶盖专用料等方面，与大型用户联合开发定制产品，不断深化商务合作。

2009年销售合成树脂新产品和专用料281万吨，销售合成橡胶新产品5.5万吨。生产企业根据市场和效益情况，积极配合化工销售做好质量稳定、结构调整、新产品开发和客户服务工作，不断满足客户需求。

（于治宇）

【体制机制逐步完善】 按照石化集团公司党组部署，化工产品外贸业务人员和机构顺利划转，改革第一年即实现外贸业务快速增长；制定内部体制机制优化调整方案，初步完成第一阶段人员和机构调整工作，为加快内外贸融合创造了条件。华中分公司平稳起步，熟悉了市场，锻炼了队伍，已承担起区域产品销售和市场开拓任务。配合总部完成买断办法调整，买断机制趋于成熟。

（于治宇）

【信息化建设】 信息系统进入深化应用阶段。票据信息系统上线运行，成为中国石化首家实现票据在线管理、监控和分析的企业。完成化工外贸业务和财务系统迁移，实现外贸业务划转后的正常开展。完成客户关系管理系统升级。组织开展ERP系统应急演练，为紧急情况下的业务运作提供保障。

（于治宇）

【管理与考核】 修订完善营销绩效考核办法，充分调动各个层级职工努力为客户提供优质服务的积极性。增设销售增量奖、跨区调拨奖和自营贸易奖，鼓励区域分公司在各自区域实现销售，做大统销产品自营贸易，增强供应客户能力。出台客户经理考核指导意见，综合考核客户经理销售服务贡献值。按照“统一、规范、细化、整合，促进文本管理”的指导思想，完成《财务管理细则》和《会计核算细则》编写工作，同时对绩效考核、营销管理、风险控制等管理制度进行了修订完善，制定《自营贸易管理办法》，进一步规范自营贸易运作。

（于治宇）

【外贸体制整合】 2009年10月，为推进解决内外贸业务两套体系带来的管理问题，加快化工内外贸业务的充分融合，化工销售通过充分调研，研究制定了化工销售内部体制机制优化调整方案，实现内外贸的完全融合。截至2009年底，化工销售有限公司原先的11家境内外机构（燕山联贸、齐鲁经营部、江苏分公司、金山联贸、南京经营部、仪征经营部、广州经营部、福建经营部、中南经营部、重庆经营部、香港公司），已调整为燕山联贸、金山联贸、南京经营部、广州经营部、武汉经营部和香港公司。其中，燕山联贸作为化工销售华北分公司进出口部；金山联贸和南京经营部分别作为化工销售华东分公司进出口一部、二部；广州经营部作为化工销售华南分公司进出口部；中南经营部调整为武汉经营部，同时作为化工销售华中分公司进出口部。这些进出口部根据对应区域分公司的经营区域，以及公司本部确定的牵头产品和职能划分，开展进出口和国内贸易业务。香港公司作为境外主渠道保持不变。化工销售有限公司顺利完成化工外贸业务人员和机构的划转接收工作，实现外贸业务的正常稳定开展。

（于治宇）

【监管体系建设】 加强风险控制，以总部业务公开试点为契机，利用信息化水平较高的条件，积极推进销售业务、采购业务和物流业务公开，成为监督规范营销业务的重要抓手。根据总部统一安排，实施“总分账户”收支两条线资金集中管理体制，开展承兑汇票、信用管理以及物流业务专项审计和效能监察，风险控制力度加大。利用在线审计和在线监察，及时发现和通报异常现象并进行整改，规范营销行为。根据总部要求，完成“小金库、账外账”自查自纠，未发现违规现象。

（于治宇）

【队伍建设】 结合中层领导人员任期考核，进一步加强中层领导人员组织建设。为完善后备人员队伍的选拔、培养、管理和使用机制，实现后备人员队伍建设的科学化、民主化和制度化，制定印发了《化工销售分公司及化工销售有限公司中层领导后备人员管理暂行办法》。依托并有效利用石化集团公司和社会培训资源，内培与外送相结合，突出重点，注重实效，共组织培训班144期，培训7 200多人次。进一步加强干部考核工作，制定《中层领导人员任期考核实施方案》；根据石化集团公司中层干部管理有关规定，结合化工销售公司实际，印发《化工销售分（有限）公司中层管理人员退出现职实施办法》；规范基层管理岗位竞聘程序，实施《化工销售分公司基层管理人员竞聘暂行办法》；建立基本薪酬正常增长机制，印发《化工销售区域分公司员工工资晋档方案》和《化工销售本部机关工资调档及晋档方案》；制定网点建设配套制度《网点人事管理配套暂行办法》和《网点费用管理配套暂行办法》。

（于治宇）

销售网络建设

【概述】 北京、上海、广州、武汉分公司分别更名为华北、华东、华南、华中分公司，更好地承担起分区销售的职能。通过对国内重点区域表观消费量、区域市场销量以及竞争对手的研究，制定国内网点布局规划方案，设立国内营销网点24个。为发挥网点作用，研究制定规范国内网点设立和运行管理办法、人事管理和费用管理配套办法，网点定位和职责进一步明确。完成越南办事处设立及部分人员配备工作，合成树脂产品开始销往越南市场。

（于治宇）

产品储运

【基础管理】 认真开展“我要安全”主题活动，编制落实HSE应急预案，全年未发生重特大安全事故。制度建设取得了阶段性成果。通过招标，对物流业务保险实行了统一管理，降低了保险费用，强化了风险控制。细化物流运行管理分析，进行月度分析和季度讲评，为物流优化、规范运作提供了管理抓手。

（于治宇）

【物流信息化建设】 初步形成以LIS为基础平台、TMIS系统和GPS为辅助、OTA为信息交互渠道的物流信息综合管理平台，成为公司物流管理的重要支撑。在1 238辆物流承运商的车船上推广GPS技术，实现部分货物流向的动态监控。

（于治宇）

【物流优化】 通过运输招投标与询比价，总体运价水平同比降低超过3%，节约物流费用约3 200万元，通过物流方式优化节约成本约1 500万元。铁路运输量大幅增加，全年铁运产品同比增长142%，铁路运输比例为6.4%。

（于治宇）

【化工铁路自备罐车集中管理】 自备车集中管理稳步推进，铁路自备车管理中心成立，一期铁路运输管理信息系统完成试运行和验收工作；在部分企业之间开展车辆调配，为盘活中国石化铁路自备车资源打下基础。

（于治宇）

化工产品市场行情

【合成树脂市场】 2009年，国内合成树脂市场供应量呈现激增态势，主要原因是进口量显著增加以及国内新建装置的投产。受金融危机影响，国际市场合成树脂需求减弱。国内合成树脂共新增产能324万吨/年，增幅为22%，下半年投产装置相对集中，使国产资源量大幅增长。年初，随着中国经济的好转，产业链开始“再库存化”过程；随着中国经济发展呈现企稳态势，实际需求有所增加。另外，因2008年四季度合成树脂价格处于低位，新料价格与回收料非常接近，大量替代了回收料，增加了部分消费量。价格总体呈现稳中有升的走势。因年初价格处于低位，尽管年末价格明显高于年初，但全年平均价格仍低于2008年水平。

（于治宇）

【合成橡胶市场】 2009年，国内合成橡胶主要产品产能同比增加约32%，需求量同比增加约12%。按产能计算的缺口量较2008年收缩92.3%，供需基本趋于平衡，市场竞争日趋激烈。随着全球金融危机影响的深入演变，在国家宏观经济政策刺激和部分行业转暖复苏影响下，全年国内合成橡胶市场价格总体呈现稳中有升态势。进入四季度后，受各种消息刺激，炒作气氛浓厚，部分产品价格上涨速度过快、涨幅过大。

（于治宇）

【有机化工产品市场】 2009年，作为主要化工原料的有机化工及中副产品新增产能集中释放，国内主要有机化工产品产量比2008年增幅超过15%，同期国内表观消费量增长11%左右。14种主要有机化工产品进口比2008年增加47%，其中进口增幅较大的有甲苯、丁二烯、苯及苯酚。

（于治宇）

【合纤原料市场】 2009年，国内新增合纤原料产能集中释放，供需状况发生重大变化，供应增长速度远大于需求增长速度。对二甲苯（PX）、精对苯二甲酸（PTA）、己内酰胺（CPL）和乙二醇（EG）4种产品新增生产能力合计560万吨，增长幅度高达29%。合纤原料产品进口量大幅增加，6种合纤原料产品（PX、PTA、CPL、EG、AN和PVA）合计进口同比增加约9%。主要产品国际国内市场价格反弹并大幅上扬，到年底PX、PTA、EG、CPL国际价格分别为1 115美元/吨、930美元/吨、865美元/吨和2 205美元/吨，比年初分别上涨47%、46%、73%和88%。全年平均价格分别为995美元/吨、834美元/吨、630美元/吨和1 755美元/吨，比2008年分别低16%、8%、33%和22%。

（于治宇）

【合成纤维市场】 2009年聚酯链产品行情特点：一是聚酯涤纶及原料产品价格均呈震荡攀升走势，表现出明显的大“牛”势行情特征；二是PX、PTA作为产品链行情涨落演绎的发起者和终止者，表现出明显的成本推动型行情特征；三是价格大起大落，波动幅度较大，表现出一定的金融市场特征。主要影响因素：一是下游需求逐渐恢复；二是原料PX、PTA供应偏紧；三是原油价格从最低的35美元/桶左右大幅上升到80美元/桶以上；四是信贷政策宽松，市场资金比较充沛；五是年初聚酯链产品均处于历史低价区，加上通胀预期和资金充沛，下游及中间商建库囤货心理显现。在上述因素综合作用下，市场总体走出了单边震荡上扬的行情。

“量增价涨”是2009年国内腈纶行情最主要的特征，且价格呈现跨越式上涨，4—5月涨幅高达3 399元/吨，创单月涨幅之最。2009年，腈纶产品赢利大幅增加。腈纶短纤与原料丙烯腈间的价差达5 800元/吨左右，其中6月腈纶短纤与丙烯腈的价差达8 245元/吨，创历史最高值，全年腈纶产品与原料间的价差基本保持在合理的赢利区间内。主要影响因素：一是下游资金状况好转，二是需求拉动腈纶价格大幅上涨。

（于治宇）

国际化经营

- ◇ 综述
- ◇ 对外经济合作
- ◇ 国际贸易
- ◇ 外事管理

综　　述

2009年，面对国际金融危机的严峻挑战和国际市场的激烈竞争，石化集团公司各涉外单位和部门积极贯彻落实科学发展观，紧紧围绕“建设具有较强国际竞争力跨国能源化工公司”的战略目标，充分发挥上中下游一体化和贸易、投资、工程技术服务一体化优势，海外业务取得快速发展，国际化经营成果显著。

对外经济合作方面，境内合资合作工作进展顺利，与国外企业成功设立6家合资公司，天然气销售领域、非常规能源及新能源领域的合资合作工作也取得积极进展。境外油气业务实现新跨越，成功收购Addax公司等5个项目，权益油产量跃上新台阶，油气勘探获得2项突破、2项重要成果和6项新进展。积极稳妥地推进境外炼油化工基地、成品油和化工贸易储运设施等业务的发展。境外石油工程技术服务克服金融危机影响，继续保持快速健康发展，全年新签合同额28.1亿美元，完成合同额24.3亿美元。境外炼化工程技术服务的传统市场得到进一步巩固和拓展，并努力开拓新的目标市场，全年新签合同额12.7亿美元。继续推进与国家石油公司和跨国石油公司的战略合作关系，实现互利双赢，共同发展。继续加大国际科技合作步伐，提高科技创新能力，对外积极推广中国石化的炼油技术。

国际贸易方面，强化市场分析和预测，加强策略采购和市场运作能力，充分发挥国内外一体化采购优势，保证国内稳定供应，降低采购成本和供应风险，积极开展第三方贸易，全力做大国际贸易规模。全年实现原油进口数量1.38亿吨，第三方原油贸易数量3 890万吨；灵活组织成品油进出口，平衡国内市场，全年出口成品油677万吨；化工产品进出口总额达31.1亿美元，设备材料进口及技术引进5.5亿美元。

外事管理方面，按照石化集团公司工作会议部署的要求，紧紧围绕生产经营的中心任务，以深入开展学习实践科学发展观活动为主线，强化“大外事”观念，进一步提高外事管理和服务水平，为推动石化集团公司国际化经营战略的实施作出了积极贡献。

（孔自超　史保峰）

对外经济合作

【境内合资合作】　2009年境内合资合作工作进展顺利，成功设立了中沙（天津）石化有限公司、中石化三菱化学聚碳酸酯（北京）有限责任公司、广州石化普莱克斯工业气体有限公司、重庆川维林德气体有限责任公司、沧州东丽精细化工有限公司等6家合资公司；扬巴二期扩建、广东炼化一体化、四川维尼纶厂与BP公司60万吨/年醋酸等合资项目取得阶段性成果；继续加强与地方政府和国内大型企业的战略合作，分别与北京市政府、中国外运长航集团公司等达成了战略合作协议；此外天然气销售领域、非常规能源及新能源领域的合资合作工作也取得积极进展。

（戴立起　张明华）

【境外油气勘探开发】　2009年，石化集团公司海外油气勘探开发再获新成绩。新项目开发取得重大进展，成功收购Addax公司，安哥拉15/06、17/06、18/06区块部分权益，加拿大Synenco公司10%权益，特多EB和Talisman资产5个项目，海外战略布局继续优化，油气资产规模进一步扩大。海外油气勘探获得多项重要成果，也门71区块Rabaa-1井、尼日利亚64区块Kukaku-1井测试获得高产油气流，哈萨克斯坦FIOC公司S区块滚动勘探和加蓬G4-188区块多口探井取得重大进展，为宣布商业发现奠定了基础，另有6个区块的勘探工作也相继获得新进展。开发项目优化部署、扎实推进，海外权益油产量再上新台阶，全年完成权益油产量1 279万吨。截至2009年底，石化集团公司在21个产油国或地区实施37个勘探开发项目。

（史保峰　丛培信　姜春辉）

【境外炼化合资合作】　2009年，紧紧围绕实施“走出去”战略，石化集团公司积极开展境外炼化项目的开发及相关工作，一批境外合资合作项目已展开前期工作，包括印尼巴淡岛原油及成品油仓储项目、委内瑞拉卡布鲁塔炼油项目、俄罗斯纳霍德卡炼化一体化项目等。新加坡润滑油/脂项目已获得中国政府批准，总投资8 585万美元。

（邹文智　杨　硕）

【境外石油工程技术服务】　努力克服全球金融危机影响，逆势而上，海外石油工程业务快速健康发展。在沙特等中东传统市场地位进一步加强，成功开拓科威特和叙利亚市场，在伊朗、哈萨克斯坦等市场取得新突破。截至2009年底，在35个国家执行355个石油工程技术服务合同，合同额79亿美元；全年新签合同额28.1亿美元，完成合同额24.3亿美元，同比分别增长7.7%和29.2%；共有海外队伍322支，参与项目的中方员工5 522人，雇用外籍员工11 434人。

（史保峰　王倩倩）

【境外石化工程技术服务】　积极开拓海外市场，中东传统市场进一步巩固和拓展，努力在俄罗斯、中亚、东南亚、南美和非洲等目标市场获得实质性突破，全年共中标海外工程项目8个，签订合同金额12.7亿美元。2009年共有7家工程建设、施工企业在4个国家执行16个承包合同，合同总额48.05亿美元。海外项目有序开展，沙特卡扬等5个项目实现开工，沙特SABIC聚烯烃等6个项目顺利完工。海外执行项目管理和作业人员高峰期达10 301人，其中自有员工2 416人，国内雇佣及分包商人员4 137人，国外雇佣及分包商人员3 748人。

（史保峰　范　聪）

【国际科技合作】　与美国休斯敦大学岩石物理实验室开展“流体、岩石特性及地震烃类检测”项目合作；与丹麦技术大学合作开展提高采收率理论研究合作；继续与英国帝国理工大学油藏地球物理研究中心开展地震反演特殊方法技术研究；继续与美国科罗拉多矿业学院就油藏表征、波现象中心（CWP）项目进行合作；与战略联盟伙伴美国康菲公司就炼油技术开展合作；与日本丰田公司在成品油、润滑油和树脂领域进行交流，共同开展油品和树脂产品测试工作；与美国Lummus公司继续就推广新乙烯回收技术和扭曲片管强化传热技术国外推广开展合作；与UOP合作开发石脑油吸附分离工业技术；与绍尔公司合作在国外推广中国石化炼油技术。

（柳江琳）

国际贸易

【原油和成品油进出口】　2009年，国际政治经济形势复杂，原油价格攀升，石化集团公司坚持“改革、调整、管理、发展、创新”的精神，开拓进取，精心操作，充分发挥国内外一体化采购优势，在全球范围内开拓资源渠道，加快发展国际贸易业务，加强国际间合作，在保证石化集团公司生产经营和工程建设物资安全、稳定供应的同时，降低了采购成本，控制了供应风险。全年实现原油进口数量1.38亿吨，同比增加7.79%。其中，一般贸易1.25亿吨，同比增加1.48%；来进料0.13亿吨，同比增加162.2%；进口原油平均到岸价59.9美元/桶。全年共进口36个国家的95个原油品种，从各地区情况看，中东、西非进口增量较大，南非、南美、欧洲地区的进口原油数量有较大下降。年度实现第三方贸易原油数量3 890万吨。通过来进料加工出口等多元化出口方式，灵活组织成品油进出口，平衡国内市场，全年出口成品油677万吨，对外继续巩固、优化海外市场，增加了企业经济效益，保障了港澳地区资源供应。

（乔飞敏　李　莉）

【化工产品进出口】　2009年化工产品进出口总额达31.1亿美元，其中进口22.6亿美元，出口8.5亿美元。其中，针对高附加值产品催化剂，新开拓了美国、泰国、新加坡等市场，实现出口额5 400万美元，同比增长32%。

（于志宇　何　勤）

【设备材料进出口】　2009年进口设备、仪表及备品备件、钢材等合计4.9亿美元，确保了川气东送、天津乙烯、镇海乙烯、武汉乙烯等石化集团公司重点工程项目的顺利推进。坚持推行大客户策略，紧盯中东、俄罗斯、非洲等主要目标市场和石化集团公司境外投资项目，取得较好成效，全年出口设备材料1.1亿美元；与国内外公司签订战略合作协议及框架合同，为培育设备材料出口核心竞争力打下了坚实基础。

（何　勤）

【技术引进】　2009年技术引进累计签约金额0.6亿美元，按期完成了异构脱蜡、加氢后精制、烟气脱硫、60万吨/年和80万吨/年连续重整等先进技术的引进工作。

（何　勤）

外事管理

【重要对外交往活动】　2009年，紧紧围绕石化集团公司推进国际化经营战略和资源战略的需要，积极安排和推动总部领导与主要资源国政府官员和石油公司高管会面。接待了哈萨克斯坦总统纳扎尔巴耶夫、澳大利亚前总理霍克、加拿大前总理马尔罗尼，会见了沙特、科威特、安哥拉、伊朗、叙利亚、委内瑞拉等重点资源国的石油部部长、副部长，与跨国石油、化工公司和国家石油公司高层往来更加密切，高层会见达40多次，有的一年内双方还多次会面。

全年安排总部领导外事活动295场次，其中陪同国家领导人会见重要外宾11场次；安排总部领导出访42个团组，涉及30个国家和2个地区；组织安排了中国石化阿达克斯成功交割庆祝仪式、福建炼油乙烯一体化合资项目投入商业运行仪式、中国石化与沙特基础工业公司合资成立的中沙（天津）石化有限公司成立暨揭牌仪式、中国石化与科威特国家石油公司合作投资的广东炼化一体化项目谅解备忘录签署仪式4场重大仪式和庆典类活动。

（宋尚涛）

【外事管理制度建设】 按照外交部、中纪委、中组部等十部委联合下发的《关于中央企业外事管理工作的若干规定》，对外事管理规章制度进行全面清理和修订，经过反复研究讨论并采取多种形式征求企业和部门的意见，2009年底前正式印发了《中国石化外事管理规定》，相继出台了《中国石化因公出国(境)管理实施细则》、《中国石化因公护照管理办法》、《中国石化因公往来港澳特别行政区通行证管理办法》、《办理外籍人员来华工作签证通知的办法》、《中国石油化工集团公司涉外国家安全和保密工作规定》、《中国石化国际会议和国际展览管理办法》、《中国石油化工集团公司境外公共安全培训管理办法》7个配套制度，还下发了《关于简化因公临时出国（境）团组费用报销程序的通知》。这是从2003年以来首次全面修订完善石化集团公司各项外事管理规章制度，既进一步规范了全系统的外事管理工作，又最大限度满足了涉外工作发展的需要，是中国石化外事管理工作新的里程碑。

（宋尚涛）

【因公出国（境）管理】 2009年共审理全系统各类团组3 244个、21 210人次，比上年分别增加13%和12%，新办护照3 826本、港澳通行证175本，办理签证（签注）5 617人次，管理的有效护照22 105本，其中有9 916本委托17家企业保管。在因公出国（境）团组管理方面，按照中纪委等八部委《关于进一步加强跨地区跨部门团组管理的通知》和中办、国办《关于坚决制止公款出国（境）旅游的通知》精神，结合党组领导对因公出国（境）管理工作的有关指示和要求，在认真分析因公出国（境）团组情况的基础上，经党组领导批准，向全系统印发了《关于进一步严格控制因公出国（境）团组的通知》，进一步严格规范因公出国（境）管理工作。在实际审批审核工作中，对一般性考察、学习、会议等非项目性团组以及“双跨”团组和赴台湾团组严格审查把关，全年考察类和“双跨”类团组的数量和人次同比均大幅下降。全年共有21个团组未予立项，16个团组未予批准，55个团组压减人数和在外时间，总共压减4 346人·天。外事局还加大了对违规违纪团组的检查、处理力度，对个别团组发生的擅自出访、绕访、延时等违规违纪现象紧抓不放，在给予当事人批评教育的同时，也警示他人。同时把近年来出访团组发生的违规违纪行为编写成案例，作为出访团组的外事教育教材；还编写了《外事教育》提纲PPT材料，使全系统外事教育更加规范、易懂。全年没有发生严重违规违纪案件。

（宋尚涛）

【境外公共安全管理】 2009年，境外公共安全管理水平进一步提高，首次实现了境外公共安全死亡人数为零的目标。抓建章立制，通过对《集团公司境外公共安全管理办法》执行情况进行梳理，制定下发《关于进一步规范和加强境外公共安全管理工作的通知》，推动境外公共安全常态化管理。抓预防工作，严格执行境外新上项目、新设机构和新派人员风险评估制度；扎实有效开展境外安全培训工作，组织编写了《境外公共安全突发事件百例》，并制定下发了《境外公共安全培训管理办法》，促进培训工作走上系统化、制度化轨道；指导、督促派出单位和境外机构完善应急预案，搞好紧急救援服务，妥善处理境外突发事件。抓监督检查，组成联合检查组到派出单位检查指导《管理办法》的落实情况，对境外重点项目进行公共安全与HSE管理情况检查调研，推动各项规章制度的落实；同时要求各派出单位在进行综合业务检查时一并对境外公共安全进行检查督促，不断提高境外公共安全管理水平。

（宋尚涛）

【境外机构管理】 截至2009年底，中国石化在48

个国家（地区）设立了175家境外机构，境外资产达到3 125亿元，比2008年增长了131%，海外累计投资已达230亿美元，境外总人数2.1万余人，其中系统内员工近6 000人、分包商雇员2 000余人、中方雇员近2 000人、外籍雇员1.1万余人。外事系统认真落实“大外事”要求，加强境外机构设立与运行的合法合规性管理，进一步发挥境外代表处和牵头单位境外公共平台作用，及时报送各类信息、情况及各种调研报告供总部参阅；保持与中国驻外使（领）馆的密切联系，加强与当地政府部门、合作伙伴的联络沟通，为中国石化境外业务开展创造良好外部环境；加强对辖区内机构的协调、指导和服务，帮助境外单位解决难题，多办好事、实事。积极探索发挥境外党组织的作用，利用各种机会组织开展稳定队伍、凝聚人心的活动。

（宋尚涛）

【国外智力引进工作】 2009年，出国（境）培训、外国专家管理等引进国外智力工作成绩显著，为中国石化加快发展起到了推动作用。全年共派出出国（境）培训团组120个、810人次，其中派出石化集团公司高层管理人员培训班5个、56人次；派出国际化人才和后备干部培训班10个、216人次；派出访问学者22人；派出专业技术骨干及学科带头人培训班83个、516人。当年在石化集团公司工作的外国专家有近300人，其中在福建联合石化公司工作的沙特阿美公司的苏比翼先生、在江汉油田工作的美国劳马斯特钻井系统有限公司的巴恩斯先生获中国政府颁发的外国专家国家级奖励——友谊奖，并受到党和国家领导人接见，参加国庆60周年观礼；在福建联合石化公司工作的埃克森美孚公司的苏励文先生获得了福建省外国专家友谊奖；上海石化下属的中日合资企业上海山武控制仪表有限公司日方总经理友永道宏先生获得了上海市外国专家白玉兰荣誉奖。此外，全年石化集团公司共有4个引进外国技术、管理专家项目获国家引智专项资金资助。

（宋尚涛）

重点工程建设

◇ 综述

◇ 油田地面建设项目

◇ 炼油项目

◇ 化工项目

◇ 物流储运项目

◇ 工程建设管理

◇ 工程建设监管

◇ 工程建设企业管理

综 述

2009年，石化集团公司紧紧围绕整体发展战略，本着“一个整体、控制总量、突出重点、远近兼顾、效益优先、从严从紧”和“保投产、保续建、保重点”的基本思路，遵循上中下游全面、协调、可持续发展和效益最大化原则，统筹规划，调整结构，不断优化投资项目，积极推进重点工程建设，全年完成固定资产投资（不含进损益费用）1 963亿元，其中实施“走出去”战略完成投资725亿元，国内油田企业完成投资595亿元，炼化企业完成投资448亿元，油品销售企业完成投资163亿元，科研信息及其他完成投资32亿元。共有45套炼化生产装置完成投料试车，3条成品油管道、1个石油储备库建成投用。确定重点工程20项，包括油田地面工程4项、炼化工程14项、储运工程2项。

油田地面工程。川气东送工程全面推进，普光主体集输工程一期、净化厂第一和第二联合装置、川气东送管道主干线、川维支线、达化专线、达州化肥厂建成投产；榆林—济南输气管道濮阳—济南段成功投产；松南气田10亿立方米产能建设地面工程、塔河油田十二区（东区）产能建设地面工程（三期）建成投用。

炼油化工工程。塔河重质原油改质项目开工建设；长岭适应原油劣质化和油品质量升级改造工程、川维30万吨/年醋酸乙烯项目建设进展顺利；镇海100万吨/年乙烯工程建成中交，建设周期历时37个月；青岛石化加工高酸原油适应性改造工程、扬子50万吨/年醋酸及配套项目基本建成；5—9月，福建炼油乙烯工程各装置先后投料试车，产出合格产品；年底，天津炼油乙烯一体化工程投料试车，打通炼油全流程；其他重点项目包括湛江东兴炼油配套完善工程、上海60万吨/年芳烃联合装置、燕山东方石化搬迁改造工程等，纷纷建成并一次投料试车成功。

管道储运工程。茂名北山岭原油商业储备基地、江苏成品油管道（江南线）开工建设，福炼一体化工程配套成品油管道一期、柳州—桂林成品油管道建设收尾，鲁皖二期（西线）成品油管道、昆明—大理成品油管道、白沙湾原油商业储备基地建成投用，西南成品油管道、珠三角成品油管道及油库配套设施通过竣工验收。

固定资产投资项目实施管理。对现行有效的管理规章制度进行了全面梳理，提出了制修订计划，并相应修订了石化股份公司内控制度业务流程，督促各企业全面执行，确保项目建设实施合法合规。编制下发项目年度实施计划，跟踪落实并及时协调工程建设过程中出现的各种问题，严格“五大”控制，保证项目建设顺利实施。帮助、指导企业制定项目管理手册、总体统筹控制计划等项目建设关键性文件，并通过组织重点工程建设管理现场交流会等有效手段，进一步提升中国石化项目管理整体水平。

工程建设监管。认真抓好工程质量监督，积极探索工程质量监察工作思路；坚持“健全体系、强化监管、规范运作、业务公开”的招投标工作方针，继续严格招标方案、招标申请、招标文件、评委组成和招标结果等关键招标申报审批程序；继续遵循“立足行业、服务企业、国际接轨”的标准定额管理原则，进一步完善标准定额体系，努力开拓创新；石油工程造价管理中心在定额管理、主材预算价格管理、造价管理与分析、基础建设等方面做了大量工作，并取得了良好效果。

工程建设企业管理。直属工程建设企业在全力保障石化集团公司重点工程项目建设的同时，积极开拓境内外炼化工程市场，取得了显著成绩。结合“我要安全”活动，完成了《石油化工工程建设事故案例图解和分析》一书的编写和出版；加大施工分包管理执行力建设，组织对天津、镇海乙烯项目进行专项检查；制定完善了《中国石化境外炼化工程承包业务管理规定》，对境外业务集中管理工作机制作出明确界定，实现了境外炼化工程承包项目合同的统一签订，并制定了《中国石化直属工程建设企业系统外工程市场管理暂行办法》，指导企业积极有序开拓系统外市场。《工程建设板块改制分流（2001—2008）资料汇编》完成出版发行，南京工程有限公司重组工作有序进行。

（王永焕）

油田地面建设项目

【川气东送工程陆续建成投产】 川气东送工程于2007年4月9日获得国家核准，自开工以来，总体进展顺利。截至2009年底，普光集输道路完成98%，管道组焊完成99%，13座集输站场完成95%。一期20亿米^3/年产能建设工程于2009年8月10日完成酸气试联运，具备投产条件。净化厂第一、二联合装置分别于10月14日、12月22日投产，第三联合装置开始试车，第四、五、六联合装置施工基本结束。川气东送管道工程累计组焊2 096千米，完成97.5%；普光—上海主干线、达化专线及川维支线共1 866千米、23座站场已陆续投用；南京支线金坛至南京末站85千米，组焊83.7千米，南京末站—扬子石化直径508毫米管线31千米和南京末站—仪征化纤直径323.9毫米管线4.2千米已完成；金陵支线24.66千米作施工准备，江西支线56千米组焊31.2千米。达州化肥项目12月28日以65吨锅炉投料为标志，装置正式投用。

（李长印　陈　苏）

【松南气田10亿立方米产能建设地面工程基本建成投用】 该项目一期工程包括部分集输管线及外输管线，于2008年 11月1日建成投用。除集气处理站二氧化碳液化、储运单元外，其余部分于2009年10月29日一次投产成功。

（李长印）

【塔河油田十二区产能建设地面工程（三期）建成投用】 西北油田分公司塔河油田十二区产能建设地面工程包括3座计转（掺稀）站、1座计转（掺稀）混输泵站及35千伏变电站、配套油气管线等。工程于2009年4月19日开工，8月20日建成投用。

（冯红民）

【榆林—济南输气管道工程续建】 该工程濮阳—济南段227千米管线于2009年11月14日投产成功。截至年底，累计组焊703.5千米，完成76.3%；定向钻共27处，完成25处；隧道共12条，贯通8条。

（李长印）

炼油项目

【青岛石化加工高酸原油适应性改造工程建成中交】 该项目于2008年9月土建开工，2009年9月，各装置陆续建成中交。截至年底，300万吨/年常减压和25万吨/年催化重整两套改造装置投料试车，其他装置作投料试车准备。

（刘美娟）

【洛阳油品质量升级改造一阶段工程投料试车】 该工程于2006年10月开工建设。2008年6月，常减压改造、硫黄回收和延迟焦化装置投料试车一次成功；2009年5月，加制氢联合装置投料试车；11月，热电区域的锅炉部分投用；12月，汽机部分试运正常。

（刘美娟）

【塔河重质原油改质项目开工建设】 该项目总体设计批准总投资31.19亿元，建设内容包括新建220万吨/年延迟焦化、140万吨/年汽柴油加氢精制、2万米^3（标准）/时制氢、2万吨/年硫黄回收，改造7万吨/年异构化装置及与其配套的系统工程等。2009年3月26日项目开工。

截至年底，详细设计除铁路专用线外已基本完成，工艺设备订货工作结束。现场二、三级地管，建、构筑物主体，设备基础施工基本完成；钢结构安装完成85%；设备安装147台，完成16.8%，关键设备4台焦炭塔安装完毕。施工总进度完成54.1%。

洛阳工程公司为项目EPC总承包商，主要施工单位有第五建设公司、第十建设公司。

（王永焕）

【长岭适应原油劣质化和油品质量升级改造工程续建】 该项目于2008年10月18日开工建设。2009年5月26日，化验室还建工程建成投用；6月5日，重整装置改造建成投用；8月6日，南区常减压、催化等装置土建开工；10月9日，消防站还建工程建成投用；12月15日，南区装置土建交安，开始设备安装；12月31日，中控室主体完工，循环水、区域变电所土建主体完工，锅炉及热力系统二层钢结构施工完毕。截至年底，项目进度与总体统筹控制计划的控制点基本一致。除长炼至巴陵石化丙烯管线基础设计未批外，其他各单元基础设计审查和批复工作已完成，详细设计工作完成90%。工艺装置1 829台工艺设备（不含重整装置改造）已完成订货1 632台，订货率89%；102台长周期设备、仪表、自控、电气等主要设备完成订货；到货设备130台（套）。

（王永焕）

【湛江东兴炼油配套完善工程建成投料试车】 该项目于2008年3月26日开工建设。2009年1月12日，第一台设备吊装就位，工程进入全面安装阶段；6月30日，工程实现中交；7月，装置进入开工试运阶段。8月29日，催化装置开工正常并投用产品精制系统；8月30日，汽油加氢装置切换原料并调整操作；8月31日，2#气分装置开工正常，柴油加氢装置切换原料调整操作；9月11日，聚丙烯装置开工正常。至此，炼油配套完善工程新建装置全流程已打通。

（王永焕）

化工项目

【福建炼油乙烯工程投料试车】 该项目于2006年10月桩基工程全面开工。2008年9月，常减压装置率先建成中交；2008年12月至2009年7月，其他炼油和化工装置陆续建成中交；2009年5—9月，各装置先后投料试车，产出合格产品。

（刘美娟）

【天津炼油乙烯一体化工程投料试车】 该工程于2007年3月桩基工程开工，2009年8—10月，各装置陆续建成中交。截至2009年底，炼油工程打通全流程，产出合格产品；线性低密度聚乙烯和高密度聚乙烯两套化工装置实现倒开车；其余化工装置进行投料试车准备。

（刘美娟）

【川维30万吨/年醋酸乙烯项目续建】 除先期建设的4.5亿米^3/年脱硫装置外，该项目中的主要装置于2009年3月开工建设。截至年底，主装置区一级地管施工完成，土建完成65%，钢结构安装10%，设备安装21台；锅炉区一级地管完成70%，1#锅炉钢结构主体安装完毕，汽包就位；2#锅炉钢结构完成74%。

（刘美娟）

【上海60万吨/年芳烃联合装置投料试车】 该联合装置于2008年3月开工建设，2009年6月建成中交，9月投料试车并产出合格产品。

（刘美娟）

【扬子50万吨/年醋酸及配套项目建成中交】 该项目于2007年12月土建开工，2009年12月建成中交。

（刘美娟）

【齐鲁丁苯橡胶工程投料试车】 该项目于2008年3月9日桩基施工，4月30日土建开工，2009年3月30日建成中交，6月1日投料试车，3日产出合格产品。

（刘美娟）

【镇海100万吨/年乙烯工程建成中交】 该项目于2006年11月6日拉开建设序幕。2009年11月26日，MTBE/1-丁烯装置中交；11月30日，裂解汽油加氢、芳烃抽提装置中交；12月8日，丁二烯抽提装置中交；12月11日，聚乙烯、聚丙烯装置中交；12月28日，乙烯装置实现中交；乙烯公用、配套工程陆续转入生产运行。项目建设周期历时37个月。

截至年底，乙烯工程75个主项中，除综合办公楼、行政车库及停车场2个主项外，其余73个主项均已进入现场实施阶段，并已有38个主项办理中交手续。

（王永焕）

【东方石化搬迁改造工程建成投料试车】 该项目建设内容主要包括“2个新建、4个迁建、1个改扩建”，即新建 9万吨/年醋酸乙烯（VAC）装置、5万吨/年醋酸乙烯—乙烯共聚乳液（VAE）装置，将9万吨/年醋酸乙烯装置、5万吨/年醋酸乙烯—乙烯共聚乳液装置、4万吨/年乙烯与醋酸乙烯共聚树脂（EVA）装置、2.7万吨/年聚乙烯醇（PVA）装置搬迁到燕山石化厂区内，将东方化工厂的5.27万吨/年环氧乙烷/乙二醇（EO/EG）装置规模扩大到6.5万吨/年。EO/EG项目已于2007年11月完成投料试车。

2009年10月15日，VAE装置2#生产线投料试车成功；11月27日，VAE装置1#、3#、4#生产线投料试车成功。12月5日，VAC装置1#生产装置投料试车成功；2#生产装置具备投料条件。

（王永焕）

物流储运项目

【鲁皖二期（西线）成品油管道工程陆续建成投用】 西线全长905千米，其中济南—邯郸段480千米，于2009年5月17日投油；石家庄—邯郸段210千米，于12月19日投油；郑州—汤阴段178千米，基本具备投产条件。

（李长印）

【福炼一体化配套成品油管线一期工程续建】 该管道全长341.6千米，其中北线全长154.9千米，于2009年11月7日完成水联运，具备投用条件；南线全长186.7千米，累计组焊185.1千米，完成99.1%；定向钻总量95条，已完成84条；顶管总量39处，全部完成。

（李长印）

【昆明—大理成品油管道工程建成投用】 该管道总长323千米，管径为273毫米和323毫米，沿线设3座站场。工程于2008年6月5日开工，2009年8月29日投油成功。

（李长印）

【柳州—桂林成品油管道工程续建】 该管道总长172千米，管径273毫米，设两座站场。工程试验段于2008年9月20日打火开焊。截至2009年底，线路累计组焊167.1千米，完成97.5%；柳州首站施工完成；桂林末站工艺施工完成，进行电仪安装调试。

（李长印）

【江苏成品油管道（江南线）工程开工建设】 该管道全长397千米，管径为406毫米和323毫米，设站场7座，油库6座（新增库容25万立方米），设计输送量为300万吨/年，初设批复投资14.2亿元。工程于2009年5月28日开工，计划2010年5月底具备投油条件。截至2009年底，线路累计组焊151.4千米，完成38.5%；各站库进行土建施工、工艺预制。

（冯红民）

【白沙湾原油商业储备基地工程建成投用】 该工程于2007年8月10日开工建设，2009年6月24日投产成功。

（李长印）

【茂名北山岭原油商业储备基地工程开工建设】 该工程新增罐容187.5万立方米，包括15座12.5万立方米储油罐及配套设施，基础设计批复投资16.95亿元。工程于2009年11月1日开工，计划于2011年5月15日具备储油条件。截至2009年底，共完成4 684根灌注桩施工。

（冯红民）

【两成品油管道及油库配套设施工程竣工验收】 西南成品油管道全长1 740千米（其中干线1 586千米，支线154千米），设站场19座，调度控制中心1座。工程于2003年8月19日开工，2005年12月28日全线投油。珠三角成品油管道及油库配套设施工程包括管道1 150千米、输油站场20座及油库配套设施18座（新增库容36.1万立方米），工程于2004年6月18日开工，2006年3月31日全部建成，2006年11月9日分段投油试运。两项工程于2009年4月29日通过竣工验收。

（冯红民）

工程建设管理

【重点工程建设管理】 2009年中国石化重点工程20项（见表1）。2009年，石化集团公司重点工程建设领导小组召开工作例会9次、重点工程建设现场办公会15次，及时协调解决了重点工程建设中出现的重大问题。工程部认真贯彻落实总部年度工作会议及重点工程建设领导小组会议精神，建立健全各种管理规章制度，与各企业对接、编制项目年度实施计划，跟踪检查各项目建设进展情况，严格“安全、质量、进度、投资、合同”控制与管理，组织各种协调会和专题会71次、现场交流会2次、总体统筹控制计划审查13次，批复项目管理模式及批准成立项目部43个，及时审批项目开工报告、项目建设法人责任书等，确保了重点工程建设的顺利实施。

（王永焕）

【设计管理】 2009年，设计管理工作继续突出重大项目设计协调、设计质量检查、设计管理规章制度的修订完善等重点。

表1　　中国石化2009年重点工程建设项目

序号	项目名称	建设单位
一	油田地面项目	
1	川气东送工程	川气东送建设工程指挥部
2	榆林—济南天然气管道工程	天然气分公司
3	塔河油田十二区产能建设	西北油田分公司
4	松南气田10亿立方米产能建设地面工程	华北分公司
二	炼化项目	
5	塔河350万吨/年稠油加工项目	塔河分公司
6	福建炼化一体化工程	福建炼化有限公司
7	天津炼化一体化工程	天津分公司
8	镇海100万吨/年乙烯工程	镇海炼化分公司

续表

序号	项目名称	建设单位
9	长岭1 000万吨/年炼油改造工程	长岭分公司
10	青岛石化高酸原油适应性改造工程	青岛石化公司
11	湛江东兴炼油配套完善工程	湛江东兴公司
12	油品质量升级改造项目（蜡油加氢3套、S-Zorb 6套）	蜡油加氢：金陵、安庆、茂名 S-Zorb：高桥、广州、济南、镇海、沧州、齐鲁
13	烟气脱硫项目（9项）	上市：天津、上海、仪化 非上市：齐鲁、南化、扬子、川维、巴陵、安庆
14	上海60万吨/年芳烃联合装置	上海石化股份公司
15	川维30万吨/年醋酸乙烯项目	四川维尼纶厂
16	扬子50万吨/年醋酸及配套项目	扬子石化股份公司
17	燕山石化东方、化二搬迁改造	燕山石化公司
18	武汉80万吨/年乙烯工程	武汉分公司
三	储运项目	
19	中国石化原油商业储备库工程 (茂名北山岭、惠州大亚湾、曹妃甸）	石油储备公司
20	成品油管道工程7条(鲁皖二期、福建、昆明－大理、柳州－桂林、甬(绍)金衢、甬台温、苏南)	销售公司

继续抓好石化集团公司重点项目的设计协调工作。落实设计分工，明确设计指导思想、设计原则，协调装置界面关系，协调设计、采购、施工工作界面关系，研究总体进度关键控制点。多次组织召开北海炼油异地改造、武汉80万吨/年乙烯、茂名油品质量升级、日照原油商业储备基地及日仪原油管道、黄岛国家石油储备基地地下水封洞库等重点工程设计协调会，为项目的顺利实施奠定了基础。

对茂名乙烯改造、青岛大炼油、广州炼油改造、海南炼油扩建等建成投产的重点项目进行了设计质量现场检查，完成直属工程公司设计质量检查和年度设计质量总结工作。

配合总部主管部门，组织直属工程公司开展科技进步活动，购置国际通用先进设计管理软件；组织直属工程公司和主管部门签订软件开发合同，全年拨款1 200万元。

组织协会成员单位开展压力管道设计人员培训工作。进行压力管道设计单位GD类资格增项评审，并取得设计资格。

继续完善设计管理规章制度。编制并发布了《中国石油化工股份公司固定资产投资项目设计管理规定》及《中国石油化工股份公司固定资产投资项目设计分包管理规定》。

（申发祥）

【生产准备与投料试车】 2009年，共有45套炼化生产装置完成投料试车，3条成品油管道、1个石油储备库建成投用（见表2）。另外，川气东送地面集输工程（一期）、松南气田10亿立方米产能建设地面工程、塔河油田十二区产能建设地面工程（三期）等重点项目建成投产。各企业按照总部《建设项目生产准备与试车规定》的要求，提前做好组织、人员、物资、技术、资金、营销、外部条件7个方面的生产准备工作，对项目总体试车方案进行认真而有针对性的审查，对投料试车条件进行细致而全面的检查，对试车全过程进行切实有效的监督和管理，保证了生产装置投料试车工作的顺利进行。全年总部共组织总体试车方案审查19次、投料试车条件检查16次、开车队和专家组9个、现场服务组2个。

（陈　苏）

表2　　工程建设项目2009年投料试车/建成投用情况

序号	项目名称	建设规模/万吨·年$^{-1}$	投料试车/建成投用时间
一	福建炼化有限公司		
1	常减压蒸馏	800	5月11日
2	轻烃回收	260	5月12日
3	对二甲苯	70	7月27日
4	加氢处理	230	5月22日
5	加氢裂化	210	7月24日
6	连续重整	140	5月15日
7	航煤加氢	120	6月16日
8	柴油加氢	280	5月18日
9	溶剂脱沥青	170	6月22日
10	硫　黄	20	5月19日
11	IGCC	6	7月22日
12	乙　烯	80	8月25日
13	丁二烯抽提	12	9月1日
14	MTBE/1-丁烯	8/3.5	9月4日
15	聚乙烯	80	7月2日
16	聚丙烯	40	7月2日
二	天津分公司		
17	常减压蒸馏	1 000	12月16日
18	航煤加氢	80	12月17日
19	柴油加氢	320	12月17日
20	加氢处理	130	12月2日
21	加氢裂化	180	12月20日
22	延迟焦化	230	12月14日
23	重整抽提	100	12月18日
24	低密度聚乙烯	30	12月12日
三	广州分公司		
25	连续重整	100	4月12日
四	上海石化		
26	对二甲苯	60	9月15日
五	齐鲁分公司		
27	丁苯橡胶	10	6月3日
六	燕山石化		
28	醋酸乙烯共聚乳液	5	11月20日
七	湛江东兴		
29	重油催化裂化	120	8月23日
30	聚丙烯	14	9月11日
31	催化汽油加氢	60	9月2日
32	硫　黄	2	9月3日

续表

序号	项目名称	建设规模/万吨·年$^{-1}$	投料试车/建成投用时间
八	川气东送工程建设指挥部		
33	天然气脱硫第一联合	20亿米^3/年	10月14日
34	天然气脱硫第二联合	20亿米^3/年	12月22日
九	安庆分公司		
35	硫　黄	4	7月10日
36	蜡油加氢	220	10月17日
十	洛阳分公司		
37	制　氢	4万米^3/时	5月21日
38	蜡油加氢	220	5月19日
十一	高桥分公司		
39	催化汽油脱硫（S-Zorb）	120	9月28日
十二	济南分公司		
40	催化汽油脱硫（S-Zorb）	90	12月9日
十三	镇海炼化分公司		
41	催化汽油脱硫（S-Zorb）	150	12月17日
十四	金陵分公司		
42	蜡油加氢	260	7月27日
十五	石家庄炼化		
43	制　氢	1.4万米^3/时	5月23日
44	硫　黄	3	12月16日
十六	茂名分公司		
45	硫　黄	10	10月28日
十七	销售华北分公司		
46	鲁皖二期济南—邯郸段	480千米	5月17日
47	鲁皖二期石家庄—邯郸段	210千米	12月19日
十八	销售华南分公司		
48	昆大成品油管道	323千米	8月29日
十九	石油储备公司		
49	白沙湾储备库	95万立方米	6月24日

【竣工验收】 2009年，中国石化所属企业共完成44项限上（投资3 000万元及以上）固定资产投资项目的竣工验收（见表3）。

（刘美娟）

表3　　**中国石化2009年固定资产投资竣工验收项目**

序号	项目名称	验收时间
1	天然气分公司安平—济南天然气管道	11月
2	燕山120万吨/年汽油吸附脱硫	12月
3	齐鲁高硫焦代油	10月
4	上海石化火炬气回收气柜	4月
5	上海石化与赛科互供物料管线	12月

续表

序号	项目名称	验收时间
6	高桥集中供氮供风二期	3月
7	高桥聚醚改扩建一期	3月
8	高桥北线扩网工程	3月
9	高桥炼油配套一期	3月
10	高桥炼油配套二期	3月
11	高桥10万吨/年丁苯橡胶	3月
12	高桥20万吨/年ABS	3月
13	金陵干气脱硫	3月
14	金陵50万吨/年汽油加氢改造	3月
15	金陵10万吨/年硫黄回收	3月
16	金陵金扬原料管线	4月
17	金陵1 300万吨/年加工含硫油改扩建	11月
18	金陵炼油—化肥资源优化、化肥原料技改及配套工程	11月
19	金陵250万吨/年柴油加氢精制	12月
20	金陵富氢气体提浓	12月
21	金陵35万吨/年气分改造	12月
22	金陵金扬氢气管线及配套	12月
23	扬子合资空分D套项目	2月
24	扬子丁二烯项目	8月
25	清江100万吨/年常减压	8月
26	安庆热电厂1#、2#燃油锅炉报废2008年结转改造	12月
27	安庆Ⅰ套气体分馏装置30万吨/年异地改造	12月
28	川维水体污染防控	3月
29	川维VAE扩能	11月
30	九江延迟焦化	2月
31	九江加氢精制	2月
32	九江硫黄回收	2月
33	武汉5万吨/年芳烃	5月
34	武汉重整/加氢联合装置	5月
35	武汉100万吨/年焦化改造	5月
36	济南80万吨/年重油催化裂化FDFCC-III技术改造	3月
37	湛江苯抽提	12月
38	湛江气分	12月
39	湛江炼油填平补齐	12月
40	西安储运配套	6月
41	销售华南分公司西南成品油管道	4月
42	销售华南分公司珠三角成品油管道	4月
43	长岭2#常减压适应性改造	12月
44	江西石油分公司九樟成品油管道	4月

【南京项目管理中心】 2009年，南京项目管理中心继续全力向石化集团公司重点建设项目派出管理人员，主要参与了武汉乙烯、福建炼油乙烯、镇海乙烯、扬子BP醋酸、扬子醋酸配套项目及扬巴二期工程等项目的建设管理工作。

南京项目管理中心以武汉乙烯建设为己任，派30多人进驻项目现场，认真执行总部指示和要求，以“设计和地下工程年”为目标，以“安全、质量、进度、投资、合同”五大控制为重点，不断完善项目内控制度、行政管理制度、质量管理手册、HSE管理手册、采购手册、绩效考核等；完成项目总体设计审查、报批及基础设计委托工作；场平、码头、围墙、厂际管廊和单身公寓等前期项目按计划顺利组织实施。

南京项目管理中心参与建设管理的福建炼化IGCC项目POX装置，6月15日顺利产出合格合成气；镇海乙烯东区公用工程准点实现中交，PO/SM主生产装置进入“三查四定”扫尾阶段。

（王 宁）

工程建设监管

【工程质量监督】 2009年，石化工程质量监督系统努力做好石化项目的质量监督工作，积极探索石化内部工程质量监察工作的思路和方法，为石化建设项目质量把好关、服好务。

大力抓好重点项目质量监督，设立天津乙烯等重点项目监督组，及时推动监督组的经验交流，以提高石化系统的整体监督水平。年内，全系统在日常监督和质量检查过程中，开展停监点检查7 869次，下发质量问题通知单4 326份，提出质量问题12 015项。

进一步规范工程质量大检查工作。总站组织对《石化工程质量检查大纲》和《石油化工建设项目工程质量检查程序》进行了修订，进一步规范和细化了质量大检查的要求；制定了对质量检查组的考核管理规定；建立了质量检查专业人员专家库等。全年总站共组织综合检查和专项检查33次，发现质量问题6 761项。

加强分站日常检查，完善分站工作考核制度，进一步规范、细化了分站工作量化的考核指标。全年共对17家分站进行了检查，抓先进、促后进，极大地调动了各分站工作的积极性，从而提升了整个监督系统的工作质量。

编制、完善质量监督、监察制度。修订完善了《石油化工工程质量监督工作程序》；受国家发改委委托，负责起草了《石油石化建设工程质量监督工作规程》；《中国石化建设工程质量管理手册》第一册《总论》和第三册《建设单位管理》合订印发试行文本，并完成了第四册《对其他责任主体及有关机构的监管》的合稿工作。完成《中国石化建设工程质量监察规定》的编写并正式发布。

加大质量监督宣传力度，积极开展“质量月”活动及各种形式的宣传贯彻培训。全年先后组织了7期培训，各分站共发表质量监督信息报道108篇，“质量月”活动取得明显成效。

年内石化工程质量监督工作受到政府部门的充分肯定和表彰。石油化工工程质量监督总站获住房和城乡建设部颁发的全国先进工程质量监督机构称号，杜俊杰、张培生获全国先进工程质量监督工作者称号。金山石化、天津石化、燕山石化3个分站获中国建筑业协会工程建设质量监督分会颁发的全国建设工程质量监督系统先进单位称号，方小平等8人获全国建设工程质量监督系统先进个人称号。

（胡国勇）

【招标投标管理】 2009年，招标投标管理工作坚持“健全体系、强化监管、规范运作、业务公开”的工作方针，结合中国石化工程建设特点，继续严格招标方案、招标申请、招标文件、评委组成和招标结果等关键招标申报审批程序。全年石化集团公司招标办直接监管总投资3 000万元以上工程项目的招投标72个，包括天津乙烯、镇海乙烯、川维醋酸乙烯、松南气田产能、榆济输气管道、塔河原油改造等全部2009年重点项目，中标额约125亿元，共计447个标段，其中勘察设计20个标段、总承包11个标段、施工315个标段、监理68个标段、检测33个标段。

进一步规范市场秩序。加强市场资源库动态管理，审批公布了工程建设市场资源库A、B级成员名单，其中包括225家A级成员单位、545家B级成员单位。结合质量大检查，追踪参建单位的履约情况，将出现重大安全、质量事故的单位记入不良企业名单，严肃查处投标活动中出现的恶意抬价、串标等扰乱市场秩序行为的单位，对不良企业要求限期整改，并限制投标，保证了中国石化工程建设市场的健康发展。

贯彻落实总部2009年经济活动分析会精神，确保工程项目建设和设备检修的安全和质量。按照“一手抓清理、一手抓规范”原则，组织开展规范整顿工程建设市场工作，并对部分企业进行抽查，督促各企业对问题进行认真整改。

规范建设工程招标评标工作，加强对评标专家的监督管理，保证评标公平、公正。组织对《建设工程评标专家库管理办法》进行修订，并审核公布了首批632位中国石化建设工程评标专家名单。

强化工程分包监管力度，编制下发《工程建设项目分包发包管理规定》。

（杨　旭）

【标准管理】 2009年，石油化工工程建设标准化工作继续遵循“立足行业、服务企业、国际接轨”的原则，进一步完善标准体系，努力开拓创新，各专项课题研究取得丰硕成果。国际交流合作全面推进；编译完成《中国石化炼化工程建设标准》英文版和中英双语版，为中国石化走向国际工程建设市场提供了有力支撑。

立足行业，不断完善石油化工工程建设标准体系。围绕石油化工工程建设标准体系规划，突出重点、有序安排标准制修订计划，其中批准新立项35项，包括国家标准4项、行业标准31项；含新立项在内的全年制修订任务101项，共编制完成43项，其中国标6项（见表4）、行标37项（见表5）。组织完成124项标龄5年以上的石油化工行业标准复审工作，经国家工业和信息化部审定，公告13项标准废止，64项标准继续有效，47项标准被列入2010—2012年修订计划。对涉及“危险化学品安全”的现行有效和在编的国标、行标进行了清理，发现19项标准存在不协调、相抵触和不适应新要求的内容，归纳问题后向国家住房和城乡建设部提交了改进建议。

服务企业，积极为工程建设提供有力技术支持。编译完成并发布了中国石化企业标准《中国石化炼化工程建设标准》Q/SH 700—2009（英文版和中英双语版），共21个专业212项，自2010年3月1日起施行。成功组织了“普光天然气净化厂大规模散装硫黄储存及消防安全关键技术”研究，研究结果经多方论证评审，具备在项目上实施应用的条件；经国家住房和城乡建设部专项评审，该项研究成果符合国家新技术、新工艺、新材料核准行政许可有关文件要求，获得国家“三新”行政许可。组织对普光气田地面集输工程某些特种管材进行焊接工艺评定，经评审合格后移交现场应用；系统投运后管线安全平稳运行，测试技术指标满足设计要求；此系列特种管材焊接工艺评定成果通过了石化集团公司的科技成果鉴定。协调解决了一些项目的专项技术问题，组织专题讨论，协调国标管理组对标准条文给出解释，解决了天津乙烯220千伏高压线与中转油库之间的安全距离问题。配合质量监督总站组织开展中原石化球罐工程技术专项研究。组织了大型方箱加热炉和高塔类设备自振周期的研究，储罐抗震设计反应谱分析。开发了“石油化工建设工程项目施工技术文件管理系统”等，为工程管理积累数据、提供手段。组织《隔热耐磨衬里技术规范》、《石油化工企业设计防火规范》、《石油化工建设工程施工安全技术规范》等10余项新版标准宣传贯彻培训；宣传贯彻中，根据工程实践，结合相关行业近年来设计和施工的成功经验，重点宣讲了国家相关工程质量、工程安全等方面的最新要求及新版本比较原版本的变化情况。

与国际接轨，加强国际交流合作。把先进适用的标准引进来，扩大国外标准信息资源，提高国外标准信息库的使用效率，与国际标准组织续签三年标准订阅合同，包含API、ANSI、ASTM等20个国际标准组织的近5万项标准，与2008年相比，减少了BSI标准，增加了欧盟标准和流程工业方法标准。授权用户已达381个，全年查阅和下载标准达1.7万余项，3年来查询和下载标准达7万多项，为提高国外信息库使用效率，还举办了使用培训班。组织专家参加美国ASME管道标准周活动和API炼油与设备标准会议，介绍中国石化工程建设标准发展及国际标准在中国的应用情况，引起积极反响；通过标准讨论交流，了解国际标准制修订程序，探讨与ASME和API开展更广泛合作的渠道，在国内开展API检验员认证的可行性等；全年中国石化37名专家被批准出任API腐蚀和材料组、仪表控制系统组、电气设备组、传热设备组、机械设备组、管道和阀门组、地上储罐组、检查检测组8个专业组的技术委员会委员。

完善程序，全面梳理总结标准管理工作。结合中国石化发展形势和需求，吸收国外知名石油公司的管理经验，修订了《石油化工工程建设标准管理办法》、《石油化工工程建设行业标准编写规定》和《石油化工企业总图管理规定》等管理性文件，贯彻了中国石化国际化经营发展战略，满足了国家对工程建设标准化工作的要求，有利于加强工程建设标准化管理力度，有利于中国石化工程建设标准化工作的体制建设。全面总结中国石化工程建设标准管理工作（包括机构设置、制修订情况、经验做法、存在问题）和与国际接轨工作进展情况（包括与国际标准组织交流合作、国际标准提案、参与国际标准组织的专家委员、存在问题等）。国家有关部门对石化工程建设标准化工作给予充分肯定，认为具有示范带头作用。组织了施工技术中心站和工艺技术中心站技术委员会换届。第三届施工技术委员会共10个专业组、157名委员，第二届工艺技术委员会委员共24名。

（葛春玉）

表4　2009年向国家住房和城乡建设部报批的国家标准（石油化工工程建设）

序号	标准编号	标准名称	英文名称	实施日期	主编单位
1	GB 50542—2009	石油化工厂区管线综合技术规范	Technical code for pipelines coordination in petrochemical plant	2010年7月1日	洛阳分公司
2	建标119—2009	石油储备库工程项目建设标准		2009年9月1日	工程建设公司
3	GB 50493—2009	石油化工可燃气体和有毒气体检测报警设计规范	Code for design of combustible gas and toxic gas detection and alarm for petrochemical industry	2009年10月1日	洛阳工程公司
4	GB 50507—2010	铁路罐车清洗设施设计规范	Code for design of railway tank wagon cleaning facilities	待公告	洛阳工程公司
5	GB 50517—2010	石油化工金属管道工程施工质量验收规范	Code for construction quality acceptance of metallic piping in petrochemical engineering	待公告	第十建设公司
6	GB 50556—2010	工业企业电气设备抗震设计规范	Code for seismic design of electrical facilities in industrial plants	待公告	工程建设公司

表5　2009年向国家工业和信息化部报批的行业标准（石油化工工程建设）

序号	标准编号	标准名称	英文名称	实施日期	主编单位
1	SH/T 3004—2010	石油化工采暖通风与空气调节设计规范	Design specification for heating, ventilation and air conditioning in petrochemical engineering	待公告	宁波工程公司
2	SH/T 3011—2010	石油化工工艺装置布置设计规范	General specification for design of process plant layout in petrochemical engineering	待公告	工程建设公司
3	SH/T 3012—2000	石油化工金属管道布置设计规范	General specification for design of piping layout design in petrochemical engineering	待公告	工程建设公司
4	SH 3022—1999	石油化工设备和管道涂料防腐蚀设计规范	Design specification for the coating anticorrosion of equipment and piping in petrochemical engineering	待公告	兰州设计院
5	SH/T 3098—2010	石油化工塔式容器设计规范	Specification for the design of column in petrochemical engineering	待公告	宁波工程公司
6	SH/T 3139—2010	石油化工重载荷离心泵工程技术规定	Technical specification of centrifugal pumps for heavy duty services in petrochemical egineering	待公告	上海工程公司

续表

序号	标准编号	标准名称	英文名称	实施日期	主编单位
7	SH/T 3140—2010	石油化工中、轻载荷离心泵工程技术规范	Technical specification of centrifugal pumps for medium and light duty services in petrochemical engineering	待公告	上海工程公司
8	SH/T 3161—2010	石油化工非金属管道技术规范	Technical specification of nonmetallic piping in petrochemical engineering	待公告	南京工程公司
9	SH/T 3162—2010	石油化工液环真空泵和压缩机工程技术规定	Technical specification of lid rng vcuum pmps and Compressors in ptrochemical engineering	待公告	宁波工程公司
10	SH/T 3163—2010	石油化工静设备分类规定	Classification for static equipment in petrochemical engineering	待公告	中国石油大庆石化工程公司
11	SH/T 3164—2010	石油化工仪表系统防雷设计规范	Design secification for instrument system lightning surge protection	待公告	工程建设公司
12	SH/T 3165—2010	石油化工粉体工程设计规范	Design specification of material handling in petrochemical engineering in petrochemical engineering	待公告	上海工程公司
13	SH/T 3166—2010	石油化工管式炉烟风道结构设计规范	Design specification for flue gas & air ducts of tubular heater in petrochemical engineering	待公告	南京金陵石化工程设计有限公司
14	SH/T 3167—2010	钢制焊接低压储罐	Steel wlded, lw-pessure sorage tnks	待公告	工程建设公司
15	SH/T 3168—2010	石油化工装置（单元）竖向设计规范	Design specification of vrtical for unit in petrochemical engineering	待公告	中国石油大庆石化工程有限公司
16	SH/T 3169—2010	长输油气管道站场布置规范	Specification for general layout of oil and gas pipeline station	待公告	中国石油天然气管道工程有限公司
17	SH/T 3170—2010	石油化工离心风机工程技术规范	Technical specification for centrifugal fan in petrochemical engineering	待公告	宁波工程公司
18	SH/T 3171—2010	石油化工挠性联轴器工程技术规范	Technical specification for scratch coupling in petrochemical engineering	待公告	洛阳工程公司
19	SH/T 3422—2010	石油化工管式炉钉头管技术标准	Technical specification for stud tubes of tubular heater in petrochemical engineering	待公告	宁波工程公司
20	SH/T 3423—2010	石油化工管式炉用铸造高合金炉管及管件技术条件	Technical specification for high alloy cast tube and fitting of tubular heater in petrochemical engineering	待公告	工程建设公司

续表

序号	标准编号	标准名称	英文名称	实施日期	主编单位
21	SH/T 3424—2010	锻钢制承插焊和螺纹活接头工程技术标准	Engineering specification for forged steel，socket-welding and threaded unions	待公告	工程建设公司
22	SH/T 3425—2010	钢制管道用盲板工程技术标准	Engineering specification for steel line blanks	待公告	工程建设公司
23	SH 3501—2010	石油化工有毒、可燃介质管道工程施工及验收规范	Specification for construction and acceptance of hypertoxic and combustible medium piping engineering in petrochemical engineering	待公告	第十建设公司、第五建设公司
24	SH/T 3507—2010	石油化工钢结构工程施工质量验收规范	Specification for construction and acceptance of steel structure in petrochemical engineering	待公告	宁波工程公司
25	SH/T 3508—2010	石油化工安装工程施工质量验收统一标准	Unification criterion of construction quality check and acceptance for project installation in petrochemical engineering	待公告	石油化工工程质量监督总站燕山石化分站、第四建设公司
26	SH/T 3510—2010	石油化工设备混凝土基础工程施工质量验收规范	Specification for quality acceptance of equipment concrete foundations in petrochemical engineering	待公告	第十建设公司
27	SH/T 3512—2010	石油化工球形储罐施工技术规程	Technical specification for construction of spherical tanks in petrochemical engineering	待公告	第十建设公司
28	SH/T 3530—2010	石油化工立式圆筒形钢制储罐施工技术规程	Technical specification for vertical cylindrical steel storage tank in petrochemical engineering	待公告	第四建设公司
29	SH/T 3536—2010	石油化工工程起重施工规范	Specification for lifting construction in petrochemical engineering	待公告	第四建设公司
30	SH/T 3545—2010	石油化工管道无损检测标准	Specification for NDT on pipelines in petrochemical engineering	待公告	南京金陵检测工程有限公司
31	SH/T 3546—2010	石油化工夹套管施工及验收规范	Construction and acceptance specifications for jacket piping in petrochemical engineering	待公告	第十建设公司
32	SH/T 3547—2010	石油化工化学清洗施工及验收规范	Construction and acceptance specifications for equipment and piping of chemistry cleaning in petrochemical engineering	待公告	第十建设公司

续表

序号	标准编号	标准名称	英文名称	实施日期	主编单位
33	SH/T 3548—2010	石油化工涂料防腐蚀工程施工质量验收规范	Construction quality inspection and acceptance specification for coating anticorrosive in petrochemical engineering	待公告	宁波工程公司
34	SH/T 3606—2010	石油化工涂料防腐蚀工程施工技术规程	Technical specification for coating anticorrosive of construction in petrochemical engineering	待公告	宁波工程公司
35	SH/T 3607—2010	石油化工钢结构工程施工技术规程	Technical specification for steel structure of construction in petrochemical engineering	待公告	宁波工程公司
36	SH/T 3608—2010	石油化工设备混凝土基础工程施工技术规程	Technical specification for concrete foundation of equipment in petrochemical engineering	待公告	中国石化集团第十建设公司
37	SH/T 3609—2010	石油化工隔热耐磨衬里施工技术规程	Technical specification for heat-insulated and wear-resistant linings in petrochemical engineering	待公告	第四建设公司、天津金耐达筑炉衬里有限公司

【炼油化工定额和工程造价管理】 2009年，定额和工程造价管理工作深入贯彻落实国家方针政策，以及石化集团公司有关工程建设体制改革、造价管理改革精神，在定额制修订、宣传贯彻培训和工程造价管理等方面做了大量工作。

全面完成“6+1”修订任务并组织宣传贯彻培训。历经30多个月、集合全系统工程经济、技术和管理力量共同编制完成并发布了2007版《石油化工安装工程概算指标》及其编制基础《石油化工安装工程预算定额》等6个计价文件，同时组合编制了“概算主材费指标”，研发了配套使用的“石化建设工程造价管理信息应用系统”，该系统顺利通过总部科技成果鉴定。在完成2007版计价依据编修主要工作内容后，紧接着启动了对该版本的补充调整工作，搜集镇海、神华等项目的工程数据，补充编制了厚壁管、大口径管子和新型设备等近200个安装定额子目。全年共组织“6+1”各项内容宣传贯彻培训11个班次，2 000名造价管理人员参加学习。

修编完成并发布《石油化工行业检修工程预算定额》和《石油化工行业检修工程计价规则》，同时研发完成了配套计价软件。新版定额计价文件总结了试行版自2001年施行以来的经验，针对施行中存在的问题作了修改和完善，编制了包括传动设备、静置设备、工业管道、电气设备等8册12本内容，基本涵盖了检修工程的常规工作内容。与试行版比较，新版定额有以下主要特点：突出体现了石油化工行业检修工程“检修周期短、不确定因素多、工作量变化大、作业空间受限、安全要求严格、施工难度大”等特点；突破传统的定额表现形式，编制了《石油化工行业检修工程计价规则》配套预算定额使用，以适应检修管理的需要；着重梳理、调整了定额适用范围，适用于石油化工行业有计划的装置停产检修及与检修同期进行的该装置技术改造，生产运行期间的检修，煤化工、天然气化工等其他项目参照执行；单独列项拆除和安装内容，补充了试行版缺项的内容；依据国家及石化集团公司现行安全环保规章制度，充实了与劳动保护、环境保护、文明施工、HSE培训等有关内容。

2009年8月，启动修订《石油化工建设工程工程量清单计价办法》，已完成审查“修订技术统一规定”、分工编制、集中编制、征求意见等工作程序。

跟踪使用、积极筹划维护定额修订工作。关注企业设备维护管理工作，搜集数据、解决定额使用中遇到的问题，为适时修订《石油化工行业生产装置维护维修费用定额》（5册）、《石油化工行业自备热电（厂）站维护维修费用定额》、《石油化工行业自备码头维护维修费用定额（试行）》等作好准备。

跟踪市场行情波动，加强计价体系动态管理。根据物装部发布的采购指导价格，每2个月公布1次炼化工程主要材料的概算编制价格，1年2次合成、公布非标设备价格信息。全年完成《工程经济信息》和《工程造价信息》各6期。加强定额价格信息网站和工程计价网站建设。

配合重点项目建设，使定额指标计价依据成为强化工程造价管理的有效工具。参与孟加拉凝析油项目估算审查、造价审计；完成扬巴二期项目公开账簿估算的编制、审查并组织总体院转换估算格式；组织协调普光净化厂第一联合、空分空压等单元的造价核算；及时答复项目咨询函100余件，澄清造价问题500余项。

加强国际交流，为国内合资和国外投资建设打好基础。考察了俄罗斯工程定额管理和建设市场，与德国巴斯夫公司交流管理经验等。

石油和石化工程造价从业人员资格管理。全年共组织20余次培训班次，4 000余人参与学习，超额完成年初计划。另外，还完成了6 500余人的资格复查审核和新版证书换发工作。

造价工程师注册管理和甲级造价咨询企业资质管理。中国建设工程造价管理协会石油化工委员会受中国建设工程造价管理协会委托，石化股份公司工程部直接领导，负责石化系统造价工程师的注册管理、甲级造价咨询企业的资质管理等。

2009年，中价协石化专委会贯彻执行住房和城乡建设部、中价协文件精神，结合中国石化管理特点，重点做好中国石化系统内800余名造价工程师的注册管理、会员管理、继续教育培训和17家甲级造价咨询企业的资质管理等工作。加强与各地方及专委会管理机构的横向联系，协调解决中国石化所属或从中国石化改制的造价咨询企业在地方遇到的困难和问题。全年完成了所辖甲级造价咨询企业的摸底统计，办理了其中13家企业甲级资质的延续审核并报批、6家企业的有关资质变更；办理人员初始注册、续期注册、变更等400余人次。

（余晓花）

【石油工程造价管理】 2009年，石油工程造价管理中心就定额管理、主材预算价格管理、造价管理与分析、基础建设等方面做了大量工作，并取得了良好效果。

定额管理。完成物探采集、处理解释基础定额的初稿编制，同步配套研发物探工程造价管理软件。补充收集各油田41个项目的施工参数及财务结算资料，经总部审批试行。完成胜利油区海洋钻井定额修编的初稿和反算对比。补充编制川东北部分试气定额，包括射孔和无牙痕下油管技术服务补充定额和2500型压裂车费用定额；补充完善西北分公司钻时定额，组织开展西南分公司钻井定额修编。收集、筛选160多项定额维护项目，最后确定45项。石油建设安装工程消耗量定额，已完成各油田消耗量定额基础数据采集、审核和资料上报；建立了定额人材机标准库；设备安装、给排水通风防腐、电气自动化专业完成初稿，油气田、长输专业工作量完成过半。完成《石油安装工程清单计价办法》的编制并通过专家评审。编制完成《石油地面建设工程估算指标（总部指标）》，建立总部估算指标与各油田估算指标之间的对应关系。

主材预算价格管理。根据市场价格变化及物资装备部石油地质专用管价格谈判情况，分批调整了国产石油专用地质管预算价格。根据中国石化油田企业自用成品油采购价格变化情况，先后5次调整各油区汽油、柴油预算价格。

造价管理与分析。2009年，胜利、中原、河南、江汉、江苏、西北、西南、华北、华东、东北、南方勘探11个油田造价管理部门，共完成工程结算审查总额416.4亿元，其中物探工程37.3亿元，钻井工程215.1亿元，测井工程12.0亿元，射孔工程3.2亿元，录井工程8.2亿元，试油工程12.4亿元，井下作业81.7亿元，地面工程46.5亿元。组织川东北地区试气、投产造价审核。与生产开发、工程技术、物资装备、计划等部门协调配合，挖潜增效，合理确定川东北地区投产工程造价水平，投资总额最初上报39口气井总投资43亿元，最终确定为25.3亿元，相比减少17.7亿元。配合油田事业部和发展计划部，重点测算定额调整及主材价格变化对各油区、各专业工程造价和投资的影响。全年共测算风险探井和高难度水平井、气井45口，进尺21.43万米，各油区上报投资22.88亿元，审核为20.86亿元。筛选了14个一、二类投资项目，组织各油田造价管理部门，开展了重点项目造价分析。

基础建设。进一步加强业务基础建设，重点是继续开展油气成本定额的套算分析，以建立比较系统的基础数据，探索改进和完善基础定额的新思路，为开发成本管理提供依据；配合财务部门以油藏性质和原油物性等为基础，找出成本控制的重点和难点。机构建设方面又有新进展，西南分公司进一步优化机构设置，提升管理层次；天然气分公司结合实际，健全机构，加强归口管理。按照石化集团公司有关规定，加强从业资质管理。组织项目管理（PMP）培训和考试。

（王　珞）

工程建设企业管理

【概述】 炼化工程板块围绕年度中心工作，积极进取，努力拼搏，全力保障石化集团公司重点工程项目，积极开拓境内外炼化工程市场，各项改革和生产经营取得了显著成绩，全面完成了年度各项生产经营和改革发展任务。

炼化工程板块8家企业均拥有炼油化工工程行业最高资质，板块内工程服务产业链完整，业务范围涵盖了从项目可行性研究、工程设计到施工总承包、项目管理服务的各个阶段；生产经营涉及国内、国外两大市场，具备自行设计和建设千万吨级炼油厂和百万吨乙烯的技术能力，自有技术建设大型化工厂的比例大幅度上升，工程化能力和施工能力处于国内行业领先水平。

在落实和推动2008年出台的《直属工程建设企业施工分包管理办法》的基础上，加强了施工分包管理执行力建设，结合“我要安全”主题活动，开展针对性的管理工作。2009年组织了对天津、镇海项目的施工分包专项检查，企业施工分包管理工作得到较大改进，总体形势好转，管理工作受控。利用5个培训基地，完成企业安全监督管理人员和分包商安全员的两级培训任务。重点工程项目建设上，积极发挥“主力军”作用，统筹协调资源，精心组织设计施工，落实保障措施，把精兵强将和优质装备优先配置到福建、川东、天津、镇海、塔河等项目的工程建设，协调解决企业生产经营中的突出问题，保障了石化集团公司重点工程项目顺利实施。

进一步理顺和明确了炼化工程境外工程承包业务集中管理的相关工作，在2008年出台的《中国石化境外炼化工程承包项目管理规定（试行）》（中国石化建〔2008〕345号)的基础上，经过反复研讨、完善制定了《中国石化境外炼化工程承包业务管理规定》（中国石化建〔2009〕388号)，对境外业务集中管理的工作机制作了明确的界定，实现了境外炼化工程承包项目合同统一签订，全年统一对外签订境外炼化工程承包项目合同共7项，总合同金额13.5亿美元，完成合同额10.8亿美元，全面超额实现年度计划目标，实现了业务管理更加流畅，管理效率得到提升。

优化资源配置，指导企业积极开拓系统外工程市场。认真研讨企业系统外工程市场管理的现状和存在的问题，多次组织召开系统外工程市场管理方面的工作会议，经过反复征求意见和完善修改，并于2009年8月27日制定印发了《中国石化直属工程建设企业系统外工程市场管理暂行办法》（中国石化建〔2009〕387号)，指导企业积极有序开拓系统外市场，确定了维护中国石化整体利益和推动板块企业健康发展的管理定位，明确了相关工作机制，每季度组织召开系统外项目生产经营例会。

（隋显波）

【生产经营】 2009年，直属工程建设企业新签境内合同172.67亿元，新签境外合同13.5亿美元。全年完成设计投资额725.24亿元，自行施工产值67.28亿元。全年实现营业收入375.22亿元，其中系统内占45.03%，境内系统外占26.06%，境外占28.91%。全年实现利润总额26.42亿元。

直属工程建设企业主要技术经济指标见表6。

（袁　波）

表6　石化集团公司直属工程建设企业主要技术经济指标

单　位	年　份	设计投资额/亿元	设计合同额/万元	施工产值/万元	利润/万元	产值利润率/%
工程建设公司	2009	360.85	163 860		144 320	—
	2008	259.05	133 710		96 946	
	2007	124.97	88 998		29 997	
	2006	121.28	32 778		28 648	
	2005	111.00	27 160		19 999	
	2004	108.50	34 459	4 228	6 980	

续表

单　　位	年　　份	设计投资额/亿元	设计合同额/万元	施工产值/万元	利润/万元	产值利润率/%
上海工程公司	2009	71.97	35 349	—	6 014	—
	2008	66.80	22 181		5 832	
	2007	56.03	11 367		5 005	
	2006	56.66	11 367		3 635	
	2005	81.50	18 734		2 648	
	2004	66.47	16 000		2 215	
洛阳工程公司	2009	228.20	71 027	—	97 857	—
	2008	206.38	49 078		49 685	
	2007	164.74	32 775		47 897	
	2006	120.68	26 433		17 322	
	2005	65.50	17 400		4 976	
	2004	55.80	16 500		2 316	
宁波工程公司	2009	64.22	18 071	107 960	6 607	—
	2008	99.04	18 718	60 374	6 511	
	2007	88.23	15 022	70 403	3 258	
	2006	38.84	19 660	110 586	2 765	
	2005	27.50	7 741	49 191	168	
	2004	28.30	3 031	68 444	2 836	
南京工程公司	2009	—	—	144 107	1 858	1.29
	2008			110 455	1 816	1.64
	2007			104 487	1 251	1.20
	2006			83 759	1 055	1.26
	2005			52 019	516	1.20
	2004			60 336	52	0.90
第四建设公司	2009	—	—	150 586	2 070	1.37
	2008			131 122	2 560	1.95
	2007			114 768	1 754	1.53
	2006			104 369	555	0.53
	2005			96 013	216	0.30
	2004			83 133	589	0.70
第五建设公司	2009	—	—	103 000	1 504	1.46
	2008			86 600	902	1.04
	2007			66 468	233	0.35
	2006			66 960	383	0.57
	2005			51 633	233	0.60
	2004			53 294	407	0.80
第十建设公司	2009	—	—	166 626	1 655	0.99
	2008			130 697	1 105	0.85
	2007			104 196	182	0.17
	2006			91 705	1 008	1.10
	2005			90 209	676	0.70
	2004			88 300	408	0.50

续表

单　位	年　份	设计投资额/亿元	设计合同额/万元	施工产值/万元	利润/万元	产值利润率/%
小　计	2009	725.24	288 307	672 279	261 885	1.26
	2008	631.27	223 687	519 248	165 357	1.39
	2007	433.97	148 162	460 322	89 577	0.88
	2006	337.46	90 238	457 379	55 371	0.87
	2005	285.48	71 035	339 065	29 422	0.70
	2004	259.07	69 990	357 735	16 303	0.70

【安全管理】 各企业认真贯彻落实石化集团公司安全环保工作会议精神，强化管理、严格监督，扎实开展“我要安全”主题活动，严格执行《安全生产禁令》，安全生产形势好转。洛阳工程公司和第十建设公司获石化集团公司2009年度安全生产先进单位称号。

为保证石化集团公司重点工程建设，多次组织对天津、镇海乙烯项目进行安全检查，同时，对各企业在沙特承接的工程项目进行安全检查，进一步促进了工程现场的安全管理。

组织完成了《石油化工工程建设事故案例图解和分析》的编写和发行等工作，首批8 000册已经发放石化集团公司各企业及相关改制企业，该书系统总结了多年来安全管理的经验教训，提升了相关人员的业务素质，已成为安全管理和培训工作的读本。

加强安技队伍建设，全面提高安全监督管理人员素质和业务能力，分别在天津、南京、宁波、淄博培训中心举办了分包商安全监督管理人员培训班，共计培训1 402人。同时举办了2期直属工程建设企业专职安全监督管理人员培训班，共计培训139人。

（张苏济）

【企业改革】 完成《工程建设板块改制分流（2001—2008）资料汇编》组织和出版工作。完成清理整顿验收工作，板块企业全部通过清理整顿验收，所有企业均没有不合格及整改项目，配合完成石化集团公司改制分流和清理整顿表彰工作。配合企业改革管理部，推动南京工程公司重组相关工作，组织配合进行了专项调研，帮助编制重组实施方案，组织业务发展定位研讨。南京工程有限公司重组工作有序进行，管理部门和设计人员已经到江宁新办公楼集中办公。

（高燕华）

【技术质量管理】 在优质工程评审方面，经过初审、现场复查、管理评审程序，评选出2008年石化集团公司级优质工程项目14个，组织了对初评合格的2009年优质工程29个项目的现场复查。对《集团公司优质工程评审办法》进行完善修订，完成征求意见稿。配合有关上级部门，协调镇海乙烯、川气东送管道工程、榆济管道工程3个项目创国优工程的过程评价工作。

在施工工法方面，评选出21项石化集团公司级工法，其中有7个企业6个工法被评为国家级工法。

组织召开板块企业质量管理工作座谈会，提出板块未来3年质量工作的目标，配合科技部召开石化集团公司质量工作会议。

经过前期的组织，会同人事部组织石化集团公司工程建设系统焊工比赛，在此基础上，通过进一步选拔培训，组织中国石化代表队参加全国建设行业焊工技术比赛，获得行业团体第三名。

（王建军）

【《中国石化炼化工程建设标准》英文版编制】 为推动国际化经营，炼化工程公司与石化股份公司工程部牵头组织5家工程建设企业共同开展了《中国石化炼化工程建设标准》英文版编制工作。该标准由21个专业共212项标准组成，总共400万字。炼化工程公司与石化股份公司工程部在此基础上组织近200名专家和译员分翻译、校审和汇审3个阶段，历时16个月完成，于2009年12月由石化集团公司正式发布了《中国石化炼化工程建设标准》（中国石化科〔2009〕651号）。《中国石化炼化工程建设标准》（英文版及中英文版）的发布是中国石化工程建设标准国际化的重要标志，对于中国石化工程建设板块加强对国内合资项目管理和控制、提高影响、扩大份额具有很强的现实意义。

（隋显波）

【典型施工工法中英文版动画开发】 为适应境外市场开发需求，提升施工工法和典型施工工艺的应用水平，更好地展示工程板块施工能力，有利于进一步培训、交流和经验传承，由工程企业管理部统一协调，选择了11项具有典型代表性的国家级和石化集团公司级工法或典型施工工艺开发成英文版动画演示文件。这11个项目经过前期统一组织的软件培训、开题评审、中间检查等上下互动工作，已按计划基本完成，进入收尾阶段。该举措推动了施工企业利用三维动画工具解决具体技术问题，培养了部分能够熟练使用三维动画软件工具的技术人员。

（隋显波）

【建筑业统计】 对口国家统计局与住房和城乡建设部，指导并督促完成31家建筑业企业主要指标月度快报工作和相关培训工作，完成了石化集团公司2009年建筑业企业年报统计汇总工作，并获一等奖。

（高燕华）

【设计企业资质管理】 根据国家住房和城乡建设部《建设工程勘察设计资质管理规定》（建设部令第160号）等文件精神，自2010年4月1日起，所有旧版工程设计资质证书作废。为贯彻落实新部令以及工程设计企业资质新标准，确保石化集团公司所属工程设计企业新旧资质证书的平稳衔接，组织召开了工程勘察设计企业资质研讨会，本着简化程序，方便企业的原则，开展直属企业与改制企业工程设计资质证书更换新证工作。换证范围包括行业、行业部分、主导工艺、专项、专业事务所、综合事务所资质以及各类暂定级资质，均按照新标准要求及《新旧工程设计专业资质与设计类型对照表》更换新版工程设计资质证书。结合石化集团公司所属工程设计企业体制改革的具体情况，有计划、有组织、平稳有序地完成了工程设计企业资质换证工作以及个别企业的资质升级、核定工作。

2009年共组织完成20家企业甲、乙级设计资质换证，5家企业专业资质升级，2家企业主导工艺甲级、电子广电通信行业乙级资质核定材料的初审与申报工作。除宁波工程公司综合甲级资质、南京设计院石油天然气行业石油库、化纤行业化纤工程专业乙级升甲级资质待批外，其他25家企业（其中14家为改制企业）的资质换证、升级、核定材料均已通过最终审查，获得国家住房和城乡建设部批准，并获得新的资质证书。另外，5家改制设计企业换证材料通过地方申报，获得住房和城乡建设部批准，换发了甲级设计资质。

（胡瑞玲）

【设计人员执业资格管理】 为加强设计人员执业资格管理，落实个人执业责任，实行个人注册执业资格制度，根据全国注册化工工程师管理委员会的安排，完成了石化系统勘察设计企业注册化工工程师资格的调查摸底工作，为 2010年4月1日起开展注册公用设备工程师、注册电气工程师、注册化工工程师等专业的执业注册工作作准备。

（胡瑞玲）

【优秀勘察设计评选】 石化集团公司2008—2009年度工程勘察设计项目“四优”评选，共收到24家勘察设计企业的112个工程勘察、设计、计算机软件参评项目。

（胡瑞玲）

【工程建设监理管理】 截至2009年底，会员监理企业达47家，其中专业乙级资质7家、专业甲级资质38家、综合资质2家。

按照年度培训计划的安排，结合企业发展需求，2009年分别在天津、九江、胜利油田举办了3期石油化工工程建设监理工程师培训班，参加单位27家，参加人员313人，其中166人取得了石油化工监理工程师资格。

根据住房和城乡建设部关于《注册监理工程师继续教育暂行办法》的要求，2009年分别在南京、天津、镇海、胜利油田和北京组织举办了8期注册监理工程师继续教育培训班，来自35个单位的近千名监理工程师参加了继续教育培训，并通过综合考核，完成规定的继续教育培训任务。

为培养和建立一支高素质的总监队伍，提高适应石油化工工程建设项目特点的能力，进而提高石化工程建设项目的监理水平，2009年5月在天津组织举办了1期石油化工建设项目总监理工程师培训班，参加单位26个，参加人员155人，其中96人取得石油化工建设项目总监理工程师资格。

为表彰先进，树立工程监理行业的良好形象，激发监理人员的爱岗敬业精神，根据《关于开展评选中国石化2009年度先进工程建设监理单位和优秀项目总监理工程师活动的通知》，在单位自行申报的基础上，经过综合评分，共评选出8家先进工程建设监理单位、12名优秀项目总监理工程师。

（张欣华）

【施工企业资质管理】 参加住房和城乡建设部建筑业企业资质等级标准整体修订工作。建筑业企业资质等级标准分为施工总承包、专业承包、劳务分包3个序列，施工总承包分12个专业，石化集团公司为施工总承包中“石油化工”专业的牵头单位之一。2009年2月完成了对所属施工企业的资质水平情况调查，在此基础上，按照整体修订标准的要求编制了《石油化工施工总承包资质等级标准》及所覆盖的专业和单列的专业资质标准，经过2次征求意见和2次修订，于4月30日将修订稿上报住房和城乡建设部。6月14—30日参加住房和城乡建设部的统稿工作，对等级标准的结构、格式、文字、数字、表述等进行统稿。

完成例行的企业资质申报审批工作。按照“随时受理、定期审查、及时上报”的原则，对企业上报的资质材料，原则上每2个月审查1次。第十建设公司申报的2项资质已获住房和城乡建设部批准。对于国务院国资委管理的企业及下属一层级以外的企业在资质申报和管理中遇到的问题，与住房和城乡建设部及地方建设行政主管部门联系和沟通，使其得到及时的解决。对住房和城乡建设部相关文件和规定，如新老部令的变化与调整、交叉与衔接等问题，通过会议、讲座、咨询等方式有针对性地进行讲解、解读和交流，解决企业在资质申报和管理中的问题。

对建筑业企业资质管理专家库进行了调整和补充，其中石化集团公司有8位专家进入住房和城乡建设部资质评审专家库。

进行了2009年度施工企业社会信用评估工作。向中国施工企业管理协会推荐北京燕华建筑安装工程有限责任公司等4家企业参加2009年度施工企业社会信用评估，4家企业均被评为2009年工程建设企业社会信用评估AAA级企业。

完成了中国施工企业管理协会优秀职业经理人评审。石化集团公司共有10人被评为优秀高级职业经理人，14人被评为优秀中级职业经理人。

（张时人）

【工程招标】 2009年，中国石化集团招标公司共组织招标115项，累计中标金额55.30亿元。其中，组织EPC总承包招标6项，中标金额44.73亿元；施工招标42项，中标金额7.98亿元；工程监理招标13项，中标金额7 681.73万元。招标项目涉及天津石化100万吨/年乙烯及配套项目、武汉石化80万吨/年乙烯工程、塔河重质原油改质工程、长岭分公司原油劣质化及油品质量升级改造工程4项重点工程建设项目。

招标企业涉及天津分公司、武汉分公司、塔河分公司、长岭分公司、海南炼化公司、青岛炼化公司、青岛石化公司、催化剂长岭分公司、催化剂南京分公司、催化剂齐鲁分公司、北京石油分公司和广东石油分公司12家炼化和销售企业，以及中石化中海船舶燃料供应有限公司、股份公司审计部、广州中石化大厦项目部、机关服务中心、昌平会议中心、全国人大机关办公楼项目管理部、经济技术研究院、石油工程技术研究院、北京协和医院和北京中石化井田工程建设有限公司其他10家单位。

在招标项目数量上，与2008年完成招标72项相比增加了43项，同比增加59.72%；在中标金额上，与2008年的49.23亿元相比增加了6.07亿元，同比增加12.33%。

（杨越强）

安全环保

◇ 综述

◇ 安全与健康监督管理

◇ 环保监督管理

◇ 污染综合治理

◇ 环保科研攻关

◇ 油气田及输油气管道安全保护

综　　述

2009年，石化集团公司认真贯彻落实党中央、国务院关于加强安全环保工作的指示和要求，以科学发展观统领HSE工作全局，始终坚持“安全第一、预防为主、综合治理”的安全生产方针，以扎实开展“我要安全”主题活动为主线，进一步细化《安全生产禁令》，严格落实安全环保责任制，狠抓各项工作落实，继续保持了安全生产总体平稳态势，环境治理水平得到了稳步提高。

2009年，石化集团公司HSE工作面临新的挑战，突出表现在：①高含硫油气田的大面积勘探开发，进一步增加了安全风险；②劣质原油加工比例的不断提高，加剧了装置腐蚀，加大了配套环保装置（设施）的运行压力；③大批安全意识不强、业务技能不高的农民工进入生产和施工作业，增加了新的安全隐患，加大了安全监管的难度；④随着部分地区城镇化速度的不断加快，部分企业周边的缓冲隔离带被侵占，城镇社区逼近甚至形成包围企业之势，一旦发生安全环保事故，势必造成较大的社会影响。

面对新的安全环保形势，石化集团公司研究制定了2009年HSE工作的奋斗目标：以防范重特大安全、环境污染事故为重点，最大限度地实现“五个避免”（避免重大井喷失控事故、重大死亡事故、重大火灾爆炸事故、重大责任事故、重大环境污染事故）；外排废水COD含量同比降低3%以上；新鲜水用量同比降低3%以上，外排废水达标率保持在95%以上。

为实现上述奋斗目标，石化集团公司广大干部职工以科学发展观统领HSE工作全局，以HSE管理体系为主线，扎实开展“我要安全”主题活动，在强化安全意识、规范作业行为、消除安全隐患、促进安全发展上做了大量工作，提高了安全意识和遵章守纪的自觉性。组织开展了“安全生产月”、“世界环境日”宣传教育活动，举办了2期直属企业主要领导、主管领导HSE培训班，提高了领导干部的责任意识。持续开展隐患排查治理，落实“四定”管理。全年投资18.06亿元，对730项安全环保隐患进行了集中治理，装置设施的本质安全水平得以提高，重点企业环保问题和全系统电站烟气脱硫工作得到落实。继续坚持传统有效的安全环保监督管理办法，先后组织开展设备检查、年度HSE大检查、重点企业督察，每季度召开HSE工作视频会议，通报事故、传递压力、部署工作，促进了安全环保责任制的层层落实，强化了现场安全环保监管。认真组织开展中国石化职工健康状况、海外员工心理健康调查和员工接触职业危害情况调查工作，不断加强职业卫生管理工作。严格按照国家有关部门的统一部署，不断研究具体措施，解决突出问题，油气田及输油气管道安全保护工作有了新突破。在“战百日、迎国庆”油气田整治专项行动期间，有效遏制了重大涉油案件、群体性事件、涉油恐怖事件的发生，确保了油气生产供应安全。

（杜红岩）

安全与健康监督管理

【安全事故情况】 2009年，石化集团公司职工全员事故死亡率为0.013‰，重伤率为0.003‰；石化股份公司全员事故死亡率为0.015‰，均低于年初下达的考核指标。石化集团公司累计发生上报事故16起，死亡8人，企业外死亡5人。其中，石化股份公司发生上报事故9起，死亡5人。

（杜红岩）

【“我要安全”主题活动】 2009年，为强化全体员工安全意识、最大限度地减少生产施工现场存在的不安全行为，石化集团公司在全系统组织开展了“我要安全”主题活动。总部及各企业都成立了活动领导小组，制定了活动实施方案。活动以强化安全意识、规范操作行为、消除安全隐患、促进安全发展为主要目标，开展了声势浩大的安全宣传教育活动。共举办主题演讲1 227场次，知识竞赛1 812场次，应急预案演练4.8万次，制作“我要安全”DV短片195部，营造了“我要安全”的良好氛围。同时，在活动中各企业还开展了细化《安全生产禁令》，推行标准化操作，进一步规范员工操作行为，培养良好的安全习惯，为建立安全生产的长效机制打下了基础。

（李永俭）

【安全环保大检查】 2009年，石化集团公司先后组织开展了重点企业安全检查和治安防范专项抽查。在企业开展自查自改工作的基础上，总部集中组织了设备大检查及年度安全环保大检查。

8月20日—9月10日，安全环保局会同总部有关部门，组织了156人，分成13个检查组，对50家直属企业和3个重点工程项目部及参建的直属工程建设企业进行了安全环保大检查，共查出各类问题3 133项。各企业针对查出的问题深究问题根源，从企业管理、制度修订、责任制考核、员工培训等方面查找深层次原因，落实整改措施，促进了生产施工现场管理水平的提高。

（杜红岩）

【安全先进单位和先进个人】 胜利石油管理局、勘探南方分公司、仪征化纤公司、管道储运公司、镇海炼化分公司、济南分公司、上海石油公司、浙江石油公司、洛阳工程公司、第十建设公司、青岛安全工程研究院等42家企业被评为石化集团公司2009年度安全生产先进单位。其中，浙江石油公司、上海石油公司实现了安全生产“十二连冠”，仪征化纤公司、管道储运公司实现了安全生产“十连冠”。胜利石油管理局消防支队、西北油田分公司治安消防中心、天津石化公司消防支队、扬子石化公司消防支队、燕山石化公司消防支队、齐鲁石化公司消防支队等16支消防队被评为石化集团公司2009年度优秀消防队。王立新、田以民、江正洪、徐祥燕等95人被评为石化集团公司安全生产先进管理者。黄日成、果春翔等348人被评为石化集团公司安全生产先进职工。

（杜红岩）

【安全教育培训】 2009年6月和11月，石化集团公司举办了2期企业高级管理人员HSE培训班，155名直属企业主要负责人、主管负责人参加了培训。2期培训班由石化集团公司党组领导和国内知名专家、学者授课，收到了较好效果。此外，还举办了安全处（科）长岗位资格培训班、安全工程师培训班、安全管理干部培训班等，提高了专业人员的安全技能，具备了上岗资格。各企业按照石化集团公司的教育培训计划，举办了各类安全干部、安全技术人员、职工、外来施工人员、特种作业人员的培训班，开展了岗位安全资质、安全技能培训和专题安全培训，进行了事故演练和消防演练等。

（杜红岩）

【安全活动】 2009年6月，按照国家安监总局等有关部门的总体部署，石化集团公司认真开展了安全生产月活动，主题是“关爱生命，安全发展”。石化集团公司专门下发了有关文件，对活动开展提出了明确要求。各企业按照总部统一部署，结合“我要安全”主题活动，充分利用广播、电视、报刊等媒体，采取办学习班、安全考试、安全咨询、专题讲座、讲演、展览等形式，开展了多种安全宣传教育活动，营造了安全生产氛围，推动了安全生产工作。

（杜红岩）

【隐患治理】 2009年，在隐患治理工作中认真贯彻执行“安全第一、预防为主、综合治理”的安全生产方针，继续按照突出重点、分级监管、全程跟踪的原则，以解决影响企业安全生产的重大隐患、提高经济效益和社会效益为目标。2009年，石化集团公司安全隐患治理项目共计626项，总投资15.12亿元，同时下达石化集团公司2009年固定返还企业隐患治理的安保基金使用规模2.83亿元，两项合计17.95亿元。其中，仪表系统专项隐患治理项目有146项，总投资3.96亿元。在隐患治理中继续实行总部领导、总部职能部门和企业3个层次重点监管，安环局重点监督检查的办法。

通过隐患治理，更新了一批老旧控制仪表，仪表控制系统安全可靠性能有较大提高。企业消防装备和气防设施的水平得到提高，消防保障能力进一步加强。

（王　宁）

【安全“三同时”监督管理】 2009年，石化集团公司继续严格贯彻落实国家有关建设项目“三同时”监督管理的法律、法规和政策，针对国家政府部门对建设项目“三同时”的要求，进一步规范建设项目建审程序，落实相关方安全责任。邀请国家卫生部和国家安全生产监督管理总局专家对系统内“三同时”管理人员进行法律法规专项培训。对所有新改扩建项目的可研评估、安全审查、安全设施设计审查、总体开工方案备案、投料试车条件确认及竣工验收全过程实施严格的“三同时”监督管理。通过对总部重点工程实施企业初审、专家内审的监督审查程序，保证了建设项目能严格履行国家建审程序，符合国家有关法律法规和规范要求，并对重点建设项目的投料试车现场实施现场安全督导，确保了福建炼油乙烯一体化项目、镇海乙烯项目、天津乙烯项目等重点工程按期中交、安全投料试车和验收准备。

（朱　红）

【职业健康管理】 2009年，石化集团公司以继续贯彻落实《职业病防治法》为主线，组织召开了全系统职业卫生工作会议。组织有关人员对《职业卫生管理工作考核规定》、《中国石化个体防护用品配备管理规定》（试行）、《施工作业预防血吸虫病管理规定》3项职业卫生管理规定进行了修订，进一步规范了职业卫生技术和管理工作。健全完善了职业卫生档案、健康监护档案、培训档案和个人防护用品发放登记档案的管理。做好建设项目职业卫生“三同时”审查验收率、职业健康体检率、工作场所职业病危害因素检测率、监测合格率达标的工作。全年有毒有害岗位检测覆盖率达 99.7 %，监测点合格率99.3 %，职业健康体检率98.3%，在岗职工职业病发病率控制在0.1‰以下，杜绝了一次3人以上急性职业中毒事故的发生，实现了职业卫生的“三个目标”。

（朱　红）

【安全科技】 2009年，石化集团公司安全科技工作结合安全生产工作的实际需要，共确定了50项安全科研项目，投入资金4 200万元，重点对工艺安全及虚拟安全工艺操作等方面开展研究。通过直属科研院所和直属企业两个层面展开安全科技攻关，取得了新的成果。“中国石化突发性环境巨灾分析和防止对策研究”、“丙烯腈等有毒原料运输与废弃安全技术研究”和“大型油库安全保障技术的研究”3个项目获2009年度中国石油和化学工业协会科技进步三等奖。“高含硫原油直接催化裂化脱酸成套工艺技术的开发及工业应用”获2009年度石化集团公司科技进步一等奖，“加工机会原油防腐蚀解决方案”获2009年度石化集团公司科技进步二等奖，“石化装置异常工况预警关键技术开发与示范应用”项目获2009年度石化集团公司科技进步三等奖。

（朱　红）

环保监督管理

【概述】 2009年，石化集团公司以科学发展观为指导，继续贯彻落实国务院《节能减排综合性工作方案》和国务院国资委《中央企业任期节能减排管理目标》，以杜绝特大环境污染事故、实现稳定达标为奋斗目标，围绕公司年度中心工作，认真贯彻国家环保法律法规的要求，按照“谁主管，谁负责”的原则落实各级环保责任，通过推行清洁生产、实施环保隐患综合整治等手段，提高了石化集团公司整体的环保水平，在生产总量大幅增长的情况下，节水减排工作取得较好的效果。石化集团公司继续开展创建清洁生产企业工作，注重加强建设项目环保管理，积极开展环保科技攻关，进一步推动“三废”综合利用工作，持续抓好水体风险防范工作，并于年中召开了石化集团公司环保工作座谈会，针对国家新的环保形势和要求，专题研讨、布置环保工作。2009年，石化集团公司整体环保节水指标稳步提高，工业取水量同比减少3.3%，工业废水排放量同比减少2%；外排废水中COD量同比减少3.6%，外排废水达标率保持在96%以上；加工吨原油取水量达到0.6吨，同比降低7.7%，加工吨原油排水量0.3吨，同比降低16%；二氧化硫排放量同比削减14%。全年未发生重大环境污染事故，总体上实现年初制定的环保工作目标。2009年与2005年相比，石化集团公司累计COD下降16.3%，二氧化硫下降31%，完成了国务院国资委下达的节水和减排任期指标，也提前一年完成了国家制定的“十一五”减排目标。

（韩作斌）

【HSE管理体系环保内容实施要点】 石化集团公司积极推行HSE管理体系建设，在指导企业实施HSE管理体系过程中，充分考虑环保的内容。各企业重视环保责任制的落实，对照总部颁布的《HSE管理体系环保管理内容实施要点》的要求完善HSE管理体系，修订了相关的环保管理制度，落实各级环保职责，环保工作不断规范，保证了体系的有效运行。上海石化根据石化集团公司《炼油、化工企业HSE管理体系环保管理内容实施要点》完善了环保台账，编制了《生产单位岗位责任制检查内容与考核要求》，将20套环保设施纳入装置管理，及时跟踪环保装置的运行情况，并对出现的问题进行分析，确保环保装置长周期稳定运行。高桥分公司对照总部颁布的《炼油、化工企业HSE管理体系环保管理内容实施要点》，对环保岗检标准予以了全面修订完善，强化HSE工程师和运行技术员环保管理职责。洛阳分公司年初对重要环境因素进行了重新评价，严格依照各项程序和作业文件要求进行现场环保管理和监督，对各单位重要环境因素控制情况、环境方案实施情况进行检查、考核、总结，发现问题及时协调解决，保证了环保管理工作正常有序开展。齐鲁石化不断强化环保过程控制，实行“日报告、周通报、月总结、季讲评”的环保管理模式，取得了较好的效果；通过实行环境监督通知单制度，对环保指标超标、恶臭或噪声扰民、环保设施运行异常等问题，以《环境监督通知书》或《环境隐患整改通知单》的形式督促整改，纳入月度、季度和年度HSE考核，实现闭环管理。河南油田在HSE管理体系实施中，重视环保管理体系建设，做到了环保管理的无缝衔接，实现了环保管理制度化和规范化。油田企业普遍加强了施工建设的甲乙方管理，实施了严格的环保交接制，污染治理水平不断提高，对环保不合格和治理不达标的井场不予交接，并限期整改。

（韩作斌）

【环境保护先进单位和先进工作者】 江苏石油勘探局(分公司)、洛阳分公司（资产分公司）、北京化工研究院、北京石油分公司等19家企业被评为2009年度环境保护先进单位。王立新、朱平、魏文波、刘雄华、张勇等58人被评为2009年度石化集团公司环境保护先进管理者，孙吉昌等173人被评为2009年度石化集团公司环境保护先进工作者。

（韩作斌）

【水体污染防控】 各企业认真贯彻《中国石化集团公司水体环境风险防控要点》，认真进行了水体污染风险源的识别工作，并根据《中国石化集团公司环境风险应急预案编制具体要求》认真修订了企业级及车间级水体环境风险事件应急预案，并按要求加强演练，提高了企业员工应对突发事故时防止出现水体污染事故的实战能力。多数油气田企业以油田应急预案为总纲，编制了配套的环保专项预案和水体风险防控预案，做到重点水体防控一点一案，配套水体环境风险应急措施，加强培训和演练，提高快速反应能力。2009年6月，上海石化会同上海市金山区环保局和金山区消防六支队举行了“上海石化丙烯腈泄漏环保应急处置预案演练”，并组织了二级单位环保管理人员观摩了演练过程，为环保应急处置提供了一个有效的参考模式，培养了应急队伍，提高了环保应急能力。

（韩作斌）

污染综合治理

【清洁生产】 2009年，石化集团公司继续推进创建清洁生产企业活动的深入开展，修订并执行了指标更加先进的《中国石化炼化企业清洁生产标准》，组织专家深入企业开展评估、指导。对武汉分公司、四川维尼纶厂进行了预评估；对高桥分公司、塔河分公司和湛江东兴公司3家企业进行了评估。通过清洁生产方案的实施，被评估企业的综合能耗、加工损失率、节水等清洁生产指标均有明显改善，污染物产生量和排放量有了较大幅度的削减，2009年与2006年相比，3家企业综合能耗平均降低了3.5千克（标油）/吨，吨油取水平均减少了0.28吨，原油加工损失率平均降低0.12%。对已获得清洁生产企业称号的上海石化、济南分公司、镇海炼化和扬子石化4家企业进行了复查，清洁生产机制得到进一步巩固，2009年与2004年相比，4家企业炼油综合能耗平均降低了8.17千克（标油）/吨，炼油加工损失率降低了0.15%，吨原油取水量降低了0.21吨，吨原油工业废水排放量降低0.19吨，COD总量降低约1 000吨。

（韩作斌）

【综合利用】 2009年，石化集团公司继续按照循环经济的要求，积极开展“三废”综合利用工作，落实相关鼓励政策，调动了各企业开展此项工作的积极性，“三废”资源综合利用减免税工作持续开展。但由于2009年国家开始执行新的税法，对企业享受减免税的规定有了重大变化，各企业实际减免税额受到较大影响，全年获得减免税额7 800万元。

（韩作斌）

【环保专项治理】 2009年，石化集团公司针对污染物排放标准提高的现状和污染物排放总量削减的要求，在废水处理、废气处理、固体废物处理处置等方面加大了环保隐患治理力度，全年投入专项资金3.6亿元对油田、炼化企业存在的主要隐患进行了综合整治。另外，还组织对2008年环保隐患治理项目实施情况进行了检查，已实施的环保隐患治理项目对解决企业面临的突出环保问题起到了很好的作用，有效提高了企业达标水平，解决了部分环保扰民问题；组织召开了环保专项治理技术交流会，积极推动环保治理技术的推广使用。

（韩作斌）

环保科研攻关

【石油炼制工业含油污泥处理技术】 洛阳分公司采用抚顺石油化工研究院开发的热萃取油泥处理技

术，建立了处理能力1米^3/时的热萃取脱水工业示范装置。主要设备有污泥储罐、预热混合罐、萃取脱水罐、沉降分离罐、油水分离器、汽提干燥机、机泵及控制仪表。处理物料为离心后泥饼，其含水量70%左右、含固8%—15%、含油15%左右，通过热萃取工艺处理，将污泥分离成为油、水及固体物3个产物，脱出水平均COD为1 572毫克/升，油含量平均104 毫克/升左右，送污水场处理，处理1吨污泥，可回收油110—140千克。作为资源回炼，固体物经干燥得粉状固体物，送电厂与煤混烧。油、水、固三产物分别进入厂内循环利用，操作费用与回收的油收益相当。工业装置运行结果证明，含油污泥处理热萃取技术实现了油、水、固分离；最大限度回收油资源，萃取剂油取自炼厂馏分油，无需再生，重复使用；操作条件缓和，处理效果稳定，实现了污泥的资源化和无害化。该技术获2009年度石化集团公司科技进步二等奖。

（韩建华）

【橡胶生产尾气资源回收及治理技术】 燕山分公司采用抚顺石油化工研究院开发的橡胶生产尾气资源回收及治理技术，建设了一套橡胶尾气治理示范装置。该工艺技术主要包含有冷凝、除雾、催化氧化单元过程，其中以催化氧化技术为核心，回收其中的大部分水和环已烷；冷凝得到的不凝气与其余废气混和，一并进行催化氧化处理。混和废气依次经过除雾器、催化风机、换热器、加热器等设备，最后进入催化氧化反应器。在催化剂的作用下和较低的温度(200℃—450℃)下，橡胶尾气中的环已烷、已烷等有机组分在反应器内被氧化成二氧化碳和水，净化气达标排放。

橡胶尾气经过两级冷凝，得到的冷凝水回用于SBS合成系统，环已烷回收利用，装置排放的高温净化气回收用于SBS胶粒的热风干燥系统，取代目前使用的水蒸汽加热系统。处理装置的投运，彻底解决了橡胶尾气带来的污染问题，使周围环境空气质量得到明显改善，提高了企业的社会形象，每年减排非甲烷总烃900吨，其中环已烷减排844吨，已烷减排56吨。该技术获2009年石化集团公司科技进步二等奖。

（韩建华）

【中国石化炼化企业污染源调查及治理方案研究】 项目组采用方案设计、集中培训、现场监测、企业质询、类比调查等方法，形成了《中国石化炼化及储运企业污染源普查与分析总报告》；对80家企业2009年1—9月危险废物的产生与处理处置情况进行了调查与分析，完成了《中国石化危险废物现状调查报告》；针对11套乙烯装置、2套已内酰胺装置，给出了乙烯及已内酰胺产品重点污染源分析及治理方案；提出了中国石化污染治理重点与整改建议。项目的实施摸清了中国石化污染源的现状，对污染源控制和治理有重要意义。项目于2010年1月通过了中国石化科技开发部组织的技术鉴定。

（栾金义）

【炼油化工企业节水减排技术解决方案】 项目针对济南分公司、西安分公司炼油污水的处理需求，开发了以纤维过滤—生物活性炭—电絮凝（济南）、接触氧化—曝气生物滤池—多介质过滤器（西安）膜前预处理技术，选择的污水处理膜组件和技术科学合理，有效保证了膜技术的长期使用，形成了膜处理炼油污水的实用技术，申请国家发明专利5件，具有自主知识产权，整体技术水平属国际先进。该技术在济南分公司应用后，2008年达标污水回用率达到91％，两年反渗透产水159万吨；在西安分公司应用后，2008年产生脱盐水约40万吨。项目于2010年1月通过了中国石化科技开发部组织的技术鉴定。

（栾金义）

【开发HSE系统及清洁生产信息管理系统】 青岛安全工程研究院对HSE系统环保管理模块的开发工作有序进行。截至2009年底，该系统已在镇海炼化、扬子石化、河南油田、浙江石油等企业进行了试点企业版本的测试和应用，结合部分企业个性化需求开发的非试点企业版本也进入了后期测试阶段。此外，中国石化清洁生产信息管理系统的开发工作已接近尾声，进入后期的测试阶段。HSE系统环保管理模块的开发，对于规范和加强中国石化各企业的环保管理工作、梳理中国石化各项环保业务的工作流程提供了有力的技术支持。

（牟桂芹）

【中国石化炼化企业合规性评价体系】 随着HSE管理体系在石化集团公司各企业的推广，企业定期开展环保合规性评价成为了体系运行的重要环节。为更加科学、规范地进行这项工作，青岛安全工程研究院完成了炼化企业合规性评价体系研究，通过对金陵石化、齐鲁石化、青岛炼化、石家庄炼化以及青岛石化等多家企业的调研，掌握了各企业开展环保合规性评价的现状，建立了中国石化炼化企业合规性评价体系，并设计了有针对性的检查表。该项目成果对于帮助企业有效完成环保合规性评价工作、规避环保不合规风险将起到重要的作用。

（牟桂芹）

油气田及输油气管道安全保护

【概述】 2009年，总部有关部门和企业认真贯彻全国部际联席会议和石化集团公司的统一部署，保持高压态势，提高防范水平，建设企地联手长效机制，保证了油气田及输油气管道的安全运行和石化集团公司各项生产经营活动的顺利开展。特别是在“战百日、迎国庆”油气田整治专项行动期间，预防和遏制了重大涉油案（事）件的发生，确保了油气生产供应安全，为新中国建国60周年庆典的顺利进行作出了贡献。

（刘 坤）

【油气田整治专项行动】 石化集团公司按照“总结奥运经验，高于奥运要求”的工作标准，把新中国建国60周年庆典期间油气安全保护工作作为一项政治任务进行全面部署和要求。各油田、管道、销售企业切实落实“三防”措施，认真制定油气保护防恐防盗特殊防范应急预案，开展实战演练，对重点管道和敏感区域实行24小时安全保护。在全国部际联席会议集中开展“战百日、迎国庆”油气田整治专项行动期间，各企业特别是燕山石化、北京石油等在京企业以及天津、河北、山东等地企业严密防范管控，密切企地联系，加强督导检查，有效预防和遏制了重大涉油案（事）件的发生。国庆后，驻鲁企业还继续保持紧张有序的工作状态，圆满完成了全国第11届运动会的油气保障任务。

（刘 坤）

【打击整治涉油犯罪】 石化集团公司坚持把油气保护作为保障安全生产的一项重要工作，在每季度的安全环保电视电话会议上通报情况，指导督促企业研究解决问题。各企业重拳出击，严厉打击，全面落实工作目标和任务。江汉油田、河南油田依法全面围剿土炼油违法犯罪活动；西北油田、西南油田细致排查涉油违法犯罪案件和安全隐患；管道公司、胜利油田、中原油田积极配合司法机关侦办涉油违法犯罪案件，捕获涉油犯罪逃犯近千人，这些工作都极大地改善了油区治安环境。2009年，胜利油田等企业明确提出了“通过加强综合治理保证上产增效”的工作要求，掀起了严打整治的新高潮。

（刘 坤）

【推进油气安全保护工作基础建设】 2009年，各企业结合实际情况进一步完善职能设置，增加相应力量，层层落实责任，坚持监督考核和重大情况通（汇）报制度，安全保护管理模式进一步规范。石化集团公司组织了企业保卫干部培训班，宣讲油气安全保护工作形势，学习法律法规及相关专业知识，交流工作经验和方法，提高了综合治理保卫队伍的业务素质和战斗力。胜利油田、中原油田、江汉油田、西南石油局、天津石化等企业完善机构设置，加强队伍建设，强化岗位监管，不断提高内部管理水平。销售华南分公司进一步梳理工作制度和流程，有效实施了对第三方施工项目的预控和管理。管道公司把清理和预防输油气管道违章占压工作作为安全隐患治理的重要内容，全年管道违章占压数量下降了10.4%。特别是山东、河北、河南、天津、新疆等地的企业在强化管理、联合打击、企地共建等工作上密切联系，交流经验，互相支持，中国石化油气安全保护工作整体合力初步形成。

（刘 坤）

【增强企业安全防控能力】 各企业坚持“人防、物防、技防并重”的工作要求，加强研究推广适应工作特点的技防措施。销售华北分公司扩装压力波检测和声波预警系统，安徽、江西、上海、北京等销售企业增加管道探测设备，提高管道检测水平。燕山石化、齐鲁石化、塔河分公司等企业加强门禁管理，完善视频监控等技术防范系统，对厂区关键部位和重要装置实施全面监测。胜利油田、中原油田、河南油田在要害、重点部位构建了防盗预警系统，重点加强信息防控工作，坚持对每日的油区治安信息进行汇总分析并及时通报生产部门。2009年，各企业坚持加大投入，强化应用，重视技防工作专业培训，保证了技防设施高效、安全地发挥作用。

（刘 坤）

【巩固企地警联防工作模式】 石化集团公司组织召开油区公安局长座谈会，共商平安油区建设良策，推进企警合作开创新局面。山东、河北、河南各企业进一步完善和推广企地联防长效机制。管道公司、销售华北分公司等企业坚持加强企地联防工作好的做法，继续组织召开每年一次的管道安全保护联席会议。销售华南分公司推进地市联席会议制度的建设，促成云南、广西一批州市新成立了联席会议组织。油田企业坚持紧紧依靠地方政府，强化企地联动，拓宽共建领域，融洽油地关系，共创平安油区。特别是胜利、中原、河南、江汉、江苏油田和齐鲁石化全力支持油区公安机关深化油区警务建设，协同一致维护了油区治安的和谐稳定。

（刘　坤）

【改善油区和管道沿线法制环境】 石化集团公司积极推进相关立法工作，多次向国家法制办和人大常委会提出对《石油天然气管道保护法（草案）》的修改意见和建议，以期进一步规范油气管道的安全防护工作。结合全国部际联席会议开展油气田及输油气管道安全保护工作征文活动，安环局筛选部分优秀作品集合出版了《一切为了油气安全》一书，对中国石化干部职工8年来保护油气资源的透彻分析和深刻思考进行总结和宣传。2009年，各企业在油区及管道沿线发放平安建设宣传手册等宣传资料10万份，悬挂宣传标语500多幅，张贴通告30余万张，发放印有油气安全保护各种宣传内容的日常用品2万余个，受教育群众近40万人，有力推动了整治行动持久深入地开展。

（刘　坤）

【整治成果】 2009年，各企业发生涉油刑事案件2 195起，同比（下同）下降7.8%；被打孔盗油609次，下降16.5%；被开井放油405次，下降15.8%。全年挽回可计经济损失4 571万余元。其中，管道公司原油长输管道被打孔246次，下降34.2%；胜利油田被打孔盗油105次，下降28.6%，被开井放油261次，下降1.9%；中原油田被打孔盗油120次，下降43.1%，被开井放油44次，下降38.9%；河南油田连续3年保持“零打孔”记录，被开井放油59次，下降36.6%；江苏油田打孔盗油和开井放油均为零次。镇杭、荆荆、金闵、金嘉湖、安合、江西、湖南等成品油管道没有发生打孔盗油案件。

（刘　坤）

节能减排

◇ 综述

◇ 节能管理

◇ 节水减排

综　　述

2009年，石化集团公司认真贯彻落实《中华人民共和国节约能源法》、《国务院2009年节能减排工作安排》和石化集团公司工作会议精神，以科学发展观为指导，坚持走节约发展、清洁发展之路，通过精细管理、优化调整、综合治理、科技创新和加大投入等措施，节能减排工作取得显著成绩。

一、节能减排指标取得明显进步

节能减排指标同比均有下降。2009年，石化集团公司万元产值综合能耗为0.77吨标煤，同比下降0.01吨标煤，下降1.61%，折合节约119万吨标煤。油田板块万元产值综合能耗0.41吨标煤，同比下降2.50%；炼油板块万元产值综合能耗为0.36吨标煤，同比下降4.76%；化工板块万元产值综合能耗为1.68吨标煤，同比下降8.14%；油田非上市板块万元产值综合能耗为0.73吨标煤，同比下降0.97%；公用工程板块万元产值综合能耗为1.69吨标煤，同比下降10.4%。石化集团公司废水排放量同比减少2%，外排废水COD含量同比减少3.6%，工业取水量同比减少3.3%；加工吨原油取水量0.60吨，同比降低7.7%；加工吨原油排水0.30吨，同比降低16.7%。

提前完成国家“十一五”节能目标。与2005年相比，石化集团公司万元产值综合能耗累计下降0.14吨标煤、下降15.4%，累计节能量为1 327万吨标煤，超额完成了国务院国资委下达中央企业负责人第二任期节能目标（2009年万元产值综合能耗比2005年下降10%），也提前完成了与国家发改委签订的“十一五”节能目标（到2010年底，实现节能量778.57万吨标煤）。

主要技术经济指标稳步提高。油田油气综合能耗102.43千克（标煤）/吨，同比下降2.53%；原油商品率96.65%，同比提高0.04个百分点；天然气商品率85.33%，同比提高0.42个百分点。炼油综合能耗61.34千克（标油）/吨，同比降低2.55千克（标油）/吨；轻质油收率75.54%，同比提高0.76个百分点；综合商品率94.53%，同比提高0.49个百分点；加工损失率0.65%，同比降低0.10个百分点。化工乙烯燃动能耗622.63千克（标油）/吨，同比降低26.73千克（标油）/吨；乙烯收率31.5%，同比提高0.28个百分点；双烯收率46.43%，同比提高0.24个百分点；乙烯装置损失率0.36%，同比降低0.09个百分点。油品销售成品油吨油运杂费68.9元/吨，同比下降6.13%；运输、储存和零售的油品损耗率均控制在3‰以内。热电供电标煤耗353.13克/（千瓦·时），同比下降4.46克/（千瓦·时），降幅1.25%。

部分指标创造历史最好水平。2009年，炼油综合能耗为61.34千克（标油）/吨，同比降低2.55个单位。炼油单因数耗能同比降低1.67个单位，降低18.13%；部分企业如镇海炼化、茂名石化的EII已经达到国际先进水平行列（EII小于80）。燕山石化、茂名石化的乙烯燃动能耗首次控制在600千克（标油）/吨以下，创造历史最好水平。天津石化气相法线性聚乙烯创造同类装置连续运行39个月全国新纪录，能耗也实现连续三年全国第一。燕山石化3#聚丙烯的物耗、能耗实现在世界范围内同类装置领先水平，物耗比美国低2千克/吨，能耗比比利时低13千克（标油）/吨。

二、进一步强化节能管理工作

依据《中华人民共和国节约能源法》和石化集团公司《总经理奖励管理办法》、《中国石油化工集团公司节能目标责任制评价考核办法（试行）》的有关规定，制定下发了《中国石油化工集团公司节能与达标工作考核奖励办法（试行）》（中国石化生〔2010〕22号）。

建立健全节能减排监测体系和信息报送制度。根据国务院国资委《关于做好中央企业节能减排信息报送工作的通知》（国资厅考核〔2008〕76号）要求，每月汇总各企业上报的《企业节能工作报告》及《企业能源消费情况表》和《企业节能项目、措施完成情况表》，编写《中国石化节能工作报告》；每季度通过网上直报方式向国务院国资委综合局报送《中央企业节能减排信息报告》、《中央企业节能减排统计监测总表》、《石油石化行业节能减排统计监测汇总表》和《非工业其他行业节能减排统计监测汇总表》。

实施目标管理，层层分解、落实责任。总部年初与所属企业逐家对接落实了节能考核目标，各企业按照对接的能耗指标和财务费用指标逐级分解，将指标落实到每一个生产装置，对每月的蒸汽、电力、燃料、工业用水和综合损失实施定额控制和考核，切实加强了用能的量化管理。胜利油田实行节能、达标一体化管理，并与年耗标煤1万吨以上的8个重点用能单位签订节能目标责任书，纳入承包合同。中原油田层层签订目标责任书，初步建立节能指标细化到每一名员工的具体工作的目标责任体系。江汉油田有重点地对二级单位进行关键指标对接，实行总能耗包干，并纳入经济责任制考核。齐鲁分公司将节能目标分解到车间、班组，做到单位、部门有责任，人人肩上有担子，保证节能目标的实现。镇海分公司将年初制定的目标分解到各运行部门，并确定电与蒸汽为标杆指标，开展蒸汽与电消耗下降竞赛，确保完成全年各项节能指标。九江分公司确定每一套装置水、电、汽及燃料单耗量，以此作为装置考核指标，要求各单位制定出相应的保证措施，并对措施的进展情况进行动态的跟踪管理，使分公司年度节能工作处于有序控制状态。

三、加大投入，节能措施效果显著

2009年，节能工作进入了攻坚阶段，加大节能投入成为实现节能目标的重要措施，各事业部、管理部和各企业都给予充分重视。石化集团公司共安排节能减排项目318项、投资14.79亿元，实现节能41.45万吨标煤。其中，胜利油田实施3项，总投资4 725万元，形成节油能力181吨/日、节电能力2 604万（千瓦·时）/年，减少外购热力3万吉焦/年；河南油田完工7项，节电480万（千瓦·时）/年，节水157万米^3/年，替代渣油8 750吨，节油915吨；中原油田投资3 017.8万元优化改造注水系统，年节电354万千瓦·时，节气179.66万立方米，回收天然气660万立方米，减少油气损失3 697吨；江苏油田实施19项，投资1.52亿元，节电502.77万千瓦·时，节约原油179.8吨，节煤231吨，节约汽柴油89.16吨；齐鲁石化实施8项，投资4 167万元，节约标煤1.7万吨，其中节电1 041万千瓦·时，节汽12.8万吨；镇海炼化实施6项，投资1 440万元，年节约标煤9 134吨；茂名石化实施8项，投资2 172万元，实现节汽2.4万吨，节电108万千瓦·时，节约燃料260吨；巴陵石化实施8项，投资3 585万元，年节电980万千瓦·时，节汽6.5万吨；安庆石化实施5项，投资1 573万元，年节约标煤5 585吨。

四、积极推广应用节能新技术，取得显著成效

2009年，各企业重点推广网电钻机、样板加热炉成套技术、瓦斯回收技术、流程模拟技术、裂解炉空气预热节能技术和裂解炉扭曲片强化传热技术。油田企业共应用网电钻机完井128口、在钻42口，替代柴油1.07万吨。炼油企业对45台加热炉进行节能改造，投资1.34亿元，年节约燃油1.84万吨，增效9 175万元；基本完成炼油企业瓦斯系统改造，全年炼油综合损失率同比下降0.1个百分点。化工企业累计完成85台裂解炉的空气预热改造，占总乙烯能力的79.4%；累计完成45台裂解炉炉管的扭曲片改造，占总乙烯能力的41.3%。

五、开展能效对标活动，“比学赶帮超”竞赛逐步深入

各事业部和重点企业以能效对标为核心深化开展达标工作。各事业部在年初均确定了标杆企业、标杆装置和标杆加油站、油库，为达标活动明确了目标。各企业积极树立二级标杆，认真开展“比学赶帮超”活动。胜利油田以胜采22队等四大基层节能达标典型为标杆，并分专业、系统、单位树立了基层节能标杆，建设了机采、电力、计量、集输、新能源利用五大节能示范区。中原油田树立标杆指标、标杆基层队和标杆设备，采油四厂每月进行能耗对比分析，制定提升措施；每季度进行同类对标竞赛和考核兑现，油气综合能耗同比下降25.61千克（标煤）/吨。河南油田分队种设立基层队达标标杆值，开展采油队百米吨液举升能耗单项竞赛活动。江苏油田遴选了一批高效运行设备作为油田能效对标目标，授予“能效标杆设备”流动牌并分片开展现场交流、学习和对标。齐鲁石化开展炼油综合能耗对标，详细分析能耗及构成，并与国内标杆进行对比，找差距、定措施、抓落实。燕山石化开展加热炉专项竞赛，运行热效率提高0.66个百分点。巴陵石化己内酰胺装置已确定为中国石化能耗标杆，正在向行业标杆努力。九江石化在连续法聚丙烯装置被定为中国石化能效标杆后，开展“节能降耗在行动”竞赛，组织各装置以聚丙烯装置为标杆找差距，在停伴热汽、锅炉节油气、灭火炬和降生焦等专题上取得成效。安庆石化制定了“争当沿江炼化企业排头兵”的目标，对外学习茂名石化、九江石化，对内月月评比，重点针对生产计划优化、经济分析和加工损失控制等环节，找差距、定措施、改机制、上水平，力争建设“有特色的节能达标管理模式”。

六、节能标准化工作取得积极进展

2009年，石化集团公司全面推进节能标准化工作，组织编制了《炼油综合能耗计算方法》和《乙烯燃动能耗计算方法》行业标准。未上市油田企业针对山地、沙漠、水网等地表条件和地下碳酸盐岩海相地层、砂泥岩陆相地层等复杂因素对石油工程设备能耗的不同影响，开展物探标准测线能耗、钻井标准工作量能耗（标准钻机台月能耗，标准钻井进尺能耗）、井下作业标准井次能耗的立项研究工作。上市油田企业编制完成了《石化股份公司油田企业节能标准体系框架建设方案》。《油田原油集输系统经济运行》、《抽油机平衡度测试方法》、《抽油机用永磁同步电动机技术和使用规范》和《中国石化油田企业能源审计方法》4项节能标准立项，完成了《油田锅炉经济运行》、《油田用永磁电机监测方法》等中国石化企业节能标准制定工作。

（贾文杰）

节能管理

【概述】 2009年，面对全球金融危机的严峻挑战，在党组的正确领导下，石化集团公司紧紧围绕全年的生产经营目标，化挑战为机遇和动力，坚持“广泛宣传发动、突出制度建设、强化现场管理、优化资源配置、加大资金投入、引入先进技术”的节能减排工作思路和具体措施，以扎实严谨、精细缜密的工作作风，深化节能减排工作，并取得较好成绩，进一步提升了中国石化的社会形象。

（贾文杰）

【主题宣传活动】 2009年，为进一步提高全员的节能减排意识，石化集团公司上下利用各种形式，广泛深入开展大规模、多层次的专题宣传教育活动，突出强调节能减排工作的重大战略意义和中国石化所肩负的社会责任。王天普总裁6月15日在《中国石化报》上发表《加强节能工作，实现科学发展》的重要文章，要求全系统干部职工结合深入学习实践科学发展观活动，以范围更广、影响更大、效果更好的多种宣传方式，广泛深入地开展节能减排宣传教育活动；发扬“干毛巾也要拧出三滴水”的精神，深入开展“节能减排从我做起”活动；工作中积极采用先进节能技术，苦练内功，拿出真本事，肯下真功夫，提升企业竞争力；生活中积极采用节能产品，养成良好的节能生活习惯，努力节省每一滴水、每一度电、每一升油。多家中央主流媒体对中国石化努力践行企业社会责任、减少二氧化碳排放的低碳行动进行了密集报道。《中国石化报》、《中国石化新闻》也对茂名石化、扬子石化、金陵石化等企业坚持精细管理、持续优化、狠抓节能降耗等典型事例进行了系列播报。2009年，在新华网组织的网民投票中，中国石化被评为“社会责任建设杰出企业”。各企业纷纷采取积极行动，实践节能减排。胜利油田开展“能源紧缺体验日”活动，停用电梯、中央空调、景观用灯，停驶部分生产用车，部分员工停驶私家车；江苏油田以“精细管理”为主题，推行节能管理持证上岗；镇海炼化开展“我为节能作贡献”及“创新增效”合理化建议活动，收到合理化建议300余条；金陵石化开展争创“红旗炉”竞赛，加热炉效率提高1.2个百分点；仪征化纤开展“节能减排最佳案例”活动，征集建议479条，采纳329条，实施153条；华东石油局六物大队自觉喊出了“节约一分钱比挣一分钱重要”的口号。

（贾文杰）

【加大考核和奖惩力度】 总部制定下发了《节能减排考核奖励办法》，加强考核，促进实效。各企业严格执行考核办法，有力地推动基层单位完成节能目标任务。2009年总部考核的72家企业，除3家外，全部完成年度目标。胜利油田对完不成节能目标的单位实行“一票否决”，并扣发领导班子5%承包兑现奖金。镇海炼化全面推行“确保”、“力争”和“奋斗”三档考核制，每季度以运行部为单位评比排名，连续排名最后的单位实行扣分；对干部职工提出的具有可行性的节能降耗措施，按实际年节能量给予分级奖励，最高可达5 000元。中原油田和江汉油田均实施节能全方位考核，严格实行“一票否决制”和“问责制”，对未完成任务的单位，最高人均扣减300元绩效工资，对超额完成的单位，人均增加300元绩效工资，同时对单位党政主要领导，按能耗节超比例，奖、扣年度绩效工资。巴陵分公司实行全员目标责任风险抵押承包，并将节能目标考核与成本考核相结合，纳入月度经济责任制考核，以能源成本考核分档计提奖励。

（贾文杰）

【狠抓装置运行结构及负荷优化】 化工事业部围绕整体经营目标，以效益最大化、适应市场需求为目标，及时调整产品结构，优化合成树脂、芳烃、汽油、乙二醇、丁苯橡胶、尿素等原料和产品的生产运行、销售和库存方案，增产高附加值产品。炼油板块中，茂名石化根据各季度加工负荷的特点，精细优化一、二次加工装置的负荷结构、运行方案和主要设备运行时间，全年节能2.19万吨标油。燕山石化根据加工负荷和各装置耗能情况，优化装置运行方案，优先保证低能耗装置满负荷运行；根据氢气平衡优化制氢装置负荷；根据市场需求优化提高产品质量的各装置负荷；根据硫平衡优化三废装置负荷；根据市场需求和蜡油平衡优化中压加氢裂化运行方案。

（贯文杰）

【强化过程管理】 总部通过“月排队、季分析”及时发现企业存在的问题，督促整改。油田事业部正在建立节能预警分析机制，逐步推行费用计划管理和用能实物总量管理，并开展企业水电平衡调查，实施水电平衡考核办法。胜利油田开发了能源消耗及节约统计分析模板，进行月统计（警示）、季分析、半年考核、年度兑现，并加强了能源计量管理，强化重点耗能设备运行和核算管理。中原油田坚持月分析、季例会，针对耗能重点单位分析原因，每半年对能耗、技术经济指标、节能管理等方面进行考核评比，量化打分排名，下发考核通报，促进了节能管理的深入。茂名分公司年初修订专业检查标准，加大对现场检查力度，从公司到分部，每周到现场进行节能节水工作专项检查，对存在的问题落实措施及时整治。炼油事业部进一步完善能耗考核体系和检查监督机制，推行了EII节能管理。化工事业部强化月度分析，以月报为基础，分析企业运行总体状况、能耗水平和整体赢利情况，并及时向企业反馈汇总的数据和工作要求，促进企业横向对比，开展“比学赶帮超”活动。

（贯文杰）

【继续开展创建清洁生产企业活动】 2009年继续推进创建清洁生产企业活动的深入开展，对《中国石化炼化企业清洁生产标准》中的部分指标进行了修订，设置了更加先进的指标，并以修订后的指标为依据开展清洁生产企业的预评估、评估及复查工作。

2009年对已开展清洁生产工作但还未开展预评估的武汉分公司、四川维尼纶厂进行了预评估；对已基本具备清洁生产企业条件的高桥分公司、塔河分公司和湛江东兴公司3家企业进行了评估；对已获得清洁生产企业称号的上海石化、济南分公司、镇海炼化和扬子石化4家企业进行了复查。开展预评估的2家企业通过清洁生产工作的开展，健全了清洁生产组织机构，初步建立了清洁生产长效机制，组织开展清洁生产审核，严格控制主要污染源，各项环保节水和资源、能源利用指标得到改善；开展评估的3家企业建立了清洁生产长效机制，主要污染源得到有效控制，较为系统、全面地开展了清洁生产审核，各项环保节水和资源、能源利用指标完成情况较好，基本达到了石化集团公司《炼化企业清洁生产标准》的要求；开展复查的4家企业持续开展清洁生产工作，清洁生产长效机制运转正常，积极推动中高费清洁生产方案的实施，各项环保节水和资源、能源利用指标持续改善。

（贯文杰）

【油田板块节能工作】 2009年，石化股份公司油田企业紧紧围绕整体发展战略，完善机制，明晰目标，强化责任，严格考核，加强了节能管理，全面完成了年度工作目标任务。开展了以节能降耗为主、形式多样的树标、对标竞赛活动；重点实施节（代）油、集输系统工艺优化、电网系统改造、分离农用电、天然气回收利用、油田污水综合利用等项目23个，已完工投运16个，投资2.34亿元，已实现节（代）油5 000吨，节气11万立方米，节电3 657万千瓦·时，折合标准煤1.18万吨；开展了2006—2008年已实施完成的节能技改项目投产后节能效果的调研评估工作；完成了石化集团公司上游板块“十二五”节能、节水、节地和资源综合利用发展规划项目研究；编制了《股份公司油田企业节能标准体系框架建设方案》，开展了油田企业节能标准体系的建设工作；下发了2008年集输系统测试公报，开展了2009年度集输系统第二阶段测试工作。

2009年，按全口径统计，石化股份公司油田企业共消耗能源500.14万吨标煤，单位油气综合能耗102.43千克（标煤）/吨油当量，与2008年相比下降2.66千克（标煤）/吨油当量，万元产值综合能耗0.42吨标煤，与2008年相比下降0.01吨标煤。

（谭　宁）

【炼油板块节能工作】 2009年，石化集团公司炼油综合能耗同比降低2.55千克（标油）/吨原料油，单因耗能同比降低0.56千克（标油）/吨。

炼油企业从系统和总流程部分全方位开展用能优化，强化节能减排精细化管理；积极推进氢气资源优化利用、低温余热综合利用、装置热联合供料、涂料节能和乏汽回收等节能专项工作；开发燃料—动力模型，提升公用工程管理水平；开展节电、节汽、设备节能等专项工作，效果明显。2009年万元产值能耗0.36吨标煤，同比降低4.76%，节约标煤114万吨。

（谢小华）

【化工板块节能工作】 2009年，化工板块万元产值综合能耗累计完成1.68吨标煤，比计划低0.13个单位，节能率为8.14%，节能量为311万吨标煤。

2009年共实施节能项目43项，完成投资1亿元，节能9.1万吨标煤。节能项目包括蒸汽能级利用及蒸汽管网优化项目23项，工艺流程优化项目2项，设备节能项目3项，燃料综合利用项目2项，热供料项目2项，提高加热炉热效率项目3项，电机变频项目4项，公用工程系统优化项目2项，换热网络优化项目2项。为评价节能项目实施效果，归纳技术路线和方案，总结项目建设的教训和经验，委托经济技术研究院对重点项目茂名1#高压聚乙烯乏汽发电项目开展了后评价，达到了预期效果。

组织开展蒸汽优化利用专项工作。通过对企业的技术服务，取得了以下经验：一是对蒸汽管网进行整体优化。仪征化纤通过蒸汽管线并管优化运行，停运蒸汽管线约8 000米，减少了蒸汽管线散热损失和管损率，蒸汽消耗累计减少4.72万吨/年。二是提高对蒸汽跑、冒、滴、漏的重视度，加大乏汽回收和疏水器维护力度。天津分公司利用检修机会，更新疏水器717台，投资200万元，节约蒸汽9 000吨/年。三是用疏水罐替代大流量疏水器的应用效果明显。巴陵分公司己内酰胺装置应用疏水罐后节汽4.4吨/时。四是螺杆膨胀发电机回收乏汽余热技术在茂名分公司成功应用，回收0.27兆帕乏汽8.9吨/时，发电负荷343千瓦，效益200万元/年。五是裂解炉超高压蒸汽减温水控制阀内漏问题得到积极治理。天津分公司、齐鲁分公司、茂名分公司等通过维修消除泄漏，使蒸汽温度提高了10℃—15℃。

开展火炬回收专项工作。对化工企业火炬回收情况进行了函调，汇总了火炬回收的基本情况，包括火炬排放、长明灯能源消耗、火炬气回收量和回收能力等，总结了各企业工作中取得的经验，分析了存在的主要问题及其改进措施。2009年化工企业所属3座火炬熄灭。燕山分公司化工二厂火炬9月底熄灭；中原石化聚乙烯车间小火炬8月熄灭；金陵分公司煤化工主火炬熄灭。

组织乙烯能耗专项调研。按照石化集团公司三季度节能工作例会的要求，针对部分企业乙烯装置能耗显著下降的情况，为分析能耗下降的具体原因、总结在节能降耗方面取得的经验，9月组织上海石化、扬子石化、燕山分公司、齐鲁分公司等企业专家对燕山分公司、茂名分公司、齐鲁分公司等乙烯装置进行了专项调研。本次调研从能耗统计界区范围、包含的能源及耗能工质、能源及耗能工质折标系数、计量器具的配备和使用状况、乙烯产量和装置损失率的统计方法等影响能耗统计的各种因素作了比较全面的了解。

抓检修企业节能降耗。在装置检修前，组织专家对其进行会诊，指出存在的节能瓶颈，并提出改进建议和措施，兄弟企业的成功案例是重点介绍内容，企业据此开展有针对性地调研，在检修前确定详细实施方案。齐鲁分公司在2009年检修前重点学习燕山分公司2007年检修经验，利用检修机会，实施多项节能措施。

召开了化工节能工作交流会。会议在6月节能宣传周期间召开。会议主要内容一是回顾前期工作，肯定成绩，分析存在问题，布置下阶段工作；二是总结交流节能管理经验，会上4家企业作了典型经验交流；三是交流先进节能技术。

组织编写的《化工装置节能技术与实例分析》正式出版。该书是石油石化节能技术丛书的化工分册，化工事业部对此项工作高度重视，成立了领导小组，定期召开例会协调解决问题。共组织了150多名专家和工程技术人员参加了编写。全书共10章，60多万字，从能源概论、乙烯、芳烃、合成树脂、合成橡胶、合成纤维、合成氨、尿素、化工设备、公用工程等方面进行论述，介绍了主要化工装置的工艺流程、装置的能耗构成与分析，对103项成熟的节能技术实例进行了重点推介。

（黄志壮）

【油品销售节能工作】 2009年，销售企业以降低油品损耗和优化物流为重点，扎实开展树标、对标工作，全面实现节能降费。在降低油品损耗上，通过落实油品采购、运输、接卸、贮存全过程监控，强化责任追究和岗位问责，从严制定一次物流损耗指标，加强承运商管理，强化现场操作，落实保量运输等措施，分环节油品损耗率同比下降。在优化物流上，通过提高管输量、优化物流运行、加大资源串换、推进跨省提油、实现运价与油价联动、提高铁路罐车装载率、全面核查配送运距等措施，综合节省运杂费6.6亿元，2009年成品油吨油运杂费68.9元，同比减少4.5元。

（余羽华）

【油田存续企业节能工作】 2009年，未上市油田企业工业万元产值综合能耗、节能量两项考核指标都控制在计划内：工业万元产值综合能耗为0.73吨标煤，与年度考核指标相比下降0.01吨标煤，节约标煤2.82万吨。各油田企业工业万元产值综合能耗完成情况与考核指标比较，大多呈下降趋势。

中国石化以全资子公司新星石油公司为平台，发挥其在地质研究和油气勘探开发领域几十年的经验和优势，在地热能源勘探开发利用领域进行了积极探索，与冰岛国恩莱克斯公司合资组建了由新星石油公司绝对控股的陕西绿源地热能源开发有限公司，发挥双方技术、品牌等优势，加快开发地热资源。截至2009年底已建成供暖能力260万平方米。中国石化已为咸阳市和雄县几十个社区、学校提供地热水供暖。在咸阳的供暖能力已占咸阳市集中供暖能力的20%；在雄县，中国石化与县委县政府确立了推进并最终实现雄县“无烟城”的宏伟目标。通过有效回灌实现了雄县地热资源的可持续利用和保护性开发，已累计实现二氧化碳减排近30万吨，为中国节能减排、发展低碳经济、提高人民生活水平和改善生态环境作出了应有的努力和贡献。

（李一超）

【公用工程板块节能工作】 2009年，公用工程板块整体万元产值综合能耗指标1.69吨标煤，比石化集团公司下达的年度考核目标低0.27吨标煤，折合节能量86.79万吨标煤。纳入总部考核的资产公司管理的20家企业中全部完成年度考核值。其中，巴陵炼油综合能耗78.54千克（标油）/吨，累计69.95千克（标油）/吨，低于70千克（标油）/吨的考核目标；20项化工产品能耗指标与2008年同期相比均出现不同程度的下降。公用工程板块供电标煤耗354.56克/（千瓦·时），同比降低7.35克/（千瓦·时）。

本着优先安排投资省、节能潜力大、技术成熟的项目为原则，经过认真审核和筛选，2009年上半年先后下达两批新的节能技术改造项目计划，共涉及10家企业25个节能项目，投资6 620万元，预计节能2.8万吨（标煤）/年，经济效益3 000多万元/年。以上节能项目均全部按计划完成并发挥节能成效。

在2009年2月完成对石化集团公司所有热电企业现场专业评价的基础上，认真总结热电生产经营工作经验，3月31日—4月1日在上海高桥组织召开了石化集团公司2009年热电工作会议，总结分析了2008年热电生产经营工作，会议确定对石化集团公司所属热电锅炉进行能效监测，找出存在问题，制定治理措施，提高锅炉热效率。截至2009年底，实际完成测试锅炉92台。

为帮助热电煤耗指标落后企业提升水平，5月中下旬，组织技术力量，先后赴燕山石化、荆门石化和南化碱厂进行现场调研，逐家听取企业汇报，深入现场查看装置运行方式及参数，与技术人员交流讨论，共同分析煤耗指标差异原因，从煤炭管理、运行管理、设备管理和技术改造等方面提出了一系列具体的整改措施。

2009年，中国石化在公用工程节能技术开发工作方面，重点完成了胜利油田网电钻机开发、样板加热炉系列技术开发等工作。其中，胜利油田利用网电钻机技术完成网电钻井70余口，累计进尺达200千米，比柴油钻机节约费用50%以上。样板加热炉技术在上海高桥分公司800万吨/年常减压装置常压炉改造中应用，加热炉热效率由87.4%提高到92%，节约燃料2 288吨（标油）/年，减少烟气排放340万米^3（标准）/年，节能减排效果显著。

（田竞 王乐）

节水减排

【节水减排竞赛】 2009年，石化集团公司继续实施节水减排竞赛，制定了节水减排考核指标，包括外排废水合格率、COD排放总量、工业取水量、工业水重复利用率、万元产值工业取水量、加工吨原油排水、加工吨原油取水，并定期通报，年底进行考核奖励，建立起了有效的节水减排激励机制。经过综合评比，2009年水专业达标竞赛先进单位是燕山石化、茂名石化、镇海炼化、扬子石化、仪征化纤、天津石化、济南分公司、洛阳分公司、胜利油田、江苏油田。与2008年相比，石化集团公司节水3 600万吨。

（韩作斌）

【二氧化硫控制减排】 为实现二氧化硫减排的目标，石化集团公司加大了二氧化硫减排治理和投资力度。2008—2009年投资建设的脱硫项目设施正常运行，实现了总量的削减。2009年，中国石化累计投资近8亿元继续实施烟气脱硫，胜利油田、齐鲁石化、仪征化纤等企业电站脱硫设施运行正常，二氧化硫排放量大幅削减。2009年二氧化硫排放量同比削减14%，较2005年削减31%，提前一年完成国家下达的“十一五”减排目标。截至2009年底，中国石化已完成脱硫改造并投入运行的锅炉有59台，已批复正在实施脱硫改造的27台，共计86台；剩余10台锅炉有1家企业的4台正在组织审批，3家企业各2台锅炉正在由可研编制单位比选技术。

（韩作斌）

【炼油企业节水减排】 2009年，炼油企业工业水运行情况良好，累计取新鲜水1.06亿吨，加工吨原料油取新鲜水、排污水同比分别降低0.05吨和0.03吨，创历史最好水平。工业水重复利用率同比提高0.28个百分点，循环水浓缩倍数同比降低0.11，凝结水回收率同比提高2.7个百分点，污水回用率同比提高3.1个百分点。2009年，继续开好已有的污水回用适度处理装置，增加污水回用量，减少循环水补新鲜水量；在有条件的企业提高循环水浓缩倍数，减少循环水排污；强化用水管理和责任制的落实，提高企业节水意识。全年炼油企业节水减排746万吨。

（王一海）

科研开发

◇ 综述

◇ 科技成果

◇ 新产品开发

◇ 石化知识产权

◇ 技术监督

综　　述

2009年，科技系统结合学习实践科学发展观，不断完善体制机制，积极推进科技创新，营造良好创新氛围，发挥科技进步“推进器”作用，各方面工作取得了较好进展。

一、6个“十条龙”重大科技攻关项目形成工业化成果

川东北地区大型气田勘探目标及关键技术明确了长兴组、飞仙关组优质储层发育分布规律，建立了3种不同类型的礁、滩沉积模式，有力支持了天然气探明储量的迅速增长，累计已达5 009亿立方米，元坝地区又一大型天然气田轮廓初现。普光气田产能建设关键技术形成了礁滩相储层评价与预测技术、高含硫气藏开发技术、高含硫气井完井工艺、长井段多级注入大型酸压工艺等8个方面的关键技术序列，以及综合应用地震结构异常体和稀疏脉冲反演技术、非均质储层长井段投产试气井产能预测方法等6项创新成果，为普光气田产能建设提供了技术支撑，确保了川气东送工程的顺利实施。5万吨/年乙烯三聚制1-己烯成套技术在催化体系、反应器选型及控制、聚合物脱除和质量控制等方面实现了自主创新，整体技术水平达到国际先进水平。高性能合成树脂产品技术开发及应用推动了化工产品结构调整，以树脂结构表征及分子结构设计为基础，开发成功聚乙烯燃气管专用料、聚合装置直接生产汽车保险杠专用料，并形成了批量生产能力；聚乙烯燃气管专用料已通过瑞典权威机构PE100等级认证，在吉林、广东等燃气工程中应用；聚合装置直接生产汽车保险杠专用料通过了德国大众实验室的性能认证，已向多家汽车公司进行了推广。300吨/年高性能聚乙烯纤维干法纺丝成套技术开发了成套生产工艺技术和设备，产品各项性能指标达到国际先进水平。化工系统节水减排技术形成了专用水处理剂提高循环水浓缩倍数、曝气生物滤池适度处理污水回用等40余项技术，节水减排效果显著。

二、油气勘探开发理论与重点技术研究逐步深入，为增储上产和降本增效提供了支持

川气东送管道工程技术研究支持了普光天然气开发项目的顺利实施。塔河油田勘探与提高采收率技术研究使储量规模不断扩大，原油产量持续增长。胜利油区主力油田注水开发关键技术总结了典型中高渗砂岩油藏流体及储层物性时变特征，明确了胜坨油田不同含水阶段原油黏度变化规律，单元井网指标得到进一步优化，单元稳产基础增强。超稠油油藏蒸汽驱先导试验形成了高效注汽工艺，累计采油3.85万吨，累计油汽比为0.25。南方复杂深井钻井关键技术初步完成了复杂深井恶性漏失问题解决方案。东部老区主要富油凹陷稳产资源基础与关键技术研究，低渗透油藏二氧化碳驱提高采收率先导试验，稠油、超稠油和深层稠油开发技术以及复杂结构井钻井技术等也都取得了可喜的进展。三采助剂研发中心配套实验室建设一期工程基本完成，发挥上中下游一体化优势，稠油破乳降黏剂、三次采油用阴—非两性表面活性剂研发在短时间内取得可喜成果。

三、传统石油炼制与替代能源技术开发均取得新进展

超低压连续重整技术开发成功，中国石化能够全部依靠自主技术建设现代化大型炼厂，S-Zorb催化汽油吸附脱硫技术、汽油选择性加氢脱硫技术等推广应用提高了油品质量。高档内燃机油技术工业应用研究完成了两个黏度级别SJ汽油机油和CF-4 10W-40柴油机油的工业应用。5万吨/年生物柴油成套技术研究完成了5万吨/年工业示范装置工艺包开发，2 000吨/年生物柴油中试装置进行了反应蒸馏工艺生产生物柴油试验。此外，塔河原油加工技术、沸腾床渣油加氢技术、符合国家第四阶段排放要求的清洁燃油组成与排放关系研究取得了良好进展。甲醇生产低碳烯烃千吨级分子筛工业制备技术、合成气制油及合成气制乙二醇技术取得突破，加强了石油化工与煤化工技术的有机结合，为实现战略发展夯实了技术基础。

四、石油化工成套技术开发进展顺利

围绕天津石化和镇海炼化大型乙烯项目建设，积极研发、应用自主技术，各项技术研发进展顺利。大型气相法聚乙烯成套技术成功实现工业应用，进一步提高了化工业务依靠自主技术实现发展的能力。卤化丁基橡胶成套生产技术、百吨级芳纶工业试验等一批技术研究取得显著进展，为提高产品品质、提高产品附加值、推进产品结构调整提供了技术支持。

五、新产品开发取得新成效

开发了硅烷交联聚乙烯管材专用树脂、耐热抗冲聚丙烯专用料、高1,2-结构含量的SEBS、发泡材料用苯乙烯/丁二烯聚合物、瓶用高收缩标签膜聚酯、高纤度涤纶等新产品，提高了产品档次，满足了市场需求。

六、节能技术和装备研发取得新进展

炼化装置尾气处理技术研究取得阶段性成果。采用10项国内先进的加热炉节能新技术、新设备、新材料优化集成的炼油装置示范加热炉，形成了炼油加热炉节能成套技术。烟气脱硫技术开发和工业应用研究已经形成了适宜中国石化特点的几种锅炉烟气脱硫技术，提出了自备电厂烟气脱硫装置建设的适宜技术选择方案，为节能减排提供了支持。普光气田安全控制技术、大型储罐成套防雷技术、海底管道内检测器研制及应用等也取得积极进展。

七、新技术推广提升了生产技术水平

围绕油气勘探开发、清洁油品生产、大型乙烯建设项目等积极进行技术成果转化与推广。非渗透钻井液技术、柴油深度脱硫技术、干气制乙苯成套技术、粉粒料气力输送技术以及蒸汽动力系统优化技术等推广应用，收到良好成效。油气回收技术在为保证北京奥运会空气质量作出重大贡献后，继续为国庆60周年庆典发挥重要作用；在长三角、珠三角地区油库和加油站安装了油气回收装置，为保障上海世博会与广州亚运会的大气环境贡献了力量。

八、科技体制机制进一步完善

为加强石油工程技术和物探技术的研究工作，成立了石油工程技术研究院和石油物探技术研究院两家直属研究院。开展了调整完善科技体制机制的调研，提出了理顺科研管理关系、完善研发体系、健全运作机制的方案，提出了科研项目分类管理办法。截至2009年底，石化集团公司共有直属研究机构8家，二级企业所属研究机构46家。其中，油气勘探开发板块拥有直属研究院3家，二级企业所属研究机构33家；炼油板块拥有直属研究院2家，二级企业所属研究机构3家；化工板块拥有直属研究院2家，二级企业所属研究机构10家；公用工程板块拥有直属研究院1家。

九、标准化工作进一步加强

在质量工作方面，加强了对成品油质量监管，确保中国石化销售的成品油质量100%合格；修订了《中国石化质量管理办法》，完善了与其相配套的各业务板块的质量管理办法。在计量工作方面，发布并实施了《油田企业计量管理与考核规范》、《油品销售企业计量管理与考核规范》，规范了企业计量管理工作。在标准化工作方面，开展了重点标准的制修订工作，开展了统一聚乙烯、聚酯、合成橡胶等产品的企业标准研究和编制工作。制定了54种三剂采购标准，其中油田化学剂17种、炼油三剂8种、化工三剂20种、水处理剂9种。依据《中国石化油田化学剂和炼油化工三剂准入技术要求试行办法》，为规范三剂的技术准入，组织对9种油田化学剂和9种炼化三剂进行了筛选检验。

十、知识产权保护管理制度进一步完善

完成了《中国石化专利管理办法》和《中国石化专利费用管理细则》的制定工作。进一步完善了《中国石化对外技术委托开发合同》和《中国石化对外技术许可合同》等与知识产权相关的协议（合同）标准范本的制定工作。建立了《中国石化专利管理系统》并上线运行，实现了专利申请网上申报、审批，缩短了工作流程，增加了业务透明度，提高了效率。初步完成了中国石化知识产权战略制定工作。

2009年度，石化集团公司共申请国内外专利1 989件，其中申请国内专利1 854件，申请国外专利135件；获得国内外专利授权793件，其中国内专利授权756件，国外专利授权37件，发明专利超过70%，年度及累计专利申请和授权量继续在中央企业中名列前茅。

全年共有11个项目获得2009年度国家科技进步奖，其中“石脑油催化重整成套技术的开发与工业应用”项目获得国家科技进步一等奖，“二元复合高效驱油提高采收率技术”、“胜利油区复杂结构井钻井技术开发与应用”、“基于深井钻柱动力学的高速牙轮钻头与振动筛研制及应用”、“大幅度提高油气产量的非平面压裂技术与工业化应用”、“环已酮氨肟化路线已内酰胺生产工艺成套技术”、“乙苯脱氢制苯乙烯关键技术轴径向反应器和新型催化剂的研发及应用”、“大型乙烯装置优化运行技术与工业应用”、“含硫含碱废液过程减排新技术及在化工行业中应用”、“重交通沥青路面设计的理论体系、关键技术与工程应用”以及“非牛顿流体流变学特性测试技术研究及应用”10项技术获得国家科技进步二等奖。

（杜晋轩）

科技成果

【概述】 2009年，石化集团公司完成科技成果鉴定241项。石化集团公司授予技术发明奖4项，其中一等奖1项、二等奖1项、三等奖2项，授予科技进步奖116项，其中一等奖14项、二等奖39项、三等奖63

项。2009年度国家授予石化集团公司科学技术奖励项目和石化集团公司科学技术奖励项目见附录1。

（杨维先　徐　青）

【纳米空心钛硅分子筛催化剂工业制备技术】 1998年，石油化工科学研究院发明了用于绿色催化氧化的新型钛硅分子筛HTS，具有空心结构，拥有自主知识产权。2005年又发明了由纳米空心晶粒组成的多空心结构新一代HTS，催化性能显著提高，氨肟化评价寿命由30小时提高到120小时以上，工业转化率和选择性均大于99.5%。在小试、中试和半工业放大基础上，针对其合成条件苛刻、易受污染、固液不易分离等难点，发明了硅钛酯匹配适度水解、低温成核高温晶化、晶粒多空心重排改性优化、纳米分子筛过滤、干燥和焙烧等分子筛制备六大核心技术，完成了10立方米釜规模的工业制备技术开发，部分技术已移植用于其他纳米分子筛开发。为将HTS以原粉状态作为氨肟化催化剂直接使用，开发了增强活性与寿命、防堵膜平衡水洗、防粘壁刚化等催化剂制备三大关键技术，实现了质量稳定性能优越的HTS催化剂工业规模生产，与国外产品相比转化率高9.8%，选择性高11.3%，为己内酰胺全套自主知识产权技术开发提供支撑。该项目共申报20件中国发明专利和3件国外发明专利，并申报2件中国石化专有技术。HTS已成功实现50吨/年工业生产，用于巴陵7万吨/年己内酰胺工业装置，3年新增产值7 617万元，利润1 749万元。用于巴陵7万吨/年氨肟化装置，将原高温高压四步过程简化为温和条件的一步绿色工艺，转化率和选择性均大于99.5%，废气仅为原国外技术HPO法的0.31%。该项目获2009年度石化集团公司技术发明一等奖。

（杨维先　徐　青）

【NCH6型丁醛辛烯醛气相加氢催化剂】 NCH6型催化剂是铜—锌系催化剂，应用于大中型丁辛醇生产装置的气相加氢工序，具有高强度、高活性、选择性、稳定性以及能够适应高负荷运行等特点。NCH6-1型催化剂在工业生产装置中运行时具有良好的活性和选择性，催化剂性能达到甚至超过了进口催化剂水平，满足了装置的生产需要，实现了该催化剂的国产化，并且在高负荷运行的情况下，仍然有很高的丁醇收率，大大提高了装置的生产能力，降低了生产成本。2006年7月起，该催化剂在齐鲁分公司第二化肥厂丁辛醇装置6.5万吨/年丁醛加氢反应器上成功进行了工业应用。两年多工业应用结果表明：NCH6-1型催化剂具有良好的催化加氢性能，已经达到甚至部分超过了进口催化剂水平，创造了良好的经济效益和社会效益。2008年1月，该催化剂通过了中国石化组织的专家鉴定。NCH6-2型催化剂被授权2件发明专利（ZL02113016.7和ZL02113017.5 ）。2006年7月起，该催化剂在齐鲁二化和淄博诺奥等反应器上进行了工业应用，结果表明：该催化剂具有良好加氢活性选择性和适应高负荷能力。在120%的负荷下醛转化率100%，总醇收率高于99%，高于装置设计值，取得显著效益。2006—2008年，南化公司研究院生产销售NCH6型催化剂新增销售收入 3 492.6万元，新增利税1 766.5万元。截至2008年12月底，齐鲁二化采用该催化剂累计多产4.3万吨优质丁醇产品，新增产值7.07亿元，新增利润3.6亿元。该项目获2009年度石化集团公司技术发明二等奖。

（杨维先　徐　青）

【塔河油田碎屑岩目标评价及勘探技术】 该项目建立了塔河油田碎屑岩层系高频层序格架，研究了沉积微相及其展布规律，分析了砂体成因类型；基本理清了油气成藏期次与主成藏期，系统追踪了油气充注方向与路径，深入研究了油气动态成藏过程及富集规律，建立了碎屑岩层系“网状输导、断裂控藏、次生调整、喜山成藏”的油气成藏模式；形成了三叠系低阻油气层测井识别技术、地震资料目标性处理技术、以振幅找油为核心的三叠系隐蔽圈闭识别与评价技术、古生界薄层砂岩隐蔽圈闭识别与评价技术；指出了有利的勘探层系和勘探方向，有效指导了各年度勘探部署。项目成果具有中国石化自由运作权。项目执行期间，通过勘探部署实施，发现、落实碎屑岩圈闭65个，圈闭资源量1.43亿吨；累计新增探明储量3 505万吨油当量，其中原油2 006.31万吨，天然气149.89亿立方米，新增可采储量1 510.14万吨油当量。3年累计新增原油124.7万吨。该项目获2009年度石化集团公司科技进步一等奖。

（杨维先　徐　青）

【川西须家河组天然气富集规律及勘探配套方法技术】 对川西坳陷构造特征及演化、须家河组沉积特征、储层特征、烃源特征及资源量等成藏条件进行了系统研究，对含气系统、致密储层评价方法开展了深入研究，在对新场和大邑两个典型气藏解剖基础上总结了气藏成藏主控因素，分析了须家河组气藏成藏机理，深化了天然气富集规律的认识。通过圈闭评价，优选了3个超千亿立方米的展开勘探目标，提出了43口井位建议。进行了针对须家河组气藏的测井（重点是成像测井）、地震（重点是基于三维三分量技术的储层和裂缝预测）、钻井（重点是气体钻井技术）、储层保护（重点是欠平衡工艺）、完井、储层改造（重点是加重酸化和储层改造技术）等勘探配套工艺技术的全面研究。建立了孔渗多定量关系图版储层分类评价标准，总结了5种成藏模式；建立了三维三分量采集处理解释和纵横波储层预测、裂缝检测、含气性识别方法系列；形成了高应力储层燃爆酸压、加重酸化及高密度压裂液加重压裂技术。2006—2008年，在新场地区实施了9口须家河组勘探开发井，有7口井获得工业气流，成功率达78%。另外，在高庙子（川高561井）、大邑（大邑1井）等地区须家河组勘探的推广应用也获得了重大突破。项目实施累计新增天然气三级地质储量4 981.22亿立方米，其中探明储量723.57亿立方米，为新场须二、须四和大邑须家河3个1 000亿立方米探明储量阵地的建设提供了重要支撑。该项目获2009年度石化集团公司科技进步一等奖。

（杨维先　徐　青）

【松辽盆地南部断陷层勘探目标与技术研究】 该项目以松辽盆地南部断陷层为研究目标，以新的石油地质理论和工程技术为指导，运用层序地层学分析技术、火山岩储层描述评价技术、火山岩储层预测技术、成藏系统分析技术、烃源岩评价技术、火山岩储层改造技术等，在松辽盆地南部断陷层构造、沉积、层序划分的基础上，利用获得的新资料，用新的评价单元对松南断陷层油气资源潜力进行分析，引入油气成藏体系研究方法，进一步认识油气成藏规律及其主控因素，明确勘探潜力区带，指出有利勘探目标。开展断陷层非常规储层研究，重点采用重—磁—电—震—井联合反演的方法对火成岩储层及其含油性进行识别、评价及分布预测。通过油气层保护和储层改造技术研究，形成一套适合于松南断陷层储层保护的钻井液技术和火成岩储层改造技术，对松辽盆地南部断陷层勘探提供了理论支撑。项目成果具有中国石化完全自由运作权，无产权纠纷。该项目通过实施，3年新增石油控制储量1 377.85万吨，天然气探明储量484.65亿立方米，新建天然气产能10亿立方米。该项目获2009年度石化集团公司科技进步一等奖。

（杨维先　徐　青）

【陆相断陷盆地复杂油气藏地震响应定量模式及应用】 该项目以“定量地震正演模拟指导精细勘探和油藏开发地震资料综合解释”的创新思路，针对陆相断陷盆地复杂构造、地层和岩性等油气藏特点，系统完成了从宏观到微观的476个地震模型的地震响应定量模拟研究。开展了低序级断层地震定量识别和微构造油气藏地震响应定量研究，对地层油气藏超剥尖灭线定量研究并建立相应定量图版，提高了地层尖灭线预测精度，对河道砂岩、滩坝砂岩、浊积岩、砂砾岩体等复杂岩性油气藏的地震特征进行定量描述研究，提高复杂岩性储层预测精度；还开展了流体替换方法、叠前属性应用、典型天然气藏地震响应模式和地震资料解释各种陷阱的判别研究。编制了陆相断陷盆地复杂油气藏地震响应模式典型图集，有效提高了陆相断陷盆地的复杂构造油气藏、地层油气藏及复杂岩性油气藏地震识别能力和地震描述精度，降低了地震资料解释的多解性；同时作为地震信息向油气开发领域延伸的切入点，复杂油气藏地震响应模式的系统性和直观性极大地提高了油田开发界应用地震信息解决开发问题的热情和能力，有效促进了开发地震技术的应用与推广。建立了低序级断层和微幅构造、地层、岩性油气藏地震响应模式的定量识别图版；建立了陆相沉积盆地复杂油气藏地震响应图集，形成了陆相断陷盆地复杂油气藏地震响应模式定量研究技术。在胜利油田的陈家庄、埕岛等多个区块共提供井位127口，见油层井98口，钻探成功率由原来的60%提高到77.1%。在该成果指导下，累计上报探明石油地质储量1.62亿吨，上报控制储量8 578.42万吨；建产能122.95万吨，累计产原油269.45万吨。该项目获2009年度石化集团公司科技进步一等奖。

（杨维先　徐　青）

【疏松砂岩油藏水平井完井修井技术】 该项目根据胜利油区疏松砂岩油藏地质特点，研究形成了水平井完井方式优选技术，创新性地提出了裸眼防砂完井新理念，实现了胜利水平井完井观念的转变，2008年筛管完井方式的应用比例达到74%，成为胜利疏松砂岩油藏水平井开发的主导技术。研发了以筛管顶部注水泥完井、裸眼封隔器分段筛管完井、尾管悬挂造斜段注水泥筛管完井等技术为代表的水平井裸眼防砂完井一体化技术，大幅度提高了水平井的完善程度，实现了疏松砂岩油藏的高效开发，与原有技术相比，单井日增油5.8吨，降低完井费用60

万元，获国家专利9件。创新研制了水平井反循环、段塞式均衡洗井工艺和酸洗暂堵一体化井壁处理技术，保证了长井段、低压漏失层的洗井及解堵效果，渗透率恢复达到86.2%。首次提出了水平井液压增力打捞和套管液力整形的新思路，研发了井下增力器和液力涨管器等配套工具，开展了液压增力与震击联合打捞试验研究，打捞力达到了1 000千牛，震击力超过10千牛，解决了水平井管柱打捞、套管修复的难题，获国家专利3件。2007年1月—2009年5月，裸眼防砂完井一体化技术在胜利油田草桥、太平、单家寺、长堤等疏松砂岩产能建设区块进行规模化推广应用380口井，水平井修井技术在油田应用30井次，取得了显著的应用效果，增产原油66.12万吨。该项目获2009年度石化集团公司科技进步一等奖。

（杨维先　徐　青）

【特超稠油油藏HDCS强化采油技术】　针对中深层特超稠油埋藏深且黏度高、常规热采注汽压力高、蒸汽热波及范围小、开发效果差的实际，2005年，由胜利油田石油开发中心牵头，组织石油大学、地质院、采油院等多家科研院所，通过开展水平井、SLKF高效油溶性复合降黏剂、超临界二氧化碳和蒸汽的协同作用机理研究，创建了超稠油HDCS滚动接替降黏、热动量传递、增能助排的新型开发模式。同时，利用数模、现场试验进行注采参数定量化研究，并配套相应的开采工艺技术，形成了一套适合中深层特超稠油开发的配套技术。该技术已申报国家6件发明专利、2件实用新型专利，并在胜利油区的郑411、坨826等7个区块得到推广应用，共部署新增动用储量1.2亿吨，建产能122.5万吨，在胜利油区累计增油113.2万吨。该项目获2009年度石化集团公司科技进步一等奖。

（杨维先　徐　青）

【高含酸原油直接催化裂化脱酸成套工艺技术的开发及工业应用】　该技术由高酸原油脱盐—脱水—脱金属技术和高酸原油直接催化裂化技术组成，其中包括针对高酸原油开发的专用破乳剂、脱金属剂和高酸、高金属、全馏分原油催化裂化催化剂。2006年11月在清江石化13万吨/年催化裂化装置及配套的电脱盐装置上工业试验。工业试验结果表明：采用高酸原油专用破乳剂和脱金属剂，电脱盐单元可提供盐、水和金属含量满足催化裂化直接加工的原料油；催化裂化单元可脱除高酸原油中石油酸达99.8%，液体产品中的酸度（值）与常规原油催化裂化的液体产品相当，可直接生产高价值石油产品和化工原料。该技术成功解决了加工高酸原油对碳钢材质设备腐蚀和油品乳化的世界级难题，具有防腐设备少、流程短、运转安全等优点，为加工高酸原油提供了一条世界上独有的技术路线。项目具有自主知识产权，已申请中国专利13件，其中2件已授权。该项目2007年10月在高桥分公司100万吨/年催化裂化装置及配套的电脱盐装置上工业应用。与重油催化裂化装置加工常规重油相比，采用高酸原油直接催化裂化脱酸成套技术加工高酸原油可新增利税1 472.7元/吨，新增利润1 234.4元/吨，经济效益显著。该项目获2009年度石化集团公司科技进步一等奖。

（杨维先　徐　青）

【催化裂化催化剂生产中节能降耗成套技术开发】　通过对催化裂化催化剂的活性组分、基质和催化剂制备工艺进行整体优化，首次研究开发了催化剂生产的节能降耗成套技术，主要包括：结构优化分子筛SOY及其制备新技术、催化剂高固含量成胶工艺技术、富硅基质裂化催化剂制备新技术及裂化催化剂生产过程氨氮废水处理技术。该成套技术优化了生产工艺，大大提高了催化剂的生产效率，显著降低了催化剂生产综合能耗和生产成本，并使氨氮废水达标排放。该成套技术申请专利18件（授权8件）、专有技术6件，具有独立知识产权。该成套技术在催化剂齐鲁分公司进行两年工业应用，SOY已成为催化剂齐鲁分公司的第三大系列分子筛，应用SOY分子筛的催化剂达1.1万余吨；高固含量成胶工艺在其催化剂车间全面应用，生产催化剂10万吨；节能降耗成套技术的推广应用大幅度降低了催化剂生产的综合能耗（14.13%）和生产成本（1.5%），提高了生产效率（18.75%），节约支出带来的经济效益达1 732万元/年。该项目获2009年度石化集团公司科技进步一等奖。

（杨维先　徐　青）

【OCT-MD生产国Ⅳ清洁汽油成套技术开发及工业应用】　OCT-MD技术采用“FCC汽油全馏分无碱脱臭—轻、重馏分分馏—重馏分选择性加氢脱硫—轻、重馏分混合”的工艺技术。脱臭单元前移，使轻馏分中的低沸点硫醇硫转化成了高沸点的二硫化物转移到重馏分中（轻馏分总硫含量降低50%—70%）；重馏分选择性加氢脱硫单元采用FGH-21/ FGH-31组合催化剂和优化的工艺条件，通过控制循环氢中硫化氢含量使重馏分加氢产物硫醇硫含量控制不大于6微克/克，从而省去了重馏分脱臭单元，同时在深度脱硫的同时减少了辛烷值的损失。该技术申请14件发明专利，其中3件已获授权，具有自主知识产权。OCT-MD技术在石家庄炼化分公司60万吨/年工业装置连续运转3个月生产“京标C”汽油（硫含量不大于50微克/克）的工业试验结果表明：处理硫含量513—620微克/克、烯烃28%（体）—33.8%（体）的MIP汽油（采用多产异构烷烃FCC工艺生产的汽油），产品硫含量为38—50微克/克，研究法辛烷值（RON）损失0.7—1.3个单位，碳五以上液收99.8%（质量），达到“京标C”标准汽油硫含量要求。整体技术达到了国际同类技术的先进水平。OCT-MD技术已经成为国内企业生产符合国III、国IV标准清洁汽油的首选技术。该技术新增产值549.8万元，新增利税101.88万元，新增利润147.67万元。该项目获2009年度石化集团公司科技进步一等奖。

（杨维先 徐 青）

【14万吨/年己内酰胺成套新技术开发】 巴陵分公司1993年引进HPO生产工艺，消除瓶颈后，规模由5万吨/年扩至7万吨/年。2002年，“14万吨/年己内酰胺成套新技术开发”列入石化股份公司“十条龙”攻关计划，自主开发并集成了环己酮氨肟化、三级重排、磁稳定床加氢、己内酰胺精制等新工艺并形成14万吨/年己内酰胺成套新技术工艺包，形成了具有自主知识产权的己内酰胺生产成套新技术。2008年10月，该项目通过中国石化技术鉴定，专家一致认为：己内酰胺生产成套新技术在巴陵分公司成功实现了工业应用，与传统HPO法相比，工艺流程短、操作简便、装置投资少、生产成本低、单位产品“三废”排放少，社会效益和经济效益显著。该项目申请中国发明专利23件（授权20件），申请国外发明专利2件（均获美国授权），具有中国石化自主知识产权和自由运作权。采用该项目各项技术，在巴陵分公司建成一条己内酰胺生产线，实现装置产能扩大至14 万吨/年规模，已稳定运转超过3年。此外，石家庄化纤公司也采用该项目的核心技术建设了一条10万吨/年环己酮肟生产线。巴陵分公司采用该项目技术于2006—2008 年三年期间，累计生产己内酰胺21.22 万吨，新增产值38.98亿元，新增利润2.32亿元。该项目获2009年度石化集团公司科技进步一等奖。

（杨维先 徐 青）

【5万吨/年乙烯三聚制1-己烯成套技术开发】 燕山石化自主开发了乙烯三聚制1-己烯催化剂及催化剂合成技术，工程开发阶段解决了反应器选型、反应系统控制、聚合物分离和防止聚合物堵挂等问题，形成了万吨级乙烯三聚制1-己烯成套技术，在燕山石化建成了5万吨/年乙烯三聚制1-己烯工业装置，通过调优，实现了装置的长周期稳定开车，生产的1-己烯产品批量供应国内外用户，填补了国内1-己烯产品生产的空白。经国内不同工艺、不同催化剂体系聚乙烯工业装置试应用，确认产品质量达到国外同类产品水平，可以替代进口。该项目获得5件中国发明专利授权。截至2009年3月，已经生产1-己烯产品2.1万多吨，产品质量达到聚乙烯共聚单体质量要求，已经占领国内市场，并部分销往国外。1-己烯产品的销售已经创造了3 500多万元经济效益，国内聚乙烯用户采购国产1-己烯节约成本过亿元。该项目获2009年度石化集团公司科技进步一等奖。

（杨维先 徐 青）

【双峰聚乙烯催化剂的工业应用】 国产双峰聚乙烯催化剂SLC-B（H）和SLC-B（L）历经6年研发，实现了该类催化剂的国产化。双峰催化剂性能不同于以往开发的聚乙烯催化剂，既要满足不同工艺的双反应器活性分配要求，又要有足够的强度适应环管聚合工艺，以及有良好的溶解性和沉降速度满足装置高负荷操作要求。项目组在3升聚合反应釜上完成催化剂的催化活性、氢调敏感性及颗粒形态的调整，确定了催化剂配方。经过多次工业试验，通过对催化剂配方的不断完善，催化剂工业应用取得成功，装置运行平稳，满足长周期运行要求。双峰聚乙烯催化剂制备技术已申请8件发明专利并已经公开，其中4件获中国发明专利授权。上海石化工业生产装置已采用国产双峰聚乙烯催化剂逐步替代进口，至2009年底，将全部实现催化剂国产化目标。工业运行结果表明：催化剂各项性能指标与进口同类催化剂相当，产品质量满足下游用户的使用和加工要求，每吨聚乙烯产品降低催化剂成本34元，催化剂累计使用17.34吨，共计效益达2 303万元。该项目获2009年度石化集团公司科技进步一等奖。

（杨维先 徐 青）

【分子筛气相法乙苯清洁生产成套技术】 该项目针对国内采用的三氯化铝液相法乙苯技术存在的一系列问题，以及引进气相法乙苯清洁生产装置规模小、专利费用高的问题，开展了气相法乙苯清洁生产技术的研发，取得了分子筛催化剂、多段绝热烷基化反应工艺、大型反应器等关键技术的突破，实现了气相法乙苯生产技术的清洁化和大型化。开发的烷基化催化剂与进口催化剂相比，负荷提高7%，寿命提高50%，耐水性提高2.2倍；开发的烷基转移催化剂与进口催化剂相比，负荷提高22%，寿命提高50%；开发的多段绝热、段间原料冷激固定床烷基化反应工艺及反应器，气体分布和混合均匀，反应条件温和，优化了反应工艺，明显抑制了乙烯聚合等副反应的发生；通过工艺系统优化及集成，简化了流程，提高了产品质量，降低了物耗、能耗。开发的气相法乙苯清洁生产成套技术工业应用表明：装置投资低，乙苯产品纯度达到99.8%（质量），超过国外同类技术；热能回收率大于95%，苯和乙烯单耗低于同类引进装置，原料适应性强、反应处理能力大，综合技术指标达到国际先进水平，部分指标达到国际领先水平。该项目获授权发明专利8件，形成了催化剂、反应工艺、反应器等关键技术的完整专利保护体系。该成套技术已成功用于丹化集团三氯化铝法乙苯装置的技术改造、盘锦乙烯公司引进的气相法乙苯装置的技术改造和常州东昊化工公司16万吨/年气相法乙苯生产装置建设（国内最大同类技术装置）。近3年累计为企业新增利润5.8亿元，节支1.1亿元。该项目的开发成功打破了美国Exxon Mobil公司独家垄断的局面，有力推动了中国石油化工行业乙苯生产的技术进步，具有重大的经济效益和社会效益。该项目获2009年度石化集团公司科技进步一等奖。

（杨维先　徐　青）

【13万吨/年丙烯腈装置工业化成套技术开发】　为实现规模竞争优势及形成中国石化自主知识产权的大型成套丙烯腈技术的需要，该项目对中国石化丙烯腈国产化所形成的专利技术加以集成创新，以年产13万吨丙烯腈装置成套技术国产化工艺包所采用的具有自主知识产权的7项技术（SANC系列高效催化剂、提高丙烯腈精制回收率技术等）为依据，将上海石化原6万吨/年丙烯腈装置改造成了13万吨/年大型装置。装置开车一次成功，运行平稳，产品达优级品标准；物耗、能耗明显下降，有毒、有害物排放明显减少，综合技术经济指标达国际先进水平。该项目填补了中国丙烯腈大型化装置成套技术的空白，实现了中国石化具有自主知识产权技术的集成创新，申请了国内外专利30余件。该技术满足了上海石化的需要，增强了国际竞争力，已推广应用到齐鲁石化丙烯腈装置“4”改“8”项目。该项目获2009年度石化集团公司科技进步一等奖。

（杨维先　徐　青）

新产品开发

【合成树脂新产品】　2009年开发的合成树脂新产品主要有2种。

1. 热塑性聚乙烯粉末涂料用LDPE树脂专用料

高压聚乙烯粉末涂料具有优异的防腐蚀性能、耐候性能、装饰效果、环保性能等优点，可广泛应用于高速公路隔离栅、铁路隔离网，市政街道、庭院、园林护栏板，江河、湖泊、水库的防护网，疏水管线内防腐、化工管道内壁防腐以及民用筐、栏、网、架等产品的涂覆。

中国石化开发的热塑性聚乙烯粉末涂料专用料LD400的工业化生产，改变了国内没有粉末涂料用LDPE树脂专用料、国内热塑性粉末生产企业均使用进口材料的现状。LD400树脂已在粉末涂料领域得到广泛应用，采用其制备的民用聚乙烯粉末涂料，产品质量较以往对比原料有了显著的提高，尤其是表面光泽度、出粉率、粉末颗粒度、粉末流动性等方面提高显著。采用LD400树脂生产的粉末涂料已得到日本、韩国等国的多家知名厂家的认可并且该产品已通过欧盟RoHS指令2002/95/EC认证。

2. 高速挤出涂层级LDPE专用树脂

随着国内包装行业的发展，涂层级LDPE树脂的需求量以年均11%—13%的速度增长，其中高品质LDPE涂层料的需求量也在迅速增长，特别是加工速度高、卫生性要求高的液体无菌包装、食品药品复合软包装用料等。中国石化开发出了高速涂层级LDPE树脂1C7A-1，其加工速度比1C7A有了大幅度提高，可以应用在400米/分以上的生产线上。该产品已在山东泉林包装公司和苏州康美包公司进行了试用。康美包公司在德国对1C7A-1进行了测试，测试结果认为：1C7A-1具有优良的加工性能，在进行挤出复合加工时，涂层厚度均匀平整、淋膜宽幅稳定，进行灌装和热封试验，不需要调整工艺。1C7A-1已经逐渐得到了拥有较高速复合生产线的企业认可。经过相关部门认证：1C7A-1符合GB 9691—1988国家卫生标准的规定；所使用的助剂符合GB 9685—2003食品容器包装材料用助剂使用卫生标准；1C7A-1符合FDA 21 CFR 177.1520食品包装要求。

（赵　红）

【合成纤维新产品】 2009年开发生产的纤维新产品主要有以下9种。

1. 抗起球腈纶

2009年，上海石化采用一步法工艺生产抗起球腈纶短纤产量达1 209吨，较2008年增长500%以上，实现了新产品的规模化生产及销售。在一步法抗起球短纤获得市场认可后，又对二步法抗起球长丝的工艺进行摸索，经多次试验，取得初步成果。全年共生产二步法抗起球腈纶长丝200余吨，产销率实现100%，在抗起球长丝领域实现了技术上的突破。

2. NEP聚酯切片

上海石化和上海石油化工研究院采用新型钛系催化剂成功开发了无重金属、环保健康型聚酯切片（简称NEP聚酯切片）。与普通含锑聚酯切片相比，NEP聚酯切片热稳定性好，杂质含量低、色泽均匀、亮度高、无重金属离子，在合成纤维、包装材料、工程塑料等领域都具有较大的发展潜力。采用这种聚酯新产品生产的纺织品能够获得欧盟ECO生态纺织品标签，有利于进一步提升下游纺织品出口企业的国际竞争力。2009年，上海石化开始生产NEP聚酯切片，实现销售1 245.2吨，销售收入933.59万元。

3. 磷系阻燃聚酯切片

上海石化采用常规聚酯连续式工艺，通过添加磷系阻燃剂和PTA、EG共聚，实现了在连续聚合聚酯装置上生产共聚型阻燃聚酯切片，是国内唯一采用连续化工艺生产阻燃聚酯切片的企业。采用磷系阻燃剂，通过共聚反应技术路线来生产阻燃涤纶，其产品具有无毒、耐洗、手感好和高效长效阻燃的特点。2009年，该产品在工业化装置上进行了半消光阻燃聚酯切片生产，整体运行稳定，产品质量符合标准要求，累计生产1 738.57吨，实现销售1 264.10吨，销售收入1 354.96万元。

4. 高速拉膜用聚酯切片

仪征化纤在膜用聚酯切片的基础上，通过研究，成功开发出高速拉膜用聚酯切片F620，产品拉膜速度达到了400米/分，质量满足了用户需求，用量迅速增大。2009年生产4.49万吨，销售4.46万吨，较常规产品多增加效益115元/吨，累计增加效益515万元，创造了较好的经济效益。

5. 工业丝切片专用料

针对工业丝的特殊要求，仪征化纤在现有生产装置上通过聚合工艺优化调整、设备改造及后加工应用研究，成功开发出IG701、IG702系列工业丝聚酯切片专用料，形成了成熟的成套生产工艺技术，建立了产品用户指南。该项目研究成果已成功应用到生产装置上，实现了产品工业化批量生产销售，产品获得了国内广大工业丝用户认可，尤其是使用仪化工业丝切片专用料生产的高膜低缩工业丝受到锦湖等名牌轮胎公司的认可。该项目2008年1月16日通过总部鉴定。2009年累计生产IG701产品1.27万吨，销售1.17万吨，较常规大有光切片多增加毛利96元/吨；生产销售IG702产品2.07万吨，较常规大有光切片多增加毛利66元/吨。

6. 有光缝纫线升级产品

仪征化纤通过对多种油剂的选用，特别是纺丝工艺、生产运行方式等优化调整及相关设备改造，使产品的主要品质指标断裂强度进一步提高，干热收缩率进一步降低，作为有光缝纫线涤纶短纤维FR210产品的升级产品，基本达到进口T353产品的指值标。国内共有59家用户使用过升级产品FR211，2009年下半年起有13家用户稳定使用，包括上海七棉、华美线业、新余远东、蕲州棉纺公司等缝纫线知名企业，用户使用量每月固定在1 600多吨。2009年累计生产FR211产品1.57万吨，销售1.54万吨，较常规产品多增加效益520元/吨，累计增加效益800万元，创造了较好的经济效益。

7. 水刺无纺布用涤纶短纤维

2008年，仪征化纤成功开发出1.56分特×38毫米水刺无纺布专用涤纶短纤维，2009年又开发了高亲水型水刺无纺布专用涤纶短纤维，提高了水刺无纺布的二次亲水性。该产品主要用于卫生材料和U基布等高档领域。全年累计生产两种水刺无纺布专用涤纶短纤维5.01万吨，销售5.07万吨，较常规产品多增加效益303元/吨，累计增加效益1 537万元，创造了良好的经济效益。

8. 防水卷材油毡基布专用中长短纤维

仪征化纤分析、研究了油毡基布对纤维性能的特殊要求，确定了油毡基布专用纤维的质量指标，在现有短纤维工业生产装置上，通过纺丝工艺研究及优化调整，成功开发出2.78分特×65毫米油毡基布专用涤纶短纤维，形成了使用三种不同喷丝板、在不同生产负荷条件下生产油毡基布专用中长纤维的生产工艺技术，实现了工业化稳定生产，整体技术达到国内领先水平。2009年累计生产2.55万吨，销售2.61万吨，较常规产品多增加效益245元/吨，累计增加效益638万元，创造了良好的经济效益。

9. 功能性聚酯专用料

仪征化纤根据聚酯瓶片不同的应用领域，分别采用IPA、CHDM、2,6-NDC作为共聚单体或添加剂，通过产品配方、聚合工艺小试、中试合成及工业化生产试验研究，相继开发了饮用水桶用聚酯瓶片专用料BG803、CHDM改性共聚酯SG680及抗紫外瓶片BG802U等产品，实现了饮用水桶用聚酯瓶片专用料BG803工业化批量生产销售，CHDM改性共聚酯SG680及抗紫外瓶片BG802U工业化试制。2009年累计生产BG803产品6 558吨，销售5 798吨；试制CHDM改性共聚酯SG680产品160吨。新产品目标市场为高透明厚板材、医疗器材、化妆品瓶、饮用水桶、注吹级太空杯、高档桶装水桶、热封复合片材等领域。

（原　玲）

石化知识产权

【概述】 2009年，中国石化高度重视知识产权的保护，技术创新实力和知识产权保护能力大幅提高。2008年11月1日—2009年10月31日期间，中国石化共提出专利申请1 989件，其中中国专利申请1 854件(其中发明专利1 447件、实用新型专利386件、外观设计专利21件，发明专利申请量占总申请量的78%)，在央企中排名第一；国外专利申请135件；新增专利授权793件，其中中国专利授权756件，国外专利授权37件。截至2009年10月31日，中国石化已累计申请专利16 064件，获得专利授权9 531件，其中向国外累计申请专利1 470件，获得专利授权673件。中国石化整体知识产权保护水平在中国国有大企业中处于先进行列。

为具体落实《国家知识产权战略纲要》和国务院国资委关于加强央企知识产权管理工作的要求，2009年，中国石化围绕国家技术创新战略、公司主营业务发展目标和技术创新战略目标，针对中国石化知识产权管理方面存在的问题制定了涵盖知识产权制度建设、流程管理、人才培养和情报战略等内容的知识产权管理战略，同时围绕油气勘探开发、石油炼制、石油化工化纤三大板块的20多个核心技术领域进行了竞争对手专利布局和研发动向的全面分析，并据此分领域制定了详细的知识产权战略。

针对2009年10月1日起实施的新《专利法》以及配套的《专利法实施细则》和《专利审查指南》作出的新的规定，以及在知识产权管理方面遇到的问题，中国石化从专利权归属、共有专利权的行使和维护、涉外专利和专利维持的管理流程、专利费用管理和专利奖励等方面对1998年制定的专利管理办法进行了相应的修订，并同步完善了相关合同和协议所涉及的知识产权条款。

为进一步加强中国石化知识产权管理，中国石化成立了专利管理委员会，负责境外专利申请的审查和授权专利是否继续缴费维持的论证，2009年已对所有境外专利和授权10年以上的中国专利进行了清理审查，对已经被后续先进技术取代、无工业应用前景、制约竞争对手较弱或市场保护力度不强的部分专利采取放弃处理，优化了中国石化专利保护的成本结构。同时，为了提高专利管理工作的效率和审批的透明度，中国石化建立并运行了中国石化专利管理系统，实现了专利申请、维持、费用报销的网络化审批，大大缩短了工作周期，同时系统强大的查询、统计、时限体系和法律文件管理功能大大提高了各级管理工作的效率。

（查芷琦）

技术监督

【标准化管理】 截至2009年12月，全国石油产品和润滑剂标准化技术委员会归口管理的石油和石油化工产品标准（含试验方法标准）共1 166项，其中国家标准361项，石油化工行业标准751项，国家军用标准49项，国家实物标准5项。

2009年，全国石油产品和润滑剂标准化技术委员会组织完成制定和修订并上报国家标准化管理委员会的国家标准35项，国家标准化管理委员会批准发布16项石油化工国家标准（见表1）。

表1　　2009年批准发布的石油化工国家标准

序号	标准号	标准名称	实施日期
1	GB/T 23799—2009	车用甲醇汽油（M85）	2009年12月1日
2	GB/T 23800—2009	有机热载体热稳定性测定法	2009年11月1日
3	GB/T 23801—2009	中间馏分油中脂肪酸甲酯含量的测定（红外光谱法）	
4	GB 23971—2009	有机热载体	2010年1月1日
5	GB 19147—2009	车用柴油	
6	GB/T 11115—2009	聚乙烯（PE）树脂	2010年2月1日
7	GB/T 12672—2009	丙烯腈—丁二烯—苯乙烯（ABS）树脂	

续表

序号	标准号	标准名称	实施日期
8	GB/T 24149.1—2009	塑料 汽车用聚丙烯（PP）专用料 第1部分：保险杠	2010年2月1日
9	GB/T 24150—2009	塑料 阻燃抗冲击聚苯乙烯专用料	
10	GB/T 24151—2009	塑料 玻璃纤维增强阻燃聚对苯二甲酸丁二醇酯专用料	
11	GB/T 24282—2009	塑料 聚丙烯中二甲苯可溶物含量的测定	
12	GB/T 3393—2009	工业用乙烯、丙烯中微量氢的测定 （气相色谱法）	2010年6月1日
13	GB/T 3394—2009	工业用乙烯、丙烯中微量一氧化碳、二氧化碳和乙炔的测定（气相色谱法）	
14	GB/T 7717.16—2009	工业用丙烯腈 第16部分：铁含量的测定（石墨炉原子吸收法）	
15	GB/T 7717.17—2009	工业用丙烯腈 第17部分：铜含量的测定（石墨炉原子吸收法）	
16	GB/T 24797.1—2009	橡胶包装用薄膜 第1部分：丁二烯橡胶（BR）和苯乙烯—丁二烯橡胶（SBR）	

2009年，中国石化共组织完成制定和修订43项石化行业标准，分别上报国家工业和信息化部及国家能源局批准，其中已批准发布的石油化工行业标准5项（见表2）。

表2　　2009年批准发布的石油化工行业标准

序号	标准编号	标准名称	标准实施日期
1	SH/T 1768—2009	燃气管道系统用聚乙烯（PE）专用料	2010年06月01日
2	SH/T 1769—2009	工业用丙烯中微量羰基硫的测定（气相色谱法）	
3	SH/T 1142—2009	工业用裂解碳四液态采样法	
4	SH/T 1494—2009	碳四烃类中羰基化合物含量的测定（容量法）	
5	SH/T 1546—2009	工业用1-丁烯	

2009年完成制定和修订并批准发布的中国石化集团公司企业标准共计103项（见表3）。

表3　　2009年批准发布的中国石化集团公司企业标准

序号	标准编号	标准名称	标准实施日期
1	Q/SH 0238—2009	钻井工程污染防治规范	2009年8月20日
2	Q/SH 0239—2009	井下作业污染防治规范	
3	Q/SH 0240—2009	川东北应急管理规范	
4	Q/SH 0241.1—2009	套管侧钻井油藏地质、钻井工程设计技术规范 第1部分：油藏地质设计	
5	Q/SH 0241.2—2009	套管侧钻井油藏地质、钻井工程设计技术规范 第2部分：钻井工程设计	
6	Q/SH 0242—2009	油田化学剂分类及命名规范	
7	Q/SH 0243—2009	川东北地区钻井井漏预防与处理推荐作法	
8	Q/SH 0244—2009	川东北酸性天然气气藏采气工程方案设计编写推荐作法	
9	Q/SH 0245—2009	高含硫化氢气田天然气集输系统设计规范	
10	Q/SH 0246.1—2009	川东北高含硫气田集输管道及管件技术条件 第1部分：碳钢和低合金钢管道及管件	

续表

序号	标准编号	标准名称	标准实施日期
11	Q/SH 0246.2—2009	川东北高含硫气田集输管道及管件技术条件　第2部分：镍基合金管道及管件	2009年8月20日
12	Q/SH 0246.3—2009	川东北高含硫气田集输管道及管件技术条件　第3部分：镍基合金复合管道及管件	
13	Q/SH 0247—2009	川东北高含硫化氢气田集输管道腐蚀监测与控制设计技术要求	
14	Q/SH 0248—2009	高含硫天然气管道工程焊接施工及验收规范	
15	Q/SH 0249—2009	油气田地面建设工程项目竣工资料和交工技术文件编制规定	
16	Q/SH PRD251—2009	工业用三乙二醇	2009年5月1日
17	Q/SH 0252—2009	聚丙烯（PP）模塑和挤出材料命名系统与分类基础	2009年10月1日
18	Q/SH PRD253—2009	窄带类聚丙烯树脂	
19	Q/SH PRD254—2009	双向拉伸薄膜类聚丙烯树脂	
20	Q/SH PRD255—2009	注塑类聚丙烯树脂	
21	Q/SH 0100.1—2009	油田企业计量管理与考核规范	2009年6月1日
22	Q/SH 0100.3—2009	油品销售企业计量管理与考核规范	
23	Q/SH 0256—2009	油品销售企业劳动定员	2009年7月1日
24	Q/SH 0257—2009	石化施工企业劳动定员	
25	Q/SH 0258—2009	地震勘探采集工程劳动定员	
26	Q/SH 0259—2009	钻井工程劳动定员	
27	Q/SH 0260—2009	测井工程劳动定员	
28	Q/SH 0261—2009	地质录井工程劳动定员	
29	Q/SH 0262—2009	采油采气工程劳动定员	
30	Q/SH 0263—2009	井下作业工程劳动定员	
31	Q/SH 0264—2009	油气集输工程劳动定员	
32	Q/SH 0265—2009	SERCEL 428XL地震数据采集系统检验项目及技术指标	2009年8月20日
33	Q/SH 0266—2009	地震资料采集试验方法及试验资料分析规范	
34	Q/SH 0267—2009	地震资料叠前时间偏移处理技术规范	
35	Q/SH 0268—2009	重磁电资料处理解释技术规范	
36	Q/SH 0269—2009	驱油用泡沫剂性能评价方法	
37	Q/SH 0270—2009	常规油、气、水井水力压裂设计、施工与验收规范	
38	Q/SH 0271.1—2009	油气水井防砂设计、施工及验收规范　第1部分：机械防砂	
39	Q/SH 0272—2009	注水井测试、调配操作规程及资料验收规定	
40	Q/SH 0273—2009	油、气、水井修井质量要求及验收规范	
41	Q/SH 0274—2009	实体膨涨管作业规程	
42	Q/SH 0275.1—2009	钻井地质环境因素描述技术规定　第1部分：岩石力学参数求取技术方法	
43	Q/SH 0275.2—2009	钻井地质环境因素描述技术规定　第2部分：岩石可钻性求取技术方法	
44	Q/SH 0276—2009	水平井固井作业规程	
45	Q/SH 0277—2009	桥接堵漏液高温高压封堵能力评价推荐方法	
46	Q/SH 0278—2009	气体钻井气液转换技术规程	

续表

序号	标准编号	标准名称	标准实施日期
47	Q/SH 0279—2009	油包水钻井液工艺技术规程	2009年8月20日
48	Q/SH 0280—2009	无固相钻井液完井液技术规程	
49	Q/SH 0281—2009	充气泡沫钻井液技术规程	
50	Q/SH 0282—2009	钻井液常用加重材料技术规范	
51	Q/SH PRD283—2009	高速铁路专用沥青	2009年7月15日
52	Q/SH PRD284—2009	高速铁路专用乳化沥青	
53	Q/SH 0285—2009	社区服务系统劳动定员	
54	Q/SH 0286—2009	油田企业管理机关劳动定员	
55	Q/SH 0287—2009	催化剂生产装置劳动定员	2009年10月30日
56	Q/SH 0288—2009	天然气长距离运营劳动定员	
57	Q/SH 0189.2—2009	测井地面系统检测与调试使用规程　第2部分：HH2530测井地面系统	2009年12月1日
58	Q/SH 0289—2009	裸眼井测井推荐系列	
59	Q/SH 0290—2009	测井数据处理与成果显示规范	
60	Q/SH 0291—2009	射孔—测试联合作业技术规程	
61	Q/SH 0292—2009	射孔作业质量控制规范	
62	Q/SH 0293—2009	井壁取心技术规程	
63	Q/SH 0294—2009	综合录井仪通用技术条件	
64	Q/SH 0295—2009	石油天然气经济可采储量计算细则	
65	Q/SH 0296—2009	油田密闭取心井地质设计规范	
66	Q/SH 0297—2009	聚合物驱开发动态分析及动态监测要求	
67	Q/SH 0298—2009	稠油油藏蒸汽吞吐开发动态分析及监测要求	
68	Q/SH 0299—2009	轻质原油族组分顶替色谱分析方法	
69	Q/SH 0300—2009	岩石可溶有机物和原油族组分棒薄层色谱—火焰离子化定量分析方法	
70	Q/SH 0301—2009	原油中C_5—C_8单体烃稳定碳同位素分析方法	
71	Q/SH 0302—2009	压汞—吸附联合测定盖层全孔径结构分析方法	
72	Q/SH 0303—2009	化工产品交接计量管理规范	
73	Q/SH 0304—2009	炼油生产装置劳动定员	2009年10月30日
74	Q/SH 0305—2009	有机化工原料及其他化工产品生产装置劳动定员	
75	Q/SH 0306—2009	合成树脂生产装置劳动定员	
76	Q/SH 0307—2009	合成橡胶生产装置劳动定员	
77	Q/SH 0308—2009	合成纤维生产装置劳动定员	
78	Q/SH 0309—2009	合成氨和尿素装置劳动定员	
79	Q/SH 0310—2009	炼油化工企业公用工程劳动定员	
80	Q/SH 0311—2009	炼油化工企业管理人员劳动定员（试行）	
81	Q/SH 0010—2009	川东北气体钻井技术规范	2009年12月31日
82	Q/SH 0014—2009	川东北天然气井固井技术规范	
83	Q/SH 0020—2009	川东北钻前施工作业技术规范	
84	Q/SH 0021—2009	川东北含硫化氢天然气井修井作业推荐作法	

续表

序号	标准编号	标准名称	标准实施日期
85	Q/SH 0024—2009	川东北含硫化氢天然气井酸化与酸压工艺施工规范	2009年12月31日
86	Q/SH 0026—2009	川东北地区采气工程推荐作法	
87	Q/SH 0033—2009	川东北含硫化氢天然气井钻井与试气作业工程安全技术规范	
88	Q/SH 0099.1—2009	川东北地区天然气勘探开发环境保护规范　第1部分：钻井与井下作业工程	
89	Q/SH 0205—2009	川东北天然气井钻井井控技术规范	
90	Q/SH 0312—2009	润滑油脂生产系统劳动定员	
91	Q/SH 0313—2009	长距离原油管道储运企业劳动定员	
92	Q/SH 0314—2009	埋地钢质管道腐蚀与防护检测技术规程	2010年2月1日
93	Q/SH 0315—2009	浅海海上设施施工前工程环境调查技术要求	
94	Q/SH 0316—2009	游梁式抽油机用永磁同步电动机节电效果测试及评价	
95	Q/SH 0317—2009	油田企业锅炉供热系统经济运行规范	
96	Q/SH 700—2009（E）	中国石化炼化工程建设标准（英文版及中英文版）SINOPEC Design and Engineering Practice	2010年3月1日
97	Q/SH 0318—2009	钻井液用聚合物类降黏剂技术要求	
98	Q/SH 0319—2009	钻井液用聚合物类包被絮凝剂技术要求	
99	Q/SH 0320—2009	油井水泥早强剂技术要求	
100	Q/SH 0321—2009	钻井液用铁矿粉技术要求	
101	Q/SH 0322—2009	油井水泥缓凝剂技术要求	
102	Q/SH 0323—2009	钻井液用页岩抑制剂技术要求	
103	Q/SH 0324—2009	钻井液用消泡剂技术要求	

中国石化承担编制的国家标准《柴油机燃料调合用生物柴油（BD100）》（GB/T 20828—2007）和中国石化企业标准《专用221润滑脂等5项标准》2个标准项目获得国家标准化管理委员会2009年中国标准创新贡献三等奖。

（华祖瑜　刘慧敏）

【质量管理与监督】　结合中国石化质量管理的现状和各有关事业部的管理需要，2009年对油田企业的采购物资、炼油化工企业生产的石化产品和销售企业经销的油品进行了质量监督抽查。石油产品和石化产品共抽样991个，合格977个，合格率为98.58%，比2008年提高了0.66个百分点。抽检油田企业采购的五大类物资样品252个，合格238个，抽检合格率为94.44%，与2008年抽检合格率93.46%相比，提高了0.98个百分点。其中，抽检采油助剂样品56个，合格54个，合格率为96.4%；抽检机电产品样品36个，合格33个，合格率为91.7%；抽检油套管样品36个，合格35个，合格率为97%；抽检钻井液化学剂样品62个，合格56个，合格率为90.3%；抽检井下工具样品62个，合格62个，合格率为100%。根据监督抽查结果，下发了《关于2009年石油和石油化工产品质量监督抽查结果的通报》和《关于2009年油田企业采购物资质量监督抽查结果的通报》，督促企业进一步加强质量管理，保证采购物资产品质量和出厂产品质量，树立中国石化良好的产品质量形象。

为了进一步加强中国石化的质量工作，切实提高企业质量意识，2009年9月召开了中国石化质量工作视频会议，总结了中国石化前三年的质量工作，部署了后三年的质量管理工作，对加强中国石化的质量管理工作起到了较好的推动作用。

为搞好石化集团公司的质量月活动，中国石化以中国石化科字文下发了《关于转发中共中央宣传部等五部委〈关于开展全国质量月活动的通知〉的通知》，各直属企业围绕“讲诚信、保质量”的活动主题，开展内容丰富、形式多样的质量月活动，有效地推进了各企业的质量管理工作。

（秦士珍）

【计量管理与监督】 为加强炼化企业的计量工作，进一步提高精细化管理水平，2009年3月，科技开发部会同炼油事业部、化工事业部组织3个计量检查组，在各企业自查的基础上，按照石化集团公司2007年6月制定的《炼油化工企业计量管理与考核规范》，分别对镇海炼化、上海石化、扬子石化、茂名石化、济南炼化、武汉石化、安庆石化7家企业的计量工作进行了监督检查。各组现场检查结束后，均写出检查小结，对受检企业计量管理的情况进行讲评，帮助企业总结经验，指出存在的问题和努力方向，听取受检企业对检查讲评的意见。截至4月底，7家企业针对检查发现的问题进行了认真整改。为总结经验，纠正不足，全面指导炼油、化工企业提高计量管理水平，中国石化下发了《关于部分炼化企业计量工作检查情况的通报》。

2008年10月，中国石化下发了《关于加强股份公司原油流量计计量检定工作的通知》。根据通知要求，截至2009年底，中国石化原油计量站对石化股份公司内35个交接点、126台次的原油交接流量计和部分单位的计量容器进行了周期检定。检定过程中，计量站人员在认真做好检定工作的同时，还与被检单位的计量人员进行技术交流，帮助他们分析和解决检定过程中遇到的技术问题。

为提高企业天然气计量管理水平，2009年9月，在山东济南举办了天然气计量技术标准宣贯会，会议邀请国家天然气计量站的专家主讲，参加培训人员有25个单位的72名代表。为提高企业计量管理人员的业务水平，以适应新形势下企业计量管理要求，2009年10月，在北京燕化教培中心举办中国石化第八期计量部门负责人岗位培训班。培训内容为计量法律法规、计量管理制度、油田与炼化企业计量管理特点、计量技术管理、计量纠纷管理、测量管理体系建立等管理实务。共有20家企业的29名企业计量管理和计量技术人员参加了培训。2009年10月，在天津石化培训中心举办第一期油品计量工技师培训班，培训对象为取得油品计量工高级职业资格证书、连续在本岗位工作3年以上（含3年）的技能操作人员，以及取得油品储运调和工高级职业资格证书或取得仪表安装校验工高级职业资格证书，同时持有油品计量工上岗证书且连续在油品计量工岗位工作3年以上（含3年）的技能操作人员。共有15家企业的25名企业计量管理和计量技术人员参加了培训。

（尉忠友）

企业改革与管理

◇ 综述

◇ 重组改革

◇ 企业管理

◇ 资本运作

◇ 信息化建设与管理

综　述

2009年，围绕总体发展战略目标及“改革、调整、管理、创新、发展”的工作方针，石化集团公司继续推进管理体制、机制、制度和方法创新，全面提升企业管理水平。

进一步完善体制机制。根据中国石化未来体制框架总体方案，继续深化科技、物资供应、化工进出口、油品区外销售、海外管理等体制改革，推进石油工程、炼化工程、炼油自销业务、石油焦业务等专业化管理，推进总部层面的职能梳理和企业层面的“一体化”管理，促进科学发展的体制机制进一步健全完善、内在动力和活力不断增强。

进一步推进管理创新。以塑造中国石化特色管理模式为主线，推进创新工作。研究形成塑造中国石化特色管理模式的指导意见，明确塑造管理模式的总体目标、思路及实施重点。进一步加大制度归口管理力度，研究实施管理标准化、信息化方案，推进统一的标准化制度体系建设。研究和推进实践新形势下“三基”工作开展的有效方式，进一步夯实基层管理。修订完善年度绩效考核管理办法及总经理奖励管理办法，积极开展领导人员任期绩效考核、对标评价办法研究，推进整体绩效评价体系建设，进一步发挥绩效考核的导向作用。通过加强企业管理的各项举措，进一步强化了基础、改进了管理、推进了创新，更重要的是在全集团初步形成了注重管理的良好氛围，企业管理工作出现了新的气象。

积极实施资本运作。根据总体发展战略及体制调整需要，推进上市子公司整合、内部资产重组及外部兼并收购，进一步提升石油石化主业集中度，发挥资本运营对公司跨越式发展的支撑作用。

（李旭东）

重组改革

【理顺资产公司与有关企业管理关系】 资产公司原来管理非上市科研、炼化、销售等单位，并经营公用工程等主营业务。2009年，石化集团公司根据未来体制框架思路，推进资产公司主营业务融入石化股份公司，理顺其与所属企业的管理关系，实行上市与非上市一体化管理。一是将石油勘探开发研究院、石油化工科学研究院、北京化工研究院、抚顺石油化工研究院、上海石油化工研究院、青岛安全工程研究院6家科研非上市单位通过资本运作进入石化股份公司。二是6月12日下发《资产公司所属销售企业委托管理办法（试行）》（中国石化企改〔2009〕11号），由资产公司与销售公司签订委托管理协议，将非上市销售企业委托上市部分管理。三是积极开展炼化企业一体化管理试点。四是对资产公司直管单位进行调整：3月18日下发《关于新星石油有限责任公司管理体制调整的通知》（中国石化企〔2009〕94号），自4月1日起，新星石油公司管理隶属关系由资产公司调整到石化集团公司，划归上游板块管理；4月15日下发《关于调整中国石化集团物资装备公司管理隶属关系的通知》（中国石化人〔2009〕144号），自4月1日起物资装备公司委托石化股份公司物资装备部管理，并于8月通过资本运作方式融入石化股份公司；海南开发公司、海南盛之业公司2家单位由海南石油分公司、仪征化纤分别管理。

（强　明）

【调整完善西南地区上游企业管理体制】 在2007年实施西南地区有关企业整合重组的基础上，2009年对有关管理体制进一步调整完善。12月11日，石化集团公司下发《关于调整完善西南地区上游企业管理体制的通知》（中国石化企〔2009〕649号），整合重组石油工程西南有限公司与西南石油局，组建新的西南石油局，与西南油气分公司实行一体化管理。整合重组后的西南石油局、西南油气分公司设一个党委，党委设在西南石油局；撤销勘探南方分公司党委，由西南石油局党委重新依照组织程序设立勘探南方分公司党委。勘探南方分公司职能机构相对独立，业务独立运作，进一步做精做强。

（周　炜）

【组建中国石化集团石油工程技术研究院】 2009年4月27日，石化集团公司下发《关于组建中国石化集团石油工程技术研究院的通知》（中国石化企〔2009〕167号），以石油勘探开发研究院德州石油钻井研究所、资产公司德州大陆架油气高科技分公司为基础组建石油工程技术研究院，下设石油工程胜利分院和石油工程中原分院，业务由所在油田企业和石油工程技术研究院共同管理。同时，设立中国石油化工股份有限公司石油工程技术研究院，与中国石化集团石油工程技术研究院实行“一套机构，两块牌子”的管理方式。石油工程技术研究院作为中国石化石油工程高新技术研发中心和国内外石油工程技术支持中心，主要负责石油工程技术发展战略、规划、部署研究等工作；负责组织开展石油工程技术基础性、前瞻性和重大项目研究，组织石油工程相关装备、仪器及科研成果转化应用工作；归口管理石油工程技术信息、档案及技术标准的制定研究工作；参与国内外油气勘探开发领域重大项目研究并提供工程技术支撑。注册地北京市。

（周　炜）

【组建中国石油化工股份有限公司石油物探技术研究院】　2009年10月29日，石化股份公司下发《关于组建中国石油化工股份有限公司石油物探技术研究院的通知》（石化股份企〔2009〕484号），以石油勘探开发研究院南京石油物探研究所为基础，组建中国石油化工股份有限公司石油物探技术研究院，主要负责石油物探技术发展战略、规划、部署研究等工作，负责组织开展石油物探技术基础性、前瞻性和重大项目研究，参与国内外油气勘探开发领域重大项目研究并提供物探技术支撑与服务，管理石化股份公司石油物探技术信息等。注册地江苏省南京市。

（周　炜）

【调整完善区外油品销售企业管理体制】　为提升中国石化区外油品市场的竞争力和影响力，扩大销售空间，做大经营总量， 2009年11月3日，石化股份公司下发《关于印发〈区外油品销售企业管理体制调整方案〉的通知》（石化股份企〔2009〕488号），在销售东北、西北和川渝三个大区公司的基础上，调整销售区外公司管理架构，强化省级公司职能：将销售东北分公司所属的辽宁、吉林、黑龙江分公司，销售西北分公司所属的陕西、内蒙古、新疆、青海、甘肃、宁夏分公司，销售川渝分公司与川渝重庆分公司共11家单位调整为石化股份公司直接管理；同时调整三个大区公司管理职能，暂保留牌子。12月2日，石化股份公司下发《关于明确区外油品销售企业管理关系的通知》（石化股份企改〔2009〕3号），对11家企业的管理关系进一步明确。

（强　明）

【设立中国石化化工销售有限公司及完善化工产品进出口业务管理体制】　为进一步统筹国内国外两个市场、两种资源，增强化工板块竞争力，对化工产品进出口业务管理体制进行了调整完善。2009年1月8日，石化股份公司下发《关于设立中国石化化工销售有限公司的通知》（石化股份企〔2009〕8号），设立化工销售有限公司，与化工销售分公司合署办公，负责石油化工产品进出口及国内石油化工产品销售。2月17日，石化股份公司下发《关于调整化工产品进出口业务管理体制的通知》（石化股份企〔2009〕62号）和《关于变更化工销售区域分公司名称和调整管理规格的通知》（石化股份企〔2009〕63号），将国际事业公司从事的除炼化三剂、油田化学剂、炼油副产品以外的化工原料和化工产品的进出口业务、第三国贸易和国内经营业务划转给化工销售有限公司，同时将国际事业公司仪征、齐鲁、重庆、广州、中南、南化、福建经营部及江苏分公司、香港公司整体划转，实现化工产品内外贸的统一经营管理。

（强　明）

【设立中国石化炼油销售有限公司及整合石油焦业务】　2009年9月23日，石化股份公司下发《关于设立中国石化炼油销售有限公司的通知》（石化股份企〔2009〕449号），依托上海沥青销售分公司成立中国石化炼油销售有限公司，负责中国石化沥青和石油焦产品的统一销售，归口炼油事业部管理。11月19日，石化股份公司下发《关于印发〈石油焦销售业务整合方案〉的通知》（石化股份企〔2009〕506号），对石油焦销售业务进行整合，将所属燕山分公司等24家企业的石油焦销售业务划转集中到炼油销售有限公司，实行统一销售。

（强　明）

【研究形成科技体制调整方案】　为加快完善有利于创新的科技体制机制，发挥科技创新的“推进器”作用，2009年，石化集团公司在深入开展内外部调研的基础上，形成了“调整完善中国石化科技体制总体方案”，推进以项目管理为主线的矩阵式管理体制，完善与不同专业领域运作规律相适应、能够有效调动各层次积极性的研发创新体系，逐步健全科学合理的项目管理、科技投入和人才激励约束等运行机制。对油田板块，继续坚持“一个整体、两个层次”的科技进步体制，重点解决好直属研究院与企业研究院两个层次之间信息共享、成果共享、联合攻关等问题；对炼化板块，宏观调控炼油科研业务的交叉关系，分层次加强对炼油企业的技术服务；对化工板块，统筹直属研究院、企业院（所）研究资源，构建“直属研究院—分院”管理模式；对公用工程板块，按照“有所为，有所不为”的原则，着力构建第四技术平台。

（周　炜）

【研究形成海外管理体制调整试点方案】 针对不同专业公司和企业同在一个国家或地区设立驻外机构、多头对外等情况，2009年，石化集团公司研究形成了“调整完善中国石化海外管理体制框架思路及试点方案”，拟按照“一个国家（地区）树一面旗帜、建立一个公共服务平台、具体业务垂直管理”的原则，逐步理顺海外管理体制，充分发挥集团化整体优势，形成统一品牌和实现资源市场统筹。

（周　炜）

【调整完善物资供应体制】 为进一步加大集中采购力度，充分发挥集团化整体优势，构建“对外统一采购、对内统一管理、上下分工协作”的物资供应管理体制，2009年，石化集团公司对物资供应体制进行完善：一是优化重组物资装备部（国际事业公司）本部机构，将物资供应专业管理职能和业务操作职能分设，实现管理监督与采购操作的内部分离；二是完善总部组织集中采购业务运作模式，形成若干个经总部授权、代表总部行使集中采购业务职能的专业化采购中心。

（强　明）

【调整完善商业储备油运作体制】 为进一步完善商业储备油运作体制，理顺管理关系，2009年8月10日，石化集团公司下发《关于商业储备油管理职能调整及有关领导人员职务任免的通知》（中国石化人〔2009〕358号），将石油储备公司管理职能划归生产经营管理部，由生产经营管理部统一负责商业储备原油的管理工作，同时将集团财务部石油储备处成建制调整到生产经营管理部。

（强　明）

【调整管道储运公司管理归属】 为加强总部对管道储运公司的集中统一管理，进一步理顺管道储运公司体制和运行机制，建立更为便捷高效的管理链条，2009年12月31日，石化集团公司下发《关于调整管道储运公司管理归属的通知》（中国石化企〔2009〕698号），自2010年1月1日起，将管道储运公司管理归属由油田企业经营管理部调整到炼油事业部，与管道储运分公司实施一体化管理。

（强　明）

【深化社区改革】 2009年，针对社区管理运行中的费用来源等主要问题，石化集团公司研究制定并推进实施了《在企业层面建立按受益对象合理分摊社区费用的新运行方案》。截至年底，社区费用分摊新机制基本确立，运行正常，其中应由石化股份公司承担的费用标准已履行相关审批程序，下发各分（子）公司执行；非上市部分的石油工程、公用工程业务也按照与石化股份公司等同的分摊标准承担了相应费用。

（强　明）

【重组设立中国石化集团南京工程有限公司】 2009年6月23日，石化集团公司下发《关于第二建设公司、南京设计院重组设立南京工程有限公司的通知》（中国石化企〔2009〕267号），将第二建设公司与南京设计院整合，组建中国石化集团南京工程有限公司，并拟将其打造成以设计为先导，以专利、专有技术、工艺包为核心，以EPC和核心专业施工为主体，面向国内外市场提供技术和管理服务的综合性、一体化的国际工程公司。注册地江苏省南京市。

（强　明）

【加强炼化工程海外市场的集中管理】 2009年8月27日，石化集团公司下发《中国石化境外炼化工程承包项目管理规定（试行）》（中国石化建〔2009〕388号），进一步加强海外市场集中统一管理。明确炼化工程公司是中国石化境外炼化工程承包业务的归口管理单位，主要负责境外炼化工程承包、技术服务和劳务合作的经营发展战略、中长期规划以及年度计划的制定，牵头组织大型综合或特殊项目的实施，组织开拓境外市场，统一签订境外炼化工程承包合同；所属工程建设企业作为项目执行主体，是成本和利润中心，具体负责项目的安全、质量、进度、费用、合同和风险控制。

（强　明）

【成立中国石化国际石油勘探开发有限公司】 2009年7月8日，石化股份公司下发《关于成立中国石化国际石油勘探开发有限公司的通知》（石化股份企〔2009〕308号），设立中国石化国际石油勘探开发有限公司。中国石化国际石油勘探开发有限公司作为石化股份公司从事海外油气资源勘探开发和投资经营的全资子公司，主要负责海外石油投资和项目经营管理，提出海外上游经营发展战略、中长期规划、资产运行及下属参控股分公司或项目权益投资资本的监督和管理等职责。注册地北京市。

（郑仰南）

【设立中国石化天然气有限责任公司】 2009年7月21日，石化股份公司下发《关于设立中国石化天然气有限责任公司的通知》（石化股份企〔2009〕338号），设立中国石化天然气有限责任公司，与石化股份公司天然气分公司实行"一套机构，两块牌子"的管理方式。中国石化天然气有限责任公司主要承担权限内与其他投资方的天然气合资合作业务，以及建设向下游延伸的分支管线和管网，向城市燃气公司、高端工业用户供气等职责。注册地北京市。

（王晓辉）

【设立中国石化汽车行业技术合作中心】 为进一步加强中国石化与汽车行业的联系，推进中国石化炼油和石化产品、技术和服务与汽车行业的合作，2009年3月18日，石化股份公司下发《关于设立中国石化汽车行业技术合作中心的通知》（石化股份企〔2009〕80号），以石化股份公司润滑油分公司为依托，设立中国石化汽车行业技术合作中心，主要负责整体协调中国石化内部有关科研、生产单位与汽车行业进行技术交流与合作，为汽车行业提供技术支持和配套服务，推进与大型汽车企业集团的战略合作等。

（王晓辉）

企业管理

【研究推进塑造中国石化特色管理模式】 针对发展中面临的新形势、新情况及新问题，围绕总体发展战略目标，石化集团公司于2008年底明确提出"塑造中国石化特色管理模式"总体要求，2009年全面启动此项工作。一是组织对中国石化1983年以来的企业管理历程进行全面回顾，梳理管理现状，形成管理现状分析报告；二是赴台塑等国内外先进企业考察学习先进管理经验；三是对塑造管理模式涉及的一些重要问题进行专题研究，形成若干专题分析报告；四是组织召开多次企业管理工作研讨会，对塑造管理模式涉及的有关问题进行研究讨论。在以上工作的基础上，进一步深化了塑造中国石化特色管理模式的内涵和层次结构，形成了"塑造中国石化特色管理模式指导意见"，阐述了塑造中国石化特色管理模式的原则、目标、总体思路和实施要点，通过持续改进、优化和提升管理，着力培育形成核心价值理念，推进实现管理的一体化、标准化、精细化、信息化和国际化，最终形成一定时期内相对稳定并可自我动态适应性调整的统一、高效、简约的特色管理模式，向国际先进水平迈进。

（李雪峰）

【推进统一的标准化制度体系建设】 2009年，石化集团公司进一步加强制度建设，强化制度归口管理，全年共制定修订公司级和部门级规章制度127件。截至年底，中国石化现行有效的各类公司级和部门级规章制度共1 257件，其中管控类983件、业务运行类274 件，基本涵盖了公司16个专业领域和7个板块的经营管理。根据"塑造中国石化特色管理模式"总体工作要求，研究形成《中国石化管理标准化、信息化总体方案》，以"制度至上、依法治企"为宗旨，纵向分层级、横向分类别对现有制度进行标准化改造和提升，并采用信息化手段将制度要求固化到信息系统中，用3年左右时间，实现制度与信息系统的有机融合，推动制度的标准化、信息化，提高制度的执行力，全面提升中国石化管理水平。

（刘向荣）

【改善经营管理建议】 为发掘基层和群众的首创精神，凝聚每一位员工的智慧，在借鉴台塑全面性经营改善活动、总结中国石化多年来开展合理化建议活动经验的基础上，2009年，石化集团公司研究制定了《中国石化改善经营管理建议管理办法》，明确总部和企业分级管理职责、常态化管理流程、奖励办法等内容。特别是对于实施后带来明显经济效益的建议，石化集团公司将按效益大小给予物质奖励，每年预留年度工资总额的1%用于专项奖励。

（朱好生）

【“三基”工作】 为进一步加强和规范新形势下的“三基”工作，2009年1月12日，石化集团公司制定下发《中国石化进一步改进和加强“三基”工作的指导意见》，明确了新形势下“三基”工作的指导思想、重点内容、工作内容等。根据指导意见，2009年重点开展6项工作：一是加强文本化制度建设，理顺“三基”工作流程；二是推进各种管理体系一体化整合；三是进一步完善岗位责任制，提升岗位责任心与执行力；四是加强典型经验的总结、提炼，建立传承机制；五是加强各级机关“三基”工作；六是分类选典型、树标杆，推进基层单位的标准化、规范化建设。

（朱好生）

【管理现代化创新成果】 2009年，石化集团公司企业管理协会组织了第18届管理现代化创新成果评审工作，共有213项成果被审定为石化集团公司级成果，其中一等31项、二等61项、三等121项。由石化集团公司企业管理协会推荐上报的5项成果被评为第16届国家级企业管理现代化创新成果。其中，胜利石油管理局、胜利油田分公司“大型油田提高基层建设水平的创优管理”被审定为一等管理成果；中原石油勘探局工程建设总公司“石油石化国际工程建设市场的开拓与管理”、天津分公司“以创建环境友好型石化企业为目标的环保管理”、九江分公司“石化企业基于ISO 9000族标准的一体化管理体系建设”、青岛炼油化工有限责任公司“高效能炼化公司的创建与管理”4项成果被审定为二等管理成果。

（高海军）

【中国企业新纪录】 2009年11月，在中国企业新纪录办公室审定并发布的1 370项中国企业新纪录（第14批）中，中国石化17家企业创造的63项新纪录入围。其中，由中国石化集团企业管理协会推荐的以镇海炼化试生产国产欧Ⅴ柴油为代表的14项新纪录，被评为中国企业新纪录（第14批）320项对国家经济建设以及调结构促增长具有重大推动作用的新纪录项目。中国石化集团企业管理协会获中国企业新纪录（第14批）优秀组织单位称号。

（高海军）

【修订完善石化集团公司《年度绩效考核管理办法》】 2009年，按照绩效考核工作系统化、科学化、规范化的目标，为建立科学统一的绩效考核体系，完善激励约束机制，石化集团公司将原有的对企业、对企业领导班子及对总部部门的三个绩效考核管理办法合而为一，于2月下发《中国石油化工集团公司年度绩效考核管理暂行办法》（中国石化企〔2009〕54号）。新的绩效考核办法建立了包括基本指标、分类指标和约束性指标在内的考核指标体系，着重对年度考核指标设置、考核权重、考核程序等进行了调整完善。对总部与企业分别增加了作风建设、稳定指标考核，并增加分类指标考核，以突出不同板块、不同单位的业务特点，解决企业的管理“短板”，增强考核的针对性；在考核权重上，加大了对利润指标的考核力度；初步建立了年初签订考核责任书、季度重点指标排名通报、半年综合分析、年度全面考核、结果及时反馈的过程跟踪与全面考核相结合的闭环考核管理体系。

（董西增）

【制定《总经理奖励管理办法》】 2009年2月13日，石化集团公司制定印发《总经理奖励管理办法》（中国石化企〔2009〕55号）。总经理奖励作为年度绩效考核的重要组成部分，是对年度绩效考核指标体系的补充和完善。管理办法规定总经理奖励用于在公司生产经营、管理和发展方面作出突出贡献，又难以被纳入年度绩效考核指标体系量化考核的重要工作和重大项目奖励，具体奖励范围为：在国内外油气资源重大发现、科技进步与创新、管理进步与创新、专业达标竞赛、安全环保等重要方面作出突出贡献的单位，以及石化集团公司劳动模范、有突出贡献的科技和管理专家、优秀技术能手等优秀个人。

（董西增）

【推动实施经济增加值考核】 为提升整体价值创造能力、建立投资约束长效机制，根据国务院国资委对中央企业全面考核经济增加值（EVA）的要求，2009年11月，石化集团公司制定下发《中国石化经济增加值考核方案》（中国石化企〔2009〕565号），将EVA作为年度考核基本指标纳入对企业及其领导班子的考核，实行考核得分与EVA实现总量、改善情况及在板块内部排名情况分别挂钩；将板块实现EVA情况和改善情况纳入事业部（管理部）年度重大目标考核，所占权重不低于总分值的20%；将新建项目实现EVA情况纳入投资计划部门年度重大目标考核。为进一步发挥EVA考核对新建项目的约束和导向作用，考核方案将EVA纳入新建投资项目的管理和考核之中：一是在项目审批过程中增加EVA评估环节；二是将EVA预计实现情况作为项目比选的重要依据，未开展EVA分析以及预计年度投资回报率低于国务院国资委核定石化集团公司年度资本成本率的项目不予立项，比选项目时，EVA高的项目优先实施。

（董西增）

【加强对企业考核工作的规范指导】 2009年9月，石化集团公司制定下发《关于加强和改进直属单位绩效考核工作的意见》（中国石化企〔2009〕452号），重点从建立完善指标体系、闭环考核管理体系和指标权重设置，以及强化对标考核和短板考核、经济增加值考核等方面提出具体意见和明确要求。通过完善监控机制、实行闭环考核管理、丰富考核形式、推进考核手段信息化等，促进企业考核工作的科学化、系统化、规范化。

（董西增）

资本运作

【收购鲁润股份部分资产】 按照石化股份公司整合泰安鲁润股份有限公司（简称鲁润股份）的统筹安排，2009年2月11日，鲁润股份召开七届十二次董事会，审议通过关于向石化股份公司出售公司部分资产及相关负债的议案。石化股份公司收购鲁润股份非经营性资产（约3.25亿元），同时将中国石化财务有限责任公司贷款及其他相关负债（约2.19亿元）一并置出，置出资产和负债的净额约1.06亿元，由石化股份公司以现金方式向鲁润股份支付。

（郑仰南）

【收购成品油管道项目部等6项资产及股权】 2008年12月31日，石化集团公司下发《关于中国石油化工股份有限公司收购/出售成品油管道项目部等资产（股权）的通知》（中国石化企〔2008〕679号），决定由石化股份公司收购石化集团公司所属销售实业有限公司8个成品油管道项目部、青岛石油化工有限责任公司股权、石家庄化纤有限责任公司股权、资产公司石家庄分公司部分资产和胜利石油管理局海底管线电缆检测维修装置资产，同时将所属的金陵分公司化肥装置出售给资产公司。2009年3月27日，石化股份公司召开第三届董事会第二十七次会议，会议审议通过了《关于向中国石油化工集团公司或其附属企业收购8家成品油管道项目部产权和青岛石化及石化纤股权及部分资产并出售部分资产的议案》。2009年3月31日，收购工作完成。本次收购对价18.39亿元，出售对价1.57亿元。

（郑仰南）

【收购非上市科研单位部分资产及股权】 2009年6月16日，石化集团公司下发《关于中国石油化工股份有限公司收购资产经营管理有限公司部分资产及股权的通知》（中国石化企〔2009〕251号），决定由石化股份公司收购资产公司所属石油勘探开发研究院、石油化工科学研究院、北京化工研究院、抚顺石油化工研究院、上海石油化工研究院、青岛安全工程研究院6家非上市科研单位部分资产，以及资产公司持有的北京兴普精细化工技术开发公司、北京北化研石化设计院、青岛中化阳光管理体系认证中心、抚顺环科石油化工技术开发有限公司、物资装备公司5家全资子公司的100%股权。8月21日，石化股份公司第四届董事会第二次会议审议通过《关于收购中国石化集团资产经营管理有限公司6家研究院全部资产和5家公司全部股权的议案》。石化股份公司使用自有资金支付，相关人员按照“人随资产走”的原则进入石化股份公司。本次收购对价39.46亿元。

（郑仰南）

信息化建设与管理

【概述】 2009年，中国石化紧紧围绕公司“资源、市场、一体化、国际化”发展战略，继续坚持“六统一”原则和“建用结合、以用为主”的工作方针，大力推进信息化“总部应用年”活动，总部应用水平有了明显提升，各有关部门利用ERP经营管理平台和生产营运指挥平台开展日常经营管理工作，开始步入常态化；资金集中管理、重点业务公开、全面预算管理等重点信息系统建设与应用取得明显成效；企业信息化工作全面推进；信息化管理水平跃上新台阶。在国务院国资委组织的央企信息化水平评价中，中国石化被评为A级企业，名列第一。同时，中国石化的ERP、生产营运指挥系统和电子商务3个信息化项目被评为央企信息化示范工程。信息化已经成为公司战略发展的重要组成部分，为提升公司管理水平、降低经营成本发挥了重要作用。

（王永耀）

【ERP系统建设与应用】 完成联合石化、中石化冠德等5家企业以及资产公司3家企业的ERP推广。截至2009年底，ERP系统已经在89家企业上线运行。数据仓库和石化集团公司会计集中核算系统建设稳步推进，完成数据仓库统一模型设计和数据规划落地，以及油品销售、化工销售等监控分析的完善提升。完成32家企业财务报表系统（BW&BCS）扩大试点和推广。开展会计集中核算系统建设，完成系统方案设计和标准平台、会计核算平台的开发。通过全面开展“总部ERP应用年”活动，总部和企业ERP应用水平得到进一步提升，ERP应用开始融入总部各部门日常经营活动之中，并取得了初步成效。炼油事业部对销售订单和客户信息进行穿透查询，实现了对企业销售行为由事后分析到事中监督的转变，工作方式有了较大的改变；化工事业部利用ERP数据和全面预算系统为总部月度经济活动分析提供数据支撑，实现了事业部层面对企业月度预算上报的汇总、审核和批复；油品销售事业部对企业油库实物库存、加油站营业状态、应收账款等26项关键指标进行月度监控、分析和通报，加强了经营的量价费、商品的进销存、资金的收支余和资产的投运出等经营要素环节的事前控制、事中管理和事后监控；审计部应用ERP审计辅助模块开展项目在线审计，提高了审计效率；化工销售公司所有统计分析和经济活动分析数据均出自数据仓库，产销存日报可随时查询。企业ERP应用迈上新台阶，ERP达标活动和应用典型培养工作深入开展，截至2009年底，68家企业ERP应用达标。

（王永耀）

【生产营运指挥系统建设与应用】 生产调度指挥中心大屏和总部领导、综合管理部门及事业部“仪表盘”全面应用，实现了总部生产营运业务的集中调度和统一指挥。通过与20多家企业生产管理系统的集成，实现了企业生产数据的自动采集和部分重点企业生产系统的穿透查询。各专业板块调度系统成为总部事业部和职能部门生产指挥的日常平台，并在运行中不断完善。原油资源调运指挥系统完成了与国际海事卫星通信的集成，实现了远洋油轮的动态跟踪；油田生产调度系统提升后上线运行，方便了油田事业部及时掌握每日主要油气生产指标完成情况及企业动态；炼油生产调度指挥系统（二期）上线运行并通过验收，实现了生产计划、调度管理、执行跟踪和统计分析整个过程的闭环管理；化工生产调度指挥系统（二期）建设全面启动，进一步扩展了化工装置实时监控范围，提升了化工能源产耗平衡功能；化工销售物流运行管理系统通过验收；HSE管理系统（一期）完成总部和5家试点单位的开发实施工作。

（王永耀）

【资金集中管理系统建设与应用】 资金集中管理系统上线运行，实现了对石化集团公司资金的统一管控和集中调配。集团境内所属181家企业共开立银行分账户1 078个，2009年，石化集团公司通过资金管理系统集中进行的对外收付款业务累计35万余笔，境内货币资金余额比以往有了较大幅度的降低，资金使用效率得到提高。

（王永耀）

【重点业务公开系统建设与应用】 完成109家单位重点业务公开的实施工作，实现了一般物资采购、炼油产品自销、化工产品销售、油品销售及外采、工程建设等10个大类115个小类重点业务和资源库管理的网上公开。截至2009年底，累计公开各类业务信息327万多条，涉及合同金额426亿美元、7 712亿元人民币，系统用户超过1.2万个。

（王永耀）

【全面预算管理系统建设与应用】 炼化企业全面预算管理系统全面建成。在炼油事业部及其下属36家企业实施经济活动分析模块，优化和提升24家企业监控模块系统性能，实现了炼油事业部及各企业对生产经营情况的监控查询和分析数据的全口径采集，提高了分析的及时性和准确性。完成化工事业部及其下属21家企业的生产经营监控和化工产品小板块及产品链分析功能的实施工作，支撑了化工事业部按照小板块进行产品成本、装置成本和企业利润的监控分析。

（王永耀）

【供应链系统建设与应用】 供应链系统继续深化应用，炼油事业部和化工事业部在与企业确定年度、季度生产经营计划时，全部采用PIMS模型进行网上对接，规范了生产计划管理；炼油事业部利用PIMS模型开展成品油及航煤生产能力、管输油加工企业炼油效益、进口高酸原油加工量等专题优化测算，推动了企业降本增效工作；化工事业部完成化工生产计划与效益测算系统建设，实现了集团、股份、化工销售等不同口径，全产品、全原料、分板块计划业务管理；完成了7家炼化一体化企业XPIMS模型的建设，使企业能从整体上优化原油、原料的选购，实现互供料在炼油、化工之间合理安排。

（王永耀）

【加油卡系统建设与应用】 加油卡系统保平稳和完善提升力度进一步加大。完成IBM小型机的测试；完成核心软件价格下发功能的优化升级，并在各省市成功应用，提高了调价效率，实现了指定时间段的灵活价格优惠功能；加大力度推进加油卡便利店消费功能的应用；开展了历史数据迁移、清分清算、安全接入、充值卡等方案设计工作；开展了加油卡问题、需求调研分析等工作，初步完成零售信息系统规划和加油卡提升方案。

（王永耀）

【其他信息系统建设与应用】 人力资源管理（SAP-HR）系统建设全面启动，初步完成了业务处理平台主要功能的配置开发。审计信息集成管理系统完成开发测试工作，实现了审计业务功能的全流程贯通。物资装备部综合应用平台、物资采购电子商务等系统集成应用效果显著，全年实现网上物资采购1 322亿元；对石化集团公司网站和石化股份公司网站进行了提升改版，石化集团公司网站在国务院国资委央企网站评比中获A类第五名，石化股份网站在英国《投资者关系》杂志评比中，获得上市公司最佳投资者关系网站荣誉。

（王永耀）

【油田企业信息化建设与应用】 涵盖油田勘探开发5大业务领域18个一级业务的源头数据采集系统在胜利、江汉、河南等油田企业全面应用；数据中心胜利油田试点建设完成了系统部署，已加载勘探开发数据7 400万条，初步建立了企业级数据中心的数据管理服务机制；集输与注水生产优化系统在胜利油田东辛采油厂试点成功，全年调整工艺流程模型10余次，制作工艺操作卡片23套。对油藏综合解释系统、油田开发部署管理系统等软件进行了推广应用，应用油藏综合解释系统完成了7个科研、生产项目；对神通地震成像系统、三维三相黑油模型软件、油藏工程分析软件、测井微机解释系统等进行了提升完善。钻井工程设计软件在油田企业全面应用，平均单井设计工期缩短为原来的42%；组织召开了第二届自主知识产权软件交流会，初步确定了22个软件入选中国石化油田企业自主知识产权软件产品目录，供油田企业推广应用。

（王永耀）

【炼化企业信息化建设与应用】 完成天津分公司等3家企业生产执行系统（MES）升级，以及燕山分公司等5家企业生产执行系统上线运行。完成金陵分公司连续重整等16套装置的APC验收，对镇海常减压等18套装置进行了现场运行维护。高桥“水星一期”建设的6套装置APC系统经过维护全部投入运行。综合分析决策系统在炼化企业应用初见成效。金陵分公司整合ERP、MES、实时数据库等系统数据，通过滚动跟踪生产中的相关环节，为计划优化提供依据。广州分公司结合企业ERP、MES应用和管理精细化的要求，形成班组、作业部两个层面的管理模板，建立分公司层面的生产经营分析平台和考核体系，实现了企业绩效闭环管理。安庆分公司建立了数据整合和集成应用平台，实现了各应用系统之间的数据交换、信息共享以及协同工作，提升了信息系统资源的利用率。实验室信息管理系统（LIMS）推广应用稳步推进，完成了一期推广的9家炼化企业LIMS项目及6家试点企业的LIMS标准化提升。

（王永耀）

【销售企业信息化建设与应用】 完成零售电子账表管理项目的实施，实现了2.8万多座加油站日常进销存等经营管理业务的信息化管理，加油站数据一次采集、多系统共享，提高了数据准确性和及时性，为总部对零售管理环节的监控、分析、管理提供了手段，满足了各层级综合管理和经营分析的需求。电子提单推广项目完成了在全部省市公司的推广实施，并获得石化集团公司科技进步三等奖；便利店连锁经营管理系统的应用为非油品业务提供了信息化操作平台，丰富了非油品业务经营管理手段。

（王永耀）

【科研和工程建设单位信息化建设与应用】 石油化工科学研究院LIMS全面投入运行，抚顺石油化工研究院、安全工程研究院、上海石油化工研究院等科研单位LIMS项目按计划推进；工程建设公司等工程建设单位积极开展工程材料管理软件的开发应用；抚顺石油化工研究院炼化装置技术分析及远程诊断系统在镇海炼化、茂名石化和齐鲁石化3家企业的7套加氢装置上进行了试点。

（王永耀）

【信息基础建设与应用】 继续完善总部和企业信息基础设施。在江苏和香港地区建成了2个区域网络汇聚中心，对12家企业的网络进行了提升完善。完成主干网络带宽提升工作，实现了主干网链路的冗余，各企业主干网带宽达到8—10M。按照“两地三中心”建设模式，启动信息系统同城灾备中心建设工作。完成沙河基地数据中心前期规划设计工作，在春潮大厦建立过渡时期灾备机房。基础服务系统应用取得明显效果。在18家单位试点建设了高清视频会议系统，音视频质量显著提升。完成统一邮件系统建设工作，为总部和企业员工建立了统一的中国石化邮箱。信息安全建设和管理工作稳步推进。全面提升了防病毒系统，在总部进行网络准入控制系统试点建设。数字身份认证在资金集中管理、业务公开等重要系统中全面应用，提高了应用系统的安全性和用户认证强度。

（王永耀）

【信息化管理】 编制完成中国石化信息化“十二五”发展规划初稿，并按照国务院国资委《关于进一步推进中央企业信息化工作的意见》的要求，组织制定了中国石化信息化发展“登高计划”；加强了标准化管理。编制完成勘探开发业务源点数据采集、业务模型等45项标准。编制完成《中国石化信息标准代码管理办法》，初步完成了工程材料代码的编制；加强了ERP应用培训，举办了3期领导人员ERP应用培训班，84名党组管理的干部参加了学习；在总部成立了IT运维中心，建立了统一的呼叫中心和用户资料数据库，加强了热线服务工作和日常巡检；进一步加强供应商管理，严格IT厂商准入制度，组织总部有关部门和企业，对供应商进行考核；编制并发布了中国石化年度信息化报告。

（王永耀）

财务资产管理

◇ 综述

◇ 预算管理

◇ 资金管理

◇ 资产管理

◇ 会计管理

◇ 内控建设

◇ 土地管理

◇ 政策研究

◇ 财务状况

◇ 重要财税政策

综 述

面对国际金融危机的影响和复杂多变的市场环境，石化集团公司财务系统在党组的正确领导下，坚持以科学发展观为指导，按照“应对危机挑战、推进科学发展”的总体要求，全力推进财务基础建设，坚定不移地实施财务管理创新，科学组织财务管理活动，在满足生产经营和改革发展资金需求、推进财务信息化建设、防范财务风险、提升财务管理水平等方面做了大量扎实有效、富有开创性的工作，有力地促进了石化集团公司持续有效发展。

一、奋力攻坚，逆势而上，经济效益在应对金融危机中创出历史最好水平

石化集团公司财务系统广大干部职工面对严峻的生产经营形势，坚持以市场为导向，以效益为中心，以提高核心竞争力为目标，不断深化全面预算管理，认真组织经济活动分析，狠抓月度预算管理，强化经营全过程成本控制，特别是加强对管理费用、财务费用、销售费用、人工成本、社区费用（“五项费用”）的管控，深入开展“找差距，挖潜力，精细管理增效益”活动，为石化集团公司全年经济效益目标的实现发挥了重要作用。

二、全力推进资金集中管理，积极拓展融资渠道，资金管理水平明显提升

初步建成达到国内先进水平的资金集中管理信息系统，把石化集团公司的资金管理工作逐步带入了集约化、网络化、标准化、科学化管理的新阶段。针对石化集团公司生产建设规模不断扩大、“走出去”力度不断加大，资金需求量日益增大的实际情况，以现金流管理为核心，强化资金筹划、实施资金预算管理、深化资金占用管理、组织开展往来款项清理、优化付息债务结构、争取战略银行授信支持等措施，不仅满足了生产建设和“走出去”的资金需求，而且取得了较好的资金管理效益。

三、优化内控环境，健全内控机制，风险管控能力不断增强

以提高内部控制有效性和高效性为目标，以切实防范金融危机带来的财务风险为重点，进一步完善内控体系，狠抓财务风险防范，改进内控检查方式方法，抓好审计发现问题的整改工作，全面加强内控管理工作，全力提升风险管控水平。

四、强化基础管理，规范资产处置，资产管理水平有效提升

适应辅业逐步清退、主业资产相对集中的形势要求，石化集团公司逐步把资产管理的重心由清理整顿专项工作转移到加强资产日常管理上，组织开展固定资产清查，加强资产管理基础，强化土地管理，加强清理整顿和改制分流财务收尾工作的组织协调，资产管理工作得到明显加强。

五、加强政策研究，积极协调政策到位，促进公司发展的政策环境逐步改善

针对国家财政、信贷、税收政策调整力度比较大，石化集团公司生产经营环境变化比较大的实际，抓住机遇，突出加强财税政策研究和优惠政策争取工作。在财政、价格、税收、金融等方面先后争取到多项政策支持。研究制定并组织实施住房补贴和企业年金、社区关联交易调整长效机制、扩大内部产品总部统一定价范围、完善内部产品定价办法等多项内部经营政策。按照国家税务总局的部署安排，认真组织税收自查。

六、加快推进会计集中核算，强化人员培训，财务会计基础管理不断加强

2009年，石化集团公司继续把工作重点放在夯实财务管理基础、提升财务管理水平上。在反复调研形成会计集中核算实施方案的基础上，按照“一套标准、两个平台、相互链接、自动集成”的总体思路，狠抓工作运行，会计集中核算工作取得重要进展。大力加强会计基础工作，提升会计信息质量，石化集团公司2008年财务决算工作受到财政部通报表扬。举办各种类型的财会业务培训班，认真组织开展财会技能达标竞赛，加强财务队伍建设，财会队伍素质有了新提高。

（巩祎昌　张建华）

预 算 管 理

【深化全面预算管理】 在预算编制上，按照“优化配置、调整结构、外拓市场、挖潜增效”的总体原则，积极引入和运用零基预算方法，狠抓财务预算与业务预算的有机衔接，预算编制的准确性和预算管理的针对性进一步提高。非上市部分根据油田企业、资产公司、工程建设企业生产经营计划、定额水平、毛利水平，对关键业务的效益水平进行了测算和安排，突出了对重点业务的预算控制，增强了预算管理的针对性。石化股份公司紧贴市场，强化月度预算管理，积极抓好生产经营总量和产品结构的优化和调整，预算管理对生产经营的指导作用不断增强。在预算执行上，通过建立企业预算指标完成情况季度通报制度、强化压力与责任传递、强化预算过程控制、严格预算外项目的审批等措施，进一步增强成本费用预算的控制力和约束力，全面预算的执行力得到明显提高。针对部分企业由于历史原因，社区基础设施严重老化，非在职群体稳定支出大，企业办社会负担沉重等问题，初步建立起社区关联交易调整长效机制，解决了文教卫及社区服务支出的来源问题，基本实现了收支平衡。2009年文教卫及社区服务关联交易由15亿元调增至33亿元。

（巩祎昌　张建华）

【改进经济活动分析】 面对复杂多变的市场环境给生产经营带来的严峻挑战，石化集团公司在经济活动分析工作中坚持全面分析与专题分析相结合，经营分析与财务分析相结合，问题查找与制定措施相结合，全局分析与重点关注相结合，现状分析与制度完善相结合，创新工作方式，丰富工作内容，完善工作运行机制，着力在深入查找问题上下功夫，着力在制定措施上做文章，分析质量进一步提高，分析的针对性和有效性进一步增强，为石化集团公司经济效益的提升、经营管理水平的提高、生产经营的平稳运行发挥了重要作用。2009年，石化集团公司效益指标均创历史新高，各项费用和资金占用指标得到有效控制，经济活动分析工作的作用得到了较好体现。全年非上市部分各部门各板块共进行专题分析40个，其中石化集团公司财务部重点剖析9个、资产公司重点分析10个、工程部重点分析10个、炼化工程公司重点分析11个。石化股份公司根据总部和事业部重点工作、关注内容及市场变化，持续跟踪、分析包括油田完全成本、炼化和销售内部结算价格影响、化工分产品毛利、新机制下成品油销售价格到位率、职工薪酬、扩量增收等内容，形成了石化股份公司主要财务指标、各板块财务分析、问题及建议、下一步重点工作安排4部分分析内容，收到了良好的效果。

（巩祎昌　张建华）

资金管理

【资金集中管理】 按照石化集团公司党组的统一部署，通过倒排运行计划、强化工作协调、建立完善资金管理制度、加强与银行沟通等措施，狠抓信息系统上线运行、总分账户开立使用等关键环节，境内外资金管理信息系统在2009年底之前全部实现上线运行，初步构建形成了“以财务公司为平台，以资金信息网络系统为载体，以全额资金预算管理为主要手段，依托商业银行结算体系，运用总分账户的实现形式，资金收入实时汇集、资金支付归口办理、资金结算网上运作、资金收支在线监控”的资金管理模式，实现了党组提出的“确保2009年底之前实现资金管理信息系统上线运行”的奋斗目标，标志着资金管理工作迈入集约化、网络化、标准化、科学化管理的新阶段。

（巩祎昌　张建华）

【筹融资管理】 通过借新还旧、借低息还高息、借短还长、扩大直接融资、在控制风险的前提下适度增加银行承兑汇票、开展集团内委托贷款等方式，优化债务结构，降低财务费用。石化集团公司2009年付息债务综合成本率2.79%，与一年期基准优惠贷款利率相比，节约融资利息支出67亿元，创出近年最好成绩。加强与商业银行的战略合作，分别与工商银行、开发银行、农业银行签署《战略合作协议》，与工商银行、建设银行、交通银行签订《现金管理服务协议》。加强银行授信的统一管理，与进出口银行签订了300亿美元《授信额度总协议》，保证海外“走出去”项目的资金需求。与工、农、中、建、交5家商业银行签订《统一授信合作协 议》，结合石化股份公司财务部、资产公司财务部和直属企业的实际，对上述授信额度进行了切分，基本实现了集团总部对银行授信业务的集中统一管理，保证了企业生产经营的授信需求。启动境外银行授信整合工作，将分散在各企业的境外15家银行的授信额度全部整合到盛骏公司，截至年底已整合完成4家境外银行的授信额度。制定下发《关于加强银行授信额度使用管理的通知》，明确银行授信的使用范围、使用方式、申请流程和管理要求。

（巩祎昌　张建华）

【资金日常管理】 科学把握日常资金头寸平衡，积极研究并努力规避汇率风险，加强对重大资金流的日常监管，资金监管能力不断提高。强化资金指标管理，严格控制应收、预付、存货等资金占用，加强应收款项的清收清理，取得了较好的资金管理效益。利用石化集团公司与商业银行签署战略合作协议的时机，通过上下配合和内外沟通协调，维持了以银行上门收款为主的加油站资金收款体系，保证了加油站资金的及时回笼和安全运行。

（巩祎昌　张建华）

资 产 管 理

【资产清查】 在全系统组织开展固定资产清查工作。面对资产清查涉及范围广、工作量大等困难，总部和企业周密制定方案，精心组织实施，严把自查、审核验收、汇总分析、上报整改每一个环节，圆满完成了固定资产清查工作任务，为优化资源配置、堵塞管理漏洞、提升资产管理水平提供了信息依据。经过清查，截至2009年6月30日，石化集团公司拥有固定资产11 410 311项，原值10 220.68亿元，累计折旧4 855.51亿元，已计提减值准备194.69亿元，资产净额5 170.48亿元。其中，石化股份公司固定资产4 236 654项，原值8 443.86亿元，累计折旧4 245.22亿元，已计提减值准备143.91亿元，资产净额4 054.73亿元；非上市部分固定资产7 173 657项，原值1 776.82亿元，累计折旧610.29亿元，已计提减值准备50.78亿元，资产净额1 115.75亿元。

（巩祎昌　张建华）

【资产基础管理】 2009年开展产权登记年度检查，摸清了石化集团公司产权级次分布和产权登记情况，同时针对年检中存在的产权登记不到位等问题，逐家发函、逐项督促落实整改。截至年底，企业共上报补办登记事项228户。研究提出修订方案框架，对固定资产分类细化、单项固定资产确认规则和折旧政策的调整开展调研工作，固定资产分类标准修订工作启动。重新审定了评估机构入选范围，挑选12家规模大、信誉好、熟悉石化情况的机构作为从事总部资本运作项目的备选机构。确定重大项目评估管理原则，总部重点对标的额超过5 000万元的重大项目进行评估监管。落实《中央企业资产评估报告指南》，提高评估报告报备审核质量，全年完成资产评估报告石化集团公司备案153项，涉及资产38.7亿元，评估值84.4亿元，评估增值率118%。开展资产产权管理培训，总部相关部门和所属单位200多人参加国务院国资委产权管理视频培训。

（巩祎昌　张建华）

【清理整顿和改制分流圆满收尾】 完成清理整顿总结表彰工作，2006—2008年3年共计完成清退项目6 502项，保留项目1 610项，个别认定择机退出309项。组织完成清理整顿验收工作，并对验收中发现的问题督促指导企业进行整改。年初研究下达了清退计划，按月跟踪分析项目清退完成情况，对清退工作中存在的问题进行协调、督促和指导，全年完成清退76项。对清理整顿以及改制分流中上划母体资产管理情况进行了统计清理，并提出工作要求，重点督促企业尽快清理待处置。完成改制分流核销国有权益报批和财务处理清理工作，当年取得了国务院国资委对72户改制企业核销国有权益的批复。截至2009年底，累计共完成584户改制企业核销国有权益的报批工作，核销户数和金额均超过实际实施国有企业改制分流的80%，得到国务院国资委的充分肯定。会同相关部门完成了剩余厂办大集体企业改制分流项目实施工作。

（巩祎昌　张建华）

会 计 管 理

【会计集中核算】 在反复调研形成会计集中核算实施方案的基础上，按照“一套标准、两个平台、相互链接、自动集成”的总体思路，通过启动会、工作例会等形式强化工作运行，抽调专人组成专职工作团队，深入现场积极对接企业业务和技术需求，强化会计业务和信息技术的有效衔接，会计集中核算项目全面启动并顺利推进。截至2009年底，《会计手册》已经基本编制完毕，核算系统开发工作接近尾声。被纳入石化集团公司会计集中核算子项目的石化股份公司ERP报表合并项目（BW&BCS）取得重要进展，全年按计划完成了11家企业的扩大试点和第一批21家企业的推广任务。

（巩祎昌　张建华）

【财务决算管理】 加强财务决算组织领导，总部统一调度、统一安排、统一标准，加强公司内部各部门的分工协作，统一决算编制要求，明确工作责任。11月中旬召开全系统的财务决算工作会议，集中学习财政部决算布置精神，从政策规定和报表具体编制两个方面进行集中培训。组织开展固定资产清查工作，加强往来款项的核对清收工作，开展正常经营存货的减值测试，加强对投资项目的管理，夯实报表编制的基础。在石化财会信息网站开辟“2009年财务决算工作专栏”，建立财务决算周报制度，全面掌握企业重大事项报备情况，加强决算过程管理。根据财政部有关年度审计工作“统一委托、统一标准、统一组织”的要求，规范审计事务所选聘工作，做好充分的审前准备和布置工作，强化审计工作过程控制，加强对中介机构审计质量的监督和约束，继续强化年报审计工作，确保财务决算审计质量。认真组织做好各级财务决算逐级审核工作，实行企业财务决算总会计师签字负责制和“网上预审，集中会审”两级会审制度。每年均开展财务决算先进单位的评比工作，对企业财务决算审计中发现的重大会计差错严格进行处罚，严肃奖惩制度，促进财务决算工作水平不断提升。

（巩祎昌　张建华）

【会计基础工作】 把会计月报当作月度决算予以安排，设计月度会计报表审核工作底稿，推行月度会计报表季度通报制度，并注重加强与相关业务的沟通，及时掌握企业月度经营信息，规范企业会计核算基础工作。在会计信息提供服务方式上下功夫，按时、按要求加工提供各类口径会计信息；总结会计信息需求，整理历年会计信息，汇编会计信息指标手册；结合月度财务分析需求，将月度对比分析表与预算对比表格式化，实现分析报表一键完成。

（巩祎昌　张建华）

【财会人员技能达标竞赛工作】 为建立完善财会人员业务技能考核达标长效机制，提高财会人员的业务素质，熟练业务技能，石化集团公司组织开展财会人员技能达标竞赛工作。财会人员技能达标工作以学习考核大纲、开展练兵为主，总部负责组织指导，要求企业按照考核大纲，采取学习、培训、竞赛等方式对在岗财会人员进行练兵和提高，组织在岗财会人员进行达标考核，并在此基础上计划2010年在集团层面举办达标竞赛活动。编制《财会人员技能达标考核大纲》，考核大纲包括企业会计准则和财务通则、税收法规及财务管理和内控制度三部分。企业会计准则和财务通则及税收法规包括企业普遍适用的企业会计基本准则、26个具体会计准则、企业财务通则，以及12个税种、1个税收征管法和特殊经济事项的税收处理等内容；财务管理和内控制度包括国有资产管理、内控管理、会计基础知识及核算、资金管理、集团发布的财会制度文件等内容。考核大纲共计75万字，包含3 164道例题。截至年底，参加达标的5 407人，选择达标测试的5 076人，选择中级测试的203人，选择高级测试的128人。其中，考核成绩优秀的有4 802人（90—100分），达标490人（80—90分）。

（巩祎昌　张建华）

内控建设

【修订完成内部控制手册】 根据内控检查评价发现的问题和企业反映的问题，按照总部领导“逐步建立一套制度”的要求，结合财政部下发的《企业基本规范》，考虑到“一企一制”的需要，统一了相同业务的权限标准，非上市部分新增“土地管理”和“原油储备管理”两个流程，对“固定资产投资”和“计划和统计管理”两个流程进行了修订；在企业层面增加“合同管理”、“修理费管理”、“应收款项管理”3个流程，将“资产/产权管理”拆分为“存货”、“土地”、“固定资产管理”3个流程。石化股份公司主要是根据石化集团公司《企业文化建设纲要》，在内控环境部分修订了企业文化的有关内容；增加了“非油品业务管理业务”流程和“重大合同管理业务”流程；合并减少了“资金收拨款管理业务”流程；重点修订了10个业务流程；为增强《股份公司总部权限指引》的可操作性与实用性，重点修订了投资管理、资金管理、资产处置等权限；在权限层级设置上，突出集体决策权，为办公会与股东大会、董事会共同设置“集体决策权限”，与个人审批事项分离；修改了对外捐赠管理权限。石化股份公司深入开展ERP系统权限整改工作，制定ERP权限管理标准和办法，推进内部控制与ERP的有机融合。

（巩祎昌　张建华）

【推进内控一体化建设】 根据党组领导“建立一套制度，统一一个标准”的指示，启动石化集团公司和石化股份公司内控一体化工作。2009年6月25—26日，组织召开石化集团公司内控一体化管理研讨会，来自6家企业的内控工作负责人、业务骨干共计16人参加了会议。通过对石化集团公司和石化股份公司内控管理制度现状及存在的差异进行分析对比，提出了推进一体化的工作思路和建议。

（巩祎昌　张建华）

【内控检查评价】 采取企业全面自查和总部重点抽查相结合的方式，对企业内控制度执行情况进行检查评价。在企业全面自查的基础上，按三年一个轮回的原则，石化集团公司非上市部分选定江汉石油管理局、洛阳工程公司、燕山石化等18家企业进行重点检查，其中审计局独立检查6家，总部内控办组织检查12家。石化股份公司在完善内控检查评价办法的基础上，总部内控办和审计部分别派出检查组，对42家企业进行了内控综合检查和评价，其中审计部独立检查24家，总部内控办组织检查18家。总部内控办随后对9家企业开展了非正式检查，重点抽查内部环境、自查测试及部分业务流程，并听取企业各级管理人员对内控工作的意见和建议。

（巩祎昌 张建华）

【财务风险防范】 把防范财务风险作为内控管理的重点，专门下发文件对加强财务管理、防范财务风险、应对金融危机作出部署。针对2009年审计署下达的《审计决定》以及部分企业出现的违法违纪事件，对照问题，逐条分析，找准症结，举一反三，特别是从完善制度、细化措施、强化管理等方面进行全面整改，对堵塞管理漏洞、规范经营管理发挥了重要作用。

（巩祎昌 张建华）

土地管理

【土地管理信息化建设】 研制完成石化集团公司土地管理信息系统并于12月9日实现上线运行，初步构建形成石化集团公司土地管理信息平台，为更好地摸清土地家底、提高土地利用效率提供了技术保障。石化集团公司土地管理信息系统基于GIS平台，具有功能强大、操作方便的特点，能够集中反映各企业用地总体的综合特征、内部变化规律以及各要素之间的相互关系，可以对土地管理指标体系进行汇总分析，可以及时了解企业用地结构和动态变化情况。

（巩祎昌 张建华）

【土地管理制度建设】 制定石化集团公司《土地管理责任目标考核办法》，为强化土地管理、稳步提高土地管理绩效奠定基础。制定石化集团公司《土地处置细则》，该细则共分7章、38条，明确土地处置管理目的，细化总部与各企业土地处置管理职能及操作流程，对指导和服务企业土地处置工作、确保土地处置工作合法规范、依法维护国有土地资产权益具有重要意义。制定《建设用地管理实施细则》，为解决好建设用地用而未征等遗留问题、严格把好新增建设用地进口关奠定基础。以上制度的制定出台，初步构建形成了从“土地进口”到“土地出口”的一整套健全完善的土地管理制度，为落实土地管理责任、规范土地管理行为提供了制度保障。

（巩祎昌 张建华）

【协调解决建设用地用而未批问题】 超前分析研究《土地管理法》修订案，针对2008年底前建设用地用而未批问题，通过积极主动与国务院国资委、国土资源部沟通协调，组织召开油田企业建设用地管理工作紧急会议，建立建设用地长效机制等措施，积极追加专项投资计划，全力解决建设用地用而未批问题。同时就川气东送工程涉及土地征收和临时用地使用情况与国土资源部多次沟通、协调，邀请相关领导到石化集团公司现场指导工作，建立紧密的沟通渠道。

（巩祎昌 张建华）

【强化土地管理工作的现场指导】 先后深入20多家企业进行现场调研，指导企业依法合规解决山东石油齐河油库土地处置、高桥石化高行镇1号地块土地及资产搬迁补偿、金陵石化转让土地给改制企业等40个土地管理中的热点难点问题，对维护石化集团公司土地资产利益、保障企业用地需求发挥了重要作用。

（巩祎昌 张建华）

政策研究

【争取国家政策支持】 在财政政策方面，获得“十一五”国家财政支持政策资金和国有资本经营预算项目资金安排，研究提出争取国家“十二五”财政支持政策的初步建议。在价格政策方面，积极推动国家按成品油定价机制调整价格，争取到供上海市国Ⅳ标准成品油优质优价政策。在税收政策方面，争取到行业进口关税保护性政策，国家同意自2010年1月1日起提高成品油以及部分石化产品进口关税。在金融政策方面，争取到人民银行资金管理总分账户政策，成为国内首家获此政策的中央企业。

（巩祎昌 张建华）

【内部经营管理政策】 研究制定住房补贴和企业年金的财务政策，配合有关部门认真组织实施。社区关联交易调整长效机制初步建立，社区关联交易费用分摊机制进一步理顺，初步解决了社区服务支出的来源问题。进一步扩大内部产品总部统一定价范围，完善内部产品定价办法，及时调整内部价格，较好地调动了有关各方生产经营的积极性。为规范和加强税务管理、防范税务风险、落实国家税收优惠政策，制定下发了《集团公司环保、节能、安全税收优惠政策管理办法》和《股份公司税务管理办法》。

（巩祎昌 张建华）

【规范研发费用管理】 为规范总部研发费用的使用管理，制定《中国石化集团公司总部研发费用管理暂行规定》，明确规定：总部组织的研发项目由总部向企业下达计划，由企业立项并列入成本费用，由总部审核后对企业以注资的形式拨付研发资金。

（巩祎昌　张建华）

财务状况

【概述】 2009年，石化集团公司合并报表实现营业收入13 919.52亿元，同比减少5.08%；实现利润816.91亿元，同比增长215.93%；实现净利润579.85亿元，同比增长196.64%。截至年底，合并报表资产合计12 888.9亿元，同比增长22.68%；负债合计7 375.17亿元，同比增长29.69%；所有者权益合计5 513.73亿元（其中母公司权益4 335.62亿元，占股东权益的78.63%），同比增长14.38%；资产负债率为57.22%，比年初上升了3.27个百分点；总资产周转率、流动资产周转率、应收账款周转率和存货周转率分别为1.18、5.45、36.29、6.84次，同比分别减少0.23、0.83、9.05、2.64次。石化集团公司2007—2009年合并会计报表见表1和表2。

（巩祎昌　张建华）

重要财税政策

【石油价格】 2009年5月8日，国家发展与改革委员会发布《石油价格管理办法（试行）》。该办法主要包括3个方面的内容：①原油价格由企业参照国际市场价格自主制定。中国石油集团公司和中国石化集团公司之间互供原油价格由购销双方按国产陆上原油运达炼厂的成本与国际市场进口原油到厂成本相当的原则协商确定。②国内成品油价格以国际市场原油价格为基础，加国内平均加工成本、税金、合理流通费用和适当利润确定。当国际市场原油连续22个工作日移动平均价格变化超过4%时，可相应调整国内汽、柴油价格。③当国际市场原油价格低于每桶80美元时，按正常加工利润率计算成品油价格。高于每桶80美元时，开始扣减加工利润率，直至按加工零利润计算成品油价格。高于每桶130美元时，按照兼顾生产者、消费者利益，保持国民经济平稳运行的原则，采取适当财税政策保证成品油生产和供应，汽、柴油价格原则上不提或少提。

（巩祎昌　张建华）

【增值税】 财政部、国家税务总局《关于印发〈油气田企业增值税管理办法〉的通知》（财税〔2009〕8号）规定，自2009年1月1日起，油气田企业为生产原油、天然气提供的生产性劳务应缴纳增值税，税率为17%。该通知界定了应缴和免缴增值税的生产性劳务的范围，并规定了进项税额不得从销项税额中抵扣的项目。跨省、自治区、直辖市开采石油、天然气的油气田企业，由总机构汇总计算应纳增值税税额，并按照各油气田（井口）石油、天然气产量比例进行分配，各油气田按所分配的应纳增值税税额向所在地税务机关缴纳。油气田企业跨省、自治区、直辖市提供生产性劳务，应当在劳务发生地按3%预征率计算缴纳增值税。

财政部、国家税务总局《关于油气田企业增值税问题的补充通知》（财税〔2009〕97号）规定，自2009年1月1日起，油气田企业向外省、自治区、直辖市其他油气田企业提供生产性劳务，应当在劳务发生地税务机关办理税务登记或注册税务登记。在劳务发生地设立分（子）公司的，应当申请办理增值税一般纳税人认定手续，经劳务发生地税务机关认定为一般纳税人后，按照增值税一般纳税人的计算方法在劳务发生地计算缴纳增值税。新疆以外地区在新疆未设立分（子）公司的油气田企业，在新疆提供的生产性劳务应按5%的预征率计算缴纳增值税。

（巩祎昌　张建华）

【所得税】 财政部、国家税务总局《关于开采油（气）资源企业费用和有关固定资产折耗摊销折旧税务处理问题的通知》（财税〔2009〕49号）规定：①油气企业在开始商业性生产前发生的矿区权益支出或勘探支出（不包括预计可形成资产的钻井勘探支出），可在发生的当期从本企业其他油气田收入中扣除，或者自对应的油气田开始商业性生产月份的次月起，分3年按直线法计提的折耗或摊销准予扣除。油气企业对其发生的矿区权益支出或勘探支出未选择在发生的当期扣除的，由于未发现商业性油气构造而终止作业，其尚未计提折耗或尚未摊销的剩余部分，可在终止作业的当年作为损失扣除。②油气企业的钻井勘探支出，凡确定该井可作商业性生产，且该钻井勘探支出形成的资产符合规定条件的，应当将该钻井勘探支出结转为开发资产的成本并计提折旧。③油气企业在开始商业性生产之前发生的开发支出，可不分用途，全部累计作为开发资产的成本，自对应的油气田开始商业性生产月份的次月起，可不留残值，按直线法计提的折旧准予扣除。油气企业终止本油气田生产的，其开发资产尚未计提折旧的剩余部分可在该油气田终止生产的当年作为损失扣除。

（巩祎昌　张建华）

表1 2007—2009年石化集团公司合并利润表

百万元人民币

项　　目	2009年	2008年（调整后）	2008年（调整前）	2007年
营业总收入	1 391 951.96	1 466 489.72	1 462 439.38	1 227 863.22
主营业务收入	1 375 430.95	1 450 922.04	1 447 085.16	1 207 965.63
其他业务收入	16 521.01	15 567.68	15 354.22	19 897.58
营业总成本	1 312 838.36	1 500 421.00	1 496 227.02	1 163 487.22
营业成本	1 047 515.65	1 317 445.61	1 313 807.66	1 017 247.70
主营业务成本	1 029 005.41	1 299 359.52	1 295 877.09	990 675.12
其他业务成本	18 510.25	18 086.09	17 930.57	26 572.59
营业税金及附加	139 050.95	60 280.11	60 262.27	37 661.89
主营业务税金及附加	138 435.01	59 777.86	59 761.45	37 213.89
销售费用	29 218.86	26 629.49	26 444.41	23 959.69
管理费用	61 073.01	53 528.92	53 028.92	53 161.30
勘探费用	13 909.19	10 693.36	10 693.36	14 186.43
财务费用	9 507.73	11 433.90	11 476.93	7 490.01
资产减值损失	12 562.97	20 409.60	20 513.47	9 780.19
加：公允价值变动收益	–363.35	3 960.89	3 960.89	–3 262.69
投资收益	5 113.19	4 633.71	4 634.95	11 139.94
对联营企业和合营企业的投资收益	4 015.69	1 100.49	1 083.94	3 403.80
营业利润	83 863.43	–25 336.68	–25 191.80	72 253.25
加：营业外收入	2 587.22	54 447.66	54 394.15	8 851.05
减：营业外支出	4 759.90	3 253.98	2 805.34	4 867.15
利润总额	81 690.75	25 857.00	26 397.01	76 237.15
减：所得税费用	23 705.71	6 310.31	6 348.54	26 678.03
净利润	57 985.03	19 546.69	20 048.46	49 559.12
减：少数股东损益	18 667.89	6 418.39	6 418.39	16 688.11
归属于母公司所有者的净利润	39 317.14	13 128.30	13 630.07	32 871.01

注：因燕山石化吸收合并北京东方石化公司等原因按规定对2008年数据进行了追溯调整。

表2 **2007—2009年石化集团公司合并资产负债表** 百万元人民币

项　目	2009年	2008年（调整后）	2008年（调整前）	2007年	项　目	2009年	2008年（调整后）	2008年（调整前）	2007年
流动资产					流动负债				
货币资金	30 795.88	26 615.44	24 931.95	27 163.85	短期借款	64 096.71	55 088.71	59 819.13	36 887.15
交易性金融资产	10.22	157.41	157.41	14.55	交易性金融负债	31 000.00	15 000.00	15 000.00	10 073.75
应收票据	3 731.40	3 552.44	3 546.29	13 373.72	应付票据	25 590.09	18 562.94	18 562.94	12 669.61
应收账款	44 315.85	24 147.94	24 118.39	30 903.69	应付账款	129 166.72	78 852.77	78 789.23	111 297.03
预付账款	10 079.39	12 919.91	12 586.16	16 767.64	预收账款	53 418.75	49 408.05	49 333.56	44 055.79
应收利息	142.99	123.51	123.51	143.50	应付职工薪酬	21 103.43	17 665.53	17 147.10	23 253.80
应收股利	110.39	342.13	325.74	88.39	应付工资	12 508.55	12 710.54	12 903.22	17 567.18
其他应收款	15 781.25	18 302.52	18 275.47	14 391.64	应付福利费	311.51	455.12	426.09	841.80
存　货	168 278.13	120 864.97	120 386.23	138 276.49	应交税费	20 534.61	9 475.30	9 570.54	20 327.94
原材料	48 146.19	36 794.26	36 489.90	38 367.29	应交税金	14 849.41	–10 733.25	9 181.35	16 579.53
库存商品（产成品）	65 738.89	45 416.50	45 271.63	46 447.57	应付利息	1 625.38	1 071.27	1 071.27	898.25
一年内到期的非流动资产	10 759.71	7 936.18	590.24	1 536.81	应付股利	165.49	196.79	196.79	1.24
其他流动资产	1 201.50	4 822.72	11 747.16	1 105.05	其他应付款	69 179.57	52 972.91	49 980.44	51 907.98
流动资产合计	285 206.72	219 785.18	216 788.55	243 765.31	一年内到期的非流动负债	19 543.56	22 981.45	22 955.53	14 651.99
					其他流动负债	24 600.01	39 770.05	34 672.78	22 245.98
非流动资产					**流动负债合计**	460 024.41	361 045.78	357 099.32	348 270.48
可供出售金融资产	10 649.70	5 830.84	5 830.84	14 234.81	非流动负债				
持有至到期投资	156.87	110.38	110.38	391.66	长期借款	111 116.72	110 257.37	110 234.53	125 355.11
委托贷款	209.00	109.14	109.14	1 126.65	应付债券	103 728.50	66 192.26	66 192.26	46 584.20
长期应收款	32 890.24	38 857.94	38 851.79	34 032.91	长期应付款	8 660.01	8 350.21	8 350.21	8 379.28
长期股权投资	48 504.14	37 672.77	38 769.90	40 313.32	专项应付款	950.45	2 307.56	967.48	610.83
投资性房地产	729.30	786.27	786.27	656.11	递延收益	1 926.71	950.02	950.02	814.17
固定资产原价	743 034.36	671 866.21	662 983.70	591 718.35	预计负债	14 036.56	9 616.82	9 616.82	7 748.24

减：累计折旧	327 264.85	304 172.38	297 604.11	254 162.85	递延所得税负债	37 015.75	9 943.96	9 937.47	8 078.51
固定资产净值	415 769.51	367 693.82	365 379.60	337 555.50	其他非流动负债	58.13	0.84	367.68	330.10
减：固定资产减值准备	17 128.57	12 754.01	12 727.12	11 407.19	特级储备基金	0.00	0.00	0.00	0.00
固定资产净额	398 640.94	354 939.82	352 652.47	326 148.31	**非流动负债合计**	277 492.83	207 619.02	206 616.46	197 900.45
油气资产原价	498 653.55	342 163.21	342 163.21	301 849.60	**负债合计**	737 517.23	568 664.81	563 715.78	546 170.93
减：油气资产折耗	213 155.29	164 146.51	164 146.51	142 006.70	所有者权益				
油气资产净值	285 498.26	178 016.69	178 016.69	159 842.91	实收资本	182 029.35	167 342.81	167 342.81	156 058.06
减：油气资产减值准备	11 131.51	7 204.57	7 204.57	1 695.78	国家资本	182 029.35	167 342.81	167 342.81	156 058.06
油气资产净额	274 366.76	170 812.13	170 812.13	158 147.12	集体资本				
工程物资	1 012.17	464.99	464.99	480.06	法人资本				
在建工程	134 163.04	133 246.99	132 799.56	107 193.39	国有法人资本				
固定资产清理	0.94	112.37	112.37	154.14	集体法人资本				
油气资产清理	0.65	0.00	0.00	0.00	个人资本				
无形资产	46 233.42	44 130.04	43 093.19	38 707.52	外商资本				
土地使用权	40 165.44	39 641.11	38 608.01	33 465.97	实收资本净额	182 029.35	167 342.81	167 342.81	156 058.06
开发支出	63.84	98.67	98.67	15.85	资本公积	44 656.91	42 194.01	40 473.61	42 008.38
商　誉	29 928.31	17 019.79	17 019.79	18 312.37	专项储备		51.33	0.00	0.00
长期待摊费用	11 435.26	11 591.40	11 536.75	11 030.84	盈余公积	109 155.12	88 558.49	88 558.79	68 952.26
递延所得税资产	14 012.20	13 889.87	13 889.87	10 646.14	一般风险准备	556.69	544.69	544.69	355.41
其他非流动资产	686.92	1 122.41	1 122.41	1 504.58	未分配利润	98 969.29	81 629.92	82 618.46	91 450.16
特准储备物资					外币报表折算差额	–1 805.79	–1 273.75	–1 273.75	175.64
非流动资产合计	1 003 683.70	830 795.81	828 060.51	763 095.78	归属于母公司所有者权益合计	433 561.56	379 047.49	378 264.59	358 999.89
					少数股东权益	117 811.63	102 868.69	102 868.69	101 690.26
					所有者权益合计	551 373.19	481 916.18	481 133.28	460 690.16
资产总计	1 288 890.42	1 050 580.99	1 044 849.06	1 006 861.09	**负债和所有者权益合计**	1 288 890.42	1 050 580.99	1 044 849.06	1 006 861.09

注：因燕山石化吸收合并北京东方石化公司等原因按规定对2008年数据进行了追溯调整。

人事管理

◇ 综述

◇ 领导人员管理

◇ 人才队伍管理

◇ 劳动与薪酬管理

◇ 人才培训管理

◇ 总部机关人事管理

◇ 综合与信息管理

◇ 离退休人员管理

综 述

2009年，石化集团公司以开展深入学习实践科学发展观活动为契机，认真学习贯彻党的十七届四中全会、全国国有企业党建工作会议精神以及石化集团公司党组的部署要求，紧紧围绕公司发展战略和中心任务，切实抓好选干部、配班子，建队伍、聚人才，抓基层、打基础等工作，着力在强化管理基础、完善制度机制、推进重点工作上下功夫，领导班子和人才队伍建设取得了新的进展。

统筹推进领导班子思想建设、组织建设、作风建设、制度建设和反腐倡廉建设，切实在提高素质、优化结构、改进作风、增强活力上下功夫，领导班子和干部队伍建设进一步加强。以加强领导人员党性修养和作风养成为重点，切实加强领导班子思想作风建设，党员领导干部党的意识、宗旨意识、大局意识和责任意识得到增强。牢固树立“开拓进取、鼓励创新、求真务实、重视基层、群众公认”的用人导向，严格选人用人标准，推进以优化结构为重点的领导班子组织建设，圆满完成石化股份公司第四届董事会、监事会换届和有关领导人员的调整聘任工作，一批高层次、复合型领导干部走上领导岗位，干部队伍活力进一步增强，领导班子整体功能得到进一步发挥。以召开干部工作会议为契机，大力推进干部人事工作的科学化、制度化和规范化建设。制定出台《中国石化领导班子和领导人员管理暂行规定》等“1+7+1”制度文件，丰富完善了领导干部选拔、任用、管理、监督的制度框架，初步构筑起层次清晰、衔接互补、整体覆盖的领导干部管理制度体系。

围绕人才队伍建设的重点难点，积极推进制度机制创新。稳步推进人才成长通道建设，加强海外人力资源管理，形成海外高层次人才引进工作机制和人才引进绿色通道。积极探索人才队伍建设规律，创新完善人才考核评价体系，人才队伍活力进一步增强。加强高层次人才选拔培养，开展院士、各类专家等优秀专业技术人才的选拔表彰工作，新当选中国工程院院士1名，中国石化拥有两院院士人数达到20名。通过组织开展职业技能竞赛和技能创新成果展评等活动，使一大批优秀技能人才脱颖而出，在中央企业职工技能大赛中取得优异成绩。

加强用工总量管控，规范用工管理。做好直属单位用工总量控制指标和增补用工计划的管控工作。截至2009年底，石化集团公司用工总量103.65万人，其中职工61.92万人。开展劳动定员标准体系研究工作，完成劳动规章制度、机构编制、用工招录和岗位说明书管理办法等示范文本的编制。进一步完善内部退养工作。健全管理制度，加强工资总额和人工成本管控。研究提出统一基本薪酬制度、完善薪酬分配结构的初步方案。制定石化集团公司企业年金方案，并获国务院国资委批复。

加强培训体系建设，积极推进人才培训开发。不断健全培训管理体制和运行机制，初步形成了统筹规划、分工明确的管理体制和规范有序、运转高效的运行机制。大力实施“万名重点人才培训工程、关键岗位人才能力提升工程、全员素质提高工程”，全年全系统组织各类脱产培训达87.8万人次。加强培训宏观管理，推进培训基础建设，人才培训的针对性和实效性进一步提高。推进阳光引进、校企合作，进一步提高毕业生引进工作质量。

全面梳理总部机关管理职能，研究形成了各部门（单位）职责和内设机构、编制定员调整初步意见。强化总部机关岗位人员管理，进一步加强总部机关队伍建设。大力推进人事管理信息化建设，制定推广实施SAP-HR系统总体方案，组织编制项目可行性研究报告并通过专家组评审，完成需求分析和蓝图设计工作。

扎实开展深入学习实践科学发展观活动，深化拓展“讲党性、重品行、做表率”活动，切实加强组织人事队伍自身建设，进一步营造了“党员之家、干部之家、人才之家”的氛围。

（钟文标）

领导人员管理

【领导班子思想政治建设】 把思想作风建设作为领导班子建设的核心，坚持点面结合、以点带面。一是注重加强面上的宏观指导。深入贯彻胡锦涛总书记在十七届中央纪委三次全会上的重要讲话精神，下发了《关于进一步加强领导干部党性修养，树立和弘扬良好作风的意见》。认真贯彻全国国有企业党建工作会议精神，提出了《关于贯彻落实全国国有企业党的建设工作会议精神的意见》，努力把各级领导班子建设成为善于领导科学发展的坚强领导集体。二是注重党政“一把手”思想作风建设。选调30名党政正职领导干部参加了为期7天的培训班，着重就如何抓班子带队伍、贯彻民主集中制和“三重一大”问题集体决策等内容进行了教育培训。十七届四中全会召开后，在党组召开扩大会议传达会议精神的基础上，苏树林又在干部工作会议上进行了集中传达，明确了具体贯彻要求。三是认真总结直属单位领导班子2008年度民主生活会情况，紧紧围绕学习实践科学发展观活动的开展，参加了25家单位领导班子专题民主生活会，将规范程序、提高质量作为督察指导的重点内容，企业对民主生活会的态度普遍重视。

（牟蔚亭）

【干部人事制度改革】 2009年10月底成功召开了石化集团公司干部工作会议，制定出台了“1+7+1”制度文件。这是时隔14年后中国石化召开的一次全系统干部工作会议，也是石化集团公司成立以来召开的第一次干部工作会议。石化集团公司领导班子全体成员，总部机关各部门主要负责人以及各企事业单位党政主要负责人、组织部长共364人参加会议。会议认真总结了石化集团公司重组成立以来领导班子和干部队伍建设工作经验，全面部署了当前和今后一个时期领导班子和干部队伍建设工作，提出了大力推进干部队伍国际化、年轻化和干部工作制度化的目标。经数轮修订完善、提交会议讨论的《中国石化领导班子和领导人员管理暂行规定》等“1+7+1”制度文件，填补了海外及外派高层领导人员管理的空白，丰富了企业领导干部选拔、任用、管理、监督的制度框架，初步构筑起一个层次清晰、衔接紧密、覆盖全面、互为补充的制度支撑体系。11月，9个文件提交党组会审议通过后印发实施。

（牟蔚亭）

【领导班子考核调整】 树立正确的用人导向，坚持“德才兼备、以德为先，注重实绩、群众公认”原则，严格选人、用人标准，注重把班子调整与石化股份公司换届、管理体制改革、班子管理规格调整等有机结合起来，班子配备既考虑领导干部专业、能力结构的合理性，又考虑个性特点、工作阅历的互补性。为进一步理顺领导人员管理体制、明晰销售企业领导班子的管理界面和责任、顺应销售区外公司管理体制调整的需要，在严格考察、广泛听取区外销售企业干部职工意见的基础上，组建了辽宁、四川等6家大Ⅱ型企业和吉林、黑龙江等6家中Ⅰ型企业领导班子。积极与有关部门协调，认真做好石化股份公司新一届独立董事和独立监事遴选、职工代表董事推荐及总裁班子补充调整工作。5月下旬完成了董事会、监事会的换届和总裁班子的重新聘任工作，调整了战略、审计、薪酬与考核3个专门委员会。调整后董事会15人，监事会9人，总裁班子10人。完成了董事会换届后石化股份公司21个机关部门、86个分（子）公司和有关单位共计497名领导人员的重新聘任工作。截至2009年底，党组管理的现职领导干部895人，大学本科以上学历的805人，占89.94%，研究生以上学历257人，占28.72%。

（牟蔚亭）

【干部监督工作】 贯彻落实全国干部监督工作会议精神，制定了《中国石化领导人员选拔任用工作监督检查办法》。研究形成监督检查要点，利用考察领导班子、参加民主生活会或参加巡视等机会，进行全面检查或重点抽查。完成了对19家直属单位的巡视工作。对信访反映的有关单位干部管理等方面的问题进行调查处理，严肃查处和纠正了湖北石油分公司违规提拔干部问题，进一步严肃了干部人事工作纪律，在全系统起到了较好的警示和教育作用。

（张剑波）

【中层领导人员管理】 印发《关于进一步完善中层管理人员退出现职的指导意见》并组织实施。制定《中国石化直属单位中层领导人员职数总量管理暂行办法》，强化动态监管，进一步加强中层领导人员总量控制。

（张剑波）

人才队伍管理

【人才成长通道和工作机制建设】 研究形成了《中国石化人才成长通道建设实施意见》及配套政策和办法，在部分单位开展了模拟测算和专家选聘工作，推进人才成长通道建设工作试点；制定实施了《关于凝聚骨干科技人才工作的若干意见》，提出了凝聚骨干人才的对策、措施和办法，进一步完善了人才选、用、育、聚工作机制，提升了人才工作的竞争力。

（丁新兴）

【引进海外高层次人才】 编制了《中国石化人才创业基地建设总体方案》，被中组部批准为第二批基地建设单位；建立了海外高层次人才引进工作机制，制定实施了《关于中国石化海外高层次人才引进工作实施意见》，编制了需求计划，积极开展引进工作。推荐2名海外科学家参加国家“千人计划”评审，引进了3名海外高层次人才。

（丁新兴）

【人才评价及职称评审工作】 进一步完善高层次工程科技人才培养、评价研究成果，组织编写了《专家之路》，为人才评价提供理论依据；坚持能力业绩导向，组织开展了全系统任职资格外语考试和评审工作，评审教授级任职资格227人，高级任职资格3 546人。

（丁新兴）

【高层次人才选拔和管理工作】 开展了两院院士、百千万人才工程国家级人选遴选推荐工作，马永生当选中国工程院院士，王增林、蔡智、董玉群3人入选百千万人才工程国家级人选；进一步修订完善评选表彰办法，开展了石化集团公司突出贡献专家和首届闵恩泽青年科技人才奖评选表彰工作，评选表彰石化集团公司突出贡献专家97人，闵恩泽青年科技人才奖178人；接收1名“西部之光”访问学者到北京化工研究院开展研修工作，并对上年度“西部之光”访问学者进行研修期满考核。

（丁新兴）

【博士后工作】 开展博士后站考核检查，对博士后站自身建设、科研课题管理、博士后人员招收、考核、博士后科研成果和人才培养等情况进行考核评估，中国石化开展博士后工作以来，累计进站博士后科研人员461人，累计出站博士后科研人员272人，有133人出站后留在中国石化工作；累计承担省部级科研课题178项，博士后科研成果获省部级奖63项，地市级奖112项；申请专利260件；发表论文1 883篇。选拔了2名博士服务团成员支援西部大开发工作。

（丁新兴）

【职业技能鉴定】 以加强鉴定队伍管理、提高鉴定质量为重点，全面推进各等级职业技能鉴定。全年共鉴定8.65万人，培训考评员3 500人，对高级技师培训基地58个培训班的1 060名学员进行了职业资格考评。高技能人才总量达13.3万人，占技能操作人员总量的43.0%。

（丁新兴）

【职业技能竞赛】 组队参加了全国建设系统焊工竞赛和中央企业职工技能大赛数控车工竞赛，获得焊工个人第二名、团体第三名和数控车工二金、一银（个人第一、四、十名）、团体第一名，汤海东被授予全国技术能手称号；举办了测井工、加氢裂化装置操作工、催化剂制造工和焊工4个工种的石化集团公司职业技能竞赛活动，27个单位229名选手参加了决赛，20人被授予石化集团公司技术能手称号，14人被授予石化集团公司青年岗位能手称号；现场观摩第40届国际青年奥林匹克技能竞赛，参加开、闭幕式和相关论坛；组织编写了《中国石油化工集团公司职业技能竞赛导引》，以加强对竞赛的技术指导和规范管理。

（丁新兴）

【首席技师培训】 举办了企业首席技师创新能力培训班，19名首席技师（或全国技术能手）接受为期半个月的集中培训，并赴日本、韩国相关企业考察交流，进一步提高拔尖技能人才的创新意识和创新能力。

（丁新兴）

【技能创新成果展评】 组织开展了首届“中国石化技能创新成果展评”活动。经专家组评审，从41家企业选送的203个项目中，评选出技能创新特别奖5项、一等奖5项、二等奖10项、三等奖15项、鼓励奖20项，并出版了《技能创新成果集锦》。部分获奖人员被授予石化集团公司技术能手称号，晋升技师职业资格，开辟了评价、选拔高技能人才的新渠道。

（丁新兴）

劳动与薪酬管理

【用工总量管控】 按照“由管理正式职工向管理全部用工转变”的要求，制定印发了《用工总量管理办法（试行）》及配套的《年度增补用工计划审批管理试行办法》并组织实施。制定印发了《关于加强劳动用工管理的若干意见》，明确了石化集团公司全面贯彻《劳动合同法》、进一步规范用工管理的工作重点和要求。完成了23项中国石化劳动定员标准的制（修）订工作并颁布实施；启动了劳动定员标准体系研究工作，加强石化集团公司劳动定员标准体系建设。进一步完善内部退养制度、规范内部退养行为，印发了《关于进一步完善职工内部退养的意见》。

（罗焱鑫）

【薪酬分配管理】 按照国务院国资委要求，完成石化集团公司2008年度工资总额预算执行情况清算评价、2009年度工资总额预算编报工作。对建立与人才成长通道相适应、体现行业特点和工资正常增长机制的石化集团公司统一基本薪酬制度进行了研究。制定了石化集团公司《企业年金管理办法（试行）》及有关配套政策，报国务院国资委审核并取得了批复。

（卜军育）

【人工成本控制】 为提高人工成本投入产出效益、适应国务院国资委预算管理工作要求，根据《企业会计准则》及内部控制制度要求，结合石化集团公司实际，制定并印发了《人工成本管理办法（试行）》以及《人工成本统计指标及解释》，明确了人工成本管理的原则、范围、职责、内容、制度等，规范了人工成本统计范围和口径。

（卜军育）

人才培训管理

【概述】 按照石化集团公司教育培训工作会议精神，全面启动了“三项培训工程”。总部直接组织培训各类重点人才3 471人，梳理形成了123个关键岗位人才培训项目，培训6 000多人，举办各类短期适应性培训班200多期。各单位结合实际，分层分类开展大规模全员培训，培训经营管理人员29.95万人次，培训专业技术人员28.69万人次，培训技能操作人员113.95万人次，培训劳务工69.22万人次。

（邹 强）

【培训宏观管理和基础建设】 加强培训宏观管理，推进培训体系建设。印发了《业务部门培训职责及运行管理办法（试行）》，明确并细化总部部门培训工作职责。改进培训计划编制办法和程序，优化了计划生成机制，加强了培训需求调研，充分发挥业务部门在培训计划编制中的专业牵头作用。完善了重点人才出国（境）培训学员管理办法，加强了对出国（境）培训学员的管理。研究提出了石化集团公司培训基地建设初步方案，组织远程教育系统建设立项申报，起草了仿真培训管理办法，汇总编制了300本培训教材的初步开发计划，启动了培训师资库建设工作。

（邹 强）

【高层经营管理人员培训】 围绕领导班子思想政治和领导人员领导能力建设，突出重点，加强高层经营管理人员培训。举办1期直属单位党政正职培训班，培训30人。以新进班子成员和国际化领导人才作为重点对象，选派34人到延安干部学院参加思想政治素质培训，选派105人参加国外著名商学院高级管理、国内短期工商管理和国际化领导人才培训。根据国务院国资委要求，举办1期赴台湾台塑“合理化建议”管理理论与实践研讨班，培训19人。开展领导人员ERP、HSE、物资供应管理专题培训，聘请哈佛商学院教授举办“金融危机下的市场营销”专题视频讲座。举办高级管理人才、管道储运高级管理人才培训班，培训后备领导人才38人。

（邹 强）

【高层次专业技术人才培训】 围绕石化集团公司科技创新和主业发展方向，分领域加大创新型高层次专业技术人才培训力度。组织访问学者外语培训59人，派出访问学者27人。开展上游领域8个专业中青年领军后备人才和青年拔尖人才培训班第二、三阶段教学，并组织25个班次到有关企业进行现场教学，将培训课堂延伸到企业和装置，提高培训的实用性和针对性。举办炼化企业首席专家培训班，培训23人。采用系列专题培训和高级研修班形式，培训炼化领域专家及高层次专业技术人才479人，培训油品、化工产品销售高层次专业人才93人。采取分模块集中培训形式，培训海洋石油工程高层次人才26人。

（邹 强）

【高级技能人才培训】 突出企业拔尖技能人才革新创造能力和解决复杂疑难问题能力提升，举办1期首席技师培训班，培训16人；采用集中培训与现场考察、咨询相结合的方式，举办集输工、聚丙烯工、催化重整工技能拔尖人才培训班，培训59人。加大石油石化主体工种和主要辅助工种高级技师培训力度，新开发17个工种高级技师、技师培训方案，举办石油钻井工、油品分析工等34个工种高级技师培训班，培训728人。

（邹 强）

【国际化人才培训】 为适应海外业务发展及国际化人才队伍建设需要，拓宽思路，优化结构，加强国际化人才培训。采用参加知名商学院全球公开课程、国内外强化培训等形式，培训国际化领军人才35人。以中长期英语强化和国外专业培训相结合的方式，培训项目管理及配套专业骨干人才234名。与高校合作，举办西班牙语、俄语、阿拉伯语、法语等小语种培训班，培训86人。采取总部直接组织和委托企业组织培训相结合，以英语为主要内容培训国际化后备人才980人。加大国际化储备人才培训，选拔140名国际化经营专项招聘毕业生进行集中强化培训。举办国际石油项目综合管理培训班等短期培训班17期，培训441人。

（邹　强）

【毕业生引进】 2009年引进大学本科及以上毕业生6 093人，其中“985”、“211”院校毕业生占42.7%，研究生所占比例达24.4%，同比提高4%，学校学历层次得到合理提高；石油石化主体专业及主要配套专业所占比例86.0%，同比提高5%，主营业务得到有力保障，引进毕业生的素质和结构进一步优化。继续与高校合作开展订单培养，选拔117人加入国际化班、307人加入石油主干专业订单班。推进校企合作，优化奖学金设置，清华、北大等高校200名在校生获中国石化英才奖学金。与清华大学等高校联合开展社会实践活动，让学生走进石化、了解石化，扩大中国石化在高校中的影响力。

（邹　强）

总部机关人事管理

【概述】 截至2009年底，总部机关直接管理的员工为949人，其中硕士研究生以上占26%，大学本科占62%；正高级职称占14.4%，副高级职称占54.4%，中级职称占20.2%；平均年龄42.4岁。

（徐　庆）

【总部机关管理职能梳理】 成立全面梳理总部机关管理职能工作领导小组及其办公室，印发《关于开展全面梳理总部机关管理职能工作的通知》并组织召开会议进行部署。对各部门上报的职能调整初步意见进行了认真梳理，在与有关部门对接的基础上，研究形成了各部门（单位）职责和内设机构、编制定员调整初步意见。

（徐　庆）

【员工队伍建设】 加强制度建设，印发《总部机关员工培训管理实施办法》，结合石化集团公司深入学习实践科学发展观活动和加强总部机关作风建设，举办了总部机关4期业务岗位培训班和3期处级人员培训班，共培训182名处级人员和280名业务人员。做好国务院国资委交流挂职干部的考核及总部机关选派国务院国资委挂职人选的推荐工作，完成石化集团公司定点扶贫县4名扶贫挂职人员选派工作。根据石化集团公司党组领导要求，印发《关于进一步加强在京单位人员管理的通知》，做好京外调干工作。

（徐　庆）

【薪酬保险等工作】 完成总部机关员工工资收入和各项社会保险调整发放和缴纳工作。统计分析总部机关处级及以下人员2008年度年休假执行情况，研究提出总部机关处级及以下人员年休假工作初步意见。

（徐　庆）

综合与信息管理

【人力资源信息系统建设】 制定石化集团公司《推广实施SAP-HR系统总体方案》，召开了推广实施SAP-HR系统启动会议，完成了系统需求分析，完善中国石化SAP-HR指标体系，完成项目可研报告并通过专家组评审，完成了系统基本模块的配置开发和初步测试。举办eHR系统深化应用交流研讨，完成正式职工以外用工信息补采，不断增强系统应用效果。

（钟文标）

【人事报表统计分析】 根据人事劳资工作需要，对报表表样进行调整优化，及时完成各类报表统计，强化人事信息综合分析利用，开展统计工作法律法规教育。

（李堂亮）

【人事信息工作】 做好石化集团公司年报、年鉴，石化股份公司年报、网站等人事信息整理和披露工作。对《石化劳动》和《中石化人事管理》进行整合，指导石化管理干部学院做好《石化人力资源管理》杂志的编辑工作，对人事部信息门户网站进行优化，构建了人事工作信息沟通、交流探讨、对外宣传的网络和平台。

（钟文标）

【人事档案管理】 根据中组部要求，下发新的《干部人事档案材料收集归档规定》，在全系统深化开展人事档案审核工作的同时，对档案材料进一步补充完善，解决档案材料不全、信息资料不准等问题，档案规范化管理水平不断提高。

（栾志青）

离退休人员管理

【概述】 截至2009年底，石化集团公司共有离退休人员373 846人，其中离休干部6 916人、退休干部121 096人、退休工人245 834人；内退人员31 538人。离退休人员党员122 629人，内退人员党员10 524人；离退休人员党委94个，总支240个，支部3 193个。老年活动中心（站）1 221个，老年大学及分校106所。专职工作人员5 450人。

石化集团公司认真贯彻落实党和国家离退休工作方针政策，坚持围绕中心、服务大局，认真落实离退休干部的政治、生活待遇，推进离退休人员党支部建设和思想政治建设，丰富离退休人员精神文化生活，保持了离退休人员队伍的和谐稳定。

（崔文生）

【落实离休干部生活和医疗待遇】 根据中纪委等六部委有关文件规定，制定印发了《关于离休人员待遇有关问题的通知》，明确了进一步规范管理、调整提高离休人员待遇的政策措施，做好各单位离休人员待遇调整方案的审核批复工作。根据中组部有关提高部分离休干部医疗待遇的通知要求，组织做好863名离休干部提高医疗待遇的报审、批复等工作，切实将党中央和石化集团公司党组对老干部的关怀落到实处。

（钟文标）

【开展新中国成立60周年慰问“三老”活动】 按照组通字〔2009〕34号文件要求，石化集团公司专门发文要求各直属单位2009年国庆节前夕，对全系统离休老干部和建国前参加革命工作的老工人、老党员普遍进行一次走访慰问。各直属单位主要领导带队登门对“三老”进行慰问的同时，按照部级离休干部和老红军每人5 000元，其他离休老干部、老工人、老党员每人1 000元的标准，向他们发放了慰问金，把石化集团公司党组的关怀送到他们的心坎上。

（崔文生）

【印发《关于加强新形势下离退休工作的意见》】 为贯彻中组发〔2008〕10号文件，把党组对离退休老职工的关心制度化、具体化、操作好、落实好，印发了石化集团公司《关于加强新形势下离退休工作的意见》（中国石化老〔2009〕572号），明确了有关政策要求，为加强新形势下的离退休工作提供了制度保证。

（崔文生）

【离退休工作受国家表彰】 在全国先进离退休干部党支部和离退休干部先进个人表彰大会上，江苏石油勘探局机关离休干部党支部、燕山石化公司离休干部藏福录分别被中央组织部授予全国先进离退休干部党支部和全国离退休干部先进个人称号。

（崔文生）

【举办第二届离退休人员文艺汇演】 为庆祝新中国成立60周年，石化集团公司举办了全系统离退休人员第二届文艺比赛，共有49个单位报送了174个参赛节目。经组织有关专家评审，评出一等奖16个、二等奖37个、三等奖56个。之后，分别在北方演区、华东演区、南方演区组织部分获奖节目进行了汇演。

（崔文生）

【参加首届全国老年人体育健身大会】 组织企业离退休人员体育代表队代表中国石化参加了由国家体育总局、全国老龄委办公室、中国老年人体育协会联合举办的第一届全国老年人体育健身大会，并获得了健身秧歌比赛2块金牌，太极拳（剑）比赛2块金牌、6块银牌、1块铜牌，柔力球比赛1块银牌、2块铜牌，象棋比赛2块铜牌的成绩。

（崔文生）

物资采购与管理

◇ 综述

◇ 物资采购

◇ 业务改造

◇ 物资供应管理

◇ 重大装备国产化

综　　述

2009年，物资供应系统按照科学发展观的要求，确立了安全供应第一、及时供应第二、经济供应第三的物资供应价值取向，全力以赴保证生产建设物资供应，全面推进传统业务改造，继续强化供应风险控制，不断加大总部集中采购力度，各项工作都取得了较好成绩。

保障了生产建设物资供应。2009年，物资供应系统广大干部职工面对供应风险不断加大的严峻形势，进一步加强市场分析研究，适时调整采购策略，强化过程控制，严格控制风险，保证了生产建设物资供应。

全面推进传统业务改造工作。深入推进专业化分工与流程化操作运行机制建设、供应商动态量化考核和业绩引导订货机制建设、框架协议采购、库存资金占用责任主体调整工作，全面提升物资供应管理水平。

总部集中采购取得新的突破。2009年，总部集中采购业务结构进一步优化，总部直接集中采购向战略采购转化、总部组织集中采购向框架协议采购转化快速推进，集中采购的市场影响力和成本控制能力进一步增强。

物资供应信息化建设取得新进展。网上采购质量持续提高，物料编码转换工作快速推进，物资供应管理信息系统集成整合取得新进展。

（何　勤）

物资采购

【概述】　2009年初以来，受国际金融危机的影响，供应市场竞争日趋激烈，供应风险急剧加大。面对严峻的供应形势，物资供应系统广大干部职工千方百计抢抓资源、防控风险，全年采购物资1 389亿元，保证了石化集团公司生产经营和工程建设物资的安全供应、及时供应和经济供应。

（何　勤）

【强化供应市场研究】　面对2009年市场需求持续低迷和竞争日趋加剧的态势，进一步加强供应市场研究，每月按专业、按品种开展供应市场分析，发布主要物资框架协议采购执行价和市场参考价，充分发挥《物资管理简报》的业务指导、经验交流、信息共享等功能，有针对性地总结企业物资供应好的经验和做法，每季度通报炼化三剂、煤炭、钢材、大型机组设备等主要物资市场形势，指导企业根据市场变化及时调整采购策略及应对措施，有力地保障了生产建设物资供应。

（何　勤）

【保障生产长周期稳定运行】　2009年，物资供应系统采购化工原料、辅料、煤炭、材料和设备配件共计1 389亿元，保证了石油石化企业“安稳长满优”运行。岁末年初，受到全国普降大雪、煤炭运输严重受阻等因素的多重影响，煤炭供应骤然紧张，部分企业煤炭库存低于8天，个别企业库存甚至只有3天。面对严峻的煤炭供应形势，石化集团公司总部立即向国家发改委、铁道部、煤炭运销协会等有关部委汇报，争取国家政策上的支持和帮助。各企业积极到安徽、山西、河南等产煤大省以及港口、路局、煤矿进行催交催运。经过各方努力，成功地化解了危机，没有一家企业因为煤炭供应问题而停炉、停机。

（何　勤）

【保障重点工程项目物资供应】　充分发挥川气东送、天津乙烯、镇海乙烯、武汉乙烯4个重点工程的物资供应协调部和塔河、长岭、北海等9个项目的协调组的作用，累计召开物资供应现场专题协调会48次，帮助制造厂、总承包单位和业主解决存在的重大进度和质量问题，组织到国内外制造厂催交催运。物资供应系统干部职工紧盯市场供应资源和项目需求，不分昼夜，奋战在项目一线，圆满地保证了项目建设物资供应。

（何　勤）

【总部集中采购】　2009年，总部集中采购规模796亿元，总部集中采购率达57.3%，比2008年增长了9个百分点，首次突破50%。

总部集中采购结构进一步优化。全年总部直接集中采购290亿元、总部组织集中采购506亿元，总部直接集中采购和总部组织集中采购比例由2008年的1.3：1优化为0.6：1，确立了总部组织集中采购在总部集中采购中的主体地位，既充分发挥了集团化采购的规模优势，又大幅减少了总部直接操作业务的比例，既调动了企业层面的积极性，又使总部腾出了更多精力强化物资管理和供应协调。

总部集中采购工作质量和效果进一步提升。一方面，总部直接集中采购向战略采购转化取得显著进展，全年战略采购比率达51.7%，比2008年增加了

17.5个百分点，其中钢材战略采购率达91%，管线钢焊管、储罐钢板实现了100%战略采购。另一方面，总部组织集中采购向框架协议采购转化取得新的进展。全年总部组织集中采购的框架协议采购率达55.8%，比2008年增加了4.3个百分点。各企业在框架协议下采取订单操作，劳动强度明显降低，工作效率显著提高。总部组织集中采购的主力供应商群体也正在快速形成，中国石化对供应风险和供应成本的控制能力正在不断提高。

总部集中采购降本效果显著。总部集中采购充分发挥了集团化集中采购优势，加强与宝钢、鞍钢、一重、二重、沈鼓、神华集团、淮南矿业集团、SABIC、环球乙二醇等国内外战略供应商的合作，不仅提前锁定了重要物资资源，而且降低了采购成本。2009年，总部集中采购节约资金38.1亿元，节约资金率达4.8%。

（何　勤）

【网上采购】 2009年，网上采购规模1 322亿元，网上采购率达到95%。截至年底，中国石化网上采购规模累计已突破7 200亿元，中国石化物资采购电子商务系统已经发展成为国内最大的B2B电子商务平台。年底，国务院国资委将中国石化物资采购电子商务工程列入首批中央企业信息化示范工程，国家工业和信息化部在其官方网站将中国石化物资采购电子商务作为工业信息化001号案例向全社会推广。

网上采购质量持续提高。调整网上采购考核指标，将以前单一考核网上采购率的做法改为同时考核网上采购率、业务处理及时率、采购方式合理率、通过接口上传合同和订单的比率4项指标。各企业大力解决网上、网下采购“两张皮”和网上业务处理不及时的问题，网上特殊通道采购比率显著下降，53家企业的网上采购方式合理率达到了80%以上，20家企业的网上业务处理及时率达到了99%。

（何　勤）

业务改造

【专业化分工与流程化操作运行机制建设】 各企业在业已形成的计划、采购、质检、仓储和结算业务分离的基础上，对照管理要求，进一步加深理解、研究制定实施计划，陆续成立了由分管领导任组长，供应、财务、企管等部门参加的领导小组，提出了物资供应专业化分工与流程化操作运行机制建设实施方案，再造物资供应业务流程，强化物资供应专业化管理功能，增强物资采购策略的把握能力、供应商关系的驾驭能力和供应风险的控制能力。大多数企业都初步建立了物资供应管理专业化分工与流程化操作运行机制，基本实现了供应商选择、价格确定与货款支付申请的分离，工作重心正在由采购操作向市场研究、供应商管理和过程控制转移。

（何　勤）

【业绩引导订货机制建设】 供应商动态量化考核工作不断深化，业绩引导订货机制初步建立，供应商选择正在由过去过于注重供应商一次性报价向关注供应商历史表现转化。2009年对161 042份采购合同对应的9 850家交易供应商，从质量、价格、交货期和售后服务4个方面进行了量化评分，平均每天有440份合同的供应商动态量化考核得分进入供应商管理系统，每天更新供应商业绩记录，实时提供动态、量化的考核数据，实现了对供应商的考核评价标准统一、得分唯一，为各级采购管理人员采购决策起到支撑作用。

（何　勤）

【框架协议采购】 2009年共与2 830家供应商签订了框架采购协议，框架协议采购率平均达到52.2%，比2008年提高了14个百分点，初步实现了由“一单一谈判、一单一签约、一单一结算”的传统业务模式向框架协议采购模式的转变，需求分散、批量小、简单重复的业务操作型采购正在向集合需求、规模化采购的管理控制型转变。

（何　勤）

【库存资金占用责任主体调整】 各企业积极推进库存资金占用责任主体调整工作，明确将库存资金占用责任主体由物资供应部门转移到生产、计划、机动等物资需求审核管理部门和需求计划提报单位。大部分企业落实了库存资金占用考核工作，制定了相关考核办法，将考核内容纳入经济责任制考核中，较好地控制了新的积压物资产生。

（何　勤）

物资供应管理

【概述】 2009年，物资供应系统调整物资供应价值取向，进一步巩固完善物资供应管理体制，强化物资采购价格、质量和储备管理，大力推进物资供应信息化建设，积极开展各项物资供应管理知识培训，显著提升物资供应管理水平。

（何　勤）

【调整物资供应价值取向】　物资供应系统从保证企业本质安全的角度，将安全供应提高到物资供应的第一要务，把物资供应工作的价值按其优先顺序表述为：安全供应、及时供应、经济供应。在安全供应与及时供应和经济供应发生冲突时，必须把安全供应放在首位；在安全供应的基础上，及时供应与经济供应发生冲突时，要优先保证及时供应；在确保安全供应和及时供应的前提下，努力实现经济供应。

（何　勤）

【巩固完善物资供应管理体制】　总部层面物资供应管理和集中采购职能统一归口到物资装备部，彻底实现了“物归一家”。物资装备部对本部处室机构、职能进行了大幅度优化调整，理顺了物资装备部内部管理控制处室与业务操作处室的关系。物资装备公司的资产、人员、机构重组进入物资装备部（国际事业公司），理顺了物资装备公司与石化集团公司物资供应体系的关系。

企业层面进一步推进和完善物资供应“归口管理、集中采购、统一储备、统一结算”的管理体制。胜利油田、茂名石化、东北分公司、沧州分公司、上海石化进一步理顺了上市、非上市物资供应工作关系，强化了物资供应专业化归口管理。中原油田、江汉油田、胜利油田等油田企业物资供应部门将“外闯市场”的物资供应纳入统一管理，努力做到“油田外闯市场队伍到哪里，物资供应服务就保障到哪里”。

（何　勤）

【优化完善物资供应规章制度】　对现行有效的规章制度进行全面梳理，掌握了规章制度的种类、执行情况以及存在的问题，制定了物资供应管理规章制度系统修订完善方案。新定和修订了《供应商管理规定》、《网上采购管理规定》、《物资供应管理绩效考核办法》、《物资供应管理统计办法》等7项管理制度，印发了《关于进一步明确物资供应系统廉洁从业有关要求的通知》、《关于推进物资采购业务公开的通知》等管理通知，新制定了多级高压离心泵、螺杆压缩机等9个重要物资品种的制造过程质量验收检验大纲，进一步完善了物资供应规章制度体系。

（何　勤）

【强化供应商关系管理】　截至2009年底，中国石化网络供应商总数量18 812家，比2008年底减少3 966家，减少比例为17.4%。其中，生产商12 606家，占网络供应商总数量的67%；中间商6 206家，占33%。2009年进行供应商现场考察7 277次，新准入供应商现场考察比率达到了85%。全面开展供应商清理工作，共停用供应商1 121家，取消供应商产品目录55 118项，显著地化解了供应风险。加大对违约供应商的处理力度，取消了发生重大质量问题、严重拖期交货的14家供应商的网络成员资格，对出现质量问题和拖期交货但没有造成重大影响的18家供应商暂停了交易资格，限期整改，对存在售后服务不及时等问题的44家供应商进行了通报批评，并把年度供应商的不良表现在供应商群体中进行了公开通报，进一步增强了对供应商的警示力。

（何　勤）

【采购成本控制】　2009年，物资供应系统充分发挥集团化采购优势，大力推进战略采购、框架协议采购和区域协同采购，在保证物资安全供应、及时供应的前提下，全年共节约物资采购成本75亿元，采购节约率达到5.3%。

（何　勤）

【物资供应质量管理】　组织企业进一步健全必检物资目录和验收检验细则，对到货物资实施严格检验。加强国内监造的组织工作，严格监控重点项目监造周报，及时发现重大质量问题，并积极协调解决。组织编审和发布了大型发电机、大型变压器、乙烯裂解对流段炉管等9个重要物资品种的制造过程质量验收检验大纲，推进监造工作更加规范化和标准化。

（何　勤）

【物资供应管理信息化建设】　2009年，为了实现企业ERP分散服务器与集中服务器物资编码的统一，以胜利油田、燕山石化、天津石化、石家庄炼化、洛阳石化、济南炼化6家企业为试点的物料编码转换工作于6月启动，10月全部完成并成功实现了ERP重新上线。物资储备管理信息系统5月正式投入运行，综合信息平台11月下旬投入使用，实现了电子商务系统、供应商管理系统、物流与储备系统、BW等多个物资供应管理系统的单点登录，实现了在一个平台上进行业务审批和业务监控，显著提高了业务运行效率。

（何　勤）

【物资供应监管】 强化了“三剂”采购监管，每月按装置对部分“三剂”的吨产品加工成本进行排队通报，通报品种由6种炼油助剂扩大到14种炼油助剂和2种化工助剂，为企业优选品种、控制成本提供了更为客观、理性的性价比分析数据。

加大炼化“三剂”和油田化学剂独家采购通报力度。每月对企业独家定向询价和独家报价情况进行通报，督促企业分析原因，加强整改落实。2009年累计通报16家企业的271项独家采购，涉及采购金额8 801万元，较2008年的33家企业、314项独家采购、金额1.48亿元有了明显减少。

对15家油田、炼化和工程建设企业进行了物资供应管理调研，重点了解各企业传统业务改造工作推进情况、物资供应专业化管理情况以及存在的主要问题和工作意见建议。通过物资供应管理调研，全面掌握了企业物资供应管理工作开展情况，促进了企业间交流。

（何　勤）

【储备管理工作】 2009年末，中国石化物资总库存132亿元，比2008年末减少24.5亿元。全年平均库存152.7亿元，比2008年下降3.2亿元。

2009年，各企业改代利用积压物资3.1亿元，实现企业间调度调剂物资0.95亿元。对阀门、管件、电缆、油田化学剂等物资品种开展了利用供应商库存工作，全年寄售采购物资79亿元，比2008年增加了18%。

总部集中储备工作进一步推进，建成投用了南京化工原料煤集中储备基地，与秦皇岛港、芜湖港两个燃料煤储备基地一起形成了中国石化煤炭的保供网络，增强了综合的保供能力。与宝钢、天钢和攀成钢3家战略供应商合作，以联合管理库存的方式采购油套管11.8万吨，采购金额11.9亿元。合金钢管集中储备库保证了福建乙烯、天津乙烯、镇海乙烯等重点工程项目合金钢管需求，解决了合金钢管采购周期长、保供难度大的问题。与横河、艾默生、福克斯波罗、浙江中控、和利时、霍尼韦尔6家供应商签订了DCS备件集中储备协议，实现了中国石化在用DCS备件的供应商集中储备。

（何　勤）

【物资供应系统培训工作】 举办物资供应主管经理培训班，52家企业的主管经理参加了培训，学习了石化集团公司物资供应管理理念和要求，了解了供应链管理理论及发展趋势和国内外企业物资供应管理实践。组织编写了《石油石化物资供应管理》和《中国石化物资采购技术指南》，总结提炼了中国石化物资供应管理经验和做法，揭示了物资供应管理发展的内在规律和本质特征，为开展物资供应人员岗位培训提供了教材。2009年共开展专业培训11期，其中化工专业3期、材料专业3期、煤炭专业1期、动设备专业2期、静设备专业2期，增强了培训工作的针对性和实践性，提高了企业采购管理人员的业务水平。

（何　勤）

重大装备国产化

【概述】 2009年，在“积极、稳妥、先进、可靠”的方针指引下，重大装备国产化办公室紧紧围绕中国石化生产建设和主营业务的发展需要，集中精力、财力，针对国内外价格悬殊、市场需求量大、国外垄断和采购工作中受制于人的装备，开展了国产化攻关研制工作。

关键设备国产化攻关取得重大突破。百万吨乙烯裂解气压缩机组、丙烯制冷压缩机组、大型乙烯冷箱、大型四列迷宫密封压缩机、20万吨级挤压造粒机组等石化关键装备完成了攻关研制，已现场安装到位，进入运行考核阶段。国产万平方米级的大型板壳式换热器已在福建联合石化顺利运行并通过工业化标定，得到了国外合资方的高度认可。

国产化成果推广成效明显。国产高温高压阀门在天津乙烯、镇海乙烯项目中大量使用，累计达595台，节省采购资金1 600万元。国产大型炼油装置DCS系统通过中国石化科技成果鉴定，在长岭炼油项目、塔河重油改制项目成功推广应用，价格仅为进口的60%，节约采购资金800万元。

（何　勤）

审计与监察

◇ 内部审计

综述

管理和效益审计

经济责任审计

内控审计评价

工程投资审计

财务收支审计

涉外审计

审计基础管理工作

其他工作

◇ 纪检监察

综述

惩防体系建设

源头治理

领导人员廉洁自律

反腐倡廉教育

效能监察

内部审计

综　　述

2009年，石化集团公司审计部门在党组的正确领导下，在总部各部门和各企业的支持配合下，深入学习实践科学发展观，围绕中心、服务大局、突出重点，认真履行监督与服务职能，全年开展各类审计项目6 374项，查出一些违规违纪问题，促进增收节支23.37亿元。审计工作在促进公司规范管理、堵塞漏洞、防范风险、提高效益等方面发挥了重要作用，取得了新的成绩。

（杨　松）

管理和效益审计

【概述】 2009年，为配合石化集团公司更好地应对国际金融危机，审计部门紧紧围绕公司中心任务，以促进规范和加强精细管理以及防范经营管理风险为目标，全年开展各类管理和效益专项审计615项，除了查出违反财经纪律问题金额外，还促进增收节支5 172万元。

（杨　松）

【总部组织实施的管理和效益审计】 总部采取统一审计方案、组织企业自查和分局、兼职审计专员重点抽查的方式，深入开展油田企业非安装设备采购及管理、炼化企业自销产品销售及管理、油品销售企业加油站投资及运营情况的专项审计。通过专项审计，揭示和反映了油田、炼化、销售企业在上述经营业务及管理中存在的一些普遍性、苗头性问题，及时向党组提交了专项审计报告，并提出切实可行的建设性意见和建议，引起党组领导和总部有关部门的高度重视，促进石化集团公司改进和完善管理，堵塞漏洞，防范风险。

（杨　松）

【企业组织实施的管理和效益审计】 各企业在完成总部组织的专项审计及审计调查的基础上，结合自身实际和领导关心的重点问题，积极开展其他管理效益专项审计，如中原油田开展了钻井系统单井效益专项审计，广州石化开展了炼油区环境保护制度执行情况专项审计，上海石化开展了部分装置对大气环境影响的专项审计，齐鲁石化和巴陵石化开展了表外资金审计等。上述审计各有侧重，反映和揭示了企业相关业务中存在的问题和隐患，为企业进一步提升管理水平和提高经济效益起到了重要的促进作用。

（杨　松）

经济责任审计

【概述】 2009年，审计部门认真执行企业领导人员经济责任审计制度，以领导干部履行经济责任为重点，以财务收支及有关经济活动的真实合法效益性为基础，积极开展经济责任审计，不仅做到了有离必审，而且加大了任中审计力度。全年开展离任审计215项、任中审计60项，查出一些违反财经纪律问题，促进增收节支2.52亿元。

（杨　松）

【总部组织实施的经济责任审计】 总部通过对13户企业原主要负责人的离任审计和3户企业现任主要领导的任中审计，查出部分企业会计信息失真和原油库存管理、资金管理、投资管理不规范等问题，针对性地提出规范整改的审计意见和建议，有力地促进了企业经营者依法规范经营、有效履行经济责任，并为石化集团公司客观公正考核和评价经营者提供了依据。

（杨　松）

【企业组织实施的经济责任审计】 为提高审计效果，不断总结经验，胜利油田、山东石油、长岭炼化等企业围绕总会计师和非财务核算单位负责人的职责和权限，创新开展经济责任审计，进一步拓宽了经济责任审计领域，强化了对关键岗位人员履职情况的监督，为促进国有资本和人力资本的保值增值以及更好地开展相关审计工作积累了经验。

（杨　松）

内控审计评价

【概述】 2009年，审计部门以促进公司控制力、企业执行力的提高为目标，对照《内控手册》和11项监督办法，全年开展内控独立审计评价162项，提出审计意见和建议并被采纳678条。

（杨　松）

【总部组织实施的内部控制审计评价】 总部通过对24家股份分（子）公司和6家非上市企业的内控独立审计评价，揭示了部分企业内控设置存在缺陷、内部监管不力以及会计信息存在质量风险等问题，剖析了问题产生的原因，提出的改进和完善公司内部控制的审计意见和建议被内控领导小组采纳。

（杨　松）

【企业组织实施的内部控制审计评价】 为进一步加大内控制度的执行力度，降低风险，江汉油田通过选择关键控制点设置、不相容岗位分离、审批权限执行等举措进行重点检查，查处问题资金2 380万元，挽回经济损失135万元；茂名石化通过对生产成本管理、货币资金管理等流程进行独立审计评价，对未有效执行控制点的6个责任单位给予了经济处罚等，切实维护了内控制度的严肃性、权威性。

（杨　松）

工程投资审计

【概述】 2009年，审计部门以促进企业不断规范投资行为、提高投资效益为目标，开展工程及固定资产投资项目审计4 999项，审计工程预结算单8.22万份，促进企业增收节支12.24亿元。

（杨　松）

【总部组织实施的工程投资审计】 总部通过对川气东送、天津乙烯等工程项目的在建跟踪审计，对仪长原油管道工程、武汉油品质量升级改造工程等29个项目的竣工决算审计，查出概算外投资和资本性支出与收益性支出相互挤占、混淆等问题，同时还揭示了项目招投标、合同管理、物资供应管理等方面存在的问题。

（杨　松）

【企业组织实施的工程投资审计】 各企业根据总部安排对104个项目进行了竣工决算审计，同时按照职责分工开展了工程审计，西北油田、河南油田、高桥石化、燕山石化、四川维尼纶厂、湖南石油等22家企业工程审减额均在1 000万元以上，为企业节省投资成本作出了贡献。

（杨　松）

财务收支审计

【概述】 2009年，审计部门以维护企业合法权益和促进企业严格财务管理、提高会计信息质量为目标，全年开展财务收支审计238项，促进增收节支7.24亿元。

（杨　松）

【总部组织实施的财务收支审计】 总部通过对5家施工企业的财务收支审计，揭示和反映了部分工程施工企业违规对外二次分包工程、会计核算不严谨，以及合同签订不规范、整体抗风险能力较弱等问题，并建议总部有关部门帮助施工企业解决工程应收账款拖欠问题，引起党组领导的重视。

（杨　松）

【企业组织实施的财务收支审计】 为了摸清所属企业资产、负债、损益情况，江苏油田通过对部分重点生产单位和财务管理跨度大、资金使用分散、审计间隔时间较长单位的财务收支审计，促进了会计信息质量的提高；广东石油通过开展加油站形象改造预算执行情况审计，分析了超预算原因，提出了改进措施，为职能部门完善管理制度、强化预算约束力提供了依据；浙江石油通过开展二次物流运杂费审计，促使企业进一步优化了经营管理，节减了相关费用。

（杨　松）

涉外审计

【概述】 2009年，审计部门以促进涉外企业（项目）管理、防范投资风险和维护资产安全为目标，逐步加大涉外企业（项目）审计力度，全年开展涉外企业（项目）审计17项。

（杨　松）

【总部组织实施的涉外审计】 总部通过对国际石油工程公司沙特分公司、新星萨瓦钻井公司、中石化森美等6家涉外企业（项目）的审计，揭示并反映了涉外企业（项目）在招投标管理及存货管理、安全管理、投资管理、资金管理等方面存在的问题及风险隐患。

（杨　松）

【企业组织实施的涉外审计】 国际石油勘探开发

公司、扬子石化等企业通过开展联合账簿审计或合资公司股东审计，发现作业方或合资公司在会计核算、内控管理等方面存在的问题，提出了规范、严格管理等建议，为促进合资合作企业严谨规范经营和维护股东各方合法权益发挥了积极作用。此外，为了促进企业加强管理，年内全系统审计部门还围绕公司管理的重点环节，开展其他审计项目68项，进一步规范了企业的各项管理工作。

（杨　松）

审计基础管理工作

【审计业务组织和管理改进创新取得新突破】 2009年，审计部门积极推行审计项目组长负责制，注重发挥审计组长在项目实施中的主导作用。其中，总部打破审计分局成建制组织开展审计项目的传统做法，在青岛石化任中审计中试点采用了集中审计骨干和“以审代培”的项目组织管理方式，同时充分发挥兼职审计专员的作用，积极推行交叉审计，均收到很好的效果。创新建立企业审计工作督导机制，切实落实审计业务“双重管理”体制，促进公司内部审计整体功能作用的发挥。总部先后派出5个督导组，采取“听、谈、看、查”的方法，对22家企业的内审工作进行了全面深入的督导，促使企业进一步加强和优化审计部门设置和力量配备，理顺了审计管理关系，完善了工作机制，改善了审计队伍的知识结构、年龄结构和审计部门的履职环境。

（杨　松）

【审计制度建设取得新进展】 2009年，总部根据国家出台的法规制度和公司内部审计工作发展实际，及时修订完善了《公司内部审计工作规定》、《经济责任审计管理办法》和《优秀审计项目评选办法》等制度，并通过组织开展“以审代培”审计项目试点，探索开发了经济责任审计审前调查标准化审计模板。各企业结合实际相继制定或修订了《审计人员廉洁准则》、《审计项目管理办法》、《工程结算审计审理办法》等制度和实施细则。胜利油田建立了多元制衡的审计项目质量控制体系，中原油田建立了月度常规审计考核制度，江苏石油开展了审计项目质量自我评估等。上述制度措施的出台进一步规范了审计行为，有力地促进了审计质量的提高。

（杨　松）

【审计信息化建设取得新进步】 2009年，总部完成了13家企业辅助审计信息系统（AIS）上线推广工作，累计上线企业达83家；完成了对40家企业的AIS应用达标验收，超额完成了年度达标计划任务；总部重点建设的审计信息集成管理系统，已全面完成开发阶段的目标任务。各级审计部门采取强化培训、典型引路、重点突破、总结提炼等措施，全面提升AIS应用水平和效果。

（杨　松）

【审计队伍建设取得新成绩】 2009年，审计部门坚持以能力建设和作风建设为核心，通过“以审代培”和分专业、分层次培训等方式，切实加强审计培训的针对性、有效性，全年共培训各类审计人员800多人次，广大审计人员特别是审计骨干的思想观念和业务素质与能力有了很大提高。同时围绕内控体系建设、管理和效益审计、投资项目审计、审计项目审理、审计信息化建设等课题深入开展研讨和交流，有7篇论文在“全国内部审计与内部控制体系建设”理论研讨暨经验交流会上获奖，其中一等奖1篇、二等奖3篇、三等奖3篇，中国石化还获得了组织奖，进一步提升了公司内审工作的影响力。

（杨　松）

其他工作

【协调和配合国务院监事会工作】 2009年，审计局（部）积极协调配合国务院监事会的监督检查工作。总部和企业共160家单位按要求及时完成了《企业年度工作报告》的填报，国务院国资委对中国石化年度工作报告的填报质量给予了表扬；积极做好配合新一届国务院监事会入驻中国石化的相关工作，总部7个部门以及在京专业公司分别向新一届国务院监事会作了专题汇报；山西、安徽、上海等8个省市13家企业接受了国务院监事会的现场调研检查；同时，认真落实国务院监事会提出的意见和建议，经营管理行为进一步规范。

（杨　松）

纪检监察

综　述

2009年，在中央纪委、国务院国资委纪委和石化集团公司党组的正确领导下，总部和各单位认真落实党的十七大，十七届中央纪委三次、四次全会和全国纪委书记座谈会精神，围绕企业中心工作，坚持标本兼治、综合治理、惩防并举、注重预防的方针，深入学习实践科学发展观，在坚决惩治腐败的同时，按照党组提出的“从正面抓、从上面抓、从源头抓”的要求，以惩治和预防腐败体系建设为重点，以业务公开工作为抓手，不断拓展从源头上防治腐败工作领域，推进党风建设和反腐倡廉工作深入开展。

坚持从正面抓。加强党性党风党纪教育，树立和弘扬良好作风。加强各级领导班子和干部队伍建设，坚定理想信念，严格遵守廉洁自律有关规定。召开直属企事业单位纪委书记座谈会，认真学习贯彻《国有企业领导人员廉洁从业若干规定》等中央三项法规和专项治理意见。严格执行签订廉洁从业责任书（协议书）制度。组织开展廉洁文化“六进”工程先进典型评选活动，召开廉洁文化建设总结表彰会议。在石化集团公司纪检监察系统，扎实开展深入学习实践科学发展观活动和“做党的忠诚卫士、当群众的贴心人”主题实践活动。

坚持从上面抓。为加强党性党风党纪教育，会同人事部举办直属单位党政正职培训班，党组书记、总经理苏树林出席培训班结业仪式并上党课。配合中央第三企业金融巡视组顺利完成了对石化集团公司的巡视工作。认真落实《中国共产党巡视工作条例（试行）》，对直属单位进行巡视。制定石化集团公司《建立健全惩治和预防腐败体系2008—2012年工作任务分工方案》，并定期召开专题汇报会，掌握任务落实情况。开展党风廉政建设责任制自查自纠和调研检查，促进责任制的落实。

坚持从源头抓。在全系统开展业务公开工作，以公开促民主，以公开促清廉，以公开促效益。加强重点业务的监督管理，开展11项《监督办法（试行）》执行情况监督检查。按照中央要求，扎实开展工程建设领域突出问题专项治理工作。深入推进效能监察工作，对油田井下作业施工及技术服务外协管理、油田化学剂及炼化“三剂”采购和使用管理开展统一立项效能监察，强化对中央新增投资3个项目的监督检查，继续对重大项目开展派驻督察和重点督察，加强境外项目监管，对不良债权、股权进行专项监察。

（纪　健）

惩防体系建设

【概述】 2009年，石化集团公司党组制定了《建立健全惩治和预防腐败体系2008—2012年工作任务分工方案》，将63项任务分解到总部29个部门和单位。完善党风建设联席会议制度，加强协调配合，形成工作合力。7月29日，党组成员、纪检组组长王作然主持召开专题会议，听取总部机关相关部门任务分工方案贯彻落实情况汇报，及时掌握工作进展情况，研究加强惩治和预防腐败体系建设的思路和措施。9月10日，石化集团公司参加中央企业惩防体系建设第三组工作研讨，并作经验交流。

（纪　健）

【落实党风廉政建设责任制】 2009年，石化集团公司下发通知，要求各企事业单位对落实党风廉政建设责任制情况扎实开展自查自纠，105个单位报告了层层抓落实的情况。党组成员、纪检组组长王作然和监察局班子成员分别带队，组成5个调研检查组，对26家直属单位党风廉政建设责任制落实情况开展监督检查，从建立健全体制机制制度和责任分工、检查考核、责任追究等方面对各单位的工作开展情况进行了全面了解，总结经验，发现问题，研究对策。年内全系统各级领导人员签订党风廉政建设责任书2.7万余份，对5 700多家单位进行了检查考核，责任追究204人。

（纪　健）

【召开纪检监察工作视频会议】 2009年1月21日，石化集团公司召开纪检监察工作视频会议。党组书记、总经理苏树林出席会议并讲话，他强调，要以密切党群干群关系为重点，进一步加强干部队伍作风建设；要以推进业务公开为抓手，进一步深化治本抓源头工作；要以强烈的责任感和事业心，认真落实应对危机挑战的各项工作部署。党组成员、纪检组组长王作然作了《深入学习实践科学发展观，扎实推进惩防体系建设，努力开创党风建设和反腐倡廉工作新局面》的工作报告，要求认真履行监督检查职责，促进科学发展观的贯彻落实；加强领导干部党性修养，树立和弘扬良好作风；贯彻落实《工作规划》和党风廉政建设责任制，推进惩治和预防腐败体系建设；加强反腐倡廉教育，增强教育的针对性和有效性；加强对领导干部的监督工作，确保权力正确行使；紧密贴近生产经营管理，推进重点领域和关键环节的业务公开，不断拓展源头治理工作领域；严肃查办违纪违法案件，充分发挥查办案件的治本功能；加强纪检监察部门自身建设，做党的忠诚卫士，当群众的贴心人。

（纪　健）

【召开纪检监察监督网会议】 2009年2月20日，石化集团公司召开纪检监察监督网工作会议。党组成员、纪检组组长王作然出席会议并讲话。纪检组副组长、监察局局长耿礼民作了《以科学发展观为统领，全面履行纪检监察职责，进一步推进纪检监察监督网工作》的工作报告。会议传达了中共中央政治局常委、中央纪委书记贺国强2月13日在中国石化等中央企业考察调研时的讲话精神，并对如何落实贺国强的讲话精神提出要求。全年调整聘任兼职纪检监察专员38名、兼职纪检监察员142名。

（纪　健）

【召开直属企事业单位纪委书记座谈会】 2009年7月23日，石化集团公司召开直属企事业单位纪委书记座谈会，贯彻落实全国纪委书记座谈会精神，学习传达中共中央政治局常委、中央纪委书记贺国强，中共中央书记处书记、中央纪委副书记何勇在座谈会上的重要讲话精神，就贯彻落实中央颁布的《中国共产党巡视工作条例（试行）》、《关于实行党政领导干部问责的暂行规定》、《国有企业领导人员廉洁从业若干规定》和《关于开展工程建设领域突出问题专项治理工作的意见》作出部署。党组成员、纪检组组长王作然出席会议并讲话。纪检组副组长、监察局局长耿礼民通报了上半年石化集团公司党风建设和反腐倡廉工作，对下半年工作任务作出部署。各直属企事业单位纪委书记，在京单位纪委副书记（监察处处长），党风建设联席会议成员单位的负责人以及党组巡视组组长、副组长共137人参加了会议。

（纪　健）

【巡视工作】 2009年，中央第三企业金融巡视组顺利完成对石化集团公司的巡视工作。4月9日，中央纪委、中央组织部第三企业金融巡视组向中国石化领导班子反馈巡视情况视频会议在石化集团公司总部机关大楼召开。监察部副部长郝明金作重要讲话，巡视组组长滕久明传达中央领导有关指示精神并代表巡视组反馈巡视情况，中央纪委、中央组织部巡视工作办公室主任强卫东主持会议，巡视组副组长王培民、中央纪委一室主任赵文波和其他巡视组成员参加会议。石化集团公司党组书记、总经理苏树林代表党组表态：一要认真抓好巡视意见的整改落实工作，二要进一步加强领导班子和干部队伍建设，三要进一步加强党风建设和反腐倡廉工作，四要全力做好应对国际金融危机的各项工作。党组根据中央巡视组巡视意见及时研究制定整改方案，提出了16项整改措施，并认真抓好整改落实。

石化集团公司扎实开展对直属单位的巡视工作。认真贯彻落实《中国共产党巡视工作条例（试行）》，派出3个巡视组对16个直属单位的领导班子进行巡视，重点对被巡视单位领导班子和领导人员贯彻民主集中制、选人用人、廉洁从业等方面的情况进行监督检查，及时发现问题，有针对性地提出意见和建议，帮助整改提高，发挥了对领导干部特别是“一把手”的政治体检作用，促进了被巡视单位领导班子、干部队伍和反腐倡廉建设。

（纪　健）

【队伍建设】 2009年，石化集团公司认真开展“做党的忠诚卫士、当群众的贴心人”主题实践活动。石化集团公司纪检组被确定为中央纪委监察部主题实践活动联系点。纪检组、监察局下发活动通知，对深入开展主题实践活动作出部署，并确定胜利油田、燕山石化等9家单位纪委为主题实践活动联系点，及时编发活动简报推动主题实践活动深入开展。在主题实践活动中，各级纪检监察部门共组织专题辅导493次，开展专题调研626次，查找突出问题802个，制定整改措施1 790项，修订规章制度753项。

以“深入学习实践科学发展观，以改革创新精神开创党风建设和反腐倡廉工作新局面”为主题，组织全系统围绕17个重点课题开展理论研讨，形成了126篇研讨成果，将其中44篇优秀成果汇编成《学习与实践》，并下发各单位交流学习。

加强境外机构及新建企业监管机构建设。7月1

日，石化集团公司在青岛召开部分单位监管机构建设座谈会，研讨新形势下加强境外机构和新建企业监管机构建设的方式方法。党组成员、纪检组组长王作然出席会议并讲话。10家直属单位及总部机关5个部门的负责人在座谈会上交流发言。会议强调，要落实党组多次提出的“在企业重组改制过程中，纪检监察工作只能加强，不能削弱”的要求，抓好纪检监察组织机构建设，做到“有机构、有人员、有实效”；要配备专兼职纪检监察干部，优化队伍结构，提升人员素质；要借鉴国外廉政建设的先进经验，保证纪检监察机构有效运行。

7月10日，中央纪委干部室党支部与中国石化监察局党支部举行“党在我心中”联合党日活动。中央纪委干部室主任张立军作讲话，石化集团公司党组成员、纪检组组长王作然讲主题党课，两个党支部的全体党员一起重温了入党誓词，观看了中国石化电视宣传片。

在全系统开展纪检监察组织机构建设调研检查。中央纪委副书记黄树贤就中国石化纪检监察组织建设作出批示：中石化重视纪检监察工作，发挥纪监作用很好，注意总结宣传。

年内全系统共举办各类纪检监察培训班244个，培训纪检监察干部9 123人次。

（纪　健）

源头治理

【概述】 2009年，石化集团公司以推进业务公开为抓手，进一步深化治本抓源头工作。开展11项《监督办法（试行）》执行情况监督检查，加强对重点业务的监督管理。稳步推进工程建设领域突出问题专项治理工作。

（纪　健）

【业务公开】 为贯彻落实党组提出的“决策民主、操作公开、过程受控、全程在案、永久追溯”要求，石化集团公司把业务公开作为2009年源头治理的重要措施，成立业务公开工作领导小组，印发《关于加强业务公开工作的指导意见》，要求各单位按照“突出重点、公开结果；内外有别、重在对外；区分层次、有限授权”的原则，对原油采购、一般物资采购等10大类重点业务和资源库管理进行网上公开。确定14家业务公开工作试点单位，多次召开试点单位座谈会，明确各板块公开的重点内容、授权原则、数据提报方式和信息保密措施等。构建重点业务公开信息系统，组建网上巡视组，制定出台网上巡视工作办法和管理制度，对主要经营活动实施在线监察。

2009年8月28日，石化集团公司召开业务公开工作启动会议。党组书记、总经理苏树林出席会议并讲话。苏树林在讲话中要求各单位在推进业务公开工作中做到“三个到位”：一是认识要到位，二是公开要到位，三是监督要到位。党组成员、石化股份公司总裁王天普主持会议。党组成员、纪检组组长王作然作了《深化源头治理，推进业务公开，为促进科学管理和反腐倡廉建设作出新贡献》的工作报告。

截至2009年底，109个部门、单位已经全部按计划实现业务公开上线运行，累计公开重点业务信息327万余条，涉及合同金额达7 712.59亿元人民币、426.82亿美元。

（纪　健）

【重点业务监督管理】 为进一步加强重点业务监督管理，2009年，石化集团公司派出8个督察组，对46家单位执行11项《监督办法（试行）》的情况进行监督检查。7月16日和12月22日，纪检组、监察局分别召开11项《监督办法（试行）》督察工作上半年和下半年汇报会，党组成员、纪检组组长王作然出席会议，并对下一步工作提出要求。根据督察情况和各部门、各单位的意见建议，修订完善11项《监督办法（试行）》，制定出台《炼油自销产品销售管理监督办法（试行）》和《煤炭采购管理监督办法（试行）》。

（纪　健）

【工程建设领域突出问题专项治理工作】 2009年，按照中央《关于开展工程建设领域突出问题专项治理工作的意见》要求，石化集团公司大力开展工程建设领域突出问题专项治理工作。成立石化集团公司专项治理工作领导小组，制定《开展工程建设领域突出问题专项治理工作实施方案》，把13个关键环节作为监察重点，并明确专项治理工作各阶段主要任务和具体工作要求。组成3个检查组，对河南油田、燕山石化等12个单位工程建设项目进行抽查，认真查找项目管理关键环节存在的突出问题，分析原因，有针对性地提出治理建议。

（纪　健）

领导人员廉洁自律

【概述】 2009年，中国石化各级领导班子和领导人员认真贯彻落实《国有企业领导人员廉洁从业若干规定》，严格执行述职述廉、个人有关事项报告、诫勉谈话、函询等制度，各级领导人员述职述廉1.63万人次，884名党组管理领导人员上报个人有关事项报告。纪委负责人同下级党政主要负责人谈话8 364人次，领导人员任职廉政谈话5 938人次，诫勉谈话805人次。严格执行签订廉洁从业责任书（协议书）制度，全系统共签订廉洁从业责任书（协议书）19.96万份。纠正违规持股75人，涉及金额79.49万元。有2 948名领导人员上交礼品礼金，折合人民币518.6万元，还有一些领导人员自觉拒收钱物。

（纪　健）

反腐倡廉教育

【概述】 2009年，石化集团公司党组印发《关于进一步加强领导干部党性修养，树立和弘扬良好作风的意见》，加强党性党风党纪教育，促进了领导干部思想政治建设和作风建设。4月，石化集团公司举办直属单位党政正职培训班，中央纪委、最高人民检察院等上级机关的领导作预防职务犯罪、加强廉洁自律专题报告，党组书记、总经理苏树林出席培训班结业仪式，以谈心的方式给与会人员上党课，强调各级领导人员要管住自己、管住家人、管住身边的人、管住下属。全年各直属单位主要领导上廉政党课或作反腐倡廉专题报告394次，5.49万人次受到教育。党组深刻吸取陈同海案件教训，及时组织理论中心组学习，要求从党组做起，进一步加强各级领导班子和干部队伍建设，坚定理想信念，慎用手中权力，并向中央纪委、中央组织部、国务院国资委党委上报了《关于深刻吸取陈同海案件教训，进一步加强反腐倡廉建设的报告》。全系统组织观看中央纪委拍摄的部分警示教育片和石化集团公司拍摄的《石化反腐警示录（第三部）》，21万余名党员干部受到教育。充分发挥报刊、网络在反腐倡廉宣传教育中的作用，《中国石化报》、《中国石化杂志》、《中国石化电视新闻》、中国石化新闻网共编发反腐倡廉方面稿件457篇。

（纪　健）

【廉洁文化建设】 2009年4月，石化集团公司党组下发《关于评选表彰集团公司廉洁文化“六进”工程先进单位、先进集体和先进个人的通知》，对深入推进廉洁文化进班子、进机关、进基层、进合同（项目）、进社区、进家庭的“六进”工程中涌现出的先进典型进行评选表彰。

12月1日，石化集团公司召开廉洁文化建设总结表彰会议，全面总结石化集团公司廉洁文化建设经验，16家先进单位、146个先进集体、190名先进个人受表彰。党组成员、纪检组组长王作然出席会议并讲话。纪检组副组长、监察局局长耿礼民作了《树立清风正气，促进科学发展，持续深化集团公司廉洁文化建设》的工作报告。会议要求，立足打造“关爱工程”，促进廉洁文化建设逐步深入；突出工作重点，层层打造负责任的领导班子，确保国有资产与人力资本的“双保值”；坚持改革创新，努力开创石化集团公司廉洁文化建设的新局面，树立企业的良好形象，把中国石化打造成“百年老店”。

（纪　健）

效能监察

【概述】 2009年，石化集团公司紧密围绕生产经营，深入开展效能监察工作，全年共立项403项，完成350项，提出建议4 582条，下达监察意见书1 051份、监察决定书120份，协助有关部门建章立制1 779项，避免、挽回经济损失3.4亿元。

（纪　健）

【统一立项效能监察】 2009年，石化集团公司对油田井下作业施工及技术服务外协管理、油田化学剂及炼化“三剂”采购和使用管理进行统一立项，开展效能监察。

2月19日，石化集团公司召开效能监察统一立项项目启动会。党组成员、纪检组组长王作然，党组成员、石化股份公司高级副总裁王志刚、蔡希有出席会议并讲话。会议要求，突出抓重点监察环节，突出抓阶段性重点工作，突出抓监督检查，扎实做好石化集团公司统一立项项目效能监察工作。

8月20日，石化集团公司召开油田井下作业施工及技术服务外协管理和油田化学剂、炼化“三剂”采购及使用管理检查情况汇报会。党组成员、纪检组组长王作然，党组成员、石化股份公司高级副总裁王志刚、蔡希有出席会议并讲话。三个检查组汇报了对胜利油田、上海石化、巴陵分公司等16家单位开展效能监察统一立项项目检查工作的情况。会议要求，认真总结检查中发现的经验和不足，用好检查成果，特别是要抓好问题整改工作，并适时进行“回头看”；进一步扩大检查范围，全面推动各单位提高效能监察工作水平。

11月25日，石化集团公司在胜利油田召开油田井下作业施工及技术服务外协管理效能监察工作现场会。党组成员、纪检组组长王作然，党组成员、石化股份公司高级副总裁王志刚出席会议并讲话。胜利油田、中原油田、河南油田、江苏油田4家单位作了经验交流。会议强调，一是要认真贯彻落实中央企业效能监察工作座谈会议精神，不断推进效能监察深入开展。二是要统一思想，坚定做好井下作业施工及技术服务外协管理效能监察工作的信心和决心。三是要加强组织领导，确保工作顺利进行。四是要提高制度执行力，努力取得井下作业施工及技术服务外协管理效能监察工作新成效。

年内，通过对油田井下作业施工及技术服务外协管理进行效能监察，共清退外协队伍249家，作业量同比下降553井次，作业总费用同比下降6 827.13万元；通过对油田化学剂、炼化“三剂”采购和使用以及炼油自销产品销售进行效能监察，取得经济效益3 309.74万元。

（纪　健）

【重点项目效能监察】　2009年，石化集团公司对燕山石化3万吨/年溴化丁基橡胶、上海石化2#氧化装置系统优化节能改造、长岭炼化煤代油节能改造3个中央新增投资项目进行监督检查，及时跟进中央投资项目资金落实和项目建设情况。继续对川气东送建设工程、天津石化100万吨/年乙烯及配套项目、镇海炼化100万吨/年乙烯项目实施派驻督察。继续对塔化炼油改造项目、武汉石化炼油改造及80万吨/年乙烯工程、天然气榆济管线建设工程、青岛石化高酸原油改造4个工程建设项目实施重点督察。配合“走出去”战略，强化境外项目监管，对阿尔及利亚扎尔则地面改造工程进行监督检查。16家单位对已核销的45笔100万元以上的不良债权、股权进行了专项监察，认真剖析问题，加强责任追究。

（纪　健）

法律事务

◇ 综述

◇ 体系建设

◇ 合同项目

◇ 纠纷诉讼

◇ 公司事务

◇ 普法培训

◇ 法律资源

综　　述

2009年，法律事务系统紧紧围绕石化集团公司中心工作，服从服务于石化集团公司生产经营建设、发展改革稳定，按照“扎实推进法制工作三年目标计划，合同管理信息化，最佳实践文本化”的年度工作思路和目标，大力加强法律事务职能管理，有序开展法律事务各项工作，体系建设、合同项目、纠纷诉讼、公司事务、普法培训、法律资源取得积极进展。

年度中心工作得到认真落实。将加强法律事务职能管理作为全年中心工作，在全系统进行部署和推动。筹备召开了中国石化2009年度法律事务工作会议。工作会议之后，法律事务部将贯彻落实“管理第一位”、“两个根本转变”作为中心工作和工作主线，紧抓不放。开展专题调研，听取企业对加强法律事务职能管理的意见，起草完成并下发了《关于进一步加强法律事务工作的意见》（简称《意见》）。采取分板块召开专题座谈会、赴企业宣讲等形式对《意见》进行宣传贯彻和落实。

年度重点工作稳步推进。根据塑造中国石化特色管理模式的有关要求，对6年来的法律事务工作进行了梳理总结，编写《法律事务管理现状分析报告》。下发《关于提高企业法律顾问执业资格持证率的意见》，举办全系统企业法律顾问执业资格考前培训班，确保法律事务人员持证率100%目标的实现。加快合同管理信息化建设，形成《中国石化合同管理系统项目可行性研究报告（V2.1版）》。全面开展最佳实践文本化工作。截至2009年底，已开发适用的合同标准文本总数达到14个大类429个。

年度专项工作拓展深化。积极开展石油工程、炼化工程、金融服务、知识产权等专业领域服务工作，开发《大型建设工程项目系列法律问题实务导引》课件，编发《融资及结算类标准合同文本》，下发《关于完善集团公司涉外项目母公司担保法律事务工作流程的通知》，召开知识产权法律保护专题会，研究审定知识产权类13个标准合同文本。持续深化法律风险和国别法律环境研究。

法律事务日常工作取得进展。合同项目、纠纷诉讼、公司事务、普法培训、法律资源工作有序开展。颁发一系列合同管理制度。积极应对化解外部重大诉讼纠纷，着力协调处理内部法律纠纷争议；颁布《〈挖掘财产线索 实现坏账清收〉实务指引》，指导全系统法律事务人员查找债务人企业信息和有效财产、推进应收账款清收。着力规范公司授权、商标事务管理，下发《关于重申规范授权程序严格对外承诺的通知》，重申审批程序、合同管理、用印管理、授权管理和档案管理等规定，全年办理授权文件228份；积极为石化集团公司体制转换、专项改革等事务提供法律服务，办理工商登记事务45件；全年参与20余件次立法活动，提出意见建议60余条。调整充实石化集团公司法制宣传教育工作领导小组，研究制定法制宣传教育工作考评体系；面向总部机关和在京企业，举办10期“五五”普法系列讲座；组织油田、工程和科研板块企业法律事务机构负责人轮训，组织炼化和销售板块19名法律事务骨干人员赴美培训，举办16期合同管理员任职资格培训班。

在全系统法律事务人员共同努力下，2009年法律事务工作取得新的进步。3月，石化集团公司被中央宣传部、司法部、全国普法办授予全国“五五”普法中期先进集体称号；9月，中国石化法律事务部获《China Law ＆Practice》杂志评选的最佳中国公司内部法律团队大奖；11月，中国石化在国务院国资委珠海中央企业法制工作研讨会上作为4家典型单位之一作重点发言。

（唐　铭）

体系建设

【概述】 2009年，法律事务职能体系建设工作紧紧围绕“扎实推进法制工作三年目标计划，合同管理信息化，最佳实践文本化”的法律事务工作思路和目标，系统安排部署各项具体举措，对接落实法制工作三年目标计划，认真开展法律事务职能梳理，深入研究法律事务特色管理模式，修订完善法律事务规章制度，在推进法律事务工作从事务性向管理型、从事后救济型向事前防范和事中控制型转变方面，取得积极进展。

（唐　铭）

【法律事务工作会议召开】 2月24—25日，中国石化2009年度法律事务工作会议召开。会议全面总结了2008年“完善法律服务保障机制，服务加快发展抓基础，保障增值服务抓培训”的工作情况，深刻分析了在金融危机下中国石化法律工作面临的新形势，确立了“强化法律事务职能管理”的新定位和实现“两个根本转变”的新目标；明确了2009年的工作思路，并从中心工作、重点工作、专项工作和日常工作4个方面18项工作对2009年工作进行了全面安排和部署。

（唐　铭）

【法律事务职能管理】 下发《关于加强法律事务职能管理专题研讨的通知》，向15家企业征求意见和建议；3月和4月分别在四川维尼纶厂、北京召开部分企业座谈会和研讨会，就法律事务职能管理范畴、目标、任务、实质和内涵进行专题研讨。7月1日制定印发《关于进一步加强法律事务工作的意见》，明确了法律事务工作要更加突出“管理”的职能定位；明确了加快实现从事务型向管理型、从事后救济型向事前防范和事中控制型根本转变的目标要求；明确了要加强以一体化为构架、制度化为保证、文本化为载体、信息化为手段、普法培训为抓手、知识管理为平台的6项基础工作；明确了重要决策、规章制度、经济合同法律审核和法律风险防控2项重点环节；明确了加强法律事务队伍建设、持续推进基础管理工作、构架业务导向协调机制、健全工作经验交流机制、建立职能管理考评机制、落实资产损失责任追究6项保障措施。随后，通过召开专题会、赴企业举办讲座等方式进行宣传贯彻落实。

（唐　铭）

【法制工作三年目标计划推进】 从2009年6月开始，陆续召开了在京重要子企业，销售、炼化、油田、科研和工程板块6次对接会议，从组织保障、业务要求和风险防控三方面逐家落实法制工作三年目标计划进展情况和后续工作安排，并将法律事务职能工作做得比较好、三年目标计划完成情况走在前列的单位的汇报材料上载到法律事务部信息门户，供全系统学习借鉴；先后赴华北石油局、茂名石化、上海石油分公司、湖南石油分公司、天然气分公司、化工销售分公司、催化剂分公司等单位推动法制工作三年目标计划落实。

（唐　铭）

【筹划法律事务考评机制】 就公司绩效考核体系中纳入法律事务重要指标（作为减分因素）提交了初步建议方案，加强对违法经营、缔约过失、违约履行或发生重大法律纠纷案件的量化考核。在法律事务具体工作层面，研究拟定企业法律事务工作具体考评标准和考评机制，从组织健全和队伍建设、制度建设、业务工作、上下联动及沟通协调等方面量化具体考评指标。

（唐　铭）

【法律事务制度建设】 颁发《集团公司合同管理规定》、《股份公司合同管理办法》、《总部机关合同管理实施细则》以及配套的《合同事务管理办法》、《合同管理员管理办法》、《合同管理检查办法》；颁布《法律纠纷管理办法》、《商标管理办法》；制定《一般合同管理业务流程》、《重大合同管理业务流程》、《纠纷诉讼管理业务流程》及《法律中介机构外聘管理流程》；颁布《〈中国石化油品销售企业零售网络发展类投资项目法律尽职调查和文件审阅指引〉的通知》、《〈挖掘财产线索 实现坏账清收〉实务指引》；下发《关于重申规范授权程序严格对外承诺的通知》。年内按照规章制度法律审核100%的工作要求，对公司和各部门拟定的各项规章制度逐一进行法律审核。

（唐　铭）

合同项目

【概述】 2009年，合同项目管理工作以信息化建设、最佳实践两项重点工作和工程服务、金融服务两项“服务年”专项工作为重点，以制度、文本、队伍、知识管理等基础工作和项目法律服务等日常工作为主线，扎实推进各项合同管理工作。

（张晓峰）

【合同管理信息化】 积极推进中国石化合同管理信息系统总体建设工作。组建信息化开发团队，先后召开8次信息化月度工作例会，设定了“管理集中、系统集成、集团层次”的总体目标，确立了“人管机器、机器管人，注重细节、完整流程，职责清晰、界面友好”的设计原则，明确了“5+1”建设模式，即合同订立依据（OA系统）、标准合同文本库、供应商（客户）数据库、ERP系统、资金结算系统5个系统经由合同审批流程集成。在赴企业实地调研并征询全系统企业需求的基础上，确定技术选型、原型开发、系统设计等工作，基本完成工作流引擎和系统管理概要设计工作，并形成《中国石化合同管理系统项目可行性研究报告（V2.1版）》。持续推进催化剂分公司合同管理信息系统提升应用工作，催化剂分公司所有单位已全部上线运行，并成功实现合同管理系统与ERP系统物资采购、产品销售、财务结算模块接口。

（张晓峰）

【最佳实践文本化】 组建22个合同项目最佳实践小组，全面收集、系统梳理实践中的最佳做法，将个人经验集成固化为全系统的集体知识。石油工程、炼化工程、原油采购、物资采购、成品油购销、加油站网点发展、融资担保、中外合资等多个最佳实践小组开展了富有成果的活动。2009年度颁发实施的合同标准文本有8个大类103个，已征求完基层企业意见、正在履行总部职能部门会签的有8个大类135个，正在征求意见的有2个大类19个。截至2009年底，已开发适用的合同标准文本总数达到14大类429个。文本界面友好化调整工作取得实效。启动了各类合同标准文本的条款释义、审查清单、业务指南等深度开发工作，形成物资采购合同文本释义、设立合资企业需要考虑的法律问题清单等一系列工作成果。完成中国石化合同标准文本资源库系统的开发和上线工作。开展全系统合同管理论文竞赛，参选论文315篇，其中获特等奖3篇、一等奖10篇、二等奖24篇、三等奖38篇。

（张晓峰）

【国别法律环境研究】 起草《俄罗斯法律环境调查研究报告》，完成《越南投资法律环境研究》，更新《沙特法律环境概要》、《俄罗斯法律环境概要》等课件。

（张晓峰）

【服务石油和炼化工程】 召开石油工程和炼化工程企业法律事务机构负责人会议，研讨“大型建设工程项目运作模式及法律框架”、“大型建设工程招投标法律监督实务”、“建设工程合同风险管理案例及索赔管理”和“大型建设工程项目合同管理”专题，开发《大型建设工程项目系列法律问题实务导引》课件；落实炼化工程行政许可事项，形成9万余字的《大型建设工程行政许可业务指南》；开发适用油田内、系统内、系统外、境外4种不同场景的92个石油工程标准合同文本。收集、研读海外炼化工程文本，编写《海外炼化工程谈判指南》。

（张晓峰）

【服务融资担保】 收集整理国内四大银行各类融资合同文本，编发《融资及结算类标准合同文本》。分析财务公司代石化股份公司实行资金归集管理的法律风险以及海外资金集中管理制度。完成《国际工程合同担保：理论与实务》课件编制；审查并办理国际石油勘探开发公司、国际石油工程公司、炼化工程公司多项母公司担保文件，并就母公司担保与集团财务部商讨建立海外工程项目母公司保函状态定期报告制度，下发《关于完善集团公司涉外项目母公司担保法律事务工作流程的通知》。

（张晓峰）

【合同基础管理】 2009年合同管理制度建设取得重大进展，确立全系统“1+6”系列合同管理制度，即石化集团公司合同管理规定为第一位阶，石化股份公司、资产公司、财务公司、国际石油勘探开发公司、国际石油工程公司、炼化工程公司等单位合同管理办法为第二位阶，总部机关和分（子）公司合同管理实施细则为第三位阶的制度体系。完成与国际石油勘探开发公司、国际石油工程公司、炼化工程公司、SEI等单位关于海外重大合同法律审核界面的对接，逐步加强了对石化集团公司重大利益和声誉有重大影响的涉外项目合同的审核与把关。举办中级专职合同管理员培训班，对全系统30余名专职合同管理员进行专题培训。

（张晓峰）

【重大项目法律服务】 2009年经办石化集团公司、石化股份公司重大合同项目236个，出具法律意见书100份。在项目法律服务过程中，投资、融资、工程三路法律服务“三位一体”的优势逐步发挥出来。加大项目研究和知识储备力度，全年共完成14个项目小结，开发形成《国际工程合同》课件及招投标法律流程文件，举办《非房地产项目法律尽职调查中有关土地和房产的法律问题》专题讲座，开发《土地法律问题与中国石化实践》专题课件，编写形成《设立合资企业需要考虑的法律问题》清单。

（张晓峰）

【总部机关合同管理】 统一合同专用章管理，在总部机关实现了合同法律部门集中归口管理。举办机关兼职合同管理员培训工作，开展《〈总部机关合同管理实施细则〉解析》讲座。严格总部机关合同审核、盖章和归档，2009年度共审核、归档总部机关合同677份。

（张晓峰）

纠纷诉讼

【概述】 2009年，纠纷诉讼管理工作切实做好防范化解外部诉讼、调处内部纠纷、法律风险管理、不良资产核销和清收等重点工作。年内，全系统共发生法律纠纷1 001件，其中油田板块纠纷179件，炼化板块纠纷289件，销售板块纠纷499件，工程和科研板块发生纠纷34件，办结案件229件。其中，总部直接办理、督办的重大外部纠纷共39件，办结重大案件13件。全年纠纷诉讼呈现以下特点：债权债务纠纷总体数量仍然最多；随着石化集团公司“走出去”战略的深化，公司海外资产、业务、人员越来越多，合同、环保、劳工、税务等纠纷和案件明显增加；劳动事务纠纷发生数量较多，政策把握要求高，敏感性强；环保污染纠纷案件数量虽不多，但案件标的额大、涉及面广、处理难度大；知识产权案件处理难度大，保护难度高，重要性日渐突出。

（霍　研）

【内部法律纠纷调解处理】 继续执行内部纠纷不通过外部诉讼仲裁解决的方针，并逐步调整完善内部纠纷处理机制，维护中国石化整体形象。2009年，总部共调处内部纠纷10余件。

（霍　研）

【不良资产核销和清债项目法律审核】 2009年，总部与基层企业法律事务机构审核石化集团公司下属企业坏账核销资料843笔计7.91亿元，股权核销资料4笔7 902万元；审核石化股份公司下属企业坏账核销资料3 469笔计6.31亿元，股权核销资料9笔1 565万元；审核资产公司下属企业2 340笔不良资产，金额共计7.61亿元，股权核销资料30笔1.85亿元。其中，19笔单项金额大于100万元，总金额7 993万元。

（霍　研）

【法律风险防控】 编制《中国石化2009年法律风险管理报告》，从发展、市场、运营、改革4个方面梳理了56项石化集团公司面临的法律风险，其中发展方面36项，市场方面8项，运营方面5项，改革方面7项。就法律风险防控与中国移动开展专题交流；就贸易领域法律风险防控分别与化工销售分公司、物资装备部、催化剂分公司、润滑油分公司、上海石油分公司等单位进行调研对接，编写《贸易领域法律风险防控手册——物资采购》、《贸易领域法律风险防控手册——化工产品销售》、《贸易领域法律风险防控手册——油品购销》。

（唐　铭）

公司事务

【概述】 2009年，公司事务充分贯彻年度工作所确定的加强法律事务职能管理要求，服从服务公司生产经营和改革发展稳定，加强立法研究，积极为企业资源整合、体制转换和专项改革、改制分流等工作提供法律服务，进一步完善授权管理、商标管理、公司事务等工作。

（唐　铭）

【立法研究】 2009年，国家立法机关、国务院法制办及各部委征求石化集团公司意见的法案数量多、跨度大，先后参与20余次重要立法活动和研究工作，向总部机关部门征询意见35次，提出意见建议60余条。研究并反馈意见的重要立法主要有能源资源类5项、土地法律类2项、环保安全类3项、经济法律类4项、民商法律类2项、其他法律6项。对“国土立法大纲研究”课题进行专题调研，提交《石油天然气勘察开发及地质勘察行业法律制度框架研究报告》。对反垄断法的配套法律法规进行持续跟踪、研究，参加主管部门举办的关于反垄断法配套法规的研讨会。

（詹　溪）

【专项改革服务】 2009年继续做好清理整顿审查、验收和总结工作。逐一对接审核216个“休眠”小股权项目及项目完成情况，并出具审核意见；参加清理整顿验收工作，到上中下游35个单位进行验收，对存在的法律问题提出整改要求；参加全系统清理整顿总结会，总结相关法律经验；组织胜利油田、燕山石化等单位召开座谈会，对剩余项目进一步提出工作要求。参加资产公司改制分流座谈会，对改制分流企业后续服务工作及防范法律风险提出要求。下发《关于进一步规范体制转换后股权登记关系的通知》，帮助洛阳石化宏达实业公司完成转制等。

（詹　溪）

【体制转换】 2009年积极服务石化集团公司各项体制转换等改革工作，完成化工销售分公司体制改革、第二建设公司重组、中国石化出版社转制、资产公司销售企业委托管理和设立股份国际石油勘探开发公司、燃料油销售分公司、石油工程技术研究院、天然气有限责任公司、石油物探技术研究院工作。参与或协助设定方案，主要讨论改革中需新设公司形式，并直接办理名称预核准，指导组织完成工商设立登记等工作。

（詹　湲）

【公司事务】 2009年对石化集团公司、石化股份公司、资产公司及时办理年检，办理石化集团公司变更经营范围工商登记和石化股份公司董、监事换届的备案工作；组织胜利油田、中原油田、燕山石化、上海石化、河南石油等单位召开商标事务座谈会，就所谓分公司超出公司经营范围、油田采油厂是否需要注册、水电等业务如何取得许可证等问题进行交流。全年共办理工商登记手续45件，办理单项授权文件228份。石化股份公司董事会换届后，就签订经营范围内合同、工商登记、土地及房产登记、资产评估、加油网点建设等事项专门下发3个文件予以指导规范。

（詹　湲）

【商标管理】 2009年颁发《中国石油化工集团公司商标管理办法》和《中国石油化工股份有限公司商标管理办法》，完成商标注册地址变更工作和石化集团公司与石化股份公司续签商标使用合同的修订工作；处理商标侵权案8件，协助办理商标侵权案件诉讼事宜；启动“朝阳”商标国际注册工作，在100余个国家或地区申请注册；“SINOPEC”商标和“满天星”商标在相关国家和地区开展补充注册工作。截至年底，“SINOPEC”商标已在26个国家或地区核准注册；在国内申请 “中石化”商标45个类别注册，其中34个类别已获核准，其余11个类别已发布初审公告。进行45个类别“中国石化”商标注册申请，已全部获得通过；石化股份公司申请的6件“易捷”商标全部获得核准注册。

（詹　湲）

普 法 培 训

【概述】 2009年，法制宣传教育工作紧扣学习实践科学发展观活动和“我要安全”主题活动，服务改革发展大局，围绕中心工作，精心安排，周密部署，加强协调，进一步增强广大干部职工的法律意识和法治观念，进一步提升企业防范、控制和化解法律风险的能力和水平，进一步营造促进石化集团公司持续有效和谐发展的良好法治环境。

（许英韬）

【以科学发展观统领法制宣传教育工作】 2009年，石化集团公司法制宣传教育领导小组把学习实践科学发展观活动列为年度首要任务和重要工作。3月，组织全系统法制宣传教育骨干110多人举办为期5天的培训班，邀请全国普法办领导作了《充分发挥部门行业优势，推进法制宣传教育工作深入开展》的报告，组织全体学员观看科学发展观专题讲座录像材料，并围绕如何在法制宣传教育工作中贯彻落实科学发展观等主题进行研讨交流。4月开始在全系统范围开展“科学发展观与法制宣传教育”主题论文征集活动，各单位共报送参评论文145篇，经专家评审，评选出一等奖论文5篇，二等奖10篇，三等奖15篇，优秀奖35篇。

（许英韬）

【加强安全生产法制宣传】 2009年组织编写普法丛书《边学边练——安全生产法律法规》，共印发19.6万册。内容涉及《安全生产法》、《职业病防治法》、《消防法》、《道路交通安全法》4部法律、11部行政法规、5部部门规章以及66项石化集团公司管理制度，同时附加安全文化、安全标志、生活常识和名言警句等内容，增强了实用性、趣味性和可读性。联合安全环保局下发《关于加强安全生产法律法规学习的通知》，对领导干部、重点高危岗位的经营管理人员和专业技术人员、广大职工提出相应的学习要求，各单位以《边学边练》为载体，开展广泛扎实的学习和丰富多样的竞赛活动，推动“我要安全”主题活动的深入开展。

（许英韬）

【领导干部学法用法制度化】 根据《关于进一步加强领导干部学法用法、提高依法治企能力的意见》，坚持按季度、分主题下发领导干部学法通知，分别组织了《循环经济促进法》、《企业国有资产法》、《最高人民法院关于适用<合同法>若干问题的解释》（一、二）和《专利法》的学习，统一各单位领导干部学法内容和要求。管理干部学院充分发挥干部培训基地作用，在高层管理人员培训班、中青年后备干部培训班和党校班中增设法律实务培训课程，提高领导干部法律意识和依法经营的能力。推动绝大部分直属企事业党委中心组集中学法活动走向常规化、制度化。

（许英韬）

【加强法制宣传教育制度体系建设】 研究建立"五五"普法考核评价体系。在2008年"五五"普法中期督导检查的基础上，组织上中下游单位研究"五五"普法考核评价工作的整体框架和具体内容，并征求意见。考核评价体系由检查验收办法和检查验收标准两部分构成。办法包括对象、基本原则、工作方法、评分及应用等内容；标准部分按照体系建设、环境建设、重点对象学法情况、专项活动、加分项和员工测评6个大项40个考评项目，确定分值、评分标准和考评要件。

探索谋划企业经营管理人员学法用法考试考核制度。根据党组领导对"具有签字权"的中、基层管理人员加大法制宣传教育力度的指示，石化集团公司普法办提出在经营管理人员中建立学法用法考试考核制度的建议，并组织研究起草《关于推行企业经营管理人员学法用法考试考核制度的意见》，探索对中、基层管理人员进行任前和年度法律知识考试及年度学法用法情况考核的模式和方法。

（许英韬）

【发挥新闻媒体等宣传阵地作用】 印发《关于利用中国石化内部新闻媒体加强法制宣传教育工作的通知》，推动各单位充分利用媒体资源，促进法制宣传教育工作开展。2009年，在《中国石化报》新辟《"五五"普法石化行》专栏，刊登各企事业单位法制宣传教育的典型做法和亮点；在《"五五"普法》专栏连载《合同管理常见错误一百例》，剖析案例，警示风险；举办"学法守法用法身边事"征文活动，用身边的事讲述"与法同行"的经历和感悟。在《中国石化》杂志《行业经济》栏目的"法律法规"专题，刊登在法律事务管理和法制宣传教育方面具有理论探索和实践思考性质的论文、心得。继续编发《普法工作简讯》和石化集团公司普法教材系列丛书，《边学边练》系列第二册和《普法讲坛》系列第一册先后印发学习。各直属企事业也充分利用电视、广播、报刊、网络、板报、宣传栏等多种形式，扩大法制宣传教育的声势和影响。

（许英韬）

【开展法制宣传日活动】 2009年12月4日是第9个全国法制宣传日，面向总部机关开展包括法律讲座、大屏滚动显示、手机信息、媒体报道、法律知识答题等内容的"五个一"系列宣传教育活动。各企事业单位以"12·4"法制宣传活动为平台，按照"加强法制宣传教育，服务经济社会发展"的主题，组织开展一系列规模大、范围广、内容全面、形式新颖的法制宣传教育活动，营造浓厚的学法氛围。

（许英韬）

【召开年度法制宣传教育工作会议】 2009年12月10—11日，召开石化集团公司年度法制宣传教育工作会议，系统总结2009年度工作情况，并对2010年法制宣传教育工作进行安排部署；会议传达全国普法办、国务院国资委等领导关于法制宣传教育工作的讲话精神，对石化集团公司"五五"普法考核验收体系建设情况作了说明，并对获全国"五五"普法中期先进的集体、个人及"法制宣传教育和科学发展观"主题论文获奖者予以表彰；总部有关部门领导、石化集团公司法制宣传教育工作领导小组成员单位代表、全系统各单位普法办公室负责人等共计124人参加了会议。

（许英韬）

【举办"五五"普法系列讲座】 2009年，面向总部机关和在京企事业单位的经营管理人员，继续举办"五五"普法系列讲座，分别是"财税制度改革政策讲解"、"《企业国有资产法》介绍"、"民事诉讼司法环境变化：影响和举措"、"法律风险管理：认识与实践"、"国际工程担保：理论与实践"、"专利法修改要点和中国石化知识产权管理简介"、"如何当好股东代表和董事"、"总部机关合同管理实施细则"、"法制宣传教育与中国石化的实践"、"挖掘财产线索，实现坏账清收"，约计780余人次参加。主讲人主要由总部机关各部门有关领导、专家担任，在《企业国有资产法》专题学习中邀请国务院国资委政策法规局周渝波局长进行讲授。

（许英韬）

【举办法律事务机构负责人培训班】 根据分板块轮训法律事务机构负责人的整体思路，继贸易和炼化板块培训班举办之后，2009年9月13—25日，在管理干部学院举办了油田、工程、科研板块的法律事务机构负责人培训班，36家单位37名学员参加培训。培训课程分为5个模块：法律事务工作实务，国外公司法律事务管理，油服公司法律事务管理、财务管理、物资供应管理等相关知识，如何提升领导者基本素质，互动式教学。

（郭 飞）

【举办企业法律顾问执业资格考试培训班】 为实现在岗专职从事法律事务工作的法律事务人员企业法律顾问执业资格持证率达到100%的目标，石化集团公司加大培训力度，2009年共举办了4期企业法律顾问执业资格考试考前培训班，培训学员463人次。第1、2、3期辅导班系统讲授综合法律知识、民商与经济法律知识、企业管理知识和企业法律顾问实务4门考试课程；第4期冲刺班集中封闭学习，进行考前冲刺，培训效果显著。

（郭 飞）

【开展合同管理员任职资格培训】 2009年，先后举办16期合同管理员任职资格培训班，油田、炼化、销售、工程和科研各板块共计838名合同管理人员参加培训。培训班系统讲授法律概论与当代中国的法律体系、民商与合同法基础理论、中国石化合同管理制度及实务、合同示范文本、合同管理信息化操作流程等课程，并在课程结束后组织上机考试。学员通过考试后获得合同管理员任职资格。

（郭 飞）

法律资源

【概述】 2009年，法律资源管理工作认真落实加强法律事务职能管理的新要求，大力拓展信息门户的资源平台功能，持续做好文档资源电子化工作，努力深化外聘律师管理，切实加强业务培训和内外交流，取得积极进展。

（唐 铭）

【信息门户建设】 在法律信息门户网站新增督察催办、会议管理、台账管理和最佳实践4个应用系统并成功运行。督察催办模块使部门办文全程实现在线管理和监控；会议管理模块将会议时间、地点、主办单位等信息通过手机短信通知参会人；台账管理模块建立了总部机关一般合同、总部机关重大合同、合同项目法律意见书、合同项目会签文件审查单、合同项目办理授权内部审查单、合同项目管理、纠纷诉讼和公司事务授权管理8个台账，为进一步实施精细化管理打下良好基础；最佳实践模块将42个最佳实践小组人员名单、目标规划、活动安排、文本成果和优秀论文等集成展示，供全系统查询，实现资源共享。在法律事务部信息门户网站上开辟“公共法律资源”专栏，逐步建立世界各国法律法规数据模块。

（唐 铭）

【文档电子化】 组织对合同、诉讼、公司事务文档集中扫描，全年完成扫描24 056页，文件119卷，条目232条。稳步推进文档管理系统建设，编制《中石化法律事务部文档一体化系统初步调研报告》、《实施工作计划》，落实OA系统与文档管理系统接口。8月完成文档管理一体化系统开发，9月切换上线。同时，启用微软MOSS系统共用公共工作平台，实现在线编辑，强化过程控制，及时将归档文件、知识成果等电子文档进行上传，形成知识资源共享平台，推进了法律事务系统知识成果的积累、共享和利用。

（唐 铭）

【外聘律师管理】 制定《外聘法律中介机构聘用管理流程》和《外聘中介机构业务公开实施方案》，将2009年履行完毕的服务合同上载至业务公开信息门户，接受监督。依据业务部门外聘律师需求，先后为“6+1”项目、江钻公司商业秘密侵权系列案件、中原油田租赁案件、广州石化股权纠纷、呆坏账清收等项目或案件选聘律师。继续强化过程控制，实现精细管理，对提供法律服务的律师事务所，坚持月底工作情况申报制度；对按时间收费中介机构，强化费用“警戒线”报告制度，要求费用达到一定数额时要向法律事务部主动报告。2009年，通过强化费用控制和谈判，节约200余万元。继续严把支付结算关，严格业务处室和办公室双重把关和内控监督。继续挖掘律师事务所的增值服务，在项目或案件完成后，要求律师事务所就该项目或案件举办专题总结讲座，借鉴律师事务所专业经验，努力提高自身业务素质。

（唐 铭）

【加强同行交流】 年内参加国务院国资委法制工作三年目标计划系列研讨会，11月底参加国务院国资委中央企业法制工作研讨会，并作为4家典型单位之一发言；邀请国务院国资委政策法规局局长分别为公司党组理论学习中心组和总部机关作《企业国有资产法》专题辅导讲座；参加国务院国资委举办的中国国资法制高峰论坛；与中国石油、中国海洋石油、中粮集团、中国通用技术集团、神华集团、东方航空、中国联通、中国移动、中国出口信用保险、蓝星集团、大唐电信科技集团等12家中央企业进行有关法律风险管理、法律事务考核、知识产权管理、境外法律风险防控等专题工作交流。

（唐　铭）

【法律中介机构交流】 与美国贝克·麦坚时、美国年利达、美国世达、美国Brinker、美国普衡、美国Schiff Hardin、英国安理、英国史密夫、英国路伟、英国亚斯特、挪威威宝、新加坡谢凯文、北京君合、香港胡家骠、北京观韬、香港希文、北京国浩、北京海问、北京金杜、北京智维、北京大成、北京明海律、北京大嘉等律师事务所进行有关“公司内部法律事务管理”、“国际仲裁和工程建设法律实务”、“国际工程合同”、“商业秘密保护和专利取胜策略”、“美国诉讼及最新仲裁判例制度”、“国有企业不良资产核销”、“不良债权清收工作”、“海外炼化工程合同谈判指南”、“如何做一个专业的公司律师”、“天然气法律服务”等专题交流；参加安卓律师事务所“国际仲裁和沙宾法”专题研讨会，参加ALB中国法律高峰论坛，中国石化获得《China Law& Practice》杂志最佳中国公司内部法律团队大奖。

（唐　铭）

党建与思想政治工作

◇ 综述

◇ 党建工作

◇ 思想政治工作

◇ 和谐企业建设

◇ 企业文化建设

◇ 企业社会责任

综　述

2009年，石化集团公司认真学习贯彻党的十七大和十七届三中、四中全会精神，紧紧围绕石化集团公司中心工作，坚持以“推动企业发展，服务职工群众”为出发点，精心组织开展学习实践科学发展观活动，切实加强基层党建思想政治工作，大力推进企业文化建设，充分发挥工会、共青团等群众组织的桥梁纽带作用，为石化集团公司的持续和谐有效发展提供了思想保证、组织保证、文化支撑和精神动力。

（刘纯斌）

党建工作

【学习实践活动】 石化集团公司按照中央的统一部署和中央企业学习实践活动领导小组的具体安排，紧密结合实际，注重实践特色，在全系统认真组织开展了深入学习实践科学发展观活动。坚持“党员干部受教育、科学发展上水平、职工群众得实惠”的总要求，以“深入学习实践科学发展观，建设具有较强国际竞争力的跨国能源化工公司”为实践主题，在学习实践活动中做到了“两手抓、两不误、两促进”，总体上达到了提高思想认识、解决突出问题、创新体制机制、促进科学发展的目的，取得了实实在在的成效。通过学习调研，进一步解放了思想，提高了认识，理清了思路；通过分析检查，进一步从油气资源、市场开拓、安全环保节能、和谐稳定等方面查找了影响和制约科学发展的突出问题，制定了包括52项、162条措施的整改方案，明确了今后的努力方向。截至2009年底，石化集团公司已完成近期整改措施107个中的106个，完成率为99%，其他55项中长期整改措施正在按计划积极推进。在学习实践活动群众满意度测评中，职工群众感到满意的占96.16%，比较满意的占3.84%，没有不太满意和不满意的。

（刘纯斌）

【基层党建】 坚持以提高素质、提升能力、优化结构为重点，加强对基层党建工作的指导与管理，不断提升基层党建工作水平。总结了福建炼化公司党委在合资公司开展工作的经验，协调天津石化党委在合资公司章程中明确企业党组织的设置、人员编制、活动方式和经费保障等条款。持续推进党建质量管理体系试点工作，在2008年3家单位进行试点并取得明显成效的基础上，又选择河南油田、安庆石化、湖南石油3家单位为第二批试点单位，努力塑造具有“中国石化特色管理模式”特点的基层党建质量管理体系，推动基层党建工作水平的提高。拍摄推荐反映邵均克先进事迹的党员教育片参加中央组织部党员电教片评比，获得一等奖。在石化管理干部学院举办了第6、7期基层党支部书记培训班，来自86个企事业单位的103名党支部书记参加了培训，取得较好效果。

（刘纯斌）

【作风建设】 按照石化集团公司党组要求，以顾全大局、严守纪律、工作高效、服务企业为重点，以争做“文明机关人、敬业机关人、高效机关人、廉洁机关人”为载体，通过加强教育、开展活动、完善制度、检查考评等措施，机关作风建设收到较好成效。制定《开展深入学习实践科学发展观，争做“文明、敬业、高效、廉洁”机关人活动的实施方案》，举办总部机关作风建设知识答题活动，邀请有关专家作“加强党性修养，树立良好作风”专题辅导报告，组织机关作风建设检查，开通机关作风建设网上测评系统，继续征求企业对总部机关作风建设意见，有效促进了机关作风建设向纵深发展。

（刘纯斌）

思想政治工作

【理论学习教育】 石化集团公司各单位按照“武装头脑、指导实践、推动工作”的要求，以深入学习贯彻党的十七大、党的十七届三中和四中全会精神、科学发展观和石化集团公司工作会议精神为重点，通过辅导讲座、干部培训、学习研讨等多种方式，抓好干部职工的学习，用学习武装思想，用思想指导实践。石化集团公司党组注重发挥理论学习中心组的示范引导作用，以党组理论中心组的学习指导和带动直属单位领导班子和领导干部的学习，以领导班子和党员领导干部的学习带动和指导职工群众的学习。组织举办“深入把握科学发展观基本内涵，提高应对世界金融危机能力”等辅导报告会，在《中国石化报》和石化信息网等媒体及时登载党组中心组学习信息和党组领导的讲话材料，引导基层学习的不断深入。年内，各企事业单位共组织学习会、培训会（班）、辅导报告会等3 278场次，学习中心组组织学习1 027次，处级（含）以上领导干部撰写学习体会文章12 205篇。

（刘纯斌）

【形势任务教育】 面对国内外宏观环境的变化特别是金融危机的挑战，结合学习实践科学发展观活动，石化集团公司深入开展形势任务教育，帮助干部职工正确把握国内外宏观环境的变化，认清石化集团公司面临的形势，引导干部职工继续发扬“干毛巾也要拧出三滴水”的精神，抓好工作落实，积极应对挑战。编写《当前形势任务宣传教育参考材料》，发放到各企事业单位，帮助基层做好宣传宣讲工作。按照中宣部要求，购发并认真组织好《六个为什么》学习宣传工作。2009年以来，共编发《石化政工简讯》12期，在信息门户等媒体登载企业开展形势任务教育等信息材料464篇；各企业组织形势任务报告等专题辅导2 800多场次，听众16万多人次；指导一些企业结合实际开展“强化四抓，应对挑战”、“企业是干出来的，效益是管出来的”等活动和专题会，统一了职工认识，凝聚了职工力量。

（刘纯斌）

【社会主义核心价值观和思想道德教育】 石化集团公司坚持用中国特色社会主义理论体系武装党员干部，教育引导职工群众，不断加强核心价值观教育，进一步加强社会公德、职业道德、家庭美德和个人品德建设，激发职工群众讲文明、树新风、促和谐的积极性和自觉性。积极组织职工观看电影《铁人》，全系统有30多万名职工群众观看了电影，激发员工爱石化、爱企业的热情。积极开展庆祝新中国成立60周年群众性爱国主义教育活动，进一步激发爱国热情，振奋民族精神。按照党组领导要求，组织2 000多名职工参观“辉煌60年——中华人民共和国成立60周年成就展”，组织完成“迎国庆讲文明树新风”公益广告宣传活动。据统计，总部和直属各单位通过电视、网站、电子屏幕等，播出“迎国庆讲文明树新风”公益广告共计34万次。按照国务院国资委要求，组织完成了2009年度首都文明单位评选推荐和复核检查工作。

（刘纯斌）

【思想政治工作研究】 按照“内容以当前为主、活动以基层为主、目的以应用为主”的原则，石化集团公司积极探索研究新形势下加强党建思想政治工作的新途径和新办法。按照地域分布，将94家企业划分为4个片区，对4个片区分重点确定了党建思想政治工作的科学发展、构建和谐企业等4 个研究方向，加强研讨交流，形成了一批有深度、有分量、对工作有实际指导价值的研究成果，全年评选出优秀思想政治工作研究成果125篇，有力地促进了工作开展。全面启动了思想政治工作文本化管理研究工作，收集、分析和梳理了94家直属单位2 600多条思想政治工作制度，组织人员讨论起草了思想政治工作规范条例。组织胜利油田、中原油田、齐鲁石化等单位参与中央企业2009—2011年课题研究工作。

（刘纯斌）

【先进典型选树推广】 石化集团公司紧紧围绕公司中心工作，大力选树和推广立足岗位、业绩突出的先进典型，充分发挥先进典型以点带面的示范和导向作用。组织代旭升先进事迹报告团在全系统和总部巡回报告，3万多名干部职工听取了事迹报告，协调制作下发代旭升先进事迹教育片和宣传册2 000多套，中央电视台、《人民日报》等各新闻媒体从不同视角、不同侧面，对代旭升的先进事迹进行了集中报道，展示了石化职工风采。精心组织开展“身边的榜样——中国石化青年成长成才典型选树”活动，选树了“十大标兵”和“百名典型”。在选树和推广好内部典型的同时，积极向上级机关推荐典型，扩大中国石化的影响。2009年，全系统有35个集体和53名个人获中央企业先进集体和中央企业劳动模范称号，有5个集体获全国五一劳动奖状，15人获全国五一劳动奖章，15个基层单位获全国工人先锋号称号。

（刘纯斌）

和谐企业建设

【企业民主管理】 石化集团公司各单位认真贯彻落实《关于建立和完善集团公司企事业单位职工代表大会制度的指导意见》，建立完善职代会制度，积极推进厂务公开。坚持把民主管理与企业生产经营中带有全局性、关键性的问题结合起来，与职工关心的热点难点问题结合起来，与职工的切身利益结合起来，深入到企业的生产经营、人事管理、工资分配等各个方面，不断拓宽企业民主管理和民主监督渠道，促进了企业管理决策的科学民主、规范有序。2009年，组织召开总部机关部门分会主席会议，审议通过了石化股份公司第四届监事会职工监事人选和总部机关《劳动合同书文本》。召开全系统部分工会主席联席会议，审议通过了企业年金等方案。

（刘纯斌）

【帮扶救助】 石化集团公司按照“真困难、真帮助”的原则，完善帮扶档案，规范运行程序，认真抓好帮扶救助工作，切实关心困难群体的生活，让困难群体能够真正分享企业发展的成果。2009年帮扶救助系统内特困职工、困难职工等各类人员共计242 632人次，支出帮扶救助金（含实物折款）1.56亿元。帮扶工作进一步规范，长效机制初步形成。

（刘纯斌）

【防范工作】 按照“谁主管，谁负责”的原则，督促各单位坚持把教育引导和妥善处理具体问题结合起来，积极做好防范“法轮功”邪教组织工作。认真落实国务院国资委党委和石化集团公司党组要求，先后召开9次专题会议，认真部署直属机关“4·25”期间、“六四”期间、新疆“7·5”事件发生后、“7·22”前后、国庆期间的维护稳定工作，对直属机关原“法轮功”练习者重点人进行逐个排查摸底，赴有关单位走访部分重点人；协调企业配合地方政府妥善处理直属机关原“法轮功”练习者相关个案。各单位认真做好对“法轮功”人员的帮教转化工作，帮助他们解决实际困难，不断巩固转化成果，确保了在敏感日未发生一起滋事事件，促进了首都的社会稳定。

（刘纯斌）

【青年工作】 立足服务企业中心工作和服务青年成长成才，石化集团公司大力开展“青年岗位能手”、“青年文明号”和“青年创新创效”活动，取得了可喜成绩。全年各单位上报创新创效成果52项，向中央企业团工委推荐上报11项参加“神华杯”中央企业青年创新奖的评选，获得金银铜奖各1项，优秀奖8项。全系统有1人获得全国十大杰出青年岗位能手、2人获得全国青年岗位能手、10人获得石化集团公司杰出青年创新创效奖、150人获得石化集团公司青年岗位能手称号。中央企业团工委命名石化集团公司2个单位为中央企业青年文明号、2个单位为中央企业五四红旗团委、3个单位为中央企业五四红旗团委创建单位、4人为中央企业优秀团干部。

（刘纯斌）

【文体活动】 石化集团公司着眼于振奋精神、陶冶情操，开展了丰富多彩的职工文化体育活动，全年共组织开展各类文体活动30多项。“升腾的朝阳——庆祝新中国成立60周年摄影展”以中国石化改革发展历程为主线，通过亲切关怀、艰苦创业、开拓振兴、内涵发展、重组发展、新的起点6个篇章300多幅照片，生动展示了石化人的光荣与梦想。第二届职工文艺汇演分中原油田、胜利油田、天津石油和广州石化4个赛区进行了汇演，82个参赛队177个节目参加了比赛，演出人员1 800多人，2万多人观看了演出，共挑选出18个优秀节目，参加了石化集团公司2010年春节团拜会。第三届职工游泳比赛于8月8—10日在齐鲁石化举行，36个代表队388名运动员、领队、教练员参加了比赛，38人（队）次打破石化集团公司游泳纪录。来自总部机关及专业公司32个部门和单位的1 803人组成的26支代表队参加了“为祖国放歌”合唱比赛。

（刘纯斌）

【社区管理服务】 2009年，油田企业社区服务系统按照“坚持以人为本，努力提高社区服务系统保障生产、服务生活、维护稳定的能力，促进和谐发展，创建和谐油田”的总体要求，紧紧围绕改善职工群众工作生活条件，抓管理、强服务、促和谐，为油田企业打造上游长板营造了良好环境。启动了油田企业社区服务板块特色模式塑造工作，建立了社区信息统计与报告的常态工作机制，编制了油田企业社区服务板块“十二五”专业规划建议，进一步理顺了油田企业社区管理体制机制。认真做好物业服务，41个国家级和92个省部级物业管理优秀住宅小区保持了荣誉称号；全年安全供应天然气6 762万立方米、液化气1.24万吨，保障职工群众燃气需求；全力抓好供暖工作，保证了40年一遇的严冬里油田职工家属室内暖意融融；深入开展承诺服务，应约上门服务12万余次，用户满意率90%以上，方便了职工群众生活；针对性开展社区卫生服务，为职工群众身体健康提供了保障；提高托幼服务质量，适龄儿童入园率98%以上，解决了年轻职工的后顾之忧；维护公共设施，清理卫生死角，整治公共交通、市场经营及生活秩序，实施亮化工程，营造了亮丽、整洁、有序的矿区环境，提升了企业形象。开展亲情服务，让职工群众对社区服务放心、舒心、贴心、称心；加强帮扶救助工作，及时掌握和解决职工群众生活问题，真心帮扶，让困难人员得到了物质上的照顾，感受到企业和组织上的关怀；切实维护社区稳定，妥善处理各类不稳定因素，及时将苗头性和倾向性问题化解在小区；广泛开展社区文化活动，弘扬了企业文化，倡导健康文明的生活风尚，丰富了职工群众业余文化生活，陶冶了居民情操，促进了社区和谐。

（范　勇）

企业文化建设

【概述】　2009年，石化集团公司在继承石油石化优良传统和作风的基础上，不断深化公司企业文化建设，为推进企业科学发展提供强大的精神动力。制定颁布了《中国石油化工集团公司企业文化建设纲要》，明确公司统一的核心价值理念，确定了公司“发展企业、贡献国家、回报股东、服务社会、造福员工”的企业宗旨，提出了“建设具有较强国际竞争力的跨国能源化工公司”的企业愿景，重申了“爱我中华、振兴石化”的企业精神，阐明了“精细严谨、务实创新”的优良作风，树立了“诚信规范、合作共赢”的经营理念，全面推进石化集团公司企业文化建设。以高密度、大容量、全方位、多渠道在全系统宣传贯彻《纲要》，结合有中国石化特色的管理模式建设，促进价值理念与管理制度的融合，提高制度的有效性、科学化，全系统正在营造适应现代企业制度和国际化公司健康发展的浓厚文化氛围。

（刘纯斌）

企业社会责任

【概述】　石化集团公司始终坚持把为社会和公众提供优质能源及服务作为公司的最大责任，将资源战略放在首位，在不断加强境内油气勘探开发，巩固资源基础的同时，提高天然气市场供应能力，推进国际能源合作，发展国际贸易，扩大资源渠道。同时努力转变发展方式，积极发展低碳经济，优化能源结构，加强低碳能源开发利用，推进节能减排，加快二氧化碳回收利用，努力减少温室气体排放。2009年，石化集团公司获新华网和亿万网民评定的“履行企业社会责任杰出企业奖”、全国妇联授予的“中国儿童慈善奖”，并入选国务院国资委“中央企业优秀社会责任实践”企业名单。

（杨振刚）

【油气保供】　2009年，在南方旱情、华北雪灾、“三夏”、“三秋”等特殊时期，通过设立定点加油站，开辟绿色通道，主动配送，人工加油，圆满完成了抗灾救援和农业机具的用油服务。在2009年11月上旬，全国大范围遭遇罕见的雨雪寒流，天然气供需矛盾十分突出。通过制定完备的应急预案，及时采取提高大牛地气田、松南气田、川西气田等气源供应量，压减内部企业用气量，保证了天然气供应市场的基本稳定，确保了民用气的正常供应，树立了中国石化良好的社会形象。

（杨振刚）

【服务国庆60周年庆典】　2009年，石化集团公司全力以赴，保质保量，在抓好企业安全稳定生产的同时，积极做好服务国庆60周年庆典活动的各项工作，圆满完成了多种油料保障、天安门观礼台和广场地毯的生产和铺装、长安街大修工程路面改造用高等级环保沥青的生产等任务，得到了国家有关部门及北京市政府的充分肯定。

（杨振刚）

【健康快车光明行】　石化集团公司持续6年捐助“健康快车光明行”活动，为贫困地区白内障患者送去光明。由中国石化赞助的“健康快车”开进了西藏、新疆、青海等十几个省区的边远贫困地区，至2009年底，已免费救治了15 013名白内障患者。

（杨振刚）

【扶贫援藏】　石化集团公司积极参与扶贫援藏计划，通过投入扶贫资金、帮助上项目、修建学校、资助贫困生、举办各种培训班、帮助修建基础设施、发展种养业等形式，推动了当地经济的发展。2009年，石化集团公司向颍上、岳西、泸溪和凤凰4个扶贫县投入1 200多万元，投入援藏资金2 567万元，建设了10个惠民利民工程。在安徽省贫困地区已建成希望小学68所，在建49所，有效缓解了农村、山区的孩子上学难问题。

（杨振刚）

【春蕾计划】　石化集团公司自2004年启动“春蕾计划”以来，已在四川、甘肃、贵州、湖南四省的26个国家级贫困县资助了3万余名女生（包括9 960名高中女生）分别完成小学4—6年级和高中学业。2009年，石化集团公司出资1 200万元继续资助上述四省贫困地区的高中女生完成学业。是年6月，中国石化资助的第一批3 320名高中女生顺利完成高中学业并参加了高考，其中1 614名女生（少数民族405人）被高校录取。

（杨振刚）

新闻与出版

◇ 新闻媒体

◇ 图书出版

新闻媒体

【概述】 截至2009年底，中国石化形成了“三报、两刊、一台、一张复合网”的新闻媒体格局。“三报”即《中国石化报》及其电子报、《车友报》及其电子报、《中国石化手机报》；“两刊”即《中国石化》杂志、《中国石化新闻界》杂志；“一台”即“中国石化电视新闻”；“一张复合网”即中国石化新闻网，它包含中国石化新闻图片网、中国石化团购网等网站，囊括了文字、图片、音频、视频等多种媒体形式，每天更新20万字和200多张图片、10多条视频。宣传手段更加灵活、多样，多媒体、全天候、强覆盖，形成了中国行业报中种类比较齐全、影响力比较广泛的新媒体集群。

2009年，围绕“打造国企一流媒体”的目标，报道质量和媒体的影响力得到进一步提升，尤其在媒体创新发展方面取得较大突破：创办了中国石化报《油品营销》周刊和《工程·物装》周刊，石化电视节目由每周播出3期改为5期，创办了《中国石化手机报》、《车友报·易捷汽车生活导刊》、中国石化团购网、中国石化新闻图片网。发行工作取得明显突破：报刊实行了“总部集订邮局分送”的方式发行，其中《中国石化报》发行量13万份，比2008年增加3万份，增长30%；杂志发行量2万份，比2008年增加2 800份，增长16%；《车友报》发行量75万份，比2008年增加3万份，增长4%。

（庞 炜）

【《中国石化报》】 2009年，在新闻宣传方面，进行了10项重点报道：①进行了学习实践科学发展观的宣传报道。《中国石化报》发稿225篇，电视发稿133篇，网络发稿800多篇，推动了活动的深入开展。②进行了庆祝共和国成立60周年的宣传报道。报纸、杂志、电视、网络多媒体联动，形成宣传强势。推出“辉煌60年·经典石油石化”、“我和我的祖国”、“纪实报道”等专栏，展示了石油石化发生的巨大发展变化。③进行了应对金融危机的宣传，鼓舞了广大干部职工的士气。④进行了“我要安全”主题活动的宣传报道。通过开设专栏，辟出专版，组织征文和DV短片，营造了安全文化氛围。⑤进行了塑造石化特色管理模式的宣传报道，引起了大家对管理重要性的重视。⑥进行了“身边的榜样”宣传报道，通过宣传树立了一批典型。⑦进行了重点工程的宣传报道。报道了天津乙烯、福建一体化项目、镇海乙烯、川气东送等工程的建设情况，鼓舞了广大职工的斗志。⑧进行了企业文化建设的宣传，推动了中国石化统一价值观的形成。⑨进行了中国石化“走出去”的宣传报道。重点开展了“打造石油工程铁军”的报道，宣传了石化集团公司的国际化战略。⑩进行了中国石化社会责任的报道，扩大了中国石化良好社会形象的宣传。

《中国石化报》在2005年开办《油气》、《环球》周刊，2006年开办《炼化》周刊的基础上，2009年又开办了《油品营销》和《工程·物装》周刊，《油品营销》周刊旨在提升油品销售企业专业化经营管理水平，提升油品销售企业员工素质，提升中国石化加油站品牌形象，扭转了油品销售系统宣传报道较弱的状况。《工程·物装》周刊以国内炼化工程建设和油田及炼化企业物装报道为内容。

（庞 炜）

【《中国石化》杂志】 2009年，《中国石化》杂志围绕石化集团公司开展的中心工作，及时开设了配合宣传的栏目——《深入学习实践科学发展观》、《我要安全》。按照用80%力量组织20%精品内容的思路，组织好专题稿件，如现代化管理创新成果专题、天然气大发展专题、炼油板块翻身仗专题、石化特色管理模式专题、化工市场专题、建国60年专题等受到专家和读者的好评。同时在编发石化集团公司和企业领导人员署名文章上加大了力度，增强了企业经营管理者的关注度，提高了权威性。

（庞 炜）

【《中国石化新闻》】 2009年8月，《中国石化新闻》顺利实现改版增期，由每周3期节目改为每周5期节目，实现工作日“每日播报”，节目时效性大大增强，节目质量进一步提高，同时解决了上中下游报道不平衡的问题。

截至2009年底，《中国石化新闻》电视新闻节目通过企业有线电视和卫星节目传输已覆盖全系统有电视台的43家企业，通过网络流媒体已覆盖全系统97家企业，80%有电视台的企业实现了当天新闻当天播出，全系统的广大干部职工可通过企业有线电视、中国石化新闻网、企业局域网、企业食堂或学习室DVD机播放等渠道或形式收看《中国石化新闻》电视节目。

（姚 进）

【中国石化新闻网】 中国石化新闻网集合了石化报

社现有媒体的全部内容，已开通新闻频道、企业频道、资讯频道、生活频道、物资供应频道、记者频道、团购频道等多个频道几十个栏目，解决了海外、野外工作场地报纸无法传递的问题。2009年，新闻网策划了庆祝建国60周年等40个专题报道。新闻网平均每天更新200条新闻（含图片新闻）、100条资讯，页面访问量51万次左右。

（庞　炜）

【《中国石化新闻界》】《中国石化新闻界》是研究和交流石油石化新闻宣传业务的内部专业刊物，服务对象是石化集团公司系统内新闻宣传工作者。该刊16开本，双月刊，48个页码，每期5万字左右，为中国石化下属企业记者站的专、兼职记者和骨干通讯员提供了一个研究新闻业务、交流新闻采写经验的窗口。

《中国石化新闻界》设有《专题研讨》、《编采手记》等16个栏目，2009年共出版6期。年初的通联专题统领全年报道要点，用优秀报道集体和个人的先进经验为全员鼓劲。接着配合《油品营销周刊》创刊，就周刊的策划、周刊的深度报道、周刊的选题等进行研讨。还就行业经济类杂志报纸的标题制作和电视专题的制作等进行了研讨。结合新中国成立60周年，特邀资深记者撰写专稿，《难忘穆青、范敬宜为我题字》、《不变的是我年轻的心》等文章给读者留下深刻印象。年终的亮点是进行了新型写作的专题研讨，《探索信息时代新型写作》、《新闻可以这样写》等重点文章，在界内引起很大反响，开启了石化报社多种媒体和媒体人改进文风竞先绽放的探索实践之路。2009年，该刊发行5 500份。

（秦桂屏）

【《车友报》】 2009年，《车友报》充分发挥发行量大的优势，不断提升中国石化的社会知名度、信誉度，充分传播了中国石化的优质油品和服务，宣传了中国石化加油卡的优势，为加油卡发行突破4 000万张作出了贡献。

2009年4月13日，《车友报·易捷汽车生活导刊》创刊。该刊是在中国石化所属省市石油公司发行，直接服务于中国石化非油品营销业务的刊物，该刊配合中国石化非油品业务的拓展，宣传中国石化非油品业务质优、价廉、物美、方便、服务好等最具竞争力的特色，提升中国石化“易捷”品牌知名度。导刊面向社会，起到了促进油品营销的作用，全年共为20个省市石油公司出版导刊160期1 280块版。

《车友报》以活动聚拢车友资源，在2009年推出了反对醉驾倡议书、征寻交通出行高招、携手车友10项承诺迎国庆、全运会摄影风采大赛及金牌竞猜活动，推出大型车友口碑车型调查活动，吸引了近5万名车友踊跃参加。

（郭　鹏）

【《中国石化手机报》】 2009年2月，《中国石化手机报》创刊。该报是主要面向石化集团公司中、高层领导干部的手机媒体，其报道内容以中国石化新闻、国内外行业新闻为主，兼顾重要时政新闻、社会新闻以及行业价格资讯。该报每个工作日的下午5时在全国范围内采用彩信手机报模式进行全网发送。手机报初期发行到党组管理的副局级以上领导干部、总部处级干部以及从事新闻宣传、思想政治工作的相关人员,不久又扩大到全系统副处级以上干部，全年免费发送到8 400多人，共发行231期。

（庞　炜）

【中国石化团购网】 2009年3月，中国石化员工团购网（www.sinopectg.com）创办。团购网是服务于中国石化系统员工的网络购物平台，旨在适应和谐社会的需求，增强企业凝聚力，切实为石化员工谋福利。团购网把石化集团内部百万职工分散的购买力变为合力，成为市场上巨大的买家，以团队的优势向厂家集中采购，建立“厂商直销联盟”，减少众多中间环节，严控运营成本，确保产品的至低价格，让石化员工凭借石化身份证明享受到所需产品的最大优惠。团购网先后与一汽大众、海尔、海信、太平洋保险、阳光保险、公务员图书网、家有购物等知名厂商达成合作。仅与一汽大众合作一项，全年在石化系统售出汽车6 206辆，为职工直接节省购车费用1 241万元。

在第三届中国报业创新（上海）峰会上，中国石化团购网获中国报业创新奖。

（庞　炜）

【中国石化新闻图片网】 2009年2月，中国石化新闻图片网（www.shbtp.com.cn）创办。图片网是石化报社整合报社图片资源，搭建中国石化新闻图片交流平台的重要举措，包含重大新闻、专业新闻、专题报道、艺术长廊、图表插图、历史资料等栏目。

（庞　炜）

图书出版

【概述】石化集团公司图书出版范围涵盖油气田勘探开发、石油炼制、石油化工、石油产品及应用、化工机械与设备、安全生产、环境保护、企业经营管理与企业文化等领域，出版各类学术专著、技术图书、专业辞典和工具书、技术普及读物、工人培训教材以及大专院校、高职高专和中职教材等。石化集团公司图书出版工作秉承为中国石油石化工业的科学技术进步服务、为普及石油石化科技知识、提高石油石化企业的生产经营管理水平服务的宗旨，始终坚持正确的出版方向，坚持社会效益和经济效益相统一，立足本专业，面向大科技，努力提高图书质量，拓展图书出版领域。

2009 年出版新书 444 种，重印书 191 种（248 印次）（部分书目见表 1），出书总码洋 8 388 万元，取得了良好的社会效益和经济效益。

（丁纵宇）

【《石油替代综论》出版发行】 该书由陈俊武院士等编著。全书分为三大篇：资源篇、生产技术篇和应用篇，共15章。《石油替代综论》逐章论述了石油替代的历史趋势，技术和措施，氢燃料替代的前景，运输设备系统应做的改进与革新，石油替代对环境的影响等；重点介绍了不同石油替代方式的技术经济与能源效率，并对不同石油替代方式衍生出的不同宏观能源方案作了对比；反映了不同替代技术的可能性与可行性；评估了不同替代技术的经济性与现实性；另外还对环境问题作了介绍，并分析了温室气体的产生源，世界各国和地区的排放量，减少温室气体排放的技术和措施。在全书的最后，作者还对值得探讨的若干课题进行了初步总结，并提出了自己的观点与建议。

（张正威）

【《现代测井技术应用典型实例》出版发行】 该书是测井技术，尤其是现代测井技术在地质、油藏和工程应用方面的一个典型总结。该书精选了近几年来中国石化在油气勘探开发中测井资料解释应用所取得的成果中的 100 个典型实例，充分展示了测井技术，特别是以成像测井为代表的现代测井技术在油气勘探开发中的重要作用。所选实例分析不局限于测井技术本身，而是与地质、物探及其他工程技术相结合，重点围绕解决地质、油藏和工程问题，集中在复杂岩性、复杂储集空间和复杂流体识别，以及在物探、钻井、储层改造等相关难题。所展示的测井资料都是在解决油气勘探开发中的地质研究、储层研究、岩性分析、油藏研究认识提高，以及在地震约束反演、压力预测、钻井中井壁稳定性研究、可钻性研究、完井工程、压裂设计及其效果检验等方面的应用成果。该书所选择的实例图文并茂，简明扼要，生动翔实，较全面地反映了中国石化近年来的测井勘探工程技术水平和应用成果。

（程天阁）

【《油田采油生产管柱技术手册》出版发行】 编著者通过大量的调研、总结分析，在采用4层次多因素分类方法重新分类现存各类生产与措施管柱的基础上，对采油管柱、注入管柱、措施管柱的结构、原理、性能和适应性进行了详细介绍，适应性分析全面而系统，涉及性能适应性、工艺适应性、井况适应性、油气藏适应性4个方面；同时，该书还对配套工具的用途、结构和原理进行了系统介绍。全书涉及220种管柱，94种工具，包括采油管柱、注水管柱、注气管柱、酸压管柱、堵水管柱、测试管柱等以及相应的配套工具；介绍了采油管柱的常用计算公式和计算方法，可以方便地阅读到实际生产中所需要的管柱，了解它的性能特点，掌握它的适应性，清楚它的配套工具，为生产应用提供可靠的决策帮助。《油田采油生产管柱技术手册》覆盖面广，融合了最新管柱技术成果，既可以作为技术人员与大专院校师生的参考书，也可为现场工作人员使用提供技术支持。

（宋开利）

【《石油加工过程中的脱硫》出版发行】 该书是首次按照产品馏分系统阐述石油加工过程中脱硫方面的科技专著，以论述直接脱硫工艺过程为主，同时包括石油加工过程中排放的烟气与酸性水的脱硫，重点论述了加氢与非加氢脱硫、生产低硫汽油、柴油、超低硫产品的先进工艺技术，硫化物的类型及结构分析与研究的最新进展等。该书所论述的多种脱硫技术的工艺过程都是已实现工业应用或可以工业应用的技术，所介绍的研发新动向引人关注。全书涵盖面广、内容丰富、论述深入、条理清晰，具有实用性、完整性、新颖性和较高的理论水平。

该书对脱硫技术在国内更广泛的工业应用及进一步发展将会有促进作用，对减少硫的排放、保护大气和水资源有重要的现实意义，对相关技术人员与大专院校学生具有很好的学习与指导作用。

（黄彦芬）

【《炼油与石化工业技术进展（2009）》出版发行】

该书以专题形式，按当前的热点问题分为综述、炼油工艺与产品、化工工艺与产品、催化剂（三剂）、装备技术、装置运行与管理、安全与环保、节能减排8个栏目。全书收录有代表性的文章80余篇，由中国石化、中国石油、中国海油等公司所属炼化企业、研究院所和国内其他石油化工相关企事业单位的200多位专家和工程技术人员撰写。文章紧密联系企业生产实际，涉及众多当前炼化行业所关注的热点、难点问题，对炼化企业从事生产经营和管理以及科学研究的技术人员和管理人员具有重要的参考价值。

（田　曦）

【《石脑油催化重整（第二版）[美][沙特]》出版发行】 该书由中国石化工程建设公司和石油化工科学研究院合译，中国工程院院士徐承恩主审。主要内容包括石脑油和重整生成油的成分分析、金属催化剂上的基本重整反应、双功能的金属—酸催化作用化学、石脑油加氢处理、重整催化剂的制备、石脑油重整催化剂的特征、催化剂孔结构的优化、新一代工业化催化剂、分子筛复合型催化剂上的石脑油重整、结焦失活、催化剂再生与连续重整、废催化剂的贵金属回收、重整工艺专利技术、工业化的重整装置的控制系统、石脑油催化重整的建模：温度分布的选择和苯收率的降低。

该书适用于从事炼油行业的广大科技工作者，包括教育、科研、设计、基建和生产等方面的专业人员以及大专院校师生。

（张国艳）

【《化工设计（第4版）[英]》出版发行】 该书是经典的Coulson & Richardson系列丛书中最畅销的化学工程参考书，它阐述了化工原理在化学过程和设备设计中的广泛应用。经过多次修订，第4版的内容涵盖了最新的工业方法和技术，包括物料和能量平衡，过程设计，成本核算，安全和防损，设备设计方法（蒸馏、吸收、萃取、换热），压力容器设计，以及大量实例。该书倾向于实用性讲述，重点放在提供实用的化工设计方法和技术，对所涉及的问题提供了全面的讨论和详细的设计方法。

（韩　勇）

【《油田企业HSE培训系列教材》出版发行】 为配合石化集团公司“我要安全”主题活动的开展，石化出版社与河南油田在多方调研、广泛咨询的基础上，结合油田企业安全生产的实际，分专业组织编写了《油田企业HSE培训系列教材》，包括《油田企业领导干部HSE培训教材》、《油田企业HSE管理人员培训教材》、《钻井作业人员HSE培训教材》、《采油作业人员HSE培训教材》、《地震勘探作业人员HSE培训教材》、《井下作业人员HSE培训教材》、《集输作业人员HSE培训教材》、《车辆驾驶员HSE培训教材》、《硫化氢防护培训教材》9个分册。

该系列教材紧扣“我要安全”这一主题，体现了“强化安全意识、规范操作行为、消除安全隐患、促进安全发展”的总体要求，从油田企业不同层面、不同专业的员工必学、必会、必知入手，阐述了HSE法律法规、HSE文化与管理、HSE技术、HSE违法违纪追究和HSE事故案例警示剖析等内容。该教材具有较强的针对性、实用性和可操作性，既可作为油田企业员工HSE培训的教材使用，又可作为油田企业安全管理干部及相关技术人员的参考用书。

（潘向阳）

【《能源百科简明辞典》出版发行】 该书浓缩了与能源相关的内容，主要包括太阳能、生物质能、风能、水能、海洋能以及地球内部的热能、核能等，着重介绍了通过光合作用繁殖的生物质经过数亿万年地下埋藏而产生化石燃料（煤、原油和天然气）的内容，此外还编入了与能源紧密相关的组织、经济、金融、公司、贸易、环境、历史、人物及相关统计数据。该书还配有大量插图，具有较强的可读性和直观性。

（许　倩）

【《石油化工装置工艺管道安装设计手册》（第四版）出版发行】 该书是由石化出版社组织中国石化原北京设计院、中国石化洛阳设计院有关专家编写的大型配管专业工具书，共4篇，分别为《设计与计算》、《管道器材》、《阀门》、《相关标准》。该书于1994年出版以后，分别于1998年、2005年进行了两次修订。累计发行2万余套，取得了良好的社会效益和经济效益，并获得2001年度石化集团公司科学技术进步二等奖。

为了满足和赶上快速发展的步伐，根据最新版的国家、行业有关标准、规范，石化出版社又组织有关专家对该书进行了再次修订。截至2009年9月，4个分册全部修订完成，并顺利出版。

（李跃进）

【《消防安全教育丛书》出版发行】 为了更好地促进消防科学普及教育工作、提高企业员工和社会公众的消防意识和消防素质，石化出版社和中国消防协会科普教育工作委员会联手组织专家编写了该书，共7

个分册：《油气田企业消防安全》、《石油化工企业消防安全》、《油库和加油加气站消防安全》、《危险品物流消防安全》、《公众聚集场所消防安全》、《家庭和社区消防安全》、《消防志愿者培训指南》。

该套丛书突出实用性和可读性，通俗易懂，图文并茂，采用《消防法》等法律新内容和消防新技术、新标准、新理念，是新形势下企业开展防火防爆、消防减灾很好的消防安全教育的科普读物。

（白素萍）

【《石油化学》等一批“十一五”规划教材出版发行】 2009年，在石油化工高等院校专业教材协作组各院校的大力协作下，石化出版社出版发行了《石油化学》、《石油化学基础》、《化学工程与工艺专业实习指南》、《化学工程与工艺专业实验》、《石油化工工艺实践教程》、《化工原理实验》、《功能高分子材料概论》、《高分子科学与工艺学基础》、《石油化工工程设计基础》、《过程装备制造工艺》、《石油化工仪表及自动化》、《工业生产组织与技术管理》、《城市生态与环境保护》、《物理化学简明双语教程》、《工程热力学基础》等30余种高等院校“十一五”规划教材，满足各院校相关专业的教学需要。

（白　桦）

表1　　石化出版社2009年重点科技图书目录

序号	书　名	作　者
1	现代测井技术应用典型实例	蔡希源等　编著
2	大牛地低压致密气藏储层改造理论与实践	刑景宝　编著
3	油田采油生产管柱技术手册	李宗田　蒋海军　苏建政　编
4	油气井防砂技术	董长银　编著
5	中国石化油气开采技术论坛论文集（2009）	中国石化油气开采技术论坛秘书处　编
6	中国石化提高采收率工作会议论文集·2008	李阳等　编著
7	中国石化2008年度油气田动态监测论文集	李宝同　杨世纲　主编
8	陆上油（气）田油气集输系统安全风险与控制	潘永东　编著
9	油田设备技术与管理	吉效科　编著
10	油气田工程实用防腐蚀技术	张清玉　主编
11	油气田应用材料	陈玉祥　王　霞　编著
12	天然气管道输送技术	黄春芳　编著
13	中国石化川东北地区勘探开发企业标准汇编	中国石油化工股份有限公司科技开发部　编
14	油田企业HSE培训系列教材（试用）·油田企业领导干部HSE培训教材	陈安标　卢万选　肖宗敏　杨延美　编著
15	油田企业HSE培训系列教材（试用）·钻井作业人员HSE培训教材	袁建强　田　平　余乐成　李建清　蒲世东　编著
16	油田企业HSE培训系列教材（试用）·车辆驾驶员HSE培训教材	毕道金　龙国华　屈玉成　陈志蕊　李　明　陈红梅　编著
17	油田企业HSE培训系列教材（试用）·油田企业HSE管理人员培训教材	陈安标　郝建设　孙为民　王庆余　潘积鹏　编著
18	油田企业HSE培训系列教材（试用）·采油作业人员HSE培训教材	张初阳　李　峰　毕普田　蒋仕民　胡朝荣　谭洪来　编著
19	油田企业HSE培训系列教材（试用）·井下作业人员HSE培训教材	郭　耘　刘竹文　陈向文　王海燕　王秋建　编著
20	油田企业HSE培训系列教材（试用）·集输作业人员HSE培训教材	刘铁岭　王　晗　苗振宝　夏黎明　赵胜利　编著

续表

序号	书名	作者
21	油田企业HSE培训系列教材(试用)·地震勘探作业人员HSE培训教材	黄成国　梁运基　李民祥　胡　斌　许碧琼　编著
22	油田企业HSE培训系列教材(试用)·硫化氢防护培训教材	王秋建　林　波　周德才　杨延美　强永和　编著
23	炼油与石化工业技术进展(2009)	洪定一　主编
24	2009年中国石油炼制技术大会论文集	中国石油化工信息学会石油炼制分会　编
25	石油加工过程中的脱硫	石亚华　主编
26	石油替代综论	陈俊武　李春年　陈香生　编著
27	重质油加工与石油沥青和新型炭材料	张玉贞　卢水根　主编
28	新结构高性能多孔催化材料	谢在库等　著
29	石油产品添加剂基础知识	王　九　方建华　董　玲　编著
30	沸石催化与分离技术	高　滋　主编　何鸣元　戴逸云　副主编
31	加氢裂化装置工艺计算与技术分析	李立权　主编
32	硫黄装置设备运行与维护	肖　锋　陈继明　徐　宏　主编
33	炼油装置安全技术丛书·制氢装置安全技术	司朝侠　高传礼　黄国栋　主编
34	当代石油和石化工业技术普及读本——油页岩和页岩油	中国石油和石化工程研究会　组织编写　施国泉　执笔
35	当代石油和石化工业技术普及读本——乙醇燃料与生物柴油	中国石油和石化工程研究会　组织编写　崔心存　执笔
36	当代石油和石化工业技术普及读本——煤制油	中国石油和石化工程研究会　组织编写　吴春来　执笔
37	当代石油和石化工业技术普及读本——石化仪表与控制系统	中国石油和石化工程研究会　组织编写　解怀仁　执笔
38	当代石油和石化工业技术普及读本——炼油化工企业污染与防治	中国石油和石化工程研究会　组织编写　张广林　曹玉红　执笔
39	当代石油和石化工业技术普及读本——石油化工信息化	中国石油和石化工程研究会　组织编写　张志檩　执笔
40	现代燃料油品手册	张广林　主编
41	润滑脂技术大全(第二版)	朱廷彬　主编
42	石蜡产品手册	黎元生　王丽君　李景斌　编著
43	油品计量基础(第二版)	曾强鑫　编
44	油品分析与化验知识问答	顾　洁　胥立红　梅林　编著
45	汽车润滑解码	江善钟　Kevin Stone　Richard Smith　编著
46	内燃机油与喷气燃料的电化学分析	史永刚　薛　艳　朱永利　化　岩　刘绍璞　编著
47	炼油工业技术知识丛书·油品储运技术	陈保东　马贵阳　主编
48	液化石油气储运基础知识问答	依　海　主编
49	油库设计与管理	许　行　主编
50	油库设计实用手册	马秀让　主编

续表

序号	书　　名	作　　者
51	加油加气站设计与技术管理	樊宝德　朱焕勤　主编
52	油库加油站油气回收与减排技术	樊宝德　杨晓婕　主编
53	高分子化学改性	黄军左　葛建芳　编
54	聚酯合成及应用技术进展	武荣瑞　赵国梁　黄关葆　王锐　张天骄　编著
55	高分子科学与工艺学基础	韩冬冰　编著
56	功能高分子材料概论	辛志荣　韩冬冰　编著
57	新型涂料配方与工艺	邓舜扬　编
58	天然产物超临界CO_2萃取	程　健　申文忠　刘以红　编著
59	丙烯酸及酯生产与管理	吕常钦　主编
60	乙烯装置技术与运行	王松汉　主编
61	异丙苯法苯酚丙酮清洁生产技术	王永健　编著
62	煤化工技术理论与实践	徐振刚　曲思建　主编
63	废旧橡胶材料及其再资源化利用	刘玉强　马瑞刚　殷晓玲　编著
64	塑料制品加工中质量控制与故障排除	张玉龙　夏裕斌　主编
65	石油化工工程设计基础	徐永洲　杨基和　编著
66	化工产品配制技术精选丛书·汽车用化学品	顾　民　吕静兰　编
67	化工产品配制技术精选丛书·涂料·油墨	顾　民　吕静兰　编
68	环境友好材料制备与应用技术丛书·环境友好涂料制备与应用技术	张玉龙　邢德林　主编
69	绿色高新精细化工技术与产品丛书·微纳米技术与精细化工	王大全　主编
70	涂料配方设计与制造技术丛书·功能涂料配方设计与制造技术	刘　栋　张玉龙　主编
71	中国塑料工业年鉴·2009	中国塑料加工工业协会　主办
72	管壳式换热器	马小明　钱颂文　朱冬生　江　楠　方江敏　郭崇志　杨丽明　编著
73	压力容器安全技术	刘道华　编著
74	机械安全技术实用手册	张应立　周玉华　主编
75	压力管道应力分析(第二版)	唐永进　著
76	石油化学工业基础知识丛书·炼油设备基础知识(第二版)	马秉骞　主编
77	大型钢制储罐群区域阴极保护技术	孙建斌　陈学江　钱建华　卜文平　编
78	石油化工厂设备检查指南(第二版)	胡安定　主编
79	石油化工设备无损检测及其应用	中国石油天然气股份有限公司抚顺石化分公司　中国石油集团工程设计责任公司抚顺分公司　编
80	石油化工设备维护检修技术(2008版)	本书编委会　编　胡安定　主编

续表

序号	书　名	作　者
81	石油化工安全问答丛书·设备安全运行与操作问答	化林平　翟　伟　廖　勇　主编
82	石油化工设备技术问答丛书·金属焊接技术问答	雷　毅　主编　何　峰　丁仰奎　副主编
83	石油化工工程建设典型事故案例图解与分析	中国石化集团公司安全环保局　中国石化集团公司工程企业管理部　组织编写
84	石油石化节能技术丛书·化工装置节能技术与实例分析	徐跃华　主编
85	石油化工仪表自动化培训教材·自动控制基础理论	《石油化工仪表自动化培训教材》编写组　编
86	石油化工仪表自动化培训教材·测量仪表	《石油化工仪表自动化培训教材》编写组　编
87	石油化工仪表自动化培训教材·调节阀与阀门定位器	《石油化工仪表自动化培训教材》编写组　编
88	石油化工仪表自动化培训教材·安全仪表控制系统(SIS)	《石油化工仪表自动化培训教材》编写组　编
89	“我要安全”行为安全管理实践指南	中国石化集团公司安全环保局　中国石化青岛安全工程研究院　编著
90	2009消防科技与工程学术会议论文集	中国消防协会学术工作委员会　中国人民武装警察部队学院消防工程系　编
91	安全生产事故分析与预防丛书·炼油生产事故分析与预防	王凯全　主编
92	常用危险化学品应急速查手册(第二版)	张海峰　主编　曹永友　副主编
93	石化行业危险化学品安全培训读本	石惟理　主编　张红频　吕　英　副主编
94	石油化工厂安全必读系列丛书·石油化工厂设备运行安全必读	朱以刚　编著
95	石油化工厂安全必读系列丛书·石油化工厂消防管理安全必读	朱以刚　编著
96	天然气应用与安全丛书·天然气管输与安全	张　城　耿　彬　主编
97	危险化学品活性危害与混储危险手册	徐　钢　主编　李雪华　副主编
98	危险化学品企业安全标准化操作手册	平海军　武洪才　主编
99	危险化学品应急处置手册	国家安全生产应急救援指挥中心　国家安全监督总局化学品登记中心　编译
100	消防安全教育丛书·石油化工企业消防安全	郑端文　主编　中国消防协会科普教育工作委员会　组织编写
101	消防安全教育丛书·消防志愿者培训指南	石水中　主编　中国消防协会科普教育工作委员会　组织编写
102	消防安全教育丛书·油库和加油加气站消防安全	伍和员　主编　中国消防协会科普教育工作委员会　组织编写
103	油库安全丛书·油库安全管理基础	石　新　王　丰　编著
104	油库安全工程丛书·油库安全工程管理	范继义　主编
105	油库安全工程全书·油库安全工程技术	范继义　主编
106	油库安全工程全书·油库安全教育	范继义　主编
107	油库安全评价与应急救援技术	杨　艺　刘建章　付士根　主编
108	水处理技术与管理知识问答丛书·工业用水与节水管理知识问答(第二版)	祁鲁梁　李永存　编著

续表

序号	书　　名	作　　者
109	水处理技术与管理知识问答丛书·冷却水处理技术和管理问答	祁鲁梁　李本高　编著
110	城市生活垃圾处理处置工程及应用	李定龙　主编　王　晋　副主编
111	水质化验技术问答	宋业林　编
112	石脑油催化重整(第二版)[美][沙特]	徐承恩等　译
113	化工设计(第4版)[英]	宋旭锋　译
114	现代企业人力资源管理丛书·企业学习型组织建设指南	石油化工管理干部学院　著
115	市场营销学简明读本	戴照明　主编
116	辉煌历程——中国石化改革发展之路	中国石油化工集团公司　编
117	高等院校"十一五"规划教材·石油化学基础	戴咏川　赵德智　主编
118	高等院校"十一五"规划教材·石油化学	廖久明　邱　奎　温守东　主编
119	高等院校"十一五"规划教材·油品应用工程专业英语	陈波水　姚新学　铉　静　方建华　王　九　编
120	高等院校"十一五"规划教材·物理化学简明双语教程	何　美　周华锋　主编
121	高等院校"十一五"规划教材·油库电气设备及防爆	马智刚　冯　平　主编
122	高等院校"十一五"规划教材·工程热力学基础	战洪仁　寇丽萍　主编　张先珍　王翠华　副主编
123	高等院校"十一五"规划教材·基础应用化学	李淑丽　主编　陈锁金　沈发治　副主编
124	高等院校"十一五"规划教材·水分析化学	张志军　主编　李定龙　戴竹青　副主编
125	高等院校"十一五"规划教材·化学工程与工艺专业实验及指导	赵德智　封瑞江　主编
126	高等院校"十一五"规划教材·化工原理课程设计	马江权　冷一欣　主编
127	高等院校"十一五"规划教材·化学工程与工艺专业实习指南	王　虹　高劲松　程丽华　编著
128	高等院校"十一五"规划教材·化工原理实验	朱　宪　主编　张　彰　周忠华　副主编
129	高等院校"十一五"规划教材·化学工程与工艺专业实验	罗国华　主编
130	高等院校"十一五"规划教材·微型化学实验	万　平　周贤爵　编
131	高等院校"十一五"规划教材·石油化工仪表及自动化	郑明方　杨长春　主编
132	高等院校"十一五"规划教材·过程装备制造工艺	王文友　主编
133	高等院校"十一五"规划教材·食品安全与检验	贾　云　主编　苏小东　原金海　副主编
134	高等院校"十一五"规划教材·城市生态与环境保护	贾　云　主编　陈双扣　副主编
135	高等院校"十一五"规划教材·现代企业管理	刘军跃　主编　曹华林　崔　骅　刘明会　黄雪梅　副主编
136	高等院校"十一五"规划教材·文献信息检索	李晓艳　刘　颖　齐先飞　张凤坤　编著
137	北京市高等教育精品教材立项项目·油气回收与排放控制技术	陈家庆　朱　玲　编著
138	能源百科简明辞典	庞名立　崔傲蕾　编

中国银行
BANK OF CHINA
中国银行 全球服务
ALWAYS WITH YOU
www.boc.cn

主要产品：

API 系列石油套管、油管：外径 60.3--508 毫米，壁厚 5.21--16.13 毫米。具有自主知识产权的 TP 系列油井管：特殊扣油套管、抗挤毁套管、抗 H_2S 腐蚀油套管、抗 CO_2 腐蚀油套管、热采井套管、深井用套管、射孔枪管、储气井用套管、割缝筛管。

特殊扣油套管系列：外径 60.3--508 毫米，壁厚 3.18--16.00 毫米，扣型有 TP--CQ、TP--FJ、TP--NF、TP--G2、TP--EX、TP--JC 等。

其他产品还包括：锅炉用无缝钢管、气瓶、蓄能器用无缝钢管、输送用无缝钢管、结构管、钻具用管及其他用途无缝钢管。

主要机组规格范围：

- 直径 250 毫米 MPM 轧机，加工范围 114--340 毫米，壁厚 4.5--40 毫米。
- 直径 168 毫米 PQF 轧机，加工范围 32--170 毫米，壁厚 2.5--22 毫米。
- 直径 180 毫米 Assel 轧机，加工范围 88.9--219 毫米，壁厚 6--70 毫米。
- 直径 460 毫米 PQF 轧机，加工范围 245--457 毫米，壁厚 5.6--58 毫米。
- 直径 258 毫米 PQF 轧机，加工范围 114--245 毫米，壁厚 4--30 毫米。
- 直径 720 毫米旋轧管机组，加工范围 325--720 毫米，壁厚 15.5--70 毫米。
- 冷轧冷拔机组，加工范围 25--250 毫米，壁厚 1--28 毫米。
- 热扩管机组，加工范围 1200 毫米以下，壁厚 6--80 毫米。

沙特阿美石油
Saudi Aramco

2004年，沙特阿美与中石化签署共同开发鲁卜哈利盆地（Rub Al-Khali Basin）油田的协议。该油田位于沙特阿拉伯东南部，面积达四万平方千米。

2009年11月11日，沙特阿美与中国福建省、中石化及美国埃克森美孚在福建泉州市合资兴建的福建炼油乙烯一体化合资项目（Fujian Refining and Ethylene Project - FREP）正式投入商业运行。在仪式当天，沙特阿拉伯石油大臣纳依米(His Excellency Ali Al-Naimi)，沙特阿美石油公司总裁兼执行长法力赫（Khalid Al-Falih）以及沙特阿美炼油、营销和国际业务高级副总裁博纳恩
（Khalid G. Al-Buainain）远道莅临并主持剪彩仪式。主持当日仪式的还包括沙特阿拉伯驻华总领事，中石化总经理苏树林、总裁王天普，埃克森美孚石油公司主席兼首席执行长蒂勒森(Rex Tillerson) 等等。

福建炼油乙烯一体化项目是集化工、千万吨炼油和成品油营销一体化的中外合资项目，占地437公顷，总投资达人民币384亿。

现时，项目的产油量由原来的每天8万桶提升至24万桶，提炼的原油主要是由沙特阿美供应的沙特含硫原油以生产高品质的汽车用燃料和其他石油石化产品，直接舒缓福建省在蓬勃经济发展下对燃油和化工制品紧张的需求。

您身边的银行 可信
By your side as your trust
中国
ICBC 130062
ICBC 130060

主要产品：

- 直链烷基苯、烷基苯磺酸
- 重烷基苯、焦油、氢气、溶剂油料

JINTONG

江苏金桐化学工业有限公司

江苏金桐化学工业有限公司位于南京经济技术开发区内，系中国石化集团资产经营管理有限公司与英属维尔京群岛宝智投资有限公司（台湾和桐化学股份有限公司全资子公司）再次合资组建的中外合资经营企业。2002年4月8日正式成立，2003年7月竣工试生产，该合资公司是目前中国石化集团公司与台湾石化界又一大的合资项目，其总投资29403万元人民币，注册资本1947万美元（折合16115.54万元人民币）。

江苏金桐化学工业有限公司的主要生产装置为10万吨/年烷基苯装置。主要产品有直链烷基苯，副产品有重烷基苯、焦油、氢气、溶剂油料。该公司生产装置引进国外先进技术和部分关键设备，生产全过程采用世界上先进的DCS集散控制系统。

随着国内人民生活水平的不断提高，合成洗涤剂市场需求每年以8%的速度迅速增长，而直链烷基苯仍是世界上合成洗涤剂工业的主要原料之一，需求量也相应增长。为了及时抓住市场，扩大生产规模，提升企业在国际市场的竞争力，合资双方鉴于十多年来卓有成效的合作基础，以及双方优势，决定再次携手创新业，计划在南京化学工业园区投资新建江苏金桐表面活性剂有限公司7.2万吨/年烷基苯生产装置，该装置引用国内外先进的烷基苯技术成果，低消耗，高质量，低成本，项目建成后，在南京地区将形成40多万吨/年烷基苯的生产能力，地区烷基苯总规模在世界上名列前茅。在满足国内市场需求的同时，该项目将提高出口能力，在国际上将取得较强的竞争优势。

江苏金桐化学工业有限公司从投产到现在，生产经营工作都取得可喜的成绩，为社会作出了一定的贡献，先后还取得了一些可喜荣誉和称号，如：南京市重合同守信用企业、社会保险费申报缴纳A级信誉单位，南京经济技术开发区环境保护先进单位。

投资双方还将在高科技电子行业、生化行业进行投资等等。

金桐石油化工有限公司

金桐石油化工有限公司位于南京经济技术开发区内，系中国石化集团资产经营管理有限公司与英属维尔京群岛宝智投资有限公司（台湾和桐化学股份有限公司全资子公司）合资组建的中外合资经营企业，1993年9月1日正式成立，1995年12月竣工试生产，1996年1月正式投产。总投资为4.762亿元人民币，注册资本为1.682亿元人民币。

金桐石油化工有限公司的主要生产装置为10万吨/年烷基苯装置、2万吨/年烷基苯磺酸装置。该公司主要产品有直链烷基苯、烷基苯磺酸，副产品有重烷基苯、焦油、氢气、溶剂油料。该公司生产装置引进国外先进技术和部分关键设备，生产全过程采用世界上先进的DCS集散控制系统。

金桐石油化工有限公司投产至今，生产和经营工作取得可喜的成绩，为国家和社会作出了一定的贡献，取得了一些可喜的荣誉和称号，先后荣获了南京市先进外商投资企业，外商投资高营业额、高利税企业，企业信用等级AAA企业，南京市高新技术企业，安全生产先进单位，安全文明单位，台商爱心助学先进单位，社会保险费申报缴纳A级信誉单位等称号。

金桐石油化工有限公司将根据目前国际和国内市场的发展，在巩固本业的前提下，进一步扩大生产规模和市场布局，搞好多元化的发展，如：在厦门成立厦门金桐合成洗涤剂有限公司，在四川成立四川金桐石油化工有限公司和四川金桐精细化学有限公司，在安徽成立安徽金桐精细化学有限公司。

Shipbuilding
Rig Building
fshore Engineering
& Construction

连云港港口集团有限公司

连云港市政协副主席、港口集团董事长、党委书记 俞向阳

连云港港口集团有限公司是新亚欧大陆桥东方桥头堡——连云港港的经营核心和建设主体，是中国大型服务和交通企业，控股上市公司“连云港”（601008），主要从事货物装卸堆存、现代综合物流、港口投资建设、临港产业发展等业务。抓住以连云港港口为龙头的江苏沿海地区快速发展的机遇，加快区域性中心港口建设，更好地融入长三角，服务上海国际航运中心建设和以陇海兰新铁路为轴线的中西部地区协调发展。

BASF
The Chemical Company

威立雅水务
值得信赖的合作伙伴
世界一流的水处理专家！
址：北京市朝阳区东三环北路8号
北京亮马河大厦1座2501室
话：（010）59532000
真：（010）59532215
VEOLIA
WATER

鲁奇——您的清洁能源转化的合作伙伴。
鲁奇是全球领先的清洁能源转化的合作伙伴。我们拥有可持续的工艺，使我们能够比以前更好地
利用石油资源或生物质。
使用我们的技术可生产合成气、氢气或一氧化碳，并进一步转化成下游的石化产品。我们使用天
然气、煤、焦油砂残留物等资源生产合成气，再将合成气转化为低污染的燃料。
可持续性的提高：我们能够使用有碍于食物链的生物质生产超纯燃料，这种燃料燃烧时污染排放
率很低，非常契合碳减排蓝图。所以，当谈及可持续性技术，我们是您可靠的选择。
我们的技术，您的事业基础
欢迎致电垂询: +86 (10) 65906797
www.lurgi.com
化空气集团旗下的公司
AIR LIQUIDE
Lurgi

HAVYARD
shipbuilding technology adding value from a - z
累积于挪威深海油田的船舶技术
愿助中国海洋石油工业一臂之力
HAVYARD design™ - shall make you proud
PSV - HAVYARD 832 CD
AHTS - HAVYARD 842
OCV - HAVYARD 858
www.havyard.com
Havyard Group AS
P.O.Box 215
6099 Fosnavåg, Norway
哈佛船厂中国有限公司
上海市新金桥路18号浦东民航大厦2315室
邮编：201206
电话：+86 21 50301730
HAVYARD
- adding value

祝中国石油
化工集团公司
成就辉煌
再攀高峰
AUDIT ▪ TAX ▪ ADVISORY
审计 ▪ 税务 ▪ 咨询
KPMG

珠海振戎公司是经国家批准，于1994年成立的国有重点中央企业，以服务国防建设，服务炼化企业，振兴中国能源工业为己任，发扬自力更生、艰苦奋斗的创业精神，锐意进取，不断开拓，完善了多层次跨领域的国际和国内贸易。2009年公司进口原油1214万吨，贸易额达到51亿美元。

公司主营业务为政府项下的原油进口业务，此外还涉足石油产品的贸易业务，包括燃料油、成品油的进、转口贸易及其他产品的进出口贸易等；公司涉足高新技术领域，如通信软件开发应用、咨询服务等。

珠海振戎公司注册在广东省珠海市，总部设在北京。

珠海振戎公司在艰苦创业历程中形成了“团结、自强、人格、奉献”的企业精神和独具特色的企业文化，其精髓是以“和”为本，以“灵”为术。“和”是营造公司内部人际间的和谐，公司与客户、供应商之间的和谐，公司与全社会的和谐；“灵”即灵活的管理模式，灵敏的应变能力，灵动的运行机制。这些精神与文化是公司宝贵的财富。通过大力弘扬企业精神文化，让全体职工始终保持谦虚谨慎、不骄不躁的作风，始终保持团结奋斗、自强不息的精神状态，并不断传承和发扬，成为企业健康快速发展的不竭动力。

南光(集團)有限公司

NAM KWONG (GROUP) COMPANY LIMITED

南光（集团）有限公司总部设在澳门，集团前身南光贸易公司，成立于1949年8月，是澳门较早的中资机构。在逾半个世纪的历程中，南光积极进取，勇于开拓，走过了一段艰苦创业、自强不息的不平凡里程；并较好地完成了各个历史时期国家所赋予的不同使命，为澳门回归祖国、发展内地与澳门的经贸关系、推动祖国的对外经济贸易事业、团结澳门同胞、促进澳门社会的繁荣稳定作出了应有的贡献，赢得了良好的声誉。

南光集团主营业务包括日用消费品贸易、酒店旅游及配套服务业、地产经营开发和综合物流服务四大类；主要经营商品有：石油化工产品、五金矿产、粮油食品、轻纺服装、医药保健品等；拥有大型油库、加油站、酒店、百货商场、写字楼、码头、货仓冷库、运输车队等资产。

南光集团是澳门大型的石油化工产品和主要的鲜活冷冻食品、酒店旅游、物流服务供货商；拥有油气中转储运和航煤专供设施；分别在澳门、杭州、桂林和加拿大投资有7家星级酒店；有大型的内港码头、干冻仓库和跨境运输车队；与美国、欧盟、独联体、韩国、东南亚等几十个国家和地区有长期贸易往来。

南光集团拥有12家二级企业，分别为南光石油化工有限公司、澳门中旅（国际）酒店管理有限公司、澳门中国旅行社股份有限公司、南光实业有限公司、南光恒丰置业有限公司、南光贸易有限公司、南光物流有限公司、广东南光实业贸易公司、南光（上海）投资有限公司、上海实华国际旅行社、上海华高房地产开发经营有限公司、北京南光石油化工有限公司；在北京、上海、广州设有代表处。

展望未来，南光集团将抓住机遇，加快发展，牢固树立“求发展、讲诚信、比业绩”企业核心价值观；认真落实以人为本，全面、协调、可持续的科学发展观，不断提升企业核心竞争力，实现可持续发展；努力把南光打造成为澳门颇具实力的石化燃料、粮油食品、酒店旅游及综合物流供货商，内地专业地产、农副产品、特色物流行业的有力竞争者，参与全球化经营的大型多元化控股企业集团。

南光集团继承和发扬爱国爱澳的优良传统，坚决贯彻“一国两制”方针和《澳门基本法》，大力支持澳门特区政府的依法施政，为澳门的经济繁荣、社会稳定作出新的贡献。

澳门罗理基博士大马路南光大厦十六楼 Tel: (853) 83911600 Fax: (853) 28330853 http://www.namkwong.com.mo

企事业单位

◇ 油田企业

◇ 炼化企业

◇ 油品销售企业

◇ 科研单位

◇ 设计施工单位

◇ 专业公司及其他单位

胜 利 油 田

【概况】 胜利油田为中国石化集团胜利石油管理局（简称胜利石油管理局）和中国石油化工股份有限公司胜利油田分公司（简称胜利油田分公司）的统称，工作区域主要分布在山东省8个市的28个县（区）内，主体位于黄河下游的东营市。胜利油田总部位于东营市济南路258号。

胜利油田是在华北地区早期找油的基础上被发现并发展起来的。1961年4月16日，在山东省垦利县东营村附近打的华8井，首次见到工业油流，日产原油8.1吨，标志着胜利油田的发现。1998年，国家进行石油石化大重组，胜利油田由中国石油天然气总公司划归石化集团公司领导和管理。2000年5月，根据中国石化重组上市的整体部署，中国石化胜利油田有限公司挂牌成立，2006年1月变更为胜利油田分公司。

截至2009年底，胜利油田已找到不同类型油气田77个，累计探明石油地质储量49.30亿吨；投入开发油气田69个，累计生产原油9.62亿吨，累计生产天然气532亿立方米。

截至2009年底，胜利油田有二级单位58个，三级单位496个，四级单位3 469个。其中，胜利石油管理局有二级单位36个，三级单位273个，四级单位1 753个；胜利油田分公司有二级单位22个，三级单位223个，四级单位1 716个。

截至2009年底，胜利油田有正式职工144 059人，其中拥有高级技术职称的8 679人，中级技术职称的24 825人。

胜利油田主要技术经济指标和主要生产建设指标见表1和表2。

（胡　林）

【胡锦涛视察胜利油田】 2009年10月18日，中共中央总书记、国家主席、中央军委主席胡锦涛到胜利油田视察。在胜利油田垦东12区，胡锦涛考察了海油陆采工程，亲切看望了在该区生产施工的一线职工，对油田广大职工迎难而上、勇于登攀，取得石油勘探开采技术的重大突破表示赞赏，并寄语油田干部职工，发扬铁人精神，学习身边典型，朝着“百年创新，百年胜利”的目标前进，不断创造胜利油田新的辉煌。

（胡　林）

【油气勘探取得重要成果】 2009年，胜利油田围绕“战略展开、战略突破、战略准备”的勘探工作总体部署，认真落实资源战略，推进勘探开发一体化，油气勘探取得了“1个突破、5个进展、8个扩大”的丰硕成果。①埕北凹陷深洼带沙河街组岩性油藏勘探取得突破。部署的埕北42风险探井钻遇沙三段浊积扇储层获高产油流，打破了埕北凹陷北部陡坡带沙河街组多年来勘探停滞不前的局面。②青东凹陷勘探取得重要进展。年内先后部署的青东5-1侧、青东5-2、青东5-7、青东11等井全部见到油气显示，表明青东地区油源丰富，油藏分布广，富集高产，具有较大的勘探潜力。③埕岛地区岩性油藏勘探取得新进展。全年埕北326井区东营组、埕北256井区明化镇组新增控制石油地质储量2 388.88万吨。④东营南坡沙四下—孔店组红层勘探取得进展。年内该区新增预测石油地质储量3 322.96万吨。⑤广饶潜山勘探取得重要进展。在2008年勘探的基础上，2009年新部署的草古126、草古127等井获得高产，展示了济阳探区潜山油藏的勘探潜力。⑥车排子地区勘探取得进展。部署的排601-平1、排601-平2等井相继获工业油流，初步控制含油面积19.2平方千米，预测储量规模1 000万吨以上。⑦东营北带盐家砂砾岩体油藏、东营西部滩坝砂岩油藏、渤南洼陷岩性油藏、东营凹陷沙三段浊积岩油藏、五号桩洼陷带及周缘、惠民中央带、垦东地区、东风港油田周缘8个区域的含油范围扩大，油田可持续发展的资源基础进一步巩固。胜利油田年内新增预测石油地质储量1.03亿吨，新增控制石油地质储量1.05亿吨，新增探明石油地质储量1.05亿吨，新增技术可采储量1 841.41万吨，连续7年实现预测、控制、探明储量过亿吨。

（付大勇）

【发现桥东油田】 2009年，胜利油田通过先进技术手段发现位于黄河入海口附近青东凹陷的千万吨级新油田——桥东油田。该油田是胜利油田累计发现的第76个油田。桥东油田上报控制含油面积8.58平方千米，控制石油地质储量1 943.53万吨。

（胡　林）

【探矿权面积进一步扩大】 2009年9月，石化集团公司对新区勘探实施战略调整，将新疆、青海、甘肃、内蒙、宁夏5个省区的38个区块共13万平方千米的探矿权面积划归胜利油田。截至年底，胜利油田共有54个探矿权区块，面积20.22万平方千米，共有

69个采矿权区块，面积6 079.11平方千米。

（胡 林）

【罗家高密度三维地震技术先导试验项目圆满完成】 该项目是中国石化在胜利油田老区部署的集超万道、高密度、单点全数字、三分量采集于一体的重大先导项目，是国内最大的陆地全数字工程，具有先导性、前瞻性和攻关性。2009年，在项目实施过程中，胜利油田物探公司从项目管理、技术攻关、生产组织到质量安全管理等方面进行了一系列创新，在高密度观测系统优化设计、海量数据现场质量监控、超万道采集施工与组织管理模式等方面取得较大进展，获得了高品质的地震资料。该项目的成功实施，为高密度地震技术的推广应用取得了经验。

（李湘艳）

【油田开发水平稳步提高】 2009年，胜利油田开发工作树立科学开发、精细开发、优化开发理念，注重开发与生产、油藏与工程、地质与化学的有机结合，有力提升了油田开发水平。全年新建原油生产能力304万吨，生产原油2 783.5万吨，较上年增产9.5万吨；新增可采储量2 928.48万吨，连续13年实现储采平衡；油田自然递减率15.44%，同比减少0.04个百分点；综合递减率6.84%，同比减少0.15个百分点；油田综合含水90.84%，同比上升0.39个百分点。

（胡 林）

【科技创新取得丰硕成果】 2009年，胜利油田共承担和组织各类科研课题423项，其中承担国家级课题37项、石化集团公司课题90项，组织实施油田课题296项。年内取得科技奖励244项，其中国家级2项、省部级30项、油田级212项。“二元复合高效驱油提高采收率技术”和“胜利油区复杂结构井钻井技术开发与应用”获国家科技进步二等奖，连续10年获得国家级科技奖励。申请国家专利227件，其中发明专利65件，实用新型专利162件；获得专利权228件，其中发明专利权12件。

（胡 林）

【川科1井顺利完钻】 2009年7月25日，由胜利油田承钻的石化集团公司重点区域科学探索井——川科1井成功钻至井深7 560米，钻进工作顺利结束。川科1井是石化集团公司在川西海相地层布置的一口科学探井，该井位于四川盆地川西坳陷孝泉—丰谷隆起带孝泉构造，设计井深7 540米。该井的成功钻探，对深化川西海相中古生界碳酸盐天然气成藏条件的基本认识、探索成藏主控因素，取得区内海相地层的沉积、烃源岩发育情况及其生烃潜力、储盖条件及其组合特征等资料，实现川西海相油气勘探突破，具有十分重要的意义。

（王丙晓）

【膨胀管钻井技术取得重大突破】 2009年，胜利油田钻井院承担实施的国家“863”项目——膨胀管钻井技术取得重大突破，一次性膨胀套管施工应用由100米提高到500米以上。在永66-侧2井使用膨胀套管进行完井施工，创520.17米的国产膨胀套管一次性应用最长纪录。

（潘恩生）

【领导班子调整】 2009年4月16日，石化集团公司和石化股份公司对胜利油田领导班子进行调整：王立新任石化集团公司总经理助理，管理局党委书记、局长；孙焕泉任油田分公司总经理，管理局党委副书记、副局长；杨昌江任管理局党委副书记、纪委书记；毕义泉任油田分公司副总经理。免去郭长玉胜利管理局党委书记、常委、委员、副局长职务，任石化集团公司党组第三巡视组组长；免去李玉卿胜利管理局党委副书记（正职）、常委、委员、纪委书记职务，调职另有任用。同时，石化集团公司党组决定，不再设立胜利石油管理局、油田分公司协调委员会，原主任、委员职务自然免除。

（胡 林）

【张善文获李四光地质科学奖】 2009年10月23日，第11次李四光地质科学奖颁奖大会在人民大会堂举行，胜利油田分公司副总经理、总地质师、油田教授级高级工程师张善文获此奖项。

（胡 林）

【被评为2009年度中国最诚信企业】 2010年1月9日，胜利油田被中国企业联合会评为2009年度中国最诚信企业，这是胜利油田连续第二次获此殊荣。

（胡 林）

表 1　　胜利油田主要技术经济指标　　亿元

指标名称 \ 年份	2009	2008	2007	2006	2005	2004
工业总产值	962.87	1 410.97	1 066.81	1 110.26	928.76	664.72
工业增加值	650.55	1 127.97	757.45	739.43	661.35	487.28
资产总计①	1 334.08	1 129.30	1 017.47	907.07	807.46	762.84
流动资产	42.63	127.15	112.04	156.14	130.96	116.17
固定资产原值	2 383.46	2 185.92	1 951.35	1 590.93	1 481.40	1 384.64
固定资产净值	1 032.43	926.86	816.91	713.99	638.36	600.11
销售收入	1 236.99	1 443.88	1 100.81	1 103.49	967.61	722.87
实现利税	418.50	937.01	583.67	639.52	516.29	311.10
税金（费）	226.95	562.78	344.51	359.54	258.82	169.04
综合能耗/吨标煤·万元$^{-1}$						
胜利石油管理局	1.03	0.76	0.80	0.74	—	—
胜利油田分公司	0.36	0.36	0.35	—	—	—

①资产中含油气资产。

表 2　　胜利油田主要生产建设指标

指标名称 \ 年份	2009	2008	2007	2006	2005	2004
原油产量/万吨	2 783.50	2 774.02	2 770.08	2 741.50	2 694.54	2 674.30
天然气产量/亿立方米	7.00	7.70	7.84	8.01	8.80	9.00
新增原油生产能力/万吨	304.00	300.08	368.00	385.07	313.70	325.60
新增天然气生产能力/亿立方米	—	0.43	0.50	0.42	0.76	0.24
新增探明石油地质储量/万吨	10 484	10 408	10 677	9 179	10 621	11 144
新增探明天然气地质储量/亿立方米	—	4.50	—	15.77	—	—
二维地震/千米	6 389	5 470	5 017	3 472	2 173	2 798
三维地震/平方千米	3 728	3 027	2 513	1 312	2 116	2 583
石油钻井/口	1 774	1 816	1 722	1 910	1 693	1 536
钻井进尺/万米	391.38	436.67	415.84	442.55	364.00	331.68
勘探投资/亿元	32.27	32.37	35.90	22.98	22.64	22.62
开发投资/亿元	205.70	150.64	128.20	85.48	68.18	68.62

中 原 油 田

【概况】 中原油田为中国石化集团中原石油勘探局（简称中原石油勘探局）和中国石油化工股份有限公司中原油田分公司（简称中原油田分公司）的总称，主要从事油气田勘探开发、炼油与天然气深加工、石油工程技术服务等业务，勘探开发区域主要包括东濮凹陷、普光气田、内蒙探区。油田基地位于河南省濮阳市，职工与家属24万人。

1975年9月7日，濮参1井喷出工业油气流，发现了中原油田。1998年由中国石油天然气总公司划归中国石油化工集团公司管理。截至2009年底，中原油田有直属单位61个、机关处室32个、机关直属单位22个，用工总量92 994人，其中正式员工62 948人。全油田有专业技术人员9 744人（不含管理技术人员），其中具有高级技术职称的762人，中级技术职称的4 381人，初级技术职称的4 601人。中原油田总资产593.87亿元，固定资产原值380.68亿元、净值162.51亿元。

东濮凹陷地跨河南、山东两省6个市12个县(区)，勘探开发区域面积5 300平方千米，1979年投入开发，累计探明石油地质储量5.79亿吨、天然气地质储量1 317.46亿立方米，累计生产原油1.26亿吨、天然气327.44亿立方米。普光气田勘探面积1 116平方千米，已探明天然气地质储量4 121.73亿立方米，建成100亿米^3/年生产能力。内蒙探区面积3万平方千米，成为油气主业资源接替阵地。

截至2009年底，中原油田有400多支队伍在国内20多个省（市）、自治区施工，形成了西南、西北、东北、陕北、华北5个区域市场；116支队伍在海外10个国家作业，形成了非洲、南美、中东、中亚、东南亚5个国际市场。中原油田连续9年跻身全国对外承包工程30强，连续9年获河南省外经业务完成营业额状元等称号，并进入全球工程承包商100强行列。

2009年，中原油田统筹油气主业、石油工程、社会化服务三大板块的协调发展，油田勘探开发、普光气田建设、石油工程、社会化服务等工作取得新进展，全面完成各项生产经营任务。新增探明含油气面积20.69平方千米，新增探明石油地质储量930.65万吨、天然气地质储量11.8亿立方米，合计探明油气地质储量1 048.65万吨；生产原油288.94万吨、天然气9.26亿立方米，加工原油80万吨。

中原油田主要技术经济指标和主要生产建设指标见表1和表2。

（崔红伟）

【油气勘探取得新成果】 2009年，中原油田按照"立足东濮凹陷、拓展白音查干、积极评价新区"的勘探方针，加强精细勘探，加强分层系评价，应用高精度三维地震资料，精细油藏解剖，寻找优质储量，取得重要成果。东濮凹陷滚动勘探在复杂断块群和构造—岩性油气藏取得进展，新霍构造探明石油地质储量267万吨，在文卫、马寨等地区探明油气地质储量655万吨，濮深18井获高产油气流。在白音查干凹陷加大滚动勘探和深层评价力度，部署实施锡23井等重点探井，新增探明石油地质储量127万吨。查干凹陷勘探取得重要突破，系统分析评价乌力吉构造，控制石油地质储量1 468万吨，深层、浅层均展示出良好勘探前景。普光气田进入海相、陆相立体勘探新阶段。年内中原油田新增探明油气地质储量1 048.65万吨，探明储量当年动用率78%。12月20日，中原油田新增探明油气地质储量报告通过国家储量委员会专家组审查验收。

（黄　琥）

【油田稳产基础不断加强】 2009年，中原油田开发系统以提高储量动用率和采收率为重点，深化油藏经营管理，加强精细调整挖潜，在5个方面取得成效。①新区产能建设稳步推进，动用石油地质储量1 308万吨，新建产能19.1万吨，产能达标率93.14%。②老区稳产基础逐步增强，自然递减率减缓，地层能量和综合含水率保持稳定，水驱控制、水驱动用程度分别提高2.98和2.26个百分点。③天然气开发管理明显加强，自然递减率下降8个百分点。④气驱先导试验有序推进，天然气驱预测采收率提高22.54个百分点，二氧化碳/水交替驱预测采收率提高7.9个百分点，空气泡沫调驱见到效果。⑤系统效率得到提高，与2007年相比，机采系统效率由26%提高到28.5%，集输系统效率由44.7%提高到45.2%，注水系统效率由47%提高到48%，电力综合网损由10%下降到9.5%。

（黄　琥）

【普光气田安全投产试运】 2009年，中原油田针对普光气田高含硫气田特点，优化气田开发方案与井位设计，精心组织作业施工和地面建设，确保普光气田各项重点工作有序推进。普光气田主体开发井优化和钻井工程全面完成，38口开发井均钻遇优质气层。一期产能工程投产9口井，平均单井实测无阻流量585万立方米，比预测增加59万立方米；二期产能工程投产24口井，平均单井实测无阻流量487.86万立方米。集输工程全面竣工，一期20亿立方米集输工程投入生产，二期85亿立方米集输工程进入联合调试阶段。天然气净化厂工程进展顺利，有3套联合装置进入试车阶段，另有3套联合装置进入调试阶段。按照石化集团公司统一部署，普光气田各项工程于10月12日投产试运，各项指标显示运行状况安全平稳。

（黄　琥）

普光气田天然气净化厂夜景　　（成新亮　摄）

【石油工程业务稳步发展】 2009年，中原油田各专业化公司不断优化市场、人才、装备、技术等资源，实现了石油工程市场稳步发展。5月，石化集团公司在中原油田召开打造石油工程铁军现场会，总结推广中原石油工程的经验和做法。中原油田贯彻现场会精神，进一步整合资源，调整市场。在国内外部市场，不断优化结构，加强统一管理，石油工程队伍承担了西北、东北、川东北等项目的建设任务，提高了石油工程技术总承包、地面工程EPC总承包综合服务能力，确保了生产经营稳定运行；国内外部市场实现收入61.58亿元。在海外市场，坚持“规范管理、互利双赢、扎根海外、长期发展”的理念，实现了市场结构进一步向高端高效市场优化、队伍结构进一步向潜力市场优化、项目结构进一步向技术配套方向优化的“三个优化”，苏丹、沙特、也门、哈萨克斯坦等海外市场实现规模和经济效益同步增长，海外市场实现收入5.13亿美元，新签合同53个、合同额6.28亿美元，同比增长22.4%。年内中原油田完成5 000米以上深井、超深井69口，钻井周期同比缩短12.82%，机械钻速同比提高14.32%；创国家企业钻井新纪录9项、石化集团公司钻井新指标6项。

（汪中华）

厄瓜多尔项目监督员与中原油田科研人员研究物探地震处理资料　（刘东初　摄）

【科技进步实现重要突破】 2009年，中原油田结合勘探开发和石油工程需要，成立科技工作组9个、开发关键技术项目组14个、石油工程技术项目组5个，积极推进国家科技重大专项研究，以重点项目突破带动相关技术配套水平的提高。高含硫气田开发技术形成礁滩相储层评价与预测等关键技术8项，取得技术创新6项，申报专利5项，研发新装置4项和新产品5个。建立东濮凹陷稳产资源基础研究成藏模式8种，指导老油田精细勘探。14项开发关键技术见到成效，4项攻关技术在微构造刻画、薄层识别、深层开窗侧钻等方面取得突破，9项推广技术应用效果较好，其中引进的水力喷射压裂技术工艺应用成功率100%。石油工程技术配套逐步完善，开展了5个方面、18项配套、70个课题的攻关研究，水平井、超深井、气体钻井、复杂结构井、复杂地表地震、大型酸化压裂等技术日趋成熟，高分辨率测井、水平井射孔技术取得进展。

（黄　琥）

【企业精细管理见成效】 2009年，中原油田理顺运行机制，建立油藏经营管理5项运营机制、普光气田“油公司”运作机制、石油工程区域一体化机制、社会化服务“四个体系”，形成了油田特色管理模式。完善投资成本预算长效控制机制，加强重大项目优化决策、效益评价和过程管理。加强内控管理、审计监督、效能监察和财务稽核，内控工作位居石化集团公司油田企业前列。全面深化HSE管理，开展“我要安全”等主题活动，加强安全监管和安全环保工作，工业“三废”实现了零排放、零污染。搞好节能减排，与“十五”末相比，油田万元工业产值综合能耗下降20.7%，用电总量下降3.5亿千瓦·时。抓好“三基”工作，修订完善22个专业队种的岗位责任制和工作标准，开展“五项劳动竞赛”、“创名优工程、树中原品牌”竞赛和“优质服务杯”活动，命名表彰局级党建示范点100个。

（汪中华）

【新清溪1井累计生产天然气1亿立方米】 新清溪1井位于四川盆地川东断褶带清溪场构造高点，是石化集团公司部署的一口重点评价井。该井于2009年2月20日开井投产，油压65.8兆帕，日产天然气30万立方米。截至11月23日，新清溪1井累计开井5 800小时，生产天然气1亿立方米，外销天然气5 350万立方米，实现销售收入7 190万元，成为普光气田第一口产气量超亿立方米的井，也是中原油田在西南地区开发生产的第一口高产气井。

（黄　琥）

【中标中海油科索-1井钻井项目】 科索-1井位于河北省三河市燕郊经济开发区内，是中国海洋石油服务股份有限公司部署的一口重点科技实验井，设计井深3 200米。2009年4月17日，中原油田中标科索-1井钻井项目，中标金额1 780万元，由钻井四公司70173钻井队承钻，钻井管具工程处提供空气钻井技术服务，固井工程处进行固井作业。该井于4月24日开钻，8月24日完钻，井身质量、固井质量合格。在2 763米井段实施井壁取心作业，获完整岩心5.13

米，取心收获率100%。

（汪中华）

【首次中标科威特钻井项目】 2009年3月9日，中原油田首次与科威特国家石油公司签订3台钻机5+1年钻井项目合同，合同金额2.34亿美元，由钻井四公司185钻井队、186钻井队、187钻井队承钻。6月2日，中原油田钻井管具工程处取得上海神开集团防喷器在科威特钻井市场的检测和维修授权，为中原油田在科威特钻井市场施工的钻井队提供管具技术服务。11月24日，中原油田第二次中标科威特国家石油公司4台750型修井机5+1年合同，合同金额1.6亿美元，由钻井四公司919钻井队、920钻井队、923钻井队、924钻井队承钻。

（汪中华）

【承钻毛里塔尼亚首口油井】 2009年3月10日，中原油田中标法国道达尔公司部署在毛里塔尼亚的1+3口钻井项目，由钻井一公司858钻井队承钻；5月19—25日，道达尔公司代表和第三方验收公司一行4人，对858钻井队的主体设备及管理软件进行验收。6月3日，中原油田对外经济贸易总公司与道达尔公司签订钻井合同，合同金额917万美元，单井平均设计井深3 970米。8月31日，钻井设备运抵毛里塔尼亚；10月5日，毛里塔尼亚第一口油井开钻。

（汪中华）

【828钻井队获苏丹政府“钻井杯”】 2006年，中原油田钻井一公司828钻井队进入苏丹市场，并严格按照国际标准进行操作，注重井场合理布局和现场标准化管理，编制了经营管理、安全环保和设备管理等主要内容的制度汇编。2009年，828钻井队先后完成5口探井的施工任务，井身质量、固井质量全优，并成功发现油气层，成为苏丹钻井市场施工队伍中唯一百万工时无事故井队。在苏丹政府举行的“钻井杯”评选中，828钻井队取得时效、事故、设备、环保等18项技术经济指标第一名。12月15日，苏丹政府为中原油田钻井一公司828钻井队颁发“钻井杯”，这是石化集团公司钻井队伍进入苏丹市场12年来首次获得此项殊荣。

（汪中华）

【中原油田创中国企业新纪录9项】 2009年11月7日，在中国企业联合会、中国企业家协会联合发布的第14批中国企业新纪录中，中原油田创国内同行业新纪录9项：水包油乳化钻井液密度最小新纪录，直径444.5毫米单只PDC钻头一次下井进尺最多新纪录，完钻井深2 501—4 000米井进尺新纪录，完钻井深7 501—8 000米井钻井周期最短纪录，取心井段最深纪录，直径444.5毫米单只牙轮钻头空气钻一次下井进尺新纪录，单井一次压裂分层最多纪录，单井压裂压入井液最多纪录，射孔一次射开油层厚度最长纪录。

（汪中华）

【4项工程获全国优秀工程焊接奖】 2009年8月26日，在中国工程建设焊接协会组织的全国优秀焊接工程评比中，中原油田建设集团公司施工的陕西天然气管网（一期）金沙滩—大同管道工程、大牛地气田甲醇污水处理站工程和工程建设总公司施工的曹妃甸原油码头及配套设施工程第三标段线路管道敷设工程、青岛大炼油配套成品油管道工程及青岛首站油库及站场工程获全国优秀焊接工程奖，这是国内焊接技术的最高奖项。

（汪中华）

【加深井实体膨胀管完井技术打破国外技术垄断】 加深井实体膨胀管完井技术是将钢质套管下到井下后，在井下通过冷挤扩张的方法使膨胀管达到要求尺寸，从而进行固井、完井等作业的一项技术。2008年，中原油田采油工程技术研究院对加深井实体膨胀管完井技术进行攻关，经室内反复试验后，于2009年6月在采油二厂濮2-523井进行现场试验，并成功完井。加深井实体膨胀管完井技术的试验成功，打破了国外公司对该项技术的垄断，使其成为中原油田实现老油田稳产增产的一项关键配套技术。

（黄 琥）

【中原油田2个单位获全国“安康杯”竞赛奖】 2009年1月，中原油田采油二厂油藏经营管理五区88号计量站获“安康杯”竞赛优胜班组称号，成为中原油田唯一获此称号的班组；钻井四公司继2007年获“安康杯”竞赛优胜企业称号之后，再获“安康杯”竞赛优秀组织单位称号。

（黄 琥）

【中原油田年节能8万吨标准煤】 2009年，中原油田对文南集输系统和胡状北区注水系统进行节能工艺改造，年节电354万千瓦·时，节约天然气179万立方米，回收天然气660万立方米。同时，利用轻烃深加工生产5 000吨高纯度的异丁烷替代氟利昂，炼油厂烟道尾气生产液态二氧化碳作为油田三次采油的高效驱油剂，减少了油田温室气体的排放。从12月开始，又在文留油田推广应用新型节能抽油机，与常规抽油机相比节电37%。至年底，中原油田万元产值能耗同比下降8.6%，节能8万吨标准煤。

（汪中华）

【中原油田获全国普法先进集体称号】 2007—2009年，中原油田健全职能体系，加强普法阵地建设，开展普法宣传教育活动，增强广大干部职工法制意识和法制观念，先后开展经营管理人员普法培训班31期，培训人员6 500余人次，培训内容涉及《合同法》、《公司法》、《劳动合同法》、《企业所得税法》等法律法规及企业规章制度。2009年3月26日，中原油田被中央宣传部、司法部、全国普法办公室授予全国“五五”普法中期先进集体称号，成为石化集团公司唯一一家获誉单位。

（汪中华）

【2个试点单位通过党建质量管理体系认证】 2008年，中原油田地球物理勘探公司和采油四厂被指定为中国石化企业党建工作首批试点单位。这两个单位引进国际ISO 9000标准的管理理念、管理方法和工作程序，不断丰富班子建设、组织建设、思想政治工作、党员管理、纪检监察、精神文明建设等党建工作内容，建立党建质量管理体系，实现了党建与生产经营、安全生产工作的有机融合。2009年2月10日，地球物理勘探公司和采油四厂创建的党建质量管理体系通过鹏程国际认证公司审核认证。

（黄　琥）

【邵均克获全国“五一”巾帼奖】 邵均克是中原油田第一社区管理中心副主任，2003—2008年，她不仅解决了辖区大批失待业人员就业难题，实现本社区残疾人100%就业，还为其他社区的100多名残疾人提供就业岗位，为和谐社区建设作出积极贡献。2009年2月24日，邵均克作为河南省唯一人选者，被中华全国总工会授予全国“五一”巾帼奖。

（黄　琥）

【中原油田获中华慈善突出贡献企业称号】 2009年7月16日，在中华慈善总会成立15周年纪念大会暨中华慈善事业突出贡献奖表彰大会上，中原油田被授予中华慈善突出贡献企业称号，成为石化集团公司唯一获誉单位。

（黄　琥）

表1　　中原油田主要技术经济指标　　亿元

指标名称 \ 年份	2009	2008	2007	2006	2005	2004
工业总产值	218.94	308.76	264.30	248.27	200.50	145.08
工业增加值	94.63	116.76	99.81	120.36	79.93	70.54
资产总计	593.87	548.33	424.37	332.07	316.08	286.04
流动资产	64.86	70.92	76.02	92.83	87.77	69.57
固定资产原值	380.68	579.26	538.97	455.45	430.66	409.12
固定资产净值	162.51	220.71	208.17	199.34	194.51	180.31
销售收入	277.61	327.16	258.97	267.24	220.97	181.05
实现利税	2.28	75.28	39.80	56.68	35.05	12.01
税　金	34.38	54.79	27.03	29.72	17.48	8.40
综合能耗①/吨标煤·万元$^{-1}$						
中原石油勘探局	0.65	0.65	0.66	0.68	0.74	2.98
中原油田分公司	0.59	0.64	0.69	0.85	0.86	2.98

①2004年以前执行的是2000年不变价，2005年以后执行的是2005年不变价。

表 2

中原油田主要生产建设指标

指标名称 \ 年份	2009	2008①	2007	2006	2005	2004
原油产量/万吨	288.94	300.30	305.00	310.57	320.01	335.11
天然气产量/亿立方米	9.26	10.61	14.80	16.40	16.61	17.51
新增原油生产能力/万吨	25.30	28.00	28.91	28.70	29.48	43.60
新增天然气生产能力/亿立方米	0.81	1.25	1.43	1.60	1.60	1.88
新增探明石油地质储量/万吨	930.65	1 153.12	1 039.28	961.69	1 723	1 344. 00
新增探明天然气地质储量/亿立方米	11.80	6.88	0	4.47	3.09	38.82
二维地震/千米	4 878.00	7 565.62	6 571.00	10 984.00	8 847.00	7 435.00
三维地震/平方千米	1 594.00	549.88	911.00	1 589.00	1 081.00	1 050.00
石油钻井/口（不含侧钻）	821	1 096	1 183	1 444	1 553	1 422
探　井	123	82	105	140	148	106
开发井	698	1 014	1 078	1 304	1 405	1 316
钻井进尺/万米	242.44	313.4	323.28	340.14	343.78	294.08
勘探投资/亿元	7.98	6.81	5.76	4.10	5.14	5.21
开发投资/亿元	25.23	25.42	23.37	33.71	21.23	31.22

①2008年数据按新口径重新统计。

河南油田

【概况】 河南油田为中国石化集团河南石油勘探局（简称河南石油勘探局）和中国石油化工股份有限公司河南油田分公司（简称河南油田分公司）的统称。其前身组建于1972年5月1日，1998年6月1日，由中国石油天然气总公司划归石化集团公司。2000年4月，河南石油勘探局和河南油田分公司分设分立。河南油田是以油气生产为主，集油气勘探、开发、炼油化工、施工作业、辅助生产和多种经营、社会服务于一体的国有大型Ⅰ类企业，地跨河南省南阳、驻马店、平顶山和新疆巴音郭楞蒙古族自治州、克拉玛依市、塔城地区6个市（州、区）10个县（区），占地面积1 057.11平方千米（其中新疆1 024.39平方千米）。河南油田总部设在河南省南阳市宛城区油田五一村，其所属塔里木河南勘探公司位于新疆维吾尔自治区焉耆县县城西。截至2009年底，河南油田已取得探矿权的勘探面积3.12万平方千米，油气资源总量达14.36亿吨，已找到15个不同类型的油气田，获得1个油田的勘探开发权，累计探明石油地质储量3.26亿吨，探明天然气地质储量90.20亿立方米，已投入开发 15 个油气田，累计生产原油6 785.36万吨、天然气18.46亿立方米。

河南油田实行勘探局、分公司—二级厂（处）—矿（大队）—基层队（站）四级管理体制。截至2009年底，河南油田机关设 27个职能处室（其中分公司职能处室3个，勘探局分公司合署办公职能处室17个）。分公司下属12个二级单位，勘探局下属15个二级单位。共有105个矿（大队）、415个基层队（车间）、1 933个班组，其中地震队9个、钻井队45个、油建施工队11个。有职工20 755人（其中分公司10 607人），油区总人口7.10万人（不包括改制单位）。全油田有直属党委33个，党总支104个，党支部910 个，党员18 836人（其中管理和专业技术人员5 348人）。有各类专业技术人员7 682人，其中教授级职称68人，高级职称1 584人，中级职称3 351人，初级职称2 679人。享受政府特殊津贴 1 人，石化集团公司有突出贡献的科技和管理专家8人，石化集团公司优秀青年知识分子13人，石化集团公司学术、技术带头人25人。

河南油田主要技术经济指标和主要生产建设指标见表1和表2。

（韩　伟　杨振明）

【资源拓展获得新领域】 2009年，按照石化集团公司的部署，河南油田获得原属胜利油田的新疆伊犁盆地伊宁、霍城和准噶尔盆地春光3个区块的勘探开发权，增加了7 482平方千米勘探面积，每年可增加原油产量47万吨。在交接过程中，边接收边生产，力保资产、资料、项目、在建工程完整移交，实现过渡期内产量不降、效益不减。顺利接管后，春光油田两个月生产原油7.5万吨。

（韩　伟）

【油气储量保持10年稳定增长】 2009年，河南油田以寻找规模储量和可动用储量为重点，新增探明储量1 049万吨、控制储量874万吨、预测储量889万吨，连续10年实现油气储量稳定增长。泌阳凹陷南部陡坡带中段立体评价勘探取得新发现，储量规模进一步扩大；深凹区东部程店地区岩性油藏、毕店地区构造—岩性油藏和王集核三下段勘探取得新突破，泌354井试获日产油168立方米、气3 800立方米自喷高产工业油气流。南阳凹陷白秋地区滚动评价、焉耆盆地岩性及低幅度构造油气藏研究、南华北盆地选区评价研究取得新进展，进一步夯实了资源拓展基础。

（杨振明）

2009年7月31日，河南油田南阳石蜡精细化工厂微晶蜡加氢装置试车成功　（宰先珍　摄）

【原油生产实现连续14年硬稳定】 2009年，河南油田生产原油187.5万吨，老区连续14年保持180万吨以上硬稳定。三次采油增油18.5万吨，推广应用水平井27口，单井日均产油为同期投产直井的2—3倍。

（韩　伟）

【外部市场创收16亿元】 2009年，河南油田国内扩大了新疆市场规模，承接了石化系统外延长气田二维地震采集、平顶山煤层气开发、榆济天然气管道工程等一批新项目；海外市场争取到了叙利亚技术服务项目，物探在印尼、钻井在科威特相继实现了零的突破，国际市场新签合同额同比增长52.5%。全年完成外部创收16亿元。

（韩　伟）

【精蜡化工加快特色发展】 2009年，河南油田精蜡化工依托资源技术，实施新项目，形成了特色发展优势。8万吨/年特种蜡扩能、汽油质量升级项目获得批准，凡士林加氢装置完成搬迁，4吨/年高纯精炼石蜡工程建成投产；新开发保鲜蜡等8种新产品，生产特种蜡3.55万吨，创历史最高水平。环保型芳烃橡胶填充油工艺填补国内空白；完善营销模式，特种蜡产销率保持100%，炸药蜡、橡胶防护蜡等成熟产品市场占有率稳步上升；开展了大盐化、生物柴油等项目研究论证，使其发展空间得到拓展。

（杨振明）

【科技工作取得新成果】 2009年，河南油田共安排科技进步项目150项，其中石化集团公司项目16项。科技项目开题率100%。申请专利20件，授权专利10件。“泌阳凹陷核三下成藏条件研究及勘探目标优选”、“超薄层稠油油藏蒸汽吞吐经济开采技术研究”、“稠油污水生化处理技术研究与应用”3项成果获石化集团公司科技进步三等奖。河南油田共评出局级科技进步奖95项，其中一等奖10项，二等奖20项，三等奖65项。科技创新贡献率进一步提高：开展泌阳凹陷岩性油气藏勘探技术攻关，取得岩性油气藏勘探重大突破；推进开发先导试验，丰富复杂断块油藏、难动用储量开发手段，稀油自然递减控制在13%以内；采用直井、定向井、水平井组合开发，扩大特浅薄层特稠油油藏难采储量动用规模，稠油开发再创新高；实施高精度三维地震勘探采集技术等先导试验，推广应用低阻油气层测井识别评价等成熟技术，石油工程支撑作用得到有效发挥。全年实现科技增油10.9万吨、增效1.8亿元。

（王丽萍）

【国内地震勘探创两项纪录】 2009年，河南油田地质调查处2235地震队完成了中国地质科学院“松辽盆地—虎林盆地深地震反射剖面探测技术实验”项目部署的596千米测线1条。该地震测线采用60秒记录长度，深地震反射剖面696.25千米，创国内最深、最长的深地震反射纪录，首次获得岩石圈与软流圈地幔的界面反射及大陆地幔盖层的地震反射界面（约100 ± 10千米）。

（杨振明）

【基础地质地理基础平台项目通过验收】 2009年，河南油田信息中心立足于中国石化油田企业对基础地质地理基础平台（SGIS）应用的需求，完成空间数据对象组织和管理、矢量图库管理、坐标变换、空间查询检索与判定等基础平台功能的设计研发，并利用SGIS在双河油田进行以油水井、油水管网、站场为主要内容的试点应用，完成全部试点数据的转换、处理、分层、建库管理，实现试点对象的空间展示、查询、分析、编辑修改等，初步展现了SGIS功能。该项目具有中国石化自主知识产权，并通过石化集团公司验收。

（韩　伟）

【张42井完井】 2009年11月11日，由河南油田钻井工程公司承钻的大斜度三靶心定向井——张42井完井，完钻井深3 000米，实际水平位移1 688米，钻井周期36天。该井是河南油田水平位移最大的一口井，创造了油田大位移钻井技术新纪录，为形成大位移井配套钻井技术奠定了基础。

（韩　伟）

【“精打细算深化管理年”活动深入开展】 2009年，河南油田深入开展“精打细算深化管理年”活动。大账管细，小账算精，严格成本管理。组织实施竞赛项目141个，树立“所有发生的费用都有优化空间”理念，人人关注成本，时时控制消耗，充分挖掘增产增效、创收增效、节约增效潜力，实现降本增效3.28亿元。

（王丽萍）

【“技术攻关”竞赛创效6 616万元】 2009年，河南油田开展“技术攻关”竞赛活动，146个技术攻关项目累计创效6 616万元。2个技术攻关项目被评为河南省百项职工优秀技术成果。1人获河南省十大能工巧匠称号，并被授予“五一”劳动奖章。河南油田首次获得全国“五一”劳动奖状。

（吴献立）

【对外贸易稳步推进】 2009年，河南油田通过培育战略供应商，从物流供应链入手，为油田海外项目打造了一条快速物资供应通道。全年办理进口业务8单，总计1 877.11万美元。办理出口（包括尼日利亚、阿曼、沙特阿拉伯、印度尼西亚、叙利亚、科威特等国家）业务20单，总计6 262.23万美元，出口货物货值增量在河南省位居第一。

（韩　伟）

【安全环保见成效】 2009年，河南油田扎实开展“我要安全”和HSE管理“基层基础年”活动。在基层队推进“四个一”（一本《基层队HSE管理手册》，一本《基层HSE作业指导书》，一本《基层队HSE工作记录本》，一套特殊作业票证）规范化建设，强化直接作业环节执行力。完善境内外项目风险应急预案和评估机制，落实临时性重大安全隐患应急整改资金300万元。加大隐患排查治理和责任追究，落实安全环保隐患治理资金2 038万元，完成9项隐患治理任务；坚持走资源节约型、环境友好型发展之路，污染源治理效果明显。采油污水回注率、外排污水达标率、钻井废水合格率等指标均控制在计划之内，河南油田被评为石化集团公司环境保护先进单位。

（杨振明）

2009年11月11日，河南油田水电厂启动应急预案抢修冻雨造成的倒杆供电线路　（李如飞　摄）

【和谐企业建设】 2009年，河南油田30万平方米集资房建设指标落实到位，华山小区1 254套经济适用住房投入建设；沪陕高速公路连接线实现通车，油区中南路改造进入实施阶段；筹措投资1.3亿元，加快矿区基础设施更新改造。杨楼、井楼井下作业队点及下二门、井楼采油生产值班点等竣工投用，儿童乐园活动场地、双河油区活动设施等改造工程启动实施。新开发公益性岗位285个，累计安置协解职工5 444名；拓宽内、外部渠道，安置待业子女就业370人；提高“一助一”扶贫帮困工作的针对性和有效性，共有353名干部同353户特困、困难家庭结成了帮扶对子；落实“送温暖”工程，开展“金秋助学”活动，全年支出助困资金1 355万元。支持基础教育、医疗事业发展，开展平安社区建设，举办第二届“亲情邻里节”、“宣传文化周”等文化活动，营造了宽松和谐的企业发展环境。

（杨振明）

【改革调整持续推进】 2009年，河南油田调整完善机关职能架构，组建石油工程技术处，加强工程技术研究和管理。为适应外拓市场发展和勘探开发需要，组建海外石油勘探开发研究中心、物探技术研究院，成立叙利亚、沙特项目部。调整完善西部管理体制，成立新疆勘探开发中心，强化管理和技术支撑；根据业绩技能，调整完善5 027名管理、技术及操作技能人员薪酬待遇。实施专家岗位聘任和首席技师制度，延伸特岗特薪激励机制。

（王丽萍）

【职工队伍建设】 2009年，河南油田为建设高素质的职工队伍，培训职工13 999人，完成年计划的118.6%。其中，局统一组织的技能操作人员各类专业技术培训77个班4 099人次，特殊作业人员培训175个班9 900人次。各单位组织的各类操作人员培训1.65万人次，岗位练兵9 800人次，名师带徒学艺206人次；正式启动首席技师制度，与4名首席技师签订了《聘任协议》；开展了第14次职业技能竞赛，共有14个工种的339名职工参加了局级决赛，并首次将2名获奖的劳务工转招为全民劳动合同制工人。在各级各类比赛和评比中，2人分获石化集团公司2009年职业技能竞赛电焊工银牌、测井工铜牌，1人获河南省知识型职工先进个人称号，1人获全国知识职工优秀个人称号。

（王丽萍）

【信访工作营造稳定局面】 2008年，河南油田开展“信访积案化解年”活动，下发了《关于明确涉稳群体、信访老户包案处理方案的通知》和《关于深化河南油田“积案化解年”工作开展维护稳定“四个大讨论”活动的通知》。局领导开展领导接待日活动12次，接待来访群众36批175人次，指导和协调解决信访问题41个。15个涉稳群体全部由局领导班子成员包案。经包案处理、下访约谈、协调沟通，有19名信访老户信访问题办理终结或息诉息访。全年信访总量、集体访批次、人次同比分别下降了7.3%、15.2%、20.1%。“两会”、“国庆”期间实现了“五个不发生”目标，河南油田被南阳市评为2009年度信访工作先进单位。

（韩　伟）

表1　　河南油田主要技术经济指标　　亿元

指标名称 \ 年份	2009		2008		2007		2006		2005		2004	
	勘探局	分公司	勘探局	分公司	勘探局	分公司	勘探局	分公司	勘探局	分公司	勘探局	分公司
工业总产值	39.02	69.48	41.72	106.90	36.02	84.59	29.00	83.43	12.67	67.84	9.23	52.10
工业增加值	13.85	32.98	12.49	64.64	11.61	50.12	10.22	41.88	4.25	35.15	3.99	27.79
资产总计	41.79	100.19	40.82	86.53	36.39	74.56	32.34	65.30	31.48	57.37	35.16	52.35
流动资产	10.81	7.29	12.76	7.29	11.46	6.98	13.46	6.25	14.18	6.28	18.52	7.48
固定资产原值	31.08	185.56	30.13	161.73	29.22	141.70	22.78	116.31	19.56	103.18	19.78	91.49
固定资产净值	24.21	84.09	22.66	71.76	20.78	62.30	15.76	55.51	13.43	47.81	13.63	40.53
销售收入	41.60	68.58	43.89	96.61	39.33	74.72	32.43	69.50	29.47	51.65	23.47	40.17
实现利税	0.38	9.95	1.24	52.78	1.93	30.41	2.25	20.11	1.13	23.94	-0.58	11.23
税　金	3.48	11.76	3.19	32.37	2.83	20.30	2.19	14.19	2.13	11.49	1.31	6.41
综合能耗/吨标煤·万元$^{-1}$	0.61	0.83	0.62	0.82	—	—	—	—	—	—	—	—

表2　　河南油田主要生产建设指标

指标名称 \ 年份	2009	2008	2007	2006	2005	2004
原油产量/万吨	187.51①	180.51	180.01	181.49	187.15	188.31
天然气产量/亿立方米	0.57	0.61	0.70	0.83	1.01	1.02
新增原油生产能力/万吨	20.20	21.60	24.30	30.40	40.51	44.80
新增天然气生产能力/亿立方米	—	—	0.03	0.07	—	0.20
新增探明石油地质储量/万吨	1 049.38	1 064.66	828.29	845.53	810.77	1 280.00
新增探明天然气地质储量/亿立方米	—	—	—	—	—	—
二维地震/千米	1 317.00	300.00	—	—	161.14	542.36
三维地震/平方千米	243.27	363.62	196.87	154.67	261.43	195.72
石油钻井/口	251	289	253	329	393	368
探　井	61	36	39	51	57	89
开发井	190	253	214	278		
采油井	143	238	172		356	307
注水井	34	15	23		37	27
资料井	13	—	19		—	2
钻井进尺/万米	29.31	34.58	32.01	38.25	34.65	33.96
勘探投资/亿元	6.05②	4.55	3.30	2.60	2.88	3.12
开发投资/亿元	13.32	12.35	10.36	10.95	9.33	8.59

注：①含春光油田生产的7.5万吨原油。
②含滚动勘探投资部分。

江汉油田

【概况】 江汉油田为中国石化集团江汉石油管理局（简称江汉石油管理局）和中国石油化工股份公司江汉油田分公司（简称江汉油田分公司）的统称，是以油气勘探开发为主，石油机械制造、石油工程和盐卤化工配套发展的国有特大型企业。江汉油田前身组建于1972年5月，1998年划归石化集团公司。油气生产区主要分布在湖北潜江、荆门、荆州、天门、仙桃、利川和山东寿光、广饶，陕西安塞、子长，重庆石柱等市县。截至2009年底，江汉油田有职工3.25万人，各类专业技术人员8 115人，其中具有高级技术职称的1 547人，中级技术职称的4 617人。资产总额249.87亿元，其中固定资产净值130.43亿元。

2009年，江汉油田实现销售收入178.93亿元，其中分公司67.42亿元、管理局111.51亿元；上缴税费11.87亿元。

江汉油田主要技术经济指标和主要生产建设指标见表1和表2。

（罗秋林）

【油气勘探取得新突破】 2009年，江汉油田完成勘探投资6.94亿元，完成二维地震344.67千米、三维地震493.41平方千米；完钻探井35口，10口获工业油流；新增探明油气当量1 149万吨、控制储量683万吨、预测储量757万吨，分别为年计划的110%、113.8%和108.2%。年内取得一系列勘探突破。①位于潜江凹陷马王庙异状构造带金家湾断块钻探的马71井，在新沟嘴组下段11油组884.8—891.0米试油获日产原油23.85立方米，是江汉盆地首次在1 000米以内浅层获得的重要突破，初步控制石油地质储量约300万吨。②江陵凹陷荆沙组突破工业流关，虎4井中途测试获日产油16.52立方米。③八面河地区孔店组发现厚油层草12井测井解释油层2层14.6米，试油初期日产1.03立方米。④风险探井海古1井在新层系发现良好油气显示，钻遇油层5层10.6米。⑤八面河南斜坡面138块滚动扩边效果明显，新增三级储量721万吨。⑥潜南地区老新坡折带实现含油连片，老30井试油日产16立方米。⑦潜江凹陷北部岩性油藏勘探取得新进展，发现严10、周16扩等含油新区块。⑧海相上组合勘探有序推进，滚动钻探建431井，南长二段新增天然气探明储量36.18亿立方米；龙801井黄龙组测井解释气层1层11.8米，显示了石炭系良好的勘探前景。10月25日，八面河地区石油勘探获石化股份公司2008年度油气勘探重大发现三等奖。

（罗秋林）

【王云3-11-4井获工业油流】 盐间泥质白云岩油藏是江汉油田勘探开发的重要接替领域。位于王场油田王四12-2井区的开发实验井王云3-11-4井，主要钻探目的是完善王云斜8井组潜三下段10韵律注采井网，了解入水推进方向，探索盐间泥质白云岩油藏增产稳产技术。该井于2008年11月5日开钻，11月27日完钻，完钻井深1 875米，2009年1月6日获日产14立方米工业油流，为国内外罕见的盐间泥质白云岩油藏的开发积累了经验。

（罗秋林）

【油气开发水平稳中有升】 2009年，江汉油田生产原油162.8万吨，为年计划100.2%，其中江汉77.5万吨、八面河66.8万吨、坪北17万吨、松滋1.5万吨；生产天然气1.6亿立方米，增长18.5%；完成开发投资16.6亿元，新建原油产能22.17万吨。主要开发指标持续改善，油田自然递减率14.94%、综合递减率8.64%、综合含水率88%。外销天然气1.23亿立方米，增收2 165万元。

（罗秋林）

【石油工程保持较快增长】 2009年，江汉油田在国内共获得施工项目270个；新签海外工程项目20个，合同金额1.02亿美元。全年共钻井340口、进尺83.66万米，测井1 160井次、射孔792井次、录井362口，试油（气）224口层、油水井作业5 186井次，完成地面工程设计和施工项目290个。海外市场共有26支队伍在9个国家施工。其中，在厄尔多尔、阿尔及利亚、哥伦比亚共钻井33口、修井103口，首次进入肯尼亚钻井和录井服务市场；圆满完成缅甸D区块413.84千米二维地震勘探项目和雅集1井测试施工任务；承建的阿尔及利亚扎尔则油田混相驱项目投产运行；巴西管道北段主体工程比业主计划工期提前15天完工，创造了河流水平定向穿越一次成功等多项巴西同行施工纪录。石油工程全年实现收入52.06亿元、增长40.36%，利润1.74亿元、增长11.54%。外部市场收入31.64亿元、增长65.1%，其中国内的外部市场21.67亿元，海外9.97亿元，分别增长67.37%和60.39%。

（罗秋林）

【机械制造生产经营向好】 2009年，机械制造系统通过调整营销策略、加快技术改造和产品升级，以国内市场的增长弥补出口的不足，生产经营呈现环比增长态势。全年实现收入53.12亿元，完成出口交货值7.31亿元；赢利4.29亿元，为年计划的117.53%。江钻股份公司牙轮钻头生产线集成加工技术改造圆满完成，适应了小批量、短周期的生产要求，达到世界先进水平，全年生产钻头37 676只，牙轮钻头的国内市场占有率由63%升至67%；首次打入苏丹、乍得等10个国家，金刚石钻头在俄罗斯、哈萨克斯坦现场试用获得成功；石油钻头研发团队入选湖北省首批重点产业创新团队。第四石油机械厂配件销售、大修服务收入实现较快增长；快移快装钻机被评为国家重点新产品并批量出口美国、伊朗等国家，固压设备成功进入中东、南非市场；工厂获中国石油石化装备制造业卓越贡献奖，“石油四机”商标在美国成功注册。钢管厂全年生产钢管28.02万吨，自主进行了直缝和螺旋钢管生产线提速改造，年产钢管能力翻番；完成了西气东输二线、陕京三线的钢管生产任务，首次进入伊拉克市场并拿到2万多吨钢管供货合同。第三石油机械厂通过大力开拓市场、加强质量控制、强化后续服务等措施，销售压缩机45台，新增订货2亿元。

（罗秋林）

【盐卤化工产销平稳】 2009年，盐化工总厂狠抓装置优化运行，加大产品扩销力度，加强货款回收工作，全年实现销售收入4.46亿元，产品产销率97%，货款回笼率100%，主要效益产品漂粉精产量和出口均创历史最高水平。川气东送储气库一期工程配套项目建设进展顺利，年产1万吨漂粉精扩建装置、2万吨离子膜电解装置技改工程顺利投产；王储1井、王储6井、王储8井3口试验井完成建腔1.93万立方米。

（罗秋林）

【科技创新取得新进步】 2009年，江汉油田开展中扬子海相勘探研究，提出了一批勘探目标；江汉油区和八面河油田油气富集规模研究进一步深化，为隐蔽性油藏勘探增储提供了技术支持；加强坪北勘探攻关，在深层发现了新的油层。水平井增产措施工艺研究与应用等重点项目进展顺利，有效解决了现场技术难题；深化总口地区敏感性低渗透油藏开发技术研究，提高了储量动用率；井下智能分层开采与测控技术现场应用成功，获国家专利2件。江汉平原海相地震勘探、钻柱裸眼多层测试、南方海相碳酸盐岩储层测井解释及评价等重点技术研究取得进展，特色技术水平进一步提升。“2500HP大型数控成套压裂装备研制”被列入国家“863”计划项目，5 000米海洋钻机、连续油管作业机、重载式沙漠修井机试制成功；大尺寸金钢石钻头成功下线并出口美国，螺杆钻具、海洋井口头等新产品的研制按计划推进；X100直缝埋弧焊钢管制造工艺研究取得阶段性成果；全平衡式天然气压缩机样机试制完成。全年承担石化集团公司、石化股份公司项目28项，完成管理局、分公司项目103项，取得局级以上科技成果58项，获得国家授权专利26件。

（罗秋林）

【企业管理进一步加强】 2009年，江汉油田扎实推进“管理提升年”活动，创新管理体制，改进管理方式，整改薄弱环节，进一步提升了管理水平。101个精细化管理指标、60项重点项目全面完成，参与制定国家标准3项、修订行业标准5项，修订油田和厂处标准152项，企业基础管理和基层队建设进一步加强。推进资金集中管理，7月1日起实现资金集中管理信息系统单轨运行，2009年版《内部控制制度实施细则》在管理局、分公司全面施行。加强经济活动分析，严格经济责任制管理，强化绩效考核，促进了经营管理水平的提高。加强投资项目管理，重点做好42个项目的过程控制，严格外购外委外雇项目审批，加强井下作业施工和技术服务外协项目的效能监察。推进业务公开试点工作，将影响企业投资、成本、效益的物资采购、工程建设项目等7项关键业务作为公开的内容，规范相关程序，促进了“阳光操作”；加强企业内部审计、效能监察和法律事务工作，堵塞管理漏洞，推进节能降耗，万元产值综合能耗控制在考核范围内。江汉油田获湖北省安全生产红旗单位称号，被石化集团公司评为安全生产先进单位、环境保护先进单位。

（罗秋林）

【人才队伍建设扎实推进】 2009年，江汉油田实施人才开发战略，出台《江汉油田教育培训工作实施意见》、《技术专家选拔管理办法》、《首席技师选拔聘用管理实施细则》，在采油、井下作业、石油钻井、石油地震勘探4个主体工种，建立了员工晋升技师的综合评价办法；开展人才培训工作，培训高技能人才70人次、技师240人次，培训国际化经营人才61人次、专业技术人才3 729人次、经营管理人才2 333人次，江汉油田被评为全国企业职工教育培训先进单位。江汉油田干部在线培训系统正式开通，6 653名干部参加了在线学习。开展职工技能竞赛和技术比武，在中国石化测井工技能竞赛上获得团体第一名，个人获得2金2银2铜；组队代表中国石化和湖北省参赛，获得2009年度中央企业职工技能大赛数控车工决赛团体第一名，夺得第三届全国职工职业技能大赛数控车工决赛团体第二名和个人第三名。2人被授予中国石化突出贡献专家称号，3人获闵恩泽青年科技人才奖，选聘油田技术专家27名，评聘工人首席技师6名，将2名获得省部级以上技术能手称号、1名取得技师资格的劳务工转为正式职工。

（罗秋林）

【油田矿区保持和谐稳定】 2009年，江汉油田建立矛盾纠纷排查和重大信访突出问题交办联席会制度，成立了由相关业务部门牵头的8个化解专门工作组，共处理积案57件，交办解决重大信访事项40多件，帮助困难人员解决实际困难，共慰问困难家庭8 619户次，送慰问金847万元，其中为510户困难家庭、185名困难残疾人发放定期生活补助100.71万元，为470名大病重病人员发放救助款197万元，资助困难家庭学子708人、发放助学金56.82万元；为离退休职工、协解人员、离岗家属、职工遗属发放慰问品、慰问金合计2 302万元。为离退休人员发放企业补贴1.39亿元，调增基本养老金3 696万元；发放离岗家属养老生活补贴2 622万元。申请到湖北省就业补贴资金7 286万元，用于援企稳岗、公益性岗位、灵活就业人员社会保险等方面。大力推进就业再就业服务，实现新增就业再就业1 578人。

职工生活条件和矿区环境明显改善。全年职工集资住房竣工1 636套，调剂分配腾退房198套，维修居民住房12.2万平方米。供暖系统三期改造工程基本完成，职工住宅小区全部实现供暖。完成29个老住宅区的改造，部分小区视频监控系统投入使用。污水处理厂投入运行，污水排放达到国家一级标准；实现“净、绿、畅、亮、美”工程，调整矿区和住宅小区绿化布局，新增绿化面积8万平方米，天然气入户工程基本完成，4.5万户社区居民使用上了管道天然气。

（罗秋林）

表1　江汉油田主要技术经济指标　亿元

指标名称＼年份	2009	2008	2007	2006	2005	2004
工业总产值	131.45	158.26	113.87	110.96	81.17	60.25
工业增加值	35.47	82.57	50.89	60.87	48.88	30.39
资产总计	210.89	185.29	153.31	125.72	114.37	111.28
流动资产	56.66	58.42	46.70	41.33	39.72	43.43
固定资产原值	249.87	219.10	191.04	150.27	134.91	54.67
固定资产净值	130.43	110.88	87.38	76.44	70.82	34.22
销售收入	178.93	203.39	155.16	119.06	96.46	71.42
实现利税	-0.78	44.23	21.53	29.65	20.12	10.28
税　金	11.87	26.24	10.87	8.83	5.48	6.69

表2　江汉油田主要生产建设指标

指标名称＼年份	2009	2008	2007	2006	2005	2004
原油产量/万吨	162.80	162.50	162.00	163.20	163.11	165.02
天然气产量/亿立方米	1.60	1.35	1.02	1.38	1.21	1.11
新增原油生产能力/万吨	22.17	21.11	20.17	23.37	25.32	28.64
新增天然气生产能力/亿立方米	0.24	0.20	—	0.48	0.39	0.07
新增探明石油地质储量/万吨	854.00	933.02	871.00	749.96	742.00	1 114.00
新增探明天然气地质储量/亿立方米	36.18	23.48	—	—	0.30	2.60
二维地震/千米	344.67	413.74	617.53	18.03	446.45	663.74
三维地震/平方千米	493.41	280	1 246.76	580.79	330.98	388.93
石油钻井/口	295	323	231	247	221	223
探　井	35	29	33	32	39	43
开发井	260	294	198	215	182	180
注水井	19	29	13	19	16	8
钻井进尺/万米	61.39	64.88	52.64	47.04	45.56	9.61
勘探投资/亿元	6.94	5.89	4.05	3.39	3.17	3.02
开发投资/亿元	16.60	17.29	12.86	10.76	6.77	7.61

江苏油田

【概况】 江苏油田为中国石化集团江苏石油勘探局（简称江苏石油勘探局）和中国石油化工股份有限公司江苏油田分公司（简称江苏油田分公司）的统称，是以油气勘探开发为主，石油工程技术服务、石油炼制和盐卤盐硝开发生产综合发展的国有大Ⅰ型企业。江苏油田前身组建于1975年4月23日，1998年划归石化集团公司，1998年11月，安徽油田并入江苏油田，2001年1月，设为江苏石油勘探局、江苏油田分公司。油田主要分布在江苏、安徽两省的8个地市17个县市76个乡镇。油田机关及主要科研单位设在扬州市。

油田实行勘探局（分公司）、二级厂（处）、基层队（站）三级管理体制。2009年，共有二级厂（处）27个，主要专业队伍199支。年末用工21 279人，其中在岗正式职工17 571人，劳务用工和其他用工3 708人。干部总数6 259人，其中具有高级技术职称的1 369人，中级技术职称的2 383人，初级技术职称的1 851人。资产总值130.15亿元，其中固定资产净值103.63亿元。

2009年，江苏油田工业占地总面积179.85万平方米。拥有油气勘查、开采区块34个，区块总面积4.16万平方千米。其中，油气勘查区块15个，面积4.07万平方千米；油气开采区块19个，面积922平方千米。勘查区块主要分布：苏皖境内13个，面积2.94万平方千米；雷琼地区2个，面积1.12万平方千米。开采区块主要分布：江苏境内17个，面积852平方千米；安徽境内2个，面积70平方千米。累计探明石油地质储量2.50亿万吨、生产原油3 289.57万吨。

江苏油田主要技术经济指标和主要生产建设指标见表1和表2。

（唐富华）

【新增探明储量连续14年超1 000万吨】 2009年，江苏油田勘探直接投资5.81亿元，实施8个项目，取得了显著的勘探效益：新增探明石油地质储量1 067万吨，含油面积7.74平方千米，技术可采储量179.40万吨，为计划任务的119%；新增控制石油地质储量1 030万吨，含油面积6.78平方千米，技术可采储量205.90万吨，为计划任务的129%；新增预测石油地质储量1 290万吨，含油面积15.37平方千米，技术可采储量200.10万吨，为计划任务的129%。全年新增三级石油地质储量3 387万吨。新增三级储量连续8年超过3个1 000万吨，新增探明储量连续14年超过1 000万吨。

（唐富华）

【原油产量连续16年保持稳定增长】 2009年，江苏油田组织实施5个产能建设项目，新区新建产能12万吨，老区增建产能14.3万吨，合计新建（增）原油生产能力26.3万吨。继续巩固老区稳产基础，大力推广应用新工艺新技术，原油产量连续16年保持稳定增长。全年生产原油171.01万吨，超产5 000吨，原油商品量163.02万吨；生产天然气5 744万立方米，天然气商品量4 000万立方米，均超额完成石化股份公司年度计划。截至年底，全油田共有油、水井2 566口，其中油井1 929口，开井1 577口，累计产油3 289.57万吨；注水井637口，开井512口，累计注水6 946万立方米。

（唐富华）

【石油工程提速提效】 2009年，江苏油田石油工程实现业务收入42.17亿元，同比增长5.7%，主要工作量和业务收入创历史新高，服务油气主业的保障能力和开拓外部市场的竞争能力进一步增强。提速提效取得了明显成效，钻井机械钻速提高3.7%，域内外市场先后有多项石油工程纪录被刷新；“打造铁军”取得了新的突破，“水乡铁军”30159JS钻井队年进尺达到52 965米新高，“物探尖兵”2180地震队成功弥补白马湖地区的资料空白；引进428地震仪，陆上和浅海过渡带气枪震源，5 000米、4 000米和3 000米钻机，LWD和MWD无线随钻测量仪，MAS快速录井仪，SDZ3000快速测井平台等一批具有国际国内先进水平的大型设备，石油工程装备水平和保障能力有了较大提高。

（唐富华）

【市场开拓成果显著】 2009年，江苏油田实现了外部市场的逆市上扬。全年外部市场收入25.89亿元，同比增长9.7%，其中海外市场实现收入18.69亿元，同比增长12.6%。已有市场得到进一步巩固，阿尔及利亚沙漠水管线、钻修井、物探、作业、餐饮服务、生产辅助等一批重点项目运行良好，树立了江苏油田品牌的良好形象。目标市场得到进一步拓展，新签工程合同18个，总额2.4亿美元，成功中标尼日尔、尼日利亚、叙利亚等国家项目，测井、固井队伍首次走出国门，由劳务输出为主的低端服务向技术输出为主的高端服务迈出了重要一步。潜在市场得到进一步开发，利比亚、墨西哥等市场调研和攻关积极推进。海外项目管理得到进一步完善，出台了“规范核算、规范薪酬、规范考核”的政策措施，为海外市场的更大发展提供了制度保证。

（唐富华）

【科技创新兴油兴企】 2009年，江苏油田大力实施“科技兴油、科技兴企、科技兴业”战略，加强科技攻关组织，加大科技投入，加快成果转化。全年共安排科研项目经费2 903万元，设立科技攻关项目88项、新技术推广项目11项，5项科技项目被列入江苏省科技攻关计划。全年有3项成果获省部级科技进步奖，2项科技成果达到国际先进水平，获国家专利授权16件。勘探上重点开展了主力凹陷稳产资源基础及关键技术攻关，完善了复杂断层识别技术，加强了苏北—南黄海中部中、古生界油气勘探和苏北盆地隐蔽性断层分布控藏条件研究，取得了一批研究成果。开发上重点开展了复杂断块低渗油藏改善水驱配套技术及缓坡带滚动开发油藏评价技术攻关，加强了提高采收率先导试验研究，见到了初步效果。工程上重点开展了高精度三维地震采集处理技术、复杂结构井配套技术、核磁共振测录井技术、抽油井防偏磨技术等研究攻关，在增储上产中发挥了重要的促进作用。

（唐富华）

【经营管理水平有新的提升】 2009年，江苏油田调整完善了内部经营责任制，突出了效益指标的测算和考核；出台了江苏油田“达标创优”管理办法，促进了“三基”工作由活动推动向机制驱动的转变；强化全面预算管理，扩大零基预算试点，加强经济效益动态分析，确保了各项经营指标受控运行；深化项目论证，优化项目设计，强化项目后评估，重大项目和重点工程全部实行项目化管理，投资质量和效益创出新水平。“五新五合”内控管理、“四日控制”资金集中管理等特色工作得到了石化集团公司总部的肯定，ERP成为中国石化深化应用典型企业，资金集中管理成为石化股份公司第一家全面上线企业，勘探开发一体化数据中心建设加快推进，初步构建了一套具有行业先进水平的信息化管理体系。内控、ERP（TMS）、审计、法律事务、效能监察“五把锁”管理和监督作用进一步发挥，生产经营风险得到有效防范和控制，经营活动更趋科学、规范、严谨。

（唐富华）

【安全环保形势总体稳定】 2009年，江苏油田以建立完善HSE管理体系为主线，以“我要安全”主题活动为抓手，层层落实安全环保责任制，实现了安全环保形势的总体稳定。细化并颁布了油田11个专业的安全生产禁令，发布了HSE管理手册和32个程序文件，强化了安全文化建设，初步建立起HSE管理的长效机制；强化重点领域、关键环节、要害部位的安全监督和隐患治理，“干部值查”等三项制度得到有效落实，直接作业环节风险控制、井控安全、交通安全、应急管理等各项工作有了明显加强，安全隐患治理项目和安全技术措施全面落实，提高了物的本质安全水平；建设项目环境影响评价和环保“三同时”执行率100%，采油污水回注率、钻井废水处理达标率、废弃泥浆处理达标率、作业废液处理达标率等全部优于石化集团公司总部下达的考核指标；江苏油田分公司、江苏石油勘探局万元产值综合能耗分别低于考核指标的3.04%和1.53%。

（唐富华）

【盐卤产销稳步增长】 2009年，江苏油田生产并销售合格卤水502万立方米，为年度计划的109.6%，卤水产销量连续5年保持稳定增长；实现销售收入1.12亿元，为年度计划的105.7%；实现年利税总额2 365万元。淮安采输卤工程项目自2005年2月投产以来，已累计生产销售合格卤水2 106万立方米，实现销售收入4.84亿元。

（唐富华）

【年产100万立方米硝水工程投产】 经江苏省国土资源厅评审和批准，江苏油田获得赵集矿区的盐硝矿开采权，该矿面积4.56平方千米，探明石盐储量10.5亿吨、无水芒硝矿储量8 000万吨，达到国内特大型矿藏规模。2007年底，位于淮安市淮阴区赵集镇的年产100万立方米硝水项目获石化集团公司的批复并组织开工建设，2008年6月工程建成试投产，2009年3月正式投产。该项目总投资2 859万元，建有4口采输硝水的盐井，2 200立方米的储硝罐、回水罐和污水池，6 000米的工艺管网及办公用房、生产用房和供水、供电、通信等生产设施。该工程的正式投产，有利于江苏油田加快结构调整，加强对原油开采中的伴生非烃类资源矿藏的开发利用。

（唐富华）

【江都油区110千伏输变电工程建成投产】 为适应油气勘探开发事业的发展，石化集团公司发展计划部于2008年7月批复同意江苏油田江都油区110千伏输变电工程项目建设。该项目建设总投资5 613万元，于2008年7月28日开始施工，2009年6月投入试运行，共建成110千伏变电所1座，12.2千米110千伏架空线路，调整42.3千米10千伏线路和19.5千米35千伏线路及相应配套设施，新建的110千伏变电所2回110千伏上电源引自200千伏张套变电所。项目建成投用，开始正式实施以35千伏的负载向邵伯、真武、曹庄、富民4个油区变电所的供电任务。

（唐富华）

【和谐油田建设成效显著】 2009年，江苏油田继续坚持用心用情用力为职工群众办实事、做好事、解难事，扎实推进民生工程。扬州、江都、金湖三地集资建房全部建成，配套收尾工作有力有序地推进；“两堂两室”建设切实加强，向制度化、标准化、常态化方向迈进；邵伯矿区集中供暖工程和真武、邵伯、撮镇等地矿区改造工程项目有效实施；职工带薪年休假制度启动实施；职工体检规模进一步扩大；经培训储备的待业子女妥善安置；救扶帮困措施不断完善；电视网络数字化改造顺利实施；离退休职工政治、生活待遇切实落实；关心下一代和矿区综合治理等工作扎实推进；职工收入在油田发展的前提下稳定增长。与此同时，“四好”班子创建、基层党支部建设、党员自主管理和“机关作风建设巩固年”等活动深入开展，《江苏油田企业文化建设实施纲要》颁布实施，22届政工会暨17次政研年会成功召开，“我和我的祖国”歌咏比赛等庆祝新中国成立60周年系列活动成功举办，工会、共青团、女工委等群众组织的桥梁纽带作用充分发挥，和谐稳定的局面得到进一步巩固。继2001年之后，江苏油田再次获得全国“五一”劳动奖状。

（唐富华）

表1　　江苏油田主要技术经济指标　　亿元

指标名称 \ 年份	2009	2008	2007	2006	2005	2004
工业总产值	64.25	99.75	77.76	73.61	70.47	50.87
江苏石油勘探局	19.68	20.00	17.16	14.36	23.37	16.81
江苏油田分公司	44.57	79.75	60.60	59.25	47.10	34.06
工业增加值	40.11	77.84	54.68	49.18	43.05	29.25
江苏石油勘探局	6.81	6.86	5.50	4.26	5.28	4.19
江苏油田分公司	33.30	70.98	49.18	44.92	37.77	25.06
资产总计	130.15	113.72	89.58	72.39	70.27	68.20
江苏石油勘探局	44.05	43.43	31.69	26.98	30.07	28.65
江苏油田分公司	86.10	70.29	57.89	45.41	40.20	39.55
流动资产	19.37	23.87	14.74	11.73	12.77	13.52
江苏石油勘探局	15.96	20.19	10.90	9.24	10.09	8.21
江苏油田分公司	3.41	3.68	3.84	2.49	2.68	5.31
固定资产原值	193.26	169.76	145.85	126.57	103.26	94.25
江苏石油勘探局	35.66	31.21	27.17	25.77	29.00	25.65
江苏油田分公司	157.60	138.55	118.68	100.80	74.26	68.60
固定资产净值	103.63	85.16	69.53	59.80	54.38	48.54
江苏石油勘探局	23.42	20.69	16.56	16.06	17.76	15.44
江苏油田分公司	80.21	64.47	52.97	43.74	36.62	33.10
销售收入	114.32	139.87	104.86	86.18	82.48	59.42
江苏石油勘探局	50.55	46.89	32.72	26.94	34.62	25.36
江苏油田分公司	63.77	92.98	72.14	59.24	47.86	34.06
实现利税	22.02	61.95	42.46	38.16	31.11	13.70
江苏石油勘探局	2.07	2.92	1.94	1.81	1.81	-0.37
江苏油田分公司	19.95	59.04	40.52	36.35	29.30	14.07
税　金	12.37	29.55	17.69	9.65	7.81	4.90
江苏石油勘探局	2.00	2.78	2.71	2.21	2.33	1.37
江苏油田分公司	10.37	26.77	14.98	7.44	5.48	3.53
综合能耗①/吨标煤·万元$^{-1}$						
江苏石油勘探局	0.46	0.46	0.47	0.49	—	—
江苏油田分公司	0.35	0.34	0.35	0.37	—	—

①按石化集团公司2005年不变价计算。

表2　　江苏油田主要生产建设指标

指标名称＼年份	2009	2008	2007	2006	2005	2004
原油产量/万吨	171.01	171.00	170.20	167.40	164.70	162.00
天然气产量/亿立方米	0.57	0.58	0.55	0.61	0.64	0.50
新增原油生产能力/万吨	26.3	26.18	24.60	24.50	26.20	25.60
新增天然气生产能力/亿立方米	—	0.05	—	—	—	—
新增探明石油地质储量/万吨	1 067.00	1 056.00	1 047. 00	1 042. 00	1 028. 00	1 129. 00
新增探明天然气地质储量/亿立方米	—	—	—	—	—	—
二维地震/千米	3 247.97	3 760.80	3 240.00	3 52[illegible].92	1 794.20	2 926.31
三维地震/平方千米	562.21	382.45	588.89	525.80	1 093.08	433.83
石油完井/口	231	311	266	278	252	249
探　井	29	77	49	53	47	41
开发井	202	234	217	225	205	208
钻井进尺/万米	61.02	76.45	63.98	62.84	55.90	51.61

新星石油公司

【概况】 中国石化集团新星石油有限责任公司（简称新星石油公司），是石化集团公司的全资子公司，本部位于北京市北四环中路263号。主要从事海外工程服务、地热资源开发利用、矿业开发等业务，产业分布在北京、广州、西安、咸阳、黄山等国内城市及埃及、尼日利亚、埃塞俄比亚、乍得、哈萨克斯坦等十几个国家。拥有中国对外贸易经济合作部授予的进出口贸易、对外经济技术合作和对外承包工程经营资质。

新星石油公司前身是原地质矿产部石油地质海洋地质局，1996年12月7日，以原地质矿产部石油地质海洋地质局及其所属石油系统的普查勘探、科研队伍为基础，成立了中国新星石油有限责任公司，2000年2月29日整体并入石化集团公司，更名为中国石化集团新星石油有限责任公司。2003年6月，石化集团公司对新星石油公司进行重组调整。2006年12月，重组后的新星石油公司整体进入中国石化集团资产经营管理公司。2009年4月1日，新星石油公司正式划归石化集团公司上游板块，明确了以海外工程服务、地热资源开发利用、盐卤及二氧化碳等矿产资源开发为主经营的发展定位。

截至2009年底，新星石油公司下设办公室等13个部门、广州公司等7个分子公司，控股中地海外建设集团公司、中萨钻井公司、陕西绿源地热能源公司、陕西中地能源公司等5家企业。在职职工349人，离退休职工719人。

新星石油公司主要技术经济指标见表1。

（宫艳铭）

【新星石油公司定位明确】 2009年3月18日，石化集团公司印发了《关于对新星石油有限责任公司管理体制调整的通知》（中国石化企〔2009〕94号），明确自2009年4月1日起，新星石油公司的管理隶属关系由中国石化集团资产经营管理公司调整到石化集团公司，划归上游板块管理。新星石油公司定位为石化集团公司从事海外工程服务、地热资源开发利用、盐卤及二氧化碳等矿产资源开发的特色企业。自此，新星石油公司结束了长达10年的改革重组，重新进入正常发展轨道。

（宫艳铭）

【领导班子调整】 2009年4月14日，石化集团公司党组对新星石油公司领导班子作出调整，詹麒任新星石油公司总经理。12月17日，石化集团公司党组任命詹麒兼任新星石油公司党委副书记，袁清为新星石油公司党委书记、副总经理。

（宫艳铭）

【中标尼日利亚高速公路项目】 2009年5月14日，新星石油公司控股的中地海外建设集团公司中标的尼日利亚首都阿布贾北外环高速公路改造项目开工典礼在阿布贾的City Gate举行，仪式由尼日利亚联邦FCT组织，尼日利亚总统、联邦FCT部长、工程部长、农水部长等政府高官出席了典礼。该项目合同额达到5.6亿美元，是新星石油公司非油气工程服务板块独立中标的最大单项工程，具有里程碑意义。

（宫艳铭）

尼日利亚总统为高速公路项目开工剪彩

【勘探四号钻井平台赴澳大利亚作业】 勘探四号半潜式钻井平台是新星石油公司唯一海上钻井平台。2009年在完成特立尼达和多巴哥钻井合同并拖航到澳大利亚吉朗港进行适应性修理后，于9月21日开始实施在澳大利亚巴斯海峡和新西兰的约500天的钻井合同。

（宫艳铭）

勘探四号钻井平台从特立尼达和多巴哥起航前往澳大利亚作业区

【JU2000E-6海上钻井平台开工建造】 2009年2月12日，中萨钻井公司JU2000E-6海上钻井平台在大连举行开工典礼。该平台是新星石油公司与埃及石油部所属萨瓦石油公司合资的中萨钻井公司建造的首座海上钻井平台，总投资2.4亿美元，双方各出资50%。该平台由大连船舶重工集团公司承建，新星石油公司监造，国际船级社ABS下属机构ABSC现场监理。截至2009年底，平台已经完成主体合拢，项目进展顺利。

（宫艳铭）

【地热开发新辟河北雄县新区】 新星石油公司与河北省雄县政府于2009年8月18日签订了雄县排他性的地热开发利用战略合作框架协议，并于10月28日在河北雄县举行了正式签约仪式。协议签订后，为保证雄县地热项目尽快投产，成立了陕西绿源雄县分公司，并组织有关力量抓紧实施地热钻井和换热站等施工建设，克服时间紧、任务重、条件艰苦等困难，仅仅用不到3个月时间便完成了一期工程建设，在2009—2010年供暖季到来之前，实现了提前为雄县百姓供暖目标。

（宫艳铭）

新星石油公司与河北省雄县政府签订地热开发战略协议

【雄县地热水回灌试验取得初步成功】 地热水回灌技术指在地热资源开发过程中通过一系列的科学手段，通过科学开采利用后把合格的地热尾水回注地下，实现“取热不取水”，改善或恢复地热田的产热能力，保持地下热储压力，减少地热尾排放对生态环境的影响，实现地热资源可持续利用。截至2009年底，新星石油公司已在河北雄县钻成2口回灌井，实现单井开采、单井全部回灌的技术开发模式，一个供暖季的总回灌量已超过40万立方米，回灌试验取得初步成功。

（宫艳铭）

【地热CDM项目申请获得突破性进展】 2009年10月15日，联合国清洁发展机制（CDM）执行理事会正式批准新星石油公司以陕西绿源地热能源公司名义申请的咸阳地热CDM项目方法学修改。新星石油公司地热CDM项目方法学修改在中国尚属首次，具有重要意义。

（宫艳铭）

【第一届工会代表大会暨职工代表大会召开】 2009年5月25—26日，新星石油公司第一届工会代表大会暨职工代表大会在北京召开。詹麒作了题为“坚定信心，抓住机遇，创新发展，再创辉煌”的双代会工作报告；副总经理张伯君作了“新星石油2008年业务招待费使用情况”报告；大会选举产生了中国石化新星石油公司工会第一届委员会和经费审查委员会；通过了《关于新星石油公司工会委员会和经费审查委员会委员替补、增补办法》和大会决议。

（宫艳铭）

【“我要安全”主题活动落到实处】 根据石化集团公司“我要安全”主题活动部署，新星石油公司在抓好日常安全生产工作的同时，细化主题活动方案，以抓责任落实促实效，以抓意识教育保安全生产，认真开展安全大检查，狠抓隐患整改，确保了安全生产。新星石油公司还在京举行了2009年安全知识竞赛，通过备赛、参赛和观赛，在全员范围内进行了安全知识的普及教育，特别是参赛队伍扩大到控股公司，使安全管理和安全教育覆盖面达到100%。

（宫艳铭）

【本部机关部门调整到位】 为促进公司本部由管理型向经营型的转变，新星石油公司对本部部门进行了调整。共设办公室、人力资源部、发展计划部、财务资产部、企业管理部、审计部、党群工作部、纪检监察部、法规内控部、安全环保部10个职能部门和勘四管理部、埃及工程管理部、地热管理部3个经营性项目管理部门。通过调整，公司本部各部门的职能得到重新清晰界定，部门结构趋于合理，战略研究、计划管理和经营管理职能得到了进一步强化。

（宫艳铭）

【辽宁分公司划转给销售事业有限公司】 2009年3月，根据石化集团公司对新星石油公司体制调整文件（中国石化企〔2009〕94号）精神，新星石油公司辽宁分公司被整体划转给中国石化股份销售实业有限公司，财务资产划转基准日为2008年12月31日。

（宫艳铭）

表1 **新星石油公司主要技术经济指标** 亿元

指标名称＼年份	2009③	2008②	2007①	2006	2005	2004
工业总产值	50.85	43.79	43.66	37.60	27.03	25.16
企业增加值	12.14	10.40	7.05	–2.00	3.22	5.30
资产总计	69.66	58.00	47.76	45.35	33.02	34.80
流动资产	51.77	42.72	35.68	29.73	18.94	22.18
固定资产原值	28.38	24.56	26.70	25.54	22.29	20.74
固定资产净值	11.47	8.80	9.97	10.39	8.64	6.85
销售收入	50.85	43.79	43.91	37.71	31.31	30.56
实现利税	6.67	5.72	4.48	4.66	1.75	2.32
税　金	4.63	1.63	1.84	1.45	1.30	1.51

①2007年数据含泰州石化总厂、辽宁物装公司。

②2008年数据不含泰州石化总厂、钦州国星公司，含辽宁分公司（原辽宁物装公司）。

③2009年数据不含辽宁分公司。

上海海洋石油局暨上海海洋油气分公司

【概况】 中国石化集团上海海洋石油局（简称上海海洋石油局）和中国石油化工股份有限公司上海海洋油气分公司（简称上海海洋油气分公司）位于上

海，是石化集团公司下属主要从事中深海油气勘探开发及工程服务的上游油田企业。上海海洋石油局具有海洋钻井、海洋物探、测井、固井、测试等综合服务和船舶拖带运输、海洋地质调查等能力；上海海洋油气分公司主要在东海、南海、黄海等海域开展自营勘探，并承担海外油气资源勘探开发项目的评价研究，同时参与管理东海平湖油气田、西湖春晓油气田的开发生产。

上海海洋石油局和上海海洋油气分公司的前身为地质矿产部上海海洋地质调查局，组建于1973年4月，1997年1月整体归入中国新星石油公司，2000年3月随中国新星石油公司整体并入石化集团公司，2002年7月，分别直属石化集团公司和石化股份公司管理。2009年，按照石化集团公司要求，上海海洋石油局和上海海洋油气分公司实行“一体化”管理。

截至2009年底，上海海洋石油局和上海海洋油气分公司建有1个党委，1套行政领导班子，下设18个机关职能处室、8个二级单位；拥有职工1 286人，其中经营管理人员439人，专业技术人员421人，具有高级专业技术职称206人。

截至2009年底，上海海洋油气分公司拥有勘查区块27个，所属探区主要分布在东海、南海等海域，自营和联合矿权区块面积9.45万平方千米；拥有探明地质储量1 030亿立方米气当量、控制地质储量242亿立方米气当量。

上海海洋石油局和上海海洋油气分公司主要技术经济指标见表1。

（林雪梅　张　珺）

【领导班子调整】 2009年2月13日，上海海洋石油局和上海海洋油气分公司召开干部大会，石化集团公司副总经理、党组成员张耀仓宣布了对上海海洋石油局和上海海洋油气分公司领导班子调整的决定：刘申叔任上海海洋石油局局长。12月21日，上海海洋石油局和上海海洋油气分公司召开干部大会，石化集团公司党组成员、石化股份公司高级副总裁王志刚宣布了对上海海洋石油局和上海海洋油气分公司领导班子调整的决定：左文岐任上海海洋石油局局长、党委书记，免去刘申叔上海海洋石油局局长职务。

（林雪梅　张　珺）

【深水勘探迈出坚实步伐】 2009年8月，上海海洋油气分公司顺利完成了南海琼东南盆地深水勘查区1 250平方千米三维地震勘探项目。该项目历时47天，实现了南海强海流下的高效率作业。地震资料采集质量全部达到了设计要求，初步处理显示该探区具备良好的油气勘探前景。

（林雪梅）

三维地震作业

【南海琼东南探区联合研究项目技术交流会召开】 2009年3月16—17日，上海海洋油气分公司与挪威国家石油中国有限公司（简称挪威石油公司）关于“南海琼东南探区联合研究项目”展开了技术交流。会上，挪威石油公司国际勘探部代表分别作了题为“南海琼东南地区勘探技术情况及相关应对挑战的经验”及“中国石化琼东南区块联合研究内容及范围”的报告，上海海洋油气分公司勘探处代表介绍了联合研究项目的工作计划建议。中挪双方就联合研究工作程序、勘探地质研究内容等方面达成了一致意见，为形成联合研究项目工作框架、签订联合研究协议奠定了坚实基础。

（林雪梅）

【控制、预测储量套改报告通过审查】 2009年5月11—16日，石化股份公司油田勘探开发事业部组织有关专家在江苏扬州召开了中国石化控制、预测储量套改成果审查会（东部）。会上，评委对上海海洋油气分公司提交的《石油天然气控制、预测储量套改成果》2个总报告和9个分报告进行了审查，专家认为上海海洋油气分公司严格按照《石油天然气控制、预测储量套改技术方案》和相关规范要求，开展了控制、预测地质储量，技术可采储量，经济可采储量套改以及储量升级潜力评价等工作，储量计算单元划分合理，储量计算结果可靠，储量升级计划可行，专家经审查一致予以通过，并给予较高的评价。通过此项工作，摸清了储量家底，理清了储量资产，为下一步勘探、开发和可持续发展奠定了良好的资源基础。

（林雪梅）

【萨哈林维宁区块井位论证顺利通过审查】 2009年5月24—29日，上海海洋油气分公司萨哈林项目组在俄罗斯南萨哈林斯克，就萨哈林维宁区块维尼3井和北维尼2井井位论证的最新研究成果向俄罗斯维宁石油公司和国际石油勘探开发公司萨哈林分公司进行了汇报。研究成果获得了上述两家单位的好评。会上，中俄双方专家就整个维尼构造带的重新解释以及下一步开展整个区块评价、勘探工作进行了深入讨论。

（林雪梅）

【团结亭1井获重大油气突破】 2009年，上海海洋油气分公司与合作方一起在西湖合作区开展了一系列勘探工作。为扩大平北宝云亭开发区油气储量规模，在平北地区钻探了团结亭1井。该井于8月17日开钻，10月1日完钻，完钻井深3 955米，在花港组、平湖组发现7套油气层，测试获高产油气流，为千吨井。团结亭1井的油气突破，表明西湖合作区平北地区广阔的油气勘探前景。

（林雪梅）

团结亭1井放喷

【首次承担深水油气勘探技术支撑】 2009年，上海海洋油气分公司承担了尼日利亚JDZ-2区块的技术支撑工作，在前期井位论证研究工作的基础上，开展了深水探井BOMU-1井的钻井地质、工程设计、随钻分析以及钻后储量评价研究等工作，该井获得商业性油气流，在Bomu构造落实了近53亿立方米天然气储量，从而实现了中国石化海外深水勘探领域的首次油气突破。

（林雪梅）

【海洋油气工程施工创造佳绩】 2009年，上海海洋石油局钻井19口，完钻18口，累计进尺首破5万米大关，达5.51万米；勘探三号平台创造了1.49万米/台的钻机月速新纪录；物探施工完成各类测线9.16万千米，其中二维地震3.63万千米，发现号物探船创造了单日229.35千米的作业新纪录。

（张 珺）

【装备投资建设步伐进一步加快】 2009年，上海海洋石油局固定资产投资计划管理工作得到加强，装备更新力度进一步加大。新建平台“勘探六号”于1月10日在新加坡开工，建造进度按计划推进，将于2010年底前交付使用；7 000马力多用途工作船建造项目基本完成前期准备工作，于2010年1月8日顺利开工；ALS3.0综合录井仪已投入使用；“勘探二号”平台完成中间检验修理二期工程；“勘探三号”平台完成建船以来投资规模和改造工程量最大的升级改造修理工程。

（张 珺）

【ERP系统应用达标】 上海海洋油气分公司ERP项目建设取得进展，2009年3月和11月分别通过了ERP项目验收和达标验收。石化股份公司验收组专家对上海海洋油气分公司ERP项目流程设计、项目实施、系统应用等方面的工作给予充分肯定，认为项目文档资料规范、齐全，费用控制在项目批复范围之内，使用规范合理，符合验收要求，同意通过此次验收。年内经石化股份公司ERP指导委员会审批确认，上海海洋油气分公司为2009年ERP应用达标企业。

（林雪梅）

【推进“一体化”改革】 根据中国石化总部“实行企业层面一体化管理”的要求，2009年，上海海洋石油局和上海海洋油气分公司启动了“一企一制”改革工作，实行1个党委、1套班子、1个机关、2块牌子、2本账的“一体化”管理模式。根据“局部调整、稳步推进”及“精简、高效、协调、科学”的原则，整合了业务重叠处室，调整完善了有关处室职能，优化人员编制和岗位设置。

（林雪梅 张 珺）

表1 上海海洋石油局和上海海洋油气分公司主要技术经济指标 亿元

指标名称 \ 年份	2009	2008	2007	2006	2005	2004
工业增加值	4.13	1.68	3.90	4.30	1.98	2.73
上海海洋石油局	5.93	2.26	3.13	2.95	0.82	0.93
上海海洋油气分公司	–1.80	–0.58	0.77	1.35	1.16	1.80
资产总计	68.18	53.21	53.22	50.82	47.92	41.64
上海海洋石油局	21.19	12.57	10.03	9.77	8.09	8.00
上海海洋油气分公司	46.99	40.64	43.19	41.05	39.83	33.64
流动资产	8.52	5.68	5.48	4.71	3.76	5.32
上海海洋石油局	7.09	4.00	3.79	3.83	3.01	3.45
上海海洋油气分公司	1.43	1.68	1.69	0.88	0.75	1.87
固定资产原值	16.59	15.09	16.02	15.08	12.08	11.55
上海海洋石油局	16.31	14.82	15.74	14.80	11.80	11.30
上海海洋油气分公司	0.28	0.27	0.28	0.28	0.28	0.25
固定资产净值	5.74	4.87	6.18	5.82	3.31	2.87
上海海洋石油局	5.66	4.76	6.09	5.69	3.14	2.71
上海海洋油气分公司	0.08	0.11	0.09	0.13	0.17	0.16
销售收入	11.37	10.78	9.86	7.67	5.89	6.67
上海海洋石油局	9.91	9.23	7.89	7.54	5.78	6.52
上海海洋油气分公司	1.46	1.55	1.97	0.13	0.11	0.15
实现利税	0.73	0.39	–1.46	1.94	1.43	2.18
上海海洋石油局	3.85	3.20	1.42	0.84	0.50	0.60
上海海洋油气分公司	–3.12	–2.81	–2.88	1.10	0.93	1.58
税　金	0.36	1.06	0.40	0.23	0.21	0.25
上海海洋石油局	0.29	0.97	0.29	0.22	0.20	0.24
上海海洋油气分公司	0.07	0.09	0.11	0.01	0.01	0.01
综合能耗/吨标煤·万元$^{-1}$	0.26	0.39	—	—	—	—
上海海洋石油局	0.26	0.39	—	—	—	—
上海海洋油气分公司	—	—	—	—	—	—

西北石油局暨西北油田分公司

【概况】 中国石化集团西北石油局（简称西北石油局）和中国石油化工股份有限公司西北油田分公司（简称西北油田分公司）位于新疆维吾尔自治区，是石化集团公司上游油田企业之一，总部机关设在新疆维吾尔自治区首府乌鲁木齐，在巴音郭楞蒙古自治州轮台县建立了前线生产指挥基地。主力油田——塔河油田位于塔里木盆地北部沙雅隆起阿克库勒凸起南部，地处库车县和轮台县境内。主要从事油气勘探开发和油气销售业务。

西北石油局和西北油田分公司的前身是组建于1955年的华北地质局二二六队，1997年1月整体归入中国新星石油公司，2000年3月随中国新星石油公司整体并入石化集团公司，并于2003年6月整体划归石化集团公司、石化股份公司直属。2008年5月，西北油田分公司与勘探西北分公司整合重组，组合成新的西北油田分公司。

截至2009年底，西北石油局和西北油田分公司建有1个党委、2套行政领导班子(共10人)，下设20个机关职能处室、15个二级单位、6个直属单位；拥有职工3 630人，其中经营管理人员1 748人、专业技术人员1 033人，具有高级专业技术职称的471人。

截至2009年底，西北油田分公司拥有勘探矿权区块44个，全部分布在新疆维吾尔自治区的塔里木盆地；区块登记面积14.68万平方千米；拥有油气远景资源量137.04亿吨油当量，其中石油75.98亿吨油当量、天然气61.06亿吨油当量；累计完成三级石油地质储量31.10亿吨油当量，其中探明石油地质储量11.86亿吨油当量、控制石油地质储量5.20亿吨油当量、预测石油地质储量14.04亿吨油当量。油气开发塔河、西达里亚、巴士托3个油田及雅克拉、大涝坝、S3-1区块、AT1区块等14个气田；拥有油气井995口，开井775口，机抽井421口，累计生产原油4 342.97万吨、天然气91.67亿立方米。

西北石油局和西北油田分公司主要技术经济指标和主要生产建设指标见表1和表2。

(陈兰凤　王爱敏)

【油气勘探取得“1124”成果】 2009年，西北油田分公司油气勘探工作围绕“4212”工程展开，重点实施“四个突破”工程和“两个增储”工程，不断强化新区地震勘探、基础研究、目标评价和优化部署力度，不断加快推进塔河主体和准中区块立体勘探、精细勘探和滚动勘探步伐。全年完成三级储量2.86亿吨油当量、天然气储量770万吨油当量，其中探明石油地质储量1.25亿吨油当量、天然气地质储量50万吨油当量；控制石油地质储量1.61亿吨油当量、天然气地质储量720万吨油当量。勘探工作取得1个重大成果、1个重大突破、2个重要发现、4个重要进展。

1个重大成果：部署在托甫台地区的TP14井、TP15X井、TP20井、TP19X井等探评井均获高产工业油气流。在托甫台地区发现一个1亿吨级稀油油藏，实现对托甫台地区奥陶系油藏的整体控制，进一步打开了托甫台地区勘探新局面。

1个重大突破：巴什托—先巴扎构造带泥盆系勘探取得重大突破。部署在巴什托构造的BK8井在泥盆系测试获高产工业油气流，预示巴楚—麦盖提地区古生界碎屑岩领域具有良好油气勘探潜力。

2个重要发现：①在下第三系库姆格列木群取得新发现。继TP13、TK1024井之后，TP22井在下第三系库姆格列木群又见良好油气层，充分表明塔河浅层勘探具有良好前景。②在准噶尔盆地准中地区取得新发现。在准中地区侏罗系三工河组部署的征1－1井、征1－2井获高产工业油气流，基本落实征1井区千万吨级岩性规模油藏。

4个重要进展：①于奇东地区勘探取得新进展。YQ12井在奥陶系良里塔格组获良好油气显示，表明塔河油田东部良里塔格组是有利勘探层位。②塔河地区中生界碎屑岩勘探取得重要进展。在塔河南部署的TP12-8X井、KZ5井在白垩系测试获工业油气流，显示塔河南白垩系有较大勘探潜力。针对三叠系部署的AT13井、TK943井等，在阿四段下切河道发现岩性油气藏，扩大了岩性圈闭的勘探领域。③塔河西部志留系碎屑岩勘探取得重要进展。TP12-5X井等在志留系发现好的油气“苗头”，TP16-1井、TK1080井在志留系柯坪塔格组砂泥互层段，钻遇较厚储层，对重塑砂泥互层段储层分布及成藏规律认识具有重要意义。④准噶尔盆地准中地区断块+岩性油气藏勘探取得重要进展。针对断块圈闭类型部署的庄7井和准沙5井，在侏罗系三工河组二段见到良好油气显示。

(陈兰凤　王爱敏)

【轮台北1号构造获重大油气突破】 西北油田分公司部署在轮台北1号构造的YL2-3H井，于2009年4月6日开钻，7月27日完钻，目的层是白垩系巴什基奇克组。10月9日试产，采用6毫米油嘴，油压10.7兆帕，日产液14.4立方米、天然气3.7万立方米。10月20日正式生产，采用5毫米油嘴，油压17.5兆帕，日产原油9吨、天然气3.28万立方米。YL2-3H井的投产进一步证实轮台北1号构造具有良好勘探开发潜力。

(陈兰凤　王爱敏)

【TH12513CH井完钻创3项新纪录】 2009年12月30日，塔河油田TH12513CH井钻达7 099.08米完钻，成为塔河油田继TS1井、AD11井之后第三口完钻井深超过7 000米的深井。该井创造出塔里木盆地乃至国内超深定向井177.8毫米套管下深最深（6 805.46米）、老井侧钻水平位移延伸距离最长（1 384.3米）和侧钻井完钻垂深最深（6 592.98米）3项新纪录。

（陈兰凤　王爱敏）

多台吊车实施交叉作业拆卸7 000米钻机

（田　昆　摄）

【高效气动套管自动封堵及修复技术应用获成功】 高效气动套管自动封堵及修复技术是利用固体火箭推进剂燃烧所产生的高能气体做动力，推动运动装置中的活塞运动，带动中心拉杆与活塞外缸套做上、下相向运动，迫使衬管两端锥锚径向扩张，在极短时间内使锚体产生永久塑性变形，将衬管紧紧锚定在套管内壁上，达到对套管密封封堵目的。当锚定力达到设计要求后，解脱机构解卡实现工具丢手回收，完成封堵修复过程。2009年1月17日，塔河油田AT2-3井首次采用该技术获成功。该项技术施工成本低、使用寿命长、成功率高，施工安全可靠、操作简便、不污染地层，并可根据需要将衬管从井下取出，恢复套管原始状态，与传统挤水泥或打水泥塞封堵等工序相比，具有施工工期短等特点。

(陈兰凤　王爱敏)

【AD14井尾管加深破世界之最】 AD14井是西北油田分公司于2008年5月投产的一口预探井，酸压后自喷生产11天，产油80吨后停喷，转电泵生产，稠油无法入泵，经措施潜油无效后关井。该井原油在600℃时，黏度75帕·秒，属特稠油。西北油田分公司技术人员多次试验论证，利用过桥泵原理，改进管柱结构。2009年3月29日，决定对AD14井加深尾管技术挖潜，下直径56/38毫米的抽稠泵，加深泵挂至2 800米，加深尾管至5 078米，打破俄罗斯创下的油井尾管最深世界纪录。完井后连续生产，日产原油12吨。

(陈兰凤　王爱敏)

【首条高压玻璃钢集输管道投入运行】 2009年4月13日，西北油田分公司首条高压玻璃钢集输管道在雅克拉凝析气田YK6H井投入运行。YK6H井是一口高产水平井，其管道内介质混合流速5.29米/秒，属典型二氧化碳高流速冲刷腐蚀体系。管道弯管、直管底部腐蚀严重，因腐蚀多次更换井场弯管和直管段，造成较大经济损失。高压玻璃钢管道的成功投入运行，标志着西北油田分公司在高压集输系统抗二氧化碳和冲刷腐蚀新技术方面的探索又上新台阶。

(陈兰凤　王爱敏)

【塔河油田一号联合站污水处理系统工程建成投产】 2009年4月，西北油田分公司重点环保产能建设项目塔河油田一号联合站污水处理系统工程动工。工程分为污水处理和污水回注两部分，包括新建2 000立方米一次除油罐、500立方米缓冲罐、1 000立方米外输缓冲罐各1座及相关辅助设备，联络管线全部采用新型玻璃钢防腐复合管，总投资9 000余万元。工程于11月12日建成投产，投产后塔河油田一号联合站污水处理能力达1.55万米^3/日，彻底解决了站内污水处理系统超负荷运行和污水处理超标难题。

(陈兰凤　王爱敏)

塔河油田一号联合站2 000立方米一次除油罐（侯小鹏　摄）

【塔河油田三号联合站尾气排放达到国家环保标准】 2009年12月5日，塔河油田三号联合站轻烃硫黄回收装置单机试运行。据测算，该装置最大酸气处理量230米^3/时，生产硫黄2吨/日，处理后排放至大气的尾气硫化氢浓度≤1毫升/米^3，达到国家环保总局颁发的《天然气净化厂污染物排放标准》相关要求。

(陈兰凤 王爱敏)

【轻烃销售实现火车外销】 西北油田分公司轻烃销售主要以汽车拉运为主，销售能力相对薄弱，造成产量大、库容小、运距远、季节差异大等难题。为解决轻烃销售中存在的困难、扩大轻烃销售量、拓展轻烃销售市场，西北油田分公司与厂家和铁路部门协商火车拉运轻烃。2009年12月30日，装载200吨轻烃的火车驶离西北油田分公司雅克拉末站，首次实现轻烃通过火车外销。

(陈兰凤 王爱敏)

【“十大管理体系”颁布实施】 2009年5月，西北油田分公司完成了“十大管理体系”(生产运行体系、技术创新与信息管理体系、安全环保管理体系、中长期规划和年度计划管理体系、人力资源管理体系、财务管理体系、投资管理体系、市场管理体系、绩效考核管理体系、监督管理体系)设计、内控对接、流程修订及体系权限指引工作，并正式颁布实施。该体系的实施使具有西部特色的西北油田分公司实现了企业管理的规范化、制度化、标准化。

(陈兰凤 王爱敏)

【中国石化西北石油科研生产园区正式启用】 石化集团公司为进一步加快西部发展，决定在新疆乌鲁木齐市建设集科研、生产、办公于一体的科研生产园区，以满足西部地区勘探开发需要。2007年6月15日，中国石化西北石油科研生产园区正式开工建设。该园区坐落于长春南路466号，占地面积8.68万平方米，于2009年9月9日正式投入使用。

(陈兰凤 王爱敏)

【人力资源配置进一步优化】 2009年，西北油田分公司全面启动“定编、定岗、定员、定责”(简称“四定”)工作，完成对20个机关职能处室、15个二级单位、6个直属单位的“四定”及西北油田分公司勘探开发研究院、中国石化石油勘探开发研究院西北分院的整合工作；成立西北油田分公司档案馆和塔河采油三厂；落实了机构设置、职责划分、岗位定员及人员调配等工作。“四定”工作为西北油田分公司进一步优化组织机构、科学配置劳动力结构、全面提升组织效能奠定了基础。

(陈兰凤 王爱敏)

【“绿色油田”蓝图初步显现】 2009年，西北油田分公司加大污染源源头治理力度，健全油田环境管理制度，为塔河油田各计转站、联合站等排放烟尘的生产单位安装脱硫装置，确保烟尘达标排放；通过采油废水回灌、投资兴建排污池固化、污水处理等项目，实现工业废水零排放；新建固废填埋、废液处理排放场，解决钻修井废液达标排放问题；相继完成3个50万立方米轻烃回收装置改扩建工程，有效解决了原油开采中的伴生气回收问题；生活垃圾统一处理、掩埋，杜绝生活垃圾二次污染。截至年底，西北油田分公司实现了废水、废液、废渣达标排放，并播种防护林2.6万平方米，塔河油田的“绿色油田”蓝图初步显现。

(陈兰凤 王爱敏)

西北油田分公司污水处理场 (段 波 摄)

表1 **西北石油局和西北油田分公司主要技术经济指标** 亿元

指标名称 \ 年份	2009	2008	2007	2006	2005	2004
企业增加值	116.32	195.39	130.18	108.85	65.91	34.10
西北石油局	0.25	0.33	-0.05	1.04	1.19	1.47
西北油田分公司	116.07	195.06	130.23	107.81	64.72	32.63
资产总计	253.60	255.59	207.12	164.01	136.71	100.33
西北石油局	12.10	8.29	5.54	3.19	4.72	5.18

续表

年份 指标名称	2009	2008	2007	2006	2005	2004
西北油田分公司	241.40	247.30	201.58	160.82	131.99	95.15
流动资产	16.45	14.24	11.14	17.75	18.44	15.95
西北石油局	2.88	1.77	0.58	1.07	2.44	3.46
西北油田分公司	13.57	12.47	10.56	16.68	16.00	12.49
固定资产原值	361.23	292.60	235.71	172.20	135.88	88.18
西北石油局	6.94	0.98	1.03	1.09	2.64	5.45
西北油田分公司	354.29	291.62	234.68	171.11	133.24	82.73
固定资产净值	183.85	200.53	167.30	125.99	102.77	65.37
西北石油局	6.66	0.72	0.74	0.74	1.65	1.71
西北油田分公司	177.19	199.81	166.56	125.25	101.12	63.66
总收入	140.28	205.35	143.99	128.13	84.32	48.15
西北石油局	0.10	0.06	0.27	2.97	6.19	4.09
西北油田分公司	140.18	205.29	143.72	125.16	78.13	44.06
实现利税	74.52	167.19	108.15	91.52	53.20	20.63
西北石油局	0.07	0.02	-0.08	0.56	1.75	0.91
西北油田分公司	74.45	167.17	108.23	90.96	51.45	19.72
税　金	17.20	57.64	24.62	15.32	5.18	2.29
西北石油局	0.07	0.02	-0.07	0.48	0.32	0.40
西北油田分公司	17.13	57.62	24.69	14.84	4.86	1.89

表 2　西北石油局和西北油田分公司主要生产建设指标

年份 指标名称	2009	2008	2007	2006	2005	2004
原油产量/万吨	660.01	600.13	536.25	472.00	420.00	358.17
天然气产量/亿立方米	13.45	12.72	9.53	8.71	5.20	4.90
新增原油生产能力/万吨	166.21	163.10	160.00	141.03	144.59	143.77
新增天然气生产能力/亿立方米	1.94	2.89	2.83	4.31	7.76	0.61
新增探明石油地质储量/万吨	12 483.03	12 955.50	9 411.15	8 045.28 ①	9 692.31	21 693.00
新增探明天然气地质储量/亿立方米	5.25	16.03	74.16	90.42	201.90	286.20
二维地震/千米	4 892.00	8 229.00		—	847.00	
三维地震/平方千米	1 302.00	1 106.00	1 741.00	1 378.00	1 364.00	729.00
石油钻井/口	191	185	160	143	119	113
探　井	47	44	40	39	34	25
开发井	144	141	120	104	85	88
钻井进尺/万米	107.92	108.31	86.92	77.55	69.30	67.78
勘探投资/亿元	25.96	25.31	22.19	17.75	15.46	10.13
开发投资/亿元	57.55	56.33	47.91	35.74	35.85	26.81
综合能耗/吨标煤·万元$^{-1}$	0.41	0.43	—	—	—	—

①探明储量不包括凝析油和溶解气。

西南油气田

【概况】 西南油气田是中国石化集团西南石油局（简称西南石油局）、中国石油化工股份公司西南油气分公司（简称西南油气分公司）和中国石化集团石油工程西南有限公司（简称石油工程西南公司）的统称。西南石油局是负责西南油气田基地管理与服务的责任主体，西南油气分公司是负责西南地区油气勘探开发业务的经营实体，石油工程西南公司是专门从事石油工程技术服务的区域性公司和法人实体。三个单位共设一个党委，队伍主要分布在四川、重庆、贵州、云南、广西、湖南等四省一市一区。西南油气田总部位于四川省成都市提督街108号。

截至2009年底，西南油气田拥有矿权区块34个，面积2万多平方千米，拥有天然气资源量4.79万亿立方米，石油资源量8 551.32万吨；拥有油气井1 000多口，集输气站300余座，各类输油气管线3 000余千米。

截至2009年底，西南石油局下设15个二级单位，1个上市公司；西南油气分公司下设10个二级单位，3个控股公司；石油工程西南公司下设14个二级单位；西南油气田派出机构6个。西南石油局、西南油气分公司机关设22个职能处室，3个附属机构；石油工程西南公司机关设10个职能处室。

截至2009年底，西南油气田共有正式职工9 847人，其中拥有高级技术职称的有935人，中级技术职称的有1 846人。

西南石油局、西南油气分公司和石油工程西南公司主要技术经济指标和主要生产建设指标见表1、表2、表3和表4。

2009年底，中国石化总部对西南地区上游企业管理体制进行了调整完善，西南油气田内容与数据截至此调整前。

（罗兴平　魏凌琛）

【西南地区上游企业管理体制调整】 2009年12月11日，石化集团公司党组下发中国石化企〔2009〕649号文《关于调整完善西南地区上游企业管理体制的通知》，主要包括4个方面的内容：石油工程西南公司与西南石油局整合重组，组建新的西南石油局，有关遗留问题解决后，注销石油工程西南公司；西南石油局、西南油气分公司实行一套班子领导体制，按照统一生产指挥系统的要求，调整完善职能机构；重新设置西南地区上游企业协调委员会，统一协调改革、稳定、关联交易及其他有关重大事项；勘探南方分公司党委被纳入西南局党委管理。根据石化集团公司总部批复，西南石油局、西南油气分公司机关按四大系统共设置处室部门27个，附属机构4个，机关职能机构总体比整合重组前减少4个。截至12月31日，机关中层管理人员已调整安置完毕，其他工作人员将按照“两步走”工作思路（过渡安置、重新“三定”）进行妥善安置。机构部门调整工作于2010年1月1日正式开展。

（罗兴平　魏凌琛）

【油气勘探取得良好成果】 2009年，西南油气田勘探工作取得了“1项全面完成、1项快速拓展、1项重大突破、4项重要进展”的良好油气成果，获石化股份公司油气勘探重大发现一等奖。①全面完成储量任务。天然气三级储量指标全面超额完成，在新场须二气藏整体探明天然气储量1 177.2亿立方米。“十一五”前4年共完成探明储量1 520亿立方米，提前1年实现了“十一五”规划的探明储量目标（1 500亿立方米）。②新场气田规模快速拓展。新场构造特征进一步查明，气田勘探领域和储量规模不断扩大。截至2009年底，已探明天然气储量2 202.38亿立方米，建设大气田的储量基础初步具备。③川西陆相“三超”领域储层改造工艺技术取得重大突破。通过新11井成功实施超高压大型压裂，系统集成了超深、超致密、超高压深层气藏的压裂设计、材料优化及配套超高压施工技术，为下一步川西深层气藏的储层改造提供了重要的技术支撑。④新场须家河组二段、四段、大邑须家河组、川西凹陷侏罗系油气勘探取得重要进展，进一步深化了对该区域的地质认识，推进了勘探开发进程。

（罗兴平　魏凌琛）

【油气田开发稳步提高】 2009年共实施天然气开发及开发评价井92口，投产新井102口，新建(增)产能4.74亿立方米。年内共投产调整井40口，单井平均产能每天提高1.5万立方米以上，超过了设计产能；实施补孔改层、老井挖潜42井次，措施增产天然气2亿立方米；综合递减率控制在12%以内。新场沙溪庙组气藏向南东部扩边，钻遇良好显示；实现了老区新层的发现，预计可新增探明储量60亿立方米；马井蓬莱镇组气藏向东扩边预计可获较高产能。利用新场、大邑须家河组气藏和马路背、河坝、元坝区块现有气井开展试采评价，深化了气藏认识，为推进深层试采开发打下了基础。推广应用多层压裂，施工成功率、有效率100%，单井产能大幅提高；新21-1H井经完井测试获无阻流量203万米^3/日，日产气稳定在30万立方米左右。

2009年实施原油开发钻井5口，完钻4口，投产新井1口，新建原油产能3 000吨。老油田提高采收率取得新进展，地层水回注先导试验取得成功。

（罗兴平　魏凌琛）

【深井提速成效明显】 2009年，西南油气田扎实开展“川西深井钻井提速科技攻关”活动，按照“赶超磨溪速度，创造川西速度”和“三提三保”的活动目标，系统配套地落实科技提速、管理提速、安全提速措施，取得了良好成效。①形成完善并集成应用具有川西特色的浅、中深井段提速配套技术，使5口深井3 200米井深段钻井时间少于55天，较设计均缩短了15天以上，并创多项施工纪录，实现了“赶超磨溪速度”的目标。②提速井纯钻时效

48.39%，比上年提高2.8%；9口跨年度提速深井非生产时效7.85%，较上年降低14.42%；新开钻7口深井平均事故时间率0.93%；全年共有4口完钻井实现提速攻关目标，同比缩短113天，比活动目标平均提前13天。③首次实现了川西深层水平井钻井提速科技攻关目标，喜获高产气流，基本形成了川西水平井钻完井工艺配套技术；元坝29井被石化集团公司评为元坝地区提速提效示范井。

（罗兴平　魏凌琛）

【市场拓展成效显著】 2009年，西南油气田工程作业内部市场得到有效保护，市场占有率达到82%，比上年增加10%。国内外部市场方面，物探在南方、西北、东北、延长等市场进一步拓展；钻井在新疆、临盘、南方等市场得到巩固和发展，开辟了东北、华北、长庆油田等新的市场；井下作业进入普光气田，油建工程辐射到华南、江西等市场；新疆泥浆环保、井控、特种运输、定向井技术服务以及临盘工区水平井作业市场得到大力拓展，形成了多个新的经济增长点。国外市场方面，紧紧依托国际石油勘探开发公司和国际石油工程公司，优化海外资源配置，加大市场开拓力度，初步形成了南美（厄瓜多尔）、东南亚（缅甸）、中东（科威特、沙特）3个市场。年内有12支工程作业队伍（物探2支、钻井3支、录井2支、测井1支、技术服务4支）进入国际市场，经营收入、利润实现较大幅度增长。

（罗兴平　魏凌琛）

【科技创新成果丰硕】 2009年，西南油气田形成了以3D3C技术为代表的一批核心技术、特色技术。深化应用3D3C成果，深层探井成功率由39%提高到80%。综合应用钻井提速配套技术，创造了90多项工程施工新纪录。广泛采用机械式无线随钻测斜、“PDC钻头＋螺杆＋转盘”复合钻井、欠平衡钻井等技术，既提高了机械钻速,又保证了井身质量和井控安全。水平井钻完井、气体钻井、加砂压裂、大规模酸化等技术取得长足进步。组织完成国家重大专项课题“低渗油气田高效开发钻井技术”和“碎屑岩层系大中型油气田富集规律与勘探关键技术”及相关专题的立项和前期工作。实施石化集团公司总部立项的科技开发项目9个，自主实施科研项目37个，成果优良率达到100%。承担石化集团公司总部立项的生产性先导项目19个，实施进展顺利。全年获省部级科技进步一、二、三等奖共6项，申报专利20件、计算机著作权登记5件，获国家专利授权证书8件、计算机著作权登记证书5件。

（罗兴平　魏凌琛）

【安全环保工作得到加强】 2009年，西南油气田把安全环保工作放在重要位置，深刻吸取“2·26”、“5·19”井喷事故教训，切实加大安全管理力度，扎实开展“我要安全”主题活动。通过严格执行安全环保目标管理和责任追究等制度，加强宣传教育，完善机制制度，细化和严格执行《安全生产禁令》，加强以井控为重点的专项检查，强化现场管理和对承包商的监督管理，将控股公司纳入统一管理，全面排查和及时整改安全隐患，认真清理外协队伍，切实扭转了安全生产的被动局面。环境保护工作进一步加强，污水、固废物、噪音等专项治理取得新的进展和成效。年内未发生从业人员人身伤亡事故和重大环境污染事件。石油工程西南公司获石化集团公司安全生产先进单位称号。

（罗兴平　魏凌琛）

【队伍建设扎实推进】 切实加大“三基”工作力度，“五项劳动竞赛”、“红旗采气（油）厂”和金银牌队创建、“三创一建”活动、队伍资质认证、市场准入认证等工作深入开展，打造石油工程铁军取得良好成效。三支人才队伍建设全面加强，启动专家、高级专家竞聘工作，搭建和拓宽了高层次技术人才干事创业的平台。分层次开展全员教育培训，广泛开展岗位练兵、技术比武等活动，积极引进高校毕业生和相关急需紧缺人才，人才结构进一步优化，队伍整体素质持续提升。围绕畅通人才成长通道，认真研究并初步形成了职位体系建设方案。

（罗兴平　魏凌琛）

【“惠民工程”建设】 根据石化集团公司总部的统一部署，2009年，西南油气田切实做好了企业年金、住房补贴、集资建房启动实施的相关准备工作；圆满完成了团购900套商品房的选售工作；对具备条件的相关区域职工集资建房或建经济适用房开展了前期工作；小区维修改造、危房改造、灾后恢复重建等工作持续推进，年内实施小区维修改造项目33个，实施危房改造526套，职工群众的工作和居住环境不断改善；离退休人员各项待遇全面落实到位；支出费用6 140万元，帮助6 802名协解人员实现再就业，积极协调争取协解人员社保补贴，并在部分地区得到落实；帮助184名大专以上毕业的职工、协解人员子女实现就业；继续开展了扶贫帮困、金秋助学等活动，全年共帮扶救助困难职工群众2 088人次，发放帮扶救助金355万元。

（罗兴平　魏凌琛）

表1 西南油气田主要技术经济指标 亿元

指标名称 \ 年份	2009	2008	2007	2006	2005	2004
工业总产值						
西南石油局	—	22.80	25.80	8.56	6.13	5.00
西南油气分公司	27.49	27.12	25.53	17.92	12.96	10.49
石油工程西南公司	37.29	36.90	32.78	—	—	—
工业增加值						
西南石油局	—	5.36	—	2.14	1.42	1.09
西南油气分公司	15.60	—	4.95	7.94	6.88	5.83
石油工程西南公司	15.45	12.46	6.58	—	—	—
资产总计						
西南石油局	27.41	26.36	25.80	22.42	21.00	20.43
西南油气分公司	148.12	128.53	93.44	45.89	39.69	34.15
石油工程西南公司	58.74	53.79	36.21	—	—	—
流动资产						
西南石油局	7.08	6.68	8.22	8.10	9.91	9.51
西南油气分公司	10.33	9.72	7.76	6.19	5.33	4.69
石油工程西南公司	27.85	25.36	18.10	—	—	—
固定资产原值						
西南石油局	22.28	20.59	18.14	17.01	13.04	12.06
西南油气分公司	137.18	110.30	97.43	62.61	51.88	45.55
石油工程西南公司	35.56	29.61	22.47	—	—	—
固定资产净值						
西南石油局	15.26	14.43	12.40	11.76	8.09	7.82
西南油气分公司	65.89	60.49	54.69	38.35	32.27	27.85
石油工程西南公司	24.34	21.31	15.92	—	—	—
销售收入						
西南石油局	23.87	22.04	25.81	15.78	12.50	11.53
西南油气分公司	27.62	27.12	25.53	17.92	12.96	10.49
石油工程西南公司	42.97	36.90	32.78	—	—	—
实现利税						
西南石油局	1.00	—	0.19	1.56	1.44	1.20
西南油气分公司	–6.68	–13.68	3.41	4.07	2.27	1.40
石油工程西南公司	1.62	4.08	2.61	—	—	—
税　金						
西南石油局	1.77	—	2.12	1.01	0.99	0.80
西南油气分公司	1.32	–9.14	–0.45	1.05	0.55	0.43
石油工程西南公司	3.41	2.34	2.32	—	—	—
综合能耗/吨标煤·万元$^{-1}$						
西南石油局	0.05	0.05	—	—	—	—
西南油气分公司	0.80	0.78	—	—	—	—
石油工程西南公司	0.55	0.54	—	—	—	—

表 2 西南石油局主要生产建设指标

指标名称 \ 年份	2009	2008	2007	2006	2005	2004
完成二维地震采集量/千米	5 805.00	3 787.00	2 672.00	2 602.00	568.00	485.00
完成三维地震采集量/平方千米	2 271.00	1 543.00	2 796.00	653.00	661.00	694.00
完成钻井数/口	—	—	—	86.00	64.00	73.00
钻井进尺数/万米	—	—	—	26.28	20.53	19.14

表 3 西南油气分公司主要生产建设指标

指标名称 \ 年份	2009	2008	2007	2006	2005	2004
原油产量/万吨	2.69	3.01	3.00	0.69	0.80	1.00
天然气产量/亿立方米	29.02	27.05	27.02	22.07	21.02	19.10
新增原油生产能力/万吨	0	0.30	0.05	—	—	—
新增天然气生产能力/亿立方米	4.74	0.03	4.95	1.05	1.92	—
新增原油地质储量/万吨	221.32	125.27	154.49	—	—	—
新增天然气地质储量/亿立方米	1 580.45	1 953.00	1 567.00	1 641.00	1 155.00	1 415.00
勘探开发投资额/亿元	35.56	33.72	36.99	14.16	11.45	14.12

表 4 石油工程西南公司主要生产建设指标

指标名称 \ 年份	2009	2008	2007	2006	2005	2004
完成钻井数/口	325	293	254	—	—	—
钻井进尺数/万米	94.16	89.21	80.81	—	—	—

勘探南方分公司

【概况】 中国石油化工股份有限公司勘探南方分公司（简称勘探南方分公司）成立于2007年3月，位于四川省成都市高新区，由原南方勘探开发分公司和原中南分公司勘探研究、勘探管理及部分相关业务的人员整合重组成立，为石化股份公司直属单位，业务上归口石化股份公司油田勘探开发事业部管理。

截至2009年底，勘探南方分公司有职工444人，平均年龄39岁。其中，具有大专以上学历人员占总数的84%，具有中级以上职称的人员占总数的63.1%；教授级高级工程师8人，国家千百万人才工程1人，享受国务院政府津贴人员1人。按照突出勘探核心业务的原则，机关设置勘探处、井筒技术处、物探技术处等11个职能部门和信息中心等4个附属机构。下设勘探研究院、外围工作部、青藏勘探项目管理部、物资供应中心4个二级单位，设派出机构元坝工作部和通南巴工作部。

勘探南方分公司全面负责中国石化南方新区风险勘探。勘探对象包括海相中古生界地层和陆相中新生界地层，勘探区块分布在秦岭—大别—胶南造山带以南，青藏高原至雪峰东缘，横跨12个省市区。勘查区块总面积约18.04万平方千米,总资源量约9.5万亿立方米。

勘探南方分公司紧紧围绕中国石化“发展南方”油气勘探战略，以油气资源为核心、勘探突破为重点、发现大中型油气田为目标，按照“勘探展开、勘探突破、勘探准备”三个层次部署和实施油气勘探工作，获得了丰厚的油气勘探成果。截至2009年底，勘探南方分公司在四川盆地累计获得天然气探明地质储量4 313.29亿立方米，控制地质储量4 647.93亿立方米，预测地质储量5 749.86亿立方米，三级储量合计达14 711.08亿立方米。

勘探南方分公司主要技术经济指标和主要生产建设指标见表1和表2。

（王孝祥）

【元坝地区海相勘探接连取得重大突破】 2009年3月29日，重点探井元坝101井在海相地层长兴组试获日产天然气32万立方米；4月30日，重点探井元坝12井经酸化测试在长兴组试获日产天然气53.14万立方米；11月19日，重点探井元坝11井长兴组射孔酸化测试联作，获得日产天然气51.61万立方米。2010年1月16日，重点探井元坝27井在长兴组喜获日产天然气120.2万立方米，突破日产百万立方米大关。这是元坝地区继元坝1井和元坝2井在海相长兴组获得天然气勘探重大突破后取得的一系列勘探成果，扩大了元坝礁滩相带的含气面积，展示了元坝地区良好的勘探前景。

（王孝祥）

【川东北地区中浅层勘探取得重大突破】 2009年5月3日，川东北地区通南巴构造带马路背构造上的马102井，在中浅层须家河组加砂压裂测试，试获日产天然气1.13万立方米；5月26日，马101井在须家河组常规测试，喜获60.11万立方米高产优质工业气流；6月23日，马102井在中浅层自流井组加砂压裂测试，获得日产天然气1.47万立方米；6月25日，元坝地区元坝101井在自流井组酸压测试，喜获日产13.55万立方米优质工业气流；7月5日，元坝4井在中浅层雷口坡组喜获日产天然气68.37万立方米；8月27日，元坝12井在雷口坡组射孔酸压测试，获得日产天然气19.31万立方米；11月4日，元坝2井在雷口坡组射孔酸压测试，获得日产天然气10.23万立方米；11月17日，元坝3井在须家河组常规射孔测试，喜获日产天然气22.83万立方米。这一系列突破展示了川东北地区中浅层天然气勘探的广阔前景，一个新的千亿立方米级资源接替阵地正在形成。

（王孝祥）

【清溪3井在新层系喜获工业气流】 2009年1月14日，川东北普光气田外围清溪场构造上的清溪3井，在井深5 247—5 295米的茅口组井段常规测试，喜获日产天然气2.39万立方米。这是川东北地区下二叠统新层系油气勘探首次获得工业产能，进一步扩大了清溪场构造油气勘探成果，表明普光气田南部具有多层系立体勘探的潜力。

（王孝祥）

【建深1井在新层系喜获工业气流】 2009年2月中旬，鄂西—渝东地区区域探井建深1井，在井深3 947—3 984米的韩家店组压裂测试，获得日产天然气2.83万立方米，取得新的勘探发现。

（王孝祥）

【双庙102井试获工业气流】 2009年3月18日，普光气田西南部双庙场构造上的评价井双庙102井，在嘉陵江组一段—飞仙关组三段进行常规裸眼测试，喜获日产天然气20.36万立方米。这是继2006年双庙1井在飞仙关组四段—三段获得工业气流后的再次突破，进一步扩大了普光气田的含气面积。

（王孝祥）

【川东南地区完成首轮高精度三维地震】 2009年5月10日，川东南涪陵区块首轮高精度三维地震野外资料采集项目招标，西南石油局第二物探大队和华东石油局第六物探大队中标。8月18日，该项目顺利完工。项目实施过程中共完成满覆盖面积346.86平方千米，放生产炮2.46万炮，采集资料合格率100%，其中Ⅰ级品记录2.23万张，Ⅰ级品率达到90.6%。项目验收组认为：所得资料优良，频率、信噪比、分辨率较高，波组连续，各目的层层现，满足地质任务要求。该项目完成用时3个月，创造了中国石化南方探区大型山地三维采集施工“安全、优质、高效”的新纪录。

（王孝祥）

【西藏地区新一轮野外地质调查完成】 2009年4月20日—6月24日，勘探南方分公司青藏项目部、研究院与中国石化石油勘探开发研究院、中国地质大学等单位派出科研人员组成的西藏野外地质调查组，通过2个月的野外地质科研工作，行程2万多千米，顺利完成了针对羌塘盆地、措勤盆地、伦坡拉和可可西里部署的新一轮野外地质调查任务，共观测剖面13条，采集各类样品400个，剖面累计长度67千米。

（王孝祥）

【召开南方地区海相前瞻性项目成果交流会】 2009年3月31日—4月2日，中国石化南方地区海相前瞻性项目成果交流会在成都召开。中国石化高级顾问牟书令，中国科学院张国伟院士、殷鸿福院士、刘宝珺院士、陈旭院士、汪集旸院士等承担前瞻性项目的专家学者共160余人与会。针对南方海相油气勘探所涉及的构造、地层、沉积、烃源、地球物理等基础性研究实施的30个课题进行了阶段性成果交流。会议提出了“以烃源岩研究为基础，以构造研究为主线，以储层研究为目标”的下步攻关思路。

（王孝祥）

【3项勘探成果获中国石化总部油气勘探重大发现奖】 2009年10月20日，石化股份公司公布2008年度油气勘探重大发现奖评审结果，21个获奖项目中勘探南方分公司占3个，其中“川东北中浅层天然气勘探获重大突破”获得重大突破奖，“元坝海相天然气勘探取得重大进展”获得重大发现一等奖，“大湾构造天然气勘探取得重要进展”获得重大发现二等奖。

（王孝祥）

【3项科技成果获中国石化总部奖励】 “高含硫气井关键技术研究与应用”获得2008年度中国石化科技进步一等奖；“南方复杂山地三维地震勘探与效果分析”获得中国石化高精度三维地震技术研讨会一等奖；“南方新区油气勘探项目化管理体系构建与普光大气田的发现”获得石化集团公司第18届管理现代化创新成果二等奖。

（王孝祥）

【全面开展“我要安全”和“管理年”活动】 2009年2月20日，《勘探南方分公司“我要安全”主题活动实施方案》发布实施；3月9日，勘探南方分公司全体员工在《我要安全承诺书》上签字；5月5日，勘探南方分公司一届二次职代会审议通过《勘探南方分公司安全生产禁令》；连续第四年被评为石化集团公司安全生产先进单位。3月中旬，《勘探南方分公司“企业管理年”活动实施方案》发布实施；4月中旬启动各项管理制度、工作标准和工作流程梳理和完善工作；12月底，重新修订和完善后管理制度、工作流程发布实施。

（王孝祥）

【党员干部教育制度化】 2009年11月16—21日，勘探南方分公司党委组织中层管理人员首次赴井冈山干部学院进行了为期5天的革命传统教育培训。11月25—26日，勘探南方分公司200多名共产党员和入党积极分子分两批到成都大邑县参观建川抗战博物馆，接受革命历史教育和爱国主义教育。勘探南方分公司党员干部经常受教育制度得到落实。

（王孝祥）

表1　　勘探南方分公司主要技术经济指标　　亿元

指标名称＼年份	2009	2008	2007	2006	2005	2004
资产总计	35.12	30.37	64.41	—	—	—
流动资产	34.21	29.41	63.42	—	—	—
固定资产原值	2.10	1.88	1.73	—	—	—
固定资产净值	0.76	0.76	0.86	—	—	—
销售收入	24.12	29.74	66.8	—	—	—
实现利税	–0.37	1.02	–3.10	—	—	—

表 2 　　　　勘探南方分公司主要生产建设指标

指标名称 \ 年份	2009	2008	2007	2006	2005	2004
新增天然气探明地质储量/亿立方米	537.76	631.00	252.00	—	—	—
新增天然气控制地质储量/亿立方米	907.62	1 683.00	1 035.00	—	—	—
新增天然气预测地质储量/亿立方米	1 235.39	2 323.00	3 060.00	—	—	—
二维地震/千米	2 654.56	319.00	3 734.00	—	—	—
三维地震/平方千米	1 839.46	631.00	1 515.00	—	—	—
新开钻井/口	9	18	27	—	—	—
完　井/口	17	21	16	—	—	—
钻井进尺/万米	6.05	10.00	12.59	—	—	—
勘探投资/亿元	22.94	25.84	45.03	—	—	—

东北油气分公司暨东北石油局

【概况】 中国石油化工股份有限公司东北油气分公司（简称东北油气分公司）和中国石化集团东北石油局（简称东北石油局）是中国石化在东北地区唯一一支从事石油天然气勘探开发研究的专业化油公司，有员工2 000余人，负责实施中国石化东北地区勘探开发一体化战略，加快实现油气资源发展战略目标。总部机关在吉林省长春市西安大路4936号。

东北油气分公司和东北石油局前身成立于1977年，2000年并入中国石化，2008年1月9日，中国石化将中国石化原东北分公司、东北石油局、勘探北方分公司、华东分公司吉林项目部腰英台油田整合重组为新的东北油气分公司，保留东北石油局的牌子。

截至2009年底，东北油气分公司辖有油气勘查与采矿区块44个，总面积约11.10万平方千米，分布在吉林、黑龙江、辽宁省和内蒙古自治区。其中，油气勘查区块36个，勘查面积约11.04万平方千米，采矿区块8个，开采面积约625.52平方千米。油气总资源量20.96亿吨油当量。资产总额近45亿元，固定资产净值3.4亿元，油气资产净值21亿元，其他资产20.6亿元。

东北油气分公司和东北石油局主要技术经济指标、东北油气分公司主要生产建设指标见表1和表2

（张万东　吴子锋）

【油气勘探取得三项重大成果】 2009年，东北油气分公司积极转变油气勘探开发思路，实现了从构造油气藏到地层、岩性油气藏的转变，从浅层（坳陷层）向深层（断陷层）的转变，从正向构造单元向负向构造单元的转变，通过强化隐蔽油气藏成藏条件等基础研究，老区勘探取得了三项重大成果。

（1）十屋8井在沙河子组试获日产60吨高产自喷工业油流。十屋8井位于公主岭市境内，属老油区新区块，在沙河子组上段钻遇主力油层，油层厚度达12.4米。展示了老区勘探的良好前景，成为老油区增储上产新的接替阵地。不仅实现了“下洼”找油找气认识上的突破，而且初步实现了十屋油田、太平庄油田和秦家屯油田3个油田的叠合连片，预计将新增三级地质储量4 137万吨，为在十屋地区培育50万吨油田初步奠定了资源基础。该井是东北油气分公司自成立30余年来勘探发现的第一口高产自喷井。

十屋8井点火放喷

同时在十屋11井于沙河子组发现40米油气层，十屋9、十屋801等井均获较好油气成果，预期可探明石油近千万吨，成功发现了一个整装易动用油田——七棵树油田。为增储上产提供了新的接替阵地，为实现梨树断陷建成50万吨石油产能的战略目标增添了信心，也拓展了梨树断陷新的勘探空间。

（2）东岭东断块S101井火石岭组获15.25吨高产工业油流，S102、S103井油气显示良好，火石岭断陷勘探取得突破，探明石油350万吨，这是一个新层系的重大突破，预示着松南火石岭小断陷有广阔勘探前景。

（3）位于达尔罕构造带腰南2井试获工业油流，腰南3井见良好油气显示，初步证实腰英台油田南部仍有较大的油气勘探潜力，可望再培育一个腰英台油田。同时，新区勘探取得积极进展，准宝1井首次在侏罗系发现油层，前参1井发现第三系优质烃源岩，展示了新区良好的勘探前景。

（张万东　吴子锋）

【松南气田10亿立方米产能建设项目投产】 2009年10月29日，东北油气分公司松南气田10亿立方米产能建设地面处理装置投料试产一次成功。松南气田10亿立方米产能建设项目是中国石化重点工程，它的顺利投产，使东北油气分公司日输气量达110余万立方米以上，天然气产能跨入一个历史新纪元，标志着东北油气分公司已具备年产100万吨油当量的生产能力。

（张万东　吴子锋）

松南气田投产启动仪式

【长岭采油厂成立】 2009年6月29日，东北油气分公司在腰英台油田基地召开长岭采油厂成立大会，至此，东北油气分公司采油四厂与华东分公司腰英台油田的整合工作基本完成。长岭采油厂的组建，是“一厂两制”体制与机制的崭新探索，开创了中国石化旗下两大公司之间油田开发新的合作体制和运行机制，是一个创举。

（张万东　吴子锋）

东北油气分公司与华东分公司签订合作协议

【天然气产销两旺】 2009年末，松南气田一、二期工程相继提前投产供气，使东北油气分公司天然气产量与外销量持续增加。进入12月以来，东北油气分公司天然气外销量始终保持在100万立方米以上。与2008年同期相比，天然气日产量、销量增加了近1倍。2009年12月22日，东北油气分公司天然气产量最高达到146万立方米，再创历史新高。在确保天然气生产稳产的同时，东北油气分公司全力加大市场开拓力度。一方面巩固老用户，保证供应，另一方面扩大市场销路，增加新的用户。年内新增双辽市福耀玻璃厂、一汽集团等重要客户。同时，按照石化集团公司“一盘棋”的整体布局，积极开拓中国石化下游天然气销售市场，全力支持天然气公司东北销售分公司延伸产业价值链。中国石化销售东北分公司CNG母站，日用气量新增近4万立方米。

（张万东　吴子锋）

【八屋—长春输气管道工程项目启动】 2009年10月15日，东北油气分公司八屋—长春输气管道工程建设正式开工建设。整个项目将于2010年底竣工。管道建成后，向长春日供气量将达到140万立方米，年新增天然气供应能力9亿立方米。

（张万东　吴子锋）

【强化基础管理工作】 2009年，东北油气分公司以“基础建设年”活动为主线，着力加强生产经营、勘探开发、安全生产等管理，不断提升综合管理水平。通过加强信息网络基础建设和改造升级，实现数据采集工作制度化、规范化。不断完善ERP运行管理，深化运用有效推进。大力加强财务核算和成本管理，实行资金集中管理，经济活动分析质量进一步提高。认真抓好债权清理工作，清理回收呆坏账160余万元。沉着应对激烈的市场竞争，二氧化碳超额完成年度销量利润目标任务。注销天华、天合公司，解除与恩威集团的租赁合同，防止了国有资产流失。认真开展“五项劳动竞赛”活动，强化“三基”工作，基层综合管理水平有所提高。深入开展“我要安全”和“百日安全无事故”竞赛活动，健全完善安全环保工作制度，认真落实安全环保责任制，狠抓安全生产管理和安全培训取证工作，建立健全突发事件应急预案体系，实施安全隐患治理，安全环保形势总体平稳。

（张万东　吴子锋）

【完善油公司体制机制】 2009年2月26日，东北油气分公司与华东石油局在长春举行测井、固井、运输业务划转交接仪式，双方领导签署了业务划转协议。东北油气分公司原工程维修中心测井、固井、运输3支工程作业队伍的88名职工被外派到华东石油局相关单位工作。此次划转工作的完成，使东北油气分公司向油公司体制迈出坚实的一步。

（张万东　吴子锋）

表1　东北油气分公司和东北石油局主要技术经济指标　亿元

指标名称＼年份	2009	2008	2007	2006	2005	2004
工业增加值	0.95	2.89	1.27	1.47	1.40	2.01
东北油气分公司	0.95	2.75	1.14	1.21	1.21	1.85
东北石油局		0.14	0.13	0.26	0.19	0.16
资产总计	46.84	47.33	13.22	10.56	9.85	9.25
东北油气分公司	45.17	45.59	11.36	9.37	8.51	7.99
东北石油局	1.67	1.74	1.86	1.19	1.34	1.26
流动资产	3.08	2.30	1.93	1.18	1.69	1.25
东北油气分公司	2.19	1.43	0.97	0.89	1.32	0.90
东北石油局	0.89	0.87	0.96	0.29	0.37	0.35
固定资产原值	57.28	42.64	17.80	13.63	11.71	11.14
东北油气分公司	56.38	41.60	16.61	12.43	10.46	9.98
东北石油局	0.90	1.04	1.19	1.20	1.25	1.16
固定资产净值	25.16	29.30	10.29	8.81	7.84	7.66
东北油气分公司	24.60	28.65	9.51	7.97	6.95	6.81
东北石油局	0.56	0.65	0.78	0.84	0.89	0.85
销售收入	8.70	12.65	3.05	3.65	3.11	2.87
东北油气分公司	8.67	12.32	2.84	3.04	2.38	2.32
东北石油局	0.03	0.33	0.21	0.61	0.73	0.55
实现利税	12.71	−1.66	−0.76	0.50	−0.48	0.02
东北油气分公司	12.68	−1.91	−0.81	0.44	−0.55	−0.04
东北石油局	0.03	0.25	0.05	0.06	0.07	0.06
税　金	0.753	0.31	0.27	0.15	0.07	0.06
东北油气分公司	0.75	0.24	0.24	0.08	0.01	0.01
东北石油局	0.003	0.07	0.03	0.07	0.06	0.05
综合能耗/吨标煤·万元$^{-1}$	0.65	0.49	—	—	—	—

表2　　东北油气分公司主要生产建设指标

指标名称 \ 年份	2009	2008	2007	2006	2005	2004
原油产量/万吨	24.12	24.72	5.02	4.87	4.72	5.15
天然气产量/亿立方米	2.22	1.40	1.16	1.70	1.75	1.81
二氧化碳产量/万吨	4.25	3.84	3.71	4.76	3.37	3.00
新增原油生产能力/万吨	2.50	9.96	0.78	2.00	1.00	2.29
新增天然气生产能力/亿立方米	2.81	2.26	0.42	0.52	0.60	0.64
新增探明石油地质储量/万吨	788.30	1 875.93	674.76	536.00	—	76.00
新增探明天然气地质储量/亿立方米	126.85	51.05	—	—	61.68	23.82
二维地震/千米	2 111	1 456.19	—	—	—	512.00
三维地震/平方千米	490.00	661.61	196.00	—	15.00	85.00
石油钻井/口	103	282	50	57	47	61
探　井	30	32	16	8	10	15
开发井	73	250	34	49	37	46
钻井进尺/万米	22.27	62.00	9.85	9.40	9.02	11.05
勘探投资/亿元	8.37	8.04	1.77	0.76	0.67	1.55
开发投资/亿元	8.79	18.44	1.38	1.75	1.33	1.54

华北石油局暨华北分公司

【概况】 中国石化集团华北石油局（简称华北石油局）和中国石油化工股份有限公司华北分公司（简称华北分公司）前身为地质部第二石油普查勘探指挥部，1997年并入中国新星石油公司，2000年随中国新星石油公司并入石化集团公司，2002年5月，根据石化集团公司重组改制总体部署，华北石油局完成了上市、存续重组改制工作，重新组建了中国石化新星公司华北石油局和中国石油化工股份有限公司新星华北分公司，2003年7月分别划归石化集团公司、石化股份公司直接管理。

华北石油局和华北分公司机关总部位于河南省郑州市（包括勘探开发研究院及工程技术研究院），油气生产基地位于陕西省榆林市、内蒙古鄂尔多斯市、宁夏盐池县和甘肃省庆阳市。

截至2009年底，华北石油局和华北分公司共设1套党政领导班子（成员共7人），1个纪委、1个工会和1个共青团组织， 20个职能处室、8个附属机构、3个派出机构。华北石油局下设10个二级生产单位，共有正式职工3 025人，劳务用工3 443人，其中拥有高级技术职称的247人，中级技术职称的465人。华北分公司下设6个二级单位，共有正式职工1 171人，劳务用工1 080人，其中拥有高级技术职称的253人，中级技术职称的234人。

华北石油局主要从事石油工程施工，拥有钻井、测井、录井、固井、压裂等油气工程专业施工队伍199支，年钻井施工能力超过100万米，可承担全套油气勘探开发施工任务。工程队伍主要分布在国内的塔河、鄂尔多斯两个主要探区，以及东北、川东北和国外的哈萨克斯坦、沙特、也门等工区。

华北分公司主要从事油气勘探开发和销售业务。截至2009年底，华北分公司拥有油气勘探开发区块16个，总面积2.84万平方千米。其中，鄂尔多斯盆地12个，合计面积2.49万平方千米；二连盆地4个，面积3 506平方千米。年末累计拥有石油探明储量1 687万吨，三级储量2.47亿吨；累计拥有天然气探明储量3 745亿立方米，三级储量8 373亿立方米。

华北石油局和华北分公司主要技术经济指标见表1，华北分公司主要生产建设指标见表2。

（林彦兵　张新悦）

【领导班子调整】 2009年12月，石化集团公司对华北石油局和华北分公司领导班子进行了调整。周荔青任华北石油局局长、华北分公司总经理、华北石油局党委副书记；原华北石油局局长、华北分公司总经理左文岐不再担任局长、总经理职务，调出另有任用；原华北分公司副总经理王红兵不再担任该职务，调出另有任用。

（林彦兵　张新悦）

【油气勘探取得丰硕成果】 2009年，华北分公司油气勘探成果显著。①镇泾探区红河42井在长9油层试获工业油流，红河37井延10油层勘探突破工业油流关，开辟了该区新的勘探开发层系。②麻黄山西区块圈弯子凸起带延5油层获重大突破，宁东24、26、27井获高产工业油流，为宁东油田新的产能建设提供了新层区。③彬长探区早胜3井长6油层和长武2井长8油层试获高产工业油流，为一体化开发提供了有效阵地。④定北区块东部定北9井延9油层获工业油流，拓展了该区勘探领域。⑤塔巴庙区块多口井在奥陶系风化壳获得天然气产能突破，为奥陶系风化壳提交探明储量提供了依据，开辟了大牛地气田新的建产、增储层系。⑥杭锦旗地区锦25井钻遇良好油气显示并试获气流，为上古生界天然气勘探开辟了新的勘探区域。⑦富县、彬长探区中生界浅层气/页岩气展示了较好的前景。

（林彦兵　张新悦）

【油气开发水平进一步提高】 2009年，华北分公司部署钻井完成测试井，平均单井产量1.22吨/日，已测试开发井出油率87.5%。评价出红河26井区、红河105井区砂体发育带为2009年有利建产区，并开展了超前注水试验；优选出6个2010年勘探、评价部署重点目标区，圈闭资源量2 000万吨以上。宁东油田继续实施滚动开发成效显著。围绕宁东17井实施的ND17-5、ND17-6两口开发井，最高日产原油分别为17.8吨和12.8吨；围绕宁东22井实施的评价井ND22-1井，最高日产原油6.2吨；原油建产率94.4%；开展宁东3井区、宁东5井区注水方案调整和油藏综合治理，稳油控水效果明显。定边油田积极实施注水开发，开展油井动态监测分析，制定相应的措施方案，保证了老油田的持续长期稳产。

（林彦兵　张新悦）

【超额完成年度储量目标任务】 2009年，华北分公司新增天然气探明储量222.95亿立方米，完成年计划的（下同）111.48%，控制储量494.72亿立方米，完成64.91%，预测储量429.07亿立方米，完成143.02%；新增石油探明储量555.33万吨，完成111.07%，控制储量1 256.45万吨，完成125.65%，预测储量1 719.00万吨，完成114.60%。

（林彦兵　张新悦）

【油气产能建设目标顺利实现】 2009年完成的42口开发井直井平均单井产量0.91万米^3/日（好于方案设计），新建产能1.25亿立方米，建产率100%；完成测试的2口水平井平均单井产量1.5万米^3/日，新建产能0.10亿立方米。大牛地气田2009年核定新建产能1.84亿立方米、新增产能0.9亿立方米，气田年保有产能23.9亿立方米。完成的11口开发准备井直井，平均钻遇气层4.27层，平均单井配产0.79万米^3/日，落实多层合采有利区37.44平方千米、控制储量291.31亿立方米。截至2009年底，气田开发动用储量1 306.64亿立方米，可采储量694.88亿立方米，各类天然气开发井810口，接入集、输气管网气井708口，日生产能力达到680万立方米。

（林彦兵　张新悦）

【油气产销目标顺利实现】 2009年，油气商品量稳定在200万吨油当量以上。生产原油12万吨，增长3.63%；原油商品量11.8万吨，增长2.97%；原油商品率98.3%。生产天然气19.59亿立方米，增长2.24%；天然气商品量19.15亿立方米，增长2.02%；天然气商品率97.75%。

（林彦兵　张新悦）

【油气工程施工提速提效明显】 2009年，镇泾工区平均钻井周期13.52天，同比缩短18.01%，平均机械钻速同比提高15.21%。五普40837HB钻井队以9.47天创镇泾油田平均钻井周期最短纪录。鄂北工区新开工水平井平均钻井周期96.32天，同比缩短25.72%。三普50840HB钻井队施工的DP17井，以75.51天实现了水平井80天之内完钻的目标。西部公司70191HB钻井队施工的TH12415H井，以83.67天创6 501—7 000米深井石化集团公司钻井周期最短纪录。西部工程公司70847HB压裂队、井下作业公司HB-YL201压裂队、录井公司HB056录井队创造了4项石化集团公司石油工程新纪录，在西部工区“三创一建”活动中被评为突出贡献单位1个、优胜单位1个、优胜基层队伍9个、先进个人19人、优秀工程1项。

（林彦兵　张新悦）

【镇泾油田低成本产能建设见到实效】 2009年，以“低成本，高标准，优质量，好成果”为工作原则，通过镇泾油田项目经理部和施工单位共同努力，优化生产组织运行、简化配套、优化设计、节约钻井材料、压缩钻井周期、推广应用新工艺新技术，使钻井成本从428元/米降低到290元/米，减少了32%；固井费用从30.5万元调到17.7万元，减少了42%，单井测井费用从20万元下调到7.1万元，减少了65%，单井压裂成本降低了60万元以上，大大降低了单井完井成本，达到了降本增效的目的。

（林彦兵　张新悦）

【开展干部联系困难户活动】 2009年初，华北石油局党委在全局范围内启动了领导干部联系困难户活动，要求局和二级单位两级班子成员和两级机关干部每人至少联系一户困难家庭或涉稳重点人，与困难户（包括涉稳重点人）"结对子"，定期联系、走访、慰问困难户和涉稳重点人，加强与他们的思想交流、感情沟通，解决他们的一些实际困难，把组织的温暖和关爱带给他们，进一步密切党群干群关系。全年共有8名局级干部、101名处级干部、124名科级干部参加了帮扶活动，帮扶对象总数217户。截至年底，干部已走访、慰问困难户和涉稳重点户651户次，每名干部入户走访至少3次以上。

（张新悦）

表1　华北石油局和华北分公司主要技术经济指标　亿元

指标名称＼年份	2009	2008	2007	2006	2005	2004
工业总产值	41.31	32.88	29.85	23.21	13.76	7.14
华北石油局	18.86	18.27	14.73	13.43	10.66	6.51
华北分公司	22.45	14.61	15.12	9.78	3.10	0.63
工业增加值	11.05	19.54	17.44	12.80	7.53	4.40
华北石油局	7.22	7.68	7.09	5.82	5.11	3.91
华北分公司	3.83	11.86	10.35	6.98	2.42	0.49
资产总计	110.46	110.79	93.06	67.44	46.39	24.55
华北石油局	27.41	26.30	17.93	15.45	11.95	12.02
华北分公司	83.05	84.49	75.13	51.99	34.34	12.53
流动资产	12.41	38.26	12.68	11.70	9.18	7.37
华北石油局	9.35	10.61	10.23	8.53	5.97	5.96
华北分公司	3.06	27.65	2.45	3.17	3.21	1.41
固定资产原值	130.59	23.94	97.18	66.09	43.00	21.38
华北石油局	24.07	20.40	13.75	12.06	10.57	9.91
华北分公司	106.52	3.54	83.43	54.03	32.43	11.47
固定资产净值	84.81	16.41	78.64	54.13	36.57	16.76
华北石油局	15.84	13.67	6.51	5.96	5.45	5.64
华北分公司	68.97	2.74	72.13	48.17	31.12	11.12
销售收入	52.06	48.51	36.25	29.21	18.18	10.40
华北石油局	24.07	21.68	18.74	17.47	13.48	8.88
华北分公司	27.99	26.83	17.51	11.74	4.70	1.52
实现利税	4.49	13.26	6.87	5.88	−0.57	−5.10
华北石油局	2.12	3.29	1.39	1.13	0.83	0.50
华北分公司	2.37	9.97	5.48	4.75	−1.40	−5.60
税　金	2.86	2.22	4.86	1.47	−0.67	0.20
华北石油局	1.85	1.42	2.12	1.67	1.43	1.05
华北分公司	1.01	0.80	2.74	−0.20	−2.10	−0.85
综合能耗/吨标煤·万元$^{-1}$	0.48	0.475	—	—	—	—
华北石油局	0.48	0.48	—	—	—	—
华北分公司	0.48	0.47	—	—	—	—

表2 华北分公司主要生产建设指标

指标名称＼年份	2009	2008	2007	2006	2005	2004
油气产量/万吨	203.80	203.06	156.53	115.50	47.39	15.36
新增油气生产能力/万吨	125.00	21.96	43.20	48.80	102.41	13.10
新增油气探明地质储量/万吨	2 784.83	2 529.20	2 161.70	1 625.38	3 489.92	14 375.90
三维地震/平方千米	240.00	—	—	590.98	—	1 125.92
二维地震/剖面千米	560.30	750.00	523.15	1 258.55	1 844.33	2 171.18
油气钻井/口	223	149	218	206	283	89
探　井	72	18	23	20	28	33
开发井	151	131	195	186	255	56
钻井进尺/万米	17.82	38.47	60.32	55.94	80.71	22.83
勘探投资/亿元	6.25	2.61	2.91	2.29	2.51	6.22
开发投资/亿元	11.04	12.46	21.73	20.47	18.20	3.11

华东石油局暨华东分公司

【概况】 中国石化集团华东石油局（简称华东石油局）和中国石油化工股份有限公司华东分公司（简称华东分公司）位于江苏省南京市热河南路，是中国石化常规与非常规油气勘探开发的专业队伍。华东石油局前身是江苏省石油勘探指挥所，成立于1970年5月6日。1997年1月归入中国新星石油公司。2000年3月随新星石油公司整体并入石化集团公司，2003年5月，华东石油局和华东分公司调整为石化集团公司直接管理。

截至2009年底，华东石油局和华东分公司共设有职能部门和党委工作部门25个（不包括工会、团委），设有下属生产科研单位21个（其中华东石油局15个，华东分公司6个），另设2个地区工作部，分别负责东北的勘探开发工作和西部石油工程作业队伍的管理。年末用工总量7 764人,其中在职职工 3 308人（其中华东石油局2 044人，华东分公司1 264人），劳务工4 456人(其中华东石油局3 592人，华东分公司864人)；具有各类高级专业职称的有375人，中级专业职称的有606人。累计22人享受政府特殊津贴。

2009年在顺利接收勘探南方分公司7个下扬子区块后，华东石油局和华东分公司实际拥有石油勘探工作区块12个，面积由2 005.23平方千米增加到1.70万平方千米；石油矿产开发权区块6个，面积约354.97平方千米。截至年底，苏北地区累计探明石油储量3 135.60万吨，技术可采储量753.20万吨；华东分公司拥有非常规矿权区块面积8.25万平方千米。在山西、河南、安徽、宁夏、内蒙古、贵州等地拥有可勘探煤层气矿权区块26个，区块面积7.52万平方千米，含煤面积3.98万平方千米，煤层气总资源量4.77万亿立方米。新增页岩气工作区块1个，区块面积7 346.41平方千米。

华东石油局和华东分公司主要技术经济指标和主要生产建设指标见表1和表2。

（廖志英）

【领导班子调整】 2009年12月20日，华东石油局和华东分公司召开干部大会，由石化集团公司党组成员、石化股份公司高级副总裁王志刚和石化集团公司人事部副主任戴锭宣布了石化集团公司党组对华东石油局和华东分公司人事任职决定：方志雄任华东石油局局长、华东分公司经理兼华东石油局党委副书记。

（廖志英）

【非常规油气勘探取得重要进展】 2009年被列入中国石化非常规油气资源勘探开发项目的有5个煤层气区块、3个合作区块和4个有独立勘探开发矿权的含煤常规油气区块，有14个可进行评价的非常规区块。华东分公司在上述区块开展了非常规油气资源有利目标的评价工作，建立了煤层气等非常规资源和选区评价的技术体系，优选了华北、鄂尔多斯、西北和南方四大有利目标，确立和顺、延川南区块为重点试验区。同时组建了水平多分支井、裸眼筛管完井2个技术攻关队伍。页岩气战略选区评价进展迅速，初选了4个有利区块进行试验，申报登记13个页岩气区块矿权。

2009年，非常规油气勘探开发完成二维地震勘探204.52千米，探井17口，进尺1.46千米，测试9井次，压裂6井次，排采9井次。和顺区块先导性项目在已成功实施的排采井组和单井中，通过精细排采，均获得煤层气解析结果，并初步掌握低压、低含水煤层气的排采技术，使和2井单井排采气产量稳定在每天270立方米以上。

为进一步拓展非常规资源领域，华东石油局和华东分公司完成了新疆准东煤炭资源详查，向国土资源部提交了《新疆准东煤田奇台县大井南勘查区详查报告》和《新疆准东煤田吉木萨尔县大庆沟勘查区详查报告》，经核准的煤炭资源量计146.61万吨。

（朱杰平　廖志英）

和顺煤层气施工现场泡沫解堵排气作业人员冒着“黑雨”下油管　（陈兴明　摄）

【油气储量成倍增长】 2009年，华东分公司油气勘探针对大中型目标区带，展开精细勘查，努力寻找优质可动用资源。全年新增石油地质探明储量332.99万吨，石油控制储量548.08万吨，石油预测储量411.92万吨，新增石油三级储量1 292.99万吨，基本改变了苏北地区优质储量接替不足的局面，为每年提交300万—400万吨探明储量以及苏北油田持续上产奠定了基础。

（吴聿元　廖志英）

【溱潼凹陷油气勘探获得突破性进展】 2009年，华东分公司在溱潼凹陷依靠高精度三维地震勘探，取得良好的高精度地震资料，精确落实低幅度构造和一批小断层，确定了大量新的圈闭，发现了红庄、兴北、广山、祝庄等6个油田，特别是红庄构造首次在垛二段发现储量丰度高、埋深浅、单井产量高的油层。红庄油田的发现，是自1991年发现州城油田以来断阶带最重要的发现，提交石油地质探明储量136万吨。

（吴聿元　廖志英）

【二氧化碳驱油项目效果明显】 2009年，针对草舍油田部分井高油气比的生产特征，加强动态监测，开展提高产量的工艺技术研究和地面开发配套技术改造，采用4口井注二氧化碳、1口井注水、15口井采油的注采方式，累计注采比1.05。通过井网加密和增大注气量，日产油最高73吨，年平均日产油67吨，含水率下降15%，且基本平稳，气（水）驱动用储量增大。自2005年7月注气以来，注气总量11.18万吨，累计增加产量2.98万吨，二氧化碳气体换油率1∶3.9。

（刘　伟　廖志英）

【海外市场开拓成果显著】 2009年，华东石油局和华东分公司加大海外市场开拓力度，培育重点目标市场。加蓬钻井项目完成钻井8口，测试井4口，SAWZ-3井第一测试层获日产174立方米油流，实现重大突破。加蓬技术支撑项目部署实施7口勘探井，在3个目的层获日产50—300吨油气产量，证实了区块勘探开发潜力。哈萨克斯坦技术支撑项目发现了Ashikols-4等7个油区，打出5口高产油气自喷井，进一步评价了Kaganai、Sarw等8个新勘探目标，论证了2009年第一阶段探井评价井32口，可望形成新的勘探开发区带。厄瓜多尔物探项目经过艰难的前期准备，截至年底，累计完成工作总量的27.8%。柬埔寨NR76号路桥工作实现扭亏为盈，步入良性发展阶段。华东石油局和华东分公司还在伊朗开拓综合测试市场，在叙利亚竞标钻井工程。全年438人次出境参与工程施工和管理工作，在国际金融危机的不利环境下，共实现收入6 800万美元，同比增长55%，工程技术水平和经营业绩显著提高。

（廖志英　王红燕）

【松南气田火山岩气藏开发关键技术研究获显著效益】 2009年，华东分公司在松南腰英台开展火山岩气藏开发关键技术研究，通过井震结合的方法，形成火山岩含碳天然气储层识别、预测与气藏描述、水平井欠平衡钻井、完井、测试评价、排水采气、二氧化碳防腐等集成创新技术，获得具有自主知识产权的含碳天然气甲基二乙醇胺脱碳工艺，腰平3井测试无阻流量达到581万立方米。该成果优化了产能建设方案，钻井数减少12口，节约钻井进尺4.46万米，预计节约钻采工程投资4.70亿元。2009年在松南气田新建天然气产能12.74亿立方米，提供的清洁能源基本满足吉林长春市及周边城市的居民和部分工业用气。

（刘 伟 廖志英）

井下项目部专职安全员与职工在施工现场学习禁令 （沈志军 摄）

【松辽盆地南部断陷层勘探目标与技术项目研究获石化集团公司科技进步一等获】 （参见第143页）

【开展全员“我要安全”主题活动】 “我要安全”主题活动以持续推进和完善HSE体系建设为主线，以宣传贯彻、细化《安全生产禁令》为重点，层层落实安全环保责任，通过“安全生产月”、“百日安全生产无事故”和井控应急预案演练等活动进一步深化主题。组织“我要安全”征文竞赛和演讲比赛，收到论文400多篇，20名职工参加演讲比赛，出版主题活动简报13期。加强安全教育培训，755人次参加了领导干部、专职安全环保和特种作业人员及清洁生产专项培训。建立和印发了11个分专业110条“安全生产禁令”，完善多级应急预案，开展应急预案演练。在职工中开展“我的岗位隐患排查”活动，共排查各类问题和隐患1 120多条，排查陋习和“低老坏”334条，已整改910条，其他均制定了防范措施。对二级单位及基层施工队、站开展安全环保生产大检查、隐患排查、井控安全专项检查，对60多个基层单位进行HSE检查，查出安全和环保隐患348项，投入1 360万元用于隐患的综合治理。奖励安全生产先进单位和个人112.45万元。实现“四个避免”的安全控制目标。

（廖志英 赵大卫）

【节能达标工作跃上新台阶】 2009年，华东石油局和华东分公司围绕第四届五项劳动竞赛精细化管理的主题，通过强化管理、精心优化、综合治理、技术进步和加大投入等措施，强化节能项目管理，完善节能目标责任管理体系，开展能效对标活动，推行节能“四新”技术应用，优化参数和流程，降低能源消耗，加强节能监测，跟踪评估节能实效，提高能源利用效率。华东石油局综合能耗和万元工业产值综合能耗考核指标均达到石化集团公司的目标要求，同比实现节能量369吨标煤；华东分公司单位油气综合能耗、万元产值综合能耗、单位油气综合电耗均低于年度指标，全面完成主要油气生产耗能单位节能考核目标任务，节能工作成效显著。有10个单位或基层队、站获中国石化油田企业达标单位、达标竞赛优胜单位称号。

（廖志英 李海燕）

【通过ISO 9000质量管理体系认证】 2008年，华东石油局和华东分公司开始构架ISO 9000质量管理体系，成立认证领导小组，编制质量手册、程序文件等体系文件，制定质量方针和质量目标，安排2期基础知识培训班。2009年5月1日，ISO 9000质量管理体系上线运行。为跟踪运行情况，完善运行程序，8月组织内审并对存在问题进行整改，9月完成了二次第三方对管理体系的符合性、适宜性、有效性的审核，及时整改第三方在审核中提出的不合格项，修正和完善体系文件，2009年10月取得国家认可颁发的ISO 9000质量体系认证证书。

（廖志英 刘 伟）

【合资组建南京威诺油气井测试公司】 2009年4月28日，华东石油局与中国石化国际石油勘探开发公司和中国石化国际石油工程公司共同投资组建南京威诺油气井测试公司。公司注册资本1亿元人民币，华东石油局占57%的股份，国际石油勘探开发公司占40%的股份，国际石油工程公司占3%的股份。公司地点设在南京，经营范围为：油气井测试及技术服务、技术咨询，测试井筒技术服务等，主要服务于境外油气井测试工程市场。

(廖志英)

【加强“三支队伍”建设】 2009年，针对“三次创业”和非常规勘探开发队伍建设需求，华东石油局加强人才培训，有计划地加强管理、技术、技能人才的理论、技术、技能培训。选派2名处以上干部参加石化集团公司高级经营管理人才培训；调整、选拔队处级干部53名，上下之间、单位之间、部门之间交流人员16名，占调整补充人员的44.44%；涉及10个单位和机关15个部门，以提高经营管理干部的履职能力和综合素质。引进石油专业高校毕业生90名，组织1 431人次技术骨干参加各类专业技术培训，有107人参加了高级专业技术职称评审，以增强技术专业队伍的适应性，满足企业发展对专业技术的要求。从人才市场优选255人，从石油技校7个专业招收120人，充实到生产一线，并通过岗位练兵、技能大赛、教育培训提高技能操作水平，有4人获得技师资格，291人获得高级工资格，新增特种作业持证人员130人，2人在中国石化测试工技能大赛中获金奖。

（廖志英　张瑞康）

【资金集中管理系统上线运行】 2009年7月21日，经过信息收集、流程调整、系统测试、人员培训等工作，华东石油局进入石化集团公司资金管理系统的数据与自身财务管理系统中的数据对接一致,资金集中管理信息系统成功上线，资金管理被纳入石化集团公司管理平台。

（廖志英）

【年鉴编纂工作启动】 为客观准确、连续记载华东石油局和华东分公司生产经营、改革发展、科技进步等全面情况，反映最新发展、重大事件等，2009年10月27日，华东石油局和华东分公司决定启动年鉴编纂工作，先行编纂2008—2009年度《华东石油局、华东分公司年鉴》。

（廖志英）

【钻井进尺创中国企业新纪录】 2009年11月7日，在济南“中国企业新纪录”发布表彰大会上，华东石油局钻井公司70862HD钻井队2008年在塔河油田施工完成的AD21、TK1269井TK1086X井，完钻井深6 001—6 500米，平均完钻井深6 461.50米，年井尺1.91万米，被确认为中国企业新纪录。

（廖志英）

【庆建国60周年系列活动精彩纷呈】 2009年，在新中国60华诞之际，华东石油局和华东分公司积极开展升国旗、唱红歌、看电影、观阅兵、办演讲等系列活动，用歌曲、舞蹈、诗歌、书画、摄影歌颂共产党好、社会主义好、改革开放好、伟大祖国好、各民族团结好，在活动中展示华东石油局和华东分公司广大职工良好的精神风貌。全局2 000多人次参加了演出活动，华东石油局在石化集团公司庆祝建国60周年广州区汇演中获得铜奖。

（廖志英）

“我为祖国放歌”演唱会现场

表1　　**华东石油局和华东分公司主要技术经济指标**　　亿元

指标名称 \ 年份	2009	2008	2007	2006	2005	2004
工业总产值	13.71	15.72	17.44	15.15	10.57	7.97
华东石油局	10.45	9.85	8.15	7.44	5.07	4.11
华东分公司	3.26	5.87	9.29	7.71	5.50	3.86
企业增加值	5.23	9.24	10.17	6.92	6.23	4.06
华东石油局	6.31	6.33	4.54	3.23	2.76	2.09

续表

指标名称 \ 年份	2009	2008	2007	2006	2005	2004
华东分公司	–1.08	2.91	5.63	3.69	3.47	1.97
资产总计	34.84	34.57	41.16	30.76	22.80	18.92
华东石油局	19.54	18.37	14.29	12.90	11.42	9.72
华东分公司	15.3	16.20	26.87	17.86	11.38	9.20
流动资产	8.55	13.73	9.78	8.38	7.31	5.56
华东石油局	7.63	10.81	8.17	6.90	5.93	4.40
华东分公司	0.92	2.92	1.61	1.48	1.38	1.15
固定资产原值	40.69	32.99	44.00	30.77	23.52	19.62
华东石油局	13.52	9.34	8.42	7.94	7.20	6.45
华东分公司	27.17	23.65	35.58	22.83	16.32	13.16
固定资产净值	19.19	17.27	28.74	19.49	14.01	11.27
华东石油局	9.58	6.09	5.30	5.13	4.79	4.29
华东分公司	9.61	11.18	23.44	14.36	9.22	6.99
销售收入	21.38	38.31	24.10	23.01	16.11	12.18
华东石油局	18.12	17.54	14.77	13.57	9.50	7.45
华东分公司	3.26	20.77	9.33	9.44	6.61	4.74
实现利税	–2.18	2.83	4.38	2.60	2.47	0.78
华东石油局	1.89	2.23	1.72	0.87	0.71	0.50
华东分公司	–4.07	0.60	2.66	1.73	1.76	0.28
税　金	1.81	3.59	3.22	1.56	0.82	0.89
华东石油局	1.24	1.51	1.43	0.75	0.29	0.39
华东分公司	0.57	2.08	1.79	0.81	0.53	0.50
综合能耗/吨标煤·万元$^{-1}$	1.12	1.05	0.37	0.40	0.40	—
华东石油局	0.48	0.48	—	—	—	—
华东分公司	0.64	0.57	0.37	0.40	0.40	—

表2　**华东石油局和华东分公司主要生产建设指标**

指标名称 \ 年份	2009	2008	2007	2006	2005	2004
原油产量/万吨	13.02	13.00	25.51	21.09	18.00	17.50
新增原油生产能力/万吨	4.06	3.07	11.41	13.30	5.80	7.10
新增探明石油地质储量/万吨	333.00	102.28	624.38	774.20	549.00	500.00
二维地震/千米	210.00	70.00	—	—	—	—
三维地震/平方千米	219.00	153.00	229.00	153.00	155.00	224.00
石油钻井/口	74	47	190	162	61	55
探　井	38	18	19	20	19	12
开发井	36	29	171	142	42	43
钻井进尺/万米	16.27	18.25	44.03	40.31	13.73	14.15
勘探投资/亿元	3.91	3.00	1.89	1.73	1.48	1.33
开发投资/亿元	3.17	2.34	9.18	7.20	2.49	2.48

管道公司

【概况】 中国石化集团管道储运公司（简称管道储运公司）暨中国石油化工股份有限公司管道储运分公司（简称管道储运分公司）统称管道公司，是中国石化从事油气储运的专业化管理企业，基地位于江苏省徐州市，其前身创建于1975年2月17日，始称华东输油管线指挥部。1998年6月，石油、石化两大集团公司重组，成立中国石化集团管道储运公司。2000年3月分立管道储运公司和管道储运分公司运行。

截至2009年底，管道公司管辖原油管道37条，全长6 132.24千米，油罐总罐容2 356.35万立方米，30万吨级原油码头7座，业务范围涉及北京、天津、河北、山东、江苏、河南、安徽、浙江、上海、湖北、湖南、江西、广西、广东14个省、自治区和直辖市，担负着胜利、中原、河南等油田的原油以及部分进口原油的输送任务，为燕山石化、齐鲁石化、上海石化、金陵石化、扬子石化、镇海石化、安庆石化、九江石化等20个长江中下游及华北、东南沿海地区的炼油、化工企业输转原油。资产总计419.7亿元，其中管道储运公司16.68亿元，管道储运分公司403.02亿元；在册职工7 625人，其中管道储运公司2 177人，管道储运分公司5 448人。

管道公司主要技术经济指标和管道储运分公司主要生产指标见表1和表2。

（张立辉）

【年输油量再创历史新高】 2009年，管道公司累计实现输油8 931.24万吨，比2008年增长了10.46%，接近9 000万吨大关，再创历史新高。其中，输送国内原油2 146.32万吨，比2008年增长了3.81%；输送进口原油6 784.92万吨，比2008年增长了12.74%。年输油量占石化集团公司年原油加工总量的48.54%，管输原油比例进一步提高。

（张立辉）

【连续10年被评为安全生产先进单位】 2009年，管道公司以深入开展“我要安全”主题活动为主线，认真落实安全生产责任制和《安全生产禁令》，强化HSE管理体系运行与考核，加大安全检查和隐患治理工作力度，切实加强重大安全、环境污染事故的风险管理，确保了安全生产。同时，积极采取人防、技防等措施，进一步加强管道保护工作，管道被打孔次数比2008年下降34.2%，特别是60周年国庆期间，协调武警进驻要害部位执勤，在阀室、管桥、穿跨越段等重点地区进行24小时专人值守，保证了原油大动脉的畅通，为国庆安保工作作出了重要贡献。连续10年被石化集团公司评为安全生产先进单位。

（张立辉）

仪征输油站举行夜间扑救火灾演习 （袁吉光 摄）

【河间—石家庄原油管道投产】 河间—石家庄原油管道工程是中国石化为配套解决石家庄炼化800万吨炼油改扩建项目原料供应紧张的问题而投资兴建的一条大口径、长距离输油管道工程，是中国石化重点工程——华北管网工程的重要组成部分，管道设计全长149千米。2008年4月30日，河石原油管道工程正式开工建设，2009年7月3日实现全线贯通，7月11日通过中交检查验收，7月20日正式投油。7月22日，油头顺利抵达石家庄末站，标志着河石原油管道投产一次成功。

（张立辉）

【天津—河间原油管道改造工程投产】 天津—河间原油管道改造工程是华北管网重要组成部分，包括对天津站输油泵机组、沧州站工艺流程进行改造，增设河间站密闭输油水击保护设施，新建调度中心1座，对天津至沧州段不连续浅埋管道实施总长7 050米共计26次的沉管改造等。该改造工程于2009年3月开工建设，11月中交，12月9日正式投产。该管道的改造投产将充分发挥华北管网原油码头和管道输送优势，降低相关炼化企业原油运送成本。

（张立辉）

【川气东送管道工程主干线贯通】 川气东送管道工程西起四川普光首站，东至上海末站，途经四川、重庆、湖北、江西、安徽、浙江、江苏、上海8个省市，全长2 200多千米。其中，直径1 016毫米主干线1 600多千米，沿线分别5次穿越长江，在崇山峻岭、沟壑纵横的山区敷设管线800多千米，穿越山体隧道72条，被业内专家称之为国内管道建设史上最具挑战性的项目。该项工程于2007年8月31日正式开工建设，2009年2月20日，川气东送管道一期工程——四川达州化肥厂专线建成投产，3月22日，川维支线提前投产成功，5月7日，普光首站投产成功，10月9日，施工难度最大的管段——梁平—武汉段建成，10月26日，随着上海末站进站管道焊接完成，普光—上海的川气东送管道主干线实现全线贯通，具备了投产条件。

册子岛油库和原油码头 （曹 军 摄）

（张立辉）

【正式托管镇海和黄岛国家石油储备基地有限公司】 黄岛和镇海国家石油储备基地有限公司隶属于国家发改委能源局。黄岛国家石油储备基地总库容量为320万立方米，2008年11月投产运营。镇海国家石油储备基地总库容量520万立方米，2006年8月投产运营。根据国家有关部委和石化集团公司要求，2009年6月29日，石化股份公司专门发函，委托管道公司对黄岛和镇海国家石油储备基地有限公司的生产运营和人员组织关系等进行全面管理，并于即日起开始承担安全生产和运行管理责任。

（张立辉）

【岙山—镇海原油管道安全设施通过国家验收】 岙山—镇海进口原油管道全长90千米，其中陆上管道45千米，海底管道45千米，起点为岙山站，中间设册子岛油库，终点为岚山站，2003年11月开工建设，2007年2月25日，册子岛—岚山段投产运行，2008年2月19日，岙山—册子岛段投产运行。2009年12月9—11日，国家安全生产监督管理局组织验收组对岙山—镇海进口原油管道安全设施进行验收，专家组一致认为岙山—镇海进口原油管道安全技术设施符合国家相关安全技术规范，现场安全设施状况良好，企业建立了完善的安全生产管理体系和相应规章制度及应急救援预案，危险有害因素的辨识基本符合工程实际，安全对策措施可行，满足安全生产和管理要求，同意通过竣工验收。

（张立辉）

【创10项中国企业新纪录】 2009年11月7日，第14批中国企业新纪录在山东省济南市揭晓。管道公司申报的10个项目获得了由中国企业联合会、中国企业家协会颁发的新纪录证牌。川气东送管道野三河悬索桥工程，创长输管道悬索桥跨度最大、距离最长世界新纪录；川气东送管道大溪亮隧道工程，创长输管道建设中隧道进出洞口高差最大世界新纪录；川气东送管道南京支线定向钻长江穿越，创输气管道施工世界新纪录；川气东送管道工程，创国内输气管道穿越隧道最多、距离最长新纪录；川气东送管道工程，创国内长输管道使用雷管数量最多、炸药最多新纪录；川气东送管道安庆长江盾构隧道穿越工程，创国内天然气管道盾构隧道穿越长江跨度最大新纪录；川气东送管道定向钻穿越东苕溪工程，创国内同类施工管径最大、距离最长、时间最短新纪录；川气东送管道齐岳山陡坡段焊接安装工程，创国内陡坡段施工高差最大、陡坡轻轨小车运输距离最长新纪录；川气东送管道线路工程第32标段，创国内长输管道连续焊接无返修新纪录；镇海岚山原油商业储备基地建设，创国内原油储备基地建设速度新纪录。

（张立辉）

川气东送管道野三河悬索桥 （沈大鸣 摄）

【质量管理体系通过第三方审核】 2009年10月26—28日，北京新世纪认证有限公司审核组采取抽样的办法，先后对管道公司质量管理体系GA1级压力管道设计与施工，油气库工程设计与施工，机电设备安装与配套工程施工，D1/D2级压力容器、加热炉设计、制造、安装和服务，管道自动化系统维护等方面的内容进行了认真审核，认为管道公司上述业务的质量方针得到了很好的落实，分解的质量目标得到了贯彻和实现；把顾客的要求落实到了生产和服务中，提高了顾客的满意度和信任度；不合格产品建立了评审和处置程序。审核组一致同意管道公司质量管理体系通过监督审核，同意继续保持认证注册资格。

（张立辉）

【党组织关系移交江苏省委】 为适应管道公司点多线长特点和发展的需要，进一步加强与地方党委政府的沟通联系，经石化集团公司直属党委与江苏省委组织部协商，2009年11月13日，管道公司党员党组织关系由石化集团公司直属党委移交至江苏省委组织部，共移交党员5 085人。由江苏省委组织部负责管道公司领导的协管和所属党员的管理工作。

（张立辉）

【李克强视察管道公司曹妃甸原油码头】 2009年6月1日，中共中央政治局常委、国务院副总理李克强，到位于河北唐山的管道公司曹妃甸30万吨级原油码头视察。视察期间，李克强查看了原油码头相关设施，听取了管道公司领导关于曹妃甸原油码头及有关情况的汇报，并强调指出：石油产品供应与国民经济、百姓生活密切相关，中国石化要采取有效措施，努力保证国内市场的油品供应。

（张立辉）

表1 **管道公司主要技术经济指标** 亿元

指标名称 \ 年份	2009		2008		2007		2006		2005		2004	
	公司	分公司	公司	分公司	公司	分公司	公司	分公司	公司	分公司	公司	分公司
工业总产值①	18.42	49.38	20.00	48.51	25.46	44.70	20.18	38.78	16.47	29.86	11.80	21.61
工业增加值	4.11	21.26	3.99	13.27	3.96	17.49	1.99	11.61	2.32	10.42	2.29	9.56
资产总计	16.68	403.02	18.07	446.27	19.49	305.86	20.11	290.19	21.74	244.50	21.21	182.61
流动资产	8.91	179.64	10.66	222.13	12.34	90.31	12.81	118.22	14.22	95.59	13.59	75.38
固定资产原值	11.39	267.80	11.07	254.82	10.20	214.70	9.80	199.99	9.65	135.12	9.48	117.58
固定资产净值	7.57	186.34	7.56	180.94	7.17	149.25	7.08	143.87	7.13	87.83	7.12	75.41
销售收入	18.61	51.61	20.10	55.00	25.46	53.39	22.23	38.78	18.79	29.86	15.08	21.61
利润总额	0.48	3.67	0.66	–2.18	1.28	3.89	0.34	0.92	0.06	2.51	0.03	1.41
税　金	0.85	2.95	0.65	2.43	0.56	3.26	0.54	1.96	0.80	1.86	0.58	1.50

① 2004 年数据按 1990 年不变价格计算。

表2 **管道储运分公司主要生产指标**

指标名称 \ 年份	2009	2008	2007	2006	2005	2004
收油量/万吨	5 541.61	6 317.40	5 941.18	5 793.67	5 486.41	3 770.51
输油量/万吨	8 931.24	8 085.84	6 656.13	6 310.83	5 532.08	3 925.59
销油量/万吨	5 631.06	6 129.27	5 948.13	5 788.71	5 391.02	3 691.44
周转量/万吨·千米	4 867 380	4 576 746	4 361 649	3 770 164	2 690 966	2 193 983
原油总耗/万吨	2.67	2.65	5.62	7.38	6.64	5.50
电总耗①/万千瓦·时	117 815.62	109 681.58	108 171.46	92 605.82	79 558.86	61 079.93
煤焦轻油总耗/万吨	2.32	2.40	0.31	—	—	—
蒸汽总耗/万吨	19.14	14.89	9.63	—	—	—
天然气总耗/万立方米	2 190.64	2 184.23	1 136.51	326.79	27.15	—
综合能耗/千克标煤·(万吨·千米)$^{-1}$	56.32	57.36	127.58	128.20	154.83	148.28

① 2007 年之前综合能耗数据电单耗采用等价值进行折算，2008 年起综合能耗数据电单耗采用当量值进行折算。

燕山石化

【概况】 燕山石化是隶属于石化集团公司的特大型石油化工联合企业，前身为1970年成立的北京石油化工总厂，后曾更名为北京燕山石油化学总公司、中国石油化工总公司北京燕山石油化工公司、北京燕山石油化工集团有限公司。2009年燕山石化包括中国石油化工股份公司北京燕山分公司（简称燕山分公司）、中国石化集团北京燕山石油化工有限公司（简称燕化有限公司）和北京东方石油化工有限公司（简称东方石化公司）。燕山石化位于北京市房山区燕山岗南路1号，占地面积40平方千米。

截至2009年底，燕山石化共有职工1.59万人，其中经营管理人员1 100人，专业技术人员3 800人，技能操作人员1万多人；有24个机关管理部室，直属企、事业单位42家，中外合资企业6家；有石化生产装置63套，辅助装置68套，可生产94个品种、431个牌号的石油化工产品，主要生产石油产品、有机合成材料、有机化工原料、塑料制品和其他产品。原油加工能力1 000万吨/年以上，是国内第一家生产欧Ⅳ清洁油品的千万吨炼油基地。乙烯生产能力71万吨/年，实际能力突破80万吨以上；合成树脂生产能力101万吨/年，其中聚乙烯56万吨/年，聚丙烯40万吨/年；合成橡胶生产能力24万吨/年；苯酚丙酮生产能力24万吨/年。是国内最大的合成橡胶、苯酚、丙酮和高品质成品油生产基地，是最大的合成树脂生产基地之一。东方石化公司有4个生产厂，主要产品有丙烯酸及酯、醋酸乙烯、高密度聚乙烯等。

自建厂投产至2009年底，燕山石化本部已累计加工原油2.5亿吨，生产乙烯1 443万吨，生产石化产品2.4亿吨，累计实现销售收入6 600亿元，实现利税717亿元。

燕山石化主要技术经济指标和主要产品产量见表1和表2。

（孙　明）

【油品生产】 2009年，燕山石化加工原油1 079.05万吨，创历史新高；其中大庆原油489.22万吨，海洋原油16.06万吨，进口原油573.78万吨。生产汽油242.12万吨、柴油314.79万吨，其中京标IV汽、柴油分别完成197.94万吨和61.7万吨；生产航煤111.61万吨，首次冲破百万吨大关。主要产品产量创历史最好水平的有汽油、煤油、丙烯总量。轻油收率和综合商品率分别为80.26%和94.68%，综合能耗63.78千克（标油）/吨，炼油综合损失率0.67%，加工损失率为0.52%，技术经济指标均创历史最好水平。炼油一厂新常减压装置8月下旬创造出日加工量2.28万吨的历史新高。通过优化工艺运行和实施技改技措，二、三催化年加工量均创历史新纪录。

（孙　明）

【化工原料生产】 2009年，燕山石化主要化工产品产量创历史最好水平的有乙烯、丙烯、纯苯、环氧乙烷等。化工一厂单套乙烯装置年产量达到84.13万吨，创历史新高。主要技术经济指标显著提升，乙烯收率为31.85%，双烯收率为46.94%，同比分别提高0.96和1.19个百分点。乙烯燃动能耗577.25千克（标油）/吨，同比降低39.18个单位，均创历史新水平。燕山石化集中有限资源做大乙烯总量，保证乙烯装置3台气体炉长周期运行所需资源，使乙烯装置生产最大负荷保持在2 400吨/日左右。下游各生产厂提高乙烯消化能力，减少非计划停车和树脂产品牌号切换，全年牌号切换次数同比下降了15%以上。

（孙　明）

【合成树脂产品生产】 2009年，燕山石化提高自主创新能力，突出产品特色，合成树脂总量、二高压聚乙烯、低压聚乙烯、聚苯乙烯、聚丙烯等产品产量创历史新高。合成树脂完成116.17万吨，其中燕化分公司完成113.95万吨，东方石化公司完成2.22万吨；燕化分公司合成树脂中专用料完成88.88万吨，专用料比例为82.02%。3套聚乙烯装置、3套聚丙烯装置能生产上百个牌号的专用料。在产品结构上坚持差异化策略，避开与中东地区石化企业低成本竞争和与国内同类产品的低水平竞争，努力延伸产业链、增加产品附加值。聚丙烯产量完成年计划的104.78%，同比增加产量3.26%，综合损失率达到0.4%，均再创历史最好水平。

（孙　明）

【专用树脂生产】 2009年，燕山石化LDPELD400粉末涂层料、高性能汽车保险杠用高抗冲聚丙烯料K9026、高密度管材料HDPE7600M等高附加值新产品批量生产。完成1C7A-1等产品的推广应用，进行了高流动聚乙烯、新型瓶盖专用料等新产品的试生产及应用试验。其中，1C7A-1实现工业化生产，并与世界第二大饮品包装盒供应商——瑞士康美包公司签订了1万吨/年供销协议。

（孙　明）

【合成橡胶生产】 2009年，燕山石化合成橡胶总产量、综合损失率等16项技术经济指标刷新历史纪录。合成橡胶完成27.49万吨，同比增加6 902吨。继续保持丁基橡胶“独一无二”和顺丁橡胶“数一数二”的市场地位。丁苯装置在生产SBS的同时，用一条生产线进行新产品工业试生产，完成了低顺式聚丁二烯橡胶、嵌段溶聚丁苯、集成橡胶、军品胶共4个胶种6个牌号新品种橡胶的工业试生产。3万吨/年溴化丁基橡胶装置建设外形构架已初具规模，确立了生产工艺过程。自行研发钕系稀土顺丁橡胶，成功开发了催化陈化工艺及聚合连续工艺，获得国家发明专利授权。

（孙　明）

【苯酚丙酮生产】 苯酚、丙酮是燕山石化利润排名中名列前茅的产品。2009年，苯酚、丙酮产量达到30.41万吨。2套苯酚/丙酮装置累计苯单耗900.79千克/吨，同比减少了6.12千克/吨，累计丙烯单耗487.59千克/吨，同比减少了4.08千克/吨，累计能耗降低36.89千克（标油）/吨，综合损失率降低了0.18%，成为国内同类产品生产能耗最低的企业。各项环保指标全部实现达标，并创历史最好水平。

（孙　明）

【金燕雨水收集及环境治理工程竣工】 该工程是燕山石化利用水资源的一项重要环保工程，也是改善地区环境的重要举措。整个工程利用1 000米旧河道进行改造，修建了如意河；进行了地上建筑物和地下管线的拆除改线和树木移栽工作，形成了金凤湖、金燕湖两个人工湖。水体面积为3万平方米，其中金凤湖1.3万平方米，金燕湖1.2万平方米，如意河5 000平方米。新建了一条全长为1 077米的公路；完成了配套照明、湖周围景观等的建设。工程于2009年2月5日启动，4月28日，工程主体基本竣工，开始注水。5月1日，金燕雨水收集及环境治理工程竣工投用。该工程既能承载水系蓄水及泄洪，又能改善生态和气候环境。

（孙　明）

燕山石化金燕湖

【信息化建设】 2009年，燕山石化深化ERP系统应用，建成综合展示平台和信息共享平台，实现ERP、TBM（全面预算管理及生产经营监控系统）、MES（生产执行系统）数据的集成应用。MES项目作为中国石化信息系统管理部的信息化建设试点推广项目，于2008年11月24日试运行，2009年3月15日正式上线单轨运行，运行稳定可靠。通过实施SMES3.0系统，建立了以生产物流为主线，以核心数据库为支撑，集装置、罐区、进出厂、仓储、生产平衡、统计平衡、电子日志、能源管理、综合展示等信息管理为一体的炼化企业MES系统，形成了集成、协同、共享的企业生产管理平台，有效支撑了企业生产管理决策。

（孙　明）

【东方石化公司搬迁改造有序进行】 2009年，东方石化人员安置工作妥善完成，职工队伍稳定。全年实现销售收入23.16亿元，亏损11.6亿元。有机化工厂搬迁改造有序进行，搬迁改造装置包括：9万吨/年醋酸乙烯（VAC）装置搬迁并扩建到18万吨/年，5万吨/年醋酸乙烯—乙烯共聚乳液（VAE）装置搬迁并扩建到10万吨/年，2.7万吨/年聚乙烯醇（PVA）装置搬迁，4万吨/年醋酸乙烯—乙烯共聚树脂（EVA）装置搬迁。10月15日，VAE装置正式投料开车生产。

（孙　明）

【北京石化新材料科技产业基地揭牌】 2009年11月5日，北京石化新材料科技产业基地揭牌仪式在燕山举行。北京市政协主席阳安江，北京市副市长苟仲文，石化集团公司党组成员，石化股份公司副董事长、总裁王天普为北京石化新材料科技产业基地揭牌。中石化三菱化学聚碳酸酯（北京）有限公司、北京华美聚合物有限公司、北京燕山凯美特气体有

北京石化新材料科技产业基地揭牌

限公司、中国石化润滑油有限公司、中石化催化剂北京奥达分公司等成为首批入驻企业。

（孙　明）

【制氢尾气提纯二氧化碳装置建成】 2009年，燕山石化炼厂废气回收再利用项目一期工程——制氢尾气回收、提纯二氧化碳分离装置一次投料试车成功，其设计能力达到20万吨／年。装置采用变压吸附分离提纯氢气及压缩分离技术，分离、提纯尾气中的二氧化碳等气体，生产作为食品添加剂的二氧化碳，用于生产汽水和可乐。

（孙　明）

【6万吨/年EVA改造项目正式中交】 该项目由燕山石化与美国杜邦公司联合组建的北京华美聚合物有限公司以及化工六厂共同经营管理。采用美国杜邦公司技术，重点对一高压聚乙烯装置3[#]生产线部分生产设备进行技术改造，转产EVA产品。项目于2007年2月批准立项，2008年10月16日土建部分开始施工，2009年7月20日进入改造施工阶段。2009年11月25日，北京石化新材料科技产业基地首批入住项目——6万吨/年EVA改造项目正式中交，标志着该项目由建设阶段正式转入生产试运行阶段。

（孙　明）

【加强专业化管理】 2009年，燕山石化进一步推行专业化管理。2月17日，公布统计调查中心、质量检验中心、生活社区服务中心、厂区服务管理中心、档案信息管理中心五大中心的专业化重组方案。6月8日，撤销动力事业部，分别成立热电厂和电网管理中心；组建土地房产管理中心、社会保险管理中心、治安保卫服务管理中心等单位，使专业化重组工作基本完成。各单位充分发挥专业化管理优势，系统优化资源，取得较好效果。主要技术经济指标全面提升，89%的装置能耗和68%的装置物耗创历史最好水平。

（孙　明）

【节能减排】 2009年，燕山石化加大火炬排放奖惩力度，消灭了燃烧多年的火炬长明灯，共回收火炬气10万余吨。率先在炼油系统新建了催化烟气治理环保设施，成为行业内首家实施催化烟气治理工业化运行的石化企业，每年减排二氧化硫达到340吨。5月，按照《北京市重点企业环境监督员制度试点工作方案》规定，率先在全市企业中推行环境监督员制度，成为全市首批推行企业环境管理总负责人和企业环境监督员试点工作的企业。全年共对锅炉、加热炉烟囱、火炬排烟点进行现场检测、监察512次，对各河道排放口污水排放点累计检查516次，有效地监控和督促了各生产厂严格控制排放指标，未发生一起环境污染扰民事件。建立了应对环保突发事故应急预案。在新中国60周年国庆盛典期间，积极参与环保减排行动，为确保首都良好的空气质量作出了贡献，获中华环境友好企业称号。各项环保指标大幅进步，污水排放量、COD总量、二氧化硫、烟尘排放量分别降低了48%、51.5%、14.6%和20.9%。燕山地区二级和好于二级的天气数达到295天，连续第三年超过北京城区。

（孙　明）

【聚乙烯燃气管材专用料通过鉴定】 由燕山石化、扬子石化、北京化工研究院等单位共同承担的石化集团公司“十条龙”科技攻关项目——聚乙烯燃气管材专用料技术开发通过中国石化技术鉴定，其中由燕山石化负责研发的高密度聚乙烯7600M、7600MBL管材专用料新产品被鉴定为PE100级管材燃气管专用料，并获得在瑞典BODYCOTE国际实验室认证的定级证书。7600M已经在东营胜邦、沧州明珠、浙江中财、武汉金牛、山东洁林等众多知名企业使用，截至2009年，共计生产3万多吨。7600MBL燃气管混配料的各项性能均高于国家现行标准，满足国际最新标准及PE100+的要求，达到国际先进水平，8月成功应用于临沂市城市管网燃气工程。

（孙　明）

【化工节水减排技术通过鉴定】 2009年，由燕山石化、齐鲁石化、天津石化、茂名石化、北京化工研究院、石油化工科学研究院6家单位共同承担的石化集团公司“十条龙”科技攻关项目——化工装置节水减排成套技术开发通过了中国石化的技术鉴定。其中，燕山石化共形成了10项先进的节水减排技术，获得5项国家发明专利和1项实用新型专利。化工装置节水减排成套技术投用后，每年可节约新鲜水393万吨，减少排污257万吨，年创经济效益1 500万元。

（孙　明）

【开展首届职工冠名成果展览】 2009年9月23日，燕山石化首届职工创新成果展在厂史展厅开幕，19项职工创新冠名成果和54项职工创新创效成果分别以实物或图片的形式向广大职工展出。化工一厂王文海的“炬系统节能降耗优化改进法”、刘恩岭“管专用清扫工具改进法”、炼油二厂窦万存的“催化裂化装置开工进料期间气压机优化开机法”、化工二厂李卫华的“20万吨/年聚丙烯装置第一反应器高负荷控制操作法”、化工六厂陈钶的“HDPE管材料长周期生产操作法”、化工七厂冯美春的“减压蒸馏法回收尾气中的芳烃”工作法、质验中心毕文新的“红外快速法测定丁基橡胶挥发分方法的改进”以及运行中心赵俊德的“SBS膨胀干燥机切刀系统改造与应用”8项获得2008年度创新成果冠名一、二、三等奖。

（孙　明）

【聚碳酸酯（北京）有限公司成立】 2009年8月28日，中石化三菱化学聚碳酸酯（北京）有限公司揭牌仪式在钓鱼台国宾馆举行。该公司是由中国石化和日本三菱化学合资建设的化工企业，落户燕山石化厂区内，将建设年产15万吨双酚A和6万吨聚碳酸酯装置，主要生产用于汽车零部件及电器等领域的化工产品。

（孙　明）

中石化三菱化学聚碳酸酯（北京）有限公司成立

表1　燕山石化主要技术经济指标　亿元

指标名称＼年份	2009	2008	2007	2006	2005	2004
原油加工量/万吨	1 079.06	1 064.83	859.24	793.60	796.87	809.35
工业总产值	588.18	687.58	540.38	497.95	560.60	482.24
燕山分公司①	545.59	640.73	467.20	427.63	278.42	211.90
燕化股份公司	—	—	—	—	203.11	177.29
燕化有限公司②	42.59	10.99	10.78	9.68	13.63	19.97
东方石化公司	—	35.86	62.40	60.64	65.44	73.08
工业增加值	153.64	−1.70	62.61	51.76	78.17	111.48
燕山分公司	145.52	−9.22	47.59	41.48	1.07	14.31
燕化股份公司	—	—	—	—	49.86	68.83
燕化有限公司	8.12	2.08	3.68	2.28	7.17	3.38
东方石化公司	—	5.44	11.34	8.00	20.07	24.96
资产总计	298.08	318.74	340.57	351.38	299.55	309.48
燕山分公司	200.84	188.78	193.84	223.24	67.44	60.03
燕化股份公司	—	—	—	—	114.99	102.00
燕化有限公司	97.24	58.41	64.21	59.69	47.43	55.38
东方石化公司	—	71.55	82.52	68.45	69.69	92.07
营业收入	612.11	709.15	563.86	558.63	605.97	544.40
燕山分公司	555.35	644.90	474.97	463.56	287.35	221.77
燕化股份公司	—	—	—	—	205.64	179.40
燕化有限公司	56.76	23.74	25.74	34.47	47.75	46.64
东方石化公司	—	40.51	63.15	60.60	65.23	74.59
实现利税	131.33	−26.96	31.61	24.36	41.94	77.01
燕山分公司	142.63	−21.79	30.84	23.13	0.59	7.86
燕化股份公司	—	—	—	—	36.54	54.21
燕化有限公司	−11.30	−0.97	−2.20	1.74	0.66	−0.36
东方石化公司	—	−4.20	2.97	−0.51	4.15	15.30
实现利润	30.01	−45.49	6.54	4.18	18.12	48.69
燕山分公司	42.50	−37.13	9.28	6.22	−7.66	−2.89
燕化股份公司	—	—	—	—	26.04	42.88
燕化有限公司	−12.49	−1.86	−3.25	0.78	−0.43	−1.43
东方石化公司	—	−6.50	0.51	−2.88	0.17	10.13

① 2006 年后燕化股份公司并入燕山分公司。

② 2009 年东方石化公司主要技术经济指标并入燕化有限公司。

表2 **燕山石化主要产品产量** 万吨

指标名称 \ 年份	2009	2008	2007	2006	2005	2004
燕山分公司						
汽　油	242.12	202.26	160.39	159.26	156.52	169.77
煤　油	111.61	85.23	36.39	11.60	12.36	8.10
柴　油	314.79	354.76	244.71	185.92	176.80	180.72
润滑油基础油	14.11	17.49	22.63	22.97	25.63	24.84
商品燃料油	27.52	39.66	40.62	57.35	60.44	59.62
裂解料	230.42	217.01	211.00	235.90	240.30	240.25
商品液化气	9.82	14.53	14.20	13.54	19.81	10.92
石　蜡	6.33	7.95	9.45	9.89	10.08	9.11
纯　苯	18.66	32.97	17.14	3.54	2.74	2.05
乙　烯	84.13	78.40	78.08	82.00	81.18	80.13
丙　烯	56.08	37.56	49.46	39.76	39.09	39.12
丁二烯	12.79	12.29	12.68	14.35	14.47	14.51
间二甲苯	3.43	4.00	4.25	3.59	3.03	2.82
苯乙烯	8.55	8.69	8.07	8.02	8.59	9.02
乙二醇	6.37	5.98	6.13	6.61	7.20	7.28
苯　酚	18.69	17.44	18.87	18.73	18.45	16.98
丙　酮	11.71	10.89	11.79	11.65	11.57	10.74
低密度聚乙烯	43.43	44.68	42.73	46.35	45.96	45.07
高密度聚乙烯	19.25	18.57	16.93	18.53	18.03	17.31
聚苯乙烯	5.58	5.30	4.69	4.73	5.33	5.23
聚丙烯	45.69	44.24	39.71	43.36	40.02	41.25
顺丁橡胶	14.36	14.41	13.41	13.66	13.17	13.25
SBS	9.09	7.91	8.80	8.62	9.10	7.11
丁基橡胶	4.03	4.40	3.69	3.98	3.90	3.76
间苯二甲酸	2.50	2.93	3.08	2.90	2.49	2.12
1-已烯	1.12	1.23	0.69	—	—	—
塑料制品	6.19	4.55	5.04	3.81	2.65	1.76
燕化有限公司						
发电量/万千瓦·时	52 923	48 900	41 682	26 373	28 066	26 367
东方石化公司						
乙　烯	0	7.04	16.01	16.82	17.75	18.06
聚氯乙烯	—	—	8.64	14.53	14.19	16.00
低压聚乙烯	2.22	1.58	2.42	2.29	2.35	2.23
EVA	0	2.19	4.61	4.50	4.52	4.52

齐鲁石化

【概况】 中国石油化工股份有限公司齐鲁分公司（简称齐鲁分公司）和中国石化集团资产经营管理有限公司齐鲁石化分公司（简称齐鲁石化分公司）统称齐鲁石化，是石化集团公司直属的拥有石油化工、盐化工、煤化工、天然气化工等加工工艺最为齐全的炼化企业之一。位于山东省淄博市临淄区南部，占地约1 996万平方米。齐鲁石化始建于1966年4月，第一个生产厂是胜利炼油厂，1983年7月划归中国石油化工总公司。

截至2009年底，齐鲁石化固定资产原值384.83亿元，净值162.11亿元。拥有大型石油化工生产装置112套，炼油加工能力1 000万吨/年，乙烯生产能力80万吨/年，合成树脂110万吨/年，烧碱45万吨/年，橡胶17万吨/年，苯类产品45万吨/年，醇类产品43.5万吨/年，尿素48万吨/年，热电装机容量50万千瓦。可生产石油化工产品120多种，其中烧碱、聚氯乙烯产品被评为中国名牌。齐鲁石化设有直属单位26个，机关部门22个，直属机构9个，部门挂靠机构9个；用工总量35 406人，其中正式员工28 457人，劳务用工6 949人；共有专业技术人员6 160人，其中具有高级职称的1 249人，中级职称2 802人，初级职称2 109人。

齐鲁石化主要技术经济指标和主要产品产量见表1和表2。

（曹钰梅）

【建成国内最大的合成橡胶生产基地】 齐鲁石化新建10万吨/年丁苯橡胶装置于2007年11月5日获石化集团公司批复，总投资6.36亿元，2008年3月9日开工建设，建筑面积1.34万平方米，2009年3月30日实现装置中间交接，6月3日建成投产，一次开车成功，创出国内同类装置建设周期最短纪录。项目应用了具有自主知识产权的10万吨/年乳聚丁苯橡胶成套技术工艺包。它的建成投产，使齐鲁石化合成橡胶生产能力达30万吨/年，成为全国最大的合成橡胶生产基地。

（庞　炜）

新建10万吨/年丁苯橡胶装置　（孙即祥　摄）

【齐鲁达州化肥项目建成投产】 齐鲁达州化肥项目是中国石化川气东送工程的重要组成部分，是将齐鲁石化30万吨/年合成氨和48万吨/年尿素装置搬迁至达州市天然气能源化工产业区进行同规模重建，总投资9.7亿元。2006年10月26日装置土建开工，2007年6月化肥主装置开始设备安装，2008年12月26日项目实现中交。2009年12月28日，65吨锅炉点火投料，开车工作启动；2010年1月20日，装置投料开车一次成功，产出合格尿素。

（曹钰梅）

齐鲁达州化肥装置全景　（宓武海　摄）

【热电1#–4#锅炉烟气脱硫装置建成投用】 热电1#—4#锅炉烟气脱硫项目是齐鲁石化重点环保工程，采用玛苏莱氨法脱硫工艺（MET氨法），吸收剂主要为液氨。2008年4月12日，石化集团公司批复可行性研究报告；9月22日，1#—4#锅炉烟气脱硫装置开工建设；12月1日，项目初步设计获石化集团公司批复，批复概算资金1.58亿元。2009年8月7日，2#脱硫塔建成投运，通烟气试车一次成功；28日，硫铵干燥系统投料试车一次成功，2#脱硫塔产出合格硫酸铵；9月15日，1#脱硫塔建成投运，通烟气试车一次成功；21日，1#、2#脱硫塔同时投入试运行，1#—4#锅炉烟气脱硫装置全部建成。装置设计年运行8 000小时，年耗液氨（≥99.9%）2.57万吨，年产硫酸铵约9.36万吨；每年可脱除二氧化硫约4.69万吨；排放的烟气二氧化硫含量小于100毫克/米^3，烟气尘含量小于50毫克/米^3，实现了经济效益和社会效益的双赢。

（崔　凯）

【90万吨/年催化汽油吸附脱硫装置建成投产】 齐鲁石化汽油国Ⅲ质量升级技术改造项目于2008年8月19日获石化集团公司批复，主要是新建90万吨/年催化汽油吸附脱硫装置（S-Zorb），由进料系统、硫吸附反应、吸附剂再生、产品稳定4个部分组成；同时建设部分系统配套工程，包括扩建1台1万立方米汽油原料罐、拆除炼油北区锅炉、锅炉除氧器迁建以

及敷设至装置界区内的系统及公用工程管网；总投资2.3亿元。2008年11月，开始拆除旧装置。2009年6月24日，催化汽油吸附脱硫装置正式土建施工；7月7日，装置开始桩基施工并通过验收，进入大范围建设阶段。2010年1月29日装置实现中间交接，2月22日建成投产。该装置是石化集团公司引进美国康菲公司开发的S-Zorb汽油吸附脱硫专利技术，具有汽油辛烷值损失小、氢耗低、能耗低、液体收率高等优点。装置的建成投用标志着齐鲁石化汽油产品从国Ⅱ质量标准全面提升到国Ⅲ质量标准，企业进入高清能源生产时代。

（孙郑生）

90万吨/年催化汽油吸附脱硫装置　（邢东顺　摄）

【高速铁路专用改性乳化沥青装置建成投产】 齐鲁石化高速铁路专用改性乳化沥青装置技术改造项目可行性研究报告于2009年1月7日获石化集团公司批复，装置设计能力50吨/时，主要改造内容为：成套引进移动式乳化沥青胶体磨组件1套，拆除原有移动式变电站，新建1座低压变电所及其配套设施，总投资1 580万元。2月11日破土动工，5月22日一次投产成功，产出32吨乳化沥青。该装置胶体磨采用美国道维施公司生产的设备，其他全部为国产设备。装置建成投产后，齐鲁石化成为中国石化高速铁路乳化沥青生产基地之一。

（孙郑生）

【挖潜增效7亿元】 2009年，齐鲁石化落实了5个大类28项挖潜增效措施，累计增效7亿元。其中，增产增效0.6亿元；优化产品结构，增产高附加值产品增效1.1亿元；节约增效1.9亿元；原料采购降本2.8亿元；管理增效0.6亿元。调整采购策略，搞好量价配合和库存控制，进口原油采购还原价格比石化集团公司平均价格低0.86美元/桶。搞好天然气、氢气和瓦斯平衡，全年渣油用量同比减少70%，制氢用石脑油同比减少66%。根据市场变化，调整资源流向，全年柴汽比同比降低0.57个百分点，增产沥青17.7万吨；剔除检修影响，全年增产聚乙烯产品2.5万吨、聚丙烯1.1万吨。抓住国家调整信贷政策的有利时机，积极开展票据贴现业务，全年节约财务费用5 437万元。

（曹钰梅）

【节能减排】 2009年，齐鲁石化积极开展技术攻关，实施重大技术改造项目39项，解决了制约装置“安稳长满优”运行的诸多隐患。稳定煤造气装置的运行，于6月成功停运炼油一制氢，炼油综合能耗同比降低1.98千克（标油）/吨。实施了裂解装置保冷和乙烷炉改造，对裂解炉运行工况进行了标定，乙烯燃动能耗同比降低2.13千克（标油）/吨。全年完成科研项目81个，化工装置节水减排成套技术通过了石化集团公司鉴定。全年节能8.7万吨标油、节水213万吨、减排工业废水113万吨，COD、二氧化硫排放量同比分别下降13%和40%。继烧碱和苯酐装置后，芳烃、MTBE、高压聚乙烯和高密度聚乙烯装置实现了零排放。

（曹钰梅）

【装置实现“四年一修”】 齐鲁石化加大安全督察力度，深入开展“我要安全”主题活动，致力于安全专业管理和专业安全管理的有机结合，发布实施了HSE管理政策，保证了炼油、化工主装置的安全平稳运行。实施了装置大规模检修，这是自2004年齐鲁石化72万吨/年乙烯改造后的首次“四年一修”，涉及炼油、化工装置57套。检修后，各项技术经济指标全面提升，装置经济运行状况改善，炼油装置创出了单月加工原油93.22万吨的历史最高纪录，裂解装置连续6个月每小时乙烯产量保持在百吨以上。

（曹钰梅）

【初步建立统一的管理平台】 2009年，齐鲁石化完成了财务系统的组织结构调整，成立了结算核算中心，建立了稽核管理体系，初步实现了财务集中统一管理。优化通勤服务模式，调整统一了工作作息时间。调整收入分配机制，设立了单位考核奖励基金，稳步推进基层“定职能、定机构、定编制”工作。建立了工程建设和设备检维修市场资源库。强化合同管理，对历史协议、文件和各类学会、协会进行了清理，防范了法律风险。优化供应商结构，理顺采购管理体制和流程，在中国石化炼化企业物资供应管理考核中保持在A类行列。按照石化集团公司的统一部署，完成了石油焦集中销售业务的平稳移交。

（曹钰梅）

【实施后勤业务整合重组】 2009年7月，齐鲁石化后勤业务整合工作拉开帷幕，主要是将社区管理、餐饮服务、绿化保洁、车辆管理业务从直属单位分离出来，与后勤单位相关业务进行整合，实现后勤业务的专业化管理。截至年底，人员、资产交接完毕，后勤业务整合划转正式员工715人。后勤业务、资产、人员整合完成后，成立了社区管理中心、服务保障中心、车辆管理中心，分别对社区、餐饮和绿化保洁、职工通勤和生产服务用车等业务实行统一的专业化管理。

（曹钰梅）

【改善员工工作环境和生活条件】 2009年，齐鲁石化千方百计为员工办实事，员工的工作环境和生活条件持续改善。一是优化在岗员工薪酬结构，建立了倒班职工奖励制度，调整了内退和离退休人员待遇。二是持续深化厂区异味治理，实施了一批密闭排放、采样和恶臭治理项目，对乙烯火炬周边小化工进行了清理。三是落实了“最好一餐在食堂”，对部分食堂进行了改扩建，提高了就餐标准，统一了就餐的方式和范围，餐饮服务质量明显改善。四是加大公用设施投入力度，为生产一线班组配备了洗衣机264台、空调157台，新建了一批文体设施，增加了通勤线路，降低了宽带资费，完成了虎山、辛店等社区隐患治理。五是缩短职工健康查体周期，增加了女工特殊查体项目，降低了职工住院起付标准，提高了医疗保险统筹金支付限额和门诊慢性病核销标准。

（曹钰梅）

表1 齐鲁石化主要技术经济指标 亿元

指标名称 \ 年份	2009	2008	2007	2006	2005	2004
原油加工量/万吨	1 006.14	1 002.97	1 055.35	1 036.77	1 003.10	876.00
工业总产值①	494.00	602.88	629.02	665.32	562.27	343.96
工业增加值	137.13	–8.00	100.73	53.10	72.07	67.84
资产总计	222.60	218.15	227.77	250.89	241.53	234.92
流动资产	40.54	35.78	48.78	77.00	68.38	55.50
固定资产原值	384.83	374.31	357.12	353.51	343.51	337.85
固定资产净值	162.11	159.09	155.18	163.11	164.80	162.85
销售收入	518.40	625.55	673.13	675.29	577.24	363.00
实现利税	97.62	–29.96	67.25	41.88	47.49	33.00
税　金	87.27	14.00	31.00	25.66	23.32	24.00

① 2007 年齐鲁股份公司注销，产值合计为齐鲁石化分公司、齐鲁分公司加齐鲁股份公司上半年现价数据；2008 年后为齐鲁分公司、齐鲁石化分公司之和。

表 2 齐鲁石化主要产品产量 万吨

产品名称＼年份	2009	2008	2007	2006	2005	2004
汽　油	129.89	114.03	114.01	106.92	116.86	124.86
柴　油	386.69	405.04	407.69	405.94	403.96	358.84
煤　油	31.45	25.45	35.07	31.71	34.65	32.53
液化气	34.87	32.85	33.96	33.03	34.79	16.28
沥　青	36.59	18.91	32.46	28.81	18.91	15.87
合成橡胶	24.89	21.19	21.26	20.59	20.68	16.20
炼油催化剂	0	0	0	0	0	3.85
烧　碱	41.49	52.01	51.88	50.91	51.58	24.10
乙　烯	76.01	80.04	84.68	83.88	82.51	45.70
聚乙烯	43.32	45.19	48.83	48.61	47.15	30.36
聚氯乙烯	51.37	57.46	58.54	57.53	58.61	22.93
苯乙烯	19.64	20.04	21.96	21.25	20.53	7.89
丙烯腈	4.26	4.21	4.45	4.30	4.22	4.24
腈纶纤维	6.53	6.05	6.07	6.57	6.30	5.90
甲　醇	0	0	0	0	58.00	5.73
丁　醇	5.42	5.52	6.91	6.29	6.06	3.81
辛　醇	22.50	25.41	25.64	26.36	26.50	9.07
纯　苯	18.61	17.12	18.16	17.15	20.81	12.19
对二甲苯	4.72	6.21	7.10	6.83	6.94	4.29
邻二甲苯	3.70	4.13	4.09	4.34	4.26	3.10
苯　酐	3.33	3.48	3.42	3.77	3.47	2.47
甲基叔丁基醚	5.02	6.09	6.44	6.67	6.81	6.22
1－丁烯	1.83	2.24	2.32	2.43	2.39	2.05
发电/亿千瓦·时	39.38	40.00	42.83	38.26	31.93	23.20

上海石化

【概况】 中国石化上海石油化工股份有限公司（简称上海石化）位于上海市金山区，占地面积9.4平方千米，是集炼油、化工、塑料、化纤生产经营于一体，高度综合的现代化石油化工企业之一；也是中国第一家股票在上海、香港、纽约三地同时上市的股份制有限公司。上海石化前身为创建于1972年的上海石油化工总厂，1993年6月改制为上海石油化工股份有限公司，2000年10月更名为现名。

上海石化下设炼油事业部、烯烃事业部、芳烃事业部、化工事业部、塑料事业部、腈纶事业部、涤纶事业部和热电事业部以及物资供应公司、经营销售公司、储运部、公用事业公司、化工研究所、环保中心、水务公司、培训中心、新闻中心等单位，并由上海石化投资发展有限公司管理对外投资企业。截至2009年底，上海石化在册员工总数17 131人；具有一次加工原油1 400万吨/年（综合加工原油1 200万吨/年）、乙烯84.5万吨/年、有机化工原料322万吨/年、塑料树脂96万吨/年、合纤原料114万吨/年、合纤聚合物59万吨/年、合成纤维40万吨/年的生产能力。上海石化主要生产石油制品、中间化工原料、合成树脂及塑料制品、合纤原料及合成纤维等四大类产品。“三人牌”商标为上海石化注册的专用商标。

上海石化主要技术经济指标及主要产品产量见表1和表2。

（韩　斌）

【60万吨/年PX芳烃联合装置投产】 上海石化60万吨/年PX芳烃联合装置于2008年2月18日开工建设，2009年6月29日实现中间交接，9月15日投料开车产出PX（对二甲苯）合格产品，工程总投资29.76亿元，含外汇7 363.72万美元，装置建设创下了连续施工600万工时安全无事故的纪录。项目由60万吨/年芳烃联合装置、界区内配套系统和界区外配套系统三部分组成，主要新建100万吨/年连续重整、52万吨/年芳烃抽提、355万吨/年二甲苯分馏、113万吨/年歧化、304万吨/年吸附分离、244万吨/年异构化、8万米^3（标准）/时PSA氢提纯变压吸附7套装置及配套工程。工程建成后，主要生产对二甲苯、苯等多种基本化工产品。

（韩　斌）

【15万吨/年碳五分离装置投产】 上海石化15万吨/年碳五分离装置于2008年1月10日开工建设，2009年5月18日中间交接，10月25日投料开车，11月4日相继产出聚合级异戊二烯、化学级异戊二烯、间戊二烯和双环戊二烯4种双烯烃合格产品，工程概算2.92亿元。该装置的投产，标志着国内最大的碳五化学工业研发生产基地已在上海石化建立，其碳五资源综合利用率为100%，其中80%为精细化工产品，剩余部分为乙烯裂解料可循环使用。上海石化碳五综合利用开发技术达到国际先进水平，取得专利申请号103件、获专利授权52件。

（韩　斌）

上海石化15万吨/年碳五分离装置建成投产

【3#、4#锅炉烟气脱硫装置通过168小时考核】 上海石化3#、4#锅炉烟气脱硫装置于2008年7月9日开工，2009年7月3日完成168小时考核期后投入运行，工程总投资8 499.96万元，是上海石化结构调整工程中的环保项目，由清华同方环境股份有限公司总承包。工程为热电部3#、4#锅炉配1套石灰石—石膏湿法烟气脱硫装置，为三电场电除尘器新增1个电场及其配套辅助系统的技术改造以及为烟气系统配置回转式烟气—烟气换热器(RGGH)。在考核中，装置入口的烟气浓度控制在200毫克/米^3（标准）以下，脱硫率维持在98%；出口净烟气二氧化硫含量、烟尘浓度分别小于100毫克/米^3（标准）、50毫克/米^3（标准）。各项指标符合上海石化节能减排要求，大气污染得到进一步改善。

（韩　斌）

【大气环境质量实现自动监测】 2009年12月29日，上海石化大气自动监测站建成投用，投资449.85万元。项目在沪杭公路8738号和卫八路91号设置2座大气自动监测站，实时监测硫化氢、二氧化硫、氨、氮氧化物、高碳类化合物（苯系物、丙烯腈）、有机硫化物（硫醇—硫醚类）等主要污染因子。项目投用后，可全天候24小时监测上海石化厂界的大气环境质量，对企业生产过程中的大气污染物排放进行预警，保障企业职工及周边地区居民的工作、生活环境。

（韩　斌）

【沪Ⅳ标准汽油投放上海市场】 上海石化35万吨/年催化裂化汽油选择性加氢脱硫装置于2009年4月1日开工建设，8月20日中间交接，10月3日一次投料开车成功，10月13日首批相当于欧Ⅳ标准的沪Ⅳ标准汽油投放上海市场，提前实现为中国2010年上海世博会提供硫含量不超过50×10^{-6}车用环保燃油的目标。该装置投资6 560万元，采用了具有中国石化自主知识产权的第二代催化裂化汽油选择性加氢脱硫工艺技术（RSDS-Ⅱ），由中国石化上海工程有限公司设计，中国石化第四建设公司施工。至年底，共生产沪Ⅳ标准汽油11.71万吨。

（韩　斌）

【双烯收率达46.06%】 2009年，上海石化1[#]、2[#]乙烯装置通过改善乙烯原料结构，轻烃量达到总裂解料的8.03%，比2008年提高4.28%；通过改善原料裂解性能，高压加氢尾油和中压加氢尾油BMCI值达10.63和9.28，比上年分别下降0.83和3.26；通过细化裂解炉运行管理，实施裂解炉先进控制技术，裂解炉出口温度偏差控制在±1.5℃内，总通量波动范围控制在±0.25%之内，乙烯、丙烯产量分别比2008年增长4.75%和0.06%。至年底，双烯收率比2008年增加0.85个百分点，达46.06%，较历史最好水平提高0.83个百分点，创历史新高。在石化集团公司2009年“月度双烯收率专项竞赛”中获8次优胜奖、2次进步奖。

（韩　斌）

【首次实现超临界长距离乙烯输送】 2009年10月16日，上海石化首次通过长40千米的输送管线，在输送压力由3.5兆帕升至7.1兆帕的超临界状态下，成功接收来自上海赛科的乙烯，标志着上海石化与上海赛科超临界乙烯互供项目正式投用。在国内利用超临界技术长距离输送乙烯上海石化尚属首家。项目投用后，可使乙烯输送量由一般气相状态的15吨/时提高至超临界状态的37.5吨/时，提高输送效率150%，为双方物料平衡提供支持。至年底，上海石化利用超临界输送技术，接收上海赛科乙烯3.61万吨。

（韩　斌）

【上海石化沥青铺上中国“第一隧桥”】 2009年8月，上海石化研发生产的2 400吨专用高等级SBS改性沥青首次铺上世界上规模最大的隧桥结合工程——上海长江隧桥，其综合质量指标，特别是抗老化指标达到国内领先水平。上海长江隧桥是中国2010年上海世博会重点工程之一，使用SBS改性沥青和中低温拌料技术，可满足8.95千米过江隧道路面苛刻的沥青材料技术要求，有效降低施工过程的环境污染、劳动伤害和加热能耗。

（韩　斌）

高等级沥青首次铺上世界上规模最大的隧桥结合工程——上海长江隧桥

【完成碳纤维原丝软件包开发】 2009年8月18日，上海石化完成3 000吨/年硫氰酸钠二步法PAN基碳纤维原丝工艺软件包开发，并通过石化集团公司审查。该软件包集成了石化集团公司组织开发的专利和专有技术，工艺技术先进可靠，流程设计和设备选型合理，具有柔性化生产功能，内容和深度达到《石油化工装置工艺设计包（成套技术工艺包）内容规定》的要求。

（韩　斌）

【自建消防站进驻陈山油库】 2009年4月30日，上海石化自建的专职消防站接替原武警金山消防支队陈山中队进驻陈山油库，执行陈山区域消防安全保卫任务。该消防站采取业务外包的形式，由上海消防安全服务公司负责队伍管理、训练、灭火、防火等工作，配有消防战斗车5辆、泡沫运输车1辆，人员编制51人，设4个消防班、1个综合班，其中指导员由上海石化委派。

（韩　斌）

表1 **上海石化主要技术经济指标** 亿元

指标名称 \ 年份	2009	2008	2007	2006	2005	2004
原油加工量/万吨	875.78	923.83	907.32	892.02	949.30	910.94
工业总产值①	437.20	552.12	550.50	448.84	421.29	344.54
工业增加值①	102.05	–53.32	77.25	48.97	66.82	111.36
资产总计②	304.58	279.33	304.94	280.56	271.02	287.57
流动资产	90.61	62.55	88.33	75.41	74.62	86.14
固定资产原值	388.09	359.30	356.66	325.00	338.78	329.04
固定资产净值	152.06	135.28	152.59	136.07	160.62	166.81
销售收入	517.23	603.11	554.05	514.79	469.44	410.96
利润总额	21.36	–80.22	21.21	9.25	21.37	46.93
所得税	5.10	–18.14	4.80	0.53	3.62	6.34

①工业总产值、工业增加值为上海石化主体企业数据。

②财务数据为上海石化合并报表数据。2007 年起按石化集团公司口径统计。

表2 **上海石化主要产品产量** 万吨

产品名称 \ 年份	2009	2008	2007	2006	2005	2004
汽　油	80.60	77.29	64.59	76.15	87.65	91.83
煤　油	76.90	63.47	69.57	53.38	68.95	71.09
柴　油	280.26	341.87	292.91	274.21	319.94	283.86
乙　烯	92.77	88.56	86.94	96.03	96.24	95.60
丙　烯	48.76	48.73	45.59	51.77	52.30	52.58
纯　苯	28.25	23.92	27.44	28.03	26.39	25.61
对二甲苯	34.58	18.37	24.75	25.09	23.46	23.01
乙二醇	39.40	42.13	39.13	19.06	21.33	19.64
乙　醛	3.35	2.39	1.94	3.14	4.21	4.74
醋　酸	2.36	2.78	1.10	1.45	2.93	1.91
聚乙烯	43.96	41.75	40.80	45.15	43.88	42.37
聚丙烯	46.62	42.47	44.86	45.87	45.65	45.89
合纤单体	50.87	46.19	53.24	54.95	49.38	41.78
PAT	38.09	34.28	40.01	40.63	36.21	29.27
丙烯腈	12.78	11.90	13.23	14.32	13.16	12.51
合纤聚合物	59.97	58.55	63.19	60.45	59.58	52.72
聚乙烯醇	4.36	4.16	4.27	4.54	4.58	4.66
涤纶聚酯	55.61	54.39	58.93	55.91	55.00	48.06
合成纤维	24.13	23.77	24.76	26.25	29.05	29.63
涤　纶	8.06	8.52	8.90	10.38	12.36	12.31
腈　纶	16.07	15.25	15.86	15.87	16.14	15.93
丙　纶①	—	—	—	—	0.55	1.33

① 2006 年起丙纶生产装置停产。

高桥石化

【概况】 中国石油化工股份有限公司上海高桥分公司（简称上海高桥分公司）和中国石化集团资产经营管理有限公司上海高桥分公司（简称资产公司上海高桥分公司）统称高桥石化，地处浦东新区，西临黄浦江，北近吴淞口，占地4.2平方千米。高桥石化的前身上海高桥石油化工公司创立于1981年11月，是中国第一个跨部门、跨行业的特大型石油化工联合企业，1983年7月划归中国石油化工总公司。2000年1月，按照石化集团公司重组改制的统一部署，上海高桥石油化工公司下属炼油厂、化工厂、供销公司的主业部分分离，成立上海高桥分公司。2003年10月，高桥石化根据扁平化改革的要求，撤销了下属单位的工厂建制，实行事业部制管理模式。2007年4月，按照石化集团公司改革部署，上海高桥石油化工公司实施体制转换，工商注册成立资产公司上海高桥分公司。截至2009年底，高桥石化拥有年原油加工能力1 130万吨，年化工产品生产能力100万吨，自备电厂具有装机容量19.5万千瓦；共有76套生产装置，可生产汽油、航空煤油、柴油、润滑油基础油、石蜡、合成橡胶、有机化工原料、合成塑料以及过氧化物等200余种产品。截至2009年底，高桥石化机关设17个处室，下辖6个生产、经营型单位及6个业务中心；职工总数6 499人，其中专业管理人员1 635人。

高桥石化主要技术经济指标和主要产品产量见表1和表2。

（陈建浩）

【120万吨/年催化汽油吸附脱硫装置建成投产】 该装置于2008年12月22日正式动工建设，占地面积3 096平方米，设计年开工时间为8 400小时，概算投资2.5亿元。2009年9月28日，装置产出合格产品，建成投产一次成功。装置主要由进料与脱硫反应、吸附剂再生、吸附剂循环和产品稳定4个部分组成。该装置采用的S-Zorb工艺技术系美国康菲石油公司开发，通过吸附作用原理对汽油进行脱硫，与加氢脱硫技术相比，该技术具有脱硫率高（可将硫脱至10×10^{-6}以下）、辛烷值损失小、操作费用低以及耗氢少、能耗低等特点。

（陈建浩）

【9 000吨/年DCP改扩建项目竣工投产】 2009年10月，高桥石化9 000吨/年DCP（过氧化二异丙苯）装

催化汽油吸附脱硫装置（S-Zorb） （陈鸣起 摄）

置产出合格产品，建成投产一次成功。9 000吨/年DCP装置在原6 000吨/年DCP装置基础上扩建而成，项目设计年开工时间为8 000小时，概算投资4 515万元。装置主要包括氧化、还原、缩合及成品后处理等生产单元。DCP装置是以异丙苯为原料，通过氧化反应生成过氧化氢异丙苯，将部分过氧化氢异丙苯还原成二甲基苄醇，二甲基苄醇与过氧化氢异丙苯缩合反应生成DCP，为高桥石化自有知识产权。9 000吨/年DCP装置的投产，使高桥石化的DCP年产能达到2.1万吨，产销量占国际市场的53%左右。

（陈建浩）

【1#常减压蒸馏装置隐患治理及节能改造项目建设动工】 2009年3月28日，高桥石化1#常减压蒸馏装置隐患治理及节能改造项目正式打桩动工。该项目的主体工程为新建一套500万吨/年常减压蒸馏装置，替代原330万吨/年蒸馏装置，在消除原装置安全隐患、节能瓶颈的同时，使高桥石化的原油加工能力提高到1 300万吨/年。

（陈建浩）

建设中的蒸馏装置 （陈鸣起 摄）

【关停落后装置】 2009年6月，高桥石化正式关停1.2

万吨/年丁苯胶乳装置。该装置于1984年建造，规模为1 400吨/年，经1987年、1990年、2004年3次改造，最终规模为1.2万吨/年，2008年实际产量为9 533吨。2009年，高桥石化下决心关停虽有一定经济效益、但安全环保处于达标临界点或缺乏发展前景的落后装置和落后产品。除丁苯胶乳装置外，年内高桥石化还关停了4 500吨/年氨基醇装置和2 500吨/年缩合装置。

（陈建浩）

【向上海市场提供沪Ⅳ标准成品油】 为了配合2010年上海世博会举办，改善城市空气质量，上海市决定自2009年11月1日起执行沪车用汽、柴油地方标准。相比国Ⅱ标准，沪Ⅳ标准汽柴油的硫、苯、锰、烯烃等有害物质含量大大降低，其中硫含量更从500×10^{-6}降为50×10^{-6}。为了向上海市场提供符合沪Ⅳ标准的油品，高桥石化先后建成投产了300万吨/年柴油、140万吨/年加氢裂化和120万吨/年催化汽油吸附脱硫（S-Zorb）等装置。2009年10月起，高桥石化开始生产、供应沪Ⅳ标准成品油，年内共产沪Ⅳ标准汽油29.73万吨、沪Ⅳ标准柴油27.01万吨。

（陈建浩）

【延迟焦化装置实现18小时生焦周期】 自2008年完成原油适应性改造之后，高桥石化加工原油的硫含量限制从0.5%（质量）提高至2.0%（质量）。在原油劣质化的同时，生产过程渣油产量大幅增加。为提高渣油处理量，高桥石化开展了缩短延迟焦化装置生焦周期专项攻关，经反复摸索，在确保安全的前提下，进一步优化大吹汽、冷焦、放水等过程操作，充分发挥焦炭塔的生焦能力。2009年1月5日，高桥石化延迟焦化装置正式实行18小时生焦，较常规的24小时生焦周期缩短了6小时，装置每天可多加工渣油300余吨。

（陈建浩）

延迟焦化装置　（陈鸣起　摄）

【开展生产作业场所“异味”督察活动】 为控制、消除生产场所异味，高桥石化从2009年9月1日起对所有生产作业场所的“异味”进行督察。由企业相关专业部门组成联合督察队，每月对各生产装置作业场所进行一次环境气味全面检查。对环境治理好、无异常气味的装置，挂“绿色”标志；对查出有一般性轻微异味的装置，挂“黄色”警示标志；对查出有较强异味的装置，挂“红色”警示标志。凡挂“黄色”或“红色”警示标志的装置，必须迅速组织查明原因、采取措施，并在一周内反馈整改信息。同时，对于挂“红色”警示标志的装置，取消其当月环保专项奖励。

（陈建浩）

【加大市场拓展力度】 2009年，为应对全球金融危机影响，高桥石化加大了市场拓展力度，企业领导班子成员带领业务人员开展市场走访，全年累计走访客户564家；同时，抽调技术、生产、销售部门人员，组建了技术服务队伍，为客户提供应用技术服务。全年聚醚、DCP等产品产销量超过2008年。

（陈建浩）

【优化整合管理组织】 2009年，为理顺管理关系、提高管理效率，高桥石化推进了管理组织优化整合工作。整合了原分散在下属各单位的消防队伍，成立消防支队，统一指挥、协调企业范围内火灾爆炸事故的抢险救援及消防气防战备值勤工作；启动经营管理体制深化改革，将原分散在下属各单位的销售、财务、统计、计划业务分别集中到公司机关处室，实施“一级经营、集中管理”；撤销了炼油、化工设计室机构，实现自行设计业务退出和委外设计业务的集中统一管理。

（陈建浩）

【深入推进“比学赶超”活动】 2009年，高桥石化以对标管理为核心，积极推进“比学赶超”活动，将所有生产经营指标分解到车间、班组、个人，制定了高附加值产品增产增销、节能降耗等7项专项奖励措施，对每个量化指标设置了合格、努力、先进3个台阶，并根据实际完成情况进行考核，动员和激励干部职工对照先进目标、找准自身差距，落实赶超措施、加强过程控制，提高装置运行水平，提升技术经济指标。全年有58项指标达到自身历史最好水平或行业最优水平，占全部指标的36.5%。

（陈建浩）

【**加大帮困力度**】 2009年，高桥石化加大了对困难职工的帮困力度。全年补充医疗保险基金共出资1 139万元，帮助在职与退休职工解决实际困难，出资金额同比增加66.3%；为因病致贫的困难职工建立了定期补助机制，年内共计补助32人次、13.8万元；帮困基金共向1 203人次困难职工提供补助82.6万元。

（陈建浩）

表1 高桥石化主要技术经济指标 亿元

指标名称＼年份	2009	2008	2007	2006	2005	2004
原油加工量/万吨	1 049.43	1 016.06	809.89	931.04	1 006.55	905.44
工业总产值	457.19	559.27	416.01	417.41	362.29	281.28
炼　油	386.51	457.93	308.69	341.55	300.17	237.32
化　工	66.03	99.06	105.57	74.58	61.13	44.36
工业增加值	116.09	-58.28	21.07	2.18	11.40	28.39
资产总计	179.20	162.77	165.93	150.99	138.39	140.29
流动资产	67.20	47.32	52.59	70.84	42.57	48.56
固定资产原值	172.33	166.46	155.05	146.57	128.05	125.57
固定资产净值	80.25	83.13	80.22	79.31	66.98	69.96
销售收入	461.7	562.98	421.66	415.95	367.28	286.47
实现利税	107.90	–42.74	–5.78	–3.99	10.00	21.18
税　金	84.29	11.60	20.93	12.07	16.59	15.58

表2 高桥石化主要产品产量 万吨

产品名称＼年份	2009	2008	2007	2006	2005	2004
汽　油	179.43	167.59	146.51	172.00	175.80	198.73
煤　油	81.81	73.51	51.62	58.89	75.29	65.96
柴　油	402.37	406.11	310.56	365.12	397.91	353.33
石油芳烃	1.86	2.59	1.81	2.44	2.10	2.54
润滑油基础油①	38.71	33.93	33.22	39.15	34.61	17.24
商品燃料油	8.38	18.65	22.32	21.70	47.83	41.68
石　蜡	11.72	14.76	14.21	14.05	13.20	16.77
石油焦	68.75	67.03	26.42	31.18	36.43	28.99
合成橡胶	16.59	24.97	26.40	18.83	16.02	16.42
顺丁橡胶	10.49	9.70	10.84	11.02	9.81	10.20
丁苯橡胶	5.95	6.30	7.63	1.11	—	—
丁苯乳胶②	0.15	8.97	7.93	6.70	6.21	6.22
丙　烯	12.18	13.22	12.26	13.63	16.02	15.62
丁二烯	0.88	1.97	3.56	2.98	2.88	3.02
苯　酚	13.52	17.18	20.62	20.25	16.20	7.76
丙　酮	8.39	10.76	12.83	12.61	10.06	4.87
ABS	14.24	13.50	13.37	—	—	—
发电量/亿千瓦·时	9.44	10.15	13.09	12.94	12.62	12.71
供热量/万吉焦	1 083.00	1 255.00	1 368.00	1 361.00	1 261.00	1 150.00
环氧丙烷	8.40	8.40	8.84	8.82	8.74	8.35
聚　醚	15.58	14.66	16.72	16.14	13.74	13.00
DCP	1.91	1.90	2.00	1.77	1.63	1.48

① 2004 年为润滑油成品油数。

② 2009 年起不含合资企业生产量。

金陵石化

【概况】 中国石油化工股份有限公司金陵分公司（简称金陵分公司）和中国石化集团资产经营管理有限公司金陵石化分公司（简称资产公司金陵石化分公司）统称金陵石化，占地面积799.30万平方米。金陵石化位于南京市东北郊，北依长江，南临京沪铁路和沪宁高速公路，与禄口国际机场有快速通道相通，水陆空交通十分便捷。

金陵石化前身始建于1982年1月，1998年7月整体并入石化集团公司。截至2009年底，金陵石化下设19个职能处室、2个工厂、10个专业化管理单位、8个生产运行部、2个车间级直属单位；职工总数9 002人，其中首席技师3人，高级技师36人，技师380人；高级技术专家 6 人，装置专家11人；具有高级职称的278人，中级职称的1 005人。资产总额189.86亿元。

金陵分公司主要从事石油炼制及石化产品的加工生产和销售，拥有炼油、化工、热电等40余套大型生产装置。原油加工手段齐全，生产技术力量雄厚，原油综合加工能力超过1 000万吨/年；化工板块相继建成了水煤浆装置和年产60万吨对二甲苯联合装置；热电板块有6台220吨/时的燃煤锅炉（其中 2 台为循环流化床锅炉）和20万千瓦的发电机组，可保证给炼油、化工低成本供热、供电。资产公司金陵石化分公司拥有30万吨/年烷基苯、10万吨/年苯酐的生产能力。公司内部油、化、电一体化产业格局更加完备，综合竞争力进一步提升。

金陵石化主要技术经济指标及主要产品产量见表1和表2。

（郭青玉）

【温家宝总理莅临金陵石化视察】 2009年1月10日，中共中央政治局常委、国务院总理温家宝在工业信息部部长李毅中，江苏省领导梁保华、罗志军的陪同下到金陵石化烷基苯厂视察。

（郭青玉）

【公司整体效益创历史新高】 2009年，金陵石化实现销售收入528.65亿元，实现税金143.31亿元（含海关增值税），实现利润达到创纪录的22.21亿元，其中金陵分公司炼油板块15.01亿元、化工板块5.08亿元，资产公司金陵石化分公司2.12亿元；7家合资合作企业1.41亿元。一举实现炼油、化工、存续三大板块及合资合作企业全面赢利。

（郭青玉）

【环保和节能工作成效显著】 2009年3月底，金陵石化新建200吨/时污水汽提项目建成投产，含硫污水处理能力达到380吨/时。全年节约新鲜水94万吨，金陵石化被评为南京市首家节水型大型企业。工业废水排放量减少92.36万吨，下降7.46%；化学需氧量减少38.53吨，下降6.46%；二氧化硫排放量减少4 046.46吨，下降35.85%，各排口均实现稳定达标排放，提前完成各级政府及石化集团公司总部下达的“十一五”环境总量控制指标，被评为石化集团公司环境保护先进单位。

（郭青玉）

环保管理人员在生化曝气池巡检　（徐　捷　摄）

【260万吨/年蜡油加氢装置建成投产】 2009年6月30日，金陵石化260万吨/年蜡油加氢装置顺利实现中交，并于7月27日实现一次开车成功。该装置的顺利投产，解决了金陵石化加工高硫高酸劣质原油的瓶颈问题，为进一步降低原油成本、实现汽柴油质量升级和充分利用金陵石化低成本氢气创造了条件。

（郭青玉）

【第二套海外装置落户伊拉克】 2009年1月中旬，伊拉克阿拉伯洗涤剂化学品公司（ARADET）的双烯选择加氢（DSH）装置开车成功。这是金陵石化授权许可的、继伊朗ICIIC公司的双烯选择加氢装置之后的第二套海外装置，标志着金陵石化DSH技术的日趋成熟和成功国际推广。

（郭青玉）

【新产品开发取得突破】 2009年1月20日，金陵石化“加佳”牌工业直链烷基苯产品获得江苏省名牌产品称号。6月20日，金陵石化研发的食品工业抽提用正己烷产品通过中国粮油学会组织的专家评审。9月上旬，金陵石化化工一厂顺利完成新产品——AA品52的技术开发和规模化试生产工作。该产品是室内装饰材料、保温材料加工的重要原材料，技术水平处于国际领先地位。

（郭青玉）

【沥青铺上沪宁、京沪高铁】 2009年5月14日，金陵石化高速铁路专用改性乳化沥青装置试车一次成功。9月25日，金陵石化沥青产品贯标（GB/T 19001—2008）通过第三方认证。9月28日，生产出合格的乳化沥青产品，并于10月2日首次送往沪宁城际铁路施工现场。该产品也将用于京沪高速铁路的建设。

（郭青玉）

【为江苏地区油品质量升级贡献力量】 2009年10月，金陵石化实施了OCT-M装置催化汽油选择性加氢脱硫改造项目，并进行了汽油罐置换等相关工作，实现了自产汽油全面按国III标准升级，并于12月开始接收中国石化系统内扬子、扬州、泰州等公司的汽油组分油进行集中升级，全部达到国III标准要求，为江苏地区的汽油质量升级和资源优化作出积极贡献。

（郭青玉）

【质量管理再上台阶】 2009年，金陵石化两个QC小组获得全国优秀小组称号；QC技术成果分获中国石化一等奖、江苏省优二等奖和南京市优二等奖。9月11日，金陵石化烷基苯厂获得江苏省质量管理小组活动优秀企业称号；并获得1个优秀质量信得过班组称号、2个优秀质量管理小组称号。

（郭青玉）

【水煤浆装置连续运行再创中国石化新纪录】 2009年11月3日，煤化工运行部水煤浆装置创造连续运行162天的新成绩，再次刷新同类型装置连续运行的历史纪录。

（郭青玉）

【烷基苯系列产品质量跻身国际先进水平】 2009年10月，金陵石化为中国基础科学研究领域重大项目——大亚湾反应堆中微子实验项目提供了400吨“量身定做”的高质量、高性能的“加佳”牌烷基苯，标志着烷基苯系列产品质量已跻身国际先进水平。

（郭青玉）

【供中航油航煤总量突破100万吨/年大关】 2009年，金陵石化供应中国航空油料有限责任公司的航煤总量突破100万吨。12月9日，中航油总裁周如成一行特地赶到金陵石化表示感谢和祝贺。金陵石化全年共销售航煤109.26万吨、出口15.08万吨，销量创历史最好水平。

（郭青玉）

金陵石化供中航油航煤突破100万吨庆祝会 （徐 捷 摄）

【第四届职工文化艺术节精彩纷呈】 结合新中国成立60周年和南京解放60周年，金陵石化开展了“爱南京、爱企业、爱岗位、爱员工”主题教育活动。以“我要安全”等系列活动为载体，举办了以“展职工风采·筑企业和谐”为主题的金陵石化第四届职工文化艺术节，组织开展了职工书法美术摄影、收藏品展览，“我要安全”演讲、DV作品征集，青年职工集体婚礼，卡拉OK红歌赛等丰富多彩的系列活动，为繁荣企业文化、突出石化特色、不断满足职工精神需求、实现金陵石化持续有效和谐发展再作新贡献。

（郭青玉）

表 1　　金陵石化主要技术经济指标　　亿元

指标名称 \ 年份	2009	2008	2007	2006	2005	2004
原油加工量/万吨	1 237.00	1 124.27	1 152.10	1 076.63	1 074.35	821.54
工业总产值	520.57	620.41	543.48	476.00	397.73	257.18
炼　油	437.88	524.69	445.54	413.98	347.11	206.78
化　工	78.10	92.68	86.90	55.55	44.43	38.95
化　肥	2.88	1.95	3.04	4.32	0.81	5.92
其　他	1.71	1.09	8.00	2.15	5.38	5.53
工业增加值	128.87	−17.19	51.33	14.81	19.39	32.31
资产总计	189.86	160.01	148.56	142.71	142.14	125.40
流动资产	76.31	47.13	47.78	55.28	55.67	45.04
固定资产原值	188.32	187.36	156.21	153.96	149.98	125.00
固定资产净值	103.15	98.66	73.68	77.84	78.08	54.08
销售收入	528.65	635.63	572.48	523.41	452.51	303.19
实现利税	161.14	−21.43	36.35	2.39	11.00	16.02
税　金	143.31	13.27	24.73	14.19	14.66	13.21
综合能耗/吨标煤 · 万元$^{-1}$	0.55	0.56	0.51	0.57	—	—

表 2　　金陵石化主要产品产量　　万吨

产品名称 \ 年份	2009	2008	2007	2006	2005	2004
汽　油	188.76	144.26	128.80	115.76	134.83	125.40
煤　油	125.28	83.22	118.28	80.48	75.34	49.02
柴　油	429.36	429.00	405.93	442.31	456.37	339.19
溶剂油	5.11	4.29	7.18	7.54	7.28	11.85
石脑油	252.09	204.94	142.15	136.91	125.37	47.23
烷基苯料	60.10	42.54	45.47	37.70	30.57	32.39
商品燃料油	1.97	57.11	57.83	14.42	11.76	19.25
商品液化气	39.43	34.99	40.25	34.49	30.28	22.71
石油焦	103.45	88.64	97.73	89.31	79.82	56.70
沥　青	61.67	10.64	0.37	0	0	0.01
苯类合计	67.12	24.73	29.58	32.02	30.00	26.70
合成氨	10.02	6.65	10.51	14.70	3.08	24.92
尿　素	17.28	11.33	18.36	25.61	4.92	43.59
烷基苯	12.55	10.55	11.33	10.37	9.52	11.21
轻　蜡	13.11	11.64	12.53	11.81	10.70	11.70
苯　酐	8.31	6.65	9.64	8.91	8.38	6.82
增塑剂	3.68	5.32	7.65	6.30	4.89	2.96

茂名石化

【概况】 中国石化集团茂名石油化工公司、中国石化集团资产经营管理有限公司茂名石化分公司（简称资产公司茂名石化分公司）、中国石油化工股份有限公司茂名分公司（简称茂名分公司）统称茂名石化。茂名石化位于广东省茂名市，东毗阳江，西临湛江，北连云浮和广西壮族自治区，南临南海。东北距广州362千米，西南距湛江121千米。茂名石化占地面积38平方千米，创建于1955年5月，是国有特大型综合石化企业，1983年整体并入中国石化总公司。

茂名石化拥有70套主要炼油、化工生产装置，1座动力厂，还有港口码头、铁路运输以及完善的管道、海上原油接卸等储运设施。原油加工能力1 350万吨/年，乙烯生产能力100万吨/年。主要生产汽油、煤油、柴油、润滑油、溶剂油、石脑油、沥青、乙烯、甲苯、聚丙烯、乙二醇、苯乙烯、丁苯橡胶、SBS橡胶等30多种石油化工产品。

截至2009年底，茂名石化共设5个二级单位，23个机关处部室，11个直属单位，2个驻外机构，1个挂靠单位。职工总数11 009人，其中具有教授级职称的16人，高级职称的464人，中级职称的1 541人。固定资产原值344.85亿元。

茂名石化主要技术经济指标和主要产品产量见表1和表2。

（韩泉梅）

【被评为全国国有企业典型】 茂名石化认真学习实践科学发展观，以“建设受人尊敬的企业”为目标，开拓进取，勇于创新，实施“紧螺丝”式的精细化管理，经过几年的奋斗，企业面貌发生了深刻变化。2007—2009年连续3年成为中国石化炼化企业效益排头兵，由亏损大户变成了赢利大户，由后进企业变成了先进企业。经石化集团公司党组推荐、中共中央宣传部和国务院国资委推选并报中央领导批准，茂名石化被评为2009年全国国有企业十大典型之一。

（韩泉梅）

【连续3年成为中国石化炼化企业效益排头兵】 2009年是茂名石化“精细化管理效益年”，全面实施“更专业、更精心、更细致”的管理，实现了“安全环保无事故，经济效益最大化”的目标，全年加工原油1 298.4万吨，生产乙烯106.06万吨，实现销售收入725.94亿元，实现利润61.34亿元，成为新中国成立以来首家年创利润超60亿元的炼化企业，连续第三年成为中国石化炼化企业效益排头兵。

（韩泉梅）

【茂名石化成为广东省纳税第一大户】 2009年，茂名石化交纳税金177.6亿元，占广东省财政收入总额的1/50。在2009年度广东纳税百强企业排行榜中，茂名石化从上年第九名跃居榜首，是当年广东纳税唯一突破百亿元的企业。

（韩泉梅）

【炼油经济效益居中国石化五大炼化一体化企业之首】 2009年，茂名石化实施滚动式优化生产，努力拧干含有效益的“毛巾”，实施“紧螺丝”式严细管理，着力封堵流失效益的“沙眼”，实现了经济效益最大化。炼油板块全年加工原油1 298.04万吨，其中含酸原油157万吨，索鲁士等高硫原油644万吨，实现利润22亿元，居中国石化五大炼化一体化企业首位。

（韩泉梅）

【乙烯每天利润超1 000万元】 2009年，茂名石化抓住乙烯市场逐渐好转的有利时机，及时调整生产经营工作思路，精细管理，持续优化，做大产品总量，拓宽市场，充分发挥了百万吨乙烯的规模优势，经济效益大幅提升。乙烯实现销售收入203.13亿元，利润总额38.69亿元，平均每天实现利润1 060万元。

（韩泉梅）

【多项技术经济指标创国内最优】 2009年，茂名石化通过精细化管理，实现了“以技术经济指标先进化，确保经济效益最大化”的目标。主要技术经济指标创历史最好水平，并名列中国石化前茅，其中炼油综合能耗53.0千克（标油）/吨，同比下降3.29千克（标油）/吨，裂解装置能耗573.97千克（标油）/吨，同比下降32.85千克（标油）/吨，乙烯装置损失率0.19%，同比下降0.16个百分点，原油途耗0.03%，同比下降0.09个百分点，均在国内炼化企业排名第一。

（韩泉梅）

【百万吨乙烯首次实现产量达标】 截至2009年12月8日，茂名石化乙烯产量达到100万吨，提前23天实现首次年产量达标，成为中国第一个年产量超百万吨的乙烯厂，创造了国内乙烯年产量新纪录。

（韩泉梅）

【180万吨/年蜡油加氢装置建成投产】 2009年12月12日，茂名石化180万吨/年蜡油加氢装置建成投产。该装置由反应、分馏、富氢气体脱硫、热回收和产汽系统以及公用工程等部分组成，采用石油化工科学研究院开发的蜡油加氢预处理RVHT技术及配套RG-保护剂/RMS-1/RN-32V系列催化剂。该装置的建成投产使茂名石化生产的汽油全部达到国Ⅲ标准，为柴油的质量升级创造了有利条件。

（韩泉梅）

180万吨/年蜡油加氢精制装置建成投产 （关 平 摄）

【新建200吨/时酸性水汽提装置投用】 200吨/时酸性水汽提装置于2009年2月20日正式开工建设，规模为处理酸性水200吨/时，年开工时间为8 400小时。9月27日，装置实现一次开车成功并转入正常生产。该装置的建成投用可满足原油含硫量不断升高、加工量不断增加及日趋严格的环保要求。

（韩泉梅）

【苯下海系统投产】 2009年5月1日，茂名石化苯下海系统建成投产，化工产品苯首次在茂名石化港口3 000吨级化工码头装船外运，标志着茂名石化化工产品苯海上运输渠道正式打通。该工程于2007年9月开工建设，2008年3月8日完成中间交接。该系统由2座2 500立方米内浮顶罐、3 300米工艺管线、4台机泵及其他卸车及装船设施组成。

（韩泉梅）

【2#高压装置连续运行周期打破国内纪录】 截至2009年12月27日，茂名石化2#高压聚乙烯装置一轮周期连续运行时间达到102天，打破此前国内同类装置连续运行87天的纪录，创造了巴塞尔高压管式法装置国内长周期运行新纪录。

（韩泉梅）

【橡胶装置产量达到年设计值的128%】 2009年，茂名石化橡胶装置通过实施优化聚合釜投料自动程序、提高聚合釜温峰检测灵敏度、缩短每釜反应时间等措施，解决了凝聚二线系统压力偏高影响负荷、聚合釜溶剂进料自动阀内漏和2条线聚合批量互相干扰等问题，聚合投料由平均40釜/日提高到50釜/日，聚合单釜产量比设计值提高了28%，聚合日产量比设计值提高了50%，聚合系统实现了年产能达到10万吨（充油胶）的飞跃。2009年，橡胶装置产量达到10.28万吨，达到年设计值的128%。

（韩泉梅）

【炼油产品质量升级改造工程获得国家正式批准】 2009年9月30日，茂名石化炼油产品质量升级改造工程获得国家正式批准。该工程作为20项重大新开工项目之一，被列入国家振兴支柱产业、拉动经济发展的重大规划并被列为广东省十大重点工程项目。

（韩泉梅）

【成功开发生产7个牌号新产品】 2009年，茂名石化成功开发生产了高刚性聚丙烯HC9006BM、高透明易开口膜料MLPE-2002、油箱料C579、滚塑料MLPE-8060、高熔指共聚聚丙烯HHP10、烟膜F300M、高强度中空料HXM50100共7个牌号的新产品，进一步拓宽了市场空间。全年生产新产品和专用料74.87万吨，完成计划的122%，比生产通用料增效1.6亿元。

（韩泉梅）

【茂名北山岭原油商业储备基地开工建设】 2009年11月1日，茂名北山岭原油商业储备基地正式开工建设，工程包括新建15个12.5万立方米油罐，总罐容为187.5万立方米。建成后茂名石化北山岭原油罐容将达272.5万立方米。

（韩泉梅）

【被评为广东环保诚信企业】 茂名石化切实履行环保责任，扎实落实环保措施，职工环保意识日益增强，环保设施建设日臻完善，炼油化工生产全部实现达标排放，年节水减排近千万吨，“三废”处理合格率达100%。2009年，茂名石化和下属的炼油厂、乙烯厂均被评为广东环保诚信企业。

（韩泉梅）

【创4项中国企业新纪录】 2009年11月7日，中国企业联合会、中国企业家协会发布第14批中国企业新纪录，茂名石化有4项纪录入选：①茂名石化2008年原油加工损失率0.46%，创国内石化系统原油加工损失率最低新纪录；②茂名石化1#延迟焦化装置，自2005年12月15日改造后开工以来，连续运行1 284天，创国内石化系统延迟焦化装置长周期安全运行天数最多新纪录；③茂名石化2#航煤加氢装置，2007—2008年度装置能耗5.63千克（标油）/吨，创国内石化系统同类装置能耗最低新纪录；④茂名石化第三套糠醛精制装置，2007—2008年度糠醛单耗0.38千克/吨，创国内石化系统同类型装置糠醛单耗最低新纪录。

（韩泉梅）

【国内27家媒体集中采访茂名石化】 为宣传2009年全国十大国有企业典型，按照中宣部和国务院国资委的安排，7月9日、10日和13日、14日，人民日报、新华社、中央人民广播电台、中央电视台、光明日报、经济日报等国内27家媒体对茂名石化进行了集中采访。记者们听取了茂名石化近年改革、发展、创效情况介绍，深入炼油化工港口生产现场，围绕科学发展、精细管理、共建和谐等专题进行了采访，并进行了宣传报道。

（韩泉梅）

【《工地节奏》获全国舞蹈大赛铜奖】 2009年，茂名石化舞蹈队代表石化集团公司参加中央电视台主办的第五届全国舞蹈大赛，舞蹈《工地节奏》获得铜奖。

（韩泉梅）

《工地节奏》获全国舞蹈大赛铜奖 （张凌云 摄）

表1 **茂名石化主要技术经济指标** 亿元

指标名称＼年份	2009	2008	2007	2006	2005	2004
原油加工量/万吨						
茂名分公司	1 298.04	1 303.24	1 313.68	1 400.33	1 267.90	1 322.05
工业总产值						
茂名分公司	620.18	742.63	658.84	569.18	428.19	413.28
资产公司茂名石化分公司	10.92	11.01	10.87	4.69	4.28	3.43
工业增加值						
资产公司茂名石化分公司	4.00	2.59	4.37	3.59	1.58	1.56
资产总计						
茂名分公司	197.27	174.97	189.05	194.05	165.86	159.50
资产公司茂名石化分公司	55.10	52.80	52.36	53.20	49.37	64.54
流动资产						
茂名分公司	65.85	38.81	45.69	45.80	56.70	65.35
资产公司茂名石化分公司	14.65	13.44	12.78	2.27	5.23	19.96
固定资产原值						
茂名分公司	275.87	260.17	258.58	240.48	173.10	172.06
资产公司茂名石化分公司	68.98	68.53	68.15	67.54	67.32	66.40
固定资产净值						
茂名分公司	120.70	120.21	135.45	134.22	77.98	85.97

续表

年份 指标名称	2009	2008	2007	2006	2005	2004
资产公司茂名石化分公司	30.79	37.96	39.76	41.48	43.30	43.02
销售收入						
茂名分公司	702.20	875.51	765.78.	547.88	411.78	403.45
资产公司茂名石化分公司	23.74	24.30	23.96	20.40	42.19	38.74
实现利税						
茂名分公司	169.19	–3.16	72.37	19.86	32.87	51.45
资产公司茂名石化分公司	2.37	2.49	3.88	1.99	1.31	1.35
税　金						
茂名分公司	123.34	27.93	34.28	26.67	25.56	26.54
资产公司茂名石化分公司	1.77	1.67	2.50	1.30	1.08	1.12

表 2　　茂名石化主要产品产量　　万吨

年份 产品名称	2009	2008	2007	2006	2005	2004
乙　烯	106.06	95.48	96.26	52.21	34.81	39.37
丙　烯	53.75	47.83	49.10	26.52	15.44	16.88
混合芳烃	56.35	50.74	51.18	28.44	18.06	18.64
三苯(化工)	43.06	38.27	39.13	23.25	13.24	14.41
三苯(炼油)	1.00	0.85	1.54	1.19	0.81	1.09
聚丙烯	55.64	47.36	50.37	25.85	15.06	17.07
线性聚乙烯	21.46	17.73	20.00	17.32	14.22	16.34
高密度聚乙烯	36.03	30.88	34.60	10.66	—	—
高压聚乙烯	38.85	33.87	27.12	11.71	10.94	12.39
丁二烯	14.72	13.28	14.09	7.75	4.28	4.30
甲基叔丁基醚	6.93	6.08	5.46	4.76	2.88	2.98
1–丁烯	2.00	2.08	1.95	1.68	1.01	1.13
乙二醇	3.66	8.33	9.22	10.24	8.51	9.24
环氧乙烷	5.64	4.73	5.30	2.75	1.77	2.09
苯乙烯	11.22	11.47	10.27	11.41	10.07	11.59
SBS橡胶	10.28	8.62	7.54	7.34	5.37	4.24
液化气	61.72	66.36	64.68	58.06	51.26	50.28
石脑油	160.34	139.61	148.87	175.16	134.50	129.93
汽　油	209.82	219.18	195.03	179.27	164.12	184.95
高标号汽油	206.07	217.47	173.58	157.21	99.36	86.08
煤　油	127.89	107.15	123.70	121.18	127.67	132.35
柴　油	401.86	486.71	420.05	516.17	447.60	467.93
基础油	25.39	23.89	26.79	23.83	28.13	31.32
石　蜡	9.83	8.08	10.92	9.76	11.40	10.30
商品重油	10.61	34.80	47.55	22.04	38.49	55.96
沥　青	64.94	34.34	30.86	38.33	25.86	36.59
石油焦	60.39	76.49	72.51	65.20	41.32	35.24
硫　黄	10.62	13.64	13.09	14.70	11.73	12.38

镇海炼化

【概况】 中国石油化工股份有限公司镇海炼化分公司（简称镇海炼化）是中国石化旗下的特大型炼油化工骨干企业，位于浙江省宁波市。前身为始建于1975年的浙江炼油厂，1983年划归原中国石油化工总公司。

截至2009年底，镇海炼化拥有2 300万吨/年原油加工能力、100万吨/年芳烃和20万吨/年聚丙烯生产能力、4 500万吨/年深水海运码头吞吐能力以及超过300万立方米的储存能力，是中国最大的原油加工基地、进口原油加工基地、含硫原油加工基地、成品油出口基地和重要的原油集散基地。所罗门咨询公司绩效评估报告显示，镇海炼化竞争能力居亚太地区72个炼厂第一组群。据美国《油气杂志》统计，镇海炼化炼油能力居世界第17位。镇海炼化主要生产和销售各种规格的清洁汽油、柴油、航空煤油、液化气、道路沥青、尿素、芳烃等40多个品种的优质石油化工产品。镇海炼化在管理上实行“一体化管理体系”、“公司—运行部”扁平化管理和ERP业务平台，设15个管理处室、7个业务中心、12个生产运行（专业）部，另有中国石化授权管理的杭州石化有限责任公司(简称杭州石化)等5家主要子公司。有在岗职工7 296人（含杭州石化），其中具有高级职称的297人，中级职称870人，初级职称1 295人，各类专业技术人员超过30%。

镇海炼化主要技术经济指标及主要产品产量见表1和表2。

(庄美琦)

【镇海炼化100万吨/年乙烯工程建成中交】 2009年12月28日，镇海炼化100万吨/年乙烯工程在装置现场举行中间交接仪式，标志着工程建设任务基本完成，将全面进入开工试车阶段。

(庄美琦)

镇海炼化100万吨/年乙烯工程建成中交（万　里　摄）

【首供香港市场国产欧Ⅴ标准超低硫柴油】 欧Ⅴ标准超低硫柴油由于生产难度较大，此前香港市场一直为国外油品垄断。2008年起，镇海炼化主动请缨接受生产任务，并着手生产前期准备。2009年初，根据中国石化统一部署，镇海炼化克服困难，组织攻关，先后完成生产工艺、质量调和、系统改造及方案优化等系列工作，打通了超低硫柴油生产和出厂的全流程。4月2日首次成功生产调和出符合标准的产品，5月11日完成首船1万吨符合欧Ⅴ标准超低硫柴油装船任务，并于5月24日从镇海炼化码头发往香港。这是中国石化在国内首次成功生产欧Ⅴ标准超低硫柴油，也是香港首次使用国产的欧Ⅴ标准超低硫柴油，产品质量获货主好评。镇海炼化全年累计供应欧Ⅴ柴油8万吨。

(庄美琦)

【提前实现国内汽油质量按国Ⅲ标准出厂】 根据车用汽油国家标准要求，2010年1月1日起全国范围内车用汽油质量将执行国Ⅲ标准。国Ⅲ汽油标准与国Ⅱ汽油标准相比，主要对硫含量、苯含量、烯烃含量等指标提出了更高的要求。为实现年内出厂汽油质量全面达到国Ⅲ标准，镇海炼化制定了详细的汽油质量升级方案。2009年10月23日，依托I加氢装置进行的催化汽油选择性脱硫（OCT-MD）技术改造完成，装置开车一次成功，生产出硫含量低于50×10^{-6}的清洁调和组分；在此基础上，10月27日成功生产出符合国Ⅲ标准的97#车用汽油，10月28日产品顺利装船出厂。12月1日起，镇海炼化所有牌号国内汽油均按国Ⅲ标准出厂，比国家规定时间提前一个月。

(庄美琦)

【150万吨/年催化汽油吸附脱硫装置建成投用】 150万吨/年催化汽油吸附脱硫（S-Zorb）装置是镇海炼化的汽油质量升级项目，也是中国石化2009年实现车用汽油质量升级的重点项目，主要包括装置界区内的进料系统、脱硫吸附反应、吸附剂再生、产品稳定4个部分及界区外其他系统配套工程。2009年4月装置开工建设，11月15日装置建成中交，12月18日引催化汽油开工，12月19日装置开车一次成功，并生产出硫含量10×10^{-6}左右的合格产品。S-Zorb装置成功开车，标志着镇海炼化已能生产符合国际、国内高标准的车用汽油，满足市场对油品质量的新要求，并为汽油质量升级到国Ⅳ标准甚至欧Ⅴ标准打下基础。

(庄美琦)

150万吨/年催化汽油吸附脱硫装置建成投用 （万 里 摄）

【成功开发供应4个沥青新品】 为满足不同层次的市场需求，2009年，镇海炼化积极进行沥青新产品开发工作，从生产准备入手，对生产全过程进行严格监控、不断优化，通过技术攻关，先后成功开发出隧桥沥青、高速铁路乳化沥青、50#A级沥青、I－D级SBS改性沥青4个沥青新品种，获得客户好评。

(庄美琦)

【“三项制度”和《管理手册》发布实施】 “三项制度”是指职责划分、流程程序和规章制度三项企业基础性制度体系，是镇海炼化企业管理的“宪章”。继2008年发布试行《职责划分手册》、《工作程序、业务流程手册》后，2009年镇海炼化又完成《规章制度汇编》，7月1日，“三项制度”全面发布实施，标志着镇海炼化标准化制度体系基本建成，“文本化”管理迈出里程碑式步伐。11月1日，镇海炼化发布实施《管理手册》。《管理手册》是镇海炼化各方面活动及过程的纲领性文件，是镇海炼化对自身发展的定位，也是镇海炼化对社会、员工及相关方的管理承诺。《管理手册》与“三项制度”共同构成完整的制度体系，标志着镇海炼化“以一本《管理手册》统领，一套制度文本支撑，一种运行模式保障，建立具有镇海炼化特色的一体化管理体系”目标初步实现。

(庄美琦)

【建立资源市场管理新模式】 2009年，按照“敞开大门、严格准入、公开透明、择优汰劣”原则，镇海炼化建立集体决策和部门相互制衡的资源市场管理新模式。4月底，成立资源市场管理委员会，6月1日，发布实施《物资供应商资源市场管理制度》、《承包商资源市场管理制度》，“管用分离、公开透明、相互制衡”的资源市场管理新模式正式运行。由物资采购部门和工程管理部门对资源市场“一统到底”，转变为“管市场”与“用市场”的彻底分离，有利于从源头上堵塞管理漏洞。新模式运行后，各专业委员会按照管理机制要求，对供应商、承包商进行资质审查、现场考察，并将未达到准入条件或现场考察不合格的供应商、承包商拒于资源市场门外，促进了公司资源市场的规范管理和结构优化。

(庄美琦)

【宁波镇海炼化利安德化工销售有限公司成立】 2009年10月9日，由镇海炼化和美国利安德巴赛尔公司的香港子公司——利安德亚洲控股有限公司共同投资组建的中外合资企业“宁波镇海炼化利安德化工销售有限公司”正式领取营业执照，标志着镇海炼化100万吨/年乙烯工程中唯一的引进外资项目——环氧丙烷/苯乙烯项目的整体生产、经营进入实质性阶段。宁波镇海炼化利安德化工销售有限公司注册资本400万美元，双方各出资50%。

（庄美琦）

【改制企业组织关系全部移交地方】 2009年6月24日，镇海炼化与镇海区签署备忘录，将所属的工程、物流、工贸、海达、检安5家改制分流企业的党组织和工青妇等群众组织正式移交镇海区，实行属地管理服务，这标志着镇海炼化改制分流工作画上句号。参加改制的员工共3 300多人，党、团支部60个。截至2009年底，5家改制企业运作良好，已相继发展成为镇海区乃至宁波市主业突出、优势明显、竞争力较强的龙头企业。

(庄美琦)

【门禁“一卡通”系统投入使用】 2009年8月20日，镇海炼化门禁“一卡通”系统投入使用。门禁“一卡通”系统集进出厂区人员、机动车辆识别、进出厂时间记录、厂区围墙周界红外线及视频监控联动等功能于一体，有效促进了镇海炼化生产区封闭化管理水平提高。与此同时，利用门禁“一卡通”配套功能，镇海炼化先后开通职工食堂就餐、乘坐上下班班车等服务功能，为职工工作和生活提供便利，受到职工好评。

(庄美琦)

【再创6项中国企业新纪录】 2009年11月7日，中国企业联合会、中国企业家协会发布第14批中国企业新纪录，镇海炼化6项新纪录榜上有名：①镇海炼化20万吨/年聚丙烯装置连续运转772天，创国内同行业长周期运转最好新纪录。②镇海炼化2008年加工原油1 935.57万吨，全年有4个月单月原油加工量超过170万吨，其中7月加工量172.24万吨，创国内同行业原油加工量最高新纪录。③镇海炼化于2009年2月26日试生产的国产欧V柴油，达到在用柴油世界最高标准，为国内首创。④镇海炼化20万吨/年聚丙烯装置采用与北京化工研究院合作开发的全均聚高速BOPP膜料生产技术，使最终聚合物综合性能十分优良，为国内首创。⑤2009年2月6日，镇海炼化算山码头1#、2#泊位在同一潮水时间靠泊两艘26万吨级满载超大型油轮，创国内原油码头一次同时靠泊两艘超大型油轮新纪录。⑥镇海炼化2008年累计原油途耗为0.96%，创国内原油途耗最低新纪录。

(庄美琦)

【再获全国“五一”劳动奖状】 2009年4月28日，在北京人民大会堂举行的“庆祝‘五一’国际劳动节暨保增长促发展劳动竞赛推进大会”上，镇海炼化被全国总工会授予2009年度全国“五一”劳动奖状。这是镇海炼化继1997年获全国“五一”劳动奖状以来，第二次获此殊荣。

(庄美琦)

【地掷球馆新投用】 地掷球运动是镇海炼化全民健身运动的品牌项目。2009年6月，镇海炼化地掷球馆改建后正式投用，馆内设“地掷球运动发展陈列室”。新场馆投用，旨在为职工开展地掷球运动提供更好的比赛、训练场地，同时也为总结多年来开展地掷球运动取得的成绩和经验，进一步弘扬运动员们为祖国荣誉、为企业荣誉，敢于挑战自我，争创一流的拼搏精神。

(庄美琦)

表1 镇海炼化主要技术经济指标 亿元

指标名称＼年份	2009	2008①	2007	2006	2005	2004
原油加工量/万吨	1 976.16	1 997.99	1 861.25	1 750.36	1 710.14	1 594.75
工业总产值	736.65	942.97	718.61	684.95	562.69	410.12
工业增加值	213.32	–48.90	77.56	51.78	72.47	83.29
资产总计	388.14	278.78	258.83	174.45	191.09	157.85
流动资产	79.77	67.96	89.00	72.77	90.11	54.50
固定资产原值	190.69	180.62	170.29	167.73	154.08	144.26
固定资产净值	81.61	81.76	85.67	91.70	86.92	85.54
销售收入	742.52	943.36	726.89	691.51	578.34	419.91
实现利税	193.59	–16.65	58.67	39.07	66.09	66.29
税　金	136.37	24.56	36.86	25.78	29.77	28.86
综合能耗/吨标煤·万元$^{-1}$	0.47	0.48	0.53	0.55	0.59	—

① 2008 年起为杭州石化并入后的数据。

表2 镇海炼化主要产品产量 万吨

产品名称＼年份	2009	2008①	2007	2006	2005	2004
汽　油	320.82	285.77	246.06	241.67	288.00	275.42
航空煤油	146.08	129.41	150.89	123.43	130.97	126.24
柴　油	754.67	832.03	738.93	726.32	710.56	664.45
石脑油	118.84	136.44	133.70	121.11	96.16	59.67
燃料油	35.09	51.64	65.83	55.45	57.59	61.13
液化气	110.43	110.15	98.12	91.54	92.53	84.50

续表

产品名称＼年份	2009	2008①	2007	2006	2005	2004
白色油	32.32	20.18	18.13	13.99	8.69	7.49
溶剂油	5.83	7.23	7.31	7.97	8.37	8.99
沥　青	85.63	45.12	47.87	55.56	46.14	66.16
丙　烯	34.74	34.38	28.25	28.36	26.99	22.27
聚丙烯	24.36	25.41	22.57	22.47	21.27	15.98
苯	16.60	22.03	21.99	21.52	15.97	8.64
甲　苯	8.82	12.57	13.23	10.26	5.48	16.01
混合二甲苯	6.83	8.77	6.28	1.87	0	1.78
邻二甲苯	15.87	15.21	15.73	15.12	13.12	4.63
对二甲苯	51.85	50.05	51.51	54.24	52.64	36.64
硫　黄	17.49	18.68	15.86	16.03	14.90	11.62
石油焦	117.91	124.19	92.74	87.30	76.83	50.15
尿　素	32.20	33.70	47.81	52.43	58.31	60.37

① 2008 年起为杭州石化并入后的数据。

天津石化

【概况】 中国石油化工股份有限公司天津分公司（简称天津分公司）和中国石化集团资产经营管理有限公司天津石化分公司（简称天津石化分公司）统称天津石化，是隶属于中国石化的国家特大型炼油、乙烯、化工、化纤联合企业，位于天津市滨海新区，东临渤海油田，南靠大港油田，占地面积14平方千米，与天津市区和塘沽新港有铁路、公路相通，与大港油田和天津港南疆石化码头有输油管线相连，地理位置优越，海陆运输方便。其前身为中国石化天津石油化工公司（由天津市石油化学工业公司和天津市石油化纤总厂组成），成立于1983年12月28日，2000年，中国石化重组上市后，原中国石化天津石油化工公司分设为中国石化集团天津石油化工公司和中国石油化工股份有限公司天津分公司；2005年，2个公司进行一体化重组整合，实现机构的统一管理；2007年5月22日，注册成立天津石化分公司，10月正式注销中国石化集团天津石油化工公司。

截至2009年底，天津石化正式职工总数为10 739人，资产总额343.57亿元。拥有炼油装置23套，化工装置24套，化纤装置3套；原油综合配套加工能力1 250万吨/年，其他装置生产能力为：乙烯120万吨/年（含合资公司）、对二甲苯38万吨/年、PTA 34.4万吨/年、聚酯20万吨/年、聚醚8万吨/年；原油储存能力27万立方米，拥有与主要生产装置相配套的装机容量40万千瓦、供水10万吨/日等公用工程系统。主要产品有车用清洁汽油、煤油、轻柴油、液化气、石油焦、对二甲苯、精对苯二甲酸、石油苯、聚酯、涤纶短纤、乙烯、丙烯、聚乙烯、聚丙烯、环氧乙烷、乙二醇、苯酚、丙酮、丁二烯、1-丁烯和聚醚等石油炼制、石油化工、石油化纤三大类，均具有较好的市场知名度，其中涤纶短纤维、3#航空煤油为国优产品，“津港”牌车用无铅汽油、3#航空煤油、轻柴油、“天仙”牌涤纶短纤维等产品被评为天津市名牌产品。

天津石化主要技术经济指标及主要产品产量见表1和表2。

（王　进）

【温家宝总理视察天津石化100万吨/年乙烯及配套项目建设现场】 2009年2月15日，中共中央政治局常委、国务院总理温家宝视察了正在建设中的天津石化100万吨/年乙烯及配套项目。温家宝强调，建设世界一流的石化工程，关键要有顽强拼搏的奋斗精神，希望大家努力建设一流的工程，确保一流的质量，坚持一流的管理，生产一流的产品。

（王　进）

【100万吨/年乙烯及配套项目全面建成投产】 该项目是国家和中国石化“十一五”重点建设工程，是天津滨海新区开发开放标志性工程和天津建设国家级石化产业基地的龙头项目，主要包括100万吨/年乙烯、1 000万吨/年炼油、热电工程和区外工程四大部分，共205个工程主项。工程总占地面积297公顷

（297万平方米），项目主体建设投资268亿元，加上配套工程，达到340亿元。2004年3月16日，国务院正式批准天津石化大型乙烯工程立项；2005年12月22日，国家发改委正式核准天津石化乙烯项目；2006年6月26日，项目开工奠基；2009年12月21日，配套项目1 000万吨/年炼油工程打通全流程并生产出合格产品，实现一次开车成功。2010年1月16日，100万吨/年乙烯装置一次开车成功，生产出合格产品，标志着中国石化天津100万吨/年乙烯及配套项全面建成投产。该项目的建成投产，使天津石化炼油一次加工能力达到1 500万吨/年，乙烯生产能力120万吨/年，成为全国最大的乙烯生产企业和华北地区最大的炼油加工基地，每年可为社会提供高质量成品油587万吨、乙烯等化工基础原料320万吨、高端合成树脂和化纤150万吨、液化气等其他产品75万吨。

（王　进）

千万吨炼油装置夜景

【生产经营实现预期目标】 2009年，天津石化克服装置长时间停车越冬、设备保护难度大、昼夜温差急剧变化给开车带来的不利影响，圆满完成存量装置限产停车工作，实现全面恢复开车一次成功。全年完成炼油总量434.32万吨，生产汽煤柴231.52万吨，其中93#汽油31.4万吨，占汽油总量的74.4%，彻底改变了天津石化不能大批量生产高标号汽油的历史，优化了产品结构。严格执行中国石化限产柴油政策，合理调整生产方案，累计减少柴油出厂2.5万吨，增效2 400万元。化工生产好于年度预期：聚醚产销量超过7.51万吨，同比增长16%以上，实现利润近2 000万元，创出历史最好水平。自营产品累计销售51万吨，完成销售收入近17亿元。

（王　进）

【主要技术经济指标继续保持中国石化先进水平】 2009年，天津石化通过加强管理，严格考核，多项技术经济指标创出高水平。其中，聚乙烯、聚酯、短丝3套装置能耗指标位列石化集团公司第一名，吨原油加工综合能耗、乙烯燃动能耗、芳烃能耗、双烯收率等10项指标保持前茅；炼油加工损失率、2套芳烃损失率、聚丙烯单耗等7项指标创出历史最好水平；乙烯、聚乙烯、聚酯、短丝4套装置能耗指标被树为2009年石化集团公司标杆。

（王　进）

【降本减费有了新进步】 2009年，天津石化以降低原油采购成本为重点，优化运输方式，全年一程船直靠比例87.13%，比2008年提高了22.57个百分点，创出历史最好水平，降低中转运输成本5 000万元。33个节能减排项目全部投用，累计节能10万吨标煤，降低生产成本1亿多元。生活区余热利用供暖改造项目投用，增加效益2 000万元。工业取水量、工业水重复利用率、吨油取水均优于石化集团公司考核指标，特别是污水回用量达到每月10万吨的高负荷，炼油中水回用比例超过60%，创出历史最好水平。高耗能电机彻底退出，主装置节能疏水器的更新换代基本完成。采购资金节约率、网上采购率等6项主要物供指标均高于石化集团公司考核指标。三剂费用比预算减少2.7亿元，减少三剂库存资金占压800万元，平库利库和修旧利废累计6 000多万元。

（王　进）

【技术进步取得新成果】 2009年，天津石化面向现场和市场，完善科技创新机制，保障科研开发投入，努力提升自主创新能力，加快创新成果向现实生产力转化。化工板块节水减排“十条龙”攻关、LIMS实验室管理系统、APC先进控制、计量管理信息系统顺利通过石化集团公司的“出龙”鉴定和验收。100万吨/年乙烯及配套项目ERP建设暨物资编码转换、实时数据库等项目投入运行。热电锅炉烟气脱硫除尘改造、乙二醇装置二氧化碳脱除系统改造顺利投用。自主研发的钛系催化剂在聚酯装置实现大规模工业化应用，节能效果明显。“择形歧化与烷基转移组合工艺技术工业试验”有效增产了二甲苯。成功生产高透明聚乙烯棚膜料和阻隔膜料，提高了产品性能，拓宽了应用领域。有4个项目获得省部级科技进步奖，申请发明专利4件、实用新型专利1件，3件发明专利获得授权。

（王　进）

【100万吨/年乙烯及配套项目使用淡化海水】 2009年6月25日，随着源源不断的淡化海水进入刚刚中交的化学处理水站，天津石化100万吨/年乙烯及配套项

目拉开了接收、使用淡化海水的序幕，同时，开创了国内同类企业使用淡化海水的先河。按照设计，整个天津石化100万吨／年乙烯及配套项目建成投产后，日供淡化海水将达6万—8万吨。届时，60％以上工业用水将来自海水淡化，其中乙烯部分的工业用水将百分之百使用淡化海水，整个项目工业水的重复利用率也将达到98％以上。

（王　进）

【中沙（天津）石化有限公司正式成立】 2007年1月17日，中国石化就合资项目产品销售与沙特基础工业公司进行了会谈，对双方未来在产品销售领域开展广泛合作达成共识。5月23日，中国石化与沙特基础工业公司签署了合资意向书。2008年1月31日，双方签署了天津乙烯衍生物项目框架协议。2009年7月，国家发改委正式批准中国石化与沙特基础工业公司合资建设与经营天津大乙烯项目。11月3日，中沙（天津）石化有限公司成立暨揭牌仪式在北京人民大会堂隆重举行，标志着其正式投入运营。该公司总投资183亿元人民币，投资比例各占50%，经营范围主要包括天津100万吨/年乙烯及下游衍生产品的生产、销售、研发；为客户提供石化产品相关技术服务等内容；合资期限为30年。中国石化授权委托天津石化管理该合资公司。

（王　进）

中沙（天津）石化有限公司揭牌

【主辅分离、清理整顿工作已全部完成】 2009年6月30日，天津华益石化物业有限公司挂牌成立完成改制分流，参加改制人员482人，涉及净资产3 623万元。物业公司的改制，标志着天津石化落实石化集团公司关于主辅分离、清理整顿工作已全部完成。在8年的时间内，天津石化共完成了18家单位的改制挂牌工作、分流职工近6 000人，涉及净资产4.01亿元，完成60项清理整顿工作。

（王　进）

【实施重大产业优化整合】 2009年3月26日，天津石化召开化工部成立大会，正式将芳烃部、聚酯部组织机构和生产装置进行有机整合。这标志着天津石化改革发展和产业结构调整进入了一个新的阶段，有利于天津石化集中精力做大做强芳烃产业，进而带动聚酯发展，进一步优化内部资源和产业链，有效增强公司的核心竞争力，达到经济效益的最大化。

（王　进）

【QHSE-TPCC管理体系通过认证】 2009年12月8日，天津石化召开QHSE-TPCC管理体系认证总结表彰会，石化集团公司企业改革管理部向天津石化颁发认证标牌。天津石化QHSE管理体系通过认证，标志着在管理体系上与国际的接轨，其产品质量、环境管理、员工职业健康安全将被社会更广泛接受和认可，同时纵向深究业绩，横向归口管理的体系管理方式已进入自主化运作阶段，为下一步管理水平的提升积累了宝贵的经验。

（王　进）

【企业形象识别系统正式发布】 2009年9月1日，天津石化举行企业形象识别系统发布会，该系统即日起正式启用，标志着天津石化企业文化体系基本建成。企业愿景是“主业突出、结构优良、管理科学、文化先进、环境友好、企业和谐，成为具有较强竞争力的现代化石油化工企业”；企业使命是“好企业、好员工、好产品”；企业核心价值观是“员工与企业共成长，企业为社会作贡献”；企业精神是“和谐、严细、创新、发展”；企业标识为红蓝绿三色同心圆形，象征和谐与发展。

（王　进）

【积极营造“四个环境”促进和谐企业建设】 2009年，天津石化本着“遵循政策、实际出发、量力而行、尽力而为、远近兼顾、左右平衡”的原则，以加强工作、生活、学习、文化“四个环境”建设为主线，带着深厚的感情，继续关心、关爱职工群众，尽心竭力地为职工办实事、做好事、解难事，充分体现企业的人文关怀。对部分单位的办公场所、部分厂区道路进行了改造、整修；加强了职工大课堂、在线培训、仿真培训基地建设以及文体活动场地建设；生活区接用了天然气、实施了电视数字化改造，为低收入职工增发了在岗补贴。完善送温暖工作的“长效机制”，分别对困难职工实施了“生活困难”、“重大疾病医疗”和“金秋助学”

的帮扶救助。组织完成了《劳保证》的年度审核和申报工作；职工体检、保健疗养计划完成率均为100%。社会治安综合治理、平安石化建设取得明显成绩，天津石化连续9年获全国“安康杯”竞赛优胜企业称号。

（王　进）

表1　**天津石化主要技术经济指标**　亿元

指标名称＼年份	2009	2008	2007	2006	2005	2004
原油加工量/万吨	434.32	362.02	529.54	528.33	467.02	507.15
工业总产值	190.89	197.83	248.08	237.15	187.71	226.33
工业增加值	11.77	–34.75	13.26	10.52	17.94	38.61
资产总计	343.57	96.67	173.06	129.99	129.91	119.55
流动资产	62.25	28.65	51.52	39.15	39.24	31.66
固定资产原值	263.52	198.29	196.67	202.21	202.82	187.42
固定资产净值	126.46	54.88	63.05	99.49	109.14	107.78
销售收入	193.06	218.63	270.90	251.63	212.40	231.93
实现利税	– 7.40	– 72.69	– 4.90	– 6.40	– 0.68	21.32
税　金	15.18	– 1.64	11.50	10.90	9.06	13.24

表2　**天津石化主要产品产量**　万吨

产品名称＼年份	2009	2008	2007	2006	2005	2004
汽　油	42.21	32.74	47.09	43.50	50.74	65.20
煤　油	32.74	21.80	35.12	27.42	25.83	29.19
柴　油	156.57	148.10	211.25	235.98	202.42	212.75
化工轻油	97.89	98.51	144.18	139.86	106.81	98.86
商品液化气	10.17	10.60	13.62	12.65	13.39	20.34
石油苯	10.70	11.24	16.51	15.50	12.87	11.65
对二甲苯	29.02	26.36	38.26	36.86	21.79	20.44
精对苯二甲酸	24.76	22.46	32.10	32.02	28.50	29.98
聚　酯	22.48	18.77	26.02	24.38	23.25	29.53
聚酯切片	12.73	8.04	8.72	5.59	3.36	5.40
涤纶短丝	9.59	8.88	11.95	14.52	16.39	18.17
涤纶长丝	—	1.91	5.06	3.99	3.12	5.48
聚醚多元醇	7.51	6.43	7.36	7.18	7.16	7.51
丙　烯	12.86	11.55	16.30	15.58	14.14	15.53
乙　烯	18.91	17.02	22.55	23.19	20.71	22.79
聚乙烯	11.46	10.21	14.25	14.60	12.92	14.29
聚丙烯	5.48	5.12	6.78	6.78	6.11	6.66
乙二醇	3.30	2.98	4.11	4.61	4.25	5.05
环氧乙烷	3.46	3.06	4.04	3.95	3.45	3.53

扬 子 石 化

【概况】 中国石化扬子石油化工有限公司（简称扬子石化有限公司）和中国石化集团资产经营管理有限公司扬子石化分公司（简称资产公司扬子石化分公司）统称扬子石化，位于长江中下游经济发达的南京市北郊，紧临“黄金水道”长江，与宁连、宁通、宁洛等多条高速公路及京沪铁路相连。其前身是成立于1983年9月的扬子石油化工公司。1998年，扬子石油化工公司实施资产重组，创立了以从事石油炼制及乙烯、芳烃等烃类及衍生物生产加工为主的中国石化扬子石油化工股份有限公司和以公用工程、物流为主业的中国石化集团扬子石油化工有限责任公司；2007年，前者收归石化股份公司所有，更名为扬子石化有限公司，后者转制为资产公司扬子石化分公司。2008年，扬子石化有限公司成功收购泰州石化和清江石化，产业链得到进一步延伸。

截至2009年底，扬子石化占地11.26平方千米；总资产302.25亿元；职工总数为10 185人，其中在岗经营管理/专业技术人员2 789人，具有高级及以上职称的463人，中级职称的1 337人。扬子石化有限公司拥有800万吨/年炼油、65万吨/年乙烯、140万吨/年芳烃等60余套大型石油化工装置；可生产聚烯烃塑料、聚酯原料、基本有机化工原料、成品油4个大类40多种产品，是国内最大的纯苯、对二甲苯、邻二甲苯、精对苯二甲酸（PTA）、乙二醇、丁二烯和环氧乙烷生产商之一；资产公司扬子石化分公司拥有与石油化工生产相配套的36万千瓦发电能力、65万吨/日供水及2 800米^3/时污水处理能力。

扬子石化主要技术经济指标和主要产品产量分别见表1和表2。

（徐　杰　朱军涛）

【经营总量创历史新高】 2009年，扬子石化有限公司共投入原料957.60万吨，产出商品869.28万吨，同比上升8.54%和9.19%，其中“三烯”136.44万吨，提高6.29%；“三苯”145.61万吨，提高11.81%；合成树脂101.33万吨，提高6.99%；聚酯原料148.48万吨，提高16.29%；成品油337.97万吨，提高1.58%，原料总投入、商品总产出及汽油、航煤、丁二烯、环氧乙烷、PTA等产品产量创历史新高。

（徐　杰　朱军涛）

【技术经济指标持续改善】 2009年，扬子石化有限公司炼油专业有4项指标创历史最好水平，综合能耗、加工损失率、综合商品率等进入石化集团公司先进行列；化工板块有16项指标创历史最好水平，实现节能20.46万吨标煤，万元产值综合能耗1.38吨标煤，同比下降1.57%，工业废水排放量下降9.86%，吨原油排水量下降28.66%，总排综合合格率达98.92%，万元产值COD下降25%，减排二氧化硫6 104吨。

（徐　杰　朱军涛）

【科技创新成绩显著】 2009年，石化集团公司两个“十条龙”攻关项目——聚乙烯燃气管材专用料技术开发和聚合装置直接生产汽车保险杠专用技术顺利出龙；PTA母液过滤器滤袋国产化、2套聚丙烯气相釜结块定位与操作优化等研究取得实效，成功开发7个新产品；完成技术攻关项目18项，科研开发项目62项，获国家技术发明二等奖1项、石化集团公司科技进步一等奖3项、江苏省科技进步一等奖1项；申请专利27件，授权专利14件，专有技术31件，专利指标处于石化集团公司同类企业前列，被评为江苏省“百家重点自主创新企业”。

（徐　杰　朱军涛）

【一氧化碳装置建成中交】 2009年12月9日，扬子石化举行一氧化碳装置及配套工程建成中交仪式。该装置总投资12.97亿元，为中英合资建设50万吨/年扬子碧辟醋酸合资项目的上游装置，以天然气为原料，年加工天然气2.6亿立方米，生产一氧化碳25万吨。2008年7月18日，项目正式开工。该项目是石化集团公司2009年重点工程，具有技术含量高、工艺先进、节能环保的特色，产品纯度可达99%。

（徐　杰　朱军涛）

【新增乙烯裂解炉工程建成中交】 2009年9月29日，扬子石化2#乙烯装置增设5#裂解炉工程项目实现中间交接。该项目总投资1.28亿元，选用美国鲁姆斯公司与中国石化联合开发的SL-2型10万吨/年乙烯裂解炉。该项目投产后将进一步优化扬子石化乙烯的生产组织和运行，提高能源利用效率，增加乙烯产能和效益。

（徐　杰　朱军涛）

【业务公开工作正式启动】 2009年11月，石化集团公司批复同意《扬子石化业务公开实施方案》，标志着扬子石化业务公开工作正式启动。按照“决策民主、操作公开、过程受控、全程在案、永久追溯”的要求，扬子石化明确了一般物资采购、原油采购、工程建设项目及招投标、检维修业务、自销产品销售、科技合作、资产处置、资产资本运作、资源库和其他等10个方面的业务公开内容。通过推进业务公开工作，强化对权力的制约和监督，建立健全决策权、执行权、监督权既相互制约又相互协调的权力结构和运行机制，以公开促民主、促清廉。

（徐　杰　朱军涛）

【通过石化集团公司清洁生产企业复查】 扬子石化健全组织机构，完善各级清洁生产职责，广泛宣传培训，全员参与，营造企业清洁生产文化，贯彻清洁生产的理念，采用清洁生产工艺技术，实现了地方政府和石化集团公司下达的环保考核指标全面达标，“推行企业清洁生产，实现节水减排”项目获石化集团公司管理创新成果二等奖。2009年11月20日，扬子石化顺利通过中国石化清洁生产企业复查。

（徐　杰　朱军涛）

【职业技能竞赛获金牌】 2009年10月，在中国石化加氢裂化职业技能竞赛中，扬子石化选手刘建华、王露、王国荣、郑琴、谷杏荣和潘永岭6人夺得个人一金、一银、两铜和团体总分第二名的优异成绩。

（徐　杰　朱军涛）

【创5项中国企业新纪录】 2009年11月7日，中国企业联合会、中国企业家协会在山东济南发布第14批中国企业新纪录。其中，扬子石化甲苯择形催化国产化成套技术、PTA压力过滤成套技术工业化实验装置、延迟焦化装置连续运行、丁二烯产量和市场占有率等5个项目被评为第14批中国企业新纪录。

（徐　杰　朱军涛）

【获全国推行全面质量管理30周年优秀企业称号】 2009年10月26日，在北京召开的全国追求卓越大会上，扬子石化有限公司通过了全国质量奖复审确认，继续保持中国质量管理最高荣誉，并被授予全国推行全面质量管理30周年优秀企业称号。

（徐　杰　朱军涛）

【获全国职工体育示范单位称号】 20多年来，扬子石化坚持正确的群众体育方针，弘扬“团结、拼搏、突破”的扬子精神，团结和组织体育爱好者积极投身于全民健身运动之中，以形式多样、丰富多彩的文体活动为平台，成功举办了6届职工运动会，活跃和丰富职工文化生活，彰显了扬子人健康文明向上的精神风貌，群众性健身活动已成为扬子企业文化不可或缺的一部分，职工文化体育事业欣欣向荣。2009年4月，扬子石化被全国总工会授予全国职工体育示范单位称号，成为江苏省唯一一家获此殊荣的企业。

（徐　杰　朱军涛）

【《员工基本礼仪》手册颁布实施】 2009年8月18日，扬子石化举行了《员工基本礼仪》手册发布仪式。该手册包括“员工基本礼仪规范”和“员工基本礼仪问答”两个部分，其中“员工基本礼仪规范”部分涵盖了仪表礼仪、通勤礼仪、巡检礼仪、交接班礼仪等18项内容；“员工基本礼仪问答”包括了48个问答，是对基本礼仪规范的补充解释。

（徐　杰　朱军涛）

【成功举办第六届职工文化艺术节】 2009年3—11月，扬子石化举办了第六届职工文化艺术节，活动包括歌舞大赛、礼仪表演比赛、家庭DV及PowerPoint创作比赛、文学创作比赛、美术书法摄影展、安全故事会、读书征文、劳动感言创作比赛等12个项目，得到了职工的广泛参与和好评，极大丰富了扬子石化文化娱乐活动。

（徐　杰　朱军涛）

表1　　扬子石化主要技术经济指标　　亿元

指标名称 \ 年份	2009	2008	2007	2006	2005	2004
原油加工量/万吨	803.87	750.79	820.68	771.53	781.53	638.48
工业总产值	446.84	501.68	499.15	436.33	388.97	315.01
扬子石化有限公司	426.47	482.44	480.23	418.11	371.50	300.44
资产公司扬子石化分公司	20.37	19.24	18.92	18.22	17.47	14.57
工业增加值	106.94	−18.51	89.02	54.08	80.95	95.09
扬子石化有限公司	101.06	−20.76	71.76	47.95	74.53	89.89

续表

指标名称 \ 年份	2009	2008	2007	2006	2005	2004
资产公司扬子石化分公司	5.88	2.25	17.26	6.13	6.42	5.20
资产总计	302.25	252.21	307.26	265.28	251.55	247.25
扬子石化有限公司	234.79	187.86	236.61	199.37	183.64	165.98
资产公司扬子石化分公司	67.46	64.35	70.65	65.91	67.91	81.27
流动资产	140.45	83.32	131.29	100.10	95.43	97.13
扬子石化有限公司	120.64	63.77	117.66	87.01	82.32	69.89
资产公司扬子石化分公司	19.81	19.55	13.63	13.09	13.11	27.24
固定资产原值	296.26	294.74	289.01	289.91	266.20	262.64
扬子石化有限公司	252.70	251.05	246.40	245.22	220.63	218.21
资产公司扬子石化分公司	43.56	43.69	42.61	44.69	45.57	44.20
固定资产净值	91.41	100.31	106.15	116.97	100.90	102.36
扬子石化有限公司	71.45	79.26	84.05	93.12	75.64	77.93
资产公司扬子石化分公司	19.96	21.05	22.10	23.85	25.26	24.43
销售收入	456.22	552.90	566.16	475.22	469.14	393.35
扬子石化有限公司	433.11	530.89	538.84	418.22	397.76	317.74
资产公司扬子石化分公司	23.11	22.01	27.32	57.00	71.38	75.61
利　税	88.99	–26.69	63.35	40.93	66.23	77.22
扬子石化有限公司	83.05	–30.25	49.23	36.40	62.02	73.71
资产公司扬子石化分公司	5.94	3.56	14.12	4.53	4.21	3.51
税　金	50.76	8.09	19.42	15.29	23.16	20.16
扬子石化有限公司	49.15	6.48	17.46	13.08	20.99	18.06
资产公司扬子石化分公司	1.61	1.61	1.96	2.21	2.17	2.10

表 2　　扬子石化主要产品产量　　万吨

产品名称 \ 年份	2009	2008	2007	2006	2005	2004
乙　烯	79.60	74.36	80.11	75.50	77.58	81.25
丙　烯	37.59	36.18	38.50	35.94	37.19	38.33
丁二烯	19.24	17.82	13.86	13.60	13.28	13.01
聚乙烯	56.06	52.32	54.78	50.84	50.68	50.01
聚丙烯	45.27	42.38	47.64	40.69	42.18	43.12
精对苯二甲酸	132.48	111.13	127.71	77.69	73.48	72.02
乙二醇	16.00	16.55	17.17	17.75	16.29	18.66
纯　苯	37.83	38.37	43.98	39.38	37.44	37.80
对二甲苯	87.03	75.60	91.43	77.09	59.25	54.02
邻二甲苯	20.75	16.27	26.28	19.23	22.16	19.45
环氧乙烷	11.76	8.99	11.27	11.02	10.15	10.47
柴　油	248.80	267.60	254.95	226.45	227.52	160.44

扬巴公司

【概况】 扬子石化—巴斯夫有限责任公司（简称扬巴公司）成立于2000年12月，由中国石化和德国巴斯夫公司以50：50的股比共同投资设立。它是中国第一个完成审批程序、进入实施阶段的大型石化合资项目，也是国内最大的中德合资化工企业。公司位于南京市六合区，毗邻南京化学工业园，占地220公顷，一期工程总投资约29亿美元。

扬巴公司一期工程于2001年9月开工建设，2005年6月28日全面投入商业运营。公司正在运营10套世界级规模的工艺装置，包括以60万吨/年乙烯装置为核心的基础化学联合装置、25/30万吨/年环氧乙烷/乙二醇装置、40万吨/年低密度聚乙烯装置、25万吨/年丁辛醇装置、16万吨/年丙烯酸和21.5万吨/年丙烯酸酯装置、3万吨/年丙酸装置、5万吨/年甲酸装置、3.6万吨/年甲胺装置和4万吨/年二甲基甲酰胺装置。主要产品有低密度聚乙烯、乙二醇、丁醇、辛醇、丙烯酸、丙烯酸甲酯及丁酯、甲酸、丙酸、甲胺、二甲基甲酰胺、苯、甲苯、混合二甲苯等，主要供应国内市场，少量销往国外。扬巴公司还拥有1个自备电厂和3个对外开放码头，保证能源供应和物流运输，电厂以天然气做燃料，效率更高也更环保。

截至2009年底，扬巴公司共有员工1 699名，其中高层管理人员由母公司中国石化和巴斯夫委派。全年销售206万吨化学品和聚合物，实现销售收入130.8亿元人民币。继一期项目成功实施后，双方母公司再次共同投资约14亿美元进行扬巴公司二期工程建设，对一体化基地进行扩容，旨在进一步发挥乙烯项目优势，延伸产品链、加大精细化工产品的生产，其产品将主要服务于农业、建筑、电子、医药、汽车、化学品制造等各行业。

（李时艳）

【开始二期项目建设】 2009年7月1日，由中国石化与巴斯夫提交的关于扩建扬巴公司的联合可行性研究报告获得了中国政府的批准。9月28日，扬巴公司在装置现场举行了二期项目开工典礼。二期项目计划投资约14亿美元，包括将蒸汽裂解装置的乙烯年产量扩容到74万吨和扩容其他3套已有装置并新建部分新装置，主要生产下游化学品中间体和专用化学品。扩建和新建装置将分步开车，整个二期项目将于2011年开始投入运营。项目建成后将进一步提升中国石化的市场竞争力，增强南京作为全国石化产业基地的优势。

（李时艳）

扬巴公司二期项目开工典礼

【被授予2009年度江苏省安全生产诚信企业称号】 2009年，扬巴公司再度获得江苏省安监局授予的2009年度江苏省安全生产诚信企业称号，体现了公司高质量的安全管理水平和良好的安全信用记录。

（李时艳）

【荣膺绿色企业称号】 2009年3月，扬巴公司获得企业环境行为评价绿色称号。企业环境行为评价是环保部门根据企业的环境信息，按照国家制定的评价指标，从企业污染物排放行为、环境管理行为、环境社会行为、环境守法或违法行为、公众意见等方面，按照企业申报、材料收集、现场核查、行为初评、书面告知、结果终审等程序，对企业环境行为进行综合评价定级，评价结果分为很好、好、一般、差和很差5个等级，以绿色、蓝色、黄色、红色和黑色分别进行标示，绿色等级是环境行为评价的最高等级。

（李时艳）

【获得首批南京市平安企业称号】 2009年6月26日，南京市举行“平安企业”授牌仪式，授予100家单位为南京市平安企业称号，并颁发了奖牌。扬巴公司榜上有名。这是南京市首批授予的平安企业，此荣誉是对扬巴公司过去5年来保持的良好安全治安形势的最高褒奖。扬巴公司连续4年被评为六合区社会治安综合治理“达标单位”，为此次获得市级“平安企业”称号打下了良好的基础。

（李时艳）

【启动“关爱行动”】 2009年6月25—26日，以“安全安心靠大家”为主题的“C.A.R.E.关爱行动”（C代表沟通交流、A代表警觉防患、R代表人人有责、E代表追求卓越）在扬巴公司正式启动，每天上下午各一场，内容丰富多彩，包括管理层发言、卡通片、员工话剧表演、游戏及展台参观等，旨在不断强化员工和承包商的安全行为，倡导实践“安全零事故”的理念，共创100%安全的目标。公司员工及承包商代表共1637人次参与了此次活动，省市政府部门、中国石化、巴斯夫、扬子石化的领导和嘉宾也应邀出席。

（李时艳）

【召开二期项目社区沟通会】 2009年9月16日，扬巴公司召开了二期项目社区沟通会，邀请六合区、南京化工园区、沿江工业开发区等有关领导以及周边长芦、玉带社区的领导和居民代表到会。扬巴公司代表向来宾介绍了二期项目投资、扩建等基本情况，项目开工后，现场施工作业人员、施工噪音、设备材料运输等方面可能会对周边居民造成的一些影响，以及扬巴公司的应对措施；通报了2010年扬巴公司将进行首次装置停车检修，表示将严格按检修操作规程做到不污染环境、不影响周边社区居民，保证装置的安全检修。

居民代表就二期项目工程建设、火炬气燃烧发出的噪音等一些问题提出疑虑，扬巴公司一一予以解答，并陪同与会人员参观了装置现场，实地了解现场的状况。

（李时艳）

【积极承担社会责任】 2009年1月8日，扬巴公司向六合区见义勇为基金会捐赠10万元人民币，支持该基金会大力弘扬正气、营造见义勇为的良好风尚；1月24日，向沿江工业开发区捐赠10万元人民币，作为该社区困难家庭的新春慰问金；3月3日，向南京市慈善总会发起的“心蕊工程”捐赠9万元人民币，用于支付六合区3名先心病患儿的手术费用，让他们能够得以和其他孩子一样享受健康快乐的人生；4月，向六合区教育局提供扬巴奖学金10万元人民币，以帮助家庭贫困的学生们继续求学；7月，向以抗战时在南京成立国际安全区、挽救了上万名中国军民生命的德国人约翰·拉贝命名的研究基金会捐赠10万元人民币；8月19日，向遭受“莫拉克”台风引发的严重水灾的台湾同胞捐助10万元人民币，用以支援其救灾工作；12月21日，在江苏工业学院向获得2009年度扬巴奖学金的50名本科生和研究生颁奖，鼓励他们努力学习，成为化工行业的高素质人才。

四川汶川大地震后，扬巴公司捐款129万余元（含员工捐款66万余元），通过江苏省红十字总会，以项目援建的方式对灾区进行援助。2009年6月，完全由扬巴公司出资设立的四川德阳中江县南山镇严家村“红十字博爱小学”正式立项，并于12月开工建设。

（李时艳）

巴陵石化

【概况】 中国石油化工股份有限公司巴陵分公司（简称巴陵分公司）和中国石化集团资产经营管理有限公司巴陵石化分公司（简称资产公司巴陵石化分公司）统称巴陵石化，其前身始建于1969年，由原岳阳石油化工总厂、洞庭氮肥厂、鹰山石化厂组成，是集油、化、纤、肥于一体的大型石化联合企业。巴陵石化位于湖南省岳阳市云溪区和岳阳楼区，紧邻京广铁路、武广高铁、107国道、京珠高速和随岳高速，西靠洞庭湖，北倚长江，厂区总面积9.45平方千米。下辖烯烃事业部、环己酮事业部、合成橡胶事业部、环氧树脂事业部、己内酰胺事业部、化肥事业部等18个直属单位，有固定资产原值125亿元。截至2009年底，巴陵石化有在岗职工10 518人，其中中高级专业技术人员2 200多人；主要生产装置包括年产200万吨炼油、6万吨MTBE、10万吨环己酮、20万吨SBS、2万吨SEBS、4万吨顺丁橡胶、7万吨聚丙烯、10万吨烧碱、3.2万吨环氧氯丙烷、5万吨氯丙烯、4.5万吨环氧树脂、14万吨己内酰胺、60万吨尿素、15万吨硫酸、12万吨双氧水和2 000吨/日煤气化等40套；动力系统拥有“九炉十机”，总装机容量174兆瓦，日供水能力34.8万吨、污水处理能力1.65万吨。主要产品有汽柴油、MTBE、稀释剂、环己酮、SBS、SIS、SEBS、聚丙烯、顺丁橡胶、环氧树脂、己内酰胺、尿素等50多种、170多个牌号，分别注册“巴陵牌”、“鹰王牌”、“芙蓉牌”和“白蓉牌”4个商标，产品远销20多个国家和地区，是国内最大的锂系聚合物、环氧树脂、己内酰胺和商品环己酮生产企业。

2009年，面对国际金融危机严重影响、产品市场和利润空间受到严重挤压等系列困难，巴陵石化强化各项工作措施，积极应对金融危机，做大总量，优化经营，强化管理，加快发展，取得了较好成效。生产总量达到400万吨，不含税销售收入180亿元，上缴税金25亿多元。

巴陵石化主要技术经济指标和主要产品产量见表1和表2。

（缪跃明）

【生产经营不断优化】 2009年，巴陵石化坚持全盘优化与局部优化相结合，一方面，强化生产决策与组织，坚持生产资源向赢利装置倾斜，持续优化产品结构，多产特色产品、高附加值产品，保证了赢利装置满负荷生产。炼油催化装置和环己酮装置分别连续运行517天和358天；SBS、SIS、SEBS、环己酮等9种产品年产量创历史新高，创造了SBS日产570吨、己内酰胺月产1.52万吨的新纪录；两个电厂进入石化集团公司先进行列。全年做大总量、调整产品结构分别创效6 950万元和1.09亿元。另一方面，大力优化经营运作，全年采购大宗化工原料90万吨、创效3 857万元，原油运作创效6 400万元，优化煤炭运作创效2 311万元；销售新特产品25万吨，累计出口产品9.2万吨，全年累计优化产品销售创效6 625万元。

（缪跃明）

【重点项目建设进展顺利】 2009年，巴陵石化抓住发展机遇，积极推进化工改造重点项目建设。20万吨/年SBS扩能改造、2万吨/年SEBS二期工程、10万吨/年环己酮挖潜改造3个项目实现一次开车成功，己内酰胺装置氨肟化单元改造后已实现产能20万吨/年；编制上报了12万吨/年苯乙烯、25万吨/年丁辛醇、20万吨/年己内酰胺改造等19个项目的可研报告，有13个项目得到总部批复，完成首批征地17.4万平方米。

（缪跃明）

【科技创新成果明显】 2009年，巴陵石化大力推进科学技术创新，80立方米SBS加氢釜开发等8个科研项目分别通过石化集团公司和湖南省的技术鉴定；开发出新品种新牌号8个；医用SEBS产出合格中试产品，气相贝克曼重排中试装置产出合格己内酰胺晶体；获授权专利7件，获国家、总部和省级科技进步成果奖6项，其中14万吨/年己内酰胺成套技术开发获国家科技进步二等奖、石化集团公司科技进步一等奖。

（缪跃明）

【降本减费成效显著】 2009年，巴陵石化54项物耗指标中，有35项创历史最好纪录，累计节材创效4 742万元；43项能耗指标中，有15项创历史最好水平，累计节能创效7 824万元；产品质量稳定提高率96.3%，累计提质创效739万元；全年节约财务费用6 700万元，压缩可控费用2 000万元。

（缪跃明）

【环氧树脂等6个产品获湖南省名牌产品称号】 2009年2月10日，“巴陵牌”CYD型环氧树脂、E型环氧树脂、间歇液相本体法聚丙烯树脂粉料、工业用环己酮以及“鹰王牌”工业己内酰胺、工业用尼龙6切片产品被评为湖南省名牌产品。

（缪跃明）

【2万吨/年离子膜工段获全国青年文明号称号】 2009年5月4日，巴陵石化环氧树脂事业部离子膜车间2万吨/年工段被团中央授予全国青年文明号称号。该工段在开展“青年文明号”争创活动中，积极引导广大青年员工立足本职、爱岗敬业、内强素质、外树形象，先后被共青团岳阳市委、团省委授予青年文明号称号。

（缪跃明）

【SEBS产品医用高端市场获突破】 2009年5月中旬，巴陵石化医用SEBS小试产品在医用耗材高端市场领域取得重大突破，各项指标均可与国际同类产品媲美。SEBS产品具有透明度高、热稳定性好、可采用蒸汽和环氧乙烷及紫外线消毒、本身无毒等特点，是一种理想的绿色环保医用材料，已被美国及欧盟相关认证机构认可用于医疗器材（如一次性输液管、血袋）领域。

（缪跃明）

【丁苯树脂中试产品开发成功】 500吨/年本体反应聚合成套装置于2007年7月建成，是世界首创的采用反应挤出法生产高抗透明丁苯树脂的科研装置，其成套生产技术开发项目2008年被列为中国石化“十条龙”重点科技攻关项目之一。生产技术是全球先进的高分子合成新技术，被称为节能环保型的绿色工艺。2009年5月20日，巴陵石化首批丁苯树脂中试产品成功入市。高抗冲透明丁苯树脂兼具有高透明性和良好的抗冲击性、密度小、着色力强，加工性能优异、无毒性，广泛应用于冰箱制造、电器仪表盘与其他材料掺混改性等领域。

（缪跃明）

【SBS装置年生产规模超过20万吨】 2009年7月1日，巴陵石化20万吨/年SBS装置挖潜改造一次投料开车成功，产出合格SBS产品。标志着中国石化岳阳地区炼化一体化“五改七建一配套”首个项目建设取得圆满成功。

（缪跃明）

【炼油装置完成汽油升级改造】 2009年7月10日，巴陵石化炼油装置检修改造通过验收顺利中交。该次检修改造共20天时间，完成汽油升级（MIP）、压缩空气系统和机组综合控制等项目改造，完成锅炉、反应塔、换热器、动力设备、仪表等2 160台设备以及3.99万米压力管线检修。

（缪跃明）

【苯乙烯/丁辛醇/一炉一机项目开工】 2009年8月29日，巴陵石化在烯烃事业部苯乙烯装置区举行苯乙烯/丁辛醇/一炉一机项目开工仪式。12万吨/年苯乙烯、25万吨/年丁辛醇及一炉一机热电装置，整合了长炼催化干气、丙烯资源和巴陵石化煤气化资源，所产苯乙烯是巴陵石化锂系聚合物产品链急需的原料，正丁醇、辛醇具有较高附加价值，项目对中国石化在岳阳地区优化资源配置、提升区域综合竞争力具有重要意义。

（缪跃明）

苯乙烯/丁辛醇/一炉一机项目开工

【环己酮装置废碱焚烧装置建成开车】 2009年12月24日，巴陵石化16吨/时新废碱焚烧装置建成开车。该装置为年产10万吨环己酮装置二期改造配套项目，投资2 500万元，包括锅炉和电除尘两大部分，年处理废碱13万吨，可回收固碱碳酸钠2.3万吨，副产蒸汽31万吨，实现了清洁生产和资源的综合利用。

（缪跃明）

【羟胺循环气体压缩机转子国产化改造填补国内空白】 2009年12月19日，巴陵石化与西安航空发动机集团有限公司扶桑机电技术有限公司合作的羟胺循环气体压缩机转子国产化改造取得成功，通过中国石化组织的技术鉴定。产品性能达到国际同类产品先进水平，填补了国内同类压缩机转子国产化的空白，打破了国外少数厂家在大型压缩机装备制造领域的垄断。

（缪跃明）

【己内酰胺质检中心通过国家实验室认证评审】 2009年12月22日，通过不断完善管理，巴陵石化己内酰胺质检中心实验室分析检验能力与水平得到进一步提高，顺利通过国家实验室认可监督评审。

（缪跃明）

【2项QC小组成果获“国优”称号】 2009年9月，巴陵石化“降低柴油装车损耗率”、“降低顺丁橡胶生产中的蒸汽消耗”QC小组成果先后获全国第31次质量管理“国优”称号。“降低柴油装车损耗率”还获得湖南省石化系统优秀QC成果一等奖。

（缪跃明）

【举办建厂40周年庆典】 2009年9月7日，巴陵石化举行了建厂40周年盛大庆典活动。系列活动以内庆为主，隆重节俭，先后举办了文艺汇演、庆典、焰火晚会、第六届职工运动会、广场文艺晚会等重大活动，制作了厂庆画册、电视专题片、厂庆文集等，开展了系列专题宣传教育。厂庆活动隆重大气、安全有序、规范周到、影响广泛，展示了建厂40年来企业取得的重大成就和巴陵石化人艰苦奋斗、开拓进取的精神风貌，弘扬了巴陵石化文化，扩大了企业对外影响力。

（缪跃明）

巴陵石化建厂40周年庆典活动

【坚持为职工办实事】 2009年，巴陵石化坚持以人为本理念，着力改善职工居民工作生活条件，美化亮化厂区、社区环境，修缮主干道和社区田径场，更新居民用水管网，治理社区电气隐患，改造大学生公寓和一批职工食堂。组织16 567名离退休与协解人员免费健康体检，解决部分职工子女就业问题，帮助部分协解人员实现再就业，提高7 577名退休人员养老金和1 828名内退职工生活费，加大困难群体帮扶力度，发放慰问金、救助金397万元。开展厂区内废旧房屋清理工作和平安创建活动，启动国家安全社区建设，层层落实稳定工作责任制，确保了企业内部和谐稳定。

（缪跃明）

【安居园社区被评为全国和谐社区建设示范社区】 2009年11月1日，巴陵石化岳化安居园社区被评为全国和谐社区建设示范社区。安居园社区总建筑面积为34万平方米，常住人口近7 000人。社区围绕“文明、和谐”主题，动员各方力量，通过提高居民素质、开展普法宣传、整治环境卫生、治安综合治理等活动，使创建全国和谐社区活动深入人心，创造了整洁优美、安定和谐的小区环境。

（缪跃明）

表1 **巴陵石化主要技术经济指标** 亿元

指标名称 \ 年份	2009	2008	2007	2006	2005	2004
原料油加工量/万吨						
资产公司巴陵石化分公司	165.86	180.14	176.31	169.03	171.92	181.64
工业总产值						
巴陵分公司	22.09	30.10	22.31	18.83	20.00	16.52
资产公司巴陵石化分公司	121.68	144.10	133.40	127.74	110.57	91.37
炼　油						
资产公司巴陵石化分公司	67.20	80.66	69.10	62.09	51.05	43.92
化　工						
巴陵分公司	2.88	25.77	21.07	16.81	16.37	10.60
资产公司巴陵石化分公司	54.48	55.04	57.43	55.09	50.38	40.76
化　纤						
巴陵分公司	—	—	0.02	0.95	0.43	1.50
化　肥						
巴陵分公司	19.21	4.33	1.22	1.07	3.20	4.41
其　他						
资产公司巴陵石化分公司	0	8.40	6.87	10.56	9.14	6.69
工业增加值						
巴陵分公司	0	0	–1.90	0	0	1.64
资产公司巴陵石化分公司	39.91	—	22.69	22.70	19.85	14.42
资产总计						
巴陵分公司	23.51	27.80	31.20	30.74	33.55	25.90
资产公司巴陵石化分公司	53.47	47.69	58.34	58.21	57.11	57.55
流动资产						
巴陵分公司	3.53	4.68	9.39	7.55	11.68	7.22
资产公司巴陵石化分公司	19.31	13.19	21.54	22.87	21.12	19.62
固定资产原值						
巴陵分公司	57.68	58.28	56.13	55.78	49.59	49.66
资产公司巴陵石化分公司	67.32	64.70	63.02	61.46	63.56	64.06
固定资产净值						
巴陵分公司	25.10	26.66	23.77	25.21	19.41	20.17

续表

年份 指标名称	2009	2008	2007	2006	2005	2004
资产公司巴陵石化分公司	36.61	36.44	37.15	38.29	33.56	35.02
销售收入						
巴陵分公司	22.76	30.94	24.97	19.96	21.33	16.98
资产公司巴陵石化分公司	124.41	145.83	132.24	127.00	113.34	92.41
实现利税						
巴陵分公司	−15.05	−8.19	−6.13	−6.51	−5.42	−11.68
资产公司巴陵石化分公司	29.57	−1.99	14.17	15.10	11.92	6.40
税　金						
巴陵分公司	0.92	0.34	0.57	0.10	0.06	0.28
资产公司巴陵石化分公司	25.57	12.87	13.61	11.80	10.21	7.82

表 2　巴陵石化主要产品产量　万吨

年份 产品名称	2009	2008	2007	2006	2005	2004
资产公司巴陵石化分公司						
90#汽油	—	0	0.70	1.83	2.89	14.34
93#汽油	22.41	23.33	23.52	21.73	25.18	20.40
97#汽油	24.44	22.47	22.01	18.11	12.72	7.68
0#柴油	39.57	43.88	43.92	46.99	48.59	57.47
石脑油	6.06	9.77	4.94	7.30	7.23	6.33
液化气	18.55	19.06	19.80	18.86	18.87	19.60
干　气	4.22	4.99	5.70	5.41	4.89	4.54
丙　烯	9.82	10.25	10.99	10.24	10.29	10.40
烷基苯	2.59	3.14	3.63	3.48	3.44	4.55
油　浆	4.83	4.00	4.08	3.94	6.42	5.47
溶剂油	7.14	7.40	8.03	6.17	5.58	7.28
合成橡胶	20.95	16.42	19.22	17.76	15.98	16.12
顺丁橡胶	3.77	3.43	3.69	3.38	1.51	2.79
SBS热塑弹性体	14.21	11.10	14.08	13.28	13.93	12.85
环氧树脂	4.11	3.73	3.35	3.06	2.34	2.32
环己酮	9.00	7.84	7.41	7.36	7.00	5.91
烧　碱	9.31	9.95	11.52	11.27	11.06	10.74
盐　酸	3.36	3.57	4.19	3.61	3.68	3.58
液　氯	7.61	8.12	9.36	9.21	8.84	8.83
聚丙烯	6.32	6.27	6.50	5.95	6.25	6.45
氯丙烯	4.60	4.55	5.31	4.64	6.25	4.46
环氧丙烷	0.21	0.63	0.60	0.76	0.78	0.74
环氧氯丙烷	2.15	2.18	2.78	2.44	2.32	2.20
巴陵分公司						
合成氨	18.55	21.13	7.64	0	8.90	18.09

续表

产品名称＼年份	2009	2008	2007	2006	2005	2004
尿　素	19.17	24.93	7.75	0	11.90	27.35
己内酰胺	13.81	13.62	11.73	10.24	9.14	7.48
绵纶纤维（原丝）	—	0	0.83	0.51	0.29	0.70
尼龙6切片	3.17	2.46	2.01	3.05	3.10	2.85
帘子布	0	0	0	0	0.08	0.65
硫酸铵	19.79	20.73	16.34	15.68	12.66	10.13
环己酮	7.15	7.51	7.55	6.89	7.05	6.96
双氧水	7.81	9.81	7.03	7.52	6.63	7.28
复合肥	0	0	0.85	0.78	1.20	0.13

长岭炼化

【概况】 中国石油化工股份有限公司长岭分公司(简称长岭分公司)和中国石化集团资产经营管理有限公司长岭分公司(简称资产公司长岭分公司)统称长岭炼化,坐落在湖南岳阳风景秀丽的洞庭湖畔，北临长江，南靠京广铁路，与武广高速铁路、107国道、京珠高速公路相邻，水陆交通便利。其前身为长岭炼油化工总厂，始建于1965年，1971年5月建成投产。2000年4月，按照石化集团公司整体重组改制的要求，炼油主业部分重组改制为长岭分公司，存续部分改制为中国石化集团长岭炼油化工有限责任公司（简称长岭炼化公司）。2007年5月，长岭炼化公司改制为资产公司长岭分公司。截至2009年底，长岭炼化有正式员工4 521人，其中长岭分公司有正式员工2 650人，资产公司长岭分公司有正式员工1 871人。

截至2009年底，长岭分公司拥有炼油化工主产装置21套，原油加工能力500万吨/年，重油催化裂化能力220万吨/年，焦化处理能力120万吨/年，催化重整能力70万吨/年，聚丙烯生产能力10万吨/年。主要产品有汽油、柴油、石脑油、苯类、液化气、聚丙烯等70多种，有17种产品获省部级以上优质产品称号，其中出口轻柴油和6#抽提溶剂油获国家金质奖，石油甲苯、二甲苯和120#溶剂油等产品获国家银质奖，产品出厂合格率始终保持100%。资产公司长岭分公司拥有800万吨/年的原油接转卸能力、40吨/时改性沥青和50/20（乳化/改性）吨/时改性乳化沥青生产能力，以及沥青中转与仓储、0#柴油卸转、成品油水运出厂、液化气充装出厂、生产生活供水等业务。

2009年，长岭分公司共加工原料油404.25万吨，实现销售收入166.68亿元，实现账面利润3.5亿元，还原石化集团公司总部年初考核效益10亿元，连续第10年实现炼油专业达标。资产公司长岭分公司共接卸原料油74.4万吨，生产、中转、仓储沥青11.72万吨，液化气充装接卸28.49万吨；实现销售收入3.7亿元，亏损1.56亿元，比限亏指标减亏437万元。

长岭分公司主要技术经济指标和主要产品产量见表1和表2。

（范　凯）

【温家宝视察湖南时听取长岭炼化工作汇报】 2009年6月12—14日，中共中央政治局常委、国务院总理温家宝到湖南省视察工作。其间，温家宝总理在湖南湘潭召开了部分在湘企业座谈会，听取了长炼炼化等5家企业的工作汇报。

（范　凯）

【油品质量升级改扩建项目进展顺利】 2009年是长岭油品质量升级改扩建项目建设的关键年。为加快推进项目建设，长岭炼化全体干部职工始终做到“一切为了大项目建设”，提升服务质量，强化后勤保障，按照“5+2”、“白+黑”的组织运行，加班加点，挑灯夜战。2009年共完成项目建设投资11.55亿元，项目总体进度基本达到里程碑控制点要求：建成投产了项目建设的第一套装置——70万吨/年催化重整装置改造；完成了新消防站、新化验楼、系统管廊移位等5个项目的拆除还建；完成了南区全部260万立方米土石方挖运和地基处理；完成了所有长周期设备订货和80%的一般周期设备订货；实现了常减压、催化裂化等7套新建装置的土建交安，顺利进入设备安装阶段。

（范　凯）

【70万吨/年催化重整装置改造项目完成】 长岭分公司70万吨/年催化重整装置改造是长岭油品质量升级改扩建项目的第一项重点工程，项目总投资7 735万元，于2009年5月4日开工，6月5日中交，6月18日投产成功。该项目包括再生器中心管束、反应器及配套设施预加氢循环压缩机、加热炉等18项改造。改造项目的完成，使长岭分公司的催化重整装置加工能力由50万吨/年提升到70万吨/年。同时连续重整技术的应用对提高装置氢气产率和芳烃转化率、增产“三苯”等高附加值产品以及提高高辛烷值汽油的产量都有显著作用。

（王毅平）

70万吨/年催化重整装置建成投产

【SRH液相循环加氢技术首次工业实验成功】 SRH液相循环加氢系统依靠液相产品大量循环时携带进反应系统的溶解氢来提供新鲜原料进行加氢反应所需氢气，并消除原来循环氢中硫化氢气体的影响，大大降低产品中硫含量，生产出硫含量小于10×10^{-6}的欧V标准的超低硫清洁柴油。2009年10月29日，长岭分公司在现有20万吨/年柴油加氢装置基础上完成了SRH液相循环加氢技术工业试验改造，并一次开车成功。改造后，先后进行了两个阶段的柴油液相循环加氢技术工业试验，工业试验表明，液相循环加氢技术工艺应用于航煤、柴油加氢脱硫是可行的，采用液相循环加氢技术生产的航煤能满足质量要求。这是国内首次试用SRH液相循环加氢系统进行生产改造，该装置的改造成功标志着该技术可进行工业化应用推广，为中国油品质量升级打开了一条新的通道。

（王毅平）

【“我要安全”主题活动成效显著】 2009年，长岭炼化按照石化集团公司党组关于开展“我要安全”主题活动的安排部署，深入开展了“我要安全大家谈”和“我要安全大家做”活动。通过举办演讲赛、征集合理化建议、开展安全隐患排查与治理、安全进社区进家庭等活动，员工的安全意识进一步增强，操作行为进一步规范。全年共征集合理化建议588条，开展安全检查136次，完善规章制度168个，治理安全隐患27项，整改各类问题434项，避免各类事故134起。长岭炼化被评为石化集团公司“我要安全”主题活动先进单位、环境保护先进单位，连续第六年获得石化集团公司安全生产先进单位称号。

（范　凯）

【石化集团公司第四届青年职工英语风采大赛决赛在长岭炼化举行】 2009年8月25—29日，石化集团公司第四届青年职工英语风采大赛决赛在长岭炼化举行。共有来自石化集团公司各系统单位的187名选手、领队、教练、评委参加了本次比赛。经过初赛、半决赛、决赛3个环节共7场次比赛，最终长岭炼化、胜利油田、总部机关选派的选手分获前三名。

（范　凯）

【石化集团公司第三届职工桥牌比赛在长岭炼化举行】 2009年10月24—27日，中国石化“长岭炼化杯”第三届职工桥牌比赛在长岭炼化举行。共有来自石化集团公司系统41支代表队275名运动员、领队、教练参加了该项比赛，创造了历届比赛规模之最。“棋圣”聂卫平、世界桥牌特级大师福中应邀出席了现场活动。比赛设公开组队式赛和公开组双人赛两个项目，最终，江苏油田等8支队伍获得团体前8名，天津石化等8支队伍的选手获得个人组南北向前8名；胜利油田等8支队伍的选手获得个人组东西向前8名。其间，还召开了石化体协桥牌协会第二届一次理事会，选举产生了新一届协会领导机构。

（范　凯）

石化集团公司第三届职工桥牌比赛在长岭炼化举行

表1 **长岭分公司主要技术经济指标** 亿元

指标名称 \ 年份	2009	2008	2007	2006	2005	2004
原油加工量/万吨	404.25	442.84	453.47	417.51	447.10	454.69
工业总产值	167.37	205.06	180.87	162.24	147.69	122.96
炼　油	158.67	192.39	167.24	148.58	136.22	113.20
化　工	8.69	12.67	13.62	13.65	11.47	9.77
工业增加值	43.47	−24.81	5.48	−3.37	8.71	15.89
资产总计	31.27	25.31	26.47	35.30	35.65	35.22
流动资金	7.32	10.05	12.21	16.44	17.15	14.97
固定资产原值	44.57	43.23	41.93	41.70	40.19	42.54
固定资产净值	7.97	8.17	8.93	16.98	16.79	18.79
销售收入	166.68	205.55	181.04	164.42	141.81	117.75
实现利税	39.36	−17.05	−4.00	−6.07	3.88	8.40
税　金	35.87	5.81	7.54	5.15	8.20	7.51

表2 **长岭分公司主要产品产量** 万吨

产品名称 \ 年份	2009	2008	2007	2006	2005	2004
汽　油	84.20	83.35	83.64	82.54	85.27	87.24
柴　油	165.45	187.28	184.72	169.87	180.05	183.06
航　煤	3.84	3.56	8.13	7.42	9.84	9.70
化工轻油	0	0	0	0	0	6.06
重　油	11.85	15.04	17.15	12.61	15.31	18.80
石油焦	30.01	31.91	31.26	27.50	30.91	31.94
三　苯	9.93	14.05	16.41	13.75	16.63	12.80
溶剂油	4.71	9.60	9.68	9.51	7.49	6.13
聚丙烯	11.21	12.23	13.72	13.10	12.81	12.40

仪征化纤

【概况】 中国石化仪征化纤股份有限公司（简称仪征化纤股份公司）和中国石化集团资产经营管理有限公司仪征分公司（简称资产公司仪征分公司）统称仪征化纤，位于江苏省仪征市，占地10平方千米。前身为仪征化纤工业联合公司，1978年筹建，1981年设立，1993年进行股份制改组，分为上市和非上市。1997年，仪征化纤工业联合公司整体加入中国东联石化集团公司。1998年，随中国东联石化集团公司整体加入石化集团公司。2000年，上市部分更名为中国石化仪征化纤股份有限公司，成为石化股份公司的控股子公司。2006年11月，非上市部分进行体制转换，更名为中国石化集团资产经营管理有限公司仪征分公司。

仪征化纤股份公司主要产品有聚酯切片、瓶级切片、涤纶短纤维、涤纶中空纤维和涤纶长丝。截至2009年底，拥有PTA生产装置2套，产能100万吨/年；聚酯聚合总产能170万吨/年。共有14条聚酯生产线，5条瓶级切片生产线，22条涤纶短纤维生产线，18条长丝生产线。下设PTA、聚酯、短纤、瓶片、长丝、高纤6个主体生产中心，热电、动力、水务、物流、消气防5个辅助生产单位，销售服务、采购、技术3个专业单位，1家全资子公司，以及15个机关部室。有在岗正式职工7 116 人，其中具有高级专业技术职称的303人，中级专业技术职称的516人，初级专业技术职称的431人。

资产公司仪征分公司下属3个生产单位、社区管理中心和2个管理部门。工程塑料厂主要生产工程塑料(PBT)，装置产能为2万吨/年。仪化东丽聚酯薄膜有限公司为资产公司仪征分公司和日本东丽株式会社以50：50股权合资设立，主要生产聚酯薄膜，产能2.31万吨/年。仪化博纳织物有限公司是资产公司仪征分公司与英国博纳国际控股有限公司以40：60股权设立，可生产聚丙烯织物6 000万米^2/年，人造草坪纱1 500吨/年。截至2009年底，资产公司仪征分公司在岗正式职工298人，其中具有高级专业技术职称的24人，中级专业技术职称的67人，初级专业技术职称的37人。

仪征化纤主要技术经济指标和主要产品产量见表1和表2。

（于　岚）

【超额完成年度各项主要目标任务】 2009年，资产公司仪征分公司本部实现经营收入5.87亿元，利润362万元，其中生产板块赢利2 833万元，超额完成中国石化下达控亏1 000万元的效益目标任务。全年资产公司仪征分公司本部生产装置综合产能利用率为108.3%，产品综合产销率103.9%，同比提高7.7个百分点。仪征化纤股份公司全年生产PTA 102.33万吨，生产聚酯涤纶产品172.46万吨。PTA、聚酯装置产能利用率分别为97.3%和96.7%，分别高出行业平均水平14.3%和20.7%。产品质量“三率”优于计划值。主产品综合优等品率达到99.1%。连续10年获中国石化安全生产先进单位称号，第四次获中国石化环保生产先进单位称号。

（于　岚）

【节能减排成效明显】 2009年，仪征化纤股份公司节能减排技改项目建成投运。水务中心生化二装置新建厌氧反应器项目7月投用，污水处理量达160米^3/时，COD去除率75%；热电生产中心锅炉烟气脱硫改造项目第二阶段5台炉于10月投入运行，提前一年完成江苏省下达的任务；动力生产中心液体空分节能项目于10月正式开车，并稳定向PTA装置供氧。全年主要物耗超额完成中国石化计划指标，好于同期指标，仪征化纤股份公司万元产值综合能耗519.3千克标煤，同比节约标煤2.65万吨；主产品综合能耗同比下降了6.05%。与2005年相比，节约标煤13.7万吨，提前实现了“十一五”节能目标。全面完成了节水减排目标任务。资产公司仪征分公司万元产值综合能耗178.2千克标煤，同比下降2.3%，比中国石化考核指标下降11.8%。

（于　岚）

【产品和技术开发取得成果】 仪征化纤股份公司加大产品和技术开发力度，成功开发了有光缝纫线升级产品FR211，质量达到同类进口产品水平；瓶用高收缩标签膜聚酯(PETi)实现了工业化试生产；开发PBT长丝、可染丙纶长丝及吸湿排汗POY产品，实现了工业化试生产；膜用聚酯专用料、针织专用短纤产品的性能、销量进一步提高。同时，不断提高差别化产品附加值，聚酯产品专用料率85.92%、纤维产品差别化率80.24%，同比分别提高4.91%和8.35%，差别化产品比常规产品多增加毛利2.89亿元。科技攻关取得明显成效。“十条龙”科技攻关项目300吨/年高性能聚乙烯干法纺丝成套技术11月通过了中国石化技术鉴定；PTA富氧利用项目稳定运行，在提高PTA产量、降低物耗能耗上作用明显；知识产权管理进一步强化，全年申请专利16件。

（于　岚）

【高速公路用超短涤纶纤维开发成功】 仪征化纤股份公司成功开发高速公路用超短涤纶纤维，2009年1月起实现工业化稳定生产，产品质量达到国内领先水平。

高速公路用超短涤纶纤维使用于沥青混凝土中，可以大大改善沥青路面的性能，防止沥青混凝土的开裂，改善抗冲击能力，延长路面的使用寿命。仪征化纤股份公司技术人员对生产装置进行技术改造，开发设计专用喷丝板、切断刀盘及后加工控制系统，优化纺丝工艺，研发出能够有效提高沥青路面的抗拉、抗剪、抗压、抗冲击强度的路用超短纤维，并形成具有自主运作权的生产技术。产品质量稳定，各项指标优于行业标准，获得了用户认可，每吨比常规产品多创收6 000元，具有较好的经济效益和社会效益。

（于　岚）

【CHDM改性共聚酯产品开发成功】 仪征化纤股份公司研发的“CHDM改性共聚酯”项目取得成功，于2009年2月进行了工业化试生产。该新产品被命名为“板材型PG501”。

PG501是以CHDM(1,4－环己烷二甲醇)部分取代乙二醇制得的改性共聚酯，是一种新型聚酯材料。由于它的结晶度低甚至可以达到完全不结晶，具有优异的韧性、透明度、易加工和耐化学性能，可广泛应用于如光学膜、收缩膜、食物储存和处理包装等，拥有广阔的市场应用前景。仪征化纤股份公司项目研发人员从研究CHDM结晶共聚酯入手，经过实验室、小试研究，确定了CHDM改性共聚酯的生产配方及工艺，并根据生产CHDM改性共聚酯的需求，对聚酯装置进行改造，最终在生产装置上获得工业化生产成功。

（于　岚）

【差别化短纤技术改造项目正式启动】 差别化短纤技术改造项目是仪征化纤股份公司将中国石化天津分公司4条闲置封存的1.5万吨/年涤纶短纤设备整体搬迁改建而成。2009年4月23日开始实施拆迁，建于仪征化纤股份公司长丝生产中心原66－69生产线位置。66－69生产线于6月9日正式停车，6月15日开始拆除，8月3日土建开工，12月进行全面安装阶段。该项目是仪征化纤股份公司充分发挥优势，调整存量资产结构，消化长丝逐步退出后富余的聚酯生产能力的有效措施。项目建成后可生产产业用、卫材专用涤纶纤维，进一步增强短纤差别化产品的赢利能力。与新建同等规模装置相比，该项目可节约投资近50%。

（于　岚）

【HSE管理体系通过中国石化审核】 2009年6月22—26日，仪征化纤股份公司HSE管理体系接受中国石化HSE审核组为期5天的审核，并获得通过。这也是仪征化纤股份公司HSE管理体系建立以来首次接受外部审核。审核组采用交谈、查阅文件资料记录、现场查看等方式，对相关的14个职能部门、12个生产运行中心进行现场审核，调查、总结和评估仪征化纤股份公司的HSE管理现状、HSE管理绩效，持续推动HSE管理体系的实施和有效运行，提炼和完善企业的HSE管理模式。审核组认为仪征化纤股份公司HSE管理体系正常、平稳运行，方针、目标得以实现，取得较好的业绩。

（于　岚）

【6万吨/年PBT项目开工建设】 2009年8月3日，中国石化与日本日立公司年产6万吨PBT装置技术引进项目在仪征化纤举行签约仪式，8月6日，项目正式开工建设。该项目建成后，工程塑料厂将成为国内最大的工程塑料生产商。预计整个项目2010年底建成投产，项目总投资约1.5亿元，投资回收期4.52年。

（于　岚）

6万吨/年PBT项目开工建设（刘玉福　摄）

【液体空分节能改造项目开车成功】 仪征化纤股份公司液体空分节能改造系统于2009年10月18日开始液氮、液氧贮罐积液，10月20日正式销售，标志着该项目开车成功。投资8 000万元的液体空分节能改造项目是仪征化纤股份公司重点建设工程。作为江苏省节能项目，该项目经省发改委推荐上报国家发改委，申请了国家企业节能财政奖励资金。实施该项目每年可节能2.07万吨标煤，降低氮气产品生产单耗30%。项目除空气压缩机和循环氮气压缩机进口外，其余设备均国产化。

（于　岚）

【签署煤化一体化合作框架协议】 2009年11月2日，仪征化纤股份公司与安徽皖北煤电淮化集团在合肥签署煤化一体化合作框架协议。

（于　岚）

【SMES系统通过中国石化验收】 SMES系统是中国石化的一套生产指挥执行系统，仪征化纤股份公司作为中国石化SMES系统二期推广企业，于2008年12月8日先行在PTA生产中心试运行，26日在全公司试运行。2009年6月12日，SMES系统全面上线。该系统通过跟踪原辅料，实现工厂物料“班录入、日平衡、旬确认、月结算”，为ERP系统提供及时、可靠的数据支撑；分线分品种进行物耗、能耗实时统计，提升企业生产的精细化管理水平。SMES系统项目功能主要包括罐区管理、进出厂管理、生产调度、生产计划、生产统计、能源管理，各生产中心按照各自独立的工厂模式进行物料和能源的管理，分管各工厂的物料流程和工厂的公用工程（水、电、汽、风、氮等）数据。12月2日，SMES系统通过中国石化专家组的验收。

（于　岚）

【社区服务水平进一步提高】 围绕“安全、文明、整洁”的社区建设目标，资产公司仪征分公司社区管理中心与相关单位通力协作，加强隐患治理，整治道路交通安全，有效地改善了社区生活环境面貌。2009年实施各类社区改造项目38个，投入894万元，隐患治理改造投入422万元。社区还积极组织丰富多彩的精神文化活动，开展“家庭促安全”活动，发挥老年大学和文体协会等载体的作用，组织老职工参与关心下一代、“夕阳红”巡逻队、“党员爱心互助”、“居民文明公约”、“文明村”、“文明楼栋”、“五好家庭”评选等社区文明创建工作。

（于　岚）

表1　仪征化纤主要技术经济指标　　亿元

指标名称＼年份	2009	2008	2007	2006	2005	2004
工业总产值						
仪征化纤股份公司	131.50	150.81	168.72	160.89	157.65	132.02
资产公司仪征分公司	6.10	7.83	8.09	9.85	10.49	12.19
工业增加值						
仪征化纤股份公司	21.82	6.56	18.53	17.45	16.63	23.56
资产公司仪征分公司	1.54	1.49	1.66	1.92	2.38	1.80
资产总计						
仪征化纤股份公司	89.03	84.17	98.77	101.16	99.85	113.83
资产公司仪征分公司	11.34	11.94	12.52	15.36	18.88	22.77
流动资产						
仪征化纤股份公司	38.05	38.43	42.68	38.76	28.26	26.00
资产公司仪征分公司	2.65	2.41	2.43	4.18	6.63	7.87
固定资产原值						
仪征化纤股份公司	128.95	123.61	123.38	130.37	140.64	155.09
资产公司仪征分公司	15.23	15.39	15.39	16.23	17.67	23.33
固定资产净值						
仪征化纤股份公司	36.96	38.71	48.32	59.01	64.95	81.95
资产公司仪征分公司	10.24	10.85	11.31	12.49	12.74	16.79
销售收入						
仪征化纤股份公司	132.25	152.24	171.76	170.28	157.99	133.48
资产公司仪征分公司	5.87	7.74	8.24	9.85	12.59	15.66
实现利税						
仪征化纤股份公司	7.18	–14.01	5.15	3.98	–5.14	7.99
资产公司仪征分公司	0.42	0.43	0.38	–5.34	–3.61	–5.37
税　金						
仪征化纤股份公司	3.36	2.44	4.97	3.37	4.40	5.42
资产公司仪征分公司	0.38	0.41	0.39	0.43	0.54	0.51
综合能耗/吨标煤·万元$^{-1}$						
仪征化纤股份公司	0.52	0.53	—	—	—	—
资产公司仪征分公司	0.18	0.18	—	—	—	—

表2 **仪征化纤主要产品产量** 万吨

产品名称 \ 年份	2009	2008	2007	2006	2005	2004
涤纶产品产量	224.05	205.04	213.31	205.79	215.57	168.34
聚酯切片	108.69	100.28	104.16	100.17	94.52	65.53
瓶级切片	41.17	37.57	41.63	39.61	40.76	20.27
涤纶短纤维	51.16	50.05	44.76	50.54	49.27	50.71
中空纤维	5.27	5.18	5.28	5.23	5.55	5.46
涤纶长丝	16.32	17.15	17.48	17.32	21.78	21.84
加弹丝	6.71	—	—	7.27	9.24	9.98
PTA	102.33	98.79	102.49	100.30	97.05	93.34
PBT树脂	2.32	2.30	2.43	2.41	1.96	1.82
四氢呋喃	0.12	0.11	0.12	0.12	0.12	0.10
聚酯薄膜	2.39	2.42	2.15	2.32	2.14	1.40

南京化工公司

【概况】 中国石化集团南京化学工业有限公司（简称南京化工公司）位于南京市六合区，占地面积919万平方米。南京化工公司的前身创建于1934年，是生产经营化肥、无机和有机化工原料、精细化工、化工机械、化学纤维6个大类200多个产品，并从事化工工程的科研、设计、制造、施工和安装的特大型化工企业，也是国内化肥、精细化工、纯碱和化工机械制造基地之一。1998年7月，随中国东联石化集团公司整体进入石化集团公司。2005年5月23日，原南京化工公司与南京化工厂改革重组，成立新的南京化工公司。

截至2009年底，南京化工公司下辖12个运行部、3个分公司、2个子公司、1个集体所有制托管单位、1家参股合资公司。有全民正式职工12 530人，其中各类专业技术人员2 935人，专业技术人员中具有高级职称的462人（其中正高4人），中级职称的1 319人。总资产91.13亿元。主要产品年生产能力：合成氨26.5万吨，硫酸75万吨，浓硝酸22万吨，硝酸铵15万吨，纯碱120万吨，苯胺15.2万吨，硝基苯22万吨，氯苯12万吨，硝基氯苯15万吨，烧碱10万吨，RT培司3万吨，橡胶助剂7.2万吨，硫基复合肥40万吨，化工机械1万吨。

南京化工公司主要技术经济指标和主要产品产量见表1和表2。

（李启葆）

【多项产品创年产量历史纪录】 2009年，南京化工公司共完成产品实物总量401.94万吨，同比增加49.9万吨，增长14.2%。总氨、稀硝酸、浓硝酸、烧碱、氯苯、对硝基氯苯、邻硝基氯苯、环己酮、环己胺、盐酸、RT培司、化工机械制造总量，及本部产苯胺、硝基苯等14个产品创年产量历史纪录。其中，合成氨装置实现满负荷稳定运行，总氨产量26.41万吨，同比增加7.04万吨、增长36.3%，超额完成计划并达标达产。

（李启葆）

【节能减排取得成效】 2009年，南京化工公司万元产值能耗2.33吨标煤，同比下降0.27吨标煤，全年节能19.84万吨标煤。考核的257项消耗，比目标节约1.3亿元，同比降低2.1亿元。全年工业取水量7 123万吨，比目标节约1 077万吨，同比减少2 531万吨，工业水重复利用率92.06%，同比提高0.13%。工业废水排放量同比下降27.90%。南京化工公司被评为石化集团公司2008年度节能工作先进单位。

（李启葆）

**【动力部获石化集团公司热电达标竞赛规模以下电厂

第一名】 自2008年起，南京化工公司实施烟煤分区堆放、合理掺烧，有效地控制了入炉煤热值，3日内入炉煤热值波动小于300千焦/千克，锅炉发汽原煤耗比2008年平均水平下降0.86千克/吨。2009年上半年，动力部加大生产异动管理力度，先后完善主蒸汽单母管运行预案，吹风气安全阀故障及硝酸装置、硫酸装置生产波动预案，合成氨、环己酮降负荷预案，以及关键机组、大功率电机生产波动预案等，有效促进了动力系统稳定运行。8月21日，南京化工公司动力部在石化集团公司上半年热电达标竞赛中，列入考核的6项指标综合得分79.63，为石化集团公司规模以下电厂第一名。

（李启葆）

【完成镇海炼化150万吨/年S-Zorb项目2台关键设备制造】 2009年2月23日，南京化工公司化机厂中标承接制造镇海炼化150万吨/年S-Zorb催化汽油吸附脱硫项目关键设备——脱硫反应器和再生器项目，3月4日，双方签订设备制造技术协议，4月8日签订正式合同，明确交货期为2009年10月30日。10月5日，由南京化工公司化机厂制造的2台设备顺利吊装上船，运往工程现场。该项目是石化集团公司2009年重点项目。南京化工公司对该项目实行项目经理负责制，从制造计划编制、材料采购、工艺准备到生产协调、运输实行统一严格管理，仅用70天，提前优质完成设备制造任务，创造了反应器制造周期最短纪录。

（李启葆）

镇海炼化150万吨/年S-Zorb项目关键设备——脱硫反应器和再生器

【8个技改项目获石化集团公司批复】 2009年，南京化工公司积极实施重点技改项目，全面推进新一轮发展。截至年底，共有8个技改项目获石化集团公司批复，分别是：1万吨/年硝基苯加氢装置改造、化机厂重型加工装备改造及鄂尔多斯制造基地建设、6万吨/年环己酮废碱液焚烧处理技术改造、3#动力锅炉烟气脱硫环保项目、硝镁法浓硝扩产改造、硝铵装置扩产改造、废酸浓缩环保项目和南化—扬子管廊氢气管道扩能改造。年内共完成重点技改项目固定资产投资1.95亿元。硝镁法浓硝扩产改造、废酸浓缩环保项目实现当年建设、当年投产，取得良好的经济效益。

（李启葆）

【“位阻胺脱硫脱碳系列溶剂的研究开发”获石化集团公司技术发明二等奖】 2009年3月5日，由南京化工公司研究院开发研究完成的“位阻胺脱硫脱碳系列溶剂的研究开发”获2008年度石化集团公司技术发明二等奖，并获2008年度江苏省科技进步二等奖。

(李启葆)

【“NCH1-1型铂系气相苯加氢催化剂”获石化集团公司科技进步三等奖】 2009年3月5日，由南京化工公司研究院开发研究完成的“NCH1-1型铂系气相苯加氢催化剂”获2008年度石化集团公司科技进步三等奖。采用自主研制的柱状γ-三氧化二铝为载体，以及独特的浸渍—湿法还原制备技术，研制成功的NCH1-1型铂系气相苯加氢催化剂，其性能达到国际同类催化剂先进水平。生产的催化剂产品在2套6万吨/年环己酮装置上成功进行了工业应用，完全替代进口同类催化剂。销售该催化剂新增销售收入1 323.3万元，新增利税375万元。

(李启葆)

【一发明专利获美国授权】 2009年11月24日，由南京化工公司研究院研究开发的“一种碳负载型贵金属催化剂、制备方法及用途”获美国发明专利证书。该催化剂为NC-X型对苯二甲酸加氢精制用钯碳催化剂，采用独特的载体预处理方式，不仅易于在载体表面形成均匀吸附的钯薄层，而且使载体的磨耗降低，防止金属钯的脱落；采用独特设备及催化剂制备工艺，使钯在载体上的分布更均匀、稳定，易于形成独特的层间分布。催化剂整体强度高，磨耗低，磨下的细粉中钯含量也低，钯负载比较牢固，不易流失，因而具有更强的活性，更长的使用寿命及抗操作波动能力。为更好地保护知识产权，开拓国际市场，该院于2005年将该催化剂申请美国发明专利，历经多次审查意见答复和沟通，终获得美国专利与商标局的授权。该专利是南京化工公司历史上取得的第一个国外发明专利。

（李启葆）

【第七届职工、工会会员代表大会召开】 2009年11月5—6日，南京化工公司召开第七届职工、工会会员代表大会第一次会议。大会听取公司党委副书记、工会主席匡玉祥所作的《融入大局，发挥作用，为推动公司科学发展而努力奋斗》工作报告。报告总结了过去7年公司工会的工作，确定了今后5年的主要任务，号召广大职工为实现南京化工公司新一轮发展目标而努力奋斗。大会选举产生了公司第七届工会委员会和职代会工作机构，通过了公司七届一次职工、工会会员代表大会决议。

（李启葆）

表1 **南京化工公司主要技术经济指标** 亿元

指标名称＼年份	2009	2008	2007	2006	2005	2004
工业总产值	56.72	56.19	72.48	64.40	65.80	40.08
工业增加值	12.18	10.76	14.28	16.34	13.48	6.33
资产总计	87.84	91.13	98.63	90.65	85.97	74.58
流动资产	18.92	19.56	26.55	24.76	24.92	21.39
固定资产原值	96.84	95.38	78.18	71.77	51.21	37.69
固定资产净值	61.96	64.74	51.49	48.11	28.83	21.45
销售收入	65.60	79.85	80.06	69.41	70.09	44.71
实现利税	–6.12	–1.70	–0.40	3.06	2.34	0.92
税　金	3.09	3.61	3.19	2.91	2.09	1.51
综合能耗/吨标媒·万元$^{-1}$	2.33	2.60	2.56	2.70	2.72	—

表2 **南京化工公司主要产品产量** 万吨

产品名称＼年份	2009	2008	2007	2006	2005	2004
硫　酸	46.38	34.70	48.95	51.85	51.33	52.34
浓硝酸	15.60	11.32	10.36	9.26	9.64	7.60
稀硝酸	67.64	59.27	60.03	59.06	51.81	41.59
盐　酸	19.18	11.08	18.06	15.91	19.03	17.05
磷　酸	4.22	2.41	4.80	4.46	6.50	5.27
烧　碱	7.89	5.07	5.59	5.38	5.15	5.49
纯　碱	102.30	116.23	117.61	106.09	100.04	93.07
氢　气	2.47	2.12	2.66	1.90	0.92	1.24
合成氨	21.69	15.44	16.84	13.33	15.22	16.76
硝酸铵	12.78	15.46	13.53	15.05	15.34	11.78
NPK复合肥	23.52	13.36	32.49	27.59	38.19	31.06
氯　苯	10.22	6.85	7.51	7.39	6.89	7.16
环已酮	4.94	3.96	4.37	0.09	—	—
苯　胺	16.16	15.55	19.53	17.07	10.31	5.73
环已胺	0.58	0.31	0.41	0.55	0.53	0.23
硝基苯	22.87	22.59	26.95	23.13	14.13	5.84
对硝基氯苯	8.77	5.73	6.33	6.27	5.90	5.95
邻硝基氯苯	4.71	3.09	3.66	3.49	3.23	3.29
RT培司	1.08	0.66	1.50	1.64	1.29	0.93
橡胶促进剂总量	—	0.02	0.47	0.49	—	—
防老剂RD	2.13	1.31	1.63	1.47	1.07	—
防老剂4020	1.16	0.75	1.48	1.38	0.81	—
防老剂4010NA	0.30	0.16	0.48	0.74	0.77	—
化工设备制造	1.68	1.48	1.05	0.88	1.29	0.84

福建炼化

【概况】 中国石化福建炼油化工有限公司（简称福建炼化）是由石化股份公司和福建省石油化学工业公司各出资50%合资建设的具有独立法人单位的大型炼油化工企业，位于福建省泉州市泉港区，紧靠全国四大良港之一的湄洲湾。其前身福建炼油厂始建于1989年1月。福建炼化下设6个机关处室、2家全资子公司、2家相对控股的大型中外合资公司。本部职工总数179人，其中具有本科及本科以上学历的98人。

福建联合石油化工有限公司(简称福建联合石化公司)是由福建炼化、埃克森美孚中国石油化工公司、沙特阿美中国有限公司按50%：25%：25%比例合资建设的大型石油化工企业，总投资384.8亿元，总占地面积478.7公顷(478.7万平方米)。福建联合石化公司2007年3月成立，拥有1 200万吨/年炼油、80万吨/年乙烯裂解、80万吨/年聚乙烯、40万吨/年聚丙烯、70万吨/年芳烃、部分氧化/汽电联产装置（IGCC）等23套炼油及化工装置，主要加工沙特原油，生产车用无铅汽油、轻柴油、聚乙烯、聚丙烯、对二甲苯、工业用纯苯、丁二烯等50多个牌号的石化产品。

福建炼化林德气体公司由福建炼化有限公司与林德气体(香港)公司以50%：50%比例合资建设，总投资7.81亿元，总占地面积2.04公顷(2.04万平方米)。福建炼化林德气体公司2008年8月正式成立，主要为福建炼油乙烯项目提供专业气体产品，主要产品有气态氧和氮、液态高纯氧和氮。

福建炼化主要技术经济指标和主要产品产量见表1和表2。

(李　晟)

【福建炼油乙烯项目全面建成投入商业运行】 2009年，福建炼化积极推进福建炼油乙烯项目，全力抓好安全、质量、投资、进度、合同五大控制，积极发挥业主的监督作用，项目全面建成并实现安全、清洁、一次投料试车成功，累计完成投资337.58亿元。2月16日，青兰山30万吨级原油码头开港运营；2月27日，新建炼油项目全部实现中交；3月3日，部分氧化/汽电联产装置（IGCC）顺利建成实现中交；3月12日，芳烃联合装置（PX）整体中交；7月7日，80万吨/年乙烯装置中交，福建炼油乙烯项目新建装置全部实现中交。项目投料试车共历时5个多月，5月11日，新建800万吨/年常减压装置一次开车成功；5月15日，芳烃连续重整投料开车一次成功；6月15日，部分氧化/汽电联产装置（IGCC）首台气化炉一次开车成功打通新建公用工程系统全流程；8月26日，乙烯装置一次投料开车成功打通炼油化工全流程。11月11日，福建炼化、埃克森美孚中国公司、沙特阿美中国公司在现场共同举行了福建炼油乙烯项目投入商业运行庆典仪式。

(李　晟)

福建炼油乙烯项目投入商业运行庆典剪彩仪式

【新建1 200万吨/年炼油项目上报国家发改委】 按照国务院《关于支持福建省加快建设海峡西岸经济区的若干意见》和2008年8月石化集团公司和福建省高层签署的《进一步推进海峡西岸经济区石化产业发展会谈纪要》精神，福建炼化启动了新建1 200万吨/年炼油项目前期工作，完成了原油加工方案和工艺总流程比选、项目选址、社会影响评价和市场研究及竞争力分析等工作。9月18日，石化集团公司和福建省人民政府正式向国家发改委上报《福建炼油化工有限公司2 400万吨/年炼油基地1 200万吨/年炼油项目预可行性研究报告》，力争项目被列入国家炼油中长期发展专项规划。

(李　晟)

【认真开展“我要安全”主题活动】 2009年，按照石化集团公司要求，福建炼化在“大福炼”范围内开展了“我要安全”主题活动，通过细化落实《安全生产禁令》，持续开展HSE观察，开展安全大检查、安全生产月、全员安全责任承包和安全风险抵押活动，干部职工的安全意识和安全责任得到进一步强化，实现了从“要我安全”到“我要安全”的转变，确保了福建炼油乙烯项目的安全投产、清洁投产。

(李 晟)

【ERP系统正式上线】 2009年9月17日，福建炼化正式启动ERP项目，共涉及财务、销售、物料管理、项目管理、物资管理5个模块。为加强ERP系统建设期间的管理协调及上线后应用的运行、维护和管理，福建炼化成立了ERP领导小组、ERP办公室及6个ERP专业工作组。经过近3个月的时间，完成了系统业务蓝图绘制和确认、差异分析和流程确认、角色设计和确认、系统配置和测试、数据收集、数据导入、用户手册编写、人员培训等80余项工作。12月8日，ERP项目正式上线。

(李 晟)

【构建和谐“大福炼”深入人心】 经过多年来的合资合作、改制分流，福建炼化形成了由中外合资公司、改制单位、分流单位等多个不同单位和实体组成的“大福炼”。为进一步维护“大福炼”的和谐稳定，福建炼化提出了“共建和谐大福炼，共享大福炼和谐”的理念，密切关注“大福炼”内不同群体的不同利益诉求，有效发挥帮困资金和医疗互助会作用，加强退休管理服务，持续关注改制企业发展，通过开展职工健康疗养和心理健康疏导培训活动、举办厂庆20周年、国庆60周年系列活动，营造了和谐发展的人文环境，构建“和谐大福炼”深入人心。2009年，福建炼化再次被中央文明办授予全国精神文明建设工作先进单位称号。

(李 晟)

【贾庆林、贺国强视察福建炼化有限公司】 2009年4月2日，中共中央政治局常委、中纪委书记贺国强视察福建炼化有限公司。5月15日，中央政治局常委、全国政协主席贾庆林视察福建炼油乙烯项目并勉励广大干部职工集中精力抓好安全开工，搞好安全生产，为国家经济稳定和海峡西岸经济区建设作贡献。

(李 晟)

表1 **福建炼化主要技术经济指标①** 亿元

指标名称 \ 年份	2009	2008	2007	2006	2005	2004
原油加工量/万吨	704.28	310.96	352.33	375.03	348.40	390.55
工业总产值	275.70	126.03	138.88	144.80	113.35	100.14
工业增加值	—	—	—	−1.91	3.50	14.99
资产总计	51.89	47.20	34.57	66.08	42.26	41.98
流动资产	7.80	7.34	9.00	44.91	22.67	22.09
固定资产原值	2.56	2.56	2.59	45.46	45.04	44.36
固定资产净值	1.34	1.44	1.53	14.68	16.74	18.23
吨油利润/元	—	—	—	−155.21	−50.71	79.84
销售收入	206.81	156.33	149.72	144.00	112.12	100.49
实现利税	2.07	−8.99	5.24	0.19	4.54	10.38
税 金	0.09	0.06	6.34	6.04	6.31	7.25
炼油综合能耗/千克标油·$吨^{-1}$	90.15	79.78	—	—	—	—

① 2007年以后指标中，资产总计、税金为福建炼化本部，其余指标包含福建联合石化公司；福建联合石化公司无工业增加值、吨油利润两项指标。

表2　福建炼化主要产品产量　万吨

产品名称 \ 年份	2009	2008	2007	2006	2005	2004
汽　油	122.38	85.64	97.96	102.63	95.19	108.65
柴　油	258.83	109.81	134.52	155.89	147.70	168.13
航空煤油	32.35	5.10	5.39	5.83	5.31	5.04
灯用煤油	—	0.36	0.66	0.49	0.50	0.61
石脑油	12.56	14.20	17.78	15.01	11.60	10.03
液化气	30.83	21.52	22.02	22.05	19.69	24.27
燃料油①	11.42	27.95	8.31	7.31	17.40	19.56
溶剂油	0.51	1.09	2.36	2.44	2.21	1.89
石油焦	13.05	1.70	13.30	12.76	13.43	14.47
硫　黄	7.12	0.91	1.10	1.14	0.95	0.97
液　氨	0.05	0.05	0.07	0.07	0.07	0.06
丙　烯	24.41	9.51	9.94	10.25	9.93	9.51
聚丙烯	18.9	8.93	10.33	11.07	9.46	9.58
乙　烯	7.17	—	—	—	—	—
聚乙烯	20.07	—	—	—	—	—
对二甲苯	23.86	—	—	—	—	—
苯	10.1	—	—	—	—	—
丁二烯	3.17	—	—	—	—	—

① 2008 年燃料油产量含工业重油、船用馏分燃料油、工艺陶瓷燃料油和不锈钢固溶油。

广州石化

【概况】 中国石油化工股份有限公司广州分公司（简称广州分公司）和中国石化集团资产经营管理有限公司广州分公司（简称资产公司广州分公司）统称广州石化，是隶属于中国石化集团公司的特大型石油化工联合企业，厂区位于广州市黄埔区石化路，占地面积370万平方米。其前身是成立于1973年的广州石油化工总厂。

截至2009年底，广州石化共有在册职工5 333人，其中经营管理人员1 080人、专业技术人员692人、技能操作人员3 495人；设有17个职能部室、6个专业中心、10个作业部及2家全资或控股子公司；具备年加工原油1 320万吨、年生产乙烯22万吨能力，拥有30.5万千瓦装机容量的自备热电站以及原油码头和完善的长输管道；有主要装置52套；主要有33种石油化工产品出厂，其中石油产品有汽油、柴油、航空煤油、石脑油、重油、溶剂油、液化气、道路沥青、石油焦、硫黄、聚乙烯、聚丙烯、聚苯乙烯等19种，固体塑料产品有聚乙烯、聚丙烯、聚苯乙烯三大类14种共160多个牌号。

广州石化主要技术经济指标和主要产品产量见表1和表2。

（王新忠　曾淑华）

广州石化千万吨炼油装置鸟瞰（邓志伸　摄）

【精细管理创效益】 2009年，广州分公司以“精细管理年”活动为契机，强化管理，节能减排、降本增效、创新创效，取得多项历史性突破，实现利税90.76亿元，“双烯”收率达49.72%，生产沥青30.17万吨，创历史新高；加工损失率0.70%，综合能耗61.8千克（标油）/吨，非计划停车次数等均创历史新低；主要环保考核指标全面达到或优于地方政府控制指标；轻油收率、炼油高附加值产出率等多项技术经济指标均大幅提升。

（王新忠　曾淑华）

【原油采购价总部排名第一】 广州分公司十几年来坚持进口原油采购的团队体系和市场分析，捕捉市场机遇，有效规避采购风险，为降本增效打下良好基础。2009年，采购原油1 120.22万吨，与2008年同比，原油品质明显提高，平均API上升1.52，平均硫含量下降0.36%，一般贸易进口原油平均到岸价57.52美元/桶，比总部平均水平低2.37美元/桶，连续第二年在石化集团公司总部同规模采购量企业中排名第一。

（王新忠　曾淑华）

【100万吨/年催化重整联合装置成功投产】 广州分公司100万吨/年催化重整联合装置于2007年10月25日动工，总投资12亿元，2009年1月15日，工程中交，4月12日产出合格高标号汽油。该装置是国内第一套具有自主知识产权的超低压连续重整装置，是中国石化“十条龙”科技攻关项目之一。装置投产后，改变了广州石化以生产低标号汽油为主的格局。汽油产量净增70万吨/年，增产高标号汽油54.37万吨/年、苯3.17万吨/年、二甲苯27.89万吨/年、液化气3.01万吨/年、附产氢气8.65万吨/年。

（王新忠　曾淑华）

广州石化100万吨/年催化重整联合装置　（邓志伸　摄）

【2#CFB机组投产】 广州分公司自备电站资源综合利用改造工程二号机组（简称2#CFB机组）为千万吨炼油改扩建的配套公用工程，主要用于满足炼油改扩建后电力及热力负荷增大的要求以及就地处理炼油石油焦产品的需要。项目包括新建1台420吨/时高温高压CFB锅炉、1台100兆瓦抽汽冷凝式汽轮发电机组，2007年12月动工，总投资68 870.4万元。2009年4月24日，项目通过96小时试运行考核，4月25日正式移交生产。

（王新忠　曾淑华）

【2#煤粉炉脱硫项目投用】 广州分公司自备热电站2#煤粉炉脱硫除尘项目为环保工程，2008年11月1日开工，总投资2 500万元，采用一炉一塔形式及中国蓝天环保设备工程公司自主研发的“循环悬浮式半干法烟气脱硫+布袋除尘器”工艺。2009年2月14日，项目投产一次点火成功。系统投用以来运行稳定，脱硫效率达90%，除尘效率达99.99%以上，烟气中的二氧化硫出口排放浓度低于400毫克/米^3（标准），烟尘出口排放浓度低于50毫克/米^3（标准），达到设计目标。

（王新忠　曾淑华）

【干气脱硫系统一次开车成功】 2009年 9月5日，广州分公司炼油新增干气脱硫回收低压瓦斯气产硫黄系统一次开车成功，工程总投资987万元。系统投用后，干气脱硫能力增加1.5万米^3/时，脱硫后的干气硫化氢含量小于5毫克/米^3，全部瓦斯经过脱硫系统后进入加热炉燃烧，烟气中二氧化硫含量大幅下降。

（王新忠　曾淑华）

【150万吨/年催化汽油吸附脱硫装置完工】 2009年3月，广州分公司新建150万吨/年催化汽油吸附脱硫装置项目获中国石化总部批复，4月28日工程动工，项目占地面积4 092平方米，总投资2.9亿元，由中国石化工程建设公司设计，中国石化集团第四建设公司总承包施工。项目主要提升汽油产品质量，满足国Ⅳ清洁汽油排放标准的质量要求，减少硫和烯烃含量，有效减少汽车尾气有害物的排放量。2009年11月30日，工程中交。

（王新忠　曾淑华）

【140万吨/年延迟焦化装置开工】 2009年12月28日，广州分公司140万吨/年延迟焦化装置动工。项目为广州分公司炼油总流程完善配套及环保治理项目的重要组成部分，包括140万吨/年延迟焦化装置、产品精制装置和焦炭输送系统，占地面积1.91万平方米，总投资3.73亿元。

（王新忠　曾淑华）

【炼油污水场改造系列项目投用】 2009年 8月19日，广州分公司炼油污水处理“三泥”(油泥、罐底泥、浮渣)综合治理项目一期工程——离心脱水系统成功投用。“三泥”综合治理项目对原炼油污水处理装置6个浓缩斗及带式压滤脱水系统进行改造，采用国内先进的离心脱水工艺技术对污水处理装置产生的“三泥”进行无害化处理，处理后的“三泥”外运量减少90%，含油污泥产量减少60%，剩余含油污泥烘干后，作为自备热电站锅炉燃料，彻底解决“三泥”外送的二次污染问题，具有良好的环保效益和经济效益。工程总投资2 200万元。

9月20日，广州分公司炼油污水二级生化系统改造项目投产成功，出水水质达到回用指标。该项目总投资2 360万元，包括新增2个5 000立方米的污水贮罐和二段生化及纤维过滤设施，回收污水能力为400吨/时，大幅提高污水场抗冲击能力和生化处理能力，保证达标排放。

（王新忠　曾淑华）

广州石化炼油污水场改造系列项目（邓志伸　摄）

【完成史上最大规模大修】 2009年6月26日，广州分公司圆满完成投用3年的炼油II系列装置及加氢联合、蒸馏二等26套装置首次大修，共完成检修项目8 208项，同步实施技术改造项目36项、隐患整改49项以及18套主要装置的腐蚀状况调查，总费用1.68亿元，大修计划准确率92%。此次大修为建厂以来最大规模装置检修，历时38天，总工期51天，比原计划提前7天完成，所有装置均实现安全、环保一次开车复产成功。

（王新忠　曾淑华）

【“我要安全”活动效果显著】 2009年，广州石化大力开展“我要安全”主题活动，年初，结合安全生产月、百日安全无事故、大修安全卫士评比等活动，着力推进安全文化实践，组织安全生产专题宣传、安全生产法律法规知识竞赛、安全生产文章和警句有奖征集、安全分享等活动，有2万多人次的职工通过不同形式参与“我为安全做一件事”活动，3 000人次职工参加安全健康知识竞赛，收到安全故事60多篇，安全警句100多条，摄影、书法和美术作品200多幅。“我要安全”活动取得良好效果，全年无发生上报分公司级以上事故，作业部级事故同比减少30%，现场“跑冒滴漏”现象明显减少，实现“事故零、零投诉”目标，装置实现“安稳长满优”生产。是年，被评为石化集团公司安全生产先进单位。

（王新忠　曾淑华）

【环保治理取得突破】 2009年，广州分公司共投入1.7亿元用于建设和检修环保设施，“三泥”（油泥、罐底泥、浮渣）综合治理、炼油污水场二期改造等8个环保整治项目陆续建成投用，地方政府限期治理项目全部完成，各项环保考核指标首次基本达到地方政府控制指标，二氧化硫排放与2008年相比削减60%，烟尘削减78.4%，氮氧化物削减14.69%，工业水重复利用率达97.8%，外排污水COD（化学需氧量）浓度大幅下降，达到广东省地方排放标准，外委处理危险废物削减90%。

（王新忠　曾淑华）

【乳化废水实现环保处理】 2009年9月1日，广州分公司碱渣废水装置首次对贮运乳化废水进行试处理，处理后的废水达到环保排放标准，解决了贮运乳化废水环保处理的一大难题。废水乳化，含油量约10%，COD含量为20万毫克/米^3，环保处理后的废水COD降至4 000毫克/米^3。

（王新忠　曾淑华）

【车用LPG气源国产化研究及工业化生产项目通过验收】 广州分公司承担的广州市重大科技攻关项目“车用LPG（液化石油气）气源国产化研究及工业化生产”于2006年4月立项，2008年分别开发试产出符合国标的2#、3#车用液化气，并由广州市第一巴士公司等单位在公交和的士车上试用，效果良好，得到地方政府的大力推介。2009年8月14日，该项目通过广州市科技局组织的验收。2009年，广州分公司平均每日向广州市场供应350—400吨3#车用液化气，占市场1/3份额。

（王新忠　曾淑华）

【专利产业化项目通过验收】 2009年3月27日，广州分公司承担的广东省和广州市专利技术产业化示范项目“一种乙烯装置低压尾气利用方法”通过了广州市知识产权局组织的验收。该项目2004年获国家发明专利授权，2006年被列为广东省专利技术实施计划项目、广州市专利技术产业化示范项目和黄埔区专利技术实施计划项目，共获得政府专项资金25万元。

（王新忠　曾淑华）

【航道扩建工程通过竣工验收】 2009年3月20日，惠州港广州石化原油码头航道扩建工程通过竣工验收。工程建设主要是在原有15万吨级航道的基础上，对原有航道加深、加长，将码头港池、航道疏浚为25万吨级航道。航道总长20.2千米，设计底高程为-20.8米，码头停泊水域设计底标高为-21.3米，航道有效宽度为257米，疏浚总量达2 010万立方米。

（王新忠　曾淑华）

【质量、测量管理体系成功转版】 2009年8月3日，广州分公司开展质量体系认证换版工作，9月，通过广州赛宝认证中心质量认证，获ISO 9001:2008版《质量管理体系认证证书》。2009年9月25日，广州分公司测量管理体系通过中启计量认证中心评审成功转版。

（王新忠　曾淑华）

【提货系统升级】 2009年2月28日，广州分公司新一代IC卡（提货系统）成功上线运行，实现所有产品均在IC卡提货。新系统通过对产品销售流程进行优化，实现销售公司与生产企业两套ERP系统的数据集成，订单信息自动匹配，确保订单信息“零差错”，缩短化工统销产品销售、出厂周期，并提供便捷的统计报表与制作工具，方便销售人员及时了解产品出厂信息。系统增加“仓库管理”和“出厂计划管理”两大功能模块，实现三聚产品半成品、成品的进出库管理，有效加大出厂计划执行情况的监控力度，提升产品出厂调度管理水平。

（王新忠　曾淑华）

【举办第三届职业技能竞赛】 2009年7月，广州石化举办第三届职业技能竞赛，本届职业竞赛前后历时3个月，共有属下12个单位的2 936名职工参加66个工种的预赛，8个单位12个装置（车间）的77名选手进入决赛，为有史以来参赛人数最多、预赛工种最齐的一次技能赛，实现生产技能操作在岗人员全员参赛和以技能竞赛促进岗位大练兵提高操作人员业务水平的目的。

（王新忠　曾淑华）

油品储运调和操作工竞赛现场（余峻才　摄）

【效能监察显成效】 2009年9月，广州石化业务公开信息系统和企业内部自行开发的以业务查询、监督、风险防范为目的的在线监察系统上线运行。按照突出“关键点、风险点、效益点”的原则，建立完善相关制度163项，累计公开重点业务信息12 585条。从退出现职领导岗位调研员中聘请了3位专职网上巡视员和9名在职、兼职巡视员，强化监督。全年完成炼化“三剂”采购与使用管理效能监察、自销产品销售管理效能监察等11个效能监察项目，避免经济损失4 698.06万元，挽回经济损失17.57万元。

（王新忠　曾淑华）

【检验中心三室成为国家实验室】 2009年6月28日，广州分公司检验中心三室第三次通过国家专业监督评审，成为国家实验室。该室负责原油、成品油的出厂分析以及化工原材料的进厂验收检验、生产装置及油品调和用的原料油罐、中间罐、组分罐、安全动火分析、副产品分析等。

（王新忠　曾淑华）

【广州石化普莱克斯合资公司成立】 2009年4月15日，中国石化与美国普莱克斯合资项目——广州石化普莱克斯工业气体有限公司挂牌成立，6月1日正式运作，10月31日，新建氮气连接管线并网，其主要业务为向广州石化提供生产用氮气，项目总投资7 741万元。广州石化投入3套空分装置的部分资产作为资本金，注册资本占55%，普莱克斯以现金投入作为资本金，注册资本占45%。

（王新忠　曾淑华）

【成功承办总部纪念建国60周年暨第二届职工文艺汇演】 2009年 7月14—16日，广州石化成功承办中国石化纪念建国60周年暨第二届职工文艺汇演。来自中国石化系统19个单位43个节目300多名演出人员参加该次以"为祖国放歌"为主题的文艺汇演，吸引上万名石化员工和周边社区居民到场观看。

（王新忠　曾淑华）

纪念建国60周年暨第二届职工文艺汇演（陈健文　摄）

表 1　　广州石化主要技术经济指标　　亿元

指标名称 \ 年份	2009	2008	2007	2006	2005	2004
原油加工量/万吨						
广州分公司	1 120.78	1 160.63	1 035.25	739.08	669.08	737.90
工业总产值						
广州分公司	413.94	525.52	401.52	291.58	219.79	200.17
资产公司广州分公司	1.34	3.11	1.35	3.42	2.15	5.77
工业增加值						
广州分公司	112.59	–46.64	20.15	8.41	22.73	37.45
资产公司广州分公司	0.35	0.50	–0.08	–0.21	–0.42	1.33
资产总计						
广州分公司	163.16	139.86	159.75	130.17	109.73	84.48
资产公司广州分公司	6.96	7.04	13.04	13.83	13.24	16.27
流动资产						
广州分公司	69.98	43.96	69.20	44.33	40.97	30.59
资产公司广州分公司	1.86	1.88	7.39	8.06	1.95	3.42
固定资产原值						
广州分公司	177.19	164.15	163.77	145.62	108.19	109.75
资产公司广州分公司	6.01	5.95	6.50	6.54	7.28	7.56
固定资产净值						
广州分公司	81.78	74.26	81.66	72.55	41.45	46.86
资产公司广州分公司	4.57	4.60	4.94	5.06	5.63	5.86
主营业务收入						
广州分公司	404.31	523.62	396.87	274.25	221.68	202.98
资产公司广州分公司	2.06	29.20	22.52	20.02	17.50	22.90
实现利税						
广州分公司	90.76	–40.72	3.67	–3.33	14.30	24.83
资产公司广州分公司	…	0.56	–0.01	1.43	0.65	1.14
税　金						
广州分公司	75.57	12.45	17.14	11.67	11.16	15.31
资产公司广州分公司	0.41	0.51	0.41	0.32	0.35	0.63
综合能耗/吨标煤·万元$^{-1}$						
广州分公司	0.80	0.74	0.85	0.95	0.99	0.63

表2 **广州石化主要产品产量** 万吨

产品名称 \ 年份	2009	2008	2007	2006	2005	2004
汽　油	192.96	155.98	141.45	127.17	131.78	155.59
煤　油	94.21	81.45	81.11	43.07	28.61	32.82
柴　油	440.80	490.04	420.89	296.25	277.82	310.02
燃料油	35.83	60.98	42.06	35.66	34.05	38.02
液化气	44.47	42.28	39.47	29.48	25.53	27.06
沥　青	30.17	12.86	10.95	8.44	6.07	6.38
石油焦	66.44	73.54	62.22	41.81	28.64	28.75
乙　烯	22.50	21.98	21.06	19.57	21.36	21.73
聚乙烯	21.82	20.65	19.30	18.30	19.54	20.14
聚丙烯	19.67	20.32	18.42	18.28	17.69	17.37
聚苯乙烯	6.12	5.42	5.08	5.52	6.03	4.76

洛阳石化

【概况】 中国石油化工股份有限公司洛阳分公司（简称洛阳分公司）和中国石化集团资产经营管理有限公司洛阳分公司（简称资产公司洛阳分公司）统称洛阳石化，位于洛阳市东北郊的黄河北岸吉利区境内，是中国石化直属的特大型油、化、纤一体化石油化工企业。

洛阳石化的前身是国家第五个“五年计划”期间批准建设的500万吨/年燃料型炼油企业，1977年底开工建设，1984年部分建成投产，1993年全面建成并通过国家竣工验收。之后边生产边建设、投入产出滚动发展，逐步从单纯燃料型企业发展成为集炼油、化工、化纤于一体的综合型炼化企业。截至2009年底，洛阳石化生产系统主要有炼油、化工、化纤三个板块。炼油板块拥有800万吨/年常减压、140万吨/年重油催化裂化（2套）、140万吨/年延迟焦化、220万吨/年蜡油加氢、80万吨/年溶剂脱沥青、70万吨/年连续催化重整、100万吨/年催化柴油加氢精制、80万吨/年航煤加氢、65万吨/年气体分馏等装置及相应的公用工程和环保设施；化纤板块主要有26万吨/年芳烃抽提、24万吨/年PX、32.5万吨/年PTA、40万吨/年聚酯、10万吨/年长丝、25万吨/年短纤维等装置和相应配套的公用工程；化工板块主要有8万吨/年聚丙烯、2万吨/年双向拉伸薄膜等装置。截至2009年底，洛阳石化资产总额97.76亿元。共有正式员工4 369人，其中洛阳分公司3 868人，资产公司洛阳分公司433人，内退68人。

洛阳石化主要技术经济指标和产品产量见表1和表2。

（王明堂　于　玲）

【生产经营实现突破】 2009年，洛阳石化累计加工原料油709万吨，同比增长29%；生产炼油商品661万吨，化工化纤商品78万吨。实现销售收入337亿元，同比增长10%。实现利税54.74亿元，同比增加103.65亿元。洛阳分公司实现利润3.25亿元（炼油1.78亿元，化工化纤1.47亿元），同比增加58亿元。资产公司洛阳分公司亏损4 946万元，完成了总部下达的限亏指标。原料油加工量、销售收入和利税均创历史新高，实现利润创1996年以来最好水平，打了“安全生产和经济效益”两个翻身仗，实现了“加工量、销售收入、利税”3项历史性突破。轻油收率74.92%，同比提高0.42个百分点；综合商品率93.15%，同比提高1.78个百分点；加工损失率0.78%，同比降低0.08个百分点；高附加值产品收率82.88%，同比提高1.05个百分点；原油储运损耗0.37%，同比降低0.02个百分点。炼油单位完全费用181.29元，同比下降86元，比总部下达指标低21.61元。化工单位完全费用1 744.69元，同比下降630.45元，比总部下达指标低75.31元。炼油专业实现全面达标。全年有32项技术经济指标创历史最好水平。

（王明堂　于　玲）

【节能减排取得成绩】 2009年，洛阳石化全年工业取水量860万吨，吨油取水量0.53吨，同比降低0.03吨。工业废水排放量220万吨，吨油排水量

0.19吨，创历史最好水平；COD排放总量213吨，污水回用量148万吨。提前实现“十一五”目标，连续4年获石化集团公司环境保护先进单位称号，并获河南省污染减排十大领军企业、节能减排先进企业称号。

（王明堂　于　玲）

【洛阳石化国Ⅲ汽油正式投放河南市场】 2009年11月15日，洛阳石化生产出国Ⅲ标准汽油，并率先投放河南市场，比国家的总体部署提前了1个月。国Ⅲ汽油与国Ⅱ汽油比较，硫含量从500×10^{-6}降至150×10^{-6}，降低了70%，可直接减少二氧化硫排放，同时保护车辆排放控制系统和发动机的正常运行，汽油中苯含量降低了60%，有利于减少发动机积炭和降低致癌物质的排放。

（王明堂　于　玲）

【“我要安全”主题活动扎实开展】 2009年，洛阳石化扎实开展“我要安全”主题活动，通过“我要安全”大讨论、细化《安全生产禁令》、推行标准化操作、开展安全竞赛等活动，进一步强化了全员的安全意识，形成了上下一致、齐抓共管、严防细查、共筑安全的良好局面。开展预防硫化氢中毒系列活动，完善防护设施，提高了防控能力。实施项目施工“三位一体”责任制和重大风险作业“一评三案”制度，坚持“集中用火”、“升级管理”，规范承包商HSE管理，切实强化直接作业环节监督，施工作业环节的安全管理更加扎实规范。广泛开展隐患查改，进行隐患治理，全年完成中国石化总部级隐患治理项目12项，企业级隐患治理项目9项。加强关键装置要害部位的安全监控，开展事故应急预案演练，提高了应对突发事故的能力。实行24小时倒班安全督导巡查，加大对多经、改制企业的安全监管和指导力度，安全管理状况明显好转。全年未发生报石化集团公司级事故，安全生产开创了新的局面。洛阳石化获石化集团公司“我要安全”主题活动先进单位称号。

（王明堂　于　玲）

【加制氢联合装置开工一次成功】 2009年，洛阳石化油品质量升级改造第一阶段实施工程主体关键装置4万米^3/时制氢装置和220万吨/年蜡油加氢装置，分别于5月19日和5月20日，实现开工投料一次成功，生产出纯度为99.9%的合格氢气和加氢蜡油、石脑油、柴油等合格产品。

（王明堂　于　玲）

220万吨/年蜡油加氢装置

【油品质量升级改造二期工程开工奠基】 2009年6月29日，洛阳分公司新建260万吨/年柴油加氢装置及装卸车油台改造项目开工奠基。该装置是油品质量升级改造二期工程的核心项目，由反应、分馏及公用工程等部分组成；配套工程包括铁路装卸站台改造、零位罐及泵房改造。装置建成后，洛阳石化原油加工能力将达到1 000万吨/年规模，将成为千万吨级特大型炼化一体化生产基地。

（王明堂　于　玲）

油品质量升级改造二期工程开工奠基

【洛阳石化25微米珠光膜通过国家质量检验】 2009年，洛阳石化聚丙烯公司薄膜装置生产的25微米珠光膜，通过国家包装产品质量监督检验中心检验，正式取得了市场通行证，对拓宽企业赢利空间、提高企业抗风险能力都起着积极作用。珠光膜属于聚丙烯双向拉伸薄膜的特殊品种之一，其产品附加值高，主要运用于食品、药物等严要求、高档次的包装，在包装领域享有“包装皇后”的美称。

（王明堂　于　玲）

【推进信息化建设和应用】 2009年，洛阳分公司继续推进以ERP为主线的信息化建设和应用，自主开发的企业信息管理和查询系统基本完成，ERP物资编码转换系统一次上线成功，MES配套计量数据采集系统顺利投用，ORION、AIS、LIMS项目和DCS优化提升项目通过总部验收。实施了“经济技术指标提升系统二期”项目，开发了统计平衡优化提升系统，实现了数据共享。信息中心机房改造顺利完成，企业信息系统的可靠性和安全性大幅提升，标志着洛阳分公司信息化建设跨入总部先进行列。

（王明堂　于　玲）

【构建和谐企业】 2009年，洛阳石化坚持以人为本的理念，从职工群众最关心、最急需解决的问题入手，想方设法为职工群众办了8件实事，让企业改革发展成果惠及职工群众：多渠道提供就业岗位，在2008年宏业公司招收110名职工子女的基础上，又帮助213名职工子女实现了就业；继续改善职工住房条件；继续争取政策支持，帮助石化医院建设了重症监护室、高压氧舱和标准化外科手术室，进一步改善了职工医疗条件；继续完善职工薪酬增长机制，使各种用工的收入都有了一定增长；认真贯彻《劳动合同法》，推进各种用工同工同酬，劳务工收入有了较快增长；购置了6台金龙大客车，持续改善职工群众的通勤条件；继续帮助有就业愿望的协解人员实现再就业；给每一位退休职工送阅全彩印刷的《洛阳石化报》。

（王明堂　于　玲）

【《我要安全春满园》获全国金奖】 2009年10月9—11日，“向祖国汇报——庆祝新中国成立60周年全国产业（行业）系统职工歌咏比赛”颁奖晚会在中原油田举办，洛阳分公司代表石化集团公司选送的表演唱《我要安全春满园》凭借其突出的主题、新颖的形式、浓郁的地方特色受到专家评委好评，获全国金奖，同时被授予优秀创作二等奖。

（王明堂　于　玲）

【宏达公司完成改制分流】 宏达公司是被中国石化总部列为清理整顿工作计划的集体企业。根据石化集团公司推进改制分流和清理整顿工作的要求，2008年11月，资产公司洛阳分公司启动了宏达公司改制工作，按照规定程序对宏达公司开展了资产清查、财务审计和评估，组织选举产生了法人治理结构，职代会表决通过了实施方案，完成了资产评估等一系列准备工作。在完成了审核备案和工商注册手续后，宏达公司于2009年12月18日举行了新公司成立揭牌仪式。

（王明堂　于　玲）

宏达公司成立揭牌仪式

【惠康饮食服务中心获国家级规范化食堂称号】 洛阳石化认真落实石化集团公司“最好一餐在食堂”的重要指示，继续深化“双促”主题活动，积极实施职工优惠供餐措施。经过6个多月的施工和筹备，将原来的倒班食堂和原小车队车库进行了改造和装修，并配备了厨房设备、高档桌椅和送饭车辆，安装了微机售饭系统，为4 000余名倒班职工和2 000余名白班职工办理了就餐卡。2008年9月1日正式投用，实现了职工刷卡进门、自主选餐，每餐主副食品多达20余种，基本上满足了不同就餐职工的需求。为切实办好倒班食堂和白班职工餐厅，使就餐职工吃得安全、环保和放心，除米、面、油、肉类等实行集中统一采购外，洛阳石化从年初就组织专业人员对农场现有土地进行整理规划，充分利用农场空地种植绿色环保蔬菜。截至2009年底，已种植蔬菜10余种，供应食堂5万多千克。10月底，在倒班食堂和白班职工餐厅搭设展台，对自种的无污染、无农药蔬菜进行了展览，深受就餐职工的好评。2009年，惠康饮食服务中心被中国行政管理学会后勤委员会授予国家级规范化食堂称号。

（王明堂　于　玲）

表 1 **洛阳石化主要技术经济指标** 亿元

指标名称 \ 年份	2009	2008	2007	2006	2005	2004
原料油加工量/万吨						
洛阳分公司	709.00	545.00	603.00	605.00	493.00	540.00
工业总产值						
洛阳分公司	292.70	257.33	256.77	251.97	184.26	140.05
资产公司洛阳分公司	—	—	—	—	—	47.51
炼　油						
洛阳分公司	256.89	225.29	—	—	—	—
化　工						
洛阳分公司	35.82	32.04	—	—	—	—
资产公司洛阳分公司	—	—	—	—	—	11.37
化　纤						
资产公司洛阳分公司	—	—	—	—	—	29.26
塑　料						
资产公司洛阳分公司	—	—	—	—	—	6.39
其　他						
资产公司洛阳分公司	—	—	—	—	—	0.49
工业增加值						
洛阳分公司	62.60	-47.39	3.31	-8.83	3.36	10.69
资产公司洛阳分公司	—	—	—	—	—	8.71
资产总计						
洛阳分公司	91.75	81.31	80.66	76.21	75.06	68.88
资产公司洛阳分公司	6.01	5.72	4.46	6.47	6.01	16.48
流动资产						
洛阳分公司	32.78	19.73	25.80	26.89	24.07	17.57
资产公司洛阳分公司	3.32	3.11	1.79	3.56	2.93	12.83
固定资产原值						
洛阳分公司	137.22	115.09	112.94	111.32	105.46	103.23
资产公司洛阳分公司	3.59	3.26	3.09	3.23	3.11	4.64
固定资产净值						
洛阳分公司	54.39	35.54	40.22	58.31	57.86	47.94
资产公司洛阳分公司	2.15	2.54	2.42	2.61	2.52	3.26
销售收入①	337.00	311.00	309.00	294.00	211.00	185.00
资产公司洛阳分公司	0.74	0.41	0.43	0.38	32.00②	48.35
实现利税						
洛阳分公司	54.74	-48.91	-6.92	-17.54	-2.01	8.45
资产公司洛阳分公司	-0.49	0.60	-1.13	-0.64	0.53	4.65
税　金						
洛阳分公司	51.79	6.29	8.56	7.95	5.35	8.06
资产公司洛阳分公司	0.24	0.22	0.14	0.08	0.83	2.21
综合能耗/吨标煤 · 万元$^{-1}$						
洛阳分公司	0.61	0.65	—	0. 68	0. 75	—

①包括资产公司洛阳分公司。

②包括所有非上市部分。

表 2　　洛阳石化主要产品产量　　万吨

产品名称＼年份	2009	2008	2007	2006	2005	2004
90#汽油	38.65	22.10	22.27	53.19	50.19	44.00
93#汽油	85.49	80.06	74.80	44.16	32.49	48.25
97#汽油	18.14	9.63	13.85	9.28	11.16	8.88
3#喷气燃料	41.66	25.68	32.44	21.18	16.95	23.24
灯用煤油	—	—	—	—	—	0.34
分子筛料	8.23	19.32	23.43	25.00	18.75	18.01
0#柴油	230.13	154.66	156.35	184.26	133.12	163.71
−10#柴油	10.07	32.03	32.50	33.51	32.58	30.05
−20#柴油	—	—	0.69	0.75	—	0.00
4#燃料油	—	—	—	1.22	5.99	2.26
化工石脑油	26.76	19.00	23.78	24.28	19.60	20.20
溶剂油	3.67	0.83	1.29	2.64	1.94	1.97
商品重油	0.58	9.73	31.31	23.32	23.07	34.49
沥　青	27.94	19.15	20.32	19.69	10.69	6.13
液化气	38.81	30.29	32.57	33.55	29.37	34.33
丙　烯	14.45	9.07	9.88	9.71	8.79	9.90
丙　烷	0.03	0.03	0.15	0.43	0.06	0.03
硫　黄	2.49	1.51	1.30	1.27	1.11	1.39
液　氨	0.10	0.14	0.13	0.13	0.10	0.08
聚丙烯	8.26	6.61	9.45	9.14	9.64	10.46
聚丙烯（粉料）	—	—	—	1.51	1.64	1.83
双向拉伸薄膜	1.58	1.42	1.72	1.59	0.94	0.43
丙纶强力丝	—	—	—	0.71	0.63	0.63
纯　苯	9.86	7.69	12.58	12.77	10.42	8.50
对二甲苯	23.69	16.38	24.22	23.89	17.08	15.59
精对苯二甲酸	31.24	22.78	31.21	33.09	31.29	32.56
聚　酯	18.30	11.36	17.60	20.68	19.08	21.73
涤纶长丝	5.91	3.78	6.18	7.57	7.06	8.27
涤纶短纤维	7.92	3.80	6.29	10.17	9.23	10.06

安庆石化

【概况】 中国石油化工股份有限公司安庆分公司（简称安庆分公司）和中国石化集团资产经营管理有限公司安庆分公司（简称资产公司安庆分公司）统称安庆石化，始建于1974年7月，是安徽省最大的中央直属生产企业，也是中国石化在沿江中上游炼化企业当中唯一的“油、化、纤、电”一体化企业。截至2009年底，安庆石化炼油综合配套能力为500万吨/年；拥有日处理煤2 000吨的壳牌粉煤气化装置，年产33万吨合成氨、58万吨尿素、8万吨丙烯腈、7万吨腈纶、10万吨乙苯—苯乙烯等生产装置41套；同时拥有1台220吨/时、2台410吨/时、1台630吨/时燃煤锅炉，总装机容量为20万千瓦的发电机组，吞吐能力760万吨/年的油品码头、80万吨/年的卸煤码头、50万吨/年的化肥装船码头、20万吨/年的液态烃码头以及全长13千米的厂内铁路专用线和日产24万吨的供水系统。

截至2009年底，安庆石化有作业部及二级单位12个，业务部及机关附属单位17个，管理部门19个。有正式职工6 212人，其中资产公司安庆分公司2 530人，安庆分公司3 682人；正式职工中，硕士、博士研究生学历44人，大学本科学历843人，专科学历1 900人。有各类专业技术人员2 002人，其中具有高级职称的285人，中级职称1 022人。

安庆石化的主要产品有以“双环”牌为主的油品、化肥系列，以“黄山”牌为主的化纤系列和以“双铃”牌为主的化工系列等各类优质产品40余种。其中“双环”牌汽油等15种产品获省优、部优称号，“双环”牌尿素、车用汽油、0#轻柴油、液化石油气，“黄山”牌腈纶短纤维、腈纶毛条、工业用丙烯腈，“双铃”牌聚丙烯树脂、工业硫黄9种产品继续保持安徽名牌产品称号。

安庆石化主要技术经济指标和主要产品产量见表1和表2。

（张　强）

【生产经营创历史佳绩】 安庆石化围绕“应对危机挑战，推进科学发展”的工作主线，坚持眼睛向内，优化生产经营，调整产品结构，全力以赴增产增效，全年炼油、丙烯腈、腈纶等主要装置均实现高负荷、优化运行，煤气化装置实现A类连续运行82天，创同类型装置最高水平。热电、油品输转、储运、公用工程、铁路运输等系统保持了稳定运行。全年加工原料油453.62万吨，同比提高30.01万吨，创历史新高。实现营业收入214.82亿元，实现利润6亿元（剔除化肥资产减值因素）、税收47亿元，同比分别增加29.7亿元和43.24亿元，均创成立35年以来最高水平，企业实现2000年重组上市以来的首次全面赢利。

（张　强）

【炼化一体化项目开工建设】 2009年1月9日，中国石化与安徽省签署战略合作协议，安庆石化炼化一体化项目正式启动，3月23日该项目被列入国家《石化产业调整和振兴规划》技术改造专项，7月20日用地通过预审，8月徐家畈、联盟西区拆迁完毕，9月2日总体规划环评通过审批，11月16日项目申请报告获得安徽省发改委核准，11月30日总体设计正式出版，2010年1月12日项目环评获得国家环保部批复，2010年1月18日项目开工建设。新建丙烯腈项目也具备了与炼油扩能同步动工的条件。

石化集团公司总经理苏树林在安徽合肥与安徽省省长王三运签署战略合作协议　（曹　珺　摄）

（张　强）

【10万吨/年乙苯—苯乙烯联合装置一次开车成功】 该项目总投资6.19亿元，2007年11月28日工程开工，2009年6月30日建成中交，9月19日一次开车成功。该项目由乙苯—苯乙烯主生产装置及相应的界外配套工程组成，项目设计年产10万吨的聚合级苯乙烯（纯度≥99.8%）、10.6万吨中间产品乙苯以及少量的甲苯、烃化尾气和苯乙烯焦油等副产品。项目投用后，可充分回收干气中宝贵的乙烯资源，平衡化肥油改煤装置大量的富余干气，优化了装置结构，提高了企业经济效益。

（张　强）

10万吨/年乙苯—苯乙烯联合装置一次开车成功　（曹　珺　摄）

【220万吨/年蜡油加氢装置一次开车成功】 该项目总投资7.18亿元，由220万吨/年蜡油加氢主装置、PSA装置和循环氢脱硫装置3个部分组成。该项目2008年3月18日开工建设，2009年7月28日中交，11月17日一次开车成功，建设工期17个月，创造了国内同类装置工程施工工期最短纪录。装置建成投产后，使焦化蜡油、冷热直馏蜡油的加氢能力达到220万吨/年，有效降低2套催化裂化再生烟气二氧化硫的含量，实现汽柴油的国Ⅲ标准升级，大幅提升企业的环保水平，具有良好的经济效益和社会效益。

（张　强）

【4万吨/年硫黄回收项目一次开车成功】 该项目总投资1.2亿元，于2008年7月18日开工建设，6月8日装置建成中交，2009年7月10日一次开车成功，7月15日产出合格固体硫黄。该项目采用在线比质分析仪和加氢还原工艺，可实现酸性气的完全燃烧。装置建成投用后，安庆石化酸性气可实现100%回收处理，硫回收率高达99.87%，年生产硫黄4万吨，气体排放将低于960毫克/升的国家排放标准，实现环保效益、经济效益双赢。

（张　强）

【重整稳定汽油脱苯设施一次开车成功】 该项目是安庆石化实现汽油质量升级措施之一，总投资约2 800万元，2009年6月8日动工，9月30日建成中交，10月21日一次开车成功。该项目投产后，可使安庆石化催化重整装置汽油中的苯含量由5%降到0.5%以下，较国Ⅲ标准汽油指标低1个百分点，为2010年1月1日实现国Ⅲ标准汽油出厂提供了必要条件。

（张　强）

【热电燃油系统隐患治理项目顺利完工】 热电燃油系统自1976年9月投用以来，已运行33年。2009年，热电燃油系统隐患治理项目被列入安庆石化重大隐患治理项目，7月初全面展开，经过5个多月的紧张施工，先后完成了5 000立方米渣油罐和3 000余米燃油管线的拆除，新建一座100立方米的轻油罐，铺设2 000余米长的轻油管线等工程任务，12月22日，新管线投运成功，彻底地消除了热电燃油系统的安全生产隐患。

（张　强）

【涡凹气浮装置投料试车成功】 该装置总投资380万元，引进了美国麦王环保公司生产的污水处理装置，技术成熟、工艺先进。装置分混合反应段、曝气上浮段、渣水分离段3个工段，使污水处理在密闭的空间内进行，废气进催化燃烧装置处理。该装置自2009年10月14日投料试车成功后，污水处理的油含量指标和COD指标下降明显，与之前溶气气浮污水处理工艺相比，具有占地面积小、结构紧凑、操作简便、能耗低、处理效果好的优点，新装置油含量降至40毫克/升，COD下降10%，炼油初级污水处理效率明显提升。

（张　强）

【炼油低温余热综合利用Ⅱ期节能改造项目成功投用】 该项目总投资1 600多万元，2008年7月开工建设，2009年9月26日一次投用成功。项目分为原油罐区改造、裂解装置改造和催化装置顶循改造3个部分，每小时可节约低压蒸汽10吨左右，节能效果显著。

（张　强）

【内置预分离复合式飞灰过滤器开发成功】 该项目是由安庆石化和西安热工研究院有限公司、中国石化宁波工程公司共同研发，2008年3月在安庆石化2 000吨/日壳牌粉煤气化装置上进行了工业应用。运行结果表明：内置预分离复合式飞灰过滤器有效减轻了除灰系统HPHT陶瓷过滤器的粉尘负荷，降低了滤芯表面滤饼的增长速度和滤芯的清灰频率，延长了陶瓷滤芯和反吹控制阀的使用寿命，减少了因除灰系统故障引起的装置停车，对延长煤气化装置运行周期具有重要作用，直接经济效益达每年1 000万元以上。同时，由于该项目在粉煤气化装置上属首次成功应用，对煤气化装置干法除尘系统的改进和优化具有重要的示范和借鉴作用。该项目于2009年12月8日通过石化集团公司鉴定。研究成果具有中国石化的自主知识产权。

（张　强）

【化工专业成功整合】 2009年12月15日，安庆石化顺利完成了化肥专业、丙烯腈专业、苯乙烯专业的重组工作。对原化肥一部、化肥二部的煤气化、空分、净化、合成氨、尿素、水汽6套装置和供水系统进行了整合，重组为化肥作业部；对原丙烯腈部、苯乙烯部操作工艺及管理模式相近的丙烯腈、乙苯、苯乙烯等装置进行了整合，重组为化工作业部。人员、机构和装置的整合，进一步提高了安庆石化化工板块专业化管理水平。

（张　强）

【生活水系统改造移交项目完成】 安庆石化生活水

系统改造移交项目是安徽省环保局挂牌督办项目，总投资530万元，牵涉面广、实施难度大。项目于2008年12月启动，2009年7月正式开工，10月30日正式实现企业管网与市政管网的常压供水对接，实现生产水与生活水的彻底隔离，职工全部生活用水由安庆市提供。

（张　强）

【实时数据库系统升级项目通过验收】 该项目于2008年8月正式启动，2009年3月23日投入试运行，7月17日通过石化集团公司信息系统管理部组织的验收。升级后的实时数据库系统在整理原有20套数据采集的基础上，新增了23套数据采集，扩充了近9 000个生产数据点的采集和数据集成，全面覆盖安庆石化43个主要生产装置和罐区，实现2.2万多个采集点、1 100多幅装置流程图和75个应用报表的应用，满足了调度、工艺、计量等专业的分析应用，有效地指导生产和运行管理。

（张　强）

【精细管理进一步深入】 “我要安全”主题活动深入人心，安庆石化蝉联石化集团公司安全生产先进单位称号。开展了“我要环保、我要健康”活动，提高了全员环保意识，提升了企业环保水平，外排COD、外排废水合格率、工业废水排放量等指标均优于石化集团公司的考核指标。“三基”工作不断深化，管理规范化、制度化、信息化工作取得重大进展，一体化管理体系运行良好；深入推行物资供应专业化分工、流程化操作运行机制，物资采购绩效指标继续处于石化集团公司先进水平，实施了电气仪表业务整合，组建了化肥作业部、化工作业部、新闻中心，组织机构更加精干高效；不断加强内控管理，积极推进业务公开，持续做好效能监察、内部审计和保密工作；加大ERP典型企业培养力度，资金集中管理系统成功上线运行；围绕企业战略目标，实施了台阶考核，公司发展的内在动力和活力进一步增强。深化改革顺利推进，完成了石油焦销售业务整合，指导成立“安庆石化改制企业联合会”，加强对改制企业的联系指导，16家改制企业全年实现利润3 691万元，上缴税收3 821万元，总体运行良好。

（张　强）

【职工队伍素质稳步提高】 以“四好”为目标，进一步完善了领导干部选拔任用民主推荐机制和公开选拔机制，通过竞聘和票决任命了54名处、科级干部，形成了良好的用人导向。以服务企业发展为目标，以提升能力素质为重点，全面加强职工培训，全年累计培训2.5万人次。在严格用工管理的同时，引进了67名高校毕业生，研究生、重点院校毕业生比重有较大提高，队伍的年龄、知识结构得到进一步优化。先后有7名专业技术人员、4名高技能人才被评定为公司级专家、技能大师。高、中级职称人员占技术人员比例达到68.9%，高级工占操作人员的比例达到67.7%，队伍素质稳步提升。

（张　强）

【党建质量管理体系发布】 2009年10月20日，安庆石化党建工作《管理手册》、《程序文件》、《作业指导书》等规范性文件正式发布，明确了党建工作组织机构的职责和权限分配，确定了党建工作质量管理体系的管理方针和目标，以及党建工作质量管理体系的文件层次与框架等工作，形成了党建工作全程受控、规范运行的动态管理体系，并邀请北京三星九千认证中心专家进行了贯标培训，为全面提升党建工作水平提供制度支撑。

（张　强）

【和谐企业建设取得丰硕成果】 安庆石化开展深入学习实践科学发展观活动，职工群众对学习实践活动满意度测评，满意的达到97%，比较满意的占3%，没有基本满意和不满意。围绕纪念新中国成立60周年和安庆石化成立35周年，积极推进企业文化建设。认真为职工群众办实事、办好事，对5 461名职工进行了健康检查，离退休人员“两项待遇”得到较好落实。深入开展“五五”普法活动，扎实推进“平安石化”建设，企业凝聚力进一步增强。安庆石化先后获得全国安康杯优胜单位，全国“五五”普法中期先进集体，全国质量管理小组活动优秀企业，全国群众体育先进单位，石化集团公司安全、财务、统计、物资管理、廉洁文化“六进”工程先进集体，安徽省节能先进企业等省部级以上荣誉称号20余项，有12人分别获中央企业劳动模范、中国石化突出贡献专家等各类先进个人称号。

（张　强）

表 1 安庆石化主要技术经济指标 亿元

指标名称 \ 年份	2009	2008	2007	2006	2005	2004
原油加工量/万吨	452.55	423.61	447.49	442.24	414.46	418.66
工业总产值①	208.39	212.07	190.44	177.73	147.88	125.39
炼　油	179.23	184.65	164.29	156.55	123.52	99.61
化　工	18.77	18.33	18.24	14.33	17.19	18.17
其　他	10.39	9.09	7.91	6.85	7.17	7.61
工业增加值	61.68	–23.15	15.90	–1.54	7.66	17.30
资产总计	65.35	61.97	62.05	62.28	61.52	60.85
流动资产	18.47	11.88	14.75	15.83	17.70	17.67
固定资产原值	117.24	103.06	100.68	95.18	89.44	90.30
固定资产净值	57.02	44.44	43.14	41.33	29.77	36.91
销售收入	214.82	221.17	197.41	185.19	150.89	127.90
实现利税①	51.36	–19.98	8.06	–6.99	–0.31	5.71
税　金	47.00	3.76	10.65	7.72	8.39	9.35

① 2009 年数据剔除化肥资产减值因素。

表 2 安庆石化主要产品产量 万吨

产品名称 \ 年份	2009	2008	2007	2006	2005	2004
汽　油	97.49	87.69	89.37	86.89	85.98	86.97
柴　油	184.55	177.93	188.20	193.75	177.36	181.39
化工轻油	16.57	13.13	13.41	8.07	8.30	10.04
原料油	30.02	29.92	33.88	40.26	33.91	35.94
液化气	33.26	30.80	32.93	31.82	29.78	27.29
石油焦	39.30	37.97	38.07	35.95	30.36	31.40
聚丙烯	4.00	3.56	3.85	3.27	3.84	3.68
合成氨	20.34	20.10	13.85	0.66	13.10	27.67
尿　素	29.82	27.62	17.70	0.27	18.06	40.73
丙烯腈	8.57	8.39	8.64	8.50	8.59	8.31
腈　纶	7.87	6.90	7.71	7.76	7.86	7.58
苯乙烯	1.72	—	—	—	—	—

荆门石化

【概况】 中国石油化工股份有限公司荆门分公司（简称荆门分公司）和中国石化集团资产经营管理有限公司荆门分公司（简称资产公司荆门分公司）统称荆门石化，位于湖北省荆门市掇刀区。荆门石化始建于1970年，1969年11月，随着江汉油田的开发，成立了五七油田会战指挥部第八分部，1970年5月，第一套生产装置（常减压）破土动工。1972年，五七油田会战指挥部第八分部撤销，成立荆门炼油厂，隶属石油部江汉石油管理局，1983年划归中国石油化工总公司，1991年12月更名为中国石化荆门石油化工总厂，1993年成为国家特大型企业，1998年11月更名为中国石化集团荆门石油化工总厂

（简称荆门石化总厂），2000年3月，企业重组改制成立了荆门分公司，2007年10月，荆门石化总厂注销，设立资产公司荆门分公司。企业占地面积11.67平方千米，辖区总人口3万多人。

截至2009年底，荆门石化下设31个直属单位，17个机关处室；职工总数为5 230人，其中各类专业技术人员894人，技术人员中具有高级职称的50人，中级职称的639人。

截至2009年底，荆门石化有生产装置41套，其中燃料油装置20套、润滑油装置13套、化工装置3套、环保装置5套，是石化集团公司系统内加工手段比较齐全、生产灵活性较大的炼油化工企业之一。荆门石化原油加工能力为600万吨/年，主要加工来自南阳油田和江汉油田管输进厂的原油，通过沿江管线和洪荆管线管输进厂的鲁宁原油、进口原油、海洋原油，以及通过铁路运输的西北原油，能生产燃料油、润滑油基础油、溶剂油、化工原料、石蜡、沥青、石油焦、液化气、聚丙烯9个大类100多个牌号的石油化工产品。

荆门石化主要技术经济指标及主要产品产量见表1和表2。

（周东平）

【加强技术改造与技术开发】 2009年，荆门石化实施重点技术改造项目7项，完成固定资产投资3.48亿元，主要有70万吨/年催化汽油加氢装置（RSDS－II）、60万吨/年连续重整装置、5.5万吨/年MTBE装置、润滑油系统规划总流程改造、天然气改造、硫酸装置和CFB锅炉长周期运行攻关等项目。全年完成技术开发项目13项，完成技术开发费420万元，主要有优化焦化原料和加热炉运行的研究、糠醛抽提条件优化研究、新一代加氢改质和润滑油加氢催化剂优选、在线分析仪表的应用优化、轻烃深加工、炼油防腐防垢工艺技术的开发等项目。

（周东平）

【120万吨/年重油催化装置投料试车成功】 2009年2月，荆门分公司120万吨/年重油催化装置（FDFCC-Ⅲ）投料试车一次成功。该装置采用双提升管和双分馏塔工艺，将汽油待生催化剂直接引入重油提升管预提升器，实现“低温接触、大剂油比”的高效催化，从而大幅度降低汽油硫含量和烯烃含量，提高汽油辛烷值，同时将催化粗汽油转换为液化气、丙烯等附加值较高的产品。该装置完善了两段逆流高效再生技术，使装置操作稳定可靠、工艺参数调节灵活，实现清洁汽油生产。该装置概算总投资1.63亿元，建设工期6个月。

（周东平）

【55万吨/年气体分馏装置投用成功】 2009年2月，荆门分公司55万吨/年气体分馏装置投用一次成功。该装置采用常规四塔流程，利用低温热顶替加温蒸汽和热泵电耗，降低能耗，实现合理用能，充分发挥丙烯资源效益。该装置概算总投资1.39亿元，建设工期6个月。

（周东平）

【70万吨/年催化汽油加氢装置实现中交】 2009年12月，荆门分公司70万吨/年催化汽油加氢装置实现中交。该装置采用石油化工科学研究院开发的催化裂化汽油选择性加氢脱硫技术(RSDS-Ⅱ)。RSDS-Ⅱ技术是采用切割的工艺路线对催化裂化汽油进行选择性加氢脱硫，催化汽油经分馏切割为轻、重两个馏分，轻馏分进入脱硫醇单元进行碱抽提脱除硫醇，重馏分进入加氢单元进行选择性加氢脱硫，然后再送至脱硫醇单元与轻馏分混合，经过氧化脱硫醇装置将剩余的硫醇彻底氧化，产品质量满足国Ⅲ汽油标准生产要求。该装置总投资1.38亿元。

（周东平）

【实现原油加工综合配套能力600万吨/年】 2009年，荆门石化120万吨/年重油催化装置、55万吨/年气体分馏装置同时投产成功，形成了原油加工综合配套能力600万吨/年的企业规模。通过对原油分输分炼，充分发挥南阳、江汉两种石蜡基原油资源优势，并利用闲置装置和应用新技术，开发生产特种溶剂油、白油、橡胶填充油等高附加值产品。

（周东平）

【节水减排成效显著】 2009年，荆门石化加强工业节水、减污方面的治理，重点强化工业水管理，不断改善水质，提高用水效率，确保生产稳定运行，实行定量用水、节约用水，先后实施了凝结水回收、氢资源优化、低压瓦斯脱硫、边沟水综合治理、达标污水回用和二循旁虑改造，实现源头装置清污分流，提高污水回用量，进一步减少外排污水量及节约新鲜水用量，二氧化硫排放总量得到有效控制，为企业可持续发展奠定了基础。

（周东平）

【推行JPC管理工作】 2009年3月，荆门石化推行JPC管理（管理制度一体化）工作。采用ISO 9001管理理念和流程式管理方法，采取分步实施、逐步推进的办法，建立覆盖所有单位和涵盖所有管理事项的一套管理制度文本，实现“体系整合、管理统一、基层可视化管理”的荆门石化特色JPC管理模式。主要内容包括：HSE管理体系、质量管理体系、测量管理体系、实验室管理体系、标准化体系、内控制度、“三基”工作，以及所有体系未涵盖的其他生产经营、党群系统的管理事项。

（周东平）

【推行企业内部系统操作】 2009年，荆门石化大力推行系统操作的生产方式。按照“公开标准、量力而行、自愿申请、验收试运、严格评价、批准施行”的原则，先在主要生产装置进行试点并取得成功，技能操作劳动定员达到行业标准，起到了优化劳动组织、控制用工总量、保证安全生产、提高劳动效率的作用。该系统操作改变了传统的生产运行模式，是石油化工行业按照生产的加工工艺过程实行集中作业的一种劳动组织形式，突破了岗位操作以特定的生产设备划分作业范围的局限性，实现了从原料到产品的全方位、全过程的整体作业，是符合现代生产技术水平客观要求的生产方式。

（周东平）

【效能监察取得实效】 2009年，荆门石化以石化集团公司统一立项项目为龙头，扎实开展效能监察工作，通过开办培训班，抓住关键监察点，抓好监督检查，解决突出问题，召开专题推进会，确保工作落到实处。全年共立项9个，完成9个，避免经济损失6 860.60万元，提出建议13条，建章立制51项。

（周东平）

【开展石化社区建设】 2009年，荆门石化坚持为企业员工做好事、办实事，改善工作环境，努力营造和谐稳定的石化社区。先后投资700万元改造了生产区主干道及人行道、绿化带；投资2 100万元实施石化社区天然气改造，为社区居民提供便利条件并降低生活成本；投资1 400万元进行生活区暖气系统改造，确保社区住户冬季取暖御寒；投资1 200万元进行社区电气隐患治理，增强居民生活用电保障能力。

（周东平）

【启动新生活区建设】 2009年，荆门石化根据属地城市建设总体规划，与地方政府协商，将远离荆门石化生产区的军马场库仓储用地的存量土地和闲置土地，总面积达47.45万平方米，纳入当地经济适用房建设指标，享受相应的税费减免优惠。采取职工集资合作方式建房，设立第二生活区，主要解决无房职工的住房困难。

（周东平）

【化工厂获得中央企业先进集体荣誉】 2009年，荆门分公司化工厂创新车间精细管理，实行三支人才队伍交叉培养，形成分层专业控制管理模式，各项技术经济指标保持在同行业前列，被人力资源社会保障部、国务院国资委授予中央企业先进集体称号。

（周东平）

【第七届党代会召开】 2009年11月，荆门石化召开第七届党代会。会议中心议题是全力推进荆门石化科学发展，经过民主选举产生了第七届党委9人和新一届纪委7人，张江当选党委书记，江寿林当选党委副书记，宁艳伶当选党委副书记、纪委书记，魏勤当选纪委副书记。石化集团公司党组及同行业单位发贺信、贺电表示祝贺。

（周东平）

生活区

表 1　　荆门石化主要技术经济指标　　亿元

指标名称＼年份	2009	2008	2007	2006	2005	2004
原油加工量/万吨	480.01	426.28	462.81	425.18	394.64	367.37
工业总产值①	196.25	196.75	181.33	163.05	128.22	27.86
工业增加值	56.20	–21.09	8.55	–2.31	4.57	13.14
资产总计	41.03	37.56	34.72	34.01	40.25	41.57
流动资产	13.66	16.27	16.60	10.48	12.64	13.87
固定资产原值	58.12	54.22	51.94	52.47	55.94	52.95
固定资产净值	22.70	20.83	21.16	22.95	26.10	24.95
销售收入	207.15	208.98	196.61	175.42	144.76	106.10
实现利税	51.15	–15.32	5.36	–3.62	4.08	8.15
税　金	42.64	5.65	7.57	5.98	6.51	7.32

① 2004 年按 1990 年不变价计算。

表 2　　荆门石化主要产品产量　　万吨

产品名称＼年份	2009	2008	2007	2006	2005	2004
汽　油	97.93	80.18	80.66	80.12	75.54	73.37
柴　油	173.83	168.43	193.41	176.32	164.17	143.34
煤　油	23.49	15.60	12.51	7.78	8.81	8.19
润滑油	—	—	—	—	—	—
重　油	0.69	4.31	2.58	3.33	2.55	10.16
石　蜡	10.45	8.56	9.67	8.91	7.03	9.40
沥　青	15.55	7.07	6.40	6.57	2.88	4.59
石油焦	35.15	35.57	40.37	34.83	31.38	18.91
聚丙烯	13.39	12.28	13.02	13.70	13.61	11.81

四川维尼纶厂

【概况】 中国石化集团四川维尼纶厂（简称四川维尼纶厂）位于重庆市长寿区境内的重庆（长寿）化工园区。其前身是20世纪70年代初经毛泽东主席、周恩来总理亲自批准引进的4套大化纤项目之一，于1973年由国家计委下达项目计划，1974年破土动工，1979年投料试生产，1983年经国家竣工验收投产，同年整体进入中国石化。基建投资10亿元，主要生产装置分别从英、法、德、日等国引进。

截至2009年底，四川维尼纶厂已成为国内最大的以天然气为主要原料、生产化工化纤产品的特大型联合企业，也是石化集团公司唯一的天然气化工企业，天然气加工量为9亿米^3/年。全厂主要装置生产能力为年产乙炔6.75万吨、甲醇35万吨、醋酸乙烯20万吨、聚乙烯醇6万吨、甲醛5万吨、醋酸乙烯—乙烯共聚乳液6万吨、液氨20万吨、维纶2万吨。主要产品在国际、国内市场享有良好信誉。企业资产总值44.62亿元，资产负债率12.92%。主厂在岗职工4 000人。工厂先后获得全国“五一”劳动奖状、全国质量效益型企业、全国思想政治工作优秀企业等称号，并连续多年位居重庆市工业企业50强前列。

2009年，虽然受国际金融危机和天然气供应严重不足的双重影响，但四川维尼纶厂还是闯过了难关，实现营业收入19.01亿元，其中出口创汇1 417万美元，实现利润1 050万元，上缴税金1.12亿元。合资公司扬子江乙酰化工有限公司实现营业收入8.95亿元，实现利润1 758万元，上缴税金5 354万元。新疆维美化工有限公司实现营业收入2亿元，实现利润968万元，上缴税金2 389万元。11家改制企业实现营业收入7.45亿元，实现利润1 208万元，上缴税金4 812万元。

四川维尼纶厂主要技术经济指标和主要产品产量见表1和表2。

（张慧渊）

【5#、9#燃煤锅炉烟气脱硫除尘治理项目一次投料试车成功】 四川维尼纶厂5#、9#燃煤锅炉烟气脱硫除尘治理项目于2009年4月正式破土动工，于12月18日打通全流程，一次投料试车成功。该项目总投资8 800万元，采用湿法脱硫工艺，脱硫效果在98%以上。项目成功投运，每年可减少二氧化硫排放1.3万吨。

（张慧渊）

【30万吨/年醋酸乙烯项目进展顺利】 2009年，四川维尼纶厂30万吨/年醋酸乙烯项目建设稳步推进。严格按照设计要求规范施工，严格质量程序和规范，认真开展工程质量大检查，工程质量总体处于受控状态。采取有力措施抓好现场直接作业环节的安全监督工作，自4月17日乙炔桩基工程开工以来，各类上报事故为零。严格按照石化集团公司及四川维尼纶厂内控制度要求和项目投资控制程序，抓好项目投资，项目总体费用控制在批复的概算范围内。

（张慧渊）

30万吨/年醋酸乙烯项目乙炔装置D440A/441A塔吊装顺利就位　（罗　林　摄）

【川维林德气体有限责任公司揭牌成立】 2009年5月10日，重庆川维林德气体有限责任公司揭牌成立。该公司由四川维尼纶厂和德国林德集团合资组建，建设一套规模为4.6万米³/时氧气的空分装置，向四川维尼纶厂30万吨/年醋酸乙烯项目中的乙炔、甲醇、脱硫装置提供4.6万米³/时的氧气和8 248米³/时的氮气，同时向重庆市及西部地区客户提供氧、氮。项目批复总投资为4.83亿元。

（张慧渊）

川维林德气体有限责任公司揭牌成立　（罗　林　摄）

【渝怀铁路川维专用线危化品运输正式开通】 2009年7月8日，铁道部向铁路全线公布了四川维尼纶厂铁路专用线危化品运输开通命令，7月21日，渝怀铁路川维专用线危化品运输正式开通。至此，四川维尼纶厂生产的甲醇、醋酸乙烯等危化品在重庆站长寿区专用线发运得到正式批准，翻开了四川维尼纶厂物流运输新篇章。专用线危化品运输开通后，四川维尼纶厂自销产品、石化集团公司总部统销产品、合资公司扬子江乙酰化工有限公司的产品等，不再通过黄研中转站即可由专用线直接发往各地，每年可节约运输费用2 500万元。同时，该铁路专用线危化品运输的开通，满足了30万吨/年醋酸乙烯项目、扬子江乙酰化工有限公司60万吨/年醋酸项目扩能后的产品运输需要。

（张慧渊）

【代表中国石化加强与贵州省的战略合作】 2009年6月3日，石化集团公司总经理苏树林与贵州省省长林树森在贵阳签署了《关于加强双方战略合作的会谈纪要》。6月12日，中国石化委托四川维尼纶厂代表中国石化总部开展贵州煤电化一体化项目前期工作。8月27日，中国石化委托四川维尼纶厂代表中国石化总部和贵州水城矿业（集团）有限责任公司在贵阳签署了共同投资开发织金2 300万吨/年煤矿的战略合作意向书。12月31日，中石化织金煤电化一体化循环经济基地煤矿开工暨毕节中城能源有限责任公司揭牌成立仪式在贵州省织金县举行，标志着中国石化新能源战略拉开建设序幕。

（张慧渊）

中石化织金煤电化一体化循环经济基地煤矿开工暨毕节中城能源有限责任公司揭牌　（罗　林　摄）

【年产1万吨生物基乙烯工程启动】 2009年，四川维尼纶厂年产1万吨生物基乙烯高技术产业化示范工程经过紧张的筹备已正式启动，正进行3 000吨试验装置的设计。年产1万吨生物基乙烯高技术产业化示范工程主要内容是建设万吨生物乙烯示范装置，为生物乙烯大型化奠定试验基础。该项目采用上海石油化工研究院研发的乙烯技术建设万吨级生物制乙烯示范装置，最终形成具有自主知识产权、技术经济指标先进的产业化技术。

（张慧渊）

【SS-2纤维工业化开发项目试车成功】 继成功开发出60℃、40℃低温水溶性纤维新产品后，2009年6月14日，四川维尼纶厂又成功工业化试生产出SS-2纤维（即20℃3S水溶纤维），试制的样品得到用户认可。SS-2纤维是四川维尼纶厂拥有自主知识产权的3S有机溶剂湿法凝胶纺丝技术项目衍生出的系列低温水溶纤维新产品之一，该纺丝技术属国内首创。

（张慧渊）

【PVA反倾销应诉最终获胜】 历时7年，由美国塞拉利斯公司和杜邦公司发起的针对来自中国、日本、韩国三国的聚乙烯醇生产商提出的反倾销诉讼，以四川维尼纶厂全面获胜告终。2009年3月12日，美国国际贸易委员会作出决裁，对来自日本、韩国的聚乙烯醇生产厂商征收反倾销税，而对以四川维尼纶厂名义出口到美国市场的PVA给予单独零税率。该次胜诉，进一步提升了四川维尼纶厂产品在国际市场的品牌形象。

（张慧渊）

【第四次党代会召开】 2009年2月18日，四川维尼纶厂第四次党员代表大会召开，会议选举产生了新一届中共四川维尼纶厂委员会和中共四川维尼纶厂纪律检查委员会，选举孔全担任四川维尼纶厂党委书记，兼任纪委书记。会议提出了把四川维尼纶厂建成全国最强最大的天然气化工生产和研发基地的奋斗目标。

（张慧渊）

【获重庆市为国建功立业功勋企业称号】 2009年9月19日，在“庆祝新中国成立六十周年，表彰重庆市为国建功立业的功勋企业和明星企业”颁奖大会上，四川维尼纶厂获重庆市为国建功立业功勋企业称号。

（张慧渊）

表1 **四川维尼纶厂主要技术经济指标**[①] 亿元

指标名称＼年份	2009	2008	2007	2006	2005	2004
天然气加工量/亿立方米	4.62	4.25	4.55	4.51	5.12	4.57
工业总产值[②]	15.68	20.89	20.84	21.97	19.36	14.10
化　工	12.28	17.67	17.39	18.25	15.82	12.25
化　纤	2.49	2.27	2.33	2.28	1.95	1.40
其　他	0.91	0.95	1.12	1.44	1.59	0.45
工业增加值	5.03	12.37	14.33	9.92	9.28	9.05
资产总计	44.62	40.56	39.87	36.37	31.46	30.27
流动资产	4.50	12.33	13.07	10.88	5.48	5.95
固定资产原值	39.82	35.79	33.28	33.96	30.74	30.69
固定资产净值	16.47	13.44	13.36	15.42	13.20	14.97
营业收入[③]	19.01	28.00	25.52	23.94	24.98	19.42
实现利税	1.23	6.87	9.23	6.88	6.35	5.11
税金及附加	1.12	2.36	2.39	1.86	1.78	1.51
综合能耗/吨标煤·万元$^{-1}$	4.86	4.92	4.96	5.17	5.95	

①数据均不含合资企业。

② 2004 年按 1990 年不变价计算，2005 年按 2000 年不变价计算，2006—2008 年按 2005 年不变价计算。

③ 2004—2006 年为主营业务收入。

表2 **四川维尼纶厂主要产品产量** 万吨

产品名称 \ 年份	2009	2008	2007	2006	2005	2004
甲　醇	18.84	26.64	29.66	28.30	34.12	29.70
醋酸乙烯	14.39	17.54	17.12	18.20	19.02	15.11
聚乙烯醇	5.33	5.92	5.69	6.02	6.15	5.70
甲　醛	0.95	2.47	2.91	4.06	3.14	2.15
醋酸乙烯—乙烯共聚乳液	4.90	5.60	4.85	4.91	3.38	3.16
维纶纤维①	1.25	1.48	1.57	1.53	1.14	0.94
液　氨②	1.13	1.49	—	—	—	—

① 2004—2005 年为维纶短纤产量。

②合成氨装置于 2008 年 10 月投产，2009 年因天然气供应不足长期停工。

九江石化

【概况】 中国石油化工股份有限公司九江分公司（简称九江分公司）和中国石化集团资产经营管理有限公司九江分公司（简称资产公司九江分公司）统称九江石化，地处江西省九江市东郊，占地面积420万平方米。其前身为九江炼油厂，于1977年6月正式开工建设，1980年10月建成投产，1991年10月更名为中国石化九江石油化工总厂，1998年10月更名为中国石化集团九江石油化工总厂。2000年后，根据石化集团公司重组改制统一部署，分别设立了九江分公司和资产公司九江分公司，2007年注销了九江石油化工总厂。

九江分公司主营业务有炼油、化工、化肥生产经营，具有500万吨/年原油综合配套加工能力、52万吨/年尿素和10万吨/年聚丙烯生产能力。截至2009年底，拥有固定资产原值67.29亿元；在岗职工总数2 339人，其中各类专业技术人员611人，包括70名高级专业技术人员、329名中级专业技术人员和149名初级专业技术人员；下设17个职能处室（含党群部门），下属车间、作业部及直属单位22个（其中代管资产公司九江分公司车间2个）。主要生产装置有：常减压、催化裂化、焦化、催化重整、加氢精制、气体分馏、氧化沥青、甲基叔丁基醚（MTBE）、芳烃抽提、硫黄、聚丙烯、合成氨、尿素装置等。主要产品有：汽油、煤油、柴油、燃料油、沥青、液化气、精丙烯、苯类、溶剂油、硫黄、焦炭、聚丙烯、尿素等43个品种、60多个牌号。

资产公司九江分公司主要业务有：供水、排水、石化社区服务（包括离退休管理、居委会）、教育培训、压力容器检测、保卫，主要生产能力：4 000吨/时的供水系统、1 000吨/时污水处理装置等。截至2009年底，拥有固定资产原值7.02亿元；在岗职工总数534人，其中各类专业技术人员157人，包括16名高级专业技术人员、93名中级专业技术人员和27名初级专业技术人员；下辖6个机关处室和4个直属单位，涉及的生产、技术、安全环保等委托九江分公司相关职能部门管理。

九江分公司主要技术经济指标和主要产品产量见表1和表2。

（陈　冰）

【全面完成生产经营任务】 2009年，九江分公司完成炼油加工量453.54万吨（含原料油），生产尿素46.68万吨、聚丙烯10.32万吨；实现主营业务收入183.6亿元、税费48亿元；账面亏损1.06亿元，其中炼油赢利4.7亿元，化肥亏损5.76亿元，还原后超额完成预算效益指标。炼油加工量和税费均创历史新高，打赢了炼油效益翻身仗。

（陈　冰）

【煤焦代油改造项目获批复】 2009年，九江分公司煤焦代油改造项目获石化集团公司批复，后续工作相继展开。该项目是节约和替代石油的热电联产项目，对九江分公司炼油4台燃油锅炉进行煤焦代油改造，建设2台220吨/时高温高压CFB煤焦锅炉，配套50兆瓦汽轮发电机组，设计燃料以九江分公司副产的石油焦为主，辅料为煤炭。项目总投资4.93亿元，建设期2年。项目投产后，九江分公司炼油蒸汽成本将由226.7元/吨降至73.5元/吨，年增效1.2亿元以上。

（陈　冰）

九江石化煤焦代油项目锅炉合同签字仪式现场

【10万吨/年油浆减压拔头装置建成投用】 2009年6月15日，九江分公司10万吨/年油浆减压拔头装置建成投用。该装置利用部分废旧设备，投资650万元，从设计到建设只用了2个多月时间。装置投产后，将拔头油浆应用于沥青产品生产，大大改善沥青的延伸性能，生产出低蜡含量的高质量重交沥青，为重质油利用开辟了新的途径，每年可创效益上亿元。

（陈　冰）

【油浆抽提装置开工投用】 2009年4月15日，九江分公司油浆抽提装置经彻底维护检修后实现开工正常，生产出合格5#橡胶专用软化料。该装置年产量2万吨，预计年销售额9 000万元，将成为九江分公司新的效益增长点。

（陈　冰）

【扎实开展“我要安全”主题活动】 2009年，九江石化积极开展“我要安全”主题活动，落实安全生产责任制，促进了员工由“要我安全”向“我要安全”转变。通过与基层单位签订HSE责任状，实施安全环保管理属地负责制，开展创“规范安全行为”信得过单位活动，建立“安全生产累加计分”激励机制，积极倡导“上标准岗、干标准活、交标准班”，细化《安全生产禁令》，夯实了安全管理基础。全年实现安全生产“三大事故”为零，未发生报石化集团公司重大安全和环保事故，停工次数和时间同比显著减少。

（陈　冰）

九江石化“我要安全”主题活动演讲赛现场

【炼油Ⅱ系列和化肥装置检修完成】 2009年3月16日，九江分公司炼油Ⅱ系列和化肥装置开始实施停工大检修，经过一个月左右的时间，装置检修完成。在这次检修中，相关部门提前介入，编制施工网络计划细致周密，现场监督扎实有力，施工现场做到“工完料尽场地清”，保证了检修任务安全、优质、高效、文明完成，为历年来组织最好的一次检修。

（陈　冰）

【节水减排新增两助推器】 2009年6月，九江分公司新建450万吨/年生活污水处理及回用装置和150吨/时达标污水回用装置投入运行，实现了九江石化生活污水零排放的目标，提高了炼油污水的处理能力，同时减少了新鲜水用量，为保护长江中下游水域环境发挥了积极作用。450万吨/年生活污水处理及回用装置采用MBR膜处理新工艺和A2/0分离技术对生活污水进行深度处理，作为循环水系统的补充水回用，每年可节约新鲜水300万吨左右；150吨/时达标污水回用装置采用IRBAF工艺技术处理达标后的炼油污水，作为循环水系统的补充水回用。

（陈　冰）

建成后的450万吨/年生活污水处理及回用装置

【节能降耗取得明显成效】 2009年，九江分公司在已实施热联合、低温热、常减压节能改造等基础上，组织了储运系统、动力锅炉、加热炉和机泵等专项节能攻关，取得明显成效。其中，供电标煤耗为374克/（千瓦·时），较2005年下降115克/（千瓦·时），降幅23.5%，供热标煤耗39千克/吉焦，较2005年下降近3千克/吉焦，降幅6.8%。炼油综合能耗从2007年的81千克（标油）/吨降到2009年的69千克（标油）/吨，在石化集团公司33家炼油企业中提升幅度排名第一，提前一年半完成了江西省政府下达的“十一五”节能降耗目标任务。

（陈　冰）

【一体化管理体系取得重要进展】 2009年，九江分公司一体化管理体系顺利获得了测量、质量、环境、职业健康安全4个专业的国家标准注册认证和1个石化集团公司标准认证。至此，九江分公司一体化管理体系10个标准中拟定需取证的5个体系标准全部获得第三方认证，标志着九江分公司一体化管理体系建设基本完成，同时也为石化集团公司各企业全面推行一套制度文本支持全方位管理工作积累了经验。该项目获得第16届全国企业管理现代化创新成果二等奖。

（陈　冰）

【职工生产生活条件日益改善】 2009年，九江石化按照石化集团公司的总体部署，开展了深入学习实践科学发展观活动，按照“党员干部受教育、科学发展上水平、人民群众得实惠”的总体要求，在抓好生产经营和改革发展的同时，积极推进惠民工程。认真落实“最好一餐在食堂”的要求，不断改善倒班职工工作餐质量，加快实施白班工作餐；积极推进集资建房工作，9栋楼房已经竣工验收，可解决360户无房职工的住房问题；厂区、社区“绿化、亮化、美化”工程建设进一步推进，实施了石化大厦广场、南园休闲广场、生活区道路、生活区采暖管网、地埋式垃圾桶等改造项目；支持九江电信对九江石化电话交换机进行改造，使社区居民通信费用大幅下降。

（陈　冰）

表1　　九江分公司主要技术经济指标　　亿元

指标名称 \ 年份	2009	2008	2007	2006	2005	2004
原油加工量①/万吨	453.54	431.21	403.08	419.96	370.53	367.00
工业总产值	183.60	196.66	154.07	153.56	121.18	101.43
炼　油	170.66	175.96	134.32	129.63	99.79	81.79
化　工	8.99	16.58	15.40	15.89	14.77	9.74
化　肥	7.74	7.95	7.64	8.04	6.62	9.90
工业增加值	50.31	–25.03	8.88	0.10	8.69	15.06
资产总计	39.09	40.99	46.23	40.96	46.17	39.42
流动资产	11.12	9.94	13.53	10.02	14.96	10.09
固定资产原值	67.29	64.19	59.97	59.97	52.35	52.88
固定资产净值	22.90	26.17	26.27	29.46	24.83	27.75
销售收入	182.95	196.18	153.34	155.80	120.83	100.70
实现利税	45.93	–17.30	4.10	–5.99	3.06	7.22
税　金	46.61	6.70	7.29	6.80	6.50	7.60
综合能耗②/吨标煤·万元$^{-1}$	0.77	0.88	0.87	1.01	1.07	5.58

① 2004—2009 年原油加工量含原料油分别为 [illegible].36 万吨、16.84 万吨、6.64 万吨、8.82 万吨、22.06 万吨、3.46 万吨。

② 2004 年按 1990 年不变价计算。

表2　　九江分公司主要产品产量　　万吨

产品名称 \ 年份	2009	2008	2007	2006	2005	2004
97#汽油	3.62	4.97	3.29	2.91	4.76	—
93#汽油	83.44	71.18	66.20	60.68	54.93	33.23
90#汽油	9.50	10.27	11.84	23.27	26.41	46.51
柴　油	187.47	182.85	166.86	179.04	132.53	137.13
煤　油	—	0.07	1.25	1.57	4.67	5.34
3#航煤	—	—	0.43	0.50	1.70	2.11
燃料油	22.07	18.50	15.76	20.00	39.53	58.94
溶剂油	1.47	0.96	2.28	3.16	3.20	3.72
烷基苯料	0.18	1.20	1.70	—	0.40	—
液化气	22.75	25.12	24.25	25.27	26.90	21.91
沥　青	21.64	13.40	19.02	19.87	18.33	1.10
聚丙烯	10.32	11.33	11.33	11.56	12.57	11.55
苯　类	4.51	5.55	5.01	6.67	6.38	6.43
硫　黄	1.99	2.05	1.81	1.56	0.59	0.64
尿　素	46.68	45.00	44.68	54.26	44.96	59.83
石油焦	30.78	23.72	26.02	18.90	—	—

湖 北 化 肥

【概况】 中国石油化工股份有限公司湖北化肥分公司（简称湖北化肥分公司）暨中国石化集团资产经营管理有限公司宜昌分公司（简称资产公司宜昌分公司）统称湖北化肥，位于湖北省枝江市，占地面积160万平方米。生产装置是国家20世纪70年代引进的13套大型化肥装置之一，1974年10月动工，1980年1月投产。湖北化肥原名湖北省化肥厂，1983年7月1日整体并入石化集团公司。截至2009年底，湖北化肥拥有30万吨/年合成氨、52万吨/年尿素的生产能力；下设18个部门和17个直属单位，职工1 358人，其中具有中级职称的工程技术人员有220人，具有高级职称的有26人。主要生产装置有: 3台高压燃煤锅炉、2台2.5万千瓦发电机组，煤气化、空分、净化、合成氨、尿素装置等，另外有1条与焦柳线接轨的23千米进厂专用铁路和工业编组站。

湖北化肥主要技术经济指标和主要产品产量见表1和表2。

（刘　焱）

【煤气化装置实现长周期运行】 2009年9月，湖北化肥煤气化装置实现建成以来首次长周期运行，创造了A类长周期运行84天、B类长周期运行96天的新纪录。

（刘　焱）

【“三废”治理抓源头】 2009年，湖北化肥在抓好主装置安全、稳定、长周期运行的同时，加强环保装置的运行管理，各项环保指标达到或优于国家排放标准。

动力厂锅炉烟气脱硫装置通过优化工艺参数，提高烟气脱硫和硫铵装置运行稳定性，脱硫装置与主装置实现同步运行，烟尘和二氧化硫排放状况得到改善。烟气中二氧化硫浓度和烟尘浓度均优于国家排放标准要求；煤气化装置灰水排放得到有效处理，灰水悬浮物浓度大幅下降；硫回收装置与主装置同步开工，稳定运行，尾气得到完全处理；污水处理装置通过加强工艺参数调整，改善细菌生存环境，提高污水处理装置运行水平，出水水质优于国家标准。

（刘　焱）

【技术创新和应用取得成果】 2009年9月，由吴振伟等人共同完成的“研制分析仪器暨创建气相色谱法测定工业氧的分析方法”获得石化集团公司技能创新成果二等奖。其中，“脱氧器”和“采用氧化还原富集法测定液态氧中微量乙炔色谱仪”先后于2008年6月25日和2008年10月8日被授予国家专利。

（刘　焱）

【完成联碱和氨醇联产两项目评估】 2009年12月16—19日，石化集团公司专家组对湖北化肥拟建60万吨联碱项目和20万吨氨醇联产项目的可行性研究报告进行评估。

（刘　焱）

【获得全国“安康杯”优胜企业称号】 2009年5月，在中华全国总工会和国家安全生产管理总局联合组织的2009年全国“安康杯”优胜企业活动中，湖北化肥连续第四次获得优胜企业称号。

（刘　焱）

【尿素产品获著名商标称号】 2009年4月28日，湖北化肥分公司“长江”牌尿素商标被湖北省工商局认定为“湖北省著名商标”。

（刘　焱）

表1　湖北化肥主要技术经济指标　亿元

指标名称 \ 年份	2009	2008	2007	2006	2005	2004
工业总产值						
湖北化肥分公司	5.59	4.90	3.38	5.20	6.25	4.22
资产公司宜昌分公司	3.59	2.11	2.48	2.51	2.07	2.14
工业增加值						
湖北化肥分公司	–2.90	–1.29	–2.16	–0.39	0.50	–1.53
资产公司宜昌分公司	0.98	–0.01	0.58	0.40	0.26	0.30
资产总计						

续表

指标名称＼年份	2009	2008	2007	2006	2005	2004
湖北化肥分公司	9.56	17.49	15.94	16.42	13.54	9.71
资产公司宜昌分公司	6.15	6.31	6.69	5.44	4.56	4.67
流动资产						
湖北化肥分公司	1.11	1.76	1.36	0.55	1.01	2.19
资产公司宜昌分公司	0.33	0.47	1.26	0.73	0.31	0.48
固定资产原值						
湖北化肥分公司	30.15	30.37	26.89	28.88	16.10	15.53
资产公司宜昌分公司	7.87	7.60	6.00	5.29	5.26	5.28
固定资产净值						
湖北化肥分公司	4.34	13.98	13.60	14.32	1.52	0.98
资产公司宜昌分公司	5.70	5.76	4.52	3.95	4.06	4.10
销售收入						
湖北化肥分公司	7.14	5.12	3.44	5.20	6.20	4.22
资产公司宜昌分公司	4.01	2.51	3.02	2.16	1.66	2.37
实现利税						
湖北化肥分公司	−11.48	−4.07	−3.68	−1.60	0.08	−1.87
资产公司宜昌分公司	0.07	−0.81	0.08	−0.09	−0.11	−0.20
税　金						
湖北化肥分公司	…	0.01	0.01	0.02	0.05	…
资产公司宜昌分公司	0.13	0.46	0.21	0.07	0.12	0.13
综合能耗/吨标煤·万元$^{-1}$						
湖北化肥分公司	9.04	10.99	—	—	—	—
资产公司宜昌分公司	3.06	3.28	—	—	—	—

表2　　湖北化肥主要产品产量　　万吨

产品名称＼年份	2009	2008	2007	2006	2005	2004
湖北化肥分公司						
合成氨	18.58	14.79	12.67	18.51	24.38	18.04
尿　素	31.74	21.29	18.78	28.33	36.79	31.13
资产公司宜昌分公司						
蒸　汽	242.99	177.92	254.61	204.00	201.16	164.63
电/亿千瓦·时	1.16	0.85	1.31	1.55	1.51	1.45

石家庄炼化

【概况】 中国石油化工股份有限公司石家庄炼化分公司（简称石家庄炼化分公司）和中国石化集团资产经营管理有限公司石家庄分公司（简称资产公司石家庄分公司）统称石家庄炼化。石家庄炼化位于河北省石家庄市东南25千米，其前身为石家庄炼油厂，始建于1978年，1983年建成投产，1983年7月1日划归中国石油化工总公司。1997年采用局部改制方式，募集发起设立石家庄炼油化工股份有限公司，上市所筹集资金投入到当年河北省政府与中国石油化工总公司合资设立的石家庄化纤有限责任公司（简称石家庄化纤公司），共同建设石家庄5万吨/年己内酰胺工程。石家庄化纤公司的股权几经变更，2009年3月成为石化股份公司的分公司。根据石化集团公司改革重组的统一部署，2006年注销石家庄炼油厂，注册成立中国石化集团资产经营管理有限公司石家庄分公司，2007年注册成立中国石油化工股份有限公司石家庄炼化分公司，2009年5月，根据“一企一制”的整体要求，石家庄化纤公司整体、资产公司石家庄分公司部分资产和人员被整合并入石家庄炼化分公司。

截至2009年底，石家庄炼化共设人力资源处、财务处、法律事务部、总务部等职能部门28个，一联合车间、酰胺化车间等基层单位43个；共有职工2 681名，其中具有高级职称的178人，中级职称的428人。

石家庄炼化分公司炼油部分主要包括500万吨/年常减压装置、200万吨/年催化裂化装置（2套）、80万吨/年焦化装置等20余套炼油化工生产装置；化工部分主要包括16万吨/年己内酰胺装置和2.5万吨/年锦纶装置。主要产品有汽油、柴油、航空煤油、己内酰胺、聚酰胺切片、硫酸铵、液化气、聚丙烯等24个品种。

石家庄炼化分公司主要技术经济指标和主要产品产量见表1和表2。

（马立亚）

【“我要安全”主题活动取得明显成效】 为进一步开展好“我要安全”主题活动，2009年初，石家庄炼化分公司成立了组织机构，明确了活动方案，并结合不同阶段的工作重点，围绕“我要安全”，多措并举，扎实开展了大讨论、演讲比赛、文艺表演、岗位立功等活动，同时各基层单位还结合自身实际采取了许多行之有效的方法和措施，职工“我要安全”的意识得到了进一步增强，有效保证了企业的安全平稳生产。

（马立亚）

“我要安全”主题活动签字仪式　（石炼宣　摄）

【“四年一次”炼油装置大检修完成】 2009年3月10日—4月20日，石家庄炼化分公司进行了以常减压装置材质升级项目和样板炉改造工程为核心的炼油装置“四年一次”大检修，此次检修集修理、技措、改造、更新于一体，净检修时间27天，投入资金约1.87亿元，共涉及常规检修、大修、技改技措等2 505项。常减压装置经过该次材质升级后，能够炼制硫含量≤1.5%、酸值1.0毫克/克相对劣质的原油，有效提升了装置的适应能力，也为装置长周期、安全、稳定运行奠定了基础。

（马立亚）

【己内酰胺装置实现复产开工】 2008年10月，受国际金融危机影响，为规避风险，经中国石化总部同意，己内酰胺装置停产。2009年4月，结合国际、国内等各方面形势分析判断，石家庄炼化分公司认为己内酰胺装置复产开工时机基本成熟，经中国石化总部批复同意，4月15日开始复产开工，并于28日生产出合格产品，实现了6.5万吨/年己内酰胺装置复产一次开车成功。

（马立亚）

【16万吨/年己内酰胺扩容改造工程完成】 2006年7月，中国石化总部正式批复石家庄化纤公司16万吨/年己内酰胺扩容改造工程。2009年6月15日，16万吨/年扩容改造工程的所有装置全部实现中交，标志着该工程全面完工。6月24日，中国石化总部组织专家对16万吨/年己内酰胺扩容改造工程开工条件进行了确认，同意16万吨/年己内酰胺改造工程投料试车。7月，该工程正式进入试车阶段。经过3个阶段的联动试车，12月14日打通了全流程，产出了合格产品，实现了具有中国石化自主知识产权技术的工业化应用。

（马立亚）

16万吨/年己内酰胺项目建成投产 （石炼宣 摄）

【实现原油资源进厂管道化】 2009年7月22日，新建河间—石家庄原油管道一次投油成功，12月10日，天津—沧州原油管道一次投油成功，结束了石家庄炼化分公司27年靠铁路运输原油进厂的历史，彻底解决了企业资源进厂的难题，同时还有效降低了原油运输成本。

（马立亚）

【油品质量升级和原油劣质化改造工程正式启动】 2009年8月4日，石化股份公司批准石家庄炼化油品质量升级和原油劣质化改造项目的总体加工流程。12月30日，环保部对该项目下发了批复文件，受国家发改委委托，河北省发改委正式核准批复了该项目，标志着该项目具备了全面启动的各项先决条件。该项目规划总投资60.5亿元，项目建成后，炼油部分加工能力达到800万吨/年。

（马立亚）

【炼油主要技术经济指标全部达标】 石家庄炼化分公司通过不断强化精细管理，严密组织大检修，不断优化组织生产运行，实施各项精细化管理措施，全年炼油主要技术经济指标全部实现达标，打了一场效益翻身仗，连续亏损4年后，首次实现赢利3.78亿元（按预算口径还原后为6.53亿元），同比增加31.9亿元。

（马立亚）

【技术开发取得新成果】 2009年，“乙炔—空气火焰原子吸收光谱法测定钌含量的方法”和“一种苯甲酸加氢的方法”获国家专利授权，“OCT-MD生产国IV清洁汽油成套技术开发及工业应用”获石化集团公司科技进步一等奖，“SNIA己内酰胺流程反应器的分布器及搅拌桨优化改造”、“国产化2万吨己内酰胺聚合装置低聚物回用技术”、“阳极保护技术在发烟硫酸系统中的开发与应用”3个项目获得石化集团公司2009年度科技进步三等奖。

（马立亚）

【企业“一体化”管理初步实现】 按照中国石化“一企一制”的总体部署和“金线项目”的具体要求，石家庄炼化积极配合总部有关部门和中介机构，完成了石化集团公司将持有的石家庄化纤公司42%股权转让石化股份公司、资产公司石家庄分公司将其储运部分资产转让石化股份公司的“一体化”管理，5月1日起，新的组织机构正式运行，12月，石家庄化纤公司正式工商注销，为进一步理顺管理体制、实现集中统一管理、发挥整体优势奠定了基础。

（马立亚）

【和谐企业建设取得新进展】 2009年，石家庄炼化深入贯彻以人为本的管理理念，以爱护职工的身心健康为抓手，全面启动了职工健康工程，实施了社区、厂区环境综合治理项目，在市邮政局的大力支持下，投用了新社区管理中心和便民的石炼邮局，职工工作和生活环境得到了进一步改善。

（马立亚）

表 1　　石家庄炼化分公司主要技术经济指标　　亿元

指标名称＼年份	2009	2008	2007	2006	2005	2004
原油加工量/万吨	355.46	381.97	334.54	392.46	362.23	327.74
工业总产值	188.24①	180.38	134.32	148.28	118.75	87.36
工业增加值	33.59	–29.99	–3.04	–8.99	–1.66	8.33
资产总计	60.69	32.00	34.82	27.92	32.01	30.07
流动资产	22.92	15.27	20.28	14.57	18.91	18.91
固定资产原值	81.98	29.85	28.16	26.96	25.72	23.93
固定资产净值	24.58	13.07	12.70	12.86	12.63	10.55
销售收入	158.31	184.54	132.79	149.48	118.93	86.89
实现利税	24.90	–23.30	–5.56	–10.24	–1.93	6.39
税　金	29.07	4.82	4.07	5.15	4.90	5.58

①包括石家庄化纤公司数据。

表 2　　石家庄炼化分公司主要产品产量　　万吨

产品名称＼年份	2009	2008	2007	2006	2005	2004
汽　油	78.75	78.59	61.33	77.06	74.34	73.23
煤　油	7.05	12.10	11.14	13.15	11.94	11.83
柴　油	159.77	171.69	143.71	169.88	160.17	146.11
燃料油	3.31	5.74	5.31	7.77	6.95	3.81
液化气	19.63	19.86	17.49	20.03	16.94	14.63
硫　黄	1.43	1.42	1.32	1.57	1.42	1.34
精丙烯	8.47	8.65	7.78	9.43	7.68	5.88
聚丙烯	4.23	4.44	5.17	5.30	4.56	3.92
石油焦	23.48	22.42	24.25	22.80	17.67	16.30
己内酰胺	4.82	5.63	6.56	7.19	6.88	6.92
硫　铵	18.23	21.35	25.52	27.79	26.44	26.82
苯甲醛	0.33	0.40	0.44	0.46	0.31	0.26
切　片	1.47	1.78	2.33	2.43	1.80	2.48

济南炼化

【概况】 中国石油化工股份有限公司济南分公司（简称济南分公司）和中国石化集团资产经营管理有限公司济南分公司（简称资产公司济南分公司）统称济南炼化，前身始建于1971年，1975年投产，1983年划归中国石化总公司，1998年留转至石化集团公司，2000年根据重组改制方案，企业进行主辅分离，主业即进入石化股份公司，成为济南分公司，辅业部分于2006年11月经过体制转换，成为资产公司济南分公司。

济南炼化位于山东省济南市历下区，占地面积2.4平方千米，距市中心11千米，地处胜利、中原两大油田之间，自备铁路与胶济线相连，厂区西北有济王路、309国道和济青高速公路，距济南遥墙国际机场15千米，地理位置优越，交通运输四通八达。

截至2009年底，济南炼化固定资产原值50.17亿元，具备500万吨/年原油综合加工配套能力，拥有常减压蒸馏、重油催化裂化、延迟焦化、汽油催化重整、柴油加氢精制、丙烷脱沥青、糠醛精制、酮苯脱蜡、白土补充精制、气体分馏、甲基叔丁基醚、聚丙烯等32套主要生产装置，可生产汽油、煤油、柴油、液化气、石油焦、聚丙烯、硫黄、润滑油基础油等50余种产品，产品出厂合格率始终保持100%。济南分公司职工人数为1 994人，其中各类专业技术人员600人（高级职称146人，中级职称310人）；资产公司济南分公司职工人数为406人，其中各类专业技术人员41人（高级职称3人，中级职称17人）。

济南分公司主要技术经济指标和主要产品产量见表1和表2。

（邓顺平）

【90万吨/年催化汽油吸附脱硫（S-Zorb）装置建成投产】 该装置于2009年2月18日举行建设开工仪式，10月28日实现中间交接，12月9日一次开车成功。装置投产后，企业汽油产品实现质量升级，出厂汽油硫含量由不高于500×10^{-6}降低到150×10^{-6}以下，达到国Ⅲ、国Ⅳ汽油标准，济南炼化也成为中国石化系统内第三家实现该类型装置投产的企业。

（邓顺平）

【延迟焦化装置完善配套改造项目建成投产】 2009年3月10日，延迟焦化装置完善配套改造项目基础设计获石化股份公司批复。项目主要改造内容为增加一炉两塔，更换分馏塔、富气压缩机、干气脱硫塔以及放空塔等，原50万吨/年延迟焦化装置改造后装置能力达到120万吨/年，能有效提高重油加工能力。11月28日，项目中间交接；12月17日，新建单元实现一次投料成功；12月19日、20日，两个焦炭塔先后成功出焦，进入正常生产阶段。

（邓顺平）

【8万吨/年苯抽提装置建成投产】 该项目于2008年9月开工建设，2009年3月28日中间交接。根据生产计划安排，7月21日引原料汽油，进入正式开工阶段。8月2日，装置实现一次开车成功。该装置主要生产高纯度苯、6#抽提溶剂油和120#橡胶溶剂油，对企业汽油质量升级、改善产品结构具有重要意义。

（邓顺平）

【通过清洁生产企业复审】 2009年5月27日，石化集团公司清洁生产企业复审工作组结束对济南炼化的复审工作。检查组认为，济南炼化2004年获石化集团公司清洁生产企业称号后，坚持科学发展、绿色发展理念，持续开展清洁生产工作，各部门职责明确，经过4年的不间断努力，各项指标持续改善，部分指标处于行业先进水平。清洁生产企业复审工作顺利通过。

（邓顺平）

【通过2000版质量体系监督审核】 2009年11月6日，北京三星认证中心对济南炼化进行了质量管理体系监督审核。审核组对燃料油、沥青等12个部门和车间进行现场审核后认为，济南炼化组织机构、部门职责权限清晰，整体职能稳定；质量手册、程序文件结构和主要内容有效保持，管理制度和操作技术规程进一步得到落实。监督审核顺利通过。

（邓顺平）

【MES（SMES3.0版）项目通过验收】 石化股份公司首个MES（SMES3.0版）项目——济南炼化MES（SMES 3.0版）项目于2008年8月正式开工，2009年2月10日正式上线试运行，11月18日通过验收。该项目建立了以生产物流管理为核心，以数据集成平台和核心数据库为支撑，集物料移动信息管理、装置及罐区操作信息管理、物料平衡、生产调度、生产统计和公用工程信息管理为一体的炼化企业（炼油）MES系统，实现了为ERP系统提供“日平衡、旬确认、月结算”的数据支撑和提升企业精细化管理水平的目标。

（邓顺平）

【再获全国文明单位称号】 2009年1月20日，中央文明委再次授予济南炼化全国文明单位称号。“全国文明单位”是中央授予精神文明建设和物质文明建设成就显著的企（事）业单位的最高综合性荣誉称号，每3年评比表彰1次。在2005年表彰的首批“全国文明单位”中，济南炼化榜上有名。

（邓顺平）

表1 **济南分公司主要技术经济指标** 亿元

指标名称＼年份	2009	2008	2007	2006	2005	2004
原油加工量/万吨	393.70	400.01	357.51	400.16	409.39	377.30
工业总产值	165.98	188.94	135.02	148.22	130.21	99.08
工业增加值	57.36	−12.02	1.09	−2.67	3.98	12.57
资产总计	29.88	25.07	29.62	25.36	30.37	26.50
流动资产	9.75	8.16	12.14	7.77	11.56	7.20
固定资产原值	46.57	40.31	39.41	38.34	38.03	37.30
固定资产净值	19.49	15.30	15.65	16.78	17.95	19.20
销售收入	167.34	188.94	133.90	148.18	131.43	98.19
实现利税	54.61	−7.51	−1.06	−5.40	2.88	7.78
税　金	43.31	5.92	5.53	5.71	6.15	6.76

表2 **济南分公司主要产品产量** 万吨

产品名称＼年份	2009	2008	2007	2006	2005	2004
汽　油	106.56	105.27	82.83	97.47	102.34	93.40
柴　油	155.20	171.44	144.64	169.40	176.16	155.98
沥青料	19.27	1.24	13.17	13.75	13.13	16.00
商品重油	1.67	1.83	10.09	7.14	9.89	6.85
液化石油气	21.14	22.77	18.33	22.39	20.58	16.92
润滑油基础油	7.25	6.71	6.07	6.34	6.89	8.22
聚丙烯	9.68	10.87	9.30	11.15	10.23	8.61
化工轻油	4.48	8.61	13.96	12.85	10.91	8.53

武汉石化

【概况】 中国石油化工股份有限公司武汉分公司（简称武汉分公司）和中国石化集团资产经营管理有限公司武汉分公司（简称资产公司武汉分公司）统称武汉石化，是石化集团公司直属大型工业企业，前身为武汉石油化工厂，始建于1971年，投产于1977年。武汉石化位于湖北省武汉市青山区，占地239公顷（239万平方米），北濒长江黄金水道，水陆交通极为便利。

截至2009年底，武汉石化共有在册职工3 306人，46个二级单位，包括25个处室、19个车间和2个待清理公司。有生产装置28套，原油一次加工能力850万吨/年，综合配套能力650万吨/年。主要产品有汽油（90#、93#、97#、E90#、E93#、E97#）、灯用煤油、3#喷气式航空燃料油、轻柴油（0#、-10#）、石脑油、溶剂油（6#、120#）、烷基苯料、环烷酸、MTBE、专用重油（1#、2#、3#）、燃料油（30#、180#）、工业片状硫黄、石油焦、聚丙烯树脂（粉料、粒料）、“三苯”（苯、甲苯、二甲苯）、石油液化气等25种产品。产品行销鄂、湘、川、渝等12个省区市。

武汉石化主要技术经济指标和主要产品产量见表1和表2。

（任丽娜）

【生产经营创佳绩】 2009年，武汉石化加工原料油454.26万吨，同比增长13.79%；利税53.89亿元，同比增长70.13亿元，增长431.8%；利润8.02亿元，同比增加27.86亿元，增长140.42%，均创历史最好水平。“六项”炼油专业达标指标全部实现达标，综合排名在石化集团公司33家炼油企业中位居第13位，较2008年前进了8位。轻质油收率71.73%，提高2.23个百分点；综合收率93.26%，提高0.26个百分点；炼油综合能耗73.17千克（标油）/吨，降低0.83千克（标油）/吨；加工损失率0.77%，降低0.01个百分点；原油储运损失率0.37%，降低0.01个百分点；高附加值产品收率80.65%，提高2.15个百分点；价值量化值63.32元/吨原油，实现大于零的目标。

（任丽娜）

【车用液化气项目投用】 2009年8月，武汉石化根据市场情况和企业生产特点，建成一套4万吨/年车用液化气装置，并试生产车用液化气125吨，销往广东等市场，为今后大量生产优质车用液化气投放市场打下了基础。

（任丽娜）

【汽油质量顺利升级至国Ⅲ标准】 2009年，武汉石化进行了以1#催化装置分馏塔更换、催化汽油选择加氢脱硫、制氢扩能改造为主要内容的部分装置检修改造，对公司汽油质量升级至国Ⅲ标准和装置优化平稳运行起到了保障作用。2009年12月下旬生产出合格的符合国Ⅲ标准的汽油，顺利实现汽油质量升级。

（任丽娜）

【优化乙烯项目】 2009年，乙烯项目部对武汉80万吨/年乙烯工程总图布置、工艺方案、公用工程配套等进行了优化。7月，总体设计获总部批复；11月中旬召开了基础设计协调会；12月，总部与湖北省、武汉市签订了战略合作协议，明确了武汉乙烯2012年建成中交、2013年全面投产的总目标。

（任丽娜）

【深化降本增效工作】 2009年，武汉石化大力开展降本增效工作，采用了节电措施156条、节汽措施90条，使电平衡率由87.8%上升到98%；蒸汽平衡率由67%上升到90%，蒸汽单耗同比降低0.08吨/吨、下降16%。原油进厂途耗降至0.15%，同比下降0.12个百分点；轻质油收率和高标号汽油比例在沿江企业中处于领先地位；完成22个“化剂”企业自采品种招标工作，化工辅材的单位费用同比下降4元/吨。

（任丽娜）

【月度目标奖设立发挥积极作用】 2009年，武汉石化在经济责任制考核中首次增设了月度目标奖，对各基层单位设立考核指标150多项，并结合实际情况，分两次对60多项考核指标进行了动态调整，起到了较好的引导和激励作用，促进了各项技术经济指标的提高。

（任丽娜）

【全面推进信息化工作】 2009年，武汉石化顺利通过总部ERP达标验收，完成了实验室信息管理系统（LIMS）的验收工作；上市部分完成了全面预算管理（TBM）升级、工程项目管理（PS）模块上线和ERP提升，启动了中国石化生产执行系统（SMES）项目实施计划，完成了资金集中管理上线，在重点装置（要害）部位安装电视监控摄像头120余个。

（任丽娜）

【真心实意为职工群众办实事】 2009年，武汉石化坚持真心实意为职工群众服务，为职工办好“四件实事”：完成了“三室”（操作室、更衣室、交接班室）改造试点；完成了生活区环境整治任务；优化调整了部分通勤车线路，新增2台空调车；改造投用了羽毛球馆。受到了职工普遍欢迎，保持了企业和队伍基本稳定，为公司加速发展创造了较好的内部环境。

（任丽娜）

表 1 **武汉石化主要技术经济指标** 亿元

指标名称＼年份	2009	2008	2007	2006	2005	2004
原油加工量/万吨	451.08	396.55	424.67	403.66	396.20	370.85
工业总产值①	143.91	127.67	141.07	138.30	95.32	32.76
资产总计						
武汉分公司	53.26	47.95	52.68	39.97	31.05	26.02
资产公司武汉分公司	5.83	5.89	4.79	7.08	8.30	9.36
凤凰公司	—	—	—	—	13.82	14.68
流动资产						
武汉分公司	13.05	10.47	18.16	14.67	16.20	13.88
资产公司武汉分公司	2.80	2.81	1.55	2.64	3.99	4.45
凤凰公司	—	—	—	—	8.87	8.83
固定资产原值						
武汉分公司	48.79	43.23	33.97	33.95	21.97	19.55
资产公司武汉分公司	6.97	7.10	6.86	7.40	7.78	8.30
凤凰公司	—	—	—	—	11.41	10.52
固定资产净值						
武汉分公司	24.74	20.42	13.46	15.53	12.50	11.30
资产公司武汉分公司	2.85	3.01	2.88	3.33	3.65	4.14
凤凰公司	—	—	—	—	4.59	4.23
销售收入						
武汉分公司	183.51	183.45	164.63	154.13	128.72	98.38
资产公司武汉分公司	4.59	6.15	10.79	17.92	18.39	15.63
凤凰公司	—	—	—	12.68	22.18	17.86
实现利税						
武汉分公司	53.65	−16.12	4.14	−1.96	0.87	6.83
资产公司武汉分公司	0.24	−0.12	0.94	−0.28	0.35	0.02
凤凰公司	—	—	—	0.59	1.26	1.88
税　金						
武汉分公司	45.62	3.47	7.31	6.25	5.82	6.74
资产公司武汉分公司	0.25	0.13	0.23	0.16	0.29	0.19
凤凰公司	—	—	—	0.39	0.85	0.82
综合能耗/吨标煤 · 万元$^{-1}$						
武汉分公司	0.40	0.44	0.49	0.48	0.69	3.05
资产公司武汉分公司	4.30	3.80	3.49	1.48	—	—

①工业总产值为武汉分公司数据。2004 年按 1990 年不变价计算，2005—2009 年按 2005 年不变价计算。

表2　武汉石化主要产品产量　万吨

产品名称＼年份	2009	2008	2007	2006	2005	2004
汽　油	113.94	92.36	94.03	97.42	103.07	94.22
煤　油	—	—	—	—	—	0.33
柴　油	183.34	170.48	180.92	171.87	162.68	152.87
航　煤	8.51	—	—	—	—	—
化工轻油	12.31	8.14	8.22	4.30	8.48	9.70
燃料油	11.46	8.92	20.00	19.63	22.97	22.62
溶剂油	1.23	2.53	4.68	1.78	3.54	3.19
液化气	25.80	23.98	25.24	23.98	22.40	22.06
聚丙烯	11.48	11.41	13.10	12.90	11.90	12.03
硫　黄	2.17	1.59	1.60	1.68	1.43	1.48
环烷酸	0.10	0.18	0.23	0.22	0.17	0.17
苯　类	2.52	6.69	9.35	9.21	1.55	—
焦　炭	38.56	31.43	27.70	28.96	29.89	26.02
甲基叔丁基醚	4.78	4.67	2.33	0.40	—	—
丙　烷	0.96	0.86	0.92	0.62	0.27	0.18

中原石化

【概况】 中国石化中原石油化工有限责任公司（简称中原石化）是石化股份公司控股的大型石化企业，位于河南省濮阳市。公司占地2 599亩（173万平方米）。中原石化前身于1987年经国家批准立项建设，1996年建成投产，1998年4月划归石化集团公司，2005年1月进入石化股份公司。截至2009年底，中原石化共有18万吨/年乙烯装置、20万吨/年聚乙烯装置、6万吨/年聚丙烯装置等8套化工生产装置。中原石化设置14个机关处室、10个生产车间。在册职工总数为1 237人。

中原石化主要技术经济指标和主要产品产量见表1和表2。

（李继增）

【乙烯原料路线改造项目获批复】 2009年12月16日，中国石化总部批复了中原石化乙烯原料路线改造（MTO）项目，标志着中国石化自行开发的甲醇制烯烃技术进入实施阶段。按照批复，该项目建设规模为新建60万吨/年（进料）甲醇制烯烃装置，聚乙烯装置挖潜改造至26万吨/年，新建10万吨/年聚丙烯装置。不新征土地，项目总投资近15亿元。

（李继增）

【成功应用低温甲烷化催化剂】 经过一年多的使用，2009年12月，低温甲烷化催化剂成功在中原石化乙烯装置甲烷化反应器上运行，并通过了石化集团公司技术鉴定。低温催化剂同高温催化剂相比，反应空速大，反应温度低100℃以上，大大降低了高压蒸汽消耗量。该催化剂的使用，提高了乙烯装置的安全性和运行的稳定性。

（李继增）

【催化裂解制丙烯工业试验装置投入运行】 2009年11月7日，中国石化资源综合利用示范项目——中原石化6万吨/年催化裂解制丙烯（OCC）装置顺利投入运行，开辟了一条把低附加值混合碳四转化为高附加值丙烯的全新技术路线。

（李继增）

【丁烯异构化装置一次开车成功】 2009年1月10日，中原石化3万吨/年异构化装置开车成功，可增产1-丁烯4 000吨/年，满足了生产自用的需要。该项目实施后，将提高1-丁烯收率，提升碳四资源的综合价值，降低企业成本，提高企业经济效益和社会效益，具有较好的市场推广应用前景。

（李继增）

【SMES系统顺利通过验收】 2009年12月8日，由石化股份公司信息部、化工事业部牵头组成的SEMS系统验收专家组，通过听取SMES项目组的工作报告、技术报告、用户报告和测试报告，观看系统演示，审查项目文档资料，检查项目完成情况等，对中原石化SMES系统进行了检查。经过专家组讨论，中原石化SMES系统顺利通过验收。

（李继增）

【生产经营监控及板块分析子系统成功上线运行】 2009年6月20日，中原石化1—5月生产经营监控和板块分析的数据全部准确上报至中国石化总部TBM系统，并通过了化工事业部的现场验收。

（李继增）

【通过中国石化总部2008年度ERP系统应用达标考核】 2009年2月初，中原石化公司顺利通过石化集团公司ERP达标考评。该次考评检查了FICO、TR、SD、MRO、PM、PP、MM应用模块以及应用管理体系8个方面内容，加权平均得分91.0分。按照《ERP达标管理办法》的规定，中原石化乙烯2008年度ERP应用达标。

（李继增）

【开展“我要安全”主题活动】 2009年1月16日，中原石化召开“我要安全”主题活动动员会。按照“我要安全”主题活动实施方案，活动分宣传发动、活动开展、检查整改、总结评比4个阶段进行。

（李继增）

表1　　中原石化主要技术经济指标　　亿元

指标名称＼年份	2009	2008	2007	2006	2005	2004
工业总产值	30.20	33.03	39.86	39.63	32.79	31.34
工业增加值	8.53	–3.30	7.98	8.08	8.28	12.57
资产总计	18.37	14.82	24.45	24.29	21.12	22.64
流动资产	9.43	5.18	13.89	9.81	6.82	5.37
固定资产原值	53.93	52.36	51.33	51.30	51.00	50.40
固定资产净值	18.95	18.37	18.62	21.45	24.76	27.77
销售收入	30.02	33.28	39.62	39.46	32.64	30.62
实现利税	5.31	–5.62	2.78	3.38	3.73	9.41
税　金	1.19	0.54	1.53	1.57	1.46	2.27

表2 中原石化主要产品产量 万吨

产品名称＼年份	2009	2008	2007	2006	2005	2004
聚乙烯	21.71	18.48	22.48	22.78	20.46	21.97
聚丙烯	7.97	7.08	8.10	8.29	7.50	7.82
乙 烯	20.58	17.48	21.15	21.45	19.16	20.92
丙 烯	8.15	7.17	8.44	8.77	8.07	8.35
1#苯	11.39	10.06	11.05	12.37	12.55	13.77
商品量	0	0	—	—	0.40	0.32
2#苯	8.23	7.03	8.28	8.86	8.66	9.63
商品量	0.31	0.08	—	0.09	0	5.79
碳 四	4.50	4.33	5.30	5.68	5.06	5.04
商品量	0.45	1.74	1.43	2.00	2.38	4.57
碳 五	1.84	1.73	1.78	1.87	1.81	1.86
碳 六	1.17	0.02	0	—	0	0.02
碳 九	1.17	1.10	1.50	1.65	1.86	1.84
裂解燃料油	2.20	1.59	1.86	1.91	1.94	2.66
1-丁烯	1.63	0.92	1.37	1.23	0.74	0.36
2-丁烯	1.43	0.92	1.34	1.45	1.18	0.21
甲基叔丁基醚	1.49	1 01	1.53	1.42	0.97	0.22
纯 苯	4.09	3.46	4.11	4.28	4.18	1.94
3#苯	2.62	2.23	2.97	3.29	3.35	1.60

沧州炼化

【概况】 中国石油化工股份有限公司沧州分公司（简称沧州分公司）和中国石化集团资产经营管理有限公司沧州分公司（简称资产公司沧州分公司）统称沧州炼化，坐落于河北省沧州市北郊，占地面积180万平方米，地处胜利、中原、大港、华北四大油田之间，紧依京杭大运河、朔黄铁路、京沪铁路和京沪高速公路，地理位置优越，交通便利。沧州炼化的前身始建于1971年，1975年10月建成投产，建厂初期生产规模50万吨/年，时称河北沧州石油化工厂。1984年1月1日，沧州炼化正式划归中国石油化工总公司，更名为中国石油化工总公司沧州炼油厂。2000年1月，按照石化集团公司统一部署，企业资产重组为上市部分沧州分公司和存续部分沧州炼油厂。2007年8月，沧州炼油厂体制转换为资产公司沧州分公司。

截至2009年底，沧州炼化用工总量2 050人，其中沧州分公司1 392人，资产公司沧州分公司658人；正式职工1 661人，其中沧州分公司1 155人，资产公司沧州分公司506人。正式职工中，有硕士、博士研究生学历的15人，大学本科学历312人，专科学历327人。各类专业技术人员386人，其中具有高级职称的106人，中级职称的271人。有职能处室19个，党群部门6个，基层单位10个。

沧州炼化原油一次加工能力为350万吨/年，可加工多种含硫、重质原油，主要装置有：350万吨/年常减压蒸馏装置、120万吨/年重油催化裂化装置、50万吨/年延迟焦化装置、80万吨/年汽柴油加氢精制装置、90万吨/年催化汽油吸附脱硫装置、15万吨/年催化重整装置、8万吨/年苯抽提装置、1万米^3（标准）/时焦化干气制氢装置、24万吨/年气体分馏装置、2万吨/年MTBE装置、6万吨/年小本体聚丙烯装置、2.7万吨/年硫黄回收装置，以及配套的蒸汽锅炉、发电机组、新水供应、污水处理、油品储运等设施。

沧州炼化主要产品有：汽油、柴油、溶剂油、铝箔油、变压器干燥油、聚丙烯、液化石油气、石油焦、硫黄、特种铝箔油、各种助燃剂等。产品销往河北、河南、山东、山西、江苏、浙江、云南、广西等省，石油焦出口到美国、加拿大，产品合格率始终保持100%。企业自行研制开发的200$^{\#}$溶剂油获国家银质奖，铝箔油轧制系列油、变压器干燥油获国家及省部级科技进步奖，填补了国内空白。

沧州炼化主要技术经济指标和主要产品产量见表1和表2。

（喻志浩　王海东）

【连续6年实现安全生产】 2009年，沧州炼化进一步加强安全管理，认真研究部署扎实开展“我要安全”主题活动，深入贯彻执行《安全生产禁令》，严格落实安全生产责任制，全员安全意识得到进一步提高。沧州炼化在安全管理上做到“6个坚持”，即坚持安全生产承诺和风险抵押金制度；坚持集中动火日制度；坚持抓好现场管理，带动装置平稳运行水平和设备维护水平提高；坚持HSE月度例会制度；坚持办好“现场目击”栏目，充分发挥舆论监督职能，促进安全管理水平提高；坚持开展隐患排查治理，有力地保障了安全生产。截至2009年底，沧州炼化已连续6年实现安全生产，连续4年被石化集团公司评为安全生产先进单位。2009年，沧州炼化被河北省安全生产委员会评为安全生产承诺落实示范单位。

（喻志浩　王海东）

【打赢效益翻身仗】 2009年，沧州炼化积极优化生产经营，密切关注市场变化，加大产品结构调整力度，强化装置平稳运行，加强销售管理，发扬“干毛巾也要拧出三滴水”的精神，切实做好挖潜增效和降本减费工作，努力提高经济效益，扭转了多年来亏损的被动局面。全年，沧州炼化加工原油及原料油293.88万吨，实现主营业务收入125.88亿元，实现利润4.06亿元，其中沧州分公司赢利4.31亿元，吨油完全费用199.24元，资产公司沧州分公司亏损2 493万元。完成了石化集团公司下达的考核指标。

（喻志浩　王海东）

【节能减排工作取得实效】 2009年，沧州炼化综合能耗61.39千克（标油）/吨，比达标指标低1.11个单位，同比降低1.37个单位；加工吨原油取水0.7吨，同比降低0.14吨；全年回用污水80.4万吨，同比增加12.4万吨；非生产用新鲜水4.54万吨，同比减少

硫黄车间安全巡检硫化氢泄漏点

13.8万吨；化学水制水比耗稳定在1.24左右（最低为1.14），同比降低0.12，上述指标均创沧州炼化历史最好水平。外排工业废水达标率100%，吨原油排水0.38吨，危险废物处理率100%，未发生环境扰民事件。在河北省“双三十”节能减排考核指标中，沧州炼化吨油综合能耗为84.21千克标煤，比年度指标低2.9个单位，实现节能1.36万吨标煤，完成年度节能目标任务的200%；COD排放96.2吨，二氧化硫排放376.8吨，全面完成了省政府下达的“双三十”节能减排指标，被河北省人民政府评为“双三十”节能减排先进企业。

（喻志浩　王海东）

【汽油质量升级、焦化技术改造项目动工建设】 2009年3月，沧州炼化90万吨/年催化汽油吸附脱硫（S-Zorb）、8万吨/年苯抽提和120万吨/年延迟焦化装置技术改造项目动工建设。前两个项目批复投资3.38亿元，计划2009年12月31日中交，技术改造项目批复投资2.79亿元，计划2010年10月建成投产。

（喻志浩　王海东）

【完成援外开车任务】 2009年，沧州炼化承担了中国石化孟加拉凝析油项目开车任务，24名员工组成的开车队于4月23日启程，赴孟加拉凝析油项目现场。队员们克服当地生活条件艰苦、局势动荡、语言不通等诸多困难，发扬“志创一流”的企业精神，不怕吃苦、无私奉献，在兄弟单位的积极配合下，装置一次开车成功，沧州炼化出色地完成了开车任务，受到石化集团公司领导的好评。

（喻志浩　王海东）

【沧州东丽精细化工有限公司挂牌成立】 2009年10月12日，沧州东丽精细化工有限公司（TFCC）挂牌成立。TFCC是中国石化集团资产经营管理有限公司与日本东丽精细化工株式会社合资组建的，以生产和销售二甲基硫醚（DMS）、二甲基亚砜（DMSO）为主要业务的合资公司。TFCC建设的DMSO项目位于沧州炼化装置区内，该项目利用沧州炼化原有DMSO装置的DMS单元及公用工程等辅助设施，新建DMSO单元。项目建成后，生产的低金属级DMSO产品能够填补国内在电子材料液晶生产中该项产品的空白，具有较高的经济效益。

（喻志浩　王海东）

东丽公司揭牌仪式

【设备实现长周期平稳运行】 2009年，沧州炼化狠反现场管理“低老坏”现象，坚持专业人员分包装置、领导干部包机制，强化检维修及施工作业现场“工完、料净、场地清”管理等措施，现场管理水平大幅提高。开展烟机长周期运行攻关，对影响烟机长周期运行的多种因素逐一认真分析，探索机组在不同参数下振动的变化规律，采取一系列针对性措施，从2007年10月20日到2009年3月18日，烟机连续运行515天，创下了自投用以来连续运行时间最长的纪录。开展机泵无泄漏攻关，通过采取改善密封系统、升级配件、技术改进、平稳操作、加强维护等措施，解决了机泵泄漏的几类主要问题，基本消除了转动设备渗漏现象，大大改善机泵运行状况。通过采取一系列有效的管理办法和措施，2007年7月大修之后没有因为设备问题造成非计划停工，设备实现了长周期平稳运行。

（喻志浩　王海东）

表1　　**沧州炼化主要技术经济指标**　　亿元

指标名称 \ 年份	2009	2008	2007	2006	2005	2004
原油加工量/万吨	293.88	293.94	265.92	300.11	295.35	260.79
工业总产值	122.98	139.78	105.01	112.46	98.17	67.58
资产公司沧州分公司	2.98	4.71	3.91	4.06	3.63	2.83
沧州分公司	120.00	135.07	101.10	108.40	94.54	64.75
工业增加值	18.45	−17.98	0.61	−6.84	0.99	6.14

续表

指标名称 \ 年份	2009	2008	2007	2006	2005	2004
资产公司沧州分公司	0.45	0.54	0.46	0.97	0.57	1.11
沧州分公司	18.00	−18.52	0.15	−7.81	0.42	5.03
资产总计	26.91	23.99	24.99	22.71	26.78	23.94
资产公司沧州分公司	3.60	3.47	3.63	3.46	4.78	4.69
沧州分公司	23.31	20.52	21.36	19.25	22.00	19.25
流动资产	10.49	6.79	10.64	8.66	11.33	7.79
资产公司沧州分公司	0.42	0.56	0.72	0.75	1.64	1.55
沧州分公司	10.07	6.23	9.92	7.91	9.69	6.24
固定资产原值	26.95	26.98	25.30	23.95	24.70	25.23
资产公司沧州分公司	4.78	4.91	4.58	4.10	4.42	4.47
沧州分公司	22.17	22.07	20.72	19.85	20.28	20.76
固定资产净值	11.29	12.59	12.52	12.90	14.55	15.39
资产公司沧州分公司	2.53	2.72	2.61	2.37	2.64	2.62
沧州分公司	8.76	9.87	9.91	10.53	11.91	12.77
销售收入	125.88	144.67	107.79	114.66	102.73	71.39
资产公司沧州分公司	5.12	8.10	6.47	7.81	7.98	6.11
沧州分公司	120.76	136.57	101.32	106.85	94.75	65.28
实现利税	32.364	−13.85	−1.76	−8.87	0.26	3.31
资产公司沧州分公司	−0.09	−0.25	−0.08	0.06	0.21	0.27
沧州分公司	32.45	−13.60	−1.68	−8.93	0.05	3.04
税　金	28.30	1.71	4.06	4.00	3.80	4.21
资产公司沧州分公司	0.16	0.24	0.18	0.19	0.21	0.20
沧州分公司	28.14	1.47	3.88	3.81	3.59	4.01

表 2　　沧州炼化主要产品产量　　万吨

产品名称 \ 年份	2009	2008	2007	2006	2005	2004
资产公司沧州分公司						
聚丙烯	3.06	7.26	3.35	3.63	3.48	2.23
液化气	—	—	—	—	0.03	1.89
干　气	—	—	—	—	0.06	3.03
硫　醚	0.14	0.36	0.19	0.47	0.47	0.01
新　水	65.39	278.00	211.44	249.18	306.62	242.16
氮　气	1.02	1.18	0.89	0.80	0.74	0.91
净化风/万立方米	3 051.98	3 616.00	3 231.93	3 165.52	3 095.22	3 005.74
非净化风/万立方米	5 976.56	5 933.00	4 969.22	5 419.35	5 664.03	5 346.16
沧州分公司						
汽　油	65.34	57.22	48.74	51.86	54.20	46.32
柴　油	132.24	139.97	126.42	148.86	140.31	117.16
溶剂油	1.99	0.76	0.84	1.05	1.67	1.64
沥　青	—	—	—	—	2.19	5.64
液化气	13.60	16.57	13.41	14.88	16.13	10.93
铝箔油料	7.32	6.79	5.69	6.64	6.79	4.34
石油焦	17.37	17.52	16.53	18.10	17.07	13.83
硫　黄	0.90	0.88	0.73	0.63	0.75	1.08

润滑油分公司

【概况】 中国石油化工股份有限公司润滑油分公司（简称润滑油分公司）于2002年5月29日正式挂牌组建，总部设在北京市海淀区新技术产业开发区。润滑油分公司总占地面积142万平方米，是国内最大的高档润滑油产销企业。截至2009年底有正式职工3 863人，其中各类专业技术人员1 527人，高级专业技术人员171人，中级专业技术人员656人。

截至2009年底，润滑油分公司共设立分公司及石化股份公司托管参股企业18个，研究单位2个，其中设立了润滑油北京分公司、重庆分公司、济南分公司、荆门分公司、茂名分公司、上海分公司、天津分公司、武汉分公司、燕化分公司、郑州分公司、滨海分公司、北京销售中心、润发公司及北京研发中心和上海研发中心共15个直属单位；中外合资公司3个，包括上海海润添加剂有限公司、天津日石润滑油脂有限公司和天津长城协同油脂有限公司。润滑油分公司全部固定资产为21.52亿元，调和生产能力为156万吨/年，包装油脂生产能力为144万吨/年。可生产润滑油共20个大类、700多个品种。2009年10月，长城润滑油近20个品种的产品再次成为国庆大阅兵装备指定用油，为国庆60周年庆典作出贡献。

润滑油分公司主要技术经济指标见表1。

（李 梅）

【依托润滑油分公司建立中国石化汽车行业技术合作中心】 2009年3月，石化集团公司正式发文，决定依托润滑油分公司成立中国石化汽车行业技术合作中心，旨在中国石化总部科技开发部的指导下，统一协调中国石化内部石油化工科学研究院、化工研究院、化工销售公司、油品销售公司等单位的资源，为汽车企业提供一揽子服务。6月16日，中国石化汽车行业技术合作中心在北京举行揭牌仪式。

（李 梅）

【航天员体验营活动持续开展】 2009年5月，长城润滑油2009年中国航天员体验营活动分别在广东、四川招募营员。7月10日，航天员体验营在北京航天城正式开营，航天英雄杨利伟将军以及翟志刚、刘伯明、景海鹏出席开营仪式。来自广东、重庆、四川、沈阳和西安五地，经过招募和选拔的50名10—16岁青少年来到北京，近距离体验太空梦想。

（李 梅）

2009年中国航天员体验营活动现场（马 平 摄）

【润滑油武汉分公司20万吨/年扩能改造项目开工】 2009年7月9日，润滑油武汉分公司20万吨/年扩能改造项目正式开工建设。该项目建成后将大大提升武汉分公司润滑油生产、储运能力，项目总投资2.1亿元。

（李 梅）

【长城润滑油首次为超大型油轮供油】 2009年7月6日，润滑油分公司与新加坡兴隆贸易（私营）有限公司就船用油供应达成协议，其下属公司在上海建造的两艘31.8万吨超大型油轮（VLCC）将使用长城船用油。这是长城船用油首次进入VLCC，对于开发船用油市场具有良好的示范作用。10月22日，首批SINOPEC船用油在上海外高桥造船厂为“太行山号”超级油轮供油。年内船用润滑油开发取得重要突破，在新加坡、中国香港、阿联酋设立了供油网点，为进一步发展创造了条件。

（李 梅）

【长城润滑油品牌价值提升】 2009年6月16日，世界品牌实验室在京发布2009年“中国500最具价值品牌排行榜”。SINOPEC/长城润滑油品牌价值127.34亿元，较2008年增长14.66亿元，位列排行榜第54位，较2008年提升5位，继续保持了在中国润滑油行业的领先地位。

（李 梅）

【天津润滑脂扩能改造生产装置完成试生产投用】 2009年9月28日，润滑油天津分公司润滑脂扩能改造生产装置顺利中交，完成施工建设。年内该装置试生产成功。

（李　梅）

【推进石化系统乙烯装置压缩机油国产化替代】 2009年9月22日，“乙烯装置压缩机油国产化应用研究”项目启动会在茂名石化召开，润滑油分公司研制生产的新型4511-1合成压缩机油成功替代国外产品，在茂名石化1#高压装置一次压缩机上历经2年的操作运行，证明能够满足乙烯装置润滑和生产工艺要求，使用效果与进口油相当，较好地解决了茂名石化购买、更换的难题，并为企业节约了操作费用。

（李　梅）

【成功举办第一次国际经销商大会】 2009年10月28—30日，主题为“精诚合作，共赢未来”的中国石化润滑油国际经销商大会在京举行，来自世界各地的110余名经销商代表与会，这是润滑油分公司开展海外业务以后召开的第一次国际性的经销商大会，标志着海外重点目标市场布局基本完成。

（李　梅）

石化股份公司高级副总裁章建华在国际经销商大会上致辞　（王京城　摄）

【长城事业部实施体制改革】 2009年10月21日，润滑油分公司对内部体制进行改革，撤销长城事业部，依托润发机电设备安装维修有限公司成立润发公司，将长城事业部所属的管理部门、连锁经营部、汽车养护品部、中山润港、润升贸易有限公司等单位并入润发公司。将原属长城事业部的北京包装容器分公司并入北京分公司，作为车间管理。12月28日，润滑油滨海分公司成立，将原润滑油天津储运分公司和原长城事业部下属天津金属包装分公司合并，作为润滑油分公司直属单位管理，注册地在原天津储运分公司。

（李　梅）

【润滑油自动调和设备国产化研究项目通过鉴定】 2009年11月5日，润滑油同步计量调和自动控制系统及相关配套技术国产化研究项目通过鉴定，并申报国家专利。

（李　梅）

【信息门户及办公自动化系统上线运行】 2009年7月1日，润滑油分公司完成信息门户及办公自动化系统项目建设，正式上线试运行。12月16日，该项目通过中国石化总部专家组的验收。

（李　梅）

【润滑油分公司与大客户开展党建共建活动】 2009年12月11日，润滑油天津分公司党委与宝钢股份资材备件采购部党委共同举办党建共建协议签字仪式，双方分别签署了党建共建协议和采购廉洁协议。2009年，润滑油分公司积极鼓励下属企业党委与国企大客户党委共同开展党建共建活动，创新党建工作，增进与客户的交流，促进双方合作。润滑油济南分公司党委也与中国重汽集团下属党支部开展了党建共建活动。

（李　梅）

【润滑油新加坡建厂项目获国家发改委核准】 2009年12月28日，国家发展和改革委员会正式批复核准润滑油分公司新加坡投资建设润滑油脂项目，总投资5.88亿元。该项目将在新加坡建设5万吨润滑油、2万吨润滑脂的新生产厂，为亚太等区域市场提供产品，是中国石化在海外建设的第一家炼油企业。

（李　梅）

表1 **润滑油分公司主要技术经济指标** 亿元

指标名称 \ 年份	2009	2008	2007	2006	2005	2004
工业总产值①	129.15	120.49	114.82	101.19	62.89	52.98
工业增加值	21.40	3.23	10.60	7.20	5.65	4.36
资产总计	48.60	50.51	44.45	44.49	34.96	29.45
流动资产	31.39	32.03	25.52	31.67	22.47	18.26
固定资产原值	21.52	23.39	19.96	20.25	18.90	16.63
固定资产净值	12.99	12.07	9.83	11.38	10.75	9.62
销售收入	122.51	120.49	114.87	100.01	79.94	64.47
实现利税	14.11	–8.78	6.13	3.12	1.91	1.77
税　金	5.29	2.15	3.42	1.55	1.53	1.34
综合能耗/吨标煤·万元$^{-1}$	0.03	0.03	0.03	0.04	0.05	—

① 2004—2005 年指标按 2000 年不变价计算。

保定石化厂

【概况】 中国石化集团保定石油化工厂（简称保定石化厂）位于河北省保定市西北郊工业区，占地面积44万平方米，地处京、津、石大三角腹地，京广铁路、京深高速公路和保津高速公路纵横市区，附近有华北、大港、渤海三大油田和天津、秦皇岛、黄骅三大港口，交通便利，地理位置优越。其前身始建于1972年，原行政隶属保定市化工局，1999年10月划归石化集团公司。2005年12月纳入中国石化集团资产经营管理公司管理。截至2009年底，保定石化厂拥有资产总额1.99亿元，在职职工583人，其中具有高级职称的25人，中级职称的88人。

保定石化厂拥有加工能力70万吨/年常减压装置、16万吨/年催化裂化装置、6万吨/年氧化沥青装置、1 400万米^2/年防水卷材生产装置、300吨/年橡胶抗氧化剂装置和6 000千瓦热电联产装置各1套，并配有原油长输管道、油品贮存、自备铁路专用线、汽车运输、污水处理、机修、电气、仪表等生产辅助设施。其中，炼油生产装置自2000年起停产，防水卷材生产装置自2008年起停产。2009年，保定石化厂主要产品仅为蒸汽。

保定石化厂主要技术经济指标和主要产品产量见表1和表2。

（张姿琳）

【塑料编织袋和原油罐机械清洗项目正式获批】 2009年12月18日，石化集团公司《关于保定石油化工厂建设4 000万条/年塑料编织袋项目可行性研究报告的批复》（中国石化计〔2009〕654号）正式下发，同意保定石化厂建设4 000万条/年塑料编织袋生产项目，总投资3 169万元；《关于保定石油化工厂原油罐机械清洗项目可行性研究报告的批复》（中国石化计〔2009〕655号）的文件也同时下发，同意保定石化厂原油罐机械清洗项目，总投资4 790万元。

（张姿琳）

【全年实现销售收入2 430万元】 2009年，面对原煤涨价、设备陈旧的严峻形势，保定石化厂强化管理，节能挖潜，全年生产蒸汽16万吨，向保定钞票纸厂提供商品蒸汽14.8万吨，实现销售收入2 081万元，累计实现营业收入2 430万元。

（张姿琳）

【节约用煤1.6万吨】 2009年，保定石化厂以加强内部管理为切入点，继续降本减费。热电车间两台锅炉在运行负荷低的情况下改单台锅炉运行，降低煤耗；供应、生产、热电车间、质检等各科室联合采购生产用煤，纪检监察人员全程参与进煤监控，对煤质化验实行入厂检验和抽检相结合；随时掌握河北地区和全国煤炭价格变化，严格控制原煤采购中的煤炭发热值等主要质量指标，千方百计压低煤炭进厂价格。全年保定石化厂耗煤4.11万吨，比2008年节约用煤1.6万吨。

（张姿琳）

【资金集中上线管理开通运行】 2009年，根据石化集团公司工作部署，保定石化厂组织厂内相关部门进行学习、培训，对厂内制度进行修订，制定资金集中上线管理办法、审批权限设定以及工作流程，并开设相关账户。7月，资金集中上线管理正式开通运行，提升了管理水平，提高了资金利用率。

（张姿琳）

【追缴货款230万元】 2009年，保定石化厂安排组织财务、企管、运销等部门人员，成立追缴账款小组。截至年底，共追回3年以上应收货款230万元，并按照财务管理规定核销3年以上应收账款251万元，较好地完成了清欠工作，降低了企业损失。

（张姿琳）

【减免房产税181万元】 2009年，保定石化厂的炼油主业停产已进入第10个年头，由于没有项目支撑，每年靠石化集团公司补亏维持企业运行。由于地方税收政策不断调整，土地税从1元／米^{2}上调到3元／米^2，全年土地税增加92万元，给企业增加了巨大的亏损压力。保定石化厂一方面向上级财务部门反映情况，另一方面下大力和地方政府税务部门接洽，反映企业困难，要求地方政府给予政策上的支持，减免税收。经多方协调，争取政策，保定市同意2009年减免保定石化厂土地、房产税181万元，降低了费用支出，减少了亏损。

（张姿琳）

【做好企业稳定工作】 2009年，保定石化厂紧紧围绕维护稳定、促进和谐这一中心工作，加大维护稳定工作力度，化解矛盾，疏导情绪，认真做好信访接待工作。按照石化集团公司党组提出的“真困难，真帮助”原则，保定石化厂安排资金150万元对在职职工、离退休职工和没有被安排上岗再就业的345名协解人员实施帮扶。积极与地方政府部门沟通协商，促使保定市政府调整了灵活就业人员医保缴费政策，妥善解决了协解退休人员医保问题，缓解了协解人员的生活困难，遏制了进京上访的势头，确保了国庆60周年期间企业的和谐与稳定，使企业的稳定工作形势发生了很大变化，信访总量同比下降79%。

（张姿琳）

【安置72名协解人员再就业】 2009年，保定石化厂在2008年安置411名协解人员上岗再就业的基础上，利用上岗人员退休所空余的岗位又逐步安排了72人上岗再就业，缓解了部分人员的生活困难。

（张姿琳）

表1　　保定石化厂主要技术经济指标　　亿元

指标名称 \ 年份	2009	2008	2007	2006	2005	2004
工业总产值	0.23	0.20	0.21	0.21	0.18	—
工业增加值	－0.02	−0.16	−0.18	−0.02	−0.01	—
资产总计	1.99	2.11	2.28	2.68	2.77	3.07
流动资产	0.21	0.27	0.39	0.75	—	1.01
固定资产原值	4.97	5.04	5.04	5.04	5.03	5.03
固定资产净值	3.34	3.41	3.47	3.56	3.56	3.62
销售收入	0.24	0.19	0.19	0.21	0.33	0.32
实现利税	－0.62	－0.63	−0.75	−0.47	−0.46	−0.39
税　金	0.02	0.01	0.01	0.01	0.02	0.01
综合能耗/吨标煤·万元$^{-1}$	0.06	0.06	—	—	—	—

表2　　保定石化厂主要产品产量　　万吨

产品名称 \ 年份	2009	2008	2007	2006	2005	2004
汽　油	—	—	—	0.18	0.44	—
液化气	—	—	0.05	0.06	0.08	—
改性防水卷材/万平方米	—	—	21.86	30.85	51.00	62.49
蒸　汽	14.80	14.50	15.60	14.80	12.40	11.30

青岛石化

【概况】 中国石化青岛石油化工有限责任公司（简称青岛石化）位于山东省青岛市李沧区，占地1 600余亩（1.07平方千米）。厂区临近环岛油港，两条原油输油管线分别连接黄岛油库与东黄输油管线。另有两条汽、柴油输油管线连接青岛石油公司油库。自备铁路专用线与胶济铁路相连，厂外公路与济青、青银高速公路相接。

青岛石化前身始建于20世纪60年代，2000年12月整体划转石化集团公司。2009年3月，石化股份公司收购青岛石化股权，列入上市序列管理，更名为中国石化青岛石油化工有限责任公司。

截至2009年底，青岛石化资产总额为68.17亿元，在册职工总数为1 397人，其中在岗职工1 262人；设有8个生产及辅助生产车间，职能处室23个。原油加工能力为350万吨/年，生产装置主要包括350万吨/年常减压蒸馏、140万吨/年重油催化裂化、160万吨/年延迟焦化、100万吨/年汽柴油加氢精制、60万吨/年柴油加氢精制、60万吨/年催化汽油选择性加氢脱硫、25万吨/年催化重整、1.5万米^3/时制氢、2万吨/年硫黄回收及溶剂再生、20万吨/年及15万吨/年气体分馏、8万吨/年苯抽提、7万吨/年聚丙烯及汽油脱硫醇、干气回收等10余套。此外还有供水、供电、供汽、油品储运、环保、消防等相应配套的辅助生产设施。主要产品有0#、-10#和-20#轻柴油、93#和97#车用汽油、石脑油、石油焦、船用燃料油、燃料油浆、3#油漆及清洗用溶剂油、石油液化气、车用液化气、丙烷、丙烯、聚丙烯、工业硫黄、纯苯等近20个品种。

2009年1—5月，青岛石化正常生产期间实现利润1.88亿元，自6月1日起全厂停工进行装置消缺检修和高酸原油项目改造。全年原油加工量136.30万吨，实现销售收入52.58亿元，税金11.98亿元。

青岛石化主要技术经济指标和主要产品产量见表1和表2。

（丁 昊）

【综合配套技改工程顺利实现开工投产】 加工高酸原油适应性改造项目自2008年9月26日开工，历时12个月艰苦而紧张的建设实现按期中交，各装置陆续开工投产。2009年9月10日，常减压改造装置实现中交；9月25日，硫黄、制氢装置及新建罐区顺利中交；9月28日，汽柴油加氢精制、延迟焦化装置顺利实现了按期中交。项目中交后，青岛石化成立了开工指挥部，按照石化集团公司提出的“单机试车要早，吹扫气密要严，联动试车要全，投料试车要稳，经济效益要好”的总体要求，做好“三查四定”和尾项整改工作，克服了车间人员相对短缺、新装置和新工艺较多、多套装置首次开工、现场劳动强度大、相互交叉作业多、冬季开工难度大等困难，在开工专家组和指导队的指导下，改造后的常减压装置于11月11日开工，到11月底催化、重整、柴油加氢等装置全部开工正常。项目新建的焦化、汽柴油加氢装置于2010年1月上旬实现开工正常。

（丁 昊）

高酸原油适应性改造项目中交仪式

【企业内部管理工作不断加强】 2009年，青岛石化通过修订完善经济责任制及考核细则，加大检查考核力度，实施“周检查月考核”制度，在“严、细、实、恒”上下功夫，狠抓成本费用管理，通过考核和奖惩，调动全员降本增效的积极性。不断强化和创新“三基”工作，大力宣扬“高标准、严要求、好习惯”的思想，为企业下一步管理工作的提升打下了坚实的思想基础。根据石化股份公司内控管理的要求，修订了2009版《内部控制手册》，制定了《内部控制检查评价与考核办法》，为内控制度的考核提供了依据。ERP系统于2009年5月实现单轨运行，随后又进行了系统的二次提升。通过ERP系统的应用，企业实现了物流、资金流、信息流“三流合一”，进一步加强资金管理，下大力气清理以前年度各种往来欠款，妥善处理历史遗留问题。2009年财务费用指标较预算指标降低4 260万元，清理各种往来欠款426万元，为企业实现效益346万元。在物资采购管理方面，逐步扩大集中公开采购和网上采购规模，努力降低采购成本，保证采购质量。在加工高酸原油适应性改造项目建设期间，抓住机遇节约采购资金约1.5亿元。在质量管理工作中，加强产品质量监督管理，全程监控生产过程中的质量变化情况，严把产品质量关，确保了产品出厂和抽查合格率达到100%。2009年顺利通过了ISO 9000质量管理体系运行情况的监督审核，验证了质量管理体系的有效性。

（丁 昊）

【节能降耗工作取得实效】 2009年，青岛石化结合企业实际情况，挖掘装置节能潜力，提高“三废”处理及排放达标率，使节能减排、清洁生产工作取得一定成效。全年污水回用率达到8%，净化水回用率为32%，重复水利用率为97.6%，瓦斯气回收利用率为96%以上，工业废水排放达标率100%，固体废物综合利用率100%，环保设施运行率100%，实现了“节能、降耗、减污、增效”的目标。

（丁 昊）

【科技创新取得新进展】 2009年，青岛石化结合加工高酸原油适应性改造项目的建设，与青岛安全工程研究院、洛阳石化工程公司等合作完成了“加工高酸原油成套防腐技术研究”，与中科院纳米所合作完成了“原油水分在线监测系统研究”等课题，已上报石化集团公司科技开发部组织成果鉴定。与洛阳工程公司、九江分公司等合作完成了“超声波—脉冲电脱盐组合技术推广”的技术改造项目。与石化盈科信息技术有限责任公司合作开发的“装置流程模拟技术推广应用”研究课题已成立流程模拟小组，完成了催化、气分装置的流程模拟培训，并建立了相关的流程模拟模型。引导和鼓励广大职工积极开展技术创新、技能创新和管理创新实践活动，全年职工创新创效活动预申报项目57项，经审定、评价最终确定氢压机中体室氮气密封改造等10个项目，在装置改造建设中完成投用。创新创效成果的实施为企业降本减费300余万元。

（丁 昊）

【装置停工消缺检修完成】 2009年，青岛石化通过抓好检修计划、现场施工管理，全力做好检修和技措项目的实施工作，在历时4个月的停工消缺检修过程中，在各参检部门和施工、监理单位的共同努力下，克服了消缺任务重、现场交叉作业面多等困难，对公司11套生产装置进行了全面检修，组织实施检修消缺技术改造项目48项，按期、安全、高质量地完成了停工消缺检修任务。

（丁 昊）

表1　青岛石化主要技术经济指标　　亿元

指标名称 \ 年份	2009	2008	2007	2006	2005	2004
原油加工量/万吨	136.30	234.91	250.71	245.46	198.39	247.26
工业总产值	53.39	108.96	97.33	92.60	64.47	64.14
工业增加值	15.11	–22.57	–3.22	–3.27	–2.01	6.32
资产总计	68.17	43.72	38.77	36.09	35.52	74.79
流动资产	27.29	11.74	17.24	14.54	14.50	56.76
固定资产原值	36.63	25.07	24.73	25.50	23.62	18.44
固定资产净值	26.20	16.52	17.59	18.56	18.07	13.82
销售收入	52.58	111.06	99.30	92.88	64.88	64.76
实现利税	10.35	–18.10	–2.61	–4.00	–0.62	4.88
税　金	11.98	3.91	3.57	3.32	3.00	4.81
综合能耗/吨标煤·万元$^{-1}$	0.37	0.33	0.39	0.52	—	—

表2 青岛石化主要产品产量 万吨

产品名称＼年份	2009	2008	2007	2006	2005	2004
93#汽油	36.21	49.30	45.33	38.10	26.82	24.32
90#汽油	1.41	6.52	11.21	19.12	21.86	38.95
97#汽油	0.01	—	0.94	—	—	—
0#柴油	44.08	31.04	78.79	81.95	66.82	89.22
-10#柴油	6.44	13.19	15.84	12.39	15.03	15.33
-20#柴油	1.00	—	—	—	—	—
石脑油	3.91	13.37	15.75	15.79	13.81	12.24
溶剂油	2.08	2.81	2.79	3.23	5.12	6.43
苯	0.00	0.60	0.77	0.70	—	—
混合苯	—	—	0.06	1.04	—	—
燃料油	14.26	25.74	28.67	26.90	17.61	26.51
硫　黄	0.32	0.63	0.74	0.75	0.50	—
液化气	7.89	14.82	17.51	17.32	10.39	17.81
车用液化气	1.50	2.62	2.11	1.17	1.07	—
丙　烯	0.64	2.07	2.52	4.42	4.70	2.95
聚丙烯	3.58	5.34	5.65	3.03	0.09	0.40
炼厂已烷	—	0.09	—	—	—	—

湛江东兴公司

【概况】 中国石化湛江东兴石油化工有限公司（简称湛江东兴公司）位于中国大陆最南端——广东省湛江市，厂区距离湛江港仅4.2千米，油轮可直靠港口30万吨级陆岸式油码头，成品油可通过西南和珠三角成品油管道直送西南三省和广东珠三角地区，地缘优势和港口优势得天独厚。厂区占地面积约74万平方米，原油一次加工能力为500万吨/年，下设10个机关处室和11个基层车间。截至2009年12月31日，在职员工总数为654人。

湛江东兴公司属中外合作企业性质，主营业务为炼油和石化产品销售。其前身为私营炼油企业，2002年3月，经国务院和原国家计委批准同意，被石化集团公司收购。收购后，湛江东兴公司保留了中外合作企业的体制和独立的法人资格。

2007年11月22日，石化集团公司将其拥有的湛江东兴公司75%的合同权益转让给石化股份公司。2008年，湛江东兴公司经国务院国资委同意实施了权益变更，中外合作双方变更为石化股份公司和中国石化盛骏国际投资有限公司，合作权益比例变更为75%和25%。同时，公司名称由“湛江东兴石油企业有限公司”变更为“中国石化湛江东兴石油化工有限公司”。

进入中国石化后，湛江东兴公司先后实施了500万吨/年炼油改扩建和炼油配套完善等项目，在对原有装置进行扩能改造的基础上，新建了500万吨/年常减压蒸馏、120万吨/年加氢裂化、50万吨/年连续重整、120万吨/年催化裂化、14万吨/年聚丙烯和2万吨/年硫黄回收等装置，以及配套的动力和油品储运系统。2009年，湛江东兴公司在克服了全厂停工检修和新建装置投产等一系列不利因素影响的情况下，累计加工原油331.91万吨，实现销售收入138.93亿元，赢利8.27亿元。

湛江东兴公司主要技术经济指标及主要产品产量见表1和表2。

（徐启胜）

【安全生产工作取得较好成效】 2009年，湛江东兴公司借开展“我要安全”主题活动之机，紧密结合生产和现场实际，狠抓安全专业管理，取得了良好效果，连续8年杜绝了上报事故，被评为石化集团公司安全生产先进单位。全年组织外来入厂人员安全教育7 864人次，处罚现场违规行为72人次。全年开出特级火票66张、一级火票306张、二级火票2 188张、进入受限空间作业许可证361张、一般施工作业许可证1 078张，杜绝了施工安全事故。全年排查整改隐患293项，投入隐患治理资金580万元，完成石头油库泡沫系统改造、高浓度污水处理系统隔油改造、污泥减量化、新建放射源存贮仓库等安全环保项目。

（徐启胜）

【全厂第二轮停工大修完成】 2009年7—8月，湛江东兴公司组织了全厂第二轮停工大修，实施了蒸馏装置换热网络优化和示范炉改造、连续重整装置四合一炉烟气预热系统改造、柴油加氢装置新氢机无级调节技术应用改造、蒸馏和催化装置循环水串级改造等一般措施项目34个。检修完成后，装置运行状况明显改善。

（徐启胜）

【炼油配套完善项目顺利建成投产】 湛江东兴公司炼油配套完善项目于2007年7月获得石化集团公司批准，总投资23.47亿元。该项目自2008年3月26日正式启动，2009年6月30日如期中交，9月11日打通全流程并产出合格产品，整个过程杜绝了安全环保事故，较好地实现了各项控制目标。

（徐启胜）

【经济效益创出历史新高】 2009年，湛江东兴公司在克服了全厂停工检修和新建装置投产等一系列不利因素影响的情况下，累计加工原油331.91万吨，在取消了产品加价政策的情况下，吨油利润达到249.29

炼油配套完善项目投产典礼现场　（邓全科　摄）

元，全年利润达到8.27亿元，实现了扭亏增盈的历史性跨越，超额完成中国石化总部下达的利润指标，打了一场经济效益的翻身仗。全年轻油收率82.05%，同比提高1.5个百分点；高附加值产品收率88.23%，同比提高2.47个百分点。

（徐启胜）

【信息化建设进一步加快】 2009年，湛江东兴公司不断深化以ERP系统为主线的信息化建设和应用工作，各项管理进一步规范。在信息化建设方面，完成了计划管理模块、电子银行模块等ERP业务模块的扩展，建成并投用了全面预算管理系统、资金集中管理系统、网络监控管理系统、业务公开系统、工业电视管理系统等信息系统。

（徐启胜）

表1　湛江东兴公司主要技术经济指标　亿元

指标名称 ＼ 年份	2009	2008	2007	2006	2005	2004
原油加工量/万吨	331.91	386.12	371.35	377.26	293.15	184.96
工业总产值	139.85	189.29	135.20	115.79	85.55	52.54
资产总计	63.09	38.31	47.08	52.52	59.50	42.18
流动资产	24.96	13.18	26.47	29.44	37.61	21.56
固定资产原值	47.40	30.52	30.09	27.40	25.06	11.37
固定资产净值	29.75	15.07	16.56	16.82	17.13	5.57
销售收入①	138.93	192.99	131.51	114.05	83.83	53.41
实现利税	36.63	19.62	1.28	1.44	1.32	2.00
税　金	28.36	39.15	4.05	3.69	2.91	3.26

①销售收入均不含海外销售部分。

表 2　　湛江东兴公司主要产品产量　　万吨

产品名称 \ 年份	2009	2008	2007	2006	2005	2004
汽　油	85.76	83.84	76.40	95.30	71.33	59.81
柴　油	173.93	210.39	191.27	182.16	149.86	88.75
化工轻油	3.73	12.11	15.08	17.61	1.91	9.10
溶剂油	—	—	0.20	1.19	—	—
液化石油气	15.32	15.20	11.80	16.81	12.57	11.62
燃料油	17.49	37.87	37.80	41.75	31.69	2.89

北海分公司

【概况】 中国石油化工股份有限公司北海分公司（简称北海分公司）位于广西壮族自治区北海市，濒临北部湾，距北海港码头约2 000米，占地47.2万平方米，有员工285人（不含托管78人），其中具有中级及以上职称的员工64人。

北海分公司原是一家地方投资兴建的石油化工企业，设计原油加工能力20万吨/年，1991年5月建成投产。1993年，该厂产权转让给中国石油天然气总公司滇黔桂石油勘探局，1998年划归石化集团公司。

截至2009年底，北海分公司有60万吨/年常压装置、30万吨/年催化装置、8万吨/年催化气体脱硫装置，主要生产装置实现DCS计算机控制。主要产品有93#车用乙醇汽油组分、90#车用乙醇汽油组分、0#柴油、4#轻燃料油、化工轻油、液化石油气、7#燃料油7个品种，产品全部达到国家最新质量标准。

北海分公司主要技术经济指标及产品产量见表1和表2。

（吴硕琼）

【北海炼油异地改造石油化工项目取得实质进展】 该项目由石化股份公司投资建设，坐落在北海市铁山港区，距北海市区约40千米。项目分两期建设，一期总投资60.69亿元，计划于2011年9月建成投产。主要生产装置有聚丙烯、原料预处理等10套装置，以生产聚丙烯为主，兼顾生产其他石油化工产品。2009年7月8日，项目场地平整工程开工；7月22日、10月20日、12月24日，石化股份公司工程部组织召开了三次项目建设协调会，加强项目建设协调；7月27日，石化股份公司批复项目总体方案；11月2日，石化股份公司批复项目总体设计。截至2009年12月31日，项目已经完成了基础设计、所有长周期设备的技术交流和技术协议签订工作，按总体进度统筹积极推进现场场平、详勘、试桩、强夯等工作，工程建设进展顺利。

（刘志乾）

【北海炼油异地改造石油化工项目筹备组成立】 2009年7月21日，北海炼油异地改造石油化工项目（20万吨/年聚丙烯）筹备组正式成立，李永林担任筹备组组长。

（刘志乾）

北海炼油异地改造石油化工项目筹备组正式成立　（刘志乾　摄）

表 1　　　　北海分公司主要技术经济指标　　　　亿元

指标名称　　年份	2009	2008	2007	2006	2005	2004
原油加工量/万吨	53.21	45.42	52.45	50.02	53.52	52.31
工业总产值①	21.90	21.91	20.54	18.12	16.65	13.24
工业增加值②	6.97	2.37	0.51	1.36	1.69	2.42
资产总计③	5.78	1.65	2.98	6.20	2.89	2.54
流动资产	1.47	0.88	2.14	1.37	1.41	1.22
固定资产原值	3.00	2.96	2.92	2.88	2.88	3.06
固定资产净值	0.68	0.72	0.87	1.00	1.16	1.32
销售收入	21.76	22.00	20.67	18.02	16.7	13.23
实现利税	6.61	1.56	0.16	1.07	1.70	2.12
税　金④	7.80	2.95	3.11	2.86	2.64	2.32
综合能耗/吨标煤·万元$^{-1}$	0.42	0.39	0.39	0.41	0.44	—

①2004年为按1990年不变价计算。

②2009年工业增加值含新的成品油消费税。

③2006年、2009年总资产含北海炼油项目资产。

④2009年起国家实行新的成品油消费税政策。

表 2　　　　北海分公司主要产品产量　　　　万吨

产品名称　　年份	2009	2008	2007	2006	2005	2004
93#乙醇汽油组分	11.46	7.73	—	—	—	—
90#乙醇汽油组分	1.58	2.78	—	—	—	—
90#汽油	—	—	11.36	11.57	12.52	12.55
0#柴油	19.73	15.78	18.45	17.40	20.87	20.45
化工轻油	2.67	5.52	6.61	3.55	3.83	3.94
4#轻燃料油	2.58	3.69	5.12	4.21	3.42	2.95
溶剂油	3.41	—	—	1.03	0.14	—
液化石油气	4.96	3.98	4.68	5.39	5.30	4.97
干　气	0.56	0.37	0.51	0.44	0.33	—
7#燃料油	1.94	1.33	1.70	2.18	2.42	2.51

西 安 石 化

【概况】 中国石油化工股份有限公司西安石化分公司（简称西安石化）位于古城西安渭水之滨，东临西安机场高速公路，主要从事石油炼制和道路沥青生产，是中国石化五大沥青生产基地之一。企业年加工原油能力为250万吨，有两大系列8套主要生产装置。一是以加工塔河重质原油为主的沥青生产装置，包括100万吨/年常减压蒸馏装置、30万吨/年A级沥青装置和改性沥青生产装置；二是以加工长庆轻质原油为主的燃料油生产装置，包括100万吨/年常压蒸馏装置、50万吨/年重油催化裂化装置、30万吨/年柴油加氢精制装置、2 000米^3（标准）/时制氢装置、12万吨/年气体分馏装置、2万吨/年MTBE装置。主要产品有汽油、柴油、液化石油气、丙烯以及沥青系列产品（包括重交通道路沥青、A级沥青、改性沥青等）。

西安石化的前身始建于1967年，1998年2月8日并入新星石油公司，2000年3月1日随同中国新星石油公司进入石化集团公司，2004年1月1日进入石化股份公司。

截至2009年底，西安石化设机关处室10个、直属单位3个、附属单位8个、车间12个。公司1 140名职工中，经营管理干部及专业技术人员326人，其中具有教授级专业技术任职资格的2人，高级专业技术任职资格的13人，中级专业技术任职资格的81人；有技能操作人员814人，其中技师9人，高级工131人，中级工233人。

西安石化主要技术经济指标和主要产品产量见表1和表2。

（张质朴）

【开展“我要安全”主题活动】 活动分为宣传动员、运行落实、检查整改、总结评比和回头看5个阶段，通过进行全员“我要安全”承诺，举办安全知识竞赛、消防演练，组织“安全生产大讨论”，开展“安全生产法律法规”《边学边练》答题等活动，推行HSE观察卡以及“安全五分钟”、“温馨提示卡”等做法，广泛宣传、营造氛围，全员的安全意识进一步增强，安全责任落实到位，安全文化得到提升。西安石化2009年未发生上报石化集团公司安全事故，公司及以下事故同比减少20%。截至年底，联合装置已连续运行489天。全年共有334个班次获得三无班组称号，81人次获得安全卫士称号。企业获石化集团公司2009年度“我要安全”主题活动先进单位称号。

（彭小平）

进行应急预案演练　（李小永　摄）

【启动油品质量升级改造项目】 2009年4月17日，西安石化开始动火拆除老常压、催化装置，为油品质量升级项目建设作准备，至6月底，装置全部拆除完毕。8月18日，西安石化召开油品质量升级技术改造工程项目启动会，标志着质量升级项目已从前期准备转入建设实施，建设任务全面展开。截至年底，催化吸收稳定部分改造及汽油加氢装置项目基础设计已获批复，正在进行施工图的设计；30万吨/年催化重整装置（搬迁）项目正在进行初步设计；装置搬迁工作进展顺利，正在拆除主要设备、管线。动力站改造项目的可行性研究报告获中国石化总部批复，同意建设2台75吨/时中压燃煤CFB锅炉、1台1.2万千瓦单抽凝汽式发电机组，建设100吨/时除盐水站、4 500米^3/时循环水场各1座，配套建设煤炭储存、石灰石给料、除灰、电气、烟气及热工控制等系统。

（张质朴）

【成立沥青产品开发中心】 西安石化依托西部资源，发挥中国石化塔河原油加工基地和沥青生产基地的特色，2009年3月，对原分属于6个处室、车间的沥青业务进行了体制和机制的改革和创新，成立沥青产品开发中心，优化作业过程，挖掘生产潜能，整合了沥青产品研发、中试、生产、技术、市场信息调研、市场服务等业务，实现了产销研管理一体化。西安石化投入30多万元用于仪器的购置、更新及技术改造，按照“市场需要什么就研发什么”的宗旨，新增了70 A 、90 A 、110 A 、130 A 等适应西北市场特点、低温性能良好的沥青新品种，产销总量超过24万吨。2009年，西安石化生产销售沥青52.59万吨，同比增长67%，其中重交沥青比例达到60%，沥青产销总量和高等级沥青比例均创出历史最好成绩。西安石化“整合资源，优化流程，提高利用塔河原油生产高等级沥青”创新课题获石化集团公司企协第18届管理现代化创新成果二等奖。

（张质朴）

成立沥青产品开发中心　（李小永　摄）

【开展精细管理年活动】 2009年，西安石化认真开展了精细管理年活动，抓管理、保安全、降成本、增效益，各项技术经济指标全部实现达标，实现了打好炼油效益翻身仗的目标。全年加工原油及外购原料油168.89万吨，完成年计划的103.15%，同比增长8.5个百分点。轻油收率55.69%，比达标指标上升3.99个百分点，同比上升3.41个百分点；高附加值产品收率60.28%，比达标指标上升1.28个百分点，同比上升1.38个百分点。

（张质朴）

【加强三支人才队伍建设】 2009年9月8日，西安石化31名骨干到济南石化进行为期3—5个月的对口培训，标志着西安石化人才“天字号工程”启动。西安石化计划在3年内，分6期派出201名职工，通过跟班、挂职锻炼的方式提高能力。其中，经营管理人员56人，专业技术人员60人，技能操作人员85人，占西安石化职工总数的20%。通过学管理、学技术、学业务、学思想、学作风，外出培训人员提高了分析、判断、解决实际问题和突发事故的处理能力，促进了西安石化各项工作。

（张质朴）

【力促帮困救助工作】 未央区为表彰西安石化在区域经济发展中作出的突出贡献，特奖励西安石化领导班子人民币5万元，领导班子将奖金捐赠给西安石化帮困救助委员会。3月13日举行了捐赠仪式，总经理李少平代表领导班子捐赠，工会主席闫改莲代表帮困救助委员会接受捐赠。

（彭小平）

【连续4年获西安市环保管理先进单位称号】 2009年12月16日，在西安市环保局召开的2009年度环保管理先进单位表彰大会上，西安石化获西安市环保先进管理单位称号，并受到表彰。这是西安石化连续第四年获得此荣誉。

（陈永强）

【举办庆祝新中国成立60周年系列活动】 2009年6月9—12日，西安石化组织全体干部职工观看国庆60周年献礼影片《铁人》。影片在广大职工中产生强烈反响，“铁人”一时间成了热门话题。7月，由职工赵连海编剧，商卫杰、姚宏安、闫千兵等演出的小品《退休之前》参加了“为祖国放歌”中国石化第二届职工文艺汇演广州石化分赛区的比赛，获得综合类节目三等奖、小品类一等奖。9月25日，西安石化举办了文艺汇演，由各分会选送的18个节目依次登台亮相。在合唱比赛中，各党支部组成9个代表队参赛，职工载歌载舞，共同歌唱新中国60华诞。

（彭小平）

庆祝新中国成立60周年文艺演出 （李小永 摄）

表1 **西安石化主要技术经济指标** 亿元

指标名称 \ 年份	2009	2008	2007	2006	2005	2004
原油加工量/万吨	168.89	155.66	177.27	166.32	165.00	141.00
工业总产值	60.85	63.99	61.65	58.34	48.04	30.51
工业增加值	14.25	–8.87	–1.57	–1.99	0.34	1.01
资产总计	15.89	13.84	18.58	16.17	15.39	14.52
流动资产	6.33	3.98	8.51	5.95	5.86	4.82
固定资产原值	12.13	12.02	11.67	11.62	10.66	10.38
固定资产净值	7.72	8.31	8.64	9.32	8.99	8.79
销售收入	60.72	65.05	61.05	58.17	47.97	29.32
实现利税	12.21	–8.69	–2.92	–2.72	0.08	–0.23
税　金	11.31	1.51	1.85	1.83	1.62	1.18

表2 西安石化主要产品产量 万吨

产品名称 \ 年份	2009	2008	2007	2006	2005	2004
沥 青	52.59	30.58	32.52	38.27	32.64	29.31
汽 油	22.50	17.53	19.33	18.02	19.63	11.34
柴 油	44.96	40.29	47.47	44.12	43.05	21.75
液化气	4.63	5.70	6.48	6.37	6.25	3.31
丙 烯	2.58	2.31	2.63	1.73	—	—

塔河分公司

【概况】 中国石油化工股份有限公司塔河分公司（简称塔河分公司）地处昔日的“龟兹”古国，如今的新疆库车县，是石化集团公司在新疆唯一的炼化企业。

塔河分公司的前身是筹建于1993年的地方股份制企业——新疆塔里木油气化工有限公司（简称油化公司）。1996年6月，西北石油局对油化公司进行控股收购，1998年11月进行全资收购，使其成为西北石油局下属的国有独资法人企业，更名为新星实业（集团）公司塔里木石油化工分公司（简称塔化公司）。2003年，西北石油局新星实业（集团）公司所属单位管理体制调整，将塔化公司再次更名为西北石油局塔河油田石油化工厂（简称塔化厂）。2003年12月，塔化厂整体划转石化股份公司。2004年4月30日，石化股份公司正式批复设立塔河分公司，业务由石化股份公司炼油事业部管理，人事由石化集团公司西北石油局代管。2005年1月，石化股份公司首次任命塔河分公司领导班子，塔河分公司整体由石化股份公司直接管理。

截至2009年底，塔河分公司生产装置一次加工能力200万吨/年，以加工塔河油田重质原油为主；主要有150万吨/年常压、120万吨/年焦化、100万吨/年汽柴油加氢精制、15万吨/年催化重整、7万吨/年汽油异构化、2万吨/年硫黄回收、8 000米^3（标准）/时天然气制氢、50万吨/年沥青、40万吨/年A级沥青等装置，以及油品储运、水、电、汽等配套设施；可生产汽油、柴油、溶剂油、化工轻油、沥青、石油液化气、石油焦、硫黄、石油苯、燃料油等10余种产品，产品通过企业铁路专用线远销四川、贵州、云南、山西等17个省区。

截至2009年底，塔河分公司有领导班子成员7人，副总工程师1人；下设10个机关处室、3个中心（直属单位）、8个车间；共有在册职工865人，其中教授级高级工程师2人，具有高级职称的9人，中级职称的50人，初级职称的147人，高级技师1人，技师13人，高级工249人，中级工267人，初级工86人。

塔河分公司主要技术经济指标和主要产品产量见表1和表2。

（刘希军）

【年原油加工量突破200万吨】 2009年，塔河分公司累计加工原油205.82万吨，比2008年增长6.8%，年原油加工量首次突破200万吨。

（刘希军）

【挖潜增效8 000多万元】 2009年，塔河分公司确立并实施了生产工艺优化、产品结构优化、节约增效、管理增效等方面的28项双增双节项目，共节支增效8 092万元。优化生产工艺，将焦化装置的焦化柴油和常二线油直供加氢装置，增加加氢装置原料热进料比例，加氢装置燃料气消耗量同比下降320米^3（标准）/时；根据市场变化，增产高附加值的重交道路沥青，全年生产重交道路沥青19.34万吨，同比增加5.86万吨；鼓励制氢装置用足全厂净化干气，加大制氢装置掺炼干气的比例，减少全厂天然气使用量，全年制氢装置掺炼干气6 233吨，同比增加5 082吨，天然气使用量同比减少5 626吨；优化公用工程系统运行，全年蒸汽耗量30.23万吨，同比减少6.68万吨，氮气耗量250.7万标准立方米，同比减少69.3万标准立方米，在加工总量提高的情况下，新鲜水耗量98.79万吨，同比减少41.88万吨。全年综合商品率达96.48%，同比提高0.86个百分点；综合能耗50.77千克（标油）/吨，同比降低2.88个单位。

（刘希军）

【全厂装置大检修工作完成】 2009年3月21日—4月10日，塔河分公司所有装置全面停车检修。除常规检修项目外，完成塔河重质原油改质项目建设甩

检修改造现场（梁　瑛　摄）

头、技改技措、加热炉改造等一大批重点任务。共实施检修项目715项，技措技改项目44项，加热炉改造3项，塔河重质原油改质项目建设甩头项目56项，压力容器检验231项，压力管道检验19.84千米，计量仪表校验1 465台。这是塔河分公司正式成立以来自行组织、自行安排、自行控制的第二次全厂性装置停工大检修。

（刘希军）

【清洁生产工作取得显著实效】 2009年，塔河分公司全面推进清洁生产工作，制定了《清洁生产管理规定》、《清洁生产奖励管理办法》等22项清洁生产、环保管理规章制度，细化了清洁生产审核和持续清洁生产工作内容。与各单位签订责任书，细化清洁生产工作目标，明确清洁生产考核内容，做到月度考核，季度兑现。开展节能降耗、减污增效等清洁生产方案征集活动，从工艺设计、技术改造、资源综合利用、产品质量管理等环节切实推进清洁生产工作。全年共实施清洁生产方案78项，合计总投资约8 974万元，取得了良好的经济效益和环境效益。在加工总量提高的情况下，全年吨原油取水量0.48吨，同比减少0.25吨；吨原油排水量0.27吨，同比减少0.16吨；COD排放总量48.94吨，同比减少19.67吨；工业水重复利用率97.05%，同比提高1.46个百分点；污水回用率60.50%，同比提高16.84个百分点，均有大幅度提升。

（刘希军）

【塔河重质原油改质项目开工奠基】 2009年4月20日，塔河分公司350万吨/年塔河重质原油改质项目开工奠基仪式在新疆库车县石化工业园区项目建设工地举行，标志着项目全面进入开工建设阶段。项目总投资29.75亿元（含外汇1 206万美元），主要建设内容包括：新建140万吨/年延迟焦化、140万吨/年汽柴油加氢精制、2万米^3（标准）/时制氢及2万吨/年硫黄回收联合装置；改造7万吨/年异构化装置；配套的动力、储运、铁路专用线等辅助设施的改扩建。

（刘希军）

350万吨/年塔河重质原油改质项目开工奠基仪式（梁　瑛　摄）

【塔河劣质稠油处理技术改造项目通过竣工验收】 塔河分公司塔河劣质稠油处理技术改造项目主体部分包括塔河劣质稠油处理技术改造项目、燃料清洁化技术改造项目和系统配套完善技术改造项目3个部分，另外，配套增加了外部供电、污水库等系统完善项目。项目主要建设内容包括新建5套工艺生产装置、配套储运设施、公用工程系统等。项目主要生产装置120万吨/年常压—焦化装置采用“两炉四塔”工艺流程，双面辐射炉型，设计为1.0大循环比，该类装置在国内属于首创，为加工塔河劣质稠油的一个大胆尝试。项目于2003年8月16日开工建设，2004年12月1日投产成功并产出合格产品。2009年4月20日，项目通过了石化集团公司竣工验收委员会的竣工验收。

（刘希军）

【正式被铁道部批准为大客户】 2009年12月22日，塔河分公司正式被铁道部纳入大客户行列，是2009年铁道部在全国新发展的19家大客户之一。大客户地位的确立，意味着塔河分公司可在车辆优先安排、车辆承认及时查询、车辆发运后的追踪查询等方面享受优惠政策，同时还可快速掌握铁路货运动态信息，及时调整企业铁路产品运输策略，提升塔河分公司提报计划和日请车的权限，减少工作流程，提高工作效率。

（刘希军）

【ERP应用进一步深化】 塔河分公司ERP系统于2007年11月8日成功上线运行。2009年，塔河分公司推广实施了ERP系统提升项目PS模块，6月10日正式启动，11月正式上线运行。整个PS模块过程设计业务流程42个，收集整理主数据1 082条，设计本地角色273个，培训关键用户3名、最终用户35名，并将塔河重质原油改质项目以及塔河分公司其他在建工程项目全部结转至ERP系统PS模块，为塔河分公司项目投资管理工作提供了有效的信息技术支撑。2009年12月7日，项目一次性通过石化股份公司ERP应用达标验收。

（刘希军）

【队伍培训取得新成效】 2009年，塔河分公司大力开展系统内对口学习实践活动，选派10名干部赴镇海炼化挂职锻炼，提高了干部的管理水平和处理复杂问题的本领；拓宽外培范围，先后选送10余名骨干参加石化集团公司举办的汽柴油加氢技术、炼厂节水技术等专业技术培训；举办了5场塔河分公司设备管理人员专题技术交流会，40余名设备管理干部参与专题技术交流，为加快专业技术队伍建设奠定了基础；开展职业任职资格技能等级验证、升级工作，参加验证的832人中有173人通过高级工资格认证，262人通过中级工资格认证，技能操作队伍结构明显改善。

（刘希军）

【维护特殊时期的安全稳定】 2009年7月5日，新疆乌鲁木齐市部分地区发生打砸抢烧严重暴力犯罪事件，使塔河分公司被迫成为防恐斗争的前沿。塔河分公司迅速传达事件真实情况，统一职工思想，保持队伍思想稳定；立即成立维护稳定工作组织机构，迅速进入应急预案预警启动状态；迅速成立应急小分队，与当地武警部队一道，加强厂区周围巡逻；各级领导干部坚守岗位，岗位人员加大关键部位的巡检频次和巡检力度，营造了以安全运行促稳定、以严格遵守各项工作制度促安全、以严格规范平稳操作促生产的良好氛围，有效化解了“7·5”事件，乃至后续“针刺事件”给塔河分公司安全生产和队伍稳定带来的不利影响，确保了生产经营、项目建设和职工队伍等工作总体安全稳定，受到了石化集团公司党组领导的高度肯定。

（刘希军）

【召开第一次团代会】 2009年11月20日，共青团石化股份公司塔河分公司第一次代表大会召开，塔河分公司领导班子成员，团自治区委青年工作部长李川江，团阿克苏地委书记秦加友及部分兄弟单位团组织负责人出席大会。大会明确了今后几年共青团塔河分公司委员会的指导思想和方针目标，选举产生了共青团塔河分公司第一届委员会。11月24日，召开共青团塔河分公司第一届委员会成立以来的第一次全体委员会议。

（刘希军）

共青团塔河分公司第一次代表大会会场 （梁　瑛　摄）

【创办《塔河石化》报】 2009年3月15日，塔河分公司《塔河石化》报正式创刊。《塔河石化》报由塔河分公司记者站主办，工会和团委协办，每半月出版一期，在企业内部发行，旨在用文字记录企业成长历程和职工取得的点滴进步，多渠道加强企业内部宣传。《塔河石化》报四开四版，主要内容：一版为重要新闻和工作动态；二版为生产经营动态和安全管理；三版为精神文明建设、企业文化和职工精神风貌；四版为理论讲座、技术论坛和摄影、文艺专刊。

（刘希军）

【首次参演石化集团公司职工文艺汇演】 2009年7月4—7日，塔河分公司文艺演出队参加石化集团公司庆祝新中国成立60周年暨第二届职工文艺汇演，这是塔河分公司第一次参加石化集团公司职工文艺汇演。在第二片区中原油田赛区演出中，塔河分公司歌伴舞《天山南北》获银奖；组合唱《石化员工守则之歌》获铜奖，同时获优秀创作奖；乐器联奏《快乐的石化人》获优秀奖。

（刘希军）

表 1　　塔河分公司主要技术经济指标　　亿元

指标名称 \ 年份	2009	2008	2007	2006	2005	2004
原油加工量/万吨	205.82	192.70	196.47	185.70	180.75	66.38
工业总产值	64.71	68.92	57.41	50.76	39.92	11.22
工业增加值	22.23	–1.58	7.16	2.94	2.47	0.51
资产总计	30.67	22.16	19.33	18.09	18.96	18.05
流动资产	4.17	3.03	4.51	3.38	5.02	4.49
固定资产原值	18.34	17.76	17.75	16.05	13.91	13.63
固定资产净值	12.14	12.88	14.16	13.71	12.65	13.04
销售收入	65.29	69.84	58.15	51.40	39.77	10.49
实现利税	21.11	0.20	6.46	1.83	1.85	0.015
税　金	16.29	1.65	3.46	2.34	2.05	0.34
综合能耗/千克（标油）·吨$^{-1}$	50.77	53.65	56.13	58.62	58.90	18.15

表 2　　塔河分公司主要产品产量　　万吨

产品名称 \ 年份	2009	2008	2007	2006	2005	2004
汽　油	13.13	12.17	12.72	10.07	8.80	0.46
柴　油	91.86	90.70	90.09	80.03	83.25	16.47
溶剂油	0.73	1.55	0.60	0.60	0.80	1.01
石脑油	8.27	6.94	9.16	10.20	10.42	4.46
沥　青	36.30	28.46	25.58	29.10	30.19	31.81
重交沥青	19.34	13.48	20.62	3.78	2.89	3.86
石油焦	39.70	37.26	31.87	28.07	27.48	0.96
商品液化气	5.37	5.10	4.77	3.93	2.84	0.09
石油苯	0.09	0.23	0.26	0.15	0.13	0.003

海南炼化

【概况】 中国石化海南炼油化工有限公司（简称海南炼化）位于海南省西北部洋浦半岛的洋浦经济开发区，毗邻北部湾，位于新加坡—香港—上海—大阪国际海运主航线上，拥有天然的深水良港和避风港，地理和海运条件优越，同时享受保税港区、经济特区和开发区的全部优惠政策。海南炼化占地2.5平方千米，投资116亿元，成立于2003年10月31日，原名为海南实华炼油化工有限公司。2004年4月26日，海南炼油项目奠基开工。2006年2月28日，公司名称注册变更为中国石化海南炼油化工有限公司。2006年9月28日，全部装置和系统一次投料试车成功，打通全流程，投入商业运行。2008年7月1日，海南炼化项目通过石化集团公司总部组织的竣工验收，正式投入商业运营。

截至2009年底，海南炼化拥有原油综合加工能力800万吨/年，有800万吨/年常减压蒸馏、310万吨/

年催化原料预处理、280万吨/年重油催化裂化和脱硫脱硫醇、60万吨/年气体分馏、10万吨/年甲基叔丁基醚、120万吨/年连续重整、20万吨/年异构化、120万吨/年加氢裂化、6万米^3（标准）/时制氢、200万吨/年柴油加氢精制、30万吨/年航煤加氢精制、8万吨/年硫黄回收和溶剂再生、180吨/时酸性水汽提、20万吨/年聚丙烯和8万吨/年苯乙烯16套炼油化工生产装置及相应的油品储运设施、公用工程系统，主要加工中东和非洲的进口原油，生产和销售各种规格的汽油、柴油、煤油、石脑油、苯、液化气、燃料油、聚丙烯、苯乙烯等石油化工产品。海南炼化采用全加氢型加工流程工艺，汽柴油产品全部达到欧Ⅲ标准，部分达到欧Ⅳ标准，产品主要销往海南、华南及西南等地区，部分汽油、柴油、航空煤油、车用液化气出口到港澳地区。自备的深水码头位于洋浦神头港区，共拥有包括30万吨级原油泊位、10万吨级成品油泊位在内的5座泊位，年吞吐能力2 530万吨。海南炼化还拥有总罐容110万立方米的原油和超过70万立方米成品、半成品储存能力及相应的输转设施。

截至2009年底，海南炼化共设部门11个，生产单元7个，质量检验中心1个，合资公司1个，有正式员工520人。

2009年，海南炼化加工原料油830.87万吨，生产各类产品769.44万吨，实现营业收入326.59亿元，利税111.41亿元；完成投资1.59亿元。

海南炼化主要技术经济指标及主要产品产量见表1和表2。

（胡　岚）

温家宝总理视察海南炼化

【温家宝视察海南炼化】 2009年4月19日，中共中央政治局常委、国务院总理温家宝在海南省委书记、省人大常委会主任卫留成等人的陪同下，视察了海南炼化。温家宝总理在海南炼化展览厅听取了海南炼化负责人的现场情况介绍，视察了中心控制室、原油码头，并慰问了在岗员工。温家宝总理要求石化企业提高应变能力和竞争力，战胜金融危机，同时指出必须千方百计改善经营，提高效益，降低成本，渡过难关。

（贾永存　胡　岚）

【原油加工量突破800万吨】 2009年，在国内成品油市场供过于求、运行负荷受到限制的前提下，海南炼化充分利用海外市场扩大来料加工出口成品油，严格执行石化集团公司总部互供物料计划，挖掘装置潜能，千方百计扩大原油加工总量。全年完成原油加工量822.11万吨，为取得较好效益、改善技术经济指标打下良好基础。

（胡　岚）

【380#船用燃料油成功打入保税市场】 2009年10月17日，“中燃53”轮装载4 000吨380#保税船用燃料油驶离海南炼化成品油码头，开往深圳；10月25日，第二船380#船用燃料油销往香港。海南炼化首批380#船用燃料油正式销往大陆保税市场和境外市场，打通了船用燃料油生产、销售渠道，实现了中国石化向该地区供应380#保税船用燃料油零的突破，开创了中国石化首船380#船用燃料油来料加工出口的先例。

（胡　岚）

【通过清洁生产审核】 2009年，海南炼化着手组织开展清洁生产审核工作，成立工作领导小组，制定工作计划，发布审核目标，建立例会制度，于12月2日通过了海南省组织的清洁生产审核的评估。

（胡　岚）

【国产设备退税取得重大突破】 经过5年多时间的协调沟通，2009年2月，海南炼化退税政策得到最终确定，2月28日前上报了采购国产设备涉及税额的退税资料。截至年底，共收到退税款4.21亿元。

（胡　岚）

【60万吨/年聚酯原料工程举行开工典礼】 2009年12月31日，海南炼化60万吨/年聚酯原料工程举行了开工典礼，海南省副省长李国梁，政协副主席、工业和信息化厅长赵莉莎，中国石化工程部有关人员、地方政府以及设计施工单位人员共计200余人出席了开工典礼，标志着该项目正式启动。

（贾永存　胡　岗）

【节能减排取得重大突破】 2009年，海南炼化把节能减排作为一项重点工作，传递压力，落实责任，竖标杆、盯数字、快行动、抓落实，采取切实有效的措施，不断优化生产运行，各项调整落到实处，全面推进节能减排工作，节能减排效果明显，取得了重大突破。11月综合能耗降低至65.1千克（标油）/吨原料，创历史最好纪录。炼油综合能耗69.43千克（标油）/吨原料，吨油水耗0.5吨，吨油外排废水0.04吨，吨油电耗61.36千瓦·时，与2008年相比，炼油综合能耗降低5.05个单位，吨油水耗降低0.11吨，吨油外排废水降低0.02吨，吨油电耗降低3.63千瓦·时。

（胡　岗）

【各项技术经济指标创历史最好水平】 2009年，海南炼化采取切实有效的措施，不断优化生产运行，各项调整落到实处，深入开展“比学赶超”竞赛，追求“三提三降”。年内综合商品率达到92.61%，轻油收率达到80.41%，高附加值产品收率达到90.20%，原油储运损失率0.30%，原油加工损失率0.73%，均创下历史最好水平。

（胡　岗）

【“我要安全”活动取得实效】 2009年，海南炼化根据石化集团公司总部统一安排，深入开展“我要安全”主题活动。结合自身特点，活动覆盖海南炼化和各驻厂单位全体员工，细化为“我要学习”、“我要培训”、“我查隐患”、“我练技能”、“我防伤害”、“我反三违”、“我担责任”、“我保平安”、“夏季大干一百天”等系列活动，开展安全小故事征文、“安全伴我行”演讲比赛、“一封安全家书”演讲活动，参加“全国安全生产月”和石化集团公司“百日安全无事故”活动，达到了开展“我要安全”主题活动的预期效果。

（胡　岗）

【稳步推进“四定”工作】 2009年，海南炼化在2008年优化劳动组织、初步完成“四定”的基础上，继续完善落实“四定”方案和各部门管理流程。以一个单元做试点，实行五班两运转的新型倒班模式，专门抽出一个班上白班，组织业务理论学习、应急处理，安排员工法定休假，使班组有了休养生息、学习提升的机会，有利于实现人力资源的可持续发展。全面引入竞争上岗机制，公开、公平、公正地选拔使用人才，组织招聘会35场，从284人次应聘者中选拔82人充实到班组、单元和部门管理岗位。

（胡　岗）

【张连俊任海南炼化副总经理】 2009年9月24日，石化集团公司党组成员、副总经理李春光，石化股份公司副总裁张海潮，石化集团公司暨石化股份公司人事部到海口，宣布张连俊调任海南炼化副总经理。10月9日，张连俊到海南炼化任职。

（胡　岗）

表1　　海南炼化主要技术经济指标　　亿元

指标名称 \ 年份	2009	2008	2007	2006
原油加工量/万吨	822.11	782.91	795.60	215.10
工业总产值	371.25	389.01	335.87	83.58
炼　油	354.28	367.51	313.69	77.54
化　工	16.97	21.50	22.18	6.04
工业增加值	51.13	–35.37	27.90	–3.37
资产总计	109.91	114.18	136.99	120.10
流动资产	27.75	29.30	46.74	19.83
固定资产原值	94.27	94.03	93.40	101.43
固定资产净值	73.53	79.69	85.09	99.17
销售收入	326.59	377.52	299.90	67.05
实现利税	111.41	–45.66	17.37	–12.36
税　金	71.37	7.93	18.12	2.64

表2 **海南炼化主要产品产量** 万吨

产品名称＼年份	2009	2008	2007	2006
90#汽油	—	—	3.83	9.57
93#汽油①	208.47	154.54	168.12	55.25
97#汽油①	55.83	89.51	66.71	0.85
0#汽油	341.38	344.87	359.06	94.70
-10#汽油	—	—	—	—
5#汽油	—	—	—	—
石脑油	14.00	7.93	6.97	—
煤　油	35.43	31.06	32.78	3.43
苯	4.98	5.55	5.27	0.94
混合苯	—	—	—	—
燃料油	17.74	16.43	12.82	5.00
硫　黄	6.32	6.47	5.86	1.32
液化气	48.59	48.29	51.63	14.66
车用液化气	3.60	0.71	0.77	—
其他白油原料	7.68	—	—	—
聚丙烯	22.81	21.37	22.43	4.32

①93#汽油包括92#、95#，97#汽油包括98#。

青岛炼化

【概况】 中国石化青岛炼油化工有限责任公司（简称青岛炼化）系石化股份公司、山东省国际信托投资有限公司、青岛国信实业有限公司按85:10:5的投资比例出资设立的特大型石油化工企业，于2004年10月18日注册成立。青岛炼化按照扁平化管理组织架构设立10个职能部门和9个生产单元，共有职工552人。

青岛炼化位于青岛经济技术开发区重化工园区，位置优越，配套完备，交通便捷。青岛炼化1 000万吨/年大炼油项目是中国批准建设的第一个单系列千万吨级炼油项目，是中国石化调整国内炼化产业布局、打造环渤海湾炼化产业集群的重大战略项目。工艺路线采用“焦化＋CFB锅炉＋催化”方案，拥有1 000万吨/年常减压、250万吨/年延迟焦化、290万吨/年催化裂化、150万吨/年连续重整、330万吨/年加氢处理、410万吨/年柴油加氢、60万吨/年气体分馏、20万吨/年聚丙烯等16套工艺生产装置和相应的油品储运设施、公用工程系统。可年产成品油708万吨，化工产品203万吨，成品油质量达到欧Ⅲ甚至欧Ⅳ标准。项目总投资125亿元，2008年投入商业运行。

2009年，青岛炼化加工原油947万吨，生产各类商品872万吨，实现销售收入347亿元，实现利税99.7亿元，其中利润16.2亿元。各项技术经济指标全部达到石化集团公司总部考核标准，多项指标进入中国石化炼油板块前列，4套生产装置进入中国石化排名前三。

青岛炼化主要技术经济指标和主要产品产量见表1和表2。

（秦玉清）

【安全环保取得新成绩】 2009年，青岛炼化以开展“我要安全”主题活动为主线，狠抓安全环保基础性工作，强化安全教育培训，深入开展事故预案演练，有力增强了全员安全意识和安全技能。不断完善制度，落实安全生产责任制，并签署HSE目标责任状19份。深入落实《安全生产禁令》，加强直接作业环节的监督管理，深入开展隐患治理工作，积极推进大炼油工程“三同时”验收，消防、安全、职业卫生验收一次通过。青岛炼化获2009年度石化集团公司安全生产先进单位称号。

（秦玉清）

【节能达标工作成效显著】 2009年，青岛炼化以专业达标为抓手，强化生产组织和技术管理，不断提升各项技术经济指标。对照石化集团公司总部专业达标指标，精心组织和优化生产运行，实现了超额完成原油加工量、装置高负荷和长周期运行目标。优化资源配置，推进节能减排，通过投用和改造装置直供料流程，优化蒸汽、瓦斯、氮气平衡，开展技术攻关和短平快项目措施，全厂能耗比石化集团公司总部下达指标降低7.2个单位，折合6.6万吨标油；单位能量因素能耗降至7.2千克（标油）/吨，列石化股份公司第二位。青岛炼化获2009年度节能先进单位、2009年度专业达标单位称号；焦化装置、蜡油加氢装置获同类装置竞赛第一名，常减压装置、柴油加氢装置获同类装置竞赛第三名。

（秦玉清）

【精细化管理提升赢利能力】 2009年，青岛炼化以经济效益为中心，推进精细化管理，努力降本增效。开展经济效益测算和经济活动分析，用好PIMS优化软件，坚持勤算账、算细账、算实账，以计划优化指导生产经营和精细管理。加强全面预算管理，完善费用管控体系，财务管理在挖潜增效中发挥了重要作用。优化原油采购工作，紧盯国际原油市场，全年采购性价比较好的10个新油种共计175.1万吨。以市场为导向积极调整产品结构，从而增效1.7亿元。狠抓降本增效措施的跟踪落实，全年实施降本增效措施39项，实现降本增效4.67亿元。

（秦玉清）

【产品结构更加优化】 2009年，青岛炼化以市场为导向积极调整产品结构，提升高附加值产品收率，采取了降低柴汽比增产汽油、加大冬季低凝柴油产量、增加高附加值产品收率等措施，开发了乙醇汽油组分油、碳五轻烃、粗三甲苯、饱和液化气以及F280Q等新产品。

（秦玉清）

【做大来料加工业务】 2009年，青岛炼化根据石化集团公司总部的要求，积极推进进口原油来料加工产品出口工作。于2月24日顺利实现第一船3万吨柴油装船出口，为产品打入国际市场奠定了良好的基础。全年共完成产品出口33船次，来料加工复出口成品油89万吨。

（秦玉清）

【组建苯乙烯项目部和苯乙烯单元】 2009年，为适应企业建设和发展的需要，青岛炼化积极推进企业组织架构优化与完善，组建了苯乙烯项目部，统筹负责苯乙烯项目建设与开工。组建了苯乙烯单元，对单元管理和操作人员进行了公开招聘，年底，8.5万吨/年苯乙烯项目完成场平施工。对聚丙烯单元进行了改组，聚丙烯装置被并入催化单元，硫黄回收、酸性水汽提与溶剂再生装置被并入常减压单元。

（秦玉清）

【企业内部管理不断改进】 2009年，青岛炼化以精细化管理为重点，以文本化管理为手段，积极推进企业组织架构优化与完善，继续理顺部门职责、工作流程，编制了全员岗位说明书，完成了首次岗位责任制大检查，开展了全员竞聘上岗、薪酬体系调整和全员绩效考核。持续推进制度建设，共颁布和修订规章制度59项。持续加强和改进“三基”工作，以培养“全流程操作员”为目标的换岗、轮岗培训全面展开，“全流程操作员”比例大幅提升。管理体系认证工作扎实推进，完成前期调研和培训。“高效能炼化公司的创建与管理”获得中国石化第18届管理现代化创新成果一等奖。

（秦玉清）

【信息化建设迈上新台阶】 2009年，青岛炼化信息化建设取得新的成绩，9个ERP模块上线运行，实现了生产经营业务的综合集成化管理，形成了《炼化企业信息化典型样板示范项目方案》并有序推进。信息化项目建设取得全面丰收，MES系统后续4个应用模块、数字档案系统、OA系统、门禁管理系统、网络准入控制系统等全面上线运行并通过验收。

（秦玉清）

【开展“忠诚企业，尽责工作”主题教育活动】 2009年，青岛炼化党委组织开展了“忠诚企业、尽责工作”主题教育活动，旨在进一步提高全体员工对企业的忠诚度和责任感，努力培养和造就一支信念坚定、作风过硬、勇于创新、忠诚企业的高素质员工队伍。各党支部利用集体学习、宣传、演讲比赛等途径组织开展了丰富多彩的活动，职工队伍继续保持了昂扬向上、奋发有为的精神面貌。

（秦玉清）

【职工工作生活条件进一步改善】 2009年，青岛炼化坚持共谋科学发展，促进企业和谐，全心全意帮助职工办实事，完成职工住房登记和认购工作，并成立了业主管理委员会。帮助职工建立补充医疗保险，职工更衣室、食堂改造开工建设。加强食堂和绿化管理工作，伙食水平逐步提高，厂区绿化面积达到20万平方米。

（秦玉清）

表1　　青岛炼化主要技术经济指标　　亿元

指标名称＼年份	2009	2008
原油加工量/万吨	947.41	510.70
工业总产值	346.47	225.18
工业增加值	109.10	–47.93
资产总计	137.53	144.73
流动资产	21.61	20.57
固定资产原值	108.33	102.48
固定资产净值	96.97	98.31
销售收入	347.21	224.11
实现利税	99.70	–48.20
税　金	83.09	–1.68

表2　　青岛炼化主要产品产量　　万吨

产品名称＼年份	2009	2008
汽　油	239.67	122.51
柴　油	370.24	198.64
煤　油	36.58	12.39
液化气	72.08	35.25
石脑油	11.99	12.96
重芳烃	5.32	0.78
5#白油油料	0.80	0.49
石油焦（扣除自用）	56.79	30.00
丙　烷	3.56	1.60
碳　五	9.07	1.29
纯　苯	3.79	1.18
混合二甲苯	24.06	5.68
甲苯叔丁基醚	0.36	0.57
硫　黄	16.00	7.99
聚丙烯	18.61	10.34

催化剂分公司

【概况】 中国石油化工股份有限公司催化剂分公司（简称催化剂分公司）于2004年12月29日在北京成立。催化剂分公司是集科研成果转化、生产组织优化、产品技术服务为一体的专业公司，对催化剂生产经营实行统一安排工业放大、统一生产计划、统一组织营销、统一发展规划、统一实施管理。

催化剂分公司本部位于北京市东城区安外大街58号，机关设置“十部一室”，即总经理办公室、财务资产部、人力资源部、企业策划部(法律事务部)、审计部、党群工作部（领导人员管理部）、纪检监察部、生产技术部、发展计划部（工程管理部）、市场营销部（国际合作部）和物资装备部。拥有催化剂长岭分公司、催化剂齐鲁分公司、催化剂北京奥达分公司、催化剂北京燕山分公司、催化剂上海分公司、催化剂南京分公司、催化剂抚顺分公司和催化剂贵金属分公司8个全资单位，湖南建长石化股份有限公司、上海立得催化剂有限公司2个控股单位，以及托管单位中国石油化工科技开发有限公司。截至2009年底，催化剂分公司用工总量5 465人，拥有各类经营管理及专业技术人员1 311人，其中教授级高级工程师16人，高级技术人员232人，博士9人，硕士87人，并建有博士后工作站。

催化剂分公司是国内最大的炼油、化工催化剂生产商、供应商和服务商，能够生产炼油、化工和基本有机原料三大类催化剂。产品在满足国内市场需求的同时，还远销欧洲、美洲、亚洲等国际市场。

2009年，催化剂分公司坚持“精细化管理、规范化运作、专业化服务和科学化发展”的工作方针，充分发挥上下两个积极性，齐心协力，真抓实干，全面完成了全年各项目标任务。催化剂产销量双双突破10万吨，出口量突破1万吨。

（王志丹）

【5万吨/年催化裂化催化剂联合生产装置建成投产】 2009年12月1日，催化剂齐鲁分公司5万吨/年催化剂联合生产装置一次开车成功，生产出合格产品。该装置采用了先进的工艺技术和集成控制技术，实现了生产清洁化、操作自动化、资源节约化，达到了国际领先水平。该装置建成投产后，催化剂齐鲁分公司将成为亚洲第一、世界第二的催化裂化催化剂生产基地。

（王志丹）

【云溪基地建设奠基】 2009年11月10日，催化剂分公司云溪基地建设奠基仪式在湖南省岳阳市云溪工业园区举行。催化剂分公司云溪工业园新基地项目新征用地28.85公顷（28.85万平方米），分两期建设。一期建设包括加氢催化剂生产装置及与之配套的干胶粉和硫酸铝生产装置、连续重整催化剂生产装置以及储运系统、给排水、动力等公用工程和辅助设施。二期计划将业务拓展到环保催化剂、化工催化剂、特种催化剂等领域。

（王志丹）

【聚乙烯催化剂技术改造项目开车成功】 2009年3月31日，催化剂北京奥达分公司聚乙烯催化剂（BCE）技术改造项目顺利投料试车，装置及公用工程运行平稳，产品各项指标均达标。该项目的建成投产，满足了BCE催化剂与BCH催化剂新老产品更新换代的要求，很大程度上缓解了国内外市场对BCE催化剂需求日益增长带来的压力。同时，解决了催化剂北京奥达分公司现有冷冻系统制冷能力不足、氮气压力不匹配等瓶颈问题，为各生产装置平稳优质运行提供了有力保障。

（王志丹）

【催化裂化催化剂成功进入美国市场】 2009年12月，催化剂分公司先后与美国瓦莱罗公司（Valero）、美国太阳石油公司（Sunoco）签订了催化裂化催化剂批量供货合同。这是中国炼油催化剂首次成功批量进入美国本土市场，将使中国石化催化剂在北美市场建立参考业绩，为整个北美市场的开拓奠定良好的基础，同时也将为中国石化催化剂在全球其他市场的销售起到积极的推动作用。

（王志丹）

【中标台湾中油公司渣油加氢催化剂订单】 2009年2月3日，催化剂分公司渣油加氢催化剂在台湾中油股份有限公司桃园厂TOR#2装置的投标中中标。此次中标是催化剂分公司渣油加氢催化剂继2007年中标印尼Pertamina公司后第二次中标海外市场，对于加氢催化剂继续开拓海外市场具有十分重要的意义。

（王志丹）

【华北、东北销售中心成立】 2009年3月25日及5月26日，催化剂分公司华北销售中心、东北销售中心相继挂牌成立，这是继西北销售中心之后催化剂分公司成立的第二和第三个区域销售中心。

华北销售中心和东北销售中心的成立标志着催化剂分公司营销体制改革又迈出了重要步伐，是催化剂分公司实现“五统一、四优化”目标和推动销售工作做到“市场前移、服务前移、管理前移”的重要举措。

（王志丹）

【院士专家工作站正式启动】 2009年12月29日，催化剂分公司院士专家工作站启动仪式在京举行。首批邀请了李大东、何鸣元、舒兴田、毛炳权、胡永康和关兴亚6位院士为进站院士。催化剂分公司将依托这一平台，积极引进和培养科技人才，大力开展技术创新活动，努力营造崇尚科学、鼓励创新的氛围，全面提高自主创新能力和市场竞争力。

（王志丹）

院士专家工作站正式启动　（王兆强　摄）

【组织院士专家赴台湾技术交流与服务】 2009年7月13—18日，催化剂分公司主要负责人率由李大东、关兴亚、杨为民等10位院士专家组成的代表团赴台湾中油股份有限公司和台塑公司进行了技术交流与服务，并在台湾嘉义举办了中国石化催化剂技术交流专题报告会。此次院士专家台湾行在台湾石化界引起了热烈反响，对稳固和扩大市场起到了积极的推动作用。

（王志丹）

【完成原材料、产品和分析方法的标准化研究工作】 截至2009年8月底，催化剂分公司在有关单位的协助下，经过一年时间完成了原材料、产品和分析方法的标准化研究工作，确定有效标准383个，其中产品标准97个、原材料技术标准124个、分析方法标准162个。此次原材料、产品和分析方法标准研究工作的顺利完成，解决了因催化剂产品及部分原材料没有国家标准和行业标准而给催化剂分公司集中采购、质量管理等工作带来的困难，进一步夯实了催化剂分公司基础管理工作。

（王志丹）

【内部控制风险数据库信息系统正式启动运行】 2009年8月，由催化剂分公司自主开发，包含内控流程及权限指引、检查问题、配套制度、即时通知等主要内容的风险数据库信息系统正式启用，成为催化剂分公司各层级管理人员广泛参与的内控管理信息工具。该系统全面继承了催化剂分公司所有内控流程风险控制点，建立了各种检查发现的未执行控制点和风险案例数据库。通过该系统可以监督管理未执行控制点的整改落实情况，另外，该系统与催化剂分公司办公自动化系统链接，便于内控工作的信息传递和沟通协调。该系统的启用，标志着催化剂分公司内控工作的核心已向加强企业经营风险控制转移。

（王志丹）

【承办催化剂制造工职业技能竞赛】 2009年9月16—18日，催化剂分公司承办的石化集团公司催化剂制造工职业技能竞赛在催化剂长岭分公司成功举办。竞赛包括理论笔试、技能笔试、DCS仿真、视频纠错、现场实操5个部分，来自催化剂分公司下属9个分（子）公司的57名选手参加了比赛。在2009年10月25日召开的石化集团公司技能竞赛总结表彰会上，催化剂分公司获优秀组织奖。

（王志丹）

催化剂制造工职业技能竞赛开幕式（滕 灿 摄）

【4项企业管理现代化创新成果获奖】 2009年，在石化集团公司第18届管理创新成果评审中，催化剂分公司4项管理现代化创新成果获奖。其中，“打造‘271’服务体系构建嵌入式价值链营销模式”获一等奖，“利用现代信息技术，提高合同管理水平”获二等奖，“降本增效项目‘三三’管理”、“精细化工企业精细化成本管理的创建实施”获三等奖。

（王志丹）

【获北京市科学技术协会表彰】 2009年12月，在北京市科学技术协会“纪念北京优秀青年工程师评选活动20周年暨第19届北京优秀青年工程师表彰大会”上，催化剂分公司周亮、杨凌、汪莹3人被评为北京市科协第19届北京优秀青年工程师，催化剂分公司科学技术协会被评为先进科技工作者之家。

（王志丹）

北京石油分公司

【概况】 中国石油化工股份有限公司北京石油分公司（简称北京石油分公司）是中国石化直属大型成品油销售企业，是首都最主要的成品油供应商，主营汽油、柴油、煤油、润滑油、燃料油等的零售批发，承担着首都成品油市场稳定供应的任务。

北京石油分公司的前身是北京石油集团有限公司，成立于1950年4月,公司名称随着国家的政策调整曾几经变更。1998年9月，根据国务院组建中国石化、中国石油两大集团公司的决定，成建制划转石化集团公司。2000年2月，按照石化集团公司整体重组、主辅分离、改制上市的要求，主营业务部分组成中国石油化工股份有限公司北京石油分公司。

截至2009年底，北京石油分公司共有综合管理部门15个、专业中心6个，正式工1 852人，劳务工5 159人，其他长期合同工78人；有高级技术职称的36人，中级技术职称的186人。下辖11座在营油库，500余座自营加油站，环城长达183千米的成品油管线，总资产逾65亿元。

2009年，北京石油分公司经营总量达505万吨，同比增长24.9%，为年度目标的101%。成品油销售472.84万吨，其中汽柴油经营突破404万吨，同比增长6.8%,为年度目标的101%；市场占有率65.5%；汽柴油零售经营完成218万吨，同比下降13%，为年度目标的99%；直销经营完成148万吨，同比增长55%，为年度目标的137%；终端销售比重96.6%；润滑油销售12万吨，为年度目标的103%,其中长城包装油3.2万吨；燃料油销售20万吨,为年度目标的101%。加油IC卡发卡97.7万张，持卡消费比例45.9%，同比提高3.8个百分点；非油品营业额1.14亿元,为年度目标的114%；报表利润7.54亿元，为年度目标的137%；成品油吨油费用219元。

北京石油分公司主要生产经营指标见表1。

（钟春翔 闫 坤）

【获得北京市奥运能源保障表彰】 2009年1月12日，北京市市长郭金龙致北京石油分公司感谢信。北京市能源与经济运行调节工作领导小组授予北京石油分公司奥运能源运行保障特别贡献单位称号，史延为、李炜、郭振江被授予奥运能源运行保障先进个人称号。

（钟春翔）

【圆满完成国庆60周年服务保障任务】 2009年，北京石油分公司以迎接国庆60周年为契机，严格贯彻落实石化集团公司和北京市有关国庆安保要求，制定周密方案，提高市场供应和安全防控等级，国庆期间实现了安全零事故、服务零投诉和稳定零上访。不断细化完善成品油保供预案，按“优先配送、优先发货”的原则，做好国庆彩车油品供应工作，现场加注油品20吨。加强与驻地公安机关的联防联治，与北京市燃气集团建立联合巡查机制，实行管线24小时不间断巡视，阀室24小时专人值守，确保输油管线安全运行。启动公司领导、机关处室和库、站的三级值班应急响应机制；全方位加强安全管理力量，加强油站、油库现场检查，结合督察队检查、视频监控、神秘顾客检查等多种方式，形成立体检查监控网络。自7月1日起开展“百日安全生产无事故”主题活动，建立和完善公司领导班子成员和机关处室联系点制度，近百名领导干部和150名机关处室工作人员共计1 800人次到一线参与安保工作。10月，北京石油分公司被北京市政府授予新中国成立60周年庆祝活动安全生产保障工作先进单位称号，被首都国庆60周年群众游行指挥部授予优秀组织单位称号，1个基层集体、3名个人受到北京市国资委表彰，北京石油分公司和2名职工分别被国务院国资委授予国庆60周年阅兵保障服务先进集体和国庆60周年阅兵保障服务先进个人称号。

（钟春翔）

国庆60周年庆典期间为彩车加油

【加快销售网络建设】 2009年，北京石油分公司发展网点61座，其中新建加油站3座，收购和租赁加油站15座，新建并投营橇装站23座，续租或改变发展形式加油站20座。完成六里桥、洼里洋坊等长期歇业站恢复营业4座；拆迁还建站1座；完成45座加油站改造工作；参与北京市加油站用地竞拍，竞得南辛庄等4宗加油站建设用地使用权。

（钟春翔 闫 坤）

【零售经营手段多样】 2009年，北京石油分公司在国干道和六环路加油站开展“加油送易捷礼品”活动，油非互动效果良好，在柴油日均增量120吨的同时，带动非油销售600余万元。开展交叉营销，与一卡通、银联卡合作拓宽充值渠道，提高充值效率；推出二维码加油充值卡，降低了发卡成本，提高了发卡质量，有效激活休眠卡；抓住节日商机，扩大发卡量，增加沉淀资金，持卡消费比例同比提高3个百分点；加大自助加油推广力度，新增100座自助站，自助站达160座；强化品牌建设，展现中国石化“窗口”和“旗手”新形象，三星级以上加油站达100座，其中四星级26座，五星级9座；在系统内率先实行加油卡用户会员管理；拓展加油卡功能应用，所有在营加油站便利店开通了加油卡购物功能，107座发卡点增加了银联卡刷卡充值功能，完成了POS机加油、充值一机多功能的交易整合，发卡网点日结时间由20分钟降至3分钟；加油站服务水平不断提升，多次得到石化集团公司总部领导的肯定和表扬。

（钟春翔　闫　坤）

【做大做强直批经营】 2009年，北京石油分公司成功开发了北京市农业局、国航等用油大户，获得了较好的社会效益。与北京市农业局签署《农业用油合作协议》，正式建立战略合作伙伴关系，精心选取160个直供点，向农机户提供专用加油IC卡，锁定了全市农业用油需求；年内投入运营橇装站67座，同比增加23座，月均实现销量近7 100吨；规范特许经营，开发了首发特许站IC卡联网加油合作模式，直销月均销售规模基本稳定在12万吨，全年销量同比增加55%。

（钟春翔　闫　坤）

【深入开展“我要安全”主题活动】 2009年，北京石油分公司扎实开展 “我要安全”主题活动，深入贯彻《安全生产禁令》和《安全生产纪律》。通过多种形式的安全教育、学习活动及征集口号、细化禁令、查隐患堵违章等深化落实活动，推动全员安全意识由“要我安全”向“我要安全”转变。加大隐患治理力度，完成了3项石化集团公司级和4项公司级隐患治理，共为安全距离不足的25座加油站加装了阻隔防爆材料，完成40座加油站弱电防雷改造。强化应急管理，提高应急处置能力。不断完善应急预案，与多个区政府部门举行联合演练,举办了第八届消防运动会等多种应急演练活动，提高了员工应急处置能力，成功处置了加油车辆自燃等未遂事件18起，全年未发生上报等级事故，员工的安全意识和应急处置能力明显增强。夯实设备管理基础，明晰工作流程，设备管理长效机制初步建立。公司连续6年获得石化集团公司安全生产先进单位称号，并首次获得石化集团公司环保先进单位称号，这也是销售系统首家获此殊荣。

（钟春翔　闫　坤）

【共建环城输油管道保护联动机制】 2009年7月17日，北京石油分公司邀请北京市公安局内保局及下属的昌平、通州、顺义、房山、丰台、大兴6个分局内保处座谈，就建立环六环输油管道保护联动机制，确保输油管道安全进行了广泛讨论，双方达成共识，互相配合，共同保护好管道安全。

（钟春翔）

【创新体制机制】 2009年，北京石油分公司成立了法律事务部、安全与设备管理处、数质量管理处、培训中心等部门，将工程办纳入发展规划处管理，逐步理顺土地、房产的归口管理工作。平稳实现了非上市公司委托上市公司管理，在上市公司成立了实物资产处和离退休管理处；汇力达劳务有限公司股权转让顺利完成。稳妥推进加油站委托管理改革，制定了周密的委托站管理方案和合同文本，使推广工作制度化和程序化，共有111名站经理申请参与改革，成立受托管理公司111个，委托站124座，865名员工改变聘用性质；积极推进公务车辆改革，参改人员达159人，累计处置公务车111辆，资产规模减少36%，车辆费降幅达26%。

（钟春翔　闫　坤）

【技术比武活动取得好成绩】 在2009年销售企业技能竞赛大比武活动中，北京石油分公司获得优秀组织奖，营销、零售两条专业线分别获团体第一，非油品专业线获得第二；有3名员工获金牌，2名获银牌，4名获铜牌；京福加油站获得便利店运营银牌。技能竞赛比武活动开展以来，累计有10 752人次参加了技能练兵，7 285人次参加了技能鉴定，并有5 630人获得了岗位操作技能证书。

（钟春翔　闫　坤）

【加强财务管理】 2009年，北京石油分公司强化财务预算管理，将利润、费用指标纳入中心预算考核，实现公司量价利费均衡发展，促进费用从被动降费向主动控费转变；强化资金管理，办理定期存款及提前还贷20亿元，全年财务费用同比降低近1 000万元；努力控制资产规模，全年核销债权2 700万元，核销股权600万元，处置资产8 500万元；完善纳税管理，提高纳税筹划能力，办理油票退市税收损失鉴证工作，减少损失3 200万元，完成大红门油库搬迁免征收土地转让税金8 431万元，实现210座加油站地税统一纳税。开展了加油站投资及运营情况审计，针对发现的问题提出改进意见，促进投资行为不断规范。完善和落实了ERP系统应用中各部门职责和岗位工作规范，形成了与专业化管理相配套的ERP应用管理体系。与市质监局合作建设诚信计量体系，完成了内审员、计量员培训取证、计量器具量值溯源及建档管理，完成《测量管理手册》编写、审核和宣传工作；严格执行出入库油品质量检测制度，在石化集团公司总部和工商部门抽检中合格率均达100%；制定了《节能降耗工作管理办法》，全员节能意识逐步提高。

（钟春翔　闫　坤）

【企业运作进一步规范】 北京石油分公司在持续近3年的标准化体系建设和贯标工作中，共梳理了92条管理制度、176个工作流程，形成了涵盖472个岗位的操作手册。补充并完善了193个内控控制点工作标准及执行要求，细化了148项业务事项及支出的审批权限；完善了内控检查评价和考核体系，形成了较为完善的内控检查体系。在2009年石化集团公司管理现代化创新成果评比中，北京石油分公司获一等奖1项，二等奖1项，其中“以文本化为切入点，构建和贯彻‘三基’标准体系”项目是销售系统上划以来首次获得石化集团公司管理现代化创新成果一等奖，同时入选中国企业联合会“2009年度全国十佳企业管理案例”。

（钟春翔　闫　坤）

【不断加强党建和思想政治工作】 2009年，围绕“应对危机挑战、推进科学发展”主线，北京石油分公司把拓展市场作为学习实践科学发展观的突破口，各级领导带头走市场、访客户、增销量，变“坐商”为“行商”，取得明显成效。向党组推荐3名优秀干部到区外省公司任职；调整了52名中层干部，提拔了14名70后干部走上领导岗位，中层干部平均年龄降低了3岁；20名近年来新引进的大学生被充实到营业部、油库和加油站等经营管理一线担任助理。扎实推进党建思想政治工作,截至2009年底，公司劳务工党员数占在职党员总数24%，同比提高4个百分点，228座3 000吨以上加油站实现了站站有党员目标。大力推进业务公开，开展效能监察，继续组织开展“做党的忠诚卫士、当群众的贴心人”主题实践活动，被石化集团公司授予廉洁文化六进工程先进单位称号。开展合理化建议月活动，共征集员工建议1 016条，从中评选出一等奖2条、二等奖5条、三等奖10条，优秀奖36条，畅通了建言献策渠道。

（钟春翔　闫　坤）

表1　　北京石油分公司主要生产经营指标

指标名称＼年份	2009	2008	2007	2006	2005	2004
成品油销售总量/万吨	472.84	378.20	395.30	359.10	332.60	283.10
零售量	242.32	251.40	245.30	243.10	206.10	162.90
销售收入 /亿元	283.26	246.36	234.88	205.46	148.85	108.86
利 润/亿元	7.54	6.46	7.64	4.87	3.47	6.11
吨油费用 /元	219.00	204.00	174.00	173.00	162.00	133.00
资产总额/亿元	65.59	59.56	57.27	52.28	50.15	41.29
加油站总数①/座	603	623	607	608	717	627
自营加油站	556	551	529	526	479	457
参股加油站	41	42	47	45	73	93
特许加油站	6	30	31	37	165	77
在营油库数量/座	11	11	13	13	14	13

①加油站总数、自营加油站包括未注销登记证的所有长期停业站。本数量是零售口径统计数据。

天津石油分公司

【概况】 中国石油化工股份有限公司天津石油分公司（简称天津石油分公司）位于天津市南开区南京路338号，是石化股份公司直属销售企业，主要经营成品油、润滑油、燃料油的零售、直销、批发业务及其他非油品业务，是天津地区最大的成品油经营企业。其前身为天津石油集团有限公司，始建于1950年10月，1998年6月上划石化集团公司，2000年4月改制为中国石油化工股份有限公司天津石油分公司。

截至2009年底，天津石油分公司设12个职能处室和7个专业中心；有在岗员工4 673人，其中正式工1 401人、劳务工3 272人；资产总额35.6亿元；拥有加油站493座，油库4座。

天津石油分公司主要生产经营指标见表1。

（安　宁）

【全员营销有力拓市】 2009年，天津石油分公司按照石化集团公司统一部署，在专业和非专业两条线深入开展全员营销竞赛活动，共统筹800多万元资金，分阶段组织营销。全体干部职工深入周边的机关、工厂、企业等走访慰问，加大加油卡的营销推介力度，全年发卡26.14万张，充值30.98亿元。IC卡累计发卡98.8万张，持卡消费比例达到29.18%。

（安　宁）

【燃料油经营大幅增长】 2009 年，天津石油分公司燃料油中心通过作好辖区内市场调研，积极拓展终端销售市场，发展终端客户，不断扩大客户规模，走访客户 20 多家，发展了 4 家新客户。转变经营方式，提高经营质量，提高了燃料油的经营能力和市场影响力，销量达到 107.3 万吨，完成任务总量的 383.2%。

（安　宁）

【撬装式加油站投用】 2009年，天津石油分公司为实现公交燃油供应的跨越式发展，按照公交集团的发展需要，与天津市公交集团达成继续加强战略合作，共同建设撬装加油站的共识。双方约定：天津市公交集团将2008年投资建设的3座撬装加油站转让给天津石油分公司经营。天津石油分公司年内完成新建投用23座撬装式加油站，确保天津市公交集团欧Ⅲ车辆标准用油的需要。

（安　宁）

【与天津高速公路集团有限公司签订加油站合作框架协议】 2009年，按照石化集团公司党组“区内增强控制力，区外扩大影响力”的要求，并在其协调下，12月3日，天津石油分公司与天津高速公路集团有限公司签订加油站合作框架协议。双方约定：天津高速公路集团有限公司在建5条高速公路上的17座加油站全部由天津石油分公司经营管理，依照高速加油站完工进度，双方预计分两年完成17座加油站的交接工作。

（安　宁）

【区县联营巩固市场】 2009年，天津石油分公司在区县建立联营企业，推动网络建设发展。利用联营企业搭建的互通平台，积极争取网点发展政策支持。已同西青、塘沽、武清、宝坻、宁河等10个区县政府开展了实质性的合作或达成了合作意向。通过联营企业平台签订的加油站网点达20多座。

（安　宁）

【“我要安全”主题活动深入开展】 2009年，天津石油分公司深入开展 “我要安全”主题活动，先后承办了销售企业“我要安全”主题活动网站和“我要安全”主题演讲比赛，公司选送的3部“我要安全”DV作品在石化集团公司评比中分别获一等奖、二等奖、优秀奖，同时获“我要安全”DV短片征集活动优秀组织奖。全年组织6次公司级安全检查，重新修订了《天津石油分公司HSE管理制度汇编》，编制《未遂事件分析手册》，上报未遂事件1 649起。全面落实制度建设、监督检查、隐患整改、宣传教育培训等关键措施，建立起了安全管理长效机制。

（安　宁）

【内控监督管理制度强化】 2009年，天津石油分公司从内控环境建设入手，加大培训和责任体系建设力度，重点针对石化集团公司总部新增的3个大类4个流程（人力资源管理、全面预算管理、企业并购管理和内部审计管理），按照专业修订、集中审核的步骤，重新梳理了公司实际执行的36个流程、1 180个控制点，并组织完成了2009版内控实施细则的内部培训。

（安　宁）

【员工培训组织得力】 2009年，天津石油分公司共举办各类培训班38期，培训员工1 803人次。积极推进站内培训体系建设，组织培训36期，培训员工1 568人次。选送业务骨干参加石化集团公司、石化股份公司及天津市相关部委组织的培训共计139期。

以职业技能竞赛和技术比武活动为契机，加强员工的教育培训，实现初赛参赛率、培训率、培训合格率100%。在零售管理岗技术比武决赛中获得了1枚铜牌。

（安　宁）

【“五小”设施建设关心职工生活】 2009年，天津石油分公司持续推进“五小工程”，规范实施了职工补充医疗保险，增强了企业的凝聚力和向心力，调动了员工积极性，促进了企业和谐发展。全年在每月投入50万元职工伙食补贴的基础上，投入200余万元专项资金改造食堂、大学生宿舍等，提升员工福利水平。

（安　宁）

【中国石化第二届职工文艺汇演（天津赛区）活动圆满承办】 2009年，天津石油分公司成功承办了庆祝新中国成立60周年暨中国石化第二届职工文艺汇演（天津赛区）活动，得到石化集团公司、石化股份公司领导和来自销售企业的26个代表队的700余名演职员的一致好评，公司选送的快板、舞蹈、歌曲节目获得了金奖、银奖、最佳创作奖和优秀节目奖。

（安　宁）

表1　　天津石油分公司主要生产经营指标

指标名称＼年份	2009	2008	2007	2006	2005	2004
成品油销售总量/万吨	270.41	231.59	221.69	210.55	200.28	194.86
零售量	168.32	170.56	152.16	145.39	134.55	125.43
销售收入/亿元	189.17	158.54	123.90	114.72	92.99	76.70
利　润①/亿元	4.40	4.02	3.40	4.59	4.37	3.82
吨油费用②/元	179.00	207.00	194.00	145.00	142.00	153.00
加油站总数/座	493	487	479	589	576	564
自营加油站数③	493	487	479	491	473	460
特许经营加油站数	0	0	0	98	103	104

① 考核利润。
②考核口径吨油费用。
③年末自有加油站保有量。

河北石油分公司

【概况】 中国石油化工股份有限公司河北石油分公司（简称河北石油分公司）总部位于河北省石家庄市。其机构前身成立于1949年，1998年6月27日，正式划归石化集团公司管理。2000年5月23日，其主营业务重组成立河北石油分公司，其存续部分称中国石化集团河北石油有限责任公司。2006年，中国石化集团河北石油有限责任公司更名为中国石化集团资产经营管理有限公司河北石油分公司。

河北石油分公司在全省11个省辖市设有分公司，拥有强大的资源保障体系和完善的经营网络体系。主要经营汽、煤、柴、润4个大类200多种规格的成品油，销售区域覆盖河北省全境。截至2009年底，河北石油分公司拥有资产总额66亿元，19座油库遍布于全省各主要交通枢纽和城镇，建有17条铁路专用线共2.15万米，连接炼油厂的输油管道5.28万米；拥有加油站点2 101个，销售网络覆盖全省城乡各地。

河北石油分公司主要生产经营指标见表1。

（常文峰）

【扩销增量成效显著】 2009年，受国际金融危机持续蔓延的影响，市场需求大幅下降，大量地炼油、非标油冲击河北市场，社会加油站纷纷恢复营业，价格战不断升级，市场竞争不断加剧。面对严峻复杂的市场形势，河北石油分公司紧紧围绕“两保三不降一提高”的总体目标，认真贯彻落实“12345”工作思路，把主要精力投入到分析市场、研究市场、开拓市场上来，以全员销售劳动竞赛为载体，强化考核激励机制，有效调动了干部职工的积极性。广大干部职工走向市场一线，开展全方位的市场调查，了解客户需求，深挖市场潜力，扩销增量取得了显著成效。全年完成销售560.64万吨，其中轻油销售531.08万吨，同比增长3.39 %，较销售系统平均水平高1.59个百分点；终端销售比例90.91%，较全国平均水平高 6.61个百分点。

（常文峰）

【零售市场得到巩固】 2009年，河北石油分公司采取多种手段调动员工扩销增量的积极性，通过实施“点对点”竞争，开展“油非互动”活动等措施，巩固了零售市场。全年实现零售量389.52万吨，完成计划的100.55%，其中汽油完成148.86万吨，同比增长8.26 %；新增发卡量68万张，持卡消费比例提高 5.5个百分点。

（常文峰）

【直销批发业务不断扩大】 2009年，河北石油分公司以开发区内市场为重点，积极拓展区外市场，为扩销上量提供了有力支撑。对5 627个客户的基本资料进行细致梳理，对近4 000个社会加油站进行摸底调查，初步建立起客户购油追踪分析体系，提高了客户管理水平；灵活运用差别化营销手段，先后开发了保定长城汽车集团、河北钢铁集团、冀东水泥集团等一批黄金客户和优质客户，月均增量近3 000吨；组织开展客户联谊和重点客户商务洽谈活动，合理使用配送运费，开展送货上门业务，提高了客户忠诚度。全年直销批发实现141.85万吨，同比增长71.36%。

（常文峰）

【非油品业务提前完成年度任务】 2009年，河北石油分公司以便利店业务为核心，突出抓好重点商品销售，非油品业务实现有效突破，提前5个月完成了全年销售任务。以“油非互动”活动为抓手，统一组织开展8期以燃油宝、农夫山泉等为重点商品的促销活动，便利店销售额增长了270%；丰富商品种类，经营单品数增加1 133种，提高了门店经营能力，单店日营业额从年初的491元提高到915元；加快开店步伐，全年共开设便利店315个。依托石家庄中央仓，初步建立了覆盖南部5个地市388个便利店的物流配送体系。

（常文峰）

【网络建设扎实推进】 2009年，河北石油分公司将网络建设作为企业发展的“生命工程”，强化责任，明确重点，进一步加大考核奖惩力度，全力推进网络建设，先后取得了张石、张承、承唐、承朝、沧黄等高速公路上的21对服务区42座加油站的经营权，占全省新建高速公路加油站总数的95.5%。续租了石黄、石太、青银等高速公路上13对服务区26座加油站。全年新发展加油站86座，较好地完成了网建任务。

（常文峰）

【安全管理水平进一步提升】 2009年，河北石油分公司精心组织开展“我要安全”主题活动，全系统安全防范意识和安全保障能力进一步增强；层层落实安全责任，共签订《安全环保责任书》2 000余份、《安全承诺书》1.3万余份，进一步强化了员工责任意识，有力地促进了各项安全管理制度的落实；扎实开展应急预案演练，全年共组织演练3 953次，同比增加906次，员工应急处置能力进一步增强；投资近6 000万元，对油库、加油站隐患进行治理，硬件水平得到较大提升；大力开展安全设备检查整改，管理类问题同比下降7%；认真总结奥运安保成功经验，落实“三保、四防、五查、六严”工作措施，圆满完成了国庆安保任务，进一步推进了安保工作长效机制建设。全年未发生上报石化集团公司等级事故。

（常文峰）

【节能降耗助推节支增效】 2009年，河北石油分公司通过优化一、二次物流，开展资源串换和跨区配送，积极争取运费补贴，建立油价与运价联动机制等多项措施，实现吨油运杂费37.22元，较计划节支8.19元，节省运费支出4 349万元，运杂费节支在全销售系统排名第一；加强对油库、加油站进销存各环节损耗管理，成品油零售损耗率由上年度的0.17%降低到0.13%；严格控制吨油水电能耗，水电费较计划节支125万元；积极推进衡水、秦皇岛、张家口分公司的社区水电项目改造，每年可节约费用142万元。

（常文峰）

【资金资产管理进一步强化】 2009年，河北石油分公司进一步细化省、市、片区资金管理岗位职责，强化资金三级监控体系，确保了资金及时足额上划；制定非油品资金统一收缴业务流程，并将其纳入电子账表系统管理，实现了资金运转全过程监控；推进资金集中管理，提高了资金运营效率；拓宽收款渠道，上门收款网点达到在营网点的76%，收款额达到回笼资金的91%。通过加强资金管理，全年未发生资金安全事故。同时，继续加大清欠力度，收回现金和实物674万元，核销债权1 705万元，完成全年清欠任务的186%；优化资产结构，提高资产运营质量，全年减少存货资金占用4.02亿元；加大加油站实物资产清查力度，核销加油站登记证397个，提高了资产在用率。

（常文峰）

【信息化管理水平进一步提高】 2009年，河北石油分公司全面推进内外网分开管理模式，保障了网络和各种应用系统稳定、安全、高效运行；积极探索偏远站入网新途径，推广应用3G网络联接新技术，并在保定分公司12座加油站成功应用；更换小机盘阵和工控机600套，提升了系统处理能力和安全稳定性；积极推进ERP规范化管理，对各个模块进行监控检查，删除闲置用户299个，整改问题121个，规避了经营和系统风险，提高了业务操作水平；对加油IC卡、电子账表册、二次物流等应用系统的基础数据进行有效整合，构建了综合信息管理系统，提升了ERP应用效果。

（常文峰）

【配合打击侵权行为】 2009年，针对假冒仿冒中国石化加油站死灰复燃、花样翻新的态势，河北石油分公司各级公司按照守土有责、侵权必打的要求，明确目标，落实责任，积极协调配合工商、商务、公安等部门，大力开展清理仿冒假冒商标和市场整顿活动，全年清理侵权加油站171座，取缔非法售油车300多辆、非法售油点600多个，成品油市场得以净化，企业权益得到有效维护。

（常文峰）

【和谐企业建设全方位推进】 结合庆祝建国60周年，河北石油分公司积极开展形式多样、富有特色的群众性文体活动，营造了和谐融洽氛围；继续推进加油站“五小”建设，着力解决员工最现实、最具体、最关心的问题。截至2009年底，在营加油站共建小食堂1 282个、小浴室519个、小活动室351个、小阅览室419个、小药箱951个，让一线员工切实感受到组织的关爱和企业的温暖；按照“真困难、真帮助”原则，充分发挥帮扶救助金的救济功能，努力为困难群体排忧解难。全年共发放帮扶救助金698万元，帮扶救助各类特困、困难人员3 606人次，进一步增进了党群干群关系，促进了企业和谐稳定。

（常文峰）

【竞赛比武活动获得佳绩】 2009年，在石化股份公司组织的竞赛比武决赛中，河北石油分公司获得最佳进步奖，零售、商客、非油品专业代表队分别获得团体第三、四、五名，获得个人金牌1枚、银牌3枚、铜牌5枚。在石化集团公司组织开展的争当营销标兵和销售能手竞赛活动中，河北石油分公司共有12人受到表彰，秦皇岛分公司商客部主任刘红梅获十佳营销标兵称号。

（常文峰）

【基层党组织规范化建设扎实推进】 2009年，通过举办培训班、选派优秀党支部书记外出学习、强化考核等措施，河北石油分公司基层党支部书记整体素质有了新提高，“三会一课”制度得到较好贯彻落实。衡水、沧州分公司充分利用身边设施，建起了10个标准化活动室，为党员学习、教育和培训提供了阵地。继续抓好党员队伍建设，将发展重点向劳务工倾斜，全年新发展党员110名，其中劳务工党员82名，占发展党员的74.5%，规模以上加油站全部有党员的目标得到巩固。

（常文峰）

表1　　河北石油分公司主要生产经营指标

指标名称 \ 年份	2009	2008	2007	2006	2005	2004
成品油销量总量 /万吨	560.64	538.00	570.00	569.00	522.00	457.00
零售量	389.52	431.00	417.00	400.00	383.00	309.00
销售收入 /亿元	311.68	317.00	278.38	264.65	206.00	154.70
利　润/亿元	5.10	11.00	7.60	9.31	7.79	8.90
吨油费用 /元	309.00	266.00	201.00	185.39	186.00	183.00
加油站总数 /座	2 101	2 467	2 549	2 575	2 591	2 512

山西石油分公司

【概况】 中国石油化工股份有限公司山西石油分公司（简称山西石油分公司）本部位于山西省太原市万柏林区大王路8号，前身为成立于1951年的中国石油公司太原支公司，1998年整体上划石化集团公司，2000年10月重组改制为中国石油化工股份有限公司山西石油分公司，为中国石化在山西唯一的、也是全省最大的成品油销售企业，承担着成品油资源配置、供应主要任务，主营汽油、柴油、煤油、润滑油、燃料油的零售、批发。下辖11个市分公司、139个县（区）片区，实行人、财、物统一管理。截至2009年底，拥有正式职工4 402人，资产总额47.89亿元，在用油库14座，在营加油站1 400座。

2009年，山西石油分公司经营总量达到405.93万吨，同比增加25.45万吨；实现销售收入228亿元完成利润4.7亿元，为年度目标的131%；吨油成品油费用304元。

山西石油分公司主要生产经营指标见表1。

（李志平）

【经营总量创新高】 2009年，山西石油分公司以“双千万元大促销”活动为抓手，资源上，努力优化进货结构，充分发挥外采作用，提高创效能力；销售上，本着“直销扩量，零售创利，区内做优，区外扩量”的思路，零售抓住管理提量、服务提量、改造提量和IC卡促销4个着力点，积极推进经润组合、有奖促销和小额配送三大营销策略，努力稳价、创利、保量，确保了经营质量；直销在加强客户关系维护、力保既有市场的同时，抓住重点工程、煤矿整合和区外销售三大增量点，上下联合攻关，内外发展用户，确保了经营规模。润滑油经营通过降库存、辟市场，实现了长城润滑油经营新突破。年内，成品油经营量381.42万吨，完成计划的104.21%，同比增长29.93万吨，增幅8.52%，计划完成率和同比增幅均排在销售企业前列，其中零售量261万吨，完成计划的99%；直销批发量120.3万吨，完成计划的133.9%，同比增长33.9万吨，增幅39%。长城润滑油经营量2.64万吨，完成计划的117.4%，同比增长3.55%。燃料油经营量21.73万吨，完成年计划的108.63%，同比减少1.87万吨。三项合计全省系统经营总量突破400万吨大关，达到405.93万吨，完成总部下达计划的104.49%，同比增长25.45万吨，增幅6.69%，创山西石油历史新高。

（李志平）

【区外销售增销量】 2009年，山西石油分公司贯彻石化集团公司发展战略，将区外销售提上议事日程，在认真调查研究的基础上，充分利用毗邻陕西、内蒙古等省区的地理优势，采取直销积极拓市，零售适时跟进的策略，大力拓展区外市场，取得明显成效。年内，区外经营量达17.5万吨，其中大客户直销达到6万余吨，还发展了5座区外加油站，为做大总量、做优区内销售作出了贡献。这一举措得到石化集团公司总部充分肯定。

（李志平）

【“五降三挖”见成效】 2009年，山西石油分公司以提高效益为目标，积极推进全口径分专业预算管理，不断强化各级管理者的“现金流”、“效费比”和“投入产出”理念，重点实施了“五降三挖”增收节支措施，使资金、资产、资源、物流、税收、费用、预算等各项管理得到进一步加强和优化。通过盘活账销案存资产、清收历史呆死账、出售报废资产、出租闲置资产等深挖资产潜力，做大甲醇汽油经营规模深挖新能源潜力，进一步优化计价密度深挖资源潜力，实现了增收。通过不断优化物流提高一次资源到位率、降低公路转储量、实行运价和油价联动、重新核定运距等措施，降低了公路运杂费；通过发挥中心站资金归集功能、合理降低银行上门收款加油站比例等举措，进一步优化了加油站银行上门收款方式，加快了资金回笼，强化了资金管理，降低了财务费用；通过制定实施《经营性租赁加油站考核办法》，细化、强化了对租赁加油站吨油租赁费、可研销量完成率和持续经营时间等指标的考核，同时清理整顿了低效租赁站，降低了加油站租赁费；通过灵活运用增值税转型政策，统筹优化了投资项目采购等税收管理，并积极争取了土地等税收优惠政策，降低了税费支出；通过规范投资项目资料报审行为，进一步完善了建设项目委托审计制度，实行交叉与第三方复审相结合的控制管理办法，动态考核评价中介机构的审计质量，节约了投资审计费用。年内，各项举措累计增收节支达6 789万元，确保了企业效益。

（李志平）

【非油品业务取得新进展】 2009年，山西石油分公司将非油品业务提到与油品经营同等重要的地位，通过积极发展经营网点，引进推广重点和特色商品，制定并落实销售激励机制，积极探索油非互动营销，层层落实任务指标，大力开展业务培训，外出考察学习兄弟单位先进经验等工作措施，促进非油品业务逐步走上了稳步、健康发展的轨道。以大中城市为主，国省道为辅，覆盖全省，遍布城市市区、高速公路和重点国省道的易捷便利店网络布局得到不断完善，燃油宝、降凝剂、矿泉水、汾酒等一批深受广大消费者喜爱的商品业务量逐月攀升，加之元旦、春节、中秋等节日促销，福利彩票销售，“油非互动”等营销活动的有效开展，销售激励机制的及时落实，推动全省系统非油品业务取得了超常规、跨越式发展。年内，营业便利店数达到

259座，完成石化集团公司总部下达计划的118%；累计实现营业额4 158万元，完成下达计划的180%，同比增长5倍，实现毛利717万元，毛利率17.13%。

（李志平）

【安全经营无事故】 2009年，山西石油分公司继续狠抓安全工作，以“我要安全”主题活动为主线，通过组织巡回演讲、开展“我要安全”大讨论、编制宣传手册等，进一步强化了全员的主动安全意识；贯彻国家及省内安全问责精神，严格落实安全生产责任制；深入开展安全文化建设“六个一”、“双百”和油库“达标创优”活动，强化对承包商、承运商的安全监督；加强安全预案的完善、培训和推演，不断提高员工的应急处置能力；进一步深化完善HSE管理体系，及时开展安全检查监督及培训，整治各类隐患，确保了全年安全经营无事故。年内被石化集团公司评为安全生产先进单位，被山西省人民政府评为消防工作先进单位，被山西省安全生产监督管理局评为安全生产先进单位。

（李志平）

【队伍建设全方位加强】 2009年，山西石油分公司推进人才强企战略，全方位加强队伍建设。继续抓住销售企业竞赛比武契机培训人才，历练人才，年内有2名选手在销售企业竞赛比武决赛中分别获得决赛银奖和铜奖。继续实施“百人百站”工程引进人才，储备人才，不仅为加油站一线补充了新鲜血液和后备人才，而且带动全员素质有所提升。通过全面考察片区经理的经营管理实绩发现人才，培养人才，为选用人才提供了基本依据。组织职工观看了电影《铁人》，聆听了代旭升先进事迹，自上而下开展了庆祝建国60周年系列活动和有益身心的文体活动，开办了职工思想文化论坛，举办了迎国庆书画摄影展，还编制文艺节目参加了石化集团公司庆祝新中国成立60周年暨第二届职工文艺汇演，其中选送的6个节目获得1个银奖、1个铜奖、4个优秀奖及1个优秀创作奖，音乐快板《油花朵朵献祖国》还代表中国石化参加了由中国文联、中华全国总工会、中央电视台、中国曲艺家协会联合主办的“向祖国汇报——庆祝新中国成立60周年全国产业（行业）系统曲艺小品展演”，并获金奖和最佳创作奖，得到石化集团公司高度评价。通过积极营造以人为本、崇尚美德、爱国爱企、敬业奉献的企业文化氛围，为人才成长创造了良好环境。

（李志平）

【赞助参与第11届全运会中国石化杯火炬传递活动】 2009年，中华人民共和国第11届运动会中国石化杯火炬传递活动山西省火炬传递起跑仪式在太原滨河体育中心举行，山西石油分公司代表唯一赞助商中国石化，全程参与整个活动，并通过组织百人方队、悬挂巨幅广告、开展油品及加油卡知识咨询等形式，大力宣传了中国石化品牌，全面展示了中国石化有实力、负责任的特大型国有企业形象。

（李志平）

表1　　山西石油分公司主要生产经营指标

指标名称＼年份	2009	2008	2007	2006	2005	2004
成品油销售总量/万吨	381.42	351.49	324.28	306.32	289.18	261.18
零售量	261.00	263.77	239.34	224.60	210.00	170.00
销售收入/亿元	228.00	232.77	182.31	163.00	125.65	94.08
利　润/亿元	4.70	10.02	4.50	3.44	1.83	2.59
吨油费用/元	290.00	297.00	193.00	175.00	257.00	252.00
在营加油站总数/座	1 400	1 386	1 419	1 406	1 375	1 270

山东石油分公司

【概况】 中国石油化工股份有限公司山东石油分公司（简称山东石油分公司）的前身山东省石油公司成立于1953年，1998年6月划归石化集团公司，截至2009年底，共有17个市公司，130个县公司（市片区）；有员工20 088人；有加油站2 591座，油库26座；固定资产原值87.8亿元。

山东石油分公司主营石油、石油制品、天然气、化纤及其他化工产品的销售、储运；石油、天然气管道运输，兼营油品计量、咨询、信息服务等。作为成品油销售的主渠道，山东石油分公司承担着山东省成品油供应保障任务，是省内最大的成品油销售企业。2009年，油品经营总量1 211万吨，其中成品油986万吨，实现销售收入586亿元。

山东石油分公司主要生产经营指标见表1。

（宋　鹏）

【多措并举扩销拓市】 2009年，山东石油分公司开展油非互促营销、轻润组合营销、“点对点”竞争及小额配送，有效巩固了零售市场占有率。加强分级客户动态管理，开展“访百户、拓千家、盯万户”活动，省和各市公司领导班子成员带头走访黄金客户；做好重点建设项目用油跟踪，制定社会加油站开发方案，加大县级市场开发力度。年度直销增量居石化销售系统首位。抓好基础管理工作，提高润滑油经营水平。细化库存管理，执行进货责任制，提升库存有效率，长城包装润滑油库存同比降低31.2%，库存损耗率降为0.1‰；密切产销结合，与润滑油公司济南分公司联合开展专项产品推广活动，长城摩托车润滑油销量同比增长107%。加大终端销售力度，积极开拓燃料油市场。沿海市公司严格执行省公司的价格政策，加大船用燃料油销售；内陆市公司确保吨油差价，做好就厂非标油品直销；加强与地方炼厂的沟通，将供应加工用燃料油与成品油收购相结合，抑制了地炼产品对市场的冲击。坚持做大做实做精，规范非油品业务发展，全年新增便利店344座；加快便利店信息化应用，引入加油卡进店消费；在石化销售系统率先建立起多中央仓下的物流配送体系；推进国际品牌项目建设，加快加油站闲置资产开发，开发闲置资产租赁项目414个。

（宋　鹏）

【全运营销卓有成效】 2009年，山东石油分公司开展“服务全运”主题促销活动，在加油站推出“加好油、读好报、中大奖”营销活动，提高了进站率和加满率，月增销汽油约1万吨；组织开展了丰富多彩的客户联谊活动，利用赛事资源进行全方位客户答谢，新开发客户580家，回归客户540家。以300座全运会指定加油站为典型，开展“我为全运树形象”活动。与山东大众报业集团开展战略合作，全面展示中国石化的优质产品、良好形象和超值服务。加大加油卡销售力度，推出了20万张“全运纪念卡”、1.46万张“特殊号段纪念卡”答谢大客户；在全省1 236个汽车销售网点举行“新车开卡”活动，在车管所增设发卡网点，确保新车开卡率不低于75%；推出加油充值卡、开通积分免费加油功能。全年发卡86万张，持卡消费比重26%。

（宋　鹏）

第11届全运会指定加油站揭牌

【加快网点建设步伐】 2009年，山东石油分公司全力抢占重点位置加油站，按照“把握关键点、抢占制高点、填补空白点”的总体思路，紧盯省市政府规划，加大高速公路进出口、城市中心、发达县级市及新规划区加油站发展力度，全年新增加油站80座。抓好加油站扩量改造，坚持抢占重点区域与提高现有网络创效能力并举，详细制定加油站改造时间表，结合“五小”建设，做好重点改造选点，完成加油站改造167座。积极推进加气站建设，在济南、青岛、泰安建成10座加气子站，日加气量达5万标准立方米。加快储运设施优化布局，威洋油库、菏泽油库技改项目已竣工投入运营，青岛李沧油库项目已立项核准开工建设。

（宋　鹏）

【提高网络运营效能】 2009年，山东石油分公司采取得力措施增加在营站数量，加大歇业站重新投用力度，全年启动歇业站55座；完善加油站“补一拆一”管理办法，有21座自有、租赁加油站落实了“补一拆一”政策；严格控制改造站停业时间，做好租赁站到期续租工作。全年净增在营站62座。进一步优化物流运行，严格审核配送运距，统筹优化一、二次物流，提高了配送效率和服务质量，完成加油站成品油配送574万吨，优化配送40.5万趟次；加强对二次物流承运商的管理，自主研发油罐车监控系统，保证了物流运行质量。联合山东省政府有关部门开展成品油市场专项整治行动，对新增侵权网点及时出击，启动工商查处和法律程序，对工商查处受阻的，果断实施“诉前禁令”，共取缔侵权社会加油站（车）302个，规范了经营秩序，净化了市场环境。

（宋　鹏）

【强化企业内部管理】 2009年，山东石油分公司不断提高财务管理水平，建立费用预算会审制度，杜绝无预算列支和超预算现象；强化资金集约管理，提高了资金考核的科学性；BW财务模块顺利上线，推广应用银企直连系统，财务信息化水平有效提升；积极开展清欠督察，全年累计清收处置应收账款1.3亿元。进一步优化资产结构，在石化销售系统率先完成土地管理信息数据录入工作，核实了企业家底；健全资产管理制度，做好条形码系统的推广使用、土地房产过户、资产划转和改制企业资产管理；加快报废资产和无效资产处置，积极盘活闲置资产；职工住房普查工作有序推进。强化审计监督和效能监察，开展了市公司经理任期经济责任、财务收支、工程建设及维修项目、合资企业经营管理、配送中心库存管理、加油站投资运营和企业改制分流遗留问题审计调查；对成品油外采、直销、润滑油、非油品、加油站形象改造、“三重一大”集体决策、油库改造等进行了专项稽查。加强对合资企业的管理，制定管理办法，明确管理流程和工作要求，强化对经营情况的监督，突出保市场份额和增网点数量的中心任务，建立经营分析、月度通报制度，逐步将合资经营管理纳入了规范化轨道。

（宋　鹏）

【企业运营安全平稳】 2009年，山东石油分公司开展“我要安全”主题活动，以应急预案演练、未遂事件管理、反“三违”、争当“安全卫士”、全员消防演习、防恐安全检查、加强车辆监管为主要内容，进一步创新安全文化，强化安全管理；开展油库“达标创优”活动和隐患排查治理，加强设备操作维护，狠抓施工过程监督，堵塞了管理漏洞，确保了安全无事故。狠抓油品数质量管理，完善成品油数质量管理办法，顺利通过中国合格评定国家认可委员会的监督评审；完成计量器具检定，按季对油库、加油站进行监督检查；坚持开展汽柴油比对试验，提高质检技术水平；对加油机统一进行防作弊改造，严格外采质量把关，妥善处理突发事件，维护企业良好信誉；开展库存管理升级活动，实现了总体溢耗管理目标。

（宋　鹏）

【信息技术广泛应用】 2009年，山东石油分公司全面提高信息化管理效能，ERP深化应用工作取得成效，被中国石化总部确定为典型培养企业；率先制定《加油站、油库信息化建设规范（试行）》，为系统企业加油站、油库开展信息化建设提供了依据；加油卡系统保持安全平稳运行，开发实施了便利店信息设备共享使用技术、税控发票联机打印项目、加油充值卡项目、发票管理系统建设项目等，每年可节约成本约4 000万元。积极开展“一体化”管理体系整合，以工作流程为主线，整合“三基”、HSE、ERP、内控、全面预算等管理体系及规章制度、管理要件和岗位职责，并嵌入各项业务流程控制点，创建层次清晰、权责明确、同类业务相对统一的管理制度文本框架，实现了流程固化内控化、预算约束硬性化、流程流转智能化、会计处理自动化、系统信息共享化、资金支付转账化等17项系统功能。业务综合处理系统（SPS）获石化集团公司第18届管理现代化创新成果一等奖。

（宋　鹏）

【加强企业党的建设】 2009年，山东石油分公司深入开展学习实践科学发展观活动，围绕“解放思想，科学发展，应对挑战”主线，省和各市公司领导班子成员分片包干，深入各联系点，参加基层民主生活会，开展专题工作调研，帮助查找问题、分析原因、制定措施、推动工作；组织开展了群众满意度测评，群众满意度达到100%。分层次开展党务干部培训，全省系统共发展党员189名，确保规模加油站“站站有党员”的目标得到落实。狠抓党风廉政建设，实施重点业务公开，开展反腐教育，严格执行廉洁从业规定，落实党风廉政责任，促进领导人员廉洁自律。

（宋　鹏）

【提升员工队伍素质】 2009年，山东石油分公司组织参加了6个项目的竞赛比武活动，共有18 755人次参赛，选派24名选手参加石化股份公司组织的决赛，获得银牌1枚、铜牌3枚。有序开展职业技能鉴定工作，有1 454人取得了相应的职业资格。本着“缺什么、补什么”的原则，多层次组织教育培训，围绕片区经理、重点加油站长、客户经理、基层政工纪检干部等重点岗位加强培训，共举办培训班937期，培训34 622人次。推进劳动用工规范管理，对816座加油站实行了委托管理，3 112人与托管公司建立了规范的劳务关系。

（宋　鹏）

【维护企业稳定大局】 2009年，山东石油分公司全面深化企业文化建设，认真做好《企业文化建设纲要》的宣传贯彻，开展加油站文化手册学习活动，提高薪酬活化分配比例，树立正确的激励导向，完善员工晋升制度，提高了员工的积极性和归属感。做好信访稳定工作，落实稳定责任制，开展矛盾纠纷排查摸底、非全日制用工安置试点，实行了领导包案、定期接访、干部下访、进京值班等措施，完善了信访预警、群访应急、督察督办、责任追究、信息通报、风险评估等机制，实现了省内信访总量、进京信访总量、进京集体访次数和人次“4个明显下降”，确保了两会、国庆节、全运会等重要敏感时期的安全稳定。继续组织实施“送温暖工程”和扶贫济困活动，帮扶救助困难员工2 345人次。

（宋　鹏）

表1　　山东石油分公司主要生产经营指标

指标名称 ＼ 年份	2009	2008	2007	2006	2005	2004
成品油销售总量/万吨	986.00	875.00	882.00	875.00	778.60	708.00
零售量	664.00	681.00	633.00	628.50	562.40	479.70
销售收入/亿元	585.93	603.78	515.65	514.33	397.75	277.10
利　润/亿元	8.66	22.63	10.52	11.13	2.86	6.19
吨油费用/元	187.00	178.00	173.00	138.00	142.00	154.00
加油站总数/座	2 591	2 528	2 511	2 459	2 575	2 669
自营加油站数	2 591	2 528	2 511	2 459	2 323	2 190
特许经营加油站数	—	—	—	—	252	479

河南石油分公司

【概况】 中国石油化工股份有限公司河南石油分公司（简称河南石油分公司）位于河南省郑州市，是石化股份公司在河南省的唯一成品油销售分支机构。其前身为1950年7月成立的中国石油贸易分公司郑州分公司，1998年划归石化集团公司，2000年5月31日，河南石油分公司在河南省工商行政管理局注册成立。截至2009年底，河南石油分公司共设14个综合管理部门和7个专业中心（部门），下辖19个市分公司和163个片区，共有正式员工5 126人；拥有在营加油站3 962座，在用油库25座，铁路专用线23条。资产总额90.35亿元。

河南石油分公司经营范围为汽油、煤油、柴油、润滑油的批发和零售；燃料油、液化气、天然气、食品、卷烟、雪茄烟的零售；石油化工、化纤及其他化工产品、沥青的销售技术及信息的研究、开发、应用；日常百货销售、汽车清洗服务。

2009年，河南石油分公司购进成品油680.1万吨，同比增长6.3%。全年完成经营总量710.1万吨，其中成品油676万吨，同比增长1.2%；长城包装润滑油比重达到51.29%，终端销售比重达到85.42%；销售燃料油27.1万吨，创效534万元。实现非油品业务营业额1.44亿元，累计开设“易捷”便利店600座（规模店）。

河南石油分公司主要生产经营指标见表1。

（韩　笑）

【综合实力迈入大Ⅰ型】 截至2009年底，河南石油分公司资产总额为90.35亿元。市场占有率、终端销售比重在激烈竞争中保持不降，经营规模、赢利能力排名销售企业前列，经河南省委同意、石化集团公司党组批准，企业规模由大Ⅱ型发展到大Ⅰ型。

（韩　笑）

【网络发展取得突破性进展】 2009年，河南石油分公司面对难度不断加大的网络发展形势，发扬“守土有责、失土问责、寸土必争”的精神，积极强化与地方党委、政府的沟通和协调，网络发展的外部环境得到优化。在此基础上，按照“宜建则建、宜收则收、宜租则租”的原则，全年新增加油站102座，其中高速公路、城市中心以及新规划区的优质加油站96座；以挖潜增量、品牌形象、“五小”建设、隐患治理、非油品经营“五结合”为原则，按照增量潜力大小顺序，加快推进加油站提量改造工作，全年完成加油站提量改造163座，新增新形象加油站241座。郑州—安阳段成品油管道工程全部建成投油，濮阳油库1万立方米扩容项目圆满完成，新乡油库迁建可行性研究获石化集团公司总部批复同意，全省成品油管网及配套库建设进展顺利。

（韩 笑）

【经济效益创历史新高】 2009年，河南石油分公司以落实全面预算为切入点，以强化重点费用控制、全面推进节能降费为核心，建立健全省、市两级预算例会机制，构建完善全面预算管理体系，形成年度预算集体决策的常态化、制度化、规范化操作流程。明确降费目标，细化控制责任，严格内部管理，强化考核奖惩，全年节约运杂费3 625万元、财务费用2 487万元。建立物资采购招标制度，组织办公耗材、印刷项目、办公家具等招投标活动，压缩采购成本30%以上。年内实现利润8.04亿元，创历史新高，同比增长25%。

（韩 笑）

【洛驻成品油管道划转销售华北分公司】 2009年11月30日，洛阳—驻马店成品油管道正式交接仪式在郑州举行，销售华北分公司与河南石油分公司签署了划转协议，河南石油分公司洛阳—驻马店成品油管道顺利划转销售华北分公司。

（韩 笑）

【推广国Ⅲ乙醇汽油】 2009年12月15日，中国石化国Ⅲ乙醇汽油河南市场推广启动仪式在郑州北环南加油站举行。这是为响应国家和省委、省政府号召，按照国Ⅲ乙醇汽油推广工作方案的要求，河南石油分公司和洛阳石化率先在河南推广使用国Ⅲ乙醇汽油。

（韩 笑）

国Ⅲ乙醇汽油河南市场推广启动仪式现场 （马保迁 摄）

【获安全生产先进单位称号】 2009年，河南石油分公司以深入开展“我要安全”活动为抓手，持续强化员工安全意识教育和安全责任考核，认真落实石化集团公司《安全生产禁令》和销售企业安全纪律，积极开展HSE管理系统试点工作，全面推行未遂事故报告制度，强化安全检查、隐患治理，连续第九年获得石化集团公司安全生产先进单位称号。被河南省政府安全生产委员会授予2009年度河南省安全生产先进单位称号。

（韩 笑）

【信息化管理水平持续提高】 2009年是河南石油分公司的“信息系统应用年”，河南石油分公司全面推进以ERP系统为主线的信息系统深化应用，狠抓制度落实，完善内部控制，提升网络和信息系统安全水平，确保加油IC卡等应用系统平稳运行。在网络及信息系统建设稳步推进的同时，ERP、IC卡等信息系统持续深化应用，在实现数据流、语音流、视频流合一的同时，也实现了从机关到一线加油站的物流、资金流、信息流的统一。

（韩 笑）

【精细化管理取得明显成效】 2009年，河南石油分公司以文本化、规范化管理为方向，明确“三基”总体目标和责任分工，全面部署推进“三基”工作，完成了资产、投资、权证合同、账表数据、规章制度5项清查等工作，为进一步强化管理奠定了坚实基础。持续开展加油站达标创星工作，全年评选星级加油站120座，同比增加12座，其中五星级由4座增加到6座，推动了加油站管理水平的提升。

（韩 笑）

【河南石油分公司调整领导班子】 2009年12月18日，石化集团公司党组成员、高级副总裁王志刚宣布石化集团公司党组对河南石油分公司领导班子调整的决定：徐旭日任中共河南石油总公司委员会书记，兼任河南石油总公司和河南石油分公司副总经理；韩超任中共河南石油总公司纪律检查委员会书记，仍任中共河南石油总公司委员会副书记；杜予斌任中共河南石油总公司委员会委员，河南石油总公司和河南石油分公司副总经理、总会计师；于海平任中共河南石油总公司委员会委员，河南石油总公司和河南石油分公司副总经理。

（韩 笑）

【认真抓好信访维稳工作】 2009年，河南石油分公司按照“五个不发生”目标要求，对外强化与省委省政府、公安厅等有关部门的沟通、合作与联动，对内认真完善落实包保责任制，广泛开展矛盾纠纷排查、信访积案化解活动，有效推动困难职工救助和为协解职工办实事活动，积极从协解职工子女中招收劳务工，不断丰富救助渠道，努力化解内外部矛盾，在“双节”、“两会”、建国60周年庆典等重要敏感时期，实现全省系统进京零上访，维护了稳定大局。12月，河南石油分公司获省直属单位维稳工作第一名。

（韩　笑）

【技能竞赛和技术比武活动再获佳绩】 2009年，河南石油分公司按照中国石化的统一部署，在全省系统开展职业技能竞赛和技术比武活动。14 123人分别参加了8个专业的初赛，565人参加了复赛。在决赛中，河南石油分公司取得了综合团体第三名，在各专业个人决赛中获得1块金牌、2块银牌、5块铜牌。

（韩　笑）

【获支持抗灾保丰收先进单位称号】 2009年，河南遭遇新中国成立以来罕见的冬春连旱及秋季大风暴雨等严重自然灾害，河南石油分公司持续做好保障农业用油工作。抗旱期间，开展“服务抗旱保丰收，支援三农促发展”活动，建立站内、站外、现场、油库“四位一体”服务体系；“三夏”期间，组织志愿者服务队，做好机手接待、站点指引、政策咨询、作业信息统计、天气预报、油品配送等服务；“三秋”期间，全力构筑“百千万”保供服务工程，即百万吨资源保供应、百支突击队到前线、千名干部到基层、千座专供站惠“三农”、万名员工同行动。河南省政府授予河南石油分公司2009年支持抗灾保丰收先进单位称号。

（韩　笑）

【开展打假维权行动】 截至2009年9月30日，按照石化集团公司总部统一安排部署，河南石油分公司顺利完成2009年度清理侵权单位工作任务，共清理侵权加油站170座，受到石化股份公司表彰。河南石油分公司被石化集团公司授予2009年度中国石化销售企业商标打假维权综合先进单位称号。

（韩　笑）

表1　　河南石油分公司主要生产经营指标

指标名称＼年份	2009	2008	2007	2006	2005	2004
成品油销售总量/万吨	676.01	668.28	630.75	610.74	523.89	406.48
零售量	471.34	476.22	415.67	384.37	319.83	266.19
销售收入/亿元	386.54	389.23	309.13	286.57	208.12	139.29
利　润/亿元	8.04	6.41	3.07	4.44	0.66	0.68
吨油费用/元	280.00	261.00	257.00	297.00	191.00	293.00
在营加油站总数/座	3 962	3 682	3 963	3 738	3 598	3 326

上海石油分公司

【概况】 中国石油化工股份有限公司上海石油分公司（简称上海石油分公司）是中国石化直属大型销售企业。公司前身为创建于1953年10月的中国石油上海分公司，1998年9月上划石化集团公司，2000年2月，按照石化集团公司整体重组、主辅分离、改制上市的要求，主营业务部分组建为中国石油化工股份有限公司上海石油分公司。上海石油分公司主营汽油、柴油、润滑油、燃料油和其他石化产品的批发、零售、直销配送和仓储业务以及加油站汽车快修服务、快餐、便利店等非油品业务。

截至2009年底，上海石油分公司设有13个综合管理部门和7个专业中心；用工总人数6 938人，其中正式职工2 080人，其他用工4 858人。拥有加油站591座（按照登记证口径），其中在营加油站563座；大小油库5座，发油平台7座、75个车位；油品专用泊位14座，系泊能力10.85万吨；铁路专用线1条长1 661米、48个鹤位；库外长输管线2条，总长55.74千米；油气回收装置3套。

2009年，上海石油分公司完成经营总量525.8万吨，其中销售成品油417万吨、润滑油9.57万吨、燃料油 98.43万吨；实现销售收入277亿元，报表利润9.03亿元，还原后利润达到10.48亿元，完成石化集团公司总部年度指标的210%；成品油吨油费用183元，与考核指标持平。

上海石油分公司主要生产经营指标见表1。

（张 勇）

【全员营销活动成效显著】 2009年，上海石油分公司通过开展全员营销活动，涌现出一批营销能手和销售能手；员工服务开口率由年初的22%提高到81.7%，9、11、12月客服中心在销售企业测试排名中名列第一；通过开展加油站达标创优活动，11座加油站被石化集团公司总部评为五星级加油站，14座被评为四星级加油站，22座被评为三星级加油站。截至年底，发行加油卡65万张，完成年度指标的118%，充值金额110亿元，持卡消费比例46.2%。通过开展油非互促、点对点竞争等营销活动，稳定了零售市场份额，占有比例为70.6%。

（张 勇）

【做实经营增效益】 2009年，上海石油分公司通过领导带头走访优质终端客户，全年新增成品油直销客户332家，新增成品油销量5.4万吨，成品油批发量达18.6万吨。积极开展“长城之路越走越宽”主题活动，全年新增润滑油客户243家，新增润滑油销量1 001吨。注重预测燃料油后市价格，坚持低库存运行，多渠道组织资源，注重市场开拓，全年新增燃料油客户27家，新增燃料油销量9.4万吨，创利1 643.1万元。

（张 勇）

【开拓非油品新业务】 2009年，上海石油分公司按照石化集团公司要求，大力拓展非油品业务。截至年底，开设便利店300座，完成石化集团公司总部下达指标的107%，开设简易店180座，完成指标的114%。开设汽车服务店88座、国际品牌餐饮店3座，实现销售总额8 400万元，完成指标的179%。

（张 勇）

【确保“沪Ⅳ”油品成功置换】 从2009年9月30日起，上海石油分公司对下属各油库及加油站开展“沪Ⅳ”油品置换工作，根据上海市政府的有关规定，11月1日起全面供应“沪Ⅳ”标准的汽柴油。

（张 勇）

【打造网络建设“生命工程”】 2009年，上海石油分公司把网络建设作为“生命工程”长抓不懈。1. 全力抢占高速公路和重点区域加油站。抓住中国石化与上海市人民政府签订战略协作框架协议的有利条件，全年新增加油站22座（新建加油站18座，收购加油站4座），其中新建嘉金高速、东环、长江隧桥等高速公路服务区加油站10座，新建重点区域加油站8座；完成了虹桥枢纽、青浦工业园区和宝山开发区等重要区域的19座加油站土地储备手续。2. 维护加油站网络的完整性。年内上海市政府共挂牌的7宗加油站土地，全部由上海石油分公司以起始价格成功摘牌；调整规划保留加油站7座，已拆除的6座加油站均落实了迁建土地。3. 推进加油站综合改造。加油站综合改造涉及油气回收改造、提量改造、非油品便利店改造、自助加油站改造、安全隐患治理和加油站“五小建设”等内容。截至年底，上海石油分公司共投入资金2.6亿元，完成油气回收和提量改造加油站164座，便利店改造216座，自助加油站改造59座。

（张 勇）

【推进油库基础设施建设】 2009年，上海石油分公司高桥油库自来水管网、润滑油二分库大桶敞棚建设、闵行油库平台流量计更新竣工，上装式油气回收装置革新技术在杨浦油库试验成功。上海石油分公司高桥、闵行、南门油库和润滑油一分库排水管网改造，闵行油库扩容改造和高桥码头绞缆机工程等前期准备工作正在进行。

（张 勇）

【强化安全管理】 2009年，上海石油分公司扎实开展“我要安全”主题活动，邀请杜邦安全咨询专家进行安全理念和技能培训，组织开展合理化建议和论文征集活动，共收集合理化建议196条、论文41篇、未遂事故典型案例23个，开展以“让安全成为我们的习惯”、“对生命负责，为幸福着想”为主题的网上大讨论和知识竞赛，制作悬挂横幅633条、宣传画600张。妥善处置火灾苗子、抢劫等突发性事件事故20起。召开“迎世博，保安全，全力以赴扩销创效”动员大会，共签约8 890份，签约率达100%。与石化集团公司对接隐患治理项目7项，投入资金510万元，完成了涉及电气系统、消防系统、消防车、管线紧急切断阀等方面的隐患治理和设备更新；对7项公司级隐患治理项目进行了整治，投入资金110万元；开展5次安全数质量综合督察活动，查出并得到整改的问题246项。上海石油分公司被石化集团公司评为2009年度安全生产先进单位，实现了12连冠的目标。

（张 勇）

【加强财务管理】 截至2009年底，上海石油分公司549座加油站实现了银行上门收款；清欠应收账款3 758万元，完成石化股份公司下达确保清欠指标的124%；整合增值税开票机，设立16个增值税发票换开网点；完善内控实施细则，对2009版内控手册中34个流程的531个控制点以及相关配套制度进行修订；在石化集团公司审计局南京分局开展的内控审计中，综合评价得分97.33分。

（张　勇）

【强化“三基”工作】 2009年，上海石油分公司整理、修订、汇编了149项规章制度，废除制度5项，调整完善工作流程184项，各项规章制度审核把关率达100%；继续完善和推行合同示范文本，各类经济合同审核率达100%；强化法律事务管理，参与重要决策，各项重要决策审核率达100%。监察工作介入应收账款清欠和工程项目招投标，执行“双合同制”，共签订廉洁从业责任书465份；业务公开和效能监察立项15项，受理信访举报10件次，同比下降41%。开展加油站投资运营等专项审计，完成350个委托外审项目，同比增加67%，送审金额2.50亿元，审定金额2.20亿元，核减金额为2 951.6万元，平均核减率为11.8%；完成50个内审项目，送审金额为198.42万元，审定金额为183.59万元，核减金额为14.83万元，平均核减率为7.47%。

（张　勇）

【加强员工教育培训】 2009年，上海石油分公司参加石化集团公司总部各类培训83项，225人次；组织培训69期，3 364人次；各部门组织培训76期，3 729人次；参加地方及岗位持证项目63项，5 226人次；积极开展技能竞赛技术比武活动，取得1金2银2铜的成绩。

（张　勇）

【党群工作取得成效】 2009年，上海石油分公司按照“围绕经济抓党建、抓好党建促经济”的指导思想，组织党员开展各种活动52次，参加活动1 914人次；发展党员49名，其中劳务工党员16名。上海石油分公司获上海市文明单位和全国“安康杯”优胜企业称号，上海石油分公司工会被市总工会授予2009年度上海市模范职工之家称号，上海石油分公司团委被评为上海市五四特色团委。年内安排了1 500名劳务工体检，为2 407名劳务工解决了镇保改城保或综合保险改城保的问题，1 878名员工分别取得了高级技师、技师、高级工和中级工津贴；共补助困难职工391人次，补助金额29.1万元，资助协解已退休困难人员767人次，资助金额232.6万元，走访慰问生病住院等职工231人次，安排职工疗休养9批249人。

（张　勇）

表1　　上海石油分公司主要生产经营指标

指标名称＼年份	2009	2008	2007	2006	2005	2004
成品油销售总量/万吨	417.00	453.88	422.07	404.99	361.03	321.48
零售量	323.20	392.38	347.22	331.11	273.91	226.51
当地市场占有率/%	67.10	69.50	68.10	67.40	69.20	68.60
销售收入/亿元	277.00	301.00	251.00	229.00	176.00	134.00
利　润/亿元	10.48	9.94	6.33	6.7	2.43	4.41
吨油费用/元	151.00	153.00	169.00	150.00	157.00	145.00
加油站总数/座	591	583	573	547	558	580
自营加油站数	589	579	569	541	550	556
特许经营加油站数	2	4	4	6	8	24

江苏石油分公司

【概况】 中国石油化工股份有限公司江苏石油分公司（简称江苏石油分公司）位于江苏省南京市中山北路395号，主营油品销售。1953年，其前身中国石油公司江苏分公司成立，1997年加入中国东联集团有限公司，1998年整体划转石化集团公司并更为现名。

江苏石油分公司下设南京、无锡、徐州、常

州、苏州、南通、连云港、淮安、宿迁、盐城、扬州、泰州、镇江、江阴14个区域分公司。2004年，按照中国石化总部统一部署，在江苏苏州与壳牌合资组建了中国第一家经国务院批准的从事成品油零售业务的中外合资公司——中国石化壳牌（江苏）石油销售有限公司。

截至2009年底，江苏石油分公司拥有总资产92亿元，在营加油站达2 058座，在营油库33座。上市及非上市部分累计各类用工总数为20 153人，其中正式工为4 058人。

江苏石油分公司主要生产经营指标见表1。

（陈　香）

【基本完成“两保三不降”目标任务】 2009年，江苏石油分公司实现经营总量1 057.60万吨，完成计划的101.9%，其中成品油975.99万吨，润滑油10.67万吨，燃料油70.77万吨；非油品销售收入1.46亿元；实现利润17.47亿元，成品油吨油费用224元；资产分公司租赁收入2 368万元，利润328万元。

（陈　香）

【努力扩销增量】 2009年，江苏石油分公司进一步理顺经营机制，创新营销手段，推动经营创效。通过开展全员销售竞赛，灵活实施“点对点”竞争，加强加油站规范化管理，拓展IC卡业务和专项营销，推出加油充值卡，全年持卡消费比重达30.9%，同比提高6.5个百分点。直分销加强对大客户的维护，加大对县片区市场的开发和新增工程用油销售，推动了直分销增量。通过团队营销、专家上门服务等有效措施，进一步拓展润滑油高端市场，长城包装油总量和终端销售分别完成年度计划的118.5%和134.09%，高端油销售同比增长35%，超额完成了年度经营目标任务。千方百计扩大燃料油终端销售，终端客户稳定率保持在75%以上，实现终端销售28万吨。同时积极拓展水上市场，实现船用燃料油销售8 600吨。

（陈　香）

【非油品业务实现较快发展】 2009年，江苏石油分公司通过加大便利店开发力度，扩大经营品种，抓好重点商品销售，月销售收入从600万元提高到2 000万元。开展“抓典型、树样板”活动，易捷品牌形象得到提升，为非油品持续发展奠定了较好的基础。9月1日，江苏首座加油站麦当劳汽车穿梭餐厅在南京示范加油站开业。

（陈　香）

江苏首座加油站麦当劳汽车穿梭餐厅

【全力发展新增网点】 2009年，江苏石油分公司竣工加油站83座，加气站10座，城市便利加油点17座，新增储备项目35个。截至年底，在营加油站达2 058座，占可营业加油站的96%。注重内涵发展，实现优化提升，完成改造站117座，新增IC卡发卡充值网点460个，新增卡机联动加油站397座，新增便利店466个。创新发展模式，加快网络发展速度，加强了与地方政府的合作，与南京、苏州、无锡等市（区、县）政府所属投资企业分别组建联营公司；与江阴市公交公司合作，赢得江阴市车用天然气市场的发展空间。

（陈　香）

【顺利推进管道建设】 2009年，江苏石油分公司顺利完成苏南管线项目审批、路由规划、土地征用、拆迁补偿和215千米管道铺设和配套油库75%的工程量等一系列工作。苏北成品油管道项目建议书已获批复，项目可研报告已上报石化集团公司总部，新建和扩建油库选址和征地已获得地方政府批准，管线路由勘踏工作正在抓紧进行。

（陈　香）

苏南成品油管道施工现场

【积极推进“三基”工作】 2009年，江苏石油分公司积极推进“三基”工作，制定了实施方案和综合考评细则，对相关制度和账表册进行了初步清理和规范。同时推进了加油站委托管理和县片区功能强化的试点，完成了资产公司与石化股份公司的一体化管理。

（陈　香）

【认真开展“我要安全”主题活动】 2009年，江苏石油分公司认真开展“我要安全”主题活动，全面开展风险识别和评估，制定了风险控制方案；建设视频监控系统，提高了库站安全技防水平；开展全员参与的第二届消防技能竞赛，提高了安全应急处置能力。

（陈　香）

【不断提高管理水平】 2009年，江苏石油分公司进一步完善预算管理，优化财务资源配置，实现资金集中管理系统和BW&BCS项目上线，将内控由管理层向执行层传递，推动财务功能转型。进一步深化ERP应用，提高信息化管理水平。细化管理，成品油综合损耗率同比下降0.5个千分点。

（陈　香）

【不断提升经营队伍素质】 2009年，江苏石油分公司面向社会公开招聘，充实营销骨干队伍；对站长、片区管理经理和客户经理进行了专业培训，实行站长和片区管理经理的任职资格制，设置优秀客户经理晋升通道；与江苏工学院合作举办了油库主任、基建技术、安全管理3个专业培训班，对160名相关专业技术人员进行了定向培训。

（陈　香）

【企业文化建设有了新进步】 2009年，江苏石油分公司以第11届全运会火炬传递活动和建国60周年庆祝活动为契机，推动了群众性文体活动，企业文化建设有了新的进步。推广应用党建“八助工作法”、建设“五小工程”分别被省委组织部评为十大创新工作和服务党员群众十件实事。江苏南京石油分公司中山南路加油站被团中央评为2009年度青年文明号。

（陈　香）

表1　　江苏石油分公司主要生产经营指标

指标名称＼年份	2009	2008	2007	2006	2005	2004
成品油销售总量/万吨	975.99	1 016.74	979.00	932.00	840.00	744.00
零售量	655.00	709.31	691.00	660.00	567.00	477.00
销售收入/亿元	546.27	600.49	484.29	442.32	337.85	254.81
利　润①/亿元	17.47	19.45	17.01	18.57	7.07	15.27
成品油吨油费用/元	224.00	196.00	160.00	169.00	189.00	189.00
加油站总数/座	2 434	2 387	2 399	2 394	2 380	2 222

①利润按新口径重新统计。

浙江石油分公司

【概况】 中国石油化工股份有限公司浙江石油分公司（简称浙江石油分公司）前身为中国石油公司杭州支公司，始建于1950年，1998年8月与省内各级石油公司一同成建制划转石化集团公司。2000年4月按照石化集团公司的统一部署实施重组，主营业务、资产、人员等划归石化股份公司，设立浙江石油分公司。

浙江石油分公司经营范围涉及石油、石油产品、天然气、石油化工化纤及其他化工产品的销售、储运等，是浙江省内最大的成品油销售企业。

浙江石油分公司本部位于浙江省省会杭州市，设有11个职能处室和6个专业中心（公司），下辖11个分公司，经营销售网点遍布浙江省城乡各地。储运设施完备，有定位成品油库29座，拥有各类终端零售网点1 900余座，已开通镇海—杭州、金山—嘉兴—湖州成品油长输管线。截至2009年底，浙江石油分公司资产总额83.73亿元，从业人员1.7万余人。2009年销售各类油品1 250万吨，商品销售纯收入为663亿元，各项经济指标连续多年位居中国石化销售系统前列。

浙江石油分公司主要生产经营指标见表1。

（边　炜）

【应对市场变化实现保供保份额】 2009年，浙江石油分公司准确预判市场走势，把握市场动态，科学执行石化集团公司总部阶段性经营政策，因地制宜主导经营。全年销售成品油1 082.6万吨，其中零售763.5万吨，直销260.4万吨，终端销售比例保持在

94.6%。保持了汽油销量与消费增长同步，全年共销售汽油409.3万吨，同比增长5.2%；开拓海上渔业用油市场，全年海上其他柴油销售79.8万吨，同比增长69%。优化一、二次物流运作，针对资源流向、品号、时间不平衡等问题，加强内外协调，合理摆布资源，实现了全线全品号保供，全年节省物流成本1 664万元。

（边　炜）

【全员营销促销量增长】 2009年，浙江石油分公司按照石化集团公司总部“两保三不降”的要求，推广完善加油卡使用，全年加油卡发卡76万张，同比增长10.1%，累计保有量300万张，年平均持卡消费比例28%，同比增长3个百分点。积极开展加油站小额配送活动，全年配送量达到5.6万吨，有效填补了市场空白点。落实分级开拓、分级维护责任，通过“量、价、费、薪”互动考核等措施，充分激发客户经理扩销增效积极性，年内全省新增客户4 500家，带来新的销量15万吨。进一步发挥整体优势，提高润滑油经营水平，全年销售长城包装油7.84万吨，完成石化集团公司总部计划的112%；销售各类润滑油合计29.4万吨，同比增长22.9%；润滑油经营毛利达1.1亿元，居销售系统第一。配合做大经营规模，积极开拓燃料油市场，全年共销售燃料油137.9万吨，同比增长40.3%，完成石化集团公司总部计划的153.3%，实现毛利5 068万元，居销售系统第二。

（边　炜）

【加快非油品业务开拓】 2009年，浙江石油分公司新增便利店606家，在营便利店达到1 283家，商品种类达到2 700多种。实现非油品销售额3.12亿元，其中便利店商品销售2.09亿元，同比增长近3倍，完成石化集团公司总部计划的163%。实现销售毛利5 468万元（含润滑油1 588万元），纯便利店毛利率为22%。通过形象改造和大店培育，日均销售额千元以上门店达到307家，实现了年初提出的发展目标。

（边　炜）

【网络建设稳步发展】 2009年，浙江石油分公司积极协调争取重点位置加油站，年内经营权到期的23座高速公路加油站全部成功续签。全年全省共发展加油站53座，其中高速公路、城区加油站28座，另外还新签高速公路加油站合作协议10座，储备项目共73个，预留土地41宗。年内完成加油站形象改造105座，改造工作兼顾隐患治理、设备更新、便利店建设、“五小建设”等方面。改造后的加油站增量在15%左右，改造后的便利店销售额增长超过150%。全年完成了义乌油库二期、港口浦油库、普陀储运油库、石浦油库、宁波三官堂油库的改造工程，开展了嘉兴油库二期建设。

（边　炜）

【进一步深化防范安全工作】 2009年，浙江石油分公司积极开展了“我要安全”主题活动，认真贯彻《安全生产禁令》、“八项纪律”。进一步深化未遂事故报告制度，全年共计收集事件案例58 146例，共享705例，汇编下发了《2008年事故案例精编》。加强隐患查处与整改，尤其是暗查和突击检查，对查出的问题都认真落实了整改和复查验收工作。完成了石化集团公司8个项目1 050万元的隐患治理任务，同时还自筹资金2 000多万元，对37个隐患项目进行了集中治理。重新修订完善了基层应急预案45项，开展各类应急演练9 400多次，参演人员近4万人次。并配合地方政府部门开展大型消防演习和针对性反恐演练23次。加强油品数质量管理，对外采油品进行全项目检测，全年检验外采油样926个，销售油品100%合格。加强损耗控制，确保零售计量准确度；利用GPS系统重点监控承运商动态，全年未发生异常，在各级技术监督部门的执法抽查中均未发现计量违规行为；各项损耗指标均优于年初目标，进、销、存综合损耗量3 325吨，同比下降1 700余吨。浙江石油分公司连续12年被石化集团公司评为安全生产先进单位。

（边　炜）

【精细管理见成效】 2009年，浙江石油分公司在费用上“压管理，保经营，突重点”，向一线倾斜，为扩销增量提供了有力的支持。在做到风险可控前提下，合理简化各经营业务内控流程，特别对信用政策做到原则性和灵活性相结合，既规范管理又确保经营需要。加强了1 188人的记账员队伍建设，通过专项稽核和检查，促进职责落实，靠前控制风险。将“内控”责任落实到岗位，增强制度执行力，定期开展自测自查工作，在10月石化集团公司总部内控综合检查中获得了好成绩。同时积极开展审计和监察工作，全年实施审计项目755个，提出整改建议232条，开展监察项目26个，提出督察建议47条，实现了有效监督。法律事务管理与服务双管齐下，形成《法律意见书》34份、审查合同2 625份，有效防范了法律风险。紧紧围绕服务中心工作，不断创新ERP应用，实现了二次运费自动结算、海上网点ERP上线，ERP系统与内控紧密集成，工作效率不断提高，风险得到有效控制；创新管理层ERP应用机制，分析决策能力进一步增强。

（边　炜）

【党建工作得到加强】 2009年，浙江石油分公司完善了党委理论中心组学习制度，充分发挥理论中心组在学习上示范、引导作用，年内省公司党委理论中心组被省直机关工委评为先进党委中心组。发展党员206人，其中劳务工107人；截至年底，销量3 000吨以上或10人以上有党员的加油站达675座。积极开展“三创一争”、“评先创优”等活动，开展了6位基层先进人物巡回演讲活动，以庆祝建国60周年为契机，开展了系列活动，加强了新闻宣传和企业文化工作，获得了凝心聚力的效果。

（边　炜）

【队伍建设获佳绩】 2009年，浙江石油分公司着重加强地市公司班子配备和结构优化，通过干部队伍的交流、调整、充实，有效地调动了广大干部职工的积极性和主动性。加强了“三支队伍”的培训，全年全省累计组织培训1 926期，培训5万多人次。同时立足岗位，加强练兵，在销售系统竞赛比武7项决赛中，审计、项目投资与管理专业获第一，零管、营销、管道专业获第二，非油品专业获第三，劳资专业获第五，综合团体获第一。

（边　炜）

表1　　浙江石油分公司主要生产经营指标

指标名称＼年份	2009	2008	2007	2006	2005	2004
成品油销售总量/万吨	1 082.60	1 104.00	1 092.00	1 026.00	947.00	882.00
零售量	763.50	838.00	780.00	722.00	611.00	554.00
销售收入/亿元	663.00	710.90	608.90	551.30	428.60	336.60
利　润/亿元	20.80	28.60	22.80	22.90	13.60	22.50
吨油费用/元	173.00	181.00	161.00	149.00	158.00	156.00
在营加油站总数/座	1 911	1 905	1 889	1 820	1 807	1 746

安徽石油分公司

【概况】 中国石油化工股份有限公司安徽石油分公司（简称安徽石油分公司）的前身中国石油公司安徽支公司成立于1952年，1998年划归石化集团公司，2000年底改制为安徽石油分公司。公司主营汽油、柴油、煤油、润滑油的储运、销售，兼营油库、加油站设施的设计、安装，以及经营燃料油、液化气、沥青、化肥等多种业务。

安徽石油分公司本部位于合肥市，截至2009年底，设11个管理部门、5个专业中心，下辖15个市级分公司和区域公司；用工总量10 593人，其中正式职工3 601人；拥有总资产44.95亿元，其中固定资产36.07亿元；拥有油库25座，库容总量52.93万立方米；铁路专用线14条，总长1.47万米；接卸油码头9座；在营加油站1 401座，销售网络覆盖安徽省城乡各地。

2009年，安徽石油分公司经营总量442.99万吨，其中成品油销量431.5万吨，润滑油4.27万吨，燃料油7.22万吨；销售收入244亿元，利润7.57亿元。

安徽石油分公司主要生产经营指标见表1。

（李登兴）

【全力落实“两保三不降一提高”目标】 2009年，安徽石油分公司面临成品油市场发生根本性转变的局面，克服成品油市场供大于求、市场竞争异常激烈的困难，全力扩销增量，落实“两保三不降一提高”目标。把握社会消费和市场变化规律，超前决策，灵活应对市场变化，及时调整营销策略，处理好与竞争对手的竞争与合作关系，努力创造良好经营环境；统筹平衡资源，做好资源调运组织，优化库存摆布，确保市场平稳运行；强化直销批发经营指导，做好“日指导、周分析、周点评、旬小结、月总结”，确保经营决策布置即时执行到位，对终端大户实行差异营销，区别定价，确保客户不流失；在零售上适时开展“点对点”竞争，确保市场控制力，开展以提升IC卡发卡量和充值额为主要目标的系列营销活动，全力培养顾客忠诚度，扩销增量。通过努力，安徽石油分公司经营创效能力在挑战中稳步提升。

（李登兴）

【开展全员销售竞赛活动】 2009年，安徽石油分公司根据石化股份公司统一部署，制定全员销售竞赛活动方案，组织市分公司零售管理人员专题培训，大力开展全员销售竞赛活动，并先后开展了“每车多加一升油，人人争先当能手”、“优质服务月”、“我的一次成功促销经历”、“销售竞赛比武”等系列主题月活动，不断将全员销售竞赛推向深入，在全省系统掀起“人人学技巧，人人懂销售”的热潮。在活动中，产生销售事业部级先进地市9个、明星片区36个、明星加油站108个、销售明星225个；省级先进地市18个、明星片区72个、明星加油站324个、销售明星1 220个。

（李登兴）

【拓展非油品业务】 2009年，安徽石油分公司进一步解放思想，加大加油站便利店新建和改造的力度，完善对省市两级非油品供应商的管理，做好便利店POS机设备联调上线，逐步应用非油品业务信息系统，并加强与地方有关部门协调，加快办理便利店烟草销售许可证，积极引进适销对路的商品，开展“油非互动”营销活动，提高“易捷”便利店知名度，非油品业务迅速增长。年底在营便利店达376座，其中“POS机”店380座；汽服店42座；已办理烟草许可证737个，占在营加油站54.5%。全年共实现非油品收入1.38亿元。

（李登兴）

【逐步完善加油站网络布局】 2009年，安徽石油分公司利用各种有利条件，加大重点部位加油站的发展力度，坚决落实加油站“拆一还一”，积极推进以扩能为主的新形象改造，深入开展加油站打假维权，狠抓加油站在营率。全年新增加油站76座，其中省会城市、高速公路、市县城区等重点部位加油站70座，网络建设完成率在销售系统排名第一；完成加油站整体改造16座，新形象改造112座；共清除侵权社会加油站79座。截至年底，全省系统在营业加油站1 401座，营销网络进一步完善。

（李登兴）

【加强安全管理】 2009年，安徽石油分公司认真落实“谁主管、谁负责”的安全生产责任制，逐级签订安全生产责任书，深化各级行政一把手安全责任把关制；通过举办安全专题宣传周、消防运动会，向员工发“安全短信寄语”等形式，扎实开展“我要安全”主题活动；贯彻执行石化集团公司《安全生产禁令》并开展禁令细化工作，加强对承包商资质的审核和安全教育，实施直接作业环节“双确认”制度，完善设备基础管理，开展应急预案专项审核，加强全省系统安全培训，共举办各类安全培训149期，参加人数4 915人次。全年全省系统安全生产形势平稳，没有发生上报石化集团公司安全以及数质量责任等级事故，较好地完成了年初制定的安全工作目标任务，被石化集团公司授予安全生产先进单位和“我要安全”活动先进单位称号。

（李登兴）

【推进风险管理】 2009年，安徽石油分公司围绕“事前全面预防、事中严格监控、事后有效应对”的风险管理目标，成立风险管理委员会，落实风险管理责任；收集企业风险和风险相关的初始信息，开展风险识别、风险分析和风险评价工作；编制试行《安徽石油分公司风险管理指引》，采用列举法并以矩阵形式对14个大类26项具体业务、16个控制项目227个风险控制环节的847个具体风险进行描述，提高风险应对能力，提升风险管理水平。安徽石油分公司“全面风险管理的探索和实践”成果获石化集团公司第18届管理现代化创新成果三等奖。

（李登兴）

【大力降本节费】 2009年，安徽石油分公司牢固树立过紧日子的思想，大力营造勤俭治企的内部氛围，传递降费压力，强化降费理念；坚持深化全面预算管理，按照“全面、真实、严格、高效”的原则，健全完善全面预算管理体系，落实强化费用管理责任制；坚持精细管理，加强运杂费、修理费、公务性支出等支出项目管理，深入挖掘降费潜力；强化集中管理，坚持物资设备、大宗用品统一招投标、集中采购，不断拓展规模效益；完善费用考核办法，加大考核力度，调动全员降本减费积极性和主动性，全年考核吨油费用在下达指标之内。

（李登兴）

【推进油库“达标创优”升级】 2009年，安徽石油分公司制定了“2009年全省油库在上年的基础上实现升级”的工作目标，认真落实活动实施细则，建立责任人考核制度，深入开展“达标创优”升级工作。在活动中确定屯溪油库为“达标创优”样板库，组织其他油库开展“找差距，抓整改”活动，并组建了专家组对各油库的“达标创优”工作加强指导。对全省22座在用油库进行了“达标创优”考评，其中6座达到优秀油库标准分数，3座达到先进油库标准分数，13座达到合格分数，黄山、阜阳、宿州3座油库被石化股份公司评为“达标创优”优秀油库。截至年底，安徽石油分公司共有4座“达标创优”优秀油库。

（李登兴）

【信息化建设迈上新台阶】 2009年，安徽石油分公司共完成了充值卡、培训考试等9个信息系统或模块的新建，完成了OA、电子提油卡等4个系统的升级；新增非油品、电子账表册以及其他应用计算机800余台，新开通宽带或专线85条，开通了部分3G上网服务，新增服务器13台；ERP应用达标保标成功，内控审批系统被石化集团公司列入销售企业推广项目。信息化水平进一步提升，为提高管理效率、降本增效创造了良好条件。

（李登兴）

【加强队伍建设】 2009年，安徽石油分公司开展省公司中层管理岗位和市分公司领导班子副职竞聘上岗工作。经过民主测评和综合素质测试，新提拔14人，随后又根据需要，对部分市分公司领导班子进行了调整。竞聘后，中层干部队伍年龄结构得到改善，市分公司班子平均为45.6岁；文化程度进一步提高，本科以上学历人员占班子总人数的60.3%，中层管理队伍进一步年轻化、知识化和专业化，整体素质得到提高。继续开展以提高全体员工素质为目的的竞赛比武活动，认真制定实施方案，广泛宣传发动，加强督察指导，精心组织实施，圆满完成了初、复赛。其中，初赛阶段组织了8 545人参加8条专业线的比赛，确保了参赛率100%、培训率100%；在决赛中的7个项目中，取得了4个项目1枚金牌、1枚银牌、2枚铜牌的较好成绩。

（李登兴）

【开展群众性文化活动】 2009年，安徽石油分公司坚持开展多种形式群众性文化活动，不断加强精神文明建设，营造和谐的企业文化氛围。在“我要安全”主题文化活动中，淮南分公司获石化集团公司DV短片征集二等奖，池州、黄山分公司获优秀奖；全省系统共创作34篇“我要安全”小故事，淮北分公司的《泪水滑过微笑的脸》获得石化集团公司二等奖；在销售系统举办的“我要安全”主题活动演讲比赛中，阜阳分公司孙杰和合肥分公司袁玲分获金牌演讲选手和优秀演讲选手称号。公司还组织节目参加了石化集团公司国庆60周年暨第二届职工文艺汇演，安庆分公司自编自演的黄梅戏《十年佳话》获三等奖，宿州公司自编的山东快书获优秀奖。在共和国60华诞来临之际，省市公司都举办了“为祖国放歌”歌咏活动，激发了广大干部员工“爱我中华，振兴石化”的情怀。

（李登兴）

【落实捐资助学工作】 2009年，安徽石油分公司继续做好石化集团公司在安徽省的捐资助学工作。石化集团公司自2007年起分5年共捐资1亿元在安徽省建设“中国石化希望小学”，安徽石油分公司对项目学校和施工单位资质进行审核，对希望小学的建筑外形和风格统一设计，既充分体现学校由中国石化援建又保证房屋结构符合抗震要求；对实施过程进行监控，确保工程质量，并按照工程进度进行拨款，保证项目资金不被挪用。截至年底，在安徽省17个市共建成中国石化希望小学102座，在建学校46座，已拨付捐赠资金4 093.4万元。

（李登兴）

【推进反腐倡廉工作】 2009年，安徽石油分公司受理来信举报20件，对查实的违规违纪问题严肃处理或限期整改，做到“件件有登记，件件有审批，件件有着落”；继续开展反腐倡廉宣传教育，加强理论学习，铸牢广大员工尤其是领导干部的思想防线；进一步完善党风廉政建设责任制领导机构和工作机制，组织各级领导干部和重点岗位员工签订党风廉政建设责任书、廉洁自律承诺书578份。根据石化集团公司统一部署，全面推进业务公开工作，制定了《安徽石油分公司业务公开工作实施方案》，重点对油品直销分销、油品外部采购、对外租运车船业务、工程建设项目等10个方面的业务实施结果进行公开，9月30日，业务公开系统正式上线运行。

（李登兴）

表1 **安徽石油分公司主要生产经营指标**

年份 指标名称	2009	2008	2007	2006	2005	2004
成品油销售总量/万吨	431.50	431.10	414.36	381.82	360.72	312.84
零售量	280.00	312.27	292.04	265.21	227.48	203.70
销售收入/亿元	244.12	259.51	212.93	190.20	151.10	113.29
利　润/亿元	7.57	10.62	8.54	10.54	3.83	5.34
吨油费用/元	280.00	233.00	226.00	195.00	192.00	224.00
在营加油站总数/座	1 599	1 544	1 484	1 483	1 486	1 470

福建石油分公司

【概况】 中国石油化工股份有限公司福建石油分公司（简称福建石油分公司）的前身为福建省石油总公司，成立于1952年10月13日。1998年7月成建制划归石化集团公司。2000年3月，按主辅业分离的原则，福建省石油总公司重组为中国石油化工股份有限公司福建石油分公司（上市公司）和中国石油化工集团福建石油总公司。2006年10月成立中国石化集团资产经营管理有限公司福建石油分公司（简称资产公司福建石油分公司），12月注销福建石油总公司。2007年7月24日，福建石油分公司和埃克森美孚中国石化有限公司、沙特阿美中国有限公司合资成立了中石化森美（福建）石油有限公司（简称中石化森美公司），合资后，福建石油分公司的主营业务划归中石化森美公司，根据不竞争条款，公司业务范围仅余润滑油和燃料油经营以及联营企业管理和成品油管道运营的管理等。2009年，福建石油分公司恢复成品油经营业务，并与资产公司福建石油分公司合署办公。

福建石油分公司本部位于福州市鼓楼区中山路23号，设有7个职能处室，3个专业中心，下辖10个市级分公司。截至2009年底，在岗员工2 955人，其中正式工492人，劳务工2 411人，非全日制用工52人；内退职工594人，离退休职工2 310人。总资产53.24亿元。

2009年，福建石油分公司经营总量125.46万吨（不含中石化森美公司，下同），其中成品油87.96万吨，润滑油7.24万吨，燃料油27.89万吨，其他石化产品2.37万吨。实现利润8 833万元。商品流通费用总额3.96亿元。

福建石油分公司主要生产经营指标见表1。

（陈进鎏）

【中石化森美公司经营工作危中转机】 2009年，受金融危机影响，区内经济发展速度明显减缓，需求快速萎缩，走私油、非标油充斥市场，非法销售柴油活动猖獗，社会经营单位快速恢复、竞争对手持续低价销售，经营工作受到强烈冲击。面对严峻的形势，中石化森美公司坚持贯彻“两保三不降一提高”的要求，及时提出“零售促量保效益，商客降库保客户”的经营原则，采取“有取有舍，择重避轻”的营销策略，积极应对，攻坚克难，经营总量超过预期，直销批发业务首次突破100万吨关口。全年销售成品油424.5万吨，其中零售294.4万吨，直销批发102万吨，市场占有率71.6%。实现税前利润11.29亿元。非油品业务飞速发展，油非互动相得益彰，业务范围持续拓展，全年新增便利店85座，累计达295座，全年实现营业额5 678万元，同比增长4倍，完成计划任务的132%。

（陈进鎏　余英奇）

【中石化森美公司经营管理成效显著】 2009年，中石化森美公司全面推动小额配送业务，推出库出小额配送，规范运作，小额配送业务稳步发展，全年销售量同比增长11倍，有效抑制了销量的下滑。通过资源串换、降低海运价格、减少外采定额损耗、降低月末库存、优化油库网络与资源配送流程，年节约费用近9 000万元；坚持按合同操作，降低配置油品进货价格，增加税前利润4.9亿元。通过加强对承运车队管理、优化二次配送、引进欧洲标准的铝合金大吨位油罐车等措施，油品脱销率从2007年的6.5%降至2009年的0.05%。网络发展与品牌建设成果丰硕，全年加油站净增26座，完成150座加油站的形象改造工作。财务效率进一步提高，财务费用预算减少较年初下降35.5%，平均货币资金沉淀天数也从2008年的13.35天减少为3.12天，全年商品流通费用较年度预算节余幅度达到10%；投资资金监管、税收管理等各项财务管理工作经内、外部共6次审计、检查，均得到了较好的评价。标准化建设取得阶段性成果，第一阶段工作圆满完成，形成了完善的“3+1”企业标准体系，其中技术标准为346个，管理标准为167个，工作标准为252个，企业适用的法律法规有63个。

（陈进鎏　余英奇）

【福建石油分公司经营业绩良好】 2009年，福建石油分公司重新有了成品油经营业务，年内共有4座自营加油站投产，而且取得了一定的经济效益，对公司发展具有重要的意义。润滑油中心以开拓市场为目的，以精细管理和服务营销为核心，较好实现了量效并进和保客户增销量，销售及中转总量为10.63万吨，同比增长29%。化工产品销售及中转总量3.61万吨，同比增长146%。燃料油中心继续强化守土有责的责任意识，经营总量为27.89万吨，同比增长36%，吨油差价指标在系统省市公司月度排名中始终排在第一，继续保持福建境内燃料油销售的龙头优势。

（陈进鎏）

【加油站网络发展取得较大突破】 2009年，为了打造“生命工程”，福建石油分公司制定了零售网络发展工作考核办法及网络发展目标，并与各市公司经理签订了目标责任书；加强与中石化森美公司沟通、协调、配合，及时交换有关信息，定期召开项目讨论会，共同促进零售网络的有效发展；提前介入，确保续租；抓住海峡西岸经济区建设的有利契机，抢占高速公路网点建设，在新开通的浦南、泉三、永武高速公路上，新租赁22座加油站；盘活闲置资产，对能改变用途的关停油库，采取多种方式，与政府及有关部门积极沟通，将闲置油库与政府置换成加油站用地，或利用原有油库设施改造为零售网点等；严格迁建管理，坚持“不拆、少拆、缓拆”原则，对非拆不可的，力争做到“先建后拆，拆一补一，补偿到位”；及时跟踪在建工程建设情况。通过以上措施，福建石油分公司年内共发展55座加油站，超额完成石化股份公司下达的加油站网络发展任务。

（陈进鎏）

【联营企业监管得到加强】 2009年，福建石油分公司通过强化预算管理、加强投资运营分析与检查、加强投资收益管理、理顺资产公司福建石油分公司持有的联营企业产权变更事宜、牵头组织对外投资企业产权登记工作、加强检查指导、规范联营站管理、继续加强员工培训、增强服务意识，为联营企业排忧解难等有效监管措施，稳定了外派人员队伍，调动了外派人员积极性。全省41家对外投资在营单位全年销售总量47万吨，实现净利润3 535万元，福建石油分公司实现投资收益约1 900万元，投资收益率7%。

（陈进鎏）

【安全环保继续保持先进水平】 2009年，福建石油分公司始终把安全环保数质量工作放在各项生产经营工作的首位，层层落实安全生产责任制，完善各类安全生产规章制度，建立健全管输油库的设备管理制度，严格执行《安全生产禁令》和安全纪律，严厉打击“三违”作业行为。加强隐患治理、安全检查、油品数质量管理，切实开展“我要安全”、油库“达标创优”主题活动，全面做好防范自然灾害、防治员工职业病工作。全年安全生产总体保持平稳态势，未发生上报等级事故，连续8年被石化集团公司评为安全生产先进单位，连续12年被省政府评为安全生产目标管理责任制考核先进单位。加油站销售油品合格率达到100%，为企业顺利运营和实现降本增效提供了有力保障。

（陈进鎏）

【队伍整体素质有所提高】 2009年，福建石油分公司多项举措有效推动队伍整体素质。继续完善绩效考核办法，建立了突出责任、注重业绩、合理拉开薪酬收入差距的激励机制，各专业线和各市公司的绩效考核办法进一步得到细化，考核结果基本能反映员工的绩效水平。进一步规范了中层干部的考核和管理，对委派中层干部采取回公司述职述廉和民主评议方式进行考核。重点考核其维护中国石化权益、主动与福建石油分公司协调配合和履行党内兼任职务职责的情况，进一步加强了中层干部思想、作风、业绩的考核管理，提高了履职水平。继续引进招聘人才，全年共引进6名全日制本科以上专业对口学生；管道招聘的92名运营人员中，有硕士3人、本科52人。进一步落实和加强了员工的培训工作，编制了公司员工3—5年培训规划。积极参加竞赛比武活动和开展职业技能鉴定工作，全年共有2 599名操作工参加职业技能鉴定，通过技能鉴定的员工为全部一线员工的70.37%。

（陈进鎏）

【管道一期工程基本建成】 截至2009年底，全线341.73千米、与福建炼化一体化工程配套的福建成品油管道项目，北线155千米已顺利完成水联运工作并具备输油条件；南线186.73千米已完成总量的99.1%；泉港首站库、兴闽油库已建成，东孚油库工程也已开工建设；石湖山油库改造已完成，拟准备码头进油，投产运行。

（陈进鎏）

【企业党建工作上水平】 2009年，为发挥好党员的先锋模范作用，福建石油分公司在全体党员中开展“一个党员一面旗帜”的主题活动。按照“三无三带头”的活动要求，在加油站和油库建立活动责任区98个，责任区的支部书记签订遵纪守法和安全指标责任书，服务窗口单位的党团员亮明身份，实行佩戴党团员标识上岗。在党群专业线开展“立足本职我先行”活动，推动了党群工作人员自身素质和工作质量提高。在2009年度总结评比表彰会上，受表彰的先进工作者、销售标兵中党员占63%以上，获十大杰出员工称号和经营管理突出贡献奖的党员占58%以上，党员的先锋模范作用得到发挥。建党88周年前夕，共有144名优秀共产党员、35名先进党务工作者和23个先进党支部受到公司党委的表彰和奖励。

（陈进鎏　林海滔）

【抓好维护稳定工作】 2009年，福建石油分公司党政主要领导认真履行第一责任人职责，党委书记切实负起维护稳定的责任，在维稳工作上与中石化森美公司分头负责，分工不分家，齐心协办共同抓好维稳工作。年内部分市公司先后出现协解人员集体上访，甚至出现冲击办公室、围堵加油站事件，给企业正常的工作秩序造成了影响。省市公司领导高度重视，积极应对，全力以赴，认真做好接访，做到有理、有利、有节，在地方政府的配合下，避免了事态扩大，稳定工作取得成效。

（陈进鎏）

表1 福建石油分公司主要生产经营指标①

指标名称 \ 年份	2009	2008	2007	2006	2005	2004
成品油销售总量/万吨	463.00②	464.00	416.00	388.00	365.00	329.00
零售量	303.00	349.00	299.00	277.00	214.00	176.00
销售收入/亿元	255.08	289.80	231.66	221.20	177.60	131.31
利　润/亿元	12.99	19.98	8.82	8.07	4.27	5.89
费用总额/亿元	11.52	10.91	8.82	8.07	7.01	6.56
吨油费用/元	249.00	220.00	184.00	161.00	144.00	152.00
加油站总数/座	810	796	781	793	775	733

①本表数据含中石化森美公司。

②合并后的数据去除中石化森美公司和福建石油分公司重复计算部分。

江西石油分公司

【概况】 中国石油化工股份有限公司江西石油分公司（简称江西石油分公司）的前身江西省石油总公司成立于1950年10月，1998年10月，成建制划转石化集团公司，2000年2月，主业重组改制为中国石油化工股份有限公司江西石油分公司，辅业组建为中国石油化工集团江西石油总公司，2007年3月28日，辅业又转制为中国石油化工集团资产经营管理有限公司江西石油分公司（简称资产公司江西石油分公司）。

江西石油分公司主营成品油销售、储运及便利店等非油品业务，是江西省成品油供应主渠道；下辖12个地市分公司，在全省各县（区）设有96个零售片区，经营销售网点遍布江西省城乡各地。截至2009年底，江西石油分公司资产总额52.6亿元，固定资产原值40.2亿元；加油站1 120座，油库18座；码头通航点3个；九昌樟成油管道230千米。

江西石油分公司主要生产经营指标见表1。

（吴　姗）

【升格为正局级大Ⅰ型企业】 2009年，江西石油分公司努力应对复杂的环境和成品油市场形势，建立"反应快"、"决策快"、"运作快"的运行机制，采取"扩市拓量、兼顾效益"的策略，试行全口径资源进销存平衡运行模式。在积极发挥成品油市场主渠道作用的同时，以"应变、保稳、图强"为重点，扎实开展"江西石油服务年"、"我要安全"和"全员销售竞赛"等主题活动，全面较好地完成了石化集团公司总部下达的全年各项目标任务，综合考核指标在销售企业排名靠前，多次受到总部表扬。全年成品油销售375.9万吨，同比增长2.1%，高于全国平均增长率3.2个百分点，完成石化集团公司总部年初下达任务（下同）的104.7%。其中，零售量288.5万吨，完成任务的103.8%，加油卡销售26万张，同比增长103.6%；直销85.7万吨，同比增长43.4%，完成任务的147.7%；长城包装油销售2.01万吨，同比增长8.6%，完成任务的100%；燃料油9.7万吨，同比增长81.1%，完成任务的114%。江西石油分公司各项指标创历史新高，升格为正局级大Ⅰ型企业。

（吴　姗）

【全面开展全员销售竞赛】 2009年是油品销售企业开拓市场、扩大经营最为艰难的一年，面对不利形势，江西石油分公司认真落实石化集团公司总部"两保三不降一提高"的要求，加大IC卡发行力度，广泛开展轻润组合、油非互动、主题营销、个性营销、国省道特色营销等各类促销活动。积极应对零售市场从未出现过的巨大批零差价和竞争对手低价竞争，采取"点对点"、"包围式"的价格策略和"分公司定价，零售、商客共同开发客户"的零售小额配送模式，有效稳住了零售价格、市场份额和锁定扩大配送客户，"保量保价"措施有力，使企业综合创效能力显著增强。年内实现报表利润7亿元，同比增长14.8%，完成石化集团公司总部年初下达任务的200%，创江西石油分公司利润新纪录。

（吴　姗）

【突出重点加快网络建设工作】 按照石化集团公司党

组提出“一放二管”的要求，江西石油分公司以“寸土必争”的精神，调动各种力量，全力抢占加油站。经过努力，2009年资本支出4.5亿元，共发展加油站46座，其中新增加油站43座，改造加油站完成407座，在建加油站19座，重点部位加油站发展比例91%。

（吴 姗）

【推进物流储运体系建设】 2009年，江西石油分公司九昌樟管道工程顺利通过竣工验收。同时，为完善物流储运体系，对景德镇历尧、吉安河东、鹰潭白马、九江金鸡坡、新余张家山等油库更新改造项目也顺利完工。拟定了江西管道及储备库规划，使管道二期项目前期工作有条不紊地开展。

（吴 姗）

【开拓润滑油终端市场】 2009年，江西石油分公司为开拓润滑油终端市场，对大客户实行“一对一服务，一揽子服务”。落实“高层攻关”开拓黄金大客户，实现了江铃OEM磨合用油正式供应。积极开展产销合作，实现江铜集团润滑油进口品牌长城油替代试用。加强与直供代理商合作，实行“一厂一策”定价。引导客户经理开发车用油终端市场，并开展促销活动，促销期间累计开发客户1 776家，终端销售量1 090吨，比上年增加52%。

（吴 姗）

【加快非油品业务开发】 为抓好便利店重点商品销售，江西石油分公司启动了加油卡进店消费，灵活开展了海龙燃油宝、国酒茅台、长城葡萄酒等高端产品的营销活动。持续推进便利店二次优化改造，2009年改造便利店69座，占全部便利店的23.1%；开业便利店298座，占在营加油站的26.8%。认真组织汽服业务摸底调查和清理，全面清理高速服务区，全年清回服务区14对，交回省交通厅11对。

（吴 姗）

【加快新能源项目发展】 2009年，江西石油分公司加强与江西省天然气公司及各地市政府的沟通，编制了加气站发展规划。完成了东乡燃料乙醇项目的可研报告编制及上报，并顺利通过了国家发改委的核准。顺利完成新能源相关科研项目。油罐车下装及其配套设施研究课题和电子铅封及车辆管理系统科研项目已通过鉴定并报申专利，同时，积极开展油罐汽车电子铅封及车辆管理系统的推广工作，逐步使科研成果转化为效益。

（吴 姗）

【激活零售经营机制】 2009年，江西石油分公司认真开展了《油品销售企业劳动定员》贯标工作，狠抓站内培训体系、油库培训体系建设和师资培养，建立了一支精干的专、兼职教师队伍。逐步建立了服务评价体系，树立了服务样板站。组建了“八步法”示范团队，制作了加油“八步法”和卸油“十步法”标准化操作DVD教学片。组织了定期、不定期明查暗访和督察，落实了“神秘顾客”制度，并选派片区经理赴销售公司和省公司进行述职，有效提升了片区经理业务素质。在统一规范的基础上，全省系统内510座加油站被列入委托管理范围，规范了用工形式。

（吴 姗）

九江分公司加油站员工班前会上练习“微笑”服务

【非上市委托管理稳步推进】 2009年，江西石油分公司对非上市土地、房屋权证统一集中到省一级公司管理，建立证照管理动态电子台账，有序地推进了非上市托管工作。通过了石化集团公司总部清理整顿全面检查验收，被评为清理整顿工作先进单位。

（吴 姗）

【积极推动业务公开】 2009年，按照石化集团公司的统一部署，江西石油分公司顺利实现江西石油业务公开信息系统上线运行，建立了业务公开工作的工作流程和责任体系，对有关购、销、调、存等基本业务信息实行公开监管。

（吴 姗）

【实现企业安全生产“四连冠”】 2009年，江西石油分公司组织开展了“安全生产月”、“我为安全建一言献一策”、安全小故事征集、安全主题演讲比赛、安全应知应会知识竞赛等形式多样的“我要安全”主题活动。加强典型事故和未遂事件案例教育，引导全员进行危害识别和风险评价，组织一线员工查身边隐患，反“三违”，争当“安全卫士”。强化各类预案演练，大力推行和开展标准化操作，有效促使全体员工从“要我安全”向“我要安全”和“我会安全”的转变，同时加强了对薄弱部位、薄弱环节及作业现场的安全监督管理，开展了加油站乱停乱放机动车辆专项整治和成品油公路运输专项整治。实行管道安保四级巡线检查，发挥警企联防机制，有效防范了打孔盗油及第三方破坏等事件。实施管道全线“三桩”加密整治，管道水工保护施工10余次，妥善协调濂溪大道等各类施工交汇管道事件20余起。“以修代培”完成管道泵机组等设备的全面维修保养，确保了管道运行安全。提早落实了隐患治理项目，排在销售企业前列，受到石化集团公司通报表扬，连续4年被石化集团公司评为安全生产先进单位称号。

（吴　姗）

【节能达标工作效果显著】 2009年，江西石油分公司严格按照石化集团公司总部节能达标工作各项要求，在继续巩固节水节电基础的同时，狠抓损耗管理和物流优化，通过结合自身实际开展的一系列节能达标活动，有效地降低了运行成本，取得了明显成效。年内全省系统内共查处7件偷油案件，一次运输环节平均损耗率0.12%，同比下降0.3个千分点，油品数质量工作实现了“两达标”、“两杜绝”目标。不断优化物流节能减费，全年成品油运杂费为1.33亿元，比石化集团公司总部年初下达预算节省了3%；成品油吨油运费35.4元，同比下降5.8元，比年度考核成品油吨油运费节约2.8元，获销售企业物流优化综合排名第四。在石化集团公司节能达标工作会上，江西石油分公司24座加油站获得节能达标先进加油站称号。

（吴　姗）

【精心组织开展“江西石油服务年”活动】 为积极引导全员转变观念，增强企业服务能力，江西石油分公司把2009年定为“江西石油服务年”，精心组织，制定活动实施方案和实施细则。围绕中心工作和重点任务，结合实际，创造性地开展了各项服务活动。积极落实“九个一”全员服务项目，参与全员销售竞赛，使广大干部员工纷纷走出办公室，深入基层和一线，走进工矿企业、工地、农村，推动管理服务经营、机关服务基层、企业服务社会。推荐了《道德情操论》《“小日本”小得可怕》等著作和文章，在广大干部员工中开展“建设服务型企业”的学习讨论，并撰写大量心得体会，形成了全员“比服务、比业绩”的良好氛围。通过开展“江西石油服务年”活动，江西石油分公司全体干部员工的思想观念得到明显转变，服务意识得到显著增强，“行商”意识、“卖服务”的意识得到确立，有力促进了各项经营指标的完成。

（吴　姗）

瑞昌分公司送油下乡

表1　　江西石油分公司主要生产经营指标

指标名称＼年份	2009	2008	2007	2006	2005	2004
成品油销售总量/万吨	375.90	368.00	339.00	333.00	311.00	279.00
零售量	288.50	284.00	257.00	244.00	211.00	175.00
销售收入/亿元	216.00	217.00	169.00	156.00	123.00	94.00
报表利润/亿元	7.00	6.10	4.24	5.68	2.52	3.39
吨油费用/元	287.00	255.00	252.00	221.00	205.00	219.00
加油站总数/座	1 120	1 104	1 094	1 087	1 021	982
自营加油站数	1 116	1 100	1 090	1 067	1 021	982
特许经营加油站数	4	4	4	20	–	–

湖北石油分公司

【概况】 中国石油化工股份有限公司湖北石油分公司（简称湖北石油分公司）位于湖北省武汉市解放大道606号，前身是成立于1953年的湖北省石油总公司。1998年7月整体划属石化集团公司管理，2000年4月分别组建湖北石油分公司（上市公司）和中国石化集团湖北石油总公司（存续公司），2007年7月，存续公司改组为中国石化集团资产经营管理有限责任公司湖北石油分公司（简称资产公司湖北石油分公司），2009年7月，资产公司湖北石油分公司交由湖北石油分公司托管。

湖北石油分公司下辖武汉、宜昌、荆州、襄樊、黄石、黄冈、孝感、荆门、高管、十堰、咸宁、恩施、江津13家市州分公司，拥有湖北省最为完善的库、站、管道网络，是湖北省成品油经营的主渠道企业。截至2009年底，湖北石油分公司用工总量为11 834人，其中正式工2 890人，资产总额56亿元，拥有加油站1 925座，在营加油站1 633座，在营成品油油库26座，专用码头16个，铁路专用线7 515米，在营成品油管道93千米。主要经营石油、天然气、成品油销售、储运，石油化工、化纤及其他化工产品的销售、储运，技术及信息的研究、开发、应用等。

湖北石油分公司主要生产经营指标见表1。

（许志勇）

【领导班子调整】 2009年4月1日，湖北石油分公司召开干部大会，石化集团公司党组成员、石化股份公司高级副总裁章建华一行到会宣布了石化集团公司党组关于湖北石油分公司领导班子调整的决定：原中国石化销售华中分公司总经理邹晓瑜任湖北石油分公司总经理、党委副书记，解聘陈火军湖北石油分公司总经理职务，改任调研员。

（许志勇）

【成品油销售实现正增长】 2009年，湖北石油分公司按照石化集团公司党组提出的“两保三不降一提高”的总体要求，根据市场形势的不断变化，进一步转变思想观念，及时调整经营策略，灵活开展市场营销，积极应对市场竞争。尤其是通过将直销、批发价格管理权限下放给市州公司，允许市州公司选择部分加油站开展点对点竞争，使市州公司更加主动贴近市场，更加灵活开展量价互动，更加有效提高市场竞争力。同时拿出500多万元作为奖励资金，大张旗鼓开展“全员、全品种、全过程、全方位”销售竞赛，激励全省系统开发客户、扩销增量的积极性和创造性。全年成品油销售474万吨，同比增长1.3%，其中零售358万吨，直销95万吨，终端销售比重达到95.4%。尤其是汽油零售同比增长12.2%，增幅在中国石化成品油销售企业中排名第二。

（许志勇）

【加油IC卡发卡网点开到大型超市】 2009年8月24日，湖北石油分公司第一个加油IC卡超市网点顺利开张。该网点的开业，实现了湖北石油分公司“走出加油站，到潜在目标客户聚集的地方设点销售IC卡”思路，不仅彰显了中国石化加油IC卡的影响力和中国石化的企业形象，而且拓宽了加油IC卡的销售渠道，促进了IC卡销售。截至年底，该发卡网点售卡1 314张，充值金额347万元。

（许志勇）

湖北武汉石油分公司超市加油卡发卡网点

【非油品业务呈现快速发展势头】 2009年，湖北石油分公司认真领会石化集团公司总部关于非油品业务的发展战略，加大对非油品营业网点的投入，把最好的位置让出来做经营，切实增加加油站非油品经营面积和功能。推进非油品业务专业化运行体制改革，建立和充实非油品经营机构。推广POS系统应用，建立相关的制度流程。下放商品采购管理权限，调动市州经营积极性。充分利用三年收支平衡政策，加大费用和薪酬激励力度，鼓励市州公司尽快做大非油品经营规模。截至年底，湖北石油分公司在营便利店达700座，麦当劳汽车餐厅1座，各类汽服店23座，全年实现便利店收入6 886万元，完成年度计划任务的186%。

（许志勇）

【新增完工和在建加油站108座】 2009年，湖北石油分公司认真贯彻落实石化集团公司党组提出的“区内增强控制力、区外扩大影响力，全面提升市场竞争力”要求，把加油站建设作为捍卫辖区市场控制力的重中之重，加大人力、资金、奖励、费用等各种资源投入，全方位调动各方面积极性，采取积极进攻的态势，全力以赴抢抓加油站网点建设，网点建设取得了近5年来的最好成绩，全年新增完工加油站76座，在建32座，合计达108座。高速公路新增加油站19座，高速公路累计经营权加油站突破100座，达104座。全年实施加油站改造180座，其中完工102座，在建78座；完成加油站便利店改造91座，在建38座；新增卡站、POS站239座，发卡网点199个。

（许志勇）

【加强与地方政府的沟通与合作】 2009年，湖北石油分公司加大与湖北省委、省政府和各市州政府的联系与沟通，积极争取各级地方政府的政策支持，努力为企业持续有效发展营造良好的外部环境。12月4日，在湖北石油分公司积极配合下，石化集团公司与湖北省人民政府、武汉市人民政府签订了《关于加快推进武汉80万吨乙烯项目建设战略合作协议》，该协议专门有一个部分表达“支持中国石化在鄂成品油销售网络建设”的内容。8月21日，湖北省政府出台《关于支持中石化湖北石油分公司经营网点发展和服务80万吨乙烯项目建设的会议纪要》，并印发到各市州县政府。6月20日，湖北石油分公司与黄石市人民政府签订政企合作战略协议，此后又先后与孝感、咸宁、鄂州、荆州、襄樊5个地市政府签订政企合作战略协议，提前拿到上述地区重点地段优质加油站的建设优先权，为所在地市州分公司开展网络建设创造了有利条件。

（许志勇）

湖北石油分公司与黄石市人民政府签订政企合作战略协议

【强化各项基础管理工作】 2009年，湖北石油分公司深刻分析水上加油站经营管理暴露出来的问题，大力强化各项基础管理工作。启动商品管理系统建设，加强商流、物流、资金流的日常管理和对账；严格销售业务“三单”一致，防范经营风险；出台资金管理“十大禁令”，防范资金风险；启动加油站、油库岗位标准化试点工作，强化基层基础工作；在下放权限、搞活经营、加大投资的同时，强化财务管理、内部控制、审计监督和纪检监察，加大对经营、投资过程的监督检查；深化ERP、加油卡等信息系统应用，强化日常运维和在线监控，助推管理提升；认真开展节能达标工作，加油站损耗率同比下降0.57‰、吨油二次费用较目标任务节支0.7元。围绕提高职业化能力素质，加大教育培训工作，技能竞赛比武再创佳绩，宜昌分公司和荆门分公司2名选手分别在劳资、投资专业决赛中勇夺金牌。试行PDCI管理模式，并通过党政月度例会进行落实，促进省公司机关管理水平和管理效能逐步提升。

（许志勇）

【连续6年被湖北省评为安全生产红旗单位】 2009年，湖北石油分公司按照石化集团公司的总体部署，以“我要安全”主题活动统领全年安全工作，重点在学、练、比、用4个方面狠下功夫，不断夯实本质安全基础。在销售系统举行的演讲决赛中，湖北石油分公司派出的2名选手均获得金奖。进一步细化“安全禁令”，着力构建安全防护网；深化“定期工作”，不断提高执行力；严格整治“重复性问题”，大力消除隐患；认真分析未遂事故，努力防范各种安全风险；加大日常应急预案演练，提高应急处置能力，全年成功处置了7起未遂事件，其中武汉新洲城南站成功处置社会吸毒人员恶性纵火破坏事件，受到了石化集团公司总部的高度肯定。湖北石油分公司连续6年被评为湖北省安全生产红旗单位，连续2年被石化集团公司评为安全生产先进单位。

（许志勇）

【继续深化经营管理体制改革】 按照中国石化总部的要求，2009年7月1日起，湖北石油分公司正式托管资产公司湖北石油分公司，被托管企业财务处与湖北石油分公司财务资产处合署办公；湖北石油分公司成立实物资产处，与被托管企业综合管理处合署办公；湖北石油分公司成立离退休管理处，撤销被托管企业离退休人员服务中心，相关职能和人员整体划转。按照“人员集中管理、工作统筹安排、薪酬统一发放、业绩统一考核”的要求，审计、纪检监察工作实行省公司垂直管理，各市州公司不再单独设立机构，省公司分别设立武汉、襄樊、宜昌3个区域分部，作为省公司审计处、纪检监察处的派出机构，负责对所辖区域各单位的审计、纪检监察工作。

（许志勇）

【推进和谐企业建设】 2009年，湖北石油分公司坚持以人为本，围绕凝心聚力，积极推进和谐企业建设。全年筹措资金339.06万元，广泛开展慰问、帮困和夏送清凉、冬送温暖等活动，进一步增强了企业的向心力和凝聚力。贯彻执行石化集团公司《关于进一步完善中层管理人员退出现职的指导意见》，有效解决了湖北石油分公司中层干部退出现职待遇偏低的问题。通过领导分片包点，变上访为下访，解决思想问题与解决实际问题相结合等措施，有效维护了企业的和谐稳定，全年群众来信、来访同比下降9%和30%。

（许志勇）

表1　　湖北石油分公司主要生产经营指标

指标名称＼年份	2009	2008	2007	2006	2005	2004
成品油销售总量/万吨	474.49	468.00	460.00	437.00	401.00	354.00
零售量	357.50	369.00	336.00	323.00	285.00	237.00
报表利润/亿元	5.20	6.36	4.63	5.74	–2.10	…
吨油费用/元	284.00	245.00	236.00	213.00	214.00	277.00
加油站总数/座	1 925	1 853	1 801	1 823	1 814	1 768

湖南石油分公司

【概况】 中国石油化工股份有限公司湖南石油分公司（简称湖南石油分公司）位于湖南省长沙市湘春路113号。其前身为成立于1950年的中国石油公司长沙分公司，1998年整体划转石化集团公司，经改革重组成为石化股份公司驻湘销售成品油分公司。主要经营汽油、柴油、煤油、润滑油和燃料油的批发、零售、配送，非油品（烟酒、饮料、百货、食品、汽车用品、其他服务）销售业务。截至2009年底，湖南石油分公司下辖15个分公司（包括14个市、州分公司和销售分公司）；共有员工12 457人，其中正式工4 329人，劳务工8 138人，具有高级职称的42人，中级职称的457人，初级职称的1 352人；有固定资产原值47.63亿元，净值33.45亿元；有在营油库23座，铁路通槽点 15个，铁路专用线 5条，总长1.56 万米，内河通航点5 个；有在营加油站1 460座，在营易捷便利店480 座。

2009年，湖南石油分公司共销售成品油505万吨，同比增长5.8%，实现易捷便利店收入7 408万元，实现报表利润8.02亿元，同比增长94%。

湖南石油分公司主要生产经营指标见表 1。

（黄文胜）

【领导班子调整】 2009年2月5日，石化股份公司宣布湖南石油分公司领导班子调整决定：李向荣从石油工程西南公司调湖南石油分公司任副总经理，陈智勇任副总经理，黎晓任总会计师。

（黄文胜）

【扩销增量取得明显成效】 2009年，随着经济形势、市场供需和政策环境的变化，湖南石油分公司将工作重心从“市场保供”转到“扩销拓市”上来，按照“增量、增效、增市场份额”的工作思路开展工作。成品油经营坚持“以量为主、量效兼顾”的方针，更新营销理念，挖掘增量潜力，发展完善了应对竞争的手段策略。针对供需态势变化，采取了加油站小额配送、库出配送、站级直销、运费补贴等一系列措施。着力拉长县域和水上市场“短板”，水上市场销售8.5万吨，同比增加5万吨，县域直销量35万吨，同比增加13.5万吨，国省道促销增量2.5万吨。

（黄文胜）

【主题营销深入人心】 2009年，湖南石油分公司组织开展了面向全省、各地联动的“油非互促”系列营销活动，新增客户8.54万名，充值8.6亿元，带动非油便利店销售增加超过1 000万元。开展加油卡进社区活动43期，新增客户4 887名，现场充值5 666万元。将客户维护和走访活动贯穿全年，累计走访客户2 000余人次，组织座谈会、回馈客户活动39次，加快了从“坐商”向“行商”的转变。在“保量”的同时“保价”，按照“竞争、放权、梯次、受控”的思路，在竞争相对激烈的地区采取灵活的营销策略，力争客户不走，市场不丢，利用价格杠杆，设置了自助站、IC卡大客户优惠、机出配送、库出配送、水上直销等不同销售环节灵活作价，最大可能地统筹价差，优化销售结构，覆盖各类客户。

（黄文胜）

【网络建设实现有效发展】 2009年，湖南石油分公司投资工作进一步突出重点、做大规模，坚持以“守土有责，寸土必争”的精神抢占高速及城区重点位置加油站，以挖掘潜力、完善功能为目标加快库站改造，以提升和完善功能为目的加强信息化建设，网络服务功能、品牌形象、科技含量有效提升，为巩固市场占有、增强持续赢利能力打下了坚实基础。全年投入发展资金11.5亿元，新发展加油站55座，其中水上加油船5艘，新建竣工加油站中高速和城区重要加油站占90%；在建站24座，取得25座高速公路加油站经营权，征地42宗；改造加油站90座，歇业站恢复26座，完成124座加油站的罩棚标识改造；隐患整改油库8座、加油站212座，技改油库6座。成品油管道项目一期按期收尾并一次通过竣工决算，二期已编制项目建议书和可行性研究报告并报石化集团公司总部审批。

（黄文胜）

【多元立体调度体系初步构建】 2009年，湖南石油分公司加快现代化物流的提质建设，初步构建了以长岭—株洲成品油管道运输为纽带，与株洲815油库铁路二次起运相结合的立体资源调运体系，提高了市场保障和应急调度的能力。全年管输油品203万吨，占全省进货总量的45%，从株洲815油库二次装车1.21万车、发运60万吨，占全省铁路进货的25%，长岭—株洲成品油实现全品种顺序输送，提升了陆城码头水运资源上岸进管道的转输能力，工艺系统、自控系统、视频系统、通信系统运转正常，通球清管作业一次成功，实现了“安稳长满优”运行。全省物流运行指挥调度中心通过视频动态连接油库、加油站和车辆GPS系统的集成，实时监控和指挥各环节的运行情况，实现全自动化管理。通过进一步优化运输结构、全面核查配送运距、减少不合理流向等手段，全年节约运杂费支出近500万元。

（黄文胜）

【安全生产形势总体保持平稳】 2009年，湖南石油分公司以“我要安全”主题活动为主线，以强“三基”、反“三违”为重点，深化落实《安全生产禁令》和“八大纪律”，认真开展标准化操作、应急预案演练活动和综合整治，管道站场安全管理状况明显好转。按期完成石化集团公司下达的8个隐患整改项目和212座安全评价不合格加油站的整改、危化证换发工作。油库达标创优工作全面推进，在营油库实现100%达标。组织26家承运商、承包商人员进行安全培训考试，共培训216人次，发放准入资格证书188人。全年组织各类演练7 383次，查处“三违”行为238人次，其中辞退12人，下岗处理18人。长沙桐梓加油站员工仅用23秒时间就成功处置了犯罪分子纵火事件，受到石化集团公司总部通报嘉奖。在销售事业部组织的“我要安全”演讲比赛中，省公司选派的两名选手获决赛金、银牌。

（黄文胜）

【全面创新财务管理】 2009年，湖南石油分公司采取“增量增费、减量减费”的措施，积极引导向市场要费用，共统筹促销费、修理费等指标6 600万元，吨油费用较预算节约1元，实现了“以量保费、以费促量、量费互动”的良性循环。用好资金杠杆支撑经营，合理调增客户信用及应收票据额度1 600万元，圆满完成石化集团公司总部清欠任务，银行上门收款站点增加到739个，开通POS机157台。扎实开展经济活动分析，全面分析与专业分析相结合、财务结果分析和经营过程分析相结合，拓宽视野，精细算账，找准差距，传递压力。切实抓好内控综合检查和整改工作，查出未执行控制点120个，合理精简流程，延伸部分权限，细化修订控制点159个，修订率22%。顺利完成ERP权限整改工作，全面清理各模块用户、角色和授权，确保风险控制在合理范围内，其中系统用户风险控制在2%以内，角色风险为零。

（黄文胜）

【加强班子建设与队伍建设】 2009年，湖南石油分公司按照“四化”标准优化干部结构，提高干部素质，调整市州公司班子成员27人次，举办后备干部培训班1期。加强领导班子党风廉政建设，全年签订《党风廉政建设责任书》62份，廉洁承诺书434份。巩固“抓促”活动成果，坚持廉洁从业提醒教育，组织开展品德操行问卷调查，做到问题早发现、早教育、早查处。开展“服务基层，服务顾客”作风形象建设活动，机关和基层的作风形象得到明显改善。增强教育培训的针对性和实效性，全年举办培训班187期，培训1.30万人次。结合人才结构的突出问题和薄弱环节，不断加大本科生和专科生引进力度。抓实竞赛比武活动，在认真抓好初赛、复赛的基础上凸显尖子，各条线、各单位全力以赴共同努力，在石化集团公司总部决赛中获得综合团体第

二、非油品团体第一、劳资团体第三、管道团体第三、个人1金3银2铜的成绩。

（黄文胜）

【加强和谐企业建设】 2009年，湖南石油分公司抓好石化团公司党建质量管理体系试点工作，把维护稳定作为一项重要的政治任务，及时进行矛盾化解、帮困救助和走访慰问，全年帮扶救助2 600余人次，确保了企业的总体稳定。秉承以人为本、服务为先的理念，把敬老、助老、爱老贯彻工作始终，做好庆祝建国60周年走访慰问老职工工作，促进了离退休职工管理工作的健康发展。认真贯彻落实石化集团公司工会工作指导意见，7个单位对工会组织和职工代表进行了改选。积极选树和宣传企业典型，一大批单位和个人获系统内外多项荣誉。积极开展有益身心的文体活动，丰富了职工群众生活，省公司选送的两个节目在石化集团公司“建国60周年文艺汇演”上分别获金奖、铜奖和优秀创作奖。

（黄文胜）

表1 **湖南石油分公司主要生产经营指标**①

指标名称＼年份	2009	2008	2007	2006	2005	2004
成品油销售总量/万吨	504.80	456.60	438.20	421.00	388.80	375.90
零售量	350.00	358.00	322.50	310.00	278.70	247.10
销售收入/亿元	281.00	279.44	234.30	215.29	167.53	136.33
报表利润/亿元	8.02	4.13	6.27	7.61	2.41	6.28
吨油费用/元	296.00	289.00	248.00	204.00	215.00	220.00
在营加油站/座	1 460	1 450	1 493	1 510	1 482	1 464
在营油库/座	23	23	30	38	48	58
资产总额/亿元	73.50	54.96	54.48	49.20	45.77	44.69

① 2004—2008 年数据按新口径重新统计。

广东石油分公司

【概况】 中国石油化工股份有限公司广东石油分公司（简称广东石油分公司）位于广州市体育西路191号中石化大厦A塔，主要从事油品销售。其前身是成立于1950年6月的中国石油贸易公司广州分公司，1998年7月整体划归石化集团公司。2000年3月重组为中国石油化工股份有限公司广东石油分公司和广东省石油企业集团公司，后者于2007年6月1日转制为中国石化集团资产经营管理有限公司广东石油分公司（简称资产公司广东石油分公司）。

广东石油分公司下设16个管理部门、16家地市级分公司、3个直属单位。截至2009年底，用工总量29 459人，资产总额186.25亿元，加油站保有量2 452座；在营油库37座；水路码头20座，靠泊总能力13.9万吨；全部油库均配备汽车发油台，总台位278个；配备铁路专用线的油库7座，总卡位116个；具备管道收油能力的油库19座。

2009年，广东石油分公司全年销售油品1 631.3万吨，其中成品油1 345.3万吨，润滑油31.8万吨，燃料油254.2万吨；实现报表利润20.78亿元。

广东石油分公司主要生产经营指标见表1。

（邢 洁）

【调整领导班子成员】 2009年9月25日，广东石油分公司召开中层以上干部会议，石化集团公司人事部副主任戴锭宣读了石化集团公司党组对广东石油行政主要领导调整的决定：孙久勤不再兼任广东石油分公司、资产公司广东石油分公司总经理，调鲁广余任广东石油分公司、资产公司广东石油分公司总经理。

（邢 洁）

【开拓市场把握经营主动权】 2009年，广东石油分公司强化竞争意识，从“主要抓资源”转变为“主要抓销售”，从“挖掘吨油效益潜能”转变为“增加效益的绝对额”，从“高库存运作”转变为“灵活库存运作”，从“资源型市场的经营管理”转变为“竞争型市场的经营管理”。坚持零售、直销、批发并举，突出稳定零售，扩大直销，做强做优终端；坚持“三油一非”齐抓，全方位做大总量，巩固市场占有。全年实现成品油销售总量1 345.3万吨，其中零售934.3万吨，直销276.2万吨，批发134.8万吨；发加油IC卡68.9万张。

（邢　洁）

【加速发展非油品业务】 2009年，广东石油分公司进一步理顺体制，完善制度，规范运作，拓展经营网络，加快开店速度，投营便利店总数达到1 100座。从抓重点公司重点站、抓重点商品营销入手，快速提升便利店营业额，全年营业额达到了2.87亿元。

（邢　洁）

【非油品中央仓正式运行】 2009年7月27日，非油品业务广州中央仓正式上线运作。中央仓位于佛山市里水镇广佛物流中心，规划租赁面积2 400平方米。中央仓的运作，可有效降低采购成本，提高运作效率，标志着广东石油便利店业务逐步实现由“分散”到“整合”的转变。

（邢　洁）

【推进“三个平台”建设】 2009年，广东石油分公司在省公司层面打造了决策、管理、控制三大核心平台，以决策定方向、以管理抓落实、以控制抓执行。通过完善领导班子会议议事规则和会议制度等，打造决策平台，使领导班子决策民主化、科学化、透明化。通过议事会、协调会、专业会、办公会、经营分析会等形式以及相关管理制度，打造管理平台，提高管理水平。过程监控小组每月对各项指标完成情况、销售系统排名情况、各项工作完成情况、领导批示、文件处理、重要工作提示等内容进行监控、检查和通报，打造控制平台，工作作风明显改善。全年，广东石油分公司修订完善制度20项、新出台22项。

（邢　洁）

【与工行合作推出“卡卡通”新服务】 2009年5月8日，广东石油分公司与中国工商银行广东省分行举行了中国石化加油卡、工行牡丹卡“卡卡通”合作签字仪式，成功实现为双方客户提供中国石化加油卡账户和工行牡丹卡账户绑定服务。该项业务通过客户约定或授权，工行按时将足额充值资金从客户牡丹卡账户扣款到中国石化加油卡指定账户，即完成了对牡丹卡客户所对应的加油卡充值，客户只需持加油卡到中国石化加油卡销售点圈存，即可加油。

（邢　洁）

【推进小型油站委托管理】 为提高小型加油站经营管理水平和创效能力，规范用工管理，控制用工总量，2009年7月3日，广东石油分公司部署全省推进小型加油站委托管理工作，实现了“我有我营他管”的管理模式。截至年底，全省226座小型加油站完成委托管理实施工作。

（邢　洁）

【连续3年被评为安全环保工作先进单位】 2009年，广东石油分公司认真贯彻石化集团公司“十大安全生产禁令”和销售企业“八项纪律”，持之以恒地加强现场管理，深化HSE体系建设，安全环保形势总体平稳，未发生上报石化集团公司等级事故；数质量管理总体稳定，没有出现重大质量问题。连续3年被石化集团公司评为安全环保工作先进单位。

（邢　洁）

【职业技能技术比武创佳绩】 在2009年石化股份公司举办的职业技能竞赛和技术比武中，广东石油分公司劳资线获得了团体总分第一名，其中1人获个人金奖，2人获得铜牌，1篇劳资管理专业论文被评为优秀论文；发展线获得团体银奖。

（邢　洁）

【召开档案管理工作现场会】 2009年6月5日，广东石油分公司在深圳召开首次全省系统档案管理工作现场会。会议总结上划以来广东省系统档案管理工作成绩，分析查找存在问题，部署档案工作任务，并组织现场参观学习深圳分公司档案管理工作。会议提出，大力开展“抓基础、强管理、上等级”的档案工作综合管理达标升级活动，力争用3年时间，全省系统省市19个综合档案室全部达到“省二级”标准，推进档案工作迈上新台阶。

（邢　洁）

表1 **广东石油分公司主要生产经营指标**

指标名称＼年份	2009	2008	2007	2006	2005	2004
成品油销售总量/万吨	1 345.30	1 452.00	1 429.00	1 332.00	1 285.00	1 217.00
零售量	934.30	1 111.00	1 048.00	954.00	825.00	650.00
销售收入/亿元	857.00	942.00	864.00	796.00	642.00	474.00
报表利润/亿元	20.78	29.62	22.72	21.02	11.72	18.23
报表吨油费用/元	247.00	239.00	195.00	163.00	142.00	139.00
在营加油站总数/座	2 164	2 111	2 075	2 049	2 045	2 033
自营加油站数	2 077	2 022	1 977	1 961	1 944	1 894
联营加油站数	87	89	98	88	101	109

广西石油分公司

【概况】 中国石油化工股份有限公司广西石油分公司（简称广西石油分公司）位于广西壮族自治区首府南宁市，前身是成立于1952年的广西壮族自治区石油总公司，1998年划归石化集团公司，1999年按照石化集团公司重组改制、主辅分离的原则，上划组建为广西石油分公司和中国石化集团广西石油总公司（简称广西石油总公司），2006年10月，广西石油总公司整体转制为中国石化集团资产经营管理有限公司广西石油分公司（简称资产公司广西石油分公司）。截至2009年底，广西石油分公司设12个职能处室和5个专业中心，下辖10个地级分公司和97个片区，主要经营汽油、柴油、煤油、润滑油和燃料油的批发零售以及加油站便利店非油品业务，控股管理广西辉煌石化公司、钦州鹰岭铁路公司、广西恒通石化公司，非控股联营广西高速石化公司、广西北投沿海石化公司。

截至2009年底，广西石油分公司共有正式员工3 247人，其中高级专业技术人员28人，中级专业技术人员394人。拥有加油站1 228座，在用油库16座。资产总额42.02亿元，其中固定资产原值35.6亿元、净值24.73亿元。全年完成固定资产投资3.8亿元，已占用资本投资回报率（ROCE）21.9%。

2009年，广西石油分公司购进成品油428.94万吨，同比增长6.37%；销售成品油422.47万吨，同比增长4.22%，其中零售量333.28万吨，同比减少4.17%，直销量67.09万吨，同比增长27.10%。销售长城包装润滑油2.04万吨，同比增长8.51%；销售燃料油6.25万吨，同比增长97.78%。非油品业务实现销售收入8 289.6万元，同比增长10.05倍。全年实现销售收入241.05亿元，实现利税9.77亿元，利润6.69亿元。

广西石油分公司主要生产经营指标见表1。

（曾雅莉）

【升格为国有大Ⅰ型企业】 2009年，石化集团公司党组调整广西石油分公司管理规格，广西石油分公司升格为国有大Ⅰ型（正局级）企业，领导班子成员聘任情况为：吴健雄任广西石油分公司总经理，郑京华任副总经理，苏云河任总会计师，陈成敏任副总经理，林东任总经理助理。王远超任中共广西石油总公司委员会书记、纪律检查委员会书记，吴健雄、郑京华、苏云河、陈成敏、林东任中共广西石油总公司委员会委员。

（曾雅莉）

【成品油经营量实现新提高】 2009年，广西石油分公司以保量保价为主导，精心组织经营，有效应对竞争，销售总量再创新高。加强经营基础管理，建立505个信息监控点，通过细分信息、细分市场、细分竞争等级，有效提高了市场反应速度和经营决策水平。多措并举拓展增量空间，通过锁定新增投资项目、加大零售配送力度、开展IC卡优惠营销等方式，取得171个自治区层面新开工重大项目的供油权，发展小额用户1 390家，锁定持卡优惠客户1 408家，发行加油卡18.3万张，增强了市场开拓能力。

（曾雅莉）

【与地市政府签署战略合作协议】 2009年6月，石化集团公司与广西壮族自治区开展新一轮战略合作，广西石油分公司抓住机遇，与各地市政府签署战略合作框架协议，搭建政企沟通新平台，进一步加强双方在更宽领域、更高层次的合作。8月20日—12月15日，先后与百色、柳州、贵港、南宁、桂林、玉林、河池、防城港、来宾、贺州10个地市政府签署了战略合作框架协议，明确未来3年内在各地市的投资意向，进一步优化网络布局，提高成品油市场供应能力。通过签订协议取得了各地市政府的大力支持，有效推进了立项审批、土地落实等网络建设工作，全年发展加油站35座，获得加油站立项批复162座。

（曾雅莉）

广西石油分公司与南宁市政府签署战略合作框架协议

【组建地级钦州分公司】　为了增强对钦州市场的控制力及加大沿海市场的开拓力度，推进加油站网络建设发展，2009年6月，广西石油分公司正式成立地级钦州石油分公司。钦州石油分公司管辖钦州本部、灵山、浦北、防城港和上思5个片区，代管广西钦州中国石化石油液化气有限责任公司，托管钦州市钦州港鹰岭铁路有限责任公司。

（曾雅莉）

【组建高速公路联营公司】　广西石油分公司积极应对广西高速公路管理体制改革的新变化，加强与自治区政府以及广西交通投资集团、广西北部湾投资集团的沟通协调，达成合作共识。2009年10月，先后与广西交通投资集团、广西北部湾投资集团分别联营组建了广西高速石化有限公司、广西北投沿海石化有限责任公司，共同经营双方新增的高速公路加油站，有力推进了高速公路网络发展。

（曾雅莉）

【高速公路BOT项目取得新突破】　2009年，广西石油分公司抓住区内高速公路迅猛发展的机遇，结合高速公路建设业主多的特点，采取“建设—经营—移交”（BOT）方式，全力争取高速公路服务区及加油站经营权。设立处级建制的高速公路BOT项目建设办公室，明确专职人员紧盯高速公路建设规划情况，及早介入项目洽谈；充分发挥中国石化的品牌优势及服务优势，将提供价格优惠、油品配送、优先供应等增值服务作为合作条件，提高合作成效。截至年底，通过BOT形式共取得高速公路32座服务区的建设经营权，进一步提高了广西高速公路市场占有率和控制力。

（曾雅莉）

【深入开展“我要安全”主题活动】　2009年，广西石油分公司深入开展“我要安全”主题活动，通过组织《安全生产禁令》细化、“我要安全”大讨论、未遂事故分析等形式多样的活动内容，重点抓好安全教育培训、《安全生产禁令》执行以及应急预案推演，进一步提高了全员安全意识以及应急处置能力。出台实施了《广西石油安全生产禁令》，包括油库、加油站、检维修与施工作业、交通运输4大块36条规定，对规范安全行为、增强规章制度和操作规程的执行力起到了积极作用，生产运营总体平稳。

（曾雅莉）

【自主研发运行数质量管理系统】　2009年，广西石油分公司自主研发并运行了数质量管理系统。该系统是一套集计量数据录入、分类、计算、分析、统计和咨询等于一体的管理系统，充分运用全区局域网平台，实现数据实时更新，通过每日录入所有采集点加油站的油品视密度、试验温度、油温以及销售量等参数，自动计算出计重密度，作为当天计重密度标准。通过运行数质量管理系统，细化油品损溢管理，加强对油库出库及加油站销售密度的监控，最大限度地减小了加油站零售环节公升换算产生的误差，零售损耗率同比下降0.05%。

（曾雅莉）

【积极推进挖潜增效】　2009年，广西石油分公司通过货款承兑汇票结算、收取IC卡工本费以及减税减费等多个效益增长点实现挖潜增效。获得免征土地使用税、化解加油卡沉淀资金增值税风险等政策支持，增加效益733万元；抓好项目建设、物资采购等关键环节的审计监察，降本节支2 382.61万元。

（曾雅莉）

【全面开展加油站站内培训体系建设】　2009年，广西石油分公司在各地市分公司全面开展加油站站内培训体系建设，提前完成全区56座培训站的硬件建设任务，培训兼职讲师180余人，基本实现每座培训站配备兼职讲师3—5人标准。通过加油站站内培训体系建设，把培训课堂建立在工作现场，实现了理论教学、岗位技能培训、实操演练相结合，进一步提升了基层培训工作的针对性和实效性，提高了加油站一线员工的业务技能。

（曾雅莉）

【全力抗灾保供】 2009年7月初，广西遭遇重大洪涝灾害，广西石油分公司及时作出抗洪救灾部署，柳州、河池分公司迅速启动应急预案，全力开展抗灾自救和抗灾保供，特别是及时保证了罗城卡马水库排险用油，为抗洪救灾作出积极贡献。8月以来，广西部分地区旱情严重，广西石油分公司全面开展“保抗旱用油，献石化爱心”活动，做好抗旱用油保障供应，在受灾地区加油站开辟抗旱加油绿色通道，开展送油下乡，对抗旱用油实行优惠供应；组织成立“中国石化义务送水队”，主动给灾区人民送水，支援灾区人民生产自救。截至年底，保证了1 500多台抗旱送水车辆、1 100多台抽水泵、33座水库的抗旱用油，供应抗旱油品2.1万吨，义务送水360余吨，有力支援了全区抗旱救灾工作，得到各级党委政府的高度赞誉，彰显了中国石化的良好形象。

（曾雅莉）

加油站设立专用车道为抗旱救灾车辆优先加油

表1 广西石油分公司主要生产经营指标

指标名称 \ 年份	2009	2008	2007	2006	2005	2004
成品油销售总量/万吨	422.47	405.37	360.37	318.78	307.28	280.13
零售量	333.28	347.77	304.37	275.36	255.80	212.58
销售收入/亿元	241.05	245.36	187.09	162.81	133.32	104.18
利　润/亿元	6.69	10.00	5.71	8.37	6.18	6.20
吨油费用/元	276.77	259.39	275.09	235.47	194.03	216.26
加油站总数/座	1 228	1 240	1 235	1 256	1 248	1 211

海南石油分公司

【概况】 中国石油化工股份有限公司海南石油分公司（简称海南石油分公司）位于海口市滨海大道163号。其前身是中国石油公司广东省海南公司，创建于1953年。1998年9月划转石化集团公司。2000年实行主、辅分离，主业成立海南石油分公司，辅业为中国石化集团海南石油总公司。2006年，海南石油总公司整体转制为中国石化集团资产经营管理有限公司海南石油分公司（简称资产公司海南石油分公司）。海南石油分公司主营石油、天然气、成品油的批发零售，并经营石油化工、化纤及其他化工产品的销售，是海南省最大的成品油批发零售企业，负责海南全省的成品油供应，销售网络覆盖海南省陆、海两域。

截至2009年底，海南石油分公司资产总额15.9亿元，拥有油库4座，加油站303座；用工总量2 922人，其中正式职工731人，管理人员259人，各类专业技术人员69人，拥有中、高级技术职称的68人；共设有12个职能处室和7个专业中心。

海南石油分公司主要生产经营指标见表1。

（李春贻）

【领导班子调整】 2009年9月25日，石化股份公司对海南石油分公司领导班子进行了调整：原江西石油分公司副总经理徐天民调任海南石油分公司总经理，免去张连俊的海南石油分公司总经理职务，调出另有任用。

（李春贻）

【液化气销售创历史新高】 2009年，海南石油分公司液化气经营创历史最高水平，全年销售液化气8.45万吨，超额完成石化集团公司总部下达的任务指标，完成考核计划的119.8%，市场占有率达68.4%。

（李春贻）

【非油品业务规模不断扩大】 2009年，海南石油分公司非油品业务转变观念，理顺流程，引入运输物流，商品逐步铺开，品种持续增加，营业额不断扩大，实现销售收入1 942.8万元，完成考核计划的161.9%。全省便利店在营数为133座，商品品种达1 586种。

（李春贻）

【土地管理工作取得新成效】 海南石油分公司土地资产长期以来缺乏归口管理，2009年9月，随着销售企业实行一体化管理，成立了实物资产处，全面管理上市和非上市公司的实物资产，土地管理工作步入新的台阶。年内完成了土地资产基础资料的收集整理及建档工作，补办了土地权证10宗，获得157.2万元的土地补偿，实现了土地资产的保值增值。在土地资产投资过程中，采取有效措施，促使资产投资效益最大化，在处理秀英油库一宗土地合作开发工作中减少了投资成本3 307万元。

（李春贻）

【设置市县经营部】 2009年，海南石油分公司为加快适应市场竞争的需要，针对实现一级管理后，市县片区市场内外协调关系弱化，导致市县加油站网络建设严重滞后的情况，进行了经营管理体制改革。按照海南行政区划设置了15个市县经营部，撤销了零售中心协调ME和经营ME。市县经营部作为省公司派出的综合管理、统筹协调机构，不具备独立的法人资格，由市县经营部经理、副经理、客户经理和资产监管员组成管理团队，在经营管理、网络建设、资金监管、市场竞争、品牌维护及协调内外关系等方面分工协作，形成合力，提高企业综合竞争能力。管理人员分别由零售中心、会计结算中心和商业客户中心3条专业线派出和管理。

（李春贻）

【开拓海上市场】 2009年，海南石油分公司为了扩大海上销量，提高海上市场占有率，组建了海上专业经营管理队伍，成立海域油品营销中心，对海上加油站、加油船等网点实施垂直管理，开展成品油、燃料油、润滑油、非油品的海上经营业务，逐步抢占海上市场空白点，促进海上业务的持续发展。

（李春贻）

【资产公司海南石油分公司委托海南石油分公司管理】 2009年9月，石化集团公司实行上市与非上市的一体化管理，资产公司海南石油分公司委托海南石油分公司管理，资产公司海南石油分公司财务处、综合管理处撤销建制，保留其原有机构的印章，两处人员及业务分别划转海南石油分公司财务资产处和实物资产处。

（李春贻）

【海南经济开发有限公司管理关系调整】 自2009年5月1日起，海南经济开发有限公司由资产公司直接管理调整为资产公司海南石油分公司作为二级单位全面管理。9月，海南经济开发有限公司作为二级单位划入海南石油分公司统一经营管理。

海南经济开发有限公司位于海口市滨海大道67号，主营酒店、食品加工、旅游、房地产开发、石油系列产品、液化气等业务，资产总额为3.25亿元，用工总量560人。

（李春贻）

表1　　海南石油分公司主要生产经营指标

指标名称 \ 年份	2009	2008	2007	2006	2005	2004
成品油销售总量/万吨	111.80	129.76	120.09	87.28	87.28	74.20
零售量	73.40	84.86	69.87	66.72	56.25	45.36
销售收入/亿元	60.59	74.65	57.91	46.82	35.06	25.47
利　润/亿元	1.65	2.25	1.98	2.08	0.61	0.97
吨油费用/元	282.00	182.00	228.00	212.00	223.00	279.00
加油站总数/座	303	281	267	246	231	237

贵州石油分公司

【概况】 中国石油化工股份有限公司贵州石油分公司(简称贵州石油分公司)位于贵州省贵阳市解放路21号，是贵州省最大的一家成品油经营企业。其前身是成立于1951年3月的贵州石油总公司，1998年划归石化集团公司，2000年3月上划组建为中国石油化工股份有限责任公司贵州石油分公司和中国石化集团贵州石油总公司（简称贵州石油总公司），正式分离运行。2006年10月，贵州石油总公司整体转制为中国石化集团资产经营管理有限公司贵州石油分公司（简称资产公司贵州石油分公司）。贵州石油分公司共设11个职能部门和5个专业中心，下辖8个市(州、地)分公司，主要经营汽油、柴油、煤油、润滑油及其他石化产品等的零售、批发业务。资产公司贵州石油分公司设1个职能部门财务处，负责资产的运营和管理。

截至2009年底，贵州石油分公司共有正式员工2 107人，其中高级专业技术人员9人，中级专业技术人员201人。拥有在营加油站741座，油库10座（包括西南成品油输油管道下载油库5座），资产总额29.81亿元，其中固定资产原值为20.36亿元、净值14.12亿元。全年完成固定资产投资4.15亿元，已占用资本回报率为20.46%，同比下降2.3%。

贵州石油分公司主要生产经营指标见表1。

（孙　影）

【领导班子调整】 2009年9月23日，贵州石油分公司总经理鲁广余调任广东石油分公司总经理，时任贵州石油分公司党委书记的何建新担任贵州石油分公司总经理。

（孙　影）

【经营质量得到提高】 2009年，受金融危机的影响，国内成品油需求减少，市场竞争激烈。贵州石油分公司稳定经营心态，深入分析贵州省资源及市场情况，加强与其他经营单位的协调，实现价格到位率排名销售系统第一位。开展全员促销竞赛活动，制定了“抓市场、抢份额、强激励、促发展”的活动方案，有效激发了员工的销售热情。主要经营指标在销售系统中名列前茅。

（孙　影）

【直销业务量价齐升】 2009年，贵州石油分公司紧盯贵州省重点项目，直销业务取得新的进展。紧盯厦蓉高速公路、贵广快速铁路等贵州省2009年重点工程，多次与项目建设单位进行沟通座谈，客户经理上门协商供油方案，用诚意打动客户。细分客户群体、紧贴市场，采取“一户一价”定价机制，针对不同客户群体制定不同销售价格，直销获得了量价齐升的经营成果。

（孙　影）

【IC卡推广迈上新台阶】 2009年，贵州石油分公司大力推广IC卡消费。在统计大型企业所占消费比例的基础上，分层次召开IC卡客户座谈会，培育忠诚客户。同时通过召开推介会、走访客户，加大IC卡推广力度，持卡消费比例从2008年的19.6%上升到24.8%。

（孙　影）

【非油品业务快速发展】 2009年，贵州石油分公司强力推进非油品业务，拓展企业新的发展领域。将非油品业务放在与油品经营同等重要的位置进行安排，同布置、同检查、同考核，使非油品网络逐步完善，便利店、汽服、快餐店等经营规模逐步扩大。全年非油品经营额达到5 098万元，完成石化股份公司下达计划的276%，较好地实现了非油品的快速发展。

（孙　影）

【润滑油销量大幅增长】 2009年，贵州石油分公司着力打造润滑油销售队伍，润滑油销售取得新的成绩。全年共销售润滑油1.7万吨，长城包装润滑油1.57万吨，完成石化股份公司下达的长城包装油全年计划的149.5%。按照“打掉中间商，直接取终端”的工作思路，努力建设专业化的润滑油客户经理队伍，全年新增长城润滑油终端行业用户101家，其中百吨以上大客户19家，增量达2 741吨。

（孙　影）

【加油站建设取得新突破】 2009年，贵州石油分公司抓住中国石化与贵州省政府签订战略合作协议的时机，通过与相关职能部门的沟通，成功促成了由贵州省副省长孙国强主持召开的省政府专题研究中国石化贵州石油分公司2010—2012年加油站及油库建设规划有关问题会议，并形成会议纪要。各地州市分公司也根据省政府纪要积极与当地政府沟通汇报，全部落实了各地的网络建设规划，形成了会议纪要、协议、网点规划批复等。高速公路、中心城市加油站建设稳步推进，取得新增加油站63座，其中高速公路53座、中心城市10座。网络建设投资安排更加科学合理，加油站建设投入4.44亿元，占总投资的93.6%，有力保障了网建工作的开展。努力改善加油站形象，全年共投入1 500万元进行加油站形象改造17座，投入6 210万元进行加油站小改大40座，有力提升了企业的品牌形象。

（孙　影）

【精细化管理见成效】 2009年，贵州石油分公司进一步加大精细化管理力度，有效控制成本、费用，取得实效，赊销比在销售系统内排名第一。全年进行招投标、询比价53项次，共计节约76万元，有效降低了企业的经营风险；累计清回欠款724万元；在销售系统的节能达标评比中获得了17个节能先进加油站，1个先进油库的成绩；水、电节能控制性指标持续下降，吨油耗水同比降35.8%，吨油耗电同比降5.3%。

（孙　影）

【“我要安全”活动深入开展】 2009年，贵州石油分公司结合“我要安全”主题活动，开展安全知识，相关法律、法规的宣传教育活动，认真学习《安全生产禁令》和HSE法规，强化各级管理人员的安全责任意识。通过季度、半年和年度以及重大节假日的安全检查，强化油库、加油站及施工作业现场的安全管理，及时发现和消除各种安全隐患和管理漏洞，年内在石化集团公司组织的检查中未出现重大安全问题和隐患，实现了“杜绝重特大事故，减少一般事故的”安全工作目标，被评为石化集团公司“我要安全”主题活动先进单位。

（孙　影）

【严格控制油品质量】 2009年，贵州石油分公司加强了油品数质量监控，从采购环节抓，对所有进库、站油品严把质量关，定期或不定期对油库、加油站进行计量、质量抽查，特别是对自采油品的质量把关，全年共进行自采油抽样检查259批次，合格率都达到了100%。加强对油料二次运输过程的数质量监控，集中打击二次运输过程中的偷盗油不法行为，取缔违法、违规运油车辆，有效保证了油品不丢失。

（孙　影）

【党建工作得到推进】 2009年，贵州石油分公司在一线发展党员的工作有了新起色，在油库、加油站一线共发展党员54名，其中劳务工27名。党的组织建设进一步完善，8个地市公司党委全部组建为系统党委，为进一步加强党建工作提供了组织保障。

（孙　影）

表1　　贵州石油分公司主要生产经营指标

指标名称 \ 年份	2009	2008	2007	2006	2005	2004
成品油销售总量/万吨	238.99	217.21	195.11	177.11	158.43	147.95
零售量	189.11	182.62	157.74	146.06	115.24	103.34
销售收入/亿元	141.95	136.70	109.55	95.68	68.18	53.66
利　润/亿元	4.70	5.11	3.03	3.20	1.02	2.95
吨油费用/元	286.00	268.00	279.00	243.00	264.00	253.00
在营加油站总数/座	741	730	734	682	670	652
自营加油站数	741	730	734	682	666	635
特许经营加油站数	0	0	0	0	4	17

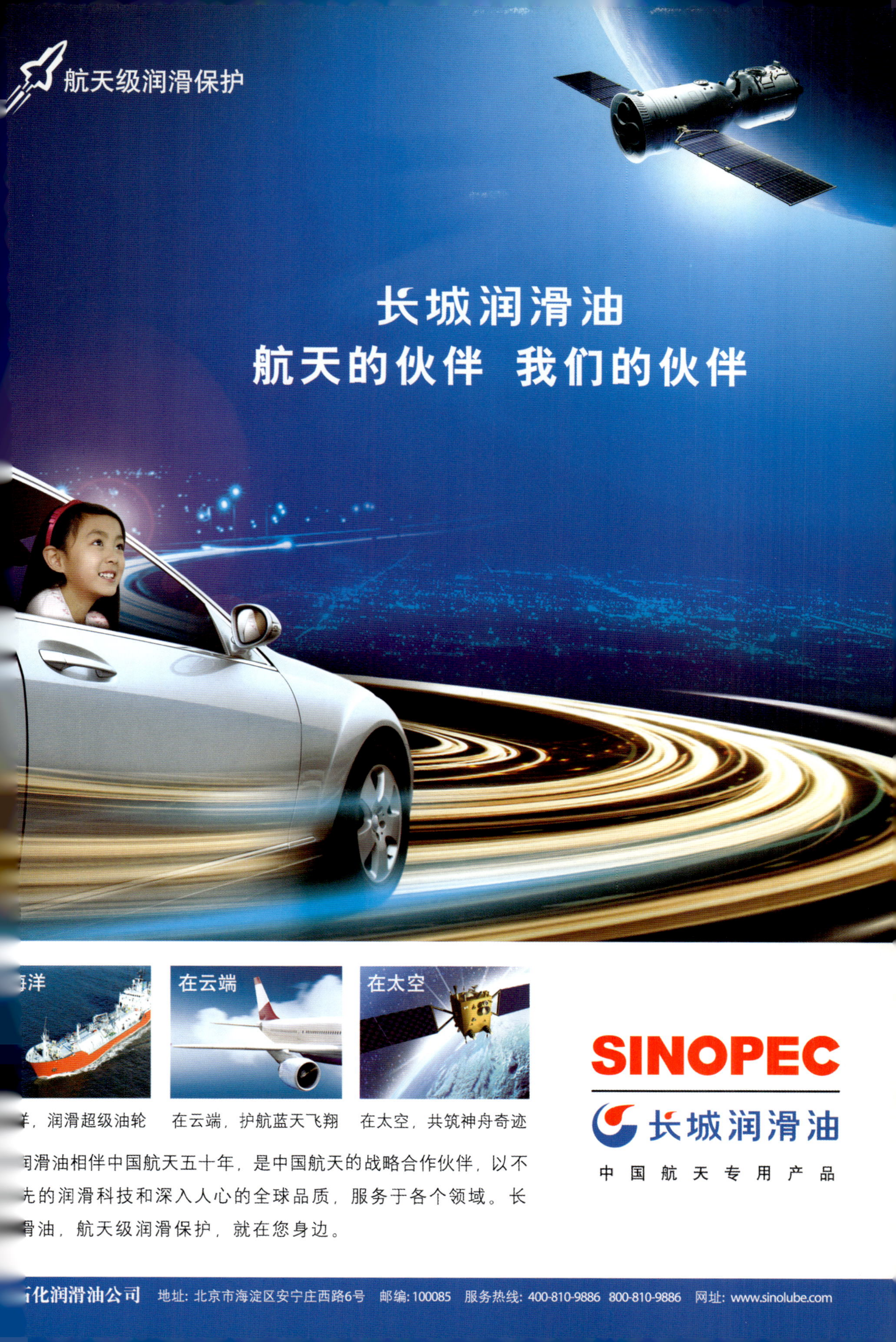
航天级润滑保护
长城润滑油
航天的伙伴 我们的伙伴
洋
在云端
在太空
，润滑超级油轮
在云端，护航蓝天飞翔
在太空，共筑神舟奇迹
润滑油相伴中国航天五十年，是中国航天的战略合作伙伴，以不
的润滑科技和深入人心的全球品质，服务于各个领域。长
油，航天级润滑保护，就在您身边。
SINOPEC
长城润滑油
中国航天专用产品
化润滑油公司 地址：北京市海淀区安宁庄西路6号 邮编：100085 服务热线：400-810-9886 800-810-9886 网址：www.sinolube.com

江苏油田 JIANGSU OIL FIELD
精细管理 内涵发展

江苏油田的地质构造，是典型的复杂小断块油气藏，其基本特点是“小”、“碎”、“贫”、“散”，素有“地质家考场”之称。

江苏油田被誉为中国花园油田，地处江淮流域水网密布、人口众多、经济发达地区，安全环保要求高，生产组织难度大。

江苏油田在多年的工作实践中，把“精细管理、内涵发展”的理念植根于生产经营的全过程，大力发扬“吃螃蟹”精神，着力在“精”字上做文章，在“细”字上动脑筋，在“实”字上下工夫，在“效”字上求突破，坚持在勘探上精查细找，开发上精雕细刻，经营上精打细算，管理上精益求精，不断提高企业效益，探索出一条老油田通过精细管理实现可持续发展的新路子。历经35年奋斗，油田累计探明石油地质储量25000万吨，生产原油3400万吨，现已形成年产原油170万吨的生产能力，经济规模自2007年跨入百亿元企业行列以来，保持持续稳定增长，为发展石油石化事业，支持地方经济社会建设作出了积极的贡献。

▼ 埃及石油钻井施工现场

▲ 非油气工程路桥施工现场

▲ 中冰合资开发地热资源开发业务现场：换热站

爱我中华，振兴石化

瀚海铸丰碑

腾飞的西北石油局、

西北石油局、西北油田分公司是中国石化集团公司上游油田企业。总部机关设在新疆维吾尔自治区首府乌鲁木齐，并在新疆巴音郭楞蒙古自治州轮台县建有前线生产指挥基地，主要从事油气勘探开发和油气销售业务。其主力油田——塔河油田位于塔里木盆地北部沙雅隆起阿克库勒凸起南部，地处库车县和轮台县境内，是中国石化第二大油田、国内陆上十大油田之一。

塔河油田现已成为国内领先、发展速度快、人均产值高，三级储量达31.10亿吨级、整装古生界海相碳酸盐岩缝洞型油气田。原油产量从1997年的39万吨跃升至2009年的660.01万吨，探明储量由2100万吨递增到11.86亿吨。2009年，西北石油局、西北油田分公司实现总收入140.28亿元，人均实现经营收入261.86万元，人均利润158万元。

截至2009年底，西北油田分公司油气开发塔河、西达里亚、巴士托3个油田及雅克拉、大涝坝、S3-1区块、AT1区块等14个气田；地面建设完成了塔河油田一号、二号、三号联合站，雅克拉、大涝坝集气处理站，以及原油集输系统、西气东输系统和国内一条重质油输油管线；野外职工公寓，大型生活、文化娱乐场馆拔地而起；油田道路四通八达。西北油田分公司勘探、开发、科技、管理等各个领域均取得令世人瞩目的辉煌成果。

2009年9月9日，位于乌鲁木齐市长春南路466号的中国石化西北石油科研生产园区综合办公大楼正式启用。

西北油田分公司

又一列装满原油、液化气的列车启运。

塔河油田三号联合站。

建设中的天然气处理站。

大开发中西北油田分公司雅克拉—大涝坝凝析气田。

有限公司

ND PRODUCTION CORPORATION

中国·北京市·海淀区北四环中路263号
邮政编码:100083
电话: (86-10) 82310862
传真: (86-10) 82310841
电子邮箱: sipcinfo22@sipc.cn

No.263 Beisihuan Zhonglu, Haidian District, Beijing, China.
Post Code: 100083
Tel: 86-10-8231 0862
Fax: 86-10-8231 0841
E-mail: sipcinfo22@sipc.cn

实施"更
建
节能减排、低碳生产，建设绿色环保工厂。
受人
2009年，茂名石化通过优化生产，细化管理，主要技术经济指标位居国内同行业前列。其中炼油综合能耗、原油途耗、乙烯裂解损失率指标位居为国内同行业前列。外排工业废水综合合格率、废水处理率、废气治理率和废渣处理利用率均保持100%。
2009年，茂
茂名
SINOPEC
中国石化
中国石化集团茂名石油化工公司
中国石化股份有限公司茂名分公司

心、更细致”的管理
观模大
益好
多的
效的企业
的全国国有企业
一。
管理出效益，从严管理出大效益，精细化管理出大效益。
2009年，茂名石化全年加工原油1298万吨，生产乙烯106万吨，实现销售收入725.94亿元，实现利润61.34亿元。
通讯地址：广东省茂名市红旗北路2号　邮编：525011
电话：0668—2264248　传真：0668—2269317　网址：www.mpcc.com.cn

中国石化股份有限公司上海高桥分公司
中国石化集团资产公司上海高桥分公司

高桥石化成立于1981年11月，是一家跨行业、跨部门的特大型经济联合体，隶属于中国石油化工集团公司。

公司位于浦东新区，占地面积4.2平方千米，共有76套生产装置，主要产品有汽油、航空煤油、柴油、润滑油基础油、石蜡、合成橡胶、有机化工原料、合成塑料以及精细化工产品等。公司拥有炼油能力1300万吨/年、化工产品生产能力100万吨/年，自备电厂具有装机容量19.5万千瓦。

公司积极开展对外合作交流，分别与德国巴斯夫公司、美国加德士公司、瑞士汽巴嘉基公司、韩国SK公司、日本三井化学公司等世界著名企业合作，成立合资公司。

公司加大对上海化学工业区的投资力度，已建成20万吨/年苯酚丙酮、10万吨/年丁苯橡胶、20万吨/年ABS装置、12万吨/年双酚-A等独资、合资项目。

SINOPEC

上海石化 SHANGHAI SINOPEC

中国石化上海石油化工股份有限公司（简称上海石化）位于上海市金山区，占地面积9.4平方千米，是中国集炼油、化工、塑料、化纤生产经营于一体，高度综合的现代化石油化工企业之一；也是中国较早股票在上海、香港、纽约三地同时上市的股份制有限公司。公司前身为创建于1972年的上海石油化工总厂，1993年6月改制为上海石油化工股份有限公司。2000年10月，更名为现名。

上海石化下设炼油事业部、烯烃事业部、芳烃事业部、化工事业部、塑料事业部、腈纶事业部、涤纶事业部和热电事业部以及物资供应公司、经营销售公司、储运部、公用事业公司、化工研究所、环保中心、水务公司、培训中心、新闻中心等单位，并由上海石化投资发展有限公司管理对外投资企业。截至2009年底，上海石化总资产304.58亿元，在册员工总数17131人。公司具有一次加工原油1400万吨/年（综合加工原油1200万吨/年）、乙烯84.5万吨/年、有机化工原料322万吨/年、塑料树脂96万吨/年、合纤原料114万吨/年、合纤聚合物59万吨/年、合成纤维40万吨/年的生产能力。上海石化主要生产石油制品、中间化工原料、合成树脂及塑料制品、合纤原料及合成纤维等四大类产品。“三人牌”商标为上海石化注册的专用商标。

3号常减压蒸馏装置，年生产能力330万吨

化工码头拥有7座船舶泊位和1座工作船泊位，最大泊位2.50万吨级

中国石化上海石油化工股份有限公司

碧海蓝天　工业花园

中国石化青岛炼化公司

青岛炼化公司是中国石化自主设计、建设和管理的单系列千万吨级炼化企业。她拥有国内外尖端的炼化设备与技术，将重质劣质的原油炼制出高质量等级的清洁油品；她将总投资的10%以上投入到环保事业，在成为业内清洁生产标杆的同时也赢得了公众的尊重；她定员500人，是国内同行业人员较少、体制机制较新、管理先进、产出投入比较高的特大型炼化企业。青岛炼化于2008年6月建成投产，为满足经济社会发展和北京奥运会的油品需求注入了新动力。2009年，青岛炼化加工原油950万吨，生产各类商品872万吨，实现工业产值347亿元。

青岛炼化人正以高度的责任意识，强烈的进取精神，严细的务实作风，高尚的奉献精神，全面践行科学发展观，努力把青岛炼化管理成具有国际先进水平的炼化企业。

旗舰扬帆，潮起西海岸。青岛炼化必将为中国石化建设具有较强国际竞争力的跨国能源化工公司作出新的贡献。

①公司生产调度楼
②中央控制室
③临氢装置群
④公司一角
⑤绿树鲜花掩映下的生产装置
⑥日出东方，旗舰起航

中国石化石油工程技术研究院

SINOPEC Research Institute of Petroleum Engineering

中国石化石油工程技术研究院（简称工程院）于2009年成立，目前位于北京市朝阳区，是中国石油化工集团公司暨股份有限公司石油工程业务发展的参谋部、石油工程高新技术研发中心和国内外石油工程技术支持中心。

工程院是以井筒技术为主的石油工程技术研发机构，建有大型的固井完井工具研发和生产基地，已经形成了复杂地质条件下深井超深井钻井技术等10项特色技术系列，正在打造“深井超深井钻完井技术、深水钻完井技术、特殊储层识别及改造技术”三大核心技术。

工程院的科研及技术服务项目有效解决了中国石化“三北一川”（西北、东北、鄂北、四川）和海外重点区块（伊朗雅达、缅甸D区块）的许多关键技术难题，为塔河油田、川东北地区、鄂尔多斯大牛地及中国石化海外区块油气勘探的突破和增储上产作出了应有贡献。

工程院将坚持“作风过硬，技术精湛，支撑有力，参谋到位”的建院宗旨，紧紧围绕中国石化油气发展战略和打造石油工程铁军的部署，瞄准石油勘探开发工程技术“瓶颈”，进行技术攻关和创新，把石油工程技术研究院建成具有自身特色、有较强创新能力和国际竞争力的石油工程技术研发机构。

张耀仓、王志刚为石油工程技术研究院揭牌

工程院与西南油气分公司等单位签订战略合作协议

北京市朝阳区北辰东路8号北辰时代大厦　邮编：100101
电话：（86－10）84988166　传真：（86－10）84988966
邮箱：gongchengyuan@sripe.cn

川气东送建设工程党工委指挥部

川气东送建设工程是集天然气勘探、开发、集输、净化处理、长距离管道输送、天然气利用、市场销售于一体的完整天然气产业链的系统工程，于2007年8月31日全面开工，2010年3月29日正式宣布建成投产。

党工委、指挥部坚持科学发展观，认真贯彻集团公司部署，以建设“安全工程、效益工程、优质工程、生态工程、阳光工程”，打造中国石化新时期、新阶段的新品牌为目标，建成了川气东送工程：资源基础得到巩固，截至2009年底，川东北地区天然气累计探明储量4981亿立方米，三级储量合计达到14611亿立方米；建成一个超百亿立方米酸性大气田，普光气田主体105亿立方米/年产能全部建成；建成了世界综合处理能力较大的高酸性天然气脱硫净化厂，处理能力120亿立方米/年；建成了中国石化长距离、大管径、高压力输气管道，管道工程全长2170千米；形成了以山地海相碳酸盐岩地震技术为代表的南方海相勘探工程技术，集开发方案设计、钻井工程、测试完井、地面集输工程于一体的超深高酸气田气藏开发工程技术，填补国内大型高酸性硫净化厂建设空白的高酸气田净化处理技术，克服巴山蜀水等复杂施工难题的大口径长输管道工程建设技术等一系列生产建设配套技术；创建了一整套国际领先的超深高酸气田勘探开发建设工程技术及安全企业标准体系；创造了勘探开发钻井、试气作业、集输净化工程、长输管道工程等一系列工程建设62项先进指标；熔铸了“创业、创新、求实、奉献”为主要内容的川气东送精神，锤炼了一支装备精良、技术精湛、作风过硬、适应高酸性气田产能建设及长输管道建设的工程施工队伍；铸就了中国石化天然气业务发展的新的里程碑，丰富了中国石化企业文化的内涵，为中国石化天然气业务大发展准备了强大的力量。

勘探开发

集气站

管线翻越齐岳山

中国石化集团东北油气分公司

东北油气分公司（石油局）是中国石化集团公司在东北地区主要从事油气勘探开发生产与研究的上游企业，是按照“油公司”先进的管理模式运作，实施油气田勘探开发一体化的专业油公司。

东北油气分公司（石油局）机关位于吉林省长春市，现辖油气勘查与采矿区块44个,总面积约111040平方千米，分布在吉林、黑龙江、辽宁省和内蒙古自治区，拥有油气总资源量20.96亿吨油当量。

2008年新的东北油气分公司组建后，紧紧围绕中国石化集团公司党组要求的三大战略任务，坚定实施“两步走”奋斗目标，坚持树立科学发展理念，全力建设百万吨级油气田。通过深入开展“基础建设年”、“基础建设提升年”等主题活动，解放思想，转变观念，上下同心，开拓奋进，取得了良好经营业绩和文明建设的丰硕成果。石油勘探取得“两个重大突破、三个重要进展”，十屋8井喜获高产油流，成功发现七棵树油田，资源基础更加坚实。中石化重点工程松南气田十亿立方米产能项目顺利投产，天然气发展跨入新的历史阶段，日外输天然气达110万立方米以上，天然气供给量占到吉林省市场的“半壁江山”。组建不到两年时间，即提前实现中石化赋予的战略任务——“十一五”末建成年产能百万吨级的油公司目标；建立精干高效的油公司；培育和谐的企业文化三大战略任务。油田开发工作成效显著，油气生产任务超额完成。

回首过去，东北油气人充满自豪。展望未来，东北油气人信心百倍。目前，东北油气分公司上下正齐心协力，为早日实现建设三百万吨油气当量油气田的目标而奋斗。

苏树林总经理到现场检查指导工作

松南气田外输管道

油气集输站吊装

SINOPEC JIN LIN

中国石化仪征化纤股份有限公司

中国石化集团资产经营管理有限公司仪征分公司

对高性能聚乙烯纤维进行目检

精心操作

为祖国放歌

仪征化纤股份公司主要从事聚酯切片和涤纶纤维的生产及销售，并配套生产聚酯主要原料精对苯二甲酸(PTA)。拥有精对苯二甲酸生产能力100万吨，聚酯聚合生产能力170万吨。主要产品有纤维级聚酯切片、膜级聚酯切片、瓶级聚酯切片、涤纶短纤维、涤纶中空纤维、高性能聚乙烯纤维和涤纶长丝POY、FDY、DTY。产品商标统一为“白斯特”（BST）牌。产品质量管理体系通过ISO 9001(2000)版国际认证。环境管理体系通过ISO 14001国际认证。

资产公司仪征分公司工程塑料厂主要生产工程塑料(PBT)，产能为2万吨/年，2009年8月，年产6万吨PBT项目正式开工建设。仪化东丽聚酯薄膜有限公司主要生产聚酯薄膜，产能2.31万吨/年。仪化博纳织物有限公司每年可生产聚丙烯织物6 000万平方米，人造草坪纱1 500吨。

地址：江苏省仪征市 邮编：211900
电话：(0514) 83232235
传真：(0514) 83233880
网址：www.ycfc.com

中国石油化工股份有限公司广州分公司
中国石化集团资产经营管理有限公司广州分公司

广州石化 惠州码头

广州石化化工区（乙烯）

广州石化炼油区鸟瞰

为祖国放歌闭幕式

广州石化包括中国石油化工股份有限公司广州分公司和中国石化集团资产经营管理有限公司广州分公司，其前身广州石油化工总厂始建于1973年6月18日。

广州石化隶属中国石化，是中国石化在珠江三角洲地区特大型石化企业。公司地处中国南方市场中心，拥有明显地缘经济优势。现厂区占地面积370万平方米，主要生产装置50多套，主要产品有汽油、柴油、航空煤油、液化气等60多种；固体塑料产品有聚乙烯、聚丙烯、聚苯乙烯三大类160多个牌号，产品在市场中享有盛誉。

经过30多年的持续发展，广州石化现有原油综合加工能力1320万吨/年，乙烯生产能力22万吨/年，拥有惠州大亚湾15万吨级和30万吨级深水泊位原油码头各一个；拥有30.5万千瓦自备热电站。

广州石化全面落实科学发展观，累计投入16亿元进行环保设施建设，走出了一条技术含量高、资源消耗低、环境污染少的可持续发展道路。

广州石化“三个文明”建设协调发展，连续多年保持全国思想政治工作优秀企业称号，先后被评为广东省文明单位、广东省企业文化建设先进单位、全国模范职工之家、全国先进集体、全国厂务公开先进单位、全国设备管理优秀单位，被喻为南粤大地上的一颗璀璨明珠。

目前，广州石化正加快发展的步伐，致力打造成为“国内领先，国际一流”的石油化工生产基地。展望未来，广州石化将以新一轮的高速增长，实现新的跨越，铸造新的辉煌。

广州石化
SINOPEC GUANGZHOU

地址：广州市黄埔区石化路239号
邮编：510726
电话：020-62123888
传真：020-82396591

安庆石化

2009年是安庆石化发展史上浓墨重彩的一年。面对国际金融危机的严重冲击，在石化集团公司正确领导下，安庆石化以开展深入学习实践科学发展观活动为契机，围绕“应对危机挑战，推进科学发展”的工作主线，积极推进800万吨/年炼化一体化项目，凝心聚力、应对挑战，团结奋进、加快发展，企业生产经营、改革发展、和谐稳定均保持了较好态势。全年加工原料油453.62万吨，同比提高30.01万吨，创历史新高；实现营业收入214.72亿元，实现利润6亿元、税收46.96亿元，创建厂35年以来新高，为全面完成“十一五”各项目标任务奠定了坚实基础。

2009年1月9日，集团公司总经理苏树林在合肥与安徽省长王三运签署战略合作协议

2009年10月21日，安庆石化重整稳定汽油脱苯设施一次开车成功

2009年11月17日，220万吨/年蜡油加氢装置一次开车成功

2009年9月19日，安庆石化三大重点之一的10万吨/年乙苯—苯乙烯装置生产出合格的苯乙烯产品，标志着乙苯—苯乙烯装置一次开车成功。

安庆石化开展“深入学习实践科学发展观”活动

“为祖国放歌”歌咏晚会，庆祝建国60周年。

2009年7月10日，4万吨/年硫黄回收装置一次开车成功

2009年5月26日，220万吨/年蜡油加氢装置680吨的加氢反应器吊装成功

“再造辉煌”职工文艺晚会，热烈庆祝安庆石化建厂35周年。

中国石化集团四川维尼纶厂

中国石化集团四川维尼纶厂（以下简称川维厂）位于重庆市长寿区境内长江北岸的重庆（长寿）化工园区。工厂于1974年破土动工，1979年投料试生产，1983年投产，主要生产装置分别从英、法、德、日等国引进，是中石化集团20家特大型企业之一，工厂目前隶属于中国石化集团资产经营管理有限公司。

经过30多年的建设与发展，目前已成为以天然气为主要原料，生产化工化纤产品的大型联合企业，年耗用天然气9亿立方米，占地5050亩。现主厂在岗职工4000人。全厂主要装置生产能力为年产乙炔7万吨、甲醇35万吨、醋酸乙烯20万吨、聚乙烯醇6万吨、甲醛5万吨、醋酸乙烯－乙烯共聚乳液6万吨、维纶2万吨、合成氨20万吨，合资工厂醋酸35万吨、醋酸酯8万吨，主要产品在国际国内市场享有良好信誉。工厂先后获得“全国五一劳动奖状”、“全国质量效益型企业”、“全国思想政治工作优秀企业”等荣誉称号。

川维厂大力实施“走出去”战略。与英国BP公司合资的扬子江乙酰化工有限公司，采用世界先进技术生产醋酸和醋酸酯，已先后分三期建成醋酸和醋酸酯装置，投产后效益十分显著，成为中国石化和重庆市对外合资的典范。与新疆美克集团合资的新疆维美化工有限公司，以川维厂专有的天然气裂解制乙炔技术，在库尔勒市建设的乙炔岛工程已于2008年4月5日一次投料试车成功，目前生产运行平稳，为西部经济建设和发展发挥积极作用。

30万吨/年醋酸乙烯项目开工奠基仪式

川维厂在天然气化工技术方面位居全国领先地位，天然气化工核心业务优势突出，企业经济效益和经营质量稳步提高，工厂已具备发展大规模天然气化工的实力。在“十一五”期间，建设10万吨/年乙炔、30万吨/年醋酸乙烯、10万吨/年聚乙烯醇、甲醇整合73万吨/年等装置为主要内容的30万吨/年醋酸乙烯项目，计划总投资52.8亿元。该项目作为中国石化川气东送工程天然气利用主要配套项目之一，于2008年12月29日举行开工奠基仪式，工程进入全面建设阶段，计划2010年12月全部生产装置建成中交，2011年3月投料试车。川维厂30万吨/醋酸乙烯项目建成投产后，年产能将扩大1.5倍，资产和销售收入达到100亿元。

今后五年,企业的发展目标是：川维厂及合资公司天然气年加工量力争达到21亿立方米。主要装置年产将达到乙炔25万吨/年、醋酸乙烯50万吨/年、甲醇90万吨/年、聚乙烯醇16万吨/年、合成氨50万吨/年、维纶产品4万吨/年、醋酸乙烯—乙烯共聚乳液10万吨/年、合资公司醋酸100万吨/年、1，4—丁二醇20万吨/年、异植物醇4万吨/年。企业实现销售收入200亿元。形成具有世界级规模的、较为完整的天然气化工和精细化工产业链，成为全国颇具实力的天然气化工生产和研发基地。

石家庄炼化分公司

中国石化石家庄炼化分公司位于河北省省会石家庄市东南25千米处，其前身为石家庄炼油厂，始建于1978年，1997年采用局部改制方式，募集发起设立石家庄炼油化工股份有限公司（简称石炼化），上市所筹集资金全部投入当年成立的石家庄化纤有限责任公司（简称石化纤）的5万吨/年己内酰胺工程。为落实中国石化一体化战略，2006年注销石家庄炼油厂，注册成立中国石化集团资产经营管理有限公司石家庄分公司（简称石家庄资产分公司），2007年石炼化体制转换注册成立中国石油化工股份有限公司石家庄炼化分公司（简称石家庄炼化分公司）。2009年5月根据总部整体部署，公司进行了“一企一制”整合，石化纤整体、石家庄资产分公司部分资产和人员并入石家庄炼化分公司。

目前，石家庄炼化分公司炼油部分原油一次加工能力达到500万吨/年，全流程配套能力达到420万吨/年，现拥有500万吨/年常减压蒸馏、200万吨/年重油催化裂化、80万吨/年延迟焦化等22套生产装置。化工部分经过“5改6.5”和16万吨/年扩容改造，现拥有16万吨/年己内酰胺和2.5万吨/年锦纶等装置。公司主要产品有汽油、柴油、航空煤油、液化石油气、聚丙烯、液化气、己内酰胺、硫酸铵、聚酰胺切片、苯甲醛等30多个品种、牌号。

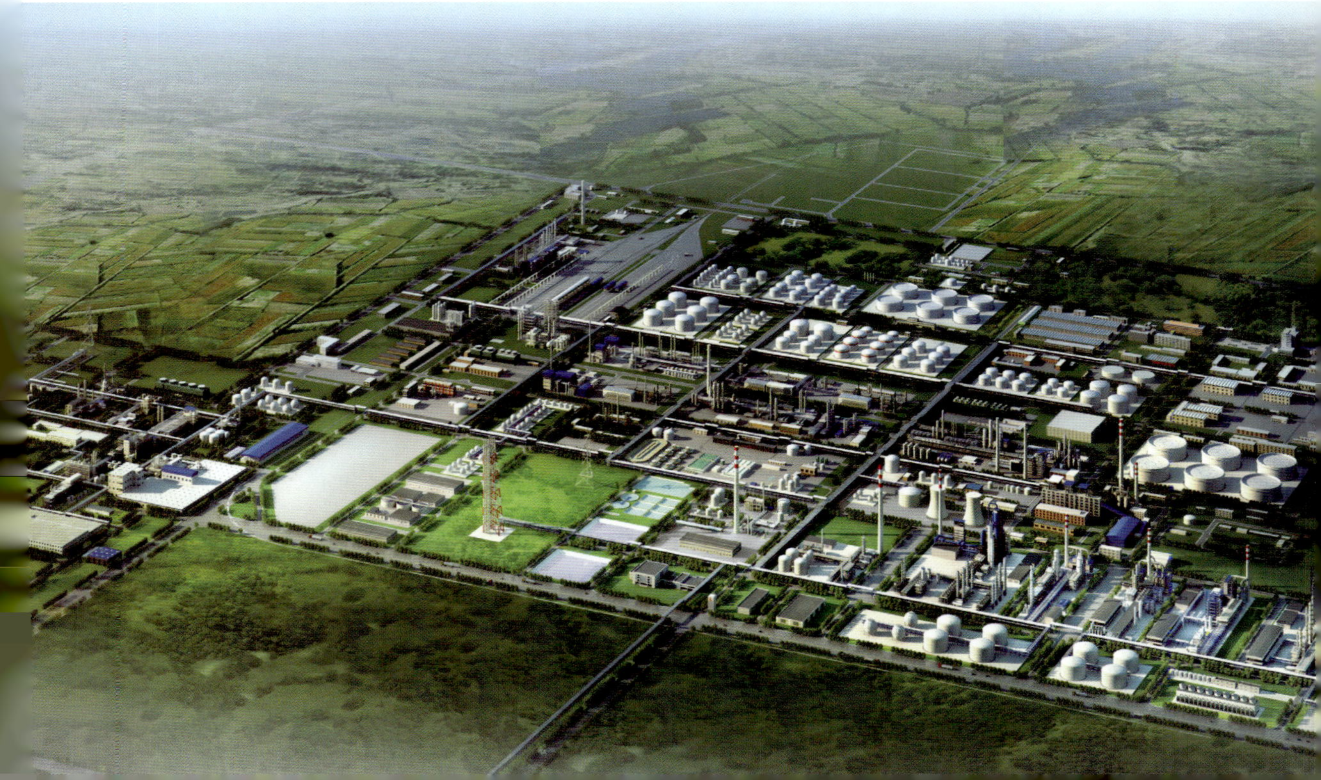

办公大楼

加油站

加油站

中国石油化工股份有限公司北京石油分公司

中国石化集团总经理苏树林视察北京公司加油站。

中国石油化工股份有限公司北京石油分公司（以下简称北京石油）是首都成品油供应的主渠道，主营汽油、柴油、煤油、润滑油、燃料油和加油站便利店业务。公司成立于1950年4月25日，目前拥有在营油库11座，自营加油站577座，成品油输油管线183千米，总资产逾65亿元。

多年来，北京石油秉承“规范诚信、服务至上、共同发展”的经营理念，坚持“以人为本、和谐、共赢”的企业价值观，持续深化体制改革，构建了“一级管理，一级核算”的经营管理新体制，积极进取，开拓创新，不断取得经营发展新的跨越。北京石油通过优质服务和提供清洁能源，展示了企业形象，履行了社会责任，出色完成了“北京奥运”和“60年国庆”服务保障任务，为促进首都经济社会健康发展作出了贡献。经过60年的发展，北京石油形成了服务优良、形象亮丽、布局合理、市场主导、创效较强、氛围和谐、文化鲜明的良好发展局面。

如今的北京石油正处在加快发展的关键时期，站在新的起点，展望未来，我们满怀信心，在中国石化集团党组的正确领导下，“为世界城市提供绿色动力，为中国石化塑造良好形象”，通过不懈努力，把北京石油建设成为“国内领先、国际一流”的石油销售企业。

2010年4月25日北京石油举办成立60周年联谊会

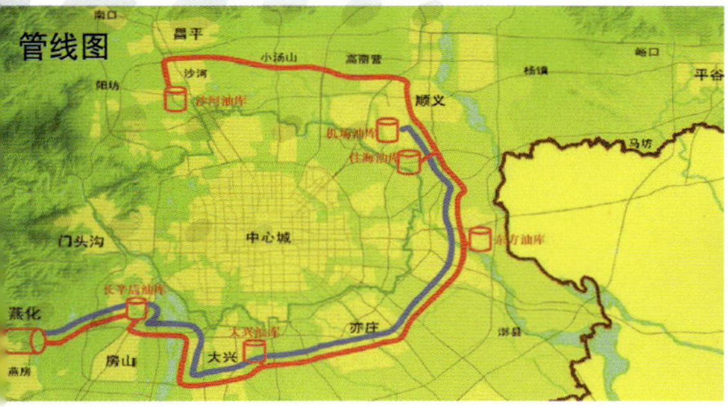

管线图

长辛店油库

地址：北京市朝阳区静安里12号楼　邮编：100028
电话：+86（10）84469988　传真：+86（10）64678612　网址：http://www.bjoil.com

中国石化山东石油分公司

SINOPEC SHANDONG

我为您的事业加油
您给我的生活添彩

中国石油化工股份有限公司山东石油分公司共有17个市公司，130个县公司（市片区），现有员工20088人。现有加油站2591座，油库26座（库容量104万立方米）。截至2009年底，企业固定资产原值87.8亿元。

公司主营石油、石油制品、天然气、化纤及其他化工产品销售、储运；石油、天然气管道运输，兼营油品计量、咨询、信息服务等。作为成品油销售的主渠道，山东石油分公司承担着山东省成品油供应保障任务，是省内主要的成品油销售企业。经过多年的发展，业已形成了布局合理、功能完备、流向通畅、保障有力的成品油营销网络。

山东石油分公司确定自身的发展目标是建设成为一体化基础上的专业化、标准化、信息化的大型成品油连锁经营企业。公司坚持以市场为导向，以经济效益为中心，按照“坚持高标准、努力干实事、开创新业绩”的工作方针，深化改革，转换机制，强化管理，开拓经营。积极创建“我为您的事业加油，您给我的生活添彩”的有山东特色的中国石化服务品牌，大力推行“人人关心企业，企业关心人人”的人本管理理念，企业综合实力和市场竞争能力不断增强，实现了企业的持续、健康、稳定发展。

2009年，山东石油分公司油品经营总量1211万吨，其中成品油986万吨，实现销售收入586亿元。

中国石化 SINOPEC

中国石化工程建设公司

SINOPEC ENGINEERING INCORPORATION

中国石化工程建设公司（SEI）隶属中国石油化工集团公司，是集工程项目的可行性研究、技术咨询、设计、设备采购、施工管理和监理、工程总承包、项目管理服务、技术服务为一体的国际型工程公司。

SEI拥有一支以骨干队伍为主体、具有不同梯次、岗位技能匹配合理的各种技术和管理人才队伍。公司现有员工2200余人，其中中国工程院院士2名，中国勘察设计大师6名，教授级高工100余名，高级工程师、高级经济师等高级职称人员980余名。

SEI拥有工程设计综合甲级资格证书、工程监理甲级资格证书、工程造价咨询单位甲级资格证书、工程咨询甲级资格证书、甲级环境影响评价证书、工程招标代理机构甲级资质证书等国家资质，并建立了质量管理体系和HSE管理体系，取得了ISO 9001质量体系认证证书和HSE认证证书。

在50多年的发展历史中，SEI长期致力于中国石化工业的建设、创新与发展，承担设计和建设的大型炼油、石油化工生产基地遍布全国各地。特别在催化裂化、连续重整、加氢裂化、乙烯、裂解炉、聚丙烯等领域形成了有自己特色的工程技术，获得省部级以上科技进步等奖励899项。中国石化行业的13个专业设计技术中心站设在SEI。

SEI建有先进的计算机网络平台体系和应用体系，拥有国际先进的工艺技术、工程设计、项目管理及办公自动化等应用软件和工程数据库，能够按照国际通用模式开展工程设计和管理。

SEI与世界上著名的专利商、工程公司、科研机构和学府有着广泛的交流与合作，并承接了众多的海外工程项目，在国际工程建设市场上享有较高知名度和良好声誉。

近五年来，SEI作为总体设计院、PMC承包商或工程总承包商，高水平完成了南海80万吨/年乙烯、SECCO 90万吨/年乙烯、海南800万吨/年炼油、茂名100万吨/年乙烯改扩建、青岛1000万吨/年大炼油、神华煤液化、福建炼油乙烯一体化、独山子100万吨/年乙烯等重点项目的设计和承包任务，在中国石化建设史创造了一个又一个奇迹，受到中国石油化工集团公司和广大业主的高度评价。

★ 福建常减压装置

★ 神华煤液化项目

★ 普光天然气净化厂项目

★ 福建80万吨/年乙烯项目

公司地址：北京市朝阳区安慧北里安园21号　邮编：100101电话：0086-10-84879999　传真：0086-10-64963395
电子信箱：office@sei.com.cn　网址：www.sei.com.cn

中国石化集团第四建设公司

公司作为承担单列100万吨乙烯装置全区域新建工程的施工单位，仅用27个月零19天建成。此图片为天津100万吨乙烯装置中交场景

第四建设公司成立于1962年3月26日，成立之初参加了大庆石油会战，1966年迁至湖南长岭，1974年落户天津大港。公司是中国石油化工集团公司直属的大型综合性工程建设企业，是工程施工总承包一级企业。公司按照“一个体系、矩阵管理、系统负责、项目集成”的管理思路建立管理模式，共设置16个职能部处室；按照“四大一特”（大型设备、压缩机安装调试，大型储罐、压力容器制作安装，大型DCS安装调试，大件吊装及超限运输作业，特种钢材焊接）的专业特点和“高端化”（高端管理、高端业务、高端技术、高端设备）发展需要，设有8个专业工程公司和1个工程项目管理公司；公司共有员工4500余人，其中经营管理和专业技术人员 1700余人。公司拥有国际领先的2500吨液压吊装系统和1600吨履带吊车。

公司承担建设的海洋石油工程（旅大LD32-2PSP)海上平台

公司拥有的1600吨吊车成功吊装1200吨的天津乙烯EO反应器

SINOPEC FIFTH

● 镇海石化100万吨/年乙烯工程建成全景

中国石化集团第五建设公司

第五建设公司成立于1953年，是中国较早从事石油化工建设的大型施工企业，也是中国石油化工集团公司直属大型综合性施工企业，具有化工石油工程施工总承包一级企业资质，持有国外工程承包资质证书和对外经济合作经营资格等证书。

在五十余年的探索和实践中，公司以精湛的技术力量、严格的施工管理和先进的机械设备，创造出辉煌的业绩。特别在大型设备吊装、大型压缩机组安装、大型贮罐安装、大型自动化集散控制系统（DCS）安装与调试、特种材料焊接、大型空分工程、大型锅炉安装等方面形成了特色技术优势，在中国石油、化工建设行业居领先水平。先后承建的近400余套大中型石油化工装置中，工程质量优良，均实现试车一次成功；其中，2项工程获中国建筑工程鲁班奖；4项工程获国家优质工程银质奖；2项工程被评为“全国用户满意安装工程”；29项工程获省（部）优质工程奖；4次获得“全国先进施工企业”称号；连续3年被评为“全国用户满意安装企业”；连续22年获得“重合同、守信用企业”荣誉称号。

● 天津石化100万吨/年乙烯320万吨/年柴油加氢和80万吨/年航煤加氢联合装置

● 沙特HDPE装置全景

● 天津石化100万吨/年乙烯、20万吨/年硫黄回收装置

● 苏树林亲切慰问第五建设公司广大员工

● 安庆石化220万吨/年蜡油加氢装置

科威特40526号钻井项目合同签约仪式

中国石化集团国际石油工程有限公司

SINOPEC INTERNATIONAL PETROLEUM SERVICE CORPORATION

沙特S62三维物探项目施工作业现场

中国石化集团国际石油工程有限公司（SINOPEC INTERNATIONAL PETROLEUM SERVICE CORPORATION）为中国石化集团公司直属的全资子公司。国际石油工程公司对中国石化集团公司国际石油工程技术服务业务实行归口管理和统一协调；自营国际石油工程技术服务业务；对外派遣实施境外工程所需的劳务人员；负责国际石油工程承包项目项下的设备、技术和材料出口工作及境外设备租赁、租购业务。

哈萨克斯坦钻井施工现场

2009年，上游海外石油工程服务队伍在国际石油工程承包、油田技术服务、劳务合作等方面均取得了较大进展。在非洲、中东、中亚、美洲、南亚和东南亚的35个国家和地区，通过开展合资合作、提供技术服务、承包或总包的形式，实施了物探、钻井、测井、录井、固井、修井、油田地面建设、管道建设和水利、路桥建设等石油工程及其他工程服务项目355个，合同额79亿美元。

阿尔及利亚因萨拉至塔马哈塞特饮用水管道项目管线下沟作业

作为中国石化集团石油工程队伍对外服务的窗口，国际石油工程公司将充分发挥中石化的整体优势和在国际上的品牌优势，与海内外朋友共谋21世纪世界石油工业的发展。

地址：北京市西城区安德路甲67号　邮编：100120

电话：(010) 51586500　传真：(010) 51586550　网址：www.sipsc.com　邮箱：sipsc@sipsc.com

云南石油分公司

【概况】 中国石油化工股份有限公司云南石油分公司（简称云南石油分公司）本部位于云南省昆明市拓东路45号。其前身云南省石油总公司建立于1952年7月，1998年6月整体上划石化集团公司；2000年2月，主营业务部分组成中国石油化工股份有限公司云南石油分公司，是中国石化设在云南的直属销售企业，主营汽油、柴油、润滑油、非油品和其他石化产品的零售、直销配送、批发和仓储业务，是云南省内最具实力的成品油主渠道销售企业。下辖8个区域公司，4个专业中心，经营机构、网点遍布全省各地。截至2009年底，用工总量为10 544人，其中正式职工2 815人、劳务用工7 383人、非全日制用工346人；在营加油站1 103座，在营油库13座，资产总额63.52亿元。

2009年，云南石油分公司经受住了市场的严峻考验，全年成品油销量达到430万吨，同比增长7.08%，市场占有率67%；完成销售收入245.5亿元，缴纳税收4.16亿元，吨油费用301元。

（朱　植）

【领导班子调整】 2009年1月5日，石化集团公司党组对云南石油分公司主要领导进行了调整：总经理高忠宝兼任云南石油分公司党委副书记，吴晓琦任云南石油分公司党委书记兼副总经理，免去孟繁昌云南石油分公司党委书记职务，到龄后办理退休手续。

（朱　植）

【拓展非油品业务】 2009年，云南石油分公司充实非油品业务经营队伍，加大投资力度，积极改造装修便利店，购置设施设备，为非油品业务发展创造了较好条件；突出重点市场开发，抓好高速公路服务区及加油站非油品业务发展规划，加快实施速度；突出重点商品销售和重点站营销，制定“五个一千万”的发展思路，抓好燃油宝、矿泉水、香烟的销售，着力打造非油品业务标杆站；加强考核激励，根据不同对象、不同地区，把便利店细分为高速公路、地州中心城市、县城及郊区、乡镇4类，实行分类指导、分类定价、分类考核，及时兑现奖励，极大地调动了广大员工的积极性；加大开店力度，加快证照增项办理速度，积极开发适销对路的商品，大力推广成功营销经验。全省系统全年完成非油品便利店营业收入1.07亿元，完成石化集团公司总部下达年度指标的357.4%，计划完成率排名销售企业第一。

（朱　植）

【完善营销网络建设】 2009年，云南石油分公司按照打造“生命工程”的要求，继续坚持“一座不丢”的工作态势，发扬守土有责、低调务实的精神，积极借助各种力量，抢抓机遇，突出重点，全力发展营销网络。长坡、楚雄、振戎、凤仪等配套油库改造按期完成，彻底消除了滇西成品油供应的运输瓶颈，产生了很好的经济和社会效益。提高办事效率，加快决策速度，优化审批流程，加大奖励力度，全力抢占高速公路、城市中心以及新规划区优质加油站，营销网络更加完善。继续做好新形象改造和小站改造提量工作，认真落实“拆一补一、先建后拆”要求，做好加油站拆迁补偿工作，积极清理歇业站，加大开站力度，在营站增加数量排名销售企业第三。加强信息网络和运维队伍建设，财务报表系统、资金集中管理项目顺利实施，做好加油卡保平稳工作，加快卡机联动站建设，进一步提高信息化水平。

（朱　植）

【安全数质量管理成效明显】 2009年，云南石油分公司进一步加强油品损耗和质量管理，严格执行数质量管理各项规定，加大对油品损耗考核执行情况的奖惩力度，对超损加油站进行重点跟踪检查，严厉打击运输环节的油品偷盗行为，查处油罐车驾驶员偷盗油品17次，成品油综合损耗率由0.19%降至0.12%，加油站零售损耗率由0.1%下降为0.08%，体现经济效益3 000多万元。其中，云川分公司损耗管理成效尤其明显，加油站零售损耗率由0.68%降至0.11%。

（朱　植）

【队伍素质显著提高】 2009年，云南石油分公司切实加强“三支队伍”建设，加大教育培训力度，全面推广站内、库内培训体系，建立机关与基层人才交流机制，选派机关优秀大学生到加油站担任站长，全系统大学生、研究生站长达到164人，经营一线力量不断充实。严把入口关，规范劳务工管理使用，队伍结构进一步改善。销售企业竞赛比武金牌实现零的突破，个人取得一金两银一铜4块奖牌，劳资专业线条获团体第二名，云南石油分公司获优秀组织奖，取得活动开展4年来的最好成绩。同时，两名选手分别获石化集团公司英语风采大赛二等奖、“我要安全”主题演讲金牌演讲选手称号。

（朱　植）

【党群工作不断加强】 2009年，云南石油分公司深入开展科学发展观学习实践活动，围绕中心，服务大局，开展形势任务教育，要求各基层党组织和全体党员“树立一个形象，喊出一个声音，拼搏一个目标”，全力以赴拓市创效，持续开展学习刘远芬活动，通过短片、征文、巡回演讲等方式，大力弘扬敬业、诚信、团结、拼搏、奉献的“远芬精神”，营造崇尚先进、争当先进的浓厚氛围，打造立足本职、开拓进取、拼搏奉献、争创一流的企业文化。

（朱　植）

四川石油分公司

【概况】 中国石油化工股份有限公司四川石油分公司（简称四川石油分公司）位于四川省成都市，其前身为成立于2002年的中国石化销售有限公司川渝分公司（简称销售川渝分公司）。2009年11月3日，经石化集团公司批准，销售川渝分公司重组成立四川石油分公司，负责中国石化在四川省境内的成品油、车用天然气经营业务和销售网络建设工作。

四川石油分公司领导班子成员5人，设机关管理部门10个，下辖成都、绵阳、攀枝花、乐山、泸州、达州、西昌、巴中、宜宾9个分公司。截至2009年底，四川石油分公司用工总量2 054人，其中正式工108人；拥有加油站173座，加气站7座，油库7座，天然气母站1座、产能16万米^3/日，固定资产总额16.75亿元。

四川石油分公司主要生产经营指标见表1。

(赵　发)

【四川石油分公司正式成立】 2009年11月3日，石化股份公司下发了《关于印发〈区外油品销售企业管理体制调整方案〉的通知》（石化股份企〔2009〕488号），对区外销售企业管理体制进行调整，原销售川渝分公司重组成立中国石油化工股份有限公司四川石油分公司，调整时点为2009年12月31日。自2010年1月1日起，四川石油分公司正式成立并按新体制运行。

（赵　发）

【新一届领导班子就位】 2009年12月12日，根据石化股份公司下发的《关于肖崇昆等4人职务聘任的通知》（石化股份人〔2009〕546号）和石化集团公司党组下发的《关于成立中共中国石油化工股份有限公司四川石油分公司委员会及有关领导人员任职的通知》（中国石化党组〔2009〕192号）文件精神，中国石化党组成员、高级副总裁蔡希有代表总部宣布，聘任肖崇昆为总经理，罗统华为党委书记、纪委书记，陈肃、姜晖为副总经理，倪文琴为副总经理、总会计师。

（赵　发）

四川石油分公司干部大会　（赵　发　摄）

表1　四川石油分公司主要生产经营指标①

指标名称＼年份	2009	2008	2007	2006	2005	2004
成品油销售总量/万吨	161.65	103.54	108.98	98.05	104.89	100.36
零售量	99.38	77.25	69.01	63.76	49.72	34.20
天然气/万立方米	4 944.16	3 164.63	3 000.00	1 207.87	1 140.00	490.00
销售收入/亿元	101.98	80.44	74.41	63.19	56.50	46.05
利　润/亿元	2.93	1.92	0.84	1.45	0.47	1.70
费用总额/亿元	4.37	3.69	3.37	2.88	3.03	1.98
加油站总数/座	262	249	225	220	138	86

①表中数据为四川石油分公司前身销售川渝分公司数据，2004—2009年数据无法分割。

重庆石油分公司

【概况】 中国石油化工股份有限公司重庆石油分公司（简称重庆石油分公司）位于重庆市渝中区，其前身为2002年成立的中国石化销售有限公司川渝重庆分公司（简称销售川渝重庆分公司）。2009年12月，石化集团公司根据新的经营发展战略，在原销售川渝重庆分公司基础上，重组成立了重庆石油分公司，主要负责重庆地区成品油零售、直销和批发以及车用天然气、润滑油、燃料油、非油品销售等业务。

重庆石油分公司实行“管理层次扁平、业务专业垂直、岗位权责清晰、市场反应灵敏”的经营管理体制和运行机制，集仓储、物流、销售、服务于一体。截至2009年底，公司下设12个部门，辖渝中分公司、三峡分公司、涪陵分公司、黔江分公司、永川分公司、綦江分公司6个区域分公司和惠通、渝辉2家合资公司，共有员工1 176人，资产总额11.15亿元，在营加油（气）站116座，油库5座。

2009年，重庆石油分公司完成销售总量58.01万吨，同比增加22.54万吨，增幅63.53%。其中，成品油56.33万吨，同比增加21.98万吨，增幅64.01%；天然气1 580万立方米，同比增长550万立方米，增幅52.63%；润滑油952吨，同比增加57吨，增幅6.38%。

重庆石油分公司主要生产经营指标见表1。

（高吉发）

【重庆石油分公司正式成立】 2009年11月3日，石化股份公司下发了《关于印发〈区外油品销售企业管理体制调整方案〉的通知》（石化股份企〔2009〕488号），对区外销售企业管理体制进行调整，将原销售川渝分公司直属的中国石化销售有限公司川渝重庆分公司调整为石化股份公司直属企业，名称变更为中国石油化工股份有限公司重庆石油分公司，调整时点为2009年12月31日。自2010年1月1日起，重庆石油分公司正式成立并按新体制运行。

（高吉发）

【重庆石油分公司新一届领导班子就位】 2009年12月12日，根据石化股份公司下发的《关于江建华等3人职务聘任的通知》（石化股份人〔2009〕549号）和石化集团公司党组下发的《关于成立中共中国石油化工股份有限公司重庆石油分公司委员会及有关领导人员任职的通知》（中国石化党组〔2009〕194号）文件精神，党组成员、高级副总裁蔡希有代表石化集团公司党组宣布，聘任江建华为总经理，陶振兴为党委书记兼纪委书记，李锡都为副总经理、总会计师，童辉涛为副总经理。12月18日，重庆石油分公司召开新一届领导班子见面会。

（高吉发）

表 1　　重庆石油分公司主要生产经营指标[①]

指标名称＼年份	2009	2008	2007	2006	2005
成品油销售总量/万吨	56.33	32.03	36.48	33.97	32.50
零售量	36.95	26.21	26.89	26.48	20.14
销售收入/亿元	30.45	20.01	19.61	16.30	13.12
报表利润/亿元	0.24	－0.09	0.13	0.19	0.20
报表吨油费用/元	248.36	334.84	264.88	235.54	217.19
在营加油站总数/座	93	86	79	79	73
油库数/座	5	5	5	5	5

①表中数据为重庆石油分公司前身销售川渝重庆分公司数据。

内蒙古石油分公司

【概况】 中国石油化工股份有限公司内蒙古石油分公司（简称内蒙古石油分公司）位于内蒙古自治区首府呼和浩特市成吉思汗大街26号。其前身是成立于2001年2月的中国石化销售内蒙古新星分公司。2002年10月，根据销售公司《关于区外公司机构重组有关问题的通知》，划归销售西北分公司，并更名为中国石化销售有限公司西北内蒙古分公司。2009年12月，根据石化股份公司《关于印发〈区外油品销售企业管理体制调整方案〉的通知》，调整为石化股份公司直属企业，更名为中国石油化工股份有限公司内蒙古石油分公司，并由王红兵担任公司总经理。公司主要在内蒙古地区从事成品油零售、直销和批发以及润滑油、燃料油、非油品销售等业务。

截至2009年底，内蒙古石油分公司本部设办公室、企管法律处、人力资源处、审计监察处、零售中心、经营管理处、财务资产处、安全数质量处、发展基建处共9个处室，下设包头、赤峰、乌海、临河和鄂尔多斯5个分公司，拥有在营全资油库1座，控股油库1座，加油站74座，资产总额59.50亿元，职工总数699人，其中正式工19人，劳务工680人。控股中国石化集团内蒙古石油销售有限责任公司（简称内蒙有限公司），内蒙有限公司本部设综合、财务、营销3个部门，下设有限赤峰、包头分公司（参股），拥有全资油库2座，参股油库1座，在营加油站25座（其中参股17座），在册员工146人，资产总额4 246.74万元。

内蒙古石油分公司主要生产经营指标见表 1。

（刘海燕）

【经营指标大幅提高】 2009年，面对复杂多变的市场形势，内蒙古石油分公司妥善制定经营策略，灵活应对市场竞争，较好地完成了全年各项经营任务指标，经营总量、零售量、单站效能等经营指标大幅提高，企业竞争实力进一步增强。全年完成经营总量42.60万吨，同比增加5.6万吨，增幅15%。其中零售总量31.3万吨，同比增长21%，实现万吨站3座，3 000吨以上站47座，单站平均销量4 098吨，同比增加442吨。直销5.2万吨，终端比重85.8%。

（刘海燕）

【深入开展全员销售竞赛】 2009年，根据石化股份公司开展零售全员销售竞赛的要求，内蒙古石油分公司在全区系统组织开展全员销售竞赛活动。活动开展以来，被评为销售西北分公司销售能手210人次，销售明星加油站37站次，销售明星片区16次，销售先进地市分公司11次，销售先进省公司6次。在非油品销售上，着力于加快开店进度，加大办证力度，重点办理烟草专卖许可证，加强业绩考核，开展油非互动组合营销。截至年底，在营便利店达35座，其中办理烟草专卖证的便利店30座，累计实现非油品收入254.4万元，完成任务指标145.4%。

（刘海燕）

【网建工作稳步推进】 2009年，内蒙古石油分公司加快发展经营网络。高度重视结转项目的落实工作，加大结转项目落实力度，在一些项目上取得重大突破。对新增立项项目进行了大量的前期考察和准备工作，全年竣工加油站12座。对锡林郭勒盟、乌兰察布市等地区市场做了大量的前期考察调研工作，为2010年快速进入上述市场设立分支机构发展经营网络作好充分准备。鄂尔多斯油库迁建工作做到了“先建后拆、补一拆一、补偿到位”，保障了公司的正常运营。

（刘海燕）

【强化安全管理】 2009年，内蒙古石油分公司以“我要安全”主题活动和加强管理为主线，坚持“安全第一、预防为主、综合治理”的安全工作方针，开展11次安全大检查，查找安全隐患、问题756条。加大现场管理力度，圆满完成建国60年大庆防恐安保工作。加强油品数质量管理，全年标定加油站卧式油罐容积表28个，汽车运输油罐车容积表65辆。加强油品损溢管理，将全区13个温度采集点扩大到所有加油站。对每月油品损耗率超过0.3%的加油站，进行损耗分析和有针对性地重点抽查。严把油品质量检验关，退回炼厂不合格油品1 191吨。举办2期加油站计量员培训班，培训人数126人，计量员队伍全面实现持证上岗，进一步强化了油库、加油站数质量管理。

（刘海燕）

【财务管理水平全面提升】 2009年，内蒙古石油分公司以ERP上线为契机，加强ERP财务信息化建设，两次开展ERP达标自查，提高了ERP运行质量，有效推动了财务工作由“会计核算型”向“核算加管理型”转变。积极运用价税政策、费用分配等财务资源，贯彻“压管理、保经营、突重点”的费用管理思想，对直销和零售进行费用倾斜，支持企业扩销增量。积极介入网建工作，对投资进行严密监控，实现控制关口的前移。加强资金安全检查，在营加油站全部实现银行上门收款，进一步规避了资金回笼风险。零售电子账表册系统的全面应用推动了零售基础数据管理水平的不断提高。

（刘海燕）

【加强员工队伍建设】 2009年，内蒙古石油分公司围绕服务经营、提升素质、加强管理的培训工作思路，利用5座培训站，组织站内培训15期，培训加油员350余人次。鼓励员工积极参加技术比武和技能鉴定，在技术比武活动中，1名员工获得销售系统零售线决赛优秀选手奖，公司夺得销售西北分公司竞赛比武团体第一名。近200名基层员工踊跃报名参加职业技能鉴定考试，通过参加技能鉴定考试，整体提高了基层员工的技能操作水平。截至年底，内蒙古石油分公司有初级工245人，中级工4人，高级工8人。

（刘海燕）

表1　　内蒙古石油分公司主要生产经营指标①

指标名称＼年份	2009	2008	2007	2006	2005	2004
成品油销售总量/万吨	42.59	37.13	37.47	39.41	31.60	23.40
零售量	31.30	26.00	23.08	21.53	16.70	6.98
销售收入/亿元	23.66	21.55	18.09	18.01	12.27	7.86
利　润/亿元	0.30	0.51	0.27	0.33	0.17	0.22
吨油费用/元	315.03	290.79	280.89	211.93	182.73	172.72
加油站总数/座	82	79	71	62	53	47
油库数量/座	4	4	4	4	3	2
铁路专用线/条	4	4	4	4	3	2

①指标均不含参股公司，均为改制前数据。

销售华北分公司

【概况】 中国石化销售有限公司华北分公司（简称销售华北分公司）是中国石化所属油品销售事业部的派出机构，是中国石化大区销售企业之一，公司本部设在天津市。其前身始建于1950年3月，隶属于商业部。1985年1月成建制划归中国石油化工总公司。销售华北分公司主要负责华北地区六省市（北京、天津、河北、河南、山西、山东）、东北地区三省（黑龙江、吉林、辽宁）成品油资源组织协调并对华北区内重要储运设施实行统一管理，具有资源组织、物流优化、储运管理、统一结算、市场监管职能。截至2009年底，本部有职能处室11个，专业中心2个，基层单位11个，在区内炼厂设立11个办事处，职工总数1 994人，其中正式职工549人。管理资产130亿元，拥有大区储备库4座，成品油管道4条、全长2 697千米。自2005年起连续4年被列“天津企业百强”之首。

销售华北分公司主要生产经营指标见表 1。

（宋立新）

【资源统筹实现新突破】 2009年，销售华北分公司加大配置计划监管协调力度，准确掌握炼厂生产、出厂、库存以及省市公司量、价、存情况；密切关注华北区消费特点，做好分地市进销存小平衡，为省市经营和大区物流优化创造了良好条件。建立省市油库进销存跟踪平台，将华北区内1万多座加油站逐一细分到对应油库，实现了对油库出库数据的时时监测，为一、二次物流的无缝对接奠定基础。与中国石油在加强资源投放量、协调价格和沟通信息等方面深层合作，营造了良好的经营氛围。做好负号油切换，缓解省市库存压力，避免市场潜亏近4 000万元。遵循“做好调研、释放增量、提前预案、按需保量”的思路，对华北区航煤生产和供应重新布局，全年华北区内航煤供应达252万吨。

（宋立新）

【物流降费开创新思路】 2009年，销售华北分公司以管输为“核心”、其他运输方式互补、手段多样、布局合理、整体联运、可控性强的华北成品油调度运行组织体系已基本形成，自主调节能力稳步提升，有效减轻了对外部运输环境的依赖。在保供基础上，紧盯市场变化，及时、合理摆布资源流向，通过成品油物流优化分销计划再优化（DPO）、提高铁路罐车装载率、包船运输、跨区配送等措施，全年累计调整运输计划1 273笔，调整运量518.13万吨，节省物流运行费用7 343.57万元。创新模式，挖掘空间，开展了石化与外采两种资源、大区与大区两个层面的串换工作，累计完成资源串换17.93万吨。制定科学可行的保供方案，全面掌握重点省市资源进销进度。加大协调组织力度，实现铁路、大区、省市、炼厂四方有机联动，有力保证了重点时段炼厂出厂及省市市场供应。

（宋立新）

【管道油库运营效益实现新突破】 2009年，销售华北分公司以“一个龙头、两个依托、三个兼顾、四个平衡”为原则，加强对现有管道运能运量、沿线下载能力和市场需求调研分析，采取多种措施扩量增效，管道输量屡创历史新高，实现华北区管输量单月超百万吨。详细分析各种工况运行参数，优化管泵匹配，发挥设备潜质，提高输量，降低运行能耗，实现油品注入、切割、下载、回掺合格率4个100%，各管道综合输油能耗均控制在考核指标内。储备库管理抓安全、保稳定，强“三基”、反“三违”，立足精细管理，夯实制度基础，石家庄库铁路罐车装载率同比提高2.79个百分点，铁路延时费同比减少10%。天津储备库被石化集团公司评为节能降耗优秀油库。

（宋立新）

【华北管网建设实现新格局】 销售华北分公司对华北区未来5年成品油市场需求和炼厂加工能力进行预测分析，结合华北区现有管道输转能力，提出了华北区管道油库建设规划。2009年11月30日，洛郑驻

现代化的华北管网调控中心 （刘玉姝 摄）

成品油管道正式划转销售华北分公司。天津—唐山成品油管道工程前期准备工作全面铺开。顺利接收了管道储运分公司2#、3#库，并将南疆3#库划转天津石油分公司，实现了生产平稳过渡和安全稳定。南疆2#油库改造工程按期贯通下海工艺流程，为解决天津大炼油成品油出厂提供了坚实保障。销售华北分公司承建的石太成品油管道工程获石化集团公司2008年度优质工程奖。

（宋立新）

【鲁皖二期管道全线投产】 2009年5月17日，济南—邯郸成品油管道一次投油成功；12月19日，石家庄—邯郸成品油管道一次投油成功；2010年1月15日，郑州—汤阴成品油管道一次投油成功，标志着东起青岛西至郑州、石家庄，贯穿山东、河南、河北三省15个市50多个县区，全长1 275千米的鲁皖二期成品油管道工程经过2年9个月施工全线顺利建成投产。

（宋立新）

【安全管理取得新成效】 2009年，销售华北分公司层层签订安全环保责任书，全员签订HSE承诺书，制定了“十大禁令”实施细则，实现了“要我安全”到“我要安全”的观念转变。建立安全量化考核机制，加大了隐患排查和整改工作力度。完善了外管道管理办法和应急处置预案，并加强应急演练，创造良好的安全环境。加大警企联防、地企联防工作力度，沟通情况密切合作，协助公安部门破获了数起特大打孔盗油案件，有效震慑了犯罪分子，清理管道违章占压20处，实现了新增违章占压为零工作目标。建立外管道责任制，销售华北分公司领导及机关干部积极参加联合“踏线”巡护活动，营造了人人参与管道保护的声势。加大技防工作投入力度，采用先进探测技术，排查出盗油暗阀37个。组建了抢维修中心和抢维修小分队两级抢维修队伍，推进由外委向自主抢维修转变。

（宋立新）

【企业管控力得到新提高】 2009年，销售华北分公司强化专项考核、规范奖惩、量化指标，确保了考核的公平公正。规范劳动用工、薪酬管理，逐步提高了员工收入。在资产接收、财务核算和资金集中管理等方面，强化风险防范，规范了企业运行。修订完善“三基”管理检查标准与内控、ERP、HSE等专业管理相融合，将各项制度转化为易掌握、易操作的管理标准和工作标准，固化为管理和操作规程。ERP系统完成重新上线，对120类800多张报表进行深层开发，提升了系统应用水平。研究所3项研究课题取得石化集团公司总部立项，通过了国家实验室和天津市技术监督局复评。计量站筹建大流量检定站，并承担两项石化集团公司总部科研项目。

（宋立新）

【非上市企业发展拓展了新空间】 2009年，金皇酒店完成了客房的升级改造，以崭新的面貌赢得了客人的赞誉。金泽酒店开拓市场显成效，创造了在天津市高端酒店市场连续10个月累计出租率排名第一的好成绩。悦泰公司着力于清净剂小包装生产经营和汽车养护用品研发，全面启动“海龙”燃油宝市场销售，成功实现了清净剂产品由大包装向小包装的市场转型，全年实现利润9 069万元。

（宋立新）

【党群工作取得新成效】 2009年，销售华北分公司认真组织开展深入学习实践科学发展观活动，制定了6个大项11个子项整改目标，推动了各方面工作的开展。配备和调整中层管理人员31人次。全年组织各类培训班128期，培训2 636人次，促进职工队伍能力素质不断提高。签订《廉政从业承诺书》，开展效能监察、业务公开，促进领导干部廉洁自律、廉洁从业。通过规范完善后勤服务、最好一餐在单位、建立“和谐职工小家”长效机制、完善“五小”建设和丰富多彩的职工文体活动等手段，为企业发展凝心聚力。

（宋立新）

表1 **销售华北分公司主要生产经营指标**

年份 指标名称	2009	2008	2007	2006	2005	2004
成品油经营总量/万吨	3 428.31	3 227.91	2 754.22	2 637.95	2 519.33	1 476.70
销售收入/亿元	1 736.50	1 752.88	1 240.01	1 132.43	922.80	444.74
利　润/亿元	31.97	48.95	38.23	37.41	5.15	5.95
实现利税/亿元	40.76	55.92	47.36	46.71	7.48	7.63

销售华东分公司

【概况】 中国石化销售有限公司华东分公司（简称销售华东分公司），系国有大Ⅱ型企业。办公场所为上海市长宁区愚园路819号，内部资本7.28亿元。公司前身中国石油运销公司始建于1949年8月。1950年10月改称中国石油公司华东区公司。1953年4月改组为中国石油公司上海批发站，为商业部直属企业。1985年1月划归中国石油化工总公司。1988年2月更名为中国石化销售公司华东公司。2002年10月更名为中国石化销售有限公司华东分公司。销售华东分公司资源管理辖区为江苏、浙江、福建和上海三省一市，主要履行资源组织、物流优化、储运管理、统一结算和市场监管等职能。

截至2009年底，销售华东分公司本部机关设办公室、财务资产处、经营管理处、管道油库处、安全数质量处、发展规划处、信息处、人力资源处、审计监察处9个职能处室和1个成品油调控中心。下设陈山油库、嘉兴输油管理处、南京输油处3个二级单位。有职工263人，其中正式工193人，劳务工70人；拥有高级职称的18人，中级职称54人。

陈山油库主要承担华东区成品油储备和上岸油品的收储以及浙苏成品油管线首站等职能。依托上海石化的成品油码头有2座，分别为2.5万吨级和1万吨级，可分别进行汽、柴油的收发业务。

销售华东分公司管理的浙苏成品油管线，全长220千米，工程设计输送量为510万吨/年，全线共设首站1座，中间输油站2座，末站2座。

销售华东分公司主要生产经营指标见表1。

（王文东）

【保炼厂后路畅通和市场供应】 2009年，销售华东分公司面对复杂的成品油市场形势，紧紧围绕保证区内炼厂后路畅通和稳定区内市场供应两条主线，沉着应对，稳扎稳打，共完成石化炼厂资源收购3 252.99万吨，完成率100.09%；完成石化省市供应2 566.32万吨，完成率100.08%，实现了“配置计划完成100%”的工作目标。

（王文东）

【保障上海沪Ⅳ油品顺利实施】 2009年，为确保沪Ⅳ油品置换工作的顺利开展，销售华东分公司多次组织高桥石化、金山石化和上海石油分公司召开会议，研讨衔接沪Ⅳ油品的生产安排、资源需求、出厂组织和油品置换等方面情况。通过科学编制调度方案、精心组织水路运力等措施，保证了10月份上海沪Ⅳ油品平稳置换。

（王文东）

【做大航煤销量】 2009年，为了积极落实石化集团公司总部提出的“两保三不降一提高”的工作目标，销售华东分公司通过开展航煤市场调研工作、召开华东区航煤工作会议、提升对航煤用户服务水平等措施，努力提高航煤销量，共销售航煤384.50万吨，同比增加18.56%。

（王文东）

【物流运行管理水平不断提升】 2009年，销售华东分公司在物流运行工作中，不断强化运输组织，努力提高物流运行效率，通过信息化管理手段，不断提高调控水平，努力实现降本增效，通过优化资源调运，节约运费3 676万元。

（王文东）

【华东区智能调度系统上线】 2009年8月，销售华东分公司智能调度系统投入试运行。通过系统的投用，将以往只侧重油品出厂环节的监控和管理，延伸到对计划安排、物流出厂、在途运输、到港卸货等物流全过程的监控和管理，减少了调度人员的工作量，增强了水运排船的合理性和透明性，为全面实行调度运行集约化管理打下了坚实的基础。

（王文东）

【“我要安全”活动扎实展开】 2009年，销售华东分公司扎实抓好“我要安全”活动。认真组织了安全演讲、安全大讨论、《安全生产禁令》学习、重温安全承诺、安全DV制作、争当“安全卫士”、征集安全小故事等活动。共组织安全大讨论23次，编写《主题活动简报》24期、《船舶安全简报》11期。报送石化集团公司总部的3部DV短片中，2部获得三等奖。通过一系列的活动，较好地实现了“要我安全”向“我要安全”的转变。

（王文东）

【陈山油品质量化验室落成投用】 2009年9月，陈山油品质量化验室验收合格并投入使用。年内化验室共检验汽柴油182批次，其中入库123批次，出库57批次，代检2批次。

（王文东）

新建成的陈山油品质量化验室

【"管理年"活动有效开展】 2009年，销售华东分公司提出开展"管理年"活动，从工作的指导思想、工作目标、领导机构、实施步骤、工作要求等方面进行了详细的部署。销售华东分公司将制度建设作为"管理年"活动的一项重要内容，共整理了5本制度汇编，共202个制度。通过强化制度管理，提高了企业管理水平，进一步夯实了区域物流中心建设的管理基础。公司二级单位管理水平也有较大提高，嘉兴输油管理处被石化集团公司评为"三基"工作先进基层单位。

（王文东）

【联营单位稳步发展】 2009年，销售华东分公司的联营单位上海石化物资交易中心，在市场环境和竞争激烈的情况下，实现成交量560万吨，成交额240亿元，经营收入650万元，净利润220万元，实现了董事会制定的目标。年内上海石化物资交易中心被评为上海市"重合同、守信用"单位和上海市合同信用3A企业，并获得了迎世博2009九鼎杯上海市场诚信经营先进单位称号。

（王文东）

【青年活动有效开展】 2009年，销售华东分公司切合企业改革发展实际，结合青年特点，以增强职工归属感和责任心为目标，组织了拓展训练、乒乓球比赛、英语风采大赛、全运会火炬传递、青年成长成才典型评选等形式多样的文体活动。激发团员青年自我教育、自我改进、自我提高的内在动力，努力发挥团员青年在公司建设区域物流中心过程中的生力军作用

（王文东）

青年志愿者在东方明珠前参加第11届全运会火炬传递仪式

表1 销售华东分公司主要生产经营指标

指标名称 \ 年份	2009	2008	2007②	2006	2005①	2004
成品油销售总量/万吨	3 324.31	3 557.36	3 318.98	3 853.68	3 849.42	4 526.85
销售收入/亿元	1 628.00	1 913.00	1 491.00	1 646.00	1 401.00	1 344.00
管输量/万吨(供省市)	928.00	764.00	577.00	601.00	517.00	614.00
油 库/座	1	1	1	—	—	—
管 道/条	1	1	—	—	—	—

① 2005年1月，销售华东分公司辖区调整为五省一市。

② 2007年1月，销售华东分公司辖区调整为江苏、浙江、福建和上海三省一市。

销售华中分公司

【概况】 中国石化销售有限公司华中分公司（简称销售华中分公司）位于湖北省武汉市江汉区精武路39号，是石化集团公司的派出机构和区域物流中心，代表油品销售事业部履行区域市场经营管理和协调职责，发挥优化资源配置、调控市场资源、协调同业竞合关系的作用。销售华中分公司主要担负"产销衔接、资源平衡、运输协调、物流优化、沟通协调"的职能，同时负责辖区内荆门、武汉、巴陵、安庆、九江和长岭分公司的成品油的收购，负责湖北、湖南、安徽、江西四省的成品油供应，负

责对华中、华东、华南、华北等地区的成品油跨区调拨，担负对部队、铁路、民航、交通、渔业等专项用户的成品油供应工作，并代表石化集团公司参与中石化长江燃料公司的经营和管理，负责长江水上成品油市场协调。

销售华中分公司前身成立于1949年10月1日，时名华中石油公司，随着国家政治经济形势的发展，原建制和机构经过多次演变。1985年1月1日，划归中国石油化工总公司，改名为中国石化销售公司中南公司。1998年更名为中国石化销售中南公司。2006年10月根据石化集团公司区域调整精神，更为现名。截至2009年底，销售华中分公司机关设置办公室（政工办）、经营管理处、财务资产处、人力资源处（组织部）、管道油库处、安全数质量处、审计监察处、企业发展管理处8个处室，下设6个驻厂办事处，2座油库。公司领导班子4人，总经理助理1人，中层干部28人；共有在册员工135人，其中大专、本科、研究生共116人，占职工总数的85.3%；党员111人，占职工总数81.6%。

销售华中分公司主要技术经济指标见表1。

（张国志）

【扩销增量】 2009年，华中片区市场紧张和资源过剩的情况交替发生，销售华中分公司加大运行控制力度，提高资源统筹和市场保障能力；组织召开片区成品油经营工作座谈会，统一片区省市的经营思想；开展辖区内航煤市场的专项调研，提高航煤供应量；跟踪省市经营节奏、库存变化，精心组织资源供应，较好完成了扩销增量的任务。全年，华中片区四省的成品油经营量同比增长了2.33%，片区六厂的原油加工量增加了5.62%；完成供川渝资源94.3万吨，同比增长83.8%；航煤供应量35.72万吨，同比增长89%。

（张国志）

【优化物流节费增效】 2009年，销售华中分公司努力加大管输量、扩大下载点配送半径，进一步提高管线输送能力，九樟管线月下载量突破13万吨，长株管线突破17.5万吨，为提高湖南、江西市场占有率起到了关键作用，有效缓解了湘南、赣南的市场供应压力。着重解决同牌号清洁、乙醇汽油运输对流的难题，全年调整炼厂同牌号汽油资源21.5万吨，节约运杂费1 644万元。积极开展资源串换，合理统筹运输能力，优化4种运输方式的协作联运。陆续实施常德赴柳林洲油库、萍乡至株洲油库、湘乡及衡阳地区赴株洲油库等跨省、跨区提油的一、二次物流整体优化新方案；还利用公路运量顶替铁路运量的有利时机，降低了湖南和湖北部分地区的公路运价水平。狠抓装载率工作，总共7 751罐车节约运载费3 622万元，有5个办事处达到了石化股份公司优秀标准；在石化股份公司对大区公司的物流运行管理考核中，销售华中分公司名列前茅；片区4个省公司均获销售企业物流优化成效奖和成品油运杂费节约奖。

（张国志）

【武汉穿江成品油管道投入运行】 管道全长18千米，全线共设置大庄首站和武汉末站两座输油工艺站场，武汉末站兼具调度功能。管道从中国石化武汉分公司经武汉钢铁港务公司进入大庄首站，定向钻穿越长江天兴洲右汊、左汊，途经洪山区、青山区、天兴洲和江岸区后进入武汉末站。管道项目2008年11月22日开工，2009年9月中交，9月27日顺利完成水联运，10月10日顺利实现投油一次运行成功。该管道年输送能力350万吨，采用常温密闭顺序输油工艺，可以实现0#柴油，90#、93#、97#汽油4个牌号的油品输送。

（张国志）

【武汉储备库工程开工】 武汉储备库工程包括武汉油库、大庄油库的储量升级改造，以及配套设施的完善。2009年1月和6月，石化股份公司分别批复了武汉成品油储备库工程的可研报告和基础设计方案。销售华中分公司用3个月时间完成了安全、环境影响、职业卫生、地质灾害危险4个专项评价，并办理了项目建设备案、消防设计审查、规划红线等手

武汉储备库

续。工程于8月18日开工，年底，武汉储备库大庄油库主体工程基本完工，储备库整体工程预计2011年4月份竣工，工程完工后，储备能力将达到33万立方米。2009年，武汉油库完成成品油进出库量90万吨，确保了武汉市70%的成品油市场供应。

（张国志）

【调控中心指挥大楼开工建设】 调控中心指挥大楼是华中成品油管网集中调度控制的神经中枢。2008年以来，销售华中分公司经过多方协调努力，与江汉区政府达成了兴建华中区域成品油管线调控中心的合作意向，得到了石化集团公司的明确批复，与江汉区委、区政府签署了联合建设协议。2009年6月8日，调控指挥中心奠基动工。截至年底，大楼的工程桩、支护桩已施工完毕，质量优良，项目建设转入了土建施工阶段。

（张国志）

【文明创建获得表彰】 2009年，销售华中分公司再次被湖北省委、省人民政府授予最佳文明单位称号。公司工会和共青团组织为企业的和谐稳定，开展形式多样、健康有益的各项活动，工会被湖北省总工会评为全省“安康杯”竞赛活动优胜单位和二级企业工会，共青团组织被共青团湖北省委授予“电力安全杯”知识竞赛优秀组织单位。

（张国志）

表1　销售华中分公司主要技术经济指标

指标名称＼年份	2009	2008	2007	2006	2005	2004
资产总额/亿元	27.56	31.49	36.34	20.93	23.37	21.95
成品油销售总量/万吨	1 540.70	1 428.80	1 445.60	1 267.50	1 262.60	1 327.80
销售收入/亿元	813.00	807.00	702.30	579.00	487.00	401.60
利　润/亿元	43.30	39.00	30.90	20.00	5.40	4.10
税　金/亿元	21.42	14.70	16.39	10.70	3.48	2.30
吨油费用/元	71.30	69.15	73.87	63.61	67.62	57.45

销售华南分公司

【概况】 中国石化销售有限公司华南分公司（简称销售华南分公司）的前身是中国石化销售有限公司西南分公司（简称销售西南分公司），成立于2000年6月，注册地在茂名。2006年11月，经石化集团公司党组批准，在广州注册成立销售华南分公司，将销售西南分公司的人员、资产及业务整体划转到销售华南分公司，销售西南分公司予以注销。从2007年1月1日起销售华南分公司正式运作。

销售华南分公司是中国石化销售有限公司下属的大区公司，是中国石化在华南地区跨省际、城际间的成品油区域物流中心，主要负责华南区域中国石化广州分公司、茂名分公司、湛江东兴公司、海南炼化和北海分公司5家炼化生产企业的资源收购，以及广东、广西、贵州、云南、海南五省区成品油的资源配置、区间调拨、协调运输和统一结算等业务；统一负责华南成品油管网（西南成品油管道和珠三角成品油管道）的运营管理及支线建设；负责外采成品油和进口成品油。

销售华南分公司实行公司机关—管理处—输油站三级管理模式；输油生产由调度控制中心直接指挥输油站。公司机关设9个职能处室和1个调度控制中心（附属1个备用调度控制中心）、1个抢维修中心；在沿线的深圳、茂名、南宁、贵阳、昆明设有5个输油管理处和41个输油站。同时设立中国石化销售企业成品油管道培训中心及SCADA系统维护中心，由销售华南分公司直接管理，主要为销售系统成品油管道提供培训和技术服务。截至2009年底，销售华南分公司有员工984人，其中正式职工495人，劳务派遣工489人；35岁以下人员639人，占总人数的64.9%；大中专以上学历826人，占总人数的83.9%。

2009年，面对复杂多变的市场环境和艰巨的生产经营任务，按照石化集团公司和销售公司总部的统一部署，销售华南分公司不断优化物流，精心组织管道输油生产，圆满完成了管输任务和市场保供任务。全年管输成品油1 578万吨，油品销售量2 373万吨，销售收入1 209亿元，报表利润29亿元，管道综合运营效益6.46亿元。

（朱　明）

【超额完成管输任务】 2009年，销售华南分公司不断优化管输品种，千方百计做大管输量。通过优化管输计划编制模式，精心组织输油生产，确保茂名站外输量最大化和云南铁路发运量最小化。坚持实时调整局部计划，滚动平衡资源和各点下载量，减少管输能力的浪费。实施850万吨/年增输改造项目，在8个站加注减阻剂，对9个站23台主输泵进行叶轮切削，使出站流量得到大幅提高。全年完成管输量1 578万吨，比2008年增加105万吨。2009年，销售华南分公司西南成品油管道被石化集团公司评为达标先进成品油管道。

（朱　明）

【区域市场保供任务顺利完成】 2009年，销售华南分公司从年度、季度计划入手，加强与炼厂的沟通，及时调整调运措施，抓好资源预控，确保了区域市场的稳定供应。通过坚持优先安排管道运输的原则进行重排，做到计划优化可行，达到了降低费用的目的，全年一次物流费用比下达指标节约6 779万元。加大与港口和生产企业的协调，强化装车环节的现场管理，提高装油高度，并将装载率作为常态化二作严格进行管理和考核，全年装载率达到92.61%，节省2 113个车皮，节约铁路运杂费1 379万元。精心组织船舶招投标，抓好水路运输和船舶管理，全年水路运输成本降低了1 300万元。全年共串换油品11.4万吨，销售油品2 373万吨，配置计划完成率100%，完成自采油品12.52万吨。

（朱　明）

【工程建设稳步推进】 2009年，销售华南分公司成立了重点工程项目部，专门负责管道建设工作。同时，为充分发挥各专业力量，成立了技术服务组、投资控制组、工程物资供应组等，统筹服务于管道建设项目，较好地完成了工程建设任务。8月29日，昆明—大理成品油管道顺利实现全线投油试运一次成功，9月1日实现了顺序输送。柳州—桂林成品油管道工程建设顺利，整体工程量已完成95%，柳州段已进行分段清管试压，基本实现工程建设目标，桂林段正在收尾。一期规划的南宁—百色、北海—南宁、贵阳—遵义—重庆等管道项目，石化股份公司已批复可研报告，工程建设正在全面铺开。昆明—玉溪、广州—韶关、海南洋浦—马村、肇庆支线等管道项目前期工作也正在有序地推进中。西南成品油管道、珠三角成品油管道及油库配套设施工程被评为石化集团公司2009年度优质工程。

（朱　明）

【安全、节能工作取得双丰收】 2009年，销售华南分公司深入开展“我要安全”主题活动，加强危害识别，推进HSE管理体系建设，经排查和识别，确定了公司级重点部位20个，管理处级重点部位28个，输油站级重点部位203个，均明确了责任人和责任内容。不断完善应急体系，加强演练，全年先后开展了364次演练（其中公司级2次、管理处级26次，输油站级336次）。深化领导干部定点承包制度，加强与基层的联系，全年一级承包人共联系承包点200多人次，深入基层106人次，查出问题和提出建议100多项。综合优化，全面推进管道节能降费，全年管输损耗率0.44‰，比2008年下降近40个百分点；水运到港损耗率1.24‰。年内销售华南分公司被评为石化集团公司安全生产先进单位和节能先进单位。

（朱　明）

【政企联动和警企联防机制不断完善】 2009年，云南、贵州、广西、广东四省区先后召开了治安联防会议，对管道治安保卫联防工作作了具体要求和检查考核规定。销售华南分公司与管道沿线地市公安部门签订了《成品油管道治安联防协议》，地市公安部门又与辖区基层派出所签订了管道安全保护工作责任状，从而形成了从企业到地方公安部门良好的联防联动机制。

（朱　明）

【“强化责任年”活动成效显著】 2009年，销售华南分公司开展“回头看”，抓好规章制度的“废、改、建”。全年共废止规章制度6项、修改215项、新建25项，进一步建立完善了包括规章制度、应急预案、抢维修工法和操作规程的具有管道企业特色的规章制度体系，推动了公司发展和管理水平的提高。同时，制定下发三级事权划分方案，制定岗位说明书，细化岗位任职资格、岗位职责、工作标准和工作流程，进一步丰富了制度体系的内容。同时强化岗位练兵，开展技术比武，成功承办了石化股份公司管道抢维修岗位技术比武决赛，在石化股份公司组织的2009年职业技能竞赛和技术比武活动中，获得团体第三名，管道专业获得团体第一名，1人获得管道专业金奖，2人获得管道专业银奖。

（朱　明）

【成品油管道职业技能鉴定机构成立】 2009年，中国石化销售系统第一家由国家劳动和社会保障部批准成立的成品油管道职业技能鉴定机构在销售华南分公司成立。首期职业技能鉴定（初级油气管道保护工）圆满结束，公司有32人通过了考试。

（朱 明）

【党建思想政治工作取得明显进步】 2009年，销售华南分公司认真抓好学习实践科学发展观活动，实现了“六个促进”，即促进了学习之风、促进了安全管理、促进了领导班子和队伍建设、促进了管理水平的提高、促进了责任的落实、促进了企业和谐，活动达到了预期效果，群众满意率达100%。抓好党风廉政建设，严格执行党风廉政建设责任制和问责制，做到“事前了解，事中参与，过程监督，事后总结”，取得显著效果。开展“达标创优”活动，细化《基层党支部工作手册》，积极探索党群组织活动形式，规范了党群组织生活。抓好“四好创建”活动，坚持每年根据实际情况对活动内容进行丰富充实，使机关部门的服务意识得到进一步加强。

（朱 明）

石油勘探开发研究院

【概况】 中国石油化工股份有限公司石油勘探开发研究院（简称石油勘探开发研究院）是中国石化直属上游综合研究机构，成立于2000年，占地343亩（22.86万平方米）。总院设在北京，京外设有西北分院（乌鲁木齐）、无锡石油地质研究所、荆州勘查技术中心、合肥培训测试中心，原德州石油钻井研究所和原南京石油物探研究所于2009年从石油勘探开发研究院分离。石油勘探开发研究院前身为20世纪60年代初原地矿部筹建的7家油气勘查研究单位，经过40余年的发展，石油勘探开发研究院已在油气勘探开发战略规划编制、海相层系碳酸盐岩油气成藏理论与资源评价、缝洞型碳酸盐岩油藏高效开发、特殊天然气藏开发、特殊储层预测、油气地球化学勘探、实验测试分析等方面形成了自己的特色和优势，拥有中国石油行业第一套虚拟现实系统，是国家石油勘探开发甲级工程咨询单位和首批入选承担国家发改委委托投资咨询评估任务的单位，其中油气化探实验测试中心和石油地质实验测试中心已通过国家级计量认证。

石油勘探开发研究院是中国石化油气勘探开发及发展战略参谋部、勘探开发核心技术研发和技术服务部、油气勘探开发数据信息及地质资料中心。主要任务是海外新项目评价、海外重点已执行项目技术支持、海外油气发展战略研究及规划编制、国内上游战略规划与决策参谋服务、“三北一川”（西北、东北、华北、四川）油气地质基础研究、油田企业油气增储上产技术支撑；承担国家及中国石化重大项目的科技攻关及牵头组织工作、石化股份公司油气勘探开发基础理论及应用技术研究、资源评价研究、规划部署研究；参与重大油气勘探开发科研项目和重大生产经营项目的设计审查、技术经济论证等工作。40余年来，累计主持完成国家重点油气科技攻关项目、课题和省部级项目600余项，获国家级奖励52项，获省部级奖励476项。

截至2009年底，石油勘探开发研究院有员工1 037人，各类专业技术人员736人，其中中国工程院院士1名，国家“973”首席科学家2名，教授及教授级高工54名，高工320人，具有博士学位的技术人员214人，并聘请多名中国科学院院士和中国工程院院士作为院高级科技顾问。石油勘探开发研究院是中国石化油田咨询中心和地质资料中心挂靠单位，是《石油与天然气地质》、《石油实验地质》等科技期刊的编辑、出版单位。总资产10.62亿元，其中固定资产原值8.41亿元，净值4.08亿元。拥有各类计算机软件218套。

2009年，石油勘探开发研究院承担各类科研项目340项，重大科研项目完成率和优良率达100%。获省部级以上科技进步奖11项，申报中国石化科技成果鉴定16项；申报国家专利30件，其中发明专利28件，获得授权9件。

2009年石油勘探开发研究院主要科研成果获奖情况和专利汇总情况见表1和表2。

（张 杨）

【塔河油田碎屑岩目标评价及勘探技术获石化集团公司科技进步一等奖】 （参见第142页）

【松辽盆地南部断陷层勘探目标与技术获石化集团公司科技进步一等奖】 （参见第143页）

【碳酸盐岩储层地球物理识别基础理论及方法获石化集团公司科技进步二等奖】 由石油勘探开发研究院完成的“碳酸盐岩储层地球物理识别基础理论及方法”项目，研制了起伏地表微型超声换能器并实现全自动采集；建立了模拟材料库，原位复合制作微观模型；开发了几何属性、叠前方位各向异性、倾角导向的多阶多方位属性计算技术；形成了虚拟现实系统的沉浸式油气综合预测集成技术；形成了一套碳酸盐岩孔缝储层基本理论分析、方法研发和展布描述技术系列，拓展了塔河缝洞研究力度，为塔河油气勘探开发提供了技术支撑。相关技术的应用完成了塔河主体区加外围5个区块共计5 777平方千米缝洞、裂缝带综合检测及有利目标区的评价，部分实钻井已经获得验证。该项目获2009年度石化集团公司科技进步二等奖。

（王　桐）

【复杂地区近地表三维综合调查与精细速度建模研究获石化集团公司科技进步二等奖】 由石油勘探开发研究院和勘探南方分公司完成的“复杂地区近地表三维综合调查与精细速度建模”项目获石化集团公司科技进步二等奖。项目形成了配套的综合物探近地表调查与速度建模方法技术系列，侧重于复杂近地表精细速度建模技术研究；优化了三维地震初至层析技术；开发了以微测井等资料为约束条件的初至层析近地表综合建模方法；形成了微测井离散数据表层速度统计建模技术；开展了电磁勘探方法适应性分析，探索了电阻率资料反演表层速度参数方法；开发了浅层反射地震资料近地表速度分析技术，形成了凯里地区浅层近地表速度模型、通南巴3D近地表速度模型及镇巴攻关区综合速度模型。通过项目实施，形成了适应南方复杂地表区不同勘探阶段的近地表精细速度建模技术系列，并在南方探区得到了成功应用。

（王　桐）

【西非重点盆地油气资源潜力及目标评价获石化集团公司科技进步二等奖】 由石油勘探开发研究院、国际石油勘探开发公司、华东分公司、江汉油田分公司、河南油田分公司和上海海洋油气分公司共同完成的“西非重点盆地油气资源潜力及目标评价”项目获石化集团公司科技进步二等奖。项目开展了西非重点盆地成藏主控因素及勘探潜力方面的研究，分析了盆地的形成、演化和发育特点及其对油气的控制作用；形成了西非地区完整的区域地质演化、含油气区、重点含油气盆地、区块评价的系统成果。该项成果对西非下步选区评价及项目的勘探开发部署具有重要的指导作用。

（王　桐）

【党政领导班子聘任调整】 2009年5月22日，石化股份公司下发通知，聘任金之钧为石油勘探开发研究院院长（兼），聘任张鸣为副院长（兼），聘任任玉林、钱基、何治亮、郑和荣、曲寿利为副院长，聘任郑和荣为总地质师（兼），聘任曲寿利为总工程师（兼），聘任袁向春为总工程师。9月21日，石化股份公司下发通知，聘任袁向春为副院长，解聘其总工程师职务；聘任计秉玉为总工程师。2009年12月9日，石化集团公司党组下发文件，任命谢晓安为中共石油勘探开发研究院委员会副书记、纪律检查委员会书记。

（张　杨）

【石油勘探开发研究院定位调整】 2009年9月3日，石化集团公司党组会议决定，对石油勘探开发研究院的定位和主要工作任务进行调整。调整的整体思路是：由以国内业务为主、海外业务为辅的定位，调整到国内外业务兼顾、以海外业务为主的定位；科研工作从强调原始创新，调整为以生产需求为导向，以消化吸收国内外已有技术和集成创新为主，强化科研成果的应用转化，快速实现对国内外勘探开发主营业务的科技支撑。

（张　杨）

【西北勘探研究中心和油气勘探研究所成立】 为尽快打破资源瓶颈、取得西北地区油气勘探新突破，石油勘探开发研究院以原新区勘探研究中心为主体，成立了西北勘探研究中心和油气勘探研究所。2009年1月15日，西北勘探研究中心和油气勘探研究所正式成立。2月10日，西北勘探研究中心15名赴新疆工作人员奔赴西北油气勘探一线。

（张　杨）

【德州石油钻井研究所从石油勘探开发研究院分离】 2009年4月24日，石化集团公司下发文件，决定石油勘探开发研究院德州石油钻井研究所从石油勘探开发研究院分离，以其为基础组建中国石化集团石油工程技术研究院。

（张　杨）

【南京石油物探研究所从石油勘探开发研究院分离】 2009年10月29日，石化股份公司下发文件，决定石油勘探开发研究院南京石油物探研究所从石油勘探开发研究院分离，以其为主体组建中国石油化工股份有限公司石油物探技术研究院。

（张　杨）

【中国石化科学技术研究中心建设项目动工】 经过近5年的筹划准备，2009年12月28日，中国石化科学技术研究中心建设项目在北京沙河举行了奠基仪式，标志着该建设项目正式动工。

（张 杨）

【金之钧获第11届李四光地质科学奖】 2009年10月23日，石化股份公司副总地质师、石油勘探开发研究院院长金之钧获第11届李四光地质科学奖，中共中央政治局常委、国务院副总理李克强在人民大会堂为其颁奖。

（张 杨）

表1 石油勘探开发研究院2009年主要科研成果获奖情况

序 号	项目名称	奖项名称	获奖等级
1	塔河油田碎屑岩目标评价及勘探技术	石化集团公司科技进步奖	一等奖
2	松辽盆地南部断陷层勘探目标与技术	石化集团公司科技进步奖	一等奖
3	碳酸盐岩储层地球物理识别基础理论及方法	石化集团公司科技进步奖	二等奖
4	复杂地区近地表三维综合调查与精细速度建模研究	石化集团公司科技进步奖	二等奖
5	西非重点盆地油气资源潜力及目标评价研究	石化集团公司科技进步奖	二等奖
6	中国南方与塔里木盆地志留系油气地质特征及勘探方向	石化集团公司科技进步奖	三等奖
7	烃类垂向微渗漏实验模拟	石化集团公司科技进步奖	三等奖
8	中国石化地质资料管理信息系统建设	石化集团公司科技进步奖	三等奖
9	大牛地气田岩性气藏描述技术	石化集团公司科技进步奖	三等奖
10	高含硫化氢和二氧化碳天然气田开发工程技术	石化集团公司科技进步奖	三等奖

表2 石油勘探开发研究院2004—2009年专利申请与授权情况 件

年 份	国内申请数	国外申请数	国内授权数	国外授权数
2004	10	1	2	0
2005	15	0	5	0
2006	13	0	9	0
2007	16	0	8	1
2008	17	0	9	3
2009	31	0	13	0

石油工程技术研究院

【概况】 中国石油化工股份有限公司石油工程技术研究院、中国石化集团石油工程技术研究院统称中国石化石油工程技术研究院(简称石油工程技术研究院），2009年由石油勘探开发研究院德州石油钻井研究所、资产公司德州大陆架油气高科技分公司重组成立，注册地北京市昌平区，是以井筒技术为主的石油工程技术研发机构，主要从事石油钻井、完井、测录井、测试、储层改造及海洋石油工程等专业技术的发展规划、攻关研究、技术支持、产品研发及推广应用。

石油工程技术研究院本部下设5个职能部门，7个研究所，3个中心；京外设有胜利分院、中原分院和德州大陆架石油工程技术有限公司。截至2009年底共有职工（正式）249人，其中硕士以上73人，教授级高工24人，高级职称82人；有国家级突出贡献专家2人，有享受政府特殊津贴专家5人，“百千万人才工程”人选1人，省部级突出贡献专家3人，石化集团公司学术技术带头人11人。建有钻井模拟、钻井液、储层保护、固井完井、测录井、储层改造、岩石力学7个配套齐全的实验室；拥有岩石力学三轴应力仪、储层损害模拟实验装置、高温高压流变仪、静胶凝强度分析仪、钻井模拟实验台架等具有国际先进水平的实验仪器装备；拥有钻井、固井、完井、测录井等先进软件数十套。在山东德州、新疆轮台、四川达州建有试验基地，配备有专业化的移动式实验室；通过了ISO 9001、ISO 14001、OHSAS 18001、SY/T 6276管理体系认证；创办有中文核心期刊《石油钻探技术》；是全国石油钻采设备和工具标准化技术委员会钻修井井下工具标准化工作部挂靠单位。

石油工程技术研究院定位于“一部两中心”，即中国石化的石油工程技术发展参谋部、石油工程高新技术研发中心、国内外石油工程技术支持中心。主要负责中国石化石油工程技术发展战略、规划、部署等研究工作；组织开展石油工程技术基础性、前瞻性和重大项目研究，组织石油工程相关装备、工具、仪器、仪表和软件开发及科研成果转化应用工作；归口管理中国石化石油工程技术信息、档案及技术标准的制（修）订研究工作；跟踪分析国外石油工程技术进展，协助中国石化进行高级工程技术人才培养工作；参与国内外油气勘探开发重大项目研究并提供工程技术支撑工作。

石油工程技术研究院在钻井地质环境因素描述、深井超深井钻井、巨厚盐膏层钻井、电磁波随钻测量、旋转冲击钻井、复杂地层防漏堵漏技术、高压油气井防气窜固井等石油工程关键技术领域形成了以复杂地质条件下深井超深井钻井技术为核心的特色技术系列；2009年在研项目66项，其中国家重大专项、863项目17项，结题项目20项，5项成果鉴定达到国际先进水平，重大项目完成率和优良率达100%。公开发表论文50篇，出版专著2部。

石油工程技术研究院2004—2009年专利申请与授权情况汇总见表1。

（刘爱顺）

【旋冲钻井技术研究的现场应用取得重大突破】 2009年，石油工程技术研究院成功研制了延长工具使用寿命的低速射流元件，相同排量下，冲击器射流元件喷嘴射流速度降低了22%，大幅度减小了射流对元件的冲蚀；开发出旋冲钻井辅助设计软件，完成了一体化结构铸造缸体的加工，YSC-178A型冲击器性能进一步提高。12月在松南地区十屋30井现场应用，入井工作时间127小时，纯钻进81.24小时，机械钻速提高44%，初步形成了旋冲钻井现场配套工艺技术。

（索忠伟）

【胶乳水泥浆研究和应用替代国外同类产品】 2009年，石油工程技术研究院研制开发了性能稳定的DC200抗高温胶乳防气窜剂及配套的稳定剂，解决了进口胶乳水泥浆体系在应用过程中出现的敏感性强、稳定性差、易发生“闪凝”事故等关键技术难题。该抗高温胶乳防气窜水泥浆体系最高适应温度达180℃，可将API失水控制在30毫升以内。该胶乳防气窜水泥浆体系在川东北地区的毛坝7井、毛坝8井和大湾402-1H井成功应用，解决了川东北地区高压防窜技术难题。川气东送指挥部专门召开该胶乳水泥浆体系应用推介会议，作为成熟水泥浆体系替代进口胶乳在川东北推广应用。同时，该胶乳水泥浆体系在新疆塔河油田进行了7口井的现场推广应用，其中有6口井固井质量达到良好以上，为进一步推广应用奠定了基础。

（桑来玉）

【防止硫化氢和二氧化碳共腐蚀水泥石系统研究走在国内前列】 2009年，石油工程技术研究院在国内首次建立了水泥石腐蚀与防腐实验室，完成了硫化氢与二氧化碳共存条件下水泥石的腐蚀机理研究和抗硫化氢与二氧化碳共存腐蚀材料的研究，研制出了具有较好抗二氧化碳、硫化氢腐蚀性能的防腐水泥外加剂，并申请了2件国家发明专利。防腐水泥外加剂与胶乳防窜水泥浆体系配合，在川东北地区进行了毛坝7井、毛坝8井、大湾402-2H井3口井的现场试验，固井质量为优质，为解决高温高压高含腐蚀性气井固井技术难题奠定了良好的基础。

（桑来玉）

【超深井钻井液抗盐降滤失剂研究进入现场试验】 石油工程技术研究院针对超高温下钻井液黏度、高温高压滤失量等不易控制的难题，通过优选耐温单体，应用分子量调节剂，设计合成了抗温240℃、抗饱和盐的三类不同分子量的降滤失剂。2009年，中试放大了20吨合格产品，并以该产品为主处理剂形成的超高温钻井液体系抗盐达饱和、高温高压滤失量可控制在10毫升以内，达到了工业化应用程度，已进入徐闻X3井的现场试验。

(杨小华　江山红)

【EM-MWD（电磁波）传输技术研究获进展】 2009年，石油工程技术研究院完成了EM-MWD工程样机的改进和优化设计，设计定型了基本型电磁随钻测量仪（CEM-1），加工了两套样机，在鄂北大牛地气田D66-86井进行了现场应用试验，信号传输深度达到3 019米，测量数据与电测结果基本一致；为进一步提高EM-MWD传输深度，研制出了中继器原型机（申请1件发明专利），测试证明该原型机设计方案可行，为后续研制中继器样机奠定了基础。

（高炳堂）

【提供技术支持和技术服务】 2009年，石油工程技术研究院加大科研成果转化力度，针对西北、川东北和川西地区的重点难点问题，开展特殊水泥浆固井技术支持和技术服务。在西北塔河油田完成了35井次的低密度、胶乳水泥浆体系固井技术服务；在川东北和川西地区完成了75井次探井、30井次开发井的固井设计审查、大样复核和现场监督工作以及5口重点井的胶乳水泥浆、高密度水泥浆和低密度水泥浆技术服务。在石油工程技术研究院提供的技术支持下，普光气田产层固井质量合格率100%，优质率93%，普光气田防气窜固井技术被川气东送建设工程指挥部评为技术推广一等奖。

（秦红祥）

【积极落实“走出去”战略】 2009年，石油工程技术研究院加大对国际石油勘探开发公司（SIPC）的石油工程技术支撑力度。编写了《SIPC钻井工程质量控制指南》、《SIPC钻井工程现场控制要点》、《SIPC钻井作业手册》等多项规程，协助SIPC建立了海外钻井工程技术与质量管理体系。完成了伊朗雅达油田FEED项目的技术文件、招标文件和主要的室内实验，得到伊朗PEDEC和SIPC的高度评价，为伊朗项目的良好开局起到了支持和保障作用。针对缅甸D区块的井壁失稳、井漏、高压层气窜等问题，研制开发了聚胺盐防塌钻井液体系、化学防漏堵漏方法及配方、防气窜胶乳水泥浆体系，在PATONON-2井的严重漏失井段成功实施了4次堵漏作业，在YAGYI-1井的高压气层井段应用防气窜胶乳水泥浆体系，固井质量优良。

（秦红祥）

【抗高温高压耐腐蚀特种尾管固井工具取得突破】 2009年，石油工程技术研究院研制成功多种抗高温高压耐腐蚀特种尾管固井工具，包括尾管悬挂器、送入工具、回接装置、浮箍、浮鞋等，在四川等地得到了广泛的使用，应用成功率达95%以上，解决了川东北地区高温高压高含腐蚀介质的固井工具耐腐蚀技术难题，推动了川东北地区勘探开发进展。

（郑晓志）

【新型超大尺寸双级注水泥器填补国内空白】 2009年，石油工程技术研究院成功研制了339.725毫米YFZ-A新型超大尺寸双级注水泥器。该产品于11月在中国石化元坝地区元坝6井成功应用，有效解决了该地区339.725毫米套管一次固井过程中普遍存在的严重漏失问题。同时，该新型产品也攻克了以往常规双级注水泥器关闭不严、关闭压力过高及在钻除附件后密封失效等问题，改变了超大尺寸双级注水泥器长期以来依赖进口的局面。

（郑晓志）

【确保科研生产与组建工作两不误】 石油工程技术研究院于2009年4月24日开始组建，6月26日在京挂牌成立，9月9日搬进租用办公场所（北辰时代大厦），各项工作全面展开。自成立到年底的几个月中，石油工程技术研究院按照石化集团公司党组领导的要求，研究发展规划、建立组织机构、制定规章制度，同步推进科研生产与党建工作，科技创新、技术支持、产品研发、后勤保障等工作有序运行，圆满完成了年度工作目标，实现了职工队伍稳定和各项工作的平稳过渡，确保了科研生产与组建工作两不误。

（刘爱顺）

表2　石油工程技术研究院2004—2009年专利申请与授权情况①　　件

年　份	国内申请数	国内授权数	国外申请数	国外授权数
2004	5	3	1	0
2005	5	1	0	0
2006	7	4	0	0
2007	11	1	1	0
2008	9	1	0	0
2009	10	0	0	0

①本表数据来源于石油工程技术研究院前身原石油勘探开发研究院德州石油钻井研究所。

石油化工科学研究院

【概况】 中国石油化工股份有限公司石油化工科学研究院(简称石油化工科学研究院)位于北京市海淀区，其前身成立于1956年7月，是中国石化直属的综合性科研开发机构，主要从事石油炼制和石油化工技术领域的科学研究与开发、技术许可、技术服务、技术咨询和技术培训。围绕中国炼油工业发展的技术需求，重点开展具有全局性、前瞻性和重大战略意义的关键课题研究。科研业务领域包括：清洁汽/煤/柴油生产技术、劣质和重质原油加工技术、油化结合技术、芳烃生产技术、石油产品生产技术、石油化学品生产技术、石油替代资源研究、炼化技术基础、计算机技术应用以及分析测试等配套技术共10个方面。

截至2009年底，石油化工科学研究院下设17个研究部门，拥有炼油工艺与催化剂国家工程研究中心、石油化工催化材料与反应工程国家重点实验室、润滑油评定中心、水处理技术服务中心、炼油继续教育中心等机构；是全国石油产品标准化归口单位，是国家石油产品质量监督检验中心、中国石油学会石油炼制分会的挂靠单位，是《石油学报》、《石油炼制与化工》和英文版的《China Petroleum Processing and Petrochemical Technology》3个科技期刊的编辑、出版单位；下设研究生部和博士后流动站，拥有化学工艺、应用化学专业博士学位，化学工艺、应用化学、工业催化和化学工程专业硕士学位的授予权。职工总数为1 320人，各类技术人员1 026人。其中，中国科学院、中国工程院院士6人，教授级高级工程师99人，高级技术人员435人；博士190人，硕士242人。拥有近千套中小型炼油和石油化工试验装置及各种化学分析仪器，涉及炼油工艺、石油化工、精细化工和添加剂以及油品应用研究等领域。

截至2009年底，石油化工科学研究院，共获得部级以上奖励的科技成果852项，国家级奖励118项，其中国家最高科学技术奖1项、国家技术发明一等奖2项、国家科技进步特等奖1项，国家科技进步一等奖6项。累计申请中国专利2 815件，获准授权1 730件；拥有专有技术310件；在32个国家和地区申请专利576件，获准授权305件。2009年度申请中国专利数量占石化集团公司申请总量的17%。

石油化工科学研究院2009年度科研成果获奖情况及2005—2009年专利申请授权情况见表1和表2。

（侯明铉）

【“科学规划年”取得明显成效】 2009年是石油化工科学研究院的“科学规划年”。年内先后形成科研开发、技术服务、人力资源等5个发展规划，科学发展的思路更加清晰。围绕中国石化“建设成为具有较强国际竞争力的跨国能源化工公司”的战略目标，着力发挥科技创新的“推进器”作用，石油化工科学研究院进一步明确“建设成为世界级以炼油为主、油化结合的能源型研究院”发展愿景的丰富内涵。

石油化工科学研究院以强化科学问题的凝练为抓手，不断夯实自主技术创新的根基，专利申请等多项技术经济指标继续保持增长势头，连续6年同创历史新高，全面完成了承担的科研开发各项任务，为中国石化战略发展提供了新的技术支撑。

（侯明铉）

【领导班子绩效考核被确定为A级】 根据石化集团公司公布的2009年度直属单位领导班子绩效考核结果，22家单位绩效考核被确定为A级，石油化工科学研究院作为其中唯一的一家科研单位，榜上有名。

（侯明铉）

【总体规划建设方案得到批准】 2009年11月5日，石化集团公司党组会议审议并原则通过石油化工科学研究院总体规划建设方案。方案涉及院本部、中试基地等现有土地545亩（36.33万平方米），分两期实施。今后6年，石油化工科学研究院将按照建设国际一流研究院的总体要求，高标准、高质量地进行规划和改造。

（侯明铉）

【石脑油催化重整成套技术的开发与应用获国家科技进步一等奖】 催化重整技术是一种以石脑油为原料生产高辛烷值汽油组分、芳烃、氢气等产品的炼油深加工工艺，长期以来一直被国外公司垄断。20世纪70年代末，石油化工科学研究院开始连续重整催化剂的研发工作，通过自主创新，突破知识产权包围和技术封锁，先后研制出几代催化剂，在多套引进的催化重整工业装置上获得工业应用，催化剂综合性能达到国际领先水平并获得国外专利商认可。随后，石油化工科学研究院与洛阳石化工程公司等单位联合攻关，开发出低压组合床重整工艺技术，在核心设备、控制技术、工程模型等方面实现重大突破，形成了具有自主知识产权的连续重整成套技术，并建成国内首套100万吨/年超低压连续重整装置，主要技术经济指标显著优于国外最先进技术，使中国石化成为世界上第三个连续重整成套技术专利商。该项目先后获得中国发明专利授权22件，美国、日本等国外专利授权11件，形成专有技术10项，催化剂在20余套工业装置成功应用，取得了显著的经济社会效益。该项目获2009年度国家科技进步一等奖。

（侯明铉）

【环己酮氨肟化路线己内酰胺生产工艺成套技术获国家科技进步二等奖】 己内酰胺是重要有机化工

原料，中国己内酰胺生产长期依赖引进技术，亟待开发工艺简单、环境友好的成套技术。石油化工科学研究院与巴陵分公司等单位合作，成功打破国外技术垄断，自主开发并集成了环己酮氨肟化法制环己酮肟及其催化剂再生、环己酮肟贝克曼三级重排制己内酰胺、己内酰胺精制等新工艺，形成了由环己酮氨肟化技术路线生产己内酰胺的成套新工艺技术，实现了己内酰胺生产全流程的技术创新。与传统生产工艺（HPO）相比，生产流程大幅简化，氨的利用率由约60%提高到90%以上；不产生和使用腐蚀性氮氧化物，设备要求低，装置投资少；己内酰胺生产成本大幅度降低。该项目获得中国发明专利授权8件，美国发明专利授权2件。采用该成套技术，已在巴陵分公司建成己内酰胺生产线，成功将装置产能由7万吨/年扩大至14万吨/年，实现长周期稳定运转。该项目获2009年度国家科技进步二等奖。

（侯明铉）

【催化裂化催化剂生产中节能降耗成套技术开发获石化集团公司科技进步一等奖】 （参见第144页）

【S-Zorb国产吸附剂工业试验取得成功】 S-Zorb汽油脱硫技术是中国石化引进的一项专利技术，对于生产高标准清洁油品起着关键作用，其核心是吸附剂制备技术。石油化工科学研究院发挥技术集成优势，开发出具有自主知识产权的吸附剂配方技术和微球吸附剂制备技术及专用设备。2009年完成18吨国产吸附剂生产，在燕山分公司完成工业试验，取得工业装置稳定运行，吸附剂各项性能优于进口吸附剂的良好结果。

（侯明铉）

【原油驱、采、输、脱、炼一体化研究取得阶段性成果】 认真落实石化集团公司党组关于发挥整体技术优势，开展原油驱、采、输、脱、炼一体化联合攻关的指示精神，2009年石油化工科学研究院与西北油田分公司等单位共同承担了塔河原油采、输、炼一体化优化方案，驱、采、输、脱相关化学剂的研发等一系列研究课题，成功开发出水溶性稠油乳化降黏剂、非碱型系列硫化氢脱除剂，顺利完成塔河油田稠油井筒降黏工业试验和外输首站的工业放样试验，为提高中国石化原油采收率作出了积极的贡献。

（侯明铉）

【成立油煤共炼矩阵课题组】 2009年3月，石油化工科学研究院贯彻落实石化集团公司战略部署，抽调人员成立油煤共炼矩阵课题组，在较短的时间内建立了煤制样、分析表征、热解气化、催化剂制各、临氢共炼等实验室及一批试验装置，集中力量开展煤制油新技术的探索，先后开展了油煤共焦化、临氢转化等试验，并取得初步结果。

（侯明铉）

【为建国60周年盛大阅兵提供可靠的润滑油品保障】 2009年10月1日，在国庆60周年天安门盛大阅兵中，石油化工科学研究院研制的特种润滑油脂成功应用于参加检阅的99式主战坦克、两栖突击车、履带步战车、陆战队战车、履带自行加榴炮战车、履带自行榴弹炮战车6个阅兵方队，以及歼轰-7A、歼-10等主力战机，为保证受阅装备的稳定运行发挥了重要作用，得到阅兵方队、联队的高度赞扬及中国兵器科学研究院的专门致信感谢。

（侯明铉）

【全球最大的DCC装置顺利开工】 2009年5月，采用石油化工科学研究院专利技术的沙特拉比格石油公司450万吨/年DCC装置开工。石油化工科学研究院派出专家小组，与美国石伟公司一起赴现场提供技术服务。该项目进料量为每天9.2万桶，是全球最大的同类装置。

（侯明铉）

【催化裂化催化剂首次批量登陆美国】 2009年底，石油化工科学研究院研发的催化裂化催化剂成功批量登陆美国炼油市场，在美国本土最大的炼油公司——瓦莱罗公司旗下炼厂得到应用，标志着中国石化的催化裂化催化剂技术已经达到国际先进水平。

（侯明铉）

【海南6万吨/年生物柴油项目投产】 该项目位于海南东方工业园区，由中国海洋石油总公司投资，采用石油化工科学研究院开发的高压酯交换生物柴油生产工艺，以麻疯树油为原料，生产优质生物柴油，是首批“林油一体化”国家级示范装置。2008年9月动工建设，2009年10月建成中交。

（侯明铉）

【《石油炼制与化工》获“新中国60年有影响力的期刊”称号】 为纪念新中国成立60周年，中国期刊协会、国家新闻出版总署中国出版科学研究所联合举办了“新中国60年有影响力的期刊”推选活动。石油化工科学研究院编辑、出版的《石油炼制与化工》成功入选，是炼油和石化行业获此殊荣的唯一期刊。

（侯明铉）

表1　　石油化工科学研究院2009年度科研成果获奖情况

序　号	项目名称	奖项名称	获奖等级
1	国产连续重整成套技术的开发及工业应用（第二完成单位）	国家科技进步奖	一等奖
2	环己酮氨肟化路线己内酰胺生产工艺成套技术	国家科技进步奖	二等奖
3	纳米空心钛硅分子筛催化剂工业制备技术	石化集团公司技术发明奖	一等奖
4	高含酸原油直接催化裂化脱酸成套工艺技术的开发及工业应用	石化集团公司科技进步奖	一等奖
5	催化裂化催化剂生产中节能降耗成套技术开发	石化集团公司科技进步奖	一等奖
6	14万吨/年己内酰胺成套新技术开发（第二完成单位）	石化集团公司科技进步奖	一等奖
7	SKI-00A脱乙基型C_8芳烃异构化催化剂研发及工业应用	石化集团公司科技进步奖	二等奖
8	提高尾油质量的加氢裂化技术开发和应用	石化集团公司科技进步奖	二等奖
9	汽油管道调合工艺成套技术的开发及工业应用	石化集团公司科技进步奖	二等奖
10	炼化装置长周期运行水处理关键技术创新集成与应用	石化集团公司科技进步奖	二等奖
11	生产高黏度优质润滑油基础油的加氢处理成套技术	石化集团公司科技进步奖	三等奖
12	二代步兵战车综合传动系统润滑油（RP-4670T）的研制	石化集团公司科技进步奖	三等奖

表2　　石油化工科学研究院2005—2009年专利申请授权情况　　件

年　份	中国专利		国外专利	
	申　请	授　权	申　请	授　权
2005	239	188	24	32
2006	249	206	53	36
2007	262	150	57	36
2008	266	139	45	26
2009	317	183	75	22

北京化工研究院

【概况】 中国石油化工股份有限公司北京化工研究院（简称北京化工研究院）的前身成立于1958年6月，是中国最早从事石油化工综合性研究的科研机构，曾先后隶属化学工业部、燃料化学工业部及石油化学工业部，1998年9月转制进入石化集团公司。院本部位于北京市北三环内，占地面积9.7万平方米，建筑面积6.8万平方米。科学试验基地设在北京市通州区台湖镇，占地面积17万平方米，建筑面积3.8万平方米。截至2009年底，员工总数822人，其中专业技术人员占80%，享受政府特殊津贴50人，博士138人、硕士166人、本科211人。

北京化工研究院形成了工业催化、有机合成、高分子聚合、塑料加工、化工环保、化学工程、分析表征和石化信息八大学科与技术创新平台；设立了聚烯烃国家工程研究中心、国家基本有机原料质量监督检验中心、国家化学建材测试中心和国家高分子材料与制品质量监督检验中心等全国性技术中心；创办了《石油化工》、《石油化工快报》和《化工环保》等行业性杂志。

北京化工研究院设有13个主要的研究室（所）和1个配套部门，拥有从事研究开发工作所需的配套设备和现代化分析测试仪器，建有石油烃类裂解、烯烃净化催化剂、有机合成催化剂、聚烯烃催化剂、环管聚丙烯中试、气相聚乙烯中试、改性塑料等几十套中试、模试装置及烯烃聚合评价装置。北京化工研究院自1964年开始招收研究生，是国务院批准的首批硕士学位授予单位之一，共有材料学、化学工艺学、工业催化3个硕士学位授予点，设有博士后科研工作站。

2009年度，北京化工研究院承担的中国石化科研项目中，获得石化集团公司科技进步一等奖1项，二等奖2项，三等奖3项。申请中国专利217件，有41件中国专利和12件国外专利获得授权。

2009年实现产品与技术出口总计950万美元，达到历史较好水平。

2009年度北京化工研究院主要科研成果获奖情况和2004—2009年专利情况汇总见表1和表2。

（苗莲香）

【双峰聚乙烯催化剂的工业应用获石化集团公司科技进步一等奖】 （参见第145页）

【聚烯烃管材专用料分级与寿命预测获石化集团公司科技进步二等奖】 2009年，由北京化工研究院独立完成的“聚烯烃管材专用料分级与寿命预测”项目获石化集团公司科技进步二等奖。材料的级别是评价聚乙烯管材料水平的核心指标，同时是工程应用的设计基础。该项目利用建立的数学模型和外推方法为中国石化和部分国外管材专用料完成了多个牌号的分级和寿命预测工作，在此基础上建立了长期静液压强度实验数据库，为管材料新牌号的开发提供服务。北京化工研究院建成了国内首家且唯一的聚烯烃管材专用料分级和寿命预测实验室，具备了按照国际通用标准及国家标准开展管材专用料综合性能评价的能力。

（魏若奇）

【一种高刚耐热抗冲聚丙烯的开发获石化集团公司科技进步三等奖】 2009年，由北京化工研究院和扬子石化承担的“一种高刚耐热抗冲聚丙烯的开发”项目获石化集团公司科技进步三等奖。该项目利用扬子石化生产的聚丙烯牌号K8003和J340为基料，利用成核剂与纳米级粉末橡胶复配成易分散的成核剂体系，利用在线造粒螺杆添加到聚丙烯树脂之中，使得产品在不降低抗冲性能基础上，提高抗冲共聚聚丙烯树脂刚性、韧性和热变形温度。该技术在扬子石化的2套聚丙烯装置成功进行了工业试生产，实现了各项工艺参数及乙烯含量的准确控制，生产过程平稳，产品达到目标要求。共生产2个牌号的聚丙烯3 000余吨。

（张丽英）

【达标污水深度处理回用技术获石化集团公司科技进步三等奖】 2009年，“达标污水深度处理回用技术”项目获石化集团公司科技进步三等奖。该项目根据污水水质特点，开发了以曝气生物滤池、接触氧化、电絮凝沉淀及催化氧化技术为核心的集成工艺。所形成的技术成果既可作为达标污水深度处理技术单独使用，出水回用于循环水排污水系统，也可作为膜前置预处理技术，出水通过膜分离系统制取高品质的再生水用于锅炉补水或生产工艺用水。本技术已在济南等分公司实现工业应用，年节约新鲜水约600万吨，节支1 400万元，减少COD排放130吨，具有良好的经济效益和环境效益。

（栾金义）

【获中国石化管理创新奖】 2009年10月，中国石化授予北京化工研究院申报的“‘单向捷径作业’（OSO）模式在科研物资采购领域的探索与应用”项目管理创新二等奖。该项目采用“单向捷径作业”模式，强调服务科研理念，突出单向捷径特色，追求管控和谐有序，与传统流程相比，审批环节大大压缩，采购周期缩短。通过整合资源，在科研进口物资减免税方面和电子商务方面都取得了良好业绩，为科研一线节约资金超过1 913万元，并通过充分调研、缜密决策，使新流程实施有力，经济效益显著。

（刘　昌）

【贺国强视察北京化工研究院】 2009年2月13日下午，中共中央政治局常委、中央纪委书记贺国强在中国石化等中央企业考察调研期间，来到北京化工研究院，听取了情况介绍，并视察了聚烯烃国家工程研究中心催化剂评价实验室和乙烯裂解研究室模拟蒸汽裂解装置。

（梁晓云）

贺国强视察北京化工研究院

【聚乙烯管材专用料生产技术研究开发通过鉴定】 2009年5月26日，由北京化工研究院和扬子石化共同承担的“聚乙烯管材专用料生产技术研究开发”项目通过中国石化组织的鉴定。该项目通过高分子物理和聚合物的表征研究，设计聚乙烯管材的分子结构，为聚乙烯管材专用料的开发提供了理论依据，在此基础上，扬子石化装置优化工艺条件，成功开发出具有双峰分子量分布的YEM-4902T聚乙烯管材专用料，并先后通过了国家化学建材测试中心PE100等级认证和瑞典Bodycote实验室的PE112等级认证。已在国内给水、燃气等多项工程上得到应用，效果良好，经济效益和社会效益显著，具有广泛的应用前景。

（魏若奇）

【化工装置节水减排成套技术开发“十条龙”项目通过鉴定】 2009年11月6日，由北京化工研究院参加的“化工装置节水减排成套技术开发”“十条龙”攻关项目通过了中国石化组织的技术鉴定。该项目针对齐鲁分公司化工系统，开发了催化氧化＋超滤＋反渗透技术和絮凝＋超滤＋反渗透技术，分别用于处理橡胶厂达标外排废水和热电厂循环水排污水和原有反渗透装置浓水用于锅炉补水，实现了工业运行，达到了设计目标。针对天津分公司化工系统，开发了以曝气生物滤池等膜前预处理技术与超滤及反渗透脱盐技术的组合工艺，处理乙烯达标外排污水、PTA和聚酯生产等化工污水，有效保证了膜法处理污水系统的稳定运行，促进了化工装置的节水减排，经济效益、环境效益和社会效益显著。

（栾金义）

【聚合装置直接生产汽车保险杠专用料技术开发项目通过鉴定并顺利出龙】 2009年11月16日，由北京化工研究院和扬子石化、化工销售分公司共同承担的中国石化“十条龙”项目“聚合装置直接生产汽车保险杠专用料技术开发”通过鉴定，并顺利出龙。该项目针对高橡胶含量的抗冲聚丙烯新产品在生产中很容易黏釜堵塞设备的问题，独立开发具有自主产权的成核剂，加入到树脂中使其具有韧性好、密度小、涂饰性能好、成型速度快的特点，直接在聚合装置上生产汽车用保险杠专用料，省去了二次造粒等耗能环节，在性能和成本之间走出了一条独特的道路。该技术生产的树脂得到德国大众汽车的认证及有关汽车厂商的认可，项目开发的多个牌号已在奥迪A6L、PASSAT B5、POLO、马自达M6、标致307等车型上推广应用。

（邹 浩 尹 华）

【本体法透明聚丙烯工业化技术开发通过鉴定】 由北京化工研究院与扬子石化共同承担的“本体法透明聚丙烯工业化技术开发”项目，于2009年5月26日通过了中国石化组织的鉴定。该项目掌握了不同催化剂体系用于无规共聚透明聚丙烯生产的特点，研究了不同分子量分布宽度、共聚单体种类、共聚单体含量以及聚合温度、增透剂种类、增透剂用量等对透明聚丙烯性能的影响，还对国内市场上主要的透明聚丙烯的结构性能作了深入研究，并在北京化工研究院环管中试上成功地制备了各项性能达到或超过国内外同类产品的透明聚丙烯树脂。产品雾度低于8%，在日用品、容器、医疗用品等多个方面成功应用，使用性能稳定。

（宋文波）

【NMP成套技术工艺包实现了技术许可】 2009年7月，北京化工研究院与浙江江山化工股份有限公司就NMP技术许可项目举行签字仪式，实现了1万吨/年NMP成套技术工艺包的首次技术许可。

NMP技术是γ-丁内脂胺（氨）化制N-甲基吡咯烷酮（α-吡咯烷酮）成套技术的简称，1994年开发成功，1995年通过化工部技术鉴定，从1994年开始进行工业推广，先后在安徽、江苏等地建立300—500吨/年的生产装置，所有装置均一次开车成功。本次技术许可的装置规模扩大为年产1万吨，从百吨级到万吨级，表明了北京化工研究院在工程研究和工艺包开发方面已经取得了重大进展。

（马 鸣）

【低温甲烷化催化剂在中原石化工业应用首战告捷】 2009年5月，由北京化工研究院开发的BC-H-10型低温甲烷化催化剂在中原石化乙烯装置上进行工业应用试验。运行过程中，经受了各种苛刻工况的考验，效果良好，圆满完成各项预定指标。新型低温甲烷化催化剂一改原有高温型甲烷化催化剂工艺，反应器入口温度从原来的300℃左右降低到150℃—170℃，极大地缩短了床层氮气升温时间，减少了氮气使用量；反应器温度更加容易控制，节省了高压蒸汽的使用量(仅为高温催化剂蒸汽用量的50%以下)，使乙烯装置的能耗进一步降低，加快了开车进度，同时也提高了装置运行的安全性和稳定性。

（王 翀 王秀玲）

【乙烯裂解室获国务院国资委系统先进集体称号】 2009年4月23日，在人力资源社会保障部和国务院国资委联合召开的中央企业劳动模范和先进集体表彰大会上，北京化工研究院乙烯裂解研究室被授予中央企业先进集体称号。该研究室先后获得国家级和部级奖励10余项，其中国家发明奖1项，国家科技进步奖3项。同时涌现出一批石油烃裂解技术专家，成为中国石化裂解炉技术开发组的核心成员，为中国乙烯工业发展作出了贡献。

（周先锋）

【《石油化工》被评为"RCCSE中国权威学术期刊"】 2009年6月，北京化工研究院《石油化工》在《中国学术期刊评价研究报告》（2009—2010）中，被评为"RCCSE中国权威学术期刊"。

（安 静）

【第二次党员代表大会胜利召开】 2009年12月18日，北京化工研究院第二次党员代表大会胜利召开。大会选举产生了中共中国石化北京化工研究院第二届委员会和纪律检查委员会，并圆满完成了大会的各项议程。

（唐义森）

第二次党员代表大会会场

表1　北京化工研究院2009年度主要科研成果获奖情况

序　号	项目名称	奖项名称	获奖等级
1	双峰聚乙烯催化剂的工业应用	石化集团公司科技进步奖	一等奖
2	聚烯烃管材专用料分级与寿命预测	石化集团公司科技进步奖	二等奖
3	一种高刚耐热抗冲聚丙烯的开发	石化集团公司科技进步奖	三等奖
4	达标污水深度处理回用技术	石化集团公司科技进步奖	三等奖
5	中国石化高层次工程科技人才培养	石化集团公司科技进步奖	三等奖

表2　北京化工研究院2004—2009年专利情况汇总　　件

年　份	国内申请数	国内授权数	国外申请数	国外授权数
2004	73	66	29	12
2005	54	52	22	8
2006	69	50	32	17
2007	88	47	22	15
2008	107	54	27	12
2009	217	41	19	12

抚顺石油化工研究院

【概况】 中国石油化工股份有限公司抚顺石油化工研究院（简称抚顺石油化工研究院）位于辽宁省抚顺市望花区，占地21万平方米，是石化股份公司直属科研机构。其前身创建于1953年4月，时称东北石油管理局抚顺研究所，是国内最早建立的石油研究机构。1983年隶属于中国石油化工总公司。经过56年的发展，已成为以石油临氢催化加工、生物化工、环境保护技术以及材料产品开发为核心专业领域的综合性科研开发基地。

抚顺石油化工研究院下设14个专业研究室（部、所），设有中国实验室国家认可委员会认可的石油产品检验实验室、国家石蜡质量监督检验中心，是国家石油蜡类产品标准化归口单位。石化股份公司环境监测总站、加氢技术情报站、石蜡科技情报站也设在这里。拥有中小型炼油及化工试验装置200余套，其中具有当今世界先进水平的加氢试验装置60多套，有各类大型分析测试仪器200余台。

截至2009年底，抚顺石油化工研究院职工总数为711人，各类专业技术人员446人。其中，中国工程院院士1人，教授级高级工程师46人，高级专业技术人员211人，中级专业技术人员149人。共取得科技成果300多项，获国家科技进步奖和发明奖20项，已申请中国专利1 656件，申请国外专利82件，获国内外专利授权1 027件。

2009年抚顺石油化工研究院主要科研成果获奖情况及2004—2009年专利申请与授权情况见表1和表2。

（耿 新）

【OCT-MD生产国Ⅳ清洁汽油成套技术开发及工业应用获石化集团公司科技进步一等奖】 （参见第144页）

【塔河原油优质路用沥青的开发与应用获石化集团公司科技进步二等奖】 塔河原油属于高硫、高钒、高残炭的劣质稠油，其合理利用特别是渣油的利用一直是人们所关注的问题。抚顺石油化工研究院针对这一情况开发了用塔河原油生产优质道路沥青的技术。该技术采用适量富芳烃抽出油调合改善组成和添加少量SBR改进延度，并加入专门开发的防老化剂改进抗老化性能等技术手段，有效克服了塔河原油的直馏沥青沥青质含量高、芳烃和胶质含量偏低引起的沥青延度低、抗老化性差的缺点，开发出了采用塔河原油生产符合交通部A级道路沥青的专用工艺技术。同时利用所开发的改性沥青添加剂和生产过程工艺优化，解决了塔河油沥青与聚合物的相溶性问题，研发了采用塔河沥青生产聚合物改性沥青的技术。该技术已在2套工业装置上成功应用，产品达到了相应质量标准的要求。用于陕西、河南、甘肃、宁夏、青海、新疆、西藏、内蒙古、四川等地区的道路工程建设，不仅可以缓解塔河原油加工量的提高而带来的渣油利用的压力，同时可以为国家道路建设提供紧缺的优质道路沥青产品。该项目获2009年度石化集团公司科技进步二等奖。

（刘建宇）

【SRH柴油液相循环加氢技术取得工业应用结果】 抚顺石油化工研究院开发的SRH液相循环加氢技术不设置氢气循环系统，依靠液相产品循环时携带进反应系统的溶解氢来提供加氢反应所需要的氢气，可取消循环氢压缩机，因此可大幅度降低装置建设投资和操作费用。同时由于该技术具有消除催化剂的润湿因子影响，以及利用循环油的比热容大，能大大降低反应器的温升等特点，可提高催化剂的利用效率，降低裂化等副反应。2009年，该技术在20万吨/年柴油液相循环加氢装置上取得了很好的应用结果。采用该技术编制的200万吨/年柴油液相循环加氢装置工艺包已通过了专家评审。

（刘建宇）

【沸腾床渣油加氢技术取得突破性进展】 随着原油的日益重质化和劣质化，一部分劣质的减压渣油采用固定床技术很难加工，而沸腾床渣油加氢技术可以很好地适应，能够达到较高的杂质脱除率和转化率，同时由于催化剂在线置换，能保证装置的长周期稳定运转。抚顺石油化工研究院开发的STRONG沸腾床渣油加氢技术具有创新性，反应器采用独特的三相分离器，反应器利用率高；使用微球催化剂，催化剂利用率高。根据课题开发的需要，抚顺石油化工研究院建设了万吨级冷模试验装置、4升热模装置和催化剂在线置换系统冷模试验装置，整套技术在实验室取得了肯定结果。与洛阳工程公司合作完成了5万吨/年沸腾床渣油加氢技术工艺包。

（刘建宇）

沸腾床渣油加氢工艺技术冷模装置　（王晓峰　摄）

【焦化石脑油加氢成套技术开发成功】 抚顺石油化工研究院开发的焦化石脑油加氢成套技术主要包括原料管理、高容量捕硅剂FHRS-1、高活性加氢精制催化剂FH-40C、催化剂级配、反应温度精细控制等方面的内容。采用该技术可以减少原料油自发结焦趋势，减少硅对主催化剂的污染，降低反应器入口温度，减缓床层上部结焦速度，提高主催化剂的可再生性能，延长装置的运转周期。工业装置应用结果表明，采用该技术能够生产合格的乙烯裂解原料。与未采用该技术相比，在相同反应深度下，反应器入口温度可大幅度降低，反应床层压降稳定，装置运转周期延长3倍，而且再生后的催化剂仍具有很高的活性。

（刘建宇）

【加氢裂化尾油异构脱蜡成套技术开发成功】 加氢裂化尾油异构脱蜡成套技术是抚顺石油化工研究院成功开发的一种用加氢裂化尾油生产润滑油基础油的新技术。该技术含工艺技术和配套催化剂两部分，具有异构化活性和选择性高、稳定性好、对原料适应性强等特点，适应于多种压力等级的异构脱蜡工艺过程，以加氢裂化尾油为原料生产食品级白油或符合API Ⅱ、Ⅲ类标准的润滑油基础油以及多种低凝特种油产品。该技术已分别在10万吨/年和20万吨/年工业装置上应用取得成功。

（刘建宇）

【高芳烃柴油加氢转化生产高价值石脑油技术在实验室取得肯定结果】 这是抚顺石油化工研究院针对催化柴油硫含量和芳烃含量高、发动机点火性能差、采用常规加氢精制手段难以大幅提高其质量的问题，通过催化剂和工艺技术的组合优化而开发的一项新技术。该技术通过控制原料催化柴油中芳烃加氢饱和深度，将原料中部分芳烃转化并富集到石脑油馏分中，从而在对催化柴油进行改质的同时，可以生产出适量的高辛烷值汽油调和组分，在适应市场需求的同时减缓了企业柴油质量升级的压力，为高芳烃的催化柴油改质提供了一条经济、有效的加工途径。

（刘建宇）

加氢试验装置

【橡胶生产尾气催化氧化处理成套技术工业试验圆满完成】 2009年，抚顺石油化工研究院开发的用于溶液聚合合成橡胶尾气处理的冷凝—除雾—催化氧化工艺技术，配之以专门开发的WSH-1F型催化氧化催化剂，具有流程短、操作温度低、能耗低等特点，在尾气处理的同时可回收环己烷和蒸汽冷凝液，并有效利用了净化气中的热能。该技术在国内某企业SBS装置工业应用结果表明，在空速3万时$^{-1}$、反应器入口温度210℃—300℃等条件下，总烃浓度为2万毫克/米^{3}的尾气经处理后，排放气中总烃浓度在100毫克/米^{3}以下，符合国家排放标准和北京市地方排放标准。冷凝得到的冷凝水和环己烷的回收量分别为1 050千克/时和11千克/时，全部返回生产装置，在治理环境的同时，也产生了一定的经济效益。

（刘建宇）

【沥青技术助力高铁建设】 抚顺石油化工研究院参加了中国石化与铁道部联合在上海沥青销售分公司高铁无砟轨道灌板实验基地开展的技术攻关，针对高铁专用乳化沥青配方筛选和优化、乳化沥青试生产、砂浆拌合及灌板等进行实验，为攻关工作提供技术支持。配合中国石化上海沥青销售分公司为2009年5月开始建设的京沪和哈大高铁建设工程所用的中国石化“东海”牌高铁专用乳化沥青生产和工程应用提供现场技术咨询服务，保障产品质量。

（耿 新）

【大力推进数字化图书馆建设】 2009年，抚顺石油化工研究院在开发利用图书馆信息资源方面转变观念，大力推进数字化图书馆的建设。通过自建和购入两个主要途径，建立了7个石油化工领域特色文献数据库，在院局域网数字图书馆上发布。广大科技人员可以不受时间和地域的限制，及时了解图书馆信息资源的最新动态，便捷地在线浏览或下载所需文献，改变了图书馆馆藏文献资源的利用方式，为科技人员开启了检索信息资源的方便之门。

（耿 新）

【国家石蜡质量监督检验中心授权范围扩大】 设置在抚顺石油化工研究院的国家石蜡质量监督检验中心是由国家质检总局授权的中国唯一一家国家级石蜡类产品质量监督检验中心。1992年质检中心成立之初，授权的检测范围只有石蜡类产品。随着实验室仪器设备的不断更新，检测能力逐步提高。实验室运行良好的管理体系、装备精良的仪器设备、干净整洁的实验室环境以及高素质的人员队伍在CNAS专家组进行的实验室复评审及扩项评审中，获得一致好评。2009年3月31日，国家质检总局正式下发批复文件，国家石蜡质检中心的授权范围由原石蜡类产品扩大到包括汽油、柴油、喷气燃料、溶剂油、燃料油、液化石油气、生物柴油等共25种石油产品。

（耿 新）

【开展“我要安全”主题活动】 2009年，抚顺石油化工研究院从大处着眼，细处着手，按步骤、分阶段开展“我要安全”主题活动，采用形式多样的安全文化活动，普及安全生产知识，增强全员安全意识，规范科研生产运行。通过开展“我要安全”主题教育大讨论，悬挂安全警示格言警句，完善安全警示标识，举办安全知识竞赛等活动，营造出浓厚的“我要安全”氛围；组织百日安全无事故竞赛，大规模消防演习，安全技能、操作技能培训等活动，提高对《安全生产禁令》的执行力。7月27日，启动了HSE管理体系建设工作以推动安全、环境与健康法律、法规、制度的执行，提高HSE管理水平，建立安全管理的长效机制和新形势下的特色安全文化。

（耿　新）

“安全与你我同行”知识竞赛会场　（王晓峰　摄）

表1　　**抚顺石油化工研究院2009年度主要科研成果获奖情况**

序　号	项目名称	奖项名称	获奖等级
1	OCT-MD生产国Ⅳ清洁汽油成套技术开发及工业应用	石化集团公司科技进步奖	一等奖
2	塔河原油优质路用沥青的开发与应用	石化集团公司科技进步奖	二等奖
3	FHUDS-3柴油深度加氢脱硫催化剂的研制及工业应用	石化集团公司科技进步奖	二等奖
4	橡胶生产尾气催化氧化处理成套技术	石化集团公司科技进步奖	二等奖
5	炼厂含油污泥处理热萃取脱水技术	石化集团公司科技进步奖	二等奖
6	焦化石脑油加氢成套技术的开发及工业应用	石化集团公司科技进步奖	三等奖
7	加氢裂化尾油异构脱蜡成套技术	石化集团公司科技进步奖	三等奖
8	FH-UDS催化剂及生产满足欧Ⅳ标准清洁柴油的工业应用	辽宁省科技进步奖	二等奖

表2　　**抚顺石油化工研究院2004—2009年专利申请与授权情况**　　件

年　份	国内申请数	国内授权数	国外申请数	国外授权数
2004	117	101	1	5
2005	117	139	1	5
2006	123	85	4	7
2007	125	78	5	4
2008	145	84	0	4
2009	305	97	7	2

上海石油化工研究院

【概况】 中国石油化工股份有限公司上海石油化工研究院（简称上海石油化工研究院）位于上海市浦东新区。其前身创建于1960年6月，时称上海市石油化学研究所，1984年归属于中国石油化工总公司，1998年更改用现名，是石化股份公司直属的综合性研究开发机构。2007年成立金山分部，位于金山区。

截至2009年底，上海石油化工研究院共有员工621人，各类专业技术人员500余人，其中中国工程院院士1人、国家级有突出贡献的专家2人、享受政府特殊津贴9人、“百千万人才工程”国家级人选2人、教授级高级工程师及高级工程师153人，博士77名、硕士135名；下设16个研究部（室）、1个催化剂评价中心以及相应的职能管理部门，是基本有机原料国家工程研究中心的依托单位，设有经国家人事部批准的博士后流动工作站；附设有全国石油化学标准化委员会、石化股份公司有机原料情报中心站、上海市石油化工产品质量监督检验站、上海市催化剂行业测试中心等技术支持机构。上海石油化工研究院主要从事石油化工研究开发，包括基本有机原料催化剂和工艺技术、有机合成、功能高分子材料合成与加工等技术领域，涵盖了前瞻性探索研究、应用性基础研究、成套工艺技术及配套催化剂研究开发、工程化放大研究等。

2009年度上海石油化工研究院主要科研成果获奖情况和2004—2009年专利情况见表1和表2。

（潘 波）

【轴径向反应器和新型催化剂的研发及应用获国家科学技术进步二等奖】 2009年，由上海石油化工研究院与上海工程公司、华东理工大学合作开发的“乙苯脱氢制苯乙烯关键技术轴径向反应器和新型催化剂的研发及应用”项目获2009年度国家科学技术进步二等奖。该项目通过整体技术耦合，实现了苯乙烯反应装置的国产化，已被多家企业选用，建设了十几套生产装置。申请中国发明专利39件，授权26件，发表EI论文30多篇，拥有自主知识产权。

（潘 波）

【13万吨/年丙烯腈装置工业化成套技术开发获石化集团公司科技进步一等奖】 （参见第146页）

【分子筛气相法乙苯清洁生产成套技术获石化集团公司科技进步一等奖】 （参见第145页）

【SEB-08稀乙烯制乙苯催化剂首次工业试验成功】 2009年，由上海石油化工研究院研制开发的SEB-08稀乙烯制乙苯催化剂在海南实华嘉盛公司8.6万吨/年乙苯装置进行首次工业试验，8月24日投料一次开车成功。该催化剂具有较强的抗硫、抗水和抗干扰性能，稳定性好，已于3月份通过了中国石化的技术评审。稀乙烯制乙苯技术有效拓宽了催化裂化干气中稀乙烯资源的利用途径，可为企业进一步节能降耗，降低生产成本，增加企业经济效益。

（潘 波）

【碳四烯烃催化裂解制丙烯工艺技术在中原石化开车成功】 采用上海石油化工研究院开发的碳四烯烃催化裂解制丙烯（OCC）技术于2009年11月7日在中原石化公司6万吨/年OCC装置开车成功，标志着OCC技术首次实现工业应用，开创了一条把低附加值混合碳四转化为高附加值丙烯的全新技术路线。该OCC技术首次将无黏结剂分子筛技术在催化领域实现工业应用，开发了低床层阻力降的催化剂和反应器组合技术，集成了新型高效换热器，提高换热效率，降低装置能耗。该OCC装置将增加中原石化乙烯和丙烯的产量，提升碳四资源的综合价值，降低企业成本，提高企业经济效益，具有良好的市场前景。

（潘 波）

【CTP-IV型钯炭催化剂在百万吨级PTA装置应用成功】 2009年11月15日，CTP-IV型钯炭催化剂在新建的重庆蓬威石化公司年产百万吨级PTA装置上开车成功。该装置是中国第一套采用国产工艺技术和设备的大型PTA装置，开车难度大和不确定性因素多，也是CTP-IV型钯炭催化剂首次在百万吨级装置上应用。上海石油化工研究院与用户密切配合，根据该装置的工艺技术特点，调整催化剂装填和开车方案，开车当天产品质量稳定并达到优等品级，开车圆满成功，获得用户好评。

（潘 波）

【甲苯歧化催化剂中标印尼项目】 2009年4月24日，上海石油化工研究院研发的HLD系列甲苯歧化催化剂在印尼国家石油公司甲苯歧化催化剂换剂采购国际招标会上中标；7月10日，双方签订商务合同，表明该催化剂在2009年度再次赢得海外订单，充分展现了该催化剂的性能优势和中国石化的技术在海外市场的影响力。

（潘 波）

【苯乙烯顺序分离共沸热回收节能技术推广成功】 巴陵分公司新建的12万吨/年苯乙烯装置生产技术采用了上海石油化工研究院牵头开发的苯乙烯成套工艺技术，2009年9月签订了技术许可合同。该项成套技术中将采用苯乙烯顺序分离共沸热回收节能新技术，该节能技术具有自主知识产权，已申请发明专利5件。该节能技术的乙苯/苯乙烯分离塔釜温低、苯乙烯聚合少、能耗省、投资少、占地小，具有较强市场竞争力和应用前景。

（潘 波）

【钛系聚酯催化剂制备和应用研究通过鉴定】 2009年8月27日，由上海石油化工研究院开发的STIC-01型钛系聚酯催化剂通过中国石化组织的技术鉴定。专家意见认为：该催化剂具有活性高、溶解性强、耐光性好、性能稳定等特点，可替代锑型催化剂；可降低反应温度，具有节能作用，达到国际先进水平。在上海石化连续聚酯装置上完成了1 000吨/年中试和1万吨/年工业试验，在国内首次实现钛系（无锑）聚酯的工业生产，具有创新性。采用该催化剂生产的聚酯切片供下游用户使用后，反响良好，优于锑系聚酯切片。

（潘　波）

【基本有机原料技术开发工程化基地中交】 2009年3月19日，1 200吨/年苯乙烯催化剂和600吨/年甲苯歧化催化剂生产装置完成中交，投入试生产。7月28日，分子筛工程化研究装置和甲苯歧化组合工艺装置完成中交。12月22日，5套大型反应器冷模装置完成中交。至此，经过近2年的建设，上海石油化工研究院基本有机原料技术开发工程化基地完成中交，建设任务基本完成，转入试运行阶段。

（潘　波）

【参与国际标准化工作】 2009年6月21日，美国材料与测试协会（ASTM International）“D02-石油产品和润滑油、D16-芳烃及相关化学品技术委员会”标准工作会议发布了上海石油化工研究院负责起草的ASTM D7504-09标准“气相色谱有效碳数法测定单环芳烃纯度和杂质的标准试验方法”，批准了“精对苯二甲酸系列标准”起草动议并启动制定工作。上海石油化工研究院高级工程师张育红获得了ASTM D16委员会颁发的“标准起草杰出服务奖”，并当选为D16.02分技术委员会主席。

（潘　波）

【管理规格提升为大Ⅰ型（正局级）企业】 2009年4月17日，石化集团公司党组成员、石化股份公司高级副总裁戴厚良在上海石油化工研究院干部大会上宣布石化集团公司党组决定，上海石油化工研究院管理规格提升为大Ⅰ型正局级企业，并对7位领导班子成员宣读聘任通知。

（潘　波）

【领导人事变动】 2009年9月27日，石化集团公司党组成员、石化股份公司高级副总裁戴厚良代表石化集团公司党组宣读上海石油化工研究院领导班子主要领导调整的文件，原院长谢在库调任石化集团公司、石化股份公司科技开发部主任，原书记顾松园任上海石油化工研究院院长兼党委书记。

（潘　波）

【新一轮QHSE认证审核通过】 新版上海石油化工研究院QHSE一体化管理体系文件于2009年1月1日正式实施，9月9日通过了中国质量认证中心（CQC）和青岛中化阳光管理体系认证中心（NCCQ）再认证的联合审核。通过新一轮QHSE一体化管理体系的认证审核，上海石油化工研究院管理更加制度化、规范化。

（潘　波）

【LIMS项目启动】 2009年7月8日，中国石化科研板块LIMS推广项目在上海石油化工研究院正式启动，按照科技管理部业务牵头的管理模式，在科研管理层和14个研究部门实施，为科研工作中分析评价和物化测试搭起信息技术平台。LIMS项目建成后将应用于科研、服务和生产，规范科研数据管理，有效提高工作效率。

（潘　波）

【开展“我要安全”主题活动】 为了进一步贯彻落实石化集团公司总部安全环保工作会议精神，上海石油化工研究院于2009年开展“我要安全”主题活动，在历时12个月中，组织了安全知识竞赛、“我要安全”演讲辩论赛、消防应急演练等系列活动，提高了职工安全意识和应急处理能力。

（潘　波）

表1　上海石油化工研究院2009年度主要科研成果获奖情况

序　号	项目名称	奖项名称	获奖等级
1	乙苯脱氢制苯乙烯关键技术轴径向反应器和新型催化剂的研发及应用	国家科技进步奖	二等奖
2	13万吨/年丙烯腈装置工业化成套技术开发	石化集团公司科技进步奖	一等奖
3	分子筛气相法乙苯清洁生产成套技术	石化集团公司科技进步奖	一等奖
4	高效裂解汽油加氢催化剂的研制及工业应用	上海市科技进步奖	一等奖
5	节能型GS-11乙苯脱氢催化剂研制及工业试验	石化集团公司科技进步奖	三等奖

表2 上海石油化工研究院2004—2009年专利申请与授权情况 件

年 份	国内申请数	国内授权数	国外申请数	国外授权数
2004	111	100	1	4
2005	141	118	0	4
2006	150	74	23	7
2007	138	60	15	5
2008	164	101	18	4
2009	217	91	28	6

安全工程研究院

【概况】 中国石油化工股份有限公司青岛安全工程研究院（简称安全工程研究院）位于山东省青岛市，是中国石化直属的安全、环保和职业卫生科研机构。其前身为创建于1979年的化工部职业安全卫生研究院，1999年7月进入石化集团公司。2004年4月，经国家安全生产监督管理总局批准以安全工程研究院为依托，成立国家安全生产监督管理总局化学品登记中心。

安全工程研究院作为国内唯一一家专门从事化学品产业安全研究的科研机构，主要从事隐患评估与整改工程设计及施工、化学品危险性鉴别与控制技术、生产过程安全控制技术、火灾爆炸事故实验与模拟研究、安全仪器仪表校验和研发、安全信息化建设技术、职业健康和HSE管理等专业技术研究。建设有石化过程安全、雷电静电危害控制、化学品危险性参数测试、监测检验和工业卫生等专业实验室。

安全工程研究院下设14个研究室（中心）：化学品安全研究室、设备安全研究室、储运与安控技术研究室、安全工程研究室、监测检验研究室、事故应急救援研究室、职业卫生研究室、环境保护技术研究室、安全评价研究室（石化项目风险评估技术中心）、HSE研究室（含HSE工程监理部）、青岛中化阳光管理体系认证中心、安全生产培训中心、安全卫生信息中心、健康监护中心，1个化学品安全控制国家重点实验室。

截至2009年底，安全工程研究院拥有科研人员400余名，其中特聘院士2人，教授级科研人员18人，具有高级职称的150人，具有博士后、博士、硕士学历的占人员总数的60%以上。国家安全生产专家2人，受聘于国家科技部、国家安监总局、公安部、省市政府的中国石化安全技术及职业安全专家32人。安全工程研究院已在危险化工工艺安全技术研究、设备安全运行保障技术研究、化学事故应急响应技术研究、雷电静电危害控制技术研究、储运安全与工程技术、过程安全管理与风险评估、作业场所有害因素监测检验、火灾爆炸事故实验与模拟研究、化学品危险性鉴别与控制、安全仪器仪表校验和研发、隐患评估与整改工程设计、职业病预防与控制技术、基于风险的HSE管理咨询和HSE工程项目监理等方面形成了独有的特色技术和专业能力，取得了与重点学科业务配套的资质（资格）13项。

2009年安全工程研究院主要科研成果获奖情况和专利情况汇总见表1和表2。

（尚艳红 王新军）

【工艺安全技术护航化工安全生产】 2009年，安全工程研究院针对新技术研发和生产过程工艺条件变化可能造成的火灾爆炸事故，研究影响工艺过程本质安全的关键因素，探索安全的操作条件及控制措施。工艺危险性安全控制条件技术研究及安全解决方案等安全技术研发成果，成功应用于巴陵石化双氧水装置、石家庄化纤12万吨/年新建双氧水装置、16万吨己内酰胺组合工艺试车过程和巴陵石化公司富氧氧化工艺开车。工艺安全分析和评估技术在巴陵石化、石家庄炼化、四川维尼纶厂等企业的工艺技术开发和在役装置安全运行过程中发挥了重要作用。

（尚艳红 王新军）

【腐蚀适应性和设防值评估技术研究与应用成效明显】 2009年，安全工程研究院以设备防腐蚀为切入点，深入开展炼油装置长周期安全运行保障技术研究，为石化装置长周期安全运行提供技术支撑。“高含硫原油直接催化裂化脱酸成套工艺技术的开发及工业应用”荣获石化集团公司科技进步一等奖，“加工机会原油防腐蚀解决方案”获得二等奖。腐蚀适应性评估和设防值评估在炼油装置上的应用为提升装置防腐能力和安全运行发挥了重要作用。截至年底，已为上海石化、高桥石化等22家企业50余套装置提供了腐蚀适应性评估技术服务。

（尚艳红　王新军）

【防雷防静电及仪控技术研究取得新进展】 2009年，安全工程研究院首次提出了防止大型储罐雷击火灾事故的系统解决方案，为制（修）订相关标准和规定提供了技术依据，为保障大型浮顶储罐安全运行作出了贡献。针对乙醇汽油装车过程静电引燃事故多发的情况，开展了乙醇汽油灌装过程中燃爆危害预防技术研究，提出了乙醇汽油防静电引燃的安全技术措施。“石化装置异常工况预警关键技术”获得2009年度石化集团公司科技进步三等奖。

（尚艳红　王新军）

【在役装置风险评估技术研究取得长足进步】 2009年，安全工程研究院以大型石油化工装置（设施）过程安全为主线，研究石化在役装置系统化的风险评估技术，并在南京化工公司和金陵石化水煤浆气化装置、石家庄炼化氨肟化及双氧水装置、天津石化大芳烃、青岛大炼油火炬系统等安全评价项目中进行推广应用；编制完成《危险与可操作性（HAZOP）应用指南》、《石化企业失效数据库结构及数据统计方法的建立》及AQ标准《化工企业定量风险评估导则》；全年承接安全评价项目80多个。

（尚艳红　王新军）

【事故调查分析技术水平进一步提升】 2009年，安全工程研究院完成了14起上报事故的技术调查，及时作出了事故调查技术分析报告，得到安全环保局的认可。围绕事故调查工作，重点开展了“石化企业事故分析与典型案例的研究”、“集团公司伤亡事故统计分析研究”和“煤加压气化装置燃爆事故对策研究”等课题研究工作；制定了石化企业事故数据库数据采集和建设标准，建立了石化企业事故数据库，收集并整理了中国石化近年发生的200多起事故案例，编写完成《石油化工企业事故案例汇编》。

（尚艳红　王新军）

【普光气田净化厂安全监管工作顺利实施】 2009年，安全工程研究院按照石化集团公司总部领导对普光分公司净化厂投料试车安全监管工作的要求，及时组织抽调专业技术人员，对净化厂进行了实地考察调研，精心编制试车监管工作方案。8月3日，派出12名技术人员，自带检测车和检测仪器赶赴现场，与有关专家组成了普光分公司净化厂开工过程安全监管工作组，从文件审查和现场检查两方面进行安全监管，参与“三查四定”，提出500余个问题，并逐个予以检查、确认、核销。在净化厂投产过程中，安全工程研究院技术人员不畏艰难，勇挑重担，对装置的关键部位、易发生泄漏的设备管线全面检查，在突发泄漏事件的抢险排险作业中发挥了重要作用。

（尚艳红　王新军）

【国家重点实验室建设稳步推进】 2009年，安全工程研究院按照《化学品安全控制国家重点实验室建设任务书》的要求，稳步推进重点实验室建设，实验平台建设基本完成。制定了《对外开放基金项目管理暂行规定》，发布了《开发课题申报指南》，完成了“化学品危险性构效关系研究”等9个对外开放的研究课题立项工作，建立了国家重点实验室网站；与中国石油大学等4所院校联合建立了硕士研究生工作站，在培硕士研究生14名，申请建立企业博士后科研工作站；积极开展对外交流和合作，安排出国访问26人次。基本完成国家重点实验室建设目标。

（尚艳红　王新军）

【新院区建设项目获批准】 2009年5月，石化集团公司总部召开了总裁专题办公会和科技开发部组织的评审会，原则同意了安全工程研究院“两大领域、11个专项”的科研功能定位、发展建设总体思路和新院区建设规划。这是安全工程研究院发展史上的一个重要里程碑。通过新院区建设，可有效解决影响安全工程研究院深度发展的瓶颈问题，全面提升技术研发与服务的条件和环境，为安全工程研究院全面快速发展打下坚实的物质基础。

（尚艳红　王新军）

【科研装备和条件保障不断改善】 截至2009年底，共开展科研装备项目30个，累计完成投资1.06亿元，形成固定资产9 473万元。初步建成了化学品危险性数据测试与评估、化学事故综合模拟分析与可视化重现、雷电危害预防与控制、设备腐蚀模拟与失效分析4个国内一流的试验平台，促进了安全工程研究院重点学科技术研发与技术服务工作的开展。

（尚艳红　王新军）

【组织开展了“30年院庆”活动】 建院30年、进入中国石化10年以来，安全工程研究院先后参加或承担国家“863”项目、重大安全科技攻关项目和中国石化科研项目200余项，获得国家、行业和中国石化科技进步奖及成果奖50余项，申请国家专利40余件，获得专利授权20余件。2009年院庆期间，组织开展了学术交流会，编辑优秀科技论文集，拍摄了30年发展历程专题宣传片，举办建院30周年歌咏比赛、书法摄影展等系列活动，总结提炼了“严谨、务实、开放、创新”的企业精神、核心价值观、企业愿景等核心理念以及安全文化理念，凝聚力量，鼓舞斗志。

（尚艳红　王新军）

表1　　安全工程研究院2009年主要科研成果获奖情况

序　号	项目名称	奖项名称	获奖等级
1	高含硫原油直接催化裂化脱酸成套工艺技术的开发及工业应用	石化集团公司科技进步奖	一等奖
2	加工机会原油防腐蚀解决方案	石化集团公司科技进步奖	二等奖
3	石化装置异常工况预警关键技术开发与示范应用	石化集团公司科技进步奖	三等奖
4	《危险化学品安全技术全书》（第二版）第一卷	石油和化学工业协会科技进步奖	二等奖
5	中国石化突发性环境巨灾分析和防止对策研究	石油和化学工业协会科技进步奖	三等奖
6	丙烯腈等有毒原料运输与废弃安全技术研究	石油和化学工业协会科技进步奖	三等奖
7	大型油库安全保障技术的研究	石油和化学工业协会科技进步奖	三等奖

表2　　安全工程研究院2004—2009年专利申请与授权情况　　件

年　份	国内申请数	国内授权数	国外申请数	国外授权数
2004	2	3	0	0
2005	3	5	0	0
2006	3	0	0	0
2007	4	1	0	0
2008	4	5	0	0
2009	15	4	0	0

管理干部学院

【概况】 石油化工管理干部学院（简称管理干部学院）是石化集团公司高层次人才培训基地，集石油化工管理干部学院、石化集团公司党校、人才培训中心、继续工程教育中心、信息技术培训中心和远程教育中心六位于一体，主要承担高层管理及后备人才、高级专业技术人才、国际化经营人才等重点和急需人才培训任务，履行石化集团公司远程教育中心相关职责，在人才培训、基地建设、课程和教材体系建设、培训理论研究等方面发挥引领和示范作用。

管理干部学院成立于1987年2月。校址位于北京市朝阳区立水桥北甲一号，占地6.87万平方米，建筑面积5.17万平方米。全校区分教学、生活、文体活动3个区域，设有具备多媒体演示功能的各类教室53间，可同时容纳829位学员在校学习。另在朝阳区安翔北里设有分校区，可同时容纳227名学员在校学习。宽带网络直接延伸到教室、学员宿舍、图书馆、办公室等场所。建有保龄球馆、球类馆、游泳馆、多功能厅和室外体育场。截至2009年底，管理干部学院有教职工170人，具有博士、硕士学位的55人。师资队伍力量强大，拥有专职教师55人，聘请兼职教师846人、客座教授53人。管理干部学院设有12个职能和业务部门：教务部、管理培训部（党校部）、专业技术培训部、国际化经营培训部、远程教育培训部、科研部、信息资源部、编辑部、综合办公室、组织人事部、财务部和总务部。

管理干部学院主要承担6类培训任务：一是高层管理及后备人才培训，对象主要是石化集团公司职能部门和直属企事业单位的领导干部、中青年后备干部及部分中层干部；二是高级专业技术人才培训，对象主要是油田和炼化企业以及工程建设等领域的领军和拔尖人才、学术技术带头人；三是国际化经营人才培训，对象主要是油田和炼化企业以及工程建设等领域的经营管理和专业技术人员，开展英语强化训练、国际商务通用规则和海外项目管理等培训；四是培训者培训，对象主要是各直属企业培训中心（党校）专职骨干教师；五是外籍人员培训；六是战略后备人才培训，与国内重点高校联合举办工程硕士班。

管理干部学院培训情况见表1。

（陈红艳）

【完成各项培训任务】 2009年，管理干部学院圆满完成石化集团公司下达的各项任务，共培训和接待19 595标准人次。组织各类考试11次，共计1 156人。完成了6 000多人参加的职称外语考试、3次共600多人次的英语选拔考试、2次共360人次参加的BFT考试。完成了30个团组467人次的出国(境)培训手续的办理工作。分校区接待了33个项目组，共计18 643标准人次。培训质量稳步提升，培训效果受到了主办单位、学员和送培企业的充分肯定和高度评价，在国内同类干部教育培训界产生了较好的影响，为石化集团公司高级人才培训工作作出了积极贡献，也为直属企业培训机构起到了较好的引领和示范作用。

（陈红艳）

【科研成果显著】 2009年，管理干部学院完成了2项石化集团公司级科研项目，其中"中国石化人才资源管理机制研究"成果获得了石化集团公司科技进步三等奖；另有"中国石化培训课程体系建设研究"等2项石化集团公司级科研课题，已取得较好的阶段性研究成果。协助石化集团公司人事部编制了《中国石化集团公司2010—2012年教材建设计划》和《中国石化培训项目评估标准》，其中，培训项目评估标准已试用于第八期高层管理人员短期工商管理培训班等3个重点培训项目。全年发表学术论文31篇，其中核心期刊12篇；出版发行了《企业学习型组织建设指南》一书；完成了化工销售华南分公司学习型组织建设第二阶段团队学习咨询工作；出版了4期《学报》和4期《石化人力资源管理》杂志。

（陈红艳）

【培训创新工作精益求精】 2009年，管理干部学院从方案开发、组织实施、监控与评估入手，大力推进了培训创新工作。在方案开发方面，更加深入地从组织、岗位和培训对象3个层次进行培训需求调研，确保培训方案的针对性；坚持和完善了培训项目方案评审制度，严把培训方案的质量关；加强了与总部人事部、业务部门的沟通与协调。在组织实施方面，择优选聘师资，加大了聘请企业高层管理人员和国外专家教授授课的比例；改进培训模式和培训方式，更多引入了案例式、现场教学、学员研讨、与业务主管部门领导交流等培训方法，更加注重培训项目模块之间的内在逻辑关系；项目实施实行团队管理，更加注重综合效果、教学互动、现场教学以及对学员的管理和考核。在培训监控与评估方面，实行全过程监控与评估培训方案开发、授课质量和教学运行质量等；首次召开了教学质量评估分析会；对天津石化二级单位党政正职培训班进行了后评估。

（陈红艳）

【教职工队伍强化培养】 2009年，管理干部学院着重从培养角度加强了教职工队伍建设。引进硕士研究生及以上人才11人，其中博士生6人，有海外学习经历3人；进一步完善了骨干教师的职业生涯设计，5名年轻教师与特级教师签订了导师带徒协议；选派5名新引进人员到企业或教学部门实习，22名教师到企业挂职调研，18名教师到国内企业和培训机构学习交流，7名骨干教师到境外企业和培训机构学习，副院长还亲自带领4名特级教师和1名管理人员到国外先进机构学习考察；加快提高了教师培训项目开发、授课和科研能力，大胆起用年轻教师参与重点培训项目的开发和授课以及科研课题的研究，建立了教师考核评级制度，坚持年轻教师讲课前和老教师讲新课前的试讲制度；动态管理兼职教师队伍，聘任了53名客座教授，其中5名为外籍客座教授；加强了职工培训工作。

（陈红艳）

【班子调整和全员竞聘平稳顺利】 2009年4月10日，石化集团公司党组成员、副总经理李春光一行来院宣布了对学院领导班子调整的决定：免去王献安的中共石油化工管理干部学院（石化集团公司党校）委员会书记、委员、纪律检查委员会书记职务，办理退休手续；由中共石油化工管理干部学院（石化集团公司党校）党委副书记、管理干部学院（石化集团公司党校）院长（校长）亓玉台兼任主持学院党委工作；免去徐清顺的中共石油化工管理干部学院（石化集团公司党校）委员会委员、管理干部学院（石化集团公司党校）副院长（副校长）职务，任调研员，不再担任管理干部学院（石化集团公司党校）工会主席职务；调陈家阳任中共管理干部学院（石化集团公司党校）委员会委员、管理干部学院（石化集团公司党校）副院长（副校长）。年底，在学院新领导班子的领导下，顺利完成新一轮全员竞聘上岗工作。增设了远程教育培训部和科研部，调整后学院二级机构增为12个。除专职教师以外，共设110个管理、专业技术和技能操作岗位。竞聘过程历时1个月，按照岗位从高到低的顺序，经过

4批竞聘，共44人变动了岗位。

（陈红艳）

【党建工作凝心聚力】 2009年，管理干部学院进一步加强了中层干部的教育和培养，先后组织支部书记、支部委员、优秀党员赴中国井冈山干部学院接受革命传统教育，到胜利油田学习基层党建工作经验。党委中心组学习和院办公会议扩大到了全体中层干部。组织了丰富多彩的系列党员活动。坚持每季度一次院领导“接待日”活动。先后召开了教师和专业技术人员、管理人员、教师节等10多个座谈会，明显改善了党群干群关系。大力支持工会、共青团开展丰富多彩的活动，营造了和谐向上的内部氛围。

（陈红艳）

表1 管理干部学院培训情况 人次

项目 \ 年份	2009①标准人次	2009①人次	2008	2007	2006	2005	2004
高层管理人员培训	408	382	391	351	72	217	465
中青年干部和党校培训	1 230	234	171	353	188	104	134
硕士研究生	117	90	175	573	763	167	201
国际化经营培训	890	701	656	607	518	875	1 022
专业技术培训	2 801	2 276	1 246	1476	1 292	813	367
外语培训	3 873	336	53	45	248	60	77
各类专题性培训	9 372	11 401	10 577	8 723	10 429	6 482	5 357
合 计	18 691	15 420	13 209	12 128	13 510	8 718	7 626

①自 2009 年起，统计口径变为标准人次，每人培训 10 天为 1 个标准人次。

工程建设公司

【概况】 中国石化工程建设公司（简称工程建设公司，英文缩写SEI）地处北京市朝阳区奥运商圈，是石化集团公司直属的、以炼油和化工工程设计为主体、可以实施工程建设总承包和工程项目管理的工程公司。主要从事炼油、化工等石化工程项目的设计、设备材料采购、施工管理、工程总承包、项目管理服务、工程监理、技术咨询、技术服务等工作。

SEI前身创建于1953年。截至2009年底,有正式员工2 185人，其中中国工程院院士2名，中国工程设计大师5名，教授级高级工程师64名，高级工程师、高级经济师等高级职称人员1 094名。

SEI拥有中华人民共和国对外经济合作经营资格证书、工程设计综合甲级资格证书、工程监理甲级资格证书、工程造价咨询单位甲级资格证书、工程咨询甲级资格证书、甲级环境影响评价证书、压力容器设计单位批准书、压力管道设计资格批准书等国家顶级资质，并取得了ISO 9001质量体系认证证书和HSE管理体系认证证书。

截至2009年底，SEI有有效授权专利98件，待批专利90件，专利权中止54件；专有技术100余项。共获省（部）级以上各类科技进步奖励881项，其中各级科技进步奖和技术发明奖408项。具有用自主技术设计和建设千万吨级炼油和百万吨级乙烯工程的能力，在炼化一体化、技术国产化、管理科学化方面具有独特的优势。

2009年，SEI实现营业收入154.98亿元，利润15.10亿元，全年中交、开车投产的重点装置共53套，各项指标均创历史最好成绩。

SEI主要生产经营指标和2009年中交、开车项目见表1和表2。

（米元红 屈 波）

【首次进入全球最大225家国际工程承包商百强行列】 2009年9月，国际权威的《工程新闻记录》杂志（ENR）公布的2008年全球最大的国际承包商（按国际工程承包总收入排名）225强排名中，SEI名列94位，首次进入国际承包商百强行列。

（米元红 屈 波）

【名列全国勘察设计行业工程总承包企业百强榜首】 2009年8月4日，中国勘察设计协会发布公告，SEI在“全国勘察设计行业工程总承包企业2009年度百强排名”中再次名列榜首，这是SEI连续6年排名第一，标志着SEI在工程总承包方面继续处于国内领先地位。

（米元红 屈 波）

【获得全国第四届优秀工程总承包项目奖】 2009年2月16日，由中国勘察设计协会组织评选的全国第四届优秀工程总承包项目揭晓，SEI有3个项目获奖，其中海南800万吨/年炼油工程获优秀工程总承包项目金钥匙奖，茂名30万吨/年聚丙烯装置、大连西太平洋200万吨/年柴油加氢精制装置获优秀工程总承包项目银钥匙奖。

（米元红　屈　波）

【被评为对外承包工程AAA信用等级】 2009年9月1日，中国对外承包工程商会正式向社会发布了对外承包工程与劳务合作企业信用等级评价结果，SEI成为石化系统唯一一家获得对外承包工程AAA信用等级的企业。

（米元红　屈　波）

【获国庆60周年十佳工程承包企业大奖】 2009年10月28日，中国勘察设计协会召开国庆60周年表彰大会，SEI获国庆60周年十佳工程承包企业大奖，是石化系统唯一获该奖单位。

（米元红　屈　波）

【科技创新取得新硕果】 2009年，SEI承担石化集团公司重大科研开题35项，获国家知识产权局授权专利12件，完成新专利申请52件，共获省（部）级以上各类科技奖励12项。

2009 年 SEI 获科技进步奖项目和通过鉴定、评议、审查的项目见表 3 和表 4。

（肖雪军）

【福建炼化一体化项目正式投入商业运行】 2009年11月11日，年加工原油1 200万吨、年产80万吨乙烯的福建炼油乙烯一体化项目正式投入商业运行。SEI承担了整个项目的PMC/IPMI、总体设计、常减压装置、芳烃联合装置、乙烯装置、聚丙烯装置、碳四联合装置、化工罐区、火炬单元的EPC总承包工作，以及原炼油装置及配套工程的改造设计和新区部分公用工程的设计，创造了“一次规划设计、一次建设施工、一次投产成功”的中国石化建设的新纪录。

（米元红　屈　波）

【镇海分公司150万吨/年S–Zorb装置一次开车成功】 2009年12月20日，SEI总承包的镇海分公司150万吨/年S-Zorb装置一次开车成功，顺利产出硫含量满足欧V标准的汽油（硫含量$\leq 10\times10^{-6}$）。镇海分公司150万吨/年S-Zorb装置是中国石化S-Zorb系列建设项目7套装置之一，也是世界上已建成投产的S-Zorb装置中处理量最大的一套。

（米元红　屈　波）

【全面修订《运营管理标准》】 2009年，SEI对实施了5年的《运营管理标准》进行了全面修订，进一步理顺、优化工作流程，体现石化集团公司新的管理要求和SEI近5年来在管理工作中的新经验、新做法。将原有篇章重新整合的同时，增加“法律事务与合同管理”篇。11月18日，新版《运营管理标准》颁布实施。

（米元红　屈　波）

【举行炼化一体化10周年总结、修炼、提升系列活动】 2009年，SEI围绕“总结、修炼、提升”主题，成功举办了千万吨级炼油、百万吨级乙烯技术发展主题论坛、改革发展10年优秀工程项目评选及颁奖典礼、“SEI改革重组10周年”主题PPT展示大赛、“庆祝新中国成立60周年暨公司重组10周年”职工文艺汇演等活动，开展了炼化10周年征文活动、员工思想动态政研活动，编辑了公司炼化一体化10年工程业绩画册，汇编了炼油、化工工艺与工程技术宣传册，以及各部门“总结、修炼、提升”成果报告等文字成果，进一步增强了员工的自豪感，调动了工作积极性。

（米元红　屈　波）

表1　　工程建设公司主要生产经营指标

指标名称＼年份	2009	2008	2007	2006	2005	2004
资产总值/亿元	167.00	129.83	121.64	71.44	58.58	35.11
建设投资/亿元	360.85	259.05	124.97	121.28	111.15	108.52
主营业务收入/亿元	154.98	97.60	65.65	46.58	40.66	15.71
利　税/亿元	17.02	12.07	5.48	4.74	3.45	2.83
承接合同数量/项	145	154	42	56	61	123
授权专利数量/件	11	18	11	8	4	4

表2　　工程建设公司2009年中交、开车项目

序　号	项目名称	中交日期	开车日期
1	福建炼油乙烯项目化工罐区	2月20日	
2	福建炼油乙烯项目火炬设施	2月24日	3月24日
3	福建炼油乙烯项目70万吨/年芳烃联合装置	3月12日	7月27日
4	福建炼油乙烯项目40万吨/年聚丙烯装置	3月10日	7月29日
5	福建炼油乙烯项目碳四联合装置	5月18日	9月6日
6	福建炼油乙烯项目800万吨/年常减压装置		5月11日
7	福建炼油乙烯项目80万吨/年乙烯装置		8月26日
8	福建炼油乙烯项目50万吨/年汽油加氢装置		9月3日
9	普光天然气净化厂第一联合装置	2月28日	10月12—17日
10	普光天然气净化厂第二、三联合装置	4月16日	
11	普光天然气净化厂公用工程	4月23日	
12	普光天然气净化厂第四、五、六联合装置	9月20日	
13	普光天然气净化厂硫黄储运单元液硫罐区、硫黄成型、包装码垛系统、散装料仓、火车装车楼	11月25日	
14	普光天然气净化厂硫黄成型装置		11月2日
15	普光天然气净化厂第二联合装置		12月25—30日
16	惠州1 200万吨/年炼油项目2万标准立方米制氢装置		4月23日
17	惠州1 200万吨/年炼油项目400万吨/年高压加氢裂化装置		4月23日
18	惠州1 200万吨/年炼油项目200万吨/年连续重整装置		4月26日
19	惠州1 200万吨/年炼油项目420万吨/年延迟焦化装置		4月19日
20	惠州1 200万吨/年炼油项目烷基化装置		11月11日
21	独山子60万吨/年全密度聚乙烯装置	6月15日	8月29日
22	独山子55万吨/年聚丙烯装置	6月15日	8月6日
23	独山子18万吨/年丁苯橡胶装置	6月15日	9月14日
24	陕西延长杨庄河炼化项目60万吨/年液化气精制再生装置		6月26日
25	陕西延长杨庄河炼化项目60万吨/年气分装置		7月11日
26	陕西延长杨庄河炼化项目12万吨/年MTBE装置		7月3日
27	陕西延长杨庄河炼化项目20万吨/年聚丙烯装置		7月19日
28	赛科乙烯改造项目119万吨/年乙烯装置		7月15日
29	赛科乙烯改造项目汽油加氢装置		7月20日
30	赛科乙烯改造项目芳烃抽提装置		7月21日
31	大连福佳70万吨/年芳烃联合工程		7月18日
32	中国石油哈尔滨石化公司60万吨/年连续重整—80万吨/年中压加氢改质联合装置	8月7日	11月15日
33	中国蓝星沈阳石蜡化工有限公司50万吨/年CPP催化热裂解制乙烯项目		8月28日

续表

序　号	项目名称	中交日期	开车日期
34	天津100万吨/年炼油乙烯项目30万吨/年线性低密度聚乙烯装置	7月29日	12月12日
35	天津100万吨/年炼油乙烯项目45万吨/年聚丙烯装置	9月10日	
36	天津100万吨/年炼油乙烯项目1 000万吨/年1#常减压装置	8月31日	12月19日
37	天津100万吨/年炼油乙烯项目180万吨/年加氢裂化装置	8月31日	12月21日
38	天津100万吨/年炼油乙烯项目130万吨/年蜡油加氢装置	8月31日	12月3日
39	天津100万吨/年炼油乙烯项目炼油装置全厂图幅单元	8月25日	
40	天津100万吨/年炼油乙烯项目100万吨/年乙烯装置	9月16日	
41	天津100万吨/年炼油乙烯项目乙烯工程中央控制室	9月10日	
42	神华829项目18万吨/年间接液化工业试验装置	9月30日	12月9日
43	湛江东兴14万吨/年聚丙烯装置		9月11日
44	上海石化新建60万吨/年芳烃联合装置及配套工程		9月15日
45	高桥120万吨/年S-Zorb催化汽油吸附脱硫装置		9月28日
46	济南90万吨/年S-Zorb催化汽油吸附脱硫装置		12月9日
47	镇海炼化150万吨/年S-Zorb催化汽油吸附脱硫装置		12月20日
48	齐鲁胜利炼油厂第二催化改造工程		10月27日
49	中原石化6万吨/年碳四烯烃裂解制丙烯装置		11月7日
50	镇海100万吨/年乙烯工程70万吨/年裂解汽油加氢装置	11月30日	
51	镇海100万吨/年乙烯工程16万吨/年丁二烯装置	12月8日	
52	镇海100万吨/年乙烯工程100万吨/年乙烯装置	12月28日	
53	兰州石化550万吨/年常减压装置		12月30日

表3　　工程建设公司2009年获科技进步奖项目

序号	项目名称	获奖等级
1	环己酮氨肟化路线己内酰胺生产工艺成套技术	国家二等奖
2	14万吨/年己内酰胺成套新技术开发	省部一等奖
3	49万吨/年裂解汽油加氢技术开发	省部二等奖
4	大直径螺纹锁紧环高压换热器	省部二等奖
5	提高尾油质量的加氢裂化技术开发和应用	省部二等奖
6	丁基橡胶聚合釜国产化研究	省部二等奖
7	乙烯装置急冷系统大型设备国产化集成技术	省部二等奖
8	生产高黏度优质润滑油的加氢处理成套技术	省部三等奖
9	催化裂化汽油吸附脱硫装置长周期稳定运行技术开发与应用	省部三等奖
10	30万吨/年聚丙烯装置环管反应器的开发	省部三等奖
11	大型石化装置分布式控制系统国产化应用攻关	省部三等奖
12	延迟焦化工艺与工程	省部三等奖

表4　　工程建设公司2009年通过鉴定和评议、审查的项目（省部级）

序　号	项目名称	鉴定时间	组织鉴定单位
1	大直径螺纹锁紧高压换热器研制	4月28日	中国石化科技开发部
2	新乙烯回收技术开发和扩大中试装置	1月9日	中国石化科技开发部
3	丁基橡胶聚合釜国产化研究	5月5日	中国石化科技开发部
4	隔膜密封式高压换热器的研制	11月28日	中国石化科技开发部
5	劣质渣油延迟焦化成套技术开发与工业应用	4月24日	中国石化科技开发部
6	大型石化装置分布式控制系统国产化应用攻关	4月23日	重大装备国产化办公室
7	石化建设工程造价管理应用软件	1月27日	中国石化科技开发部
8	49万吨/年裂解汽油加氢技术开发	5月7日	中国石化科技开发部
9	乙烯装置急冷系统大型设备国产化集成技术	5月9日	中国石化科技开发部
10	现代化炼油厂自动化技术集成、开发和应用	5月9日	中国石化科技开发部
11	大型乙烯装置急冷系统关键技术与集成	4月29日	天津市高新技术成果转化中心
12	普光净化厂天然气脱硫技术开发预案	3月11日	中国石化科技开发部
13	提高尾油质量的加氢裂化技术开发和应用	3月18日	中国石化科技开发部
14	高掺渣油下催化裂化汽油降烯烃技术开发与应用	5月22日	中国石化科技开发部
15	催化裂化汽油吸附脱硫装置长周期稳定运行技术开发与应用	5月22日	中国石化科技开发部
16	催化裂化反应多区协控技术开发	11月19日	中国石化科技开发部
17	工业电机及典型泵阀节能关键技术研究——国产首台1.5　万平方米高效节能板壳式换热器	6月1日	中国机械工业联合会
18	FCC专有设备开发	12月18日	中国石化科技开发部

上海工程公司

【概况】 中国石化集团上海工程有限公司（简称上海工程公司，英文缩写SSEC），位于上海市浦东新区张杨路769号，注册资本人民币2亿元。

SSEC的前身化工部上海化工医药设计院是国内历史最久的医药专业设计单位，也是国内最早从事石油化工和化工工程设计的大型综合性勘察设计单位之一；2000年10月划归石化集团公司；2002年，根据石化集团公司决定，联合中国石化上海金山工程公司、上海高桥石化设计院重组为上海工程公司。

SSEC主要业务领域分为三大类：石化、化纤、炼油化工等，医药化工和生物能源化工等，环保、电子、轻纺食品、天然气储运工程等。服务范围覆盖工程项目的规划咨询、项目建议书、可行性研究和基础工程设计、详细工程设计以及工程采购、工程总承包、工程项目管理、技术开发等。

SSEC拥有10多项甲级设计资质，可承接化工石化医药、石油天然气、商物粮、轻纺、建筑、冶金、电子通信广电、市政等21个行业的工程设计和工程总承包业务，同时持有环境评价、工程咨询、工程造价、压力容器、压力管道等多项甲级设计资质和建筑业企业贰级资质证书。

截至2009年底，SSEC先后取得ISO 9001、ISO 14001、GB/T 28001、HSE管理体系认证证书，拥有多项专利技术，建立了先进的万兆以太计算机办公网络，主办出版《化工设备与管道》、《制药机械》、《医药工程设计》3种技术刊物。

截至2009年底，SSEC在册人员1 106人，其中905人从事工程设计、科研开发，158人从事生产经营、项目管理；国家级设计大师3名；具有教授级技术职称的15人，具有高、中级职称的700多人；硕士研究生及以上学历人员占总人数的9%。

2009年新签合同额31.5亿元，比预定目标增长26%，其中设计服务合同额4.2亿元，医药项目合同额4 500万元，比预期目标增加28.6%。实现PMC合同额4 320万元，比计划增加23.4%；完成合同收费20.09亿元，比计划增加33.9%；实现利润6 989万元，比石化集团公司总部下达的利润指标增加99.7%；完成设计投资额71.9亿元，比预期指标增加10.6%。2009年完成各类项目184项。

SSEC主要生产经营指标和主要完成项目见表1和表2。

（钱水根）

【承建天津石化30万吨/年聚乙烯装置产出合格产品】 作为EPC承包商，SSEC承担天津石化100万吨/年乙烯工程总体设计、42万吨/年环氧乙烷/乙二醇装置设计、30万吨/年高密度聚乙烯和35万吨/年苯酚丙酮装置EPC总承包。2007年9月3日，天津石化30万吨/年高密度聚乙烯装置EPC开工，2009年8月10日，装置具备中间交接条件，12月25日，装置开车一次成功，产出合格产品，为天津石化100万吨/年乙烯工程全面投产奠定了基础。

（钱水根）

【承建独山子苯乙烯聚苯乙烯装置产出合格产品】 新疆独山子千万吨炼油、百万吨乙烯工程是国家西部大开发标志性工程，由上海工程公司承担设计中国石油系统规模最大的32万吨/年乙苯/苯乙烯装置、13万吨/年聚苯乙烯装置。2007年9月5日，乙苯/苯乙烯装置开工建设，9月19—21日，聚苯乙烯装置开工建设。2009年9月23日、27日，乙苯/苯乙烯装置、聚苯乙烯装置分别开车成功，产出合格产品。

（钱水根）

【承建上海赛科、安庆乙苯/苯乙烯装置产出合格产品】 由SSEC承建的上海赛科65万吨/年乙苯/苯乙烯装置是国内同类装置中规模最大的。2009年5月16日，该装置停车改扩建，7月14日，改扩建后装置产出合格苯乙烯。装置关键设备——蒸汽过热炉实现国产化。由SSEC承建的安庆石化10万吨/年乙苯/苯乙烯装置采用国产化技术建设。该装置于2007年6月开始工程设计，2009年6月15日建成中交，9月19日开车一次成功，产出合格产品。

（钱水根）

【承建天津石化35万吨/年苯酚丙酮装置中间交接】 SSEC参加天津石化乙烯工程总体设计，承担42万吨/年环氧EO/EG设计、35万吨/年苯酚丙酮和30万吨/年高密度聚乙烯装置EPC总承包。EO/EG装置于2006年4月7日开工，2009年9月29日中交。2008年2月28日，35万吨/年苯酚丙酮基础开工，12月16日土建交付安装，31日完成施工设计，2009年8月28日，装置中间交接，为装置一次开车成功创造了条件。

（钱水根）

【承建镇海炼化EO/EG装置、污水处理场中间交接】 在镇海炼化100万吨乙烯工程中，上海工程公司参加乙烯工程总体设计，负责65万吨/年环氧乙烷/乙二醇装置、污水处理场EPC总承包。2008年3月3日，EO/EG装置基础开工；2009年1月8日，污水处理场开工建设；11月28日，污水处理场生化处理、鼓风爆气系统中交，次日投人运行。12月28日，EO/EG装置中间交接，为镇海炼化乙烯工程全面建成创造了条件。

（钱水根）

镇海炼化65万吨/年环氧乙烷/乙二醇装置

【承建上海赛科扩能项目PMC及公用工程系统优化中间交接】 SSEC承担上海赛科扩能项目PMC及公用工程系统优化项目，新增4 000立方米球罐及配套设施、储运及公用工程系统优化——罐区部分中粗裂解汽油罐、苯罐、1-异丁烯球罐、丁烷球罐系统；2008年1月开始基础设计，2009年7月21日建成中交。

（钱水根）

【承建上海石化15万吨/年碳五分离装置建成达标】 上海石化15万吨/年碳五分离装置由SSEC设计。2008年1月10日，装置开工打桩；2009年5月18日，装置中间交接；10月25日投料生产，产品质量达到合格指标。该装置建成投产，使中国石化拥有国内第一套15万吨级碳五分离装置，为上海石化结构调整，经济效益增长作出贡献。

（钱水根）

【承建上海第一生化药业新冻干项目建成竣工】 上海工程公司按照欧盟标准，承建上海第一生化药业有限公司新冻干项目，建设期间采用多项新技术，包括大面积液氮制冷冷冻干燥机，能耗低，冻干速度快，产品质量高；全自动冻干机自动进出料，实现百级层流环境下，冻干制品自动输送，避免人为因素造成产品微生物污染；设置连续尘埃粒子自动监测装置，保证核心操作区环境安全。2008年1月，开始概念设计，2009年12月16日，项目建成竣工。

（钱水根）

【承建日照原油商业储备基地工程EPC开工】 日照原油商业储备基地由基地工程、输油站组成，基地工程建28座储罐，均为10万立方米单盘式浮顶油罐，其中12座10万立方米浮顶原油罐储存高凝点原油，16座10万立方米浮顶原油罐；输油站建4×10万立方米原油罐及1座消防泵站。SSEC承担除输油站、消防泵站基础设计外的基地全部EPC工程。2009年11月17日，日照原油商业储备基地EPC工程开工。

（钱水根）

【承建扬巴二期设计开工】 扬子石化—巴斯夫有限责任公司二期改造项目主要改扩建装置6套，新建装置9套和配套储运设施、公用工程等。上海工程公司承担BCC（乙烯装置老炉区、分离改、汽油加氢装置、芳烃抽提装置、废碱处理装置改造），IOU（基础设施、界外工程）和Area1（改建EO/EG，新建乙二醇丁醚、非离子表面活性剂）的部分基础设计和详细设计、采购技术、项目管理和现场服务。2008年，上海工程公司按照工程节点，完成设计前期工作，取得阶段性成果；2009年6月16日，上海工程公司与扬子石化比欧西公司、英国工程技术学会联合召开Area1详细设计开工会，扬巴二期改造进入实质性阶段。

（钱水根）

【承编医药洁净厂房设计规范颁布实施】 2009年6月1日，由SSEC主编的《医药工业洁净厂房设计规范》（GB 50457—2008），经国家住房与城乡建设部批准，正式实施。该规范是中国医药行业第一个工程建设国家级标准、强制性国家级医药工程建设法规，为医药工程设计符合GMP要求提供了法规依据。

（钱水根）

【调整充实领导班子】 2009年，石化集团公司人事部领导人员管理处处长张钧受石化集团公司党组和人事部委托，宣布SSEC领导班子调整决定：聘任刘清涛、王江义为SSEC副总经理，解聘金敏SSEC副总经理职务，任调研员。

（钱水根）

【承建黄岛国储基地项目获总承包铜钥匙奖】 2009年1月23日，中国勘察设计协会表彰第四届优秀工程项目管理和优秀工程总承包项目，由SSEC承担的黄岛国家石油储备基地工程获工程总承包铜钥匙奖，项目经理潘跃明受到表彰。

（钱水根）

【4项成果获石化集团公司优质工程奖】 2009年11月6日，石化集团公司公布2008年优质工程奖评选结果，由SSEC承建的上海赛科90万吨/年乙烯工程60万吨/年聚乙烯装置、宁波三菱化学有限公司60万吨/年PTA装置、黄岛国家石油储备基地、扬子石化扩建45万吨/年PTA生产线项目获优质工程奖。

（钱水根）

【3项技术成果获石化集团公司科技进步奖】 2009年3月5日，石化集团公司发布2008年度科学技术奖励项目评选结果，由SSEC承担的大型固体粉粒料输送国产化技术开发与工业应用获科技进步一等奖，苯乙烯新型Ⅱ型反应器与L型换热器组合研制获科技进步三等奖，合作项目中国石化炼化工程建设标准研究与编制获科技进步二等奖。

（钱水根）

表1　　上海工程公司主要生产经营指标

指标名称＼年份	2009	2008	2007	2006	2005	2004
主要业务收入/亿元	22.16	21.18	14.78	9.74	9.63	13.43
完成工程投资额/亿元	71.90	66.80	56.00	56.66	65.00	66.00
完成工程项目/项	184	221	239	294	226	208
授权专利/件	19	13	9	9	7	7

表2 上海工程公司2009年主要完成项目

序号	委托单位	项目名称	完工日期	行业
1	无锡惠山经济开发区开发建设总公司	无锡（惠山）生命科技产业园生物医药服务外包区改造项目	3月31日	医药
2	上海三维制药有限公司	固体制剂厂房技术改造	4月16日	医药
3	上海赛科石油化工有限责任公司	上海赛科苯乙烯改造配套公用工程	5月18日	石化、化工
4	上海赛科石油化工有限责任公司	上海赛科产品结构调整及乙烯扩能项目公用工程系统优化	3月25日	石化、化工
5	上海赛科石油化工有限责任公司	上海赛科储运及公用工程系统优化项目——罐区部分	4月30日	石化、化工
6	上海赛科石油化工有限责任公司	上海赛科新增1台4 000立方米球罐及配套设施	4月30日	石化、化工
7	上海医药（集团）有限公司信谊制药总厂	信谊制药总厂技术中心改造项目施工图	8月28日	医药
8	江苏索普兴大药业有限公司	江苏索普兴大药业有限公司国家一类新药双环铂产业化项目	5月30日	医药
9	上海赛科石油化工有限责任公司	上海赛科苯乙烯改扩建、基础设计、详细设计、采购服务	4月30日	石化、化工
10	蓝星（天津）化工有限公司	蓝星（天津）化工有限公司20万吨/年苯乙烯脱氢反应器施工图设计	1月10日	石化、化工
11	中国石化上海石油化工股份有限公司投资计划部	上海金森石油树脂有限公司仓库改造项目	9月2日	石化、化工
12	中国石化集团石油商业储备有限公司	日照原油商业储备基地工程（初步设计）	8月7日	石化、化工
13	江苏正大天晴药业股份有限公司	江苏正大天晴药业股份有限公司海州生产基地项目	10月30日	医药
14	上海高桥分公司	高桥石化单体设备设计	12月28日	石化、化工
15	上海赛科石油化工有限责任公司	上海赛科产品结构调整及乙烯扩建项目设计管理一体化服务	12月30日	石化、化工
16	帝斯曼维生素（上海）有限公司	维生素中间体产品项目	4月30日	医药
17	江苏豪森药业股份有限公司	江苏豪森药业股份有限公司头孢无菌分装车间技术改造项目工程设计	11月20日	医药
18	苏州诺华制药科技有限公司	苏州诺华制药科技有限公司增资建设研发中心项目	12月20日	医药
19	无锡惠山新城生命科技产业发展有限公司	无锡（惠山）生命科技产业园启动区一期工程	8月30日	医药
20	上海中信国健药业有限公司	科研楼和生产车间技术改造项目	11月30日	医药
21	福建炼油化工有限公司	乙烯项目80万吨/年聚乙烯装置	7月20日	石化、化工
22	福建炼油化工有限公司	公用工程污水化水凝水空压站、炼油循环水、炼油罐区	7月20日	石化、化工
23	福建炼油化工有限公司	乙烯项目轻烃回收装置、燃料气、液化气脱硫装置	7月20日	石化、化工
24	沙特基础工业公司	沙特50万吨/年聚乙烯、聚丙烯、聚烯烃包装仓库	5月22日	石化、化工

洛阳工程公司

【概况】 中国石化集团洛阳石油化工工程公司（简称洛阳工程公司，英文缩写LPEC）前身是石油部抚顺设计院，创建于1956年10月，是集工程设计、工程承包、工程监理于一体的国家重点勘察设计企业，是集工程技术、石油炼制工艺、设备研究于一体的高新技术企业；拥有国家化工、石化、医药、建筑行业工程设计、工程承包、工程监理、工程造价咨询、工程咨询、环保影响评价甲级资质，压力容器和压力管道甲级设计资质、石油天然气行业油气库和管道输送工程甲级设计资质、商业系统工程咨询甲级资质、市政行业燃气和排水工程甲级设计资质、市政行业给水和热力工程乙级设计资质，具有对外经济合作经营和进出口资格；国家燃料油质量监督检验中心和中国石化集团石油化工设备防腐蚀研究中心，节能技术中心和石油化工设备质量监督检测中心站，加热炉检测评定中心洛阳中心站及总图、储运、建筑设计技术中心站，国外工程标准洛阳管理站，《炼油技术与工程》《石油化工腐蚀与防护》《石油化工工程建设标准化》期刊编辑部均挂靠在洛阳工程公司；通过ISO 9001质量体系认证、HSE管理体系认证和ISO 10015培训管理体系认证，获得国家工程设计综合甲级资质。

公司本部位于河南省洛阳市，占地57.18万平方米；北京办公点位于北京市东城区，拥有办公面积482.14平方米。截至2009年底，洛阳工程公司在册职工2 056人，其中中国科学院院士1人，国家设计大师4人，享受政府特殊津贴的专家26人（含退休返聘人员），教授级专业技术人员52人，高级专业技术人员654人，各类注册工程师318人。截至2009年底，累计获国家级科技进步奖（含发明奖）52项，国家级优秀设计奖25项，省部级科技进步奖（含发明奖）308项，省部级优秀设计奖70项，经国内外授权的专利310件，各类专有技术100多项。

洛阳工程公司主要生产经营指标、2009年建成中交及投产工程项目、通过鉴定或评议的研发项目和项目获奖情况分别见表1、表2、表3和表4。

（王双龙）

【广州分公司100万吨/年催化重整联合装置开汽一次成功】 中国石化广州分公司100万吨/年催化重整联合装置，2007年10月26日动工建设，2009年1月15日实现了高标准建成中交，创造了国内同类型装置建设周期的最短纪录。4月24日顺利打通装置全流程，生产出合格产品，实现了装置开汽一次成功。该装置第一次采用洛阳工程公司具有自主知识产权的“超低压连续重整成套技术”，是炼油技术国产化的示范性装置，是中国石化科技攻关“十条龙”项目。

（王双龙）

中国第一套超低压连续重整工业示范装置

（李建永 摄）

【两条成品油管道通过竣工验收】 2009年4月29日，由洛阳工程公司承担设计的西南成品油管道、珠三角成品油管道及油库配套工程通过竣工验收，标志着这两条成品油管道及油库配套工程圆满完成工程建设各项程序，从建设阶段正式转入生产运行阶段。至2009年3月，两条管道共输油3 838万吨，实现综合效益15亿元。

（王双龙）

【洛阳分公司加氢制氢装置投料开车一次成功】 由洛阳工程公司总承包的中国石化洛阳分公司220万吨/年蜡油加氢装置和4万米^3（标准）/时制氢装置于2006年9月开工建设，2008年9月6日建成中交，2009年5月20日实现投料开车一次成功。该2套装置是洛阳分公司油品质升级改造项目的关键装置，其建成投用对提升洛阳分公司产品质量、增加企业经济效益、改善技术经济指标、满足市场对产品质量的环保需要发挥巨大作用。

（王双龙）

【福建炼化公司联合石化一体化项目多套装置相继开车一次成功】 由洛阳工程公司总承包的中国石化福建炼化公司联合石化一体化项目炼油部分的主体装置——4套加氢精制及溶剂脱沥青装置均已开车成功且生产出合格产品。2009年1月21日，福建炼油乙烯工程的核心装置230万吨/年加氢处理、210万吨/年加氢裂化、氢提纯(PSA)装置实现高标准建成中交；2月27日，180万吨/年溶剂脱沥青装置建成中交；5月27日，280万吨/年柴油加氢装置高水平一次开车成功并生产出合格产品；7月26日，230万吨/年加氢处理、120万吨/年航煤加氢、180万吨/年溶剂脱沥青及210万吨/年加氢裂化装置均实现一次开车成功。

（王双龙）

【阿尔及利亚500万吨/年凝析油项目投产一次成功】 由洛阳工程公司总承包的阿尔及利亚500万吨/年凝析油项目自2009年7月25日投油以来，装置运行平稳安全，并于8月1日顺利生产出合格产品，标志着该项目实现了一次投产成功。该凝析油项目是阿尔及利亚石油下游方面最重要的投资项目之一，也是中阿两国的重要油气合作项目。

（王双龙）

【孟加拉凝析油分离项目开车一次成功】 2009年7月27日，孟加拉凝析油分离（CFP）项目一次开车成功，生产出合格产品，8月9日，装置移交业主，8月25日取得临时证书，标志着该项目基本建成。

（王双龙）

孟加拉凝析油分离装置　（李建永　摄）

【长岭分公司20万吨/年液相循环加氢装置开车一次成功】 2009年9月，中国石化长岭分公司20万吨/年液相循环加氢装置停工改造，11月3日一次开车成功，生产出各项指标均合格的航煤，标志着SRH循环加氢技术开发工作取得了第一阶段的成功。SRH循环加氢技术是洛阳工程公司和抚顺石油化工研究院联合承担的一项石化集团公司重点研发课题，洛阳工程公司完成该技术开发工作，并申报了多项专利，形成了工艺包。

（王双龙）

【山西潞安集团16万吨/年煤基合成油示范项目全面建成投产】 山西潞安集团16万吨/年煤基合成油示范项目是国家“863”和“973”高新技术项目，其中铁基浆态床F-T合成装置和油品加氢精制装置由洛阳工程公司承担工程设计。铁基浆态床合成装置于2009年7月10日化工投料一次成功，生产出合格柴油和石脑油产品，并实现长周期连续运行。9月18日，IGCC发电装置奠基；12月4日，合成氨和尿素装置投入运行，产出合格尿素。随着示范装置生产的油品和化肥陆续进入国内市场，标志着潞安以煤基合成油为基础的、煤化多联产、低碳排放循环经济示范园区全部建成。

（王双龙）

【塔河分公司重质原油改质总承包项目开工】 2009年3月26日，由洛阳工程公司总承包的中国石化塔河分公司重质原油改质项目举行开工仪式。该项目总投资29亿元，是中国石化为实施“东部稳定、西部快速上产”发展战略的重点项目，也是中国石化与新疆维吾尔自治区实施能源合作的重大项目。

（王双龙）

【哈萨克斯坦阿特劳炼厂芳烃项目总承包合同签订】 经过数轮技术和商务谈判，中国石化炼化工程公司成立以来第一个EPC项目，也是洛阳工程公司经过投标报价取得的第一个海外EPC项目——哈萨克斯坦阿特劳炼厂芳烃项目的总承包合同签字仪式于2009年10月29日在哈萨克斯坦阿特劳炼厂签订。该项目主要包括50万吨/年PX装置、100万吨/年连续重整装置及配套系统单元，合同金额10.4亿美元。项目工期39个月，项目于2009年底开始计时。该项目是石化集团公司2009年签订的最大的海外下游石化工程项目。

（王双龙）

【3项研发课题“入龙”】 2009年11月27日，石化集团公司召开2009年“十条龙”攻关会议，洛阳工程公司3项研发课题——循环加氢技术开发、烟气脱硫试验和TRS柴油深度脱硫技术开发顺利“入龙”。

（王双龙）

【获全国勘察设计行业国庆60周年“十佳”自主技术创新企业大奖】 2009年10月28日，中国勘察设计协会召开四届三次常务理事会暨国庆60周年全国勘察设计行业颁奖大会，洛阳工程公司获全国勘察设计行业国庆60周年“十佳”自主技术创新企业大奖，总经理闫少春获“十佳”现代管理企业家大奖。

（王双龙）

【QHSE管理体系通过监督审核】 2009年，北京中设认证服务有限公司对洛阳工程公司QHSE管理体系进行了认证审核。审核组审核了洛阳工程公司最高管理层及体系覆盖的23个部室，认为，洛阳工程公司QHSE管理体系运行持续有效，同意向北京中设认证服务有限公司推荐认证注册。这是洛阳工程公司实施QHSE管理体系整合后的首次认证审核。

（王双龙）

【入选ENR“中国承包商和设计企业双60强”】 2009年11月5日，由美国《工程新闻记录》（ENR）、中国《建筑时报》共同主办的2009年度中国承包商和工程设计企业“双60强”排名正式揭晓，洛阳工程公司等60家工程设计企业上榜。

（王双龙）

表1 **洛阳工程公司主要生产经营指标** 亿元

年份 / 指标名称	2009	2008	2007	2006	2005	2004
资产总值	42.25	39.26	34.85	20.21	12.37	10.81
流动资产	39.28	36.97	32.75	18.47	10.42	8.92
固定资产原值	4.36	3.27	3.06	2.67	2.64	2.60
固定资产净值	2.59	1.94	1.84	1.66	1.69	1.76
建设投资	228.25	206.38	164.74	120.68	81.51	55.80
主营业务收入	51.04	41.70	31.67	16.04	13.91	22.74
实现利税	11.15	5.87	5.41	2.22	0.84	0.64
实现税金	3.16	2.23	2.55	1.07	0.56	0.65
承接工程数量/项	557	557	490	395	397	339
授权专利数量/件	35	32	37	27	30	27

表2 **洛阳工程公司2009年建成中交及投产工程项目**

序号	投产项目	中交、投产日期	备注
1	荆门分公司120万吨/年FDFCC-Ⅲ装置	2月18日	设计投产项目
2	中海油炼化公司惠州分公司200万吨/年柴油加氢精制、360万吨/年中压加氢裂化装置、80万吨/年芳烃联合装置、180万吨/年催化裂化装置、28万吨/年气体分馏装置、16万吨/年烷基化装置、4万吨/年MTBE装置、6万吨/年硫黄回收装置、300吨/年酸性水汽提装置、脱硫联合装置、废酸处理装置（共11套）	5月5日	设计投产项目
3	洛阳分公司220万吨/年加氢处理装置、4万米^3（标准）/时制氢装置	5月20日	设计投产项目
4	广州催化重整联合装置	5月23日	设计投产项目
5	巴陵石化MIP-CGP装置技术改造	7月20日	设计投产项目
6	长岭分公司70万吨/年催化重整装置扩能改造项目	7月27日	设计投产项目
7	福建炼油乙烯项目280万吨/年柴油加氢精制装置、230万吨/年加氢处理装置、120万吨/年航煤加氢精制装置、180万吨/年溶剂脱沥青装置、210万吨/年加氢裂化装置	7月27日	设计投产项目
8	孟加拉国凝析油炼厂项目	7月27日	设计投产项目
9	阿尔及利亚500万吨/年凝析油项目	8月3日	设计投产项目

续表

序　号	投产项目	中交、投产日期	备　注
10	昆明—大理成品油管道	8月30日	设计投产项目
11	湛江120万吨/年重油催化裂化装置、80吨/时酸性水汽提装置、150吨/时溶剂再生装置、5.2万吨/年硫黄回收装置、三联合产品精制(包括干气脱硫、催化汽油脱硫醇及液化石油气脱硫脱硫醇)、60万吨/年催化汽油加氢脱硫装置、30万吨/年气体分馏装置	9月12日	设计投产项目
12	榆林炼油厂60万吨/年催化裂化装置MIP技术改造	10月13日	设计投产项目
13	抚顺800万吨/年常减压蒸馏装置	10月16日	设计投产项目
14	安庆10万吨/年乙苯/苯乙烯联合装置、220万吨/年蜡油加氢装置	10月25日	设计投产项目
15	茂名180万吨/年蜡油加氢精制装置	12月17日	设计投产项目
16	华锦500万吨/年炼油项目（500万吨/年常减压蒸馏、120万吨/年延迟焦化、180万吨/年加氢裂化、200万吨/年柴油加氢精制、50万吨/年连续重整、20万吨/年芳烃抽提、6万米^3（标准）/时制氢、3万米^3（标准）/时PSA、6万吨/年硫黄回收（含酸性水汽提和溶剂再生）、产品精制（含干气脱硫，液化气脱硫、脱硫醇）等51个单元	12月18日	设计投产项目
17	天津100万吨/年乙烯及配套炼油工程320万吨/年柴油加氢、80万吨/年航煤加氢、230万吨/年延迟焦化装置	12月18日	设计投产项目
18	山西潞安集团16万吨/年煤基合成油示范项目	12月30日	设计投产项目
19	广州分公司100万吨/年催化重整装置	1月15日	EPC中交项目
20	福建加氢罐区、SS5220罐区变电所、SS6110新净化水场变电所、SS6162消防加压站变电所	1月19日	EPC中交项目
21	福建210万吨/年加氢裂化、230万吨/年加氢处理、8 000米^3（标准）/时原料气氢提纯（PSA)装置	1月20日	EPC中交项目
22	福建170万吨/年溶剂脱沥青装置	2月27日	EPC中交项目
23	中海油惠州工程项目200万吨/年柴油加氢精制、360万吨/年中压加氢裂化装置	3月2日	EPC中交项目
24	湛江二期空分空压、三联合循环水场、三联合产品精制装置	3月13日	EPC中交项目
25	独山子石化公司60万吨/年芳烃抽提装置	6月5日	EPC中交项目
26	湛江二期120万吨/年重油催化裂化装置、60万吨/年催化汽油加氢脱硫装置、30万吨/年气体分馏装置、5.2万吨/年硫黄回收装置、80吨/时酸性水汽提装置、150吨/时溶剂再生装置、三联合装置中心控制室、三联合装置配电室	6月30日	EPC中交项目
27	天津100万吨/年乙烯及配套项目100万吨/年重整抽提装置	7月29日	EPC中交项目
28	天津100万吨/年乙烯及配套项目230万吨/年延迟焦化装置	8月27日	EPC中交项目
29	青岛石化公司加工高酸原油适应性改造工程项目100万吨/年汽柴油加氢精制装置和160万吨/年延迟焦化装置	9月28日	EPC中交项目

表3 洛阳工程公司2009年通过鉴定或评议的研发项目

序号	项目名称	主持鉴定（评议）单位	鉴定及评议日期	备注
1	加氢裂化非均相分离工艺及设备	中国石化	1月	鉴定
2	涤纶工业丝用油剂工业化应用	中国石化	2月	鉴定
3	成品油管道工艺方案优化技术研究	中国石化	5月	鉴定
4	镇海炼化加工机会原油防腐蚀解决方案	中国石化	5月	鉴定
5	炼油装置示范加热炉	中国石化	7月	鉴定
6	延迟焦化装置高温旋塞阀的开发	中国石化	4月	技术评议
7	100万吨/年重油催化装置可再生湿法烟气脱硫工艺包	中国石化	5月	技术评议
8	加热炉铸铁空气预热器	中国石化	11月	技术评议
9	液压预密封平板阀式自动底盖机研制开发	中国石化	10月	鉴定
10	MTO反应气体大型管道补偿元件研究	洛阳工程公司	4月	技术评议
11	5万吨/年沸腾床渣油加氢技术工艺包开发	中国石化	12月	鉴定

表4 洛阳工程公司2009年项目获奖情况

序号	获奖项目名称	授予单位	奖项等级
1	大连西太平洋加氢裂化和制氢项目	中国勘察设计协会	优质工程奖
2	海南800万吨/年炼油项目加氢制氢装置	中国勘察设计协会	优质工程奖
3	湛江东兴500万吨/年炼油改扩建工程	中国勘察设计协会	优质工程奖
4	广州石化100万吨/年延迟焦化装置（二）	中国勘察设计协会	优质工程奖
5	洛阳分公司油品质量升级改造第一阶段实施工程140万吨/年延迟焦化装置及加制氢联合装置	石化集团公司	优质工程奖
6	大连西太平洋石油化工有限公司加氢裂化和制氢项目	石化集团公司	优质工程奖
7	石脑油催化重整成套技术的开发与应用	国务院	科技进步一等奖
8	汽油管道调和工艺成套技术的开发及工业应用	石化集团公司	科技进步二等奖
9	焦炭塔自动底盖机	石化集团公司	科技进步二等奖
10	加工机会原油防腐蚀解决方案	石化集团公司	科技进步二等奖
11	加氢裂化非均相分离工艺及设备	石化集团公司	科技进步三等奖
12	重整再生单元干燥器国产化	石化集团公司	科技进步三等奖
13	成品油管道工艺方案优化技术	石化集团公司	科技进步三等奖
14	TC-550可逆轧机冷轧极薄板轧制油的研制	中国石油和化学工业协会	科技进步三等奖
15	环保型镀锌板专用静电喷涂防锈油的研制	中国石油和化学工业协会	科技进步三等奖
16	铝热轧润滑油的研制	中国石油和化学工业协会	科技进步三等奖
17	新一代表面改性技术的应用研究	中国石油和化学工业协会	科技进步三等奖

宁波工程公司

【概况】 中国石化集团宁波工程有限公司（简称宁波工程公司，英文缩写SNEC）是2003年经石化集团公司批准，由原中国石化集团兰州设计院和中国石化集团第三建设公司重组设立的国有独资公司，注册地为浙江省宁波高新区。宁波工程公司的发展定位是以技术为先导，设计为基础，工程项目承包和工程项目管理为主体，集科研开发、工程设计、设备制造、装置施工、开车服务和检维修服务于一体，拥有专利、专有技术，面向国内、国际两个市场，在能源、环保、石油化工和热能工程等领域提供咨询、设计、工程总承包、制造及专业施工总承包工程服务和管理服务的全能型工程公司。

宁波工程公司持有化工石油工程施工总承包一级资质证书，化工石化医药行业、建筑行业（建筑工程）、市政行业（热力工程）专业、石油天然气行业（油气库）专业工程设计甲级证书，工程咨询、工程造价咨询、环境影响评价甲级资格证书，压力容器设计、制造许可证，压力管道设计、安装许可证，锅炉安装、改造、维修许可证，对外承包工程经营资格证书等，并取得ISO 9001质量体系认证证书、GB/T 24001—2004环境管理体系和GB/T 28001—2001职业健康安全管理体系认证证书。

截至2009年底，宁波工程公司设有24个职能和业务管理部门、7个专业设计室和6个专业公司或分公司等业务单位。在册职工3 200余人，其中国家级设计大师2人，教授级高级工程师12人；拥有高级职称的260人，中级职称的592人；各类注册工程师330余人。拥有37件专利、87项专有技术，在天然气化工、石油化工、煤化工以及合成气化工等领域的设计处于全国领先地位；在管道钢结构工厂化预制、设备制造、大型储罐和长输管线施工、大型或特大型设备吊装方面构筑了强大的差异化竞争优势，已成为石化集团大型非标设备制造基地。

宁波工程公司主要生产经营指标和完成的主要工程项目见表1和表2。

（宣淑瑛）

【多措并举实现生产经营目标】 2009年，受国内外经济形势影响，宁波工程公司经营环境发生重大而深刻的变化，原先已签订合同和跟踪的不少项目停建、缓建，市场经营遭遇前所未有的困难。面对严峻的形势，宁波工程公司多措并举抓生产、拓市场、谋发展，较好完成了各项生产经营任务，全年实现营业收入32.8亿元，实现利润6 607万元。施工板块系统外新签合同额同比大幅增长，各项经济指标创造了历史最好成绩，实现营业收入13.2亿元。面对4亿多元的已签合同项目缓建的严峻形势，制造公司全线出击，全年共开展投标报价214项，中标68项，新签合同额4.4亿元。同时，发挥大型、超大型设备制造优势，从提高制造技术含量入手，科研项目取得进展，填补了多项国内制造空白。全年完成设备制造308台，共计2.3万吨。

（宣淑瑛）

【福建炼油乙烯IGCC项目建成投产】 由宁波工程公司前端工程设计（FEED）并EPC总承包建设的福建炼油乙烯空分/部分氧化、制氢/汽电联产（IGCC）项目于2006年5月22日FEED开工，2007年2月8日EPC开工。2009年3月3日如期实现整体中交，7月22日打通全装置流程，正式投产运行。IGCC项目是福建炼油乙烯的三大关键线路之一，是国内首套采用先进技术并与炼油化工装置配套的大型气化一体化联合循环装置，装置的整合集成是建设的最大难点。该项目的建成，使得宁波工程公司在IGCC装置的整合集成技术和工程化建设方面积攒了实力，奠定了在国内气化领域的领先地位。

（宣淑瑛）

建成后的福建炼化乙烯IGCC装置

【沈化CPP制乙烯改造项目PE装置和配套罐区工程建成】 沈阳化工集团石蜡化工有限公司催化热裂解（CPP）制乙烯改造项目聚乙烯（PE）装置于2007年7月设计开始，2009年5月26日中交，8月22日正式连续开车运行，顺利产出合格的PE粒料产品，标志着该装置建设圆满成功，创造了截至2009年底PE装置建设周期世界最短纪录。沈化CPP制乙烯装置是全球第一套采用重质渣油作为原料生产乙烯的化工装置。宁波工程公司承担该项目总体设计、部分工艺装置和配套的设计及PE装置、全厂罐区工程的EPC总承包。

（宣淑瑛）

【镇海炼化乙烯工程实现整体中交】 宁波工程公司承担镇海炼化乙烯工程低温罐、空分、空压、聚乙烯装置4个项目的EPC总承包，以及包括龙头装置——乙烯装置在内的4套主装置的施工总承包。4个总承包项目是宁波工程公司实施的包括设计、采购、施工完整意义上的EPC总承包，分别于2009年11月和12月实现高标准中交。其中，45万吨/年聚乙烯装置是截至2009年底国内单线生产能力最大的聚乙烯装置，其核心设备反应器在截至2009年底全球同类装置设备中规模最大。

（宣淑瑛）

镇海炼化乙烯工程安装现场

【首届科学技术大会召开】 2009年11月25—26日，宁波工程公司首届科学技术大会隆重召开。大会总结重组以来科技工作的成绩与不足，分析面临形势，讨论科技发展规划，确定了下一阶段科技工作的目标、重点和任务。会议期间，还进行了论文发布，表彰了科技大会优秀论文和优秀科技工作者。

（宣淑瑛）

【举办首届职工技术运动会】 自2009年10月开始，宁波工程公司以加强“三基”为重点，以引导职工学知识、学技术，提高职工队伍的职业技术素质和实际操作能力为目的，举办了首届职工技术运动会。参赛的专业和工种涉及管理、工程设计、施工建设和设备制造，共分22个单项，比赛内容均由理论考试和实际操作两项组成，来自基层各单位的近500名选手参赛。首届职工技术运动会于12月30日圆满结束。

（宣淑瑛）

首届职工技术运动会比赛现场

【通过省级企业技术中心认定】 2009年8月，浙江省经济和信息化委员会、浙江省建设厅公布建设行业第三批省级企业技术中心认定结果，宁波工程公司为3批中仅有的2家通过认定的安装企业之一。

（宣淑瑛）

【实施岗位优化建设】 2009年，宁波工程公司建立部门职能管理、项目运营管理、设计技术和施工制造技术4个序列的专业技术岗位职务体系，对每个序列的岗位职务编制了《岗位工作说明书》，明确岗位工作流程和职责，通过全员竞争上岗落实岗位责任制。结合岗位优化工作，宁波工程公司通过制度疏理进一步优化业务流程，全年共新编管理标准37项，修订18项。

（宣淑瑛）

【管理现代化创新成果获全国十佳】 2009年12月，宁波工程公司管理现代化创新成果“基于员工心理需求的‘三维一体’互动式绩效管理”经石化集团公司推荐，在中国企业联合会、中国企业家协会主办的优秀管理成果评选中被评为2009年度全国十佳企业管理案例。该成果还获得石化集团公司第18届企业管理现代化创新成果二等奖。此外，宁波工程公司另一项成果“工程公司基于专业推动的营销体系及运行管理”获三等奖。

（宣淑瑛）

【员工培训工作有成效】 2009年，宁波工程公司紧扣国际化发展战略和生产经营的实际需要，以青年人才的岗位能力提升为基础，以中高层复合型、国际化人才培训为支撑，重点实施关键岗位人才能力提升工程。通过选派各专业的技术专家参加石化集团公司或专业协会举办的高级研修、国内外技术交流、新技术研修等多种形式，结合课题研究和项目

年轻设计人员现场实践培训

锻炼。提高学术带头人、技术专家及后备人才的技术创新和研究能力，其中2人获得石化集团公司突出贡献专家称号，3人获得闵恩泽青年科技人才奖；在内部培训上，通过优化培训内容，创新培训方式，重点推广了案例式、研究式、现场模拟等教学方式，把课堂讲授与研讨交流、课题研修、现场实践等有机结合起来，增强培训的针对性和时效性。全年共完成培训班360期，培训6 185人次，其中国际化人才培训248人次，高层管理人才及技术专家培训63人次，关键岗位人才培训2 622人次，各类人才的良性发展势头初步显现。

（宣淑瑛）

【机械化施工公司获中央企业先进集体称号】 2009年4月23日，人力资源和社会保障部与国务院国资委在京联合召开中央企业劳动模范和先进集体表彰大会，宁波工程公司机械化施工公司获中央企业先进集体称号，受到大会表彰。

（宣淑瑛）

表1　宁波工程公司主要生产经营指标　亿元

指标名称＼年份	2009	2008	2007	2006	2005	2004
资产总值	27.03	28.11	24.42	18.39	17.78	11.55
设计投资额	64.22	99.04	88.23	38.84	27.45	28.30
主营业务收入	32.76	42.38	40.22	29.55	16.57	14.02
利　润	2.08	1.99	1.78	1.25	0.81	0.92
承接工程数量/项	274	238	241	226	216	182
工程总承包	12	9	8	9	3	2
工程设计	32	20	14	26	10	20
工程咨询	38	34	18	19	10	33
工程建设及制造	192	175	171	172	193	127
授权专利数量/件	3	2	3	2	7	2

表2　宁波工程公司2009年完成的主要工程项目

序　号	项目名称	完成日期
一	EPC总承包项目	
1	沈化CPP制乙烯改造项目配套罐区总承包工程	1月
2	福建炼油乙烯IGCC项目总承包工程	3月
3	兰州石化300万吨/年重油催化裂化装置烟气脱硫项目EPC承包工程	4月
4	沈化CPP制乙烯改造项目PE装置总承包工程	5月

续表

序号	项目名称	完成日期
5	南通9万吨/年双酚A装置采购及施工总承包工程	10月
6	镇海炼化乙烯低温罐区EPC总承包工程	11月
7	镇海炼化乙烯45万吨/年聚乙烯EPC总承包工程	12月
8	镇海炼化乙烯空压站EPC总承包工程	12月
9	镇海炼化乙烯空分装置EPC总承包工程	12月
二	设计项目	
1	中海油包头煤化工项目可研	3月
2	茂名分公司高硫焦代油锅炉改造工程设计	6月
3	吉林石化分公司42万吨/年丙烯腈装置扩建工程设计	9月
4	齐鲁石化资源优化技改工程——工艺单元工程设计	9月
5	天津石化100万吨/年乙烯及配套工程热电工程设计	10月
6	洛阳石化油品质量升级——热电站改造工程设计	10月
7	齐鲁—比欧西新建4.2万米^3/时空分装置工程设计	11月
8	吉化公司12万吨/年丙烯腈项目工程设计	11月
9	中国神华煤制天然气项目可研	11月
10	天津石化100万吨/年乙烯及配套项目空分装置工程设计	12月
11	长岭分公司污水预处理及氨氮回用技术改造工程设计	12月
12	巴陵分公司合成氨变换系统完善改造工程设计	12月
13	安庆分公司变换工艺系统改造工程设计	12月
14	茂名分公司煤(石油焦)制氢气可研项目	12月
三	安装项目	
1	浙江和邦化学重油裂解装置工程	2月
2	福建青兰山中转油库8510单元2台15万立方米储罐工程	4月
3	镇海商业库10×10万立方米储罐工程	8月
4	镇海炼化乙烯工程丁二烯、裂解汽油加氢装置	12月
5	镇海炼化乙烯工程100万吨/年乙烯装置(含干气预精制)	12月
6	镇海炼化乙烯工程芳烃抽提装置	12月
7	镇海炼化乙烯工程生产管理中心变电所	12月
8	镇海炼化150万吨/年催化汽油吸附脱硫装置及系统配套安装工程	12月
9	镇海炼化II电站烟气脱硫安装工程	12月
10	上海石化60万吨/年芳烃联合装置安装工程标段(三)——113万吨/年歧化、244万吨/年异构化装置安装工程	12月
11	上海高化润滑油系统改造前期功能整合项目安装工程	12月
12	上海赛科乙烯改扩建标段（二）安装工程	12月

南京工程公司

【概况】 中国石化集团南京工程有限公司（简称南京工程公司，英文缩写SNEI）位于江苏省南京市江宁区。其前身始建于1954年，1998年更名为中国石化集团第二建设公司，2009年经石化集团公司批准，和中国石化集团南京设计院重组设立并更为现名。南京工程公司是石化集团公司直属企业，注册资本为人民币5.56亿元。

南京工程公司主营业务包括三大板块：以设计为先导，以煤及天然气化工、环境工程及清洁能源、硫磷及催化剂等无机化工、公用工程、石化产品深加工及精细化工等为主要领域的工程产品业务；以EPC、PMC为主要形式的工程总承包、工程管理、工程服务、工程咨询和工程监理业务；以“四大一特”（大型设备吊装、大型机组安装、大型储罐安装、大型DCS/ESD安装、特殊材质焊接）为核心的石化装置安装业务。

南京工程公司持有甲级工程总承包资质证书、化工石油工程总承包一级资质证书，有化工石化医药、建筑行业、建筑工程、环境工程、建筑智能化系统工程设计等甲级设计资质和化工、石化、医药、环境工程、建筑等甲级工程咨询证书，拥有压力管道、压力容器设计资质与制造及现场组焊许可证，一级锅炉安装许可证，特种设备安装改造维修许可证，美国机械工程师协会（ASME）颁发的“U”钢印证，国外承包工程经营许可证，通过了ISO 9001：2000质量管理体系认证及安全、健康、环境（HSE）管理体系认证。全国硫酸与磷肥设计技术中心和全国化工粉体工程设计技术中心均设在南京工程公司。

截至2009年底，南京工程公司下设24个职能部门、10个专业设计室、5个专业工程公司、5个设计分院、6个国内区域性分公司、1个海外分公司，在册职工总数2 393人，其中研发和专业设计、工程技术和项目管理人员1 885人，具有大专及以上学历1 887人，拥有中、高级专业技术职称913人，另外可根据需要调配协作单位专业管理人员及技术工人1万余人。

南京工程公司主要生产经营指标和完成的主要工程项目见表1和表2。

（王　健）

【成立南京工程公司】 2009年6月26日，石化集团公司下发《关于第二建设公司、南京设计院重组设立南京工程有限公司的通知》，设立南京工程公司。8月4日，第二建设公司与南京设计院按照《公司法》要求，开始实施公司制改制。9月29日，第二建设公司与南京设计院完成资产评估备案及工商注册验资工作。10月9日，石化集团公司审核批准南京工程公司章程。10月28日，第二建设公司、南京设计院合署办公，双方综合管理部门人员迁至新的统一办公场所。12月21日，南京工程公司完成工商注册，取得营业执照。

（王　健）

【市场开拓取得进展】 2009年，南京工程公司完成工程设计投资额50.88亿元，共完成总承包项目合同额超过4亿元，完成营业收入34.92亿元，实现利润5 563万元，全年有5个总承包项目先后运行，完成设计任务117项，完成工程项目61个。全年共签订合同167份，合同额25.42亿元。

（王　健）

【主编的2项国家标准获得批准和发布】 2009年12月22日，国家工业和信息化部发布公告（工科〔2009〕第66号文），由南京工程公司负责编制的《石油化工静设备现场组焊技术规程》（SH/T 3524—2009）、《立式圆筒形低温储罐施工技术规程》（SH/T 3537—2009）2项石化行业标准获得批准，2010年6月1日起开始实施。

（王　健）

【获1项国家级工法】 2009年10月，南京工程公司开发编写的《铝镁合金管道施工工法》被国家住房和城乡建设部评为2007—2008年度国家级工法。该工法阐明了空分装置冷箱内铝镁合金管道的脱脂、切割、清理、打磨、组对、焊接、试压、吹扫、气密和施工设备、机具、手段用料的选用，对焊接缺陷的返修进行了总结，解决了大批量铝镁合金焊接难度大、焊接一次合格率低的难题。

（王　健）

【5个项目获全国热能工程节能减排优秀设计奖】 2009年12月，南京工程公司申报的5个项目获2008年度全国热能工程节能减排优秀设计项目奖。获得一等奖的项目为江铜—瓮福40万吨/年硫酸项目余热发电装置、贵阳中化开磷80万吨/年硫黄制酸项目余热回收装置，获二等奖的项目为江苏苏化40万吨/年硫黄制酸项目余热发电装置，获三等奖的项目为浙江巨化20万吨/年硫铁矿制酸改造项目余热回收装置、

常熟欣福25万吨/年硫黄制酸项目余热发电装置。

（王 健）

【2项工程获全国优秀焊接工程奖】 2009年10月，南京工程公司承建的金陵石化60万吨/年PX装置二甲苯塔组焊工程被中国工程建设焊接协会授予2009年全国优秀焊接工程一等奖，金嘉湖成品油管道工程三标段工程被中国工程建设焊接协会评为全国优秀焊接工程二等奖。

（王 健）

【3项工程获石化集团公司优质工程奖】 2009年11月28日，南京工程公司承建的“中国石油化工股份有限公司金陵分公司100万吨/年连续重整装置”、“中国石油化工股份有限公司洛阳分公司油品质量升级改造第一阶段实施工程140万吨/年延迟焦化装置”、“中国石化扬子石油化工股份有限公司140万吨/年芳烃改扩建工程”3项工程被评为石化集团公司2008年度优质工程奖工程。

（王 健）

【科技创新工作取得成绩】 2009年，南京工程公司完成了硫酸生产能量回收及利用工艺、窑法磷酸回转窑内部结圈机械清理机构、含硫化氢的废气制硫酸的方法、利用磷石膏分解制氧化钙和二氧化硫的生产工艺、高速离心泵流量调节及泵自动切换系统、羰基化制醋酐所需原料的制备方法及装置、强制循环外加热闪蒸系统、羰基化合成装置排入火炬系统的含碘甲烷气体的处理方法、高效汽液分离闪蒸罐等专利申请9件以及专有技术申请1项，确定了三维吊装软件后续完善开发、吊装溜尾托架、受限空间吊装机构、管道生产线能力拓展等技术开发立项，通过了石化集团公司总部委托公司开发的9个项目的现场鉴定验收，主编了6项国家标准、8项石化标准、11项行业标准，完成了《磷肥工业污染物排放标准》、《常用石油化工产品料仓防静电燃爆设计规范》、《石油化工立式圆筒形钢制储罐施工技术规程》、《催化裂化装置轴流压缩机—烟气轮机组施工质量验收规范》、《催化裂化装置轴流压缩机—烟气轮机组施工技术规程》、《石油化工低温储罐技术规范》、《硫酸沸腾炉砌筑技术条件》等编制工作。

（王 健）

【完成3项海外工程】 2009年5月23日，沙特YANSAB公司正式书面确认由中国石化（上海工程公司和南京工程公司）与荷兰阿克克瓦纳公司联合执行的沙特聚烯烃EPC项目竣工，满足合同要求。40万吨/年聚丙烯、40万吨/年聚乙烯和成品包装装置3套装置已满足开车条件。该项目于2005年7月开工，合同额5亿美元。

7月4日，沙特基础工业公司（SABIC）签发中交证书，正式确认由南京工程公司承建的沙特丁烯/芳烃抽提（BBTX）项目竣工。该项目于2008年1月开工，合同额4 160万美元。

8月11日，沙特卡扬石化签发中交证书，正式确认由南京工程公司承建的4#管廊工程竣工。该项目于2009年2月开工。

（王 健）

由南京工程公司承建的沙特聚烯烃装置全景

【队伍建设成果显著】 2009年，南京工程公司连续23年获南京市重合同守信用企业称号，连续10年获江苏省重合同守信用企业称号，保持国家工商行政管理局颁发的全国守合同重信用企业称号；被评为石化集团公司财务管理先进单位、廉洁文化“六进”工程先进单位；被评为南京市建设系统文明单位、南京市城市建设立功竞赛先进单位、南京市建筑业信用管理优秀企业、南京市执法效能监察工作先进单位，被授予南京市建设系统理论学习教育创新奖；公司工会被中国能源化学工会评为工会先进集体；公司女工委被南京市妇联授予巾帼文明岗称号；公司团委获江苏省“五四”红旗团委标兵称号，2个青年集体被分别评为江苏省青年文明号和南京市青年安全生产示范岗；2名优秀青年职工被评为江苏省十佳文明职工、南京市劳动模范，获江苏省“五一”劳动奖章，另外还有23人获得石化集团公司、江苏省和南京市的各项荣誉。

（王 健）

【举办职工技能比武运动会】 2009年6月，南京工程公司成立职工技能比武运动会组委会，组织各基层单位开展岗位练兵活动，选拔技能操作人员参赛。全年共举办各种技能强化培训24期，培训人员296人次，培训课时3.55万课时，在国内外各个主要项目部和公司本部举办了32场选拔赛，共有368人报名参加了选拔赛，占全部操作技能人员的35.18%。通过选拔和资格审查，最终有85名选手获得参加决赛的资格，占全部技能操作人员的8.13%。9月26—27日，南京工程公司举行2009年职工技能比武运动会。电焊工、铆工、起重工、钳工、管工、电工、仪表工和吊车司机8大工种的选手参加了比赛。公司对获奖人员进行了表彰和奖励，并授予获得冠军的8人公司技术能手称号。

（王　健）

钳工裁判工作中

表1　南京工程公司主要生产经营指标①　　亿元

指标名称＼年份	2009	2008	2007	2006	2005	2004
资产总值	18.29	12.75	13.22	9.67	7.83	5.83
建设投资	50.88	—	—	—	—	—
主营业务收入	34.92	25.97	21.54	12.36	11.30	10.36
利　税	0.66	0.45	0.38	0.26	0.20	0.32
承接工程数量/项	119	90	88	85	80	91

① 2004—2008 年为原第二建设公司数据。

表2　南京工程公司2009年完成的主要工程项目

序　号	项目名称	竣工日期
1	安徽省天然气合肥CNG加气母站（三期）工程	2月
2	太仓阳鸿石库区、码头储罐及配套设施建筑安装工程	2月
3	清江石化二元酸改造项目	4月
4	福建炼油乙烯项目低温罐区项目	4月
5	惠生南京二期合成气项目	4月
6	沙特聚烯烃项目	5月
7	洛阳石化芳烃装置改造项目	6月
8	安庆10万吨/年苯乙烯装置	6月
9	沙特丁烯/芳烃抽提项目	6月
10	福建炼油乙烯一体化80万吨/年乙烯裂解装置	7月
11	天津乙烯一体化项目重整及苯抽提装置	7月
12	沙特卡扬二部4#管廊项目	8月
13	重庆蓬威石化60万吨/年PTA项目	8月
14	福建炼油乙烯低温储罐项目	8月

续表

序　号	项目名称	竣工日期
15	湖南储备物资管理局155处8台5 000立方米储罐项目	9月
16	川气东送长输管线（川渝段）项目	9月
17	天津石化6台2 000立方米乙烯球罐工程	9月
18	天津石化4/36万吨EO/EG装置	9月
19	天津石化空分装置	11月
20	扬子石化50万吨/年醋酸配套工程一氧化碳装置	12月

第四建设公司

【概况】 中国石化集团第四建设公司(简称第四建设公司)位于天津市滨海新区大港世纪大道180号，占地419万平方米，是国有大型综合性施工企业。其前身始建于1962年3月26日，1998年并入石化集团公司并改为现名。第四建设公司具备化工石油工程施工总承包一级企业资质，持有对外经济合作经营资格证书、压力容器、管道安装许可证、特种设备（压力容器）制造许可证、GB/T 19000—2008质量管理体系、GB/T 14001—2004环境管理体系和GB/T 28001—2001职业健康安全管理体系认证证书；可承包境外工程及境内国际招标工程，可进行上述境外工程所需的设备、材料出口，可对外派遣实施上述工程所需的劳务人员；拥有国际领先国内独有的2 500吨液压吊装系统和亚洲吊装能力最大的1 600吨履带吊车。具有年内实施投资额100亿元以上项目2项，投资额60亿元左右项目8项的代业主管理以及联合EPC、工程物资代理采购管理、CM管理和工程监理的业务能力；具有年内在建10套、新开10套、交工10套大中型石化、煤化工、风电、核电等生产装置和同时完成10套以上石化装置检修改造的施工能力；具有安装工艺管道1 500千米、安装设备5 400台/6万吨、储罐制造和安装3万吨/150万立方米、预制安装钢结构4万吨、敷设电气仪表电缆7 600千米、完成管理产值50亿元以上的综合施工管理能力。

按照“一个体系、矩阵管理、系统负责、项目集成”的管理思路建立管理模式，截至2009年底，第四建设公司共设置16个职能部处室；按照“四大一特”的专业特点，下设10个二级单位；在国内10个省4个直辖市4个自治区分布着30个工程项目部，在沙特参与了3个国际工程的建设。

第四建设公司主要生产经营指标和完成的主要工程项目见表1和表2。

（张文龙）

【市场开发成效明显】 2009年，第四建设公司共签订各类工程合同267份，承揽工程合同额18.57亿元，施工费13.76亿元。按施工费口径完成年度承揽任务计划的106%，系统外市场依存度为48%。在高端市场开发方面，分别在广西北海炼油、天津南港油库等工程中成功承揽代业主管理、工程监理等业务；在海外市场开发方面，承揽到沙特卡扬K80项目，使得第四建设公司海外项目得以延续稳固。同时，正在积极跟踪开发沙特、阿联酋等周边市场。

（张文龙）

【施工生产高效组织】 2009年，川气东送、福炼一体化、天津一体化等38项工程高标准中交。长岭炼油、川维醋酸等工程顺利实施，广州石化、长岭炼油等10余项检修改造工程按期完成。天津一体化、新疆塔河、吉林松南代业主管理、EPC等高端业务取得成效，备受好评。创造了国内最大炼油、最大乙烯、最大天然气净化场、最大海上石油平台、最大单体裂解炉、第一套直接煤液化、第一套间接煤液化等工程建成投产一次成功，以及国内履带式起重机单机整体吊装最重纪录等新业绩。全年完成管理产值30.45亿元，同比增长14.99%，完成施工费收入9.47亿元，再创历史新高。1 000吨吊装索具开发项目通过石化集团公司验收，LNG大型低温储罐工程技术被评为国家级工法；全面贯彻落实石化集团公司十大安全生产禁令，实现7个重大事故为零的目标。实施质量、HSE两个体系整合，QHSE管理体系运行有序有效，已交工项目全部实现开车一次成功，大连福佳大化8具塔现场组焊获2009年全国优秀焊接工程一等奖，大连西太平洋石油化工有限公司加氢裂化装置、黄岛国家石油储备基地原油罐区获2009年石化集团公司优质工程奖，福建一体化芳烃、武汉石化焦化和常减压装置通过石化集团公司优质工程奖评审初评和现场复评。

（张文龙）

第四建设公司承担建设的亚洲最大、最重的海洋石油工程（旅大LD32-2PSP）海上平台，在山东黄岛顺利入海

【改革调整深化完善】 2009年，第四建设公司完成管理流程再造、组织机构调整等相关后续工作。在新编、修订、替代、归并299个管理性文件基础上，最终形成管理性文件121个，构建了第四建设公司新的管理制度体系；适应公司发展需求，设立分公司和检维修工程公司，显现专业化管理和区域管理优势；完成质量和HSE两个体系整合，有效发挥体系支撑作用；国外工程和高端化管理制度标准不断完善；深入挖掘、提炼企业核心价值观，稳步启动企业文化建设工作；与石化集团公司相关部门和地方相关单位沟通协商，争取资金等政策支持，水、暖等物业管理职能移交和完善工作稳步推进。

（张文龙）

【内部管理不断加强】 2009年，第四建设公司修订价格、指标、核算和考核四大管理规定，使得公司的经营管理体系更加科学完善；围绕全面实施企业内控制度，修订完善相关管理制度，经济责任得到有效落实；加大重点项目结算和索赔力度，结算效益明显；利用资金管理和业务处理手段的现代化、信息化，提升资金管理水平，促进了公司资金运行的安全、规范、高效；细化成本费用控制，加大降本减费、挖潜创效力度，实现内部挖潜创效1 622万元；加强合同统一归口管理，从源头上防范经营活动中可能出现的法律风险；坚持房屋土地等资产集中统一管理，进一步盘活存量资产；优化人力资源配置使用，全员劳动生产率由2008年的68万元/人提高到2009年的72万元/人；加强完善分包管理，提高培育储备优质社会资源能力，分包管理水平有所提升；全面施行企业管理信息集成系统和OA办公管理系统应用，第四建设公司信息化管理应用水平不断提高；积极推进框架协议采购工作，有效降低采购成本，节约采购资金1 802万元；加强限额领料管理，做好剩余物资回收利用，全年回收剩余物资1 647吨，通过调剂利用，降低成本315万元。

（张文龙）

【高端成效逐步显现】 管理高端上，以管理流程再造为切入点，管理工作标准化、规范化、程序化、模块化的效果逐步得以显现。业务高端上，通过吉林松南联合EPC、天津一体化、新疆塔河、北海炼油、天津南港油库代业主管理等业务的承揽和延续，第四建设公司在业务高端化方面作出有益的探索尝试，积累了宝贵的经验，2009年高端业务创效2 353万元。工程监理公司的资质升级也为进一步形成高端业务链条、拓展高端业务空间创造了条件。技术高端上，支撑主业发展，形成具有第四建设公司自主知识产权和自身特点的专利9件、工法7项以及多个技术标准。装备高端上，围绕实现装备大型化、系列化，工装精细化、高效化目标，第四建设公司努力探索实践，高端装备的创新管理和应用水平得到大幅提升。

（张文龙）

【队伍建设扎实推进】 2009年，第四建设公司深入开展学习实践科学发展观活动，提升了公司领导班子统揽全局、领导科学发展的能力，得到了石化集团公司党组巡视组的充分肯定；加强能力建设和作风建设，有效提高了中层领导班子和中层管理人员的素质；对130名中层管理人员和70名中层后备干部进行集中脱产培训；对40个专业公司、项目部班子和190名中层管理人员的能力素质进行全面考评。对10个二级单位领导班子进行调整补充，对3名党员干部予以党纪政纪处理；深入开展“三基”工作，基层组织建设、各项基础工作进一步加强，围绕基本功训练，加大职工培养力度，全年完成内部培训24 411人次，外部培训879人次。第四建设公司在全国工程建设系统焊工技术比赛和全国六大行业吊装能手大赛上取得优异成绩。

（张文龙）

表1 第四建设公司主要生产经营指标 亿元

指标名称＼年份	2009	2008	2007	2006	2005	2004
资产总值	17.95	16.48	13.50	9.45	8.44	8.01
主营业务收入	28.35	26.70	18.87	9.63	8.41	6.40
利　润	0.21	0.26	0.18	–0.09	0.02	–0.30
税　金	0.68	0.73	0.52	0.51	0.58	0.36
合同额	18.57	17.65	27.39	18.42	14.96	6.68
施工费	13.76	13.20	19.49	15.78	7.27	4.99

表2 第四建设公司2009年完成的主要工程项目

序　号	项目名称	竣工日期
1	普光气田天然气净化厂项目第一、二、六联合装置	9月
2	中海油惠州200万吨/年汽柴油加氢装置	3月
3	中海油惠州200万吨/年催化重整装置	3月
4	福建一体化70万吨/年PX芳烃联合装置	3月
5	内蒙古伊泰煤制油有限公司16万吨/年煤制油工程	3月
6	内蒙神华项目18万吨级/年合成油品装置（“829”工程）	7月
7	上海赛科乙烯改扩建裂解炉工程	9月
8	天津一体化炼油项目230万吨/年延迟焦化装置	8月
9	天津一体化项目乙烯及配套主装置(一标段)100万吨/年乙烯装置	9月
10	BYACO南京醋酸项目主装置安装工程	9月
11	沙特哈维亚天然气扩建工程气体处理GT5、GT6装置	9月

第五建设公司

【概况】 中国石化集团第五建设公司（简称第五建设公司）的前身成立于1953年，1983年7月，随兰州化学工业公司一起划归中国石油化工总公司，1997年7月1日划归石化集团公司直属管理。第五建设公司位于甘肃省兰州市西固区，占地面积34.87万平方米，是石化集团公司直属大型综合性施工企业，也是中国最早从事石油化工建设的大型施工企业之一。第五建设公司持有化工石油工程施工总承包一级企业资质证书、国外工程承包资质证书、对外经济合作经营资格资质证书、职业安全卫生管理体系认证证书、GB/T 19001—ISO 9001—2000质量体系认证证书、HSE管理体系认证证书、AR3和BR1级压力容器制造安装许可证、A级锅炉安装许可证、A级锅炉修理改造安装许可证、压力管道安装许可证、压力管道元件制造单位安全注册证书、建筑企业安全资格证书、海洋石油工程二级资质证书、电力工程施工总承包二级资质证书等。

截至2009年底，第五建设公司下设南京分公司、沙特分公司2个分公司及第一、二、三、四安装工程公司，机械电仪工程公司，机械化施工公司，储罐工程公司，海外工程公司8个专业公司，1个设计所、1个物业公司和17个机关处室。共有在册职工2 452人，其中正式职工2 178人，临时用工274人；拥有各类专业技术管理人员1 045人，其中经济管理人员505人，技术管理人员540人；取得各类专业技术职称的有770人，其中具有高级专业技术职称的67人、中初级专业技术职称的703人；获得国家一级建造师资格26人，二级建造师资格59人；在岗技能操作人员1 004人。

第五建设公司拥有资产总额9.24亿元，其中固定资产原值4.18亿元，固定资产净值2.55亿元。拥有6个大类32种各类机械、设备2 330台；设备总功率3.71万千瓦，技术装备率5.94万元/人，动力装备率13.36千瓦/人。拥有大型管道预制厂3座，自动化预制生产线6套，预制能力达200万寸径/年；最大起重能力1 250吨/台；主要大型施工设备有750吨、400吨、250吨履带式起重机，2 500吨/米塔式起重机，200、160、110、80吨等各类汽车起重机和不同规格焊接设备1 025台，拥有种类齐全、性能先进的试验及检验设备若干台件。第五建设公司年施工能力可完成建安产值30亿元以上，能独立承揽国内外大中型化工石油工程施工、工业与民用建筑施工、消防工程施工、石油化工装置技术改造和检修、以及特种设备制造（一、二类压力容器制作）、特种设备安装（GA、GB、GC压力管道、球形储罐现场组焊、A级锅炉、起重机械）、电气仪表盘箱制造等业务。

2009年，第五建设公司主要经济技术指标再创历史新高。共完成建筑业施工产值20.34亿元,为年计划的101.7%，施工产值同比增长21.3%，其中自行完成施工产值10.3亿元；自行完成建筑业劳动生产率33.17万元/人，为年计划的115.7%；职工收入同比增长18%；实现营业收入19.42亿元，完成预算指标的129%，同比增长31%；实现利润1 504万元，为年计划的251%；主营业务利润率为4.1%、成本费用利润率为0.78%；机械设备完好率99.2%，利用率68.3%；建筑工程合格率100%，安装工程优良率96%，焊接无损检测一次合格率98.1%，共检点一次通过率100%；千人负伤率2.76。

2009年，第五建设公司主要生产经营指标和完成的主要工程项目见表1和表2。

（郝晓明）

【国内市场开发稳步推进】 2009年，第五建设公司按照一届二次职代会确定的“立足石化，拓展地方，做大国内，做强海外”经营方针，系统内，主要跟踪了上海高桥1 200万吨/年炼油工程、镇海炼化2 300万吨/年炼油扩能改造项目、武汉80万吨/年乙烯装置、洛阳石化14万吨/年聚丙烯装置和260万吨/年柴油加氢精制装置、塔化350万吨/年重油改质工程和北海炼油等27个项目。系统外，主要跟踪了蓝星（天津）化工有限公司170万吨/年DDC项目，兰州石化400万立方米储备项目，独山子540万立方米储运项目，四川石化80万吨/年乙烯配套工程，青海桂鲁100万吨/年甲醇、70万吨/年二甲醚装置和40万吨/年铝加工项目，国电英力特120万吨/年甲醇及热点工程等29个项目。全年，在国内组织投标129项，中标31项，中标率为24.03%，中标额9.1亿元。其中，系统内中标14项，中标额7.7亿元，占中标额的84.6%；系统外中标17项，中标额1.4亿元，占中标额的15.4%。共签订合同191份，合同额10.9亿元。其中，系统内签订合同108份，合同额9.41亿元，占合同总额86.4%；系统外签订合同83份，合同额1.49亿元，占合同总额13.6%。

（郝晓明）

【国外市场开发稳步实施】 2009年，第五建设公司稳步实施“走出去”战略。通过组织实施沙特阿拉伯国家延布高密度聚乙烯项目（HDPE），严格管理，精心施工，圆满地按合同要求实现优质安全高效机械竣工目标，共完成施工产值6 874万美元；中标并组织实施了沙特阿拉伯朱拜尔卡扬K80项目，顺利实现形象控制点目标，获中国石化炼化工程公司颁发的安全明星团队称号，共完成施工产值900万美元；积极做好海外市场开发和跟踪项目投标报价工作，共参与投标12项，中标2项，中标额2 600万美元。

（郝晓明）

【承建工程项目按期竣工】 2009年，第五建设公司不断强化各项生产责任制，坚持从工程的施工设计、现场技术交底、施工进度总体控制网络计划等方面入手，精心组织，做好项目管理模式、总体统筹控制计划的编制和实施，不断提高工程建设项目管理水平，合理配置各种资源，加大施工全过程管理力度，科学高效地组织施工，对重大节点或关键技术领域施工，组织相关领域专家现场指导，确保各项建设工程始终处于受控状态。截至年底，共有42个（装置）项目按期竣工、24个（装置）在建项目实现了形象控制点目标。

（郝晓明）

【精细管理扎实有效】 2009年，第五建设公司把“向管理要效益”作为应对危机的有效措施，通过加强精细管理，实施资金集中上线管理，强化对资金的统一调度和有效监控，开展往来账款清理整顿，有效开展降本增效等活动，提升企业整体管理水平，提高劳动生产率，进一步增强企业竞争能力和抗风险能力，进一步打造具有五建特色的管理模式。全年共清欠工程款1 080万元，上报核销企业坏账470万元；避免重复交税624万元，争取国家税收补贴77万元；审计工程结算2.12亿元，审减59.2万元；完成网上采购9 144万元，网上采购率达到92.7%，共节约资金442.3万元；设备采购节约28万元；设备租赁59万元。

（郝晓明）

【HSE管理处于受控状态】 2009年，第五建设公司进一步全面推行HSE管理体系，不断健全完善安全管理制度，层层落实安全环保责任制，积极开展“我要安全”主题活动和“百日安全无事故”、“安全生产月”等活动，不断强化人员安全培训和教育，认真组织内部职工安全培训30场次，受培人员1 100多人次；组织包括分包商人员参加的全员安全知识考试，先后有1.06万人参加，其中内部职工2 881人、分包队伍7 179人。同时，对国内11个重点在建项目进行了安全大检查，对查出的479项安全问题及时进行了整改。经过不懈努力，安全生产形势总体保持了平稳，各项HSE 指标均在受控范围内。年内顺利通过了中国甘肃省安全监督局安全生产培训机构现场评估审核，获得三级安全生产培训机构资质。

（郝晓明）

【工程质量总体良好】 2009年，第五建设公司积极开展“工程创优”、“质量月”活动和工程质量大检查活动，工程质量和服务质量总体良好，工程交验一次合格率为100%，分项工程合格率为100%，符合法规、规范和质量验评标准；焊接无损检测拍片24万张，一次合格率为98.1%。承建的福建炼油乙烯项目中的炼油包三项目和洛阳石化220万吨/年加氢处理装置，顺利通过2009年度石化集团公司优质工程奖现场评审；锅炉安装、改造、维修换证，顺利通过甘肃省特种设备协会现场评审；压力管道顺利通过国家质量技术监督总局组织的换证，取得全部级别的许可证书；顺利通过中化阳光（青岛）认证中心现场监督审核，QHSE管理体系运行良好有效。

（郝晓明）

【技术服务提升竞争力】 2009年，第五建设公司不断加快技术创新，增强自主创新能力，充分发挥企业自身优势，通过向所属各项目提供标准规范、焊接工艺评定、技术方案样本以及组织相关专家对大型方案审核、进行“项目实施管理规划”评审等，全面提供优质技术支持服务，全面提升企业核心竞争力。全年对“工业管道、公用管道安装工艺”等13项施工工艺进行了修订；为项目提供标准、规范300余份次，焊接工艺评定124份，审核大型方案4份，完成13个“项目管理实施规划”评审，开发焊接工艺评定43项。年内第五建设公司自行研制的“12Cr1MoV高压管道二氧化碳半自动气体保护焊”和“无弯矩变长系列平衡梁”，经过实际应用、测试，顺利通过石化集团公司的验收评审。

（郝晓明）

【队伍建设注重以人为本】 2009年，第五建设公司坚持“以人为本”管理理念，不断优化员工薪酬管理，积极推进带薪年休假制度，在合理控制工资总量、规范人工成本管理的基础上，逐步建立了与岗位职责相适应、以岗位业绩为基础的薪酬体系。通过颁发《海外工作人员薪酬管理办法》，建立健全了新的员工动态绩效考评体系，完成了年度员工绩效考核评价工作。同时，紧紧围绕人力资源发展规划，注重培训的有效性和实效性，采取重点培训与岗位普通教育相结合的方式，积极开展导师带徒工作，加快了青年人才的培养，全年共举办专业管理人员、技能操作人员、特殊工种取证、“八大员”、安全教育和PMP等各类培训43期，培训人数1 166人次，队伍结构得到了进一步优化。此外，加大了干部外培力度，全年共选派74人次参加了石化集团公司举办的17期各类培训班，外培人数是近10年来的总和，逐步形成了科学合理的人才梯队，使干部任免、培训、使用、交流、考核和监督等更加规范，促进了干部队伍整体素质的不断提高。

（郝晓明）

【依法治企效果明显】 2009年，第五建设公司以构建法律风险防控体系为核心，不断加强国内外法律体系研究，大力开展职工普法教育，加快企业内部法律人才培养，强化合同过程管理与项目服务，进一步加大依法治企力度，使企业的生产经营管理更加规范，依法治企效果更加明显。全年合同审查会签率100%、合同审查率99.8%，审查合同1 870份，金额14.7亿元人民币、57万美元、2 400万里亚尔，避免经济损失200多万元人民币；审核分包项目16个，审定分包结算215份，金额1.87亿元人民币，审减603万元人民币；出具授权委托书50份，有效控制了授权风险；参与诉松案件8起，挽回经济损失40多万元人民币。

（郝晓明）

【党建思想政治工作得到加强】 2009年，第五建设公司以“围绕工程抓党建，抓好党建促工程”为中心工作，不断深化“创先争优”活动，认真抓好广大党员的培养、教育、管理、发展工作，积极推进惩治和预防腐败体系建设，在工程建设分包、物资采购、机具租赁、基地建设、社区改造、废旧物资处置等领域全面推行了《廉洁从业责任书》制度，全年签订了376份廉洁从业责任书，发挥了党支部的战斗堡垒作用和党员的先锋模范作用，党组织的战斗力得到了加强。全年发展党员24名，涌现出了以南京分公司党总支、镇海项目部党支部、安装四公司党支部、机电仪公司党支部为代表的10个公司级先进（模范）党支部，涌现出了以安装一公司党支部第二党小组为代表的14个公司级先进党小组，涌现出114名公司级优秀（模范）党员和13名公司级优秀党务工作者。

（郝晓明）

【信访稳定局面保持平稳】 2009年，第五建设公司按照“稳定是硬任务、是第一责任”的要求，认真落实稳定工作责任制，坚持抓早、抓小、抓苗头。贯彻落实《信访条例》，加大排查和信息沟通工作，对上访人员耐心做好解疑释惑工作，切实把矛盾和问题控制在内部，化解在萌芽状态。全年共受理信访3件次，单独来访9人次，来信来访13人次，全部加以妥善处理，有效预防和控制了集体上访、越级上访和重复上访，信访人员数量明显减少。同时，积极开展就业帮助、法律援助、生活救助、医疗互助等“送温暖”活动，着力解决职工最关心、最直接、最现实的实际困难，受到职工好评。全年救济困难职工636人次，发放救济金71.7万元、发放协解退休人员生活资助金117.9万元、发放农场家属生活费22.8万元，安排102名协解人员再就业，保持了信访稳定的良好局面。

（郝晓明）

表1　　第五建设公司主要生产经营指标

指标名称 \ 年份	2009	2008	2007	2006	2005	2004
施工生产总值/亿元	20.34	16.76	12.05	9.00	7.12	5.33
资产总计/亿元	9.24	7.21	8.44	7.38	3.95	3.19
流动资产	6.09	4.58	5.01	3.93	2.13	1.55
固定资产原值	4.18	4.28	4.00	2.71	2.19	1.99
固定资产净额	2.55	2.44	2.86	2.09	1.60	1.45
实现利税/万元	6 020.00	4 202.40	2 843.70	1 740.00	1 591.00	926.00
税　金	4 516.00	3 300.60	2 610.00	383.00	233.00	912.00

表2　　第五建设公司2009年完成的主要工程项目

序　号	项目名称	竣工日期
1	福建炼油乙烯项目IGCC装置	3月
2	福建炼油乙烯项目80万吨/年聚乙烯装置	4月
3	中国海洋石油宁波大榭石化30万立方米原油罐区安装工程	4月
4	镇海炼化100万吨/年乙烯工程化学水处理装置	4月
5	中化扬州石化码头仓储项目库外蒸汽管道引入工程及电伴热工程	4月
6	南京化工园AP空气化工产品特种胺项目	4月
7	天津石化100万吨/年乙烯及配套项目3×420吨/时循环硫化床锅炉8#炉工程	5月
8	达化天然气集输管道一期工程	5月
9	武汉石化重油加氢改造项目	5月
10	上海石化60万吨/年芳烃联合装置	5月

续表

序　号	项目名称	竣工日期
11	仪征化纤检维修项目	5月
12	中国石油独山子石化炼油乙烯项目化工厂外管工程	6月
13	中国石油独山子石化炼油乙烯项目MTBE装置	6月
14	天津石化100万吨/年乙烯及配套项目化学水站工程	6月
15	中国石油独山子石化炼油乙烯项目60万吨/年全密度聚乙烯装置	6月
16	湛江东兴炼油配套项目14万吨/年聚丙烯装置	6月
17	湛江东兴炼油配套项目2万吨/年硫黄回收装置	6月
18	安庆石化10万吨/年乙苯/苯乙烯联合装置	6月
19	中国石油兰州石化5万吨/年丁腈橡胶装置	7月
20	天津石化100万吨/年乙烯及配套项目炼油20万吨/年硫黄回收装置	7月
21	安庆石化220万吨/年蜡油加氢装置	7月
22	西北油田分公司塔河油田二区三叠系S72计转站地面建设工程	8月
23	白银10万吨/年TDI技改项目TDA装置	8月
24	洛阳石化油品升级改造球罐项目	8月
25	白银一氧化碳气体净化空气回收改造项目	9月
26	天津石化100万吨/年乙烯及配套项目3×420吨/时循环流化床锅炉9#炉工程	9月
27	包头神华集团煤制烯烃项目第一、三循环水装置	9月
28	扬子石化50万吨/年醋酸配套工程江边罐区工程	9月
29	普光气田天然气净化厂公用工程一	9月
30	普光气田天然气净化厂西区一级地管工程	9月
31	普光气田天然气净化厂图幅三、图幅六安装工程	9月
32	洛阳石化油品升级改造310吨/时锅炉工程	9月
33	白银电解氢气输送系统	11月
34	天津石化100万吨/年乙烯及配套项目3×420吨/时循环流化床锅炉10#炉工程	11月
35	白银10万吨/年TDI技改项目1400#装置	12月
36	镇海炼化100万吨/年乙烯工程30万吨/年聚丙烯装置	12月
37	镇海炼化100万吨/年乙烯工程45万吨/年聚乙烯装置	12月
38	扬子石化50万吨/年醋酸配套工程500#三站改造工程	12月
39	扬子石化环氧乙烷贮运站工程	12月
40	沙特阿拉伯延布HDPE装置	12月
41	扬子石化一巴斯夫检维修框架项目	12月
42	海南加油站项目	8月

第十建设公司

【概况】 中国石化集团第十建设公司（简称第十建设公司）位于山东省淄博市临淄区，成立于1970年10月，原名山东省化学石油建设公司，1983年并入原石化总公司，更名为中国石化第十建设公司，1998年10月改为现名。第十建设公司是石化集团公司直属的大型综合性施工企业，主要经营业务包括石油化工、炼油、煤化工、油气储运、医药、市政、环保、锅炉、电站等项目的施工总承包、工程总承包，以及大型设备运输、吊装、大型机械修理、工程项目监理等。第十建设公司拥有化工石油施工总承包一级企业资质证书，国外承包工程劳务合作经营许可证，中华人民共和国进出口企业资格证书，防雷工程施工专业资质证书，AR2级、AR3 级压力容器制造许可证，A类锅炉安装许可证，压力管道安装许可证，美国机械工程师协会（ASME）颁发的“U”和“S”授权证书及钢印，取得了ISO 9001：2000标准及UKAS双证证书，通过了国家职业安全卫生管理体系认证。

截至2009年底，第十建设公司下设安装、仪电、储运、重型机械施工、管道结构工程等10个专业公司以及15个机关处室、3个后方单位。注册资金3.25亿元，固定资产原值5.30亿元，净值2.85亿元，共有职工3 415人，其中管理人员1 665人，具备高级职称的117人，中级职称的480人。

第十建设公司主要生产经营指标和完成的主要工程项目见表1和表2。

（李　群）

【中长期发展规划制定实施】 为抓住机遇、实现持续发展，第十建设公司客观分析面临的现状和发展环境，明确企业发展定位，于2009年6月9日印发实施《第十建设公司中长期发展规划（2009—2015年）》及其实施细则。该规划确立了“加快培育核心竞争优势，大力拓展高端市场和海外市场，使公司具有‘CM（施工管理）+C（施工）+EPC（工程总承包）+PM（项目管理服务）’的综合功能，并成为具有较强竞争力的工程承包商”的中长期发展目标，提出了人才强企战略、高端市场战略、管理创新战略、国际化经营战略四大战略以及稳步发展工程施工业务、加速发展施工管理业务、大力发展工程总承包与项目管理服务业务的具体目标策略。

（李　群）

【总包产值再创历史新高】 2009年是第十建设公司历史上施工任务最为繁重的一年，大型工程项目多且高峰期集中，施工资源持续处于高负荷状态，第十建设公司明确十大重点工程，统筹兼顾，精心部署，奋力拼抢，全面完成了各项施工任务，总包产值与交工项目再创历史新高。川气东送、天津炼化、镇海炼化、福建炼油乙烯一体化工程、神华包头、神华宁煤、华锦工程、孟加拉凝析油、伊朗工程等重点工程建设顺利推进，年内共建成湛江炼油改造、上海芳烃、茂名CFB锅炉与硫黄回收、青岛延迟焦化、济炼延迟焦化改造、上海白沙湾储罐、中化扬州石化仓储、济邯成品油管道、榆济输气管道、燕山石化EVA搬迁和改造、上海赛科乙烯改造、华星乙苯、周村催化剂、大连新港油库等43项工程（75套装置）。完成总包产值35.09亿元，其中国内总包产值33.78亿元，国外总包合同额1.31亿元，实现利润总额1 655万元。

（李　群）

【国内外市场开发全面推进】 2009年，第十建设公司坚持以市场为导向，全面实施市场开发区域管理，国内市场开发取得明显业绩，同时进一步加快“走出去”战略步伐，海外市场开发实现了新的重大突破。年内共参与国内项目的投标报价182项，中标59项，中标率32%，承揽国内合同额25.80亿元，其中石化集团公司系统内项目14.49亿元，地方及中外合资项目11.31亿元，所占比例分别为56%和44%。系统内主要承揽到塔河重质原油改质、茂名商业储备库、青岛石化加氢脱硫、济炼延迟焦化、川维乙炔、高桥石化常减压等工程。系统外主要中标项目有华锦ABS、重庆甲醇、大连港储罐等工程。海外市场新签合同额10.70亿元，先后中标伊朗阿拉克炼油厂大件吊装、三旋制作安装及渣油加氢、催化裂化装置，哈萨克斯坦阿特劳炼油厂芳烃等工程，海外市场份额较上年实现大幅增长。

（李　群）

【川气东送工程进展有序】 川气东送工程是国家“十一五”重点工程，工程施工时间紧、任务重、难度大，第十建设公司上下高度重视，多次组织现场办公会，以站场施工为重点，以确保关键控制点为目标，全力推动工程建设。截至2009年底，普光气田净化厂一级地下管网工程，图幅1、2安装工程，第三、四、五联合装置全面实现中交，工程进度总体受控；川气东送长输管线及地面集输工程按期实现中交目标，定向钻穿越720米黄溢河支流等工程已建成交工并投气，普光气田首站一期、达化末站一期、利川压气站一期、集气总站、赵家坝污水站等工程建成交工并投用。

（李　群）

【孟加拉凝析油工程顺利投产】 孟加拉12.5万吨/年凝析油工程是第十建设公司承担的一项十分重要和紧迫的政治任务，主要承建1套常压蒸馏装置、原料和产品储存罐区、成品油调和、装车及配套的公用工程。第十建设公司全体参战干部职工强化责任意识，严格安全质量过程管理，加快推进施工进度。凝析油工程于2009年6月15日建成中交，7月28日顺利实现一次投产成功，创造了良好的业绩。

（李　群）

孟加拉凝析油工程　（赵旭东　摄）

【管道结构工程公司成立】 为加强管道、结构工程专业化管理与施工，2009年12月14日，第十建设公司成立了管道结构工程公司，主要负责管道结构预制、阀门调试、热处理业务。年内已在新疆塔化炼油改造、川维乙炔两个项目开展了管道预制工作，并将在新开工重点项目上全面承担管道预制、热处理和阀门调试工作。

（李　群）

【制度建设持续加强】 第十建设公司以制度建设为总抓手，持续深化企业内部精细管理。2009年组织对原有规章制度进行全面梳理、修订和完善，颁布实施了新版《项目管理标准》、《财务管理标准》、《经营管理标准》、《市场开发管理标准》、《物资装备管理标准》等标准，组织修订了机关部门和后方单位工作职责，编制岗位说明书257项。同时制修订专业公司管理制度（办法）388项，初步建立起专业公司层面的标准化制度体系。随着制度体系建设的不断加强与完善，第十建设公司进一步明晰了企业管理层次，强化了系统管理，规范了管理流程，夯实了管理基础，推动了企业精细化管理持续开展。

（李　群）

【人才培养深入推进】 2009年，第十建设公司以满足生产经营管理需求为目的，持续加大人才培养力度。加大经营管理人员培养和选拔考核力度，完善中层领导人员退出机制，统一调整专业公司组织结构，设立项目管理中心，公司经营管理人员队伍结构不断优化；注重人才培养与储备，规范职业资格管理，设立职位序列，畅通职业发展通道，加快推进了专业技术人员队伍建设；完善职业技能鉴定体系，结合班组整合与推广气保焊工作做好技师考评，加强施工管理及操作技能培训，提高了技能操作人员综合素质；加大培训工作力度，分层次、多渠道组织内外部培训班138个，累计培训2 036人次；掀起学知识、练技术、爱岗敬业的热潮，组织参加六大行业“徐工杯”吊装能手大赛，获得团体总分第一名的成绩。

（李　群）

【企业荣誉和形象不断提升】 2009年，第十建设公司先后获首批全国建筑业AAA级信用企业、全国建筑业先进企业、全国优秀施工企业、石化集团公司安全生产先进单位等称号，承建的齐鲁石化30万吨/年乙烯、中国海油天然气化肥、中海壳牌南海石化80万吨/年乙烯3项工程入选新中国成立60周年“百项经典暨精品工程”，成为全国入选工程最多的石化施工企业，第十建设公司申报的茂名25万吨/年高压聚乙烯装置施工入选第14批中国企业新纪录，15万立方米大型浮顶油罐技术开发项目获石化集团公司科学技术进步一等奖，大型设备吊装一体化专业总承包管理被评为石化集团公司管理现代化成果。

（李　群）

表1　**第十建设公司主要生产经营指标**　亿元

指标名称＼年份	2009	2008	2007	2006	2005	2004
资产总值	14.91	13.95	12.45	12.54	9.27	7.81
主营业务收入	35.46	31.74	22.32	22.66	9.57	8.30
利 税	1.43	1.11	0.86	0.79	0.38	0.32
承接工程数量/项	23	32	22	23	22	26

表2　　第十建设公司2009年完成的主要工程项目

序　号	项目名称	竣工日期
1	中海油惠州炼油工程	3月
2	上海白沙湾储罐工程	3月
3	济南—邯郸成品油管道工程	5月
4	上海石化60万吨/年芳烃联合装置	6月
5	孟加拉12.5万吨/年凝析油工程	6月
6	湛江东兴炼油工程	6月
7	福建炼油乙烯项目	7月
8	上海赛科改扩建工程	7月
9	山西潞安16万吨/年煤基合成油示范装置	7月
10	茂名石化硫黄回收装置	8月
11	普光天然气净化厂第三、四、五联合装置	9月
12	天津炼化工程	9月
13	燕山石化EVA搬迁改造工程	9月
14	华锦46万吨/年乙烯装置	9月
15	青岛石化延迟焦化及制氢装置	9月
16	周村5万吨/年催化剂装置	10月
17	茂名石化CFB锅炉工程	10月
18	榆济输气管道工程	11月
19	青岛海油海上平台陆地建造工程	12月
20	神华包头甲醇装置	12月
21	镇海炼化乙烯及EO/EG装置	12月
22	川气东送长输管线工程	12月
23	青岛石化60万吨/年催化汽油加氢脱硫项目	12月
24	伊朗阿拉克炼油地下管道工程	12月

炼化工程公司

【概况】 中国石化集团炼化工程公司（简称炼化工程公司）成立于2007年7月，既是石化集团公司炼化工程板块的管理部门，又是一家从事国内外工程建设业务的专业公司，具有独立的法人资格。注册资金4亿元。按照“一面旗帜、一个品牌、统一对外”原则，对海外承包工程实行“统一品牌、统一市场、统一管理和统一经营”。

中国石化集团炼化工程板块由炼化工程公司牵头，包括5家工程公司和3家施工企业，分别是：工程建设公司、上海工程公司、洛阳工程公司、宁波工程公司、南京工程公司、第四建设公司、第五建设公司、第十建设公司。

炼化工程公司总部设在北京。截至2009年底，公司下设办公室（党工办）、人事处（公共事务处）、计划财务处（境外项目财务管理中心）、法律事务处(风险管理处）、企业管理与改革处、重点项目保障处（招标公司）、市场开发中心、项目管理中心、中国建筑业协会石化建设分会，在境外设立6个分公司和4个代表处：中东（沙特）公司、俄罗斯分公司、哈萨克斯坦分公司、阿布扎比分公司、尼日利亚分公司、新加坡分公司、越南代表处、巴西代表处、科威特代表处和阿尔及利亚代表处。

2009年，炼化工程公司完成建筑业产值（含分包）132亿元、同比（下同）增加21.5亿元，实现营业收入375亿元、增加72.5亿元，完成利润26.2亿元、增加9.7亿元，新签海外项目合同额12.7亿美元、增长86.8%，成为2009年石化集团公司非上市部分效益突出的板块，为中国石化持续有效发展作出了积极的贡献。

（周永春）

【海外市场开发管理】 努力完善市场开发和投标报价运行体系和制度，大力开展相应的数据库系统等基础建设，强化与8家直属工程建设企业的沟通与联系，统筹板块企业在海外市场的资源布局，调动中国石化总部和直属企业的积极性，初步构建炼化工程海外市场二元开发体系。同时，通过编制经营月报和组织季度经营会议等形式不断加大对海外炼化工程承包市场开发统一管理和协调力度。

通过对炼化工程板块研发、项目管理服务、设计、采购、制造、施工和开车服务于一体的完整产业链和“一体化”的核心竞争优势的充分展示，以及对海内外炼化工程业绩和能力的宣传，在目标市场上逐步树立起了良好的品牌形象和声誉，国际市场竞争力进一步增强。

（李晓轩）

【海外市场开拓取得进展】 2009年，在沙特、哈萨克斯坦等国家共中标项目8个，合同金额总计12.7亿美元，同比增长87%。其中，通过中国进出口银行融资带动，一举中标哈萨克斯坦芳烃装置项目，合同额10.4亿美元，成为炼化工程公司成立以来首个EPC总承包合同，从而使公司在海外的EPC项目取得突破，为更好地拓展哈萨克斯坦、俄罗斯等国家和地区的市场奠定了基础。

（李晓轩）

【国际项目执行情况】 2009年，炼化工程公司在4个国家共执行16个承包合同，合同总额48.05亿美元。全年完成6个项目，分别是沙特SABIC聚烯烃项目、沙特丁烯/芳烃抽提项目、沙特哈唯亚天然气厂扩建项目、沙特卡扬4#管廊项目、孟加拉凝析油工程项目、叙利亚麦哈德电厂改造大修工程。在建设项目10个，分别是沙特乙二醇项目、沙特卡扬原油锅炉项目、沙特延布HDPE项目、沙特卡扬火炬项目、沙特卡扬码头和罐区项目、沙特卡扬K80项目、伊朗阿拉克炼厂扩能和产品升级项目、伊朗大不里士汽油增产项目、伊朗伊斯法罕炼油重催/丙烯回收项目、伊朗霍尔木兹炼油项目，进展平稳顺利，全面实现安全和质量目标，员工队伍稳定。参与项目执行的直属工程建设企业共6家，企属施工企业1家。全年执行项目管理和作业人员最高峰值人员数10 301（2009年5月数据），其中中国石化自有员工2 416人，国内雇佣及分包商人员4 137人，国外雇佣及分包商人员3 748人。全年累计完成合同额10.8亿美元，实现2 485.8万安全人工时。

（葛宁君）

【项目招标】 2009年，炼化工程公司组织招标115项，累计中标金额55.30亿元，同比分别增加59.72%和12.33%。其中，组织EPC总承包招标6项，中标金额44.73亿元；施工招标42项，中标金额7.98亿元；工程监理招标13项，中标金额7 681.73万元。涉及天津石化100万吨/年乙烯及配套项目、武汉石化80万吨/年乙烯工程、塔河重质原油改质工程、长岭分公司原油劣质化及油品质量升级改造工程4项重点工程建设项目。招标项目还涉及海南炼化公司、青岛炼化公司、青岛石化公司、催化剂长岭分公司、催化剂南京分公司、催化剂齐鲁分公司、北京石油分公司、广东石油分公司等炼化和销售企业，以及中国石化中海船舶燃料供应有限公司、石化股份公司审计部、广州中石化大厦项目部、机关服务中心、昌平会议中心、全国人大机关办公楼项目管理部、经济技术研究院、石油工程技术研究院、北京协和医院、北京中石化井田工程建设有限公司等单位和部门。

（杨越强）

【境外机构建设】 2009年2月5日提交《关于成立中国石化炼化工程公司阿联酋阿布扎比分公司的请示》，4月7日取得《商务部关于同意设立中国石化集团炼化工程有限公司阿联酋阿布扎比分公司的批复》，4月13日取得商务部颁发的《中国企业境外机构批准证书》，10月24日，炼化工程公司阿布扎比分公司完成注册，取得营业执照。

2009年11月9日提交《关于成立中国石化炼化工程公司哈萨克斯坦分公司的请示》，12月2日取得商务部颁发的企业境外机构证书，2010年2月9日哈萨克斯坦分公司完成注册并取得营业执照。

2009年11月9日提交《关于成立中国石化炼化工程公司新加坡分公司的请示》，12月2日取得商务部颁发的企业境外机构证书。

年内还设立了巴西代表处、阿尔及利亚代表处。

(柏世杰)

国际石油勘探开发公司

【概况】 中国石化集团国际石油勘探开发有限公司（简称国际石油勘探开发公司，英文缩写SIPC）成立于2001年1月。公司注册资本421.06亿元人民币。国际石油勘探开发公司是石化集团公司的全资子公司，代表石化集团公司统一行使上游对外投资合作并对海外项目实行统一经营管理，是石化集团公司从事上游海外投资经营的唯一专业化公司。

国际石油勘探开发公司设董事会和监事会，实行董事会领导下的总经理负责制，董事会由10名董事组成，监事会由3人组成，公司领导班子由18人组成。

国际石油勘探开发公司总部设有17个职能管理部门：办公室、人力资源部、发展计划部、财务资产部、法律合同部、公共事务部、企业管理部、资产运营部、勘探部、开发生产部、技术支持部、工程部、采办贸易部、HSE部、信息部（总值班室）、企业文化部（党群工作部、纪检监察部）和审计部。5个大项目：Addax公司、伊朗雅达油田开发项目部、叙利亚公司、俄罗斯UDM项目部和安哥拉公司。4个海外大区公司：西亚—北非大区公司、俄罗斯—中亚大区公司、拉美大区公司和西非—亚太大区公司。

截至2009年底，国际石油勘探开发公司在21个产油国家地区共实施37个勘探开发项目，拥有权益剩余石油可采储量4.52亿吨，权益剩余天然气可采储量1 062亿立方米。

（丛培信　姜春辉）

【新项目开发取得重大进展】 2009年，国际石油勘探开发公司抓住上半年油价较低的有利时机，成功收购了瑞士Addax公司。全年不同程度地跟踪评价了153个项目，成功开发和完成交割项目5个，分别是瑞士Addax公司，安哥拉15/06、17/06、18/06区块部分权益，加拿大Synenco公司10%权益，特多East Brighton项目和Talisman资产收购。

（丛培信　姜春辉）

【Addax公司简介】 Addax公司是国际石油勘探开发公司2009年收购的一家在多伦多和伦敦两地上市的加拿大石油公司，主要资产位于尼日利亚、加蓬、喀麦隆和伊拉克等国家，共有25个勘探开发区块、19个在产油田、11个未开发油发现和7个未开发天然气发现，年生产石油600万吨左右。Addax公司是中国企业迄今交易额最大的一项海外油气资产收购，探索了海外业务整体并购的新模式，实现了国际化经营发展的新突破，进一步优化了中国石化海外油气资产结构、扩大了资产规模。

（丛培信　姜春辉）

【海外油气勘探获得多项重要成果】 2009年，国际石油勘探开发公司勘探工作获得了“2项突破、2项重要成果和6项新进展”。全年新增权益可采储量石油超过1亿吨、天然气近800亿立方米。

2项突破：①也门71区块Rabaa-1井中途测试获高产油气流；②尼日利亚64区块Kukaku-1st井试获高产油流。

2项重要成果：①哈萨克斯坦FIOC公司S区块滚动勘探取得重大进展，初步测算新增C级石油地质储量3 200万吨；②加蓬G4-188区块多口勘探井试获油气流，含油区块和面积不断扩大，有望宣布商业发现。

6项新进展：①哈萨克斯坦FIOC公司F区块勘探评价取得重要成果；②俄罗斯萨哈林维宁区块北维尼2井和维尼3井探井均试获高产油气流；③尼日利亚和圣多美—普林西比深水区JDZ区块钻探新发现3个含油气构造；④哥伦比亚圣湖能源公司Moriche油田滚动扩边的3口探井均试获了油流；⑤厄瓜多尔安第斯公司老油田滚动扩边井首次在M1油层试获较高产量油流；⑥苏丹3/7区滚动勘探成果显著，4口探井均试获油流。

（丛培信　姜春辉）

【海外权益油产量再跃新台阶】 2009年，国际石油勘探开发公司共生产权益油1 279万吨，完成计划的125%，超产259万吨，再创历史新高。其中，安哥拉18区、俄罗斯UDM、哈萨克斯坦FIOC公司、也门S2区块、苏丹3/7区、加蓬Toucan等项目实现了超产。

（丛培信　姜春辉）

【工程作业管理能力进一步提升】 2009年，国际石油勘探开发公司俄罗斯萨哈林项目在有限的作业时间窗内顺利完成2口海上探井，测试均获高产油气流；尼日利亚JDZ-2项目整合各方力量“借船出海”，以作业者身份完成第一口深海探井钻探任务；澳大利亚EP项目创新钻井组织管理模式，50天内完成2口海上钻井任务；雅达项目注重团队建设和文化融合，边构建管理体系，边组织项目实施，开发建设总体进度比计划提前2.71%；沙特项目钻井周期逐年缩短，成功实施了高温高压深井的压裂，在目的层井段实施全过程欠平衡钻井、测井和取心，为快速准确评价目的层创造了条件；安第斯公司利用钻采新工艺新技术，成功完成了高难度三维绕障钻井，创新实施双油管采油技术获得成功。

（丛培信　姜春辉）

【各项管理工作全面提升】 2009年，国际石油勘探开发公司深入开展精细化管理，实行计划预算全覆盖、全面预算管理，计划和预算执行的符合率进一步提高；细化落实了降本减费各项措施；全面推进了境内外资金集中管理和内账集中核算；优化调整债务结构，加强筹融资策划，降低了财务风险，减少了财务费用；全面推进风险管理，狠抓内部控制的执行，加强法律风险识别和审计监督检查，防范经营风险；原油销售和物资设备采办发挥中国石化整体优势，实现降本增效；HSSE工作持续深化，连续3年被评为石化集团公司安全生产先进单位；勘探开发综合信息管理系统初步完成；档案管理规范化、信息化水平增强；外事外联工作不断深化服务意识和服务水平。

（丛培信　姜春辉）

【调整管理体制机制】 2009年，国际石油勘探开发公司成立专题调研组，研究出台了进一步完善管理体制和运行机制方案。对公司总部、大区公司、国家公司（项目部）的职责进行调整。加强了公司总部投资、生产经营决策和管控职能。在公司总部成立勘探部、开发生产部、技术支持部、企业管理部和纪检监察部（与企业文化部合署办公）；调整了发展计划部和工程部的职能。明确了大区公司作为公司总部派出机构的协调、监督和服务职能的定位。进一步整合国家公司（项目部），加强了国家公司（项目部）对实施项目的执行力。

（丛培信　姜春辉）

【建立和完善技术支撑体系】 2009年，在对技术支持现状和存在问题进行调查研究的基础上，国际石油勘探开发公司成立了技术支持部。同时，经石化集团公司党组慎重研究，作出了勘探开发研究院整体转型定位，全面支撑海外油气勘探开发的决定。

（丛培信　姜春辉）

【党建和企业文化建设扎实推进】 2009年，国际石油勘探开发公司根据机构调整和新开发项目的实际情况，继续加强党的基层组织建设，实现了党组织和党的工作全覆盖。建立了海外支部书记和项目经理回国休假座谈制度。发挥工会、共青团的作用，开展丰富多彩的文体活动。创立《国勘报》，为海外油气事业发展营造良好舆论氛围，发挥了“内聚人心、外树形象”的作用。启动了企业文化核心理念征集、对外宣传画册更新和企业视觉识别系统设计工作。

（丛培信　姜春辉）

【反腐倡廉工作继续深入】 2009年，国际石油勘探开发公司继续深化领导干部廉洁从业和廉洁自律教育，形成靠制度管人、靠制度办事的良好氛围；对在实施的阿尔及利亚扎尔则油田开发项目和哈萨克斯坦FIOC公司进行现场效能监察，确保项目规范运作。

（丛培信　姜春辉）

【加大干部人才队伍培养】 2009年，国际石油勘探开发公司继续推进深度培训和高效培训，全年共有700人次参加了各类国际化经营管理和专业技术培训，提高了干部人才队伍的综合素质和履职能力。在中层干部中实行轮岗交流制度，全年交流中层干部55人次。完成Addax公司接管和人员配备，为项目平稳过渡提供了保证。加强外籍雇员引进力度。截至年底，国际石油勘探开发公司的国际雇员已达181人，当地雇员达2 018人。

（丛培信　姜春辉）

国际石油工程公司

【概况】 中国石化集团国际石油工程有限公司（简称国际石油工程公司）成立于2003年12月，注册资本金4亿元人民币，总部设在北京。作为石化集团公司的全资子公司，以从事国际石油工程承包和技术服务为主，对石化集团公司国际石油工程承包、技术服务和劳务合作业务实行归口管理和统一协调；承担自营国际石油工程承包、技术服务和劳务合作业务的经营管理及油田企业自营国际石油工程承包、技术服务和劳务合作业务的管理、监督和协调；承包境外石油工程及境内国际招标工程；对外派遣实施境外工程所需的劳务人员；负责国际石油工程承包项目下的设备、技术和材料的出口工作及境外设备租赁、租购业务。

国际石油工程公司下设总经理办公室、企业文化部、人力资源部、财务部、法律合同部、计划经营部、审计部、钻井工程部、地面工程中心、海洋工程部、物探工程部、HSE部、物流管理部、装备管理部、信息管理部15个职能部门和厄瓜多尔子公司、哈萨克斯坦子公司、沙特分公司、也门分公司、阿联酋子公司、伊朗分公司、加蓬分公司、利比亚分公司、阿曼子公司、阿尔及利亚子公司、尼日利亚子公司、巴西子公司、委内瑞拉子公司、哥伦比亚子公司、墨西哥子公司、俄罗斯子公司、苏丹子公司、叙利亚分公司、科威特分公司、缅甸子公司等35个驻外机构。

截至2009年底，国际石油工程公司员工总数为731人，其中中方员工416人，外籍员工315人；有教授级职称的11人，高级职称的155人，中级职称的103人，其他29人，具有高中级职称的占62%；具有研究生学历的158人（博士研究生9人），本科学历的242人，大专学历的16人，本科及以上学历的占96.2%。

国际石油工程公司海外合同额见表1。

（王倩倩）

【重点市场取得重大突破】 2009年，国际石油工程公司新开拓了科威特市场，先后中标13部钻机，使之一跃成为石化集团公司在海外规模最大的市场之一。沙特市场更加巩固，新签石化集团公司海外最大物探项目，中标7个地面工程项目，首次进入沙特阿美气井市场，中标1部钻机，合同期3年。地面工程在伊朗、哈萨克斯坦取得新突破，市场领域进一步拓展。

（王倩倩）

科威特40526号钻井项目合同签约仪式

【市场格局进一步优化】 2009年，国际石油工程公司注重发挥优势业务和传统市场的带动、辐射功能，大力实施规模化经营。中东市场以沙特为中心，逐步向科威特、叙利亚、伊朗等地区延伸，物探、井筒、油建、路桥、市政等工程业务全面发展，成为石化集团公司海外石油工程业务的重要基地。美洲市场稳定发展，巴西、厄瓜多尔、墨西哥、哥伦比亚等国家市场进一步稳固，井筒、地面工程、油田综合服务等业务在当地市场的比较优势初步形成，其中巴西已成为最具发展潜力的市场之一。非洲市场发展空间更为广阔，以苏丹、阿尔及利亚、尼日利亚、肯尼亚、加蓬等国家为重点，物探、井筒、地面、市政等工程业务全面铺开。对中亚市场的重视程度和投入力量不断加大，在哈萨克斯坦以石化集团公司国际勘探开发公司、中国石油天然气集团公司及中国中信集团公司等中资公司工程项目为重点，井筒类业务稳定发展，地面工程业务有了突破；在土库曼斯坦市场份额不断扩大。积极关注东南亚市场，在缅甸和印尼基本站稳了脚跟。

（王倩倩）

巴西管道项目ITAUNAS河穿越成功

【总包管理水平进一步提高】 2009年，为适应海外石油工程市场发展要求，整合系统资源，建立统一的市场开发与项目管理体系，国际石油工程公司在地面工程部的基础上，组建了地面工程中心，具备了大型EPC项目投标和项目管理能力，中标率明显提高；成立信息管理部，着手研究制定公司信息化建设总体规划，正在实施公司内部管理平台、投标报价数据库、项目管理集成平台建设，顺利启动了伊朗雅达项目信息技术应用集成系统建设，为总承包项目管理提供支持。强化钻井、物探两个业务部门力量，利用石化集团公司专业齐全、系统配套的综合优势，培育钻井大包、物探一体化服务、油田综合服务能力。

（王倩倩）

【HSE和公共安全管理力度逐步加大】 2009年，国际石油工程公司深入开展“我要安全”主题活动，建立并推广STOP卡制度，全面落实HSE管理体系，推广使用《钻井HSE手册》，编制完成《物探HSE手册》，正在编制《员工健康手册》。积极应对甲型H1N1流感疫情，海外石油工程各工区未出现重大安全环保事故。境外公共安全管理进一步规范，各项防范措施得到有效落实，注意跟踪和收集高风险国家安全动态信息，加强全系统公共安全管理培训，不断完善公共安全评估及应急预案标准模板，配合石化集团公司外事局审核境外项目公共安全风险评估报告，指导油田企业逐步实现境外公共安全的常态化管理。

（王倩倩）

【加大对油田企业海外项目的服务支持力度】 2009年，国际石油工程公司及时为油田企业办理项目保函、信用证、工程款项结算、税务及保险等业务，并积极提供法律咨询、协助审查合同、处理海外纠纷。对新上队伍严格把关，统一装备核查和关键岗位人员考核。先后为海外工程提供装备配套服务项目42个，为25个海外项目动迁物资55批（次）。组织培训全系统国际化管理人员，先后举办3期国际石油工程项目综合管理培训班、1期HSE管理取证培训班、4期境外公共安全管理培训班，并委派专人为新上队伍开展现场培训。

（王倩倩）

【加强国际化人才队伍建设】 2009年，国际石油工程公司员工队伍进一步壮大，专业及管理人员紧缺矛盾得到一定缓解。外籍员工队伍扩大到公司员工总数的42%。加强员工轮岗力度，强化全员培训和健康管理，扩大业务知识培训覆盖面，组织全体员工参加野外生存训练，邀请专家介绍心理健康知识，有效提高了员工综合素质。石化集团公司沙特培训中心先后取得国际钻井承包商协会（IADC）的钻前入场教育、硫化氢防护、卡钻预防及处理、井控4个培训资质证，通过办班和现场取证累计培训学员2 600余人（次），其中外籍员工1 000余人（次）。组织16名外籍员工来国际石油工程公司总部学习考察，增强了外籍员工对石化集团公司的认同感和自豪感。

（王倩倩）

表1 **国际石油工程公司2004—2009年海外合同额** 亿美元

年份 / 指标名称	2009	2008	2007	2006	2005	2004
执行合同额	47.45	32.18	16.63	8.65	3.54	1.09
新签合同额	16.52	15.95	9.99	5.22	2.54	1.09
完成合同额	14.86	9.35	4.67	2.25	1.17	0.43

财务公司

【概况】 中国石化财务有限责任公司（简称财务公司）位于北京市朝阳区朝阳门北大街22号，是由原中国石油化工总公司独家发起，经中国人民银行批准的非银行金融机构，于1988年7月8日正式成立。财务公司注册资本金80亿元人民币（内含6 000万美元），其中石化集团公司出资40.80亿元，占注册资本的51%；石化股份公司出资39.20亿元，占注册资本的49%。

财务公司最高权力机构为股东会，实行董事会领导下的总经理负责制，董事长为财务公司法定代表人。财务公司现有总经理1人，副总经理2人，总部设办公室、人事劳资部、风险控制（法律事务）部、经营管理部、财务会计部、稽核部、资金计划部、国际业务部、信贷部、投资银行部、结算部、信息部、燕山营业部13个部室；京外设上海分公司、南京分公司、广州分公司、山东分公司、郑州分公司、武汉分公司、成都分公司、新疆分公司和天津分公司9家分公司。截至2009年底，财务公司共有员工268人，其中总部96人，分公司172人；拥有高级专业技术职称的41人，中级专业技术职称的99人；硕士研究生以上学历44人，大学本科学历188人。

财务公司可以办理《企业集团财务公司管理办法》中列举的所有本外币业务，具体包括：对成员单位办理财务和融资顾问、信用鉴证及相关的咨询、代理业务,协助成员单位实现交易款项的收付，保险代理业务,对成员单位提供担保,办理成员单位之间的委托贷款及委托投资，对成员单位办理票据承兑与贴现，办理成员单位之间的内部转账结算及相应的结算、清算方案设计，吸收成员单位的存款，对成员单位办理贷款及融资租赁，从事同业拆借，发行财务公司债券，承销成员单位的企业债券，对金融机构进行股权投资，有价证券投资，成员单位产品的消费信贷、买方信贷及融资租赁。此外，财务公司作为国内首家非银行金融机构结售汇业务试点单位，可以办理石化集团成员单位结售汇和外汇资金集中收付业务；经书面授权，可以集中为石化集团成员单位开立、变更、撤销银行账户及支配账户资金。

2009年，财务公司实现营业收入16.73亿元，实现利润15.58亿元；年末资产总额1 170.90亿元，所有者权益133.18亿元，资本金充足率为24.28%，不良贷款率为0.57%。

财务公司资产负债损益情况见表1。

（张铁鹏）

【增加资本金】 为进一步提高财务公司资本充足率，增强财务公司金融市场筹融资能力，发挥金融服务职能，降低石化集团公司财务费用，为中国石化改革发展提供更有力的金融支持，2009年，财务公司将2008年末可供股东分配利润中的20亿元按石化集团公司和石化股份公司持股比例51:49转增资本，石化集团公司增资10.2亿元，石化股份公司增资9.8亿元。该次增资后，财务公司注册资本从60亿元增加至80亿元，石化集团公司和石化股份公司在财务公司的出资额分别为40.8亿元和39.2亿元，分别占51%和49%。

（张铁鹏）

【顺利完成资金集中管理上线任务】 2009年，财务公司积极参与石化集团公司资金集中管理全面上线的各项工作。2月，取得《中国人民银行关于中国石油化工集团资金集中管理方案的批复》，为石化集团资金集中管理的全面推广上线奠定了强有力的政策基础。按照石化集团公司资金集中管理领导小组的部署，全年组织TMS系统培训班4期、ATOM系统培训班3期、新内部转账结算系统培训班9期，累计培训1 192人次，全面提高了业务人员的操作能力和业务处理能力，有效地促进了企业上线的顺利进行。开立合作银行完成分账户1 062户，在ATOM系统中共维护分账户开户信息1 062户，共测试完毕并发放启用通知1 031户，全面完成预定的分账户开户与测试工作。财务公司基本实现了9月底资金集中管理系统全面上线和12月底直属企业单轨运行的目标，顺利完成了石化集团公司资金集中管理上线任务，具有石化特色的资金集中管理系统初步得到检验，集团"资金池"运作模式初步形成，集团资金管理水平显著提高。

（张铁鹏）

【结算功能实现新跨越】 2009年，财务公司结算资金进出总流量15.19万亿元，55.22万笔；企业累计通过银行分账户收付款2 902.81亿元，31.37万笔。积极扩大结算范围，特别是向合资、参股企业推广结算业务，提高了结算业务的覆盖率；发布执行《内部结算实施细则》，开发、测试新的结算系统；以分账户为主的测试任务全部完成，初步实现了内部结算向内外部全面结算的转变，内外部本外币综合统一的结算平台已经基本建立。

（张铁鹏）

【着力发挥筹融资平台优势】 2009年，财务公司累计外部市场融入资金达1.32万亿元，同比增长113.93%，累计融入资金886笔，同比增长43.13%。全年日均外部融资191.08亿元，其中拆入及透支日均59.9亿元，同比增长70.7%；卖出回购信贷资产日均56.72亿元，同比减少61.6%；办理票据转贴现日均53.46亿元，与上年基本持平；进行债券质押回购日均21亿元，同比增长556.25%。在平衡好有关监管指标的前提下，最大限度地用足用好富余的市场融资能力，提高隔夜拆借融资频率，不断提高资金收益，全年累计实现隔夜拆借和同业存款利差收益近2 000万元。

（张铁鹏）

【存贷款、票据等业务有新的提高】 2009年，财务公司积极开展委托贷款业务，日均委托贷款余额619.55亿元，增长1.88%，协助石化集团公司相关单位节约财务费用约12亿元。适应石化集团公司资金管理形势发展的需要，全力做好结算贷款、循环贷款、透支贷款等日常贷款业务；适应经营环境的变化，以项目贷款和合资企业贷款为重点积极开拓新的业务领域，天津乙烯、海南炼化、福建林德、扬巴二期、川维林德等一批项目和合资企业贷款取得突破，有力地支持了企业生产经营和基本建设；全年累计发放贷款6 064.36亿元，增长17.88%。主动适应石化集团公司债务结构的变化，积极开展票据业务，全年票据贴现313.27亿元。

（张铁鹏）

【外汇业务服务广度与深度进一步提高】 2009年，财务公司累计完成售汇362.38亿美元，结汇1.38亿美元；办理企业现汇收汇金额58.3亿美元，累计为企业对外付汇414.8亿美元；办理结售汇和收付汇共2 579笔，增长3.64%。积极推广外汇业务，服务范围拓展到广州石化、海南炼化等企业，并增加了境外投资、货物出口、技术服务费等结售汇业务品种，切实提高了外汇服务的广度与深度。

（张铁鹏）

【投行、投资业务有新进步】 2009年，财务公司承担了石化股份公司2期中期票据和2期短期融资券（共计600亿元）发行的财务顾问工作，有效降低了集团整体融资成本。财务公司不断加强市场研究分析，规范运行，稳健操作，逐步调整投资结构，提高债券和基金投资比重，有效地控制了投资风险，取得了较好的投资收益。

（张铁鹏）

【资产管理和风险防控能力进一步提升】 2009年，财务公司不断完善资金集中管理上线相关各项规章制度，发布执行《开立银行分账户操作指引》、《资金集中总分账户测试上线操作指引》，规范了操作，提高了效率；制定实施《会计凭证管理办法》，以"汇总记账凭证"、"科目日结单"取代传统的纸制会计凭证处理方法，保证会计质量的同时，显著地提高了会计工作的效率。制定实施《合同管理办法》等15项管理制度，公司制度体系进一步完善；结合实际情况变化，颁布推行2009版《内部控制管理手册》和《权责指引》，依据《内部控制检查评价工作指引》对内控执行情况进行了检查，强化了制度和流程的执行力。强化授信额度及信贷审查管理，提升了信用风险管理水平；反洗钱工作有序开展，授权及法律事务工作有序推进；不良资产清收、股权管理工作取得了新的成效。

（张铁鹏）

【开展“管理年”活动】 按照石化集团公司年度工作会议强化管理、塑造中国石化特色管理模式的工作部署，结合财务公司实际情况，在全公司范围内大力开展以“遵章守则促规范，苦练内功促发展”为主题的“管理年”活动，努力创建具有石化财务公司特点的管理模式，提升管理水平，为财务公司进一步的改革发展打下坚实基础。

（张铁鹏）

表1 **财务公司资产负债损益情况** 万元

指标名称＼年份	2009	2008	2007①	2006	2005	2004
流动资产	10 290 447.98	11 030 239.01	9 662 581.31	8 112 886.24	6 557 259.17	6 615 891.27
长期资产	1 407 538.51	1 089 052.07	1 392 363.04	743 683.61	938 251.10	566 343.42
无形、递延资产	11 036.48	2 486.93	1 844.84	508.28	860.50	1 004.60
资产总计	11 709 022.97	12 121 778.00	11 056 789.19	8 857 078.13	7 496 370.77	7 183 239.28
自营资产总额	5 674 148.03	6 048 431.42	4 566 570.46	3 601 770.22	2 824 242.75	2 028 381.53
流动负债	9 289 407.00	9 805 391.18	8 393 500.22	7 450 831.18	6 452 736.48	6 211 647.61
长期负债	1 087 793.28	1 269 113.04	1 279 353.19	692 130.33	627 068.21	573 669.70
所有者权益	1 331 822.69	1 047 273.79	1 383 935.78	714 116.61	416 566.08	397 921.98
实收资本	800 000.00	600 000.00	600 000.00	600 000.00	250 000.00	250 000.00
资本公积	275 676.32	111 182.06	561 476.52	1 888.55	37 889.55	37 764.51
盈余公积	81 313.39	69 351.20	58 154.35	46 831.62	42 238.09	36 439.67
未分配利润	119 163.72	212 271.81	128 763.95	44 022.16	78 363.68	73 548.36
负债及所有者权益	11 709 022.97	12 121 778.00	11 056 789.19	8 857 078.13	7 496 370.77	7 183 239.28
营业收入	167 331.82	232 562.81	172 305.67	159 153.99	134 645.86	104 537.80
营业支出	12 663.88	77 834.22	25 121.23	25 727.60	76 049.16	61 379.33
营业税金及附加	12 971.93	20 205.58	13 983.50	8 603.76	6 979.27	5 238.95
利润总额	155 828.69	154 850.38	147 193.02	72 489.07	58 728.64	39 391.00
净利润	120 054.65	113 632.46	100 254.56	47 554.92	37 942.22	25 714.26

①新会计准则于2007年1月1日起执行，2007年初数据进行了相应调整。

百川公司（机关服务中心）

【概况】 中国石化百川经济贸易公司（简称百川公司）主要负责为石化集团公司和石化股份公司总部机关及专业公司提供后勤服务保障，是石化集团公司直属专业公司、全资子公司，由原石化总公司机关事务部发展演变而来，企业性质为全民所有制。

百川公司成立于1993年2月，注册资金3 000万元，注册地址为北京市朝阳区朝阳门北大街22号，经营范围为：自有房产的经营管理和房屋修缮、汽车零配件、办公用品、劳保用品、洗衣服务等。

中国石油化工集团公司机关服务中心（中国石油化工集团公司机关服务局，简称机关服务中心）于1995年2月经原石化总公司正式批准成立，2002年11月经石化集团公司人事部、中央机构编制委员会办公室和国家事业单位登记管理局批准，成为事业单位法人，开办资金460万元，其宗旨和业务范围是：为石化集团公司机关办公与职工生活提供后勤服务，承办机关委托事项。它与百川公司是一个机构、两块牌子。

百川公司（机关服务中心）下设办公室、党委办公室、人力资源处、财务处、企业管理处、基建工程处、房产管理处、安全保卫处、设备工程处、服务处、餐饮处、供应处、交通处、医务处14个处室和实华饭店、国际旅行社、会议中心、和园景逸大酒店4个经营单位。同时，还承担着石化集团公司及其总部机关的10余项事务管理职能，包括房产管理、基建项目管理、办公用房分配和调整，石化集团公司"三委办"、献血办、房改办、土地办、医保办、交通安委办，总部职工体检、子女入学转学及共建学校联络等。

截至2009年底，百川公司固定资产净额5.97亿元，营业收入1.06亿元；机关服务中心固定资产净额9 539.7万元，主营业务收入1 739.8万元。百川公司（机关服务中心）共有正式职工324人（其中内退9人），劳务工1 010人。

（郭跃升）

【重点项目顺利推进】 2009年2月8日，昌平会议中心工程项目管理权正式移交机关服务中心，4月10日按期顺利开业，至年底，共完成各类接待任务2.8万人次。周密安排大红门职工住房预售安置工作，到2月22日，总部机关及部分专业公司共32个单位（部门）的396名员工提出申请，374名符合条件的员工参加了选房，200名员工选到了住房。各工程建设项目有序推进，至年底，小营办公楼完成装修拆除、地下管线检测、用户要求对接等前期工作。中国石化科研中心建设项目完成科研和初步设计，启动了安评、环评等工作，12月28日组织了奠基仪式。新办公楼项目完成竣工结算和决算审计，获2009年度中国建设工程鲁班奖（国家优质工程）。

（郭跃升）

科研中心奠基仪式

【严细管理取得实效】 以"抓三基、练内功"为核心，突出狠抓了8个方面工作：一是抓理念教育，确立了"提升服务质量、保障机关正常运转"的工作宗旨，提出了关键意识、品牌意识和敬业、职业、精业的从业要求，进一步统一了员工思想；二是抓安全管理，制定出台了机关服务中心《安全管理禁令》和《安全工作考核及奖惩办法》，设定安全高压线，细化安全责任，深入开展"我要安全"活动，建立了各类重大活动前安全例行检查制度，实现了全年6项重大事故为零；三是抓应知应会培训，共编写完成了365个（类）岗位46万字的应知应会文本和20万字的考核题库，组织了培训、考核和餐饮、会议、客房3个工种的岗位技能竞赛，调动了员工学技术的积极性；四是抓质量管理检查，设立了中心质量管理检查机构，配备了专职检查人员，制定了日常工作质量管理检查办法，全年共组织开展各类集中检查500余次，有效提高了工作的整体质量；五是抓节能工作，进一步优化设备运行模式，全面推广、落实节能措施，大力开展节能宣传，取得了明显效果；六是抓班组建设，进一步规范了班组工作制度和工作内容，建立了班前、班后会和班务会制度，设立了班组"四大员"，增强了班组凝聚力，夯实了管理基础；七是抓专业化管理，实施了供应采购集中管理、财务人员集中管理，成立了调度指挥机构，使管理、服务的各项流程更加顺畅、执行更为有力；八是抓经营管理，进一步加强了对所属经营实体的指导、管理与考核，各经营单位均取得较好成绩。和园酒店、实华饭店、旅行社、会议中心分别实现营业收入6 347万元、1 750万元、2 216万元、1 680万元。

（郭跃升）

班组学习

【党的建设进一步深化】 深入开展学习实践科学发展观活动，坚持突出实践特色，将学习、分析查找问题、整改落实、强化舆论引导、落实以人为本贯穿始终，有效提高了中心的管理和服务水平。在民主测评中，员工对领导班子分析检查报告的满意和比较满意率达到了99.06%。加大在劳务工中发展党员、团员的力度，认真落实《劳务派遣人员竞聘管理岗位暂行规定》，聘任了12名优秀劳务人员到各类管理岗位。进一步健全完善领导干部联系点、季度员工座谈会、员工热线、“六必访谈”等制度，保证了信息畅通。坚持关爱员工，解决了蒋宅口员工宿舍条件差、部分员工工作超时等几十个问题。加强宣传引导，全年编印《机关服务报》共24期，树立了正确的舆论导向。努力发挥工会、共青团组织的作用，大力开展合理化建议活动和羽毛球、乒乓球比赛等文化体育活动，增强了集体凝聚力。

（郭跃升）

【圆满完成服务任务】 2009年，共完成内部会议服务2.1万次，餐饮服务134万人次，交通服务3.5万人次，与上年同期相比，服务量分别同比增加了22%、15%和25%。完成设备设施维修维护3.4万次，自管住宅楼维修服务1.5万次，实施改造19项；医疗门诊服务7 250人次，为5 469人次办理基本、补充及特殊医保报销1 137万元；办公用品出入库78万件，洗衣12万件，送纯净水2.5万桶，票务服务6.2万人次；前台接待一般来访客人15.6万人次，一站式服务台共处理报修、咨询等各类电话1.5万次；协助办公厅妥善处理各类上访312起，圆满完成了各项日常服务任务。

（郭跃升）

经济技术研究院（咨询公司）

【概况】 中国石油化工集团公司经济技术研究院（简称经济技术研究院）的前身是成立于1971年的中国石油化学工业部规划设计院，1983年中国石油化工总公司成立后，更名为中国石化总公司规划院。1999年12月底，石化集团公司为加强发展战略和宏观经济与政策以及市场营销、科技信息的研究，并为石化集团公司决策层提供决策咨询，决定将中国石化总公司规划院和原石化集团公司信息中心的经济技术信息研究部分合并，成立中国石油化工集团公司经济技术研究院，与中国石化咨询公司合署办公。

中国石化咨询公司（简称咨询公司）成立于1985年，1994年获国家认定的首批甲级工程咨询资格，是中国工程咨询协会的常务理事单位和国际咨询工程师联合会（FIDIC）正式会员，2004年获得承担国家发改委委托投资咨询评估任务的资格，是国内第一批获得这一资格的35家咨询机构之一。2009年经济技术研究院再次获得了承担国家发改委投资咨询的评估资质，并通过了北京市高新技术企业认证，为可持续发展创造了良好的条件。

经济技术研究院的主要职责是：研究石化集团公司发展战略问题，提出石化集团公司上中下游一体化的发展战略、技术创新和市场营销战略的建议；研究国内外经济、地区经济、相关行业经济发展动态和趋势，提出石化集团公司应采取的对策和建议；研究国家宏观调控、行业监管、重大经济政策的变化趋势以及执行过程中遇到的问题，提出改进、完善、实施的意见和建议；研究原油、成品油以及石化产品的市场需求，分析价税状况和预测变化趋势，提出石化集团公司市场开发及市场营销策略的建议；负责经济信息和技术信息的收集、综合、分析并提供相关资料；负责石化集团公司经济、技术信息数据库的建设；受委托负责组织石化集团公司和石化股份公司决策的固定资产投资项目可行性研究报告的评估和后评价工作；开展企业诊断和企业绩效分析研究，并提供企业绩效分析方法；负责石化集团公司技术经济评价的方法、参数与数据的研究、编制和制定；负责石化集团公司期刊归口管理工作（公开发行期刊及内部交流期刊）；开展经济、信息、管理、技术、重大决策的咨询等经营业务和中介代理业务，为中外企业服务；与国内外经济研究机构、咨询机构开展经济研究等方面合作研究和交流等。

经济技术研究院内设机构13个。其中管理部门6个，分别为：院办公室、党委办公室、财务处、人事教育处、经营部、行政处；业务处室共7个，分别为：发展战略研究所、经济政策研究所、市场营销研究所、信息研究所、评估部、基础部、上海咨询公司（节能技术服务中心）。

截至2009年底，全院在职职工218人，其中185人具有专业技术职务任职资格，占全院职工总数的85%。拥有博士研究生8人，硕士研究生66人，教授级高级技术职称8人，高级技术职称85人。

另外，中国石油化工信息学会、中国工程咨询协会石化分会挂靠并依托经济技术研究院开展工作。

经济技术研究院拥有强大的信息资源。图书馆拥有馆藏图书10万余册，拥有多种特种文献及多个中外文专业数据库。院内还设有国家一级科技查新咨询机构。主要公开出版物有《当代石油石化》、《中国石化文摘》。此外，还出版多种资料、多客户报告及信息类内部刊物。

2009年，经济技术研究院紧紧围绕中国石化“十二五”发展规划及生产经营决策工作，开展并完成了一系列重大研究课题。这些研究成果为石化集团公司及石化股份公司的战略决策与生产经营优化提供了支撑，为企业的生产优化、降本增效提供了服务。

2009年度经济技术研究院主要科研成果获奖情况见表1。

（王　睿）

【战略研究】 2009年，经济技术研究院重点开展了“十二五”发展规划研究，完成了内容涉及发展环境、资源与市场、竞争力、炼油化工、替代能源及煤化工、产业政策等38项专题研究，形成了110多万字的《中国石化“十二五”发展战略基础课题成果汇编》，为石化集团公司编制“十二五”规划打下坚实的基础。通过认真梳理研究成果、及时补充更新数据、严密推敲模型、观点和结论，从近20个专题研究中精选出8个专题进行再加工，形成研讨会参阅材料。

2009年，经济技术研究院完成了涉及中国中长期石油需求预测、国内外乙烯工业发展特点及趋势、金融危机以来跨国石油石化公司的炼化业务调整动向、中东石化工业发展对中国石化产业的影响、海合会对中国石化产业影响、未来中国石化炼厂布局的挑战和应对、煤化工发展趋势及中国石化煤化工发展策略研究以及低碳经济发展趋势与思考等报告，为党组研究制定中长期炼油化工发展提供了依据。

（王　睿）

【产业研究】 2009年，经济技术研究院将金融危机研究作为宏观形势研究的重点，开展了一系列分析和跟踪研究工作。成立金融危机影响专题组，建立定期会商分析机制，为加强金融危机研究提供了组织保障。开展了“金融危机形势跟踪分析”、“金融危机下国内外产业重大整合动向”、“扩大内需十项措施对中石化的影响”、“当前中国消费形势、投资形势、出口形势分析”和“国内外宏观经济走势进展系列研究”、“利安德化学公司破产案分析”等系列专题研究，研究编撰了《金融危机影响系列报告》。完成了“金融危机对油价及石油消费的影响”、“金融危机对我国石化下游行业出口的影响及建议”、“沿海化工加工贸易情况调研”、“欧美及亚太地区2009年一季度化工市场走势”等市场研究。跟踪相关政策的出台，加强对重点相关行业的调研、监测及影响分析，重点完成了“家电下乡政策对合成树脂需求的影响”、“汽车产业调整和振兴规划对石油化工产业的影响”等研究课题。

围绕产业发展趋势，开展了与产业发展相关的法律和政策研究。完成了“中国石化应对欧盟化学品注册、评估、授权和限制REACH法案措施研究”、“中国—东盟自贸区签订以来的影响研究”、“中国—哥斯达黎加自贸区关税减让重要产品意见”、“海合会对中国石化产业影响研究”、“中国石化行业外资准入研究”、“央企业绩考核行业对标公司选择与评价”、“中国石化‘十二五’财政支持政策研究”等研究课题，为石化集团公司及时应对和争取政策支持提供了依据。

开展中国石化风险研究和中国石化社会责任研究，编制完成了《中国石化风险管理报告（2008）》和《中国石化企业社会责任报告（2008）》，并首次出版了英文版企业社会责任报告。

（王　睿）

【信息研究】 2009年，经济技术研究院继续将及时反映国际国内要事、石油石化产业大事、国内时事要点和资本市场动态作为信息服务工作的重点，继续做好服务于石化集团公司总部领导的《每日要情》、《重要信息快报》、《国际油价每周观察预测》等信息报告，试办《石化参考（电子版）》周刊。开展反映上游发展动态、炼油化工技术进展、替代能源发展、节能减排新技术进展以及热点地区油气资源、经济和投资环境、石化工业发展等方面的信息跟踪研究，为石化集团公司各项业务的顺利开展提供了信息支撑。继续做好《中国石油石化产业年度报告》、《中国主要石油石化产品市场报告》、《世界石油和石油化工数据手册》等品牌报告，不断扩大报告影响力。进一步拓展科技查新业务领域，为院内外研究工作提供技术支持。《当代石油石化》等刊物的质量和学术地位不断提高。

（王　睿）

【评估评价】 2009年，经济技术研究院继续坚持科学性、客观性、公正性、经济性原则，以优化投资为重点，开展了30余项评估和7项后评价工作，项目评估的范围涉及工艺装置、公用工程等各领域。完成“石家庄炼化分公司油品质量升级改造工程”、“巴陵分公司苯乙烯—丁辛醇建设项目”等22个项目的可研评估，对近1/3的评估项目提出了重大调整意见。在项目后评价方面，针对各企业加大节能力度的实际情况，重点开展了节能项目的后评价工作。开展了包括炼厂热联合、低温余热利用、乙烯裂解炉节能、洛阳芳烃联合节能等项目的后评价研究，为有关部门的投资决策工作提供了参谋意见。

（王　睿）

【基础研究】 2009年，经济技术研究院正式启动了以石油石化产业数据库和计算机信息系统网络改造的“一库一网”建设为重点的基础建设工作。

加强方法创新，加强对生产经营的动态分析，及时提出应对策略。充分发挥产业损害预警体系的动态监测作用，连续对甲醇进口发出红色报警并及时报告，为商务部进行反倾销调查提供了有力支撑。继续发挥供应链相关模型的优势，对原油采购、库存运输、资源配置、生产方案等进行整体优化测算，增强对石化集团公司总部相关部门的服务功能；配合石化集团公司事业部开展炼油企业绩效评价和烯烃绩效评价，为有关部门和企业改进绩效、降本增效提出了主攻方向。完成了“中国石化‘十二五’期间油品质量升级研究”、“中国石化8家炼油企业汽柴油质量升级到国V方案研究”、“中国石化炼油轻烃优化利用”、“华北管输原油调和方案月度测算”、“优化航煤资源配置研究”以及“原油数据库应用维护”等一系列涉及石化集团公司生产经营优化的研究课题。

充分发挥“中国石化主要石油石化产品市场预测体系”和“中国石化国际油价预测体系”的前瞻性作用，深入开展了“当前成品油、化工市场环境特点分析”、“未来三年国际油价走势分析预测”、“甲醇汽油市场调研”以及“香港成品油市场调研”等有关石油石化产品供需预测、价格趋势、区域市场与目标市场等方面的研究课题，为中国石化及时掌握市场信息、把握市场机遇、规避市场风险提供了决策支持。

（王　睿）

【人力资源管理】 经济技术研究院认真落实建设高素质员工队伍的要求，切实加强人才队伍建设。按照能力和业绩、素质并重的原则，通过公开竞聘，建立起了以首席专家和高级专家为代表的专家队伍。通过特岗特薪制度，畅通专业技术人员的成长通道，使优秀的青年业务骨干脱颖而出。进一步加强干部管理工作，改进绩效考核办法，完善人才考核评价体系，完善岗位聘任管理办法，不断提高选人用人的公信度和满意度。根据“三支队伍”的不同特点，重点加强经营管理队伍、技能服务队伍的岗位培训和执业培训，不断加强专业技术人员的业务交流和学术交流。2009年共安排40余人参加了不同类型的短期培训，举办各种学术交流20多次，20余人次出国参加国际会议、技术交流与考察；安排年轻专业技术人员共计36人次分别到胜利油田和燕山分公司实习锻炼。

（王　睿）

【企业文化建设】 2009年，经济技术研究院以学习实践科学发展观活动为契机，根据石化集团公司对其提出的发展定位，进一步总结、提炼并最终形成了具有经济技术研究院特色的企业文化理念体系，丰富了企业文化内涵。按照《中国石油化工集团公司企业文化建设纲要》的指导理念，设计制作了企业文化墙，以实际行动宣传推进企业文化建设。此外，还开展了多种形式生动、丰富多彩的文化活动，不断渗透价值理念，宣传文化内涵。

（王　睿）

【党建工作】 2009年，经济技术研究院以开展深入学习实践科学发展观活动为主线，认真学习党的十七届四中全会精神，组织安排多层次、多角度的学习实践活动，开展了“解放思想，科学发展”大讨论，使广大党员干部进一步强化对科学发展观的认识和理解。编制了《中共中央关于加强和改进新形势下党的建设的纲领性文献》学习参考材料，从理论学习层面为各党支部和广大党员群众提供了学习依据。按照党内民主程序和候选人推荐原则进行了两委改选，产生了新一届党委和纪委。积极推进反腐倡廉建设，工程建设和重大采购项目负责人需签订廉洁承诺书。继续加强对工程建设和重大采购项目的效能监察工作，确保了工程和采购项目实施过程公开民主，全程受控。

（王　睿）

表1　　经济技术研究院2009年度主要科研成果获奖情况

序　号	项目名称	奖项名称	获奖等级
1	国家石油储备体系研究	全国优秀工程咨询成果奖	二等奖
2	中国石化关于新疆煤炭资源利用方向研究	全国优秀工程咨询成果奖	三等奖

石 化 报 社

【概况】 中国石化报社（简称石化报社）位于北京东城区安定门外大街58号院，成立于1988年7月1日，是石化集团公司直属事业单位，经过20多年的发展，从最初仅拥有对开四版的一张周报，发展到拥有报纸、杂志、电视、新闻网站、电子报、手机报的综合性现代新闻媒体单位。石化报社主办的媒体有7个，包括《中国石化报》、《车友报》、《中国石化》（杂志）、《中国石化新闻》（电视）、中国石化新闻网（网站）、《中国石化手机报》和《中国石化新闻界》（内刊）。

石化报社实行社长负责制，下设13个部门，分别是记者部、新闻部、专刊部、周刊部、杂志部、网络新闻部、电视部、车友报、总编室、通联经营管理处、人事财务处、综合办公室（党委办公室）、广告部（北京华夏实华广告中心）。

截至2009年底，石化报社正式用工人数98人，其中本科学历50人，硕士及以上学历28人，具有中高级技术职称的有63人，此外还有其他用工方式人员64人。石化报社在新闻出版总署登记注册的省级记者站有27家，驻企业、机关和院校记者站有109家，专职记者有120多人，兼职记者千余人。

2009年，石化报社以“科学发展、共创和谐”为总的基调，围绕“打造国企一流媒体”的目标，做好各项工作，取得了较好成绩。在新闻宣传方面，进行了10项重点报道，报道质量和媒体的影响力得到进一步提升；在媒体创新发展方面，抓住机遇乘势而上，取得较大突破；在广告经营和发行方面，广告收入和发行量均实现增长；在日常管理上，更加制度化、规范化，以月计划、周安排、日调度，每月一次培训课，月度质量考核和评优为内容的“三会一课两考核”闭环式循环管理体系日臻完善，新闻管理上全流程、多环节把关和日审校、周考核、月评报质量的控制体系日趋成熟；在队伍建设上，以“打造受人尊敬的和谐报社”理念凝聚人心，积极倡导“勤奋工作，快乐生活”的报社文化，努力建设学习型团队，深入学习实践科学发展观，加大对外部队伍的组织建设和培训，提升了队伍素质，增强了凝聚力。

（庞　炜）

【获得了较多荣誉】 2009年，石化报社获得了中国产业报协会评选表彰的“三项学习教育”活动先进单位称号，吕大鹏获得了社长创新奖，常怀民、邵文龙获得了优秀产经新闻工作者荣誉称号。在2008年度中国产经新闻奖和中国新闻奖评选中，王涛、宁彬、李雪慧、杜波、冯伟、熊昉等获一等奖，王伟彭、周欣获二等奖。在第22届全国专业报新闻摄影作品年赛评选中，章铮获经济类一等奖，程阳、章铮获人物类一等奖，章铮还获得了体育类二等奖，吕大鹏获总编慧眼奖，陈维松获得领导摄影奖。“中国石化报社综合业务管理平台EIP”项目获第四届“王选新闻科学技术奖”三等奖。在第三届中国报业创新（上海）峰会上，“中国石化团购网”荣膺“中国报业创新奖”。

（庞　炜）

石化出版社
（中国石化国内展览办公室）

【概况】 中国石化出版社（简称石化出版社）是石化集团公司主管和主办的中央级科技出版社，经文化部批准于1984年12月成立。石化出版社实行社长负责制。截至2009年底，用工总量为100人，下设综合处、总编室（印务部）、勘探开发编辑室、炼油化工编辑室、装备综合编辑室、教育编辑室、年鉴编辑室（展览业务处）、发行部8个处室。

石化出版社主要出版石油和天然气勘探开发、石油炼制、石油化工、石油与石油化工产品、化工机械与设备、安全与环保、企业管理等方面的图书，手册、词典等工具书，行业标准、规范，大中专教材及各类培训教材等。2009年出版图书635种，出书总码洋8 388万元，取得了较好的社会效益和经济效益。

石化出版社拥有先进的出版手段和由著名专家、学者组成的作者队伍，所出版的图书多次获得全国优秀科技图书奖、石化集团公司科技进步奖及省部级优秀教材成果奖等奖项。2009年度《高含硫化氢和二氧化碳天然气田开发工程技术》和《延迟焦化工艺与工程》获得石化集团公司科技进步三等奖。

中国石化国内展览办公室与石化出版社合署办公，负责中国石化在国内和境外举办的各类展览的布展和参展工作，负责组织各企事业单位参加中国石化主办、协办的各类展览展示活动。

（丁纵宇）

【组织参加5个大型展览会】 2009年，中国石化国内展览办公室组织参加了第11届中国高新技术成果交易会、第11届中国塑料博览会、第9届中国塑料交易会、2009新疆石油石化及化工展览会、2009中国国际节能减排和新能源科技博览5个大型展览。中国石化展区以造型结构新颖、展示内容丰富，赢得了组委会和广大观众的好评。在第11届中国高新技术成果交易会上，中国石化展区获最佳展示奖。

（吴则光）

第11届中国高新技术成果交易会嘉宾参观中国石化展区

【《辉煌历程——中国石化改革发展之路》出版发行】 2009年是新中国成立60周年，为了响应中宣部和新闻出版总署的号召，回顾、总结和展示60年来，特别是改革开放以来中国石化所走过的不平凡历程和取得的重大成就，石化出版社组织各企事业单位编撰出版了《辉煌历程——中国石化改革发展之路》。

该书全面记录了新中国成立60年来各企事业单位的发展历程，真实反映了企业所取得的成果。该书的出版为石化员工和社会各界全面了解中国石化企业历史以及各企事业单位在中国石化发展历程中的贡献提供了较为翔实的资料。

（蒋 琦）

国际事业公司

【概况】 中国石化国际事业有限公司（简称国际事业公司）成立于1984年6月，2000年5月成为石化股份公司的全资子公司。

截至2009年底，国际事业公司在美国、日本、德国、俄罗斯、阿联酋设有5家境外子公司，在境内拥有参股的上海东上海石化实业有限公司，在南京、上海、宁波、重庆、天津、广东、武汉设有7家分公司。

国际事业公司主要承担除原油、成品油、化工原料以外的进口物资采购业务和设备、材料、炼化副产品的出口业务。2009年，国际事业公司努力克服国际金融危机和化工产品进出口业务体制调整的影响，加大市场开拓力度，实现进出口11.4亿美元，其中进口总额7.5亿美元，出口总额3.9亿美元。

（何 勤）

【化工产品进出口业务调整】 2009年初，为进一步统筹国内国外两个市场、两种资源，增强化工板块竞争力，石化集团公司将国际事业公司除化工辅料和炼油副产品以外的石化产品进出口业务全部划转给化工销售公司管理和经营。将国际事业公司仪征经营部、江苏分公司、齐鲁经营部、重庆经营部、广州经营部、中南经营部、南化经营部、福建经营部、中国石化国际事业（香港）公司整体划转化工销售分公司；燕山联贸、金山联贸的股权划转化工销售分公司；国际事业公司本部化工原料处、石化产品出口处建制划转化工销售分公司。国际事业公司的主营业务“瘦身”为技术、设备、配件、材料和化工辅料的进口保供降本。国际事业公司按照“整体划转、彻底划转、尽快划转”的要求，一季度完成了13个处级单位和近600名职工的划转工作，350亿元的业务、财务划转也在上半年完成，确保了党组决策的平稳顺利实现。

（何 勤）

【完成进口物资采购和技术引进任务】 2009年实现进口总额7.5亿美元，其中进口化工辅料2亿美元，保障了石化集团公司生产长周期稳定运行；进口设备、仪表及备品备件、钢材等物资4.9亿美元，确保了川气东送、天津乙烯、镇海乙烯、武汉乙烯等重点工程项目的顺利推进；按期完成异构脱蜡、加氢后精制、烟气脱硫、60万吨/年和80万吨/年连续重整等先进技术引进工作，签约金额0.6亿美元，满足石化集团公司对技术引进的需求。

（何 勤）

【推进炼化产品出口工作】 在一季度化工销售体制改革、出口几乎停滞的情况下，国际事业公司从资源和市场两方面同时入手，先后走访了主要出口资源生产企业和石蜡、石油焦国外客户，与催化剂分公司、润滑油分公司建立了月度出口情况通报制度，对接出口工作流程，探讨建立长约出口机制，出口业务实现较快发展。全年出口炼化产品51万吨、2.8亿美元，大幅超额完成了全年2亿美元的目标任务。其中，针对高附加值产品催化剂，还新开拓了美国、泰国、新加坡等市场，实现出口5 400万美元，同比增长32%。

（何　勤）

【设备材料出口取得重大突破】 国际事业公司克服国际市场需求大幅萎缩、经营风险显著增加等困难，加大重点市场开拓力度，坚持推行大客户策略，紧盯中东、俄罗斯、非洲等主要目标市场和石化集团公司境外投资项目，取得了首次供应石化集团公司境外项目、首次出口非洲市场、首次出口俄罗斯国家石油公司、首次出口国际大型工程公司（赛班公司）、首次自营出口中东Aldar公司等重大突破，不仅全年实现设备材料出口1.1亿美元，而且在利用国家支持出口信贷政策上大胆探索，与中国出口信用保险公司签订了战略合作协议，成功与伊朗国家石油公司签订了1亿美元出口框架合同和5亿美元出口合作协议，为培育设备材料出口核心竞争力打下了坚实基础。

（何　勤）

【阀门经营取得突破】 依托南京阀门供应储备中心，11月正式启动了中国石化进口阀门专业化采购工作，接受茂名石化等9家企业的委托，组织签订了236台进口阀门合同。大力开拓国内阀门市场，累计销售755台、48万元，实现了石化集团公司外部销售零的突破。

（何　勤）

联合石化公司

【概况】 中国国际石油化工联合有限责任公司（简称联合石化公司，英文缩写UNIPEC）是中国最大的贸易公司，是中国石化的全资子公司，主要承担着中国石化的原油进口、成品油进出口、来料加工、天然气进口、转口贸易等国际石油贸易业务。

截至2009年底，联合石化公司下设办公室、财务部、审计部、纪检监察处、原油部、成品油部、天然气部、运输及执行部、计划信息部、风险控制部、发展部；在国内设有3个口岸分公司：联合石化宁波分公司、联合石化青岛分公司、联合石化二连浩特分公司，1个合资公司，即中海油中石化联合国际贸易有限责任公司；在境外设立了3个境外子公司和1个代表处：联合石化(英国)有限公司、联合石化(亚洲)有限公司、联合石化(新加坡)有限责任公司和联合石化越南代表处，另外，公司还向中国石化美国代表处派驻了商务代表。

2009年，联合石化公司贯彻石化集团公司党组对国际贸易工作的部署，积极应对市场挑战，采取有效措施，加强市场分析预测，努力开拓资源，全面拓展市场，主动捕捉机遇，积极优化结构，着力加大运作，保障了原油资源经济安全稳定供应，降低了采购成本，第三方贸易进一步得到加强，各方面工作取得了新的进步。全年完成原油经营量1.47亿吨，成品油经营量1 256万吨，实现贸易额740亿美元，其中集团外销售收入304亿美元，同比增长8%，为石化集团公司在世界500强排名作出了实质性的贡献。

（葛韩化）

人　物

◇ 中国工程院院士

◇ 新世纪百千万人才工程国家级人选

◇ 全国“五一”劳动奖章获得者

◇ 全国杰出青年岗位能手

◇ 全国青年岗位能手

中国工程院院士

【马永生】 男，汉族，1961年9月出生，籍贯内蒙古自治区，博士，中共党员，教授级高级工程师，油田勘探开发事业部副主任。他组织完成了多项国家和省部级科研攻关项目，在油气勘查理论研究和储层预测技术方面取得重大进展和突破，有效指导了2003年普光气田的发现，该气田为中国最大的海相碳酸盐岩整装气田，并在通南巴、元坝、鄂西渝东和南江地区发现了一批千亿立方米级的大型含气构造，为缓解中国天然气短缺、促成国家“十一五”重大工程“川气东送”的实施起到了重要作用。他先后获国家科技进步一等奖1项，省部级科技进步一等奖4项，出版专著4部，发表学术论文41篇。2003年当选石化集团公司学术技术带头人，2004年享受国务院政府特殊津贴，2005年被评为石化集团公司有突出贡献的科技专家，2007年获何梁何利科学与技术成就奖和李四光地质科学奖，2009年当选为中国工程院院士。

（钟文标）

新世纪百千万人才工程国家级人选

【王增林】 男，汉族，1964年3月出生，博士，籍贯山东省，中共党员，胜利油田首席高级专家，教授级高级工程师。他长期从事油田开发领域技术工作，组织开展了分子模拟技术在高效驱油化学剂设计中的应用研究，为高含水老油田提高采收率提供了理论指导。他负责组织二元复合驱、强化泡沫驱等油田开发重大先导试验攻关，研究形成了新型驱油体系。他主持了疏松砂岩油藏水平井完井修井技术攻关，形成了具有完全自主知识产权的水平井完井、修井工具，实现了技术突破。他主持提高常规注水管柱寿命技术攻关，研制的分层注水管柱比常规管柱寿命延长一倍以上。他主持胜利滩海油田调剖技术攻关，首创了适合海上平台条件的小型化在线调剖流程，成为改善海上油田开发效果的新技术。他先后获国家科技进步二等奖2项，获省部级科技进步奖14项，发表论文10余篇，出版专著3部，获国家专利3件。2002年被评为石化集团公司学术技术带头人，2005年当选石化集团公司突出贡献科技和管理专家，2009年被评为山东省优秀科技工作者，当选新世纪百千万人才工程国家级人选。

（钟文标）

【蔡智】 男，汉族，1968年1月出生，硕士，籍贯江西省，中共党员，教授级高级工程师，九江分公司副总经理。他主持国家重大产业重油深加工溶剂脱沥青—沥青气化—催化裂化组合工艺技术研究开发，建立了国内第一套500米^3（标准）/时国产化吸收法油气回收工业试验装置。组织开发了医用透明聚丙烯、耐热高刚性聚丙烯以及高耐热树脂等新产品，还研发了重质油气化工艺炭黑连续回收及自动控制等3项发明专利技术。他主持的中国石化“十条龙”攻关项目“满足欧Ⅲ排放标准并增产丙烯的催化裂化工艺（MIP-CGP）的研究开发应用”，获得国家科技进步二等奖。他还获得中国石化科技进步一等奖1项、二等奖2项、三等奖3项。2005年被评为石化集团公司突出贡献科技和管理专家，享受国务院政府特殊津贴，2009年当选新世纪百千万人才工程国家级人选。

（钟文标）

【董玉群】 男，汉族，1968年10月出生，大学文化，籍贯河北省，中共党员，高级工程师，中国石化工程建设公司设备二室主任。他长期从事石油化工工程、装置设计、开发和建设工作，参与开发和建设了有自主知识产权、独具特色的CBL裂解技术，使中国的乙烯裂解技术摆脱了依靠从国外成套引进的局面，有力推动了石油化工工程设计技术的发展进步。他参与6万吨/年CBL-Ⅲ型炉和CBL-IV型裂解炉的设计和开发，参与和负责齐鲁石化72万吨/年乙烯技术改造工程项目，取得较好成效。作为主要参与者和组织者，完成了燕山石化10万吨/年裂解炉开发和建设，填补了国内空白，提高了相关国产化设备的研究和制造水平。他先后获国家科技进步二等奖1项，石化集团公司科技进步二等奖1项，石化集团公司优秀工程设计一、二、三等奖各1项。2009年当选新世纪百千万人才工程国家级人选。

（钟文标）

全国“五一”劳动奖章获得者

【李忠华】 男，1951年6月出生，籍贯山东荣成，汉族，大学文化，中共党员，1971年12月参加工作，教授级高级政工师，胜利石油管理局党委副书记、工会主席。他主持开展了油田“咱们工人有技术才能更有力量”大讨论活动，首届“振兴杯”青年焊工、管工技能对抗赛，在全局掀起了人人学技术、钻业务、搞创新的活动热潮。组织开展了"进万家门、知万家情、解万家难、暖万家心"的送温暖活动和"处级干部联系困难户、机关部室联系基层单位、工会女干部联系闯外部市场职工家庭"的"三联系"活动。主持开展"胜利品牌建设年"活动，探索群众文化发展的新形式。领导开展了"青年科技示范园"、"三争联动"、"青春创业行动"等主题活动，使广大青年在服务油田生产经营建设中建功成才。李忠华先后被评为中国石化劳动模范、中国石化优秀思想政治工作者，为胜利油田的改革发展稳定作出了积极贡献。

（潘武龙）

【王金铎】 男，1966年6月出生，籍贯山东寿光，汉族，博士研究生文化，中共党员，1990年7月参加工作，教授级高级工程师，胜利油田物探研究院首席专家，胜利油田石油地质高级专家。2004年以来，他完成部级科研项目5项、局级6项，作为项目技术首席，承担着2项国家级重点攻关课题任务。工作以来提交各类勘探研究报告100余篇，参与研究设计探井井位400余口，作为主要研究人员设计的30余口探井获高产工业油气流，发现12个油气富集区块。在国家级核心刊物上发表论文34篇，编写专著3部，获省部级科技进步奖6项，先后获得胜利油田十大杰出青年、中国石化勘探开发青年拔尖人才、中国石化劳动模范、中央企业劳动模范、山东省优秀共产党员等称号。

（潘武龙）

【吕幸端】 男，1954年12月出生，籍贯山东莱西，汉族，高中文化，群众，1971年参加工作，胜利油田胜利测井公司资料解释研究中心计算机室高级技师。参加工作以来，他完成技术革新和技术改造96项。主要参加完成16项科研成果，其中国家级科技成果奖1项，填补1项国内空白；省、部级科技进步奖5项，其中含国家"863"科技项目 1 项。1998年被国家劳动和社会保障部授予全国技术能手称号，2000年被山东省总工会授予"富民兴鲁"劳动奖章，2003年被评为胜利油田十大杰出技能人才，同年获胜利油田技能大奖，2004年获中华技能大奖，2006年被评为山东省首席技师、中央企业知识型先进职工，2007年成为国务院特殊津贴专家，2008年当选山东省人大代表。

（潘武龙）

【李宪芝】 女，1966年8月出生，籍贯湖北仙桃，汉族，大学文化，中共党员，1987年7月参加工作，工程师，江汉油田江汉采油厂五七作业区联合队党支部书记。近年来，她组织细化相关岗位的工作标准和操作规程120多条，修订20余个岗位的作业指导书160余条；组织全站共开展QC课题12项，其中有2项获得国家QC课题成果级奖；组织实施各类技术革新改造20余项，使该队生产成本逐年下降，仅电费就由2001年的650万元下降到2008年的520万元。充分发挥自己技术技能特长，当好职工技术带头人。她带领的联合队王一注水站获湖北省学习型标兵班组称号，王一集油站获全国质量信得过班组、全国青年安全示范岗称号。

（潘武龙）

【简加田】 男，1974年出生，汉族，大学文化，中共党员，工程师，西南石油局四川钻井分公司70139XNS井队队长。2009年1月被评为西南油气田劳动模范，曾多次被评为第二地质大队、四川钻井分公司优秀共产党员。他先后主持完成了中国石化重点井——金深1井、新2井，西南分公司重点提速试验井——新10井、大邑103井等多口超深井的施工，获得重大的工业油气流，创下多项优异的技术经济指标。特别是新10井提速试验的重大突破，为西南分公司加快川西深层勘探开发步伐奠定了坚实基础。

（潘武龙）

【杨大寿】 男，1965年1月出生，籍贯江苏高淳，汉族，大专文化，中共党员，1984年10月参加工作，高级工，华东石油局钻井公司70857井队队长，是从井队劳务工成长为党员领导干部的典范。近年来，他在新疆塔河油田率队参加了百余口井的施工，累计进尺40余万米。多次获得局队级文明职工称号，2006年和2007年分别被镇江市和江苏省授予"五一"劳动奖章。先后组织施工的定向井、丛式井、水平井、侧钻开窗井、巨厚盐膏井及大斜度超深井等高难度井在国内处于领先水平。2007年，在新疆塔河施工的TK217井，获得甲方"钻井质量优、固井质量优、综合评定优"的"三优"评价。2008年，在新疆塔河施工的TK1290井，创下石化集团公司井深6 501—7 000米井段钻井周期最短纪录。

（潘武龙）

【王永健】 男，1960年1月出生，籍贯山东诸城，汉族，硕士研究生文化，中共党员，1982年2月参加工作，教授级高级工程师，燕山石化董事长、总经理。2004年担任燕山石化董事长、总经理以来，他以“大企业要为国家作大贡献”为使命，认真履行国有企业的经济责任、政治责任和社会责任，积极转变发展理念和方式，企业的资源利用率显著提高，核心竞争力明显增强。2008年燕山石化所在地区的蓝天数达到279天，比北京市区高出5天。2007年燕山石化获中国能源绿色企业50佳称号，2008年获全国节能减排功勋企业称号，王永健获2008年全国节能减排功勋人物称号。为了保障奥运，王永健团结带领干部职工，组织实施1 000万吨/年炼油系统改扩建，使燕山石化成为中国第一家千万吨级欧Ⅳ成品油生产基地。

（潘武龙）

【陈希阳】 男，1974年4月出生，籍贯河南社旗，汉族，大学文化，中共党员，1997年7月参加工作，齐鲁石化计划部原料管理室主管，高级工程师。他长期从事生产经营优化工作，先后在齐鲁炼油厂和公司计划部、生产管理部等多个部门工作，多次被抽调到总部炼油事业部、生产经营管理部协助工作，具有丰富的计划管理经验。参与设计的“炼油企业级PIMS应用与开发”项目，获齐鲁石化科技进步二等奖。2008年，面对国际原油市场剧烈波动的不利局面，组织对进口原油采购和加工进行全过程优化，求得最好的原油性价比，有效规避经营风险，使齐鲁石化进口原油采购价格还原后比中国石化平均水平低1.67美元/桶，降低成本5.4亿元，吨油利润在中国石化大型炼油企业中排名第一。先后获得齐鲁石化先进工作者、中国石化劳动模范等称号。

（潘武龙）

【戚亚美】 女，1976年10月出生，籍贯广东茂名，汉族，大专文化，群众，1996年8月参加工作，茂名石化炼油分部联合一车间高级技师。她在倒班岗位工作近13年，通过刻苦学习，不仅获得大专文凭，还成为该车间4#常减压装置第一位获得“装置活流程”称号的女操作工。她以高度的责任心、过硬的业务素质，在平凡的岗位上，积极钻研，刻苦攻关，先后参与解决了多项蒸馏装置出现的各种生产难题，为装置安稳、经济运行作出了突出贡献。针对四蒸馏装置原油劣质化影响电脱盐罐脱盐效果的问题，提出对电脱盐换热网络进行改造，对操作进行调节，使装置电脱盐效果大幅提高，由60%提高到100%，减轻了设备腐蚀，解决了困扰炼油企业运行的一大难题。

（潘武龙）

【侯勇】 男，1962年出生，汉族，硕士研究生文化，中共党员，教授级高级政工师，长岭炼化董事长、党委书记、总经理。面对一个有近40年历史的国有企业，他和班子成员一道，带领全体员工加快体制转换和产业调整，推进企业管理上台阶。2008年上缴税收6.86亿元，2009年一季度实现利润6.9亿元，连续7年保持无上报石化集团公司安全事故，实现安全生产先进单位“五连冠”。利用自己曾分管销售的优势，带头闯市场，先后对25个自销产品进行72次推价，使公司销售收入首次突破200亿元，同比增加24.6亿元，自销产品利润在沿江企业名列第一。

（潘武龙）

【金宏伟】 男，1974年11月出生，汉族，大专文化，中共党员，工程师，上海石化腈纶事业部金阳装置工艺管理员，被评为2004—2006年度上海市劳动模范。近年来，他积极组织和参与实施技术攻关与创新项目，对口负责的8个项目每年增效260多万元，其中超级净化技术创新项目获得2007年石化集团公司科技进步三等奖；组织实施的V系列改造项目，每年增效1 300万元。积极参与新产品技术开发和试生产工作，2007年承担中试聚合生产膜用聚合体研发取得成功，为2008年实施工业化生产并成功打开新加坡市场立下奇功；同年10月参与碳纤维聚合改造，为2008年底成功开发T-300碳纤维原丝奠定技术基础。研究并撰写的论文《五效在线软测量的开发与利用》2005年被评为上海市管理现代化创新成果三等奖。

（潘武龙）

【李斌红】 男，1969年12月出生，籍贯浙江宁波，汉族，大学文化，中共党员，1992年8月参加工作，镇海炼化公用工程部高级主管、高级工程师，曾获石化集团公司优秀青年知识分子、全国“讲理想、比贡献”竞赛活动先进个人、浙江省优秀青年等荣誉称号。作为镇海炼化100万吨/年乙烯工程电站区域高级主管兼乙烯动力中心项目组负责人，他以高度的事业心和责任感，发现多个重大设计缺陷，查出354个施工质量问题，消除因底渣沟沉降致使底渣输送系统不能正常运行而导致5台锅炉面临同时停工的重大事故隐患。编写的新员工基础操作技能培训教材科学高效，使培训时间由2—3年缩短为1.5个月，为乙烯动力中心开工生产准备工作作出显著贡献。在担任CFB主管期间，逐一攻克了影响中国第一套全烧石油焦的CFB锅炉长周期运行的重大难题，多次创造长周期运行世界纪录，减少开停工的次数，为企业增效2 063万元。

（潘武龙）

【沈宗文】 男，1954年出生，汉族，中共党员，南化公司化工机械厂金工二车间高级技师。30多年取得了50多项技术攻关成果。他的“可调梅花顶尖”、“背马鞍弧面及U型坡口加工装置”、“在普通车床上管口翻边旋压成型装置”、“加工对接管子焊缝余高装置”技术先后获得国家专利。曾获得1995年江苏省有突出贡献技师、1996年江苏省十大杰出能工巧匠、1996年江苏省先进共产党员、2008年南京市十大杰出创新人物荣誉称号。

（潘武龙）

【周正清】 男，1963年10月出生，籍贯江苏太仓，汉族，中共党员，高中文化，1979年9月参加工作，第四建设公司储罐安装工程公司焊接技师。多年来，他以高超的技术水平和踏实的工作作风得到各方赞誉，被公司评选为十佳技能人才，分别获局级劳动模范、优秀党员、市级劳动模范称号，所带的班组曾多次获先进班组称号。从1995年开始承担大型储罐施工以来，至今已安装包括液化天然气储罐在内的近百台储罐。他参与的深圳液化天然气16万立方米低温储罐、黄岛10万立方米罐都获国家优秀焊接工程奖。他培训的一批批优秀焊工都成长为技术过硬的尖兵。他在大型储罐施工领域走出了一条独具特色的发展之路。

（潘武龙）

【樊士宏】 男，1959年1月出生，籍贯江苏泰兴，汉族，中共党员，大专文化，1979年12月参加工作，高级经济师，中国石化长江燃料有限公司南京分公司经理。1996年任职经理以来，他将一个名不见经传的、长期政策性亏损的内部后勤单位建设成为全国知名的水上燃油销售企业。他致力于长江燃料销售行业在技术、服务、管理、规模上的改革发展。2001年，他主持开发了水上加油站“自动销售系统”，实现水上燃油销售模式的一场革命；2002年，主持编写了《水上加油站管理规范》，成为中国石化现行水上加油站管理规范的蓝本，创造了两个水上加油站同时获水上五星级加油站的成绩；2003年，创建全国第一个水上服务区并成为第一个代表国家接待国际贸易代表团的水上加油站。2005—2008年，销量实现40万吨和50万吨两次飞跃。公司的3座水上加油站，年销量全部超过10万吨，排名长江燃料公司前三名。

（潘武龙）

全国杰出青年岗位能手

【王建忠】 男，1976年3月出生，籍贯湖北武穴，汉族，群众，1995年9月毕业，江汉石油管理局江钻股份公司牙轮车间维修班钳工组组长。参加工作14年来，他坚定“当一流技术工人”的理想信念，扎根维修岗位，勤学苦练本领，先后修理故障设备11 700台次，创车间同工龄维修钳工最高纪录。他先后记下10万多字的学习笔记，将车间80多台设备的机械原理图都印在脑海里，成了设备的“活图纸”，成长为一名机电一体化的复合型技能工人。他还将自己对相关设备的修理心得整理成10类76条最优化程序，其中26条被公司定为维修标准。他先后参与技术革新、改造等项目225项，节约成本4 000多万元，填补了国内五轴数控刃磨机的自主项目维修史。在他和同事们的悉心“呵护”下，车间设备完好率从 93%提高到97%以上，故障率由3%降低到1%以下，平均故障间隔时间从80天延长到160天，百元产值维修费用由3.9%降低到1%，牙轮车间多次被评为中国石化设备管理先进单位。他先后获得全国杰出青年岗位能手、全国技术能手、湖北省杰出青年岗位能手、油田劳动模范、青年岗位能手等荣誉称号，在第四届“振兴杯”全国青年职业技能大赛上夺得装配钳工第二名。

（王　彬）

全国青年岗位能手

【杨华】 男，1983年8月出生，籍贯吉林榆树，汉族，中共党员，2004年7月毕业于天津商学院经济管理专业，大专学历，中国石化天津石油分公司大港长虹加油站站长。他从最基础的加油员干起，成长为企业一名优秀的劳务工站长，多次在各级各类岗位竞赛中取得名次，并在中国石化全国销售系统技能比武中获得银牌。自竞聘走上站长岗位，他先后使2座加油站面貌焕然一新，特别是大港片区长虹加油站，在他的带领下，全站员工仅用一年，即把该站打造成大港片区历史上第一个万吨站，2008年销量突破1.2万吨，位居天津石油分公司的第23位。他多次被评为公司级先进个人，先后被授予天津市优秀共青团员、天津市“五一”劳动奖章、中国石化销售企业技能比武优胜选手、全国青年岗位能手等多项荣誉称号。

（王　彬）

【毛谦明】 男，1973年1月出生，籍贯河南灵宝，汉族，中共党员，1994年毕业于华东石油技校，采油高级技师，中国石化西北油田分公司塔河油田采油一厂采油三队运行组组长。2001—2009年期间，毛谦明个人发明或参与发明以及建议的共计7项。其中，一项获得了该产品专利的共同使用权；高压气动注脂泵每年可节约资金5.2万元；流程自拌热每年可节约资金12万余元；节能活动式放油台可节约资金8.7万元；抽油机防护罩改进已经成为塔河油田抽油机的标准配置；对集输站双螺杆混输泵进行了技术改造，每年节约费用为155.52万元。2007年毛谦明担任采油三队节能减排现场实施负责人，他和同事们全年共节电86.27万千瓦·时，节约输油管材76千米。通过技术改造年累计节约资金超过75万元；通过开展“降三倒”工作，全年为三队节约成本1 744.73万元。在此期间，他获得全国青年岗位能手、中国石化劳动模范、中国石化技术能手、中国石化青年岗位能手以及西北分公司十大技术操作能手和优秀党员等局级以上荣誉6项。

（王　彬）

【侯树刚】 男，1974年9月出生，籍贯内蒙古自治区，汉族，中共党员，2001年毕业于中国地质大学，工学博士，中原石油勘探局钻井工程技术研究院首席技术专家、工艺研究所所长。他曾参与“九五”国家重大科技工程项目——中国大陆科学钻探科钻1井现场施工及科研攻关，是中原油田引进的第一名从事石油钻井专业的博士后研究人员。他主攻气体钻井技术，与普光气田开发紧密结合，不断总结完善、集成配套形成的空气钻井技术，研究成果在普光气田及川东北区块推广应用60多井次，节约钻井费用超过2亿元，推动了气体钻井在普光气田及川东北的推广应用和发展；主持及参与的科研课题先后获得川气东送建设工程指挥部工程勘探开发新技术推广一等奖以及中原油田年度科技进步一等奖；先后被授予中原油田优秀博士后、中国石化优秀青年知识分子、中央企业杰出青年岗位能手等多项荣誉称号。

（王　彬）

重要规章制度

◇ 中国石油化工集团公司驻外机构档案管理规定（试行）

◇ 中国石化易捷便利店管理（分类）标准（试行）

◇ 中国石化突出贡献专家评选办法（试行）

◇ 中国石油化工集团公司合同管理规定

◇ 中国石化供应商管理规定

◇ 中国石油化工集团公司商标管理办法

◇ 安全事故管理规定

中国石油化工集团公司驻外机构档案管理规定

（试　行）

（二〇〇九二月十九日　中国石化厅〔2009〕8号）

第一章　总　则

第一条　为加强中国石油化工集团公司(以下简称集团公司)驻外机构档案管理工作，维护集团公司及驻外机构权益，依据《中华人民共和国档案法》及《中国石油化工集团公司档案管理办法》，结合驻外机构的实际及特点，制定本规定。

第二条　本规定适用于集团公司各驻外代表处和境外投资、工程、技术服务、劳务合作、贸易等设立的公司、项目部。境外合资公司参照本规定执行。

第三条　本规定所称的驻外机构档案是指集团公司各驻外机构在开展对外公务及生产、经营等活动中形成的具有保存价值的文字、图表、声像、电子、实物等各种形式和载体的历史记录(简称文件材料)。

第四条　驻外机构档案是集团公司档案的重要组成部分，是驻外机构的有形、无形资产，是确保国有资产保值增值、维护驻外机构经济利益、合法权益的重要凭据，必须加强管理，任何人不得据为己有或拒绝归档。

第五条　驻外机构档案管理工作应依据本规定，本着“有利于工作、有利于保密、有利于应付突发事件”的原则，积极开展各类文件材料收集、整理、保管和利用工作，要结合实际及驻在国（地区）相关法律规定，制定完善各类档案管理实施细则。

第二章　档案管理职责

第六条　驻外机构档案工作实行“统一领导、分级管理”原则。集团公司办公厅负责集团公司驻外机构档案管理工作的宏观指导、监督，协调外事局和驻外代表处检查通报驻外机构档案管理情况；驻外机构主管单位（部门）负责档案管理工作的具体指导和检查；驻外机构负责本单位档案的收集、整理、保管和利用工作，明确专人负责具体工作。

第七条　驻外机构主要负责人是本机构档案工作的第一责任人，应加强档案工作的领导，根据工作需要设立档案管理机构或配备专（兼）职档案人员，将档案管理工作纳入本机构的工作计划和员工岗位职责，建立健全档案收集、整理、保管、利用等各项管理制度，确保档案安全保管和有效利用。

第八条　主管单位应将档案工作纳入驻外机构内控管理，纳入经济考核范围，作为驻外机构负责人离任审计和项目验收内容之一。

第九条　主管单位或驻外机构在签订合资、合作等有关合同（协议）时，应对档案所有权作出明确规定。

第十条　驻外机构应将档案材料交接作为各级员工或岗位调换时的工作交接内容之一，办理交接手续，档案资料交接不清的，不得办理调离手续。

第十一条　驻外机构每年应向主管单位报送档案管理工作情况。

第三章　整理与归档

第十二条　驻外机构应提高员工档案意识，具有保存价值的文件材料应及时移交归档。

第十三条　驻外机构在筹备、组建、生产、经营、管理及产权变动等活动中形成的具有保存价值的文件材料均应列入归档范围（归档范围见附件）。

第十四条　驻外机构文件材料归档应遵循以下原则：

（一）注重反映本机构各项工作的真实记录。

（二）注重具有法律效力的凭证性。

（三）注重反映驻外机构决策的依据性。

第十五条　驻外机构文件材料归档时间要求：

（一）管理性文件材料应在办理完毕后于第二年上半年集中归档。

（二）生产、贸易、工程项目等业务形成的文件材料，应在项目合同完成后2个月内整理归档，周期长的项目可分阶段分项归档；设备仪器文件材料在开箱验(接)收登记后或安装调试后归档。

（三）会计文件材料在会计年度终了后由会计部门整理归档。

（四）声像、实物类材料应在工作结束后及时归档。

第十六条 归档文件材料一般一式一份，重要的文件材料视情况增加归档份数。对应电子文件随纸质文件一并归档。

第十七条 驻外机构归档文件材料可根据实际工作需要，由承办人或专(兼)职档案人员整理归档。

第十八条 各类档案的整理及质量要求，执行国家和集团公司颁发的有关标准规范。驻在国（地区）或合同（协议）有特殊要求的，应结合实际执行驻在国（地区）或合同（协议）规定整理。

第十九条 驻外机构档案保管期限分为永久、定期两种。定期一般分为30年、10年（会计档案为25年、15年）。

第四章 保管与利用

第二十条 驻外机构档案的保管，应遵循确保安全、方便利用的原则。

（一）规模较大的驻外机构应建立档案室，设置专用库房，集中保管各类档案。根据工作需要，可在生产现场设档案分室。

（二）规模较小的驻外机构应设置档案专用柜，档案专用柜应具有防火、防盗等安全措施，由专(兼)职档案人员负责管理。

（三）涉及驻外机构产权、债权债务、营销策略和核心技术方面的重要档案应集中管理，必要时可购置保险柜存放，并及时向国内主管单位报送备份。

（四）档案人员应定期对档案保管情况进行检查，确保档案安全。

第二十一条 驻外机构应按照集团公司安全应急预案要求，建立档案安全应急预案。做好生产经营、管理等重要档案的异地备份。

第二十二条 驻外机构不具备档案保管条件的，可委托驻地集团公司其他驻外机构代管。所在国法律允许的，可运回国内集中保管。档案不得托运，必须由专人带回。

第二十三条 驻外机构在发生资产与产权变动时，其档案应按国家档案局《国有企业资产与产权变动档案处置暂行办法》和集团公司相关规定处置，处置方案须报主管单位审批。

第二十四条 档案利用必须建立“档案借阅利用登记簿”。

第五章 附 则

第二十五条 本规定由集团公司办公厅负责解释。

第二十六条 本规定自印发之日起施行。

附件：中国石化驻外机构文件材料归档范围

附件：

中国石化驻外机构文件材料归档范围

一、文书档案主要包括：

1. 本单位筹建、设立的方案、报告、申请、批复。

2. 本单位公司章程、生产营业合法证明材料，房地产证书，涉及机构更名、变更、注销等的法律文件。

3. 上报集团公司、主管单位（部门）及国内外其他管理部门的报告、请示，上级的批复性文件。

4. 本单位的各项规章制度，人事、财务管理文件。

5. 各类会议记录、纪要、决议。

6. 本单位工作计划、工作总结材料。

二、业务档案主要包括：

1. 贸易项目合同、协议及执行中产生的相关材料。

2. 引进技术或设备的图纸、说明书、合格证等。

3. 建设项目全过程的文件材料，项目调研、可行性研究、评估、决策、计划、勘测、设计、施工、竣工、试生产及验收形成的文件材料。

4. 境外投资、收购项目的合同、股东协议及股权证书。

5. 合作方、银行、律师等其他部门的重要业务往来文件。

6. 本单位对驻在国（地区）市场考察、调研分析材料；驻在国（地区）对本机构的相关新闻报道。

三、会计档案包括：会计凭证、会证账簿、会计报表等。

四、声像档案包括：照片、录音、录像及相关的文字说明。

五、实物档案包括：

1. 印章及印模。

2. 获得的奖状、奖章、奖杯、奖牌、锦旗、证书等。

3. 领导题词、具有重要价值的公务外事礼品。

中国石化易捷便利店管理（分类）标准

（试　行）

（二〇〇九年一月二十三日　石化股份销非油〔2009〕43号）

第一条　根据中国石化销售事业部《关于加快发展加油站非油品业务的指导意见》（石化股份销办〔2008〕120号）文件精神，制定本管理（分类）标准。

第二条　易捷便利店分类的原则是自主经营，统一管理，分类指导，分阶段发展。

第三条　易捷便利店分类的依据包括核心指标和参考指标两类。依据不同类型门店，设定不同指标。核心指标包括单店日均销售额（不含润滑油，下同）、店内营业面积和商品品种数量等，核心指标要求同时具备；参考指标包括便利店位置、装修标准（另行下发）、商品类别、营业时间、货架配置、指示牌和设备设施等，参考指标可以不同时具备。

第四条　易捷便利店分为高级店（A类店）、标准店（B类店）、基本店（C类店）和简易店（D类店）四类。

第五条　高级店（A类店）的标准：

（一）核心指标。单店日均销售额不少于1 500元；店内营业面积不少于60平方米；单品数量不少于800种；配备POS系统；立式冰柜不少于四门；冷（暖）空调（当地气候条件不需要的除外）。

（二）参考指标。便利店位于高速公路服务区（含城市快速道）、城市市区和国省道；装修标准为标准装修；商品不少于6大类；营业时间为24小时不间断营业；店内配备中岛柜、壁柜、端架和背柜、促销（新产品）端架等陈列设施；设立标识明显的货类分区指示牌；店内配备微波炉、电热水器、卧式冰箱、监控器、快餐桌椅等设施设备。

（三）少数位置重要的店可适当提高装修标准，商品应包括7大类，应选速食加工等设施设备、并配备电子磁条防盗门。

第六条　标准店（B类店）的标准：

（一）核心指标。单店日均销售额不少于800元；店内营业面积不少于30平方米；单品数量不少于500种；配备POS系统；立式冰柜不少于2门；冷（暖）空调（当地气候条件不需要的除外）。

（二）参考指标。便利店位于高速公路服务区（含城市快速道）、城市市区、国省道和中小城镇；装修标准为标准装修；商品不少于6大类；营业时间为24小时不间断营业；店内配备中岛柜、壁柜、端架和背柜、促销端架；设立标识明显的货类指示牌；配备微波炉、电热水器、卧式冰箱、监控器、防盗门、快餐桌椅等设施设备。

第七条　基本店（C类店）的标准：

（一）核心指标。单店日均销售额不少于300元；单品数量不少于260种；配备POS系统。

（二）参考指标。便利店位于城市市区、国省道、城镇和水上；装修标准为基本装修；商品与服务类型不少于4大类；营业时间不小于16小时；根据需要配备货架；同时可选择配备电热水器、卧式冰箱、立式冰柜、冷（暖）空调、防盗镜等设施设备。

第八条　简易店（D类店）的标准：

（一）核心指标。经营商品类型不少于2大类。

（二）参考指标。便利店位于所有位置；装修标准为简易装修；根据实际情况配置货架；根据业务经营实际情况配置其他设备设施。

第九条　高级店（A类店）和标准店（B类店）核心指标中，单店日均销售额是指连续营业时间6个月以上的便利店的平均单日销售额；基本店（C类店）核心指标中，单店日均销售额是指连续营业时间3个月以上的便利店的平均单日销售额。

第十条　本标准自印发之日起施行，由油品销售事业部负责解释。

中国石化突出贡献专家评选办法

（试 行）

（二〇〇九年六月二十三日 中国石化人专〔2009〕97号）

第一条 为加强科技领军人才队伍建设，健全完善高层次专业技术人才评选表彰激励机制，推进人才强企战略的深入实施，结合中国石化实际，制定本办法。

第二条 中国石化突出贡献专家评选是集团公司设立并组织实施，面向高层次专业技术人才的重要奖项，主要表彰为中国石化科技进步、技术创新、生产发展作出突出贡献的专业技术人才，激励他们奋发进取、多出成果，为提高中国石化核心竞争力，实现持续有效和谐发展奠定人才基础。

第三条 评选工作坚持以下原则：

（一）正确导向的原则。通过评选表彰活动树立正确的导向，使人才成长与科技进步相统一，激发广大专业技术人才爱岗敬业，不断增强科技创新能力，为建设具有较强国际竞争力的跨国能源化工公司目标而奋斗。

（二）德才兼备、突出能绩的原则。注重业内认可，将品德、知识、能力和业绩作为评选表彰的主要标准。

（三）公开、公平、公正、择优的原则。规范程序，鼓励专业技术人才在竞争中脱颖而出。

第四条 集团公司范围内直接从事科研开发、技术创新、技术应用与管理等工作的专业技术人才，符合下列条件，经直属单位推荐，可参加评选。

（一）热爱祖国和石油石化，遵纪守法，拥护党的路线方针政策，具有强烈的使命感、事业心和良好的职业道德。

（二）具有不断开拓进取的创新精神和勇攀高峰的科学态度，学风正派，品行端正，求实严谨。

（三）爱岗敬业，工作勤奋，乐于奉献，工作表现突出且取得下列工作业绩之一：

1. 在石油、石化科技领域取得系统性或创新性的研究成果，学术、技术水平处于国际先进或国内领先水平，并取得显著应用成效。

2. 主持省部级以上科研项目，成果获省部级以上科技奖励，或取得专利技术。

3. 在工程技术领域以及重大技术改造、工程建设项目的设计、研制、建造、运行、管理及技术推广和应用中，创造性地解决关键技术问题，或自主开发新技术，并取得显著经济效益或社会效益。

4. 在学科建设、人才培养方面作出系统性贡献，业内公认的本专业学术技术带头人。

（四）具有高级或教授级专业技术任职资格。以往已当选中国石化突出贡献专家或更高奖项者不再重复参加评选。集团公司党组管理的高层管理人员原则上不参加评选。

第五条 总部设评选专家委员会，设主任委员一人，副主任委员若干人，委员由有关专家组成，负责评选工作。专家委员会下设油气田工程、炼化工程、综合三个专业组，负责对申报人选的初评工作。总部人事部负责评选的组织、协调工作；各直属单位组织人事部门负责本单位人选推荐的组织、协调工作。

第六条 评选工作按照直属单位组织申报、总部人事部审核、专家委员会评议、集团公司党组批准的程序确定人选。即：

（一）直属单位组织所属基层单位申报、初审、推荐等工作。

（二）总部人事部汇总各单位上报推荐人选材料，并进行合规性审查，确定有效参评人选。

（三）专业组对照能力业绩标准，对参评人选进行能力业绩初评，并依据初评结果对参评人选进行排序。

（四）专家委员会结合专业组的初评意见，对参评人选进行评议，采取无记名投票表决的方式确定建议人选。

（五）对建议人选在其所在单位进行公示。

（六）报集团公司党组批准。

第七条 中国石化突出贡献专家每2年评选表彰100名，对当选者授予荣誉称号，颁发荣誉证书，并给予一次性奖励。总部将会同各直属单位在《中国石化报》和各企业报纸、电视台开辟专栏，介绍获奖人选的先进事迹，积极营造尊重人才、鼓励创新的良好氛围。

第八条 加强对评选过程的监督管理，对弄虚作假者一经发现，撤销获奖者资格，并追查有关人员责任。

第九条 本办法自下发之日起实行，由集团公司（股份公司）人事部负责解释。

中国石油化工集团公司合同管理规定

（二〇〇九年七月十日　中国石化法〔2009〕299号）

第一章　总　则

第一条　为规范中国石油化工集团公司（以下简称集团公司）经营行为，防控法律风险，主张、实现和维护集团公司合法权益，根据《中华人民共和国合同法》及有关法律、法规，结合集团公司实际，特制定本规定。

第二条　本规定适用于集团公司与自然人、法人或其他组织之间设立、变更、终止民事权利义务关系而订立的合同。

第三条　集团公司对合同管理实行主办部门负责制和法律事务部归口管理制，以及统一制度、分类分级、会签审核、各负其责的管理体制。

第四条　集团公司合同管理实行订立、履行和终结全过程管理。

第五条　合同签订前，集团公司对合同实行经济、技术和法律三性审核的原则。

第六条　集团公司按照统一平台、系统集成的原则推广合同管理信息化建设，为业务公开提供合同基础信息。

第二章　合同管理机构和岗位职责

第七条　集团公司合同管理机构包括合同主办部门、合同审核会签部门和合同归口管理部门。

第八条　集团公司具体承办合同的业务部门是合同主办部门，合同的签订、履行和终结等相关事项实行主办部门负责制，其主要职责：

（一）负责或牵头组织对本部门主办合同的资信调查（尽职调查）、会谈、审核会签、报批、签订、履行和终结等具体事务。

（二）负责或牵头组织对本部门主办合同的经济和技术审查及相应过程文件的整理、保管和归档。

（三）建立健全本部门的合同管理岗位，配备兼职合同管理员。

（四）负责本部门主办合同的日常事务和基础管理。

（五）与法律事务部和有关职能部门保持联系，及时反映合同履行动态，加强合同异常履行的监控。

第九条　集团公司相关职能部门是合同订立和履行的会签部门，依据其职责范围对合同的订立和履行进行审核。

第十条　集团公司法律事务部是集团公司合同归口管理部门，其主要职责：

（一）宣传贯彻国家颁布的合同法律、法规和规章。

（二）负责集团公司合同管理制度的起草和修订。

（三）负责集团公司合同订立和履行的法律审核。

（四）负责集团公司合同标准文本的起草、颁布、推广和修订。

（五）参与集团公司重大合同谈判、起草和修订，负责法律尽职调查、法律论证和合同文本审核。

（六）办理集团公司合同授权委托手续。

（七）保管和使用集团公司合同专用章。

（八）负责集团公司合同管理员的培训、年检，指导其他合同管理参与人员的培训工作。

（九）负责集团公司合同争议的处理。

（十）负责对集团公司合同管理工作进行指导、监督、检查和考核。

（十一）负责集团公司合同管理信息化建设。

（十二）负责集团公司合同管理信息的汇总及统计分析。

（十三）集团公司合同管理制度规定的其他职责。

第十一条　合同管理参与人包括合同主办部门经办人，不同部门会签人、不同层级审批人，兼职合同管理员、专职合同管理员和合同签约人。合同管理参与人根据其具体工作分工，履行不同的合同管理职能。

第十二条　合同经办人是合同主办部门具体办理合同事务和手续，并具体负责在合同管理信息系统中录入合同签订、履行及终结等基础信息的人员。

第十三条　集团公司合同主办部门应设兼职合同管理员，负责本部门的合同管理，具体负责本部门使用集团公司法律事务部颁布的合同标准文本签订的一般合同的审核工作，并负责合同事务工作。

第十四条　集团公司法律事务部设专职合同管理员，具体负责重大合同订立和履行的法律审核，以及未使用集团公司法律事务部颁布的合同标准文本签订的一般合同和对合同标准文本有实质性修改的一般合同的法律审核。

第三章　合同分类分级管理

第十五条　集团公司实行合同分类管理制度，将合同分为重大合同和一般合同。两类合同分别实行不同的审核程序。

第十六条　重大合同是指以集团公司名义订立的投资类、融资类、担保类、知识产权类、不动产类等类型合同。重大合同包括：

（一）有较强法律约束力的战略合作协议。

（二）长期股权投资、境内外合资合作合同。

（三）资本运作合同。

（四）长期贷款合同、担保合同。

（五）涉及专利权、商标权、著作权、商业秘密等知识产权引进、许可、转让、合资、合作开发等合同。

（六）不动产买卖、土地使用权取得及处置合同。

（七）根据集团公司内控制度权限指引，需由集团公司主管领导审批，并由集团公司总部机关有关部门主办的其他合同。

第十七条　一般合同是指除重大合同以外的其他合同。一般合同包括：

（一）买卖合同。

（二）短期贷款合同。

（三）供用电、水、气、热力合同。

（四）租赁合同。

（五）承揽合同。

（六）运输合同。

（七）技术委托开发、咨询、服务合同。

（八）仓储合同。

（九）保管合同。

（十）建设工程合同。

（十一）其他日常经营管理所需要签订的合同。

第十八条　集团公司各合同主办部门负责主办其职责范围和权限以内的重大合同，以及本部门业务范围内经常性发生的一般合同。

集团公司全资子公司、控股子公司及其他企事业单位负责其职责范围和权限以内的重大合同和一般合同，并可根据实际需要和内控制度要求对本单位合同进行分类分级管理。

由集团公司合同主办部门委托相关全资子公司、控股子公司以及集团公司企事业单位具体承办，以集团公司名义直接订立并履行的合同，需报集团公司法律事务部进行法律审核。集团公司法律事务部在承办单位法律事务机构出具的法律意见基础上进行法律审核。

第四章　合同的全过程管理

第一节　订立准备

第十九条　合同主办部门应在本部门职责范围和权限内根据计划、预算或签报订立合同。

第二十条　对拟签订的一般合同，合同主办部门应合理选择合同对方当事人，并认真调查对方当事人的主体资格、资质、资信情况及履约能力等，必要时可组织进行尽职调查。

集团公司已经建立客户资源市场准入制度的，合同主办部门应当从获得准入资格的客户中选取合同对方当事人。

第二十一条　对拟签订的重大合同，合同主办部门应根据需要牵头组织经济、技术、法律等人员开展尽职调查。

法律尽职调查范围应当包括对方当事人的主体资格、组织文件，土地、房屋、知识产权等资产权属情况，重要交易合同和诉讼、担保等或有事项，环境保护、税务、劳动关系状况等。

第二节　合同洽谈

第二十二条　合同主办部门负责向合同对方当事人提出全面、明确、具体的合同经济、技术条件与要求。如集团公司另行制定的招投标管理制度有其他规定的，合同主办部门应执行招投标管理制度的相关规定。

第二十三条　合同主办部门负责回应合同对方当事人提出的合同经济、技术条件与要求。

第二十四条　合同主办部门负责与合同对方当事人就一般合同的经济、技术条件与要求进行沟通、谈判直至达成一致。

对于重大合同，合同主办部门应根据需要牵头组织成立由经济、技术、法律等人员组成的合同谈判小组，负责进行合同谈判。

第三节　文本选择

第二十五条　除即时清结业务外，订立合同一律采用书面形式。

第二十六条　签订一般合同时，合同主办部门应按下列顺序选择使用合同文本：

（一）集团公司法律事务部颁布的合同标准文本。

（二）对方在集团公司法律事务部颁布的合同标准文本基础上修改形成的合同文本。

（三）双方共同拟订的文本或第三方文本。

（四）对方合同文本。

第四节 文本起草

第二十七条 签订重大合同时，集团公司法律事务部专职合同管理员应全程参与重大合同谈判、起草和修订，并负责合同文本审核。

合同文本要做到标的明确，内容合法可行，主要条款完备，权利义务明确，责任分明，文字表达准确。

第五节 文本审核

第二十八条 合同主办部门主办的一般合同使用对方合同文本、双方共同拟订的合同文本、第三方合同文本，或在集团公司法律事务部颁布的合同标准文本上进行实质性修改的，应提交法律事务部专职合同管理员进行法律审核。

第二十九条 合同主办部门主办的重大合同应履行经济、技术、法律审核，并根据合同的关联程度确定其他合同会签审核部门。

第三十条 合同会签业务部门对拟签订的重大合同文本所涉当事人、标的、价款、结算等商务内容进行经济审核。

第三十一条 合同会签业务部门对拟签订的重大合同文本所涉技术、HSE等内容进行技术审核。

第三十二条 完成经济、技术审核后，集团公司法律事务部对拟签订的重大合同文本所涉交易结构、权利义务安排等内容进行法律审核。

第六节 合同审批

第三十三条 合同履行会签程序后，按照集团公司权限指引分级报审。经批准后，方可对外签订合同。

第七节 合同打印

第三十四条 拟签订合同文本由履行合同审核的专、兼职合同管理员统一打印。

第八节 合同授权

第三十五条 对外签订合同，除集团公司法定代表人外，签约人应当履行内部授权手续，具备合同签订资格。

第九节 合同签署

第三十六条 对外签订合同，由集团公司法定代表人或被授权人在合同文本上亲笔（或电子）签名。

第十节 合同用章

第三十七条 合同应由集团公司法律事务部加盖集团公司合同专用章（或电子合同专用章）。

集团公司党组成员签订的重大合同，或合同对方当事人坚持要求加盖行政印章的合同，可加盖集团公司行政印章，其他合同一律加盖合同专用章。

禁止用部门印章等其他印章代替合同专用章使用。

第十一节 合同履行

第三十八条 合同生效后，合同主办部门应认真组织履行合同，严格按照合同约定行使权利、履行义务。合同履行过程中出现问题时，合同主办部门应及时通报法律事务部门。

第三十九条 合同主办部门提出合同交付与结算时，合同会签审核部门及法律事务部门应履行相应复核。

第四十条 需要进行合同变更、中止、转让、终止、解除时，如原合同就相关问题约定不明确，或相关问题超越了原合同约定的，属于合同履行异常。合同主办部门应就合同异常履行问题重新办理会签、审核和审批程序。不得以口头形式改变合同权利或义务。

第四十一条 合同在履行过程中出现争议时，合同主办部门应按照集团公司法律纠纷管理制度进行处理，并及时向集团公司法律事务部通报。

第四十二条 合同诉讼或仲裁处理过程中，应按照集团公司法律纠纷证据管理制度的要求收集、管理、提供证据，未经法律事务部门同意，任何部门和个人不得对外提供与案件有关的证据材料，不得向对方当事人作出实质性答复或承诺。

第十二节 合同终结

第四十三条 合同履行完毕后，合同主办部门经办人应向合同管理员申请办理合同终结手续，并将本人经办的合同资料进行整理交由集团公司法律事务部归档，实行合同全过程的闭环管理。

第五章 监督检查

第四十四条 集团公司建立健全以合同主办部门、合同会签审核部门和法律事务部组成的合同全过程管理监督体系。

集团公司实行法律事务部统一检查和全资子公司、控股子公司及其他企事业单位自查相结合的合同管理监督和检查制度。

第六章 考核奖惩

第四十五条 集团公司建立以经济合同签约率、送审率、审核率为主要指标的目标考核体系。

第四十六条 集团公司依据有关规定，对合同管理工作有突出成绩的单位和个人进行表彰。

第四十七条 集团公司依据有关资产损失责任追究办法，对合同签订、履行过程中造成资产损失的人员追究相应责任。

第七章 附 则

第四十八条 集团公司出资设立的全资子公司、控股子公司应根据本规定，结合本单位实际，制定具有可操作性，反映自身业务特点的合同管理办法，履行其股东（大）会或董事会内部审议批准程序，并报集团公司法律事务部备案。

集团公司各企事业单位应当根据本规定，结合本单位实际，制定合同管理办法，报集团公司法律事务部备案。

第四十九条 本规定由集团公司法律事务部负责解释。

第五十条 本规定自印发之日起施行。

中国石化供应商管理规定

（二〇〇九年八月三日　中国石化物〔2009〕341号）

第一条 供应商是企业重要的外部资源，供应商管理是控制供应风险和运营成本的重要环节。为进一步加强中国石化供应商管理，特制定本规定。

第二条 实行供应商资格预审制。所有供应商必须预先经过资格审查，审查通过后方可进入中国石化供应商网络。凡供应物资用于生产装置、涉及生产建设安全的供应商，必须经过现场考察。严禁先采购后进行资格预审。

第三条 实行供应商供应物资目录制。严格限定准入供应商许可供应产品目录，物资供应部门不得向供应商采购许可供应产品目录以外的物资。

第四条 实行供应商资质年审制。物资供应部门要对交易供应商的整体实力和供应风险进行年度综合评估，每年淘汰不合格的供应商。

第五条 全面实施供应商动态量化考核。对交易供应商每一笔合同的质量、价格、服务和交货期进行考核评分，并实时记入供应商档案。

第六条 全面实施业绩引导订货机制。对考核业绩优秀的供应商在供应份额和资金支付上给予倾斜。对发生不良表现的供应商给予警告、暂停交易资格或取消供应商网络成员资格等处罚，并扣减量化考核综合评分。

第七条 实行供应商升降级管理。依据动态量化考核结果对供应商定期进行升降级。

第八条 通过竞争方式择优选择供应商。任何单位和个人不得指定供应商。凡独家采购必须报企业分管领导审批，同时在一定范围内公示并按月上报股份公司物资装备部。

第九条 实行供应商管理责任追究制。供应商现场考察和选用实行“谁考察，谁负责”、“谁采购，谁负责”的原则，由合同签订主体负责对供应商的履约风险进行控制。

第十条 本规定由股份公司物资装备部负责解释。

第十一条 本规定自印发之日起执行，原《中国石化物资采购渠道管理暂行规定》（石化股份物管〔2003〕72号）、《中国石化物资资源市场管理办法》（石化股份物〔2002〕153号）同时废止。

中国石油化工集团公司商标管理办法

（二○○九年十一月十九日　中国石化法〔2009〕578号）

第一章　总　则

第一条　为加强中国石油化工集团公司（以下简称集团公司）商标管理，保护商标专用权，促进无形资产的保值和增值，依据《中华人民共和国商标法》、《中华人民共和国商标法实施条例》，结合集团公司实际，特制定本办法。

第二条　本办法所称商标，是指集团公司经商标主管机关核准的注册商标（商标主管机关包括中华人民共和国工商行政管理总局商标局、港澳台地区商标主管机关、外国商标主管机关）和已获商标主管机关受理的申请注册商标。

第三条　集团公司对商标实行统一管理、分级负责、合法使用、依法维权的原则。

第四条　本办法适用于集团公司及各企事业单位。

第二章　商标的管理部门和职责

第五条　集团公司法律事务部(以下简称法律事务部)是集团公司的商标主管部门，其主要职责：

（一）拟定和组织实施商标管理制度。

（二）负责商标的注册、变更和续展工作。

（三）办理商标的使用许可、转让手续。

（四）处理商标争议和商标侵权案件。

（五）提供商标法律咨询。

（六）负责商标的档案管理。

（七）培训商标管理人员。

（八）指导、检查和监督各企事业单位的商标管理工作。

第六条　集团公司办公厅负责商标标识的设计和变更工作，统筹商标的宣传推广工作。

第七条　各企事业单位的法律事务部门是商标使用和维权的主管部门。

第三章　商标注册的申请

第八条　根据中国石化统一品牌战略，各企事业单位需要注册商标的，应当以集团公司的名义注册。

第九条　为防止他人在同一种商品、服务或者类似商品、服务上抢注与集团公司相同或者近似的商标，集团公司注册商标时应当考虑注册联合商标和防御商标。

第十条　集团公司职能部门和各企事业单位需要办理注册商标的，应当向法律事务部提出申请。申请包括下列内容：

（一）申请依据。

（二）注册标识。

（三）注册国家或者地区。

（四）注册商品或者服务项目。

（五）其他需要说明的事项。

法律事务部对申请进行初步审查，征求相关部门意见并报集团公司批准后，办理商标注册申请手续。

第十一条　委托社会代理机构设计商标，必须签订书面委托设计合同，设计商标的著作权和注册权应当归属集团公司所有，并约定保密和违约责任。

第十二条　商标注册申请过程中发生不予受理、补正、修正、驳回、异议等情形，法律事务部应当在法定期限内采取措施予以处理。

第四章　商标的变更和续展

第十三条　发生法律规定的商标注册事项变更，法律事务部应当及时向商标主管机关办理变更手续。

第十四条　注册商标有效期满前，法律事务部应当及时向商标主管机关办理续展注册手续。

第五章　商标的使用许可和转让

第十五条　集团公司通过授权或者签订商标使用许可合同，许可各企事业单位使用注册商标。

第十六条　商标使用许可合同包括下列内容：

（一）许可人和被许可人。

（二）被许可的商标注册号、商标标识、类别和商品或者服务项目。

（三）许可的性质。

（四）许可费用。

（五）使用范围及方式。

（六）合同期限。

（七）再许可的限制。

（八）保证商品或者服务项目质量的措施。

（九）合同终止或者解除条件。

（十）其他需要约定的事项。

第十七条 集团公司商标原则上不许可没有产权关系的单位使用，确有必要的，相关单位应当向法律事务部提出申请，由法律事务部审查并征求相关业务部门意见后，报集团公司批准。

第十八条 集团公司的商标原则上不予转让。集团公司确有必要转让或者受让商标，经法律事务部征求相关部门意见后，报集团公司批准。转让合同包括下列内容：

（一）转让或者受让商标依据。

（二）转让人和受让人。

（三）转让商标注册号或者申请号。

（四）转让商标标识。

（五）转让商标价值评估。

（六）转让商标费用。

（七）其他。

转让或者受让商标经集团公司批准后，由法律事务部向商标主管机关办理转让手续。

第六章 商标使用的管理

第十九条 使用注册商标应当遵守法律规定，不得擅自改变商标文字、图案及其组合。

第二十条 使用注册商标应当在商标主管机关核定的注册范围内使用。

第二十一条 被许可使用注册商标的单位，应当严格履行《商标使用许可合同》，需要超出许可使用范围的，另行向法律事务部提出申请。

第二十二条 使用商标单位必须依法使用商标，加强监督管理，按照集团公司的管理及技术标准向社会提供优质产品和服务，切实维护商标的信誉。

第二十三条 集团公司以商标权投资，必须在投资合同中明确商标注册号、商标作价金额、使用范围及方式、被投资企业变更或者注销后商标权归属等内容。

第二十四条 印制商标应当按照国家工商行政管理总局《商标印制管理办法》进行，承印单位必须具备法定资质。

第二十五条 使用注册商标可以在附着物上标明注册标记。注册标记包括“注”和“®”，应当选择其一标注在注册商标的右上角或者右下角。使用未注册商标的，不得使用“注”或者“®”注册标记。

第二十六条 为防止注册商标连续3年不使用被依法撤销，法律事务部门应当每年对商标进行内部检查，了解和收集商标使用情况，分析存在的问题并提出整改措施。

第二十七条 法律事务部应当密切关注商标主管机关发布的注册公告，发现注册与集团公司商标相同或者近似的商标，要在法定期限内向商标主管机关提出异议。

第七章 注册商标专用权的保护

第二十八条 商标是重要的无形资产，所有使用商标的单位及其全体员工应当强化维权意识，发现侵犯商标专用权的行为，要及时向法律事务部门报告，由法律事务部门对口协助工商管理机关及有关司法机关查处侵犯注册商标专用权的案件。

第二十九条 有下列行为之一的，均属侵犯集团公司注册商标专用权：

（一）在同一种商品、服务项目或者类似商品、服务项目上使用与集团公司注册商标相同或者近似的商标，包括作为商品、服务项目名称或者商品、服务项目装潢误导公众的。

（二）销售侵犯集团公司注册商标专用权商品的。

（三）销售伪造、擅自制造集团公司注册商标标识的。

（四）更换集团公司注册商标并将该更换商标的商品又投放市场的。

（五）给集团公司注册商标专用权造成其他损害的。

第三十条 集团公司对商标使用管理成绩显著的单位和个人给予表彰奖励；对商标使用管理不力的单位和个人给予批评，直至追究行政责任和经济责任。

第八章 附 则

第三十一条 各企事业单位应当根据本办法制定本单位商标使用和维权的实施细则，报法律事务部批准后实施。

第三十二条 本办法由法律事务部负责解释。

第三十三条 本办法自印发之日起施行。

安全事故管理规定

（二〇〇九年十二月二十八日 中国石化安〔2009〕685号）

第一章 总 则

第一条 为进一步规范中国石化集团公司（以下简称集团公司)安全事故（以下简称事故）的报告和调查处理，落实事故责任追究制度，防止和减少各类事故发生，依据国家有关法律、法规，特制定本规定。

第二条 集团公司及直属企业、控股企业、事业单位（以下统称直属企业）在生产经营活动中发生人身伤亡或者直接经济损失的各类安全事故报告和调查处理，适用本规定。

第三条 事故报告和调查处理应坚持实事求是、尊重科学和“四不放过”的原则。

第二章 事故分类与分级

第四条 本规定所指的事故包括火灾事故、爆炸事故、人身事故、生产事故、设备事故、交通事故和放射事故。

（一）火灾事故。在生产经营过程中，由于各种原因引起的火灾，并造成人员伤亡或财产损失的事故。

（二）爆炸事故。生产经营过程中，由于各种原因引起的爆炸，并造成人员伤亡或财产损失的事故。

（三）人身事故。员工在劳动过程中发生与工作有关的人身伤亡和急性中毒事故。

（四）生产事故。由于“三违”（违章指挥、违章作业、违反劳动纪律）或其他原因造成停产、减产以及井喷、跑油、跑料、串料、油气泄漏、油品变质、混油等事故。

（五）设备事故。由于设计、制造、安装、施工、使用、检维修、管理等原因造成机械、动力、电气、电信、仪器（表）、容器、运输设备、管道等设备及建（构）筑物等损坏，造成损失或影响生产的事故。

（六）交通事故。车辆、船舶在行驶、航运过程中，由于违反交通、航运规则或因机械故障等造成车辆、船舶损坏、财产损失或人身伤亡的事故。

（七）放射事故。放射源丢失、失控、保管不善等，造成人员伤害、环境污染，以及重大社会影响的事故。

第五条 下列事故为集团公司级事故，根据事故造成的人员伤亡、直接经济损失情况，一般分为四个等级：

（一）特别重大事故。指造成30人以上死亡，或者100人以上重伤（包括急性工业中毒，下同），或者1亿元以上直接经济损失的事故。

（二）重大事故。指造成10人以上30人以下死亡，或者50人以上100人以下重伤，或者5 000万元以上1亿元以下直接经济损失的事故。

（三）较大事故。指造成3人以上10人以下死亡，或者10人以上50人以下重伤，或者1 000万元以上5 000万元以下直接经济损失的事故。

（四）一般事故。指造成3人以下死亡，或者10人以下重伤，或者10万元以上1 000万元以下直接经济损失的事故。

本条所称“以上”包括本数，所称的“以下”不包括本数。

尚未构成集团公司级的事故，纳入直属企业级事故管理。

第六条 下列事故（事件）为上报集团公司备案事故。

（一）按照属地化管理的原则，上报集团公司备案事故包括：

1. 直属企业辖区内（含厂区外独立油库、码头、铁路油品作业区、加油站、长输管道及站场等）发生的，且事故造成人员伤亡、直接经济损失严重程度尚未构成集团公司级事故的火灾、爆炸、油气泄漏、井喷和放射事故。

2. 炼化企业一次性造成3套及以上生产装置或全厂停产，影响日产量50%及以上的事故。

3. 销售企业发生油品变质5吨及以上事故，一次混入量20吨及以上的混油事故。

4. 承包商在辖区内作业过程中发生的死亡、重伤、急性中毒，或其他造成重大影响的事故。

（二）直属企业辖区周边发生的，可能对集团公司造成影响的重大事故、事件。

（三）承运商在公路、水路运输中发生的人身伤亡、火灾、爆炸、油品泄漏事故，以及在水路运输中发生的撞船、搁浅事故。

（四）被授权使用中国石化形象标识企业所发生的人身伤亡、火灾、爆炸、油品泄漏事故。

（五）发生本规定以外的，并在社会上造成重大影响的事故、事件。

第七条 重伤标准按照原劳动部《关于重伤事故范围的意见》（〔60〕中劳护久字第56号）执行。

第八条 事故直接经济损失包括人身伤亡后支出的费用、善后费用及财产损失价值：

（一）人身伤亡后支出的费用、善后费用按照当地工伤保险规定执行。

（二）固定资产损失价值按照下列情况计算：

1. 报废的固定资产按照固定资产净值减去残值计算。

2. 损坏后能修复使用的固定资产，按照实际损坏的修复费用计算。

（三）流动资产的损失价值按照下列情况计算。

1. 原材料、燃料、辅助材料等均按照账面值减去残值计算。

2. 成品、半成品、在制品等均以实际成本减去残值计算。

（四）火灾损失按照公安部《火灾直接财产损失统计方法》（GA 185—1998）中关于火灾损失额的计算方法计算。

（五）交通事故中的车辆、船舶损失按照当地保险公司理赔额计算。

第三章　事故报告

第九条 直属企业及所属单位发生集团公司级事故或备案事故（事件）后，事故单位应立即上报。直属企业接到报告后，应在1小时内报告集团公司安全环保局。情况特别紧急时可先用电话口头报告。任何单位、个人不得以任何借口拖延不报。

直属企业应当按照国家有关规定，及时向事故发生地人民政府安全生产监督管理部门和负有安全生产监督管理职责的有关部门报告有关事故情况，同时向集团公司安全环保局报告。

直属企业应当在事故（事件）发生12小时内填写“中国石化事故快报”（见附件1）或“中国石化备案事故快报”（见附件2）上报集团公司安全环保局。

第十条 当关键装置要害部位发生火灾、爆炸或可燃物质、有毒有害气体非正常排放、严重泄漏，危及周边社会公共安全时，直属企业要立即用简明文字或电话报告集团公司办公厅总值班室和安全环保局。

第十一条 事故发生后，事故单位要立即启动应急预案，采取有效措施组织抢救，防止事故扩大，努力减少人员伤亡和财产损失。

第十二条 直属企业要建立健全事故新闻发布制度和媒体应对机制，及时、主动、准确、客观地向新闻媒体公布事故的有关情况。

第十三条 在事故抢险过程中应妥善保护事故现场以及相关证据。任何单位和个人不得故意破坏事故现场、毁灭相关证据。因抢救人员、防止事故扩大以及疏散交通等原因，需要移动事故现场物件时，应当作出标记，妥善保存现场重要痕迹、物证。

第十四条 凡发生集团公司级事故或直属企业应承担一定责任的备案事故（事件），直属企业应在事故发生后30天内，按照《中国石化事故调查报告》（见附件3）的要求提交事故调查报告，连同《中国石化“四不放过”登记表》（见附件4）一并上报集团公司安全环保局。

第十五条 事故调查、处理过程中发现新情况的，要及时上报补充报告。

自事故发生之日起30日内，事故造成伤亡人数发生变化的，应当及时补报。道路交通事故、火灾事故自发生之日起7日内，事故造成伤亡人数发生变化的，应当及时补报。

第十六条 事故调查报告应当及时、准确、完整，任何单位和个人不得迟报、漏报、谎报或者瞒报。

第四章　事故调查

第十七条 直属企业发生事故后，在政府部门调查处理的同时，集团公司内部也应组织调查。一般事故由直属企业组织调查；较大及以上事故由集团公司组织调查。受集团公司安全环保局委托，青岛安全工程研究院参与事故调查工作。必要时，集团公司也可对一般事故进行调查处理。

第十八条 非集团公司系统的承包商、承运商发生事故，直属企业应当对承包商、承运商的事故调查工作进行监督。

第十九条　直属企业安全监督管理部门负责本企业各类事故的汇总、统计、分析和上报工作，对本企业各类事故的调查处理情况进行监督管理。各类事故的调查、处理、统计、分析、归档等工作要按照“谁主管，谁负责”的原则，由直属企业相关职能部门分工负责。具体职责如下：

（一）人身事故由安全监督管理部门负责。

（二）火灾和爆炸事故由消防管理部门负责。

（三）设备事故由设备管理部门负责。

（四）生产事故由生产、技术管理部门负责。

（五）放射事故由环境保护管理部门负责。

（六）交通事故由交通管理部门负责。

第二十条　事故调查组应当遵循精简效能的原则。根据事故情况，调查组一般由安全、生产、设备、技术、环保、职业卫生、消防、交通管理、人事、工会、纪检监察等相关职能部门组成。必要时可聘请有关专家参与调查。

第二十一条　事故调查组职责：

（一）查明事故发生的经过、原因、人员伤亡情况及直接经济损失。

（二）认定事故的性质和事故责任。

（三）提出对事故责任者的处理建议。

（四）总结事故教训，提出防范和整改措施。

（五）提交事故调查报告。

第二十二条　事故调查组成员应具有事故调查所需要的知识和专长，与所调查的事故没有直接利害关系，诚信公正、恪尽职守、遵守纪律、保守秘密。

第二十三条　事故调查组有权向有关单位和个人了解与事故有关的情况，并要求其提供相关文件、资料，有关单位和个人应积极配合，不得拒绝。

事故发生单位的负责人和有关人员在事故调查期间不得擅离职守，应当随时接受事故调查组的询问，如实提供有关情况。

第二十四条　事故调查中需要进行技术鉴定的，事故调查组应当委托具有国家规定资质的单位进行技术鉴定。必要时，事故调查组可以直接组织专家进行技术鉴定。

第二十五条　事故调查组实行组长负责制，事故调查组成员不得擅自发布有关事故的信息。

第二十六条　事故调查报告无法在30日内完成的，经集团公司安全环保局同意后，可适当延长，延长期最长不得超过30天。

第二十七条　事故调查的有关资料应当归档保存。

第五章　事故处理

第二十八条　对事故中负有责任的事故单位、负责人和责任人应按照国家有关法律法规、企业安全生产事故责任追究制度，以及有关处理规定进行行政处分和经济处罚；涉嫌构成犯罪的，由司法机关依法追究刑事责任。

第二十九条　事故发生后隐瞒不报、谎报、故意拖延不报、故意破坏事故现场，或者无正当理由拒绝接受调查以及拒绝提供有关情况和资料的，应按照有关规定，对有关单位负责人和直接责任人给予从重行政处分或经济处罚；涉嫌构成犯罪的，由司法机关依法追究刑事责任。

第三十条　对下列人员按照集团公司《安全生产禁令》及有关规定给予严肃处理：

（一）没有履行安全职责或因“三违”造成事故的主要责任者。

（二）对已列入事故隐患治理或安全技术措施计划的项目，不按期实施整改和采取应急措施造成事故的主要责任者。

（三）强令冒险作业，或不听劝阻造成事故的主要责任者。

（四）因忽视劳动条件，削减安全防护设施造成事故的主要责任者。

（五）因设备长期失修、带病运转，不采取措施造成事故的主要责任者。

（六）发生事故后，不按照“四不放过”的原则处理、认真吸取教训、落实防范措施，造成事故重复发生的主要责任者。

第三十一条　处理建议的提出和审批权限：

（一）一般事故由事故调查组提出处理建议，报直属企业审批后，报集团公司安全环保局备案；由集团公司组织的一般事故调查，处理意见通报直属企业。

（二）较大、重大事故由事故调查组提出处理建议，报集团公司审批。

（三）特别重大事故的处理，按照国家有关规定执行。

第三十二条　政府组织调查的事故，事故发生单位应当根据事故调查结果，对本单位负有事故责任的人员进行处理。

第三十三条 事故发生单位应认真吸取事故教训，落实防范和整改措施，防止事故再次发生。安全监督管理部门应当对事故单位落实防范及整改措施的情况进行监督检查。

第六章 事故汇报

第三十四条 直属企业发生较大、重大、特别重大事故或一次事故死亡人数超过集团公司下达的年度考核指标时，应到集团公司汇报。

一般事故由直属企业主管领导、主管部门负责人、安全监督管理部门负责人及事故单位主要负责人汇报；发生较大及以上事故的，由直属企业主要领导、主管领导、主管部门负责人、安全监督管理部门负责人及事故单位主要负责人汇报。

第三十五条 事故汇报一般在事故发生后30天内进行。

第三十六条 汇报材料包括事故调查报告、事故现场视频、照片等资料。

第三十七条 一般事故向集团公司安全环保局汇报，有关事业部、管理部参加；较大、重大和特别重大事故向集团公司领导汇报，安全环保局和相关事业部、管理部、人事部、监察局等部门参加。

第三十八条 安全环保局应作事故汇报记录并存档。

第七章 事故统计

第三十九条 直属企业安全监督管理部门每月6日前将《中国石化直属企业（年）月事故统计表》（见附件5）报集团公司安全环保局。

第四十条 交通事故统计原则：

（一）在生产厂区、作业场所内，本单位车辆发生负主要责任的事故，造成执行任务的员工伤亡或直接经济损失在10万元及以上的，作为工业伤亡事故统计；负次要责任的作为交通事故统计。

（二）在生产厂区、作业场所内，本单位车辆发生负主要责任的事故，造成企外人员伤亡或直接经济损失在10万元及以上的，作为交通事故统计；负次要责任的不作考核统计。

（三）在生产厂区、作业场所内，外单位车辆发生负次要责任的交通事故，造成直属企业执行任务的员工伤亡或直接经济损失在10万元及以上的，作为交通事故统计；负主要责任的不作考核统计。

（四）在公共交通道路上，本单位车辆在执行任务中发生负主要责任的交通事故，造成人员伤亡或直接经济损失在10万元及以上的，作为交通事故统计；负次要责任的不作考核统计。

（五）船舶发生事故，应按照海（水）上交通事故的有关规定处理。

第八章 事故档案管理

第四十一条 事故档案是指生产安全事故调查报告、事故调查和处理过程中形成的具有保存价值的各种文字、图表、声像、电子等不同形式的历史记录。

第四十二条 事故档案管理应与事故调查处理同步进行。事故调查组应由专门人员负责收集、整理事故调查和处理期间形成的文字材料，并在事故调查结束后及时移交有关人员。

第四十三条 事故档案由组织事故调查处理单位负责管理。

第四十四条 事故档案主要包括：

（一）事故调查报告及领导批示。

（二）事故调查组织工作的有关材料，包括事故调查组成立批准文件、内部分工、调查组成员名单及签字等。

（三）事故抢险救援报告。

（四）现场勘查报告及事故现场勘查材料，包括事故现场图、照片、录像，勘查过程中形成的其他材料等。

（五）事故技术分析、取证、鉴定等材料，包括技术鉴定报告，专家鉴定意见，设备、仪器等现场提取物的技术检测或鉴定报告，以及物证材料或物证材料的影像材料，物证材料的事后处理情况报告等。

（六）安全生产管理情况调查报告。

（七）伤亡人员名单，尸检报告或死亡证明，受伤人员伤害程度鉴定或医疗证明。

（八）调查取证、谈话、询问笔录等。

（九）其他有关认定事故原因、管理责任的调查取证材料，包括事故责任单位营业执照、有关资质证书复印件、作业规程等。

（十）事故经济损失的材料。

（十一）事故调查组工作简报。

（十二）与事故调查工作有关的会议记录。

（十三）其他与事故调查有关的文件材料。

（十四）事故调查处理意见的请示（附事故调查报告）。

（十五）事故处理决定、批复或结案通知。

（十六）相关单位对事故责任认定和对责任人进行处理的意见函。

（十七）对事故责任单位和责任人责任追究落实情况的文件材料。

（十八）其他与事故处理有关的文件材料。

第九章　附　则

第四十五条　直属企业应依照本规定制定本企业事故管理实施细则。

第四十六条　本规定自下发之日起施行。原《事故管理规定》（中国石化安〔2004〕553号）同时废止。

第四十七条　本规定由集团公司安全环保局负责解释。

（附件略）

统计资料

◇ 中国石油化工统计

◇ 世界石油化工统计

中国石油化工统计

表1 石化集团公司主要经济指标

项目 \ 年份	2009	2008	2007	2006	2005	2004
工业总产值(现价)/亿元	10 418.68	12 591.48	10 657.88	9 765.19	7 923.80	6 111.80
实现利税总额/亿元	2 738.89	1 219.19	1 586.18	1 390.34	1 099.57	941.87
利　润/亿元	816.91	263.97	757.14	672.35	557.36	432.30
年末职工总数/万人	61.92	62.49	63.57	66.62	70.19	76.76
工资总额/亿元	322.07	309.18	285.53	231.80	221.79	220.13
主营业务收入/亿元	13 754.31	14 470.85	12 079.66	10 646.67	8 230.12	6 342.87
资产总值/亿元	12 888.90	10 448.49	9 955.71	8 641.15	7 298.53	6 202.51
固定资产原值/亿元	7 430.34	6 629.84	5 917.18	7 905.34	7 043.35	6 452.07
固定资产净值/亿元	4 157.70	3 653.80	3 375.56	4 466.51	3 876.27	3 520.60
负债总值/亿元	7 375.17	5 637.16	5 420.28	4 777.92	3 847.03	3 335.78
流动负债/亿元	4 600.24	3 570.99	3 482.71	2 980.60	2 441.74	2 311.45
长期负债/亿元	2 774.93	2 066.16	1 937.56	1 797.31	1 405.27	1 021.85

表2 石化集团公司主要产品产量及占全行业比重　　万吨

项目 \ 年份	2009	2008	2007	2006	2005	2004
原　油	4 241.55	4 180.28	4 108.04	4 016.74	3 927.07	3 861.21
全行业	18 948.96	19 021.97	18 632.00	18 477.00	18 084.00	17 587.00
占全行业/%	22.38	21.98	22.05	21.74	21.72	21.95
天然气/亿立方米	84.68	83.00	80.03	72.70	62.85	58.63
全行业	829.92	770.50	692.40	585.50	500.00	414.60
占全行业/%	10.20	10.77	11.56	12.42	12.57	14.14
原油加工量	18 428.28	17 293.77	16 575.88	15 650.56	14 879.50	14 140.80
全行业	37 460.13	34 718.03	32 986.11	31 212.06	29 457.07	27 290.32
占全行业/%	49.19	49.81	50.25	50.14	50.51	51.82
汽煤柴润总量	11 588.58	10 947.24	10 051.31	9 461.65	9 134.14	8 746.07
全行业	23 545.47	21 534.02	20 119.18	18 786.00	17 996.99	16 846.89
占全行业/%	49.22	50.84	49.96	50.37	50.75	51.92
汽　油	3 490.00	3 010.36	2 701.58	2 545.98	2 511.49	2 576.91
全行业	7 194.77	6 359.49	5 999.57	5 591.37	5 405.34	5 249.77
占全行业/%	48.51	47.34	45.03	45.53	46.46	49.09

续表

项目 \ 年份	2009	2008	2007	2006	2005	2004
煤　油	1 039.43	798.69	832.01	635.40	662.90	636.67
全行业	1 479.43	1 165.23	1 159.57	968.85	988.56	970.75
占全行业/%	70.26	68.54	71.75	65.58	67.06	65.59
柴　油	6 925.92	7 017.48	6 384.54	6 161.58	5 822.34	5 395.02
全行业	14 126.79	13 324.74	12 336.67	11 653.44	11 061.58	10 162.08
占全行业/%	49.03	52.67	51.75	52.87	52.64	53.09
润滑油	133.24	120.70	133.18	118.70	137.40	137.46
全行业	744.48	684.56	623.38	572.34	541.51	464.29
占全行业/%	17.90	17.63	21.36	20.74	25.37	29.61
乙　烯	671.33	635.94	669.39	633.10	549.63	425.49
全行业	1 069.68	987.54	1 027.80	940.50	755.53	629.90
占全行业/%	62.76	64.40	65.13	67.32	72.75	67.55
塑　料	1 090.73	1 025.87	1 062.65	957.92	858.14	711.86
全行业	3 603.23	3 222.40	3 083.34	2 528.71	2 141.96	1 790.99
占全行业/%	30.27	31.84	34.46	37.88	40.06	39.75
合成橡胶	117.33	108.39	106.65	90.79	84.30	78.09
全行业	275.49	253.47	218.21	184.53	163.21	147.76
占全行业/%	42.59	42.76	48.87	49.20	51.65	52.85
合成纤维原料	506.56	472.01	523.41	452.13	407.56	362.15
全行业	1 171.87	1 086.68	1 013.23	837.00	748.86	630.64
占全行业/%	43.23	43.44	51.66	54.02	54.42	57.43
合成纤维聚合物	304.90	266.97	291.07	284.70	277.76	252.10
全行业	1 302.12	1 153.01	1 148.96	890.28	845.28	847.25
占全行业/%	23.42	23.15	25.33	31.98	32.86	29.76
合成纤维	131.40	127.44	143.82	152.26	160.07	170.34
全行业	2 494.05	2 175.18	2 176.03	1 860.32	1 500.25	1 313.96
占全行业/%	5.27	5.86	6.61	8.18	10.67	12.96
合成氨	135.15	124.16	114.38	109.06	124.31	174.75
全行业	5 135.52	4 944.99	5 091.90	4 937.90	4 596.25	4 222.20
占全行业/%	2.63	2.51	2.25	2.21	2.70	4.14
氮肥(折合氮100%)	92.95	89.48	86.33	88.79	97.18	135.11
全行业	4 863.68	4 263.24	4 217.31	3 782.34	3 575.91	3 304.07
占全行业/%	1.91	2.10	2.05	2.35	2.72	4.09
尿　素	175.22	164.86	156.46	160.91	177.96	263.00
全行业	6 374.76	5 769.59	5 432.12	4 791.05	4 280.86	4 127.68
占全行业/%	2.75	2.86	2.88	3.36	4.16	6.37

注：2004—2008年全行业数据有变动。

表3　　**石化集团公司与全行业石油产品分品种产量**　　万吨

项目 \ 年份	2009	2008	2007	2006	2005	2004
原油加工量						
石化集团公司	18 428.28	17 293.77	16 575.88	15 650.56	14 879.50	14 140.80
全行业	37 460.13	34 718.03	32 986.11	31 212.06	29 402.36	27 290.32
汽煤柴润总量						
石化集团公司	11 588.58	10 947.24	10 051.31	9 461.65	9 134.14	8 746.07
全行业	23 545.47	21 534.02	20 119.18	18 786.00	17 988.10	16 846.89
汽　油						
石化集团公司	3 490.00	3 010.36	2 701.58	2 545.98	2 511.49	2 576.91
全行业	7 194.77	6 359.49	5 999.57	5 591.37	5 389.70	5 249.77
煤　油						
石化集团公司	1 039.43	798.69	832.01	635.40	662.90	636.67
全行业	1 479.43	1 165.23	1 159.57	968.85	990.05	970.75
柴　油						
石化集团公司	6 925.92	7 017.48	6 384.54	6 161.58	5 822.34	5 395.02
全行业	14 126.79	13 324.74	12 336.67	11 653.44	11 041.40	10 162.08
润滑油						
石化集团公司	133.24	120.70	133.18	118.70	137.40	137.46
全行业	744.48	684.56	623.38	572.34	566.95	464.29
溶剂油						
石化集团公司	68.82	62.12	91.32	103.52	109.52	122.88
全行业	112.97	118.79	133.45	159.76	175.80	201.94
燃料油						
石化集团公司	414.05	656.53	826.02	729.33	794.30	907.84
全行业	1 856.71	2 292.87	2 433.05	2 264.71	2 416.69	2 082.55
商品量						
石化集团公司	320.15	512.96	629.28	514.62	543.37	657.90
全行业	769.55	1 012.90	1 149.34	958.82	1 024.06	1 196.89
石　蜡						
石化集团公司	43.12	45.23	50.67	49.49	49.57	53.06
全行业	131.57	152.00	162.73	157.34	163.50	167.06
石油焦						
石化集团公司	1 105.04	1 034.18	848.70	754.46	646.36	498.05
全行业	1 424.54	1 379.91	1 191.56	1 098.02	968.51	735.30
石油沥青						
石化集团公司	473.08	285.99	332.17	350.43	282.50	311.19

续表

项目 \ 年份	2009	2008	2007	2006	2005	2004
全行业	2 354.42	1 523.26	1 433.15	1 238.07	1 037.92	902.62
洗涤剂原料						
石化集团公司	33.01	14.97	18.06	17.00	15.63	17.47
全行业	51.50	39.16	40.99	44.93	43.51	42.14
化工轻油						
石化集团公司	2 696.37	2 329.03	2 411.77	2 339.46	2 152.55	1 810.36
全行业	3 776.78	3 364.49	3 501.65	3 302.70	2 916.25	2 611.60
商品原料油						
石化集团公司	647.04	596.53	618.14	551.35	543.55	578.43
全行业	933.06	908.23	920.36	865.11	766.22	750.37

注：2008年全行业数据有变动。

表4　　石化集团公司与全行业有机化学品分品种产量　　万吨

项目 \ 年份	2009	2008	2007	2006	2005	2004
乙　烯						
石化集团公司	671.33	635.94	669.39	633.10	549.63	425.49
全行业	1 069.68	987.54	1 027.80	940.50	755.53	629.90
丙　烯						
石化集团公司	633.65	613.08	616.83	564.75	504.98	414.26
全行业						
丁二烯						
石化集团公司	86.72	83.39	84.30	76.69	73.99	63.34
全行业						
纯　苯						
石化集团公司	248.81	224.20	247.12	224.63	190.73	142.91
全行业	463.77	418.27	416.76	347.72	307.95	255.63
甲　苯						
石化集团公司	58.91	68.80	80.18	84.14	62.12	57.47
全行业						
二甲苯						
石化集团公司	89.79	73.51	72.64	96.11	75.48	64.00
全行业						
烷基苯						
石化集团公司	12.55	10.55	29.99	29.41	26.62	30.73
全行业						

续表

项目 \ 年份	2009	2008	2007	2006	2005	2004
对二甲苯						
石化集团公司	297.73	193.24	237.27	223.99	189.21	153.99
全行业	355.47	264.13	314.18	278.89	223.35	188.01
苯乙烯						
石化集团公司	109.94	109.94	114.17	108.72	101.34	46.66
全行业						
苯　酐						
石化集团公司	11.64	10.13	13.06	12.68	11.85	9.29
全行业						
精甲醇						
石化集团公司	19.71	28.47	31.48	30.54	37.90	38.88
全行业	1 133.38	1 115.22	1 058.53	758.54	568.77	440.64
丁　醇						
石化集团公司	21.22	21.38	24.76	20.21	11.78	3.82
全行业						
辛　醇						
石化集团公司	42.11	42.45	42.71	40.67	37.67	15.04
全行业						
苯　酚						
石化集团公司	32.22	34.62	39.49	38.98	34.65	24.74
全行业						
丙　酮						
石化集团公司	20.11	21.65	24.62	24.26	21.64	15.61
全行业						
甲　醛						
石化集团公司	3.42	5.36	5.90	7.79	7.84	6.82
全行业						
乙　醛						
石化集团公司	3.35	2.39	5.72	6.90	10.85	12.14
全行业						
醋　酸						
石化集团公司	2.36	2.78	5.70	5.59	35.82	31.98
全行业	272.06	254.05	163.41	143.81	137.11	115.16

注：2008年全行业数据有变动。

表5 **石化集团公司与全行业合成纤维及原料分品种产量** 万吨

项目 \ 年份	2009	2008	2007	2006	2005	2004
合成纤维原料						
石化集团公司	506.56	472.01	523.41	452.13	407.56	362.15
全行业	1 171.87	1 086.68	1 013.23	837.00	750.03	630.64
精对苯二甲酸						
石化集团公司	328.90	289.44	333.53	283.81	266.54	257.17
全行业				563.44	514.75	442.38
己内酰胺						
石化集团公司	18.41	19.31	18.29	17.96	16.01	14.40
全行业		29.03	30.24	29.04	21.14	22.77
丙烯腈						
石化集团公司	49.63	49.40	54.26	52.50	41.82	25.84
全行业				104.11	93.02	70.58
乙二醇						
石化集团公司	104.80	108.64	114.24	97.86	83.19	64.74
全行业				125.64	110.08	94.91
合成纤维						
石化集团公司	131.40	127.44	143.82	152.26	160.07	170.34
全行业	2 494.05	2 175.18	2 176.03	1 860.32	1 663.73	1 313.96
锦　纶						
石化集团公司			0.01	0.51	0.29	0.70
全行业	137.27	112.04	96.60	82.79	72.04	66.83
涤　纶						
石化集团公司	99.10	94.07	106.03	112.77	119.73	130.19
全行业	2 204.36	1 924.97	1 925.61	1 614.21	1 441.12	1 138.05
腈　纶						
石化集团公司	30.48	31.43	35.67	36.94	36.91	35.81
全行业	68.38	55.44	80.16	81.62	78.39	66.20
维　纶						
石化集团公司	1.25	1.48	1.57	1.50	1.48	1.30
全行业	4.77	5.48	4.25	4.33	4.00	3.51
丙　纶						
石化集团公司	0.57	0.46	0.55	0.55	1.67	2.28
全行业	26.38	26.02	29.64	24.66	23.11	27.58
其　他（全行业）	52.89	51.23	39.77	52.71	45.07	11.79

注：2008年全行业数据有变动。

表6　　石化集团公司与全行业塑料、合成橡胶分品种产量　　万吨

项目 \ 年份	2009	2008	2007	2006	2005	2004
塑　料						
石化集团公司	1 090.73	1 025.87	1 062.65	957.92	858.14	711.86
全行业	3 603.23	3 222.40	3 083.34	2 528.71	2 150.23	1 790.99
聚乙烯						
石化集团公司	476.96	446.95	450.33	411.31	354.65	287.43
全行业	812.87	758.66	686.04	599.29	520.93	441.30
聚丙烯						
石化集团公司	440.48	407.18	412.94	366.17	339.89	313.34
全行业	820.52	742.36	708.41	584.15	518.49	474.88
聚苯乙烯						
石化集团公司	62.99	58.31	63.91	57.48	49.50	35.69
全行业	111.07	96.08	118.82	112.18	102.75	102.09
聚氯乙烯						
石化集团公司	51.37	57.46	67.18	72.06	72.79	38.94
全行业	915.49	824.62	930.99	823.86	668.30	503.18
合成橡胶						
石化集团公司	117.33	108.39	106.65	90.79	84.30	78.09
全行业	275.49	253.47	218.21	184.53	166.08	147.76
顺丁橡胶						
石化集团公司	33.35	32.41	33.08	32.86	29.56	29.83
全行业		41.89	43.82	45.26	40.06	39.71

注：2008年全行业数据有变动。

表7

中国原油与石油产品进口数量与金额

产品名称	2009年		2008年		2007年		2006年		2005年		2004年	
	数量/万吨	金额/百万美元	数量/万吨	金额/百万美元	数量/万吨	金额/百万美元	数量/万吨	金额/百万美元	数量/万吨	金额/百万美元	数量/万吨	金额/百万美元
原　油	20 378.89	88 895.58	17 889.30	128 959.90	16 317.55	79 683.68	14 518.03	66 398.08	12 708.32	47 860.53	12 281.55	33 912.99
成品油	1 248.07	7 550.56	1 694.34	18 274.95	933.28	7 003.80	836.25	5 947.29	534.80	3 196.98	698.93	2 972.70
汽　油	4.44	25.27	198.70	2 295.61	22.70	178.47	6.09	39.50	0.00	0.12	0.00	0.12
石脑油	265.12	1 478.91	77.27	554.91	106.81	696.15	63.92	353.88	34.90	190.25	5.09	16.72
溶剂油	1.93	20.28	3.67	36.43	2.35	21.56	2.10	18.79	2.26	14.51	7.20	31.09
其他汽油馏分	2.88	26.20	1.47	20.91	0.81	11.64	0.59	8.36	0.62	7.36	0.16	2.41
煤　油	576.22	3 220.79	624.91	6 423.96	500.03	3 453.39	562.15	3 774.54	328.86	1 857.59	277.42	1 105.04
轻柴油	183.68	922.71	624.75	6 810.05	162.24	1 215.69	70.52	408.94	53.68	265.77	274.94	1 015.16
润滑油、脂	25.32	514.24	26.64	574.65	23.09	448.09	22.57	399.26	20.94	321.60	20.61	305.58
润滑油基础油	188.48	1 342.16	136.93	1 558.43	115.25	978.81	108.31	944.02	93.53	539.79	113.51	496.58
燃料油	2 400.35	8 586.23	2 160.09	11 249.33	2 411.61	8 982.93	2 800.36	9 581.57	2 610.06	7 726.40	3 063.10	6 133.74
石　蜡	2.54	49.23	2.97	49.44	2.85	40.23	3.34	38.88	4.08	36.68	5.32	38.59
石油沥青	333.44	1 214.75	322.78	1 362.09	356.50	1 102.68	343.08	1 112.94	318.04	643.99	262.25	497.84
石油焦	329.67	333.47	92.13	290.07	75.22	160.78	81.01	98.53	63.32	68.78	83.03	76.70
液体石蜡	2.78	30.58	1.61	25.77	1.56	18.74	1.85	18.55	1.65	13.38	2.32	13.63
液化石油气	409.15	2 040.83	260.02	1 956.45	405.46	2 479.19	535.64	2 902.59	616.84	2 837.22	640.90	2 416.29

表8 中国原油与石油产品出口数量与金额

产品名称	2009年		2008年		2007年		2006年		2005年		2004年	
	数 量/万吨	金 额/百万美元	数 量/万吨	金 额/百万美元	数 量/万吨	金 额/百万美元	数 量/万吨	金 额/百万美元	数 量/万吨	金 额/百万美元	数 量/万吨	金 额/百万美元
原　油	518.40	2 217.20	373.34	2 748.71	382.92	1 654.38	633.72	2 736.98	806.69	2 696.01	549.16	1 324.69
成品油	1 641.63	9 315.87	976.41	9 609.39	1171.18	7 684.20	979.64	6 172.94	1170.69	5 782.29	958.54	3 563.41
汽　油	494.31	2 828.67	203.55	1 849.01	464.22	2 822.52	350.54	2 085.15	563.28	2 690.10	540.71	1 962.53
石脑油	85.47	494.15	151.37	1 312.08	173.89	1 138.69	157.31	900.46	177.96	794.75	139.74	530.22
溶剂油	0.41	4.07	0.38	4.78	0.73	5.99	0.42	3.87	0.27	1.93	0.57	2.24
其他汽油馏分	0.00	0.01	——	0.01	——	——	0.04	0.27	0.01	0.02	0.00	0.00
煤　油	594.49	3 435.36	533.05	5 573.50	448.03	3 123.76	371.12	2 512.52	268.66	1 524.33	203.71	796.31
轻柴油	450.71	2 351.48	62.86	554.52	66.03	406.46	77.58	467.07	147.51	677.09	63.65	202.43
润滑油、脂	10.83	164.83	12.45	189.63	9.12	117.67	7.84	90.91	6.22	58.31	6.40	54.20
润滑油基础油	5.41	37.30	12.75	125.86	9.16	69.11	14.79	112.69	6.79	35.75	3.77	15.48
燃料油	862.45	3 225.29	724.58	4 029.18	378.03	1 445.97	258.07	892.47	229.99	623.81	181.69	372.77
石　蜡	54.85	541.01	61.51	768.79	62.25	550.24	62.82	525.48	75.52	487.06	71.14	365.35
石油沥青	8.17	41.35	1.59	9.48	0.71	3.22	1.45	7.07	3.81	6.05	19.97	15.34
石 油 焦	139.99	305.92	179.79	687.63	159.24	293.80	236.55	332.59	205.23	253.65	122.24	143.18
液体石蜡	0.03	0.19	0.05	0.76	——	——	0.01	0.08	0.03	0.18	0.02	0.13
液化石油气	84.89	442.95	67.53	524.11	33.81	218.49	15.13	85.14	2.70	17.48	3.28	15.68

表9

中国主要石化产品进口数量与金额

产品名称	2009年		2008年		2007年		2006年		2005年		2004年	
	数 量/万吨	金 额/百万美元	数 量/万吨	金 额/百万美元	数 量/万吨	金 额/百万美元	数 量/万吨	金 额/百万美元	数 量/万吨	金 额/百万美元	数 量/万吨	金 额/百万美元
一、初级形状合成树脂与塑料	2 381.23	34 784.65	1 770.16	34 039.65	1 896.90	32 347.50	1 806.63	27 062.23	1 821.98	23 741.40	1 820.23	20 538.15
1. 聚乙烯	740.88	8 276.01	449.66	6 870.72	453.44	6 025.06	489.18	5 783.31	526.00	5 482.05	479.66	4 344.76
低密度聚乙烯	134.89	1 577.31	70.82	1 153.64	77.26	1 062.97	93.18	1 097.76	110.98	1 207.31	134.15	1 268.70
高密度聚乙烯	385.90	4 247.99	231.26	3 510.68	209.12	2 799.71	241.95	2 896.93	244.58	2 511.80	231.60	2 063.39
2. 聚丙烯	416.24	4 560.21	278.89	4 012.81	307.01	3 862.96	294.47	3 316.69	302.33	3 020.14	291.39	2 564.51
3. 聚苯乙烯	118.47	1 445.16	115.15	1 654.09	132.37	1 733.72	131.91	1 474.78	142.15	1 440.80	156.25	1 438.66
可发性聚苯乙烯	7.75	97.63	8.52	119.98	10.96	139.27	12.07	132.83	14.13	143.97	17.98	167.88
其他聚苯乙烯	110.72	1 347.53	106.62	1 534.11	121.41	1 594.44	119.85	1 341.95	128.02	1 296.84	138.28	1 270.77
4. ABS共聚物	216.79	3 397.30	195.19	3 627.63	217.27	3 616.22	201.47	2 886.84	198.70	2 579.32	196.31	2 270.67
5. 聚氯乙烯	195.52	1 597.70	112.68	1 256.63	130.39	1 277.68	145.21	1 272.41	166.13	1 416.07	211.02	1 703.96
纯聚氯乙烯	171.54	1 300.08	86.08	888.78	101.43	921.74	114.70	939.67	130.75	1 070.37	162.88	1 286.80
未塑化聚氯乙烯	16.71	166.66	17.65	206.40	18.37	186.49	19.75	184.18	24.38	213.24	37.30	297.74
已塑化聚氯乙烯	7.27	130.97	8.95	161.45	10.58	169.44	10.76	148.56	10.99	132.46	10.85	119.43
二、合成橡胶及胶乳合计	146.80	2 991.14	120.19	3 341.03	141.35	2 841.88	130.35	2 378.55	108.92	1 797.20	110.02	1 423.45
1. 丁苯橡胶	36.26	582.21	31.99	636.34	45.53	688.44	46.46	649.72	37.26	462.18	36.03	346.04
丁苯胶乳	4.37	58.08	6.00	79.15	9.65	96.41	10.04	79.66	12.23	97.28	12.86	87.08
2. 顺丁橡胶	16.88	254.00	10.57	256.18	13.66	238.86	10.01	161.72	8.56	131.64	7.95	97.70
3. 丁基橡胶	5.31	184.55	6.44	298.45	6.38	208.71	6.07	187.87	6.47	180.40	6.08	138.10
4. 氯丁橡胶	1.62	50.15	1.85	60.19	1.86	56.41	2.00	50.61	2.28	48.34	2.84	55.68

续表

产品名称	2009年		2008年		2007年		2006年		2005年		2004年	
	数量/万吨	金额/百万美元	数量/万吨	金额/百万美元	数量/万吨	金额/百万美元	数量/万吨	金额/百万美元	数量/万吨	金额/百万美元	数量/万吨	金额/百万美元
5. 丁腈橡胶	8.24	131.69	8.80	184.50	9.36	155.10	9.14	136.95	9.86	143.80	7.77	89.86
6. 异戊二烯橡胶	1.14	27.06	1.22	35.58	1.46	31.04	1.08	20.79	1.13	17.94	3.18	39.36
7. 乙丙橡胶	9.01	198.82	5.96	158.69	5.09	116.38	3.73	82.42	3.59	75.12	0.55	9.04
8. 其他合成橡胶	68.34	1 562.66	53.36	1 711.10	58.01	1 346.93	51.87	1 088.48	39.76	737.77	45.63	647.67
其他胶乳	0.67	9.92	1.00	16.00	0.82	11.32	0.99	13.75	0.87	11.40	1.70	16.65
三、合成纤维	75.37	1 822.85	72.43	1 933.42	101.72	2 366.56	119.44	2 541.93	142.57	2 794.28	167.37	2 785.04
1. 锦　纶	20.70	630.17	21.11	694.26	23.74	726.26	28.15	820.74	26.45	717.34	27.23	603.02
长　丝	19.78	576.18	19.77	625.21	22.60	665.67	26.65	755.98	25.10	662.58	25.92	557.86
短纤维及纤维条	0.92	53.99	1.34	69.05	1.14	60.59	1.50	64.76	1.35	54.76	1.31	45.15
2. 涤　纶	32.51	567.18	32.62	620.82	45.40	761.91	53.47	827.35	64.17	945.84	87.64	1 104.91
长　丝	17.57	365.18	18.42	401.34	25.71	484.42	27.18	486.18	29.55	522.69	36.92	573.42
短纤维及纤维条	14.94	202.00	14.20	219.48	19.68	277.49	26.29	341.17	34.62	423.15	50.73	531.49
3. 腈纶短纤维及纤维条	18.01	378.44	14.56	372.87	28.07	633.45	33.71	687.54	46.46	878.16	45.95	775.30
4. 丙　纶	0.72	17.11	0.81	20.10	0.89	20.59	0.81	19.30	0.89	16.54	0.91	13.87
长　丝	0.35	9.14	0.51	11.74	0.57	13.20	0.54	13.66	0.48	8.88	0.44	7.44
短纤维及纤维条	0.37	7.97	0.30	8.36	0.32	7.39	0.27	5.64	0.41	7.66	0.47	6.44
5. 氨纶长丝	1.72	135.00	1.55	128.97	1.66	135.98	1.66	121.20	2.80	176.29	3.96	236.31
6. 其　他	1.71	94.95	1.78	96.40	1.96	88.37	1.63	65.81	1.80	60.11	1.67	51.64
长　丝	0.82	43.05	0.75	41.29	0.99	45.79	0.95	39.88	1.11	41.84	0.87	34.71
短纤维及纤维条	0.89	51.90	1.03	55.11	0.97	42.58	0.68	25.93	0.69	18.27	0.80	16.93
四、制成肥料	404.36	1 984.63	618.65	3 475.33	1 167.59	2 902.09	1 127.61	2 482.46	1 395.15	3 048.95	1 238.55	2 284.50
尿　素	3.88	7.77	0.01	0.10	0.05	0.27	3.75	5.98	7.10	12.73	3.80	5.49
五、有机化学品												
（一）乙烯、芳烃												
乙　烯	97.46	813.18	72.12	937.12	50.98	603.57	11.74	138.75	11.14	102.92	6.76	59.28

续表

产品名称	2009年		2008年		2007年		2006年		2005年		2004年	
	数量/万吨	金额/百万美元	数量/万吨	金额/百万美元	数量/万吨	金额/百万美元	数量/万吨	金额/百万美元	数量/万吨	金额/百万美元	数量/万吨	金额/百万美元
纯苯	62.19	292.09	32.80	320.71	24.87	256.68	29.77	245.32	25.51	214.94	5.28	43.06
甲苯	79.09	512.07	27.36	246.46	44.46	379.47	56.71	464.31	80.60	560.75	81.75	511.83
混合二甲苯	0.48	4.21	0.83	5.96	0.69	5.71	1.05	10.89	3.37	21.48	2.89	17.83
邻二甲苯	67.28	562.47	43.76	485.86	55.84	611.30	43.01	428.68	32.93	258.53	24.25	168.49
对二甲苯	370.53	3 489.08	340.35	4 142.78	290.31	3 336.49	184.02	2 105.37	160.79	1 438.40	113.66	842.01
苯乙烯	364.59	3 411.21	281.08	3 708.44	310.15	4 141.54	234.30	2 671.77	281.20	2 989.83	288.90	3 011.10
乙苯	0.21	2.14	——	0.03	0.23	2.85	0.04	0.51	0.94	11.77	0.16	1.85
（二）主要有机原料												
甲醇	528.80	1 139.56	143.39	518.96	84.50	260.43	112.73	303.90	136.03	335.06	135.85	345.78
丁醇	69.28	596.43	41.54	549.52	46.98	657.71	38.57	419.83	43.53	362.27	44.49	299.38
辛醇	47.00	494.81	27.94	462.37	28.34	448.52	25.57	305.18	29.37	283.19	30.42	247.31
醋酸	29.82	114.52	30.46	188.77	49.91	308.36	70.68	360.16	54.20	346.22	52.50	260.53
苯酚	57.33	441.00	36.64	522.01	45.69	681.59	28.46	325.59	29.13	319.93	28.12	275.15
丙酮	55.13	350.42	36.50	354.65	48.18	426.60	39.59	275.50	33.74	259.06	25.43	205.30
丁酮	4.34	34.38	4.99	64.04	8.76	89.12	9.45	84.19	12.10	111.50	14.32	128.95
（三）主要合成纤维原料												
乙二醇	582.81	3 525.98	521.64	5 339.37	480.18	4 853.47	406.13	3 427.73	400.03	3 527.29	339.10	3 038.45
对苯二甲酸	625.61	5 007.97	594.06	5 325.02	698.82	6 142.05	700.43	6 151.19	649.13	5 209.26	572.06	4 169.08
尼龙66盐	1.50	23.23	1.25	27.98	2.06	45.23	1.28	25.57	1.73	33.32	1.33	17.70
丙烯腈	45.10	498.78	28.52	550.77	43.55	722.31	32.45	464.49	31.64	401.32	31.86	326.95
己内酰胺	60.13	978.38	45.01	1 084.27	47.25	1 100.97	44.46	884.74	49.31	1 072.78	44.93	721.43
聚酯切片	24.96	275.87	22.82	315.51	29.42	366.81	19.30	234.27	12.98	143.74	18.00	180.33

表10 中国主要石化产品出口数量与金额

产品名称	2009年		2008年		2007年		2006年		2005年		2004年	
	数量/万吨	金额/百万美元	数量/万吨	金额/百万美元	数量/万吨	金额/百万美元	数量/万吨	金额/百万美元	数量/万吨	金额/百万美元	数量/万吨	金额/百万美元
一、初级形状合成树脂与塑料	296.65	4 994.63	379.07	7 014.51	382.40	6 324.90	277.04	4 352.17	188.63	3 067.26	93.60	1 543.20
1. 聚乙烯	6.19	86.38	6.68	111.50	6.04	83.92	3.96	53.92	5.73	65.15	1.99	19.62
低密度聚乙烯	2.40	37.23	1.70	29.65	1.56	26.66	1.48	21.73	1.78	22.18	0.65	7.36
高密度聚乙烯	3.06	41.20	3.99	66.85	3.79	48.99	2.00	26.06	2.65	29.59	1.02	9.19
2. 聚丙烯	4.48	67.60	4.17	71.99	3.11	48.63	2.62	40.93	2.25	34.11	1.53	19.32
3. 聚苯乙烯	27.49	317.76	32.34	507.26	30.80	467.18	18.84	257.34	12.58	155.40	7.44	90.36
可发性聚苯乙烯	25.89	290.40	29.44	455.02	27.54	421.74	14.94	207.78	7.38	92.66	4.17	50.14
其他聚苯乙烯	1.60	27.36	2.90	52.24	3.26	45.44	3.90	49.55	5.20	62.73	3.27	40.22
4. ABS共聚物	4.98	88.47	4.33	86.54	3.24	63.75	1.96	34.17	1.42	23.39	0.16	2.17
5. 聚氯乙烯	27.56	257.24	64.63	705.19	75.30	678.37	49.94	385.70	14.96	124.51	4.33	37.94
纯聚氯乙烯	23.95	206.91	60.72	647.59	71.17	629.64	46.03	349.01	11.86	93.74	1.71	13.64
未塑化聚氯乙烯	0.63	7.16	0.58	7.30	1.29	11.80	1.46	11.37	0.65	5.21	0.32	2.91
已塑化聚氯乙烯	2.98	43.17	3.34	50.30	2.84	36.93	2.44	25.32	2.45	25.56	2.31	21.39
二、合成橡胶及胶乳合计	10.41	222.18	9.56	270.33	8.14	180.11	7.95	151.27	9.14	165.52	8.52	116.83
1. 丁苯橡胶	4.18	78.93	2.54	60.34	2.34	37.33	2.47	36.15	2.59	38.45	1.53	17.85
丁苯胶乳	0.33	3.48	0.30	3.95	0.22	2.19	0.33	3.24	0.26	2.58	0.15	1.14
2. 顺丁橡胶	1.37	23.41	2.31	61.46	1.30	22.59	2.21	36.16	3.47	53.74	3.65	42.41
3. 丁基橡胶	0.32	8.69	0.08	3.53	0.39	10.31	0.28	7.22	0.85	23.15	1.07	18.19
4. 氯丁橡胶	0.25	8.91	0.60	27.09	0.81	31.23	0.63	17.26	0.09	2.03	0.07	1.25

续表

产品名称	2009年		2008年		2007年		2006年		2005年		2004年	
	数 量/万吨	金 额/百万美元	数 量/万吨	金 额/百万美元	数 量/万吨	金 额/百万美元	数 量/万吨	金 额/百万美元	数 量/万吨	金 额/百万美元	数 量/万吨	金 额/百万美元
5. 丁腈橡胶	0.09	2.09	0.12	3.39	0.21	3.89	0.29	5.10	0.15	3.55	0.34	4.33
6. 异戊二烯橡胶	0.07	2.08	0.25	7.75	0.08	2.11	0.11	3.36	0.06	1.92	0.04	0.39
7. 乙丙橡胶	0.22	3.96	0.30	5.41	0.19	2.13	0.13	1.28	0.14	1.22	0.03	0.43
8. 其他合成橡胶	3.91	94.11	3.36	101.36	2.82	70.52	1.83	44.74	1.78	41.45	1.79	31.96
其他胶乳	0.06	0.78	0.01	0.19	0.06	1.25	0.03	0.69	0.02	0.48	0.02	0.44
三、合成纤维	125.47	2 164.31	152.82	3 124.99	130.03	2 626.39	87.63	1 632.19	61.00	1 126.96	38.10	635.32
1. 锦 纶	12.30	425.28	12.52	517.97	11.34	418.96	10.09	353.79	8.23	294.26	5.78	178.60
长 丝	12.01	399.29	12.06	467.95	11.04	398.51	9.69	336.40	7.88	269.55	5.54	166.60
短纤维及纤维条	0.29	25.99	0.46	50.02	0.30	20.45	0.40	17.39	0.35	24.71	0.25	12.00
2. 涤 纶	104.12	1 383.62	126.66	2 058.75	105.11	1 588.52	69.38	985.22	47.08	670.49	28.15	351.10
长 丝	63.83	966.78	81.07	1 481.65	64.11	1 108.56	40.02	666.31	26.08	445.66	13.70	207.69
短纤维及纤维条	40.29	416.84	45.59	577.10	41.00	479.96	29.37	318.91	21.00	224.83	14.45	143.41
3. 腈纶短纤维及纤维条	0.51	11.48	1.00	25.24	0.25	6.39	0.25	6.33	0.21	4.33	0.17	3.09
4. 丙 纶	1.36	28.69	1.72	41.81	1.64	37.52	1.39	24.98	1.17	19.22	0.72	9.70
长 丝	0.99	22.66	1.31	33.65	1.20	30.21	0.87	16.83	0.68	12.03	0.42	6.09
短纤维及纤维条	0.37	6.03	0.41	8.16	0.44	7.31	0.52	8.15	0.49	7.19	0.30	3.61
5. 氨纶长丝	2.89	183.96	2.89	226.16	3.21	301.05	2.33	155.90	0.77	55.21	0.56	38.17
6. 其 他	4.29	131.28	8.03	255.06	8.48	273.95	4.19	105.97	3.54	83.45	2.72	54.67
长 丝	1.90	60.18	4.43	132.58	4.67	168.16	1.02	26.65	0.62	17.05	0.37	12.20
短纤维及纤维条	2.39	71.10	3.60	122.48	3.81	105.79	3.17	79.32	2.92	66.40	2.35	42.47
四、制成肥料	885.36	2 601.99	927.51	4 339.13	1 337.04	3 705.82	529.23	1 148.39	446.40	989.14	709.70	1 292.71
尿 素	337.91	902.06	435.97	1 632.20	525.40	1 479.69	136.73	326.58	157.06	361.50	394.29	737.64
五、有机化学品												
（一）乙烯、芳烃												
乙 烯	1.54	14.22	1.42	20.42	4.97	53.98	12.87	137.31	8.21	61.24	2.23	16.51

续表

产品名称	2009年		2008年		2007年		2006年		2005年		2004年	
	数量/万吨	金额/百万美元	数量/万吨	金额/百万美元	数量/万吨	金额/百万美元	数量/万吨	金额/百万美元	数量/万吨	金额/百万美元	数量/万吨	金额/百万美元
纯苯	27.81	214.13	6.94	71.22	5.61	53.46	18.99	152.90	1.62	14.13	1.39	10.40
甲苯	0.81	5.84	0.21	2.36	0.21	2.16	0.26	2.41	0.17	1.26	0.18	1.00
混合二甲苯	0.03	0.46	0.32	3.62	0.01	0.14	0.01	0.13	0.06	0.65	0.86	4.43
邻二甲苯	0.00	0.00	0.75	9.45	0.00	0.01	0.30	2.59	0.08	0.09	0.01	0.05
对二甲苯	33.33	312.41	44.79	541.69	25.20	279.74	9.78	110.48	6.29	56.94	3.23	28.60
苯乙烯	0.79	5.15	0.21	3.43	0.02	0.56	0.59	7.27	1.25	13.52	0.86	8.78
乙苯	0.01	0.10	0.01	0.18	0.00	0.09	0.01	0.08	0.03	0.05	0.00	0.05
（二）主要有机原料												
甲醇	1.38	3.82	36.78	177.12	56.27	224.84	19.00	66.39	5.45	14.49	3.29	8.58
丁醇	0.46	6.09	0.57	8.86	0.40	5.11	0.42	5.05	0.39	5.29	0.70	5.35
辛醇	0.67	6.35	0.23	4.36	0.16	2.64	0.16	1.82	0.14	1.62	0.24	2.16
醋酸	6.49	30.62	2.34	15.36	13.79	73.09	2.82	16.57	3.50	20.92	1.60	11.10
苯酚	0.91	10.39	0.11	2.59	0.04	1.19	0.04	0.88	0.12	2.09	0.16	3.14
丙酮	0.06	0.66	0.05	0.75	0.07	0.81	0.05	0.53	0.04	0.41	0.05	0.43
（三）主要合成纤维原料												
乙二醇	0.67	7.16	2.94	37.27	0.21	4.41	0.09	2.17	1.23	10.85	2.58	17.21
对苯二甲酸	0.13	1.06	2.40	26.94	0.01	0.20	0.00	0.06	0.01	0.05	0.55	3.09
尼龙66盐	0.00	0.15	0.01	0.19	0.00	0.00	0.00	0.03	0.00	0.01	0.03	0.41
丙烯腈	0.00	0.00	0.60	10.54	0.20	2.60	5.19	67.57	3.19	38.36	0.00	0.00
己内酰胺	0.16	3.26	0.20	4.56	0.00	0.09	0.00	0.21	0.20	4.43	0.00	0.00
聚酯切片	67.96	701.18	95.78	1 303.71	102.06	1 274.85	76.92	899.95	56.99	648.36	11.49	127.05

世界石油化工统计

表1　　世界部分国家（地区）人均国民生产总值　　美元

国家（地区）\年份	2009	2008	2007	2006	2005
美　国	46 436	46 716	45 790	44 155	42 007
日　本	39 727	38 443	34 254	34 023	35 215
德　国	40 873	44 471	40 079	35 271	33 726
法　国	42 312	45 982	41 523	36 546	34 740
意大利	35 084	38 309	35 494	31 496	29 981
英　国	35 165	43 089	44 693	38 850	36 419
加拿大	39 599	42 031	40 222	38 440	34 557
澳大利亚	42 279	47 498	39 098	37 434	34 480
荷　兰	47 918	52 322	46 041	40 168	36 423
挪　威	79 090	94 359	81 111	66 960	61 481
西班牙	31 774	35 204	31 846	28 108	25 898
瑞　士	64 708	64 011	55 035	51 036	49 178
瑞　典	43 654	52 057	48 584	42 552	39 241
新加坡	36 534	37 600	35 160	30 084	26 836
泰　国	3 894	3 869	3 851	3 187	2 749
马来西亚	6 975	7 221	6 807	5 780	5 134
印度尼西亚	2 349	2 254	1 918	1 634	1 302
韩　国	17 078	19 115	19 983	18 341	16 309
印　度	1 122	1 068	1 042	817	718
菲律宾	1 745	1 847	1 640	1 382	1 184
南　非	5 350	5 685	5 833	5 381	5 314
墨西哥	8 144	10 211	8 486	8 052	7 454
巴　西	8 114	8 400	6 859	5 660	4 260
中　国	3 687	2 912	2 485	2 034	1 709
中国香港	30 747	30 862	29 845	27 071	25 594

资料来源：世界银行历年《世界发展指标数据库》。

表2 **中国国民经济主要指标** 亿元

项目＼年份	2009	2008	2007	2006	2005
年底总人口/万人	133 474	132 802	132 129	131 448	130 756
工业增加值	134 624	130 260	110 535	91 311	77 231
农林牧渔业总产值	60 361	58 002	48 893	40 811	39 451
国内生产总值	335 353	314 045	265 810	216 314	184 937
固定资产投资	224 846	172 828	137 324	109 998	88 774
进出口总额/亿美元	22 072	25 633	21 737	17 604	14 219
出　口	12 017	14 307	12 178	9 689	7 620
进　口	10 056	11 326	9 560	7 915	6 600
财政收入	68 477	61 330	51 322	38 760	31 649
财政支出	75 874	62 593	49 781	40 423	33 930

资料来源：历年《中国统计摘要》。

表3 **中国货物进出口贸易额居世界的位次** 亿美元

位　次	2009年		2008年		2007年	
	国家（地区）	贸易额	国家（地区）	贸易额	国家（地区）	贸易额
1	美　国	26 610	美　国	34 670	美　国	31 800
2	中　国	22 080	德　国	26 710	德　国	23 860
3	德　国	20 520	中　国	25 610	中　国	21 740
4	日　本	11 320	日　本	15 440	日　本	13 340
5	法　国	10 260	法　国	13 170	法　国	11 650
6	荷　兰	9 450	荷　兰	12 080	英　国	10 530
7	英　国	8 310	意大利	10 960	荷　兰	10 420
8	意大利	8 150	英　国	10 900	意大利	9 970
9	比利时	7 210	比利时	9 470	比利时	8 480
10	韩　国	6 870	加拿大	8 740	加拿大	8 080
11	中国香港	6 830	韩　国	8 570	韩　国	7 290
12	加拿大	6 460	俄罗斯	7 640	中国香港	7 210
13	新加坡	5 160	中国香港	7 630	西班牙	6 160
14	西班牙	5 080	西班牙	6 700	俄罗斯	5 780
15	俄罗斯	4 960	新加坡	6 580	墨西哥	5 690
16	墨西哥	4 720	墨西哥	6 150	新加坡	5 620
17	印　度	3 990	中国台湾	4 960	中国台湾	4 660
18	中国台湾	3 790	印　度	4 710	印　度	3 620
19	瑞　士	3 290	阿联酋	3 910	瑞　士	3 330
20	澳大利亚	3 190	澳大利亚	3 870	奥地利	3 240

资料来源：世界贸易组织历年新闻发布会。

表4 **中国原油产量居世界的位次** 万吨

位次	2009年		2008年		2007年	
	国家	产量	国家	产量	国家	产量
1	俄罗斯	49 575	俄罗斯	48 800	俄罗斯	48 600
2	沙特阿拉伯	39 600	沙特阿拉伯	44 500	沙特阿拉伯	42 125
3	美国	26 685	美国	24 500	美国	25 675
4	中国	18 865	伊朗	19 500	伊朗	19 585
5	伊朗	18 625	中国	19 000	中国	18 735
6	墨西哥	13 025	墨西哥	140 00	墨西哥	15 675
7	加拿大	12 650	阿联酋	13 080	加拿大	13 225
8	伊拉克	12 000	加拿大	12 850	阿联酋	12 330
9	阿联酋	11 354	伊拉克	11 825	委内瑞拉	11 950
10	委内瑞拉	10 850	委内瑞拉	11 750	挪威	11 250
11	挪威	10 125	科威特	11 600	尼日利亚	10 835
12	科威特	10 050	挪威	10 625	科威特	10 800
13	巴西	9 750	尼日利亚	9 700	伊拉克	10 400
14	尼日利亚	9 050	安哥拉	9 350	巴西	8 800
15	安哥拉	8 950	巴西	9 075	利比亚	8 500
	世界合计	352 513	**世界合计**	364 831	**世界合计**	361 805

资料来源：美国历年《油气杂志》。

表5 **中国炼油能力居世界的位次** 万吨／年

位次	2009年		2008年		2007年	
	国家	产量	国家	产量	国家	产量
1	美国	88 817	美国	86 898	美国	87 236
2	中国①	34 030	中国	32 230	中国	31 230
3	俄罗斯	27 142	俄罗斯	27 142	俄罗斯	27 142
4	日本	23 118	日本	23 454	日本	23 254
5	印度	14 178	韩国	13 033	韩国	12 883
6	韩国	13 508	德国	12 088	德国	12 085

续表

位　次	2009年		2008年		2007年	
	国　家	产　量	国　家	产　量	国　家	产　量
7	德　国	12 053	意大利	11 686	意大利	11 686
8	意大利	11 686	印　度	11 278	印　度	11 278
9	沙特阿拉伯	10 400	沙特阿拉伯	10 400	沙特阿拉伯	10 400
10	加拿大	10 196	加拿大	10 147	加拿大	9 847
11	法　国	9 918	法　国	9 931	法　国	9 659
12	巴　西	9 541	巴　西	9 541	巴　西	9 541
13	英　国	9 331	英　国	9 288	英　国	9 288
14	墨西哥	7 700	墨西哥	7 700	墨西哥	7 700
15	伊　朗	7 255	伊　朗	7 255	伊　朗	7 255
	世界合计	436 117	**世界合计**	428 018	**世界合计**	426 543

①根据国内统计，2009年底中国常压蒸馏能力已达5.1亿吨/年。
资料来源：美国历年《油气杂志》。

表6　**中国乙烯生产能力居世界位次**　万吨／年

位　次	2009年		2008年		2007年		2006年	
	国家（地区）	能　力	国家（地区）	能　力	国家（地区）	能　力	国家（地区）	能　力
1	美　国	2 755.4	美　国	2 849.2	美　国	2 879.3	美　国	2 877.3
2	中　国①	1 177.8	沙特阿拉伯	940.0	日　本	726.5	日　本	726.5
3	沙特阿拉伯	1 070.0	中　国	734.8	中　国	698.8	中　国	698.8
4	日　本	726.5	日　本	726.5	沙特阿拉伯	680.0	沙特阿拉伯	685.5
5	德　国	575.7	德　国	575.7	德　国	575.7	德　国	555.7
6	韩　国	563.0	韩　国	563.0	韩　国	563.0	加拿大	553.1
7	加拿大	553.1	加拿大	553.1	加拿大	553.1	韩　国	544.0
8	伊　朗	473.4	伊　朗	473.4	荷　兰	397.5	荷　兰	396.5
9	中国台湾	400.6	荷　兰	396.5	中国台湾	362.1	俄罗斯	367.0
10	荷　兰	396.5	中国台湾	362.1	巴　西	350.0	巴　西	343.5
11	巴　西	350.0	巴　西	350.0	俄罗斯	349.0	法　国	337.3
12	俄罗斯	349.0	俄罗斯	349.0	法　国	337.3	英　国	285.5
13	法　国	337.3	法　国	337.3	英　国	285.5	印　度	251.5
14	英　国	285.5	英　国	285.5	印　度	251.5	中国台湾	242.1
15	新加坡	278.0	印　度	251.5	比利时	246.0	泰　国	227.2
	世界合计	13 297.4	**世界合计**	12 665.3	**世界合计**	11 957.5	**世界合计**	11 757.5

①中国2009年实际乙烯生产能力大于表中所列数据，已达1 205万吨/年。
资料来源：美国历年《油气杂志》。

表7 **中国合成纤维生产能力居世界位次**①　　万吨／年

位次	2009年		2008年		2007年		2006年	
	国家（地区）	能力	国家（地区）	能力	国家（地区）	能力	国家（地区）	能力
1	中国	3 115.1	中国	3 030.7	中国	2 789.00	中国	2 673.90
2	印度	422.1	印度	374.7	印度	371.10	印度	343.40
3	美国	218.3	美国	231.2	美国	278.41	中国台湾	303.31
4	中国台湾	216.2	中国台湾	227.7	中国台湾	266.91	美国	287.99
5	韩国	167.3	韩国	163.9	韩国	166.26	韩国	161.76
6	印度尼西亚	139.9	印度尼西亚	135.9	印度尼西亚	145.90	印度尼西亚	140.60
7	泰国	105.1	日本	120.2	日本	119.28	日本	118.98
8	日本	98.1	泰国	92.8	泰国	102.70	泰国	109.30
9	土耳其	80.5	土耳其	88.1	土耳其	97.52	土耳其	100.42
10	巴基斯坦	74.6	巴基斯坦	73.1	巴基斯坦	77.10	巴基斯坦	78.10
11	马来西亚	48.4	马来西亚	48.8	独联体	48.70	独联体	46.52
12	独联体	44.6	独联体	44.6	马来西亚	48.40	马来西亚	45.80
13	巴西	33.1	巴西	33.6	巴西	39.12	巴西	36.90
14	墨西哥	26.8	墨西哥	27.3	墨西哥	33.30	墨西哥	36.30
15	越南	26.2	伊朗	23.1	伊朗	23.60	伊朗	25.30
	世界合计	5 086.1	**世界合计**	5 027.4	**世界合计**	4 924.83	**世界合计**	4 832.43

①合纤中不包括聚烯烃纤维；西欧无分国别生产能力统计，故西欧各国未排位；中国数据与实际有出入。
资料来源：美国历年《纤维公报》。

表8 **中国合成纤维产量居世界位次**①　　万吨

位次	2009年		2008年		2007年		2006年	
	国家（地区）	产量	国家（地区）	产量	国家（地区）	产量	国家（地区）	产量
1	中国	2 313.0	中国	2 201.2	中国	2 128.35	中国	1 801.25
2	印度	297.8	印度	226.2	印度	245.02	美国	248.62
3	中国台湾	189.9	中国台湾	192.8	中国台湾	238.38	中国台湾	239.90
4	美国	161.5	美国	191.8	美国	231.69	印度	215.94
5	韩国	130.1	韩国	135.9	韩国	147.90	韩国	148.75
6	印度尼西亚	111.1	印度尼西亚	108.1	印度尼西亚	112.40	印度尼西亚	109.77
7	泰国	84.2	日本	77.1	日本	90.31	日本	92.89
8	日本	57.0	泰国	72.8	泰国	82.68	泰国	85.14
9	土耳其	55.1	土耳其	63.0	土耳其	76.93	土耳其	78.77
10	巴基斯坦	52.6	巴基斯坦	48.4	巴基斯坦	54.65	巴基斯坦	55.07
11	马来西亚	34.2	独联体	33.6	独联体	33.82	马来西亚	33.03
12	独联体	28.9	马来西亚	31.2	马来西亚	33.60	独联体	30.37
13	巴西	26.5	巴西	27.9	巴西	32.09	墨西哥	28.08
14	伊朗	20.4	墨西哥	19.1	墨西哥	27.47	巴西	26.30
15	墨西哥	17.7	伊朗	17.9	伊朗	18.73	伊朗	17.85
	世界合计	3 777.1	**世界合计**	3 668.6	**世界合计**	3 807.75	**世界合计**	3 480.30

①合纤中不包括聚烯烃纤维。由于西欧无分国别产量统计，故西欧各国未排位；中国数据与实际有出入。
资料来源：数据来自美国历年《纤维公报》。

表9 **中国合成橡胶产量居世界位次** 万吨

位次	2009年		2008年		2007年		2006年	
	国家（地区）	能力	国家（地区）	能力	国家（地区）	能力	国家（地区）	能力
1	中国	285.6	美国	316.5	美国	269.7	美国	239.5
2	美国	196.2	中国	199.3	中国	221.5	中国	184.5
3	日本	126.4	日本	167.8	日本	165.5	日本	159.2
4	韩国	114.9	俄罗斯	144.3	俄罗斯	120.9	俄罗斯	83.7
5	俄罗斯	104.2	韩国	121.0	韩国	108.0	德国	84.9
6	德国	65.5	法国	71.6	德国	90.1	韩国	67.8
7	中国台湾	55.5	中国台湾	57.4	法国	65.1	法国	66.9
8	法国	51.4	德国	55.0	中国台湾	60.0	中国台湾	46.5
9	巴西	38.5	巴西	47.8	巴西	40.0	巴西	37.3
10	泰国	20.5	意大利	36.8	英国	31.8	英国	28.6
11	意大利	20	墨西哥	28.0	意大利	23.5	意大利	28.5
12	英国	17	英国	25.6	墨西哥	20.4	墨西哥	18.7
13	荷兰	16.6	比利时	19.5	荷兰	19.4	荷兰	20.0
14	墨西哥	16	泰国	19.4	泰国	15.7	泰国	10.0
15	波兰	11.2	加拿大	15.0	波兰	11.6	西班牙	8.8
	世界合计	1 216.8	**世界合计**	1 389.9	**世界合计**	1 358.3	**世界合计**	1 083.0

资料来源：国际橡胶研究集团（IRSG）历年《橡胶统计公报》。

表10 **世界石油探明储量** 亿桶

国家（地区）\年份	2009	2008	2007	2006	2005	2009年份额/%	2009年储采比/%
美国	284	305	294	299	293	2.1	10.8
加拿大	332	286	277	171	165	2.5	28.3
墨西哥	117	119	122	129	137	0.9	10.8
北美合计	733	709	693	599	595	5.5	15.0
阿根廷	25	26	26	20	23	0.2	10.2
巴西	129	126	126	122	118	1.0	17.4
哥伦比亚	14	14	15	15	15	0.1	5.4
厄瓜多尔	65	38	43	47	51	0.5	36.1
秘鲁	11	11	11	11	11	0.1	21.1

续表

国家（地区）＼年份	2009	2008	2007	2006	2005	2009年份额/%	2009年储采比/%
特立尼达和多巴哥	8	8	8	8	8	0.1	15.1
委内瑞拉	1 723	994	870	800	797	12.9	①
其他中南美国家	14	14	13	13	13	0.1	26.8
中南美合计	1 989	1 232	1 112	1 035	1 035	14.9	80.6
阿塞拜疆	70	70	70	70	70	0.5	18.6
丹　麦	9	8	11	12	13	0.1	9.5
意大利	9	8	8	7	7	0.1	27.2
哈萨克斯坦	398	398	398	398	396	3.0	64.9
挪　威	71	75	82	85	97	0.5	8.3
罗马尼亚	5	5	5	4	5	③	14.2
俄罗斯联邦	742	790	794	795	744	5.6	20.3
土库曼斯坦	6	6	6	5	5	③	8.0
英　国	31	34	36	39	40	0.2	5.8
乌兹别克斯坦	6	6	6	6	6	③	15.2
其他欧洲和欧亚大陆国家	22	21	21	22	22	0.2	14.9
欧洲与欧亚大陆合计	1 369	1 422	1 437	1 444	1 405	10.3	21.2
伊　朗	1 376	1 376	1 384	1 375	1 375	10.3	89.4
伊拉克	1 150	1 150	1 150	1 150	1 150	8.6	①
科威特	1 015	1 015	1 015	1 015	1 015	7.6	①
阿　曼	56	56	56	56	56	0.4	18.9
卡塔尔	268	273	274	152	152	2.0	54.7
沙特阿拉伯	2 646	2 641	2 642	2 643	2 642	19.8	74.6
叙利亚	25	25	25	30	30	0.2	18.2
阿联酋	978	978	978	978	978	7.3	①
也　门	27	27	28	29	29	0.2	24.5
其他中东国家	1	1	1	1	1	③	9.4
中东合计	7 542	7 541	7 553	7 427	7 427	56.6	84.8

续表

国家（地区）\年份	2009	2008	2007	2006	2005	2009年份额/%	2009年储采比/%
阿尔及利亚	122	122	123	123	122	0.9	18.5
安哥拉	135	135	90	90	90	1.0	20.7
乍　得	9	9	9	9	9	0.1	20.9
刚果共和国	19	19	19	19	18	0.1	19.4
埃　及	44	43	41	37	37	0.3	16.2
赤道几内亚	17	17	18	18	18	0.1	15.2
加　蓬	37	32	20	21	22	0.3	44.1
利比亚	443	437	415	415	391	3.3	73.4
尼日利亚	372	362	362	362	359	2.8	49.5
苏　丹	67	67	66	64	64	0.5	37.5
突尼斯	6	6	6	7	7	③	18.4
其他非洲国家	6	6	6	6	6	③	11.0
非洲合计	1 277	1 256	1 175	1 172	1 143	9.6	36.0
澳大利亚	42	42	42	42	40	0.3	20.7
文　莱	11	11	12	11	11	0.1	17.6
中　国	148	155	155	163	160	1.1	10.7
印　度	58	58	55	57	59	0.4	21.1
印度尼西亚	44	37	44	43	43	0.3	11.8
马来西亚	55	55	54	42	42	0.4	20.4
泰　国	5	5	5	5	5	③	3.8
越　南	45	47	34	33	31	0.3	35.7
其他亚太国家	13	11	9	10	10	0.1	11.2
亚太合计	422	420	408	405	402	3.2	14.4
世界总计	13 331	12 580	12 379	12 082	12 007	100.0	45.7
经合组织	908	889	883	798	806	6.8	13.5
欧佩克	10 294	9 558	9 347	9 055	9 024	77.2	85.3
非欧佩克②	1 809	1 744	1 750	1 745	1 754	13.6	14.7
前苏联	1 229	1 278	1 281	1 282	1 229	9.2	25.5
欧　盟	63					0.5	8.2

①大于100年。
②不包括前苏联。
③小于0.05%。
资料来源：历年《BP世界能源统计》。

表11 **世界各国（地区）石油产量**[①] 万吨

国家（地区）＼年份	2009	2008	2007	2006	2005	2004	2009/2008增长/%
美　国	32 533	30 510	31 147	31 179	31 021	32 979	7.0
加拿大	15 573	15 674	15 891	15 127	14 521	14 759	–1.0
墨西哥	14 747	15 738	17 301	18 308	18 706	19 066	–6.2
北美合计	62 854	61 922	64 339	64 614	64 247	66 804	1.6
阿根廷	3 378	3 412	3 488	3 576	3 622	3 785	–0.7
巴　西	10 036	9 395	9 040	8 917	8 469	7 645	7.1
哥伦比亚	3 413	3 055	2 761	2 749	2 714	2 731	12.2
厄瓜多尔	2 521	2 623	2 649	2 777	2 756	2 733	–3.6
秘　鲁	638	529	507	513	494	441	21.0
特立尼达和多巴哥	680	686	729	838	826	739	–0.6
委内瑞拉	12 478	13 163	13 386	14 506	15 469	15 350	–4.9
其他中南美国家	709	699	709	702	713	771	0.4
中南美合计	33 851	33 561	33 269	34 578	35 061	34 195	1.2
阿塞拜疆	5 065	4 469	4 275	3 247	2 240	1 573	13.5
丹　麦	1 289	1 404	1 520	1 667	1 837	1 926	–7.9
意大利	457	524	586	577	612	545	–12.4
哈萨克斯坦	7 798	7 205	6 872	6 611	6 302	6 052	8.5
挪　威	10 832	11 423	11 879	12 869	13 822	14 986	–4.8
罗马尼亚	445	474	505	500	544	571	–5.4
俄罗斯联邦	49 425	48 849	49 131	48 053	46 999	45 872	1.5
土库曼斯坦	1 020	1 020	980	807	952	1 005	0.3
英　国	6 800	7 219	7 675	7 658	8 467	9 545	–4.8
乌兹别克斯坦	446	481	493	541	545	658	–6.6
其他欧洲和欧亚大陆国家	1 900	2 031	2 165	2 137	2 178	2 339	–5.7
欧洲与欧亚大陆合计	85 478	85 097	86 080	84 667	84 497	85 069	0.8
伊　朗	20 235	20 979	21 208	20 984	20 039	20 257	–3.3
伊拉克	12 185	11 931	10 530	9 815	8 949	9 969	2.4
科威特	12 131	13 725	12 958	13 316	13 010	11 978	–11.3
阿　曼	3 851	3 599	3 546	3 671	3 854	3 890	7.4
卡塔尔	5 787	6 084	5 361	5 063	4 877	4 488	–4.6
沙特阿拉伯	45 947	51 531	49 315	51 457	52 621	50 586	–10.6
叙利亚	1 870	1 984	1 959	2 075	2 331	2 667	–5.5
阿联酋	12 056	13 948	13 587	13 833	12 896	12 580	–12.0
也　门	1 405	1 442	1 584	1 835	2 010	2 027	–2.0

续表

国家（地区）＼年份	2009	2008	2007	2006	2005	2004	2009/2008 增长/%
其他中东国家	170	148	144	144	224	225	13.7
中东合计	115 636	125 370	120 191	122 193	120 808	118 663	−7.3
阿尔及利亚	7 762	8 562	8 611	8 620	8 647	8 298	−9.1
安哥拉	8 744	9 221	8 410	6 940	6 120	4 895	−4.9
喀麦隆	370	426	415	320	295	315	−12.8
乍　得	619	669	754	804	909	885	−7.3
刚果共和国	1 414	1 289	1 145	1 353	1 305	1 240	10.0
埃　及	3 526	3 464	3 411	3 304	3 390	3 495	2.1
赤道几内亚	1 520	1 791	1 799	1 773	1 758	1 738	−12.3
加　蓬	1 143	1 177	1 148	1 160	1 170	1 175	−2.6
利比亚	7 708	8 619	8 601	8 561	8 012	7 584	−9.4
尼日利亚	9 914	10 531	11 418	11 923	12 540	12 222	−3.6
苏　丹	2 413	2 371	2 251	1 956	1 867	1 487	2.0
突尼斯	406	421	462	325	351	330	−3.4
其他非洲国家	387	266	419	332	351	445	0.0
非洲合计	45 926	48 807	48 846	47 371	46 713	44 107	−5.2
澳大利亚	2 365	2 381	2 379	2 286	2 335	2 295	−0.4
文　莱	817	853	946	1 077	1 006	1 030	−3.9
中　国	18 900	18 973	18 666	18 368	18 084	17 451	−2.8
印　度	3 540	3 608	3 733	3 737	3 624	3 801	−1.8
印度尼西亚	4 897	4 908	4 742	5 187	5 497	5 511	−1.6
马来西亚	3 322	3 428	3 419	3 381	3 678	4 028	−3.7
泰　国	1 365	1 339	1 265	1 178	1 120	896	3.2
越　南	1 680	1 545	1 649	1 783	1 908	2 082	9.0
其他亚太国家	1 424	1 089	1 070	988	924	859	−3.1
亚太合计	38 309	38 124	37 869	37 984	38 173	37 950	−1.9
世界总计	382 054	392 882	390 594	391 407	389 498	386 787	−2.6
经合组织	86 011	86 409	89 920	91 053	92 767	97 674	−0.2
欧佩克	157 467	175 825	168 126	163 266	162 554	158 820	−7.3
非欧佩克②	160 195	154 359	160 016	168 159	169 203	172 079	0.1
前苏联	64 392	62 698	62 451	59 982	57 742	55 888	3.0
欧　盟	9 871						−6.1

①包括原油、页岩油、油砂和天然气液体，不包括从煤制取的液体燃料。
②不包括前苏联。
资料来源：历年《BP能源统计》。

表12 **世界各国（地区）石油消费量**[①] 百万吨

国家（地区）\年份	2009	2008	2007	2006	2005	2004	2009年份额/%
美　国	842.9	884.5	943.1	938.8	944.6	937.6	21.7
加拿大	97.0	102.0	102.3	98.8	100.1	99.6	2.5
墨西哥	85.6	90.0	89.2	86.9	87.8	85.2	2.2
北美合计	1 025.5	1 076.6	1 134.7	1 124.6	1 132.6	1 122.4	26.4
阿根廷	22.3	24.2	23.5	21.1	20.1	18.7	0.6
巴　西	104.3	105.3	96.5	92.1	83.6	84.2	2.7
智　利	15.4	16.8	16.0	11.4	11.9	10.7	0.4
哥伦比亚	8.8	10.7	10.3	10.3	10.4	10.1	0.2
厄瓜多尔	9.9	9.3	8.1	8.1	6.6	6.3	0.3
秘　鲁	8.5	7.9	6.6	7.5	6.4	7.2	0.2
委内瑞拉	27.4	32.5	26.8	26.1	25.4	26.3	0.7
其他中南美国家	59.4	63.6	64.1	59.8	58.8	58.3	1.5
中南美合计	256.0	270.3	252.0	236.5	223.3	221.7	6.6
奥地利	13.0	13.4	13.5	14.2	14.2	13.7	0.3
阿塞拜疆	2.8	3.3	4.5	4.7	5.1	4.5	0.1
白俄罗斯	9.3	7.7	7.0	8.0	6.7	7.5	0.2
比利时/卢森堡	38.5	41.3	41.2	41.0	39.5	38.1	1.0
保加利亚	4.4	5.4	5.4	5.0	5.0	4.6	0.1
捷克共和国	9.7	9.9	9.9	9.8	9.9	9.5	0.2
丹　麦	8.2	8.9	9.3	9.5	9.1	9.1	0.2
芬　兰	9.9	10.5	10.6	10.6	11.0	10.6	0.3
法　国	87.5	92.2	91.3	92.8	93.1	94.0	2.3
德　国	113.9	118.3	112.5	123.5	121.5	123.6	2.9
希　腊	20.2	21.4	21.6	22.1	20.9	20.0	0.5
匈牙利	7.3	7.7	7.6	7.4	7.0	6.3	0.2
冰　岛	1.0	0.9	1.0	1.0	0.9	0.9	②
爱尔兰共和国	8.0	9.0	9.4	9.3	9.4	8.7	0.2
意大利	75.1	80.9	83.3	85.7	86.3	89.5	1.9
哈萨克斯坦	12.0	10.9	10.6	10.6	10.0	9.6	0.3
立陶宛	2.9	3.1	2.9	2.8	2.7	2.5	0.1
荷　兰	49.4	46.5	48.5	49.6	49.6	46.2	1.3
挪　威	9.7	9.8	10.1	10.0	9.8	9.6	0.3
波　兰	25.5	24.9	24.3	23.1	21.9	21.3	0.7
葡萄牙	12.9	13.7	14.4	16.8	15.3	15.7	0.3
罗马尼亚	9.9	10.6	10.8	10.5	11.3	10.1	0.3
俄罗斯联邦	124.9	130.4	125.9	128.5	130.0	128.5	3.2
斯洛伐克	3.9	4.3	3.8	3.9	3.5	3.5	0.1
西班牙	72.9	77.1	78.7	78.1	78.8	77.6	1.9
瑞　典	13.7	14.5	16.8	14.9	15.1	15.3	0.4
瑞　士	12.3	12.1	11.3	12.6	12.2	12.0	0.3
土耳其	28.8	32.3	31.1	28.5	30.0	32.0	0.7

续表

国家和地区＼年份	2009	2008	2007	2006	2005	2004	2009/2008 增长/%
土库曼斯坦	5.2	5.5	4.7	5.2	4.9	4.9	0.1
乌克兰	14.1	15.5	15.3	15.0	13.9	17.4	0.4
英　国	74.4	78.7	78.2	82.2	82.9	80.8	1.9
乌兹别克斯坦	4.9	5.5	5.8	6.9	7.8	6.0	0.1
其他欧洲和欧亚大陆国家	27.6	29.2	27.7	26.5	24.3	24.0	0.7
欧洲与欧亚大陆合计	913.9	955.5	949.4	970.1	963.3	957.3	23.5
伊　朗	83.6	83.3	77.0	79.3	78.4	73.3	2.2
科威特	19.2	15.3	14.0	14.0	14.4	13.7	0.5
卡塔尔	8.2	4.6	4.1	4.4	3.8	3.3	0.2
沙特阿拉伯	121.8	104.2	99.3	92.6	87.2	79.6	3.1
阿联酋	21.8	22.9	22.0	19.7	18.3	15.6	0.6
其他中东国家	81.7	76.6	77.0	70.2	69.2	65.4	2.1
中东合计	336.3	306.9	293.5	280.1	271.3	250.9	8.7
阿尔及利亚	14.9	14.0	12.0	11.5	11.2	10.7	0.4
埃　及	33.7	32.6	30.6	29.1	29.2	26.7	0.9
南　非	24.3	26.3	25.8	23.2	24.9	24.9	0.6
其他非洲国家	71.2	62.3	69.8	66.7	64.0	62.1	1.8
非洲合计	144.2	135.2	138.2	130.5	129.3	124.3	3.7
澳大利亚	42.7	42.5	42.2	40.3	39.7	38.8	1.1
孟加拉国	4.5	4.6	5.0	4.1	4.0	4.2	0.1
中　国	404.6	375.7	368.0	349.8	327.3	308.6	10.4
中国香港	14.0	14.5	16.9	13.2	13.8	15.3	0.4
印　度	148.5	135.0	128.5	120.3	115.7	119.3	3.8
印度尼西亚	62.0	57.4	54.4	48.7	55.3	54.7	1.6
日　本	197.6	221.8	228.9	235.0	244.2	241.5	5.1
马来西亚	21.4	21.8	23.6	23.0	22.0	23.3	0.6
新西兰	6.8	7.3	7.0	7.2	7.0	7.0	0.2
巴基斯坦	20.6	19.3	17.9	18.4	17.4	14.4	0.5
菲律宾	12.1	13.4	13.9	14.4	14.7	15.8	0.3
新加坡	52.1	49.9	47.4	44.0	42.2	38.1	1.3
韩　国	104.3	103.3	107.6	105.3	105.5	104.8	2.7
中国台湾	46.6	50.1	52.5	52.5	41.6	41.5	1.2
泰　国	44.2	36.7	43.0	44.3	45.6	43.6	1.1
其他亚太国家	24.1	30.0	28.4	27.3	21.1	19.5	0.6
亚太合计	1 206.2	1 183.4	1 185.1	1 148.0	1 116.9	1 090.5	31.1
世界总计	3 882.1	3 927.9	3 952.8	3 889.8	3 836.8	3 767.1	100.0
欧　盟	670.8	702.6	703.9	706.3	700.4	694.5	17.3
经合组织国家	2 072.7	2 179.8	2 249.0	2 259.0	2 270.7	2 252.3	53.4
前苏联	184.1	189.5	183.8	188.3	186.3	186.0	4.7
其他新兴市场经济体	1 625.4	1 558.6	1 520.0	1 442.5	1 379.9	1 328.8	41.9

①国内需求加国际航空燃料、船用燃料、炼厂燃料和损失。

②小于0.05%。

资料来源：历年《BP能源统计》。

表13 **世界天然气探明储量** 万亿立方米

国家（地区）＼年份	2009	2008	2007	2006	2005	2004
美　国	6.93	6.73	5.98	5.93	5.45	5.29
加拿大	1.75	1.63	1.63	1.67	1.59	1.60
墨西哥	0.48	0.50	0.37	0.39	0.41	0.42
北美合计	9.16	8.87	7.98	7.98	7.46	7.32
阿根廷	0.37	0.44	0.44	0.42	0.50	0.61
玻利维亚	0.71	0.71	0.74	0.74	0.74	0.89
巴　西	0.36	0.33	0.36	0.35	0.31	0.33
哥伦比亚	0.12	0.11	0.13	0.12	0.11	0.11
秘　鲁	0.32	0.33	0.36	0.34	0.33	0.25
特立尼达和多巴哥	0.44	0.48	0.48	0.53	0.55	0.53
委内瑞拉	5.67	4.84	5.15	4.30	4.32	4.22
其他中南美国家	0.07	0.07	0.07	0.07	0.17	0.17
中南美合计	8.06	7.31	7.73	6.88	7.02	7.10
阿塞拜疆	1.31	1.20	1.28	1.35	1.37	1.37
丹　麦	0.06	0.06	0.12	0.08	0.07	0.09
德　国	0.08	0.12	0.14	0.16	0.19	0.20
意大利	0.06	0.12	0.09	0.16	0.17	0.17
哈萨克斯坦	1.82	1.82	1.90	3.00	3.00	3.00
荷　兰	1.09	1.39	1.25	1.35	1.41	1.49
挪　威	2.05	2.91	2.96	2.89	2.41	2.39
波　兰	0.11	0.11	0.11	0.10	0.11	0.12
罗马尼亚	0.63	0.63	0.63	0.63	0.63	0.30
俄罗斯	44.38	43.30	44.65	47.65	47.82	48.00
土库曼斯坦	8.10	7.94	2.67	2.86	2.90	2.90
乌克兰	0.98	0.92	1.03	1.10	1.11	1.11
英　国	0.29	0.34	0.41	0.48	0.53	0.59
乌兹别克斯坦	1.68	1.58	1.74	1.87	1.85	1.86
其他欧洲和欧亚大陆国家	0.44	0.44	0.43	0.45	0.46	0.45
欧洲和欧亚大陆合计	63.09	62.89	59.41	64.13	64.01	64.02
巴　林	0.09	0.09	0.09	0.09	0.09	0.05
伊　朗	29.61	29.61	27.80	28.13	26.74	27.50
伊拉克	3.17	3.17	3.17	3.17	3.17	3.17
科威特	1.78	1.78	1.78	1.78	1.57	1.57
阿　曼	0.98	1.98	0.69	1.98	1.00	1.00

续表

国家（地区） \ 年份	2009	2008	2007	2006	2005	2004
卡塔尔	25.37	25.46	25.60	25.36	25.78	25.78
沙特阿拉伯	7.92	7.57	7.17	7.07	6.90	6.75
叙利亚	0.28	0.28	0.29	0.29	0.31	0.37
阿联酋	6.43	6.43	6.09	6.06	6.04	6.06
也　门	0.49	0.49	0.49	0.49	0.48	0.48
其他中东国家	0.06	0.05	0.05	0.05	0.05	0.05
中东合计	76.18	75.91	73.21	73.47	72.13	72.83
阿尔及利亚	4.50	4.50	4.52	4.50	4.58	4.55
埃　及	2.19	2.17	2.06	1.94	1.89	1.85
利比亚	1.54	1.54	1.50	1.32	1.49	1.49
尼日利亚	5.25	5.22	5.30	5.21	5.23	5.00
其他非洲国家	1.27	1.23	1.21	1.21	1.20	1.18
非洲合计	14.76	14.65	14.58	14.18	14.39	14.06
澳大利亚	3.08	2.51	2.51	2.61	2.52	2.46
孟加拉国	0.36	0.37	0.39	0.44	0.44	0.44
文　莱	0.35	0.35	0.34	0.34	0.34	0.34
中　国	2.46	2.46	1.88	2.45	2.35	2.23
印　度	1.12	1.09	1.06	1.08	1.10	0.92
印度尼西亚	3.18	3.18	3.00	2.63	2.76	2.56
马来西亚	2.38	2.39	2.48	2.48	2.48	2.46
缅　甸	0.57	0.49	0.60	0.54	0.50	0.53
巴基斯坦	0.91	0.85	0.85	0.80	0.96	0.80
巴布亚新几内亚	0.44	0.44	0.44	0.44	0.43	0.43
泰　国	0.36	0.30	0.33	0.30	0.35	0.43
越　南	0.68	0.56	0.22	0.40	0.24	0.24
其他亚太国家	0.36	0.39	0.37	0.34	0.37	0.38
亚太合计	16.24	15.39	14.46	14.82	14.84	14.21
世界合计	187.49	185.02	177.36	181.46	179.83	179.53
欧　盟	2.42	2.87	2.84	2.43	2.57	2.75
经合组织国家	16.18	16.63	15.77	15.90	14.95	15.02
前苏联	58.53	57.00	53.53	58.11	58.32	57.41

资料来源：历年《BP能源统计》。

表14 世界天然气产量 亿立方米

国家（地区）＼年份	2009	2008	2007	2006	2005	2004
美　国	5 934	5 822	5 459	5 241	5 257	5 429
加拿大	1 614	1 752	1 837	1 870	1 855	1 828
墨西哥	582	549	462	434	395	371
北美合计	8 130	8 123	7 758	7 544	7 506	7 628
阿根廷	414	441	448	461	456	449
玻利维亚	123	139	135	112	104	85
巴　西	119	139	113	115	114	111
哥伦比亚	105	91	77	73	68	64
特立尼达和多巴哥	406	393	390	350	290	277
委内瑞拉	279	315	285	287	289	281
其他中南美国家	70	72	61	48	35	25
中南美合计	1 516	1 589	1 508	1 445	1 356	1 291
阿塞拜疆	148	147	103	63	53	46
丹　麦	84	101	92	104	104	94
德　国	122	130	143	156	158	164
意大利	74	84	89	110	120	130
哈萨克斯坦	322	302	273	239	235	185
荷　兰	627	675	645	619	629	688
挪　威	1 035	992	897	876	850	785
波　兰	41	41	43	43	43	44
罗马尼亚	109	115	116	121	129	132
俄罗斯	5 275	6 017	6 074	6 121	5 980	5 891
土库曼斯坦	364	661	674	622	588	546
乌克兰	193	187	190	191	188	183
英　国	596	696	724	800	880	959
乌兹别克斯坦	644	622	585	554	557	558
其他欧洲和欧亚大陆国家	95	103	110	109	98	109
欧洲和欧亚大陆合计	9 730	10 873	10 757	10 729	10 611	10 515
巴　林	128	134	115	111	99	98
伊　朗	1 312	1 163	1 119	1 050	870	855
科威特	125	128	126	129	97	97
阿　曼	248	241	241	251	175	176
卡塔尔	893	766	598	495	435	392

续表

年份 国家（地区）	2009	2008	2007	2006	2005	2004
沙特阿拉伯	775	781	759	737	695	640
叙利亚	58	55	53	55	54	52
阿联酋	488	502	492	474	466	458
其他中东国家	45	41	55	56	34	32
中东合计	4 072	3 811	3 558	3 359	2 925	2 799
阿尔及利亚	814	865	830	845	878	820
埃　及	627	589	465	448	347	268
利比亚	153	159	152	148	117	70
尼日利亚	249	350	350	282	218	206
其他非洲国家	195	185	107	82	70	87
非洲合计	2 038	2 148	1 904	1 805	1 630	1 451
澳大利亚	423	383	400	389	371	352
孟加拉国	197	173	163	152	142	132
文　莱	114	121	123	123	120	121
中　国	852	761	693	586	500	408
印　度	393	306	302	318	304	294
印度尼西亚	719	697	667	740	760	733
马来西亚	627	625	605	602	599	539
缅　甸	115	124	147	134	130	74
新西兰	40	38	40	39	37	36
巴基斯坦	379	375	308	307	299	232
泰　国	309	289	259	243	214	203
越　南	80	79	77	70	52	42
其他亚太国家	136	141	131	69	73	66
亚太合计	4 384	4 112	3 915	3 771	3 601	3 232
世界总计	29 870	30 656	29 400	28 653	27 630	26 916
欧　盟	1 712	1 903	1 919	1 900	1 997	2 152
经合组织国家	11 272	11 366	10 933	10 785	10 794	10 986
前苏联	6 949	7 937	7 902	7 793	7 603	7 413
其他新兴市场经济体	11 649	11 353	10 564	10 075	9 232	8 517

资料来源：历年《BP能源统计》。

表15 **世界天然气消费量** 亿立方米

国家（地区）＼年份	2009	2008	2007	2006	2005	2004
美　国	6 466	6 572	6 529	6 197	6 335	6 467
加拿大	947	1 000	940	966	914	895
墨西哥	696	672	541	541	496	482
北美合计	8 109	8 244	8 010	7 703	7 745	7 843
阿根廷	431	445	441	418	406	379
巴　西	203	252	220	211	202	189
智　利	33	26	44	76	76	82
哥伦比亚	87	82	77	73	68	63
厄瓜多尔	5	6	3	3	2	1
秘　鲁	35	34	27	18	16	9
委内瑞拉	297	324	285	287	289	281
其他中南美国家	255	263	249	221	183	176
中南美合计	1 347	1 430	1 345	1 306	1 241	1 179
奥地利	93	95	89	94	100	95
阿塞拜疆	77	93	83	96	88	85
白俄罗斯	161	192	194	196	189	185
比利时与卢森堡	173	170	169	170	168	163
保加利亚	25	33	31	30	32	31
捷克共和国	82	87	89	85	85	88
丹　麦	44	46	46	51	50	54
芬　兰	36	40	41	43	40	44
法　国	426	442	419	452	450	447
德　国	780	820	827	872	859	859
希　腊	34	42	40	32	25	24
匈牙利	101	120	118	125	134	130
冰　岛	—	—	—	—	—	—
爱尔兰共和国	48	50	48	45	39	41
意大利	716	777	778	771	790	733
哈萨克斯坦	196	206	198	202	178	152
立陶宛	27	32	38	33	32	31
荷　兰	389	386	372	383	395	435
挪　威	41	44	43	44	45	46
波　兰	137	139	137	137	136	132
葡萄牙	43	46	43	41	30	31
罗马尼亚	136	145	164	170	173	188
俄罗斯	3 897	4 202	4 388	4 321	4 051	4 021
斯洛伐克	56	57	59	55	59	68
西班牙	346	390	351	334	323	273
瑞　典	12	10	10	8	8	8
瑞　士	30	31	29	30	31	30
土耳其	321	360	351	305	274	221

续表

国家和地区＼年份	2009	2008	2007	2006	2005	2004
土库曼斯坦	198	190	219	189	166	155
乌克兰	470	597	646	664	729	707
英　国	865	939	914	908	946	980
乌兹别克斯坦	487	487	456	432	440	493
其他欧洲和欧亚大陆国家	140	171	168	147	153	137
欧洲和欧亚大陆合计	10 586	11 439	11 557	11 463	11 219	11 085
伊朗	1 317	1 176	1 118	1 051	885	871
科威特	134	128	126	129	97	97
卡塔尔	211	198	205	195	159	151
沙特阿拉伯	775	781	759	737	695	640
阿联酋	591	581	432	417	404	396
其他中东国家	429	407	353	364	270	266
中东合计	3 456	3 271	2 994	2 893	2 510	2 422
阿尔及利亚	267	254	244	237	241	212
埃及	425	409	320	287	255	257
南非	—	—	—	—	—	—
其他非洲国家	248	286	271	233	216	217
非洲合计	940	949	835	758	712	686
澳大利亚	257	235	251	286	257	245
孟加拉国	197	173	163	152	142	132
中国	887	807	673	556	470	390
中国香港	25	26	30	24	22	22
印度	519	414	402	397	366	321
印度尼西亚	366	380	338	396	394	337
日本	874	937	902	846	811	722
马来西亚	315	307	283	403	349	332
新西兰	40	38	37	37	36	36
巴基斯坦	379	375	308	307	299	257
菲律宾	33	35	34	26	30	25
新加坡	97	92	66	66	65	78
韩国	338	397	370	342	333	316
中国台湾	113	128	118	119	107	101
泰国	392	374	354	306	299	287
其他亚太国家	132	136	150	121	89	78
亚太合计	4 966	4 853	4 478	4 385	4 069	3 677
世界总计	29 404	30 187	29 219	28 508	27 496	26 893
欧　盟	4 599	4 901	4 819	4 674	4 712	4 669
经合组织国家	14 391	14 943	14 543	14 198	14 168	14 061
前苏联	5 591	6 096	6 319	6 211	5 959	5 900
其他新兴市场经济体	9 422	9 149	8 357	8 099	7 369	6 931

资料来源：历年《BP能源统计》。

表16 **世界原油加工能力①前30名的国家（地区）** 万吨／年

名次	国家（地区）	炼厂数	平均规模	总加工能力	焦化	催化裂化	催化重整	加氢裂化	加氢处理	润滑油
1	美　国	130	683	88 817	13 305	28 314	15 406	8 401	65 467	1 054
2	中　国	54	630	34 030	858	2 940	765	925	2 543	95
3	俄罗斯	40	679	27 142	467	1 654	3 207	285	10 204	439
4	日　本	30	771	23 118	497	4 675	3 376	908	22 527	222
5	印　度	18	788	14 178	933	2 517	179	828	1 084	44
6	韩　国	6	2 251	13 508	105	1 060	1 124	1 228	5 815	245
7	德　国	15	804	12 053	582	1 746	1 745	1 012	9 462	75
8	意大利	17	687	11 686	248	1 600	1 234	1 516	5 848	127
9	沙特阿拉伯	7	1 486	10 400	0	518	831	669	2 319	0
10	加拿大	18	566	10 196	311	2 518	1 585	1 085	6 553	63
11	法　国	13	763	9 918	0	1 954	1 250	359	6 203	193
12	巴　西	13	734	9 541	634	2 526	105	0	1 337	106
13	英　国	11	848	9 331	355	2 224	1 458	180	6 000	127
14	墨西哥	6	1 283	7 700	501	1 903	1 201	0	4 352	88
15	伊　朗	9	806	7 255	0	175	708	683	861	104
16	新加坡	3	2 262	6 785	0	400	722	647	3 321	241
17	中国台湾	4	1 638	6 550	281	1 090	495	125	3 161	81
18	委内瑞拉	6	1 069	6 411	797	1 159	213	0	1 832	64
19	西班牙	9	706	6 358	336	957	846	658	3 871	51
20	荷　兰	6	1 005	6 029	228	517	644	976	3 773	61
21	印度尼西亚	8	632	5 059	179	507	400	499	110	0
22	科威特	3	1 560	4 680	396	180	200	578	2 767	0
23	乌克兰	6	733	4 399	122	351	622	36	1 481	3
24	比利时	4	997	3 988	0	663	449	0	3 198	0
25	阿联酋	5	773	3 866	0	172	111	155	746	0
26	埃　及	9	403	3 631	216	0	268	168	977	24
27	澳大利亚	7	518	3 624	0	1 141	711	92	2 255	0
28	土耳其	6	595	3 571	0	145	282	269	1 246	31
29	伊拉克	9	354	3 188	0	0	353	371	1 330	50
30	阿根廷	10	314	3 135	502	706	244	85	825	39
	世界合计	661	660	436 117	24 317	72 861	49 540	26 895	211 477	4 261

①由桶/日历日折合为吨/年的换算系数：常压蒸馏50，焦化和热加工55，催化裂化50，催化重整43，加氢裂化50，加氢处理47，润滑油53。

资料来源：美国《油气杂志》2009年12月21日。

表17 **世界最大的炼厂** 万吨/年

名 次	公司名称	总加工能力	名 次	公司名称	总加工能力
1	帕拉瓜纳炼油中心（委内瑞拉法尔孔）	4 700	11	埃克森美孚炼制与供应公司（美国路州巴吞鲁日）	2 523
2	SK公司（韩国蔚山）	4 085	12	Hovensa股份公司（维尔京群岛圣克鲁瓦）	2 500
3	GS加德士公司（韩国丽水）	3 650	13	科威特国家石油公司（科威特艾哈迈迪港）	2 330
4	信任工业有限公司（印度贾姆纳加尔）	3 300	14	壳牌东方石油有限公司（新加坡布库姆岛）	2 310
5	埃克森美孚炼制与供应公司（新加坡裕廊/亚逸查湾岛）	3 025	15	BP公司（美国得州得克萨斯城）	2 256
6	信任工业有限公司（印度贾姆纳加尔）	2 900	16	Citgo石油公司（美国路州莱克查尔斯）	2 200
7	埃克森美孚炼制与供应公司（美国得州贝敦）	2 880	17	马拉松石油公司（美国路州Garyville）	2 180
8	韩国双龙精油（S-Oil）公司（韩国釜山）	2 825	18	壳牌石油公司（荷兰佩尔尼斯）	2 020
9	沙特阿美石油公司（沙特拉斯坦努拉）	2 750	19	中国石化（中国浙江镇海）	2 015
10	台塑石化股份有限公司（中国台湾麦寮）	2 700	20	沙特阿美石油公司（沙特拉比格）	2 000
			21	沙特阿美—美孚（沙特延布）	2 000

资料来源：美国《油气杂志》2009年12月21日。

表18 **世界最大的25家炼油公司** 万吨/年

名 次	公司名称	能 力	名 次	公司名称	能力①
1	埃克森美孚公司（美国）	28 985	14	伊朗国家石油公司	7 255
2	英荷壳牌集团公司	23 151	15	新日本石油公司	6 585
3	中国石化②	19 855	16	俄罗斯石油公司	6 465
4	英国石油公司（BP公司）	16 640	17	鲁克石油公司(俄)	6 085
5	康菲公司(美国)	13 891	18	马拉松石油公司(美国)	5 980
6	瓦莱罗能源公司(美国)	13 523	19	莱普索-YPF公司(西班牙/阿根廷)	5 525
7	委内瑞拉国家石油公司	13 390			
8	中国石油②	13 075	20	科威特国家石油公司	5 425
9	道达尔公司(法国)	12 973	21	印尼国家石油公司	4 965
10	雪佛龙公司③(美国)	12 460	22	阿吉普石油公司(意大利)	4 520
11	沙特阿美石油公司	12 165	23	太阳石油公司（美国）	4 125
12	巴西国家石油公司	9 985	24	SK公司(韩国)	4 085
13	墨西哥国家石油公司	8 515	25	Flint Hills资源公司（加拿大）	4 083

①包括各公司在其合资企业中的份额能力。
②2009年底中国石化集团和中国石油集团炼油能力分别达2.2亿吨/年和1.44亿吨/年。
③包括其在加德士公司中拥有的份额能力。
资料来源：美国《油气杂志》2009年12月21日。

表19 **世界主要国家（地区）乙烯生产能力**

（2010年1月1日） 万吨/年

国家（地区）	生产能力	国家（地区）	生产能力	国家（地区）	生产能力
美 国	2 755.4	科威特	165.0	利比亚	35.0
中 国①	1 177.8	西班牙	143.0	阿塞拜疆	33.0
沙特阿拉伯	1 070.0	墨西哥	138.4	埃 及	33.0
日 本	726.5	卡塔尔	122.0	芬 兰	33.0
德 国	575.7	罗马尼亚	84.4	葡萄牙	33.0
韩 国	563.0	阿根廷	83.8	尼日利亚	30.0
加拿大	553.1	波 兰	70.0	斯洛伐克	22.0
伊 朗	473.4	匈牙利	66.0	以色列	20.0
中国台湾	400.6	乌克兰	63.0	塞尔维亚与黑山	20.0
荷 兰	396.5	瑞 典	62.5	白俄罗斯	19.3
巴 西	350.0	阿联酋	60.0	乌兹别克斯坦	14.0
俄罗斯	349.0	委内瑞拉	60.0	阿尔及利亚	13.3
法 国	337.3	印度尼西亚	60.0	哈萨克斯坦	13.0
英 国	285.5	南 非	58.5	哥伦比亚	10.0
新加坡	278.0	挪 威	55.0	克罗地亚	9.0
印 度	251.5	捷克共和国	54.4	北朝鲜	6.0
比利时	246.0	土耳其	52.0	智 利	4.5
泰 国	227.2	澳大利亚	50.2	瑞 士	3.3
意大利	217.0	奥地利	50.0	希 腊	2.0
马来西亚	172.3	保加利亚	40.0	合 计	13 297.4

①中国2009年实际乙烯生产能力大于表中所列数据，已达1 205万吨/年。
资料来源：美国《油气杂志》2010年7月26日。

表20 **世界主要国家（地区）的乙烯产量** 万吨

国家（地区）＼年份	2009	2008	2007	2006	2005
美 国	2 245	2 255	2 540	2 443	2 814
加拿大/墨西哥	594	573	639	646	671
北美合计	2 839	2 828	3 179	3 089	3 486
南美合计	422	408	443	436	455
西欧合计	1 880	1 999	2 153	2 189	2 390
东欧合计	449	520	514	493	715
日 本	677	688	773	772	748
韩 国	702	707	678	609	572
中 国	1 052	1 000	1 027	941	755
中国台湾	364	362	251	280	262
其他亚太国家	945	951	1 026	834	1 006
亚太合计	3 740	3 708	3 755	3 436	3 307
中东合计	1 582	1 357	1 243	1 161	1 118
世界总计	11 182	11 033	11 462	10 975	11 631

表21 **世界最大10座乙烯生产装置** 万吨/年

名　次	公司名称	装置地点	生产能力
1	台　塑	中国台湾麦寮	293.5
2	诺瓦化学公司	加拿大艾伯塔省若夫尔	281.2
3	阿拉伯石化公司	沙特朱拜勒	225.0
4	埃克森美孚化学公司	美国得克萨斯州贝敦	219.7
5	雪佛龙菲利普斯化学公司	美国得克萨斯州斯威尼	185.3
6	陶氏化学公司	荷兰泰尔讷曾	180.0
7	英力士（Ineos）烯烃和聚合物公司	美国得克萨斯州巧克力拜尤	175.2
8	等星化学公司	美国得克萨斯州Channelview	175.0
9	延布石化公司	沙特延布	170.5
10	Equate石化公司	科威特舒艾拜	165.0

资料来源：美国《油气杂志》2010年7月26日。

表22 **世界最大10家乙烯生产商①** 万吨／年

名　次	公　司	装置数	装置总能力	权益能力
1	陶氏化学公司	18	1 214.5	1 007.9
2	埃克森美孚公司	19	1 251.5	855.1
3	沙特基础工业公司	13	1 084.2	839.9
4	中国石化②	12	637.5	607.5
5	壳牌集团	13	935.8	594.7
6	利安德巴塞尔公司③	8	520.0	520.0
7	伊朗国家石化公司	7	473.4	473.4
8	台　塑	5	447.6	447.6
9	英力士（Ineos）	6	465.6	428.6
10	道达尔公司	11	593.3	347.2

①截至2010年1月1日。
②据国内统计，中国石化股份公司乙烯权益能力为604万吨/年。
③含联营公司等星化学。
资料来源：美国《油气杂志》2010年7月26日。

表23 **世界主要国家（地区）丙烯产量** 百万吨

国家（地区） \ 年份	2009	2008	2007	2006	2005
美　国	12.9	14.2	16.1	15.9	15.7
加拿大/墨西哥	1.3	1.3	1.5	1.6	1.4
北美国家合计	14.2	15.5	17.6	17.5	17.1
南美合计	2.7	2.7	2.8	2.8	2.5
西欧/东欧合计	14.8	16.2	17.3	17.3	16.7
前苏联	1.6	1.6	1.7	1.5	1.4
日　本	5.6	5.7	6.3	6.1	6.0
韩　国	5.6	5.1	4.8	4.6	4.1
中国台湾	2.9	2.8	2.8	2.1	2.0
中　国	9.3	9.3	9.2	8.6	7.6
南　亚	4.3	4.1	4.2	4.2	3.7
亚洲国家合计	27.7	27	27.3	25.6	23.4
中东/非洲/印度合计	8.4	6.8	5.7	5.1	4.7
世界总计	69.4	69.8	72.4	69.8	65.8

资料来源：2010年日本《化学经济》第3期增刊。

表24 **世界各国（地区）苯产量** 万吨

国家（地区）	产　量	国家（地区）	产　量
美　国	560	**欧洲合计**	959
加拿大	66	**中东/非洲合计**	207
北美合计	637	中　国	462
巴　西	92	印　度	77
中南美合计	109	日　本	395
法　国	66	韩　国	418
德　国	195	泰　国	114
英　国	62	新加坡	63
意大利	47	中国台湾	152
西班牙	78	马来西亚	24.3
比荷卢①	300	**亚太合计**	1 723
西欧合计	768	**世界总计**	3 639
中东欧合计	191		

①比利时、荷兰、卢森堡经济联盟。

表25　　世界各国（地区）EO/EG产量　　万吨

国家（地区）	EO产量	EG产量	国家（地区）	EO产量	EG产量
美　国	258	145	中　国	238	200
加拿大	106	135	印　度	71	83
北美合计	391	302	印度尼西亚	19	24
中南美	28	19	日　本	84	63
法　国	12	1.6	韩　国	103	127
德　国	67	23	马来西亚	33	30
英　国	23	11	新加坡	17	18
比荷卢①	109	75	中国台湾	152	181
其他西欧国家	16	8	泰　国	37	39
西欧合计	227	119	**亚太合计**	755	767
中东欧合计	70	63	**世界总计**	1 896	1 775
中东/非洲合计	421	502			

①比利时、荷兰、卢森堡经济联盟。

表26　　世界各国(地区)苯乙烯产量　　万吨

国家（地区）	产量	国家（地区）	产量
美　国	394	**中东/非洲合计**	138
加拿大	64	澳大利亚	4
墨西哥	14	中　国	227
北美合计	472	印度尼西亚	23
中南美合计	55	日　本	285
比荷卢①	235	韩　国	260
法　国	55	马来西亚	19
德　国	89	新加坡	81
意大利	45	中国台湾	159
西班牙	51	泰　国	50
其他西欧国家	4	**亚太合计**	1 104
西欧合计	479	**世界总计**	2 331
中东欧合计	78		

①比利时、荷兰、卢森堡经济联盟。

表27 **世界各国（地区）氯乙烯单体产量** 万吨

国家（地区）	产量	国家（地区）	产量
美 国	633	**中东欧合计**	173
墨西哥	24	**中东/非洲合计**	160
北美合计	657	中 国	832
中南美合计	79	印 度	78
比荷卢①	120	印度尼西亚	47
法 国	105	日 本	270
德 国	165	韩 国	153
意大利	36	马来西亚	38
英 国	25	中国台湾	160
西班牙	41	泰 国	83
其他西欧国家	54	**亚太合计**	1 663
西欧合计	546	**世界总计**	3 278

①比利时、荷兰、卢森堡经济联盟。

表28 **世界各国（地区）LDPE、HDPE、LLDPE产量** 万吨

国家（地区）	HDPE产量	LDPE产量	LLDPE产量	国家（地区）	HDPE产量	LDPE产量	LLDPE产量
美 国	618	276	347	**中东/非洲合计**	466	180	383
加拿大	152	20	193	澳大利亚	17	9	10
墨西哥	17	21	7	中 国	256	190	304
北美合计	787	316	546	印度尼西亚	27	—	22
中南美合计	134	85	100	日 本	92	85	64
比荷卢①	133	119	45	韩 国	199	88	97
法 国	48	66	58	马来西亚	51	46	6
德 国	146	89	49	新加坡	37	23	26
意大利	37	40	38	中国台湾	54	39	26
西班牙	25	44	38	泰 国	112	23	50
其他西欧国家	57	82	49	**亚太合计**	940	516	687
西欧合计	446	440	277	**世界总计**	2 949	1676	2 020
中东欧合计	160	131	17				

①比利时、荷兰、卢森堡经济联盟。

表29 **世界各国（地区）聚丙烯产量** 万吨

国家（地区）	产量	国家（地区）	产量
美　国	707	**中东/非洲合计**	531
墨西哥	48	澳大利亚	28
北美合计	755	中　国	821
巴　西	140	印　度	210
中南美	220	印度尼西亚	51
比荷卢①	245	日　本	232
法　国	130	韩　国	315
德　国	199	马来西亚	49
意大利	69	新加坡	72
英　国	39	中国台湾	117
西班牙	70	泰　国	110
其他西欧国家	77	**亚太合计**	1 988
西欧合计	829	**世界总计**	4 531
中东欧合计	181		

①比利时、荷兰、卢森堡经济联盟。

表30 **世界各国（地区）聚苯乙烯产量** 万吨

国家（地区）	产量	国家（地区）	产量
美　国	218	**中东/非洲合计**	28
加拿大	3	澳大利亚	3
墨西哥	46	中　国	350
北美合计	266	印　度	33
中南美合计	65	印度尼西亚	7
比荷卢①	91	日　本	77
法　国	59	韩　国	95
德　国	63	马来西亚	15
意大利	22	新加坡	19
英　国	7	中国台湾	74
西班牙	15	泰　国	38
其他西欧国家	34	**亚太合计**	715
西欧合计	291	**世界总计**	1 437
中东欧合计	69		

①比利时、荷兰、卢森堡经济联盟。

表31 **世界各国（地区）聚氯乙烯产量** 万吨

国家（地区）	产量	国家（地区）	产量
美　国	507	**中东/非洲合计**	122
加拿大	27	澳大利亚	13
墨西哥	48	中　国	895
北美合计	581	印　度	120
中南美合计	142	印度尼西亚	56
比荷卢①	79	日　本	166
法　国	116	韩　国	134
德　国	148	马来西亚	26
意大利	37	新加坡	—
英　国	43	中国台湾	150
西班牙	17	泰　国	90
其他西欧国家	67	**亚太合计**	1 675
西欧合计	507	**世界总计**	3 191
中东欧合计	151		

①比利时、荷兰、卢森堡经济联盟。

表32 **世界各国（地区）ABS产量** 万吨

国家（地区）	产量	国家（地区）	产量
美　国	44	中　国	158
墨西哥	10	印　度	7
北美合计	54	印度尼西亚	3
中南美合计	0.2	日　本	37
比荷卢①	26	韩　国	137
德　国	6	马来西亚	8
意大利	4	中国台湾	127
西班牙	6	泰　国	13
西欧合计	42	**亚太合计**	509
中东欧合计	2	**世界总计**	614
中东/非洲合计	7		

①比利时、荷兰、卢森堡经济联盟。

表33　　世界主要国家（地区）乙二醇生产能力　　万吨／年

国家（地区）＼年份	2009	2008	2007	2006	2005	2004
美　国	294.8	294.8	294.8	294.8	294.8	294.8
沙特阿拉伯	556.0	486.0	356.0	341.0	288.5	278.5
中　国	223.5	223.5	180.2	180.2	142.2	112.2
中国台湾	222.5	222.5	222.5	222.5	150.5	146.5
韩　国	113.5	113.5	88.5	88.5	88.5	88.5
印　度	86.9	86.9	86.9	82.9	54.4	54.4
德　国	30.5	30.5	30.5	30.5	30.5	30.5
比利时	64.0	64.0	64.0	64.0	64.0	64.0
前苏联	42.1	42.1	42.1	38.5	38.5	38.5
加拿大	146.0	146.0	146.0	146.0	146.0	146.0
墨西哥	43.5	43.5	43.5	43.5	43.5	43.5
日　本	96.0	96.0	96.0	96.0	96.0	96.0
伊　朗	95.5	95.5				
科威特	108.0	108.0				
世界总计	2 329.4	2 293.9	1 990.6	1 971.6	1 710.6	1 660.6

资料来源：日本化纤协会历年《纤维手册》，表中中国数据与实际有出入。

表34　　世界十大乙二醇生产厂　　万吨／年

排　序	国家（地区）	公　司	厂　址	工　艺	投产时间	2009年能力
1	沙特阿拉伯	东部石化	朱拜尔	壳　牌	1985年	220.0
2	中国台湾	南亚塑胶	麦　寮	SD	1999年	142.0
3	沙特阿拉伯	朱拜尔联合石化	朱拜尔	—	—	120.0
4	科威特	Equate	舒艾巴	—	1997年	108.0
5	沙特阿拉伯	延派特	延　布	—	1985年	86.0
6	美　国	陶氏化学	塔夫托	联　碳	—	72.0
7	沙特阿拉伯	Yan Sab	延　布	SD	2009年	70.0
8	韩　国	湖南石化	丽　川	壳　牌	1980年	65.0
9	沙特阿拉伯	拉比石化	拉　比	壳　牌	—	60.0
10	中　国	中国石化上海石化	上　海	SD	1991年	58.0

资料来源：日本化纤协会《纤维手册》2010年。

表35 世界主要国家（地区）PTA/DMT生产能力 万吨/年

国家（地区）	2009		2008		2007		2006		2005		2004	
	DMT	PTA	DMT	PTA	DMT	PTA	DMT	PTA	DMT	PTA	DMT	PTA
日　本	23.0	131.0	23.0	150.0	23.0	150.0	23.0	150.0	23.0	150.0	23.0	150.0
韩　国	15.0	586.0	15.0	586.0	15.0	530.0	15.0	530.0	15.0	540.0	15.0	520.0
中　国	30.5	1 302.1	30.5	1 202.1	30.5	1 152.1	30.5	852.1	30.5	756.1	30.5	388.1
中国台湾	—	528.0	—	528.0	—	500.0	—	498.0	—	498.0	—	484.0
印度尼西亚	—	198.0	—	198.0	—	220.5	—	220.5	—	220.5	—	207.5
印　度	21.0	436.0	45.0	356.0	45.0	356.0	45.0	356.0	44.5	180.0	44.5	150.0
英　国	—	0	—	57.0	—	57.0	—	57.0	—	67.0	—	67.0
德　国	63.0	8.0	78.0	8.0	78.0	8.0	78.0	8.0	78.0	8.0	78.0	8.0
意大利	18.5	18.0	18.5	18.0	18.5	18.0	18.5	18.0	18.5	18.0	18.5	18.0
前苏联	60.6	23.0	60.6	23.0	60.6	23.0	60.6	23.0	60.6	23.0	60.6	23.0
美　国	94.0	370.8	94.0	370.8	94.0	370.8	94.0	370.8	94.0	370.8	94.0	370.8
墨西哥	50.0	95.0	50.0	95.0	50.0	95.0	50.0	95.0	50.0	95.0	50.0	95.0
巴　西	12.5	92.0	12.5	92.0	12.5	92.0	12.5	92.0	12.5	92.0	12.5	92.0
泰　国	—	264.0	—	264.0								
比利时	—	140.0	—	140.0								
世界总计	476.5	4 490.4	515.5	4 386.4	515.5	4 230.9	515.5	3 928.9	515.0	3 594.9	515.0	3 064.9
DMT折算为PTA	407.3		440.6		440.6		440.6		440.2		440.2	
世界PTA合计	4 897.7		4 827.0		4 671.5		4 369.5		4 035.1		3 505.1	

①资料来源：日本化纤协会历年《纤维手册》。

表36 世界十大PTA生产厂 万吨/年

排　序	国家（地区）	公　司	厂　址	工　艺	投产时间	2009年能力
1	中　国	远东石化(原华联三鑫)	绍　兴	伊斯曼	2005年	180.0
2	韩　国	三南石化	丽　川	三菱化学	1990年	170.0
3	印　度	信诚工业	哈兹拉	ICI	—	164.0
4	中　国	翔鹭石化	厦　门	伊斯曼	2003年	150.0
5	中　国	逸盛大化石化	大　连	国　内	2008年	150.0
6	中国台湾	中美和石化	园　林	阿莫科	1979年	142.0
7	泰　国	暹罗三井PTA	MapTa Phut	三井化学	—	140.0
8	比利时	BP	Geel	阿莫科	1976年	140.0
9	中　国	珠海碧阳	珠　海	阿莫科	2003	135.0
10	中　国	逸盛石化	宁　波	英威达	2005年	130.0

资料来源：日本化纤协会《纤维手册》2010年。

表37　　世界主要国家（地区）己内酰胺生产能力　　万吨／年

国家(地区)＼年份	2009	2008	2007	2006	2005	2004
日　本	50.0	50.0	50.0	52.0	50.0	55.0
韩　国	24.0	23.7	23.7	23.7	23.7	23.7
中　国	43.0	42.0	40.0	33.8	33.8	18.8
中国台湾	27.0	27.0	25.0	25.4	25.4	25.4
印　度	12.0	12.0	12.5	12.5	12.5	12.5
荷　兰	23.5	23.5	23.5	23.5	23.5	23.5
比利时	48.0	48.0	46.0	46.0	46.0	46.0
德　国	29.5	29.5	24.0	24.0	24.0	24.0
意大利	14.0	14.0	14.0	14.0	14.0	14.0
前苏联	49.7	47.7	47.7	47.7	58.5	58.5
波　兰	14.2	13.2	13.2	13.2	13.2	13.2
美　国	86.0	86.0	83.0	83.0	83.0	83.0
泰　国	11.0	11.0				
世界总计	466.1	461.8	447.8	447.4	455.2	442.7

资料来源：日本化纤协会历年《纤维手册》。

表38　　世界十大己内酰胺生产厂　　万吨／年

排　序	国家（地区）	公　司	厂　址	工　艺	投产时间	2009年能力
1	美　国	霍尼韦尔	霍普威尔	联合信号	1954年	36.0
2	比利时	巴斯夫安特卫普厂	安特卫普	巴斯夫	1968年	28.0
3	美　国	巴斯夫化学	弗里波特	巴斯夫	1962年	27.0
4	韩　国	Capro公司	蔚　山	宇部兴产	1974年	24.0
5	荷　兰	国家矿业	赫　伦	国家矿业	1964年	23.5
6	美　国	DSM化学	奥古斯塔	国家矿业	—	20.0
7	比利时	朗　盛	安特卫普	拜　耳	1971年	20.0
8	中国台湾	中国石化开发	高雄小港	—	2000年	17.0
9	日　本	住友化学	新居浜	—	—	16.0
10	中　国	中国石化巴陵分公司	湖南岳阳	—	1992年	15.0

资料来源：日本化纤协会《纤维手册》2010年。

表39 世界主要国家（地区）丙烯腈生产能力 万吨／年

国家(地区) \ 年份	2009	2008	2007	2006	2005	2004
日　本	74.1	74.1	74.1	77.7	74.1	80.0
韩　国	55.0	55.0	52.0	52.0	52.0	52.0
中　国	100.2	100.2	93.2	93.2	93.2	59.4
中国台湾	47.0	47.0	47.0	43.0	43.0	43.0
印　度	3.8	3.8	3.8	3.4	13.4	
英　国	28.0	28.0	28.0	28.0	28.0	28.0
荷　兰	26.0	26.0	20.0	20.0	20.0	20.0
德　国	27.0	27.0	27.0	28.0	28.0	28.0
前苏联	9.0	24.0	24.0	24.0	24.0	24.0
保加利亚	4.5	4.5	4.5	4.5	8.8	8.8
土耳其	9.0	9.0	9.0	9.0	9.0	9.0
美　国	154.0	154.0	151.0	153.5	153.5	189.5
墨西哥	17.4	17.4	17.4	17.4	17.4	17.4
巴　西	9.0	9.0	8.0	8.0	8.0	8.0
泰　国	20.0					
世界总计	584.0	579.0	559.0	561.7	572.4	567.1

资料来源：日本化纤协会历年《纤维手册》。

表40 世界十大丙烯腈生产厂 万吨／年

排　序	国家（地区）	公　司	厂　址	工　艺	投产时间	2009年能力
1	美　国	首　诺	阿尔文	索亥俄	1965年	53.0
2	美　国	英力士丙烯腈	绿　湖	索亥俄	1981年	46.0
3	中　国	吉林石化	吉　林	BP/旭化成	1997年	32.0
4	韩　国	东西石化	蔚　山	索亥俄	1972年	30.0
5	日　本	旭化成	水　岛	—	—	29.1
6	英　国	巴斯夫化学	锡尔山德斯	索亥俄	1969年	28.0
7	中国台湾	台　塑	桃　园	—	—	28.0
8	德　国	英力士丙烯腈	多尔玛根	索亥俄	1965年	27.0
9	中　国	上海赛科石化	上　海	BP	2005年	26.0
10	韩　国	泰光产业	蔚　山	孟山都	1997年	25.0

资料来源：日本化纤协会《纤维手册》2010年。

表41 **世界主要国家（地区）合成纤维生产能力**①　万吨／年

国家（地区）	2010年3月			2009年3月			2008年3月		
	长　丝	短纤维	合　计	长　丝	短纤维	合　计	长　丝	短纤维	合　计
欧　洲									
西　欧	65.9	80.8	146.7	88.3	102.6	190.9	89.30	105.60	194.90
独联体	20.6	24.0	44.6	18.9	25.7	44.6	22.65	26.05	48.70
罗马尼亚	0.6	3.5	4.1	0.6	3.0	3.6	0.60	3.60	4.20
斯洛伐克	2.2	0	2.2	6.0	0	6.0	6.00	0	6.00
波　兰	2.6	4.6	7.2	3.6	4.6	8.2	7.05	6.40	13.45
美　洲									
美　国	134.8	83.5	218.3	144.6	86.6	231.2	149.57	128.84	278.41
加拿大	17.2	0	17.2	18.2	0	18.2	17.20	0	17.20
巴　西	14.0	19.1	33.1	14.4	19.2	33.6	23.52	15.60	39.12
墨西哥	16.2	10.6	26.8	16.5	10.8	27.3	19.50	13.80	33.30
亚　洲									
中　国	1 973.2	1 141.9	3 115.1	1 889.2	1 141.5	3 030.7	1 700.60	1 088.40	2 789.00
中国台湾	144.8	71.4	216.2	157.5	70.2	227.7	182.70	84.21	266.91
韩　国	99.8	67.5	167.3	97.3	66.6	163.9	100.50	65.76	166.26
印　度	279.2	142.9	422.1	230.1	144.6	374.7	233.20	137.90	371.10
印度尼西亚	85.4	54.5	139.9	83.4	52.5	135.9	91.40	54.50	145.90
巴基斯坦	12.6	62.0	74.6	8.6	64.5	73.1	12.60	64.50	77.10
泰　国	55.1	50.0	105.1	51.3	41.5	92.8	53.00	49.70	102.70
土耳其	34.0	46.5	80.5	39.0	49.1	88.1	47.80	49.72	97.52
日　本	48.7	49.5	98.1	54.6	65.6	120.2	56.53	62.75	119.28
伊　朗	11.4	13.7	25.1	9.4	13.7	23.1			
沙特阿拉伯	2.2	2.5	4.7	2.0	2.5	4.5			
非　洲									
南　非	0	3.4	3.4	0	4.6	4.6			
世界总计	3 104.6	1 981.5	5 086.1	3 011.1	2 016.3	5 027.4	2 904.69	2 020.14	4 924.83

①合纤中不包括聚烯烃纤维，西欧无分国别生产能力统计，中国数据与实际有出入。

资料来源：数据来自美国历年《纤维公报》。

表42 **世界主要国家（地区）合成纤维产量**①　万吨／年

国家（地区）	2009			2008			2007		
	长　丝	短纤维	合　计	长　丝	短纤维	合　计	长　丝	短纤维	合　计
欧　洲									
西　欧	49.9	62.9	112.8	61.0	77.0	138.0	71.26	89.58	160.84
独联体	11.0	17.9	28.9	15.0	18.6	33.6	14.95	18.87	33.82
波　兰	2.2	3.7	5.9	2.6	4.2	6.8	3.71	5.26	8.97
美　洲									
美　国	97.5	64.0	161.5	111.5	80.3	191.8	129.93	101.76	231.69
加拿大	12.5	0	12.5	12.2	0	12.2	13.32	0	13.32
巴　西	11.2	15.3	26.5	11.5	16.4	27.9	18.73	13.36	32.09
墨西哥	9.8	7.9	17.7	11.8	7.3	19.1	17.73	9.74	27.47
亚　洲									
中　国	1 480.8	832.2	2313.0	1 402.6	798.6	2 201.2	1 331.70	796.65	2 128.35
中国台湾	125.8	64.1	189.9	133.5	59.3	192.8	165.52	72.86	238.38
韩　国	80.6	49.5	130.1	83.9	52.0	135.9	89.17	58.73	147.90
印　度	194.7	103.1	297.8	143.4	82.8	226.2	150.32	94.70	245.02
印度尼西亚	70.2	40.9	111.1	66.1	42.0	108.1	69.56	42.84	112.40
日　本	26.6	30.4	57.0	39.3	37.8	77.1	41.54	48.77	90.31
马来西亚	26.3	7.9	34.2	23.1	8.1	31.2	25.90	7.70	33.60
巴基斯坦	7.4	45.2	52.6	6.5	41.9	48.4	7.79	46.86	54.65
土耳其	19.7	35.4	55.1	25.6	37.4	63.0	34.75	42.18	76.93
泰　国	40.4	43.8	84.2	35.8	37.0	72.8	40.58	42.10	82.68
伊　朗	8.6	11.8	20.4	6.2	11.7	17.9	7.12	11.61	18.73
沙特阿拉伯	1.9	2.0	3.9	1.9	2.1	4.0	1.74	1.99	3.73
非　洲									
南　非	0	2.7	2.7	0	3.8	3.8	3.84	3.97	7.81
世界总计	2 310.4	1 466.7	3 777.1	2 193.5	1 418.3	3 611.8	2 239.16	1 509.53	3 748.69

①合纤中不包括聚烯烃纤维，西欧无分国别产量统计，中国数据与实际有出入。

资料来源：数据来自美国历年《纤维公报》。

表43 世界主要国家（地区）合成橡胶生产能力① 万吨／年

国家(地区)	ESBR	SSBR	顺丁橡胶	异戊橡胶	乙丙橡胶	丁基橡胶	丁腈橡胶	氯丁橡胶	SBC	合计
美国	66.0	42.0	63.7	9.0	36.5	27.5	5.2	10.0	34.4	294.3
北美合计	66.0	42.0	63.7	9.0	36.5	42.5	5.2	10.0	34.4	309.3
阿根廷	5.4	—	—	—	—	—	0.2	—	—	5.6
巴西	26.2	2.5	9.0	—	3.5	—	1.1	—	3.8	46.1
墨西哥	12.0	5.5	1.5	—	-	—	3.0	—	4.0	26.0
拉美合计	43.6	8.0	10.5	—	3.5	—	4.3	—	7.8	77.7
比利时	—	—	—	—	—	13.0	—	—	—	13.0
捷克	9.5	—	—	—	—	—	—	—	—	—
法国	4.5	9.5	17.5	—	8.5	5.6	15.5	—	8.7	69.8
德国	11.8	10.7	13.6	—	7.0	—	1.1	10.0	9.5	63.7
意大利	12.0	—	4.0	—	8.5	—	3.3	—	9.0	36.8
荷兰	—	—	—	1.5	16.5	—	—	—	1.8	19.8
波兰	12.2	—	—	—	—	—	0.8	—	—	13.0
俄罗斯	47.4	4.0	34.0	51.2	2.0	16.8	5.1	—	3.5	164.0
塞尔维亚	4.0	—	—	—	—	—	—	—	—	4.0
西班牙	—	—	—	—	—	—	—	—	12.0	12.0
土耳其	2.7	—	1.4	—	—	—	—	—	—	4.1
英国	7.5	3.0	8.0	—	—	11.0	1.5	—	—	31.0
欧洲合计	111.6	27.2	78.5	52.7	42.5	46.4	27.3	10.5	44.5	441.2
伊朗	4.0	—	2.5	—	—	—	—	—	—	6.5
南非	3.5	0.9	4.7	0.4	—	—	—	—	—	9.5
中东和非洲合计	7.5	0.9	7.2	—	—	—	—	—	—	16.0
中国	82.0	7.2	57.6	—	5.0	4.5	9.0	6.0	41.0	212.3
印度	1.0	—	7.3	—	1.0	—	2.0	—	—	11.3
印度尼西亚	6.0	—	—	—	—	—	—	—	—	6.0
日本	32.5	18.5	29.2	8.6	19.6	10.5	8.5	12.0	16.3	155.7
韩国	51.6	1.0	31.2	—	11.2	—	12.0	—	11.0	118.0
中国台湾	10.0	2.0	10.4	—	—	—	3.0	—	28.4	53.8
泰国	7.2	—	12.2	—	—	—	—	—	—	19.4
亚太合计	190.3	28.7	147.9	8.6	36.8	15.0	34.5	18.0	96.7	576.5
世界总计	419	106.8	307.8	70.7	119.3	103.9	71.3	38.5	183.4	1 420.7

①生产能力不含胶乳。2003年起开始包括苯乙烯类热塑性弹性体的生产能力。中国数据与实际有出入。

资料来源：国际橡胶研究集团（IRSG）历年《橡胶统计公报》。

表44　　**世界主要国家（地区）合成橡胶产量**[①]　　万吨／年

国家(地区)＼年份	2009	2008	2007	2006	2005	2004
加拿大	7.4	9.6	9.3	7.9	6.4	8.4
美　国	196.2	231.4	269.7	260.6	236.6	232.5
阿根廷	5.2	4.9	5.5	6.0	5.5	5.8
巴　西	38.5	44.4	40.0	41.8	41.6	42.9
墨西哥	16.0	19.8	20.4	18.6	18.2	18.8
奥地利	0.4	0.5	0.5	0.5	0.5	0.5
比利时	10.4	9.4	10.7	10.7	10.6	10.8
捷　克	8.2	10.5	11.1	10.0	9.2	9.0
法　国	51.4	64.5	65.1	66.4	65.5	77.6
德　国	65.5	74.2	90.1	86.5	85.5	90.5
意大利	20.0	22.0	23.5	23.5	23.3	23.5
荷　兰	16.6	17.6	19.4	19.2	18.6	18.0
波　兰	11.2	11.4	11.6	10.8	9.9	9.5
西班牙	8.6	10.1	10.0	10.8	8.5	8.8
瑞　士	3.2	3.2	4.2	3.7	3.6	3.8
英　国	17.1	26.8	31.8	30.5	34.4	35.1
保加利亚	0	0.8	2.2	3.2	3.0	3.2
罗马尼亚	0	0	0	0.2	1.0	1.4
俄罗斯	104.2	113.9	120.9	121.9	114.6	111.6
土耳其	0	0	2.4	2.3	2.4	4.5
前南斯拉夫	1.8	3.5	2.9	2.6	2.3	2.6
南　非	5.9	7.8	7.2	6.7	7.8	7.4
澳大利亚	0	0	0	0	0.7	1.0
中　国	285.6	232.5	221.5	181.3	163.2	147.8
印　度	10.2	9.7	10.1	10.1	9.6	9.5
印度尼西亚	4.0	4.8	4.8	4.6	4.7	4.5
伊　朗	6.2	5.8	7.2	7.2	7.0	7.3
日　本	126.4	165.1	165.5	160.7	162.7	161.6
韩　国	114.9	97.0	108.0	84.8	77.0	72.0
马来西亚	4.9	3.8	6.7	5.2	5.1	5.0
中国台湾	55.6	55.2	60.0	60.0	57.5	54.5
泰　国	20.6	18.5	15.7	15.6	14.0	13.0
世界合计	1 216.8	1 281.9	1 358.3	1 264.6	1 215.1	1 201.9

①生产能力不含胶乳。2003年起开始包括苯乙烯类热塑性弹性体的生产能力。中国数据与实际有出入。

资料来源：国际橡胶研究集团（IRSG）历年《橡胶统计公报》。

表45 **世界主要国家（地区）合成橡胶消费量** 万吨／年

国家(地区) \ 年份	2009	2008	2007	2006	2005	2004
加拿大	15.8	16.4	20.0	21.6	22.6	23.2
美　国	144.8	173.4	192.9	200.1	200.2	190.7
阿根廷	5.9	6.4	7.1	6.8	6.5	5.6
巴　西	44.5	53.3	47.7	42.5	40.5	43.1
智　利	1.6	2.4	2.4	2.4	2.7	2.5
哥伦比亚	2.2	2.5	2.6	3.0	2.8	3.6
墨西哥	12.5	14.9	16.2	15.4	14.5	14.6
委内瑞拉	2.6	3.1	4.0	4.2	3.7	4.1
奥地利	1.3	1.4	1.7	2.3	2.8	3.3
比利时/卢森堡	8.0	9.5	10.7	10.7	10.6	11.6
捷　克	9.6	13.8	13.0	12.1	11.1	11.0
丹　麦	1.2	1.2	1.2	1.4	1.5	1.5
芬　兰	1.5	3.0	3.1	2.5	2.4	2.0
法　国	27.9	31.6	31.6	31.1	35.5	42.0
德　国	45.0	53.0	59.9	63.5	63.5	62.5
匈牙利	3.5	5.3	4.8	3.8	3.7	4.9
意大利	16.9	23.8	25.5	25.5	24.2	25.5
荷　兰	8.0	11.1	10.6	8.6	9.0	8.6
波　兰	14.3	17.5	19.8	19.1	15.9	15.0
葡萄牙	4.0	5.3	5.1	5.1	5.2	5.7
斯洛伐克	4.7	6.5	6.6	6.3	5.6	5.4
斯洛文尼亚	3.6	4.4	4.6	4.3	3.9	3.8
西班牙	16.0	25.6	25.8	26.2	25.4	30.3
瑞　典	6.4	7.2	8.1	7.8	7.0	8.1
英　国	12.4	14.7	16.9	20.1	22.2	21.4
白俄罗斯	4.9	5.5	5.9	5.8	5.2	4.8
罗马尼亚	3.5	3.9	6.0	2.7	2.7	2.9
俄罗斯	44.5	50.0	59.7	57.2	56.8	59.7
土耳其	17.4	21.7	19.5	17.7	14.7	14.4
乌克兰	3.8	5.7	7.4	7.3	8.4	8.0
南　非	5.8	7.0	6.4	6.0	6.5	6.3
澳大利亚	3.5	5.0	4.5	4.4	4.5	4.7
中　国	426.6	346.0	343.5	288.0	258.0	243.8
印　度	31.2	29.1	29.0	26.4	23.3	22.3
印度尼西亚	14.7	13.9	13.3	13.1	13.5	12.1
日　本	83.4	113.8	116.2	117.1	115.6	114.6
韩　国	27.8	32.9	34.7	36.4	34.4	34.9
马来西亚	12.9	12.5	12.3	11.2	9.6	8.7
中国台湾	21.2	21.2	28.2	30.3	28.0	29.4
泰　国	23.2	19.5	22.4	21.9	17.0	16.6
世界合计	1 187.8	1 257.3	1 315.4	1 237.8	1 189.5	1 183.9

资料来源：国际橡胶研究集团（IRSG）历年《橡胶统计公报》。

表46 **世界主要国家（地区）合成橡胶进口量** 万吨／年

国家(地区) \ 年份	2009	2008	2007	2006	2005	2004
加拿大	22.3	26.8	31.4	33.6	38.2	37.6
美　国	44.2	59.6	54.9	60.7	68.2	58.0
阿根廷	26.3	2.4	4.3	3.8	3.6	3.2
巴　西	19.7	20.5	20.0	17.2	16.1	14.9
智　利	1.6	2.4	2.4	2.4	2.7	2.5
哥伦比亚	2.2	2.6	2.6	3.0	2.8	3.6
墨西哥	9.3	10.9	12.2	10.9	11.0	10.3
秘　鲁	1.4	1.3	1.2	1.1	1.1	1.1
委内瑞拉	2.6	3.2	4.0	4.2	3.7	4.1
奥地利	3.5	4.1	7.2	7.5	7.8	7.2
比利时/卢森堡	33.0	40.4	41.7	40.0	40.3	40.4
捷　克	8.8	11.3	11.0	10.7	9.5	9.5
丹　麦	1.3	1.3	1.3	1.6	1.6	1.5
芬　兰	2.1	4.2	5.0	4.3	3.9	3.3
法　国	25.8	31.8	37.4	36.8	38.7	39.1
德　国	40.7	51.5	56.7	51.8	54.5	49.0
希　腊	1.5	1.7	1.5	1.6	1.2	1.3
匈牙利	4.3	6.1	4.9	3.8	3.7	4.9
爱尔兰	0.3	0.4	0.4	0.3	0.8	1.0
意大利	24.7	31.9	34.8	31.5	30.3	32.5
荷　兰	18.2	20.5	22.4	20.2	19.2	19.0
波　兰	16.2	18.7	21.0	19.8	15.3	12.9
葡萄牙	4.1	5.4	5.3	5.2	5.2	5.7
斯洛伐克	4.7	6.5	6.6	6.3	5.6	5.4
斯洛文尼亚	3.6	4.4	4.6	4.3	3.9	3.8
西班牙	21.1	29.4	26.9	26.1	24.8	29.5

续表

国家(地区)＼年份	2009	2008	2007	2006	2005	2004
瑞　典	4.0	5.5	5.4	5.5	4.6	5.4
英　国	10.5	13.0	15.1	18.3	19.9	19.7
保加利亚	0.7	0.7	0.3	0.4	0.4	0.4
罗马尼亚	4.1	4.0	5.3	2.7	2.1	1.9
俄罗斯	3.8	5.9	6.0	6.1	5.9	4.1
瑞　士	1.9	1.9	2.2	2.1	2.0	1.9
土耳其	18.2	20.7	17.9	15.9	12.7	10.4
乌克兰	3.8	5.7	7.4	7.3	8.4	8.0
前南斯拉夫	1.1	1.3	1.6	1.5	1.1	1.3
南　非	1.9	2.6	2.7	2.1	2.0	1.9
澳大利亚	3.3	4.8	4.3	4.6	4.3	4.5
中　国	151.4	125.3	145.9	130.2	105.8	107.4
印　度	20.7	21.0	18.6	16.7	12.3	11.6
印度尼西亚	18.7	19.0	12.3	11.9	13.3	14.5
日　本	14.5	22.2	20.5	19.1	19.4	18.6
韩　国	13.4	14.1	13.4	13.6	13.0	12.9
马来西亚	18.2	13.2	24.5	20.4	14.3	13.3
新西兰	0.6	2.8	1.0	1.5	1.4	1.7
巴基斯坦	1.5	1.6	2.2	2.1	2.1	2.0
菲律宾	1.6	3.2	3.6	2.9	1.9	2.4
斯里兰卡	2.0	2.4	2.5	2.4	1.6	1.7
中国台湾	10.0	12.8	13.0	14.1	13.1	15.3
泰　国	20.8	11.3	23.9	21.3	19.1	17.1
世界总计	670.2	714.3	760.4	760.9	724.3	719.0

资料来源：国际橡胶研究集团（IRSG）历年《橡胶统计公告》，中国数据有出入。

表47 **世界主要国家（地区）合成橡胶出口量** 万吨

国家(地区) \ 年份	2009	2008	2007	2006	2005	2004
加拿大	14.4	20.0	20.7	19.9	22.0	22.8
美　国	97.6	115.7	131.6	125.0	110.5	108.0
阿根廷	2.6	2.4	2.7	3.0	2.6	3.4
巴　西	13.7	11.5	14.8	16.5	17.2	14.7
墨西哥	12.8	15.8	16.5	14.2	14.6	14.4
比利时/卢森堡	40.6	43.4	46.2	45.5	40.5	43.2
捷　克	7.4	7.9	8.2	8.5	7.7	7.5
法　国	33.8	43.1	48.8	71.8	68.6	72.3
德　国	61.8	72.6	77.5	74.9	74.7	75.1
意大利	22.4	23.0	22.9	30.5	30.5	31.5
荷　兰	26.8	27.1	31.2	30.8	28.8	28.5
波　兰	13.2	12.5	12.0	11.5	9.3	7.6
西班牙	7.6	11.3	10.2	10.6	7.8	8.0
瑞　典	0.8	1.6	1.6	1.4	1.2	1.1
英　国	16.2	25.1	30.0	28.7	32.1	33.5
保加利亚	0.2	0.8	2.0	2.6	2.5	2.7
罗马尼亚	0.5	0.7	0.1	0.2	0.4	0.4
俄罗斯	63.5	70.0	67.2	70.8	63.7	56.8
土耳其	0.8	1.1	0.7	0.5	0.4	0.6
前南斯拉夫	1.7	2.6	3.2	2.9	2.6	3.0
南　非	2.1	2.9	3.4	2.9	3.2	3.0
澳大利亚	0.2	0.2	0.2	0.1	0.5	0.7
中　国	10.5	9.8	8.7	8.3	9.4	8.5
印　尼	2.7	1.7	3.9	3.3	3.1	3.9
伊　朗	2.9	2.8	2.4	2.4	2.4	2.6
日　本	64.4	52.3	53.1	49.3	52.5	60.2
韩　国	100.5	78.2	79.7	62.0	55.6	49.9
马来西亚	6.9	5.0	5.9	4.7	4.8	3.7
中国台湾	44.4	45.6	44.7	43.9	42.6	40.8
泰　国	17.2	4.8	18.2	15.0	12.6	11.8
世界合计	690.1	711.6	760.4	760.9	724.3	720.0

资料来源：国际橡胶研究集团（IRSG）历年《橡胶统计公告》，中国数据与实际数据有出入。

表48 **世界主要国家（地区）原油进口量** 万吨

国家(地区) \ 年份	2009	2008	2007	2006	2005	2004
美 国	44 285	48 716	50 157	50 273	50 070	50 120
加拿大	3 911	3 461	4 875	4 229	4 650	4 660
墨西哥	46	201	51	—	—	—
中南美洲	2 508	3 044	4 220	3 366	3 270	3 780
欧 洲	51 328	54 221	54 225	53 358	52 470	50 780
前苏联	92	0	9	—	—	—
中 东	700	1 099	582	1 011	1 020	920
北 非	1 839	1 645	890	907	890	870
西 非	—	91	340	290	290	270
东南非洲	2 186	2 540	2 562	2 564	2 730	2 540
大洋洲	2 282	2 444	2 727	2 507	2 430	2 350
中 国	20 349	17 881	16 317	14 580	12 710	12 270
印 度	14 579	12 769				
日 本	17 651	20 318	20 506	20 864	21 040	20 890
新加坡	4 630	5 453	5 117			
其他亚太国家①	22 858	23 104	35 786	39 310	36 950	36 010
世界总计	189 247	196 988	198 364	193 256	188 520	185 490

①2004年和2005年数据含新加坡，2007年及以前数据含印度。
资料来源：BP历年《世界能源统计》。

表49 **世界主要国家（地区）原油出口量** 万吨

国家(地区) \ 年份	2009	2008	2007	2006	2005	2004
美 国	221	692	613	268	190	190
加拿大	9 650	9 644	9 355	8 884	8 180	8 050
墨西哥	6 385	7 283	9 100	9 752	9 740	9 990
中南美洲	12 886	12 380	11 516	11 686	10 960	10 670
欧 洲	2 311	1 405	2 911	2 922	3 810	4 560
前苏联	34 198	31 134	31 669	27 461	26 760	25 430
中 东	82 213	89 501	85 955	88 463	86 290	85 380
北 非	11 114	13 071	13 547	12 821	12 260	11 580
西 非	21 228	22 301	23 435	22 646	20 870	19 670
东南非洲	1 477	1 700	1 918	1 115	1 240	1 150
大洋洲	1 285	1 370	1 542	658	720	780
中 国	469	372	362	964	670	570
日 本	10	0	2	—	—	—
印 度	0	0				
新加坡	235	200	81	—	—	—
其他亚太国家①	4 019	4 649	4 406	4 450	4 630	4 870
其他国家	1 548	1 282	1 950	1 172	2 200	2 600
世界总计	189 247	196 988	198 364	193 256	188 520	185 490

①2004年和2005年数据含新加坡，2007年及以前数据含印度。
资料来源：BP历年《世界能源统计》。

表50 入选世界500强的炼油类公司 亿美元，名

行业排名		公司名称	所属国家	500强排名		营业收入	净利润	总资产	股东权益	员工人数
2010	2009			2010	2009					
1	1	壳　牌	荷　兰	2	1	2 851.29	125.18	2 921.81	1 364.31	101 000
2	2	埃克森美孚	美　国	3	2	2 846.50	192.80	2 333.23	1 105.69	102 700
3	3	BP	英　国	4	4	2 461.38	165.78	2 359.68	1 016.13	80 300
4	7	中国石化集团	中　国	7	9	1 875.18	57.56	1 887.93	635.07	633 383
5	8	中国石油集团	中　国	10	13	1 654.97	102.73	3 253.84	1 859.46	1 649 992
6	4	雪佛龙	美　国	11	5	1 635.27	104.83	1 646.21	919.14	64 132
7	5	道达尔	法　国	14	6	1 558.87	117.41	1 833.13	754.07	96 387
8	6	康　菲	美　国	17	7	1 395.15	48.58	1 525.88	624.67	30 000
9	9	埃　尼	意大利	24	17	1 172.35	60.70	1 686.42	661.10	78 417
10	12	巴西石油	巴　西	54	34	918.69	155.04	2 002.70	940.58	76 919
11	10	委内瑞拉国家石油	委内瑞拉	56	27	911.82	16.08	1 371.61	628.52	83 457
12	13	挪威国家石油	挪　威	74	36	731.00	29.12	974.68	343.43	29 000
13	11	瓦莱罗能源	美　国	84	33	700.35	-19.82	356.29	147.25	20 920
14	14	鲁克石油	俄罗斯	93	65	680.25	70.11	790.19	559.91	143 000
15	15	SK	韩　国	104	72	643.96	2.11	633.61	61.18	31 680
16	17	马来西亚国家石油	马来西亚	107	80	625.77	116.49	1 260.38	745.10	40 992
17	16	莱普索YPF	西班牙	114	76	585.71	21.67	833.43	286.28	41 014
18	20	印度石油	印　度	125	105	542.88	22.58	296.72	116.87	36 307
19	19	JX控股	日　本	136	101	514.05	4.66	442.00	99.57	13 855
20	18	马拉松石油	美　国	144	86	494.03	14.63	470.52	219.10	28 855

续表

行业排名		公司名称	所属国家	500强排名		营业收入	净利润	总资产	股东权益	员工人数
2010	2009			2010	2009					
21	21	泰国国家石油	泰　国	155	118	462.20	17.35	331.11	128.77	7952
22	32	信任工业	印　度	175	264	410.85	34.22	559.16	305.57	23 365
23	23	俄罗斯石油	俄罗斯	211	158	346.95	65.14	832.32	448.31	158 884
24	25	日矿控股	日　本	241	203	315.12	3.21	221.31	66.97	10 873
25	22	太阳石油	美　国	266	141	296.30	-3.29	118.95	25.57	11 200
26	24	赫　斯	美　国	267	184	295.69	7.40	294.65	133.84	13 300
27	29	出光兴产	日　本	277	244	285.60	0.64	265.06	38.49	8 330
28	27	GS控股	韩　国	300	213	270.66	3.83	219.31	35.01	21 800
29	34	巴拉特石油	印　度	307	289	265.96	3.44	137.62	31.51	14 678
30	28	TNK-BP	俄罗斯	318	234	256.96	51.75	280.41	194.34	50 000
31	30	西班牙石油集团	西班牙	324	246	255.26	5.21	148.47	75.88	11 703
32	26	奥地利石油天然气集团	奥地利	333	206	249.04	7.95	307.29	116.20	34 676
33	37	印度斯坦石油	印　度	354	311	238.81	3.11	126.90	27.35	11 291
34	35	科斯莫石油	日　本	373	293	230.68	-1.16	176.09	31.71	3 325
35	41	Suncor能源	加拿大	385	325	223.27	10.04	665.45	325.46	12 978
36	31	PKN Orlen集团	波　兰	398	249	217.97	4.20	171.85	66.55	22 535
37	33	昭和壳牌石油	日　本	407	266	216.12	-6.16	125.99	25.09	5 440
38	36	台湾中油	中　国	434	306	202.53	11.40	202.61	79.26	14 931
39	40	台塑石化	中　国	452	323	192.04	11.87	140.42	72.87	6 275
40	42	墨菲石油	美　国	454	326	191.38	8.38	127.56	73.46	5 815

表51 **2008年世界最大的50家石油公司综合排名(按前6项指标综合测算)**

年度公司排名位次		公司名称	国有比例/%	石油储量/亿吨	天然气储量/亿立方米	石油产量/万吨	天然气产量/亿立方米	炼制能力/万吨·年$^{-1}$	油品销量/万吨	营业收入/亿美元	总资产/亿美元	利润/亿美元
2008	2007											
1	1	沙特阿拉伯国家石油公司	100	360.2	75 646	54 230	781	11 870	14 796	3 266	—	—
2	2	伊朗国家石油公司	100	187.7	295 933	21 625	1 163	7 830	9 640	919	—	—
3	3	美国埃克森美孚公司	—	16.4	18 644	12 025	939	31 050	31 777	4 415	2 281	452
4	4	委内瑞拉国家石油公司	100	135.6	49 812	12 255	366	15 175	13 823	1 264	1 318	94
5	5	中国石油天然气集团公司	100	29.9	26 716	13 895	662	14 125	7 985	1 836	2 633	103
6	6	英国石油公司（BP）	—	14.1	12 794	12 005	861	13 390	26 781	3 625	2 282	212
7	7	英荷壳牌集团	—	6.1	12 265	8 855	885	18 390	30 870	4 584	2 824	263
8	8	美国康菲公司	—	8.3	7 060	7 775	537	13 390	14 288	2 305	1 429	–170
9	9	美国雪佛龙公司	—	10.0	6 530	8 380	529	10 695	16 116	2 632	1 612	239
9	10	法国道达尔集团	—	7.8	7 420	7 280	500	13 020	17 193	2 371	1 668	156
11	11	墨西哥国家石油公司	100	16.2	3 595	15 505	464	8 550	8 079	1 128	914	–83
12	14	科威特国家石油公司	100	138.4	17 801	13 920	128	5 545	4 568	872	—	—
13	12	阿尔及利亚国家石油公司	100	15.0	41 874	9 265	776	2 465	3 304	808	1 685	92
14	13	俄罗斯天然气工业股份公司	50	13.0	181 816	4 295	5 476	3 065	2 994	1 405	2 432	298
15	15	巴西石油公司	32.2	12.5	3 457	9 890	261	10 555	12 761	1 215	1 257	189
16	16	俄罗斯石油公司	75.16	24.1	7 835	10 605	123	5 390	4 409	690	775	111
17	18	俄罗斯鲁克石油公司	—	15.8	6 623	7 685	155	5 010	7 332	867	715	91
18	17	马来西亚国家石油公司	100	10.5	32 771	3 805	641	2 095	3 760	770	1 061	172
19	18	阿布扎比国家石油公司	100	71.9	34 554	8 015	250	2 500	1 340	492	—	—
20	21	意大利埃尼集团	30	4.6	5 725	5 130	457	3 685	4 719	1 610	1 643	130
21	20	尼日利亚国家石油公司	100	29.5	31 277	6 510	209	2 225	1 227	293	—	—
22	22	卡塔尔石油总公司	100	14.0	183 241	4 960	550	1 000	724	312	—	—
23	24	伊拉克国家石油公司	100	156.9	31 668	12 115	19	3 195	3 168	631	—	—
24	23	利比亚国家石油公司	100	44.2	11 331	6 795	117	1 900	1 631	289	—	—
25	25	中国石化股份有限公司	75.84	3.9	1 969	4 055	83	20 635	11 844	2 167	1 120	43

续表

年度公司排名位次		公司名称	国有比例/%	石油储量/亿吨	天然气储量/亿立方米	石油产量/万吨	天然气产量/亿立方米	炼制能力/万吨·年$^{-1}$	油品销量/万吨	营业收入/亿美元	总资产/亿美元	利润/亿美元
2008	2007											
26	27	埃及石油总公司	100	2.7	10 839	1 805	294	3 630	3 393	114	—	—
27	26	挪威国家石油—海德罗公司	65	2.8	5 372	5 275	431	1 550	2 891	1 171	819	77
28	28	西班牙莱普索YPF公司	—	1.2	2 078	2 210	295	6 025	6 129	899	697	40
29	29	俄罗斯苏尔古特油气公司	—	11.2	3 943	6 180	141	1 735	1 889	220	449	58
30	30	印度尼西亚国家石油公司	100	2.0	5 292	795	104	4 965	6 181	444	—	28
31	31	印度石油天然气总公司	74.14	5.1	4 308	3 290	274	970	310	150	236	37
32	32	美国马拉松石油公司	—	1.4	948	1 180	105	5 080	6 354	733	427	35
33	32	阿曼石油开发公司	60	4.4	5 355	2 090	163	0	0	144	—	—
34	34	加拿大能源公司	—	1.4	3 871	670	397	1 130	1 053	302	472	59
35	34	乌兹别克斯坦油气公司	100	0.7	13 867	480	599	1 100	376	96	—	—
36	36	阿塞拜疆国家石油公司	100	4.2	5 094	875	82	2 210	578	212	—	—
37	43	俄罗斯秋明BP公司	—	5.1	547	3 635	56	1 860	1 622	519	287	53
38	39	美国阿帕奇公司	—	1.5	2 241	1 325	167	0	0	124	292	7
38	39	加拿大自然资源公司	—	4.5	1 043	1 380	129	0	0	133	349	47
40	37	叙利亚国家石油公司	100	3.4	2 830	975	55	1 200	902	205	—	—
41	50	哈萨克斯坦国家油气公司	100	7.0	693	1 810	61	1 155	588	211	403	49
42	42	美国戴文能源公司	—	1.1	2 797	1 105	265	0	0	154	319	–22
42	45	美国阿美拉达赫斯公司	—	1.3	785	1 330	71	1 250	2 218	412	286	24
44	41	美国安纳达科石油公司	—	1.3	2 294	1 105	212	0	0	157	489	33
44	46	美国西方石油公司	—	3.0	1 302	2 315	86	0	0	245	415	69
46	44	奥地利石油和天然气集团	31.5	0.9	799	830	87	2 650	1 998	381	301	20
47	47	英国天然气公司	—	0.9	3 006	900	272	0	0	236	362	58
48	48	中国海洋石油总公司	66.41	2.2	1 598	2 110	64	0	0	182	302	64
49	52	俄罗斯Novatek公司	—	0.6	6 893	285	303	0	0	32	47	9
50	38	哥伦比亚国家石油公司	89.9	1.1	537	1 810	50	1 675	1 128	171	216	59

资料来源：美国《石油情报周刊》2009年11月30日。

附　录

◇ 科技成果获奖名单

◇ 企事业单位名录

◇ 法规性文件一览表

附录 1

科技成果获奖名单

表 1　　**获2009年度国家科技进步奖项目**

项目名称	主要完成单位	主要完成者
一等奖		
1. 石脑油催化重整成套技术的开发与应用	中国石化集团洛阳石油化工工程公司 中国石油化工股份有限公司石油化工科学研究院 中国石油化工股份有限公司洛阳分公司 中国石化扬子石油化工有限公司 湖南建长石化股份有限公司 中国石油化工股份有限公司镇海炼化分公司	马爱增　徐又春　赵振辉　王净依　杨宝贵 潘锦程　许浩洋　孙敏杰　周立进　李　彬 郭劲鹤　师　峰　任坚强　刘贵平　阎遂宁
二等奖		
1. 二元复合高效驱油提高采收率技术	中国石油化工股份有限公司胜利油田分公司 中国科学院兰州化学物理研究所 山东大学	孙焕泉　王增林　李振泉　曹绪龙　宋新旺 崔晓红　蒋生祥　李　英　姜颜波　曾流芳
2. 胜利油区复杂结构井钻井技术开发与应用	中国石化集团胜利石油管理局	赵金洲　韩来聚　唐志军　马凤清　赵金海 闫振来　杨锦舟　王敏生　王爱国　牛洪波
3. 基于深井钻柱动力学的高速牙轮钻头与振动筛研制及应用	西南石油大学 四川石油管理局装备制造公司 中国石油集团川庆钻探工程有限公司 中国石油集团长城钻探工程有限公司 中国石化集团中原石油勘探局 中国石油集团西部钻探工程有限公司	刘清友　王国荣　张明洪　郑家伟　杜广义 赵业荣　林元华　胡欣峰　韩传军　祝效华
4. 大幅度提高油气产量的非平面压裂技术与工业化应用	中国石油大学（北京） 中国石油勘探开发研究院廊坊分院 中国石油化工股份有限公司石油勘探开发研究院	陈　勉　曾义金　雷　群　金　衍　胥　云 张福祥　张广清　赵振峰　张旭东　史明义
5. 环己酮氨肟化路线己内酰胺生产工艺成套技术	中国石油化工股份有限公司石油化工科学研究院 中国石油化工股份有限公司巴陵分公司 湖南百利工程科技有限公司 湘潭大学 中国石化工程建设公司	朱泽华　吴　巍　程立泉　孙　斌　罗和安 张德明　刘小秦　付锦晖　瞿亚平　杨立新
6. 乙苯脱氢制苯乙烯关键技术轴径向反应器和新型催化剂的研发及应用	中国石油化工股份有限公司上海石油化工研究院 华东理工大学 中国石化集团上海工程有限公司	朱子彬　吴德荣　缪长喜　朱学栋　钱小燕 邵百祥　朱中南　李瑞江　沈　江　刘文杰
7. 大型乙烯装置优化运行技术与工业应用	中国石化扬子石油化工有限公司 华东理工大学	蒋　勇　钱　锋　卫　达　贡宝仁　王振雷 许岩峰　韩金华　杜文莉　查星祺　费建国
8. 含硫含碱废液过程减排新技术及在化工行业中应用	华东理工大学 中国石化集团资产经营管理有限公司巴陵石化分公司 中国石油化工股份有限公司镇海炼化分公司 中国石油天然气股份有限公司克拉玛依石化分公司	汪华林　黎树根　钱卓群　胡江青　白志山 杜海波　张明会　刘成军　唐新华　瞿　滨
9. 重交通沥青路面设计的理论体系、关键技术与工程应用	同济大学 中国石油化工股份有限公司上海沥青销售分公司 交通部公路科学研究所 上海建设机场道路工程有限公司	孙立军　刘黎萍　张宏超　陈　长　郭大进 黄卫东　黄婉利　邵敏华　曹亚东　谭生光
10. 非牛顿流体流变学特性测试技术研究及应用	北京机械工业学院 北京赛科希德科技发展有限公司 中国石油化工股份有限公司润滑油分公司 北京工业大学	祝连庆　董明利　胡金麟　丁重辉　石照耀 唐五湘　水　琳　张春辉　郭阳宽　陈青山

表2　获2009年度石化集团公司技术发明奖项目

项 目 名 称	主 要 完 成 单 位	主 要 完 成 者
一 等 奖		
1. 纳米空心钛硅分子筛催化剂工业制备技术	中国石油化工股份有限公司石油化工科学研究院 中国石油化工股份有限公司催化剂分公司	林　民　朱　斌　李　斌　舒兴田　汪燮卿 朱华元　汝迎春　雷　霆　慕旭宏　廖建军 罗一斌　沈　刚
二 等 奖		
1. NCH6型丁醛辛烯醛气相加氢催化剂	中国石化集团南京化学工业有限公司 中国石油化工股份有限公司齐鲁分公司	吕　锋　宋洪澎　殷玉圣　郭连兴　孙中华 刘俊峰　谢　祥　林松艳　魏士新　郭凤琴
三 等 奖		
1. 无机纳米材料可解堵堵水技术	中国石油化工股份有限公司河南油田分公司	陈　渊　魏淋生　丁连民　孙迎胜　张文玉 胡　荣　赵长喜　苏建栋
2. 制备高稳定性、低黏度聚合物多元醇的连续方法	中国石化集团资产经营管理有限公司上海高桥分公司	顾良民　陈凤秋　顾卫东　陈颂义　沈立飞 徐　清

表3　获2009年度石化集团公司科技进步奖项目

项 目 名 称	主 要 完 成 单 位	主 要 完 成 者
一 等 奖		
1. 塔河油田碎屑岩目标评价及勘探技术	中国石油化工股份有限公司西北分公司 中国石油化工股份有限公司石油勘探开发研究院	翟晓先　郑和荣　漆立新　云　露　张忠民 李宗杰　张　俊　张永贵　丁　勇　冯兴强 杨素举　王　毅　石　玉　陈占坤　马　勇
2. 川西须家河组天然气富集规律及勘探配套方法技术	中国石油化工股份有限公司西南油气分公司	蔡希源　杨克明　李书兵　唐建明　王世泽 张　筠　段文燊　朱宏权　谢用良　张　虹 吕正祥　蒋祖军　葛　祥　张克银　郭新江
3. 松辽盆地南部断陷层勘探目标与技术	中国石油化工股份有限公司东北油气分公司 中国石油化工股份有限公司石油勘探开发研究院 中国石油化工股份有限公司华东分公司	谢晓安　张玉明　周荔青　徐宏节　周庆凡 王德喜　刘彦学　全书进　张　淮　赵德力 刘翠荣　胡纯心　赵春满　黄桂雄　胡志方
4. 陆相断陷盆地复杂油气藏地震响应定量模式及应用	中国石油化工股份有限公司胜利油田分公司	张　勇　韩文功　苏朝光　闫昭岷　高秋菊 沈财余　张建宁　罗　伟　张金伟　张营革 邹东波　孙淑艳　孙明江　潘兴祥　田　建
5. 疏松砂岩油藏水平井完井修井技术	中国石油化工股份有限公司胜利油田分公司	王增林　张全胜　郝金克　李玉宝　贾庆升 王桂英　叶金胜　肖驰俊　彭汉修　张松亭 田玉刚　孙　骞　张　峰　伊伟锴　皇甫洁
6. 特超稠油油藏HDCS强化采油技术	中国石油化工股份有限公司胜利油田分公司 中国石油大学（华东）	刘中云　毕义泉　张继国　李安夏　张广卿 李兆敏　赵洪涛　冀延民　邱国清　才巨宏 程　军　李延军　周英杰　王民轩　王爱丽
7. OCT-MD生产国Ⅳ清洁汽油成套技术开发及工业应用	中国石油化工股份有限公司抚顺石油化工研究院 中国石油化工股份有限公司石家庄炼化分公司	方向晨　刘晓欣　赵乐平　郝振歧　段为宇 梁文萍　刘继华　刘冀一　庞　宏　于吉平 郭　蓉　王艳涛　李　扬　孙东升　尤百玲
8. 高含酸原油直接催化裂化脱酸成套工艺技术的开发及工业应用	中国石油化工股份有限公司石油化工科学研究院 淮安清江石油化工有限责任公司 中国石油化工股份有限公司青岛安全工程研究院	毛安国　龙　军　侯栓弟　王　玲　刘小辉 田松柏　谭　丽　洪先荣　王子军　陈振宇 腾天灿　谢守明　张执刚　李　强　傅晓钦
9. 催化裂化催化剂生产中节能降耗成套技术开发	中国石油化工股份有限公司石油化工科学研究院 中国石油化工股份有限公司催化剂分公司	周灵萍　田辉平　于大平　严加松　吕庐峰 周　岩　张蔚琳　周　健　张志民　李　峥 王振波　杨　凌　张万虹　朱世方　陶　金

续表

项目名称	主要完成单位	主要完成者
10. 14万吨/年己内酰胺成套新技术开发	中国石油化工股份有限公司巴陵分公司 中国石油化工股份有限公司石油化工科学研究院 中国石化工程建设公司 湖南百利工程科技有限公司 中国石油化工股份有限公司催化剂分公司	朱泽华 吴 巍 程立泉 孙 斌 刘小秦 付锦晖 张德明 杨立新 林 民 孟祥堃 瞿亚平 李德刚 刘国强 旷志刚 杨 照
11. 5万吨/年乙烯三聚制1-己烯成套技术开发	中国石油化工股份有限公司北京燕山分公司	杨清雨 栗同林 梁爱民 华 炜 李军良 隋军龙 林敏杰 赵西明 李志刚 徐 林 张振翼 朴玉玲 王吉龙 张永涛 张立超
12. 双峰聚乙烯催化剂的工业应用	中国石化上海石油化工股份有限公司 上海化工研究院 中国石油化工股份有限公司北京化工研究院究院	陈 铭 肖明威 高克京 陆秋欢 叶晓峰 郭晓军 孙旭辉 蔡祥军 陈国康 余世炯 张丽蓉 吕新平 董 超 高道春 徐文俊
13. 13万吨/年丙烯腈装置工业化成套技术开发	中国石化上海石油化工股份有限公司 中国石油化工股份有限公司上海石油化工研究院 中国石化集团宁波工程有限公司	范永华 关兴亚 刘生宝 徐惠富 姜家乐 邢 涛 贺继铭 张 辉 赵国忠 刁春霞 顾军民 王 湛 邹立群 甘永胜 张专华
14. 分子筛气相法乙苯清洁生产成套技术	中国石油化工股份有限公司上海石油化工研究院	杨为民 邵百祥 孙洪敏 刘文杰 钟思青 王仰东 杨卫胜 张丽君 朱慧芬 沈 伟 张 斌 张忠群 李向勇 李俊杰
二 等 奖		
1. 复杂地区近地表三维综合调查与精细速度建模	中国石油化工股份有限公司勘探南方分公司 中国石油化工股份有限公司石油勘探开发研究院	殷厚成 杨勤勇 陈本池 孙开锋 陈 高 李仲远 林伯香 敬朋贵 叶 勇 高 林 张少云 潘宏勋
2. 西非重点盆地油气资源潜力及目标评价	中国石化集团国际石油勘探开发有限公司 中国石油化工股份有限公司石油勘探开发研究院 中国石油化工股份有限公司华东分公司 中国石油化工股份有限公司江汉油田分公司 中国石油化工股份有限公司河南油田分公司 中国石油化工股份有限公司上海海洋油气分公司	侯洪斌 熊利平 邬长武 钱桂华 朱青奇 黄志超 吴慕宁 黎玉战 武德运 李 军 霍 红 刘延莉
3. 川西特殊复杂地层气体钻井技术应用	中国石油化工股份有限公司西南油气分公司 中国石化集团石油工程西南分公司	朱澄清 蒋祖军 徐 进 王 波 秦晓庆 廖忠会 王希勇 肖国益 杨志彬 朱化蜀 黄 明 邵 强
4. 潜江凹陷潜江组沉积体系与岩性油气藏预测	中国石油化工股份有限公司江汉油田分公司	郑有恒 陈凤玲 范传军 张广英 阳 芳 李铭华 王朝明 郁 飞 郭丽彬 雷立恒 马 骧 陈英兰
5. 碳酸盐岩储层地球物理识别基础理论及方法	中国石油化工股份有限公司石油勘探开发研究院	曲寿利 赵 群 王世星 董 宁 管路平 杨勤勇 韩革华 郝守玲 唐金良 宁俊瑞 薛诗桂 梁志强
6. 济阳坳陷第三系不整合油气藏形成与分布规律	中国石油化工股份有限公司胜利油田分公司	宋国奇 隋风贵 王学军 赵乐强 向立宏 穆 星 高永进 彭传圣 宁方兴 郭元岭 李道轩 管晓燕
7. 胜科1井超深井钻井技术	中国石化集团胜利石油管理局	孙启忠 张桂林 张新旭 赵金海 刘天科 薛玉志 于敦源 乔 军 邵长明 张宏军 冯光通 刘宝锋

续表

项目名称	主要完成单位	主要完成者
8. 实体膨胀管技术及应用	中国石化集团胜利石油管理局	沈 琛 张 煜 李作会 何育荣 唐 明 牛新明 宁学涛 朱海波 马建忠 王绍先 杨选国 唐成磊
9. 高温储层压裂改造技术	中国石油化工股份有限公司胜利油田分公司 西南石油大学	李 雪 赵金洲 郭建春 卢云霄 邱明文 陈兴泉 陈红军 周广清 卢 聪 张学政 胡星琪 孟宪波
10. 抗磨防腐油管新技术的研究与应用	中国石油化工股份有限公司胜利油田分公司	陈业泉 姜 东 张喜庆 薄启炜 公维礼 田仲强 贾庆升 陈 军 杨 斌 杨松筠 张端光 马 波
11. 胜利油田薄层稠油油藏开采技术	中国石油化工股份有限公司胜利油田分公司	王增林 王世虎 孙克己 黄高健 杜永欣 盖平原 宫俊峰 曲 丽 马爱青 唐培忠 王秋霞 曹秋芳
12. 松南（腰英台）气田火山岩气藏开发关键技术	中国石油化工股份有限公司华东分公司 中国石油化工股份有限公司东北油气分公司	俞 凯 刘 伟 焦里力 王彦祺 邵焕彬 程百利 周正平 吴志良 沈亚平 彭一宪 杨 力 张亚文
13. 江苏油田薄层低丰度低渗油藏开发技术	中国石油化工股份有限公司江苏油田分公司	周方喜 钟思瑛 朱 平 李东海 薛 芸 王康月 唐湘明 袁玉峰 薛成刚 杲 春 熊家林 杨新明
14. 钻柱裸眼多油层测试技术	中国石化集团江汉石油管理局	魏大农 张国锋 袁发勇 肖世匡 向少华 赵全民 唐永祥 曹宗波 鲁 斌 程建明 姚效玉 冯德华
15. 河南油田稠油浅井套管钻井技术	中国石油化工股份有限公司河南油田分公司	魏春禺 孙明光 张 宇 唐大鹏 许俊良 何素文 潘广业 周 代 张庆良 张崇砚 蒋建宁 邱建君
16. 提高尾油质量的加氢裂化技术开发和应用	中国石油化工股份有限公司石油化工科学研究院 中国石油化工股份有限公司北京燕山分公司 中国石化工程建设公司	聂 红 华 炜 董建伟 李振谦 李 浩 毛以朝 魏永治 龙湘云 田同虎 胡志海 宋以常 韩 鸿
17. SKI-100A脱乙基型C_8芳烃异构化催化剂研发及工业应用	中国石油化工股份有限公司石油化工科学研究院 中国石油化工股份有限公司洛阳分公司	刘中勋 郑国栋 赵雪松 谷中发 顾昊辉 张家涛 梁战桥 张爱军 孙晓明 曲成武 阮 迟 王建青
18. 汽油管道调和工艺成套技术的开发及工业应用	中国石油化工股份有限公司石油化工科学研究院 中国石油化工股份有限公司广州分公司 中国石化集团洛阳石油化工工程公司	郭锦标 梁永超 王京华 房 韡 王惠勤 李育钟 张 蕾 褚小立 田宏斌 伍锦荣 王雁君 黄 源
19. 塔河原油优质路用沥青的开发与应用	中国石油化工股份有限公司抚顺石油化工研究院 中国石油化工股份有限公司上海沥青销售分公司 中国石油化工股份有限公司西安分公司 中国石油化工股份有限公司塔河分公司	宁爱民 程国香 王新军 李新明 梁亚军 代长江 刘树华 郭皎河 王先锋 杨 玲 沈家永 齐慧敏
20. FHUDS-3柴油深度加氢脱硫催化剂的研制及工业应用	中国石油化工股份有限公司抚顺石油化工研究院 中国石油化工股份有限公司上海高桥分公司	段为宇 范 强 姚运海 曹文磊 王 震 周新娣 陈玉琢 孙福林 丁 莉 张宏林 杨成敏 祁兴维

续表

项目名称	主要完成单位	主要完成者
21. 聚烯烃管材专用料分级与寿命预测	中国石油化工股份有限公司北京化工研究院	魏若奇 者东梅 华 晔 武志军 孙佳文 刘玉春 李玉娥 俞 峰 潘 颖 刘 畅 胡孝义 杨 勇
22. 醋酸乙烯合成技术开发	中国石化集团四川维尼纶厂 中国科学院成都有机化学有限公司 华东理工大学 四川大学	张仁文 赵 寰 付武华 冯良荣 胡 鸣 周兴贵 朱成文 陈迎春 曾 勇 张文英 朱灵玲 向 桢
23. PTA压力过滤工业化应用技术	中国石化扬子石油化工有限公司 中国石油大学（华东）	王振新 吴省安 李大仰 王建平 梁治祥 许林云 移素鸿 叶 明 刘国荣 徐 涛 朱加贵 柳怀年
24. 多功能新型柔性腈纶生产系统开发	中国石化上海石油化工股份有限公司 东华大学	马正升 王华平 黄胜德 王逸君 张玉梅 吴益民 赵正然 沈仲明 周皆兵 陈 健 金颖辉 王 林
25. 挤出涂层级LDPE 1C7A-1的开发	中国石油化工股份有限公司北京燕山分公司	罗 强 彭金瑞 王力刚 赵西明 陈青葵 张庆雨 郭 志 金国锋 汤 明 李 蕾 邓兴旺 刘 帅
26. PET膜级抗粘母粒的开发	中国石化仪征化纤股份有限公司	石庆华 戴钧明 李金平 胡新生 王新华 桑育军 王树霞 薛 斌 钟冰蓓
27. 49万吨/年裂解汽油加氢技术开发	中国石化工程建设公司 中国石油化工股份有限公司茂名分公司	陈 皓 陈育辉 王鑫泉 于 兰 蓝春树 吴冬燕 吴 浩 徐鸣镝 孙 磊 孙长江 刘江峰 王立新
28. 橡胶生产尾气催化氧化处理成套技术	中国石油化工股份有限公司抚顺石油化工研究院 中国石油化工股份有限公司北京燕山分公司	刘忠生 徐传海 王 新 郑国军 陈玉香 赵西明 王海波 段常青 齐慧敏 程文红 王有华 祁 俊
29. 改良氧化镁法烟气脱硫成套技术开发及工业应用	中国石化集团宁波工程有限公司 中国石化仪征化纤股份有限公司	仝 明 陈 昕 唐志永 亢万忠 夏 芳 郭文元 林大泉 沈希军 王 宁 王定湘 丁立波
30. 炼化装置长周期运行水处理关键技术创新集成与应用	中国石油化工股份有限公司石油化工科学研究院 中国石油化工股份有限公司茂名分公司 中国石油化工股份有限公司九江分公司	李本高 于文云 唐安中 马 欣 傅晓萍 徐燕平 谢生健 王金华 王 红 胡朝辉 李亚红 张劲松
31. ZJ70/4500DBS数字化交流变频钻机	中国石化集团河南石油勘探局	尹永晶 余利军 李鸿涛 张 勇 李冬玲 张学瑜 齐 然 张 珺 刘海伟 焦清朝 王富全 刘 辉
32. 焦炭塔自动底盖机	中国石化集团洛阳石油化工工程公司 中国石油化工股份有限公司荆门分公司 荆门炼化机械有限公司	宋银才 杨成炯 刘惠麟 张 萍 游碧龙 王明大 张景安 易 涛 毛光春 李和杰 徐江华 张传义
33. 丁基橡胶聚合釜国产化	中国石油化工股份有限公司北京燕山分公司 中国石化工程建设公司 北京燕华建筑安装工程有限责任公司	王 光 段 瑞 曾红国 庄荣昌 王志刚 谢智刚 孟 明 丁 旭 孙海疆 姜 森 郑国军 戴 澄
34. 乙烯装置急冷系统大型设备国产化集成技术	中国石化工程建设公司 天津大学 中国石油化工股份有限公司茂名分公司	王子宗 邹余敏 李鑫钢 孙希瑾 吴 浩 姜 斌 逄金娥 李广华 陈建娟 张吕鸿 蓝春树 廖昌勇

续表

项 目 名 称	主 要 完 成 单 位	主 要 完 成 者
35. 大直径螺纹锁紧环高压换热器	中国石化工程建设公司 兰州兰石机械设备有限责任公司 抚顺机械设备制造有限公司 中国石化青岛炼油化工有限责任公司	高 晖 陈建玉 张明艳 胡正海 尹青锋 何林凯 张 凯 李 江 张兆文 贾小斌 范兆辉 莫少明
36. 炼厂含油污泥处理热萃取脱水技术	中国石油化工股份有限公司抚顺石油化工研究院 中国石油化工股份有限公司洛阳分公司 中国石油化工股份有限公司天津分公司	赵景霞 回 军 刘永斌 刘 涛 王 刚 江海林 权自立 蔡廷剑 刘春阳 孙丙科 周德峰 韩建华
37. 加工机会原油防腐蚀解决方案	中国石化集团洛阳石油化工工程公司 中国石油化工股份有限公司青岛安全工程研究院 中国石油化工股份有限公司镇海炼化分公司 中国镇海石化工程有限责任公司 中国科学院金属研究所	崔新安 刘小辉 陈 坚 金 强 彭松梓 李贵军 段永锋 郑立群 董绍平 袁炎均 严伟丽 于凤昌
38. 油气勘探决策支持系统研发与应用	中国石油化工股份有限公司胜利油田分公司	张善文 王延光 王志高 谭明友 申龙斌 梁党卫 孙旭东 王国光 赵铭海 周 霞 陈历胜 隋志强
39. 中国石化生产营运指挥系统（一期）项目	石化盈科信息技术有限责任公司	张朝俊 杨延飞 蒋白桦 祁晓凯 宗伟亭 王立东 雷丽华 孙 维 李剑晖 臧 伟 张晓鹏 姚 舜

附录2

企事业单位名录

序号	单位名称	地址	邮政编码	电话	传真	董事长/经理（厂长）
1	中国石化集团胜利石油管理局 中国石油化工股份有限公司胜利油田分公司	山东省东营市济南路258号	257001	（0546）8552074 （0546）8555313	（0546）8552074	王立新 孙焕泉
2	中国石化集团中原石油勘探局 中国石油化工股份有限公司中原油田分公司	河南省濮阳市中原路277号	457001	（0393）4822172 （0393）4822301	（0393）4828300 （0393）4821230	孔凡群
3	中国石化集团河南石油勘探局 中国石油化工股份有限公司河南油田分公司	河南省南阳市宛城区官庄镇	473132	（0377）63830011	（0377）63830011	李联五
4	中国石化集团江汉石油管理局 中国石油化工股份有限公司江汉油田分公司	湖北省潜江市广华寺江汉路1号	433124	（0728）6502051 （0728）6502074	（0728）6502784	张召平
5	中国石化集团江苏石油勘探局 中国石油化工股份有限公司江苏油田分公司	江苏省扬州市文汇西路1号	225009	（0514）87762001	（0514）87761111	朱　平
6	中国石化集团新星石油有限责任公司	北京市海淀区北四环中路263号	100083	（010）82335150	（010）82335152	詹　麒
7	中国石化集团上海海洋石油局 中国石油化工股份有限公司上海海洋油气分公司	上海市浦东新区商城路1225号	200120	（021）68360385	（021）68369284	左文岐 刘申叔
8	中国石化集团西北石油局 中国石油化工股份有限公司西北油田分公司	新疆乌鲁木齐市长春南路466号西北石油科研生产园区	830011	（0991）3166579	（0991）3166583	焦方正
9	中国石化集团西南石油局 中国石油化工股份有限公司西南油气分公司	四川省成都市青羊区提督街108号	610016	（028）86755566	（028）86750066	薛万东 徐向荣
10	中国石化集团东北石油局 中国石油化工股份有限公司东北油气分公司	吉林省长春市西安大路4936号	130062	（0431）87988807 （0431）87988808	（0431）87974693 （0431）87973631	雷清亮
11	中国石化集团华北石油局 中国石油化工股份有限公司华北分公司	河南省郑州市陇海西路199号	450006	（0371）68629220	（0371）68612902	周荔青
12	中国石化集团华东石油局 中国石油化工股份有限公司华东分公司	江苏省南京市江东中路315号中泰国际广场6号楼	210019	（025）58777021 （025）58777022	（025）58822349	方志雄
13	中国石油化工股份有限公司天然气分公司	北京市西城区安德路甲67号	100011	（010）51586658	（010）51586668	高爱华
14	中国石化集团管道储运公司 中国石油化工股份有限公司管道储运分公司	江苏省徐州市泉山区翟山新村	221008	（0516）83454204	（0516）83888434	高河东 钱建华

续表

序号	单位名称	地址	邮政编码	电话	传真	董事长/经理（厂长）
15	中国石化集团北京燕山石油化工有限公司 中国石油化工股份有限公司北京燕山分公司	北京市房山区燕山岗南路1号	102500	（010）69342295	（010）69342736	王永健
16	中国石化集团资产经营管理有限公司齐鲁石化分公司 中国石油化工股份有限公司齐鲁分公司	山东省淄博市临淄区桓公路15号 山东省淄博市临淄区桓公路北杨坡路西	255408	（0533）7180777	（0533）7180406	常振勇
17	中国石化上海石油化工股份有限公司	上海市金山区金一路48号	200540	（021）57941941	（021）57942267	戎光道
18	上海赛科石油化工有限责任公司	上海市化学工业园区西河路	200051	（021）37990088	（021）67250866	张志良
19	中国石化集团资产经营管理有限公司上海高桥分公司 中国石油化工股份有限公司上海高桥分公司	上海市浦东大道3000号	200129	（021）58711001	（021）58712207	张　涌
20	中国石化集团资产经营管理有限公司金陵石化分公司 中国石油化工股份有限公司金陵分公司	江苏省南京市栖霞区甘家巷街388号	210033	（025）58981999	（025）85592004	赵日峰
21	中国石化集团资产经营管理有限公司茂名石化分公司 中国石油化工股份有限公司茂名分公司	广东省茂名市红旗北路2号	525011	（0668）2264248	（0668）2269317	李安喜
22	中国石油化工股份有限公司镇海炼化分公司	浙江省宁波市镇海区	315207	（0574）86444813	（0574）86270077	江正洪
23	中国石化集团资产经营管理有限公司天津石化分公司 中国石油化工股份有限公司天津分公司	天津市滨海新区（大港）北围堤路西160号	300271	（022）63806666	（022）25991000	许红星
24	中国石化集团资产经营管理有限公司扬子石化分公司 中国石化扬子石油化工有限公司	江苏省南京市沿江工业开发区新华路777号	210048	（025）57782200	（025）57784389	马秋林
25	扬子石化—巴斯夫有限公司	江苏省南京市六合区新华东路8号	210048	（025）57770888	（025）58569811	马秋林
26	中国石化集团资产经营管理有限公司巴陵石化分公司 中国石油化工股份有限公司巴陵分公司	湖南省岳阳市云溪区	414014	（0730）8492348	（0730）8481456	张德明

续表

序号	单位名称	地址	邮政编码	电话	传真	董事长/经理（厂长）
27	中国石化集团资产经营管理有限公司长岭分公司 中国石油化工股份有限公司长岭分公司	湖南省岳阳市云溪区	414012	（0730）8452002 （0730）8452003	（0730）8451824	侯　勇 李　华
28	中国石化集团资产经营管理有限公司仪征分公司 中国石化仪征化纤股份有限公司	江苏省仪征市长江西路1号	211900	（0514）83231505	（0514）83233880	钱衡格
29	中国石化集团南京化学工业有限公司	江苏省南京市六合区大厂葛关路189号	210048	（025）57791292	（025）57792812	袁建宁
30	中国石化福建炼油化工有限公司	福建省泉州市泉港区	362800	（0595）87976106	（0595）87976124	陆　东
31	中国石化集团资产经营管理有限公司广州分公司 中国石油化工股份有限公司广州分公司	广东省广州市黄埔区石化路239号	510726	（020）82121081	（020）82399045	冯建平
32	中国石化集团资产经营管理有限公司洛阳石化分公司 中国石油化工股份有限公司洛阳分公司	河南省洛阳市吉利区	471012	（0379）66992309	（0379）66991882	魏文波 赵振辉
33	中国石化集团资产经营管理有限公司安庆分公司 中国石油化工股份有限公司安庆分公司	安徽省安庆市石化四路20号	246002	（0556）5381717	（0556）5378299	余夕志
34	中国石化集团资产经营管理有限公司荆门分公司 中国石油化工股份有限公司荆门分公司	湖北省荆门市白庙路	448039	（0724）2271440	（0724）2211539	江寿林
35	中国石化集团四川维尼纶厂	重庆市长寿区维江路36号	401254	（023）68974061	（023）68974009	徐正宁
36	中国石化集团资产经营管理有限公司九江分公司 中国石油化工股份有限公司九江分公司	江西省九江市滨江东路228号	332004	（0792）8495155	（0792）8617006	王治卿
37	中国石化集团资产经营管理有限公司宜昌分公司 中国石油化工股份有限公司湖北化肥分公司	湖北省枝江市迎宾大道15号	443200	（0717）4212089	（0717）4212660	杨华章
38	中国石化集团资产经营管理有限公司石家庄分公司 中国石油化工股份有限公司石家庄炼化分公司	河北省石家庄市石炼路1号	050032	（0311）80863108 （0311）80862314	（0311）80861234	毕建国
39	中国石化集团资产经营管理有限公司济南分公司 中国石油化工股份有限公司济南分公司	山东省济南市工业南路26号	250101	（0531）88832202	（0531）88983622	吕亮功
40	中国石化集团资产经营管理有限公司武汉分公司 中国石油化工股份有限公司武汉分公司	湖北省武汉市青山区青山镇长青路特1号	430082	（027）86595156	（027）86595188	崔光磊

续表

序号	单位名称	地址	邮政编码	电话	传真	董事长/经理（厂长）
41	中国石化中原石油化工有限责任公司	河南省濮阳市胜利西路	457000	（0393）4471067	（0393）4416227	周文飞/张西国
42	中国石化集团资产经营管理有限公司沧州分公司 中国石油化工股份有限公司沧州分公司	河北省沧州市交通北大道50号	061000	（0317）3552247	（0317）3552688	卢立勇
43	中国石油化工股份有限公司润滑油分公司	北京市海淀区安宁庄西路6号	100085	（010）62949875	（010）62917732	宋云昌
44	中国石化集团保定石油化工厂	河北省保定市隆光西路1791号	071059	（0312）3109018	（0312）3112482	夏军伟
45	中国石化青岛石油化工有限责任公司	山东省青岛市李沧区滨海路8号	266043	（0532）66762212	（0532）84816954	王英彬
46	中国石化湛江东兴石油化工有限公司	广东省湛江市霞山区湖光路15号	524012	（0759）2606603	（0759）2606888	吴惜伟
47	中国石油化工股份有限公司北海分公司	广西北海市北海大道西路	536000	（0779）3079019	（0779）3079299	李永林
48	中国石油化工股份有限公司西安石化分公司	陕西省西安市未央区建章路北段6号	710086	（029）84320086	（029）84320522	李少平
49	中国石油化工股份有限公司塔河分公司	新疆库车县天山路东573号	842000	（0997）7979009	（0997）7979016	王　宏
50	中国石化海南炼油化工有限公司	海南省洋浦经济开发区	578101	（0898）28820068	（0898）28820099	王玉冰
51	中国石化青岛炼油化工有限责任公司	山东省青岛市黄岛区千山南路827号	266500	（0532）86915971	（0532）86915988	王树德
52	中国石油化工股份有限公司催化剂分公司	北京市东城区安外大街58号	100011	（010）84273208	（010）84287023	谈文芳
53	中国石油化工股份有限公司化工销售分公司	北京市朝阳区朝阳门北大街22号	100728	（010）59966916	（010）59760728	李成峰
54	石化盈科信息技术有限责任公司	北京市东城区东四十条甲22号南新仓商务大厦A座1208	100007	（010）84191188	（010）64096335	潘欣荣
55	中国石化集团资产经营管理有限公司北京石油分公司 中国石油化工股份有限公司北京石油分公司	北京市朝阳区静安里12号楼	100028	（010）84469543 （010）84469096	（010）64626877 （010）64678612	刘雄华
56	中国石化集团资产经营管理有限公司天津石油分公司 中国石油化工股份有限公司天津石油分公司	天津市南开区南京路338号石油大厦	300100	（022）27201390 （022）27201588	（022）27201391 （022）27201555	于忠国
57	中国石化集团资产经营管理有限公司河北石油分公司 中国石油化工股份有限公司河北石油分公司	河北省石家庄市槐安东路6号	050021	（0311）87182092 （0311）87182013	（0311）87182319 （0311）87182888	杨槐青

续表

序号	单位名称	地址	邮政编码	电话	传真	董事长/经理（厂长）
58	中国石化集团资产经营管理有限公司山西石油分公司 中国石油化工股份有限公司山西石油分公司	山西省太原市万柏林区大王路8号	030024	（0351）6197619 （0351）6197559	（0351）6197620 （0351）6197567	韩烈火
59	中国石化集团资产经营管理有限公司上海石油分公司 中国石油化工股份有限公司上海石油分公司	上海市黄浦区中山东一路24号甲	200002	（021）63219490	（021）63210762	杨　棣
60	中国石化集团资产经营管理有限公司江苏石油分公司 中国石油化工股份有限公司江苏石油分公司	江苏省南京市中山北路395号	210003	（025）58808888	（025）58803729	吕建华
61	中国石化集团资产经营管理有限公司浙江石油分公司 中国石油化工股份有限公司浙江石油分公司	浙江省杭州市河坊街58号	310009	（0571）87829293 （0571）87805026	（0571）87816837 （0571）87818822	徐祥燕
62	中国石油化工股份有限公司安徽石油分公司	安徽省合肥市屯溪路188号	230009	（0551）2212611	（0551）2212900	邬国庆
63	中国石化集团资产经营管理有限公司福建石油分公司 中国石油化工股份有限公司福建石油分公司	福建省福州市中山路23幢10号	350003	（0591）87821534	（0591）87837153	郝国强
64	中国石化集团资产经营管理有限公司江西石油分公司 中国石油化工股份有限公司江西石油分公司	江西省南昌市洪都北大道102号	330046	（0791）8512992 （0791）8512247	（0791）8511107	陈立国
65	中国石化集团资产经营管理有限公司山东石油分公司 中国石油化工股份有限公司山东石油分公司	山东省济南市历山路73号	250013	（0531）85870111	（0531）86947944	冯东青
66	中国石油化工股份有限公司河南石油分公司	河南省郑州市郑东新区正光路16号	450016	（0371）87520290	（0371）87520299	田中山
67	中国石化集团资产经营管理有限公司湖北石油分公司 中国石油化工股份有限公司湖北石油分公司	湖北省武汉市解放大道606号	430030	（027）68837285	（027）68837283	邹晓瑜
68	中国石油化工股份有限公司湖南石油分公司	湖南省长沙市湘春路113号	410081	（0731）84841848	（0731）84841801	江景星

续表

序号	单位名称	地址	邮政编码	电话	传真	董事长/经理（厂长）
69	中国石化集团资产经营管理有限公司广东石油分公司 中国石油化工股份有限公司广东石油分公司	广东省广州市体育西路191号中石化大厦A塔	510620	（020）38084665	（020）38084617	鲁广余
70	中国石化集团资产经营管理有限公司广西石油分公司 中国石油化工股份有限公司广西石油分公司	广西南宁市青秀区桃源路67号	530021	（0771）5322886	（0771）5323338	吴健雄
71	中国石油化工股份有限公司海南石油分公司	海南省海口市滨海大道163号	570311	（0898）68680801	（0898）68680909	徐天民
72	中国石化集团资产经营管理有限公司贵州石油分公司 中国石油化工股份有限公司贵州石油分公司	贵州省贵阳市解放路21号	550007	（0851）5986622	（0851）5985810	何建新
73	中国石油化工股份有限公司云南石油分公司	云南省昆明市拓东路45号世博大厦7楼	650011	（0871）3115099	（0871）3115210	高忠宝
74	中国石油化工股份有限公司四川石油分公司	四川省成都市人民南路一段86号城市之心7楼	610016	（028）86203125 （028）86203022	（028）86203122	肖崇昆
75	中国石油化工股份有限公司重庆石油分公司	重庆市渝中区青年路38号国贸中心	400010	（023）63107555	（023）63106320	江建华
76	中国石油化工股份有限公司内蒙古石油分公司	内蒙古呼和浩特市新城区成吉思汗大街26号日新大厦	010051	（0471）5289802	（0471）5289808	王红兵
77	中国石化销售有限公司华北分公司	天津市南开区华苑产业园区榕苑路11号	300384	（022）23059524	（022）23059522	耿　勇
78	中国石化销售有限公司华东分公司	上海市长宁区愚园路819号	200050	（021）62119325	（021）62119327	陈国瑞
79	中国石化销售有限公司华中分公司	湖北省武汉市江汉区精武路39号	430022	（027）65798016	（027）65798015	聂时榜
80	中国石化销售有限公司华南分公司	广东省广州市天河区体育西路191号中石化大厦A塔39楼	510620	（020）38083999	（020）38083939	濮志梁
81	中国石油化工股份有限公司石油勘探开发研究院	北京市海淀区学院路31号	100083	（010）82312685	（010）82312089	金之钧
82	中国石化集团石油工程技术研究院 中国石油化工股份有限公司石油工程技术研究院	北京市朝阳区北辰东路8号北辰时代大厦	100101	（010）84988166	（010）84988966	路保平
83	中国石油化工股份有限公司石油化工科学研究院	北京市海淀区学院路18号	100083	（010）62310806	（010）62311290	龙　军
84	中国石油化工股份有限公司北京化工研究院	北京市朝阳区北三环东路14号	100013	（010）59202342	（010）64228661	张　勇

续表

序号	单位名称	地址	邮政编码	电话	传真	董事长/经理（厂长）
85	中国石油化工股份有限公司抚顺石油化工研究院	辽宁省抚顺市望花区丹东路东段31号	113001	（0413）6389234	（0413）6429551	方向晨
86	中国石化集团资产经营管理有限公司上海石油化工研究院 中国石油化工股份有限公司上海石油化工研究院	上海市浦东北路1658号	201208	（021）68462737	（021）68462283	顾松园
87	中国石油化工股份有限公司青岛安全工程研究院	山东省青岛市市南区延安三路218号	266071	（0532）83786201 （0532）83786202	（0532）83861318	张海峰
88	石油化工管理干部学院	北京市朝阳区立水桥北甲1号	100012	（010）51201203	（010）51201216	亓玉台
89	中国石化工程建设公司	北京市朝阳区安慧北里安园20号	100101	（010）64975658	（010）64975660	刘家明
90	中国石化集团上海工程有限公司	上海市浦东新区张杨路769号银河大厦	200120	（021）58354214	（021）58358142	吴德荣
91	中国石化集团洛阳石油化工工程公司	河南省洛阳市中州西路27号	471003	（0379）64887690	（0379）64887756 （0379）64857177	闫少春
92	中国石化集团宁波工程有限公司	浙江省宁波市高新区院士路660号	315103	（0574）87975589	（0574）87975199	邵建雄
93	中国石化集团南京工程有限公司	江苏省南京市江宁区科建路1189号	211100	（025）87117366	（025）85561051	向文武
94	中国石化集团第四建设公司	天津市滨海新区大港世纪大道180号	300270	（022）63862213	（022）25990156	肖　刚
95	中国石化集团第五建设公司	甘肃省兰州市西固区康乐路27号	730060	（0931）7961285	（0931）7356578	田建军
96	中国石化集团第十建设公司	山东省淄博市临淄区建设路29号	255438	（0533）7501143	（0533）7501126	樊继贤
97	中国石化集团国际石油勘探开发有限公司	北京市海淀区北四环中路263号	100083	（010）82310862	（010）82310841	张耀仓/周玉琦
98	中国石化集团国际石油工程有限公司	北京市西城区安德路甲67号	100120	（010）51586500	（010）51586550	刘锦信
99	中国石化财务有限责任公司	北京市朝阳区朝阳门北大街22号	100728	（010）59966700	（010）59760508	张保龙
100	中石化百川经济贸易公司	北京市朝阳区朝阳门北大街22号	100728	（010）59960505	（010）59960901	崔国旗
101	中国石油化工集团公司经济技术研究院（中国石化咨询公司）	北京市朝阳区安外小关街24号	100029	（010）64449006	（010）64449005	李希宏
102	中国石化报社	北京市东城区安外大街58号	100011	（010）84273230	（010）84271822	吕大鹏
103	中国石化出版社	北京市东城区安外大街58号	100011	（010）84278950	（010）84289982	王子康
104	中国石化国际事业有限公司	北京市朝阳区朝阳门北大街22号	100728	（010）59966055	（010）59760529	蒋振盈
105	中国国际石油化工联合有限责任公司	北京市朝阳区朝阳门北大街22号	100728	（010）59966528	（010）59966528	戴照明

附录3

法规性文件一览表

序号	标　　题	文件字号
	石化集团公司	
1	关于印发《中国石油化工集团公司总部机关涉密计算机、涉密打印机及涉密移动存储介质保密管理办法（暂行）》的通知	中国石化密〔2009〕1号
2	关于印发《中国石油化工集团公司驻外机构档案管理规定（试行）》的通知	中国石化厅〔2009〕8号
3	关于印发《总部机关文件材料归档管理规定（试行）》的通知	中国石化厅〔2009〕12号
4	关于印发《油田化学剂和炼油化工三剂准入技术要求试行办法》的通知	中国石化科〔2009〕28号
5	关于印发《中国石化集团公司固定资产投资项目设计管理规定》的通知	中国石化建〔2009〕32号
6	关于印发《职业卫生技术规范》的通知	中国石化安〔2009〕46号
7	关于印发《中国石油化工集团公司石油化工项目可行性研究报告节能分析篇编制规定（试行）》的通知	中国石化经〔2009〕51号
8	关于印发《中国石油化工集团公司年度绩效考核管理暂行办法》的通知	中国石化企〔2009〕54号
9	关于印发《总经理奖励管理办法》的通知	中国石化企〔2009〕55号
10	关于印发《2009版中国石油化工集团公司内部控制管理手册》的通知	中国石化财〔2009〕60号
11	关于印发《中国石油化工集团公司地方炼油企业原油和成品油配置管理办法》的通知	中国石化生〔2009〕67号
12	关于印发《中国石油化工集团公司土地管理责任目标考核办法》的通知	中国石化财〔2009〕120号
13	关于印发《中国石化集团公司优秀工程勘察设计评选办法》的通知	中国石化建〔2009〕274号
14	关于印发《中国石油化工集团公司石油工程重大油气资源发现奖励办法》的通知	中国石化油〔2009〕275号
15	关于印发《石油化工企业总图管理规定》的通知	中国石化建〔2009〕294号
16	关于印发《中国石油化工集团公司合同管理规定》的通知	中国石化法〔2009〕299号
17	关于印发《用工总量管理办法（试行）》的通知	中国石化人〔2009〕308号
18	关于印发《 中国石化集团公司建设工程评标专家库管理办法》的通知	中国石化建〔2009〕317号
19	关于印发《中国石化境外资金管理办法实施细则》的通知	中国石化财〔2009〕318号
20	关于印发《中国石化总部部门培训职责及运行管理办法（试行）》的通知	中国石化人〔2009〕331号
21	关于印发《中国石化供应商管理规定》的通知	中国石化物〔2009〕341号
22	关于印发《中国石油化工集团公司内部审计工作规定》的通知	中国石化审〔2009〕385号
23	关于印发《中国石化直属工程建设企业系统外工程市场管理暂行办法》的通知	中国石化建〔2009〕387号
24	关于印发《中国石化境外炼化工程承包业务管理规定》的通知	中国石化建〔2009〕388号
25	关于印发《设立和使用“小金库”问题处理办法》的通知	中国石化审〔2009〕411号
26	关于印发《中国石化股份公司固定资产投资项目工程设计分包管理办法》的通知	中国石化建〔2009〕459号
27	关于印发《中国石化股份公司工程建设质量监督规定》的通知	中国石化建〔2009〕486号

续表

序号	标　题	文件字号
28	关于印发《职业卫生管理工作考核规定》的通知	中国石化安〔2009〕496号
29	关于印发《血吸虫病预防及控制管理规定》的通知	中国石化安〔2009〕497号
30	关于印发《个体防护用品管理规定》的通知	中国石化安〔2009〕498号
31	关于印发《中国石油化工集团公司环保、节能、安全税收优惠政策管理办法（试行）》的通知	中国石化财〔2009〕509号
32	关于印发《中国石油化工集团公司统计管理办法》的通知	中国石化计〔2009〕515号
33	关于印发《人工成本管理试行办法》的通知	中国石化人〔2009〕523号
34	关于印发《中国石化电子邮件系统管理办法》的通知	中国石化信〔2009〕547号
35	关于印发《 中国石化集团公司工程建设项目分包管理规定》的通知	中国石化建〔2009〕554号
36	关于印发《中国石油化工集团公司土地处置管理实施细则》的通知	中国石化财〔2009〕575号
37	关于印发《中国石油化工集团公司商标管理办法》的通知	中国石化法〔2009〕578号
38	关于印发《中国石油化工集团公司进一步深化住房制度改革实行住房分配货币化实施办法》的通知	中国石化办〔2009〕595号
39	关于印发《中国石油化工集团公司外派人员人身意外及雇主责任保险管理办法》的通知	中国石化安〔2009〕646号
40	关于印发《中国石油化工集团公司经济责任审计管理办法》的通知	中国石化审〔2009〕648号
41	关于印发《中国石油化工集团公司境外公共安全培训管理办法（试行）》的通知	中国石化外〔2009〕664号
42	关于印发《中国石油化工集团公司优秀审计项目评选办法》的通知	中国石化审〔2009〕665号
43	关于印发《中国石化外事管理规定》的通知	中国石化外〔2009〕669号
44	关于印发《安全事故管理规定》的通知	中国石化安〔2009〕685号
45	关于印发《机动车辆交通安全管理规定》的通知	中国石化安〔2009〕686号
	石化股份公司	
1	关于印发《中国石油化工股份有限公司驻外机构档案管理规定（试行）》的通知	石化股份办〔2009〕1号
2	关于印发《中国石油化工股份有限公司物资库存调度调剂管理办法（暂行）》的通知	石化股份物〔2009〕2号
3	关于印发《中国石化网上采购管理规定》的通知	石化股份物信〔2009〕14号
4	关于印发《油田化学剂和炼油化工三剂准入技术要求试行办法》的通知	石化股份科〔2009〕30号
5	关于印发《中国石化股份公司固定资产投资项目设计管理规定》的通知	石化股份建〔2009〕34号
6	关于印发《中国石油化工股份有限公司信息基础设施运行维护管理办法》的通知	石化股份信〔2009〕46号
7	关于印发《职业卫生技术规范》的通知	石化股份安〔2009〕50号
8	关于印发《中国石油化工股份有限公司石油化工项目可行性研究报告节能分析篇编制规定（试行）》的通知	石化股份经〔2009〕53号
9	关于印发《中国石油化工股份有限公司物资库存高度调剂奖励办法（试行）》的通知	石化股份物〔2009〕56号
10	关于印发《中国石油化工股份有限公司进口原油外贸代理公司工作业绩考核办法（暂行）》的通知	石化股份生〔2009〕67号
11	关于印发《炼油自销产品销售专项奖考核暂行办法》的通知	石化股份炼〔2009〕90号

续表

序号	标　　题	文件字号
12	关于印发《中国石化集中销售化工产品买断定价管理办法（试行）》的通知	石化股份财〔2009〕99号
13	关于印发《中国石油化工股份有限公司税务管理办法（试行）》的通知	石化股份财〔2009〕130号
14	关于印发《中国石油化工股份有限公司油气田勘探开发提前实施项目投资计划管理办法（试行）》的通知	石化股份计〔2009〕150号
15	关于印发《化工铁路自备罐车集中管理办法》的通知	石化股份化〔2009〕153号
16	关于印发《中国石油化工股份有限公司化工产品用户服务管理办法（试行）》的通知	石化股份化〔2009〕162号
17	关于印发《重点工程项目建设奖励办法》的通知	石化股份建〔2009〕300号
18	关于印发《石油化工企业总图管理规定》的通知	石化股份建〔2009〕315号
19	关于印发《中国石油化工股份有限公司合同管理办法》的通知	石化股份法〔2009〕318号
20	关于印发《中国石化股份公司建设工程评标专家库管理办法》的通知	石化股份建〔2009〕333号
21	关于印发《中国石油化工股份有限公司内部审计工作规定》的通知	石化股份审〔2008〕386号
22	关于印发《中国石化股份公司固定资产投资项目工程设计分包管理办法》的通知	石化股份建〔2009〕431号
23	关于印发《中国石油化工股份有限公司ERP模板管理办法（试行）》的通知	石化股份信〔2009〕455号
24	关于印发《中国石化股份公司工程建设质量监督规定》的通知	石化股份建〔2009〕462号
25	关于印发《血吸虫病预防及控制管理规定》的通知	石化股份安〔2009〕470号
26	关于印发《职业卫生管理工作考核规定》的通知	石化股份安〔2009〕471号
27	关于印发《个体防护用品管理规定》的通知	石化股份安〔2009〕472号
28	关于印发《中国石油化工股份有限公司统计管理办法》的通知	石化股份计〔2009〕482号
29	关于印发《人工成本管理试行办法》的通知	石化股份人〔2009〕483号
30	关于印发《中国石化股份有限公司工程建设项目分包管理规定》的通知	石化股份建〔2009〕491号
31	关于印发《中国石油化工股份有限公司商标管理办法》的通知	石化股份法〔2009〕503号
32	关于印发《中国石油化工股份有限公司外派人员人身意外及雇主责任保险管理办法》的通知	石化股份安〔2009〕565号
33	关于印发《中国石油化工股份有限公司经济责任审计管理办法》的通知	石化股份审〔2009〕567号
34	关于印发《中国石油化工股份有限公司优秀审计项目评选办法》的通知	石化股份审〔2009〕574号
35	关于印发《安全事故管理规定》的通知	石化股份安〔2009〕586号
36	关于印发《机动车辆交通安全管理规定》的通知	石化股份安〔2009〕589号

索　引

◇ 主题词索引

◇ 表题索引

主题词索引

使 用 说 明

1. 本索引引用主题词分析索引法编制。除“大事记”外，年鉴内容均在标引和检索范围内。

2. 本索引按汉语拼音音序排列。具体如下：以英文字母开头的，排在最前面；汉字标目则按首字的音序、音调依次排列，首字相同时，则以第二个字排序，并依次类推。

3. 在索引中，索引标目之后的数字表示主题内容所在年鉴正文的页码；英文字母a、b分别表示左、右两个栏目。

4. 为反映索引款目间的逻辑关系。对于二级目录，采取在上一级标目下缩两格的编排形式予以体现，之下的索引款目仍按上列排序方法依次排列。

A

ABS 59a
安徽石油分公司 395a
　　安全管理 396a
　　达标创优 396b
　　队伍建设 397a
　　反腐倡廉 397b
　　非油品业务 396a
　　风险管理 396b
　　降本节费 396b
　　捐资助学 397b
　　两保三不降一提高 395b
　　全员销售 395b
　　网络布局 396a
　　文化活动 397a
　　信息化建设 397a
安静 437a
安宁 379、380
安庆石化 325a
　　党建质量管理 328b
　　飞灰过滤器 327b
　　和谐企业 328b
　　化工专业整合 327b
　　精细管理 328a
　　蜡油加氢装置 327a
　　炼化一体化项目 326a
　　硫黄回收项目 327a
　　热电燃油系统隐患治理项目 327a
　　生产经营 326a
　　生活水系统 327b
　　实时数据库 328a
　　涡凹气浮装置 327a
　　乙苯—苯乙烯联合装置 326b
　　余热综合利用 327b
　　职工队伍 328b
　　重整稳定汽油脱苯设施 327a
安全“三同时”监督管理 125b
安全工程研究院 443a
　　防雷防静电及仪控技术 444a
　　腐蚀适应性和设防值评估技术 443b
　　工艺安全技术 443b
　　国家重点实验室 444b
　　科研装备 444b
　　普光气田净化厂 444a
　　事故调查分析 444a
　　新院区建设项目 444b
　　院庆活动 444b
　　在役装置风险评估技术 444a
安全管理 124b
安全环保检查 124b

安全活动 125a
安全教育培训 125a
安全科技 126a
安全生产法制宣传 200b
安全事故 124b
安全数质量管理 92a
安全先进单位 125a
安全先进个人 125a
安全整治成果 130b

B

巴陵石化 300b
QC小组成果 302b
SBS装置 302a
SEBS产品 301b
安居园社区 303b
丁苯树脂中试产品 301b
废碱焚烧装置 302a
和谐企业 303a
环氧树脂 301b
己内酰胺质检中心 302b
建厂庆典 302b
降本减费 301b
科技创新 301a
离子膜工段 301b
炼油装置 302a
羟胺循环气体压缩机 302b
生产经营 301a
一炉一机项目 302a
重点项目 301a
白桦 214b
白沙湾商储库 38b
白沙湾油库二期工程 38b
白沙湾原油商业储备基地工程 106a
白素萍 214a
百川公司 483a
党建工作 484a
服务任务 485a
严细管理 484a
重点项目 484a
柏世杰 477b
半再生重整技术 41b
帮扶救助 207a
保定石化厂 355a
房产税 356a
货款追缴 356a
塑料编织袋 355a
稳定工作 356b
销售收入 355b
用煤量 355b
原油罐机械清洗 355a
再就业 356b
资金上线 356a
北海分公司 361a
炼油异地改造项目 361a
项目筹备组 361b
北京化工研究院 434a
NMP成套技术工艺包 436b
本体法透明聚丙烯工业化技术 436a
达标污水深度处理回用技术 435a
党员代表大会 437a
低温甲烷化催化剂 436b
贺国强视察 435b
化工装置节水减排成套技术 436a
聚合装置直接生产汽车保险杠专用料技术 436a
聚烯烃管材专用料分级与寿命预测 435a
聚乙烯管材专用料生产技术 435b
双峰聚乙烯催化剂的工业应用 435a
《石油化工》 437a
一种高刚耐热抗冲聚丙烯的开发 435a
乙烯裂解室 436b
中国石化管理创新奖 435b
北京石油分公司 375b
财务管理 377b
党建 378b
管道保护联动机制 377b
国庆保障 376a
机制创新 377b
技术比武 377b
零售经营 376b
能源保障表彰 376a
企业运作 378a
思想政治工作 378b
“我要安全”主题活动 377a
销售网络 376b
直批经营 377a
苯 51b
苯酚 54a
苯酐 54b

苯乙烯　54a
毕业生引进　179a
边炜　393b、394、395
标准管理　112a
标准化工作　141a
标准化管理　149b
标准化制度体系　158b
表面活性剂　70a
丙纶　69a
丙酮　54a
丙烯　51a
丙烯腈　65a
丙烯腈装置工业化成套技术　146a
博士后　177a
薄启炜　19b、20
卜军育　178a
不良资产核销　199a

C

财会人员技能达标竞赛　168a
财务风险防范　169a
财务公司　481a
　筹融资平台　482a
　存贷款业务　482b
　风险防控　482b
　“管理年”活动　483a
　结算功能　482a
　票据业务　482b
　投行业务　482b
　投资业务　482b
　外汇业务　482b
　资本金　481b
　资产管理　482b
　资金上线　482a
财务管理　92a
财务决算管理　167b
财务收支审计　188b
财务状况　170a
采油工程　19b
采油工程队伍　19b
采油工程综合管理　19b
采油主导技术研究　20a
采油注水系统治理　20a
蔡志强　79b、80、81a
蔡智　492b
沧州炼化　349a
　安全生产　350a
　东丽公司　351a
　焦化技术改造　351a
　节能减排　350b
　经济效益　350b
　汽油质量升级　351a
　设备运行　351b
　援外开车任务　351a
曹钰梅　272、273b、274
测井队伍　32b
测井工作量　32b
测井新纪录　32b
查干凹陷勘探　13b
查芷琦　149b
产能建设优化　11b
产品储运　95a
产品实物质量　43a
产品质量管理　43a
产销计划管理　44b
长岭炼化　305a
　SRH液相循环加氢技术　306a
　催化重整装置　306a
　温家宝视察　305b
　“我要安全”主题活动　306a
　英语风采大赛　306b
　油品质量升级项目　305b
　职工桥牌比赛　306b
长岭油品质量升级改造工程　104b
长周期运行　182b
常减压蒸馏　40a
常减压蒸馏设备管理　40b
常减压蒸馏新技术　40b
常文峰　380b、381、382
超深井主要指标　19a
车用汽油　43a
《车友报》　211a
陈冰　335b、336、337b
陈红艳　446、447
陈建浩　279、280、281b
陈进鎏　398、399、400b
陈兰凤　243、244、245
陈苏　104a、107b
陈希阳　494a

陈香 392、393
陈永强 364b
成品油管道项目部资产收购 160a
成品油进出口 99a
惩防体系建设 190b
程天阁 212b
筹融资管理 166b
储备管理 185a
储运设施优化 91b
川东北中浅层勘探 11a
川气东送工程 103b
川维醋酸乙烯项目 105a
川西北新场深层天然气勘探 13b
川西地区钻井提速 28a
传统石油炼制 140b
创建清洁生产企业活动 135a
春蕾计划 208b
纯碱 76a
重庆石油分公司 417a
　公司成立 417b
　领导班子 417b
重组改革 155b
丛培信 98b、478、479
醋酸 54a
醋酸乙烯聚合物类胶黏剂 71b
崔红伟 223a
崔凯 272b
崔文生 180
催化剂 70a
催化剂分公司 373a
　标准化研究 375a
　表彰 375b
　创新成果 375b
　催化剂联合生产装置 374a
　催化裂化催化剂 374a
　技术交流 375a
　聚乙烯催化剂技术 374a
　内控风险数据库 375a
　区域销售中心 374b
　院士专家工作站 374b
　云溪基地 374a
　渣油加氢催化剂 374b
　职业技能竞赛 375a
催化裂化 40b
催化裂化催化剂节能降耗成套技术 144b
催化裂化工艺技术 41a
催化裂化关键设备 40b
催化裂化新技术 41a
催化裂化装置能耗 40b
催化油浆 41b
催化重整 41b

D

打击整治涉油犯罪 129a
戴立起 98b
党风廉政建设责任制 190b
党建工作 205a
道路石油沥青 43a
邓顺平 343、344
低密度聚乙烯 56a
涤纶 68a
地面工程简化 12a
地面工程优化 12a
地震工作量 18a
第十建设公司 474a
　川气东送工程 474b
　管道结构工程公司 475a
　国内外市场 474b
　孟加拉凝析油工程 475a
　企业形象 475b
　人才培养 475b
　制度建设 475a
　中长期发展规划 474a
　总包产值 474b
第四建设公司 467a
　队伍建设 468b
　改革调整 468a
　高端成效 468b
　内部管理 468a
　施工生产 467b
　市场开发 467b
第五建设公司 469a
　HSE管理 471a
　党建工作 471b
　队伍建设 471b
　工程项目 470b
　工程质量 471a
　国内市场开发 470a
　国外市场开发 470b
　技术服务 471a

精细管理 470b
维稳工作 472a
依法治企 471b
典型施工工法中英文版动画开发 121a
丁苯橡胶 60b
丁醇 53b
丁二烯 51b
丁昊 357、358
丁基橡胶 61a
丁新兴 176b、177
丁纵宇 212a、488b
东北石油局 253a
东北油气分公司 253a
八屋—长春输气管道 254b
长岭采油厂 254a
基础管理 254b
松南气田产能建设 254a
天然气产销 254b
油公司体制 255b
油气勘探 253a
东部老区复杂断块群油气藏勘探 14a
东部老区新层系勘探 11a
东部老区隐蔽油气藏勘探 14a
东方石化搬迁改造工程 105b
董西增 159b、160a
董玉群 492b
杜红岩 124b、125
杜晋轩 141b
队伍建设 94b
对二甲苯 53a
对外经济合作 98b

E

ERP系统 161a
鄂尔多斯南部石油勘探 14a
二氧化硫减排 138a

F

法律风险防控 199a
法律服务 198a
法律顾问培训 202a
法律事务负责人培训班 201b
法律事务工作会议 196b
法律事务考评 197a
法律事务职能 197a
法律事务制度 197b
法律体系建设 196b
法律中介机构交流 203a
法律资源 202a
法制工作三年计划 197a
法制宣传教育工作会 201b
法制宣传日活动 201a
法制宣传制度 201a
樊士宏 495a
反腐倡廉教育 193a
范聪 99a
范凯 305b、306
范勇 29a、30b、32a、33、208a
防范工作 207a
防水卷材油毡基布专用中长短纤维 147b
非常规资源勘探 11a
非上市科研单位资产收购 160b
《非上市油田企业塑造特色管理模式框架方案》 28b
非油品经营 91a
分子筛气相法乙苯清洁生产成套技术 145b
冯红民 104a、106
扶贫援藏 208b
服务年活动 93a
福建炼化 314a
ERP系统 315a
和谐“大福炼” 315a
炼油项目 314b
炼油乙烯项目 314a
“我要安全”主题活动 314b
中央领导视察 315b
福建炼油乙烯工程 105a
福建石油分公司 398a
安全环保 399a
党建工作 399b
队伍建设 399a
管道工程 399b
经营业绩 398b
联营企业 399a
网络建设 398b
维稳工作 399b
中石化森美公司 398a
福炼一体化配套成品油管线 105b

抚顺石油化工研究院 437a
OCT-MD生产国IV清洁汽油成套技术 438a
SRH柴油液相循环加氢技术 438a
沸腾床渣油加氢技术 438a
高芳烃柴油加氢转化生产高价值石脑油技术 439a
国家石蜡质量监督检验中心 439b
加氢裂化尾油异构脱蜡成套技术 439a
焦化石脑油加氢成套技术 438b
沥青技术 439b
数字化图书馆 439b
塔河原油优质路用沥青 438a
"我要安全"主题活动 439b
橡胶生产尾气催化氧化处理成套技术 439a
付大勇 220b
复杂储层测井技术 27b

G

改革与管理 91b
改制分流 167a
干部监督 176b
干部人事制度 176a
高炳堂 430b
高层次人才选拔 177a
高层次专业技术人才培训 178b
高层经营管理人员培训 178a
高海军 159a
高含酸原油直接催化裂化脱酸成套工艺技术 144a
高吉发 417
高级技能人才培训 178b
高精度三维地震技术 27b、29b
高密度聚乙烯 56a
高桥石化 279a
DCP改扩建项目 279a
帮困 281a
"比学赶超"活动 280b
常减压蒸馏装置隐患治理 279b
催化汽油吸附脱硫装置 279a
管理组织 280b
沪IV标准成品油 280a
落后装置 279b
市场拓展 280b
延迟焦化装置 280a
"异味"督察 280b
高速拉膜用聚酯切片 147a
高酸原油适应性改造工程 104a
高燕华 120a、121a
葛春玉 113b
葛韩化 490b
葛宁君 477a
耿新 437b、439b、440a
工程建设安全管理 120a
工程建设单位信息化 162b
工程建设公司 447
福建炼化一体化项目 448a
工程总承包企业百强 447b
国际工程承包商百强 447b
科技创新 448a
十佳工程承包企业大奖 448a
信用等级 448a
优秀工程总承包项目奖 448a
《运营管理标准》 448b
镇海分公司S-Zorb装置 448b
总结活动 448b
工程建设管理 106b
工程建设监管 111a
工程建设监理 121b
工程建设企业改革 120a
工程建设企业管理 118a
工程建设企业经营 118b
工程建设问题治理 192b
工程投资审计 188a
工程招标 122b
工程质量监督 111a
工业丝切片专用料 147a
公司事务 199b、200a
公用工程板块节能 137a
功能性聚酯专用料 147b
供排水 87b
供应链系统 161b
供应商关系管理 184b
供应市场研究 182a
宫超 40b、41a
宫艳铭 237b、238、239
巩祎昌 165b、166、167、168、169、170
顾培蕾 70a
《关于加强新形势下离退休工作的意见》 180b
管道储运公司管理归属 157a
管道公司 264a
安全生产先进单位 264a

岙山—镇海原油管道 265a
储备基地托管 265a
川气东送管道 264b
党组织关系移交 266a
河间—石家庄原油管道 264b
李克强视察 266b
输油量 264a
天津—河间原油管道 264b
质量管理体系 265b
中国企业新纪录 265a
管道沿线法制环境 130a
管理干部学院 445a
班子调整 446b
党建工作 447a
教职工队伍 446b
科研成果 446a
培训创新 446a
培训任务 446a
全员竞聘 446b
管理关系梳理 155a
管理审计 187a
管理现代化创新成果 159a
广东石油分公司 407a
安全环保工作先进单位 408b
档案管理工作会 408b
非油品业务 408a
非油品中央仓 408a
技能比武 408b
“卡卡通”服务 408a
领导班子调整 407b
“三个平台”建设 408a
市场开拓 408a
委托管理 408b
广西石油分公司 409a
BOT项目 410a
成品油经营 409b
大Ⅰ型企业 409b
合作协议 409b
抗灾保供 411a
联营公司 410a
钦州分公司 410a
数质量管理系统 410b
挖潜增效 410b
“我要安全”主题活动 410b
站内培训 410b
广州石化 316a
CFB机组 317a
测量管理体系 319a
车用LPG气源 318b
催化汽油吸附脱硫装置 317b
催化重整联合装置 317a
大修 318a
干气脱硫系统 317b
广州石化普莱克斯公司 319b
航道扩建工程 319a
环保治理 318b
检验中心三室 319b
精细管理 316b
炼油污水场改造 317b
煤粉炉脱硫项目 317b
乳化废水 318b
提货系统 319a
“我要安全”活动 318a
效能监察 319b
延迟焦化装置 317b
原油采购价 317a
职工文艺汇演 319b
职业技能竞赛 319a
质量管理体系 319a
专利产业化项目 318b
贵州石油分公司 413a
IC卡推广 413b
党建工作 414b
非油品业务 413b
加油站建设 413b
经营质量 413a
精细管理 414a
领导班子调整 413a
润滑油销量 413b
“我要安全”活动 414a
油品质量 414b
直销业务量 413a
滚动勘探 11b
郭飞 202a
郭鹏 211b
郭青玉 282、283
郭元恒 18b、19a
郭跃升 484、485a
国别法律环境 198a
国际化人才培训 178b
国际科技合作 99a
国际贸易 99a

国际石油工程公司 479b
HSE管理 480b
公共安全管理 480b
人才队伍 480b
市场格局 480a
油田企业海外项目 480b
重点市场 479b
总包管理 480b
国际石油勘探开发公司 477b
Addax公司 478a
反腐倡廉 479a
工程作业管理 478b
管理工作 478b
管理体制 479a
海外权益油 478b
海外油气勘探 478a
技术支撑 479a
企业文化 479a
人才队伍 479a
新项目开发 478a
国际事业公司 489a
阀门经营 490a
技术引进 489b
进出口业务 489b
进口物资采购 489b
炼化产品出口 489b
设备材料出口 490a
国家政策支持 169b
国内连续重整技术 41b
国庆庆典 208b
国外智力引进 101a
国务院监事会工作 189b

H

HSE环保内容实施要点 126b
HSE系统 128b
海南炼化 368a
船用燃料油 369b
国产设备退税 369b
技术指标 370a
节能减排 370a
聚酯原料工程 370a
领导调整 370b
清洁生产 369b
“四定”工作 370b
温家宝视察 369a
“我要安全”活动 370a
原油加工量 369a
海南石油分公司 411a
海南经济开发公司 412b
海上市场 412b
领导班子调整 411b
市县经营部 412a
土地管理 412a
委托管理 412b
液化气销售 412a
海上油气开采设施 21a
海外高层次人才 176b
海外管理体制调整 157a
海域勘探 11a
韩斌 276、277
韩建华 128a
韩泉梅 285、286、287
韩伟 227b、228a、229a、230b
韩笑 387b、388、389
韩勇 213a
韩作斌 126b、127、138
含油污泥处理技术 127b
郝晓明 470、471、472
合成胶黏剂 71b
合成树脂 54b
合成树脂市场 95b
合成树脂新产品 146b
合成纤维 62a、67b
合成纤维聚合物 65b
合成纤维市场 96a
合成纤维新产品 147a
合成纤维原料 64a
合成橡胶 59a
合成橡胶市场 95b
合同管理信息化 197b
合同管理员培训 202a
合同基础管理 198b
合同项目 197b
合纤原料市场 95b
何斌 13、14
何勤 99b、182、183、184、185、489b、490a
和谐企业建设 206b
河北石油分公司 380a

安全管理 381a
打击侵权 382a
党组织建设 382b
非油品业务 381a
和谐企业 382a
节能降耗 381b
竞赛比武 382b
扩销增量 380b
零售市场 381a
网络建设 381a
信息化管理 381b
直销批发 381a
资产管理 381b
河南石油分公司 387a
安全生产先进单位 388b
比武竞赛 389a
打假行动 389b
大Ⅰ型企业 387b
国Ⅲ乙醇汽油 388a
经济效益 388a
精细化管理 388b
抗灾表彰 389a
领导班子调整 388b
洛驻成品油管道 388a
网络发展 387b
信访工作 388b
信息化管理 388b
河南油田 227a
安全环保 229a
对外贸易 229a
改革调整 229b
管理年活动 229a
国内地震勘探 228b
和谐企业 229b
基础地质地理基础平台 228b
技术攻关 229a
精蜡化工 228a
科技工作 228a
外部市场 228a
信访工作 230b
油气储量 227b
原油生产 228a
张42井 229a
职工队伍 230a
资源拓展 227b
河石复线 38b
侯明铉 432、433、434b
侯树刚 496b
侯勇 494b
胡岗 369、370
胡国勇 111b
胡怀敏 39b
胡林 220、221
胡宁 13a
胡瑞玲 121b
湖北化肥 338a
“安康杯”优胜企业 338b
氨醇联产项目 338b
技术创新 338b
联碱项目 338b
煤气化装置 338a
尿素产品 338b
“三废”治理 338a
湖北石油分公司 403a
安全生产 404b
超市网点 403b
成品油销售 403a
非油品业务 403b
和谐企业 405a
基础管理 404a
加油站建设 403b
领导班子调整 403a
企地合作 404a
体制改革 404b
湖南石油分公司 405a
安全生产 406a
财务管理 406b
调度体系 406a
队伍建设 406b
和谐企业 407a
扩销增量 405b
领导班子调整 405a
网络建设 406a
主题营销 405b
华北分公司 256a
华北石油局 256a
干部联系困难户活动 258a
领导班子调整 256b
油气产能建设 257b
油气产销 257b
油气储量 257a
油气工程施工 257b

油气开发　257a
油气勘探　257a
镇泾油田　257b
华北雪灾保供　90a
华东分公司　259a
华东石油局　259a
二氧化碳驱油项目　260b
非常规油气勘探　259b
国庆活动　262b
海外市场开拓　260b
火山岩气藏开发关键技术　260b
节能达标工作　261a
领导班子调整　259b
南京威诺油气井测试公司　261b
年鉴编纂　262a
溱潼凹陷油气勘探　260a
“三支队伍”建设　262a
松辽盆地南部断陷层勘探目标与技术项目　261a
“我要安全”主题活动　261a
油气储量　260a
质量管理体系认证　261b
中国企业新纪录　262b
资金集中管理系统　262a
华祖瑜　152a
化肥　72a
化肥产量　73b
化肥技术指标　73b
化肥经济指标　73b
化肥相关政策　74a
化肥新装置试车　73a
化肥行业会议　75b
化工板块调研　79a
化工板块管理　48a
化工板块基础技术管理　80b
化工板块节能　136a
化工产品等级品率　77a
化工产品交接计量管理规范　81b
化工产品结构调整　47a
化工产品进出口　99b、156a
化工产品市场行情　95b
化工产品销售　92b
化工产品质量监督　77a
化工产业结构调整　47b
化工催化剂　70a
化工节能工作交流会　136b
化工节能专业达标　79b
化工精细管理　47b
化工企业达标　79b
化工企业达标管理　79b
化工企业设备动力管理会　77b
化工企业新技术应用　80b
化工设备管理　46b、77b
《化工设计（第4版）》　213a
化工铁路自备罐车集中管理　95b
化工项目　105a
化工销售公司　156a
化工销售管理　94a
化工销售考核　94a
化工销售体制改革　94a
化工销售信息化建设　94a
化工新建项目　48b
化工质量管理　76b
化工质量管理信息化　76b
化工专业达标　79b
化工装置长周期生产　79a
《化工装置节能技术与实例分析》　136b
化工装置竞赛　80a
化工装置运行　47a
化工装置指标考核　80a
环保监督管理　126a
环保科研攻关　127b
环保专项治理　127b
环境保护先进单位　127a
环境保护先进工作者　127a
环氧丙烷　54a
环氧氯丙烷　54a
环氧树脂类胶黏剂　71b
环氧乙烷　53b
黄琥　223b、224b、225b、226b
黄石岩　15a
黄文胜　405、406、407
黄彦芬　212b
黄志壮　136b
会计管理　167b
会计基础工作　168a
会计集中核算　167b
混合二甲苯　53a
火炬回收　136a
霍研　199a

J

机关服务中心　483a
姬伟毅　48b、51
基层党建　205a
己内酰胺　65a
己内酰胺成套新技术　145a
计量大检查　81a
计量管理　44a、81a、153a
计量监督　153a
计量信息化　44a
纪检队伍　191b
纪检监察　190a
纪检监察工作视频会议　190b
纪检监察监督网会议　191a
纪健　190b、191、192、193、194b
纪委书记座谈会　191a
技能创新成果展评　177b
技术监督　149b
技术引进　99b
技术质量管理　120b
既有原油管网优化　39a
济南炼化　343a
　　MES项目　343b
　　苯抽提装置　343b
　　催化汽油吸附脱硫装置　343a
　　清洁生产企业　343b
　　全国文明单位　344a
　　延迟焦化装置　343a
　　质量体系　343b
济阳探区埕北地区岩性油藏勘探　13b
济阳探区隐蔽油气藏勘探　13b
《加强节能工作，实现科学发展》　134a
加热炉运行情况　43b
加油卡系统　162a
加油站建设　91b
甲苯　51b
甲醇　53b
贾文杰　134
贾永存　369a、370a
间二甲苯　53b
监管体系建设　94b
减顶气体脱硫技术　40b
检维修管理　43b
检修企业节能　136b
简加田　493b
建设用地　169b
建筑业统计　121a
健康监督管理　124b
健康快车　208b
江汉油田　231a
　　和谐矿区　233a
　　机械制造　231b
　　科技创新　232a
　　企业管理　232b
　　人才队伍　232b
　　石油工程　231b
　　王云3-11-4井　231b
　　盐卤化工　232a
　　油气开发　231b
　　油气勘探　231a
江陵凹陷浅层荆沙组勘探　13b
江山红　430b
江苏成品油管道　106a
江苏石油分公司　391a
　　队伍建设　393b
　　非油品业务　392a
　　管道建设　392b
　　扩销　392a
　　两保三不降　392a
　　企业管理　393a
　　企业文化　393b
　　“三基”工作　392b
　　网点建设　392b
　　“我要安全”主题活动　393a
江苏油田　234a
　　安全环保　235a
　　和谐油田　236a
　　经营管理　235a
　　科技创新　235a
　　石油工程　234b
　　市场开拓　234b
　　输变电工程　235b
　　硝水工程　235b
　　新增探明储量　234a
　　盐卤产销　235b
　　原油产量　234b
江西石油分公司　400a
　　安全生产　401b
　　大Ⅰ型企业　400a
　　非上市委托管理　401b

非油品业务 401a
服务年活动 402b
节能达标 402a
零售经营 401b
全员销售 400b
润滑油市场 401a
网络建设 400b
物流储运 401a
新能源项目 401a
业务公开 401b
姜春辉 98b、478、479
蒋琦 489a
交流减压深拔技术 40a
教育培训 92a
节能管理 134a
节能过程管理 135a
节能技术 141a
节能减排考核奖励办法 134b
节水减排 137b
节水减排竞赛 137b
金宏伟 494b
金陵石化 282a
海外装置 282b
航煤供量 283b
环保 282b
节能 282b
蜡油加氢装置 282b
沥青 283a
水煤浆装置 283a
烷基苯系列产品 283b
温家宝视察 282a
新产品开发 282b
油品升级 283a
整体效益 282a
职工文化艺术节 283b
质量管理 283a
津沧线 38b
锦纶 68a
靳红兴 24a
经济活动分析 166a
经济技术研究院 485a
产业研究 486a
党建工作 487b
基础研究 487a
评估评价 486b
企业文化 487b
人力资源 487a
信息研究 486b
战略研究 486a
经济责任审计 187b
经济增加值考核 159b
经营管理改善建议 158b
荆门石化 329a
JPC管理 330b
催化汽油加氢装置 330b
党代会 331b
化工厂 331b
技术改造 330a
技术开发 330a
节水减排 330b
内部系统操作 331a
气体分馏装置 330b
社区建设 331a
效能监察 331a
新生活区建设 331b
原油加工能力 330b
重油催化装置 330a
腈纶 68a
精对苯二甲酸 64a
精细化工 69a
井下作业 32a
井下作业队伍 20a
井下作业工作量 20a、32a
井下作业施工能力 20b
井下作业新纪录 32a
井下作业装备 20b
境外公共安全管理 100b
境外机构管理 100b
境外炼化合资 98b
境外炼化合作 98b
境外石油工程技术服务 98b
境外石化工程技术服务 99a
境外油气勘探开发 98b
纠纷诉讼 199a
九江石化 335a
节能降耗 336b
节水减排 336b
炼油Ⅱ系列装置检修 336a
煤焦代油改造 335b
生产经营 335b
“我要安全”主题活动 336a
一体化管理 336b
油浆抽提装置 336a

油浆减压拔头装置　336a
职工生产条件　337a
聚苯乙烯　57b
聚丙烯　57a
聚己内酰按　67a
聚氯乙烯　57b
聚醚多元醇　70b
聚乙烯　55a
聚乙烯醇　67a
聚酯　66a
竣工验收　109a

K

勘探工程　18a
勘探开发成本管理　12b
勘探开发投资管理　12b
勘探南方分公司　250a
党员干部教育　252b
高精度三维地震　251b
“管理年”活动　252b
海相勘探　251a
海相前瞻性项目成果交流会　252a
建深1井　251b
清溪3井　251b
双庙102井　251b
“我要安全”活动　252b
野外地质调查　251b
油气勘探重大发现奖　252a
中国石化总部奖励　252a
中浅层勘探　251a
勘探效益　14a
勘探重大进展　11a
抗起球腈纶　147a
科技成果　141b
科技机制　141a
科技体制调整方案　156b
科研单位信息化　162b
客户服务中心　93b
空分　87b
库存资金占用责任主体　183b
框架协议采购　183b
昆明—大理成品油管道　105b

L

劳动管理　177b
劳动用工管理　91b
离退休干部先进个人　180b
离退休人员管理　180a
离退休人员文艺汇演　180b
离休干部生活　180a
离休干部医疗待遇　180a
李斌红　494b
李长印　104a、105b、106a
李春华　14b
李春贻　411b、412
李登兴　395、396、397
李广月　17b、18a
李海燕　261b
李继增　347、348
李莉　99b
李林新　29b、30b
李梅　353、354
李孟杰　21b
李鹏　40a、42b
李启葆　311b、312、313b
李群　474、475
李胜　15a
李晟　314、315
李时艳　299、300
李堂亮　179b
李宪芝　493b
李湘艳　221a
李晓轩　477a
李旭东　155a
李雪峰　158b
李一超　32b、137a
李永俭　124b
李跃进　213b
李志平　383、384
李忠华　492b
理论学习教育　205b
立法研究　199b
沥青专业管理　44b
连续重整催化剂　42a
联合石化公司　490b
廉洁文化建设　193a

炼化定额管理　116a
炼化工程公司　476a
　国际项目　477a
　海外市场开发　476b
　海外市场开拓　477a
　境外机构　477b
　项目招标　477a
炼化工程海外市场　157b
炼化企业合规性评价体系　128b
炼化企业节水减排技术方案　128b
炼化企业能源计量基础保障　81b
炼化企业污染源调查　128a
炼化企业信息化　162b
炼化造价管理　116a
炼化装置生产准备　107b
炼化装置投料试车　107b
炼油板块节能　135b
炼油催化剂　70a
炼油达标　42a
炼油企业节水减排　138b
炼油企业专业达标　42a
炼油同类装置竞赛　42a
炼油项目　104a
炼油销售公司　156b
《炼油与石化工业技术进展（2009）》　212b
炼油自销产品销售　44a
梁晓云　435b
廖志英　259b、260、261、262
邻二甲苯　53a
林海滔　399b、399b
林雪梅　240、241
林彦兵　256b、257、258a
磷系阻燃聚酯切片　147a
零售经营　90a
领导班子考核　176a
领导班子思想政治建设　175b
领导干部学法用法　200b
领导人员管理　175b
领导人员廉洁自律　193a
刘爱顺　430a、431b
刘昌　435b
刘纯斌　205、206、207
刘海燕　418b、419
刘慧敏　152a
刘建宇　438、439
刘坤　129、130
刘美娟　104、105a、109b
刘伟　260b、261
刘希军　365b、366、367
刘向荣　158b
刘焱　338
刘志武　55b、56b、57b、59
流程化操作　183a
硫酸　76a
柳江琳　99a
柳州—桂林成品油管道　106a
楼峥芳　60、62b
卢云之　23b
鲁润股份资产收购　160a
鲁皖二期成品油管道　105b
陆相断陷盆地复杂油气藏地震响应定量模式及应用　143b
录井队伍　33a
录井工作量　33a
录井新纪录　33a
吕幸端　493a
栾金义　128b、435b、436a
栾志青　179b
罗秋林　231、232、233
罗伟　15b、16a
罗兴平　247、248
罗焱鑫　177b
洛阳工程公司　455a
　ENR排名　457b
　QHSE管理体系　457a
　阿尔及利亚凝析油项目　456a
　长岭分公司液相循环加氢装置　456a
　成品油管道　455b
　福建炼化公司一体化项目　455b
　广州分公司催化重整联合装置　455a
　哈萨克斯坦阿特劳炼厂芳烃项目　456b
　洛阳分公司加氢制氢装置　455b
　孟加拉凝析油分离项目　456a
　山西潞安集团煤基合成油项目　456b
　塔河分公司重质原油改质项目　456b
　研发课题　456b
　自主技术创新企业　456b
洛阳石化　321a
　国Ⅲ汽油　322a
　和谐企业　323a
　宏达公司　323a
　惠康饮食服务中心　323b

加制氢联合装置　322a
节能减排　321b
生产经营　321b
“我要安全”主题活动　322a
《我要安全春满园》　323a
信息化建设　323a
油品质量升级　322b
珠光膜　322b
洛阳油品质量升级改造一阶段工程　104a

M

马来酸酐酯化　72a
马立亚　340、341
马鸣　436b
马腾飞　22
马文庚　23
马永生　492a
毛谦明　496a
茂名北山岭原油商业储备基地工程　106a
茂名石化　285a
苯下海系统　286a
高压装置　286a
国有企业典型　285a
环保诚信企业　286b
技术经济指标　285b
蜡油加氢装置　286a
炼油产品质量升级改造工程　286b
炼油经济效益　285b
媒体采访　287a
纳税大户　285b
企业效益　285a
酸性水汽提装置　286a
舞蹈《工地节奏》　287b
橡胶装置　286b
新产品　286b
乙烯产量　285b
乙烯利润　285b
原油商业储备基地　286b
中国企业新纪录　287a
孟宪强　37a
米元红　447b、448
泌阳凹陷深凹带勘探　13b
苗莲香　435a
苗雁辉　89b、90、91、92
缪跃明　301、302、303b
牟桂芹　128b、129a
牟蔚亭　176

N

NCH6型丁醛辛烯醛气相加氢催化剂　142a
NEP聚酯切片　147a
内部法律纠纷　199a
内部经营管理政策　169b
内部审计　187a
内控检查评价　168b
内控建设　168b
内控审计评价　187b
内控一体化建设　168b
内蒙古石油分公司　418a
安全管理　419a
财务管理　419b
队伍建设　419b
经营指标　418b
全员销售　418b
网建工作　419a
纳米空心钛硅分子筛催化剂工业制备技术　142a
南方抗旱保供　89a
南京工程公司　157b、464a
队伍建设　465b
国家标准　464b
国家级工法　464b
海外工程　465a
技能比武　465b
科技创新　465a
南京工程公司　464a
热能工程节能减排优秀设计奖　464b
市场开拓　464b
优秀焊接工程奖　465a
优质工程奖　465a
南京化工公司　311a
NCH1-1型铂系气相苯加氢催化剂　312b
产品产量　311b
催化汽油吸附脱硫项目　312a
动力部　311b
发明专利　312b
技改项目　312a

节能减排 311b
位阻胺脱硫脱碳系列溶剂 312b
职工代表大会 313a
南京项目管理中心 111a
《能源百科简明辞典》 213b
《年度绩效考核管理办法》 159a
宁波工程公司 460a
福建炼油乙烯IGCC项目 460a
岗位优化 461b
管理现代化创新成果 461b
机械化施工公司 462b
技术认定 461b
科学技术大会 461a
沈化CPP制乙烯改造项目 460a
生产经营 460a
员工培训 461b
镇海炼化乙烯工程 461a
职工技术运动会 461a

O

OCT-MD生产国IV清洁汽油成套技术 144b

P

POD中试技术 72a
潘波 441、442
潘恩生 221b
潘武龙 493、494、495
潘向阳 213b
庞炜 210、211、272a、488
培训宏观管理 178a
培训基础建设 178a
彭小平 363a、364a
普法培训 200a
普光气田试运投产 11b

Q

戚亚美 494a
齐鲁丁苯橡胶工程 105a
齐鲁石化 272a
催化汽油吸附脱硫装置 272b
达州化肥项目 272b
改性乳化沥青装置 273a
管理平台 274a
合成橡胶生产基地 272a
后勤业务 274a
节能减排 273b
四年一修 273b
挖潜增效 273a
烟气脱硫装置 272b
员工工作环境 274b
其他审计工作 189b
其他树脂 59a
其他信息系统 162a
企地警联防 130a
企业安全防控 129b
企业财务收支审计 188b
企业工程投资审计 188a
企业管理 158a
企业管理审计 187a
企业经济责任审计 187b
企业考核 160a
企业民主管理 206b
企业内控审计 188a
企业社会责任 208a
企业涉外审计 188b
企业文化建设 208a
企业效益审计 187a
汽车行业技术合作中心 158a
钱水根 452、453
强明 155b、156、157
乔飞敏 99b
秦桂屏 211a
秦红祥 431a
秦士珍 153a
秦玉清 371b、372
青岛炼化 371a
安全环保 371b
苯乙烯项目部 372a
产品结构 372a
节能达标 371b
精细化管理 372a
来料加工 372a
内部管理 372b
信息化建设 372b

职工工作条件　372b
主题教育活动　372b
青岛石化　357a
节能降耗　358a
科技创新　358a
内部管理　357a
停工消缺检修　358b
综合配套技改工程　357a
青年工作　207a
轻柴油　43a
清洁生产　127a
清洁生产信息管理系统　128b
清理整顿　167a
清债项目法律审核　199a
区外油品销售企业管理体制　156a
屈波　447b、448
全国“五一”劳动奖章获得者　492b
全国杰出青年岗位能手　495b
全国老年人体育健身大会　180b
全国青年岗位能手　495b
全面预算管理　165b
全面预算管理系统　161b
人事档案　179b
人事信息　179b
任刚　43b、44a
任丽娜　345
润滑油分公司　353a
办公自动化　354b
超大型油轮供油　353b
党建共建　354b
调和设备　354b
航天体验营活动　353a
经销商大会　354a
品牌价值　353b
汽车行业技术合作中心　353a
润滑脂扩能装置　354a
体制改革　354a
武汉分公司扩能项目　353b
新加坡生产厂　354b
信息门户　354b
压缩机油国产化　354a
润滑油经营　90b
润滑油生产　42b
润滑油专业管理　44b

R

燃料油经营　91a
热电　83a
热电机组运行效率　86b
热电生产经营　83b
热电整体效益　86a
热电专业信息化建设　86b
热电专业指标异常监控　87a
热电装置技术指标　84a
热塑性聚乙烯粉末涂料　146b
人才成长机制　176b
人才成长通道　176b
人才队伍管理　176b
人才培训管理　178a
人才评价　177a
人才职称评审　177a
人工成本　178a
人力信息管理　179b
人力资源信息系统　179b
人事报表　179b

S

SBS热塑性弹性体　61a
SEBS橡胶　62a
SIS橡胶　62a
三次采油技术　17a
三次采油助剂研发　16b
“三废”综合利用　127b
“三基”工作　159a
三维地震采集技术　29b
三维地震处理技术　30a
三维地震解释技术　30a
“三夏”保供　89a
桑来玉　430b
山东石油分公司　385a
党建工作　386b
队伍素质　386b
扩销　385a
内部管理　386a
企业运营　386a
全运营销　385a

网点建设 385b
网络运营 385b
维稳工作 387a
信息技术 386a
山西石油分公司 382a
安全经营 384a
队伍建设 384a
非油品业务 383b
经营总量 383a
区外销售 383a
全运会火炬传递 384b
五降三挖 383b
商标管理 200a
商情管理 93a
商业储备油运作体制 157a
上海芳烃联合装置 105a
上海工程公司 451a
安庆乙苯/苯乙烯装置 452a
独山子苯乙烯聚苯乙烯装置 452a
黄岛国储基地 453b
科技进步奖 453b
领导班子调整 453b
日照原油商业储备基地 453a
上海第一生化药业新冻干项目 452b
上海赛科扩能项目 452b
上海赛科乙苯/苯乙烯装置 452a
上海石化15万吨/年碳五分离装置 452b
天津石化苯酚丙酮装置 452a
天津石化聚乙烯装置 452a
扬巴二期工程 453a
医药洁净厂房设计规范 453a
优质工程奖 453b
镇海炼化EO/EG装置 452b
镇海炼化污水处理场 452b
上海海洋石油局 239a
ERP系统 241b
储量套改报告 240b
海洋油气工程 241b
领导班子调整 240a
南海琼东南探区 240b
萨哈林维宁区块井位论证 241a
深水勘探 240a
深水油气勘探技术 241a
团结亭1井 241a
一体化改革 241b
装备投资建设 241b
上海海洋油气分公司 239a
上海石化 275a
PX芳烃联合装置 276a
大气环境监测 276b
沪Ⅳ标准汽油 276b
沥青 277a
双烯收率 277a
碳五分离装置 276a
碳纤维原丝软件包 277b
消防站 277b
烟气脱硫装置 276a
乙烯输送 277a
上海石油分公司 389a
安全管理 390b
财务管理 391a
党群工作 391b
非油品业务 390a
沪IV油品 390a
教育培训 391b
经济效益 390a
全员营销 390a
“三基”工作 391a
网络建设 390a
油库基础设施 390b
上海石油化工研究院 440a
CTP-IV型钯炭催化剂 441b
LIMS项目 442b
QHSE认证 442b
SEB-08稀乙烯制乙苯催化剂 441a
苯乙烯顺序分离共沸热回收节能技术 441b
丙烯腈装置工业化成套技术 441a
大Ⅰ型企业 442a
分子筛气相法乙苯清洁生产成套技术 441a
国际标准化工作 442a
基本有机原料技术 442a
甲苯歧化催化剂 441b
领导人事变动 442b
钛系聚酯催化剂 441b
碳四烯烃催化裂解制丙烯工艺技术 441a
“我要安全”主题活动 442b
轴径向反应器和新型催化剂 441a
上游企业管理体制调整 155b
尚艳红 443b、444、445b
烧碱 76a
设备材料进出口 99b
设备防腐蚀管理 43b

设备管理　43b
设计管理　106b
设计企业资质管理　121b
设计人员执业资格管理　121b
社会主义核心价值观教育　206a
社区改革　157b
社区管理服务　207b
涉外审计　188b
申发祥　107b
深井主要指标　19a
沈云辉　76b、77、81b
沈宗文　495a
审计队伍　189b
审计管理创新　189a
审计基础管理工作　189a
审计信息化　189b
审计业务组织　189a
审计制度　189a
生产营运指挥系统　161a
生物化工　72a
胜利油田青东地区勘探　14a
胜利油田　220a
　川科1井　221a
　胡锦涛视察　220a
　科技创新　221a
　领导班子调整　221b
　罗家高密度三维地震技术　221a
　膨胀管钻井技术　221b
　桥东油田　220b
　探矿权面积　220b
　油气勘探　220b
　油田开发　221a
　张善文　221b
　中国最诚信企业　221b
施工企业资质管理　122a
“十条龙”科技攻关项目　140a
“十一五”规划教材　214a
石化报社　488a
　荣誉　488a
石化出版社　488b
　《辉煌历程——中国石化改革发展之路》　489a
　展览会　488b
石化知识产权　149a
石家庄炼化　340a
　和谐企业　341b
　己内酰胺扩容改造　341a
　己内酰胺装置　340b
　技术开发　341b
　技术指标　341b
　炼油装置检修　340b
　“我要安全”主题活动　340b
　一体化管理　341b
　油品质量升级　341a
　原油管道　341a
　原油劣质化改造　341a
《石脑油催化重整（第二版）》　213a
石油地球物理测井　32b
石油地球物理勘探　29b
石油地质录井　33a
石油工程成熟技术　27b
石油工程队伍培育　26b
石油工程队伍准入　23a
石油工程管理人才培养　27a
石油工程获奖　30b
石油工程绩效考核　28b
石油工程纪录　30b
石油工程技术　12a
石油工程技术攻关　27a、28a
石油工程技术人才培养　27a
石油工程技术研发体系　27a
石油工程技术研究院　155b、429a
　EM-MWD传输技术　430b
　超大尺寸双级注水泥器　431b
　超深井钻井液抗盐降滤失剂　430b
　防止硫化氢和二氧化碳共腐蚀水泥石系统　430b
　技术支持　430b
　胶乳水泥浆　430a
　特种尾管固井工具　431a
　旋冲钻井技术　430a
　“走出去”战略　431a
石油工程节能指标　26b
石油工程市场管理　22b、28b
石油工程铁军建设　26b
石油工程投资　26b
石油工程外部市场开拓　28b
石油工程造价管理　117a
石油工程主要技术指标　26b
石油工程主要生产指标　26a
石油工程专业化管理　28b
石油工程装备研究　27b
石油化工成套技术　140b
《石油化工工程建设事故案例图解和分析》　120a

石油化工科学研究院 431a
DCC装置 433b
S-Zorb国产吸附剂工业试验 433a
催化裂化催化剂 433b
催化裂化催化剂生产中节能降耗成套技术 433a
国庆保障 433b
科学规划年 432a
领导班子绩效考核 432b
生物柴油项 433b
石脑油催化重整成套技术 432b
《石油炼制与化工》 433b
油煤共炼矩阵课题组 433a
原油一体化研究 433a
总体规划建设方案 432b
《石油化工装置工艺管道安装设计手册》（第四版） 213b
《石油化学》 214a
《石油加工过程中的脱硫》 212b
石油价格 170a
石油焦业务 156b
石油勘探开发研究院 427a
德州石油钻井研究所 428b
定位调整 428b
复杂地区近地表三维综合调查与精细速度建模研究 428a
金之钧 429a
科学技术研究中心 428b
领导班子调整 428a
南京石油物探研究所 428b
松辽盆地南部断陷层勘探 427b
塔河油田碎屑岩目标评价及勘探 427b
碳酸盐岩储层地球物理识别 427b
西北勘探研究中心 428b
西非重点盆地油气资源潜力及目标评价 428a
石油炼制 40a
《石油替代综论》 212a
石油物探技术研究院 156a
史保峰 98b、99a
市场保供 89a
市场经营分析预测 90a
试油试气技术 19a
首席技师培训 177b
疏松砂岩油藏水平井完井修井技术 143b
输油气管道安全保护 129a
双峰聚乙烯催化剂 145b
水刺无纺布用涤纶短纤维 147b
水电 34a
水电重点工程 34b
水体污染防控 127a
水运量压缩 39a
顺丁橡胶 60a
思想道德教育 206a
思想政治工作 205b、206a
四川石油分公司 416a
公司成立 416b
领导班子 416b
四川维尼纶厂 332a
PVA反倾销 334a
SS-2纤维工业化 334a
川维林德气体公司 333a
醋酸乙烯项目 333a
党代会 334b
生物基乙烯工程 334a
为国建功立业功勋企业 334b
烟气脱硫项目 333a
渝怀铁路川维专用线 333b
战略合作 333b
松辽盆地南部断陷层勘探目标与技术研究 143a
松南气田10亿立方米产能建设地面工程 104a
松南气田投产 12a
宋桂桥 18a
宋开利 212b
宋立新 420、421
宋鹏 385、386、387
宋尚涛 100b、101
宋文波 436b
隋显波 120b、121a
碎屑岩目标评价及勘探技术 142b
孙鸽 38a、39
孙明 267、268、269、270
孙伟 23a
孙新文 77b、79
孙影 413、414
孙郑生 273a
所得税 170b
索忠伟 430a

T

塔河分公司 365a

ERP应用 367a
队伍培训 367a
劣质稠油处理技术 366b
清洁生产 366a
《塔河石化》报 367b
铁道部大客户 366b
团代会 367b
挖潜增效 365b
维稳工作 367a
原油加工量 365b
职工文艺汇演 367b
重质原油改质 366a
装置检修 365b
塔河油田十二区产能建设地面工程 104a
塔河油田托甫台勘探 13a
塔河重质原油改质项目 104b
塔里木盆地巴楚—麦盖提勘探 13b
唐富华 234、235、236
唐磊 14b、15b、16a
唐铭 196b、197、199b、202、203
唐义森 437a
特超稠油油藏HDCS强化采油技术 144a
特殊工艺井主要指标 18b
提高采收率重大先导试验 16b
体制机制完善 91b
体制转换 199b
替代能源技术 140b
天津炼油乙烯一体化工程 105a
天津南疆储运设施整合 39b
天津石化 292a
淡化海水 293b
管理体系认证 294b
技术进步 293b
技术指标 293a
降本减费 293b
企业形象识别系统 294b
清理整顿 294a
生产经营 293a
“四个环境”建设 294b
温家宝视察 292b
乙烯及配套项目 292b
中沙（天津）石化公司 294a
重大产业 294b
主辅分离 294a
天津石油分公司 379a
合作框架协议 379a
内控制度 379b
撬装式加油站 379a
区县联营 379b
全员营销 379a
燃料油经营 379a
文艺汇演 380b
“我要安全”主题活动 379b
“五小”建设 380a
员工培训 379b
天然气保供 12a
天然气富集规律及勘探配套方法技术 142b
天然气公司 158a
天然气管理 17a
天然气开发管理 17b
天然气生产经营 17b
天然气生产能力 17b
天然气销售 12a
田竞 83、85b、86b、137b
田曦 213a
同行交流 202b
投标管理 111b
图书出版 212a
涂层级LDPE专用树脂 146b
土地管理 169
土地管理信息化 169a
土地管理制度 169a
托甫台地区勘探 11a

W

外贸体制整合 94a
外聘律师管理 202b
外事管理 99b
外事管理制度建设 100a
汪中华 224、225、226a
王爱敏 243、244、245
王宝琳 37b
王彬 495b、496
王丙晓 221b
王飞 21b、22a
王海东 350、351
王红燕 260b
王建军 120b

王建忠 495b
王健 464、465、466a
王金铎 493a
王进 292b、293、294、295b
王乐 137b
王立坤 20b、21a
王丽萍 228b、229、230a
王珞 118a
王明堂 321b、322、323
王宁 111a、125b
王倩倩 99a、479b、480、481b
王睿 486、487
王双龙 455、456、457
王文东 422、423
王文刚 20
王希洲 31b
王晓辉 158a
王孝祥 251、252
王新军 43、443b、444、445b
王新忠 316b、317、318、319、320a
王秀玲 436b
王一海 43b、44a、138b
王永焕 103b、104b、105、493b
王永耀 161、162、163
王增林 492a
王志丹 374、375
网点优化 91b
网上采购 183a
维纶 68a
尉忠友 153b
慰问“三老”活动 180a
魏杰 40a
魏凌琛 247、248
魏若奇 435a、436a
文档电子化 202b
文体活动 207a
“我要安全”主题活动 124b
污染治理 87a、127a
无机原料 75b
吴昌保 73、74a、75b、76
吴姗 400、401、402
吴思卫 29a
吴献立 229a
吴聿元 260
吴则光 488b
吴子锋 253a、254、255
“五五”普法讲座 201b
武汉石化 344a
　车用液化气 345a
　国Ⅲ标准汽油 345a
　降本增效 345b
　群众服务工作 345b
　生产经营 345a
　信息化 345b
　乙烯项目 345b
　月度目标奖 345b
物流保障 91a
物流储运项目 105b
物流基础管理 95a
物流信息化建设 95a
物流优化 95a
物探工作量 29b
物探技术成果 18a
物探效率 29b
物探新技术 12a
物探装备 29b
物资采购 182a
物资采购成本 184b
物资供应管理 183b
物资供应管理体制 184a
物资供应管理信息化 184b
物资供应规章制度 184a
物资供应价值取向 184a
物资供应监管 185a
物资供应体制 157a
物资供应系统培训 185b
物资供应质量管理 184b

X

西安石化 362a
　帮困救助 364a
　国庆活动 364b
　环保管理先进单位 364a
　精细管理年活动 363b
　沥青产品开发中心 363b
　三支人才队伍建设 364a
　“我要安全”主题活动 363a
油品质量升级 363a
西北地区钻井提速 28b

西北石油局 243a
AD14井 244a
TH12513CH井 244a
高效气动套管自动封堵及修复技术 244a
高压玻璃钢集输管道 244b
绿色油田 245b
轮台北1号构造 243b
轻烃销售 245a
人力资源 245b
十大管理体系 245a
塔河油田三号联合站 245a
塔河油田一号联合站 244b
西北石油科研生产园区 245a
油气勘探 243a
西北油田分公司 243a
西部新区勘探 11a
西南成品油管道 106a
西南油气田 246a
安全环保 248b
队伍建设 248b
管理体制调整 247a
惠民工程 248b
科技创新 248a
深井提速 247b
市场拓展 248a
油气勘探 247a
油气田开发 247b
先进典型 206b
纤维级聚丙烯 67a
纤维乙醇研究 72a
《现代测井技术应用典型实例》 212a
线性低密度聚乙烯 57a
橡胶生产尾气资源回收及治理技术 128a
《消防安全教育丛书》 213b
硝酸 76a
销售华北分公司 420a
安全管理 421a
党群工作 421b
非上市企业 421b
华北管网建设 420b
鲁皖管道 421a
企业管控 421b
物流降费 420a
运营效益 420b
资源统筹 420a
销售华东分公司 422a
“管理年”活动 423a
航煤销量 422b
沪Ⅳ油品 422a
联营单位 423a
青年活动 423b
市场供应 422a
“我要安全”活动 422b
物流管理 422b
质量化验室 422b
智能调度系统 422b
销售华南分公司 425a
安全工作 426b
党建工作 427a
工程建设 426a
管输量 426a
技能鉴定机构 427a
节能工作 426b
联防机制 426b
“强化责任年”活动 426b
市场保供 426a
销售华中分公司 423a
成品油管道 424b
储备库 424b
扩销增量 424a
文明创建 425b
物流优化 424a
指挥楼 425a
销售企业信息化 162b
销售网络建设 95a
肖雪军 448a
效能监察 193b
效能监察立项 193b
效益审计 187a
谢小华 136a
辛醇 53b
新产品开发 140b、146b
新场深层天然气勘探 11a
新技术推广 141a
新建原油管道 38a
新建原油库 38a
新世纪百千万人才工程国家级人选 492a
新闻媒体 210a
新闻媒体法制宣传 201a
新星石油公司 237a
JU2000E-6海上钻井平台 238a
地热CDM项目 238b

地热开发 238b
工会代表大会 239a
公司定位 237b
机关部门调整 239b
勘探四号钻井平台 238a
辽宁分公司划转 239b
领导班子调整 237b
尼日利亚高速公路项目 237b
“我要安全”主题活动 239a
雄县地热水回灌试验 238b
薪酬保险 179b
薪酬分配 178a
薪酬管理 177b
信息化管理 160b、163b
信息化建设 160b
信息基础建设 163a
信息门户建设 202a
邢洁 407b、408
形势任务教育 206a
徐杰 296、297
徐启胜 359b、360
徐青 142、143、144、145、146
徐庆 179
许凤民 23a
许金林 41b
许倩 213b
许英韬 200b、201
许志勇 403、404、405
宣淑瑛 460、461
薛兆杰 17a
学习实践活动 205a
巡视工作 191b

Y

烟机运行管理 43b
延迟焦化 41a
延迟焦化节能措施 41b
延迟焦化新技术 41a
闫坤 376、377、378
研发费用管理 170a
盐酸 76a
燕山石化 267a
EVA改造项目 269a
北京石化新材料科技产业基地 268b
苯酚 268a
丙酮 268a
东方石化公司搬迁改造 268b
二氧化碳提纯装置 269a
合成树脂产品 267b
合成橡胶 268a
化工原料 267b
节能减排 269a
节水减排技术 269b
金燕雨水收集 268a
聚碳酸酯公司 270a
聚乙烯燃气管材专用料 269b
信息化建设 268b
油品 267a
职工冠名成果展览 269b
专业化管理 269a
专用树脂 267b
扬巴公司 299a
安全生产诚信企业 299b
二期项目 299a
关爱行动 300a
绿色企业 299b
南京市平安企业 299b
社会责任 300a
社区沟通会 300a
扬子醋酸及配套项目 105a
扬子石化 296a
技术指标 296a
经营总量 296a
科技创新 296b
清洁生产 297a
体育示范 297b
文化艺术节 297b
业务公开 296b
一氧化碳装置 296b
乙烯裂解炉工程 296b
《员工基本礼仪》 297b
职业技能竞赛 297a
质量管理 297a
中国企业新纪录 297a
杨大寿 493b
杨华 495b
杨硕 98b
杨松 187、188、189
杨维先 142、143、144、145、146

杨小华　430b
杨旭　112a
杨越强　122b、477b
杨振刚　208
杨振明　227b、228、229b
姚进　210b
业绩引导订货机制　183b
业务改造　183a
业务公开　92a、192a
仪征化纤　307a
　CHDM改性共聚酯　308b
　HSE管理体系　309a
　PBT项目　309a
　SMES系统　309b
　产品开发　308b
　超短涤纶纤维　308b
　短纤技术　309a
　技术开发　308b
　节能减排　308a
　煤化一体化　309b
　年度任务　308a
　社区服务　310a
　液体空分　309b
乙二醇　65a
乙烯　51a
乙烯能耗调研　136b
乙烯三聚制1-己烯成套技术　145a
因公出国（境）管理　100a
尹华　436a
隐蔽油气藏　11a
隐患治理　125b
营销管理　90a
用工总量管控　177b
优秀勘察设计评选　121b
油藏基础管理　23a
油藏经营分析　23b
油藏经营管理　23a
油藏经营评价　23a
油藏评价　11b
油品销售　89a
油品销售节能　136b
油气安全保护基础建设　129b
油气保供　208a
油气藏储层改造技术　27b
油气测试　19a
油气集输　20b
油气集输主要技术经济指标　20b
油气勘探　13a
油气勘探发现　13b
油气勘探进展　13b、14a
油气勘探开发理论　140a
油气勘探开发重点技术　140a
油气勘探突破　13a
油气田安全保护　129a
油气田整治专项行动　129a
油田安全环保　12b
油田安全节能环保　29a
油田安全生产主题活动　29a
油田板块节能　135b
油田采收率　16b
《油田采油生产管柱技术手册》　212b
油田存续企业节能　137a
油田地面工程新纪录　33b
油田地面建设　33b
油田地面建设项目　103b
油田地面设计　33b
油田地面重点工程　33b
油田公用工程　29a
油田基层管理　22a
油田节能减排　12b
油田精细管理　12b
油田精细化管理工作会　22b
油田开发　14b
油田开发部署管理系统　16a
油田开发管理　16a
油田开发进展　15a
油田开发现状　14b
油田开发形势　16a
油田开发月度生产运行　16a
油田开发指标管理办法　16a
油田开发资源动用　14b
《油田企业HSE培训系列教材》　213a
油田企业信息化　162a
油田设备管理　21b、22a
油田社区服务　29a
油田水质检测技术座谈会　20b
油田五项劳动竞赛　22a
油田专用化学品　71a
油藻资源研究　72a
有光缝纫线升级产品　147b
有机化工产品市场　95b
有机原料　48b

于岚　308、309、310
于玲　321b、322、323
于世焕　18a
于文平　31、32
于志宇　99b
于治宇　93、94、95、96
余富海　51b、53、54
余刘应　19
余晓花　117a
余英奇　398b
余羽华　137a
榆济输气管道　104a
预算管理　165b
喻志浩　350、351
元坝地区钻井提速　28b
元坝海相礁滩储层勘探　11a
元坝礁滩复合体勘探　13b
员工队伍建设　179a
原玲　69b、71b、72a、148a
原油采购成本　39b
原油产量　11a、14b
原油产能建设　15a
原油储罐　37b
原油储运　37a
原油储运损失管理　44a
原油管道　37a
原油进出口　99a
原油码头　37b
原油铁路专线　37b
原油资源　37
原油资源优化项目　39b
袁波　118b
源头处理　192a
云南石油分公司　415a
　　党群工作　416a
　　队伍素质　415b
　　非油品业务　415a
　　领导班子调整　415a
　　数质量管理　415b
　　网络建设　415b

Z

曾庆坤　19b、20
曾淑华　316b、317、318、319、320a
曾雅莉　409b、410、411
增值税　170a
詹湲　199b、200a
湛江东兴公司　359a
　　安全生产　359b
　　经济效益　360a
　　炼油配套完善项目　360a
　　停工大修　360a
　　信息化建设　360b
湛江东兴炼油配套完善工程　104b
张滨　33b、34
张国艳　213a
张国志　424、425
张慧渊　333、334
张建华　165b、166、167、168、169、170
张剑波　176b
张珺　240a、241b
张立辉　264、265、266
张丽英　435a
张明华　98b
张强　326、327、328
张瑞康　262a
张时人　122b
张守良　44b
张苏济　120a
张铁鹏　481b、482、483
张万东　253a、254、255
张炜　48b
张文龙　467b、468
张晓峰　197b、198
张欣华　121b
张新悦　256b、257、258
张杨　427b、428、429
张勇　390、391
张正威　212a
张质朴　363、364a
张姿琳　355、356
招标管理　111b
赵崇镇　24b
赵大卫　261a
赵发　416b
赵红　146b
浙江石油分公司　393a
　　安全工作　394b
　　保供　394a

党建工作　395a
队伍建设　395b
非油品业务　394a
精细管理　394b
全员营销　394a
网络建设　394a
镇海炼化　289a
《管理手册》　290a
催化汽油吸附脱硫装置　289b
地掷球馆　291b
改制企业　290b
国Ⅲ汽油　289b
沥青新品　290a
门禁“一卡通”系统　290b
宁波镇海炼化利安德化工销售公司　290b
欧Ⅴ标准超低硫柴油　289b
三项制度　290a
“五一”劳动奖状　291b
乙烯工程　289a
中国企业新纪录　291a
资源市场管理　290b
镇海乙烯工程　105a
蒸汽优化利用　136a
郑晓志　431b
郑仰南　158a、160
政策研究　169b
知识产权保护管理制度　141b
直分销经营　90b
职业技能鉴定　177a
职业技能竞赛　177a
职业健康管理　125b
质量管理　43a、152a
质量管理体系　43a
质量监督　152a
中层领导人员管理　176b
中国工程院院士　492a
中国企业新纪录　159a
《中国石化》杂志　210b
《中国石化报》　210b
中国石化国内展览办公室　488b
《中国石化炼化工程建设标准》　112a、120b
《中国石化手机报》　211b
中国石化特色管理模式　158a
中国石化团购网　211b
《中国石化新闻》　210b
《中国石化新闻界》　211a
中国石化新闻图片网　211b
中国石化新闻网　210b
中原石化　347a
ERP系统　348b
SMES系统　348a
丙烯试验装置　348a
丁烯异构化装置　348a
甲烷化催化剂　347b
生产经营监控系统　348b
“我要安全”主题活动　348b
乙烯原料路线改造　347b
中原油田　222a
828钻井队　225a
“安康杯”竞赛　225b
党建质量管理体系认证　226a
加深井实体膨胀管完井技术　225b
节能　225b
精细管理　224b
科技进步　224a
科索-1井钻井项目　224b
科威特钻井项目　225a
毛里塔尼亚油井　225a
普光气田　223b
全国普法先进集体　226a
全国优秀工程焊接奖　225b
邵均克　226b
石油工程　223b
新清溪1井　224b
油气勘探　223a
油田稳产　223b
中国企业新纪录　225a
中华慈善突出贡献企业　226b
钟春翔　376、377、378
钟文标　175b、179b、180a、492
重大先导试验项目　11b
重大项目法律服务　198b
重大装备国产化　185b
重点工程建设管理　106b
重点工程项目物资供应　182b
重点工艺技术措施　19b
重点工艺井应用　31b
重点项目效能监察　194b
重点业务公开系统　161b
重点业务监督　192b
重点油田目标管理　24a
重要财税政策　170a

重要对外交往活动　99b
周德华　17b、18a
周东平　330、331
周建华　42a
周炜　155b、156a、157a
周先锋　436b
周向进　62b、65b、67b、69b
周永春　476b
周正清　495a
朱好生　158b、159a
朱红　125b、126a
朱杰平　260a
朱军涛　296、297
朱明　426、427a
朱永进　42b
朱植　415、416a
珠三角成品油管道　106a
主题宣传活动　134a
专利管理委员会　149b
专项改革服务　199b
专业管理　93a
专业化分工　183a
庄美琦　289、290、291
装备研发　141a
装置负荷优化　134b
装置运行结构优化　134b
准西车排子勘探　14a
咨询公司　485a
资本运作　160a
资产管理　167a
资产基础管理　167a
资产清查　167a
资金管理　166a
资金集中管理　166a
资金集中管理系统　161b
资金日常管理　166b
自产原油产销　37a
自产原油销售流向　37a
总部财务收支审计　188b
总部工程投资审计　188a
总部管理审计　187a
总部机关管理职能　179a
总部机关合同管理　198b
总部集中采购　182b
总部经济责任审计　187b
总部内控审计　188a
总部涉外审计　188b
总部效益审计　187a
《总经理奖励管理办法》　159b
邹浩　436a
邹强　178b、179a
邹文智　98b
钻井创新成果　31b
钻井工程　31a
钻井工程新纪录　31b
钻井工程质量　18b
钻井工作量　18b
钻井市场分布　31a
钻井主要技术指标　18b、31a
钻井主要经济指标　18b、31a
钻井主要装备　31a
最佳实践　198a
作风建设　205b

表题索引

使用说明

1. 本索引采用表题索引法编制。年鉴中所有表题均在标引范围内。

2. 本索引基本上按汉语拼音音序排列。具体如下：以数字开头的，排在最前面；汉字标目则按首字的音序、音调依次排列，首字相同时，则以第二个字排序，并依次类推。

3. 在索引中，索引标目之后的数字表示主题内容所在年鉴正文的页码。

0—9

2007—2009年石化集团公司合并利润表 171
2007—2009年石化集团公司合并资产负债表 172
2008年世界最大的50家石油公司综合排名 570
2009年批准发布的石油化工国家标准 148
2009年批准发布的石油化工行业标准 149
2009年批准发布的中国石化集团公司企业标准 149
2009年石化股份公司各油田分公司主要设备平均新度系数 21
2009年向国家工业和信息化部报批的行业标准（石油化工工程建设） 113
2009年向国家住房和城乡建设部报批的国家标准（石油化工工程建设） 113
2009年油田勘探开发工程技术服务市场准入队伍统计表 23

A

安徽石油分公司主要生产经营指标 397
安庆石化主要产品产量 329
安庆石化主要技术经济指标 329
安全工程研究院2004—2009年专利申请与授权情况 445
安全工程研究院2009年主要科研成果获奖情况 445

B

巴陵石化基础环氧树脂产量 71
巴陵石化特种环氧树脂产量 71
巴陵石化主要产品产量 304
巴陵石化主要技术经济指标 303
保定石化厂主要产品产量 356
保定石化厂主要技术经济指标 356
北海分公司主要产品产量 362
北海分公司主要技术经济指标 362
北京化工研究院2004—2009年专利情况汇总 437
北京化工研究院2009年度主要科研成果获奖情况 437
北京石油分公司主要生产经营指标 378

C

财务公司资产负债损益情况表 483
沧州炼化主要产品产量 352
沧州炼化主要技术经济指标 351
长岭分公司主要产品产量 307
长岭分公司主要技术经济指标 307
重庆石油分公司主要生产经营指标 418

D

第十建设公司2009年完成的主要工程项目 476
第十建设公司主要生产经营指标 475
第四建设公司2009年完成的主要工程项目 469
第四建设公司主要生产经营指标 469
第五建设公司2009年完成的主要工程项目 472
第五建设公司主要生产经营指标 472
东北油气分公司和东北石油局主要技术经济指标 255
东北油气分公司主要生产建设指标 256

F

福建炼化主要产品产量 316
福建炼化主要技术经济指标 315
福建石油分公司主要生产经营指标 400
抚顺石油化工研究院2004—2009年专利申请与授权情况 440
抚顺石油化工研究院2009年度主要科研成果获奖情况 440

G

高桥石化主要产品产量 281
高桥石化主要技术经济指标 281
工程建设公司2009年获科技进步奖项目 450
工程建设公司2009年通过鉴定和评议、审查的项目（省部级） 451
工程建设公司2009年中交、开车项目 449
工程建设公司生产经营指标 448
工程建设项目2009年投料试车/建成投用情况 108
管道储运分公司主要生产指标 266
管道公司主要技术经济指标 266
管理干部学院培训情况 447
广东石油分公司主要生产经营指标 409
广西石油分公司主要生产经营指标 411
广州石化主要产品产量 321
广州石化主要技术经济指标 320
贵州石油分公司主要生产经营指标 414
国际石油工程公司2004—2009年海外合同额 481

H

海南炼化主要产品产量 371
海南炼化主要技术经济指标 370
海南石油分公司主要生产经营指标 412
河北石油分公司主要生产经营指标 382
河南石油分公司主要生产经营指标 389
河南油田主要技术经济指标 230
河南油田主要生产建设指标 230
湖北化肥主要产品产量 339
湖北化肥主要技术经济指标 338
湖北石油分公司主要生产经营指标 405
湖南石油分公司主要生产经营指标 407
华北分公司主要生产建设指标 259
华北石油局和华北分公司主要技术经济指标 258
华东石油局和华东分公司主要技术经济指标 262
华东石油局和华东分公司主要生产建设指标 263
获2009年度国家科技进步奖项目 573
获2009年度石化集团公司技术发明奖项目 574
获2009年度石化集团公司科技进步奖项目 574

J

济南分公司主要产品产量 344
济南分公司主要技术经济指标 344
江汉油田主要技术经济指标 233
江汉油田主要生产建设指标 233
江苏石油分公司主要生产经营指标 393
江苏油田主要技术经济指标 236
江苏油田主要生产建设指标 237
江西石油分公司主要生产经营指标 402
金陵石化主要产品产量 284
金陵石化主要技术经济指标 284
经济技术研究院2009年度主要科研成果获奖情况 487
荆门石化主要产品产量 332
荆门石化主要技术经济指标 332

九江分公司主要产品产量 337
九江分公司主要技术经济指标 337

K

勘探南方分公司主要技术经济指标 252
勘探南方分公司主要生产建设指标 253

L

洛阳工程公司2009年建成中交及投产工程项目 457
洛阳工程公司2009年通过鉴定或评议的研发项目 459
洛阳工程公司2009年项目获奖情况 459
洛阳工程公司主要生产经营指标 457
洛阳石化主要产品产量 325
洛阳石化主要技术经济指标 324

M

茂名石化主要产品产量 288
茂名石化主要技术经济指标 287

N

内蒙古石油分公司主要生产经营指标 419
南京工程公司2009年完成的主要项目 466
南京工程公司主要生产经营指标 466
南京化工公司主要产品产量 313
南京化工公司主要技术经济指标 313
宁波工程公司2009年完成的主要工程项目 462
宁波工程公司主要生产经营指标 462

Q

齐鲁石化主要产品产量 275
齐鲁石化主要技术经济指标 274
青岛炼化主要产品产量 373
青岛炼化主要技术经济指标 373
青岛石化主要产品产量 359
青岛石化主要技术经济指标 358

R

入选世界500强的炼油类公司 568
润滑油分公司主要技术经济指标 355

S

山东石油分公司主要生产经营指标 387
山西石油分公司主要生产经营指标 384
上海工程公司2009年主要完成项目 454
上海工程公司主要生产经营指标 453
上海海洋石油局和上海海洋油气分公司主要技术经济指标 242
上海石化主要产品产量 278
上海石化主要技术经济指标 278
上海石油分公司主要生产经营指标 391
上海石油化工研究院2004—2009年专利申请与授权情况 443
上海石油化工研究院2009年度主要科研成果获奖情况 442
胜利油田主要技术经济指标 222
胜利油田主要生产建设指标 222
石化出版社2009年重点科技图书目录 214
石化集团公司SEBS橡胶产量 62
石化集团公司SIS橡胶产量 62
石化集团公司丁基橡胶产量 62
石化集团公司各企业HDPE产量 56
石化集团公司各企业LDPE产量 56
石化集团公司各企业LLDPE产量 57
石化集团公司各企业PTA产量 64
石化集团公司各企业SBS热塑性弹性体产量 61
石化集团公司各企业丙纶产量 69
石化集团公司各企业丙烯腈产量 65
石化集团公司各企业涤纶产量 68
石化集团公司各企业丁苯橡胶产量 61

石化集团公司各企业合成氨产量 74
石化集团公司各企业己内酰胺产量 65
石化集团公司各企业腈纶产量 68
石化集团公司各企业聚苯乙烯产量 58
石化集团公司各企业聚丙烯产量 58
石化集团公司各企业聚乙烯醇产量 67
石化集团公司各企业聚酯产量 66
石化集团公司各企业尿素产量 74
石化集团公司各企业顺丁橡胶产量 60
石化集团公司各企业乙二醇产量 66
石化集团公司各企业主要合成纤维及原料生产装置能力 63
石化集团公司各油田原油产量表 15
石化集团公司合成树脂各品种产量 55
石化集团公司合成树脂各品种生产能力 55
石化集团公司合成纤维各品种产量 67
石化集团公司合成纤维聚合物各品种产量 66
石化集团公司合成纤维原料各品种产量 64
石化集团公司合成橡胶各产品产量 60
石化集团公司合成橡胶各品种生产能力 59
石化集团公司化工产品质量监督抽查情况 78
石化集团公司炼化企业2009年热电生产经营完成情况 83
石化集团公司炼化企业2009年热电主要技术经济指标完成情况 85
石化集团公司维纶产量 69
石化集团公司乙烯分企业产量 52
石化集团公司油田商品原油配置流向统计 37
石化集团公司与全行业合成纤维及原料分品种产量 519
石化集团公司与全行业石油产品分品种产量 516
石化集团公司与全行业塑料、合成橡胶分品种产量 520
石化集团公司与全行业有机化学品分品种产量 517
石化集团公司原油资源统计 37
石化集团公司直属工程建设企业主要技术经济指标 118
石化集团公司主要产品产量及占全行业比重 514
石化集团公司主要经济指标 514
石化集团公司主要精细化工产品产量 69
石化集团公司主要无机原料产品产量 76
石化集团公司主要无机原料生产能力 75
石化集团公司主要有机原料产品产量 50
石化集团公司主要有机原料生产能力 49
石家庄炼化分公司主要产品产量 342
石家庄炼化分公司主要技术经济指标 342
石油工程技术研究院2004－2009年专利申请与授权情况 431
石油工程西南公司主要生产建设指标 250
石油化工科学研究院2005—2009年专利申请授权情况 434
石油化工科学研究院2009年度科研成果获奖情况 434
石油勘探开发研究院2004—2009年专利申请与授权情况 429
石油勘探开发研究院2009年主要科研成果获奖情况 429
世界部分国家（地区）人均国民生产总值 529
世界各国（地区）ABS产量 555
世界各国（地区）EO/EG产量 552
世界各国（地区）LDPE、HDPE、LLDPE产量 553
世界各国（地区）苯产量 551
世界各国（地区）苯乙烯产量 552
世界各国（地区）聚苯乙烯产量 554
世界各国（地区）聚丙烯产量 554
世界各国（地区）聚氯乙烯产量 555
世界各国（地区）氯乙烯单体产量 553
世界各国（地区）石油产量 537
世界各国（地区）石油消费量 539
世界十大PTA生产厂 557
世界十大丙烯腈生产厂 559
世界十大己内酰胺生产厂 558
世界十大乙二醇生产厂 556
世界石油化工统计 529
世界石油探明储量 534
世界天然气产量 543
世界天然气探明储量 541
世界天然气消费量 545
世界原油加工能力前30名的国家（地区） 547
世界主要国家（地区）PTA/DMT生产能力 557
世界主要国家（地区）丙烯产量 551
世界主要国家（地区）丙烯腈生产能力 559
世界主要国家（地区）的乙烯产量 549
世界主要国家（地区）合成纤维产量 560
世界主要国家（地区）合成纤维生产能力 560
世界主要国家（地区）合成橡胶产量 562
世界主要国家（地区）合成橡胶出口量 566
世界主要国家（地区）合成橡胶进口量 564
世界主要国家（地区）合成橡胶生产能力 561

世界主要国家（地区）合成橡胶消费量 563
世界主要国家（地区）己内酰胺生产能力 558
世界主要国家（地区）乙二醇生产能力 556
世界主要国家（地区）乙烯生产能力 549
世界主要国家（地区）原油出口量 567
世界主要国家（地区）原油进口量 567
世界最大10家乙烯生产商 550
世界最大10座乙烯生产装置 550
世界最大的25家炼油公司 548
世界最大的炼厂 548
四川石油分公司主要生产经营指标 417
四川维尼纶厂主要产品产量 335
四川维尼纶厂主要技术经济指标 334

T

塔河分公司主要产品产量 368
塔河分公司主要技术经济指标 368
天津石化主要产品产量 295
天津石化主要技术经济指标 295
天津石油分公司主要生产经营指标 380

W

武汉石化主要产品产量 347
武汉石化主要技术经济指标 346

X

西安石化主要产品产量 365
西安石化主要技术经济指标 364
西北石油局和西北油田分公司主要技术经济指标 245
西北石油局和西北油田分公司主要生产建设指标 246
西南石油局主要生产建设指标 250
西南油气分公司主要生产建设指标 250
西南油气田主要技术经济指标 249
销售华北分公司主要生产经营指标 421
销售华东分公司主要生产经营指标 423
销售华中分公司主要技术经济指标 425
新星石油公司主要技术经济指标 239

Y

燕山石化主要产品产量 271
燕山石化主要技术经济指标 270
扬子石化主要产品产量 298
扬子石化主要技术经济指标 297
仪征化纤主要产品产量 311
仪征化纤主要技术经济指标 310
营销及分销营运情况 89

Z

湛江东兴公司主要产品产量 361
湛江东兴公司主要技术经济指标 360
浙江石油分公司主要生产经营指标 395
镇海炼化主要产品产量 291
镇海炼化主要技术经济指标 291
中国国民经济主要指标 530
中国合成纤维产量居世界位次 533
中国合成纤维生产能力居世界位次 533
中国合成橡胶产量居世界位次 534
中国货物进出口贸易额居世界的位次 530
中国炼油能力居世界的位次 531
中国石化2009年固定资产投资竣工验收项目 109
中国石化2009年重点工程建设项目 106
中国石油化工统计 514
中国乙烯生产能力居世界位次 532
中国原油产量居世界的位次 531
中国原油与石油产品出口数量与金额 522
中国原油与石油产品进口数量与金额 521
中国主要石化产品出口数量与金额 526
中国主要石化产品进口数量与金额 523
中原石化主要产品产量 349
中原石化主要技术经济指标 348
中原油田主要技术经济指标 226
中原油田主要生产建设指标 227

WWW.MERCURIA.COM

Mercuria Energy Group

MERCURIA

ENERGY GROUP LTD

摩科瑞能源集团 Mercuria Energy Group

摩科瑞能源集团有限公司是一家广泛活跃于全球能源市场的国际集团公司，主要从事原油及成品油、石油化工品、天然气、电力和二氧化碳减排指标等能源产品的实货和衍生产品的交易。

自2009年起，摩科瑞在全球范围内开展煤炭的实货交易，以及包括南非煤矿开采和印度尼西亚、哥伦比亚、俄罗斯的煤矿基础设施在内的一系列项目投资。

摩科瑞是世界五大独立的、非上市的原油及成品油贸易公司之一，业务总部设在瑞士日内瓦。

公司在国际能源市场上充分显示其充满活力、多元化及发展迅速的特色。公司在严格实施风险管控的前提下，根据客户的能源需求，通过灵活多变的定价公式和物流体系，为其设计个性化的解决方案。

公司团队对能源行业的谙熟源于多年的贸易经验和遍及全球的战略合作网络。

在核心的能源贸易之外，集团还投资能源的上游和下游的资产项目，包括美国加利福尼亚州和加拿大的地下石油开采以及欧洲和中国的石油仓储、码头项目等。

目前，我们在中国设立了两家分公司——摩科瑞能源贸易（北京）有限公司和摩科瑞投资咨询（北京）有限公司，我们正在与中国的业务伙伴紧密合作，向中国供应能源产品，从而为促进这一伟大国家的繁荣发展贡献力量。

The Mercuria Energy Group Ltd is an international group of companies active over a wide spectrum of global energy markets including crude oil and refined products, petrochemical products, natural gas, power and carbon emissions.

Since 2009, Mercuria has started coal physical trading and assets investing ranging from coal mine in South Africa, to coal infrastructures in Indonesia, Colombia and Russia.

Mercuria is one of the five largest independent private crude oil and petroleum products trading houses in the world. Trading is managed from Geneva, Switzerland.

The company plays a dynamic, diversified and growing role in the global energy market. We provide our clients with customized solutions to their energy needs, using a creative flexible approach to pricing and logistics while maintaining strict risk management controls.

Our team draws on an in-depth understanding of the energy sector, gained through years of trading experience, and a broad, worldwide network of strategic connections.

In addition to its trading core, the Group owns oil upstream and downstream assets in California and Canada, and oil terminals in Europe and China.

Our two Chinese-based subsidiary companies, Mercuria Energy Trading (Beijing) Co., Ltd and Mercuria Investment Consulting (Beijing) Co., Ltd work with important Chinese counterparts to bring energy to China to help this great nation grow and prosper.

摩科瑞投资咨询（北京）有限公司
摩科瑞能源贸易（北京）有限公司
北京市建外大街2号银泰中心C座4703室
电话：+86 10 8507 9800
传真：+86 10 8507 9899
www.mercuria.com

Mercuria Investment Consulting (Beijing) Co. Ltd.
Mercuria Energy Trading (Beijing) Co. Ltd.
4703 Yintai Office Tower C
No. 2 Jianguomenwai Avenue
Beijing 100022, P.R. China
Tel: +86 10 8507 9800
Fax: +86 10 8507 9899
www.mercuria.com

作为中国石化和德国巴斯夫合资的大型石化企业，我们深知在环境保护和社会发展方面所应承担的责任。通过采用先进工艺和清洁原料，我们持续改善环保措施，努力降低化工生产对环境的影响。作为一名企业公民，我们积极承担社会责任，诚实守信，造福社会。在取得持续的经济效益的同时，我们提倡责任关怀，坚持自然、社会和企业和谐的可持续发展。

北京东方新星石化工程股份有限公司

北京东方新星石化工程股份有限公司（英文缩写BNEC），集工程勘察、设计、施工、检（监）测，工程测量、咨询及监理等业务于一体，为从事工程承包与工程项目管理的综合性工程公司。公司持有工程勘察综合类甲级、甲级工程测绘、甲级地质灾害防治工程勘察、甲级地质灾害危险性评估、甲级建设工程地震安全性评价、地基与基础工程专业承包壹级、地基基础工程检测、工程咨询、工程监理等资格证书。公司通过了质量、环境、职业健康安全管理体系认证。

公司董事长、总经理陈会利

2009年公司完成的主要重点工程有：国家石油储备基地黄岛及廉江地下水封洞库勘察工程、茂名北山岭原油商业储备基地勘察、地基处理及检测工程、四川维尼纶厂30万吨/年醋酸乙烯桩基及检测工程、武汉石化80万吨/年乙烯工程详勘、北海炼厂异地改造工程详勘、镇海炼化100万吨/年乙烯工程检测、茂名乙烯地形图测量、地下管网探测及总图管理信息系统工程。

公司长期致力于石油化工的工程建设事业，几乎参与了中石化所有重点项目的工程勘察、测量、桩基施工与检（监）测工作，保持了公司勘察、岩土、测绘、测试四大主专业的持续创新与发展。2009年，开发的企业三维地理信息系统（GIS）已广泛应用于炼化企业地理信息管理；完成了2个地下水封石油洞库项目的勘察任务，领先掌握了地下水封石油洞库的勘察设计技术。

2009年，公司被认定为高新技术企业、十佳自主技术创新企业，通过全国工程建设企业社会信用评估AAA级。

钻取岩心

桩基施工

厂区测量

高应变检测法

地址：北京市丰台区南四环西路188号七区28号楼　邮编：100070
　　　河北省保定市朝阳北大街429号　邮编：071051
电话：010-63706999　0312-3109818
传真：010-63706966　0312-3109816
网址：www.bnec.cn

aet
The first port of call for petroleum logistics
AET is a leading provider of ocean transport for crude oil and its refined products. We employ more than 3000 highly skilled and dedicated people across the world to operate a young and technically advanced fleet of 77 VLCC, suezmax, aframax, panamax and clean product tankers. In addition, we are the market leader in the supply of US Gulf lightering services. We move petroleum for most of the world's major oil companies and trading houses, and enjoy a global reputation for delivering the highest standards of service, safety and responsibility. As a truly global business we manage our operations from Singapore, Malaysia, India, the United States and the UK.
LONDON • HOUSTON • SINGAPORE • KUALA LUMPUR • GURGAON
RESPONSIBILITY EXCELLENCE PARTNERSHIP INNOVATION
www.aet-tankers.com

超越期待的伙伴——丸红
每当成就超越了期待，
便有惊喜、感动和新的发现。
创造惊喜的源泉，来自于人的热情辉煌的超常力。
我们用超常力，拓展新的地平线。
超越期待的伙伴——丸红
Marubeni

Titan Petrochemicals Group Limited

USD 315.4 million Exchange Offer and Consent Solicitation for 8.50% Guaranteed Senior Notes due 2012

Co Arranger and Dealer Manager

Hong Kong / China, July 2010

A Sumitomo Corporation's subsidiary

PT OTO Multiartha

JPY 7.5 billion
NEXI Covered Term Loan Facility

Sole Arranger and NEXI Coordinator

Japan, July 2010

National Agricultural Cooperative Federation

USD 500 million
4.25% Senior Notes due 2016

Joint Bookrunner and Joint Lead Manager

Korea, July 2010

Woori Bank

USD 600 million
4.75% Senior Notes due 2016

Joint Bookrunner and Joint Lead Manager

Korea, July 2010

Xac Bank

MNT 13.4 billion
Credit Linked Notes

Arranger and Structurer

Mongolia, July 2010

San Miguel Corporation

USD 880 million
Revolving 5-year Term Facility

Mandated Lead Arranger

Philippines, July 2010

Vitol Asia Pte Ltd

USD 1.665 billion
Syndicated Credit Facility

Original Mandated Lead Arranger and Bookrunner

Singapore, June 2010

PT Trans Media Corpora

USD 350 million
Bridge Facility

Mandated Lead Arranger, Bookrunner and Underwriter

Indonesia, April 2010

Canadoil Plate Ltd

EUR 230 million ECA Loan Facility
Bt 3 billion Commercial Loan

Mandated Lead Arranger, ECA Facility Agent, Intercreditor Agent and Offshore Security Agent

Thailand, April 2010

PT Cirebon Electric Power

USD 595 million
Project Finance Facilities

Financial Advisor and Mandated Lead Arranger

Indonesia, March 2010

Equinix Asia Pacific

USD 200 Million
Syndicated Multi-currency Loan Facility

Mandated Lead Arranger, Bookrunner and Underwriter

Singapore, March 2010

Media Prima Berhad

RM 350 million take-over of The New Straits Times Press (Malaysia) Berhad

Financial Advisor

Malaysia, January 2010

Bottom line:

[Success through Partnerships]

Leveraging our global network and resources, ING provides sound advice, flawless execution and a true partnership approach to our clients. Which is why some of Asia's most prominent corporations and banks when looking for advice in high yield and high grade debt capital markets, debt restructuring, leverage financing, loan syndications, project finance, corporate finance and most importantly client relationship management, turn to the same partner year after year - ING.

www.ingcommercialbanking.com

ING

Herbert Smith
史密夫律师事务所

Herbert Smith in association with
Gleiss Lutz and Stibbe

史密夫律师事务所成立于1882年，是一家总部位于英国的国际性律师事务所，拥有超过1400名律师(包括约250名合伙人)。本所与领先的德国律师事务所Gleiss Lutz以及荷兰和比利时律师事务所Stibbe有着正式的联盟，并与世界其他国家/地区的律师事务所有着稳定的合作关系，从而能够为我们的客户提供全面和优质的法律服务。

史密夫律师事务所在国内及国际法律服务行业中占有重要位置，并在公司及企业融资、兼并和收购、国际诉讼及仲裁、纠纷解决、金融、投资基金、能源、项目、基建、税收等领域中居于领先地位。能源领域更是本所专长。

本所的亚洲业务

自本所于1982年在香港开设亚洲区办事处以来，我们已先后于新加坡、曼谷、北京、东京和上海设立办事处，在雅加达亦设有联营办事处。现时本所在亚洲共有400多名员工，其中包括190多名律师。

本所的北京办事处于1999年即已成立，多年来与中国有关部门和各大国有企业建立了稳固的关系，见证了中国优秀企业的成长及与国际资本市场的接轨。北京代表处曾参与包括中国工商银行、中国建设银行、华能国际电力、神华股份等几十家国内大型企业的海外上市项目。作为为数不多的几家较早获批准在中国开设第二个办事处的国际律师事务所之一，我们于2003年4月正式成立上海办事处。这是我们在亚洲设立的第七家办事机构，也反映了我们对于亚太地区的长期、坚定的承诺。

与中国石化的合作

中国石化是中国优秀国有企业的一员。多年以来，我们与中国石化紧密合作，建立和延续了牢固的合作关系，并作为法律顾问协助中国石化成功完成了一系列具有里程碑意义的项目。其中包括中国石化金额为34亿美元的首次全球公开发售，这是中国公司较早地在香港、纽约和伦敦三地同时上市；中国石化出资38.46亿港币吸收合并在香港和纽约上市的中石化北京燕化和镇海炼化项目，创下了H股公司转为非上市公司的先例。

我们与中国石化合作的其中两个项目更获《亚洲法律杂志》颁发的「年度大奖」，包括：就中国石化发行15亿美元零息票可转换债券；及中国石化及其全资子公司扬子石化以5.04亿美元收购中石化持有的石油精炼资产提供法律服务。此外，在中国石化及其子公司成功进行的多宗关联/跨国资产收购当中，我们亦担任中国石化的境外法律顾问。继往开来，我们将一如既往地尽我们的努力为中国石化提供优质的法律服务，并期待我们的合作关系迈上新的台阶。

▲ 巴斯夫聚四氢呋喃装置

▲ 上海赛科乙烯装置

▲ 拜耳聚碳酸酯装置

▲ 天原华胜烧碱装置

上海化学工业区位于杭州湾北岸，规划面积29.4平方千米，是以石油化工及其衍生产品制造为主的现代化产业基地，主要发展石油化工和天然气化工系列产品、精细化工产品、合成新材料和综合性深加工产品。金山、奉贤分区被纳入上海化工区一体化管理之后，按照统一规划，金山分区重点发展化工物流、化工检维修和化工品交易等产业，奉贤分区重点发展精细化工、化工机械装备和高分子材料等产业。

2009年，面对国际金融危机对实体经济的严重冲击，上海化工区全力保增长、保稳定、促发展，园区经济总体上保持平稳发展势头。全年共完成工业总产值434亿元，实现销售收入449亿元；引进项目投资10.9亿美元，合同外资2.42亿美元；区内注册企业实现利润1.8亿元，上缴税金25亿元；固定资产投资完成94亿元。同时，园区内一批技术可靠、能产生良好经济效益和环境效益的循环经济项目已经初显成效，区域环境质量总体良好。

截至2009年底，上海化工区累计批准项目总投资148.7亿美元，累计完成销售收入2010亿元、工业总产值1933亿元、固定资产投资792亿元，区内共注册成立企业53家。

▲ 热电联供装置

▲ 海运码头与储罐区

上海化学工业区发展有限公司

地址：上海市目华路201号　邮编：201507　电话：021-67120000　传真：021-67122222　网址：www.scip.com.cn

财富创新 服务中国
Passion to Perform
详情请浏览www.db.com。本广告已获德意志银行或其附属公司及/或关联公司批准，由其传达，仅供参考。本广告所述服务由德意志银行或其附属公司根据当地适用的法律及规定提供。德意志银行或其附属公司2010版权所有。